# 资治通鉴

## 全本全注全译

第三册

汉纪

[宋]司马光　编著
张大可　韩兆琦　等　注译

浙江人民出版社

**图书在版编目（CIP）数据**

资治通鉴全本全注全译. 第三册 / （宋）司马光编著 ；张大可等注译. — 杭州 ：浙江人民出版社，2024. 10.

ISBN 978-7-213-11542-4

Ⅰ. K204. 3

中国国家版本馆CIP数据核字第2024M22Z69号

## 资治通鉴全本全注全译　第三册

ZIZHI TONGJIAN QUANBEN QUANZHU QUANYI

［宋］司马光　编著　　张大可　韩兆琦　等　注译

出版发行：浙江人民出版社（杭州市环城北路 177 号　邮编　310006）
市场部电话：（0571）85061682　85176516

选题策划：胡俊生
项目统筹：潘海林　魏　力
责任编辑：尚　婧
特约编辑：褚　燕
营销编辑：童　桦
责任校对：王欢燕　汪景芬
责任印务：程　琳　幸天骄
封面设计：北京之江文化传媒有限公司
电脑制版：北京之江文化传媒有限公司
印　　刷：浙江新华数码印务有限公司
开　　本：710 毫米 ×1000 毫米　1/16　　印　　张：40.5
字　　数：793 千字
版　　次：2024 年 10 月第 1 版　　印　　次：2024 年 10 月第 1 次印刷
书　　号：ISBN 978-7-213-11542-4
定　　价：82.50 元

# 目　录

# 卷第十九　汉纪十一

起强圉大荒落（丁巳，公元前一二四年），尽玄黓阉茂（壬戌，公元前一一九年），凡六年。

**【题解】**

本卷写了武帝元朔五年（公元前一二四年）至元狩四年（公元前一一九年）共六年间的全国大事，其中最重要的是写了卫青、霍去病北伐匈奴，这里包括卫青大破右贤王与两次出定襄击匈奴，使匈奴从此远避漠北；霍去病过焉支山击匈奴，平定河西，迫使浑邪、休屠二部归降汉王朝；以及卫青、霍去病两路越大漠伐匈奴，卫青与单于大战，单于败走，霍去病大破左贤王，封狼居胥山。这是汉王朝大破匈奴的顶战，也是卫青、霍去病最辉煌的军事胜利。其次是写了淮南王、衡山王蓄谋造反与其被消灭的过程。写了公孙弘拜相封侯与汉王朝的尊儒活动。写了桑弘羊等推行盐铁官营、算缗告缗，使用白金、皮币等经济措施。写了张汤、宁成、王温舒等酷吏为保证武帝政策的推行而实行严刑峻法。此外还写了直臣汲黯继续对武帝的政策进行批评，名将李广以四千对匈奴四万人的卓绝战斗，与其随卫青北伐因失道落后而悲愤自杀等。

**【原文】**

**世宗孝武皇帝中之上**

**元朔五年（丁巳，公元前一二四年）**

冬，十一月乙丑[①]，薛泽免[②]，以公孙弘[③]为丞相，封平津侯[④]。丞相封侯自弘始[⑤]。

时上方[⑥]兴功业[⑦]，弘于是开东阁[⑧]以延[⑨]贤人，与参谋议[⑩]。每朝觐[⑪]奏事，因言国家便宜[⑫]，上亦使左右文学之臣[⑬]与之论难[⑭]。弘尝奏言："十贼彍弩[⑮]，百吏不敢前。请禁民毋得挟弓弩[⑯]，便[⑰]。"上下其议[⑱]。侍中[⑲]吾丘寿王[⑳]对曰："臣闻古者作五兵[㉑]，非以相害[㉒]，以禁暴讨邪[㉓]也。秦兼天下，销甲兵，折锋刃[㉔]，其后民以耰锄棰梃[㉕]相

【语译】

**世宗孝武皇帝中之上**

**元朔五年（丁巳，公元前一二四年）**

冬季，十一月初五日乙丑，罢免了薛泽的丞相职务，任命公孙弘为丞相，并封公孙弘为平津侯。丞相被封为侯爵，就从公孙弘开始。

此时的汉武帝正雄心勃勃，内兴儒业，外对四夷用兵，想要建立盖世之功，公孙弘于是便将丞相府的东小门打开，专门用来接待、延揽天下贤能之人，与他们共同商讨国家大事。他每次上朝奏事，都借机提出对国家发展建设有益的建议，武帝也让身边的文人与公孙弘进行论辩。公孙弘曾经跟汉武帝说："十个盗贼拉开硬弓准备拼命的时候，即使有一百个官吏，也不敢向前去制止。请皇帝发布命令，禁止私自携带弓弩，这样有利于社会治安。"武帝把这件事交给群臣讨论。担任侍中的吾丘寿王说："我听说，古时候制作各种兵器，并不是为了让人民用来互相伤害，而是为了镇压暴力、制止邪恶。秦始皇统一天下后，销毁了兵器，折断了锋刃而不再使用，但后来人民照样用耰锄、棰梃之类的东西互相攻击，违法乱纪、聚众滋事不仅没有

挞击，犯法滋众[26]，盗贼不胜[27]，卒以乱亡[28]。故圣王务教化[29]而省禁防[30]，知其[31]不足恃[32]也。《礼》[33]曰：'男子生，桑弧、蓬矢以举之[34]。'明示有事也[35]。大射之礼[36]，自天子降及庶人[37]，三代之道[38]也。愚闻圣王合射以明教[39]矣，未闻弓矢之为禁[40]也。且所为禁者，为盗贼之以攻夺也[41]。攻夺之罪死[42]，然而不止者，大奸之于重诛，固不避[43]也。臣恐邪人挟之而吏不能止[44]，良民以自备而抵法禁[45]，是擅贼威而夺民救也[46]。窃以为大不便。"书奏，上以难弘[47]，弘诎服[48]焉。

弘性意忌[49]，外宽内深[50]。诸尝与弘有隙[51]，无近远，虽阳与善[52]，后竟报其过[53]。董仲舒[54]为人廉直，以弘为从谀[55]，弘嫉之。胶西王端[56]骄恣，数[57]犯法，所杀伤二千石[58]甚众。弘乃荐仲舒为胶西相[59]，仲舒以病免[60]。汲黯[61]常毁儒[62]，面触弘[63]，弘欲诛之以事[64]，乃言上曰："右内史界部中[65]多贵臣、宗室[66]，难治[67]。非素重臣[68]不能任，请徙黯为右内史。"上从之。

春，大旱。

匈奴右贤王[69]数侵扰朔方[70]，天子令车骑将军青[71]将三万骑出高阙[72]。卫尉苏建[73]为游击将军，左内史李沮为强弩将军，太仆[74]公孙贺为骑将军，代相李蔡[75]为轻车将军，皆领属车骑将军[76]，俱出朔方。大行[77]李息、岸头侯[78]张次公为将军，俱出右北平[79]。凡十余万人击匈奴[80]。右贤王以为汉兵远，不能至，饮酒，醉。卫青等兵出塞六七百里，夜至，围右贤王[81]。右贤王惊，夜逃，独与壮骑[82]数百驰，溃围北去。得右贤裨王[83]十余人，众男女万五千余人，畜数十百万[84]，于是引兵而还[85]。至塞，天子使使者持大将军[86]印，即[87]军中拜卫青为大将军，诸将皆属焉。

夏，四月乙未[88]，复益封青八千七百户[89]，封青三子伉、不疑、登

得到禁止，反而越来越多，盗贼遍地，多得数不清，秦朝终于因为天下大乱而灭亡。所以贤明的君主强调以仁义教育感化而减少酷烈的刑罚统治，因为他们知道强行禁止是靠不住的。《礼记》上说：‘生了男孩，在举行洗沐礼时就要象征性地用桑木做的弓、蓬草秆做的箭教他拈弓射箭。’寓意是男孩子长大以后要志在四方。古时候举行射箭礼仪，上自天子下到平民都要参加这种大射礼，这是从夏、商、周三代流传下来的一贯规矩。我虽然愚笨，但是我听说贤明的君王召集大家一起演练以教育群众，却从来没有听说过哪一代圣王曾经下令将弓箭作为禁止之物。而且禁止人民持弓弩的目的是防止盗贼用它攻击百姓、夺取百姓的财物。抢夺百姓财物是犯了死罪，然而屡禁不止的原因，是奸猾大盗对于杀头的重刑本来就不在乎。我所担心的是奸邪的人持弓弩而官吏不能禁止，善良的百姓自备弓弩用于自卫反而触犯了禁令，这实际上是助长了盗贼的威风而剥夺了人民防卫自救的权利。我认为这样做很不好。”汉武帝看了吾丘寿王的奏书后，就用这些话责难公孙弘，公孙弘理屈词穷，无言以对。

公孙弘生性多疑而且嫉妒心强，表面上很宽和厚道，骨子里却阴险狠毒。如果有谁曾经跟他有过过节，不论原来关系远近，公孙弘表面上都会装出很友好、很亲善的样子，实际上却怀恨在心，最后一定要寻找他的过错进行打击报复。董仲舒为人廉洁耿直，认为公孙弘善于阿谀奉承，公孙弘对他十分忌恨，总想伺机报复。胶西王刘端骄横放纵，屡次触犯法律，杀了好几个俸禄在二千石以上的朝廷官员。公孙弘就推荐董仲舒去做胶西王刘端的国相，董仲舒推说有病而辞职。汲黯经常毁谤儒生，当面顶撞公孙弘，公孙弘想寻找机会给他定个罪名将他除掉，于是就对汉武帝说：“右内史管辖的区域内有很多的皇亲贵戚，很难治理。非平素有威望的大臣不能胜任此职，请陛下任命汲黯为右内史。”武帝采纳了他的意见。

春季，干旱无雨。

匈奴右贤王屡次率军侵扰朔方郡。汉武帝命令车骑将军卫青率领三万名骑兵从高阙出击。任命卫尉苏建为游击将军，左内史李沮为强弩将军，太仆公孙贺为骑将军，代相李蔡为轻车将军，全都归属车骑将军卫青指挥，都从朔方郡出击。大行令李息、岸头侯张次公也被任命为将军，两人都从右北平出击。总计调动了十多万人去攻打匈奴。匈奴右贤王认为汉兵路途遥远，不能很快到达，于是毫无戒备，终日开怀畅饮，经常喝得烂醉如泥。卫青等率兵离开边塞，疾行六七百里，夜里抵达匈奴驻地，包围了右贤王。右贤王从睡梦中被惊醒，连夜逃走，慌忙中只带了数百名强壮的骑兵冲破包围向北溃逃而去。汉军擒获了右贤王属下的小王十余人，其他匈奴男女总共一万五千多人，牲畜数十万头，汉军大获全胜。卫青等人回到边塞的时候，汉武帝已经派使者捧着大将军的印绶在边塞迎接，使者就在军中宣布武帝的诏命，任命卫青为大将军，诸将领都归他统领。

夏季，四月初八日乙未，武帝又给卫青的封邑增加八千七百户，封卫青的三个

皆为列侯[90]。青固谢[91]曰："臣幸得待罪[92]行间，赖陛下神灵，军大捷，皆诸校尉[93]力战之功也。陛下幸已益封臣青，臣青子在襁褓[94]中，未有勤劳，上列地封为三侯，非臣待罪行间所以劝士[95]力战之意也。"天子曰："我非忘诸校尉功也。"乃封护军都尉[96]公孙敖[97]为合骑侯[98]，都尉韩说[99]为龙頟侯[100]，公孙贺[101]为南窌侯[102]，李蔡[103]为乐安侯[104]，校尉李朔为涉轵侯[105]，赵不虞为随成侯[106]，公孙戎奴为从平侯[107]，李沮、李息及校尉豆如意皆赐爵关内侯[108]。

于是青尊宠，于群臣无二[109]。公卿以下皆卑奉之[110]，独汲黯与亢礼[111]。人或说黯曰："自天子欲群臣下大将军[112]，大将军尊重，君不可以不拜[113]。"黯曰："夫以大将军有揖客[114]，反不重邪[115]！"大将军闻，愈贤黯[116]，数请问[117]国家朝廷所疑，遇黯加于平日[118]。

大将军青虽贵，有时侍中，上踞厕而视之[119]。丞相弘燕见[120]，上或时不冠[121]。至如汲黯见，上不冠不见也。上尝坐武帐[122]中，黯前奏事。上不冠，望见黯，避帐中，使人可其奏[123]。其见敬礼如此。

夏，六月，诏曰："盖闻[124]导民以礼[125]，风之以乐[126]。今礼坏乐崩，朕甚闵[127]焉。其令礼官[128]劝学兴礼[129]以为天下先[130]！"于是丞相弘等奏："请为博士官[131]置弟子[132]五十人，复其身[133]，第其高下[134]，以补郎中、文学、掌故[135]。即有秀才异等[136]，辄以名闻[137]。其不事学若下材[138]，辄罢之[139]。又，吏通一艺以上者[140]，请皆选择以补右职[141]。"上从之。自此公卿、大夫、士、吏彬彬多文学之士矣[142]。

秋，匈奴万骑入代[143]，杀都尉[144]朱英，略[145]千余人。

初，淮南王安[146]好读书属文[147]，喜立名誉[148]，招致宾客方术之士数千人。其群臣、宾客，多江、淮间轻薄士[149]，常以厉王迁死[150]感激安[151]。建元六年[152]，彗星见[153]。或[154]说王曰："先吴军时[155]，彗星出，长数

儿子卫伉、卫不疑、卫登为列侯。卫青坚决推辞说:“我有幸在军中担任统帅，托赖陛下的英明睿智，军队才获得大捷，这都是各个校尉英勇作战的功劳。陛下已经增加了我的封地，我的孩子们还很幼小，没有建立功劳，陛下划分土地将他们三人都封为侯，这不是我在军中劝勉全军将士努力作战的本意啊。”武帝说:“我并没有忘记诸位校尉的功劳。”于是封护军都尉公孙敖为合骑侯，都尉韩说为龙頟侯，公孙贺为南窌侯，李蔡为乐安侯，校尉李朔为涉轵侯，赵不虞为随成侯，公孙戎奴为从平侯，李沮、李息以及校尉豆如意等人都赐封为关内侯。

此时汉武帝对卫青的尊宠和信任，在群臣中独一无二。公卿以下都很谦卑地奉承他，唯独汲黯与他行平等之礼。有人对汲黯说:“从皇帝的本意来说，是希望群臣都尊崇大将军、甘心居于大将军之下，大将军非常尊贵，您不可以不对他行拜见礼。”汲黯说:“你是觉得大将军有个只对他行拱手礼的客人，他就不尊贵了吗!”大将军卫青听说这件事后，更加认为汲黯人品好，屡次就国家、朝廷所遇到的疑难问题向汲黯请教，对汲黯比过去更加敬重。

大将军卫青虽然地位尊贵，有时在宫中侍奉汉武帝，武帝蹲在厕所里就召见卫青。平时丞相公孙弘入宫求见，武帝有时不戴帽子就接见他。若是汲黯求见就不同了，武帝不戴好帽子、整理好衣服，绝不接见汲黯。一次，武帝正坐在陈列着武器的帷帐中，汲黯前来奏事。武帝当时因为没有戴帽子，看见汲黯来了，赶紧躲避到帷帐后面，派人传达自己的旨意，同意汲黯所请求的事情。从这里可以看出武帝对汲黯的敬重程度。

夏季，六月，汉武帝下诏说:“我听说要用礼来引导、教育人民，用乐来陶冶、感化人民。如今礼坏乐崩，我对此深感惋惜。命令掌管礼仪教化的官员按照儒学的说法兴办教育、倡导礼乐，为人民作出表率!”于是丞相公孙弘等人奏请武帝:“请为每个博士官招收五十名弟子，免除这些弟子本人的赋税和徭役，按照他们成绩的优劣等次，分别派去补充郎中、文学、掌故等职位的不足。如果发现特别出类拔萃的人才，要及时把他们推荐给朝廷。对于那些不专心于学习，或是素质低下的人，要立时取消他的学习资格。另外，对于那些靠业余自学，能精通一门以上经学的各级政府官吏，都要选拔上来，让他们担任更高的职务。”武帝同意他的建议。从此以后，上自公卿、大夫，下及士、吏等各级官员，涌现出很多温文尔雅的儒学之士。

秋季，一万多名匈奴骑兵侵入代郡，杀死了都尉朱英，掳掠了一千多人。

当初，淮南王刘安爱好读书和写作文章，喜欢沽名钓誉，他招揽了具有各种技艺的包括方士在内的数千名宾客。他手下的群臣、宾客大多是长江、淮河流域且不讲道德而一味追逐名利、喜欢生事的人，这些人经常以淮南厉王刘长因为遭到流放而惨死的事情来刺激和挑唆刘安造反。建元六年，天上出现彗星。有人借机煽动淮南王刘安说:“当年吴楚七国兴兵造反时，天上就曾经出现过彗星，彗星的光芒虽然

尺，然尚流血千里。今彗星竟天[156]，天下兵当大起。”王心以为然，乃益治[157]攻战具，积金钱。

郎中雷被[158]获罪于太子迁[159]。时有诏[160]，欲从军者辄诣长安[161]，被即愿奋击匈奴[162]。太子恶被于王[163]，斥免之[164]，欲以禁后[165]。是岁，被亡之长安[166]，上书自明[167]。事下廷尉治[168]，踪迹连王[169]，公卿请逮捕治王[170]。太子迁谋令人[171]衣卫士衣，持戟居王旁，汉使有非是[172]者，即刺杀之，因发兵反。天子使中尉宏[173]即讯王[174]。王视中尉颜色和，遂不发[175]。公卿奏[176]:“安壅阏[177]奋击匈奴者，格明诏[178]，当弃市[179]。”诏削二县[180]。既而安自伤曰:“吾行仁义，反见削地[181]。”耻之，于是为反谋益甚。

安与衡山王赐[182]相责望礼节[183]，间不相能[184]。衡山王闻淮南王有反谋，恐为所并[185]，亦结宾客为反具[186]。以为淮南已西[187]，欲发兵定江、淮之间而有之[188]。衡山王后徐来谮太子爽于王[189]，欲废之，而立其弟孝[190]。王囚太子而佩孝以王印[191]，令招致宾客。宾客来者微知淮南、衡山有逆计[192]，日夜从容劝之[193]。王乃使孝客江都[194]人枚赫、陈喜作輣车[195]、锻矢[196]，刻天子玺、将相军吏印。秋，衡山王当入朝[197]，过淮南[198]。淮南王乃昆弟语[199]，除前隙[200]，约束反具[201]。衡山王即上书谢病[202]，上赐书不朝[203]。

---

【段旨】

以上为第一段，写元朔五年（公元前一二四年）一年间的全国大事，第一是写了公孙弘的为人与其为丞相、尊儒术的一些事情；第二是写了卫青大破匈奴右贤王，并被封为大将军的光辉事迹，同时也附带写了汲黯的耿介人格；第三是写了淮南王、衡山王兄弟图谋造反的一些情节，为下卷淮南、衡山两国被灭埋下伏笔。

仅有数尺长，尚且死伤了很多人，造成血流千里的惨状。如今彗星的流光划过了整个长空，恐怕天下将要发生大的战争了。”淮南王刘安认为说得有道理，于是就加紧制造攻战的武器，积聚钱财。

为刘安担任郎中的雷被因为与淮南王太子刘迁比试剑法，失手刺中太子而获罪。当时朝廷有明文规定，凡是愿意从军攻打匈奴的，可以直接前往长安，雷被想从军去攻打匈奴。太子刘迁在淮南王刘安面前诋毁雷被，于是淮南王刘安罢免了雷被的职务，也不允许他前往长安从军，想以此禁止人们随意离开淮南去应募从军。就在那年，雷被逃到了长安，他向汉武帝上书来表白自己。武帝把此事交给廷尉审查，审查的结果牵连到淮南王刘安，朝廷大臣请求武帝逮捕淮南王刘安，惩罚他的罪过。太子刘迁密谋让人穿上卫士的服装，持戟站在淮南王刘安旁边，汉使如果有异常举动，就当场将汉使刺死，然后发兵造反。武帝派遣中尉殷宏前往淮南国的都城寿春对刘安进行调查、盘问。淮南王刘安看见中尉殷宏态度和蔼、言语温和，便没有采取行动。朝中的大臣们奏报武帝说：“淮南王刘安有意阻拦自愿前去拼杀匈奴的人，对抗皇帝有关从军的诏令，罪当处死，陈尸示众。”汉武帝下诏削减了淮南王的两个县以示惩戒。过后，淮南王刘安自怨自艾地说：“我以仁义治理国家，反而被削减了土地。”觉得国土被削减是一件可耻的事情，于是更加紧了谋反的准备工作。

刘安与亲兄弟衡山王刘赐曾经为了一些小事而互相责备对方对自己无礼，弟兄之间因而产生隔阂，彼此合不来。衡山王刘赐听说淮南王刘安有谋反的迹象，恐怕被淮南王所吞并，也结交宾客，准备谋反的器械，想等淮南王起兵谋反、向西进兵时，自己好趁机发兵，将长江、淮河之间的土地占为已有。衡山王的王后徐来在衡山王面前谗毁太子刘爽，想要废掉刘爽，而立刘爽的弟弟刘孝为太子。衡山王于是囚禁了太子刘爽，而让刘孝佩戴衡山王的印信，令刘孝广招宾客，扩大党羽。刘孝招致的宾客私下里了解到淮南王、衡山王有反叛朝廷的迹象，就日夜怂恿衡山王父子赶紧起事。衡山王于是命令刘孝的宾客江都人枚赫、陈喜负责打造战车、利箭，刻制天子玉玺以及将军、丞相、军吏的印章。秋季，衡山王按照规定应当入京朝见皇帝，途中路过淮南。淮南王此次真像个做哥哥的样子，非常热情友好地接待了衡山王，于是兄弟俩以前的矛盾完全消除，并约定共同制造谋反的器械。衡山王于是给皇帝写信，推托有病不能入京朝见，汉武帝也致书衡山王，允许他不必进京。

## 【注释】

① 十一月乙丑：十一月初五。② 薛泽免：薛泽被免去丞相之职。据《史记·汉兴以来将相名臣年表》，薛泽自武帝元光四年（公元前一三一年）为丞相。薛泽是刘邦功臣薛欧的后代，袭其先人之爵为平棘侯。③ 公孙弘：一个以念儒书而平步青云的人，在《史记》中是被司马迁集中批判的对象，在此之前任御史大夫。事迹详见《史记·平津侯主父列传》《汉书·公孙弘传》。④ 平津侯：封地平津乡。平津乡在今河北盐山南。⑤ 丞相封侯自弘始：西汉初期之为丞相者例皆刘邦之开国功臣或袭其父兄之爵的功臣后代，这些人自身都是列侯。而公孙弘则是一个由平民晋升为丞相的人，本来是个白丁，汉武帝为提高他的身份，特别因其任丞相而封之为列侯。且由此定例，凡是白丁出身的人，一旦任丞相，随即封之为列侯。此例自公孙弘始。⑥ 方：正在；正值。⑦ 兴功业：指内兴儒业，外对四夷用兵等。⑧ 东阁：朝堂东开的小门，与群臣、诸僚出入的南向正门相对而言。师古曰："阁者，小门也，东向开之，避当庭门而引宾客，以别于掾史官司属也。"⑨ 延：请；招纳。⑩ 与参谋议：共同研讨国家大事。⑪ 朝觐：朝见皇帝。觐，拜见。⑫ 国家便宜：对国家的发展有利，当前应该采取的措施。⑬ 左右文学之臣：如徐乐、严安、东方朔、司马相如等在皇帝身边或排忧解闷或聊充谋议的文人。⑭ 论难：论辩，故意令其回答。⑮ 十贼彍弩：有十个土匪拉开硬弓对着众人。彍弩，拉弓搭箭。弩，一种可以连发的弓。⑯ 毋得挟弓弩：犹今所谓不准私藏武器。挟，持、执。⑰ 便：这种规定对社会治安有利。⑱ 下其议：将公孙弘的提议交由群臣讨论。⑲ 侍中：在宫廷侍奉皇帝的人。侍中也是官名，皇帝的侍应官员。⑳ 吾丘寿王：姓吾丘，名寿王，即上文所说的"左右文学之臣"之一。㉑ 五兵：五种兵器，指矛、戟、弓、剑、戈，这里即泛指各种兵器。㉒ 非以相害：不是为了让大家互相伤害。㉓ 禁暴讨邪：制止残暴、讨伐邪恶。㉔ 销甲兵二句：指毁掉武器不用。销，熔化。㉕ 耰锄棰梃：泛指农具与棍棒之类。耰，古农具名，用以击碎土块、平整土地。也有说耰即锄杠。棰，赶马的竹片。梃，木棍。㉖ 滋众：更多。㉗ 盗贼不胜：盗贼多得国家没法制止。言不可胜。㉘ 卒以乱亡：最后被推翻了。卒，终于。㉙ 务教化：强调以仁义教育感化。务，强调。㉚ 省禁防：减少酷烈的刑罚统治。㉛ 其：指刑罚。㉜ 不足恃：不能倚靠。㉝《礼》：此指《礼记》，儒家所谓的"经典"之一。㉞ 男子生二句：见《礼记·射义》，意思是一个男孩生下来，在举行洗沐礼的时候就要象征性地教他拈弓射箭。桑弧蓬矢，以桑木做弓，以蓬草秆为矢。举，古时对新生儿举行的洗沐礼。㉟ 明示有事也：意思是现在象征性地教他射箭，目的就是让他日后要志在四方。㊱ 大射之礼：古代各级官府、各级学校都要按时举行的一种射箭礼仪。㊲ 自天子降及庶人：意即上自天子，下至平民百姓，都要参加这种大射礼。㊳ 三代之道：这是从夏、商、周流传下来一贯如此的规矩。㊴ 合射以明教：召集大家一起演练以教育群众。㊵ 未闻弓矢之为禁：从未听说哪一代圣王曾下令禁止携

带弓箭。㊶且所为禁者二句：公孙弘之所以要提出禁止百姓携带弓箭，是因为盗贼拿着弓箭掠夺百姓。㊷攻夺之罪死：攻击劫夺百姓本来就是死罪。㊸大奸之于重诛二句：那些土匪强盗从来是不怕死的。重诛，严惩。㊹邪人挟之而吏不能止：禁止百姓携带弓箭的命令根本禁止不了坏人私带弓箭。㊺良民以自备而抵法禁：结果是让那些良民为自卫而携带弓弩反而成了犯法。抵，触犯。㊻是擅贼威而夺民救也：你这样做的结果是剥夺了良民自卫的武器，而让土匪强盗去专享弓箭的效用。擅，专享、独占。㊼难弘：用吾丘寿王的意思以责问公孙弘。㊽诎服：被问得张口结舌，无话可说。㊾意忌：多疑且又忌恨人。王念孙曰："意忌二字平列，意者，疑也。"㊿外宽内深：表面上宽和厚道，而内心里阴狠刻毒。51有隙：有怨恨；有过节。隙，旧怨。52阳与善：表面上装作与其关系良好。阳，意思通"佯"，假装。53后竟报其过：最后都是要对之进行报复。报其过，报旧仇。54董仲舒：武帝时期的著名儒生，以治《公羊传》闻名于世。董仲舒为人正直，事情详见《汉书·董仲舒传》。55以弘为从谀：认为公孙弘是一个巴结、讨好权贵的人。56胶西王端：刘端，景帝之子，武帝的异母兄，为人强暴凶悍，许多派往胶西（国都在今山东高密西南）的朝廷官吏都死在他手里。详情见《史记·五宗世家》。57数：屡屡。58所杀伤二千石：指朝廷派到胶西国去的二千石一级的官吏，如相、太傅、内史等官。59荐仲舒为胶西相：目的是借刀杀人。60以病免：意谓董仲舒当了一段时间的胶西相之后，自己推说有病辞职回家。61汲黯：武帝时期的直臣，敢于批评武帝推行的各种政策，是司马迁笔下受歌颂的人物。事情详见《史记·汲郑列传》。62毁儒：诽谤儒生；说儒家分子的坏话。63面触弘：当面顶撞公孙弘。64欲诛之以事：想找借口杀了他。65右内史界部中：右内史的管辖区域内。右内史是官名，也是政区名，景帝二年（公元前一五五年）由掌治京师的内史一分为二。右内史、左内史的治所都在长安（在今陕西西安西北）城内。66宗室：皇族。67难治：难以管理。68素重臣：一向受朝廷重视的大臣。素，平时、向来。69匈奴右贤王：匈奴单于部下的两个最高官长之一，通常都由单于的儿子或兄弟充任。右贤王居单于的东方，左贤王居单于的西方，协助单于进行统治。70朔方：汉郡名，郡治在今内蒙古乌拉特前旗东南。71车骑将军青：卫青，时任车骑将军之职。车骑将军是高级武官名，其地位仅次于大将军。72高阙：军事要塞名，在今内蒙古杭锦后旗东北。73卫尉苏建：苏建是西汉名臣苏武之父，时任卫尉之职。卫尉是统兵护卫宫廷的军事长官，当时有未央宫卫尉与长乐宫卫尉二人。74太仆：朝官名，九卿之一，主管为皇帝赶车。75代相李蔡：李蔡是西汉名将李广之弟，时任代相。此时的代王刘义，是文帝子刘参的后代。代国的都城在今山西晋阳西南。76皆领属车骑将军：都归车骑将军卫青统领。77大行：即大行令，也称"典客"，九卿之一，主管归附的少数民族事务。78岸头侯：封号名，封地在岸头乡。79右北平：汉郡名，郡治平刚（旧说在今辽宁凌源西南，经查，乃在内蒙古宁城之淀子乡）。80击匈奴：此时之匈奴首领为伊稚斜单于（公元前一二六至前一一五年在位）。81围右贤王：何焯曰，"右贤王怨汉侵夺其河南地，数侵扰朔方，此出专以击走右贤王，终前功也。前出云中而忽西，焉知不出朔方而忽东乎？亦令两将军出右北平者，缀单于，疑左贤王也”。⑧② 壮骑：精壮的骑兵。⑧③ 右贤裨王：右贤王手下的小王。裨王，师古曰：“小王，若言裨将也。”《史记·匈奴列传》谓匈奴官职有“二十四长”，这些人可以自置“千长、百长、什长、裨小王、相封、都尉、当户、且梁之属”。⑧④ 数十百万：师古曰，“数十万以至百万”。⑧⑤ 引兵而还：以上元朔五年（公元前一二四年）之卫青北伐匈奴，即通常所说的“奇袭右贤王庭之战”。高锐《中国军事史略》曰：“河南、漠南之战，是汉与匈奴大战的第一回合，事关全局。这一胜利达到了三个目的：一、正面推进，扩大战果，将匈奴主力逼往漠北，使其远离汉境；二、将匈奴左右部切断，以便分而制之；三、确保了河南地不再得而复失，根除了匈奴对长安的直接威胁。”“此一战役成功运用了避实就虚的战术，当时，匈奴左部势力强大，所以从汉朝东北进攻上谷、渔阳，而汉军却不在东方与匈奴主力硬拼，而是在正面乘虚攻取河南，出其不意，攻其不备，取得汉匈战争正面战场的胜利。”⑧⑥ 大将军：汉武帝设立的最高军官名，其下是车骑将军、卫将军，这些职位名义上是在丞相之下，其实权都在丞相之上。这是从武帝开始的西汉职官的一大变化。⑧⑦ 即：就。就其所在而封拜之，以见尊宠之极。⑧⑧ 四月乙未：四月初八。⑧⑨ 益封青八千七百户：元朔二年，卫青以收复河南之功被封为长平侯，食邑三千八百户，不久又追加三千户；至元朔五年大破右贤王，又益封八千七百户，累计已达一万五千五百户。⑨⓪ 封青三子伉、不疑、登皆为列侯：据《史记·卫将军骠骑列传》，青子伉被封为宜春侯，封地宜春，在今河南汝南西南；青子不疑被封为阴安侯，封地阴安，在今河南清丰北；青子登被封为发干侯，封地发干，在今山东冠县东南。⑨① 固谢：坚决推辞。⑨② 待罪：谦言自己任某职。“待罪行间”即谦言任该军统帅。⑨③ 诸校尉：指卫青属下各部长官。当时将军属下分若干部，各部的长官即校尉。⑨④ 襁褓：《史记正义》曰，“襁长尺二寸，阔八寸，以约小儿于背。褓，小儿被也”。这里极喻其诸子年龄之幼小。⑨⑤ 劝士：勉励全军将士。⑨⑥ 护军都尉：军官名，级别略同于校尉，在大将属下主管监护、协调诸部兵马。⑨⑦ 公孙敖：姓公孙名敖，卫青早年的朋友。⑨⑧ 合骑侯：《史记索隐》曰：“以战功为号，谓以军合骠骑，故云‘合骑’，若‘冠军’‘从骠’然也。”〖按〗此处之“合骑”意即“配合车骑将军”。⑨⑨ 韩说：刘邦功臣韩王信的曾孙，弓高侯韩颓当之孙，武帝男宠韩嫣之弟。事迹可参见《史记·韩信卢绾列传》。⑩⓪ 龙頟侯：封地龙頟，在今河北景县东。⑩① 公孙贺：武帝皇后卫子夫的姐夫。事迹详见《汉书·公孙贺传》。⑩② 南窌侯：封地南窌，具体方位不详。⑩③ 李蔡：汉代名将李广之弟。⑩④ 乐安侯：封地乐安，在今山东博兴东北。⑩⑤ 涉轵侯：封地涉轵，在今山东淄博之临淄西。⑩⑥ 随成侯：名号侯，无封地。⑩⑦ 从平侯：名号侯，无封地。⑩⑧ 关内侯：比列侯低一级，以其无封地，住在长安，故称关内侯。⑩⑨ 于群臣无二：在群臣中没有第二个。⑪⓪ 卑奉之：谦卑地尊奉他。⑪① 亢礼：行对等之礼。亢，通“抗”，相等、相当。⑪② 下大将军：尊崇大将军，自己甘处其下。⑪③ 拜：古代与人相见

的一种恭敬姿态，躬身九十度，头手相碰。⑭ 揖客：只拱手而不行拜礼的客人。揖，拱手。如拱手而兼弯腰则叫长揖。⑮ 反不重邪：难道就降低了他的身份吗？邪，通“耶”，反问语气词。⑯ 愈贤黯：越发觉得汲黯人品好。⑰ 数请问：屡屡向汲黯请教。⑱ 遇黯加于平日：对待汲黯的态度比以前更好。遇，对待。钟惺曰：“‘长揖大将军’，非难事也；独其言曰‘夫以大将军有揖客，反不重耶’，此语殊带婉转，安置大将军甚有地步，使人可思，不似戆者之言。而大将军闻，愈贤黯，请问国家朝廷所疑，亦隐然以‘社稷臣’待黯也。黯虽亢直，好面折人过，然皆有一段至诚，达于面目，故虽不甚合于主，不甚悦于时，亦未有以害之。无其诚而效其戆，未有不殆者也。”⑲ 上踞厕而视之：坐在厕所和他说话。视，这里是接见、说话的意思。《史记集解》引如淳曰：“厕，音侧，谓床边，踞床视之。一云，溷厕也。”〖按〗后说是，“厕”即指厕所。钱锺书《管锥编》云：“踞厕接见大臣，亦西方帝皇旧习，蒙田所谓据厕牏宝座，处理机要；并有入厕面君特许状，颁与重臣，俾于溷圊得便宜如宣室之觐。”⑳ 燕见：平常时候的入宫求见，与朝会相对而言。燕，通“晏”，安闲、安乐。㉑ 或时不冠：有时不戴帽子，以见其随便之状。㉒ 武帐：四周陈列武器的帷帐。《史记集解》引应劭曰：“织成帐为武士像也。”又引孟康曰：“今御武帐，置兵阑五兵（矛、戟、钺、楯、弓矢）于帐中。”《汉书补注》引沈钦韩曰：“帐置五兵，盖以兰锜围四垂，天子御殿之制如此。有灾变，避正殿，寝兵，则不坐武帐也。”㉓ 可其奏：同意他所请示的事情。杨慎曰：“将言望见黯避帐中，故先从卫青、弘常日见时说来，如此则前所谓尊重，后所谓封侯，皆有不足道矣。”㉔ 盖闻：我听古人说。盖，发语词。㉕ 导民以礼：用礼引导、教育黎民百姓。㉖ 风之以乐：用乐陶冶、感化黎民百姓。〖按〗《论语·为政》有所谓“道之以政，齐之以刑，民免而无耻；道之以德，齐之以礼，有耻且格”，汉武帝此诏酌用其意。㉗ 闵：伤心；惋惜。㉘ 其令礼官：命令主管礼仪的长官。“其”字是发语词，表示祈请、命令的口气。礼官是掌管礼仪、教化的长官，即九卿之一的太常。㉙ 劝学兴礼：即按照儒生的说法兴办教育、倡导礼乐。劝，鼓励。㉚ 为天下先：为整个社会起带头作用。㉛ 博士官：一种是帝王身边的参谋顾问人员，一种是太学里的教官，这里是指后者。自汉武帝实行尊儒以来，太学里设有五经博士，分别讲授儒家的各种“经典”。㉜ 弟子：太学里的生员。㉝ 复其身：免除这些生员本人的赋税徭役。㉞ 第其高下：按照他们学习成绩的优劣不同。第，等级，这里用如动词。㉟ 以补郎中、文学、掌故：按其成绩优劣分别派去充任郎中、文学、掌故等职。郎中，皇帝身边的低级侍从人员，上属郎中令。文学，掌握某门儒家学问在中央或地方官府服务的文职人员。掌故，熟悉儒家典籍，能为人提供咨询的小官。㊱ 即有秀才异等：如果发现特别优秀的人才。即，若、假如。秀才异等，即成绩特别突出者。㊲ 辄以名闻：要随时将其姓名上报朝廷。㊳ 其不事学若下材：对于那些不努力学习或是素质低下的人。不事学，不好好学、不以学习为事。若，或者。下材，材质低下。㊴ 罢之：取消其学习资格。㊵ 吏通一艺以上者：对于那些业余自学，精通一门以上儒家学问的各级政府官吏。艺，指《诗》《书》《易》《礼》《春秋》等儒家的各门学问。[141] 皆选择以补右职：都把他们选拔出来委派以更高的官职。右职，级别更高的官职。[142] 自此公卿、大夫、士、吏彬彬多文学之士矣：从此上自朝廷的衮衮诸公，下至地方上的斗食小吏，一概全都儒化了。彬彬，温文尔雅的样子。《文心雕龙·时序》曰："逮孝武崇儒，润色鸿业，礼乐争辉，辞藻竞骛。柏梁展朝宴之诗，金堤制恤民之咏。应对固无方，篇章亦不匮，遗风余采，莫与比盛。"[143] 代：汉郡名，郡治在今河北蔚县东北之代王城，当时的代郡属于代国。[144] 都尉：驻守代郡的军事长官，兼掌该郡之军事。[145] 略：意思同"掠"，夺取、抢夺。[146] 淮南王安：刘安，刘邦的儿子老淮南王刘长之子。事迹详见《史记·淮南衡山列传》。[147] 好读书属文：属文，即写文章。属，连缀。《汉书》本传称刘安"招致宾客方术之士数千人，作为《内书》二十一篇，《外书》甚众（即所谓《淮南子》）。又有《中篇》八卷，言神仙黄白之术，亦二十余万言。时武帝方好艺文，以安属为诸父，辩博，善为文辞，甚尊重之。每为报书及赐，常召司马相如等视草乃遣。初，安入朝，献所作《内篇》新出，上爱秘之。使为《离骚传》，旦受诏，日食时上之。又献《颂德》及《长安都国颂》。每宴见，谈说得失及方技赋颂，昏暮然后罢"。[148] 喜立名誉：好沽名钓誉。[149] 轻薄士：不讲道德而一味追逐名利、喜欢生事的人。[150] 厉王迁死：厉王名长，即淮南王刘安之父，厉字是其死后的谥。迁，发配。刘长因谋反罪被文帝发配，饿死于途中。[151] 感激安：刺激、煽动刘安。[152] 建元六年：公元前一三五年。[153] 彗星见：古人以为彗星出现预示国家将有大的变乱，是凶险的征兆，故历史家将其书之于史。见，通"现"。[154] 或：有人。[155] 吴军时：当年吴楚七国兴兵造反之时。事在景帝三年。[156] 竟天：从天空的这头到那头。[157] 益治：渐渐准备。治，收拾，打造。[158] 郎中雷被：刘安的侍从人员，姓雷名被。[159] 获罪于太子迁：雷被在与淮南王太子刘迁比剑时曾失手刺中刘迁，故刘迁恨之。[160] 时有诏：朝廷当时有明文规定。[161] 欲从军者辄诣长安：各诸侯国凡是愿意从军往讨匈奴的人都可以自行到汉王朝的首都长安去，任何人不得阻拦。欲从军，想应募当兵。辄诣长安，可以自行到长安报名。诣，到。[162] 被即愿奋击匈奴：雷被遂提出愿应募从军去讨伐匈奴。[163] 恶被于王：向淮南王说雷被的坏话。[164] 斥免之：罢免了雷被的职务，也不准他前往长安参军。[165] 欲以禁后：想通过罢斥雷被以禁止人们随意离开淮南到长安应

---

## 【原文】

## 六年（戊午，公元前一二三年）

春，二月，大将军青出定襄[204]，击匈奴。以合骑侯公孙敖为中将军[205]，太仆公孙贺为左将军[206]，翕侯赵信为前将军，卫尉苏建为右将军，郎中令[207]李广为后将军，左内史李沮为强弩将军，咸属大将军。斩首

募从军。⑯亡之长安：偷偷地跑到了长安。亡，潜逃。⑯自明：将自己的实际情况报告了朝廷。⑱事下廷尉治：朝廷将雷被的诉状交由廷尉调查处理。廷尉，九卿之一，国家的最高司法长官。⑲踪迹连王：查来查去，事情牵连到了淮南王。踪迹，用如动词，即追查。⑳请逮捕治王：请求将刘安逮捕到长安查办。⑪令人：令自己的亲信。⑫有非是：有对王不利的情况。⑬中尉宏：汉王朝的中尉殷宏。中尉是主管首都治安的长官。〖按〗据《汉书·百官公卿表》，此人乃是殷容，则"宏"或当作"容"。⑭即讯王：到淮南国的都城寿春来对刘安进行盘问、调查。这是一种比较宽容的做法。⑮不发：没有动手袭杀汉中尉。⑯公卿奏：参与审理淮南案件的公卿们上奏朝廷。⑰壅阏：同"壅遏"，压制，拦阻。⑱格明诏：对抗皇帝的诏令。格，阻挡，不执行。《史记索隐》引崔浩曰："诏书募击匈奴，而壅遏应募者，汉律所谓'废格'。"⑲弃市：处死。处死于市，以明与世人共弃之。⑳诏削二县：武帝不从众议，只是削减了淮南国的两个县，以示惩罚。⑱反见削地：反而被朝廷削减了国土。见，被。⑱衡山王赐：刘赐，老淮南王刘长之子，刘安之弟。文帝十六年（公元前一六四年）与刘安同时受封为王。⑱相责望礼节：彼此怪罪对方对自己失礼。⑱间不相能：有隔阂，彼此合不来。间，隙、隔阂。不相能，即"不相得"，合不来。⑱恐为所并：怕被淮南国所吞并。⑱为反具：准备造反需要的东西。⑱以为淮南已西：意思是等候淮南王造反率军杀向汉王朝之后。⑱定江、淮之间而有之：趁机将今安徽、江苏一带地区占为已有。⑱谮太子爽于王：在衡山王面前说太子的坏话。谮，谗毁，在权势者面前说人坏话。太子爽，淮南王的太子刘爽，乃前王后乘舒所生的长子。⑲其弟孝：太子爽的胞弟刘孝。⑲佩孝以王印：让刘孝身佩淮南王印。⑲逆计：反叛朝廷的计谋。⑲日夜从容劝之：一天到头地怂恿、鼓动衡山王父子造反。劝，鼓励、鼓动。⑲江都：汉县名，县治在今江苏扬州南。⑲輣车：兵车。⑲锻矢：金属制成的利箭。⑲当入朝：按规定应进京朝见皇帝。⑲过淮南：到淮南国访问。过，过访。⑲乃昆弟语：以亲兄弟的身份进行了畅谈。昆弟，兄弟。⑳除前隙：消除了以往的隔阂。隙，隔阂，过节。㉑约束反具：商定好共同制作造反用具。师古曰："共契约为反具。"㉒谢病：向朝廷道歉称病。㉓上赐书不朝：皇帝给予回信，允许其不必入朝。

---

## 【语译】

### 六年（戊午，公元前一二三年）

春季，二月，大将军卫青率军从定襄出发攻打匈奴。任命合骑侯公孙敖为中将军，任命太仆公孙贺为左将军，翕侯赵信为前将军，卫尉苏建为右将军，郎中令李广为后将军，左内史李沮为强弩将军，全都归属大将军卫青指挥。此次出兵，共斩

数千级[208]而还，休士马于定襄、云中、雁门。

赦天下。

夏，四月，卫青复将六将军出定襄，击匈奴，斩首虏[209]万余人。右将军建、前将军信并军三千余骑独逢单于兵[210]，与战一日余，汉兵且尽[211]。信故胡小王[212]，降汉，汉封为翕侯[213]。及败，匈奴诱之，遂将其余骑可八百降匈奴[214]。建尽亡[215]其军，脱身亡[216]，自归大将军。

议郎周霸[217]曰："自大将军出[218]，未尝斩裨将[219]。今建弃军，可斩，以明将军之威。"军正闳[220]、长史安[221]曰："不然。兵法：'小敌之坚，大敌之禽也[222]。'今建以数千当单于数万，力战一日余。士尽，不敢有二心，自归，而[223]斩之，是示后无反意[224]也，不当斩。"大将军曰："青幸得以肺腑[225]待罪行间，不患无威，而霸说我[226]以明威，甚失臣意[227]。且使臣职虽当斩将[228]，以臣之尊宠，而不敢自[1]擅诛于境外[229]，而具归天子[230]。天子自裁之，于以见为人臣不敢专权[231]，不亦可乎？"军吏皆曰："善。"遂囚建诣行在所[232]。

初，平阳县吏霍仲孺[233]给事平阳侯家[234]，与青姊卫少儿[235]私通，生霍去病。去病年十八，为侍中，善骑射，再从[236]大将军击匈奴，为票姚校尉[237]。与轻骑勇[238]八百，直弃大军[239]数百里赴利[240]，斩捕首虏过当[241]。于是天子曰："票姚校尉去病，斩首虏二千余级，得相国、当户[242]，斩单于大父行[243]藉若侯产[244]，生捕季父罗姑比[245]，再冠军[246]，封去病为冠军侯[247]。上谷[248]太守郝贤四从大将军，捕斩首虏二千余级，封贤为众利侯[249]。"

是岁失两将军[250]、亡翕侯[251]，军功不多，故大将军不益封[252]，止赐千金。右将军建至[253]，天子不诛，赎为庶人[254]。

单于既得翕侯，以为自次王[255]，用其姊妻之[256]，与谋汉[257]。信教单于益北绝幕[258]，以诱罢[259]汉兵，徼极而取之[260]，无近塞[261]。单于从其计。

杀了匈奴几千人，撤军后，就近将军马屯驻在定襄、云中、雁门一带休整。

大赦天下。

夏季，四月，卫青再次率领六位将军从定襄出发攻打匈奴，斩杀、俘获了匈奴一万多人。右将军苏建、前将军赵信合兵一处共有三千多名骑兵，与匈奴单于的骑兵相遇，双方激战了一天多，汉兵伤亡殆尽。赵信原本是匈奴的小王，后来投降了汉朝，汉朝封他为翕侯。此次兵败，匈奴诱降赵信，赵信便带领自己手下所剩的大约八百名骑兵投降了匈奴。苏建则全军覆没，只身一人逃回到大将军卫青的帐下。

议郎周霸说："自从大将军出征以来，从来没有斩杀过副将。现在右将军苏建所率领的军队全军覆没，可以将他斩首，以显明将军的威严。"军正闳、长史安反驳说："你说得不对。《兵法》上说：'军事力量对比悬殊，力量弱小的一方即使顽强作战，终究会被势力强大的一方所消灭。'如今苏建以数千名骑兵抵挡匈奴单于的数万名骑兵，英勇作战一天多。士兵丧尽，不敢对朝廷有二心，虽然是自己逃回，如果将他斩首，就是在告诉后人以后打了败仗不要再逃回来，所以不应该将苏建斩首。"大将军卫青说："我有幸以皇帝的心腹之臣在军队中任职，并不担心没有威严，而周霸却劝说我以杀死苏建的方式树立自己的威严，这严重违背了我的想法。而且即使我身为大将军有权斩杀将领，但就凭皇帝对我的恩宠，我也不敢擅自在边境以外行使诛杀大权，而应该把他带回去交给皇帝。由皇帝亲自裁决，用来表明为臣的不敢专权，这不是也可以吗？"军吏都说："好。"于是将苏建囚禁起来，押送到汉武帝那里听候皇帝裁决。

当初，担任平阳县吏的霍仲孺在平阳侯家供职的时候，与卫青的姐姐卫少儿私通，生了霍去病。霍去病十八岁的时候，便担任了侍中，他擅长骑马射箭，曾经两次跟从舅父大将军卫青与匈奴作战，被提拔为骠姚校尉。他率领八百名精锐的骑兵，独自离开大军几百里去寻找有利的战机，他所斩杀捕获的敌人数量超过了自己军队损失的数量。于是武帝说："骠姚校尉霍去病，斩杀、俘获了两千多名敌人，还抓获了匈奴的相国、当户，杀死了单于祖父辈的藉若侯产，活捉了匈奴单于的小叔父罗姑比，他的功劳两次盖过全军。封霍去病为冠军侯。上谷太守郝贤四次跟随大将军卫青出战，抓获、斩杀的敌人共计两千多人。封郝贤为众利侯。"

这一年，损失了两位将军，加上翕侯赵信逃归匈奴，军队建立的功劳不多，所以没有加封大将军卫青，只赏赐给他一千斤黄金。右将军苏建被押回到长安后，汉武帝没有诛杀他，让他的家人出钱将他赎回，贬为平民。

匈奴单于得到翕侯赵信，就提拔他做了次王，地位仅次于单于，匈奴单于还把他的姐姐嫁给翕侯赵信为妻，与赵信共同谋划对付汉朝的办法。赵信建议单于向北方撤退，撤退到瀚海沙漠以北的地方去，以诱使汉朝的军队进入沙漠深处，等到汉军极度疲劳的时候，再出兵袭击，必定能够战胜汉军，而不要靠近两国的边塞作战。单于采纳了赵信的建议。

是时，汉比岁[262]发十余万众击胡，斩捕首虏之士受赐黄金二十余万斤[263]。而汉军士马[264]死者十余万，兵甲[265]、转漕[266]之费不与[267]焉。于是大司农经用竭[268]，不足以奉[269]战士。六月，诏令民得买爵[270]及赎禁锢[271]，免臧罪[272]。置赏官[273]，名曰武功爵[274]，级十七万，凡直三十余万金[275]。诸买武功爵至千夫者，得先除为吏[276]。吏道杂而多端[277]，官职耗废[278]矣。

**元狩元年（己未，公元前一二二年）**

冬，十月，上行幸雍[279]，祠五畤[280]，获兽，一角而足有五蹄[281]。有司言："陛下肃祗郊祀[282]，上帝报享[283]，锡[284]一角兽，盖麟云[285]。"于是以荐[2]五畤[286]，畤加一牛以燎[287]。久之，有司又言："'元'宜以天瑞命，不宜以一二数[288]。一元曰'建'[289]，二元以长星曰'光'[290]，今元以郊得一角兽曰'狩'[291]云。"于是济北王[292]以为天子且封禅[293]，上书献泰山及其旁邑[294]。天子以他县偿之[295]。

淮南王安与宾客左吴等日夜为反谋，按舆地图[296]，部署兵所从入[297]。诸使者[298]道长安来[299]，为妄言，言"上无男[300]，汉不治[301]"，即喜；即[302]言"汉廷治，有男"，王怒，以为妄言，非也[303]。

王召中郎伍被[304]与谋反事，被曰："王安得此亡国之言[305]乎！臣见宫中生荆棘，露沾衣也[306]。"王怒，系伍被父母[307]，囚之三月，复召问之。被曰："昔秦为无道，穷奢极虐，百姓思乱者，十家而六七。高皇帝起于行陈[308]之中，立为天子[309]，此所谓蹈瑕候间[310]，因秦之亡而动[311]者也。今大王见高皇帝得天下之易也，独不观近世之吴、楚[312]乎？夫吴王[313]王四郡[314]，国富民众，计定谋成[315]，举兵而西[316]。然破于大梁[317]，奔走而东[318]，身死祀绝[319]者何？诚逆天道而不知时也。方今大王之兵，

当时，汉朝连年征调十余万人与匈奴作战，汉武帝赏赐给那些杀敌立功的有功将士的黄金就多达二十多万斤。而汉军将士、马匹死亡的各有十多万，水陆运输、武器装备的费用还不计算在内。于是大司农所管辖的国库中钱财已经用尽，再也没有能力供应军队作战的需要。六月，汉武帝下诏允许民间花钱或向国家缴纳粮食来购买爵位，可以用钱粮赎免禁锢，用钱粮可以减刑或全部免罪。特别设置了十一级爵位作为赏官，统称为武功爵，如果花钱购买，每级最低卖价十七万钱，卖爵所得总价值达三十余万钱。有人购买爵位，一下就买到第七级千夫，这样的人就优先被提升为官吏。做官的渠道既杂又多，选拔官吏的制度从此陷于混乱。

**元狩元年（己未，公元前一二二年）**

冬季，十月，武帝巡视雍县，在五座祭天的坛台祭祀上天，捕获了一只怪兽，这只怪兽长着一个犄角，却有五个蹄子。有关管理部门的官吏向汉武帝报告说："陛下恭恭敬敬地在五畤祭祀上帝，上帝酬答陛下的祭享，所以赐给陛下一只独角兽，大概是麒麟。"于是把这只独角兽进献给五畤祠，祭祀时给每个畤的祭品又增加了一头牛，并举行了烧柴祭天仪式。过了一段时间，有关部门的官吏又建议说："年号名称应该以天降的祥瑞命名，不应该用一、二、三……的顺序数字计数。您的第一个年号称作'建元'，第二个年号因为有长星出现，所以称为'元光'，如今郊外祭祀又获得一只独角兽，所以应该将年号改称为'元狩'。"此时济北王刘胡以为汉武帝将要到泰山进行封禅活动，于是向汉武帝上书，表示愿意把泰山及其旁边的县邑贡献给朝廷。汉武帝很高兴，于是就把其他地方的县划给刘胡作为补偿。

淮南王刘安与宾客左吴等人日夜紧锣密鼓地策划谋反，根据地形图研究部署军队应该从哪里进入函谷关。他所派往长安的诸位使者从长安回来，便在刘安面前胡言乱语起来，有人对淮南王刘安说"武帝到现在还没有男孩，朝廷内部也很不稳定"，淮南王刘安听了就会立即高兴起来；如果有人说"汉朝治理得很好，武帝后继有人"，淮南王就会发怒，认为是一派胡言，不是实情。

淮南王刘安将担任中郎职务的伍被找来商量谋反的事情，伍被吃惊地说："大王怎么竟敢说出如此大逆不道、足以招致亡国的言论呢！我将要看见王宫之中长满荆棘、露水打湿衣裳了。"淮南王刘安大怒，立即派人将伍被的父母捆绑了，送入监狱囚禁起来，过了三个月，淮南王又把伍被找来商议反叛的事情。伍被说："以前秦王朝无道，穷奢极欲，凶残暴虐，百姓当中十家就有六七家想要造反。高皇帝刘邦崛起于行伍之间，建立了汉朝，成为大汉天子，这就是所说的等待有利时机，看到了秦朝将要灭亡的征兆而后采取行动，所以取得了成功。如今大王只看到高皇帝得天下很容易，难道您就没有看见近世吴、楚谋乱失败的下场吗？当时吴王刘濞统治着四个郡，王国之内国富民强，加之计划早定、谋划周密，然后才发动军队向西进攻。然而在梁国那里就被打得大败，仓皇向东逃走，最后身死异地、国家灭亡，是什么原因呢？是因为违背上天的旨意而没有看清形势啊。如今大王的军队，

众不能十分吴、楚之一[320]；天下安宁，万倍吴、楚之时。大王不从臣之计[321]，今见[322]大王弃千乘之君[323]，赐绝命之书[324]，为群臣先死于东宫[325]也。”王涕泣而起[326]。

王有孽子不害[327]，最长。王弗爱，王后、太子皆不以为子、兄数[328]。不害有子建[329]，材高有气[330]，常怨望[331]太子，阴使人告太子谋杀汉中尉事[332]，下廷尉治[333]。

王患之[334]，欲发，复问伍被曰：“公以为吴兴兵[335]是邪非邪[336]？”被曰：“非也。臣闻吴王悔之甚[337]，愿王无为吴王之所悔。”王曰：“吴何知反[338]？汉将一日过成皋者四十余人[339]。今我绝[340]成皋之口，据三川之险[341]，招山东之兵[342]，举事如此。左吴、赵贤、朱骄如[343]皆以为什事九成，公独以为有祸无福，何也？必如公言，不可徼幸[344]邪？”被曰：“必不得已，被有愚计。当今诸侯无异心，百姓无怨气。可伪为丞相、御史请书[345]，徙郡国豪杰高赀于朔方[346]，益发甲卒急其会日[347]。又伪为诏狱书[348]，逮诸侯太子、幸臣[349]。如此，则民怨，诸侯惧。即使辩士随而说之[350]，傥可徼幸什得一乎[351]！”王曰：“此可也。虽然，吾以为不至若此[352]。”

于是王乃作皇帝玺，丞相、御史大夫、将军、军吏、中二千石[353]及旁近郡[354]太守、都尉[355]印，汉使节[356]。欲使人伪得罪而西[357]，事大将军[358]。一日[359]发兵，即刺杀大将军。且曰：“汉廷大臣，独汲黯好直谏，守节死义[360]，难惑以非[361]。至如说丞相弘等[362]，如发蒙振落[363]耳！”

王欲发国中兵，恐其相、二千石[364]不听，王乃与伍被谋，先杀相、二千石。又欲令人衣求盗衣[365]，持羽檄[366]从东方来[367]，呼曰：“南越[368]兵入界！”欲因以发兵[369]。

会[370]廷尉逮捕淮南太子[371]，淮南王闻之，与太子谋，召相、二千

论数量不及吴、楚军队的十分之一；而现在天下的稳定程度，与吴、楚谋乱之时相比要稳定一万倍。大王如果不听从我的建议，放弃谋反的念头，我将马上会看到拥有千辆战车的强大淮南国被消灭，被勒令自杀的诏书送到大王的面前，大王恐怕比群臣还要先死于东宫。”淮南王刘安听后泪流满面地站起身来。

淮南王刘安的庶子刘不害，年龄最大。淮南王不喜欢他，王后不把他当作儿子看待，太子刘迁也不把他当作兄长看待。而刘不害的儿子刘建，却又很有才干、有豪气，他心里怨恨太子刘迁，就暗地里派人向汉武帝告发淮南王太子刘迁谋杀朝廷中尉的事情，汉武帝将此事交付廷尉查办。

淮南王对此事感到很担忧，就想马上发兵造反，他再次询问伍被说：“你认为吴王举兵谋反，是对呢，还是错呢?”伍被回答说：“错。我听说吴王后悔得很，希望大王不要做使吴王感到后悔的那种事情。”淮南王刘安说：“吴王哪里懂得如何举兵谋反的事情？汉将一日之中经过成皋的有四十多人。如今我派兵把守住成皋关口，占据伊水、洛水、黄河三川交汇处的险要，号召函谷关以东各诸侯国一起起兵，如此部署，获胜的把握就很大。左吴、赵贤、朱骄如都认为事情有九成成功的把握，只有你认为是祸不是福，为什么呢？难道真的像你说的那样，不存在侥幸成功的可能吗?”伍被说：“如果迫不得已必须起兵造反的话，我倒有一个计策。如今诸侯对朝廷没有二心，百姓对朝廷没有怨气。我们可以伪造一封丞相、御史联名呈送皇帝的意见书，书中建议皇帝把各郡、诸侯国中有影响力的杰出人物与财产多的人家全都搬迁到朔方郡居住，还要多派全副武装的士兵进行紧急押送，并将搬迁的日期规定得很急。再伪造一份皇帝下令查办重大案件的文书，逮捕一些诸侯国的太子、宠臣。这样一来，就会使百姓心生怨恨，诸侯产生恐惧。再派能言善辩之人去游说各诸侯王，或许能够有十分之一成功的希望!”淮南王说：“这个主意可行。即使这样，我认为也没有你所说的那么艰难吧。”

于是，淮南王开始制造皇帝玉玺，以及丞相、御史大夫、将军、军吏、中二千石以及附近郡太守、都尉的印章，汉朝使臣的符节。又想派人假装犯罪向西逃往京师，投靠大将军卫青。等淮南一旦发兵，就把大将军卫青刺死。淮南王刘安又说：“汉朝的大臣当中，只有汲黯一人敢于直谏，恪守臣节，能为维护正义而不怕死，难以用非法的言辞诱惑他。至于说服丞相公孙弘等人归顺淮南，就像揭开蒙在脸上的面纱、摇落树上的枯叶一样容易!”

淮南王想调动国中军队谋反，又担心朝廷委派的丞相以及俸禄在二千石以上的高官们不服从，淮南王就与伍被密谋，先杀掉丞相和俸禄在二千石以上的朝廷官员。又使人穿上只有抓捕盗贼的小吏才穿的衣裳，手持插有羽毛的紧急文书从东方来，大声喊叫说：“南越兵侵入边界啦!”想以此作为发兵的借口。

正好碰上廷尉奉汉武帝之命前来逮捕淮南王太子刘迁，淮南王听到消息，急忙

石，欲杀而发兵。召相，相至，内史、中尉[372]皆不至。王念[373]独杀相无益[374]也，即罢相[375]。王犹豫，计未决[376]。太子即自刭[377]，不殊[378]。

伍被自诣吏[379]，告与淮南王谋反踪迹[380]如此。吏因捕太子、王后，围王宫，尽求捕[381]王所与谋反宾客在国中者，索得反具[382]以闻[3]上[383]。下公卿治其党与[384]，使宗正[385]以符节治王[386]。未至[387]，十一月[4]，淮南王安自刭。杀王后荼、太子迁，诸所与谋反者皆族[388]。

天子以伍被雅辞[389]，多引汉之美[390]，欲勿诛。廷尉汤[391]曰："被首为王画反计[392]，罪不可赦。"乃诛被。侍中庄助[393]素与淮南王相结交，私论议[394]，王厚赂遗[395]助。上薄其罪[396]，欲勿诛。张汤争[397]，以为："助出入禁门[398]，腹心之臣[399]，而外与诸侯交私如此，不诛，后不可治[400]。"助竟弃市。

衡山王上书，请废太子爽[401]，立其弟孝为太子。爽闻，即遣所善白赢之[402]长安上书，言"孝作輣车、锻矢，与王御者[403]奸"，欲以败孝[404]。会有司捕所与淮南王谋反者，得陈喜于衡山王子孝家[405]。吏劾孝首匿喜[406]。孝闻律"先自告，除其罪"[407]，即先自告所与谋反者枚赫、陈喜等[408]。公卿请逮捕衡山王治[409]之，王自刭死，王后徐来、太子爽及孝皆弃市，所与谋反者皆族。

凡[410]淮南、衡山二狱，所连引列侯、二千石、豪杰等，死者数万人。

夏，四月，赦天下[411]。

丁卯[412]，立皇子据[413]为太子，年七岁。

五月乙巳晦[414]，日有食之。

匈奴万人入上谷，杀数百人。

初，张骞自月氏还[415]，具[416]为天子言西域[417]诸国风俗："大宛[418]在

与太子刘迁商议，决定召集丞相和俸禄在二千石以上的官员，先把他们杀掉，然后起兵造反。他们召丞相，丞相来了，召内史、中尉，内史、中尉都不肯来。淮南王想，只杀掉丞相一个人，于事无补，于是就将丞相放了回去。淮南王此时还在犹豫不决。太子见情势紧急，立即拔剑自刭，却自杀未遂。

伍被主动到朝廷特使那里投案自首，将淮南王谋反的前前后后如此这般地详细交代了一番。于是朝廷特使派人逮捕了太子、王后，包围了王宫，并在淮南国内大肆搜捕参与淮南王谋反的那些宾客，并搜索到了淮南王刘安准备谋反的物资器械，于是将这些谋反的证据上报朝廷。汉武帝将淮南王的党羽交付公卿大臣处置，又派遣宗正手持符节前往淮南国当面审问刘安造反的情形。宗正在到达淮南国的都城寿春之前，十一月，淮南王刘安就已经自刭身亡了。于是处死了王后荼、太子刘迁，那些参与淮南王谋反的全部遭到灭族的惩罚。

武帝因为伍被在供词中有许多赞美汉朝的好话，就不想杀死他。廷尉张汤说："是伍被首先为淮南王谋反出谋划策，其罪不可赦。"于是武帝下令诛杀了伍被。侍中庄助平时与淮南王私交很深，曾经私下里议论过事情，淮南王也赠送给庄助很多钱物。武帝认为庄助的罪行并不很严重，也不想将他处死。张汤又极力谏诤，认为："庄助出入宫门，是皇帝的心腹之臣，而在外面却与诸侯王有如此深厚的私交，如果此次不杀，以后将无法治理。"庄助最后也在闹市中被斩首示众。

衡山王刘赐上书给汉武帝，请求废掉太子刘爽，改立次子刘孝为太子。刘爽听到父王想要废掉自己而立刘孝的消息后，就立即派自己的好朋友白嬴到京师长安给皇帝上书，说"刘孝制作战车、打造箭矢，还与父王的侍婢通奸"，想以此败坏刘孝的名声。正好朝廷派遣专使前来逮捕参与淮南王谋反的人，竟意外地在衡山王的儿子刘孝家里抓获了淮南王的党羽陈喜。官吏于是弹劾刘孝是藏匿陈喜的首犯。刘孝听说朝廷律法规定"如能自己坦白并揭发别人，就可以免除自己之罪"，于是就去自首，揭发检举出参与谋反的枚赫、陈喜等人。公卿大臣向武帝请求逮捕衡山王，将衡山王治罪，衡山王得知消息后自刭而死，王后徐来、太子刘爽以及刘孝都被斩于闹市示众，凡是参与谋反的全都被灭族。

被淮南、衡山两桩大案所牵连而被诛杀的列侯、二千石，以及郡县豪强等，总计有数万人之多。

夏季，四月，大赦天下。

四月二十一日丁卯，册立皇子刘据为太子，当时刘据年仅七岁。

五月最后一天三十日乙巳，发生日食。

匈奴一万人侵入上谷郡，杀死了数百人。

当初，张骞从月氏出使回来，详细地为汉武帝介绍了西域各国的风俗习惯，张骞

汉正西可万里[419]。其俗土著[420]，耕田。多善马[421]，马汗血[422]。有城郭、室屋，如中国。其东北则乌孙[423]，东则于阗[424]。于阗之西，则水皆西流注西海[425]；其东，水东流注盐泽[426]。盐泽潜行地下，其南则河源出焉[427]。盐泽去长安可五千里。匈奴右方[428]居盐泽以东[429]，至陇西长城[430]，南接羌[431]，鬲汉道[432]焉。乌孙、康居[433]、奄蔡[434]、大月氏，皆行国，随畜牧[435]，与匈奴同俗。大夏[436]在大宛西南，与大宛同俗。臣在大夏时，见邛竹杖[437]、蜀布[438]，问曰：‘安得此[439]？’大夏国人曰：‘吾贾人往市之身毒[440]。’身毒在大夏东南可数千里，其俗土著，与大夏同。以骞度[441]之，大夏去汉万二千里，居汉西南。今身毒国又居大夏东南数千里，有蜀物，此其去蜀不远[442]矣。今使大夏[443]，从羌中，险，羌人恶之[444]；少北，则为匈奴所得[445]。从蜀，宜径，又无寇[446]。”

天子既闻大宛及大夏、安息[447]之属皆大国，多奇物，土著，颇与中国同业[448]，而兵弱，贵汉财物[449]。其北有大月氏、康居之属，兵强，可以赂遗设利朝[450]也。诚得而以义属之[451]，则广地[452]万里，重九译，致殊俗[453]，威德遍于四海[454]。欣然以骞言为然，乃令骞因蜀、犍为发间使[455]王然于[456]等四道并出[457]。出駹[458]，出冉[459]，出徙[460]，出邛僰[461]：指求身毒国[462]，各行一二千里。其北方闭氐、莋[463]，南方闭巂、昆明[464]。昆明之属[465]无君长，善寇盗，辄杀略汉使，终莫得通[466]。于是汉以求身毒道[467]，始通滇国[468]。滇王当羌[469]谓汉使者曰：“汉孰与我大[470]？”及夜郎侯亦然[471]。以道不通，故各自以为一州主，不知汉广大。使者还，因盛言[472]滇大国，足事亲附[473]。天子注意[474]焉，乃复事西南夷[475]。

说:“大宛国在汉朝的正西方，距离大约有一万里。那里的人世代定居，以耕种田地为生。那里出产很多的良种马，马身上出的汗，颜色如同鲜血一样，被称为汗血马。那里也有城郭、房舍、村落，跟中国一样。大宛国的东北是乌孙国，乌孙国的东边是于阗国。于阗国以西，河流都向西流入西海；于阗国以东，水向东流入盐泽。盐泽的水都是从地底下潜流，再往南，就是黄河的源头。盐泽距离长安大约五千里。盐泽以东是匈奴右贤王管辖的地方，东部与陇西长城交界，南部与羌族所占领的地区相连接，正好隔绝了汉朝与西域的相通之道。乌孙、康居、奄蔡、大月氏，都是游牧民族，没有固定居所，随牲畜而迁移，与匈奴的风俗一样。大夏国在大宛国的西南，与大宛国风俗一样。我在大夏的时候，看见了邛都出产的竹手杖，还有蜀地织的布，我问他们:‘从哪里得到这些物品?’大夏国的人告诉我说:‘是我国的商人从身毒买回来的。’身毒在大夏国东南大约几千里远的地方，世代定居，与大夏的风俗相同。按我估计，大夏国距离汉朝大约有一万二千里，位置在汉朝的西南。如今身毒国又在大夏国东南数千里，有蜀郡出产的物品，大概距离蜀郡不会很远。如今出使大夏国，如果从羌族人居住的地方通过，会很危险，因为羌人不欢迎我们；稍微往北一点，就是匈奴的地界，会被匈奴擒获。如果从蜀郡前往西域，应当是最近便的，路上又无盗贼拦截。”

汉武帝听说大宛国以及大夏国、安息国这类国家都是大国，又盛产奇异物品，有城郭、居室，跟中国一样以耕种为业，而兵力又弱，又都很看重汉朝的物品。他们的北边有大月氏、康居这样的国家，军事力量很强大，可以用汉朝的财富贿赂他们，诱使他们来归附汉朝。假如可以不用战争而以怀柔政策使他们成为附属国，那么就可以使汉朝扩大上万里的疆土，通过多重翻译，把不同风俗国家的使者或君主都招致到中国来，可以使自己国家的国威和声望遍布于天下。汉武帝非常高兴，完全赞同张骞的看法，于是命令张骞就近从蜀郡、犍为郡派出秘密使节负责办理此事，张骞、王然于等人分成四路同时出发：有的穿越駹国，有的经由冉国，有的经过徙国，有的取道邛僰，目标都是指向身毒国。他们各路都前进了一二千里。由北路出发的使者在经过氐部落、莋部落时被挡住无法通过，从南路出发的使者被嶲、昆明两个少数民族部落挡住。名为“昆明”的少数民族历来没有君主，擅长于寇盗抢劫，他们经常劫掠杀害汉朝使者，因此汉朝始终与这一地区没有交往。此次汉朝因为寻访通往身毒的道路，才开始和滇国发生联系。滇王名叫当羌，他问汉朝使者说:“汉朝与我们滇国相比哪一个国家大?”使者到了夜郎国，夜郎侯也是这样问。因为他们与汉朝之间因为道路交通阻塞而没有任何联系，所以他们各自称王一方，而不知道汉朝地域究竟有多广大。使者回来后，便极力夸说滇国是一个大国，值得花费力气使他们成为臣属国。这引起汉武帝的重视，于是又重新开始经营西南夷。

## 【段旨】

以上为第二段，写元朔六年（公元前一二三年）与元狩元年（公元前一二二年）两年间的全国大事。其要点之一是写了卫青一年中两次出定襄北伐匈奴，使汉与匈奴间的兵力对比发生根本变化，从此匈奴远避漠北，同时写了青年英雄霍去病以勇于奔袭登上战争舞台；其要点之二是写了淮南王、衡山王的继续图谋造反，与其阴谋泄露、两国先后被灭的过程；其要点之三是写了张骞向武帝讲述西域见闻，建议由蜀郡经由西南夷以通身毒国，经身毒国以通西域，从而引起汉王朝第二次发动通西南夷的艰苦活动。

## 【注释】

㉔④定襄：汉郡名，郡治成乐，在今内蒙古和林格尔西北。㉔⑤中将军：《汉书·百官公卿表》不载，或与下述前、后、左、右四将军级别相同。㉔⑥左将军：《后汉书集解》引韦昭曰，“武帝征四夷，有前、后、左、右将军，为国爪牙，所以扭示威灵，折冲万里”。〖按〗汉代武官最高者依次为大将军、骠骑将军、车骑将军、卫将军，其次为前、后、左、右四将军，再往下才是诸杂号将军。前后左右四将军位同上卿。㉔⑦郎中令：九卿之一，统领皇帝侍从，管理宫廷门户。㉔⑧数千级：数千个人头。因秦汉时代的法令规定，凡斩一敌首，即升一级，故称人头曰“首级”。㉔⑨斩首虏：斩敌之头与捉得俘虏。⑳⑩单于兵：单于亲自统领的中央大军。此单于即伊稚斜，军臣单于之子，公元前一二六至前一一五年在位。㉑①且尽：几乎全部战死。㉑②信故胡小王：前将军赵信原是匈奴人，在匈奴时是一个小王爷。㉑③翕侯：翕是封地名，在今河南民权西北。㉑④降匈奴：后文写卫青大破匈奴于漠北，曾追击之至“阗颜山赵信城”，盖即单于尊养赵信之地。汉匈长期交战，都注意尊宠归降者，匈奴降汉者得封侯；汉之投降匈奴者如中行说、卫律、李陵等亦皆封王，皆形势所需。㉑⑤亡：损失，包括战死、被俘与逃散。㉑⑥脱身亡：独自一人逃出重围。㉑⑦议郎周霸：议郎原是皇帝身边的侍从人员，上属郎中令，秩六百石，现从军在卫青幕府。周霸其人又见于《史记·封禅书》《史记·儒林列传》，是申公之弟子，官至胶西内史。㉑⑧出：率兵出征。㉑⑨裨将：副将；属将。㉒⓪军正闳：军正名闳，史失其姓。军正，军中的司法官。㉒①长史安：长史名安，史失其姓。长史，大将军属下的诸史之长，秩千石。㉒②小敌之坚二句：语见《孙子·谋攻》，意谓小部队遇到敌人的大部队，如果坚战，只有被敌人全部消灭。禽，通“擒”。㉒③而：若。㉒④示后无反意：告诉后人再遇到类似问题就干脆别回来。㉒⑤以肺腑：以至亲的身份，谓青姐子夫是武帝之皇后。肺腑，以喻亲属。此语又见于《史记·魏其武安侯列传》。王念孙有“肺腑”犹“柿桴”之说，“柿桴”是小木皮，以比喻自己为帝室微末之亲，似过于穿凿。㉒⑥说我：劝说我。㉒⑦甚失臣意：这与我的意思大不相同。㉒⑧虽当斩将：虽然有权力诛杀偏将。㉒⑨不敢自擅诛于

境外：意即不行使专断杀将的这种权力。擅，专，自己作主。㉚ 具归天子：将其带回来交给皇帝处理。㉛ 于以见为人臣不敢专权：以上数语见卫青之谦卑谨慎，史公若以此便谓之“柔媚”，恐偏见过深。钟惺曰：“此一让及‘不肯招贤’等语，有识、有体、有机权、有情实，似从学问世务中出，汉功臣鲜有及此者。获上收众，道不出此。”《汉书评林》引吴京曰：“霸欲明将军之威，安欲结士卒之心，青欲尊朝廷之体，三者各有所执。”㉜ 诣行在所：诣，到，这里指押解到。行在所，也简称“行在”“行所”，即指皇帝当时的所在之处。蔡邕《独断》曰：“天子以四海为家，故谓所居为行在所。”〖按〗以上元朔六年的两次出击匈奴，即通常所说的“漠南战役”。武国卿、慕中岳曰：“两次漠南会战最重要的意义就是争得了汉匈力量对比趋于平衡的临界点的到来。匈奴自两次漠南会战后，实力大削弱，已基本失去了继续向汉王朝发动大规模进攻的力量，这应当看作是汉王朝战略全局上伟大胜利。”㉝ 平阳县吏霍仲孺：平阳是汉县名，是刘邦功臣平阳侯曹参家的世袭封地，在今山西临汾西南。平阳县是曹参家的封地，但平阳县的行政管理权却是由朝廷所派的官员执掌，而霍仲孺就是由平阳上属的河东郡派来管理平阳县政务的官员。㉞ 给事平阳侯家：为平阳侯家服务。给事，为之做事，管理平阳县政务的客气说法。㉟ 青姊卫少儿：卫青的姐姐姓卫名少儿。据《史记·卫将军骠骑列传》，卫青之母共生了三个儿子、三个女儿。三个儿子是卫长子、卫青、卫步广；三个女儿是卫孺、卫少儿、卫子夫。㊱ 再从：两次跟从。㊲ 票姚校尉：票姚，也写作“剽姚”“嫖姚”“骠姚”。梁玉绳曰：“‘剽姚’‘嫖姚’‘票姚’，当作‘骠鷂’，盖合二物为官名，取劲疾武猛之义。赵破奴为‘鹰击司马’，与‘鷂’义同。去病后称‘骠骑将军’，尚仍斯号。”校尉是将军部下的中级军官。㊳ 轻骑勇：轻装勇敢的骑兵。㊴ 直弃大军：将大部队远远地抛在后面，小股骑兵孤军深入。弃，甩下。㊵ 赴利：寻求克敌立功。㊶ 过当：自己损失的兵员，比斩获敌兵的数目少。颜师古曰：“言计其所将人数，则捕首虏为多，过于所当也。一曰，汉军失亡者少，而杀获匈奴者多，故曰‘过当’也。”后说为是。㊷ 得相国当户：活捉了匈奴的相国、当户。相国、当户都是匈奴人的低级官名，与汉初丞相称“相国”意思不同。㊸ 大父行：单于祖父一辈的人。大父，祖父。㊹ 藉若侯产：藉若侯是封号名，其人名产。㊺ 季父罗姑比：单于的小叔父，名罗姑比。季，伯仲叔季之季。㊻ 再冠军：两次功盖全军。㊼ 冠军侯：封地冠军县，在今河南邓州西北。〖按〗“冠军侯”自是取其勇冠全军之义，河南的冠军，疑是为封霍去病而改的新县名。㊽ 上谷：汉郡名，郡治沮阳，在今河北怀来东南、北京延庆西南。㊾ 众利侯：封地众利县，在今山东诸城西北。杨树达曰：“姜宸英云：‘骠骑战功三次，皆于天子诏辞见之，此良史言外褒法也。’〖按〗姜说甚谛。卫青战功，《史》《汉》亦如此叙之，不独骠骑。”㊿ 失两将军：句末“军”字似应重出，意即丧失了赵信、苏建两支军队的全部。㉑ 亡翕侯：指赵信降匈奴。亡，失掉。㉒ 不益封：没再增加封地。㉓ 右将军建至：右将军苏建被押解到长安。㉔ 赎为庶人：花钱赎了死罪，降为平民。㉕ 以为自次王：将他封为仅仅次于单于的王爷。㉖用其姊妻之：将单于之姐嫁与赵信为妻。㉗与谋汉：与赵信共同谋划对付汉朝的办法。㉘益北绝幕：向北方撤退，撤退到大沙漠以北。绝，越过。幕，同“漠”。㉙诱罢：诱使追击，以疲惫之。㉚徼极而取之：等他疲惫不堪时再出兵攻击他。徼，等待。极，疲惫。㉛无近塞：不要靠近汉朝边塞。㉜比岁：连年。㉝受赐黄金二十余万斤：汉代的一斤，略当今之零点五一六五斤。㉞士马：士兵与马匹。㉟兵甲：兵器、铠甲。㊱转漕：指用车船运送物资供应前线。㊲不与：不计算在内。㊳大司农经用竭：意思是大司农掌管的国库中的钱财都已用尽。大司农是当时的九卿之一，执掌财政与农事。经用竭，意为尽耗，全部用尽。㊴不足以奉：不够供应；无法供应。㊵买爵：花钱或交粮食向主管部门购买爵位。㊶赎禁锢：因犯罪而被禁锢者，今可花钱赎免。禁锢，因犯罪而被封杀不准做官。㊷免臧罪：即花钱以赎免贪污之罪。〖按〗《史记·平准书》于此作“免减罪”，“臧”字似应作“减”。“免减罪”即花钱可以减刑或全部免罪。㊸赏官：奖赏杀敌立功的官爵，其实也是准备用以卖钱的官爵。“置赏官”以下数句，是有司组织讨论后，向皇帝提出的具体实施办法。㊹武功爵：《史记集解》引臣瓒曰，“《茂陵中书》有武功爵：一级曰造士，二级曰闲舆卫，三级曰良士，四级曰元戎士，五级曰官首，六级曰秉铎，七级曰千夫，八级曰乐卿，九级曰执戎，十级曰左庶长，十一级曰军卫。此武帝所制以宠军功”。㊺级十七万二句：对此二句，各家的解释纷纭。胡三省曰：“级十七万者，卖爵一级，为钱十七万；至二级，则三十四万矣，自此以上，乌得不每级而增乎！王莽时黄金一斤值钱万，以此推之，则三十万金，为钱三十余万万矣，此当时鬻武功爵所值之数也。”中井积德曰：“级十七万，是为十七金，是买爵之定价矣。是时战士有功，赐爵者多矣。以级十七金算之，凡当三十余万金也。初苦无金可赏，及置爵，乃绰绰有余裕。得首虏万九千余级，级各授爵一级，级十七金，而九千之，则为三十二万三千金矣。凡民欲买爵者，皆就军士受爵者买也，非官自卖之。”余不录。㊻诸买武功爵至千夫者二句：意思是说凡是买武功爵买到第七级“千夫”以上的可以优先被任用为吏。除，任用为吏。㊼吏道杂而多端：言晋升为吏的门路变得既多且杂。㊽官职耗废：指空有虚名，不尽职责。耗，衰败。㊾雍：汉县名，县治在今陕西凤翔南，其地有秦代以来的离宫与祭天的坛台，故而汉代皇帝经常去雍县。㊿祠五畤：祭祀五座祭天的坛台。所谓五畤即密畤、鄜畤、吴阳上畤、吴阳下畤、北畤。281足有五蹄：一只脚上有五个脚趾。282肃祗郊祀：虔敬地祭天。283报享：回报下界的祭祀。284锡：赐。285盖麟云：看来就是一只麒麟。盖，表示推断的语气词，以留有疑问。286以荐五畤：在祭典时将此一角兽进献给上帝。287畤加一牛以燎：给每个畤所用的祭品再外加一头牛，架在火上烧。288元宜以天瑞命二句：皇帝改元的年号应该根据上天的祥瑞命名，不应该简单地称“一元”“二元”。吴仁杰引王朗曰：“古者有年数无年号，汉初犹然，其后乃有‘中元’‘后元’。元改弥数，‘中’‘后’之数不足，故更假取美名。盖文帝凡两改元，故以‘前’‘后’别之；景帝凡三改元，故以‘前’‘中’‘后’别之；武帝即位以来，大率六年一改元，二十七年之间改元者五，当时但以‘一元’‘二元’‘三元’‘四元’‘五元’为别。‘五元’之三年，有司言‘元宜以天瑞命，不宜以一二数’，盖为是也。”天瑞，上天显示的吉祥征兆。〖按〗顾炎武也以为“建元”“元光”之号皆自后追为之，学人多以为是。而陈直曰：“‘建元’‘元光’两年号并非追记，西安南郊曾出土有‘建元四年高（下缺）’陶尊，又《藤花亭镜谱》有‘汉元光元年五月丙午’铜镜，均可证明。”陈直之说留以备考。㉘⑨一元曰“建”：即“建元”年号之来由。㉙⓪二元以长星曰“光”：即“元光”年号之来由。㉙①今元以郊得一角兽曰“狩”：即“元狩”年号之来由。钱大昕曰：“‘元光’之后尚有‘元朔’，则‘元狩’乃‘四元’，非‘三元’。言‘建元’‘元光’而不言‘元朔’者，‘建’以‘斗建’为名，‘光’以‘长星’为名，皆取天象；若‘元朔’纪年，应劭解‘朔’为‘苏’，取品物苏息之义，不主天瑞，故不及之。”吴仁杰又引王朗曰：“至五元尚未有以名，帝意将有所待也。明年宝鼎出，遂改‘五元’为‘元鼎’。”㉙②济北王：刘胡，淮南王刘长之孙，刘邦的曾孙。济北国的国都为卢县（今山东长清西南）。㉙③且封禅：将到泰山进行封禅大典。登泰山筑台祭天曰“封”，在泰山下某地拓地祭地曰“禅”。㉙④献泰山及其旁邑：当时泰山在济北国境内，为向武帝讨好，故刘胡将泰山与其周围之地奉还朝廷。㉙⑤以他县偿之：另拨给他几个别的县作为补偿。㉙⑥按舆地图：看着地图分析形势。舆地图，即今所谓地图，古称大地曰“坤舆”，故称地图曰“坤舆图”“舆地图”。㉙⑦所从入：从何地攻入关中。㉙⑧诸使者：指淮南国的使者。㉙⑨道长安来：出使长安，从长安回来。道，由。㉚⓪言上无男：说皇帝至今尚无子男。因当初武安侯田蚡曾向刘安说，皇帝至今尚无子男，如果他一旦死掉，您是高皇帝的长孙，不是您即位还有谁呢？故刘安老是想着这一点。㉚①汉不治：汉王朝的社会不安定。治，太平、安定。㉚②即：若；如果。㉚③以为妄言二句：就说他是瞎说，是没有的事。㉚④中郎伍被：淮南王的侍从人员姓伍名被。中郎，帝王的侍从官员，以备参谋顾问。㉚⑤安得此亡国之言：怎么能说这种足以导致亡国灭族的话呢。㉚⑥宫中生荆棘二句：意谓按照您的想法做，我已经看到您的宫殿是一片荒芜、长满野草了。㉚⑦系伍被父母：实乃“系伍被与其父母”，《史记》中常有类似句法，如《魏其武安侯列传》“蚡弟田胜，皆以太后弟”云云，实乃“蚡与其弟田胜，皆以太后弟”云云。㉚⑧起于行陈：犹言“起于军中”，由反秦的起义军中兴起。行陈，犹言“行阵”“行伍”。陈，同“阵”。㉚⑨立为天子：刘邦于公元前二〇六年被项羽立为汉王，通常即以此年为汉王朝开国之始。刘邦为皇帝实在公元前二〇二年，项羽败亡之后。㉛⓪蹈瑕候间：等待时机。瑕、间，都是时机、机会的意思。㉛①因秦之亡而动：看到了秦朝灭亡的征兆而采取行动。㉛②近世之吴楚：即景帝三年（公元前一五四年）所爆发的吴楚七国之乱，其首谋为吴王刘濞、楚王刘戊，起兵三个月后被朝廷讨平。事见本书景帝三年与《史记·吴王濞列传》。㉛③吴王：刘濞，刘邦之侄，高祖十二年（公元前一九五年）被立为吴王，国都广陵（即今江苏扬州）。因与景帝有杀子之仇，又遭削地，故于景帝三年串联其他六国同时造反。㉛④王四郡：《史记·吴王濞列传》作“王三郡五十三城”。梁玉绳曰：“实东阳、鄣、吴、会稽四郡。《高纪》《濞传》言‘三郡’者，以吴包会稽也。”⑮计定谋成：经过长期的深思熟虑。⑯举兵而西：起兵向汉王朝首都所在的西方杀来。⑰破于大梁：此“大梁”指当时的梁国都城睢阳（今河南商丘城南），而非通常所称的今河南开封。据《史记·吴王濞列传》，吴军攻下梁国的棘壁后，遂包围梁都睢阳，梁孝王誓死抵抗，使吴军消耗甚大，故曰“破”。⑱奔走而东：指败逃到在今江苏镇江市东南的丹徒，投奔当时驻军在那里的东越人。⑲身死祀绝：本人被杀、吴国灭亡。据《史记·东越列传》，吴王刘濞造反时，东瓯人曾率兵从之。待吴楚军败，东瓯遂接受朝廷的悬赏，杀吴王濞于丹徒。祀绝，断绝了祭祀的香火，指帝王的国家宗庙被灭。⑳众不能十分吴、楚之一：造反的人数不到吴楚七国的十分之一。㉑从臣之计：即放弃造反念头。㉒今见：马上就可以看到。今，将。㉓弃千乘之君：指强大的吴国被灭，吴王之号被褫夺。古称一车四马曰“乘”，“千乘”即千辆兵车，指大国诸侯。㉔赐绝命之书：指被勒令自杀。㉕东宫：《史记集解》引如淳曰：“王时所居也。”㉖王涕泣而起：意谓淮南王听罢伍被之言，一方面觉得有理，承认造反的希望不大，但又不甘心、不肯放弃的心理状态。㉗孽子不害：一个非正妻所生的儿子，名曰不害。孽子，也称“庶子”，非正妻所生的孩子。㉘不以为子兄数：谓王、王后不视之为子，太子不视之为兄。㉙有子建：有子曰刘建。㉚材高有气：有才干、有豪气。㉛怨望：怨恨。望，也是怨的意思。㉜谋杀汉中尉事：即前文所叙布置亲信欲杀害朝廷所派中尉殷宏事。㉝下廷尉治：朝廷将刘建上书揭发淮南王太子的问题交由廷尉查办。廷尉是九卿之一，主管全国刑狱。㉞王患之：淮南王对此事很伤脑筋。患，忧虑、担心。㉟吴兴兵：吴王刘濞的兴兵叛乱。㊱是邪非邪：对呢还是错呢；应该呢还是不应该呢。㊲吴王悔之甚：《史记》《汉书》诸篇未见有刘濞后悔造反的记载。㊳吴何知反：吴王刘濞哪里懂得造反。〖按〗吴王的确不懂战略战术，其部下田禄伯、桓将军、周丘等都给他提过许多好的建议，刘濞不听，结果很快失败。详见《史记·吴王濞列传》。㊴汉将一日过成皋者四十余人：成皋是古城名，旧址在今河南荥阳西北，是控制东西方往来的军事要地，当年刘邦与项羽长期相持于此。《史记集解》曰：“言吴不塞成皋口，令汉将得出之。”〖按〗桓将军就曾劝吴王火速西进，以占领敖仓（离成皋不远）、洛阳一带；汉军统帅周亚夫东出时，也生怕吴人在这一带的路上设伏。又曰：“吾据荥阳，以东无足忧者！”而吴王偏不重视，任汉将自由通行，此其失败的重要原因之一。㊵绝：控制；占据。㊶三川之险：三川郡的险要之处，荥阳即在此范围之内。汉时的河南郡，在秦时称为“三川郡”，以其地有黄河、伊水、洛水三水而言。㊷招山东之兵：号召东方地区的各郡、各诸侯国。山东，泛称今河南、河北南部、安徽北部、山东西部一带的广大地区。《汉书》于此作“天下”，意思相同。㊸左吴赵贤朱骄如：都是南淮王的幕僚亲信。㊹徼幸：同“侥幸”。求取意外的幸运，徼，求取。㊺伪为丞相、御史请书：假造一个丞相、御史大夫联名呈送皇帝的意见书。㊻徙郡国豪杰高赀于朔方：把全国各郡、各诸侯国有影响力的杰出人物与财产多的富人都搬迁到朔方郡去住。豪杰，有权威、有影响力的人物。高赀，家产富足的人家，《史记》明说是五十万。赀，同“资”。朔方，汉郡名，郡治在今内蒙古乌拉特前旗东南。㊼ 益发甲卒急其会日：还要增派兵丁逼着他们赶紧起行。急其会日，将搬迁的期限规定得很急。会日，期限。㊽ 伪为诏狱书：再假造一套皇帝下令查办重大案件的文书。诏狱，皇帝下令督办的案件。㊾ 逮诸侯太子、幸臣：逮捕许多诸侯国的太子与国王的宠臣。㊿ 即使辩士随而说之：再派出说客去劝说各诸侯国一同造反。(351) 傥可徼幸什得一乎：或者也许能有十分之一获胜的可能。傥，或许。〖按〗伍被前数次皆坚决反对刘安谋反，此次则主动为其出谋划策，前后判若两人，此令人生疑处。凌稚隆引王维桢曰：“前多美词，末乃为画逆计，何其智愚相背哉?”(352) 不至若此：没有像你所说的那么艰难。(353) 中二千石：官阶名，即实足的二千石，指九卿一级，其下是“二千石”“比二千石”。(354) 旁近郡：淮南国周围的诸郡。(355) 都尉：郡守的副职，在郡里执掌武事。郡守与都尉皆为二千石。(356) 汉使节：汉朝使者所持之节。伪造汉节为了用以欺骗、指挥忠于汉王朝的各郡国。(357) 伪得罪而西：假装得罪了淮南王而西逃长安。(358) 事大将军：混到大将军卫青身边潜伏待命。(359) 一日：犹言“一旦”。连下句意谓淮南王一旦发兵造反，派进长安的人则立刻暗杀卫青。(360) 守节死义：能坚守操节，为维护正义而不怕死。(361) 难惑以非：难以用非法的言辞诱惑他。(362) 说丞相弘等：劝说公孙弘等人投降淮南王。(363) 发蒙振落：揭去器物上所蒙之布，摇动树干使其将坠的叶子落下，以喻不用费力。意谓公孙弘可通过威胁利诱，轻而易举地使其为我所用，不必刺杀。(364) 其相、二千石：指淮南王国的相及秩二千石的内史、中尉等高级官吏。(365) 衣求盗衣：身穿“求盗”所穿的制服。求盗，淮南国主管缉捕盗贼的亭长手下的小吏名。(366) 持羽檄：手执紧急请求派兵的文书，插羽毛以示事态紧急。(367) 从东方来：从淮南国的东部边境来到都城寿春告急。(368) 南越：秦朝官吏赵佗乘秦末大乱之际在今广东、广西一带建立的政权，都城番禺，即今广州。事迹详见《史记·南越列传》。淮南国有豫章郡（郡治即今南昌），与南越相邻。(369) 因以发兵：以此作为起兵的借口。(370) 会：正好这时。(371) 廷尉逮捕淮南太子：朝廷的廷尉派人来寿春逮捕淮南王太子。(372) 内史中尉：朝廷派到淮南国任职的内史与中尉，内史主管该国民政，中尉主管该国军事。(373) 念：心想；思考。(374) 无益：没有用处。(375) 罢相：自己罢手，放淮南相走了。(376) 计未决：拿不定主意是否造反。(377) 自到：自刎。(378) 不殊：指伤势甚重，而尚未死。颜师古曰：“殊，绝也，虽自刑杀，而身首不绝。”(379) 自诣吏：即今所谓“投案自首”。诣，到。(380) 谋反踪迹：其谋反的详细情形。(381) 求捕：搜寻逮捕。(382) 反具：准备造反的物资器材。(383) 以闻上：将这些造反证据上报朝廷。(384) 下公卿治其党与：皇上责令公卿审问淮南王的党羽。党与，意同“党羽”。(385) 宗正：九卿之一，主管刘氏皇族的事务。据《汉书·百官公卿表》，这时任宗正的是刘弃，也作“刘弃疾”，其人与汲黯友善，又见于《史记·汲郑列传》。(386) 以符节治王：手执符节到淮南国当面审问刘安造反的情形，这是皇帝对其特别关照的一种处理方式。符节，皇帝使者外出所持的一种信物。㊳㊇未至：指皇帝使者尚未到达淮南之前。㊳㊈族：灭门。㊳㊉雅辞：口供的文辞华丽。㊴⓪多引汉之美：曾说大汉王朝的许多好话。㊴①廷尉汤：张汤，当时有名的酷吏，自元朔三年（公元前一二六年）为廷尉，至此已在职五年。事迹见《史记·酷吏列传》。㊴②首为王画反计：据《史记》原文，首欲谋反者乃刘安，伍被开始一再反对，最后才一反常态；而读史者则多以为罪魁祸首乃在伍被。中井积德曰："天子受被之欺，太史公亦受被之欺，唯张汤不受焉，酷吏亦有识哉！"㊴③侍中庄助：庄助，后来因避明帝讳，也被称为"严助"，一个带有纵横色彩的文人，与朱买臣等俱以长于辞令而为武帝的侍从官员，《汉书》有传。㊴④私论议：私下议论的事情。㊴⑤赂遗：贿赂、赠送。㊴⑥上薄其罪：皇帝认为庄助的罪过不严重。㊴⑦争：表示并坚持不同意见。㊴⑧禁门：宫门。㊴⑨腹心之臣：因其靠近皇帝、受皇帝信任，故云。㊵⓪后不可治：日后没法再管理别的犯禁者。㊵①请废太子爽：原因见本卷武帝元朔五年。㊵②之：往。㊵③王御者：其父衡山王的使女。㊵④败孝：搞垮其弟刘孝。㊵⑤得陈喜于衡山王子孝家：意外地从刘孝家里搜出了淮南王的党羽陈喜。㊵⑥劾孝首匿喜：弹劾刘孝窝藏陈喜。首匿，领头窝藏。㊵⑦闻律三句：听说汉律规定，"如能自己坦白并能揭发别人就可以免除自己之罪"。㊵⑧先自告所与谋反者枚赫、陈喜等：于是先自首交代了与淮南谋反者枚赫、陈喜等相互交往的事情。㊵⑨治：审问；查办。㊶⓪凡：总计。㊶①赦天下：因将立太子故也。㊶②丁卯：四月二十一日。㊶③皇子据：刘据，武帝的长子，皇后卫子夫所生。㊶④五月乙巳晦：五月的最末一天三十日是乙巳日。晦，农历每月的最后一天。㊶⑤张骞自月氏还：事见本书卷十八武帝元朔四年。月氏，此指大月氏，西域国名，最初活动在今甘肃的武威、张掖、敦煌一带，南倚祁连山。后被匈奴击败，西迁至今新疆的伊犁河流域；后又被匈奴、乌孙所驱逐，遂西迁至今阿富汗北部的喷赤河流域，在当时的大宛西南。㊶⑥具：逐一地。㊶⑦西域：汉及以后对玉门关、阳关以西地区的总称。㊶⑧大宛：西域国名，其地在今新疆西部境外的哈萨克斯坦境内，首都贵山城（今卡赛散）。㊶⑨可万里：距离汉朝差不多有上万里。可，大约、差不多。㊷⓪土著：生根于土地，指住房子，有村落。㊷①多善马：《史记索隐》引《外国传》云："外国称天下有三众：中国人众，大秦宝众，月氏马众。"㊷②马汗血：通常即谓其马出汗呈鲜红色。沈钦韩曰："《后汉书·东平王苍传》：'宛马血，从前膊小孔中出。'"王先谦曰："今伊犁马之强健者，前膊及脊往往有小疮出血，名曰伤气。必在前肩膊者，以用力多也。前贤未目验，不知其审。"㊷③乌孙：西域国名，其地约当今我国新疆之西北部、塔吉克斯坦共和国的东南部，与吉尔吉斯共和国的东部地区，首都赤谷城，在今吉尔吉斯共和国境内的伊塞克湖之东南，距我国的新疆边界不远。苏北海《西域历史地理》引瓦利汉诺夫之报道说："在伊塞克湖东南发现了古城遗址，并在古城遗址内发现了汉代建筑、汉代遗物和汉文字题铭。瓦利汉诺夫认为即中国史书所称的赤谷城。"㊷④于阗：西域小国名，在今新疆南部的和田一带，国都西城，在今和田西南。㊷⑤水皆西流注西海：郭嵩焘曰："于阗西隔葱岭，其水无从注入西海。《汉书》称

‘其河北流，与葱岭河合，东注昌海’。斯为得之，此史公误也。”〖按〗于阗以及其西之蒲犁，其西北之莎车、疏勒，河水都是向东北流；只有到了大月氏、大宛、康居一带，河水才向西流。西海，即现在所说的咸海。㊻盐泽：即今新疆东部的罗布泊。㊼其南则河源出焉：河源，黄河的源头。《汉书·西域传》曰：“河有二源，一出葱岭，一出于阗。”《山海经》云：“河出昆仑东北隅。”郭璞注：“河出昆仑，潜行地下，至葱岭山于阗国，复分流歧出，合而东注泑泽（即今罗布泊），已而复行积石，为中国河。”〖按〗以上皆古人称说。依今天科学的说法，黄河乃发源于青海之巴颜喀拉山北麓。㊽匈奴右方：即匈奴之右贤王所部。㊾居盐泽以东：武帝反击匈奴以前的右贤王所部，东境占据着今内蒙古河套一带，对着汉王朝的上郡（今陕西东北部）；后被卫青、霍去病等猛烈攻击，始大幅度西移。郭嵩焘曰：“匈奴地不能南及盐泽，盖其时西域诸小国多臣属匈奴者。”㊿陇西长城：秦代长城的西南部分，西起今甘肃岷县，东北行经临洮、渭源、宁夏固原、甘肃环县、陕西吴起、靖边、榆林，北上内蒙古的准格尔旗，再向北至黄河南岸。武帝反击匈奴前，此即汉王朝之西北边界。431 南接羌：此指当时居住在今甘肃河西走廊与青海东部地区的羌族部落。〖按〗当时在今甘肃、青海、新疆之东南部、西藏之东北部、四川之西北部等都是羌族居住的地区。432 鬲汉道：隔绝了汉与西域的相通之道。鬲，通“隔”。433 康居：西域国名，其地约当今乌兹别克斯坦东部，在当时的大宛西北，大月氏之北，国都卑阗（或说即今塔什干）。434 奄蔡：也称“阖苏”，其地在今俄罗斯境内的咸海、里海一带。435 行国二句：没有定居，随牲畜迁移之国。与“土著”之国相对而言。436 大夏：西域国名，在当时的月氏以南，今之阿富汗北部，国都蓝氏城（今巴里黑）。437 邛竹杖：邛都（今四川西昌一带）出产的竹制手杖。438 蜀布：蜀郡（郡治成都）出产的一种细布。吴见思曰：“遥遥万里，忽见故物，如游客归乡，恍然感目。”439 安得此：从哪里得来的这些东西。440 市之身毒：从身毒国买来的。身毒，也写作“天竺”，印度河流域的古国名，在今印度、巴基斯坦境内。441 度：推测；料想。442 去蜀不远：身毒国应该距离我们的蜀郡不远。443 今使大夏：现在我们经过西域到达大夏。444 从羌中三句：如果我们经过羌人居住的地区（即当时所说的“南路”），那里道路难走，而且羌人还憎恶汉人从那里通行。445 少北二句：如果我们偏北一点（也就是走当时的所谓“北路”），那就很容易被匈奴人所俘虏。446 从蜀三句：如果我们从成都一带寻路西出应该是最直接的，而且又没有敌人拦截。径，直接、近便。447 安息：伊朗境内的古国名，有人以为即历史上所讲的“帕提亚王朝”。448 同业：从事的作业相同。业，事业、劳动生产的项目。449 贵汉财物：看重汉朝的东西。450 可以赂遗设利朝：可以通过物质的利诱、收买，使之来朝。451 以义属之：指通过收买、劝说使之归附。452 广地：扩大地盘。453 重九译二句：通过多重翻译，把不同风俗国家的使者或其君主都招致到中国来。钟惺《史怀》曰：“揣摩雄主妄想虚愿如见。”454 威德遍于四海：使自己的国威声望遍布于天下。455 因蜀、犍为发间使：就近让蜀郡、犍为郡派出秘密使节以办理此事。因，就近调派。蜀、犍为，汉之二郡名，蜀郡的郡治即今成都，犍为郡的郡治僰道，即今四川宜宾。间使，悄悄派出的秘密使节。㊺⑥王然于：当时派出往通身毒国的使者之一。㊺⑦四道并出：据《史记·西南夷列传》，武帝听罢张骞的演说后，"乃令王然于、柏始昌、吕越人等，使间出西南夷，指求身毒国"，未言派张骞本人。倘如此文再加上张骞，恰是四个人，分别经、冉、徙、邛僰四道而出。㊺⑧駹：成都西北部的少数民族部落名，其地约在今四川茂县北。㊺⑨冉：成都西北部的少数民族部落名，其地约在今四川松潘南。"冉""駹"两个部落的居住区域邻近，都属于羌族系统，故有时以"冉駹"连称。㊻⓪徙：成都西南部的少数民族部落名，其地约在今四川天全一带，属羌族系统。㊻①邛僰：这里即指邛都，今四川西昌。邛、僰是当时生活在这一带地区的两个少数民族部落名，邛族属羌族系统，僰族属越族系统。僰族的集中居住地区是在僰道（今四川宜宾），邛都一带居住的多数是邛族人，但也有僰人，故这里以"邛僰"称之。邛都是"四道并出"的出发点之一，而不可能将邛都与僰道合称为一路的出发点。㊻②指求身毒国：目标明确就是奔着身毒国前去。㊻③北方闭氐、莋：由北路出发的使者被氐族、莋族部落挡住。氐，少数民族名，与羌族的关系较近，故常以"氐羌"连称。氐族的集中居住地在今甘肃东南部、陕西西南部与四川西北部的三省交界处，这里指与莋族杂居的氐族部落。氐、莋，这里即指莋都，在今四川汉源一带。莋是少数民族部落名，属羌族系统，其集中居住地即在莋都。㊻④南方闭巂、昆明：由南路出发的使者被"巂"与"昆明"两个民族部落挡住。巂、昆明，都是羌族系统的两个少数民族名，巂族的住地在今云南西部的保山市以北，昆明族的住地在今云南的洱海南面。关于氐、莋、巂、昆明等族的活动，可参看《史记·西南夷列传》。㊻⑤昆明之属：名叫"昆明"的少数民族。㊻⑥辄杀略汉使二句：据《史记·西

---

【原文】

**二年（庚申，公元前一二一年）**

冬，十月，上幸雍，祠五畤。

三月戊寅[476]，平津献侯[477]公孙弘薨。壬辰[478]，以御史大夫乐安侯李蔡[479]为丞相，廷尉张汤为御史大夫。

霍去病为票骑将军[480]，将万骑出陇西[481]，击匈奴，历五王国[482]，转战六日，过焉支山[483]千余里，杀折兰王，斩卢侯王[484]，执浑邪王子[485]及相国[486]、都尉，获首虏[487]八千九百余级，收休屠王祭天金人[488]。诏益封去病二千户。

南夷列传》，汉使“至滇，滇王尝羌乃留，为求道西十余辈，岁余，皆闭昆明，莫能通身毒国”。㊻以求身毒道：为了探寻通往身毒国的通道。㊽始通滇国：首先发展与滇国的关系。滇国，少数民族政权名，其都城在今云南滇池东南的晋宁东北，其民族属越族系统。关于滇国国王的来历，司马迁说他是战国时楚将庄蹻的后裔。详见《史记·西南夷列传》。㊾滇王当羌：滇王名曰当羌。㊿汉孰与我大：汉王朝和我们国家相比，哪个更大？⑪及夜郎侯亦然：轮到夜郎侯，也是这种样子。〖按〗滇王与夜郎侯都曾问汉使“汉孰与我大”，且滇王之语尚在前，而后世成为典故者却是“夜郎自大”，而不是“滇王自大”，其故何哉？⑫盛言：极力夸说。⑬足事亲附：值得花力气招纳，令其归附。足，值、值得。⑭注意：留心；专心。⑮乃复事西南夷：重新开始进行通西南夷的活动。此句的意思在于说明汉代之所以有第二次通西南夷之举，是张骞的进言与王然于等的使还报告起了作用。

## 【校记】

［1］自：原无此字。据章钰校，十四行本、乙十一行本皆有此字。今从诸本及《通鉴纪事本末》《史记·卫将军骠骑列传》补。［2］荐：原作“庆”。据章钰校，十四行本、乙十一行本皆作“荐”。今从诸本及《史记·孝武本纪》改。［3］闻：原无此字。据章钰校，十四行本、乙十一行本、孔天胤本皆有此字，张瑛《通鉴校勘记》同。今从诸本及《通鉴纪事本末》《史记·淮南衡山列传》补。［4］十一月：原无此三字。据章钰校，十四行本、乙十一行本皆有此三字，张敦仁《通鉴刊本识误》作“十二月”，云：“无注本作‘十一月’。”今从诸本及《通鉴纪事本末》补。

---

## 【语译】

### 二年（庚申，公元前一二一年）

冬季，十月，汉武帝前往雍县巡视，在五座祭天的坛台祭祀上帝。

三月初七日戊寅，平津献侯公孙弘去世。二十一日壬辰，任命御史大夫乐安侯李蔡为丞相，任命廷尉张汤为御史大夫。

提升霍去病为骠骑将军，率领一万名骑兵从陇西出发去攻打匈奴，他经过臣属于匈奴的五个王国，转战六天，越过焉支山深入一千余里，杀死了折兰国王，割下了卢侯王的首级，俘获了浑邪王的儿子以及他们的相国、都尉，总计俘获、斩首敌人八千九百多人，缴获了休屠王祭天用的金制神像。武帝下诏为霍去病的封邑增加二千户。

夏，去病复与合骑侯公孙敖将数万骑俱出北地[489]，异道[490]。卫尉张骞[491]、郎中令李广[492]俱出右北平[493]，异道[494]。

广将四千骑先行，可数百里，骞将万骑在后。匈奴左贤王[495]将四万骑围广，广军士皆恐。广乃使其子敢[496]独与数十骑驰贯胡骑[497]，出其左右[498]而还，告广曰："胡虏易与[499]耳！"军士乃安。广为圜陈外向[500]，胡急击之，矢下如雨。汉兵死者过半，汉矢且尽。广乃令士持满毋发[501]，而广身自以大黄[502]射其裨将[503]，杀数人，胡虏益解[504]。会日暮，吏士皆无人色，而广意气自如[505]，益治军[506]，军中皆服其勇[507]。明日，复力战，死者过半，所杀亦过当[508]。会博望侯军亦至，匈奴军乃解去。汉军罢[509]，弗能追，罢归[510]。汉法[511]：博望侯留迟后期[512]，当死[513]，赎为庶人。广军功自如[514]，无赏。

而票骑将军去病深入二千余里，与合骑侯失[515]，不相得[516]。票骑将军逾居延[517]，过小月氏，至祁连山[518]，得单桓、酋涂王[519]及相国、都尉以众降者二千五百人，斩首虏三万二百级，获裨小王七十余人。天子益封去病五千户，封其裨将有功者鹰击司马赵破奴[520]为从票侯[521]，校尉高不识[522]为宜冠侯[523]，校尉仆多[524]为辉渠侯[525]。合骑侯敖坐行留[526]不与票骑会，当斩，赎为庶人。

是时，诸宿将[527]所将士、马、兵[528]皆不如票骑，票骑所将常选[529]。然亦敢深入，常与壮骑先其大军[530]。军亦有天幸[531]，未尝困绝[532]也。而诸宿将常留落不偶[533]，由此票骑日以亲贵，比大将军[534]矣。

匈奴入代、雁门[535]，杀略[536]数百人。

江都王建[537]与其父易王所幸淖姬[538]等及女弟徵臣[539]奸。建游雷陂[540]，天大风，建使郎[541]二人乘小船入陂中，船覆，两郎溺[542]，攀船，

夏季，霍去病又与合骑侯公孙敖一起率领数万名骑兵从北地郡出发去攻击匈奴，两军分道而行。卫尉张骞、郎中令李广都从右北平出发，两军也是分道而行。

李广率领四千名骑兵在前，与后面张骞所率领的数万名骑兵拉开有几百里的距离。匈奴左贤王率领四万名骑兵将李广军团团围住，李广的军士都感到很害怕。李广就派他的儿子李敢带领几十名骑兵飞马直闯匈奴的阵地，他们从匈奴骑兵的前沿攻入，直穿到敌军的背后，又从左到右、从右到左地冲杀、穿行了一遍，然后返回，李敢告诉父亲李广说："匈奴军容易对付！"军心这才稳定下来。李广将军队列成圆阵，士兵全部面向敌人，匈奴的军队向李广军发起猛攻，射过来的箭，密集得就像下雨一般。李广手下的士兵被射死的超过了一半，而所携带的箭矢也快要用完了。李广因此命令士兵拉满弓对着敌人，但不要把箭放出去，李广亲自来到军前用大黄弓射向匈奴的副将，一连射死了几个人，匈奴的攻势才逐渐松懈下来。恰好天色将晚，李广手下的将士们此时已经面无人色，而李广的神情仍然像平时一样，更加精神十足地整顿、部署自己的军队，军中都非常佩服李广的勇敢。第二天，李广率领军队又与匈奴奋力死战，军士又死伤了一大半，但杀死敌人的数量远远超过了自己军中损失的数量。此时博望侯张骞也率军赶到，匈奴解除了对李广军队的包围向后退去。汉军因为已经极度疲劳，无法追赶，也罢兵而回。按照汉朝法律的规定：博望侯张骞行军迟缓、未能如期到达而延误战机，当处以死刑，因为缴纳罚金赎罪，被贬为庶人。李广的战功和败军之罪相抵消，不受处罚也没有得到奖赏。

而骠骑将军霍去病深入匈奴腹地两千多里，与合骑侯公孙敖失去联系，无法会合。骠骑将军霍去病孤军前进，越过居延泽，穿过小月氏，抵达祁连山，擒获了单桓、酋涂王，及他们的相国、都尉所带领的两千五百人向汉军投降。此次出兵，骠骑将军霍去病总计斩杀和俘虏的敌人有三万零二百人，其中包括活捉了匈奴小王七十多人。汉武帝为霍去病的封邑增加了五千户，封他手下立有战功的副将鹰击司马赵破奴为从票侯，封校尉高不识为宜冠侯，校尉仆多为辉渠侯。合骑侯公孙敖因为行军迟缓没能与骠骑将军霍去病会合而获罪，罪当斩首，出钱赎为庶人。

当时，诸位老将军所率领的将士、战马、兵器，都不如骠骑将军霍去病，骠骑将军霍去病的将士通常都是经过选拔的精锐。当然，骠骑将军也敢于冲锋陷阵、深入敌后，他经常率领部分精锐远离大军轻兵深入。他的军队也像是有老天爷的保佑，从来没有陷入过困境。而其他老将却经常因为行动迟缓，遇不上敌人而失去立功的机会，因此，骠骑将军霍去病日益受到汉武帝的宠信，地位也一天比一天尊贵，完全和大将军卫青比肩而立。

匈奴侵入代郡、雁门郡，杀死、掠走几百名边民。

江都王刘建与他的父亲江都易王刘非所宠爱的淖姬等以及他的妹妹徵臣通奸。一次刘建在雷陂池游玩时，刮起了大风，刘建让陪同他一起游玩的两个郎官乘小船驶入湖中，船翻了，两个郎官落入水中，他们抓住船帮求救，眼看着他们在风浪中

乍见乍没[543]。建临观[544]大笑，令勿救，皆死。凡杀不辜[545]三十五人，专为淫虐。自知罪多，恐诛，与其后成光[546]共使越婢下神[547]，祝诅上[548]。又闻淮南、衡山阴谋，建亦作兵器，刻皇帝玺，为反具[549]。事发觉，有司请捕诛，建自杀，后成光等皆弃市，国除[550]。

胶东康王寄[551]薨。

秋，匈奴浑邪王[552]降。是时，单于怒浑邪王、休屠王居西方为汉所杀虏数万人[553]，欲召诛之。浑邪王与休屠王恐，谋降汉，先遣使向边境要遮[554]汉人，令报天子。是时，大行[555]李息将城河上[556]，得浑邪王使，即[5]驰传以闻[557]。天子闻之，恐其以诈降而袭边，乃令票骑将军将兵往迎之。休屠王后悔，浑邪王杀之，并其众[558]。票骑既渡河[559]，与浑邪王众相望[560]。浑邪王裨将见汉军，而多不欲降者，颇遁去[561]。票骑乃驰入，得与浑邪王相见[562]，斩其欲亡者八千人，遂独遣浑邪王乘传先诣[6]行在所[563]，尽将其众渡河[564]。降者四万余人，号称十万。既至长安[565]，天子所以赏赐[566]者数十巨万[567]。封浑邪王万户，为漯阴侯[568]，封其裨王呼毒尼等四人皆为列侯[569]。益封票骑千七百户。

浑邪之降也，汉发车二万乘[570]以迎之。县官无钱[571]，从民贳马[572]。民或匿马，马不具[573]，上怒，欲斩长安令[574]。右内史[575]汲黯曰："长安令无罪，独斩臣黯，民乃肯出马[576]。且匈奴畔[577]其主而降汉，汉徐以县次传之[578]，何至令天下骚动[579]，罢敝[580]中国[581]而以事夷狄之人[582]乎！"上默然。及浑邪至[583]，贾人与市[584]者坐当死[585]五百余人。黯请间[586]，见高门[587]，曰："夫匈奴攻当路塞[588]，绝和亲[589]，中国兴兵诛之，死伤者不可胜计，而费以巨万百数[590]。臣愚以为陛下得胡人，皆以为奴婢，以赐从军死事者家；所卤获，因予之[591]，以谢天下之苦，塞[592]百姓之心。今纵不能，浑邪率数万之众来降，虚府库赏赐[593]，发良民侍养[594]，譬若

忽隐忽现，随时都会淹死。刘建站在岸上居高临下地看着大笑，还下令不许其他人前去营救，结果两个郎官全被淹死。刘建前后大约杀害了三十五个无辜的人，专干些淫乱暴虐的事情。他自知罪孽深重，恐怕被杀，便与他的王后成光一起让来自越地的女巫求神降临，向鬼神祈祷，求鬼神让皇帝早死。刘建又听说淮南王、衡山王阴谋造反，他也命令工匠制造兵器，私刻皇帝玉玺，积极准备谋反的器械。事情败露后，主管官员向汉武帝请求将刘建逮捕法办，刘建畏罪自杀，他的王后成光等都被押到闹市处死，江都国的建制被撤销。

胶东康王刘寄去世。

秋季，匈奴浑邪王向汉朝投降。当时，浑邪王、休屠王居住在匈奴西部，与汉军作战失败，被汉军杀死、俘虏了几万人，匈奴单于对此怒不可遏，便想召他们去匈奴王廷把他们杀死。浑邪王、休屠王心理恐惧，便密谋投降汉朝，他们先派使者到边境约请汉人，让汉人替他们报告汉天子。当时，大行令李息正率人在黄河边上筑城，截获了浑邪王的使者，就赶紧派人乘驿车火速向朝廷报告。汉武帝知道后，担心匈奴用诈降计袭击边境，就命令骠骑将军霍去病率领大队人马前去迎接。届时休屠王突然反悔，浑邪王便把他杀死，兼并了他的人马。骠骑将军已经渡过黄河，与浑邪王的人马遥遥相望。浑邪王手下的副将看见汉军，就有许多人不愿意投降，有的人干脆回头向北逃跑。骠骑将军飞快地驰入浑邪王的军中，与浑邪王相见，趁机杀死了想要逃跑的八千人，单独让浑邪王乘坐传车先到长安拜见汉武帝，然后把浑邪王所带来降汉的匈奴人全带到黄河以南。这次投降的总共有四万多人，号称十万。这些人来到长安以后，汉武帝用以赏赐他们的钱物就达几十万万。封浑邪王为漯阴侯，封地一万户，封其副王呼毒尼等四人都为列侯。又加封一千七百户给骠骑将军霍去病。

浑邪王投降的时候，汉武帝派遣两万辆战车前去迎接。国家拿不出这么多钱买马，就向百姓赊欠马匹。有的百姓不愿意赊欠，就把马藏起来，因此无法凑够八万匹的数目，汉武帝于是发怒，想杀死长安县令，右内史汲黯说："长安县令无罪，要杀的话，只有把我一个人杀了，百姓才会把马匹献出来。再说匈奴王背叛他的主人投降汉朝，朝廷只要命令沿途各县依次用传车一站一站慢慢地将他们送来京师就可以了，何必因此而引起天下百姓的骚动，耗费中国的财力去侍奉匈奴呢！"汉武帝默然无语。等到浑邪王来到长安之后，长安的商人和百姓因为与这些匈奴人做交易而被判处死刑的有五百多人。汲黯请求汉武帝抽空在高门殿单独召见自己，他对武帝说："匈奴攻击汉朝边境的要塞，又拒绝与中国和亲，中国发兵征讨匈奴，战士死伤的人数多得不可胜数，而耗费的钱粮有几百亿。我原以为陛下得到这些匈奴人，会全部把他们当作奴婢，用来赏赐给阵亡将士的家属；把所掳获的资财，都赏赐给那些阵亡将士的家属，用以抚慰天下那些失去亲人的痛苦，满足百姓的心愿。如今即使做不到这一点，浑邪王率数万人来投降，陛下穷尽府库所有赏赐给这些匈奴人，

奉骄子[595]。愚民安知市买长安中物[596]，而文吏[597]绳[598]以为阑出财物于边关[599]乎！陛下纵不能得匈奴之资以谢天下，又以微文[600]杀无知者五百余人，是所谓‘庇其叶而伤其枝[601]’者也。臣窃为陛下不取也。”上默然不许，曰：“吾久不闻汲黯之言，今又复妄发[602]矣！”

居顷之[603]，乃分徙[604]降者边五郡故塞外[605]，而皆在河南[606]，因其故俗，为五属国[607]。而金城河西[608]，西并[609]南山[610]至盐泽[611]，空无匈奴。匈奴时有候者[612]到而希[613]矣。

休屠王太子日磾[614]与母阏氏[615]、弟伦[616]俱没入官[617]，输黄门养马[618]。久之，帝游宴[619]，见马[620]。后宫满侧[621]，日磾等数十人牵马过殿下，莫不窃视[622]，至日磾独不敢。日磾长八尺二寸[623]，容貌甚严[624]，马又肥好[625]，上异而问之，具以本状[626]对。上奇焉，即日赐汤沐、衣冠，拜为马监[627]，迁侍中[628]、驸马都尉[629]、光禄大夫[630]。日磾既亲近，未尝有过失，上甚信爱之，赏赐累千金，出则骖乘[631]，入侍左右。贵戚多窃怨曰：“陛下妄[632]得一胡儿，反贵重之。”上闻，愈厚[633]焉。以休屠作金人为祭天主[634]，故赐日磾姓金氏。

**三[7]年（辛酉，公元前一二〇年）**

春，有星孛[635]于东方。

夏，五月，赦天下。

淮南王之谋反[636]也，胶东康王寄微闻其事，私作战守备[637]。及吏治淮南事，辞出之[638]。寄母王夫人，即皇太后之女弟也，于上最亲[639]，意自伤，发病而死[640]，不敢置后[641]。上闻而怜之，立其长子贤为胶东王；又封其所爱少子庆为六安王，王故衡山[8]地[642]。

秋，匈奴入右北平、定襄各数万骑，杀略千余人。

山东[643]大水，民多饥乏。天子遣使者虚郡国仓廥[644]以振[645]贫民，犹不足。又募豪富吏民能假贷贫民[646]者以名闻[647]，尚不能相救。

又征调善良的百姓去侍奉他们，就像是供奉宠儿一样。一般的百姓哪里知道在长安城中把东西卖给投降过来的匈奴人，会被那些舞文弄墨的官吏按照走私兵器及铁出关外的法律条文判处死刑呢！陛下不能把所得到的匈奴的物资赏给那些阵亡将士的家属以抚慰天下，却又用苛酷的法律诛杀五百多名无知的百姓，这就是俗话所说的‘为了庇护树叶而伤害了树的枝条’啊。我认为陛下这样做是不妥的。”武帝用沉默表示不接受他的意见，只是说：“我好久没有听到汲黯讲话了，现在汲黯又开始胡言乱语了！”

过了一些时候，将投降过来的这些匈奴人分别迁徙到边境五个郡的旧边界线以外，都在黄河以南，将他们分成五个部落，让他们仍旧保持原有的风俗习惯而隶属于汉朝管辖。从金城郡黄河以西，向西沿着祁连山一直到盐泽，再也没有匈奴人的踪迹。匈奴即使派有侦察人员前来，但也很稀少。

休屠王的太子日磾与他的母亲休屠王阏氏、弟弟伦都被判作奴婢，没入官府服役，日磾被派到黄门负责给皇帝养马。很久以后，汉武帝闲暇之余到黄门看马。在他的身边站满了嫔妃宫女，日磾等数十人牵着马从殿下经过，都忍不住要偷看上几眼皇帝和他身边的宫女，只有日磾不敢偷看。日磾身高八尺二寸，容貌庄重严肃，养的马又肥又壮，武帝感到很奇怪，就询问他，日磾以实情相告。武帝对他很欣赏，当天就赏赐他洗澡、发给他官衣官帽，任命他为养马的官员，后来又提升他为侍中、驸马都尉、光禄大夫。日磾虽然受到汉武帝的宠爱，却从来没有犯过过失，因此汉武帝非常信任、喜欢他，赏赐给他的财物有几千斤黄金，汉武帝出行的时候让他陪同乘车，回到宫中就让他跟随在左右侍奉。那些贵戚们都私下埋怨说：“陛下随便得到一个匈奴人，就如此看重他。”武帝听说后，对日磾就越发亲近、越发厚待。因为休屠王曾经制作金人祭天，所以就赐日磾姓金，叫他金日磾。

**三年（辛酉，公元前一二〇年）**

春季，彗星出现在东方的夜空。

夏季，五月，大赦天下。

淮南王谋反的时候，胶东康王刘寄稍微听到些风声，于是就私下里也做好了谋反的准备。等到官吏审查淮南王谋反的事情时，供词中透露了这件事。胶东王刘寄的母亲王夫人是汉武帝的母亲王太后的亲妹妹，他与汉武帝的关系最为亲近，刘寄对自己的行为感到非常悔恨自责，不久就发病而死，他临死时也没敢安排继承人。武帝知道后非常怜悯他，就封他的长子刘贤为胶东王，又封他最喜爱的小儿子刘庆为六安王，其所管辖的地域是衡山王刘赐的故地。

秋季，匈奴侵入右北平、定襄，每处都有数万名骑兵，杀死劫掠了一千多人。

崤山以东地区大水成灾，人民饥饿乏食。汉武帝派使者前去赈济灾民，用空了仓库的所有粮食储备，仍然不够用。又号召当地的豪强富户凡是能够借给贫困百姓钱粮的，就把他们的名字上报给朝廷知道，即使这样，还是不能使饥乏的灾民全部

乃徙[648]贫民于关以西[649]及充朔方以南新秦中[650]七十余万口，衣食皆仰给县官[651]，数岁假予产业[652]，使者分部护之[653]，冠盖相望[654]。其费以亿计，不可胜数[655]。

汉既得浑邪王地，陇西、北地[656]、上郡[657]益少胡寇，诏减三郡戍卒之半，以宽天下之繇[658]。

上将讨昆明[659]，以昆明有滇池[660]方三百里，乃作昆明池[661]以习水战。是时，法既益严，吏多废免。兵革数动[662]，民多买复及五大夫[663]，征发之士益鲜[664]。于是除千夫、五大夫为吏[665]，不欲者出马[666]。以故吏弄法[667]，皆谪令伐棘上林[668]，穿[669]昆明池。

是岁，得神马于渥洼水中[670]，上方立乐府[671]，使司马相如等造为诗赋[672]，以宦者李延年[673]为协律都尉，佩二千石[674]印，弦次初诗[675]以合八音之调[676]。诗多尔雅[677]之文，通一经[678]之士不能独知其辞[679]。必集会五经家[680]相与共讲习读之[681]，乃能通知其意。及得神马，次以为歌[682]。汲黯[683]曰：“凡王者作乐，上以承[684]祖宗，下以化兆民[685]。今陛下得马，诗以为歌，协于宗庙[686]，先帝、百姓岂能知其音[687]邪？”上默然不说[688]。

上招延士大夫[689]，常如不足[690]；然性严峻[691]，群臣虽素所爱信者，或小有犯法或欺罔[692]，辄按诛[693]之，无所宽假[694]。汲黯谏曰：“陛下求贤甚劳，未尽其用[695]，辄已杀之。以有限之士，恣无已之诛[696]，臣恐天下贤才将尽，陛下谁与共为治[697]乎！”黯言之甚怒，上笑而谕[698]之曰：“何世无才，患人不能识之耳。苟能识之，何患无人？夫所谓才者，犹有用之器也。有才而不肯尽用[699]，与无才同，不杀何施[700]？”黯曰：“臣虽不能以言屈[701]陛下，而心犹以为非[702]。愿陛下自今改之，无以臣为愚而不知理也。”上顾[703]群臣曰：“黯自言为便辟则不可[704]；自言为愚[705]，岂不信然乎[706]！”

得到救助。于是就把七十多万贫民迁徙到函谷关以西和朔方郡以南的新秦中，这些人的衣食全部依赖官府供给，一连几年都是由政府提供物资给他们安置生活、生产，朝廷派专人分区对这些贫民进行监督和管理，使者的车子络绎不绝于道路。所耗费的钱财数以亿计，多得简直无法统计。

汉朝得到了浑邪王的土地之后，陇西郡、北地郡、上郡遭受匈奴的侵扰越来越少，武帝下诏三郡的守边士卒裁减一半，以减轻天下的徭役。

武帝准备讨伐昆明国，因为昆明国内有方圆三百里的滇池，于是就在长安西南开挖昆明池用来演习水战。那时候，国家的法律更加严密苛刻，有很多官吏被罢免。战争频繁，稍微有些家产的人都纷纷用钱买爵，只要买到第九级五大夫的爵位，就能免除徭役，所以朝廷能够征调服兵役的人就越来越少。于是提升千夫、五大夫充当低级小吏，不愿为小吏的，就得再向官府缴纳马匹。那些被免职的官吏由于都有玩弄法律条文以害人的罪过，就贬谪发配到上林苑砍伐树木、开挖昆明池。

这一年，在渥洼水中得到了一匹神马，汉武帝当时正在设置主管音乐的乐府机构，让司马相如等撰写诗赋，任命宦官李延年为掌管音乐的协律都尉，佩戴二千石的印信，为新诗新赋谱曲，要求他必须谱出符合音乐规律的令人爱听的曲调。司马相如等人所作的诗赋大多文辞典雅，只精通儒家一部经典的人，就读不懂诗赋的全部含义。必须召集懂得五经的人共同研究讨论着读才能弄懂文意。等得到了神马之后，司马相如等人又为神马写诗作赋，并由李延年谱曲演唱。汲黯抗议说："帝王制作音乐，对上是为了尊崇祖先，对下是为了教化亿万百姓。如今陛下得到一匹神马，就为它写诗作赋、谱曲演唱，以祭祀宗庙，先帝、百姓能听得懂这种音乐吗？"汉武帝虽然没有说什么，心里却是很不高兴。

汉武帝招揽贤才，总担心延揽不到；然而武帝性情严厉苛刻，群臣当中，即使是平常非常宠爱的人，只要偶尔犯一点小过失，或是偶尔有些欺瞒的小动作被发现，就立即查办其罪而诛之，从不宽恕。汲黯劝谏说："陛下求取贤才不遗余力非常辛劳，然而得到人才后还没等他施展才能，就已经被杀掉了。以有限的人才，遭受这种无休止的诛杀，我担心天下的贤才将要绝灭了，还有谁来辅佐陛下治理国家呢！"汲黯说话时口气很冲，武帝就笑着告诉他说："哪个时代没有人才，担心的是不能识别他们罢了。假使能识别贤才，哪里用得着担心没有贤才呢？所谓的人才，就像那些有用的器物。有才能却不肯尽心竭力做好工作，就跟无才是一样的，不杀他们还等什么？"汲黯说："我虽然不能用言语说服陛下，然而心里还是觉得陛下的做法不对。希望陛下从今改过，不要认为我愚笨不明白道理。"汉武帝环顾群臣说："汲黯如果说他自己善于顺情说好话，那当然不是；如果他说自己愚笨，难道不正是这样吗！"

## 【段旨】

以上为第三段，写元狩二年（公元前一二一年）、三年两年间的全国大事，主要写了霍去病过焉支山伐匈奴，大破浑邪王、休屠王二部，迫使二部归降汉王朝，从而平定河西地区的历史壮举；也写了李广率军四千人对抗匈奴左贤王四万人的英勇战绩；写了金日磾降汉后庄重有礼、勤奋做事，受武帝宠用，为其日后的辅幼主做了伏笔；还写了直臣汲黯批评武帝宠待匈奴降人、批评武帝得天马作歌祭神，以及批评武帝好杀戮士大夫等。

## 【注释】

⑷⑺三月戊寅：三月初七。⑷⑺平津献侯：公孙弘的封号名，生前称平津侯，献字是其死后的谥。⑷⑻壬辰：三月二十一日。⑷⑼乐安侯李蔡：李蔡是李广的堂弟，因随卫青伐匈奴有功封东安侯，乐安是封地名。⑷⑽票骑将军：票骑，也写作“骠骑”“剽骑”，取其勇猛迅捷的意思。骠骑将军之设即从霍去病开始，其位置在“大将军”之下，其实与“大将军”同贵，权势都在丞相之上。⑷⑾陇西：汉郡名，郡治狄道，即今甘肃临洮。⑷⑿五王国：泷川引丁谦曰：“五王皆休屠属部，时休屠王驻凉州地，五王所部当在平番迤北一带。”〖按〗凉州即今甘肃武威，武威城北当时有休屠城。⒀焉支山：在今甘肃山丹东南。⒁杀折兰王二句：折兰、卢侯，皆匈奴部落名。《史记集解》引张晏曰：“折兰、卢胡，国名也。杀者，杀之而已。斩者，获其首。”⒂执浑邪王子：活捉了浑邪王的儿子。执，捉。浑邪王是匈奴王名，也写作“呼韩邪”。⒃相国：匈奴的中级职官名，与秦、汉王朝的“相国”大不相同。详情见《史记·匈奴列传》。⒄首虏：斩首与俘获生敌。⒅休屠王祭天金人：休屠王祭天用的金制神像。⒆北地：汉郡名，郡治马领，在今甘肃庆阳西北。⒇异道：分两路出行。㉑卫尉张骞：张骞以卫尉的身份为将军随霍去病北出。卫尉是九卿之一，主管护卫宫廷，当时有未央宫卫尉与长乐宫卫尉二职。㉒郎中令李广：李广以郎中令的身份为将军随霍去病北出。郎中令统领皇帝的侍卫人员并主管宫廷门户。㉓右北平：汉郡名，郡治平刚，旧说在今辽宁凌源西南，经查，乃属内蒙古宁城之淀子乡。㉔异道：此指分前后两路出兵。㉕左贤王：匈奴大单于下面的两个最高官长之一，与“右贤王”分部驻扎，共同襄助大单于处理国事。左贤王居匈奴之东部，右贤王居匈奴之西部。㉖其子敢：李广的第三子李敢，事迹见后文。㉗驰贯胡骑：从敌兵前沿攻入，直穿到敌军背后。贯，直穿。㉘出其左右：又从左到右，从右到左地冲杀、穿行了一遍。吴见思曰：“四千骑，四万骑，一以当十，危矣；此独以‘数十骑’，极写李敢。”㉙易与：容易对付。〖按〗此处写李敢的少年勇猛，亦在于衬托李广。㊿圜陈外向：因李广军处十倍于己的敌人包围中，须四面应敌，故列为圆阵，四周矛头一齐向外。《史记·匈奴列传》有所谓“士皆持满，傅

矢外向”。“傅矢”即张弓搭箭。傅，搭上。圜陈，同“圆阵”。501 持满毋发：拉满弓以向敌，而不把箭射出去。502 大黄：一种黄色的可以连发的大弓。503 裨将：副将；偏将。504 益解：渐渐士气懈怠。解，同“懈”。松懈；泄气。505 意气自如：意态和平时一样，言其从容自然。506 益治军：更加精神十足地整顿自己的队伍。治军，师古曰：“巡部曲，整行阵也。”507 军中皆服其勇：郭嵩焘曰，“广与匈奴大小七十余战，史公不一叙，独上文叙其以百骑支匈奴数千，此以四千骑当匈奴四万，写得分外奇险。妙在一以不战全军，一以急战拒敌，两事各极其胜”。508 过当：意即杀敌之数超过自己牺牲之数。509 罢：通“疲”，疲惫。510 罢归：撤回。姚苎田曰：“此段广之勇烈及其所遇之艰危，皆大略与其孙陵相似，皆以别将失道，独与虏遇；皆以少敌众，而广之终得拔身还汉者，卒以救军之来也。史公写此极详，盖亦有所感云。”511 汉法：依照汉朝的法律规定。512 留迟后期：因行动缓慢而贻误战机。513 当死：被判死刑。514 军功自如：军功和败军之罪相当，相抵消。515 失：彼此走散。516 不相得：彼此找不到对方。517 逾居延：越过了居延泽。居延是沼泽名，在今内蒙古西部之额济纳旗东。518 祁连山：在今甘肃走廊南侧与青海交界处，主峰在酒泉东南。519 单桓、酋涂王：都是匈奴别部的头领。520 鹰击司马赵破奴：赵破奴身任司马之职，在军中主管司法。鹰击，是加给赵破奴的称号，以言其轻捷勇猛如鹰之击燕雀。521 从票侯：因其从骠骑将军出征有功，因以“从票”为号。522 高不识：原为匈奴之王，降汉后任骠骑将军之校尉。523 宜冠侯：因其在骠骑将军统领下得以立功，故以“宜冠”为称，意即适合于受冠军将军（霍去病旧称冠军将军）统领。524 仆多：姓仆名多，原是匈奴族人，后降于汉。《史记·建元以来侯者年表》作“仆多”，《汉书》年表作“仆朋”。525 辉渠侯：封地辉渠，鲁阳（今河南鲁山县）境内的乡名。526 行留：行动迟缓，中途逗留。527 宿将：老将，如李广等。528 兵：这里指兵器。529 常选：通常都是经过挑选的。〖按〗《史记·廉颇蔺相如列传》《魏公子列传》有所谓“选兵”“选骑”，盖与此同义。530 先其大军：指离开大部队，率领轻兵深入，即前文之所谓“直弃大军数百里赴利”。531 天幸：像是有老天爷的保佑。532 未尝困绝：从来没有陷入困境、没有遇到走投无路的境地。533 留落不偶：行动迟缓，遇不上敌人，没有立功的机会。534 比大将军：和卫青所受的荣宠相等。比，相等。535 代、雁门：汉之二郡名，代郡的郡治即今河北蔚县东北的代王城。雁门郡的郡治善无，在今山西河曲、五寨、宁武等县以北。536 略：意思同“掠”。537 江都王建：刘建，景帝之孙，江都易王刘非之子。江都国的都城在今江苏扬州城南。538 淖姬：刘建之父江都易王刘非的宠姬，其人姓淖。539 女弟徵臣：刘建之妹名叫徵臣。540 雷陂：湖泽名，旧址在今扬州北。541 郎：帝王的侍从人员。542 溺：落水。543 乍见乍没：时而露出水面，时而沉没水中。见，露出。544 临观：站在岸上，居高临下地看着。545 不辜：无罪。546 其后成光：刘建的王后名叫成光。547 使越婢下神：让来自越族的女巫求神降临。越，当时的小国名，东越在今福建一带，南越在今广东一带。548 祝诅上：向鬼神祈祷，求鬼神让皇帝快死。诅，诅咒，求鬼神给某人以惩罚。⑤⑭⑨为反具：制作造反用的器械。⑤⑤⓪国除：江都国的建制被取消，改其地为郡。⑤⑤①胶东康王寄：刘寄，景帝之子，景帝王皇后之妹王夫人所生。康字是其死后的谥。胶东国的都城即墨，在今山东平度东南。⑤⑤②浑邪王：匈奴右贤王属下的一个部落酋长，处于匈奴之西部地区。⑤⑤③为汉所杀虏数万人：即上文所述被霍去病所杀虏数万人。⑤⑤④要遮：拦截，这里指寻找。⑤⑤⑤大行：即大行令，也称“典客”，九卿之一，主管归附的少数民族事务。⑤⑤⑥将城河上：将兵在今内蒙古临河、包头一带的黄河边上筑城。⑤⑤⑦驰传以闻：派人乘传车飞报皇帝。传，驿车。⑤⑤⑧并其众：将其部众并归己有。⑤⑤⑨渡河：渡过黄河北进。⑤⑥⓪相望：彼此远远都能望见。⑤⑥①颇遁去：有些人回头向北逃跑了。颇，有些。⑤⑥②票骑乃驰入二句：驰入，指飞马直入浑邪王军中。〖按〗此处写骠骑将军之胆略，非常人之所及。⑤⑥③乘传先诣行在所：乘驿车先进长安拜见皇帝。诣，到、达。行在所，也称“行在”，指皇帝所在的地方，这里即指京城。⑤⑥④尽将其众渡河：将降汉的全部匈奴人都带到黄河以南。主语是霍去病。⑤⑥⑤既至长安：此指降汉的全部匈奴人。⑤⑥⑥赏赐：指赏赐降汉的全体匈奴人。⑤⑥⑦数十巨万：犹今所谓数十亿。巨万，万万，即今所谓“亿”，这里说的是铜钱。⑤⑥⑧漯阴侯：封地漯阴，在今山东禹城东。⑤⑥⑨呼毒尼等四人皆为列侯：据《史记·卫将军骠骑列传》，呼毒尼被封为下摩侯，鹰庇为辉渠侯，禽梨为河綦侯，铜离为常乐侯。⑤⑦⓪二万乘：两万辆，古称一车四马曰一乘。⑤⑦①县官无钱：国家拿不出这么多钱购买马匹。县官，指国家、政府，有时也指皇帝。⑤⑦②从民贳马：向百姓买了马而欠着钱。贳，赊欠，买了东西而暂不给钱。⑤⑦③马不具：凑不够八万匹。具，备、满数。⑤⑦④长安令：长安县的县令。当时的长安城在今长安境内，长安令管辖京城周围的农村，上属于右内史。⑤⑦⑤右内史：首都长安城与其郊区的行政长官，当时分设左右二人，分别管理东、西两部分。⑤⑦⑥独斩臣黯二句：时汲黯为右内史，长安令是其属官，为替下级承担责任，故汲黯如此说。⑤⑦⑦畔：通“叛”。⑤⑦⑧徐以县次传之：王先谦曰，“令所过诸县以次给传，徐徐而来也”。“给传”即为其提供驿车。〖按〗匈奴降者数万人，“以县次传之”，将要拖延到何年何月？又受降如受敌，没有相当数量的战斗部队，如何接受匈奴数万人之投降？汲黯反对“扰民”是也；谓“徐以县次传之”，能曰知兵乎？⑤⑦⑨令天下骚动：指由政府向百姓贳马引起的民间惶恐。⑤⑧⓪罢敝：劳乏、耗费。罢，通“疲”。⑤⑧①中国：华夏之国，即今之中原地区。⑤⑧②事夷狄之人：为夷狄之人服务。⑤⑧③及浑邪至：实际指浑邪王与其所带领的归降部众来到长安。⑤⑧④贾人与市：长安城的商人与来降的匈奴人做买卖。⑤⑧⑤坐当死：因犯罪而被判死刑。当，判处。〖按〗据《史记·卫将军骠骑列传》，匈奴四万人降汉后，开始住在长安，故有与长安商人做交易事。⑤⑧⑥请间：请求皇帝个别接见。⑤⑧⑦高门：宫殿名。《史记集解》引《三辅黄图》云：“未央宫中有高门殿。”未央宫是皇帝之所居，旧址在当时长安城的西部，其前殿的基础今尚巍然存在。⑤⑧⑧当路塞：正对着匈奴人入侵道路的城池关塞。⑤⑧⑨绝和亲：破坏了高祖以来的长达几十年的和亲政策。⑸⓪巨万百数：犹今之所谓“几百亿”，单位指铜钱。巨万，万万，即今之所谓“亿”。591所卤获二句：把掠夺来的物资，都赏给战死者的家庭。卤，同“掳”“掠”。592塞：满足；平抚。593虚府库赏赐：把仓库里的所有东西都拿出来赏赐匈奴人。594发良民侍养：调动中国的良民百姓来侍候匈奴人。595譬若奉骄子：就如同供养自家受娇惯的儿子一样。奉，供养。596市买长安中物：这里的意思是指长安百姓将货物卖给匈奴人。597文吏：法官。文，指法律条文。598绳：指以法惩治。599阑出财物于边关：此句意谓长安的百姓把东西卖给了住在长安的匈奴人，而司法官吏就给他们定罪为犯法、向国外走私。阑，走私。臣瓒曰：“无符传出入为阑也。”当时的法律规定：“吏民不得持兵器及铁出关，虽于京师市买，其法一也。”600微文：犹言“酷法”“苛法”。微，细、繁密。601庇其叶而伤其枝：保护树叶而损伤枝条，分不出哪个更关键、更重要。602妄发：乱放炮；信口胡言。603居顷之：过不多久。604分徙：分别令其迁徙。605边五郡故塞外：意即让他们分别居住在沿边五个郡的旧国境线外。五郡指陇西、北地、上郡、朔方、云中。606皆在河南：都在黄河以南，即今内蒙古之西南部、陕西之北部与甘肃、宁夏的部分地区。607因其故俗二句：将他们分成五个部落，让他们按旧有的习俗生活，而称这些部落曰“属国”。颜师古曰：“不改其本国之俗，而属于汉，故号‘属国’。”608金城河西：金城是汉郡名，郡治允吾，在今甘肃永靖西北。河西是地区名，泛指今甘肃、宁夏段的黄河以西地区。609并：傍；沿着。610南山：指今甘肃与青海交界的祁连山。611盐泽：即今新疆境内的罗布泊。612候者：侦察人员。613希：同“稀”，少。614日磾：金日磾，字翁叔，匈奴休屠王的太子。其父被浑邪王所杀后，随浑邪王一同归汉。615母阏氏：金日磾之母原休屠王的妃嫔。616弟伦：金日磾之弟，其名曰伦。617俱没入官：都被判作奴婢，没入宫廷服役。其所以如此是因为休屠王原打算与浑邪王一道降汉，后因动摇反悔，被浑邪王所杀。其家属也成了犯罪之人，故别人蒙赏，他们被判为奴隶。618输黄门养马：被发落到黄门署喂马。输，送、派到。黄门，官署名。师古曰：“黄门之署，职任亲近，以供天子，百物在焉。”619游宴：清闲无事时的玩赏饮宴。620见马：想看看黄门署喂养的马匹。621后宫满侧：指皇帝身边站满了嫔妃宫女。622窃视：指偷看皇帝与其身边的宫人。623八尺二寸：约当现在的一点八九米。624严：庄重。625马又肥好：谓金日磾喂的马长得又肥又壮。626本状：实际情况。627拜为马监：任以为负责养马的官员，上属黄门令。628迁侍中：又提升为皇帝的侍从官员，可出入宫廷。629驸马都尉：掌管皇帝副车的官员。630光禄大夫：原称“中大夫”，皇帝的侍从官员，以备参谋顾问之用。631骖乘：陪皇帝同乘一辆车，立在皇帝身边兼充侍卫之职。632妄：胡乱地；随便地。633愈厚：谓越发亲近、越发厚待。634祭天主：祭天用的神像。祭祖用的木制灵牌则称木主。635孛：火花四射，这里即指彗星。636淮南王之谋反：事在元狩元年（公元前一二二年）。637私作战守备：也暗中做谋反的准备。638辞出之：口供中带出了刘寄的问题。⑹于上最亲：与皇帝的关系最紧密。⑽发病而死：其死在元狩二年，已见上文。⑾不敢置后：不敢立其子继位为王。⑿王故衡山地：衡山原是淮南王刘安之弟刘赐的封国，国都邾县（今湖北黄冈）。刘赐于武帝元狩元年因与其兄刘安谋反，事觉自杀，国除。至此武帝又改其地曰六安国，以封刘寄之幼子刘庆，国都即今安徽六安之城东北。⒀山东：指崤山以东地区。⒁虚郡国仓廥：全部调出各郡与各诸侯国仓库的粮食。廥，原指堆放柴草的房舍，这里即指粮仓。⒂振：通“赈”，救济。⒃假贷贫民：借钱财粮食给穷人。假贷，即今之所谓“借贷”。假，借。⒄以名闻：把姓名上报朝廷。⒅徙：搬迁；转移。⒆关以西：指今陕西、甘肃、四川一带。关，指函谷关，在今河南灵宝东北。⒇新秦中：古地区名，在今内蒙古河套一带。公元前二一四年，秦始皇派蒙恬打退匈奴，取得其地。因其地近“秦中”（今陕西中部地区），故称之曰“新秦中”，属朔方郡。⑸皆仰给县官：全靠国家政府供应。⑸数岁假予产业：一连几年都是由国家供给这些移民生产、生活的物资。⑸使者分部护之：国家派专人分区监督管理。分部，按区、按片。护，监护。⑸冠盖相望：极言所派的使者之多，道上络绎不绝，前后都可以互相望见。冠盖，衣冠、车盖。〖按〗“新秦中”即卫青新从匈奴手中夺回的“河南地”，今徙贫民居之，既使其离开东方灾区，又可加强边防，一举两得，故政府全力以助之。钟惺曰：“后世人主，如此留心于民者亦少。”⑸其费以亿计二句：前既言“以亿计”，则后不得言“不可胜数”，《汉书·食货志》删去后四字，是也。⑸北地：汉郡名，郡治马领，在今甘肃庆阳西北。⑸上郡：汉郡名，郡治肤施，在今陕西榆林东南。⑸繇：通“徭”。徭役。⑸昆明：秦、汉时代的少数民族小国名，在今云南的下关、大理一带，因其阻碍汉使通身毒（今印度），故武帝练水军以伐之。⑹昆明有滇池：此语有误，滇池在当时的滇国境内，在今云南昆明南，不属于当时的昆明。⑹昆明池：武帝时挖掘的人工湖，在今陕西西安西南之上林苑中。《史记索隐》引《三辅黄图》曰：“昆明池周四十里，以习水战。”⑹兵革数动：屡屡发动战争。数动，屡动。⑹民多买复及五大夫：皆指花钱以买得免除徭役之资格。复，免除徭役。五大夫，秦爵二十级的“五大夫”与汉代武功爵的“千夫”相等，都可以免除徭役，即晁错所谓“入粟受爵至五大夫以上乃复一人”是也。⑹征发之士益鲜：可征调从军服役的人越来越少。鲜，少。⑹除千夫、五大夫为吏：除，任命。因当时法令严酷，为吏者极易遭罪，故有爵者常不欲为吏，故此特强制之。⑹不欲者出马：汉代马少且贵，据晁错《论贵粟疏》“有车骑马一匹者，复卒三人”，则一匹马的价钱可以买三个“五大夫”。⑹以故吏弄法：由于这些被免职的官吏都有玩弄法律条文以害人的罪过。⑹皆谪令伐棘上林：都打发他们到上林苑去伐树割草。谪，罚。上林，即上林苑，故址在今西安西南，周围二百余里，是秦汉时期的皇家猎场。⑹穿：挖；修造。⑺得神马于渥洼水中：渥洼水在今甘肃敦煌西南汉龙勒故址南，其水源于当金山，北流至龙勒故城南汇为泽，复北流入沙漠。《史记集解》引李斐曰：“南阳新野有暴利长，当武帝时遭刑，田敦煌界，人数于此水旁见群野马，中有奇异者，与凡马异，来饮此水旁。利长先为土人持勒靽于水旁，后马玩习，久之，代土人持勒靽收得其马献之。欲神异此马，云从水中出。”㉛方立乐府：刚刚建立了乐府官署。乐府是掌音乐的机关，早在秦朝就有，至武帝时乃扩大规模，并使之到各地采集民间歌谣。㉜司马相如等造为诗赋：司马相如字长卿，成都人，汉代最杰出的辞赋家。事迹详见《史记·司马相如列传》。宋人郭茂倩编的《乐府诗集》中有《郊祀歌》十九首，相传即司马相如等所作。㉝李延年：汉武帝李夫人之兄，当时著名的音乐家，官至协律都尉。事迹见《史记·佞幸列传》。㉞二千石：郡守与诸侯相一级。㉟弦次初诗：给新作的歌词谱曲。弦，原指弦乐器，弦次即指谱曲、配乐。㊱合八音之调：符合音乐规律的令人爱听的曲调。八音指金、石、丝、竹、匏、土、革、木等八种器乐。㊲尔雅：近于雅正，这里即指文辞典雅。㊳一经：指儒家经典中的一种。㊴不能独知其辞：一个人看不懂其文字的含义。㊵五经家：《诗》《书》《易》《礼》《春秋》等各种经典的专家。㊶相与共讲习读之：共同研究讨论着阅读。相与，一道。㊷及得神马二句：等到获得了“天马”后，又谱写了《太一之歌》，其辞曰：“太一贡兮天马下，沾赤汗兮沫流赭。骋容与兮跇万里，今安匹兮龙为友。”㊸汲黯：武帝时的直臣，事迹已见前文。㊹承：供奉。㊺兆民：众民；亿万百姓。㊻协于宗庙：谱曲作乐以祭祀宗庙。协，和谐，指谱曲作乐。㊼岂能知其音：怎么能够明白您这首歌的意思。㊽不说：同“不悦”，不高兴。㊾招延士大夫：即所谓“招贤纳士”。延，请。㊿常如不足：总嫌不够。㉛严峻：严厉，容不得缺点错误。㉜欺罔：欺骗；隐瞒真相。㉝按诛：查办其罪而诛之。㉞宽假：宽饶；宽容。㉟未尽其用：还没发挥他们的作用。㊱恣无已之诛：放任您这种没完没了的诛杀。恣，放纵。㊲谁与共为治：与谁一道治理天下。谁与，与谁。㊳谕：告。㊴不肯尽用：指不努力工作或不好好工作。㊵何施：留着做什么。㊶言屈：说服；辩倒。㊷心犹以为非：心里还认为您是错的。㊸顾：回头看着。㊹黯自言为便辟则不可：如果汲黯说他自己爱顺情说好话，那当然是不对的。便辟，逢迎谄媚，顺情说好话。㊺自言为愚：如果他说他自己愚笨。㊻岂不信然乎：难道不正是这个样子吗。

## 【校记】

［5］即：原无此字。据章钰校，十四行本、乙十一行本皆有此字，张敦仁《通鉴刊本识误》同，云：“无注本亦无‘即’字。”今从诸本及《通鉴纪事本末》《史记·卫将军骠骑列传》补。［6］先诣：原作“诣至”。据章钰校，十四行本、乙十一行本、孔天胤本皆作“先诣”，张敦仁《通鉴刊本识误》同。今从诸本及《通鉴纪事本末》《史记·卫将军骠骑列传》改。［7］三：原作“二”。据章钰校，十四行本、乙十一行本、孔天胤本皆作“三”，今据改。［8］衡山：原作“衡山王”。据章钰校，十四行本、乙十一行本皆无“王”字。今从诸本及《汉书·景十三王传》删。

**【原文】**

**四年（壬戌，公元前一一九年）**

冬，有司[707]言："县官[708]用度大[9]空，而富商大贾冶铸[709]煮盐，财或累万金[710]，不佐[711]国家之急。请更钱造币[712]以赡用[713]，而摧[714]浮淫并兼之徒[715]。"是时，禁苑[716]有白鹿而少府[717]多银锡[718]，乃以白鹿皮方尺[719]，缘以藻缋[720]，为皮币[721]，直四十万[722]。王侯宗室朝觐[723]聘享[724]，必以皮币荐璧[725]，然后[10]得行[726]。又造银、锡为白金三品[727]：大者圜之[728]，其文龙[729]，直三千[730]；次方之[731]，其文马，直五百；小者椭之[732]，其文龟，直三百。令县官[733]销半两钱[734]，更铸三铢钱[735]。盗铸诸金钱罪皆死，而吏民之盗铸白金者不可胜数[736]。

于是以东郭咸阳[737]、孔仅为大农丞[738]，领盐铁事[739]。桑弘羊[740]以计算用事[741]。咸阳，齐之大煮盐；仅，南阳大冶[742]：皆致生[743]累千金。弘羊，洛阳贾人子，以心计[744]，年十三侍中[745]。三人言利事析秋毫[746]矣。

诏禁民敢私铸铁器、煮盐者釱左趾[747]，没入其器物[748]。公卿又请令诸贾人末作[749]各以其物自占[750]，率缗钱二千而一算[751]；及民有轺车[752]若船五丈以上[753]者，皆有算[754]。匿不自占[755]、占不悉[756]，戍边一岁，没入缗钱[757]。有能告者[758]，以其半畀之[759]。其法大抵出张汤[760]。汤每朝奏事，语国家用[761]，日晏，天子忘食[762]，丞相充位[763]，天下事皆决于汤[764]。百姓骚动，不安其生，咸指怨汤[765]。

初，河南[766]人卜式数请输财县官[767]以助边[768]，天子使使问式："欲官乎？"式曰："臣少田牧[769]，不习仕宦[770]，不愿也。"使者问曰："家岂有冤，欲言事[771]乎？"式曰："臣生与人无分争[772]。邑人[773]贫者贷之[774]，不善者教之，所居人皆从式[775]，式何故见冤于人[776]！无所欲言也。"使者

【语译】

**四年（壬戌，公元前一一九年）**

冬季，有关部门的官员说："现在官府费用不足，而富商大贾开矿炼铜铸造钱币、煮海水制盐获取厚利，有人拥有几万金的钱财，却不肯拿出来帮助国家解决急需。请另行铸造新钱币以满足需要，也借以打击那些奢华贪婪的工商业者。"当时，皇家苑囿里有的是白鹿，而少府手中有的是银、锡，于是就将白鹿皮裁成一尺见方，四周用彩绣码边，称为皮币，定价四十万钱。王侯、宗室朝见皇帝、诸侯贵族间的礼尚往来，规定必须以皮币衬托着璧玉，只有这样才算礼数到了。又以银、锡为原料制造白金币，白金币分为三种：最大的为圆形，上面所绘的图案是龙，定价三千；中等的为方形，上面所绘的图案是马，定价五百；最小的是椭圆形，上面所绘的图案是龟，定价三百。又下令官府将半两钱全部销毁，更铸一种重三铢的铜钱。并规定：凡是私自铸造各类金钱的一律处以死刑。然而吏民当中盗铸白金币的仍然数不胜数。

于是任命东郭咸阳、孔仅为大农丞，主管煮海水制盐、开矿炼铁方面的事务。桑弘羊因为很有经济头脑而被汉武帝重用。东郭咸阳，是齐国最有名的煮盐大户，孔仅是南阳有名的大矿产主，他们家中每年的产业都有几千金。桑弘羊，是洛阳大商人的儿子，精于计算，十三岁的时候就担任侍中。让这三个人一起商讨为国家开辟财源，分析得简直精辟透彻到了极点。

汉武帝下诏禁止民间私自制造铁器、用海水煮盐，敢于违犯的，判处用六斤重的铁钳箍住左脚，并将其器物全部没收。公卿大臣又向武帝建议：让那些从事工商业的人评估自己的财产，大体规定为有二千文的资金就要缴纳一算的税；拥有一辆轺车，或是拥有长度在五丈以上的船只的家庭，都要缴纳一算的税。如果隐瞒财产不报，或是估算得不完全，给予戍边一年的处罚，同时没收全部家产。如果有人检举告发，就将没收来的资产的一半奖励给举报人。这些法律大多出自张汤之手。张汤每次上朝奏事，谈论起国家的财政，都要滔滔不绝地谈到很晚，汉武帝听得入神，有时甚至忘记了吃饭，而丞相李蔡是徒居其位而不管事，天下的大小事情都是张汤说了算。由于法令苛刻，百姓扰攘骚动，生活无法安定，所以都指名道姓地怨恨张汤。

当初，河南人卜式屡次请求将家产捐献给国家以补充边防费用的不足，汉武帝派使者去问卜式说："你这样做的目的是不是想要做官呢？"卜式回答说："我从小就种田放牧，不懂得如何做官，我不愿意做官。"使者又问他说："你家难道有冤枉，希望借此向皇帝申诉？"卜式说："我从出生到现在从来没有与人发生过争执。同乡之人特别贫困，我就借钱借物给他们，有行为不好的我就教育他们，所居之处人们都听从我，我怎么会被别人冤枉！我没有什么要申诉的。"使者又问："假如是这样的话，

曰:“苟如此,子何欲而然[777]?”式曰:“天子诛[778]匈奴,愚以为贤者宜死节[779]于边,有财者宜输委[780],如此而[781]匈奴可灭也。”上由是贤之,欲尊显以风百姓[782]。乃召拜式为中郎[783],爵左庶长[784],赐田十顷,布告天下,使明知之。未几,又擢式为齐太傅[785]。

春,有星孛[786]于东北。夏,有长星[787]出于西北。

上与诸将议曰:“翕侯赵信[788]为单于画计[789],常以为汉兵不能度幕轻留[790]。今大发士卒[791],其势必得所欲[792]。”乃粟马十万[793],令大将军青、票骑将军去病各将五万骑。私负从马[794]复四万匹,步兵转者[795]踵军后[796]又数十万人,而敢力战深入之士皆属票骑。票骑始为出定襄,当单于[797],捕虏言单于东[798],乃更令[799]票骑出代郡,令大将军出定襄。郎中令李广数自请行[800],天子以为老,弗许。良久,乃许之,以为前将军。太仆公孙贺为左将军,主爵都尉赵食其为右将军,平阳侯曹襄[801]为后将军,皆属大将军。赵信为单于谋曰:“汉兵既度幕,人马罢[802],匈奴可坐收虏[803]耳。”乃悉远北其辎重[804],以精兵待幕北[805]。

大将军青[11]既出塞,捕虏知单于所居,乃自以精兵走之[806],而令前将军广并于右将军军[807],出东道[808]。东道回远[809],而水草少,广自请曰:“臣部为前将军[810],今大将军乃徙令臣出东道。且臣结发[811]而与匈奴战,今乃一得当单于[812],臣愿居前,先死单于[813]。”大将军亦阴受上诫[814],以为“李广老,数奇[815],毋令当单于,恐不得所欲[816]”。而公孙敖新失侯[817],大将军亦欲使敖与俱当单于[818],故徙前将军广。广知之,固自辞[819]于大将军,大将军不听,广不谢[820]而起行[821],意甚愠怒。

大将军出塞千余里,度幕[822],见单于兵陈而待[823]。于是大将军令武

那你为什么要这样做呢?”卜式说:“天子想要诛灭匈奴，我认为有勇力的人就应该为消灭匈奴而战死沙场，有财力的就应该献出财物给国家，这样的话，匈奴才能尽快被消灭。”汉武帝觉得卜式的品行很好，就想尊崇卜式以劝勉百姓向他学习。于是就封卜式为中郎，赐爵为左庶长，赏给他良田十顷，并布告天下，让全国的人都知道此事。过了没多久，又提升卜式为齐王刘闳的太傅。

春季，有彗星出现于东北的夜空。夏季，又有流星出现在西北夜空。

汉武帝与诸位将领商议说:“翕侯赵信为匈奴单于出谋划策，总是以为汉朝的军队不敢越过大沙漠进攻漠北，不敢轻易地在大沙漠中停留。如果我们利用匈奴的这种心理，对逃入沙漠以北的匈奴来个突袭，一定能达到我们的目的。”于是加紧用小米喂养十万匹战马，命令大将军卫青、骠骑将军霍去病每人率领五万名骑兵。再加上带着私家马匹参军的志愿者又是四万匹马，还有步兵以及紧随大军之后负责转运粮草的后勤部队又有几十万人，而那些骁勇善战、敢于冲锋陷阵的将士全都隶属于骠骑将军霍去病。骠骑将军霍去病本来准备从定襄出塞，攻打匈奴单于，后来从抓获的俘虏口中得知匈奴单于在东部，于是汉武帝又改变计划，命令骠骑将军霍去病从代郡出塞，令大将军卫青从定襄出塞。郎中令李广屡次请求出征，汉武帝觉得李广已老，不同意。过了很久，又同意李广出征，让他担任前将军。太仆公孙贺为左将军，主爵都尉赵食其为右将军，平阳侯曹襄为后将军，全归大将军卫青指挥。赵信为匈奴单于出主意说:“如果汉军度过了大沙漠，必定是人困马乏，匈奴以逸待劳一定能将汉军全部俘获。”于是将全部辎重向更远的北方转移，只留下精锐的部队在漠北等候与汉军决战。

大将军卫青率领军队出塞后，从抓获的俘虏口中知道了匈奴单于的所在，于是，就挑选部分精锐骑兵，亲自率领着向匈奴单于的所在地全速进发，命令前将军李广的军队与右将军赵食其的军队合在一处，由东路并行北进。东路军与中路相比需要绕道而行，路途遥远而水草又少，李广亲自向大将军卫青请求说:“我所率领的部队本来应该是先头部队，如今大将军却改变部署，命令我走东路。再说，我从刚成年开始就与匈奴作战，今天好不容易才遇到一次与匈奴单于面对面交战的机会，我希望做先锋，愿意为捕获匈奴单于而首先战死。”大将军卫青在出发前暗中受到武帝的告诫，认为“李广年老，运气不好，不要让他直接与匈奴单于作战，恐怕达不到出征的目的”。而公孙敖最近又失去侯爵，大将军卫青也想给他提供一个立功的机会，就让他和自己一道去攻打单于，所以才把李广的前军改作东路军。李广知道大将军的用意，坚持向大将军表示不同意走东路，大将军卫青坚决不答应，李广非常失望，也不告辞，站起来就走，心中的愤怒溢于言表。

大将军卫青率军出塞，前进了一千多里，才穿过大沙漠，看见匈奴单于的军队已经严阵以待。于是大将军卫青下令军中，用武刚车迅速围成营寨，同时派出五千

刚车[824]自环为营，而纵五千骑往当[825]匈奴。匈奴亦纵[826]可万骑。会日且入，大风起，砂砾击面，两军不相见。汉益纵左右翼[827]绕单于，单于视汉兵多而士马尚强，自度战不能如汉兵，单于遂乘六骡[828]，壮骑可数百，直冒[829]汉围，西北驰去。时已昏，汉匈奴相纷拿[830]，杀伤大当[831]。汉军左校[832]捕虏言，单于未昏而去。汉军发轻骑夜追之，大将军军因随其后，匈奴兵亦散走。迟明[833]，行二百余里，不得单于，捕斩首虏万九千级，遂至窴颜山[834]赵信城[835]，得匈奴积粟食军[836]。留一日，悉烧其城余粟而归。

前将军广与右将军食其军无导[837]，惑失道[838]，后大将军[839]，不及单于战[840]。大将军引还，过幕南[841]，乃遇二将军。大将军使长史[842]责问广、食其失道状，急责[843]广之幕府对簿[844]。广曰："诸校尉[845]无罪，乃我自失道，吾今自上簿至莫府[846]。"广谓其麾下[847]曰："广结发与匈奴大小七十余战，今幸从[848]大将军出接单于兵，而大将军徙广部行回远[849]，而又迷失道，岂非天哉[850]！且广年六十余矣，终不能复对刀笔之吏[851]！"遂引刀自刭。

广为人廉，得赏赐辄分其麾下[852]，饮食与士共之。为二千石四十余年[853]，家无余财。猿臂[854]，善射，度不中不发。将兵，乏绝[855]之处见水，士卒不尽饮，广不近水；士卒不尽食，广不尝食，士以此爱乐为用。及死，一军皆哭。百姓闻之，知与不知，无老壮皆为垂涕[856]。而右将军独下吏，当死，赎为庶人。

单于之遁走，其兵往往与汉兵相乱而随单于[857]。单于久不与其大众相得[858]，其右谷蠡王[859]以为单于死，乃自立为单于。十余日，真单于复得其众，而右谷蠡王乃去其单于号。

票骑将军骑兵车重[860]与大将军军等，而无裨将[861]，悉以李敢等为

名骑兵迎战匈奴。匈奴也派出了大约一万名骑兵上前迎战。两军激战到天色将晚，又刮起大风，飞沙走石扑面而来，两军之间根本分不清敌我。汉军趁机派出军队从左右两翼包抄匈奴单于，匈奴单于发现汉军众多而且兵强马壮，估计战胜不了汉军，于是就坐上用六匹骡子拉的车，由几百名精壮的骑兵护卫着，冲破汉军的包围，向西北方向逃窜。当时天色昏暗，汉军与匈奴相互混战在一起，双方死伤大体差不多。汉军左校从俘虏的嘴里得知匈奴单于已经在天黑之前逃走，赶紧报告给大将军卫青，大将军卫青马上派轻骑兵连夜追赶，他自己则率领大军紧随其后。匈奴军队听说单于已经逃走，立时军心大乱，军士们四散而逃。到天亮时，汉军已经追出有二百多里，虽然没有看见单于的踪影，却杀死和俘虏了一万九千多名匈奴人，于是来到窴颜山的赵信城，夺取了匈奴存放在这里的粮食让汉军吃。在这里停留了一天，然后放火烧城，把剩余的粮食全部烧毁后班师。

前将军李广与右将军赵食其由于军中没有向导，因而迷失了道路，落后于大将军，没有赶上与大将军会战匈奴单于。大将军卫青率军而回，向南穿过了大沙漠，才与两将军的人马相遇。大将军卫青派长史责问李广和赵食其迷失道路的情况，并要求李广限期到大将军帐下去说明原因。李广说："我属下的诸位将领没有过错，是我自己迷失了道路，我自己去给上头写材料报告情况。"李广又对他的属下说："我从刚成长的时候起就与匈奴作战，大大小小打过七十多仗，这次有幸跟随大将军出征与匈奴单于作战，而大将军却将我从前军改派到一条绕远的路上，又迷失了道路，这难道不是天意吗！再说，我李广已经六十多岁了，无论如何也不能再去向那些刀笔吏陈述什么！"遂拔出佩刀自刎而死。

李广为人廉洁，每次得到赏赐都分给自己的部下，饮水吃饭都和士兵在一起。担任二千石的高级将领四十多年，家中没有多余的钱财。李广的两臂像猿臂，长而灵活，善于射箭，但没有射中的把握就绝不把箭射出去。率军行军打仗的时候，每当缺粮断水之时，发现水源，全军将士没有全部喝上水，他绝不接近水源；全军将士没有全部吃上饭，李广绝对一口不沾，将士们因此非常爱戴李广，乐意为他效力。等到听说李广已死的消息，全军将士无不痛哭流涕。老百姓听到李广自杀的消息，不论见过还是没见过李广的，也不论男女老少，全都为李广的去世而伤心落泪。右将军赵食其一人被移交司法部门接受审讯，司法部门判处赵食其死罪，家属缴纳赎金将其赎出，贬为平民。

匈奴单于逃走之后，他的士兵往往与汉军混杂在一起寻找单于。匈奴单于好久无法与部下会合，匈奴的右谷蠡王以为单于已死，就自立为单于。过了十几天，真单于又与他的部下重新会合在一起，右谷蠡王得知后去掉自己的单于称号。

骠骑将军霍去病所率领的骑兵、车辆辎重与大将军卫青的军队相同，但手下没有设置副将，于是就把李敢这样的中级将领任命为大校，充当副将。他们从代

大校[862]，当裨将[863]。出代、右北平二千余里，绝大幕[864]，直左方兵[865]，获屯头王、韩王[866]等三人，将军、相国、当户、都尉八十三人，封狼居胥山[867]，禅于姑衍[868]，登临翰海[869]，卤获[870]七万四百四十三级。天子以五千八百户益封票骑将军[871]，又封其所部右北平太守路博德等四人为列侯[872]。从票侯破奴等二人益封[873]，校尉敢[874]为关内侯[875]，食邑[876]。军吏卒为官、赏赐甚多。而大将军不得益封，军吏卒皆无封侯者。

两军之出塞，塞阅[877]官及私马凡十四万匹，而复入塞者不满三万匹[878]。

乃益置大司马位[879]，大将军、票骑将军皆为大司马[880]。定令，令票骑将军秩禄[881]与大将军等。自是之后，大将军青日退，而票骑日益贵。大将军故人、门下士多去事票骑[882]，辄得官爵[883]，唯任安[884]不肯。

票骑将军为人少言不泄[885]，有气敢往[886]。天子尝欲教之孙、吴兵法[887]，对曰："顾方略何如耳，不至学古兵法[888]。"天子为治第[889]，令票骑视之，对曰："匈奴未灭，无以家为[890]也！"由此上益重爱之。然少贵[891]，不省士[892]。其从军[893]，天子为遣太官[894]，赍数十乘[895]，既还，重车余弃粱肉[896]，而士有饥者。其在塞外，卒乏粮或不能自振[897]，而票骑尚穿域蹋鞠[898]，事多此类。大将军为人仁，喜士退让，以和柔自媚于上[899]。两人志操如此。

是时，汉所杀虏匈奴合[900]八九万，而汉士卒物故[901]亦数万。是后匈奴远遁，而幕南无王庭[902]。汉渡河自朔方以西至令居[903]，往往通渠[904]，置田官，吏卒五六万人[905]，稍蚕食匈奴以北[906]。然亦以马少，不复大[907]出击匈奴矣。

匈奴用赵信计，遣使于汉，好辞请和亲。天子下其议[908]，或言和

郡、右北平出塞后，行军两千多里，穿过大沙漠，遭遇到匈奴的左方兵即左贤王的军队，经过激战，俘获了屯头王、韩王等三个小王，还有将军、相国、当户、都尉等匈奴高级官员八十三人，在狼居胥山头筑起高台祭祀天神，在姑衍开拓出一片土地祭祀地神，又登上高处眺望大漠的奇异风光。此次出征，总计俘获匈奴七万零四百四十三人。汉武帝为骠骑将军霍去病加封五千八百户，又将其属下的右北平太守路博德等四人封为列侯。为从票侯赵破奴等二人增加了封邑，校尉李敢被封为关内侯，赏赐给他二百户做食邑。军队中的小吏、士卒升官、接受奖赏的非常多。而大将军卫青没有受到任何奖赏，他部下的军吏、士卒当中也没有被封为侯爵的。

大将军和骠骑将军出塞的时候，边塞守卫人员查点官府的马匹和私人携带出去的马匹总计十四万匹，而回来的时候，入塞的马匹不足三万匹。

于是，增设大司马一职，大将军卫青、骠骑将军霍去病都被封为大司马。汉武帝特意颁布命令，让骠骑将军霍去病的职位、俸禄与大将军卫青相等。从此之后，大将军卫青的权势渐渐衰退，而骠骑将军霍去病日渐尊贵。大将军卫青的老朋友、门客也大多离开他而去投靠了骠骑将军霍去病，凡是投靠骠骑将军霍去病的就有官做，只有任安不肯那样做。

骠骑将军为人，少言寡语，不露声色，讲义气，勇于承担责任。汉武帝曾经想让他学习孙、吴兵法，骠骑将军霍去病回答说：“关键在于根据具体情况临机处置的本领如何，没有必要去死学古代的兵法。”汉武帝又为他修建府第，修好了之后让他去看，骠骑将军说：“匈奴还没有被消灭，经营自己的小家有什么用呢！”正因为如此，汉武帝就更加敬重他、宠爱他。然而，骠骑将军从小在富贵中长大，不懂得体恤士卒。每当他率军出征的时候，汉武帝就派宫中主管膳食的太官，为他用十几辆车子拉着吃的，等到班师回国的时候，就将辎重车上剩下的粮、肉全部扔掉，而出征的士卒却在忍饥挨饿。他在塞外的时候，由于军中缺乏食物，有的士兵被饿得无法站起来行动，而骠骑将军还要让人给他修球场供他踢球娱乐，像这类的事情还很多。大将军卫青的为人却很仁慈，善待士卒，喜好宾客，谦恭礼让，依靠自己的恭敬顺从获得汉武帝的宠幸。大将军卫青与骠骑将军霍去病两个人的志向操守就是这样。

当时，汉军杀死和俘虏的匈奴人总计约有八九万人，而汉朝自己损失的士卒也有数万人之多。从此以后，匈奴逃向更加遥远的北方，大漠以南再没有匈奴单于的立足之地。汉朝的军队渡过黄河，从朔方郡往西一直到令居，往往开渠引水，发展农业生产，设置屯田的官吏，安置五六万名士卒在这里屯垦，像蚕吃桑叶一样渐渐地向北扩展。然而终究因为马匹太少，不能再大规模地出兵攻打匈奴了。

匈奴采用了赵信的计策，派遣使者来到汉朝，用委婉的言辞请求与汉朝和亲。汉武帝将此事交给大臣商议，大臣中有人主张和亲，有人主张继续打击匈奴使其彻

亲，或言遂臣之[909]。丞相长史[910]任敞曰："匈奴新破困，宜可使为外臣[911]，朝请于边[912]。"汉使任敞于单于，单于大怒，留之不遣[913]。

是时，博士[914]狄山议[915]以为和亲便，上以问张汤，汤曰："此愚儒无知。"狄山曰："臣固愚，愚忠[916]；若御史大夫汤，乃诈忠[917]。"于是上作色[918]曰："吾使生居一郡[919]，能无使虏入盗乎[920]？"曰："不能。"曰："居一县？"对曰："不能。"复曰："居一障[921]间？"山自度辩穷[922]，且下吏[923]，曰："能。"于是上遣山乘障[924]。至月余，匈奴斩山头而去。自是之后，群臣震慑[925]，无敢忤汤[926]者。

是岁，汲黯坐法免[927]，以定襄太守义纵[928]为右内史，河内太守[929]王温舒[930]为中尉[931]。

先是[932]，宁成[933]为关都尉[934]，吏民出入关者号曰："宁见乳虎，无值宁成之怒[935]。"及义纵为南阳太守[936]，至关[937]，宁成侧行送迎[938]。至郡，遂按[939]宁氏，破碎其家。南阳吏民重足一迹[940]。后徙定襄太守，初至，掩[941]定襄狱中重罪轻系[942]二百余人，及宾客昆弟私入视[943]亦二百余人。一捕[944]，鞠[12]曰[945]"为死罪解脱[946]"，是日，皆报杀四百余人[947]。其后郡中不寒而栗。是时，赵禹[948]、张汤以深刻[949]为九卿[950]，然其治尚辅法而行[951]，纵专以鹰击[952]为治。

王温舒始为广平[953]都尉，择郡中豪敢往吏[954]十余人，以为爪牙，皆把其阴重罪，而纵使督盗贼[955]。快其意所欲得[956]，此人虽有百罪，弗法[957]；即有避，因其事夷之，亦灭宗[958]。以其故，齐、赵之郊盗贼[959]不敢近广平，广平声为道不拾遗。迁河内太守，以九月至。令郡具私[13]马五十匹为驿[960]，捕郡中豪猾[961]，相连坐千余家。上书请[962]，大

底臣服。丞相长史任敞说："匈奴刚刚被汉朝打败，应该使它成为汉朝的属国，让匈奴单于定期到边境朝请皇帝。"汉武帝就派任敞作为使者出使匈奴，任敞向匈奴单于转达了汉朝皇帝的旨意，匈奴单于听了大怒，就将任敞扣留下来不准返回汉朝。

当时博士狄山也参加了大臣的讨论，他认为与匈奴和亲有利，汉武帝就此事征询张汤的意见，张汤说："这个迂腐的儒生太无知。"狄山反讥他说："我虽然愚，但出于忠心；像御史大夫张汤，看似忠，而内心奸诈。"当时汉武帝就拉下脸来，质问狄山说："我派你去当一个郡的太守，你能保证匈奴不来进犯吗？"狄山回答说："不能。"武帝又问："让你去当一个县令，你能保证匈奴不进犯这个县吗？"狄山仍然回答："不能。"武帝更逼近一步问："那么让你守卫一个塞堡呢？"狄山心里盘算，如果再说"不能"，恐怕就要把自己送入大牢了，于是赶紧说："能。"汉武帝于是派狄山去守卫一个塞堡。狄山到任一个多月，匈奴前来进犯，就将狄山的人头砍去了。这件事发生之后，众位大臣都很恐惧，再也没有人敢与张汤持不同意见了。

这一年，汲黯因犯法而被免职，汉武帝任用定襄太守义纵为右内史，河内太守王温舒为中尉。

早先，宁成担任武关都尉，经常出入武关的人不论是官吏还是百姓都传说着这样一句话："宁可看见一只母老虎，也不愿碰见宁成发怒。"等到义纵担任南阳太守，他在上任途中经过武关，宁成竟然恭恭敬敬地侧着身子送往迎来。义纵到达郡署之后，就着手查办宁成家族，将宁成弄得家破人亡。南阳郡的官吏与百姓被吓得战战兢兢，两只脚就像重叠在一起一样，连路也不敢走了。后来义纵被调任到定襄郡担任太守，刚一上任，就突然提审定襄监狱中那些重囚按轻囚关押的犯人二百多人，以及当天私自到监狱探视犯人的亲属、宾朋二百多人。一律抓起来审问，逼迫那些探视的人承认是来"给死囚解脱刑具"，当天就将那些罪犯以及探监者共四百多人判定死刑，立即全部处死。此后，定襄郡中的人不寒而栗。当时，赵禹、张汤全都因为执法严厉苛酷而位列九卿，但他们两人审理案件还能依法而行，而义纵审理刑狱就像饿鹰追逐猎物一样，非得置对方于死地不可。

王温舒开始时担任广平都尉，他从郡中挑选十几个豪横敢为的官吏，作为自己的爪牙，同时又掌握着他们重大犯罪的把柄，然后派这些人去抓捕别的盗贼。如果是王温舒特别想要抓住的人，能马上给他抓来，让他感到心满意足，那么这个人即使是犯了一百次法，王温舒也不会将他绳之以法；如果发现某人在有意回避，不把他想要的人抓来，他就会利用某人过去的犯罪事实将他处死，还要灭他的族。因为这个缘故，齐国、赵国之间诸交通要道的盗贼不敢靠近广平，广平的治安声称是道不拾遗。后来王温舒被调往河内郡担任太守，当年九月到任。到任后立即下令郡中准备五十匹私马以供驿站之用，然后派人将郡中那些强横狡猾的地方豪绅全都抓捕起来，因受牵连而被抓捕的就有一千多家。王温舒立即上书奏请汉武帝批准，将那

者至族，小者乃死，家尽没入偿臧[963]。奏行[964]不过二三日得可事[965]，论报[966]，至流血十余里。河内[967]皆怪其奏，以为神速。尽十二月[968]，郡中毋声，毋敢夜行，野无犬吠之盗[969]。其颇不得，失之旁郡国[970]，追求。会春[971]，温舒顿足叹[972]曰："嗟乎！令冬月益展一月，足吾事矣[973]！"

天子闻之，皆以为能[974]，故擢为中二千石[975]。

齐人少翁[976]，以鬼神方[977]见上。上有所幸王夫人[978]卒，少翁以方夜致鬼[979]，如王夫人之貌，天子自帷中望见焉。于是乃拜少翁为文成将军，赏赐甚多，以客礼礼之[980]。文成又劝上作甘泉宫[981]，中为台室，画天、地、太一诸鬼神而置祭具，以致天神。居岁余，其方益衰[982]，神不至。乃为帛书以饭牛[983]，佯不知，言曰："此牛腹中有奇。"杀视，得书，书言甚怪。天子识其手书[984]，问其人，果是伪书[985]。于是诛文成将军而隐之[986]。

---

**【段旨】**

以上为第四段，写元狩四年（公元前一一九年）一年间的全国大事。最主要的是写了卫青、霍去病越大漠北伐匈奴，写了卫青与匈奴单于的漠北之战，写了霍去病大破匈奴左贤王，封狼居胥山而归，这是汉代伐匈奴的登峰造极之战。其中也写了名将李广的委屈、迷路、失意自杀。其次是写了桑弘羊等人推行盐铁官营、算缗告缗以及朝廷为掠夺王侯贵族而使用白金皮币等手段；再有就是写了张汤、宁成、义纵、王温舒等酷吏在朝廷与地方推行严刑峻法，以为汉武帝对外战争、对内统治保驾护航的情形。

些罪大恶极的诛灭全族，罪行轻微的处死，家产全部没收以偿还掠夺霸占的财物。奏疏呈交上去后不到两三天，得到皇帝的批复是“可以”，于是按照原先的判决将这一千多家全部处死，由于被杀的人太多，犯人的鲜血流出去有十多里远。河内郡的人都感到很奇怪，觉得王温舒从审讯到奏报、从批复到行刑，简直是太神速了。到十二月底的时候，郡中已经没有人敢再大声说话，没有人敢在夜间出行，就是荒郊野外，就连能引起狗叫的小盗贼都没有，更不用说是大盗了。偶尔有几个未能捕到的漏网分子，也都逃到邻近的郡、国中去了，王温舒正要派人去追捕。正好已经进入春季，王温舒遗憾地跺着脚长叹一声，说：“嗨，太令人遗憾了！如果能让冬季延长一个月，我的事情就办完了！”

汉武帝听说了王温舒的事情，认为王温舒很有才干，所以就提拔他做了俸禄在二千石的中尉。

齐国人少翁，他以自己能招致鬼神的法术求见汉武帝。汉武帝有一个特别宠爱的王夫人刚刚去世，少翁用他的法术在夜间将王夫人的鬼魂招来，其形貌确实很像王夫人，汉武帝从帷幕之中亲眼看到了。于是就封少翁为文成将军，赏赐给他很多的钱物，并以对待宾客的礼节对待他。文成将军少翁又劝说汉武帝建造甘泉宫，宫中建造亭台宫室，宫室中画上天神、地神、太一等诸鬼神，并摆设着祭祀用的器具，用来祭祀、招致鬼神。过了一年多，少翁再也玩不出什么新花样，而神仙也没有出现。于是他就预先在一片帛上写好字，喂给牛吃进肚里，自己假装一无所知，对人说：“这牛的肚子里有一个奇怪的东西。”于是将牛杀死一看，果然发现一片帛书，上面写的内容很是稀奇古怪。汉武帝认出是少翁的笔迹，就审问少翁，少翁承认是自己伪造的；于是汉武帝将文成将军少翁处死，而此事对外严格保密。

---

**【注释】**

⑦⓪⑦有司：主管该项事务的官吏。⑦⓪⑧县官：指国家政府，有时也指皇帝。⑦⓪⑨冶铸：指炼铁与铸造铁工具。⑦①⓪累万金：犹言数万金。汉称黄金一斤曰“一金”，“一金”可抵铜钱一万枚。⑦①①佐：助；解救。⑦①②更钱造币：改铸新的货币。更，改。⑦①③赡用：满足需要。⑦①④摧：打击。⑦①⑤浮淫并兼之徒：指奢华贪婪的工商业者。⑦①⑥禁苑：天子的园林猎场，主要指上林苑。⑦①⑦少府：官名，九卿之一，负责为皇帝的私家理财，掌管山川池泽的收入和供皇室使用的手工制造等。⑦①⑧多银锡：陈直曰，“银用以铸龙、马、龟三种银货，锡用以和赤铜铸三铢钱”。⑦①⑨方尺：一尺见方。⑦②⓪缘以藻缋：加上彩色的花边。藻绘，五

彩的刺绣。缋，古“绘”字。㉑为皮币：做成一种皮质的货币。㉒直四十万：每张皮币值四十万铜钱。直，通“值”。㉓朝觐：指朝见天子。春曰朝，秋曰觐。㉔聘享：指诸侯贵族之间的礼节性往来。㉕以皮币荐璧：用皮币衬托着璧玉，作为礼品。荐，衬垫。〖按〗朝廷此举，乃对诸侯宗室的一种赤裸裸的掠夺。㉖然后得行：只有这样才算是礼数到了。㉗白金三品：用银、锡混合制成的三种金属物。三品，三类、三等。㉘大者圜之：最大的一种是圆形。圜，同“圆”。㉙其文龙：上面刻着龙纹。㉚直三千：价值三千铜钱。㉛次方之：稍小一点的是方形。㉜小者椭之：最小的一种是椭圆形。㉝县官：此指国家的铸钱部门。㉞销半两钱：将原来发行的半两钱都收回销毁。㉟更铸三铢钱：更造一种三铢重的铜钱。一铢是一两的二十四分之一。㊱盗铸白金者不可胜数：徐孚远曰，“白金本轻而值重，故盗铸者愈多，严刑而不能禁也”。㊲东郭咸阳：姓东郭，名咸阳。㊳大农丞：大农令（后称“大司农”）的副职。大农令是主管国家钱财与农事的官，九卿之一。㊴领盐铁事：兼行主管盐铁方面的事务。领，兼任。㊵桑弘羊：武帝时的经济名臣，曾任大司农，昭帝时为御史大夫。然《史记》《汉书》皆无专传，事迹主要见于《史记·平准书》与《汉书·食货志》，此外则见于桓宽之《盐铁论》。㊶以计算用事：因为有经济头脑被武帝重用。用事，主事、掌权。㊷南阳大冶：南阳郡冶炼行业的大工商业主。㊸致生：获利。生，利息、利润。㊹心计：思维敏捷，工于计算。㊺年十三侍中：《盐铁论》中有所谓大夫曰，“余结发束修，年十三，幸得宿卫，给辇毂”。㊻言利事析秋毫：言为统治者谋利，秋毫不遗。析秋毫，极言其计算之精，毫厘不差。秋毫，秋天新长出的兽毛，以喻事物之细小。㊼钛左趾：用六斤重的铁钳箍住左脚。《史记索隐》引《三苍》曰：“钛，踏脚钳也。”又引《汉晋律序》云：“状如跟衣，着左足下，重六斤，以代膑。”㊽没入其器物：将其冶铁、煮盐的工具与其产品没收归公。没入，没收归公。㊾贾人末作：泛指工商业者。末作，从事末业的人。㊿各以其物自占：意即估算自己家产的价值而上报官府。占，估算。751率缗钱二千而一算：大体规定为有二千文的资金就要纳“一算”的税。率，一律、一概规定。算，税款单位，合一百二十文。752轺车：一种轻便的马车。753若船五丈以上：或是家有五丈以上的船。汉时之一丈约当今之七尺。754皆有算：皆出一算，即缴一百二十文的税。755匿不自占：隐瞒不报。756占不悉：自报的资本不实，不够数。悉，全，全数上报。757没入缗钱：将家资全部充公。〖按〗此所谓“缗钱”实际要将家中的牛马、奴婢等全部折价估算在内。758有能告者：对那些举报隐瞒家产的人。759以其半畀之：将没收来的资产的一半赏给举报人。畀，赐、分给。〖按〗武帝实行告缗在元鼎三年（公元前一一四年）。760出张汤：都是张汤出的主意。张汤是当时的酷吏之一，事迹详见《史记·酷吏列传》。761语国家用：讲述如何筹划钱财，以供国家之开销。762日晏二句：晏，晚。二句极言张汤的受宠任，及张汤对皇帝的蛊惑力量之大。763丞相充位：充位，充数；徒居其位，而不管事。〖按〗李蔡于元狩二年（公元前一二一年）为丞相，五年因罪自杀，后遂由庄青翟继任丞相。764皆决于汤：都是张汤说了算。张汤时为御史大夫，职同副丞相。⑮咸指怨汤：都指名道姓地怨恨张汤。咸，皆。指，指名。⑯河南：汉郡名，郡治洛阳，在今河南洛阳东北部。⑰输财县官：将自己的家财捐给国家。输，送、献出。⑱助边：佐助边疆战事之用。⑲田牧：耕田放牧。⑳仕宦：为官任职。㉑言事：指告状、打官司。㉒分争：纠纷；争执。㉓邑人：同乡之人。㉔贷之：借钱借物给他们。㉕皆从式：全都听我的。㉖见冤于人：被人折辱而怀冤屈。㉗何欲而然：为了何事而采取如此的行动，指输财助边。㉘诛：讨；讨伐。㉙死节：为表现忠于国家的气节而战死。㉚输委：献出财物给国家。㉛而：用法同"则"。㉜欲尊显以风百姓：谓尊显卜式以为整个社会做榜样。风，暗示、诱导。㉝中郎：帝王身边的基层侍从人员，有中郎（秩比六百石）、郎中（秩比六百石）、侍郎（秩比四百石）、议郎等类，都统属于郎中令。㉞左庶长：秦汉时代二十级爵位的第十级。秦爵二十级自下而上为：一，公士；二，上造；三，簪袅；四，不更；五，大夫；六，官大夫；七，公大夫；八，公乘；九，五大夫；十，左庶长；十一，右庶长；十二，左更；十三，中更；十四，右更；十五，少上造；十六，大上造；十七，驷马庶长；十八，大庶长；十九，关内侯；二十，彻侯。㉟齐太傅：齐王刘闳的太傅。刘闳是武帝之子，事迹见《史记·三王世家》。齐国的都城临淄，在今山东淄博之临淄区西北部。太傅，官名，执掌对帝王的训导辅佐，秩二千石。〖按〗刘闳为齐王与卜式为齐王太傅都在此后的元狩六年，此为终结卜式之事而一并叙述在这里。㊱孛：火花四射的样子。㊲长星：长长的流星。古人常将天象与人间事物相比附，长星出现是将有战争的征兆。㊳翕侯赵信：原是匈奴人，后来投降了汉王朝，在前几年的战争中被匈奴所俘又投降了匈奴人，深为单于所信任。㊴画计：出主意。㊵不能度幕轻留：不敢越过大沙漠，不敢轻易地在大沙漠中停留。度，越过。幕，通"漠"。㊶今大发士卒：现在我们调动大部队给他来个突然袭击。㊷必得所欲：一定能达到我们的目的。㊸粟马十万：以粮食当饲料的战马十万匹。㊹私负从马：带着私家行装马匹参军的自愿者。㊺步兵转者：步兵以及运送粮食物资的后勤部队。㊻踵军后：跟随在骑兵大队的后面。踵，接续。㊼票骑始为出定襄二句：霍去病本来是准备从定襄郡北出，向着单于之所在扑去。为，其义同"将"。当，迎、对着。㊽捕虏言单于东：从捕获的俘虏口中得知单于是在东部地区。㊾更令：改派。㊿数自请行：多次地请求出兵作战。数，屡次。801曹襄：刘邦功臣曹参的后代，袭其先人之爵为平阳侯。802罢：通"疲"。803可坐收虏：意谓不必硬打，即可坐而俘之。804远北其辎重：将各种储存物资都远远地运到了大北方。辎重，指生活、作战所需的各种后备物资。805幕北：大沙漠以北。806走之：向其奔袭而去。807并于右将军军：命令李广和赵食其的两支军队合并。808出东道：由东路并行北进。809回远：较中路有些绕远。810臣部为前将军：我们这支部队本来是该打头阵的。811结发：犹言刚成人。古代男子二十岁束发戴冠，从此算作成人。812今乃一得当单于：今天好不容易才有机会能与单于面对面。当，对。813先死单于：谦辞，意即愿为捕捉单于而首先战死。814阴受上诫：

暗中接受了皇帝的嘱咐。⑮ 数奇：运气不好。数，命运。奇，不偶、不逢时。⑯ 恐不得所欲：担心由于倒霉的李广，而影响了捕捉单于的计划。⑰ 公孙敖新失侯：公孙敖是卫青穷困时的朋友，陈皇后因忌恨卫子夫而逮捕卫青欲杀之，当时公孙敖为骑郎，他与壮士拼死将卫青劫出，卫青始得不死。后公孙敖因军功被封为合骑侯，武帝元狩二年，公孙敖率兵伐匈奴，因迟到未与霍去病按时会师，当斩，赎为庶人。⑱ 欲使敖与俱当单于：让公孙敖和自己一道去捉单于。⑲ 固自辞：坚决地向卫青陈述理由。⑳ 不谢：不告辞。㉑ 起行：动身，指率兵去了东路。㉒ 度幕：度过了大沙漠。㉓ 陈而待：列阵而待之。陈，通“阵”。㉔ 武刚车：一种既可用于进攻，也可用于防守的战车。《史记集解》引《孙吴兵法》曰：“有巾有盖，谓之武刚车也。”㉕ 往当：前往迎击。㉖ 纵：放出；派出。㉗ 益纵左右翼：更从两侧出兵包抄单于。㉘ 六骡：六匹骡子拉着的快车。骡，公驴与母马交配生的马驹，比马更为健壮。㉙ 冒：冲破。㉚ 相纷拿：相互混杂在一起。㉛ 杀伤大当：双方的损失大体相当。㉜ 左校：左翼的部队长。校，即指校尉，一位将军统领若干部，部的长官即校尉。㉝ 迟明：到天亮时。迟，及、等到。㉞ 窴颜山：约即今蒙古国之杭爱山，在乌兰巴托西南。㉟ 赵信城：匈奴人为尊宠赵信所修的城堡，在窴颜山下。㊱ 食军：让汉军吃。㊲ 无导：没有向导。㊳ 惑失道：迷惑，走错了路。㊴ 后大将军：没能按卫青规定的时间到达。后，落后、迟到。㊵ 不及单于战：没赶上与单于作战。㊶ 过幕南：返回到大沙漠以南。㊷ 长史：大将军属下的诸史之长。长史，属官名，设于丞相、大将军属下，地位尊贵。㊸ 责：要求。㊹ 之幕府对簿：到大将军帐下去说明原因。对簿，回答质问。簿，指文状。㊺ 诸校尉：此指李广属下的各部长官。㊻ 吾今自上簿至莫府：我将自己给上头写材料报告情况。今，将。㊼ 麾下：部下。麾，大将的指挥旗。㊽ 幸从：有幸跟上。语含怨意，亦似自嘲。㊾ 徙广部行回远：将我所统领的部队改派到了一条绕远的路上。㊿ 岂非天哉：这不全都是天意吗。姚苎田曰：“广一生蹭蹬，至白首之年自请出塞，其意实以卫青福将，欲借以成大功，不意反为所卖。观其‘幸从大将军’‘又徙广部’等语，饮恨无穷，真乃一字一涕。”[851] 终不能复对刀笔之吏：无论如何也不能再去向那些刀笔吏们陈述什么。刀笔之吏，指掌管文书、案牍的人员。刀笔是古代的书写工具，因为这些人职管书写，故以“刀笔”称之。但通常多以“刀笔吏”称司法部门的文职人员，因这些人舞文弄墨，足以颠倒黑白，为非作歹。[852] 辄分其麾下：总是随即分给他的部下。辄，总是、随即。[853] 为二千石四十余年：李广在朝为卫尉、为郎中令，皆为中二千石；在边郡历任太守，为二千石，此盖通二者而言之。[854] 猿臂：其臂如猿，盖谓长且灵活。[855] 乏绝：谓缺粮少水之时。乏，缺少。绝，完全没有。[856] 皆为垂涕：凌稚隆引凌约言曰：“‘士大夫一军皆哭，百姓皆垂涕’，广之结人心于此可见。非子长笔力，安能于胜败之外，乃出古今名将之上如是哉？”〖按〗今甘肃天水市南二里之石马坪有李广墓，封土高约两米，墓碑书曰“汉将军李广墓”，据说此墓只葬有李广的衣冠与弓箭。墓前石马、石兽造型生动，故人们称此曰“石马坪”。[857] 其兵往往与汉兵相乱而随单于：此句语意不清，实际是指匈奴人与汉人混杂一起，使得有些汉人也糊里糊涂地跟着单于一道跑走了。⑱相得：相见。⑲右谷蠡王：匈奴王名，是单于之下的显要贵族，一般都是单于的兄弟或子侄。据《史记·匈奴列传》，单于之下，"左右贤王、左右谷蠡王最为大"。⑳车重：车辆辎重。㉑无裨将：朝廷不为之配备裨将，目的是突出霍去病在军中的崇高地位。裨将，大将军属下的诸将、副将，如卫青部有前、后、左、右诸将军，即所谓"裨将"。㉒以李敢等为大校：李敢是李广之子，时为将军，现降级使用，以其为霍去病部下的大校。大校，诸校尉之首。㉓当裨将：作为霍去病部下的裨将。分明是"裨将"，而称之为"大校"，故意拉开他们与主将霍去病的距离。㉔绝大幕：越过了大沙漠。㉕直左方兵：正好碰上匈奴东部地区的军队，即左贤王部。㉖屯头王韩王：皆匈奴王名。㉗封狼居胥山：在狼居胥山头筑台祭天。封，在山上筑台祭天。狼居胥山，在今蒙古国乌兰巴托东。㉘禅于姑衍：在姑衍拓场祭地。禅，拓地以祭地神。姑衍，地名，在今乌兰巴托东南，离狼居胥山不远。㉙登临翰海：登高远望北方更大的沙漠。翰海，沙漠的别称。㉚卤获：俘获。卤，通"掠""掳"。㉛以五千八百户益封骠骑将军：骠骑将军前后五次受封，累计共一万六千一百户，超过卫青三千三百户。㉜路博德等四人为列侯：此四人是，路博德为符离侯，邢山为义阳侯，复陆支为壮侯，伊即靬为众利侯。㉝从票侯破奴等二人益封：从票侯赵破奴与昌武侯安稽皆益封三百户。㉞校尉敢：李广的儿子李敢，时为校尉之职。㉟关内侯：较列侯低一等，没有封地，只在关中地区有些"食邑"。㊱食邑：《史记·卫将军骠骑列传》作"食邑二百户"。㊲塞阅：出塞时的统计。阅，检阅、统计。㊳不满三万匹：何焯曰："书死马之多，所亡士众可以意求，此史家隐显互见之词也，上文固云'杀伤相当'。"王先谦曰："《武纪》云：'两军士战死者数万人。'"㊴益置大司马位：大司马是古官名，汉代建国以来所未有，今始用之。㊵大将军、骠骑将军皆为大司马：即他处史文之所称"大司马大将军""大司马骠骑将军"。㊶秩禄：级别与俸禄。据《后汉书·百官志》注引蔡质《汉仪》，"大将军、骠骑，位次丞相"，则加"大司马"后，位次与权势实皆在丞相之上。㊷去事票骑：离开卫青，更去投靠霍去病。㊸辄得官爵：总能很容易地得到官职与爵位。㊹任安：司马迁的朋友，字少卿。事迹见《史记·田叔列传》与《报任安书》。㊺少言不泄：说话少，更不爱传言。㊻有气敢往：讲义气，勇于承担责任。㊼孙、吴兵法：齐人孙武与卫人吴起所著的兵法。孙武是春秋末期人，效力于吴王阖闾。吴起是战国初期人，先后效力于魏国、楚国。二人的事迹详见《史记·孙子吴起列传》。《汉书·艺文志》中有《吴孙子兵法》八十二篇，《吴起》四十八篇。孙武的著作今有《孙子兵法》十三篇；吴起的著作今存《吴子》三篇，恐是后人依托。㊽顾方略何如耳二句：关键在于根据具体情况临机处置的本领如何，不在于死读古人的旧本。顾，转折语气词，犹如今天的"问题在于""关键是"。不至，不在于。㊾治第：修造府第。古代称一等的府宅为"甲第"，后即以第称宅。㊿无以家为：没必要建造自家的小窝。《汉书评林》引刘子翚曰："李广之骑射，程不识之军律，霍去病无所称焉。所长者，武帝使之学孙吴法，去病曰‘顾方略何如耳’；上为治第，曰‘何以家为’，其气识已度越诸将矣。”⑧⑨①少贵：自幼骄贵。⑧⑨②不省士：不关心人；不把人看在眼里。⑧⑨③其从军：每次率军出征。⑧⑨④太官：皇家厨房的管理员。⑧⑨⑤赍数十乘：拉着几十车吃的，以供霍去病的小灶所用。赍，携带。乘，古称一车四马。⑧⑨⑥重车余弃粱肉：重车是拉东西的车辆。余弃粱肉，吃不了扔掉的都是黄小米与肉食这些当时的上等饭菜。⑧⑨⑦不能自振：饿得站不起来。⑧⑨⑧穿域蹋鞠：开辟场地进行踢球。蹋鞠，古时的一种踢球游戏，用以锻炼身体。军中也有时用作训练项目。何焯《义门读书记》曰：“《蹋鞠》二十五篇，《汉书》附兵家技巧中。”史珥曰：“李广得赏赐辄分其麾下，饮食与士共之，而不得封侯，且自刎绝域；骠骑重车余粱肉，而士有饥色，卒乏粮或不能自振，而骠骑尚穿域蹋鞠，翻至大司马，以功名终。子长传两人，有无限不平之意。”⑧⑨⑨以和柔自媚于上：以神态温和讨好皇帝。⑨⓪⓪合：总共。⑨⓪①物故：指死。《史记索隐》引《释名》曰：“物就朽故也。”⑨⓪②幕南无王庭：大漠以南无匈奴单于的立足之地。王庭，单于的停宿与办公之地。⑨⓪③令居：汉县名，在今甘肃永登西。⑨⓪④通渠：开渠通水，以发展农业。⑨⓪⑤置田官二句：此中包括管理农事的官员，也含有屯田的吏卒。⑨⓪⑥稍蚕食匈奴以北：慢慢向北扩展，不断侵削匈奴的地盘。稍，渐渐、逐渐。⑨⓪⑦大：大规模地。⑨⓪⑧下其议：将此事交由群臣讨论。⑨⓪⑨遂臣之：意即进一步打击，使其彻底臣服。⑨①⓪丞相长史：丞相手下的诸史之长，秩千石，大将军、丞相属下都有此官。当时的丞相为李广之弟李蔡。⑨①①外臣：境外之臣，指附属国的君主。⑨①②朝请于边：指按时到两国边境朝拜汉朝皇帝。旧有所谓“春曰朝，秋曰请”。⑨①③留之不遣：将其扣留在匈奴，不放其归汉。⑨①④博士：皇帝的侍从官员，以博学多闻者充之，以备顾问之用。⑨①⑤议：发言；提出看法。⑨①⑥臣固愚二句：臣虽愚，但出于忠心。⑨①⑦诈忠：看似忠，实乃奸诈。⑨①⑧作色：变了脸色。⑨①⑨使生居一郡：让先生你去任一个郡的太守。生，犹言“先生”。⑨②⓪能无使虏入盗乎：能让匈奴不入侵吗。⑨②①障：边境上的一座塞堡。《史记正义》曰：“谓塞上要险之处，别筑城置吏士守之，以捍寇盗也。”⑨②②自度辩穷：估计着如果再说“不能”。辩穷，谓无话再说。⑨②③且下吏：将被交由法官整治。且，将。⑨②④乘障：往守一座塞堡。乘，登也，登而守之。⑨②⑤震慑：恐惧，谁也不敢再提反战的意见。⑨②⑥忤汤：与张汤持不同意见。忤，违背。⑨②⑦坐法免：因犯法而被罢官。⑨②⑧义纵：姓义名纵，当时有名的酷吏。事迹见《史记·酷吏列传》。⑨②⑨河内太守：河内郡的郡守。河内郡的郡治怀县，在今河南武陟西南。⑨③⓪王温舒：当时有名的酷吏。事迹见《史记·酷吏列传》。⑨③①中尉：主管首都治安的长官。⑨③②先是：在此以前。追叙往事的前置语。⑨③③宁成：当时有名的酷吏。南阳人。事迹见《史记·酷吏列传》。⑨③④关都尉：当为镇守武关的都尉。武关在今陕西丹凤东南，是湖北与河南南部进入陕西的必由之路。⑨③⑤宁见乳虎二句：极言宁成的凶狠可怕。乳虎，哺育小虎的母虎，据说哺乳期中的母虎为养小虎而特别凶猛。世俗称恶妇为“母老虎”，即由此而来。值，遇、碰上。⑨③⑥南阳太守：南阳是汉郡名，郡治宛县

(今河南南阳)。㊲至关:由京城出发到南阳上任,中途要经过武关。㊳侧行送迎:"侧行""倒行"是古时虔敬的迎接之礼。宁成对他人凶不可言,而对义纵讨好如此,是希望义纵到南阳不要伤害他的家族。㊴按:逮捕审判。㊵重足一迹:谓并足而立,所立之处只有一个足迹,极言其谨畏,不敢活动之状。或曰,指人们因畏惧犯罪而行动一致,如走路之足迹相重。㊶掩:乘其不防而突然逮捕。㊷重罪轻系:重囚按轻囚管押,盖狱吏受贿卖法也。㊸宾客昆弟私入视:谓在押犯人之宾客兄弟私自入狱探看。㊹一捕:一概逮捕起来。㊺鞫曰:审问并逼其承认。鞫,通"鞫",审问。㊻为死罪解脱:定其罪名为"随意给死刑犯摘脱刑具"。《史记集解》引《汉书音义》曰:"律,诸囚徒私解脱桎梏钳赭,加罪一等;为人解脱,与同罪。"㊼皆报杀四百余人:意即连罪犯带探监者一同判罪斩决。报杀,此处即判定死刑立即斩决。㊽赵禹:当时有名的酷吏。事迹见《史记·酷吏列传》。㊾深刻:严厉、残酷。㊿九卿:指为廷尉之职,廷尉为九卿之一。㊿辅法而行:按着法律条文办事。㊿鹰击:如苍鹰之击燕雀。㊿广平:汉郡名,郡治在今河北鸡泽东南。㊿豪敢往吏:豪横敢为之吏。敢往,敢为。㊿把其阴重罪二句:手中握着这些人的重大把柄,派他们去捕捉别的盗贼。纵,撒出去。㊿快其意所欲得:如果这些人能使王温舒满意,能抓到王温舒想抓的人。㊿此人虽有百罪二句:那么这些被王温舒用为爪牙的人即使有再大的罪,也不绳之以法。㊿即有避三句:如果谁不尽心捕捉,而有所避漏的话,那就清算他的老账,杀掉他,灭他满门。即,若、如果。夷,平,这里即杀死。㊿齐、赵之郊盗贼:齐、赵两国之间诸交通要冲的盗贼。郊,交通冲要之处。〖按〗广平郡之西南部,靠近赵国;其东部与齐地之诸郡国相邻。㊿为驿:自己开设了一条自河内直通朝廷的驿路。驿,驿路,古代为官方人员往来开设的道路,沿途有驿站,以供应往来者的食宿及提供交通工具等。㊿豪猾:横暴奸诈的地方豪绅。㊿请:请求皇帝照准。㊿没入偿臧:没收归公,以偿还掠夺霸占的财物。臧,通"赃"。㊿奏行:请求批准的文书送上去。㊿得可事:王先谦曰:"得奏可之事。"〖按〗"得可事"三字不顺,"事"字疑衍。得可,即上报的事情得到了皇帝的批准。㊿论报:二字同义,即处决犯人。㊿河内:此指所有河内郡的人。㊿尽十二月:王温舒以九月到郡,至十二月,前后不过四月。㊿无犬吠之盗:仅能引起犬吠的小盗亦无,大盗更不待言。㊿其颇不得二句:偶尔有几个没有捉到,逃到邻近的郡县或诸侯国去了。颇,略有,极言其少。㊿追求二句:正要派人去捕捉,春天已经到了。㊿顿足叹:深感遗憾的样子。㊿令冬月益展一月二句:如果让冬天再延长一个月,我的事情就能全部办完了(指想杀的全部杀完)。〖按〗汉代讲究尊儒,儒家常说春天乃万物生长的季节,故汉代处决死刑犯照例都在秋后。春天一到即告暂停,再处决又得等秋后了。㊿能:有才干。㊿中二千石:指九卿一级。以上王温舒、赵禹、宁成等人,有的官至廷尉,有的官至中尉,中尉虽不在正九卿,但也是中二千石。㊿少翁:以夸说鬼神,祈求长生,玩弄汉武帝于股掌的骗子,姓李,史无其名。事迹见《史记·封禅书》。㊿鬼神方:祈求鬼神降临的"法术"。㊿王夫人:

《史记·外戚世家》云:“及卫后色衰，赵之王夫人幸，有子，为齐王。王夫人早卒。”盖即齐王刘闳之母，褚少孙所补《三王世家》中有大段文字描述武帝与王夫人谋议封刘闳事。⑲夜致鬼：夜间将王夫人的“鬼魂”招来。⑳以客礼礼之：不以人臣视之。㉑作甘泉宫：兴建新的甘泉宫，在今陕西淳化西北的甘泉山上。也称“云阳宫”，乃在秦代林光宫的基础上扩建而成，内有高光宫、通天台、竹宫等，今其宫殿台基犹存。㉒益衰：越来越不灵验。㉓为帛书以饭牛：把一根布条子写上字，让牛吞下去。㉔识其手书：认识这是某人的笔体。手书，手迹。㉕果是伪书：果然是伪造的“天书”。㉖隐之：假说李少翁是食马肝而死，以免张扬开显露武帝之蠢。

## 【校记】

[9] 大：原作“太”。据章钰校，十四行本、乙十一行本皆作“大”。今从诸本及《史记·平准书》改。[10] 后：原作“後”。胡三省注云:“‘后’与‘後’同。”据章钰校，十四行本、乙十一行本皆作“后”，熊罗宿《胡刻资治通鉴校字记》同。今从诸本及胡注改。[11] 青：原无此字。据章钰校，十四行本、乙十一行本皆有此字。今从诸本及《通鉴纪事本末》《史记·李将军列传》补。[12] 鞠：原作“鞫”。据章钰校，十四行本、乙十一行本皆作“鞠”。今从诸本及《史记·酷吏列传》改。[13] 私：原无此字。据章钰校，十四行本、乙十一行本、孔天胤本皆有此字，张瑛《通鉴校勘记》同。今从诸本及《史记·酷吏列传》补。

## 【研析】

本卷写了武帝元朔五年（公元前一二四年）至元狩四年（公元前一一九年）共六年间的全国大事，其中值得重视的问题主要有以下两点。

第一，本卷记载了卫青、霍去病伐匈奴的几次最辉煌的战役。陈梧桐等《中国军事通史》赞扬霍去病元狩二年的河西之战说:“此役使匈奴继失河南地后又丧失河西，其统治西部地区的根基便被彻底拔除了。此后，匈奴不仅在与汉朝争夺西域的斗争中长期陷于被动的地位，同时也在经济上遭受重大的损失，匈奴人哀歌曰:‘亡我祁连山，使我六畜不蕃息；失我燕支山，使我嫁妇无颜色。’而对汉朝来说，由于河西匈奴势力的消灭，西部边郡的人民因而得到了喘息的机会。就在河西之战胜利的当年，汉武帝下诏将陇西、北地、上郡的戍卒减少一半，这对减轻人民负担、恢复和发展因长期战争而遭受巨大消耗的西汉经济，有着积极的作用。同时，由于西汉控制了整个河西走廊，不仅切断了匈奴与西羌的联系，而且打开汉朝通往西域的道路，开始实现‘断匈奴右臂’的战略目标，汉匈的实力对比开始发生了变化。如果说，此前汉匈双方还是保持均势的话，那么，此后匈奴便日趋衰弱并渐居下风，而汉朝的优势则日益明显，基本掌握了战争的主动权。”台湾三军大学《中国历代战

争史》曰："（霍去病）转战数千里，一战完成断匈奴右臂之任务，厥功至伟。此种长驱深入之机动闪击攻势，又开中国战史上空前之例。""霍去病两次远征河西走廊，深入数千里作战，所以皆能制胜，消灭匈奴驻右部之强大部落者，一以去病勇敢善战；二以去病善能因水草、因粮于敌之作战；三以去病所率之军皆汉骑之最精良者，故能遂行远距离之机动迂回、包围奇袭，而常以寡胜众也。"陈梧桐盛赞卫青与霍去病的"漠北之战"说："汉武帝在取得河南、漠南、河西三大战役胜利的基础上，根据汉军经过实战锻炼积累的运用骑兵集团进行长途奔袭与迂回包抄的作战经验，利用匈奴王廷北徙之后误以为汉军不敢深入漠北的麻痹心理，决定出其不意，攻其不备，大胆地制定了远途奔袭、深入漠北、犁庭扫穴、寻歼匈奴主力的战略方针。与此同时，他又细心进行战前的准备，除集中全国最精锐的骑兵和最优秀的战将投入战斗外，还调集大批马匹与步兵运送粮草辎重，以解决远距离作战的补给问题。而在作战中，汉军统帅又发挥了出色的指挥才能，充分利用骑兵的机动性与冲击力，不仅敢于深入敌境，而且善于迂回包抄，特别是卫青，在遭遇单于主力后，机智地运用了车守骑攻、协同作战的新战术，先借助战车的防御能力使自己立于不败之地，继而发挥骑兵迅速机动的攻击能力，迂回包抄敌军的两翼，一举击溃单于的主力，更显示出其战役指挥方面的优异才能。所有这一切，都为汉军的胜利提供了保障。漠北之战最终以汉军的全面胜利而告终，从此出现了'幕南无王廷'的局面。"关于卫青大战匈奴单于的战斗情景，明代杨慎说："自'日且入'至'二百余里'，写得如画。唐诗'胡沙猎猎吹人面，汉虏相逢不相见'；'月黑雁飞高，单于夜遁逃。欲将轻骑逐，大雪满弓刀'，皆用此事。"凌稚隆说："千年以来所无之战，亦千年以来所无之文，而骚人墨客共得本之以歌出塞、赋从戎，未尝不令神驰而目眩也。太史公绝世之姿，故《汉书》不为增损一字。"

第二，在征讨匈奴的诸将中，作者同情李广，而批评卫青、霍去病；在卫青与霍去病的对比中，作者又同情卫青。这种态度是从司马迁开始，李广号称"飞将军"，名震千古，但仔细阅读《史记·李将军列传》，李广一辈子似乎没有打过什么胜仗，最好的时候是与人打个平手，失败的时候居多，最严重的一次还被敌人俘虏了去。但就是这样一个人，司马迁把他写得活灵活现。通过打败仗描写"名将"，是司马迁写文章的一大创造，不用再说别的，就单看司马迁描写李广被俘逃脱的一个片段就足够了："胡骑得广，广时伤病，置广两马间，络而盛卧广。行十余里，广佯死，睨其旁有一胡儿骑善马，广暂腾而上胡儿马，因推堕儿，取其弓，鞭马南驰数十里，复得其余军，因引而入塞。"这不是英雄是什么？更何况李广还有绝好的人缘。司马迁写李广的死是充满感情的，他说这是皇帝和卫青串通好了不让李广打头阵，还因为卫青要关照他的生死朋友公孙敖，想让公孙敖立功封侯，故而有意牺牲李广。李广既受气又赶上倒霉，闹得失道后期，故只有悲愤地自杀了事。李广的儿子李敢恨卫青，把卫青揍了一顿。卫青理亏，自己没有说什么，但他外甥霍去病为给卫青报仇，竟在陪着皇帝打猎时故意将李敢射死了。请注意，这时的李敢是身居郎中令之职，正九卿。汉武帝是怎么对待此事的呢？他为霍去病打掩护，说李敢是被鹿撞死的。这就是李广父子为汉王朝打了一辈子仗的下场。司马迁在《史记》中这样写，司马光又几乎原样把《史记》的文字移入《资治通鉴》，故而司马光的感情倾向也与司马迁相同。

关于卫青与霍去病的问题，明代钟惺说："太史公叙骠骑封赏极其熏灼，觉大将军渐冷矣，却详大将军漠北一战不容口，而以'大将军不得益封，军吏皆无封者'二语结之，仍接叙骠骑战功封赏。此时大将军之视骠骑，几于昔李广之视大将军，其感深矣。"茅坤说："青武刚车之战，气震北虏，而去病斩馘虽多，非青比也。太史公特抒愤懑之词，无限累欷。"又曰："大将军此战极为奇绝，以不得并骠骑益封，故太史公尽力描写，令人读之凛凛有生色。"作品叙述霍去病的地位权势渐渐超过卫青，而门下宾客渐渐离开卫青改投霍去病时，只有任安态度不变。凌稚隆引王世贞的话说："贤乎哉任安也，其犹有古侠士冯谖、虞卿之风焉。当大将军盛时，士争自洁饰求眩，其趋之也若飘风之积羽，其用之也如烈焰之炙手；而安与田仁方以贫事家监，得养恶啮马，非有国士之遇也。迨赵禹过择郎将，得安，大将军犹不肯，此与安何德？灰飞鸟散，而安如故，语曰'岁寒知松柏之后凋'，难能哉！"《史记》原文如此，司马光移入《资治通鉴》仍如此，亦可见司马光与司马迁的态度相同。

# 卷第二十　汉纪十二

起昭阳大渊献（癸亥，公元前一一八年），尽重光协洽（辛未，公元前一一〇年），凡九年。

【题解】

本卷写了武帝元狩五年（公元前一一八年）至元封元年（公元前一一〇年）共九年间的全国大事。主要写了张骞第二次通西域，至乌孙而还，从此西域路通，汉为保卫西域交通而驱逐匈奴，增设张掖、酒泉二郡。写了汉王朝讨平南越，设立岭南九郡。写了汉王朝讨平东越，迁东越人于江淮间。写了汉王朝平定西南夷，设立西南四郡。写了汉王朝为搜刮聚敛而推行算缗、告缗，白金、皮币，盐铁官营、平准均输等政策，以充国用。写了汉武帝迷信鬼神、希求长生不死而宠神君、宠栾大、宠公孙卿，以及司马相如怂恿封禅，而汉武帝则祭黄陵、祭太室、祭八神，最后登封泰山，改元“元封”等一系列活动。

【原文】

## 世宗孝武皇帝中之下

### 元狩五年（癸亥，公元前一一八年）

春，三月甲午①，丞相李蔡坐②盗孝景园堧地③，葬其中④，当下吏⑤，自杀⑥。

罢三铢钱，更铸五铢钱⑦。于是民多盗铸钱，楚地⑧尤甚。

上以为淮阳⑨楚地之郊⑩，乃召拜⑪汲黯为淮阳太守。黯伏谢⑫不受印，诏数强予⑬，然后奉诏。黯为上泣曰：“臣自以为填沟壑⑭，不复见陛下，不意⑮陛下复收用之。臣常有狗马病⑯，力不能任⑰郡事。臣愿为中郎⑱，出入禁闼⑲，补过拾遗⑳，臣之愿也。”上曰：“君薄淮阳㉑邪？吾今召君矣㉒。顾㉓淮阳吏民不相得㉔，吾徒得君之重㉕，卧而治之㉖。”

【语译】

**世宗孝武皇帝中之下**

**元狩五年（癸亥，公元前一一八年）**

春季，三月十一日甲午，丞相李蔡因为盗用汉景帝陵园墙外的空地为自己预营墓地而获罪，应当被交付司法官吏处治，李蔡自杀。

废除三铢钱，另行铸造五铢钱。于是民间有许多人偷偷地私自铸钱，楚地尤为严重。

汉武帝认为淮阳与楚地接近，是一个要害之处，于是重新起用汲黯，任命汲黯为淮阳太守。汲黯跪在地上谢绝武帝对他的委任，不肯接受淮阳太守的印绶，汉武帝一再坚持，强行要他接受，汲黯不得已只好接受了武帝的诏命。汲黯在汉武帝面前痛哭流涕地说："我以为自己是个就要死的人了，再也见不到陛下，没有想到陛下会再次委我以重任。我平时经常犯病，已经没有能力治理一个郡的事务了。我希望能够担任一个中郎，随时进出皇宫，为朝廷补救过失、弥补疏漏，这是我最大的愿望。"武帝说："难道你看不起淮阳太守这个职务吗？我马上就会把你调回来。问题是淮阳的官员与当地的百姓矛盾很深，派你去，只是想借重你的威望，你到了那里什么也不用干，只要你躺在那里睡大觉，那里就会太平无事。"

黯既辞行[27]，过大行李息[28]曰："黯弃逐居郡[29]，不得与朝廷议[30]矣。御史大夫汤[31]，智足以拒谏，诈足以饰非[32]，务[33]巧佞[34]之语，辩数[35]之辞，非肯正为天下言[36]，专阿主意[37]。主意所不欲，因而毁之；主意所欲，因而誉之[38]。好兴事[39]，舞文法[40]；内怀诈以御主心[41]，外挟贼吏[42]以为威重。公列九卿[43]，不早言之[44]，公与之俱受其戮[45]矣。"息畏汤，终不敢言。及汤败[46]，上抵息罪[47]。

使黯以诸侯相秩居淮阳[48]，十岁而卒[49]。

诏徙[50]奸猾吏民于边。

夏，四月乙卯[51]，以太子少傅[52]武强侯庄青翟[53]为丞相。

天子病鼎湖[54]甚，巫医无所不致[55]，不愈。游水发根[56]言上郡[57]有巫，病而鬼神下之[58]。上召置祠之甘泉[59]。及病，使人问神君[60]，神君言曰："天子无忧病[61]，病少愈[62]，强[63]与我会甘泉。"于是病愈[64]，遂起幸甘泉。病良已[65]，置酒寿宫[66]。神君非可得见[67]，闻其言，言与人音等[68]。时去时来[69]，来则风肃然[70]，居室帷中[71]。神君所言，上使人受[72]，书其言[73]，命之曰"画法[74]"。其所语，世俗之所知也，无绝殊者[75]，而天子心独喜。其事秘，世莫知也。

时上卒起幸甘泉[76]，过右内史[77]界中，道多不治[78]。上怒曰："义纵[79]以我为不复行此道[80]乎！"衔[81]之。

**六年（甲子，公元前一一七年）**

冬，十月，雨水，无冰[82]。

上既下缗钱令[83]而尊卜式[84]。百姓终莫[85]分财佐县官，于是杨可告缗钱[86]纵[87]矣。义纵以为此乱民[88]，部吏[89]捕其为可使者[90]。天子以纵为

汲黯辞别了汉武帝，就去拜访大行令李息，他对李息说："我被皇帝贬逐到地方上去担任郡守，不能再参与朝廷的政务了。现在的御史大夫张汤，他的智慧足以使他有充分的理由拒绝接受别人的忠告和批评，他的狡诈完全可以使他成功地掩饰自己的过失，他专以花言巧语谄媚皇帝，而其言辞却能雄辩有条理，他绝不肯公正地为天下的百姓说话，专门顺着皇帝的心思说话。皇帝心里所不喜欢的，他就极力地对其加以诋毁；皇帝心里喜欢的，他又会极力地为其说好话。好生是非，玩弄法律条文陷害人；心怀奸诈却善于揣摩皇帝的意图、迎合皇帝的心理，在外驾驭着一群阴险狠毒的酷吏树立自己的权威。你位在九卿之列，如果不及早地弹劾他，恐怕将来会与他一起遭受刑戮了。"然而，李息惧怕张汤，始终没敢开口。等到张汤的事情败露之后，汉武帝认定李息犯有不检举之罪而将李息判罪。

汉武帝让汲黯担任淮阳郡守而享受诸侯相的待遇，汲黯在淮阳十年，病死。

汉武帝下诏将那些奸猾狡诈的官吏和平民强行搬迁到边塞戍边。

夏季，四月初二日乙卯，将担任太子少傅的武强侯庄青翟提升为丞相。

汉武帝病倒在鼎湖宫，病情很重，巫师、医师把各种办法都用尽了，却仍然不见好转。游水发根将上郡的一个巫师举荐给汉武帝，说那个巫师在患病的时候有鬼神附了他的体。汉武帝于是把那个有鬼神附体的巫师招来，安置在甘泉宫。等到武帝发病的时候，派人去询问巫师，巫师说："皇帝不必为此病担忧，很快就会好起来，等病情稍微好转，请勉强起来与我在甘泉宫见面。"于是汉武帝等到病略微好一点时，便起驾前往甘泉宫。等到了甘泉宫的时候，病确实是好了，汉武帝便在寿宫置酒答谢巫师。而那个巫师却始终躲在屋里不肯让人看见，只能听到他说话的声音，而声音与普通人一样。依附在巫师身上的神君有时来有时去，来的时候只觉得风声萧瑟，鬼神附体的巫师坐在屋室的帷幔中。巫师所说的话，汉武帝派人去听，并用笔将他的话记录下来，并把这种方式叫作"画法"。巫师说的话都是世俗之人所共知的，没有什么特别不同的地方，而汉武帝心里却很喜欢。由于此事是在宫廷中秘密进行，所以世人没有办法知道详细情形。

当时由于汉武帝突然起驾前往甘泉宫，事先没有通知任何人，所以在经过右内史义纵管辖的区域时，许多路段年久失修。武帝非常愤怒地说："难道义纵以为我永远不再走这条道路了吗!"因而对义纵怀恨在心。

**六年（甲子，公元前一一七年）**

冬季，十月，仍然下雨，没有结冰。

汉武帝已经颁布了关于征收工商业者财产税的缗钱令，并将提此建议的卜式任命为齐王相。但百姓却始终不愿意缴纳财产税给官府以帮助国家抵御匈奴，于是杨可发起了大规模揭发和检举工商业者自报资产不实的活动。义纵认为这是扰乱民心，就部署官吏将那些受杨可指使而出面告发的人逮捕起来。汉武帝认为义纵故意抵制

废格沮事[91]，弃纵市[92]。

郎中令李敢[93]怨大将军青[1]之恨其父[94]，乃击伤大将军，大将军匿讳之[95]。居无何[96]，敢从上雍，至甘泉宫猎[97]，票骑将军去病射杀敢[98]。去病时方贵幸，上为讳，云鹿触杀之[99]。

夏，四月乙巳[100]，庙立[101]皇子闳为齐王[102]，旦为燕王[103]，胥为广陵王[104]。初作诰策[105]。

自造白金、五铢钱[106]后，吏民之坐盗铸金钱死者数十万人，其不发觉者不可胜计[107]。天下大抵无虑[108]皆铸金钱[109]矣，犯者众，吏不能尽诛。

六月，诏遣博士[110]褚大、徐偃等六人分循郡国[111]，举兼并之徒及守、相、为吏有罪者[112]。

秋，九月，冠军景桓侯霍去病[113]薨。天子甚悼之，为冢像祁连山[114]。

初，霍仲孺[115]吏毕[116]归家，娶妇，生子光[117]。去病既壮大[118]，乃自知父为霍仲孺。会为票骑将军，击匈奴，道出河东[119]，遣吏迎仲孺而见之，大为买田宅奴婢而去。及还[120]，因将光[121]西至长安，任以为郎[122]，稍迁[123]至奉车都尉[124]、光禄大夫[125]。

是岁，大农令[126]颜异诛。

初，异以廉直，稍迁至九卿。上与张汤既造白鹿皮币[127]，问异。异曰："今王侯朝贺以苍璧[128]，直数千[129]，而其[2]皮荐[130]反四十万，本末不相称[131]。"天子不说[132]。张汤又与异有郤[133]，及[134]人有告异以他事，下张汤治异[135]。异与客语初令[136]下有不便者，异不应，微反唇[137]。汤奏当[138]："异九卿，见令不便，不入言而腹诽[139]，论死[140]。"自是之后，有腹诽之法比[141]，而公卿大夫多谄谀取容[142]矣。

诏令、破坏缗钱法，就将义纵抓起来在闹市中斩首示众。

担任郎中令的李敢怨恨大将军卫青当时没有答应他父亲请求居前部以当单于，导致李广自杀身亡，就动手打伤了大将军卫青，大将军卫青将此事隐瞒起来没有声张。过了没多久，李敢跟随汉武帝到雍地巡视，并随从到甘泉宫打猎，骠骑将军霍去病用箭射死了李敢。霍去病当时正得到汉武帝的宠爱和信任，汉武帝也将此事隐瞒起来，只说李敢是被鹿角抵死的。

夏季，四月二十八日乙巳，在太庙中册立皇子刘闳为齐王，刘旦为燕王，刘胥为广陵王。这是第一次以皇帝的口吻下诏书郑重册封诸侯王。

自从朝廷开始铸造白金和五铢钱以后，官吏和百姓之中因为私自铸造金钱而触犯法律被处死的多达几十万人，没有被揭发出来的更是不可胜数。约略估算，当时天下人大概都在私自铸造金钱，因为犯法的人太多，官府也不可能把天下人全部处死。

六月，武帝下诏派遣博士褚大、徐偃等六人分头到各郡、县、诸侯国巡查，对那些兼并土地的不法商贾以及敢于违法乱纪的郡守、诸侯相和各级官吏进行检举揭发。

秋季，九月，冠军将军景桓侯霍去病去世。汉武帝非常悲痛，为他修建的坟墓形状就像祁连山一样。

当初，霍去病的父亲霍仲孺为官任满后回到家中，另娶了媳妇，生了儿子霍光。霍去病一直跟随母亲，长大后才知道自己的父亲是霍仲孺。当时霍去病正以骠骑将军的身份率领大军出征去攻打匈奴，途中经过河东郡，就派人将霍仲孺接到军中，父子第一次相见，霍去病为父亲置买了大量的田产屋室以及奴仆婢女之后才离去。等到他班师回朝再次经过河东郡的时候，就将异母弟弟霍光带到了京师长安，汉武帝任命霍光做了郎官，后来霍光逐渐升迁到奉车都尉、光禄大夫。

这一年，大农令颜异犯腹诽罪被杀头。

当初，颜异因为为人廉洁正直，逐渐升迁为大农令，位在九卿之列。武帝与张汤已经决定制造白鹿皮为钱币，却又去征求颜异的意见。颜异毫不客气地指出："现在王侯朝见皇帝，参加庆典，都要进献黑绿色的玉璧，玉璧只值几千钱，而做衬垫用的白鹿皮币反倒值四十万钱，这是本末倒置，与它们的实际价值不相称。"汉武帝听了很不高兴。张汤本来与颜异有矛盾，等到有人用其他的事情指控颜异的时候，汉武帝将颜异交给张汤处置。在朝廷刚刚颁布发行白鹿皮钱币诏令的时候，颜异与客人聊天，客人说新颁布的诏令有许多弊端，颜异只是嘴唇动了动，没有说话。张汤据此给颜异定罪说："颜异位在九卿，看到新令有不便利的地方，不到朝廷上讲出自己的观点，却在心里进行诽谤，因此判其死罪。"从此以后，有了判处腹诽罪行的先例，而那些公卿、大夫从此大多采取阿谀谄媚的办法来保官、保命。

## 元鼎元年（乙丑，公元前一一六年）

夏，五月，赦天下。

济东王彭离[143]骄悍，昏暮[144]，与其奴、亡命少年[145]数十人行剽[146]杀人，取财物以为好[147]。所杀发觉者[148]百余人，坐废[149]，徙上庸[150]。

【段旨】

以上为第一段，写元狩五年（公元前一一八年）至元鼎元年（公元前一一六年）共三年间的全国大事。本段主要写了汉武帝迷信鬼神、宠爱神君；写了义纵因反对武帝推行告缗而被杀，写了颜异因不满武帝造作白金而以“腹诽”罪名被杀；写了霍去病为替卫青泄愤而杀了李敢，武帝为之掩盖罪名；写了霍去病之死与霍光的初露头角，为其以后的飞黄腾达做伏笔。

【注释】

①三月甲午：三月十一日。②坐：因……犯罪。③盗孝景园堧地：盗用汉景帝陵墓园外小墙内的闲散地。孝景园，汉景帝的陵园。为了表示尊儒，汉朝人给去世皇帝的谥前都加一个“孝”字。堧地，汉代已故皇帝的宗庙与陵墓围墙外、小墙内的空闲地。④葬其中：为自己预营墓地。⑤当下吏：被交给司法官吏处治。当，判罪。⑥自杀：汉代皇帝为表示尊重大臣，为大臣保留体面，故凡犯法者一律自杀，不再处以宫刑、刖刑、大辟等等。⑦更铸五铢钱：元狩四年（公元前一一九年）废除半两钱，改用三铢钱；今又嫌三铢钱分量太轻，改用五铢钱。一铢是一两的二十四分之一。⑧楚地：战国末期以来的楚国地区，约当今之河南南部、安徽北部等一带地区。⑨淮阳：汉郡名，郡治陈县，即今河南淮阳。⑩楚地之郊：与楚地接近的要害地区。⑪召拜：将汲黯叫来派他担任。拜，任命。〖按〗在此之前，汲黯因屡屡批评武帝政策，被免职在家休闲。⑫伏谢：拜辞，不肯接受。⑬诏数强予：皇帝一再坚持要给他。⑭填沟壑：谦指自己之死。⑮不意：没想到。⑯狗马病：谦称自己有病。⑰不能任：干不了。⑱中郎：皇帝的低级侍从官员，上属郎中令，在皇帝身边以充参谋顾问之用。⑲禁闼：宫门。⑳补过拾遗：谦指随时给皇帝提出意见、建议等。拾遗，帮着把皇帝掉了的东西捡起来，即指提意见。㉑薄淮阳：嫌淮阳太守官小。薄，看不起。㉒吾今召君矣：我马上就会把你调回来。今，将、很快。㉓顾：问题在于；关键的是。㉔吏民不相得：地方官与当地的百姓合不来、闹矛盾。㉕吾徒得君之重：我就是要借重你的威名。徒，就是。得，靠、

**元鼎元年（乙丑，公元前一一六年）**

夏季，五月，大赦天下。

济东王刘彭离骄纵凶悍，经常在黄昏、夜晚时分，带领他的家奴和几十个亡命少年去抢劫杀人，把抢劫财物当作好玩的事情。他所杀死的人，被发现的就有一百多人，刘彭离因此犯罪，他的济东王号取消，被流放到上庸。

---

凭借。重，身份、威望。㉖卧而治之：你去了什么也不用管，你就躺着睡大觉，那里也会太平无事。㉗黯既辞行：汲黯向皇帝告别之后。㉘过大行李息：转弯到了大行令李息的家。过，过访。大行，即大行令，当时的九卿之一，掌少数民族事务。李息，多次随卫青出征匈奴的将领。事迹见《史记·卫将军骠骑列传》。㉙弃逐居郡：被皇帝扔出去当太守，这里是谦虚的说法。㉚不得与朝廷议：不能再参与朝廷上的讨论问题。与，参与。㉛御史大夫汤：张汤，当时任御史大夫，著名的酷吏。事迹见《史记·酷吏列传》。㉜智足以拒谏二句：《史记》中的套语，《殷本纪》中用以说纣王："知足以拒谏，言足以饰非"；《五宗世家》又用以说胶西王刘端："强足以拒谏，智足以饰非"。㉝务：专门使用。㉞巧佞：巧妙动听。㉟辩数：雄辩而有条理。㊱正为天下言：公正地为黎民百姓说话。㊲专阿主意：专门顺着皇帝的心思说话。主，人主、皇帝。㊳主意所不欲四句：毁，说它不好。誉，夸奖它好。凌稚隆曰："四句足尽古今奸臣之态。"〖按〗《史记·酷吏列传》称张汤云"所治即（若）上意所欲罪，予（与）监史深祸者（之）；即上意所欲释，与监史轻平者（之）"，与此意同。㊴兴事：生事；没事找事，借以逞能、立功，或从中渔利。㊵舞文法：即今所谓"舞文弄法"，玩弄法律条文以陷害人。㊶御主心：揣摩、迎合皇帝的心思。方苞曰："御，迎也。《诗》：'百尔御之。'《曲礼》：'大夫士自御之。'"㊷挟贼吏：驾驭着一群阴险狠毒的酷吏。㊸公列九卿：你身为九卿之一。㊹不早言之：不及早地对张汤提出弹劾。㊺俱受其戮：将来要跟着他一道倒霉。戮，辱，受刑罚。㊻及汤败：事在武帝元鼎二年（公元前一一五年）。据《史记·酷吏列传》，张汤之遭罪自杀，乃被朱买臣等三长史所诬陷。㊼抵息罪：将李息判罪。抵，当，判处。李息究竟抵何罪，史无明文。〖按〗史公此处之感情是非，颇多矛盾。他厌恶张汤，故详载汲黯之与李息语，且谓李息因不听汲黯之劝而因张汤"事败"而"抵罪"。但《史记·酷吏列传》又谓张汤之遭罪自杀乃因朱买臣等之诬陷，武帝为此又杀了三长史。如此说来，李息之"抵罪"，当还是不当？汲黯之预言张汤败，该还是不该？㊽使黯以诸侯相秩居淮阳：让汲黯以诸侯相的级别任淮阳太守。秩，官阶。诸侯相与郡太守都是二千石，但

诸侯相居于郡守之上。㊾十岁而卒：事在武帝元鼎五年。〖按〗今河南滑县之南尖庄村东有汲黯墓，冢高六米，面积六百四十八平方米。㊿徙：惩罚性的强制搬迁。51四月乙卯：四月初二。52太子少傅：皇太子的辅导官，秩二千石，辅导太子的生活与学习。53武强侯庄青翟：刘邦功臣庄不识之孙，袭其父祖之爵位为武强侯。武强，封地名，在今河北境内。54鼎湖：宫名，和宜春宫相距不远。宜春宫在今西安东南部的曲江池南侧，秦汉时代有宜春苑。55无所不致：该找的人都找遍了。56游水发根：姓游水，名发根。57上郡：汉郡名，郡治肤施，在今陕西榆林东南。58病而鬼神下之：在他患病的时候有鬼神附了他的体。59上召置祠之甘泉：皇帝把这个鬼神附体的巫师找来，把他安置、供奉在甘泉宫里。甘泉宫在今陕西旬邑南的甘泉山上，故秦、汉帝王屡屡前往。以上是追述武帝患病以前的事。60神君：即这个鬼神附了体的上郡巫师。61无忧病：不必担心病情，意即很快就会好。62病少愈：病情略好一点。少，意思同“稍”。63强：勉强；强打精神。64于是病愈：等到病情略好的时候。65病良已：等病真的好了之后。已，完，解除。66置酒寿宫：在寿宫置酒答谢这个所谓鬼神附体的巫师。67神君非可得见：这个“神君”总是躲在屋里，不叫外人看见。68言与人音等：说话时的声音和平常人一样。69时去时来：谓附在这个巫师身上鬼神时去时来。70肃然：飒飒的风声。71居室帷中：坐在屋子里的帐幔里，此又指鬼神附了体的巫师。72受：意即恭听。73书其言：把他说的话笔录下来。74画法：王骏图以为应作“书法”，“谓神君之秘书妙法也”。郭正谊、傅起凤《魔术与神功》曰：“武帝唯神命是从，命人记录下这位神君讲的话，称为‘画法’，其实就是魔术中的‘腹言术’表演。”75无绝殊者：没有什么特别不同的东西。钟惺曰：“说‘神君’一段鄙亵，正以笑人主之呆也。”76时上卒起幸甘泉：这次武帝前往甘泉宫是突然动意，事先并无准备。卒，同“猝”，突然。77右内史：政区名，是首都长安郊区的西部，相当于郡一级。也是官名，当时设左右二职，能同郡守。从长安城前往甘泉山要经过右内史区域。78道多不治：许多路段年久失修。治，修筑。79义纵：当时著名的酷吏，此时任右内史。事迹见《史记·酷吏列传》。80不复行此道：意即估计武帝此次会因病而死。81衔：怀恨。82雨水二句：北方的十月应该下雪、结冰，但今年却仍下雨，不结冰，气候反常。83缗钱令：即算缗令，让工商业者自己估算、上报资产价值的命令，武帝在元狩四年实行算缗。84尊卜式：因其捐家财助国用而被任为齐王相，事在元狩四年。85终莫：始终没有。86杨可告缗钱：汉王朝官吏杨可发起让百姓举报工商业者自报资产不实的活动。〖按〗“告缗”事行于元鼎三年，乃后来事，此提前叙于此。87纵：盛行；大规模实行。88以为此乱民：谓其皆以“告缗”而谋求私利。89部吏：部署、派遣官吏。90捕其为可使者：逮捕那些受杨可指使而干这种坏事的人。〖按〗义纵此举应在元鼎三年十一月武帝“令民告缗”以后，不应叙于此年。91废格沮事：抗拒皇帝的命令，破坏工作的进行。废格，废置抵拒。沮，破坏。92弃纵市：将义纵弃市，即问斩于街头。〖按〗武帝行“告缗”，使天下之工商业者“中产以上大抵皆破”，史公痛

恨“告缗”之有害于国计民生，远甚于义纵之酷苛，今写义纵为不满“告缗”而被诛，其中盖有史公之无限痛惜云。㉝郎中令李敢：李敢是李广之子，时为郎中令之职。郎中令是九卿之一，统领皇帝侍从，守卫宫廷门户。㉞怨大将军青之恨其父：怨恨卫青当时不答应其父李广的请求。王念孙曰：“‘恨’读为‘很’。《说文》：‘很，不听从也。’谓广欲居前部以当单于，而青不听也。”〖按〗王说是。㉟匿讳之：隐而不说。〖按〗以其内心有愧，倘宣露之，引起士论哗然，亦非自己之美事。㊱居无何：没过多久。㊲从上雍二句：谓先从武帝至雍，后又东北折至甘泉宫。《汉书》作“从上幸雍”。雍，汉县名，在今陕西凤翔南，其地有祭天之台，又有离宫，是秦汉时期历代帝王常去的地方。胡三省曰：“‘雍’盖衍字。”〖按〗照胡氏说，此句应连下文作“从上至甘泉宫猎”，语明义顺，疑近是。甘泉宫，汉离宫名，在今陕西淳化之甘泉山上，其地有离宫、猎场、祭坛等，故武帝常去其地。㊳射杀敢：因李敢击伤卫青故也。卫青是汉武帝宠妃卫子夫的同母异父弟，霍去病是卫子夫的胞姐卫少儿之子，称卫青为舅。㊴上为讳二句：讳，此处意即“掩盖”。〖按〗李敢时为郎中令，亦皇帝之近臣，位在九卿，而霍去病竟敢将其射死，真可谓无法无天。史公于此处深着自己对名将父子的同情，亦对卫、霍及其后台深表憎恶。李敢被射死在其父自杀的第三年，在其叔李蔡之被逼自杀的第二年。⑩⓪四月乙巳：四月二十八日。⑩①庙立：在太庙中封立，极表其郑重。⑩②皇子闳为齐王：武帝的儿子刘闳是王夫人所生，被封为齐王，都城临淄。⑩③旦为燕王：刘旦是武帝李姬所生，被封为燕王，都城蓟县，即今北京市。⑩④胥为广陵王：刘胥也是武帝李姬所生，被封为广陵王，都城即今江苏扬州。⑩⑤初作诰策：第一次以皇帝的口吻下诏书郑重策命。诏策，以皇帝的口吻下令，并将这种命令刻写在金制或是玉制的简策上。关于武帝册封刘闳等三人为王的过程，见《史记·三王世家》。⑩⑥造白金、五铢钱：造白金在元狩四年，造五铢钱在元狩五年。⑩⑦不可胜计：无法计算。⑩⑧大抵无虑：二语义同叠用，皆“大概”“差不多”的意思。泷川曰：“‘大抵无虑’与《庄周列传》‘大抵率寓言也’同一字法。”⑩⑨皆铸金钱：谓皆盗铸金钱。⑪⓪博士：有二义，一为帝王的侍从官名，在帝王身边以备顾问；一为太学里的教官，讲授儒家经典，其学员则称“博士弟子”。下面所说的褚大、徐偃，应属前一类。⑪①分循郡国：分头到各郡、各诸侯国巡行检查。⑪②举兼并之徒及守、相、为吏有罪者：检举兼并农人的不法商贾和非法牟利的郡守、诸侯相以及其他官吏。举，揭发、举报。兼并，兼并土地。⑪③冠军景桓侯霍去病：霍去病生前被封为冠军侯，景桓二字是他死后的谥号。景是盛大，桓是威武。⑪④为冢像祁连山：给霍去病修建的坟墓形状像祁连山一样，以此来纪念他大破匈奴于河西地区的历史功勋。霍去病墓在今陕西兴平东北，是武帝的众多陪葬墓之一。⑪⑤霍仲孺：霍去病之父，曾为河东郡平阳县吏，协助平阳侯管理家事，与平阳侯家的侍女卫少儿私通而生了霍去病。⑪⑥吏毕：离开平阳县吏之职。⑪⑦光：霍光，字子孟，霍去病的同父异母弟，后来成为汉武帝的重臣。事迹详见《汉书·霍光传》。⑪⑧去病既壮大：霍去病幼年随其母卫少儿生活。⑪⑨道出河东：行军路经河东郡。河东郡的郡治安邑，在今山西夏县西北。[120]及还：等到伐匈奴回来又经过河东郡时。[121]将光：带着其弟霍光。[122]任以为郎：保任霍光充任了皇帝身边的侍从人员。任，保举。汉制，父兄有功者，可以保举子弟为官职。郎，帝王的低级侍从人员，但职位显要，上属郎中令。[123]稍迁：逐渐升迁。[124]奉车都尉：皇帝的侍从官名，为皇帝掌管车马。[125]光禄大夫：朝官名，上属郎中令，秩二千石。[126]大农令：朝官名，也称“大司农”，九卿之一，掌管全国的租税钱谷盐铁诸事。[127]造白鹿皮币：事在元狩四年，见前文。[128]苍璧：黑绿色的玉璧。[129]直数千：价值数千铜钱。直，同“值”。[130]皮荐：犹言“皮垫”，垫璧之皮。[131]本末不相称：盖即俗之所谓“买椟还珠”者也。[132]说：同“悦”。[133]有郤：有矛盾；有过节。[134]及：等到。[135]下张汤治异：将颜异交由张汤审理。治，审理定罪。[136]初令：新颁布的法令，指实行白鹿皮币事。[137]微反唇：嘴唇稍稍动了一下。[138]奏当：将审判定罪的结果上奏皇帝。当，判处。[139]不入言而腹诽：不到朝廷讲出自己的观点，而内心里诽谤朝政。[140]论死：判罪处死。[141]有腹诽之法比：法比，

【原文】

**二年（丙寅，公元前一一五年）**

冬，十一月，张汤有罪自杀。

初，御史中丞[151]李文与汤有郤，汤所厚吏鲁谒居[152]阴使人上变告文奸事[153]，事下汤治，论杀之[154]。汤心知谒居为之，上问：“变事踪迹安起[155]？”汤佯惊曰：“此殆文故人怨之[156]。”谒居病，汤亲为之摩足[157]。赵王[158]素怨汤[159]，上书告：“汤大臣，乃与吏摩足[160]，疑与为大奸[161]。”事下廷尉[162]。

谒居病死，事连其弟。弟系导官[163]，汤亦治他囚导官[164]，见谒居弟，欲阴为之[165]，而佯不省[166]。谒居弟弗知，怨汤，使人上书，告汤与谒居谋共变告李文[167]。事下减宣[168]，宣尝与汤有郤，及得此事，穷竟其事[169]，未奏[170]也。

会人有盗发[171]孝文园瘗钱[172]，丞相青翟[173]朝，与汤约俱谢[174]。至前，汤独不谢[175]。上使御史按丞相[176]，汤欲致其文“丞相见知”[177]，丞相

法例、先例。比，例。即今之可供日后比照施行的“先例”。⑭ 谄谀取容：谄媚讨好，以求保官保命。取容，但求容身。茅坤曰：“此一段摹写酷吏、兴利转辗相成处，曲尽变化。”⑭ 济东王彭离：刘彭离，梁孝王刘武之子，景帝中元六年（公元前一四四年）被封为济东王，都城无盐，在今山东东平东。⑭ 昏暮：天黑以后。⑭ 亡命少年：不怕死的无赖子弟。⑭ 行剽：抢夺财物。⑭ 以为好：以此为乐。好，乐趣。⑭ 发觉者：被人发现了的。⑭ 坐废：因罪被废。坐，因。⑮ 徙上庸：被发配上庸县。徙，流放、发配。上庸，汉县名，县治在今湖北竹山县西南，是秦、汉时期经常发配罪人的地方。

## 【校记】

［1］青：原无此字。据章钰校，十四行本、乙十一行本、孔天胤本皆有此字。今从诸本及《史记·李将军列传》补。［2］其：原作“以”。据章钰校，乙十一行本作“其”。今从乙十一行本及《史记·平准书》改。

## 【语译】

### 二年（丙寅，公元前一一五年）

冬季，十一月，张汤畏罪自杀。

当初，御史中丞李文与张汤有矛盾，与张汤关系密切的属吏鲁谒居就暗地指使人告发李文有违法乱纪的行为，武帝将李文交给张汤处治，张汤判处李文死罪。张汤心里明白这是鲁谒居捏造的，但当武帝问他：“李文被告发这件事是怎么发生的？”张汤假装吃惊地说：“这恐怕是与李文有仇恨的人揭发的吧。”鲁谒居生了病，张汤亲自为他按摩足部。赵王刘彭祖向来怨恨张汤，就抓住把柄上书给汉武帝说：“张汤身为朝廷大臣，竟然亲自为属下官吏按摩足部，恐怕是两个人之间互相勾结，有重大的不轨行为吧。”武帝将此事交给廷尉审理。

此时鲁谒居已经病死，事情牵连到他的弟弟。他的弟弟因此被囚系在导官衙署，在此期间，张汤也到导官衙署审讯别的犯人，他看见了鲁谒居的弟弟，想暗中袒护他，表面上却装作不认识的样子。而鲁谒居的弟弟不知就里，因此对张汤怀恨在心，就指使别人上书给汉武帝，揭发张汤与鲁谒居合谋陷害李文。武帝将此案交给减宣审理，减宣与张汤也有矛盾，当他接手此案，就深入追究，但还没有将结果上报汉武帝。

此时又有人盗取汉文帝陵墓中的陪葬品，丞相庄青翟为此事朝见汉武帝，事先与张汤约定好，一同向皇帝请罪。但等到了武帝面前，张汤却觉得此事与己无关，因此没有向武帝请罪。汉武帝将丞相庄青翟交付御史审理，张汤想把“丞相知

患[178]之。丞相长史[179]朱买臣、王朝、边通[180]，皆故九卿、二千石[181]，仕宦绝在汤前。汤数行丞相事[182]，知三长史素贵，故陵折[183]，丞史遇之[184]。三长史皆怨恨，欲死之[185]。乃与丞相谋，使吏捕案[186]贾人田信等，曰："汤且欲奏请，信辄先知之[187]，居物致富[188]，与汤分之。"事辞颇闻[189]，上问汤曰："吾所为，贾人辄先知之，益居其物[190]，是类有[191]以吾谋[192]告之者。"汤不谢[193]，又佯惊曰："固宜有[194]。"减宣亦奏谒居等事[195]。天子以汤怀诈面欺[196]，使赵禹切责汤[197]，汤乃为书谢，因曰："陷臣者，三长史也。"遂自杀[198]。汤既死，家产直不过五百金[199]。昆弟诸子欲厚葬汤，汤母曰："汤为天子大臣，被污恶言[200]而死，何厚葬乎！"载以牛车，有棺无椁[201]。天子闻之，乃尽按诛三长史。十二月壬辰[202]，丞相青翟下狱，自杀[203]。

春，起柏梁台[204]，作承露盘[205]，高二十丈，大七围[206]，以铜为之，上有仙人掌[207]，以承露[208]，和玉屑饮之[209]，云可以长生。宫室之修，自此日盛。

二月，以太子太傅[210]赵周[211]为丞相。

三月辛亥[212]，以太子太傅石庆[213]为御史大夫。

大雨雪[214]。

夏，大水，关东[215]饿死者以千数。

是岁，孔仅[216]为大农令，而桑弘羊[217]为大农中丞[218]，稍置均输[219]，以通货物[220]。

白金稍贱[221]，民不宝用[222]，竟废之[223]。于是悉禁郡国无铸钱[224]，专令上林三官[225]铸钱。令天下非三官钱不得行[226]。而民之铸钱益少，计其费不能相当[227]，惟真工大奸[228]乃盗为之。

浑邪王既降汉[229]，汉兵击逐匈奴于幕北[230]。自盐泽以东[231]空无匈奴[232]，西域[233]道可通。于是张骞建言："乌孙王昆莫[234]本为匈奴臣，后

情不报”的罪名强加到庄青翟的头上，置庄青翟于死地，庄青翟对此很担忧。丞相的属官担任长史的朱买臣、王朝、边通三人，都曾经位列九卿，享受过二千石的俸禄，在他们三人担任高官的时候，张汤只不过是一个小吏。张汤多次代理丞相的职务，知道朱买臣等三人虽然目前只是一个长史，但向来尊贵，就故意地凌辱压制他们，把他们当作丞史一样的小官吏看待。因此三人都非常怨恨张汤，也想置他于死地。于是，就与丞相庄青翟合谋，派人将大商贾田信等人抓起来，然后散布消息说："张汤每次向皇帝奏报事情，田信等人都能事先知道，总是提前囤积货物，等发了财就与张汤平均分配。"这些话逐渐地传到汉武帝的耳朵里，汉武帝就问张汤说："我想要做的事情，商人都能事先知晓，于是大量囤积货物，看起来好像是有人将我的想法告诉了他们。"张汤不赶紧向皇帝请罪，反而又故作吃惊地说："看来确有此事。"此时减宣也把鲁谒居弟弟揭发的供词奏报给汉武帝。于是汉武帝认为张汤心怀诡诈、当面欺骗，就派赵禹严厉责问张汤，张汤这才上书给武帝请罪，并指控说："陷害我的人是三个长史。"随后就自杀身亡了。张汤死后，其家产总值不超过五百金。张汤的兄弟子侄想要为张汤厚葬，张汤的母亲说："张汤身为皇帝的大臣，受人恶语中伤而死，为什么要厚葬呢！"就用牛车将张汤拉到墓地，只有一口棺材，没有套在棺材外面的椁。汉武帝听到这个消息，就把三个长史朱买臣、王朝、边通全部处死。十二月二十五日壬辰，丞相庄青翟被逮捕入狱，庄青翟也自杀而死。

春天，起造柏梁台。又在铜柱上制作了一个用来承接露水的铜盘，铜柱高二十丈，有七个人合围之粗，铜柱上有一个铜铸仙人，仙人用手高举着铜盘承接露水，用这铜盘所接的露水与玉屑调和后喝下去，据说可以长生不老。大肆修造宫室，就从这时开始。

二月，任命太子太傅赵周为丞相。

三月十五日辛亥，任命太子太傅石庆为御史大夫。

天降大雪。

夏季，大水成灾，函谷关以东饿死了好几千人。

这一年，孔仅担任大农令，桑弘羊担任大农中丞，开始推行均输法，逐渐在各地设置均输官以促进货物流通。

白金的价值稍微便宜一些，因此民间不重视，最后国家也只好宣告停止使用。于是，下令在各郡、各诸侯国内全面禁止铸造钱币，只让上林的钟官、辨铜、技巧三个官署负责铸钱。又下令全国，不是由三个官署所制造的钱不允许使用。于是民间私自铸造钱币的越来越少，因为无利可图，只有技术高超的大工匠、大滑头才敢盗铸钱币。

浑邪王投降汉朝后，汉朝派军队攻打匈奴，将匈奴追逐到了大漠以北。从盐泽以东再也见不到匈奴人的踪影，通往西域的道路这才畅通无阻。于是，张骞向汉武帝建议说："乌孙国王昆莫本来臣属于匈奴，后来兵力逐渐强大起来，便不肯再侍奉

兵稍强，不肯复朝事匈奴[235]。匈奴攻不胜而远之[236]。今单于[237]新困于汉[238]，而故浑邪地[239]空无人。蛮夷俗恋故地，又贪汉财物，今诚以此时厚币[240]赂乌孙，招以益东[241]，居故浑邪之地，与汉结昆弟[242]，其势宜听，听则是断匈奴右臂[243]也。既连乌孙，自其西大夏之属[244]皆可招来[245]而为外臣。”天子以为然，拜骞为中郎将[246]，将三百人，马各二匹[247]，牛羊以万数，赍金币帛，直数千巨万[248]。多持节副使[249]，道可便，遣之他旁国[250]。

骞既至乌孙，昆莫见骞，礼节甚倨[251]。骞谕指[252]曰：“乌孙能东居故地，则汉遣公主[253]为夫人，结为兄弟，共距[254]匈奴，匈奴不足破[255]也。”乌孙自以远汉[256]，未知其大小；素服属[257]匈奴日久，且又近之，其大臣皆畏匈奴，不欲移徙[258]。

骞留久之，不能得其要领[259]，因分遣副使使大宛[260]、康居[261]、大月氏[262]、大夏、安息[263]、身毒[264]、于阗[265]及诸旁国。乌孙发译道送[266]骞还，使数十人，马数十匹，随骞报谢，因令窥汉大小[267]。是岁，骞还，到，拜为大行[268]。后岁余，骞所遣使通大夏之属者，皆颇与其人俱来[269]，于是西域始通于汉矣。

西域凡三十六国[270]，南北有大山[271]，中央有河[272]，东西六千余里，南北千余里，东则接汉玉门[273]、阳关[274]，西则限以葱岭[275]。河有两源[276]，一出葱岭，一出于阗[277][3]，合流东注盐泽[278]。盐泽去[279]玉门、阳关三百余里。自玉门、阳关出西域[280]有两道：从鄯善[281]傍南山北[282]，循河西行[283]至莎车[284]，为南道。南道西逾葱岭[285]，则出[286]大月氏、安息。自车师前王廷[287]，随北山[288]循河西行至疏勒[289]，为北道。北道西逾葱岭，则出大宛、康居、奄蔡[290]焉。故皆役属[291]匈奴，匈奴西边日逐王[292]，置僮仆都尉[293]，使领[294]西域，常居焉耆、危须、尉黎间[295]，赋税[296]诸国，取富给[297]焉。

乌孙王既不肯东还，汉乃于浑邪王故地置酒泉郡[298]，稍发[299]徙民以充实之。后又分置武威郡[300]，以绝[301]匈奴与羌通之道。

匈奴。匈奴率军攻打他，却又不能取胜，只好远离他。现在，匈奴单于被汉朝击败，而原来浑邪王的地盘又空虚无人。像蛮夷这些少数民族，他们的习俗是既留恋故土，又贪图汉朝的财物，如果现在派人用丰厚的财物赠送给乌孙国王昆莫，让他们向东迁移到浑邪王的故地，与汉朝结成兄弟般的友好关系，他们势必会听从，他们听从了汉朝，就等于是砍断了匈奴来自右边侧的援助。与乌孙联盟以后，那么乌孙西面的大夏等国就都可以用上述的方法使他们成为汉朝的属国。”汉武帝觉得有道理，就任命张骞为中郎将，率领三百人，每个人两匹马，牛羊有一万头左右，携带的黄金与布帛，总计价值上亿。又给张骞配备了许多的副使，这些副使也都持节，路上如果发现有新的可派往的地方，便当机立断、随时派这些副使前去。

张骞等人到达乌孙国，乌孙国王昆莫会见张骞的时候，态度极为傲慢无礼。张骞转达汉朝皇帝的旨意，说：“如果乌孙能够向东回到故地居住，汉朝愿意把公主嫁给大王为夫人，两国之间结成兄弟般的友好关系，共同抵御匈奴，匈奴就很容易被打败。”乌孙王觉得与汉朝相距很远，又不知道汉朝究竟有多大；而且臣属匈奴已经很久，离匈奴又很近，乌孙国的大臣又都惧怕匈奴，因此不愿意向东方迁移。

张骞在乌孙逗留了很长一段时间，却得不到满意的答复，于是就派遣那些副使分别前往大宛、康居、大月氏、大夏、安息、身毒、于阗以及附近的其他国家。乌孙国派翻译和向导陪同张骞等回汉朝，随行的有几十名使臣，以及数十匹马，他们随行的目的，一方面是对汉朝出使乌孙的答谢，另一方面是让这些人偷偷地来实地考察汉朝的大小强弱。这一年，张骞回到京师，汉武帝任命他为大行令。一年之后，张骞派往大夏等西域各国的副使，也都陆续回国，不少人也像张骞一样带回各国回访的使节，从此之后，西域各国开始与汉朝友好往来。

西域总计有三十六国，南北都有大山，中间有大河，东西长六千多里，南北宽一千多里，东部连接汉朝的玉门关、阳关，西边到达葱岭。黄河有两个源头，一个在葱岭，一个在于阗，会合后向东流入盐泽。盐泽距离玉门关、阳关有三百多里。从玉门关、阳关前往西域有两条路：从鄯善出发沿着南山北麓，顺着大河向西到达莎车国，这是南路。顺着南路继续西行，越过葱岭，就进入大月氏、安息国界。从车师前部王廷，沿着北山南麓顺着大河向西到达疏勒，这是北路。从北路西行越过葱岭，就来到了大宛、康居、奄蔡了。过去，这些国家都隶属于匈奴，匈奴西部归日逐王统治，日逐王设置有僮仆都尉，掌管西域事务，经常居住在焉耆、危须、尉黎等国中，负责向西域各国征收赋税，吃的用的都很富裕。

乌孙国王既然不愿意向东回归故地，汉朝就在浑邪王故地设置酒泉郡，并逐渐向这里移民，以充实这里的人口。后来又将这里划分出一部分设置武威郡，用以截断匈奴与羌部落之间联系的通道。

天子得宛汗血马[302]，爱之，名曰“天马”。使者相望于道[303]以求之。诸使外国，一辈[304]大者数百，少者百余人。人所赍操[305]，大放博望侯时[306]，其后益习[307]而衰少[308]焉。汉率一岁中使多者十余[309]，少者五六辈，远者八九岁[310]，近者数岁而反[311]。

**三年（丁卯，公元前一一四年）**

冬，徙函谷关于新安[312]。

春，正月戊子[313]，阳陵园火[314]。

夏，四月，雨雹。

关东郡国十余饥[315]，人相食。

常山宪王舜[316]薨，子勃嗣，坐宪王病不侍疾及居丧无礼[317]废，徙房陵[318]。后月余，天子更封宪王子平[319]为真定王[320]，以常山为郡，于是五岳皆在天子之邦[321]矣。

徙代王义[322]为清河王[323]。

是岁，匈奴伊稚斜单于死[324]，子乌维单于立[325]。

---

【段旨】

以上为第二段，写元鼎二年（公元前一一五年）、三年共两年间的全国大事。主要写了御史大夫张汤被朱买臣等三长史所害，三长史被武帝所诛，丞相庄青翟自杀；写了桑弘羊、孔仅实行均输政策；写了张骞第二次通西域，至乌孙而还，从此西域路通，使臣往来不绝；写了汉得大宛汗血马，为日后汉伐大宛埋下伏笔。

【注释】

⑮1 御史中丞：御史大夫的属官，秩千石。⑮2 鲁谒居：张汤宠爱的小吏，据后文张汤为之“摩足”云云，则鲁谒居像是张汤的男宠，汉代之君臣多此事。⑮3 奸事：为非作歹之事。⑮4 论杀之：指将李文判罪诛杀。论杀，判罪诛杀。⑮5 变事踪迹安起：李文的这件事情，告发人是怎么知道的。踪迹，来龙去脉。⑮6 此殆文故人怨之：这大概是与李文有怨仇的熟人所告发。殆，大概。⑮7 摩足：按摩脚掌。⑮8 赵王：景帝之子刘彭祖，自景

汉武帝得到大宛国出产的汗血马，非常喜爱，称之为“天马”。于是便不断地派人到大宛购求天马，使者一批接着一批，不绝于道路。汉朝派往国外的使团，一般来说，大的有几百人，少的也有一百多人。每个人所携带的物品，大致与博望侯张骞通西域时相仿，后来对西域的情况比较熟悉了，使团的人数与所携带的物品也就逐渐减少了。汉朝大概每年最多派出十几个使团，少的也有五六批。路途遥远的大约要经过八九年，近的也得要几年的时间才能返回。

**三年（丁卯，公元前一一四年）**

冬季，将函谷关向东迁移到新安。

春季，正月二十七日戊子，汉景帝的陵园阳陵失火。

夏季，四月，天降冰雹。

函谷关以东地区的十几个郡和诸侯国发生饥荒，人们饥饿难忍到了人吃人的程度。

常山宪王刘舜去世，他的儿子刘勃继承王位，有人告发刘勃在他父亲生病时不亲自侍奉汤药，在居丧期间又不守居丧之礼而被取消王爵，并放逐到房陵。过了一个多月，汉武帝又封常山宪王刘舜的另一个儿子刘平为真定王，将常山设置为朝廷的一个郡，这样一来，泰山、华山、嵩山、衡山、恒山就都在朝廷的直接管辖之内了。

将代王刘义改封为清河王。

这一年，匈奴伊稚斜单于去世，他的儿子乌维单于即位。

---

帝四年（公元前一五三年）为赵王，都城邯郸，即今河北邯郸。⑮⑨素怨汤：平素一向怨恨张汤。事情的由来是元狩四年（公元前一一九年）前，冶铁铸器可私营，赵王以冶铸为事，利归于己。元狩四年后，盐铁皆归国营，赵王失去冶铸之利，故心怀不满，常挑朝廷派往赵国经营冶铸官员的毛病，寻衅以告发之。当武帝将赵王所告之事交由群臣讨论时，张汤常袒护铁官而否定赵王之言。⑯⓪与吏摩足：给属下小吏揉脚。⑯①大奸：重大的不轨行为。⑯②事下廷尉：事情交给廷尉审理。廷尉是主管刑法的最高长官，九卿之一。据《汉书·百官公卿表》，此时的廷尉名霸，史失其姓。⑯③系导官：被囚禁于导官署。导官，少府的属官。⑯④亦治他囚导官：到导官署去审问别的囚犯。⑯⑤欲阴为之：想暗暗地营救他。⑯⑥佯不省：表面上假装不认识。不省，不睁眼相看。⑯⑦共变告李文：共同商量着上书告发李文。变告，告发某人欲为变乱。⑯⑧事下减宣：案件交由减宣查办。减宣是当时著名的酷吏，任御史中丞，为张汤之下属。⑯⑨穷竟其事：将张汤与鲁谒居配合默契地陷害李文案彻底查清。⑰⓪未奏：尚未向武帝禀告。⑰①盗发：偷偷挖掘。发，挖

掘。⑫孝文园瘗钱：汉文帝陵墓，即霸陵四周随葬埋藏的铜钱。霸陵在今西安灞桥区之毛窑院村，位于灞河西岸白鹿原北坡形似方锥的凤凰嘴。王先谦引沈钦韩曰：“汉以来丧葬皆有瘗钱，埋墓四隅。传称盗发者，即是四隅所瘗，原不在冢藏中也。”陈直曰：“汉人殉葬用钱，贵族用真钱，一般用陶制，孝文园应为真钱，故有人盗之。”⑬丞相青翟：庄青翟，事迹见《史记·张丞相列传》。庄青翟于元狩五年李蔡自杀后，继任为丞相，元鼎二年（公元前一一五年）为其任丞相的第四年。⑭与汤约俱谢：与张汤商量好，上朝时一起向皇帝道歉，承担未尽到责任的罪名。谢，道歉、请罪。⑮至前二句：待到了皇帝跟前，张汤变卦，不向皇帝道歉了。⑯上使御史按丞相：武帝让张汤审查丞相对于此事的责任。按，审查、审理。⑰欲致其文“丞相见知”：想把丞相弄成“见知故纵”之罪。文，法也。见知，即“见知故纵”，知情不报，故意将罪犯放走。⑱患：担心；害怕。⑲丞相长史：丞相的属官，秩千石，以其为诸史之长，故称“长史”。⑳朱买臣、王朝、边通：三人当时皆为丞相长史。朱买臣此前曾任主爵都尉，王朝曾官至右内史，边通曾任济南国相，都曾经比张汤地位高。㉑皆故九卿、二千石：当时的主爵都尉列于九卿，右内史与济南相皆为二千石一级的官员。㉒数行丞相事：多次代理丞相职务。行，代行、代理。当时的御史大夫位同副丞相，丞相一旦有空缺，则由御史大夫代行其职。㉓故陵折：故意地使之受屈辱。㉔丞史遇之：像对待丞相府其他小吏一样地对待他们。丞史，低级文吏的通称。㉕欲死之：想置张汤于死地。㉖捕案：逮捕审问。㉗汤且欲奏请二句：张汤将向皇帝启奏某事、请行某令，田信往往都能事先知道。即今之所谓泄露经济情报。㉘居物致富：预先囤积货物，赚钱发财。居物，囤积货物。㉙事辞颇闻：捕案田信的消息有一些传到武帝耳朵里。颇，略有、有一些。⑲益居其物：总是提前囤积货物。⑲类有：像是有。⑲吾谋：我们的打算。⑲不谢：不认错；不道歉。⑲固宜有：看来是确实有。⑲减宣亦奏谒居等事：正好减宣也将业已查清的鲁谒居与张汤的关系奏明于武帝。⑲面欺：当面欺骗皇帝。⑲使赵禹切责汤：时赵禹为太中大夫，皇帝的近侍之臣。切责，严厉斥责。⑲遂自杀：张汤墓在今西安长安郭杜一带，近年在其墓出土了两枚印章，一枚印文为“张汤臣汤”，一枚为“张君信印”。⑲五百金：汉时的黄金一斤曰“一金”，一金可抵铜钱一万枚。⑳被污恶言：被恶言所污蔑。⑳载以牛车二句：极言其殡葬之简。椁，外棺。王先谦曰：“欲令汤贫状上闻，冀冤得白也。”⑳十二月壬辰：十二月二十五日。⑳丞相青翟下狱二句：前有人盗发文帝陵园瘗钱，今已之下属又害张汤，罪无旁贷。⑳起柏梁台：建造柏梁台。起，修筑。柏梁台，在当时未央宫北的桂宫内，高数十丈，相传是用“香柏”为之，也有说其台用梁百根。⑳承露盘：在高高的铜柱上，立铜人举盘以接露水。⑳大七围：指铜柱之粗，有七人合围之大。⑳仙人掌：柱端的铜人两手高举盛露水之盘。⑳以承露：以铜盘接露水。⑳和玉屑饮之：谓以高空接来的露水冲着玉屑喝下。玉屑，碾玉为粉末。师古引《三辅故事》云：“建章宫承露盘高二十丈，大七围，以铜为之，上有仙人掌承露，和玉屑饮之。”⑳太子太傅：太子的辅导官，秩二千石。㉑赵周：赵夷吾之子，赵夷吾因告发楚王刘戊谋反被刘戊所杀，故平定七国之乱后赵周因其父之功被封为高陵侯。一生无事迹可述。㉒三月辛亥：三月十五。㉓石庆：一个以“恭谨”闻名的庸俗官僚。事迹详见《史记·万石张叔列传》。㉔大雨雪：天降大雪。“雨”字用如动词。阴历三月而天降大雪，自然现象反常，故书于史。㉕关东：函谷关以东，泛指今河南等广大的东方地区。㉖孔仅：一个大手工业者出身的官吏，因善于为帝搜刮钱财，故被武帝宠任。㉗桑弘羊：一个商人家庭出身的官吏，因精于计算被武帝宠用。事迹见于《史记·平准书》与《盐铁论》。㉘大农中丞：大农令的下属官员。㉙稍置均输：渐渐地在各地设立均输官。均输，指均输令，官名，属大司农，主管调剂全国各地的上贡物资，并负责收购和卖出货物，以沟通各地的有无，目的是稳定物价，不使商人操纵市场。《史记集解》引孟康曰：“诸当所输于官者，皆令输其土地所饶，平其所在时价，官更于他处卖之。输者既便，而官有利。”㉚通货物：由官方统一调度各地区之间的物资交流。㉛稍贱：越来越不值钱。㉜不宝用：不看重；不视以为宝。因为它本来就不是值钱的东西。㉝竟废之：最后国家也只好宣告废止使用。竟，终、最后。㉞悉禁郡国无铸钱：通通禁止各郡、各诸侯国铸造钱币。〖按〗汉代建国以来，有时允许民间铸钱，有时不准民间铸钱，今则一概禁止民间铸造。㉟上林三官：主管上林苑的水衡都尉的三个属官。《史记集解》引《汉书·百官公卿表》以为这三个属官是“均输令”“钟官令”“辨铜令”。陈直以为当是“钟官”“辨铜”“技巧”三令丞，“其分工之推测，当为钟官主铸造，技巧掌刻范技术，辨铜掌原料也。”〖按〗陈直的说法明确合理。㊱行：使用；流通。㊲计其费不能相当：指盗铸钱所花的成本，比铸成的钱更多，即得不偿失。㊳真工大奸：真正有办法、有技术的大工匠、大滑头。㊴浑邪王既降汉：事见本书元狩元年。浑邪王，匈奴西部地区的部落头领名，因被霍去病打败，失亡多，单于欲诛之，故率部数万人降汉，过程已见前文，详见《史记·卫将军骠骑列传》与《史记·匈奴列传》。㊵击逐匈奴于幕北：事见本书元狩四年春，卫青、霍去病各率骑兵五万，分别出定襄与代郡。卫青大破匈奴于漠北，伊稚斜单于狼狈而逃，自汉击匈奴以来，战事描写之壮阔无过于此者；霍去病则大破匈奴之左方兵，“封狼居胥山，登临翰海”而还，从此匈奴之患从根本上得以消除。幕北，大漠以北。幕，通“漠”。㊶盐泽以东：指今新疆罗布泊以东与整个甘肃走廊地区。盐泽，即罗布泊，在今新疆东部。㊷空无匈奴：自文帝三年（公元前一七七年）匈奴人驱逐月氏占领河西走廊后，一直断绝着汉与西域的交通；自元狩二年霍去病大破匈奴于河西，浑邪王于次年降汉后，这一带遂正式归入汉王朝版图，汉王朝在这里设立了武威、酒泉二郡。㊸西域：汉及以后用以称玉门关、阳关以西地区的诸小国。㊹乌孙王昆莫：现任的乌孙国王，号曰昆莫。乌孙原是匈奴西部邻近的小国，在今甘肃境内的祁连山与敦煌之间，与当时的月氏国为邻。后来被匈奴打败，西迁到今新疆之西北部、塔吉克斯坦的东南部，与吉尔吉斯斯坦的东部地区，首都赤谷城。㊺朝事匈奴：意即臣服于匈奴。朝事，朝拜、侍奉。㉓⑥远之：谓远离乌孙，不去招惹它。㉓⑦今单于：指伊稚斜，公元前一二六至前一一四年在位。㉓⑧新困于汉：指元狩四年被卫青、霍去病等重创，被迫率部远遁。㉓⑨故浑邪地：浑邪王降汉前所居的匈奴西部地区，约当今之内蒙古西部和与之邻近的甘肃西北部地区。㉔⓪厚币：用厚礼。币，古称礼品，这里即指财物。㉔①招以益东：招引他率部东移一些。益，渐、稍稍。㉔②结昆弟：结为兄弟之好。昆弟，兄弟。㉔③断匈奴右臂：斩断匈奴来自右侧的援助。㉔④大夏之属：大夏一类的西域诸国。大夏，西域国名，在当时的月氏以南，今之阿富汗北部，国都蓝氏城（今巴里黑遗址）。㉔⑤招来：招纳。来，通“倈”，意思同“招”。㉔⑥中郎将：皇帝的侍卫官，统率诸中郎，有五官、左、右三将，秩比二千石，上属郎中令。㉔⑦马各二匹：每人都带两匹马，一是备中途替换，同时也是向乌孙炫耀汉朝的马多。㉔⑧赍金币帛二句：赍，携带。金币帛，黄金与币帛。币帛，礼品，指玉璧、绢帛等。数千巨万，即“数千亿”。“巨万”也称“大万”，即“亿”，指铜钱。㉔⑨多持节副使：给张骞配备了许多副使，这些副使也都“持节”，以便临时派往某个地区。持节，手持旌节，以表明皇帝特派的身份。㉕⓪道可便二句：半道上如果张骞发现四周有新的可派往的地方，便当机立断地派这些有身份的副使前去。㉕①倨：傲慢。㉕②谕指：讲明此次出使的目的。指，通“旨”。㉕③公主：皇帝的女儿。后来汉王朝所派出的江都王刘建之女刘细君也正是以“公主”的身份嫁往乌孙的。㉕④距：同“拒”，抵抗。㉕⑤不足破：不难被打败。㉕⑥远汉：离汉王朝路途遥远。㉕⑦素服属：平素一向臣服。㉕⑧移徙：即今所谓“迁移”，向张骞所说的浑邪王故地迁移。㉕⑨不能得其要领：意即摸不透乌孙人是怎么想的。师古曰：“要，衣腰也；领，衣领也。凡持衣者，则执要与领。言骞不能得月氏意趣。”㉖⓪大宛：西域国名，其地在今哈萨克斯坦及乌兹别克斯坦境内，首都贵山城（今卡散赛）。㉖①康居：西域国名，其地约当今乌兹别克斯坦的东部，在当时的大宛西北，大月氏之北，国都卑阗（或说即今塔什干）。㉖②大月氏：最早游牧在甘肃境内的祁连山一带，后被匈奴人打败，西迁到新疆境内的伊犁河一带；后又在伊犁河流域被匈奴打败，其余部遂越过葱岭迁到了今阿姆河流域的土库曼斯坦一带。㉖③安息：西域国名，有人以为即世界史上所说的“帕提亚王朝”，在今伊朗境内，国都番兜城（今德黑兰东部之达姆甘）。㉖④身毒：也写作“天竺”，印度河流域的古国名，在今印度、巴基斯坦境内。㉖⑤于阗：西域小国名，在今新疆南部的和田一带，国都西城，在今和田西南。㉖⑥发译道送：派翻译引导护送。道，通“导”。㉖⑦因令窥汉大小：叫他们趁便看看汉王朝是怎样大小的一个国家。㉖⑧大行：即大行令，也称“典客”，九卿之一，主管少数民族事务，秩中二千石。㉖⑨颇与其人俱来：也都多少不等地带着那些国家的使臣一起到汉王朝来了。颇，有些。㉗⓪西域凡三十六国：凡，总共。据《汉书·西域传》，西域原三十六国，后分为五十一国，即婼羌、鄯善、且末、小宛、精绝、戎卢、扜弥、渠勒、于阗、皮山、乌秅、西夜、蒲犁、依耐、无雷、难兜、罽宾、乌弋山离、安息、大月氏、康居、大宛、桃槐、休循、捐毒、莎车、疏勒、尉头、乌孙、姑墨、温宿、龟兹、乌垒、渠犁、尉犁、危须、焉耆、乌贪訾离、卑陆、卑陆后国、郁立师、单桓、蒲类、蒲类后、西且弥、东且弥、劫、狐胡、山、车师前、车师后。㉗南北有大山：汉时称其“南山”曰昆仑山，即今之喀喇昆仑山；其“北山”即今之天山。㉗中央有河：汉时称“葱岭河”及其下游之入盐泽之河，即今叶尔羌河及塔里木河。㉗玉门：即玉门关，当时的玉门关在今甘肃敦煌西北。㉗阳关：当时的阳关在今甘肃敦煌西南。㉗限以葱岭：西到葱岭为止。葱岭是古时对今帕米尔高原及昆仑山、天山西段的统称。㉗河有两源：黄河有两个源头。㉗一出葱岭二句：《汉书·西域传》曰：“河有二源，一出葱岭，一出于阗。”㉗合流东注盐泽：《山海经》云：“河出昆仑东北隅。”郭璞注：“河出昆仑，潜行地下，至葱岭山于阗国，复分流歧出，合而东注泑泽（即今罗布泊），已而复行积石，为中国河。”〖按〗以上皆古人称说。依今天科学的说法，黄河乃发源于青海之巴颜喀拉山北麓。㉗去：距离。㉘出西域：前往西域。㉘鄯善：古西域国名，在今新疆的东南部，都城扜泥，即今新疆若羌。㉘傍南山北：沿着南山（即今喀喇昆仑山）的北侧。㉘循河西行：沿着今名车尔臣河的古河道西行。㉘莎车：古西域国名，都城即今新疆莎车。㉘南道西逾葱岭：沿着南道向西越过葱岭。㉘则出：则可以达到。㉘车师前王廷：车师是古西域国名，分前、后两部，其车师前国的都城交河，即今新疆吐鲁番西侧的交河古城遗址；其车师后国的都城在今新疆奇台西北。㉘随北山：沿着现今的天山南侧。㉘疏勒：古西域国名，都城即今新疆喀什。㉙奄蔡：古西域部族名，也称“阖苏”，其活动地区在今俄罗斯境内的咸海、里海一带。㉙役属：隶属；受……统治。㉙匈奴西边日逐王：匈奴西部地区的日逐王。㉙僮仆都尉：匈奴官名，掌管西域诸国事务。胡三省曰：“匈奴盖以僮仆视西域诸国，故以名官。”㉙领：监督、管理的意思。㉙常居焉耆、危须、尉黎间：经常驻扎在焉耆、危须、尉黎三个小国之间。焉耆在今新疆焉耆一带，危须在今新疆焉耆以北，尉黎在今新疆焉耆西南。㉙赋税：这里用如动词，意即向诸小国征收赋税。㉙富给：吃的用的都很富足。㉙酒泉郡：汉郡名，郡治禄福，即今甘肃酒泉。㉙稍发：逐步征调。㉚武威郡：汉郡名，郡治武威，在今甘肃民勤东北。㉚绝：隔断。㉚汗血马：通常即谓其马出汗呈鲜红色。该马称为“汗血马”，“由于这种马长得清秀，血管比较暴露，运动后体表血流量大，可能因此会造成汗液如血的视觉效果”。并说此马“虽不能日行千里，但保持着千米一分零七秒的速度纪录”。㉚使者相望于道：谓络绎不绝地前往大宛求购汗血马。㉚一辈：一批；一伙。㉚人所赍操：每个使者所携带的东西。㉚大放博望侯时：和当初张骞出使所携带的东西大致相仿，即“牛羊以万数，金币帛直数千巨万”。大放，大致相仿。放，此处通“仿”。㉚益习：情况越来越熟悉。㉚衰少：使团的人数与所携带的东西逐渐减少。㉚汉率一岁中使多者十余：一般说来，派出使团次数多的是一年十多批。率，大概、大致。㉛远者八九岁：出使之路途遥远，一个来回要八九年。㉛反：通“返”。凌稚隆引茅瓒曰：“使外国者，每一辈不下数百人，而又率一岁使十余，或五六辈，又必八九岁或数岁而后还焉，张骞之贻祸甚哉。太史公委曲详叙，意可概见矣。”㉛徙函谷关于新安：函谷关本来在当时的弘农县（今河南灵宝东北），现在则向东移至新安县（今河南新安西）境内。原因是为了扩大关中的地盘，将原处于函谷关以东的宜阳县扩大到函谷关以内。《汉书·武帝纪》应劭注曰："时楼船将军杨仆（宜阳人）数有大功，耻为关外民，上书乞徙东关，以家财给其用度。武帝意亦好广阔，于是徙关于新安，去弘农（函谷关旧址）三百里。"〖按〗有关杨仆的事迹见《史记》之《酷吏列传》《东越列传》《南越列传》《朝鲜列传》。⑬正月戊子：正月二十七日。⑭阳陵园火：汉景帝的陵园发生火灾。阳陵，汉景帝的陵园，在今陕西咸阳东北。⑮关东郡国十余饥：函谷关以东的十多个郡或诸侯国发生饥荒。⑯常山宪王舜：刘舜，景帝之子，景帝中五年被封为常山王，宪字是谥。常山国的都城在今河北元氏西北。⑰居丧无礼：指饮酒、博弈、私奸等。⑱徙房陵：让其带着家属一道发配房陵居住。房陵，今湖北房县，秦、汉时代是安置流放罪犯的地方。⑲宪王子平：刘平，刘勃之弟。⑳真定王：国都真定，在今河北正定南。㉑五岳皆在天子之邦：五岳指

【原文】

**四年（戊辰，公元前一一三年）**

冬，十月，上行幸雍[326]，祠五畤[327]。诏曰："今上帝，朕亲郊[328]，而后土[329]无祀，则礼不答[330]也，其令有司议！"立后土祠[331]于泽中圜丘[332]。上遂自夏阳[333]东幸汾阴[334]。是时，天子始巡郡国[335]。河东守[336]不意行至[337]，不办[338]，自杀。十一月甲子[339]，立后土祠于汾阴脽上[340]。上亲望拜[341]，如上帝礼[342]。礼毕，行幸荥阳[343]，还，至洛阳[344]，封周后姬嘉[345]为周子南君[346]。

春，二月，中山靖王胜[347]薨。

乐成侯丁义[348]荐方士[349]栾大，云与文成将军[350]同师。上方悔[351]诛文成，得栾大，大说。大先事胶东康王[352]，为人长美[353]，言多方略[354]，而敢为大言，处之不疑[355]。大言曰："臣常往来海中，见安期、羡门之属[356]。顾以臣为贱[357]，不信臣；又以为康王诸侯耳[358]，不足与方[359]。臣之师曰：'黄金可成[360]，而河决可塞[361]。不死之药可得，仙人可致[362]也。'然臣恐效

东岳泰山、西岳华山、南岳衡山、中岳嵩山、北岳恒山。前四者早已在朝廷的郡县之内，唯有北岳恒山在常山国的境内。今常山改设为郡，故五岳都进入了朝廷的直接管区。又，今时称北岳恒山在山西浑源境，汉时非如此也，汉时的北岳恒山在今河北阜平东北，地属常山郡。㉜代王义：刘义，文帝的曾孙，刘登之子，原继其父之位为代王，都城晋阳，在今太原西南。㉝清河王：都城清阳，在今河北清河县东南。原清河王刘乘（孝景之子）死后无子，其国被废，故改封刘义为清河王。㉞伊稚斜单于死：伊稚斜单于公元前一二六至前一一四年在位。㉟乌维单于立：乌维单于公元前一一四至前一〇五年在位。

【校记】

［3］于阗：原作“于窴”。据章钰校，十四行本、乙十一行本、孔天胤本皆作“于阗”，今据改。

---

【语译】

**四年（戊辰，公元前一一三年）**

冬季，十月，汉武帝到雍县巡视，并在郊外祭祀雍县的五畤。汉武帝颁布诏令说：“假如我亲自到郊外祭祀天帝，而不祭祀后土神，就与祭祀天帝的礼节上不相称，该如何祭祀，请有关部门积极商议！”于是在大泽中建一圆形土丘，在圆丘上立五个台子象征东、西、南、北、中五方的后土神。汉武帝于是从夏阳往东来到汾阴巡视。当时，是汉武帝第一次出巡郡、国。河东郡的太守没有料到武帝会突然驾临，事先毫无准备，因惶恐而自杀。十一月初八日甲子，在汾阴的一个小土丘上修建了后土祠。汉武帝亲自叩拜、祭祀，就像祭祀上帝那样。祭祀完毕，前往荥阳，在返回的途中，前往洛阳巡视，封周王室的后裔姬嘉为周子南君。

春季，二月，中山靖王刘胜去世。

乐成侯丁义向汉武帝举荐方士栾大，说栾大与文成将军少翁出自同一个师傅。武帝当时正在为杀死文成将军少翁而后悔，现在得到栾大，非常高兴。栾大此前曾经侍奉过胶东康王刘寄，栾大长得身高貌美，又善于言谈，更敢于说大话，而且说起大话来神态自若。栾大对汉武帝吹嘘说：“我经常往来于大海之上，看见过安期生、羡门一类的神仙。但他们认为我地位卑贱，所以不信任我；又因为胶东康王只不过是个诸侯王，不值得把长生不老的药方送给他。我师傅说：‘求神仙能炼成黄金，能堵塞黄河的决口。长生不老之药可以得到，神仙之体可以修成。’但我害怕像文成将

文成[363]，则方士皆掩口，恶敢言方哉[364]！”上曰：“文成食马肝死[365]耳。子诚能修其方，我何爱乎[366]？”大曰：“臣师非有求人[367]，人者求之[368]。陛下必欲致之，则贵其使者[369]，令为亲属[370]，以客礼待之，乃可使通言[371]于神人。”于是上使验小方[372]，斗旗，旗自相触击[373]。

是时，上方忧河决而黄金不就，乃拜大为五利将军，又拜为天士将军，地士将军，大通将军。夏，四月乙巳[374]，封大为乐通侯[375]，食邑二千户[376]。赐甲第[377]，僮[378]千人，乘舆、斥车马、帷帐、器物以充其家[379]，又以卫长公主[380]妻之，赍金十万斤[381]。天子亲如[382]五利之第，使者存问[383]共给[384]，相属于道[385]。自太主[386]、将相以下，皆置酒其家，献遗之[387]。天子又刻玉印曰“天道将军”，使使[388]衣羽衣[389]，夜立白茅上[390]。五利将军亦衣羽衣，立白茅上，受印，以示不臣[391]。大见数月，佩六印[392]，贵震天下。于是海上燕、齐之间[393]，莫不扼腕[394]，自言有禁方[395]、能神仙矣。

六月，汾阴巫锦[396]得大鼎于魏脽后土[397]营旁[398]。河东太守[399]以闻[400]，天子使验问[401]，巫得鼎无奸诈[402]，乃以礼祠[403]，迎鼎至甘泉[404]。从上行[405]，荐[406]之宗庙及上帝，藏于甘泉宫，群臣皆上寿贺[407]。

秋，立常山宪王子商[408]为泗水王[409]。

初[410]，条侯周亚夫为丞相[411]，赵禹[412]为丞相史[413]，府中皆称其廉平[414]，然亚夫弗任[415]，曰：“极知禹无害[416]，然文深[417]，不可以居大府[418]。”及禹为少府[419]，比九卿为酷急[420]。至晚节[421]，吏务为严峻[422]，而禹更名宽平[423]。

中尉尹齐[424]素以敢斩伐著名，及为中尉，吏民益凋敝[425]。是岁，齐坐不胜任[426]抵罪[427]。上乃复以王温舒[428]为中尉，赵禹为廷尉[429]。后四年，

军那样落个被杀的下场，那样的话，所有的方士就都会闭上嘴巴，谁还敢再提长生不老的秘方呢！”汉武帝掩饰说：“少翁是吃了马肝中毒死的。先生如果能够研制成长生不老的秘方，我还吝惜什么呢？”栾大说：“我的师傅于人一无所求，是人有求于他。陛下如果真的希望将我的师傅请来，那么就必须先尊宠这个派去寻他的使者，让他成为亲属，还要像对待客人那样以礼相待，这样的话才能使他将陛下的想法转达给神人。”于是汉武帝就让栾大演示一些小法术，栾大为武帝表演斗旗，许多旗子果然就互相打斗起来。

当时，汉武帝正在为黄河决口和炼金无法成功而发愁，于是就封栾大为五利将军，又封他为天士将军、地士将军、大通将军。夏季，四月二十一日乙巳，又封栾大为乐通侯，封邑二千户。还把最好的住宅赏赐他，还赏赐他一千多名奴婢，武帝还将自己身边用不着的车马、帷帐以及各种器物拨给栾大使用，又把卫皇后所生的长公主嫁给栾大为妻，又赠送给他黄金十万斤。汉武帝还亲自到栾大的府第做客，派去慰问、赠送物品的使者不绝于道路。上自武帝的姑姑窦太主，下到将相以下的朝廷官员，都在家中摆设酒席宴请栾大，向他敬献礼物。汉武帝还刻了一枚玉质印章，上面刻着“天道将军”的字样，然后派人身穿羽毛做的衣服，在夜间站在白茅草上。五利将军栾大也穿着羽毛做的衣服站在白茅草上，接受汉武帝授予的“天道将军”印，以这种形式表示他不是汉朝天子的臣民。栾大晋见汉武帝以后仅仅几个月的时间，就佩上了六枚印，他的尊贵程度震惊了全天下。于是沿海一带的燕国、齐国之间的人无不怦然心动，纷纷站出来说自己拥有长生不老的秘方、能够请到神仙。

六月，汾阴县的巫师锦在魏国故地汉武帝所修的后土祠旁边挖掘出一个大鼎。河东太守将此事报告给汉武帝，汉武帝派人前去查验，证明巫师锦得到大鼎的事情属实，于是就先举行了祭祀典礼，然后派人到汾阴迎接大鼎，把大鼎隆重地护送到甘泉宫。又随从汉武帝，将鼎供献给宗庙和上天，最后收藏在甘泉宫中，群臣全都向汉武帝敬酒祝贺。

秋季，封常山宪王刘舜的儿子刘商为泗水王。

当初，条侯周亚夫为丞相，赵禹为丞相史的时候，丞相府中的人全都称赞赵禹为政清廉公正，只有周亚夫不赏识他，说：“我非常了解赵禹这个人，他通习法令、处理政事无凝滞，但他执法严酷峻急，不适合担任丞相职务。”等到赵禹担任了主管宫廷供奉的少府，与同等级别的九卿相比，确实显得严酷峻急。不过到了晚年的时候，许多官吏在执法过程中都争相严酷，而赵禹反倒以宽厚平和出名。

负责掌管京师治安的中尉尹齐一向以敢于杀人著称，等到他担任中尉的时候，吏民生活越来越穷困、精神越来越萎靡。这一年，尹齐因被指控不能胜任中尉职务而被治罪。武帝于是再次任命王温舒为中尉，任命赵禹为廷尉。又过了四年，

禹以老贬为燕相[430]。

是时吏治[431]皆以惨刻相尚[432]，独左内史兒宽[433]劝农业，缓刑罚，理狱讼[434]务在得人心。择用仁厚士，推情与下[435]，不求名声，吏民大信爱之。收租税时，裁阔狭[436]，与民相假贷[437]，以故租多不入[438]。后有军发[439]，左内史以负租课殿[440]，当免[441]。民闻当免，皆恐失之[442]。大家牛车、小家担负[443]输租[444]，繦属不绝[445]，课更以最[446]。上由此愈奇宽。

初，南越文王[447]遣其子婴齐[448]入宿卫[449]，在长安取邯郸樛氏女[450]，生子兴。文王薨，婴齐立，乃藏其先武帝玺[451]，上书请立樛氏女为后、兴为嗣[452]。汉数使使者风谕[453]婴齐入朝。婴齐尚乐擅杀生自恣[454]，惧入见要[455]。用汉法，比内诸侯[456]，固称病，遂不入见。婴齐薨，谥曰明王[457]。太子兴代立，其母为太后。

太后自未为婴齐姬时，尝与霸陵[458]人安国少季[459]通。是岁，上使安国少季往谕王、王太后以入朝，比内诸侯。令辩士谏大夫终军[460]等宣其辞[461]，勇士魏臣[462]等辅其决[463]，卫尉路博德[464]将兵屯桂阳[465]待使者。南越王年少，太后中国人，安国少季往，复与私通，国人颇知之，多不附太后。太后恐乱起，亦欲倚汉威，数劝王及群臣求内属[466]。即因使者上书[467]，请比内诸侯，三岁一朝，除边关[468]。于是天子许之，赐其丞相吕嘉银印[469]及内史[470]、中尉[471]、太傅[472]印，余得自置[473]。除其故黥、劓刑[474]，用汉法，比内诸侯。使者皆留填抚之[475]。

上行幸雍，且郊[476]，或曰："五帝，泰一之佐[477]也。宜立泰一[478]，而上亲郊[479]。"上疑未定。齐人公孙卿[480]曰："今年得宝鼎，其冬辛巳朔

因为赵禹年纪太大了，汉武帝就将他贬到燕国担任丞相。

当时为官治民的风气都以用法残酷苛刻相竞争，只有担任左内史的兒宽反其道而行之，他劝勉农民努力从事农业生产，执行法律以宽大为怀，处理刑事案件务必顺从民意。他选用的都是些有仁爱之心、为人忠厚的人士，对待下属也是推心置腹，不以追求轰动一时的政绩为目的，因此深受下级官吏和人民的爱戴。收取租税的时候，兒宽也总是根据百姓的穷富、年成的好坏而做些调配：比较富裕的就收取租税，生活确实窘迫的，就允许百姓缓期、赊欠，因此，京畿的租税总是收不齐。后来因为军事行动需要征调粮食，左内史兒宽由于欠缴租税被评为最下等，应当被免职。百姓听到兒宽可能被免职的消息，都害怕失去兒宽这样的好官。于是大户人家用牛车、小户人家用担子挑着向府库补缴租谷，补缴租谷的人一个接一个，就像是扯绳子一样连续不断于道路，收缴的粮食总数反而是兒宽名列第一。汉武帝因为这件事，对兒宽另眼相看。

当初，南越文王赵胡派遣他的儿子赵婴齐到汉朝的皇宫中充当侍卫，赵婴齐在长安娶了邯郸樛姓的女子为妻，生了儿子赵兴。南越文王去世后，赵婴齐回国即位做了南越王，他把当年其祖父南越武帝赵佗所用的窃称“南越武帝”的印信收藏起来，然后上书给汉武帝，请求立樛氏女为皇后，立赵兴为太子。汉朝屡次派使者晓谕他到京师长安朝拜大汉皇帝。但赵婴齐却喜欢做单独握有生杀大权的独立王国的国王，害怕到长安朝见后受到管辖约束。接受汉朝的法令，一切行为都得和汉朝境内的诸侯王一样，所以就推说有病，坚持不肯入朝。赵婴齐不久病死，谥号为“明王”。太子赵兴即位，他的母亲樛氏为皇太后。

樛太后在嫁给赵婴齐以前，曾经与霸陵人安国少季私通。这一年，汉武帝派安国少季为使者，前往南越劝说南越王赵兴和樛太后入朝，像汉朝的诸侯王那样。让能言善辩的谏大夫终军等人随从前往，传达皇帝的有关旨意，又派勇士魏臣等人辅助其决策，派卫尉路博德率领一支军队驻扎在桂阳等候使者的消息，也是为了起到震慑作用。南越王赵兴年纪很小，樛太后又是汉朝人，安国少季作为使者来到南越后，又与太后重修旧好，南越国有很多人风闻此事，因此心里都不服太后。樛太后也担心国内发生混乱，也想借助汉朝的威势巩固自己的地位，就极力劝说南越王赵兴以及诸位大臣归附汉朝。于是通过汉朝使者上书给汉武帝，请求允许南越国比照汉朝的诸侯国，三年到朝廷朝见一次，撤销两国之间所设置的边界关卡。汉武帝答应了南越国的请求，又赏赐南越国丞相吕嘉银质的印信以及内史、中尉、太傅印信，其他级别较低的官员则由南越王自行任免。同时废除南越原来的黥刑、劓刑，改用汉朝的法律，一切比照诸侯国。派去的使者都留在那里，用以维持秩序、安抚人心。

汉武帝到雍县巡视，并准备再祭祀天帝，有人提议说：“五帝，是辅佐天神泰一的股肱大臣。应该修建一座泰一庙，由天子亲自前往祭祀。”汉武帝犹豫未决。齐

旦冬至[481]，与黄帝时等[482]。”卿有札书[483]曰：“黄帝得宝鼎，是岁己酉朔旦冬至[484]，凡三百八十年，黄帝仙登于天[485]。”因嬖人奏之[486]。上大悦，召问，卿对曰：“受此书申公，申公曰：‘汉兴复当黄帝之时[487]。汉之圣者[488]，在高祖之孙且曾孙也[489]。宝鼎出而与神通[490]，黄帝接万灵明庭[491]。明庭者，甘泉也。黄帝采首山[492]铜，铸鼎于荆山[493]下。鼎既成，有龙垂胡髯[494]下迎黄帝，黄帝上骑龙，与群臣、后宫七十余人俱登天。’”于是天子曰：“嗟乎！诚得如黄帝，吾视去妻子[495]如脱屣[496]耳！”拜卿为郎[497]，使东候神于太室[498]。

【段旨】

以上为第三段，写元鼎四年（公元前一一三年）一年间的全国大事。主要写了汉武帝迷信鬼神，希求长生不死，以致被诸多骗子所愚弄的荒唐情景，写宠信栾大，赐其六将军印，封乐通侯，妻以公主，待以不臣；宠信公孙卿，醉心于效仿黄帝之乘龙升天，以及祭后土、迎宝鼎云云。写了南越王与汉王朝的良好关系，而汉王朝则用尽手段，必欲使之成为境内诸侯，为下年的伐南越埋下伏笔。写了汉王朝的吏治酷苛，而赵禹反被称为“廉平”的今昔之差。

【注释】

㉖雍：汉县名，在今陕西凤翔南。其地有皇家的离宫与祭天的坛台，故秦、汉时代的皇帝屡屡到雍县去。㉗祠五畤：祭祀雍县的五畤。五畤是建筑于雍县的帝王祭天的五座坛台，即密畤、鄜畤、吴阳上畤、吴阳下畤、北畤。㉘亲郊：亲自祭祀。郊，帝王在郊外祭天。㉙后土：谓后土之神。后土，大地。㉚礼不答：与祭祀上帝的礼节不相称。答，杨树达曰：“合也。”㉛后土祠：祭祀地神的祠庙。㉜泽中圜丘：在大泽中建一圆形土丘，上立五个台子，分别象征五方的后土之神。㉝夏阳：汉县名，即今陕西韩城。夏阳与下文所说的“汾阴”隔河相对，故武帝前往汾阴要经由夏阳渡河前往。㉞汾阴：汉县名，在今山西万荣西南的黄河边上。㉟始巡郡国：开始到各郡、各诸侯国视察。㊱河东守：河东郡的郡守。河东郡的郡治安邑，在今山西夏县西北。汾阴县即在河东郡内。㊲不意行至：没想到汉武帝突然降临。㊳不办：接待工作来不及准备。㊴十一月甲子：十一月初八。㊵汾阴脽上：汾阴县城西的土丘之上。脽，土堆、土丘。据《汉书》如淳注，此土丘宽二里，长四五里，高十余丈。当时的汾阴县城也在这个土丘上。

国人公孙卿说：“今年得到了宝鼎，而今年冬季十一月初一日辛巳凌晨交冬至节，这情形与当年黄帝轩辕氏在位时的节令刚好一样。”公孙卿在木简上写道：“黄帝得到宝鼎的那一年，冬季十一月初一是己酉日，这天的凌晨也是交冬至节，黄帝活到三百八十岁，修成神仙，升天而去。”公孙卿通过武帝身边的宠臣将这册“札书”呈送给汉武帝。汉武帝看后非常高兴，就把公孙卿招来问话，公孙卿回答说：“我是从申公手里得到的这部书，申公说：‘汉朝建立后应当重新采用黄帝时期的历法。汉代皇帝中的圣人，不是汉高祖的孙子就一定是汉高祖的曾孙子。宝鼎一出现，说明皇帝与上天的思想已经沟通，黄帝在天上的明庭迎接万方鬼神。地上与明庭相对应的，就是甘泉。黄帝采集了首阳山上的铜矿，在荆山之下铸成宝鼎。当宝鼎铸造成功的时候，天上有一条龙将龙须垂下来迎接黄帝，于是黄帝就骑上龙升天了，同时跟随上天的还有群臣以及后宫总计七十多人。’”汉武帝听完后感慨地说：“天啊！如果真能像黄帝那样成仙升天，我就把抛妻弃子看作像甩掉两只鞋子一样，毫不吝惜！”于是封公孙卿为郎，并派他到东边的太室山祭祀，以等待天神的降临。

---

武帝所建的“后土祠”在县城西。㉞①望拜：远远地望着行跪拜之礼。㉞②如上帝礼：应作“如祭上帝礼”。㉞③荥阳：汉县名，即今河南荥阳东北的古荥镇。㉞④洛阳：在今洛阳东北部，为汉代河南郡的郡治所在地。㉞⑤姬嘉：姓姬名嘉，周王朝的后代子孙。㉞⑥周子南君：姬嘉的封号名，周指周朝之后，子是爵位，南指其所居之地，即古所谓周南。㉞⑦中山靖王胜：刘胜，景帝之子，景帝中二年（公元前一五五年）被封为中山王，靖字是其死后的谥。中山国的都城即今河北定州，刘胜的墓在今河北满城西，曾出土金缕玉衣。㉞⑧乐成侯丁义：刘邦功臣丁礼的曾孙，袭其先人之位为乐成侯。㉞⑨方士：以炼丹服药、长生不死之说骗人的方术之士。㉟⓪文成将军：名叫少翁，以长生不死之术骗得武帝宠信，被封为文成将军。后来骗局暴露，被武帝杀，已见于本书元狩四年（公元前一一九年）。㉟①方悔：正在后悔。㉟②胶东康王：刘寄，景帝之子，被封为胶东王，都城即墨，在今山东平度东南。公元前一四八至前一二一年在位。康字是其死后的谥。㉟③长美：身高貌美。㉟④言多方略：意即善说，说起话来一套一套的。㉟⑤处之不疑：即今所谓“说大话不犹豫，不脸红”。㉟⑥安期、美门之属：安期生、美门高一类的仙人。㉟⑦顾以臣为贱：问题是由于我的身份太低。顾，转折语词，犹今所谓“但”“问题在于”。㉟⑧康王诸侯耳：胶东康王也才不过是一个诸侯，意思是地位还是低。㉟⑨不足与方：不值得给他仙方。㊱⓪黄金可成：即所谓炼石、炼铁成金。㊱①河决可塞：黄河决口可以通过求仙使之自行堵好。〖按〗自元光三年（公元前一三二年）黄河决口于瓠子，至此时已二十年没有堵上，这也是汉武帝当时所发愁的一件事，故栾大言亦及之。㊱②可致：可以招

来。㊿恐效文成：怕也像文成一样落个被杀的下场。㊿则方士皆掩口二句：语略不顺，意谓自文成被杀后，方士们全都吓得闭上了嘴，谁还敢对您谈起长生不死之术呢。掩口，闭口。恶敢，焉敢、岂敢。恶，也可写作“乌”，岂、怎。㊿食马肝死：汉时相传食马肝可致人于死。《论衡》有所谓“气热而毒盛，故食走马肝杀人”；《史记·儒林列传》有所谓“食肉无食马肝”。㊿我何爱乎：我有什么可吝啬的呢。意即不吝惜以金钱官位赏人。爱，吝惜。㊿非有求人：不是有求于人的人。㊿人者求之：是人们都有求于他。㊿贵其使者：首先尊宠这个派去寻他的使者，即指自己。㊿令为亲属：让他成为皇帝的亲戚。㊿通言：传话。㊿使验小方：让他演示一些小法术。㊿斗旗二句：《汉武故事》云：“栾大尝于殿前树旌数百枚，令旌自相击，幡幡竟庭中，去地十余丈，观者皆骇。”〖按〗郭正谊、傅起凤《魔术与神功》称“这种斗旗的特异功能实际是利用磁力设计的小戏法”。㊿四月乙巳：四月二十一。㊿乐通侯：取其能沟通天地鬼神，皇帝为此而乐。㊿食邑二千户：意即封给他有二千户居民的一块领地，可坐食此二千户居民的租税。㊿甲第：甲等的府第。㊿僮：奴仆。㊿乘舆、斥车马、帷帐、器物以充其家：皇帝将自己身边不用的车马、帷帐以及各种器物，拨给栾大使用。乘舆，指称皇帝。师古曰：“斥，不用者也。”㊿卫长公主：皇后卫子夫所生的大女儿。何焯曰：“以卫公主妻大者，令为亲属，如大所言也。”锺惺曰：“方士尚公主，奇极，盖直以萧史待之矣。”㊿赍金十万斤：带着十万金的陪嫁。赍，携带、陪嫁。㊿亲如：亲自前往。如，往。㊿存问：慰问。存，恤、抚问。㊿共给：同“供给”，送东西。㊿相属于道：一批接一批，道路上相望不绝。属，连接。㊿太主：大长公主，名嫖，窦太后之女，武帝之姑。㊿献遗之：给栾大贡献财物。㊿使使：派使者。㊿羽衣：师古曰：“以鸟羽为衣，取其神仙飞翔之意也。”㊿立白茅上：《正义佚存》曰：“喻有洁白之德。”㊿不臣：不把栾大视为臣下。㊿佩六印：即“五利”“天士”“地士”大通”“天道”五将军及“乐通侯”之印也。㊿海上燕、齐之间：意即燕国、齐国这些靠海的地方。㊿扼腕：内心激动，跃跃欲试的样子。〖按〗此语又见于《史记·刺客列传》，《史记索隐》曰：“勇者奋厉，必先以左手扼右腕也。”㊿禁方：秘方。㊿汾阴巫锦：汾阴县的巫者名锦。㊿魏脽后土：即前文所说武帝在汾阴所修的后土祠，因此地在战国时代属魏，故称“魏脽后土”。㊿营旁：后土祠的区域之旁。营，同“茔”，祠坛、陵墓所占的地域。㊿河东太守：其名为“胜”，史失其姓。㊿闻：报告皇帝。㊿验问：调查、核对。㊿巫得鼎无奸诈：巫锦发现鼎的事情的确属实。无奸诈，不是瞎说。㊿以礼祠：按礼节对该鼎进行祭祀。㊿迎鼎至甘泉：谓派人从长安到汾阴迎鼎，而后送鼎到甘泉宫。㊿从上行：实际意思是武帝也跟着迎鼎的队伍一道前行。但为了突出皇帝的至高无上，故说整个队伍都跟着皇帝一道前行。㊿荐：贡献给。㊿上寿贺：向皇帝敬酒祝贺。㊿常山宪王子商：刘商，常山宪王刘舜的少子。㊿为泗水王：刘舜死于元鼎三年（公元前一一四年），太子刘勃继其父位。因刘勃荒淫无度，被废去王爵，流放房陵，常山国遂改为郡。因武帝与刘舜的亲缘关系特别近，故分外施恩，封其少子刘商为泗水王，都城凌县，在今江苏泗阳西北。⑩初：当初，追述往事的前置语。⑪周亚夫为丞相：周亚夫是刘邦功臣周勃之子，被封为条侯，因平定吴楚七国之乱有大功，于景帝七年官居丞相。⑫赵禹：当时著名的酷吏。事迹详见《史记·酷吏列传》。⑬丞相史：丞相的属吏。⑭廉平：清廉公正。⑮弗任：不认可；不赏识。⑯无害：也称"文无害"，谓通习法令，处理诸事无凝滞。⑰文深：谓执法森严苛酷。⑱大府：即丞相府。⑲少府：九卿之一，掌管山林湖海收入及供应皇家需要的手工制造，为皇帝的私家理财。⑳比九卿为酷急：言与当时九卿同列者相比，赵禹为酷急。㉑至晚节：待至赵禹的晚年。㉒吏务为严峻：许多官吏都争相酷苛。㉓更名宽平：反而以宽平著称。言外之意是整个官场都追求严刑峻法，法外之法，于是那些只在法律条文之内执行严厉的人就显得宽和公平了。㉔中尉尹齐：中尉是维持首都治安的长官，秩中二千石。尹齐的事迹不多，见于《史记·酷吏列传》。㉕益凋敝：指生活越来越穷困，精神越来越萎靡。㉖不胜任：《史记》说当时的形势是"豪恶吏伏匿而善吏不能为治，以故事多废"。㉗抵罪：被治罪。㉘王温舒：当时的著名酷吏，前文已经出现。㉙廷尉：全国的司法长官，九卿之一。㉚燕相：燕王刘旦之相。刘旦是武帝之子，元狩六年被封为燕王，都城蓟县，即今北京市。㉛吏治：官场与为官治民的制度、风气。㉜以惨刻相尚：意即争相酷苛，越严厉越好。相尚，相竞争。㉝左内史兒宽：左内史是都城长安东部地区的行政长官，职位如同郡守。当时长安地区分为左右两部，由左内史、右内史分别掌管。兒宽是以治《尚书》著名的儒生，在武帝时飞黄腾达，仅次于公孙弘。《汉书》有传。㉞理狱讼：审理、判处案件。㉟推情与下：设身处地地对待下属。㊱裁阔狭：能根据百姓的穷富、年成的好坏、催讨时间的缓急，而做些调配。裁，审时度势。阔，指宽裕。狭，指穷迫。㊲与民相假贷：允许百姓们有些讨价还价，指缓期、贳欠等等。㊳租多不入：许多租税收不上来。㊴军发：军用调集。㊵负租课殿：欠缴租税名列最下等。课，考核。殿，最末。㊶免：免官。㊷皆恐失之：都怕失掉这位好长官。㊸担负：肩挑、背负。㊹输租：给公家补交欠粮。输，运送。㊺襁属不绝：像扯绳子一样地连续不断于道。襁，绳索。㊻课更以最：收缴的粮食总数反而变成了最上等。㊼南越文王：《史记·南越列传》称之曰"赵胡"，卒谥文王。但据广州象冈山南越王墓之出土金印，知南越文帝为"赵眜"，应是《史记》误记。㊽婴齐：即南越明王。㊾入宿卫：进京充当皇帝的警卫人员，实际是进京充当人质。婴齐"入宿卫"在建元六年（公元前一三五年）。㊿取邯郸樛氏女：意即娶樛氏女为姬妾。取，通"娶"。邯郸，即今河北邯郸，当时赵国的都城。(451)藏其先武帝玺：将当年其祖父赵他所用的窃称皇帝的印信收了起来，即真的取消了帝号。(452)请立樛氏女为后兴为嗣：嗣，继承人，即太子。〖按〗婴齐之王后为越人，越之诸臣意欲立越女生子为太子；今婴齐为爱樛氏女而欲立以为后，并立其子兴为太子，怕遭群臣反对，故欲借汉朝权势以行之。(453)风谕：旁敲侧击地示意。风，吹风、示意。(454)尚乐擅杀生自恣：喜欢自己单独握有生杀随意之权。尚乐，动词连用，都是“喜爱”的意思。擅，专有。杀生自恣，生杀大权由自己说了算。455 惧入见要：害怕入朝后受管辖约束。要，要挟、约束。456 用汉法二句：接受汉朝的法令，一切行为做派都得和汉朝内部的诸侯王一样。457 婴齐薨二句：据称，赵婴齐墓在今广州西村。其墓先曾被盗，据现存之玉饰诸物可推定为赵婴齐之墓。458 霸陵：汉文帝的陵邑名，在今陕西西安东北。汉代皇帝自其继位开始，即为自己修造陵墓，设立陵邑，并从各地向该邑移民。陵邑的建置相当于县。459 安国少季：姓安国，名少季。460 谏大夫终军：谏大夫是帝王身边的侍从官员，秩比八百石，掌议论，上属郎中令。终军，姓终名军，字子云，以文辞见称，《汉书》有传。461 宣其辞：逞其辞令。终军出使前即扬言“愿受长缨，必系南越王而致阙下”。462 魏臣：姓魏名臣。463 辅其决：帮着他出主意。师古注：“助令决策也。”464 卫尉路博德：卫尉是武官名，九卿之一，主管防卫宫廷，当时有“未央宫卫尉”“长乐宫卫尉”。路博德原为霍去病的部将，从霍去病伐匈奴有功，封侯。此时任卫尉之职。465 将兵屯桂阳：桂阳即今广东连平，在当时南越北境的南岭上。〖按〗汉朝此举，前有说客以辞令恫吓，辅之“勇士”以颜色威胁，继以师旅，震之以兵威，武帝君臣之无理欺弱，可谓甚矣，史家据实描写，爱恶之情自见。466 求内属：请求归附，成为汉朝的国内之国。467 因使者上书：通过使者安国少季给皇帝上书。因，凭借、通过。468 除边关：拆掉国境线上的防御工事。469 赐其丞相吕嘉银印：赐印者，等于令其接受汉朝的委任。吕嘉，越族人，南越政权的忠实捍卫者。470 内史：在诸侯国负责民政的官员。471 中尉：诸侯国的武官，相当于郡尉，执掌武事。472 太傅：诸侯王的训导官。按汉朝规定，各诸侯国的以上数职皆由朝廷委任。473 余得自置：其他级别较低的官吏，由越王自行委任。474 除其故黥、劓刑：黥是在犯人脸上刺字，劓是削去犯人的鼻子。这些

---

**【原文】**

**五年（己巳，公元前一一二年）**

冬，十月，上祠五畤于雍，遂逾陇[499]，西登崆峒[500]。陇西守[501]以行往卒[502]，天子从官不得食，惶恐，自杀。于是上北出萧关[503]，从数万骑猎新秦中[504]，以勒边兵[505]而归。新秦中或千里无亭徼[506]，于是诛北地太守以下[507]。

上又幸甘泉，立泰一祠坛[508]，所用祠具如雍一畤而有加焉[509]。五帝坛环居[510]，其下四方地为餟食群神从者及北斗[511]云。十一月辛巳朔冬

刑法先秦时期曾有，从文帝起中原地区就已经废除，现在亦让南越取消，改用汉朝的法律。㊼使者皆留填抚之：现来越国的使团都留在越国维持秩序。填抚，通“镇抚”。㊽且郊：将要祭祀上帝之前。㊾泰一之佐：泰一神的股肱大臣。佐，辅佐。㊿宜立泰一：应该再立一座泰一庙。479而上亲郊：骗子们既然说青、红、黄、白、黑五帝为“泰一之佐”，那么如果武帝还像过去的帝王亲祭这泰一之佐就等于错了辈分，故而有人建议皇帝只应亲祭泰一。480公孙卿：姓公孙，名卿，齐地的方士。481辛巳朔旦冬至：这年十一月初一的早晨交“冬至”节。482与黄帝时等：与当年黄帝时的节令刚好一样。时，节气、节令。483札书：用小木片穿成的古书。484己酉朔旦冬至：意谓黄帝得宝鼎的那一年，十一月初一是己酉日，这天的早晨叫“冬至”节。485凡三百八十年二句：结果未等四百，在三百八十年的时候，黄帝就成仙升天了。徐中行曰：“观公孙卿所言，则知汾阴鼎必其所为以欺武帝者。”486因嬖人奏之：公孙卿通过武帝身边的男宠将他这册“札书”进呈给武帝。嬖人，男宠。嬖，亲昵、宠幸。487复当黄帝之时：当重新采用黄帝时代的历法。488汉之圣者：汉代皇帝中的“圣人”。489在高祖之孙且曾孙也：应该是高祖之孙或者是曾孙。且，或。〖按〗此为骗子之故弄玄虚的一种说法，较之直接说“在高祖之曾孙”显得更有迷惑力。490宝鼎出而与神通：宝鼎一出，说明皇帝与上天的思想已经沟通。491接万灵明庭：在“明庭”迎接万方鬼神。492首山：在今山西永济西南。493荆山：也称“覆釜山”，在今河南灵宝西南，与今上文所谓“首山”隔黄河相望。494胡髯：师古曰：“胡，谓颈下垂肉也；髯，其毛也。”髯，即今所谓胡须。495去妻子：离妻、子而去。496如脱屣：像甩掉两只鞋子，极言其不吝惜、不动心之状。屣，鞋。497郎：帝王的侍从官员，上属郎中令。498候神于太室：到太室山祭祀以等待神的降临。太室山在今河南登封。

---

## 【语译】

### 五年（己巳，公元前一一二年）

冬季，十月，汉武帝在雍县的郊外祭祀上帝，然后向西越过陇山，登上崆峒山。陇西郡太守因为皇帝去得太仓促而来不及准备，所以汉武帝的随行官员有许多人得不到饮食，陇西太守非常恐惧，就自杀了。汉武帝继续北上穿过萧关，然后率领几万人马到新秦中打猎，又到边境检阅边防部队，然后返回。新秦中郡有些地方一千里之内都看不到一个哨所、一个防御工事，于是将北地郡太守及其属下的有关官员全部斩首。

汉武帝再次来到甘泉宫，建立泰一祠坛，汉武帝亲自祭祀，所用的祭祀物品与在雍地祭祀五畤时大体相同而略微多一些。在泰一坛的下边，五帝坛围绕在泰一坛的四方，用来祭酎众神的随从和北斗。十一月初一日辛巳，这天早晨交冬至日，天

至[512]，昧爽[513]，天子始郊拜泰一[514]，朝朝日[515]、夕夕月[516]则揖[517]。其祠[518]列火满坛[519]，坛旁亨炊具[520]。有司云："祠上[521]有光。"又云："昼有黄气上属天[522]。"太史令谈[523]、祠官宽舒[524]等请三岁天子一郊见[525]，诏从之。

南越王、王太后饬治[526]行装，重赍[527]为入朝具[528]。其相吕嘉，年长矣，相三王[529]，宗族仕宦为长吏[530]者七十余人，男尽尚王女[531]，女尽嫁王子弟、宗室，及苍梧秦王有连[532]。其居国中甚重，得众心愈于王[533]。王之上书，数谏止王[534]，王弗听。有畔[535]心，数称病，不见汉使者。使者皆注意嘉，势未能诛。王、王太后亦恐嘉等先事发[536]，欲介汉使者权[537]，谋诛嘉等。乃置酒请使者，大臣皆侍坐饮。嘉弟为将，将卒居宫外。酒行[538]，太后谓嘉曰："南越内属，国之利也，而相君苦不便[539]者，何也？"以激怒使者。使者狐疑相杖[540]，遂莫敢发。嘉见耳目非是[541]，即起而出。太后怒，欲鏦嘉以矛[542]，王止太后。嘉遂出，介其弟兵就舍，称病，不肯见王及使者，阴与大臣谋作乱。王素无意诛嘉，嘉知之，以故数月不发。

天子闻嘉不听命，王、王太后孤弱不能制，使者怯无决[543]。又以为王、王太后已附汉，独吕嘉为乱，不足[544]以兴兵，欲使庄参[545]以二千人往使。参曰："以好往[546]，数人足矣[547]；以武往，二千人无足以为也[548]。"辞不可，天子罢参。郏壮士[549]故济北相[550]韩千秋[551]奋曰："以区区之越，又有王、王太后应[552]，独相吕嘉为害，愿得勇士三百人，必斩嘉以报。"

于是天子遣千秋与王太后弟樛乐将二千人往。入越境，吕嘉等乃遂反。下令国中曰："王年少；太后，中国人也，又与使者乱[553]，专欲

刚蒙蒙亮，汉武帝第一次在郊外祭拜泰一神，太阳刚出来的时候面朝东祭拜太阳神，晚上月亮出来的时候祭拜月神。祭祀的时候，坛上点燃火炬，在坛的旁边摆放着烹煮用的灶具。有关官员向武帝报告说："祭坛上出现神光。"又说："白昼有一股黄气直冲霄汉。"太史令司马谈、掌管祭祀的官员宽舒等人奏请皇帝每三年亲自主持一次祭祀，汉武帝下诏准奏。

南越王赵兴和他的母亲樛太后下令准备行装，多多携带贵重物品为进京朝见皇帝做准备。南越国丞相吕嘉，年纪已经很大了，他曾经辅佐了三代国王，他的族人当中出来做官、为长为吏的有七十多人，男子全都娶国王的女儿为妻，女儿都嫁给国王或是王室的子弟，并与苍梧秦王结为姻亲。所以吕嘉在南越国中拥有很高的威望，受人民拥戴的程度超过了国王。对于国王赵兴给汉朝上书请求内附之事，他虽然多次进行劝阻，但国王都不肯听从。于是，吕嘉就萌生了背叛的念头，屡次称说自己有病，不肯出来接待汉朝派来的使者。而汉朝的使者也都对吕嘉的行为深表关注，只是限于形势，不能一下子把他灭掉。国王赵兴和他的母亲樛太后也担心吕嘉等先发制人，就想借助汉朝使者的权势，密谋将吕嘉等除掉。于是，摆设酒宴宴请汉朝使者，诸位大臣全都出席作陪。吕嘉的弟弟当时担任领军的将领，他率领着士兵在王宫门外担任警戒。席间，樛太后对丞相吕嘉说："南越国内附于汉朝，这对国家来说是一件有利的事情。而丞相却屡次阻止，认为这样做不好，请问，这是为什么呢?"太后的目的是激怒汉朝的使者，让汉使者在宴席上除掉吕嘉。但汉朝的使者畏首畏尾，犹豫不决，始终不敢采取行动。吕嘉看见陪酒的人脸色异样，就立即站起身离席而去。樛太后大怒，就要用矛投刺吕嘉，南越王赵兴赶紧阻止了太后。吕嘉走出王宫，在其弟弟所率军队的护卫下回到家中，于是推说有病，再也不肯出来与南越王及汉朝的使者见面，而暗中却与大臣密谋作乱。南越王赵兴从来没有要诛杀吕嘉的意思，吕嘉深知这一点，所以僵持了几个月，吕嘉一直没有采取行动。

汉武帝听说南越王的丞相吕嘉不肯听从汉朝要其归顺的命令，而南越王和太后势孤力单无法控制局面，汉朝派去的使者又胆小怯懦，不能决断。又觉得南越王和太后已经归附汉朝，只是吕嘉等人欲谋乱，不值得为此而兴师动众，就想派庄参率领两千人前往。庄参说："如果是为友好而去，只需要几个人就够了；如果是为了出兵讨伐，派两千人前去将会毫无作为。"因此拒绝前往南越，汉武帝就将他罢了官。曾经担任过济北国丞相的郏县好汉韩千秋自告奋勇地说："只不过是一个小小的南越国，又有南越国王和王太后作为内应，只有一个丞相吕嘉谋乱，我只需要带三百名勇士，一定能将吕嘉斩首，就等我的好消息吧。"

于是，汉武帝就派遣韩千秋和樛太后的弟弟樛乐为将，率领两千名士兵前往南越国。二人率军刚刚进入南越国境，吕嘉等人立即发动政变。他下令国中说："国王年少；太后是中国人，又与汉朝使者安国少季通奸，一心想要归附汉朝，成为汉朝

内属[554]，尽持先王宝器入献天子以自媚。多从人行，至长安，虏卖以为僮仆[555]，取自脱一时之利[556]，无顾赵氏社稷、为万世虑计之意[557]。”乃与其弟将卒攻杀王、王太后及汉使者，遣人告苍梧秦王及其诸郡县，立明王长男越妻子[558]术阳侯[559]建德为王。而韩千秋兵入，破数小邑。其后越直开道[4]给食[560]，未至番禺四十里[561]，越以兵击千秋等，遂灭之。使人函封汉使者节[562]置塞上[563]，好为谩辞[564]谢罪，发兵守要害[565]处。

春，三月壬午[566]，天子闻南越反，曰：“韩千秋虽无功，亦军锋之冠[567]，封其子延年[568]为成安侯[569]。樛乐姊为王太后，首愿属汉，封其子广德[570]为龙亢侯[571]。”

夏，四月，赦天下。

丁丑晦[572]，日有食之。

秋，遣伏波将军[573]路博德出桂阳[574]，下湟水[575]；楼船将军[576]杨仆[577]出豫章[578]，下浈水[579]；归义越侯严[580]为戈船将军[581]，出零陵[582]，下离水[583]；甲为下濑将军[584]，下苍梧[585]：皆将罪人[586]，江、淮以南楼船[587]十万人。越驰义侯遗[588]别将[589]巴、蜀罪人，发夜郎兵[590]，下牂柯江[591]，咸会番禺[592]。

齐相[593]卜式上书，请父子与齐习船者往死南越[594]。天子下诏褒美[595]式，赐爵关内侯[596]，金六十斤，田十顷。布告天下，天下莫应[597]。是时列侯[598]以百数，皆莫求从军击越。会九月尝酎，祭宗庙[599]，列侯以令献金助祭[600]。少府省金[601]，金有轻及色恶[602]者，上皆令劾以不敬[603]，夺爵者百六人[604]。辛巳[605]，丞相赵周坐[606]知列侯酎金轻[607]下狱，自杀。

丙申[608]，以御史大夫石庆[609]为丞相，封牧丘侯[610]。时国家多事，桑

的一个诸侯国，准备把先王的珍宝全部带走进献给汉朝皇帝，向汉朝皇帝献媚。还准备带走许多随从人员，到长安后，一定会把这些人变卖给汉人充当奴隶，他们只想尽快逃离灾祸，换取眼前这点小利益，而置南越国国家和子孙后代的长远利益于不顾。”于是，和他弟弟一起率领南越军攻入王宫，杀死了南越王、太后以及汉朝使者，又派人通报苍梧秦王以及所属诸郡县，拥立明王赵婴齐的长子即赵婴齐所娶南越女子所生的儿子术阳侯赵建德为南越王。此时，韩千秋率军进入南越国境，一连攻破了几个小城镇。后来，南越军队让出大路，并派人沿途供给食物，将韩千秋引诱至距离番禺四十里远的地方，南越军才出兵攻打韩千秋的军队，将其全部歼灭。吕嘉派人将汉朝使者安国少季等出使南越国时所持的符节用匣子盛起来放置在南越国北部的边境上，并附上了一封用辞委婉的信，同时部署军队，严密把守要害之处。

春季，三月四日壬午，汉武帝听到了南越国叛乱的消息，他说："韩千秋虽然没有建功，但他也算是前锋部队中最勇敢的人，封他的儿子韩延年为成安侯。樛乐的姐姐樛氏为王太后，因为她最先表示愿意归附汉朝，封樛乐的儿子樛广德为龙亢侯。"

夏季，四月，大赦天下。

四月最后一天二十九日丁丑，发生日食。

秋季，汉武帝派遣伏波将军路博德率军从桂阳出发，沿着湟水前进；又派楼船将军杨仆从豫章出发，沿浈水前进；封归义越侯名字叫作严的为戈船将军，率军从零陵出发，走离水；封甲为下濑将军，率领一支军队直指苍梧；几位将军所率领的军队都是由罪人组成，从江、淮以南出发的这四路水军总计十万人。又派遣投奔汉朝、被封为驰义侯的越人名字叫作遗的，另外率领着由巴郡、蜀郡的罪犯以及从夜郎国征调的兵力组成的一支军队，沿着牂柯江南下，约定各路军队全部在南越国的都城番禺城下会师。

齐国的丞相卜式给汉武帝上书，请求允许他们父子带领齐国熟悉水战的人跟随各路大军前往参加讨伐南越的战争。汉武帝立即下诏对卜式进行嘉奖，并赐封卜式为关内侯，赏赐黄金六十斤，良田十顷。布告天下，但没有人响应。当时，全国被封为列侯的有一百多个，但没有一个主动请求跟随部队前去征讨南越。此时正是九月份，新酒酿成，皇帝将要到宗庙祭祀，请历代先皇品尝新酒，于是下令列侯出钱随祭。又令少府的官员在收敛酎金时负责检查诸侯所交酎金的分量和成色，发现有重量不足或成色不好的，汉武帝就令少府的官员以对天地祖宗不恭敬的罪名弹劾他们，因此事而被夺去爵位的有一百零六人。九月初六日辛巳，丞相赵周因为被指控对列侯所献酎金重量不足、成色不好之事知情不报而犯罪，被逮捕下狱，自杀。

九月二十一日丙申，汉武帝任命御史大夫石庆为丞相，并封他为牧丘侯。当时国家因为对南越采取军事行动而政务繁忙，桑弘羊等全力以赴实行盐铁官营、平准

弘羊等致利[611]，王温舒之属峻法[612]，而兒宽等推文学[613]：皆为九卿[614]，更进用事[615]。事不关决于丞相[616]，丞相庆醇谨而已[617]。

五利将军装治行[618]，东入海求[619]其师。既而不敢入海，之太山祠[620]。上使人随验[621]，实无所见[622]。五利妄言见其师，其方尽多不售[623]，坐诬罔[624]，腰斩。乐成侯亦弃市[625]。

西羌[626]众十万人反，与匈奴通使，攻故安[627]、围枹罕[628]。匈奴入五原[629]，杀太守。

**六年（庚午，公元前一一一年）**

冬，发卒十万人，遣将军李息、郎中令徐自为[630]征西羌，平之。

楼船将军杨仆入越地，先陷寻陿[631]，破石门[632]，挫越锋[633]。以数万人待伏波将军路博德至俱进。楼船[634]居前，至番禺。南越王建德、相吕嘉城守[635]。楼船居东南面，伏波居西北面。会暮，楼船攻败越人，纵火烧城。伏波为营[636]，遣使者招降者[637]，赐印绶，复纵令相招[638]。楼船力攻烧敌，驱而入伏波营中。黎旦[639]，城中皆降。建德、嘉已夜亡[640]入海，伏波遣人追之。校尉司马苏弘[641]得建德，越郎都稽[642]得嘉。戈船、下濑将军兵及驰义侯所发夜郎兵未下[643]，南越已平矣。遂以其地为南海、苍梧、郁林、合浦、交趾、九真、日南、珠崖、儋耳[644]九郡。师还，上益封伏波[645]。封楼船为将梁侯[646]，苏弘为海常侯[647]，都稽为临蔡侯[648]，及越降将苍梧王赵光等四人皆为侯[649]。

公孙卿候神河南[650]，言见仙人迹[651]缑氏[652]城上。春，天子亲幸缑氏城视迹，问卿："得毋效文成、五利乎[653]？"卿曰："仙者非有求人主，人主者求之[654]。其道[655]非宽假[656]，神不来。言神事如迂诞[657]，积以岁月[658]，乃可致也。"上信之。于是郡国各除道[659]，缮治宫观[660]、名山、神祠以望幸焉。

均输等经济政策为国家开辟财源，王温舒之流主张实行严刑峻法，兒宽等人则以儒学相标榜：这些人都位列九卿，相继掌握政权。要做各种事情都不需要请示丞相，而身为丞相的石庆为人淳朴厚道、处事谨慎，对什么都不过问，只是备员而已。

五利将军栾大收拾行装，准备到东海去寻找他的师傅。然而到了海边却不敢入海，反而登上泰山去祭祀。汉武帝暗中派人跟随验证，确实是一无所见。五利将军回京后却说已经见过他的师傅，而且栾大的仙方也都不灵验，于是判他为欺骗皇帝罪，被腰斩。乐成侯丁义因向皇帝举荐栾大而受到牵连，也被绑缚闹市处死。

西部的羌族有十万人反叛汉朝，他们与匈奴互通使节，结成反汉联盟，羌人攻打故安，包围了枹罕。匈奴人则侵入五原，杀死了五原太守。

**六年（庚午，公元前一一一年）**

冬季，征调十万军队，派遣将军李息、郎中令徐自为讨伐西羌，很快就平定了西羌的叛乱。

楼船将军杨仆率领汉军率先进入南越国境内，最先攻占了寻陿，随后又击败了石门的守军，挫败南越军的锐气。他带领几万人在石门等待伏波将军路博德到来后，两军共同进军，楼船将军杨仆率军在前，抵达番禺。南越王赵建德、丞相吕嘉率军坚守番禺城。此时楼船将军杨仆在番禺城的东南，伏波将军路博德在番禺的西北。时值黄昏，楼船将军杨仆从东南方向攻进番禺城，然后放火烧城。伏波将军路博德设置好营垒，就派人前去招降越国人，凡是投降的，就赏赐他们官做，并立即发给印绶，然后再放这些人回去招降其他人。而楼船将军杨仆率领军队奋力攻打、四处放火，把越人全都驱赶到伏波将军的营垒之中。等到天亮的时候，番禺城内的越人已经全部向汉军投降。南越王赵建德、丞相吕嘉已经连夜逃入大海之中，伏波将军路博德派人前去追赶。校尉司马苏弘活捉了南越王赵建德，南越王身边的郎官名叫都稽的活捉了丞相吕嘉。戈船将军归义越侯严、下濑将军甲以及驰义侯遗所率领的夜郎兵还没有赶到，南越已经被平定了。于是将南越国划分为南海郡、苍梧郡、郁林郡、合浦郡、交趾郡、九真郡、日南郡、珠崖郡、儋耳郡九个郡，全部并入汉朝版图。班师之后，汉武帝为伏波将军路博德增加了封邑。封楼船将军杨仆为将梁侯，司马苏弘为海常侯，都稽为临蔡侯，以及投降过来的南越将领、苍梧王赵光等四人也都被封为列侯。

公孙卿在河南郡等候神仙降临，他向汉武帝报告说，在缑氏城上发现了神仙的脚印。春天，汉武帝亲自来到缑氏城察看神仙脚印，武帝问公孙卿说："你不会效法文成少翁、五利栾大的弄虚作假吧？"公孙卿说："神仙对皇帝一无所求，是皇帝要寻找神仙。在时间、方法上都不能求之太急，否则是等不来神仙的。谈论起神仙的事情好像很荒诞，如果积年累月、多用一些时间，一定可以等到神仙降临。"汉武帝听信了公孙卿的话。于是就在各郡、诸侯国整修、清扫道路，修缮庙宇，清扫名山、神祠，希望神仙驾临。

赛南越[661]，祠泰一、后土，始用乐舞。

驰义侯发南夷[662]兵，欲以击南越[663]。且兰君[664]恐远行，旁国虏其老弱[665]，乃与其众反，杀使者及犍为太守[666]。汉乃发巴、蜀罪人当击南越者八校尉[667]，遣中郎将[668]郭昌、卫广将而击之，诛且兰及邛君、莋侯[669]，遂平南夷为牂柯郡[670][5]。夜郎侯[671]始倚南越，南越已灭，夜郎遂入朝[672]，上以为夜郎王[673]。冉、駹[674]皆振恐，请臣置吏[675]。乃以邛都为越嶲郡[676]，莋都为沈黎郡[677]，冉、駹为汶山郡[678]，广汉西白马为武都郡[679]。

初，东越王馀善[680]上书，请以卒八千人从楼船[681]击吕嘉。兵至揭阳[682]，以海风波为解[683]，不行。持两端[684]，阴使南越[685]。及汉破番禺，不至[686]。杨仆上书愿便引兵击东越。上以士卒劳倦，不许，令诸校[687]屯豫章梅岭[688]以待命。馀善闻楼船请诛之[689]，汉兵临境，乃遂反。发兵距汉道[690]，号将军驺力等为吞汉将军，入白沙[691]、武林[692]、梅岭，杀汉三校尉。是时，汉使大农张成[693]、故山州侯齿[694]将屯[695]，弗敢击，却就便处[696]，皆坐[697]畏懦诛。馀善自称武帝[698]。

上欲复使杨仆将，为其伐前劳[699]，以书敕责[700]之曰："将军之功独有先破石门、寻陿，非有斩将搴旗[701]之实也。乌足[702]以骄人哉！前破番禺，捕降者以为虏[703]，掘死人以为获[704]，是一过也。使建德、吕嘉得以东越为援[705]，是二过也。士卒暴露[706]连岁，将军不念其勤劳，而请乘传行塞[707]，因用归家[708]，怀银、黄[709]，垂三组[710]，夸乡里，是三过也。失期内顾[711]，以道恶为解[712]，是四过也。问君蜀刀价[713]而阳[714]不知，挟伪干君[715]，

为了答谢神在讨伐南越战争中对汉军的保佑，于是祭祀泰一神、后土神，开始采用音乐伴舞的形式娱乐神仙。

驰义侯遗征调了西南夜郎等小国的军队，想要率领着攻打南越。南夷且兰部落的首领担心自己国家的年轻人出国远征，旁边的强国会乘虚而入对国内的老弱进行抢掠，于是就率众起事，杀死了汉朝的使者以及犍为郡太守。汉朝立即下令给准备率领巴、蜀罪人出征南越的八个校尉，让他们在中郎将郭昌、卫广的率领下向且兰部落发起进攻，杀死了且兰国的君主以及邛国、莋国的君主，南夷平定后，被设置为汉朝的牂柯郡。夜郎侯开始的时候还想投靠南越国，后来南越灭亡，只得前来朝见汉武帝，汉武帝封他为夜郎王。冉国、駹国的国君都感到很恐惧，于是纷纷请求做汉朝的臣属国，同时请求汉朝为他们派遣官吏。于是将邛都设置为汉朝的越嶲郡，把莋都设置为汉朝的沈黎郡，冉、駹为汶山郡，广汉郡西边的白马成为汉朝的武都郡。

当初，东越王馀善给汉武帝上书，请求率领八千人跟随楼船将军杨仆去攻打南越的吕嘉。当他率军到达揭阳县的时候，却以海上风浪太大为借口，停止不前，采取坐观成败而后动的态度，而暗中却派人前往南越通报消息。汉朝的军队已经攻占了南越的都城番禺，东越王所率领的军队还没有进入南越的国境。楼船将军杨仆上书给汉武帝，希望借助刚打了胜仗的余威去攻打东越国。汉武帝认为大军远征，士卒已经很疲惫，没有批准，只是下令诸将将军队驻扎在豫章梅岭一带休整待命。东越国王馀善听说楼船将军杨仆曾经向朝廷请命要攻打东越，汉朝大军又在边界驻扎，于是率军反汉。他将军队部署在汉军通往东越的交通要道，任命将军驺力等人为吞汉将军，率先攻入白沙、武林、梅岭，杀死了汉朝的三个校尉。当时，汉朝的大农令张成、曾经被封为山州侯的刘齿正率军屯驻在这一带，看到东越军进击汉军，不仅不敢进行反击，反而躲避到了安全的地方，朝廷认为他们犯了怯懦畏敌之罪而将他们处死。东越王馀善自封为“武帝”。

汉武帝本想再派杨仆率军去攻打东越，但因为杨仆自恃征伐南越有功而骄傲得不得了，所以武帝就下了一道诏书申斥他说:“将军你的功劳只不过是抢先攻破了石门、寻陿而已，并没有斩将夺旗的功劳。哪里就值得在别人面前如此骄傲呢！上次攻破番禺的时候，你将投降的人冒充俘虏，把死人从坟墓里挖出来冒充你斩杀敌人的数量，这是你的第一个错误。你身为将领，却没能有效阻断东越与南越的联系，竟然使南越国王赵建德和丞相吕嘉得到了东越国的援助，这是你的第二个错误。出征的士卒连年暴露在蛮荒野地，你不顾念他们的辛苦劳累，自己却以乘驿车视察为名借机回家探亲，悬挂着银印、金印，佩戴着三种绶带向乡里的人们夸耀，这是你的第三个错误。因为你眷恋妻妾误了归期，却以道路险阻为借口，这是你的第四个错误。我向你询问一把蜀刀的价钱，你却假装不知道，竟敢对君主撒谎而冒犯君主，

是五过也。受诏不至兰池[716]，明日又不对[717]。假令将军之吏，问之不对，令之不从，其罪何如？推此心在外[718]，江海之间[719]，可得信乎？今东越深入[720]，将军能率众[721]以掩过[722]不[723]？”仆惶恐对曰：“愿尽死[724]赎罪！”上乃遣横海将军韩说[725]出句章[726]，浮海[727]从东方往。楼船将军杨仆出武林[728]，中尉王温舒出梅岭[729]，以越侯[730]为戈船、下濑将军，出若邪、白沙[731]，以击东越。

博望侯既以通西域尊贵，其吏士[732]争上书言外国奇怪利害[733]求使[734]。天子为其绝远，非人所乐往，听其言，予节[735]，募吏民。毋问所从来[736]，为具备人众[737]遣之，以广其道[738]。来还[739]，不能毋侵盗币物[740]及使失指[741]。天子为其习之[742]，辄覆按致重罪[743]，以激怒令赎[744]，复求使。使端[745]无穷，而轻犯法[746]。其吏卒亦辄复盛推[747]外国所有，言大者予节[748]，言小者为副，故妄言无行之徒皆争效之。

其使皆贫人子，私县官赍物[749]，欲贱市[750]以私其利[751]。外国亦厌汉使人人有言轻重[752]，度汉兵远不能至，而禁其食物[753]以苦汉使。汉使乏绝，积怨至相攻击[754]。而楼兰[755]、车师[756]，小国当空道[757]，攻劫汉使王恢[758]等尤甚，而匈奴奇兵又时遮击[759]之。使者争言西域皆有城邑，兵弱易击。于是天子遣浮沮将军公孙贺[760]将万五千骑出九原[761]二千余里，至浮沮井[762]而还；匈河将军赵破奴[763]将万余骑出令居[764]数千里，至匈河水[765]而还，以斥逐[766]匈奴，不使遮汉使：皆不见匈奴一人。乃分武威、酒泉[767]地置张掖[768]、敦煌郡[769]，徙民以实[770]之。

是岁，齐相卜式为御史大夫[771]。式既在位，乃言：“郡国多不便[772]县

这是你的第五个错误。你不到兰池宫接受诏命，第二天也不做任何解释。假如是你的部下，你问他他不回答，你给他下命令他又不服从，你该判他何罪？按照你现在的样子如果出去独当一面，派你到远离朝廷的长江、南海一带，还会有人相信你吗？现在东越的军队已经深入我国境内，将军你愿不愿意率领你的军队去打败东越来弥补你的过失?”杨仆诚惶诚恐地说：“我愿竭尽全力，就是战死也要赎罪!”于是，汉武帝派横海将军韩说率军从句章出发，乘坐舰船从东边沿海向东越进发。楼船将军杨仆率军从武林出发，中尉王温舒从梅岭出发，任命越侯严为戈船将军、甲为下濑将军，率领军队从若邪、白沙出发，五路大军分头前往攻打东越。

博望侯张骞因为通使西域有功而地位尊贵，那些跟随张骞出使过的官吏便争相上书给朝廷陈述外国奇怪的物产与一些有利可图的事情而请求充任使者。汉武帝认为路途遥远，一般人都不愿意去，所以就听取了这些人的意见，凡是有人愿意去，就发给他们符节，任命他们为正使，让他们自己招募随从。朝廷从不审查他们的来历和身份，人数达到一定规模就给他们配备行装派遣他们出使，目的就是想开辟通往西域的各种渠道。回来的时候，这些人中难免有侵吞国家财物以及做出违背出使宗旨的事情。汉武帝因为这些人熟悉西域情况，就对其过失进行追查、审问，处以重罪，以此激怒他们，让他们花钱赎罪，再次请求出使。这样一来，出使的人来回往复没有穷尽，也不把犯法当作一回事。那些出使的官吏也就一味地夸大外国的物产多么丰富，牛皮吹得大的就发给他符节，让他担任正使，不太善于吹牛的就派他们担任副使，于是那些爱胡说八道、没有品行的人全都效法他们，纷纷出使西域。

事实上这些出使的人大多是穷人出身，总想把所携带的国家财物据为己有，就将这些物品贱卖而从中牟取私利。外国人也很厌烦汉朝的使者，觉得这些使者说话不着边际、轻重不实，估计距离汉朝路途遥远，汉军到不了这里，于是就以拒绝供给汉朝使者饮食的方法来困苦汉使。汉使断绝了饮食来源，因怨恨而经常与西域各国发生冲突。楼兰、车师这两个小国正处在汉朝通往西域的交通要道，因此对汉朝使者王恢等的攻击劫掠也就最为厉害，而匈奴也经常派兵突然袭击汉使。于是，那些出使西域的人都争先恐后地向朝廷报告，说西域各国与游牧的匈奴不同，他们都有城邑，兵力又很弱，容易攻打。汉武帝于是派遣浮沮将军公孙贺率领一万五千名骑兵从九原出发，公孙贺向西行进了两千多里，到达浮沮井而回；匈河将军赵破奴率领一万多名骑兵从令居出发西行了几千里，到达匈河而回，目的就是驱逐匈奴，使他们不敢再拦截汉朝通往西域的使者。两路人马都没有看见匈奴的一兵一卒，因而撤军。汉朝将武威、酒泉划分出一部分，分别设置为张掖郡、敦煌郡，并从内地移民以充实边郡。

这一年，武帝任命齐国的丞相卜式为御史大夫。卜式当了御史以后，就向汉武帝反映说：“各地郡县以及诸侯国都觉得由国家对盐铁实行专营有许多不便利的地方，

官作盐铁器[773]，苦恶价贵[774]，或强令民买之。而船有算[775]，商者少，物贵。”上由是不悦卜式。

初，司马相如病且死[776]，有遗书[777]，颂功德，言符瑞[778]，劝上封泰山[779]。上感其言[780]，会得宝鼎[781]，上乃与公卿诸生[782]议封禅[783]。封禅用希旷绝[784]，莫知其仪[785]。而诸方士[786]又言：“封禅者，合不死之名也[787]。黄帝以上[788]，封禅皆致怪物[789]，与神通。秦皇帝不得上封[790]。陛下必欲上，稍上即无风雨，遂上封矣[791]。”上于是乃令诸儒采《尚书》《周官》《王制》[792]之文，草封禅仪[793]，数年不成。

上以问左内史兒宽，宽曰：“封泰山，禅梁父，昭姓考瑞[794]，帝王之盛节[795]也。然享荐之义[796]，不著于经。臣以为封禅告成[797]，合祛于天地神祇[798]，唯圣主所由[799]，制定其当[800]，非群臣之所能列。今将举大事，优游数年[801]，使群臣得人人自尽[802]，终莫能成。唯[803]天子建中和之极[804]，兼总条贯[805]，金声而玉振之[806]，以顺成天庆[807]，垂万世之基[808]。”上乃自制仪，颇采儒术以文之[809]。上为封禅祠器[810]，以示群儒，或曰“不与古同”，于是尽罢诸儒不用。上又以古者先振兵释旅[811]，然后封禅[812]。

---

**【段旨】**

以上为第四段，写元鼎五年（公元前一一二年）、元鼎六年共两年间的全国大事。主要写了南越国内的矛盾尖锐，汉派韩千秋率军入讨，被南越丞相吕嘉消灭；于是汉派路博德、杨仆等率大军灭掉南越，在岭南地区设置九郡；写了南夷且兰与西夷邛、莋地区反汉，被汉讨平，设立四郡；写了东越王馀善反汉，汉派军往讨；写了汉继张骞之后继续通西域，并为了保卫西域交通而驱逐匈奴南犯，并分武威、酒泉地增建张掖、敦煌二郡；写汉武帝大搞鬼神迷信，栾大事败被杀，公孙卿仍继续鼓吹兜售，司马相如临死怂恿武帝封禅，而武帝大力准备封禅的情景。

主要是产品质量低劣，价格又贵，有的地方甚至强迫人民购买。另外国家对船只实行征税后，经商的人减少，导致物价昂贵。”汉武帝因此不再喜欢卜式。

当初，司马相如病重将死的时候，写下一纸遗书，为汉武帝歌功颂德，谈论祥瑞，劝说汉武帝祭祀泰山。汉武帝被司马相如的话打动，又恰巧得到宝鼎，于是就与公卿大臣以及一些儒生商议如何进行封禅的细节。但封禅是一个旷世奇典，历代帝王很少有人搞过封禅，所以没有人知道封禅的仪式究竟是什么样子。而那些方士又编造说：“封禅之事，与求长生不死是同一回事而名目不同罢了。黄帝以前的帝王在举行封禅大典的时候，都能招致神怪降临，与神仙相沟通。秦始皇当年因为中途遇雨而没有登上泰山封禅。陛下如果决心登泰山的话，可以先向上走一段，如果没有风雨，就可以登上山顶举行封禅典礼了。”于是汉武帝就下令诸儒生参考《尚书》《周官》《王制》等书，草拟封禅大典的具体仪式，但几年也没有草拟出来。

汉武帝就去问左内史兒宽，兒宽说：“到泰山顶上祭天，在梁父山脚下祭地，实际上是借此大力显扬本朝皇帝的姓氏、考核汉兴以来的祥瑞，这是自古以来帝王在位期间的特大盛典。但封禅典礼的具体做法，经书里都没有记载。我以为封禅就是向天地鬼神报告帝王事业的成功，对天地鬼神一齐进行祭祀，如何进行，一切都按照陛下的主意，只有圣明的皇帝陛下才能制定出妥当的礼仪，而不是群臣所能论列得出来的。如今将要去泰山举行封禅大典，却在典礼仪式上犹豫不决了好几年，如果让那些大臣人人都按照自己的意见，恐怕永远也确定不下来。只有天子才能提出一种四平八稳且可以成为标准的意见，能够将各种纷繁的内容进行归纳总结，制定出一套能够发出金石般声音、影响深远的封禅典礼仪式，使这项普天之下最隆重的庆典顺利进行，并成为万世尊奉的法则。”于是，汉武帝亲自制定封禅典礼的具体仪式，在很多地方采用了儒家的观点加以修饰。汉武帝还为封禅大典专门制作了祭祀用的器物，并拿给那些儒生看，有人说“这些祭器跟古代的不一样”，汉武帝很不高兴，就把那些儒生全部斥退不用。汉武帝又认为，古代的君主必须先振兴军威，在解除战备状态之后才进行封禅。

---

**【注释】**

⑲逾陇：向西越过陇山。陇山在今陕西、甘肃交界处，宝鸡、陇县西侧。⑳崆峒：山名，在今甘肃平凉西北。㉑陇西守：陇西郡的太守，史失其名。陇西郡的郡治狄道，即今甘肃临洮。㉒行往卒：谓皇帝去得太突然。卒，同“猝”。㉓萧关：在今宁夏固原东南，当时属安定郡。㉔新秦中：古地区名，指今内蒙古河套以南和与之临近的宁夏、

甘肃部分地区。⑤05勒边兵：检阅边防部队。勒，整饬、校阅。⑤06无亭徼：《史记集解》引臣瓒曰："既无亭候，又不徼循，无卫边之备也。"亭徼，岗亭塞堡，泛指边境上的防卫工事。徼，边境上的藩篱、木栅之类，借以指塞堡。⑤07诛北地太守以下：将北地太守与其下属的有关失职人员通通斩首。北地，汉郡名，郡治马领，在今甘肃庆阳西北。⑤08立泰一祠坛：应上卷"宜立泰一，而上亲郊之"之议。⑤09如雍一畤而有加焉：和祭祀雍县某畤的祭品大体相同而略多一点。⑤10环居：谓五帝神坛环列在泰一神坛的四周。⑤11其下四方地为醊食群神从者及北斗：神坛下面的四周之地，是用来招待群神的从者与北斗之神。醊，酹，以酒沃地。王肇钊曰："群神从者其位尚卑，不必设坛，且莫可主名，故但于四方之地酹酒祭之，以申其诚敬耳。"⑤12十一月辛巳朔冬至：十一月的初一是辛巳日，这天早晨交"冬至"节。⑤13昧爽：即今所谓"天蒙蒙亮"。⑤14始郊拜泰一：第一次拜祭泰一神。⑤15朝朝日：太阳始出的时候朝拜日神。⑤16夕夕月：晚上月出的时候朝拜月神。〖按〗拜月神曰"夕"。⑤17则揖：天子朝拜日神、月神，只用揖礼。《史记集解》引臣瓒曰："汉仪郊泰一畤，皇帝平旦出竹宫，东向揖日，其夕西向揖月。"⑤18其祠：祭祀的时候。⑤19列火满坛：坛上排满火炬。⑤20坛旁亨炊具：坛边排列着烹煮的灶具。亨，同"烹"。⑤21祠上：太一祠的上空。⑤22上属天：从地面一直上达高空。属，连。李光缙曰："天子始郊拜泰一，而有司云'祠上有光'；又云'是夜有美光，及昼，黄气上属天'，于是诸方士争神奇怪，得其似以为真矣。以后凡曰'山下闻若有言万岁'，曰'其夜若有光'，曰'若有象景光'，曰'蓬莱诸神若将可得'，曰'神人若云欲见天子'，曰'若见有光云'，皆用'若'字描写。"⑤23太史令谈：司马谈，司马迁之父，当时正任太史令。⑤24祠官宽舒：掌祭祀的官员名宽舒，史佚其姓。⑤25三岁天子一郊见：谓每三年皇帝亲自祭拜一回天神。⑤26饬治：整治；整理。⑤27重赍：多多携带值钱之物。⑤28为入朝具：为进京朝见皇帝做准备。⑤29相三王：言其先为文王赵眜之相，又为明王婴齐之相，现又相今王赵兴。⑤30仕宦为长吏：在朝为大官。仕宦，做官。⑤31尚王女：娶王女为妻。尚，通"上"，上配。⑤32及苍梧秦王有连：和苍梧秦王关系紧密。苍梧秦王，赵光，南越王的亲属，有说是赵他之孙，在苍梧（今广西梧州）一带，称"秦王"。《南越国史》认为，这是赵他为了更好地管理"西瓯"人，而特别从桂林郡中划出一块地盘，封赵光为王。较旧说更合情理。有连，指有婚姻关系。《史记集解》引《汉书音义》曰："连，亲婚也。"⑤33得众心愈于王：其受众人拥护的程度比南越王赵兴还要强。⑤34王之上书二句：对赵兴的上书汉朝求内附，屡加劝阻。⑤35畔：通"叛"。⑤36先事发：在自己尚未动手之前他先动手。发，动、动手。⑤37介汉使者权：倚仗汉使的权势。介，借助、倚仗。⑤38酒行：酒会开始以后。⑤39苦不便：坚持认为不好。苦，犹今所谓"苦苦地"。⑤40狐疑相杖：犹豫；不知如何是好。相杖，相持。锺惺曰："若班超、陈汤辈为使，了此易易耳。"⑤41耳目非是：人们的脸色异于寻常。⑤42欲鏦嘉以矛：欲以矛投刺吕嘉。鏦，撞、投刺。⑤43怯无决：怯懦，无决断。即上注锺惺所谓"无班超、陈汤之才"。⑤44不足：用不着。⑤45庄参：其人仅此一见，事迹不详。546 以好往：以和平友好的姿态前往。547 数人足矣：只需要几个人就够了。548 以武往二句：以武往，指出兵讨伐。陈子龙曰："越虽有衅可乘，然口语既泄，去汉又远，往必有变，参可谓知兵矣。"549 郏壮士：郏县的好汉。郏县的县治即今河南郏县。550 济北相：济北国之相。济北国的国都卢县，在今山东济南市长清区西南。武帝时期的济北王是刘邦之曾孙，刘长之孙刘胡，公元前一五一至前九八年在位。551 韩千秋：以前事迹不详，此次乃以"校尉"的身份率两千人前往。552 应：做内应。553 乱：私通。554 专欲内属：一门心思地想要成为汉王朝的国内之国。555 多从人行三句："多从人行"指多带越族人。"虏卖以为僮仆"即将他们变卖为奴隶。〖按〗吕嘉前所云"王年少；太后，中国人也，又与使者乱，专欲内属"云云，可谓义正词严；至所谓"多从人行，至长安，虏卖以为僮仆"云云，则编织诬陷矣。556 取自脱一时之利：意为求得自己免祸，换取一时之利。557 无顾赵氏社稷、为万世虑计之意：此句亦语重情长，自卖其国者实太后与赵兴，吕嘉实赵氏之忠臣。558 越妻子：赵婴齐所娶南越女人生的儿子赵建德，此盖其本来应立为太子者。559 术阳侯：梁玉绳曰："'术阳'乃'高昌'之误，建德降后始封'术阳'也。"〖按〗据《史记·建元以来侯者年表》，赵建德原为南越之"高昌侯"，国灭被俘后始被汉王朝封为"术阳侯"。560 越直开道给食：越人让开大道，并为其提供吃的东西。师古曰："纵之令深入，然后诛灭之。"561 未至番禺四十里：距离番禺还有四十里的时候。562 函封汉使者节：把安国少季等到越国来所持的旌节用盒子装好。节，帝王使者出使时所持的信物，以竹竿为之，上以牦牛尾为饰。563 置塞上：放在南越国北部的边界线上，《史记索隐》以为即大庾岭。564 好为谩辞：故意把话说得很好听。谩，谎言。565 要害：《汉书·西南夷传》注曰："于我为要，于敌为害。"泷川引顾炎武曰："谓攻守必争之地，我可以害彼，彼可以害我。"566 三月壬午：三月初四。567 军锋之冠：军队前锋之最勇敢者。568 其子延年：韩延年，后来官至太常，随李陵出击匈奴战死。事见《汉书·李广苏建传》。569 成安侯：封地成安，在今河南郏县西北。570 其子广德：樛广德。571 龙亢侯：封地龙亢，在今安徽蒙城东南。572 丁丑晦：四月二十九是丁丑日。573 伏波将军：杂号将军名，以行军状态命名。伏波，降伏惊涛骇浪。574 桂阳：汉郡名，郡治即今湖南郴州，与南越国相邻。575 湟水：也称"洭水"，即今连江，由广东连州东南流，汇入北江，再南流，入珠江。576 楼船将军：杂号将军名，以行军工具命名。577 杨仆：以为官酷苛闻名。事见《史记·酷吏列传》。578 豫章：汉郡名，郡治即今江西南昌，与南越国相邻。579 浈水：南越北部的河水名，汇入今广东的北江。580 归义越侯严：越人降汉而被封为侯者名严，史失其姓。581 戈船将军：以使用戈船为号。《史记集解》曰："越人于水中负人船，又有蛟龙之害，故置戈于船下。"582 零陵：汉郡名，郡治在今广西全州西南，与南越国相邻。583 离水：应作"漓水"，源于当时零陵附近之灵渠，流经今桂林、梧州，东南汇入西江，流向今广州。584 甲为下濑将军：所谓"甲"者非人之真名，乃不知其名姑以"甲""乙"为称。下濑将军取其行军之河道多石为名。585 下苍梧：盖往攻苍梧秦王赵

光也。586皆将罪人：秦汉时代多用罪人从军，此两路则全部用罪人。587江淮以南楼船：江淮以南的各路水军，即上述路博德、杨仆、归义侯严、某甲等四路。588越驰义侯遗：降汉被封为驰义侯的越人名遗。589别将：另统率一路人马。590发夜郎兵：征调已经归顺汉朝的夜郎的军队。夜郎是当时的少数民族小国名，在今贵州西南部，都城在今关岭一带。591下牂柯江：沿牂柯江东下进入南越。牂柯江即今北盘江，源于贵州，东南流入广西，经今桂林、梧州，汇入西江，流向今广州。592咸会番禺：一齐到南越的都城番禺（今广州）会师。593齐相：齐王刘闳之相，刘闳是武帝之子，王夫人所生。594往死南越：意即前往参加讨伐南越的战争。595褒美：表彰、赞美。596关内侯：比列侯低一等，没有一县一乡的封地，只在关中地区有一定采邑，故称“关内侯”。597莫应：没人效法；没人响应。598列侯：刘邦建国后，进行分封的爵位有两等，一类是诸侯王，如齐王、楚王等等，封地少者一个郡，多者几个郡；另一等是列侯，如留侯、平阳侯等，封地通常为一个县，也有多至几个县，少至一个乡者。599尝酎二句：意即新酒酿成，请祖先品尝新酒。酎，多次重酿的好酒，用于祭祀。600以令献金助祭：皇帝祭天祭祖，令诸列侯出钱随祭，此随祭之钱名曰“酎金”。601少府省金：少府在收敛酎金依次检查诸侯们所交“酎金”的分量和成色。少府，九卿之一，主管皇帝的私家理财。省，审查。602轻及色恶：轻指分量不足，色恶即成色不好、质量差。603皆令劾以不敬：让少府诬蔑他们所交的酎金都“轻及色恶”，弹劾他们这是对天地、祖宗的不恭敬。604夺爵者百六人：有一百零六人被罢去侯爵。《史记集解》引如淳曰：“《汉仪注》：‘王子为侯，侯岁以户口酎黄金于汉庙，皇帝亲受献金以助祭。金少不如斤两，色恶，王削县，侯免国。’”〖按〗前云“列侯以百数，皆莫求从军击越”，下乃云“至酎，少府省金，而列侯坐酎金失侯者百余人”，可谓登时就给颜色看。605辛巳：九月初六。606坐：因；因……犯罪。607知列侯酎金轻：明知列侯们所交的酎金“轻及色恶”而不揭发举报。当时有“见知不告”之罪，故赵周陷此法。〖按〗诸列侯原无所谓“轻及色恶”之罪，乃武帝强加罪名以陷害之，而赵周之“罪”亦非“见知”，实乃“沮隔”武帝之诏而不与之同谋也。608丙申：九月二十一。609石庆：一个以“醇谨”闻名的滑头官僚，人格特点见《史记·万石张叔列传》。610牧丘侯：武帝时由下级升上来的官僚，一到丞相，照例都封为列侯。此处的“牧丘”是封地名，在今山东平原县。611桑弘羊等致利：指实行盐铁官营、平准均输等经济政策。桑弘羊，商人家庭出身，当时国家经济政策的主要制定者，武帝末年官至御史大夫。致利，为中央政权搜刮财富。612王温舒之属峻法：指武帝实行酷吏政治。王温舒，当时有名的酷吏之一，曾官至廷尉、中尉，与之前后同时的类似人物还有张汤、赵禹、杜周等，皆见于《史记·酷吏列传》。613兒宽等推文学：指汉武帝尊崇儒术，一伙儒家分子飞黄腾达。事见《史记·儒林列传》。推文学，以儒术相标榜。614皆为九卿：兒宽以读儒书，参与订礼仪，官至御史大夫；更有公孙弘，以读儒书官至丞相，封平津侯，皆为三公，岂止至九卿而已。615更进用事：指桑弘羊、王温舒、兒宽等各种受宠人物，相继掌握实权。⑯事不关决于丞相：要做什么事情都不向丞相请示。关决，通过、取决。⑰丞相庆醇谨而已：意谓身为丞相的石庆，在当时什么都不过问，只当老好人。醇，通“淳”，谨厚。⑱装治行：为出行而收拾行装。⑲求：找。因栾大曾吹夸其师与诸神仙相往来。⑳之太山祠：转去泰山祭祀。太山，同“泰山”。㉑使人随验：派人跟着暗中观察。㉒实无所见：并没有见到他的师父或其他什么人。㉓其方尽多不售：栾大所讲的“仙方”大都不能应验。不售，不能实践、不成功。㉔坐诬罔：因犯有说谎欺骗皇帝之罪。《史记正义》引《汉武故事》云：“东方朔言栾大无状，上发怒，乃斩之。”㉕乐成侯亦弃市：因其有推荐妖人，哄骗皇帝之罪。乐成侯，指丁义。㉖西羌：居住在今青海、甘肃一带地区的羌族人。㉗故安：应依胡三省说作“安故”，汉县名，在今甘肃临洮南。㉘枹罕：汉县名，在今甘肃临夏东北。㉙五原：汉郡名，郡治九原，在今内蒙古包头西。㉚徐自为：武帝后期的将领。事迹杂见于《史记·匈奴列传》。㉛寻陿：也作“寻峡”，泷川引丁谦曰：“即浈阳峡，在韶州英德县南。”《史记索隐》引姚氏以为“寻陿在始兴西三百里，近连口”。“连口”即广东之连江汇入北江处。㉜石门：在今广州北三十里，昔吕嘉抗汉，积石镇江，名曰石门。据《粤会堂记略》称：“距番禺上流四十里，有山对峙曰‘石门’。”㉝挫越锋：挫败了越军的锐气。㉞楼船：指楼船将军杨仆。㉟城守：据城坚守。㊱为营：搭好篷帐，以备降者居住。㊲遣使者招降者：繁芜词费，前“者”字应削。㊳赐印绶二句：授以官爵，放之使去，令更招他人来降。㊴黎旦：待至天亮。黎，也写作“犁”，比及、等到。㊵亡：逃。㊶校尉司马苏弘：据《史记·南越列传》，此苏弘乃南越王的部将，以校尉之级而任司马之官。司马是军中的司法官。㊷越郎都稽：南越王身边的郎官名曰都稽。郎，帝王身边的侍卫人员，有中郎、侍郎、郎中等，上属郎中令。据《史记·建元以来侯者年表》，此人名叫“孙都”。㊸未下：未沿河顺流而下。㊹南海、苍梧、郁林、合浦、交趾、九真、日南、珠崖、儋耳：皆汉郡名，南海郡的郡治番禺，即今广州。苍梧郡的郡治广信，即今广西梧州。郁林郡的郡治布山，即今广西桂平。合浦郡的郡治在今广西合浦东北。交趾郡的郡治羸娄，在今越南河内西北。九真郡的郡治胥浦，在今越南境内。日南郡的郡治西卷，在今越南境内。珠崖郡的郡治瞫都，在今海南海口东南。儋耳郡的郡治在今海南儋州市西北。㊺益封伏波：因路博德前已因伐匈奴功被封为符离侯，故此次只增加封地。益，增加。㊻将梁侯：封地将梁，在今河北保定市清苑区西南。㊼海常侯：海常是封地名，《史记集解》以为在东莱郡，今山东烟台一带。《史记索隐》则以为在琅邪郡，今山东诸城一带。㊽临蔡侯：封地临蔡，《史记索隐》以为在河内郡，今河南武陟一带。㊾四人皆为侯：据《汉书·南越传》，赵光为随桃侯、揭阳令史定为安道侯、越将军毕取为膫侯、桂林监居翁为湘城侯。又，南越王建德被俘后，被武帝释放，封以为术阳侯。㊿候神河南：接前“乃拜卿为郎，东使候神于太室”。河南，汉郡名，郡治洛阳（今洛阳东北）。太室（即嵩山）在河南郡境内，今洛阳东南。(651)迹：脚印。(652)缑氏：汉县名，在今河南偃师东南，嵩山的西北，离嵩山不远。⑥⑤③得毋效文成、五利乎：莫非又想学少翁、栾大的弄虚作假吗？得毋，也作“得无”“将无”，即今“莫非”“难道”之意。⑥⑤④仙者非有求人主二句：与前文栾大所谓“臣师非有求人，人者求之”，是同一套欲擒故纵之法。⑥⑤⑤其道：指求神仙的章程、办法。⑥⑤⑥宽假：指在时间、做法上不能要求太急。⑥⑤⑦事如迂诞：听起来像是迂阔、荒诞。⑥⑤⑧积以岁月：多用一些时间。与前文说黄帝“百余岁，然后得与神通”语相应。⑥⑤⑨除道：开辟、整修道路。⑥⑥⑩宫观：宫室、楼观。⑥⑥①赛南越：祭神以感谢其在伐越战争中对汉军的福佑。赛，报谢神赐。据《史记·封禅书》，汉伐南越时曾告祷泰一及其他神灵，乞求神的福佑。⑥⑥②南夷：指今贵州境内的夜郎与其周边的其他少数民族。⑥⑥③欲以击南越：此追叙灭南越以前事。⑥⑥④且兰君：南夷地区且兰部落的头领。且兰，其地说法不一，大体在今贵州中部，有说即今贵阳，有说在遵义南，有说在都匀，有说在福泉附近。谭其骧《历史地图集》标且兰于今黄平西南，在当时夜郎国的东北部。⑥⑥⑤恐远行二句：师古曰：“恐发兵与汉行后，其国空虚，而旁国来寇抄，取其老弱也。”⑥⑥⑥杀使者及犍为太守：所谓“使者”即驰义侯。犍为太守，犍为郡的太守，当时的犍为郡治即今四川宜宾。⑥⑥⑦当击南越者八校尉：意谓，汉朝本来有八个校尉率领着巴、蜀诸郡的罪人经过“南夷”地区东下，本来是让他们会合其他诸路一道去南越平叛的，现在给他们改变任务，让他们转头去打且兰。八校尉，陈直曰：“汉称城门、中垒、屯骑、步兵、越骑、长水、射声、虎贲为八校尉，名为保卫京师，亦可遣派兵士远征。”⑥⑥⑧中郎将：皇帝身边的警卫官员，有骑郎、车郎、五官三将，上属郎中令。⑥⑥⑨邛君、筰侯：邛族之君与筰族之侯，都是“西夷”少数民族君长。“邛”也叫“邛都”，属氐羌族群，其地约在今四川西南部的西昌、攀枝花一带。“筰”也称“笮都”，属氐羌族群，其地约当今四川汉源一带。此二族与上文之“且兰”相距甚远。⑥⑦⓪遂平南夷为牂柯郡：牂柯郡的郡治在今贵州黄平西南，旧时“且兰”之首府。〖按〗行文将“且兰”与“邛”“筰”叙在一起，又说“遂平南夷为牂柯郡”，似乎“邛”“筰”都在“牂柯郡”中，实则大非。⑥⑦①夜郎侯：夜郎国的君主，夜郎国的都城即今贵州关岭。⑥⑦②入朝：入朝拜见天子，正式确定隶属关系。⑥⑦③上以为夜郎王：即通常所谓“因其俗以治之”者，夜郎国有如一县，上属汉之犍为郡。⑥⑦④冉、駹：当时“西夷”的两个少数民族名，居住在今四川西北部的松潘、茂汶一带。⑥⑦⑤请臣置吏：请求归汉为臣，请朝廷在其地设郡县，置官吏。⑥⑦⑥越嶲郡：郡治邛都，在今四川西昌东南。⑥⑦⑦沈黎郡：郡治笮都，在今四川汉源东北。⑥⑦⑧汶山郡：郡治汶江，在今四川茂县城北。⑥⑦⑨广汉西白马为武都郡：在广汉郡西的白马部落设立武都郡，郡治在今甘肃成县西北。〖按〗沈黎、汶山二郡后来又分别于武帝天汉四年（公元前九七年）、宣帝地节三年（公元前六七年）撤销，归入蜀郡。⑥⑧⓪东越王馀善：闽越王郢之弟，因闽越王郢反汉，馀善杀其兄自立，被汉封为东越王。当时的东越、闽越分布在今浙江东部及福建北部一带地区。⑥⑧①从楼船：跟着楼船将军杨仆，当时杨仆受命从东路“出豫章，下横浦（在今广东南雄西北，约当今之小梅关）”，靠近闽越之地，故馀善可率军从行。㊴揭阳：汉县名，县治在今广东揭阳西北，离汕头不远。〖按〗闽越之兵盖自海上沿海岸西南行。683为解：为推辞；为借口。684持两端：谓观望成败。685阴使南越：暗中派人与南越相勾结。686不至：谓馀善所率领的闽越军队未到番禺，中途变卦了。687诸校：犹言诸部。当时一个将军统领几个“部”的人马，而该部的长官即为“校尉”。688豫章梅岭：豫章郡的梅岭。今谭其骧《历史地图集》标之于江西广昌西，在武夷山侧，与闽越隔山相对。689请诛之：请求讨伐闽越。690距汉道：堵塞汉兵东下之道；在汉兵东行的通道上设防。691白沙：汉邑名，在今江西南昌东北，波阳西南，其地有白沙水。692武林：汉邑名，在今江西余干北。693大农张成：据《汉书·百官公卿表》，张成于元鼎六年（公元前一一一年）任大农令，其人仅此一见，其他事迹不详。694故山州侯齿：刘齿，城阳王刘章之孙。因其前已因酎金失侯，故称“故山州侯”。刘齿于元鼎五年坐酎金失侯，见《史记·建元已来王子侯者年表》。695将屯：统领在梅岭一带驻扎的诸校兵马。696却就便处：退却到了安全之处。697坐：因；因……而犯罪。698自称武帝：与南越王赵他的自称“武帝”相同，此“武”字非谥。699伐前劳：炫耀其讨伐南越的“功劳”。伐，炫耀。700敕责：申斥、警告。701斩将搴旗：斩敌之将，拔敌之旗。搴，拔取。702乌足：有什么值得。乌，何、哪里。703捕降者以为虏：把投降的敌兵抓起来谎称是捕获来的。704获：原指俘获，这里指在战场所斩杀。705以东越为援：意指不及早斩断南越与东越的联系，使其尚有勾结。706暴露：指连年征战，风餐露宿，日晒雨淋。707乘传行塞：以乘驿车视察边塞为由。传，驿车。行，视察。708因用归家：借机回家。杨仆的家在今河南宜阳。“因”“用”二字同义，意即“因而”“借此”。709怀银黄：师古曰：“银，银印；黄，金印也。”〖按〗杨仆时为主爵都尉，持银印；又为楼船将军，持金印。710垂三组：佩戴三种绶带。组，系印的丝带，即所谓“绶带”。杨仆除任主爵都尉、楼船将军二职，还是将梁侯，故有三种印绶。711失期内顾：因留恋妻妾而过期不回。失期，超过期限。712以道恶为解：以道路难行为借口。713问君蜀刀价：皇帝向杨仆问一把蜀刀的价钱。714阳：通“佯”，假装。715挟伪干君：对君主撒谎，不说老实话。干，触犯。716受诏不至兰池：皇帝叫杨仆到兰池宫，而杨仆抗旨不去。兰池宫在今陕西咸阳东北。717明日又不对：第二天见到皇帝时又不主动说明理由。718推此心在外：按你这个样子的为人，现在出去独当一面。719江海之间：指跨过长江、远至南海，极言其远离朝廷。720东越深入：指东越人进攻内地，一直攻到离今江西南昌不远。721率众：指率众破敌。722掩过：弥补以往的过失。723不：同“否”。724尽死：尽死力，不惜贡献一切。725韩说：刘邦功臣韩王信的曾孙，与武帝的男宠韩嫣是亲兄弟。其家世详见《史记·韩信卢绾列传》。现伐东越被任为横海将军。726句章：汉县名，在今浙江宁波西北。727浮海：从会稽出发从海上乘船南下。728武林：汉邑名，在今江西余干北。729中尉王温舒出梅岭：中尉是朝官名，主管维护首都治安。王温舒的确是参加了讨伐东越，但说他“出梅岭”，似有误，方向不合。《汉书·武帝纪》韩说、王温舒皆出会稽。730越侯：越人降汉被封为侯者，即前文所称“故归义越侯二人”。㉛若邪、白沙：皆溪水名。若邪溪在今浙江绍兴南，白沙溪在今南昌东北，盖戈船、下濑二将分别率水军由不同方向进入闽越。王骏图曰：“白沙为入闽之水道也。”㉜其吏士：跟从张骞出使过的吏士。㉝奇怪利害：指外国奇怪的物产与有利可图的事情。利害，偏义复词，这里即指利。㉞求使：请求充任使者。㉟予节：授予旌节，指任其为正使。㊱毋问所从来：不问招募来的人都是什么背景。㊲为具备人众：为其安排一定数量的随员。㊳以广其道：以扩大出使的对象。㊴来还：这些出使回来的人。㊵侵盗币物：指这些出使者贪污盗窃所携带的物资。㊶使失指：没能正确地体现出使的宗旨。㊷习之：指熟悉通西域的事情。㊸辄覆按致重罪：总是追查、审问，处之以重罪。覆按，审查。㊹赎：花钱赎罪。㊺使端：请求出使的人们所编出的理由、说法。㊻轻犯法：不把犯法当成一回事。轻，不看重、不怕。㊼盛推：夸说。㊽言大者予节：谁能夸海口、说大话就让谁当正使。㊾私县官赍物：将所携带的国家物资据为私有。县官，这里即指国家、公家。㊿贱市：低价卖给外国人。751以私其利：在交易中为私人获取利益。752人人有言轻重：许多事情的轻重利害，一人一个说法。753禁其食物：不给他们提供吃的。754至相攻击：谓汉朝使者与西域诸国发生纠纷，乃至相互攻击。755楼兰：西域小国名，故都旧址在今罗布泊西北；东汉时楼兰改称鄯善，都城迁至扜泥（今新疆若羌）。756车师：也叫“姑师”，分前后两国，车师前国的国都交河城，在今新疆吐鲁番城西；车师后国在吐鲁番北的天山北侧。757当空道：正对着东西方往来的通道。空，孔也。758王恢：此与建言伏兵马邑以诱击匈奴者为别一人。759遮击：拦击。760公孙贺：随卫青讨伐匈奴的将领之一，日后曾位至丞相，此时任浮沮将军。761九原：汉郡名，郡治在今内蒙古包头西。762浮沮井：匈奴地名，丁谦以为应在蒙古国之杭爱山以北。763赵破奴：随霍去病讨伐匈奴的将领，此时任匈河将军。764令居：汉县名，在今甘肃永登西北。765匈河水：在今甘肃永登北“数千里”。郭嵩焘曰：“疑此当为居延海之下流。”居延海即今内蒙古额济纳旗一带。766斥逐：驱逐。767武威、酒泉：汉之二郡名，武威郡的郡治在今甘肃民勤东北。酒泉郡的郡治禄福，即今甘肃酒泉。768张掖：汉郡名，郡治乐得，在今甘肃张掖西北。769敦煌郡：汉郡名，郡治在今甘肃敦煌城西。770实：充满；加强。771卜式为御史大夫：由齐相升任御史大夫。772不便：对……感到不方便。773县官作盐铁器：国家对盐铁实行垄断经营。774苦恶价贵：质量既坏，价钱又贵。苦恶，粗劣。苦，通“盬”，粗劣不坚固。775船有算：按其大小长短纳税，前已云“五丈以上一算”。776司马相如病且死：司马相如死于武帝元狩六年（公元前一一七年）。且死，将死。777有遗书：即通常所说的《封禅文》。其文载《史记·司马相如列传》。778言符瑞：讲汉王朝此时出现的天地间的美好征兆已经很多。符瑞是汉代儒生鼓吹天人感应的一种说法，说皇帝做了好事，上天就降吉祥，如祥云出、甘霖降、凤凰至等；如皇帝做了错事，上天就出现灾异，如日食、地震、河决等。779封泰山：到泰山顶上筑坛祭天。780感其言：为其言所动。⑱得宝鼎：指在汾阴得鼎事，见本书前元鼎四年。⑫公卿诸生：指三公九卿诸大臣与众多儒生。⑬议封禅：议论如何进行封禅的细节。⑭用希旷绝：夏、商、周一千八百年来的历代帝王很少有人搞过封禅。希，通“稀”，旷绝，制度失传多年。⑮仪：仪式。⑯方士：以长生不死迷惑皇帝的骗子。⑰封禅者二句：封禅是不死的另一种说法。合，符合、相当。〖按〗《汉书·郊祀志》作“封禅者，古‘不死’之名也”。⑱黄帝以上：黄帝以前的历代帝王。⑲封禅皆致怪物：封禅时都能招致异物降临。⑳秦皇帝不得上封：秦始皇就是因为他当年遇雨没能上去。这是秦汉时代的儒生对秦始皇的捏造。㉑稍上即无风雨二句：意谓先向上走一段试试，如果没有风雨，那就可以一直上去了。即，若。㉒《尚书》《周官》《王制》：都是儒家的经典之名，《尚书》也称《书经》，是远古的一部历史文献汇编。《周官》即《周礼》，是记载西周典章制度的一部书。《王制》是《礼记》中的一篇。但这里的“王制”乃是文帝时一群骗子搜罗、摘取《六经》中的句子，拼成的一本书名。王鸣盛曰：“刘向《七录》云，‘文帝所造书有《本制》《兵制》《服制》篇，’即《封禅书》所谓《王制》也，非今《礼记》所有《王制》。”并谓文帝此《王制》“原为封禅作之，武帝亦以议封禅采之也”。㉓草封禅仪：起草封禅大典的具体仪式。㉔昭姓考瑞：显扬历代帝王实则是大力显扬本朝皇帝的姓氏，考核汉兴以来的祥瑞。㉕帝王之盛节：是帝王在位期间的一件大事。㉖享荐之义：即封禅典礼的具体做法。享荐，祭祀。㉗告成：向天地鬼神报告帝王事业的成功。㉘合祛于天地神祇：对天地鬼神一齐进行祭祀。合祛，合举，全部举行。㉙唯圣主所由：一切都按您的主意。⑳制定其当：都听您制定一套合适的办法。⑪优游数年：经过几年的时间仍定不下来。⑫人人自尽：让每个人都畅所欲言。⑬唯：请求。⑭建中和之极：提出一种四平八稳、可以成为标准的意见。中和，不偏不倚。极，准则。⑮兼总条贯：综合、包揽大家的说法。⑯金声而玉振之：从而形成一种金玉和鸣的声响。⑰顺成天庆：顺利地完成这一封禅大礼。⑱垂万世之基：给今后留下一种万世的法则。⑲颇采儒术以文之：意谓在自己制定的这套封禅典礼中也采用了一些儒家的观点予以装饰。颇采，略用。文，装点。⑩上为封禅祠器：武帝制作了一些准备用于封禅的祭祀用具。⑪振兵释旅：是一场战争或一次军事演习的全过程。振兵，即“治军”。整理部队，进行军事动员，做好战斗准备。释旅，即解除战备状态。⑫然后封禅：此句语气未完，与下一年的下诏率师巡边紧密相接。

## 【校记】

［4］直开道：原作“开直道”。据章钰校，乙十一行本作“直开道”。今从乙十一行本及《史记·南越列传》改。［5］牂柯郡：据章钰校，十四行本、乙十一行本皆作“牂柯郡”。

**【原文】**

**元封元年（辛未，公元前一一〇年）**

冬，十月，下诏曰："南越、东瓯[813]，咸伏其辜[814]；西蛮[815]、北夷[816]，颇未辑睦[817]。朕将巡边垂[818]，躬秉武节[819]，置十二部[820]将军，亲帅师焉。"乃行，自云阳[821]北历上郡、西河、五原[822]，出长城，北登单于台[823]，至朔方[824]，临北河[825]，勒兵十八万骑，旌旗径千余里，以见武节、威匈奴[6]。遣使者郭吉告单于曰："南越王头[826]已县[827]于汉北阙[828]。今单于能[829]战，天子自将待边；不能，即南面而臣于汉[830]。何徒远走[831]亡匿于幕北[832]寒苦无水草之地，毋为也[833]！"语卒而单于大怒，立斩主客见者[834]，而留郭吉，迁之北海[835]上。然匈奴亦詟[836]，终不敢出。上乃还，祭黄帝冢[837]桥山[838]，释兵须如[839]。上曰："吾闻黄帝不死，今有冢，何也？"公孙卿曰："黄帝已仙上天，群臣思慕，葬其衣冠[840]。"上叹曰："吾后升天，群臣亦当葬吾衣冠于东陵[841]乎？"乃还甘泉，类祠太一[842]。

上以卜式不习文章[843]，贬秩[844]为太子太傅，以兒宽代为御史大夫。

汉兵入东越境，东越素发兵距险[845]，使徇北将军[846]守武林[847]。楼船将军卒[7]钱塘辕终古[848]斩徇北将军。故越衍侯吴阳[849]以其邑七百人反攻越军于汉阳[850]。越建成侯敖[851]与繇王居股[852]杀馀善，以其众降。上封终古为御儿侯[853]，阳为卯石侯[854]，居股为东成侯[855]，敖为开陵侯[856]。又封横海将军说为按道侯[857]，横海校尉福[858]为缭嫈侯[859]，东越降将多军[860]为无锡侯[861]。上以闽地险阻[862]，数反覆[863]，终为后世患，乃诏诸将悉其民徙于江、淮之间，遂虚其地[864]。

春，正月，上行幸缑氏[865]，礼祭中岳太室[866]，从官在山下闻若有言"万岁"者三[867]。诏祠官[868]加增太室祠[869]，禁无伐其草木，以山下户三百为之奉邑[870]。

上遂东巡海上[871]，行礼祠八神[872]。齐人之上疏言神怪、奇方者以

【语译】

**元封元年（辛未，公元前一一〇年）**

冬季，十月，汉武帝下诏说："南越与东瓯，都已经向中国服罪；西域地区的某些国家、北部的匈奴还不能与我们和睦相处。我将要到边疆地区巡视，亲自手执大将的指挥旗，设置十二部将军，由我亲自统率指挥。"于是汉武帝从云阳出发北上，途中经过上郡、西河郡、五原郡，然后越过长城，向北登上单于台，到达朔方郡，靠近北部的黄河。所带十八万骑兵，旌旗招展，绵延千余里，向匈奴展示军队的旌节与雄威。武帝派遣郭吉为使者出使匈奴，郭吉对匈奴单于说："南越国王的人头已经悬挂在汉朝都城的北门。现在如果单于能与汉军作战，汉朝的皇帝已经亲自带领人马在边境等候；如果不敢交战，就赶紧南来归附中国。何必要远远地逃避到大漠以北这个又寒冷又缺乏水草的地方而无所作为呢！"使者的话音刚落，单于已经大怒，立即下令将带汉朝使者郭吉来见的那位负责接待宾客的官员斩首，并将郭吉扣留在匈奴，流放到北海。然而匈奴终究是胆怯，始终不敢出战。汉武帝于是班师回朝，途中在桥山祭祀黄帝陵，到达须如后，宣布解除战备状态。汉武帝问："我听说黄帝并没有死，而现在却有他的陵墓，这是为什么呢？"公孙卿解释说："黄帝本来已经成仙升天，但群臣对黄帝思慕不已，就把黄帝的衣冠埋葬在这里了。"汉武帝感慨地说："如果我成仙升天后，群臣也会把我的衣冠埋葬在东陵吗？"汉武帝回到甘泉宫，对太一神进行祭祀。

汉武帝以卜式不善于文辞，就贬他为太子太傅，而用兒宽代理御史大夫的职务。

汉朝的军队进入东越国境，东越国王早已派兵分头据守险要，他派徇北将军据守武林。楼船将军杨仆手下一个钱塘人、名叫辕终古的士兵杀死了东越国据守武林的徇北将军。以前在闽越国为衍侯的吴阳率领自己的乡兵总共七百多人，在汉阳倒戈攻打越军。东越王所封的建成侯敖与越繇王居股一起杀死了东越王馀善，率众向汉军投降。汉武帝封辕终古为御儿侯，封吴阳为卯石侯，封居股为东成侯，封敖为开陵侯。又封横海将军韩说为按道侯，封横海将军部下的校尉刘福为缭嫈侯，封东越降将多军为无锡侯。汉武帝认为闽越地形险厄，闽越人屡次出尔反尔，降叛不定，终究会成为后世的祸患，于是下令诸将强行将那里的人全部迁移到长江与淮河之间居住，而闽越就变成了空虚无人之地。

春季，正月，汉武帝到缑氏县巡视，按照礼仪祭祀中岳太室山，随从的官员在山下隐隐约约听到有人高呼"万岁"，一连呼喊了三次。于是武帝下诏让负责祭祀的官员提高对太室山祭祀的规格，并禁止砍伐太室山上的草木，又把此山之下的三百户人家的租税作为祭祀此山的开销，称此邑为崇高邑。

汉武帝向东来到大海边，在行进中沿途祭祀了天主、地主、兵主、阴主、阳主、月主、日主、四时主八位神仙。齐国给汉武帝上书讲述神仙灵怪以及仙方妙药的有

万数，乃益发船，令言海中神山者数千人求蓬莱[873]神人。公孙卿持节[874]常先行，候[875]名山，至东莱[876]，言："夜见大人，长数丈，就之[877]则不见，其迹[878]甚大，类禽兽云。"群臣有言[879]："见一老父牵狗，言'吾欲见巨公[880]'，已忽不见[881]。"上既见大迹，未信。及群臣又言老父，则大以为仙人也，宿留海上。与方士传车[882]及间使[883]求神仙，人以千数。

夏，四月，还至奉高[884]，礼祠地主[885]于梁父[886]。乙卯[887]，令侍中儒者[888]皮弁搢绅[889]，射牛行事[890]，封泰山下东方[891]，如郊祠泰一之礼。封[892]广丈二尺，高九尺，其下则有玉牒书[893]，书秘[894]。礼毕，天子独与侍中、奉车都尉霍子侯[895]上泰山，亦有封[896]，其事皆禁[897]。明日，下阴道[898]。丙辰[899]，禅泰山下阯东北肃然山[900]，如祭后土礼，天子皆亲拜见，衣上[8]黄[901]，而尽用乐[902]焉。江、淮间茅三脊[903]为神藉[904]，五色土益杂封[905]。其封禅祠[906]，夜若有光，昼有白云出封中[907]。天子从禅还[908]，坐明堂[909]，群臣更上寿[910]，颂功德。诏曰："朕以眇身[911]承至尊[912]，兢兢焉惟德菲薄[913]，不明于礼乐，故用事[914]八神。遭天地况施[915]，著见景象[916]，屑然如有闻[917]，震于怪物[918]，欲止不敢[919]，遂登封泰山，至于梁父，然后升禮肃然。自新，嘉与士大夫更始[920]，其以十月为元封元年[921]。行所巡至[922]，博、奉高、蛇丘、历城、梁父[923]民田租逋赋[924]，皆贷除之[925]，无出今年算[926]。赐天下民爵一级[927]。"又以五载一巡狩[928]，用事泰山[929]，令诸侯各治邸泰山下[930]。

天子既已封泰山，无风雨，而方士更言蓬莱诸神若将可得。于是上欣然庶几遇之[931]，复东至海上望焉。上欲自浮海求蓬莱，群臣谏，莫能止。东方朔[932]曰："夫仙者，得之自然，不必躁求。若其有道[933]，不忧

上万人，于是武帝增派船只，让那些讲述海中有神山的几千人乘船到大海中去寻求蓬莱仙人。公孙卿手持符节，经常提前行动，到名山大川等候仙人，他来到东莱，向汉武帝报告说："夜间曾经看见一个巨人，身高有好几丈，走到跟前就不见了，而他的脚印特别大，就像野兽的一样。"群臣中也有人说："看见一个老翁牵着一条狗，老翁说'我想见天子'，说完就忽然不见了。"汉武帝亲自前去查看了那个大脚印，但不相信是巨人的脚印。等到群臣又说起老翁的事情，便觉得很可能就是仙人，于是就留在海边过夜等待仙人出现。汉武帝给方士们提供传车，又派出许多密使去寻找仙人，寻找仙人的各类人多达上千人。

夏季，四月，汉武帝返回途中路过奉高，便在梁父山下恭敬地祭祀地神。十九日乙卯，汉武帝命令随从中一个担任侍中的儒生头戴鹿皮帽，腰间插着笏板，去猎杀祭祀用的牲畜，在泰山东面的山脚下筑起一座祭坛，然后依照祭祀太一神的仪式祭祀天神。这座祭坛一丈二尺见方，高九尺，祭坛下面埋着刻有汉武帝祈祷之辞的玉牒书，书的内容极其秘密。祭祀完毕，汉武帝独自与侍中、奉车都尉霍子侯登上泰山，在山顶上也有祭坛、玉牒之类，其事也对外保密，他人不得而知。第二天，从泰山的北麓下山。二十日丙辰，在泰山脚下东北方向的肃然山祭祀地神，其祭祀仪式与祭祀土神相同，武帝全都亲自叩拜行礼，身上穿着最庄严的黄色衣服，整个过程都有音乐伴奏。祭坛上全都用长江、淮河之间所生长的三脊茅草铺垫，把从五方取来的五种颜色的土加盖在祭坛上。举行封禅活动的这天，夜间好像有光发出，白天又仿佛有白云从祭坛中飘出。汉武帝祭祀完毕回到泰山脚下东北侧的明堂，群臣轮流给汉武帝敬酒，为汉武帝歌功颂德。汉武帝下诏说："我以微贱之身继承皇位，坐上了至高无上的皇帝宝座，兢兢业业，担心自己德行浅薄，不明白礼仪、音乐，所以才恭敬地祭祀八神。承蒙天地神灵赐予祥瑞，显明迹象，仿佛如有所闻，我震惊于各种奇异的现象，想留下来而又不敢，于是登上泰山之巅祭祀天神，来到泰山脚下的梁父山祭祀地神，然后在肃然山祭祀地神。现在坐在这个明堂里，我想有一个新的开端，也很高兴与你们一道重新开始，因此决定从今年的十月起改元为元封元年。围绕泰山巡行所经过的地方有：博、奉高、蛇丘、历城、梁父，百姓应缴纳的田租以及往年所拖欠的赋税，全部豁免，今年的人头税也予以免除。给全天下所有的成年男子赐爵一级。"又规定：皇帝每五年巡视天下一次，同时要举行祭祀泰山的封禅大典，各诸侯国都要在泰山脚下建立本国的官邸。

汉武帝到泰山圆满地完成了祭祀天地的封禅大典，整个过程风和日丽，那些方士又对武帝说起有可能请到蓬莱仙山上的诸位神仙。汉武帝非常兴奋，对可能遇到神仙满怀希望，于是就再次向东来到大海边，向着神仙可能出现的方向眺望。汉武帝想要亲自乘船到大海中去寻找蓬莱仙山，群臣极力劝阻，但都无法阻止。东方朔说："与神仙相遇，完全是一种自然巧合，而不必过于急躁地去四处寻求。如果求神

不得；若其无道，虽至蓬莱见仙人，亦无益也。臣愿陛下第[934]还宫静处以须[935]之，仙人将自至[936]。”上乃止。会[937]奉车霍子侯暴病一日死[938]。子侯，去病子也，上甚悼之。乃遂去，并海上[939]，北至碣石[940]，巡自辽西[941]，历北边[942]，至九原[943]。五月，乃至甘泉[944]。凡周行万八千里云。

先是，桑弘羊为治粟都尉[945]，领大农[946]，尽管天下盐铁。弘羊作平准之法[947]，令远方各以其物如异时商贾所转贩者为赋[948]而相灌输[949]。置平准[950]于京师，都受天下委输[951]。大农诸官，尽笼[952]天下之货物。贵即卖之，贱则买之[953]，欲使富商大贾无所牟大利[954]，而万物不得腾踊[955]。至是，天子巡狩郡县，所过赏赐，用帛百余万匹，钱金以巨万计，皆取足大农[956]。弘羊又请[957]令[9]吏得入粟补官[958]及罪人赎罪[959]。山东漕粟益岁六百万石[960]，一岁之中，太仓、甘泉仓[961]满，边余谷[962]，诸物均输帛[963]五百万匹，民不益赋而天下用饶[964]。于是弘羊赐爵左庶长[965]，黄金再百斤[966]焉。

是时小旱，上令官求雨。卜式言曰：“县官[967]当食租衣税而已，今弘羊令吏坐市列肆[968]，贩物求利。亨弘羊，天乃雨[969]。”

秋，有星孛于东井[970]，后十余日，有星孛于三台[971]。望气[972]王朔[973]言：“候[974]独见填星出如瓜[975]，食顷复入[976]。”有司皆曰：“陛下建汉家封禅[977]，天其报德星云[978]。”

齐怀王闳[979]薨，无子，国除。

仙的人有道德、行王道，就不用担心遇不到；如果求仙人的人不讲道德，即使到了蓬莱仙境，遇见了神仙也没有什么好处。所以我希望陛下只管回到宫中静静地等候，神仙自然会降临。”汉武帝这才打消亲自出海寻仙的念头。又遇上奉车都尉霍子侯突然发病，得病只一天就死了。霍子侯是霍去病的儿子，汉武帝非常悲痛，于是决定返回京师。汉武帝沿着海边北行，抵达碣石，一路巡视来到辽西郡，又顺着北部边境西行到达九原郡，五月份才回到甘泉宫。此次出巡，总计走了一万八千里路。

早先，桑弘羊担任治粟都尉，兼任大农令，全国的盐铁全部归他管理。桑弘羊制定了平抑物价的平准法，命令远方各地的均输官要像商贾那样趁本地的物产丰富价格低廉的时候即行买进，让百姓以此价廉之物充作赋税，然后由均输官根据各地物产之缺盈、物价之高低，相互交流，为国家牟利。在京师设置平准令，全面负责天下物资的调拨。大农令属下的各种官吏全部控制着天下的货物。然后根据市场行情，物价上涨的时候，就将货物卖出去，物价低廉的时候，就将货物收购进来，目的就是要限制富商大贾谋取太大的利润，控制物价不要有太大的波动。等到汉武帝到各郡县巡视，凡是经过的地方都要进行赏赐，用作赏赐的物品总计有丝绸一百多万匹，钱以万万来计算，这一切都由大农令供给。桑弘羊又请求允许官吏将粟米捐献给官府，可以使官职升迁，罪人缴纳钱粮可以赎罪。这样一来，只山东各地向长安漕运的粮食每年就增加了六百万石，一年之中，太仓、甘泉仓的粮食全都装得满满的，就连边城也都有了余粮，各地的均输官通过互相交流物品所赚得的绢帛就积存了五百万匹，百姓没有增加赋税而国家的各项开支都有了保证。于是赐桑弘羊左庶长，赏赐他黄金两百斤。

当时发生了小规模的干旱，汉武帝下令各级官吏求雨。卜式趁机建言：“官府只要正常收取租税就行了，而现在桑弘羊却下令官吏坐在商铺里，像商人那样贩卖货物求取利润。只要把桑弘羊煮杀了，天就会下雨。”

秋季，在东井星旁边有彗星出现，过了十几天，又有彗星出现在三台星座。以观察云气来占卜吉凶的方士王朔说：“我在观看天象的时候，看见彗星出现，形状就像一个瓜，但只一顿饭的工夫就消失了。”有关部门的官员全来对汉武帝说：“陛下创建了汉朝的封禅大典，上帝为报答下界的皇帝，而出现了‘德星’。”

齐怀王刘闳去世，因为没有儿子，封国被撤销。

---

**【段旨】**

以上为第五段，写元封元年（公元前一一〇年）一年间的全国大事。本段主要写了汉王朝讨平东越，迁其民于江淮；写了桑弘羊实行“平准”“均输”，给朝廷赚钱以足国用；写了汉武帝为行封禅而带兵巡边、示威匈奴；写了汉武帝祭黄帝陵、祭太室山、东巡海上祭八神，最后登封泰山，改年号为“元封”等一系列活动。

## 【注释】

⑧13东瓯：也称“东越”，汉初居住在今浙江温州一带的少数民族小国。武帝初期已迁入今安徽一带的江淮之间。⑧14咸伏其辜：都已认罪，指被汉王朝所平定。⑧15西蛮、指西域地区的某些国家。⑧16北夷：指匈奴。⑧17颇未辑睦：还有点不老实。颇，略、有点。辑睦，服帖。⑧18边垂：同“边陲”。边疆地区。⑧19躬秉武节：亲自手持大将的指挥旗。武节，大将的旌节。⑧20部：部属；部分。⑧21云阳：汉县名，在今陕西淳化西北，离甘泉宫很近。⑧22上郡、西河、五原：汉代的三个郡名，上郡的郡治在今陕西榆林东南，西河郡的郡治在今内蒙古准格尔旗西南，五原郡的郡治在今内蒙古包头西。⑧23单于台：应在今内蒙古巴彦淖尔市的黄河、长城以北，具体方位不详。⑧24朔方：汉郡名，郡治在今内蒙古乌拉特前旗东南。⑧25北河：指今内蒙古呼和浩特、包头一线的黄河。⑧26南越王头：指南越反汉首领的人头。南越反汉的首领是其丞相吕嘉，吕嘉拥立的南越王赵光被汉俘虏后也没有被杀，而仍封以为侯。此处只能取其意。⑧27县：通“悬”。⑧28汉北阙：汉朝未央宫北门的双阙。汉代未央宫的建置虽坐北朝南，但其群臣出入、上书言事等皆走北门，故汉代即以“北阙”代指宫廷之正前门。此后两千年之“北阙上书”“悬首北阙”云云遂皆出典于此。⑧29能：这里是“敢”的意思。⑧30即南面而臣于汉：那就赶紧南来臣服于汉。南面，师古曰：“匈奴在北，故曰南面。”⑧31何徒远走：何必总是逃得远远的。徒，空、只顾。⑧32幕北：大漠以北。幕，通“漠”。⑧33毋为也：没意思；没必要。⑧34主客见者：带郭吉前来见单于的那位匈奴的“主客”。主客是负责接待使者的官名。见，引见。⑧35北海：即今俄罗斯境内的贝加尔湖。⑧36詟：恐惧、丧气的样子。⑧37黄帝冢：即今所谓黄帝陵。⑧38桥山：小山名，在今陕西黄陵城北，黄帝陵即在此山上。⑧39释兵须如：军队行至须如时，宣布解除战备状态。须如，《汉书·郊祀志》作“凉如”，地名，方位不详。有说在今陕西陇县境内，与上下文意不合，似应距黄帝陵不远。⑧40葬其衣冠：黄震曰：“方士之说，惟以黄帝乘龙上天为夸，武帝巡行，亲至黄帝陵而祭之，方士尚何辞？而从者复遁其说为‘葬衣冠’。主暗臣谀，一至此甚，悲夫。”⑧41东陵：指茂陵，武帝为自己预修的陵墓。⑧42类祠太一：即祭祀太一神。类，祭祀名。师古曰：“类祠，谓以事类而祭也。”太一，同前文“泰一”。⑧43不习文章：文化水平不高。汉人所称的文章，略同于现在所说的“文学”。⑧44贬秩：降级。⑧45素发兵距险：素，通“夙”，预先。距，通“拒”。⑧46徇北将军：东越军官名，史失其姓名。⑧47守武林：抵御由武林方向所来之汉兵。⑧48钱塘辕终古：钱塘县人姓辕名终古。钱塘县治在今杭州西。⑧49故越衍侯吴阳：前在闽越为“衍侯”的吴阳，其人曾在汉朝居住。⑧50汉阳：古城名，在今福建浦城北。⑧51越建成侯敖：越族的建成侯名敖，史失其姓。⑧52繇王居股：原闽越王丑之子，闽越王郢之孙。自馀善立为东越王，闽越王丑即与馀善分地而治。⑧53御儿侯：封地御儿。《史记正义》曰：“‘御’字今作‘语’。语儿乡在苏州嘉兴县南七十里。”⑧54卯石

侯：封地卯石。《史记索隐》曰："在济南。"⑧⁵⁵东成侯：封地东成。《史记索隐》曰："在九江。"⑧⁵⁶开陵侯：封地开陵。《史记索隐》曰："属临淮。"⑧⁵⁷按道侯：封地按道，具体方位不详，王先谦以为是"齐郡之县，今地无考"；梁玉绳以为是封号名。⑧⁵⁸横海校尉福：横海将军部下的校尉刘福，城阳景王刘章之孙。⑧⁵⁹缭嫈侯：封地缭嫈，钱穆以为"在琅邪、东莱之间"。⑧⁶⁰多军：姓多名军。越族人。⑧⁶¹无锡侯：封地无锡，即今江苏无锡。⑧⁶²险阻：地形险厄，道路不通。⑧⁶³数反覆：屡次出尔反尔，叛降不定。⑧⁶⁴遂虚其地：其地即今浙江南部与福建全省，至此，东越民族遂被全部强制搬迁。⑧⁶⁵缑氏：汉县名，在今河南偃师东南，嵩山的西北，离嵩山不远。⑧⁶⁶中岳太室：嵩山的东峰，在今河南登封境内。⑧⁶⁷若有言"万岁"者三：像是有人欢呼"万岁"，一连喊了三次。⑧⁶⁸祠官：主管祭祀的官员。⑧⁶⁹加增太室祠：提高对太室山祭祀的规格。⑧⁷⁰以山下户三百为之奉邑：以此山下面三百户人家的租税作为祭祀此山的开销，称此村镇曰"崇高邑"。〖按〗崇高邑即今河南登封城址，原城垣外立巨石一方，篆刻"崇高"二字，已佚。⑧⁷¹东巡海上：沿着山东半岛的北部海边东行。⑧⁷²行礼祠八神：在行进中沿途祭祀八神。此八神是：天主、地主、兵主、阴主、阳主、月主、日主、四时主。这些应祭祀的神灵大多在今山东半岛的东北部海边。⑧⁷³蓬莱：传说中的海上三神山之一。⑧⁷⁴持节：手持旌节，以皇帝特使的身份出现。节，此指旌节，以竹竿为之，垂有旄饰，皇帝的特使持之，以表明其身份之尊贵。⑧⁷⁵候：探看。⑧⁷⁶东莱：汉郡名，郡治即今山东莱州市。其北即有神秘的参山。⑧⁷⁷就之：凑近。⑧⁷⁸迹：脚印。⑧⁷⁹有言：又言。有，同"又"。⑧⁸⁰巨公：隐指皇帝。张晏曰："天子曰天下父，故曰'巨公'也。"⑧⁸¹已忽不见：转眼就看不见了。⑧⁸²与方士传车：给方士们提供驿车。⑧⁸³间使：密使；不公开身份的使者。⑧⁸⁴奉高：汉县名，在今山东泰安东，当时为泰山郡的郡治所在地。⑧⁸⁵礼祠地主：恭敬地祭祀地神，即所谓"禅"。⑧⁸⁶梁父：泰山东南侧的小山名。⑧⁸⁷乙卯：四月十九。⑧⁸⁸侍中儒者：一个身任侍中的儒生，史失其名姓。侍中，帝王身边的侍从官员，在汉代品级不高，但受宠信。⑧⁸⁹皮弁搢绅：头戴皮帽，腰插笏板，是一种参加典礼的装束。⑧⁹⁰射牛行事：即准备祭祀用的牲畜。据古礼，"射牲"本来是应该帝王亲自动手，这里是武帝让"侍中儒者"代他去干。⑧⁹¹封泰山下东方：在泰山东面的山脚下筑台举行祭祀。⑧⁹²封：这里指祭台。⑧⁹³其下则有玉牒书：祭台下埋着用玉牒刻写的祷文。玉牒书，用玉片连缀的书册，上刻皇帝的祈祷之辞。⑧⁹⁴书秘：大概都是些乞求长生不死的昏话。方苞曰："太乙、明堂赞飨，具载其文，而此书独秘，盖以登仙祷也。"⑧⁹⁵霍子侯：西汉名将霍去病之子，名嬗，字子侯，此时为奉车都尉。⑧⁹⁶亦有封：山顶上也有祭台、玉牒书之类。⑧⁹⁷皆禁：犹言"皆秘"，他人不得而知。⑧⁹⁸下阴道：从泰山的北路下山。⑧⁹⁹丙辰：四月二十，即上述活动的第二天。⑨⁰⁰禅泰山下阯东北肃然山：又在泰山山脚东北方向的肃然山祭祀地神。下阯，山脚下。⑨⁰¹衣上黄：意即穿着最庄严的黄色衣裳。⑨⁰²尽用乐：整个过程都有音乐伴奏。⑨⁰³江、淮间茅三脊：江淮间出产的三脊茅草。三脊，三棱。⑨⁰⁴为神藉：祭坛上用三脊茅草铺地。⑨⑤五色土益杂封：把从五方取来的五种颜色的土加盖在祭坛上。五色土，代表五方颜色的土，东方青色、南方红色、西方白色、北方黑色、中央黄色。杂封，用各色土混杂筑成的祭坛。⑨⑥封禅祠：举行封禅活动。⑨⑦白云出封中：有白云从祭坛中冒出来。⑨⑧从禅还：从祭地的场所回来。⑨⑨坐明堂：此指泰山下东北侧的旧明堂。《史记集解》引《汉书音义》曰："天子初封泰山，山东北址古时有明堂处，则此所坐者。"⑩更上寿：轮番向武帝敬酒祝贺。⑪眇身：微贱之身，这里是谦辞。⑫承至尊：犹言"继皇位"。⑬惟德菲薄：担心自己的德业浅薄，害怕不能胜任。惟，心想。⑭用事：这里即指祭祀。⑮况施：赏赐、降福。况，通"贶"，赐。⑯著见景象：明显有奇特现象出现，如"夜见大人""老人牵狗"等等。⑰肩然如有闻：即前文所谓祭太室山时"闻呼'万岁'者三"云云。肩然，声音恍惚的样子。⑱震于怪物：被这些奇怪的现象所惊吓。⑲欲止不敢：想停下来，但又不敢。⑳自新二句：我自己想有一个新的开端，也很高兴和你们一道重新开始，意即更改年号。㉑以十月为元封元年：从十月开始就改称为"元封元年"。此时汉朝仍是使用秦历，以十月为岁首，故新年号也从十月开始。㉒行所巡至：围绕泰山所经过的地方。㉓博、奉高、蛇丘、历城、梁父：皆汉县名。博县在泰山南。奉高县在泰山东南。蛇丘县在泰山西南。历城县即今济南，在泰山北。梁父，在今泰山南。㉔田租逋赋：应缴的田租与欠缴的赋税。逋，亏欠。㉕皆贷除之：一律赦免。㉖无出今年算：今年的人头税也予以免除。算，人头税，每人一百二十文铜钱。㉗赐天下民爵一级：给每个成年男子赐爵一级。秦汉时代平民百姓也有爵级，此爵级可以通过战场立功获得，可以向国家交粮食换得，也可以通过皇帝赏赐而得。爵级可用以减免罪，可用以卖钱，超过七级的人可以不当兵服役，如此等。㉘五载一巡狩：皇帝每隔五年巡视天下一回。巡狩，巡视天下以检查各地诸侯、郡守为朝廷守土任职的情况。㉙用事泰山：在巡狩天下的时候，同时要举行祭祀泰山的封禅大典。㉚治邸泰山下：各诸侯国都要在泰山脚下建立本国的官邸，因为皇帝封禅时各诸侯王要来陪祭。㉛庶几遇之：希望能够遇上。庶几，或许，希冀之词。㉜东方朔：武帝时期的文学之臣，以滑稽闻名，但能切中要害地对武帝提出意见，为他人所不及，事已见前文。《汉书》有传。㉝若其有道：若求者有道。道，有道德、行王道。㉞第：但；只管。㉟须：等待。㊱仙人将自至：东方朔非相信神仙、长生不死者，这是劝武帝回京的一种说话艺术。㊲会：正巧。㊳一日死：得病一日即死，言其快，亦言其怪。《文心雕龙·哀吊》曾言武帝为伤霍子侯之死而作诗。董份曰："武帝封泰山，求神仙，专从子侯上封处，而子侯则死矣，故特着之，见神仙不足恃也。"吴见思曰："秦封禅方讫遇风雨，汉封禅方讫死子侯，正高兴时即接此败兴语，史公妙处。"㊴并海上：沿海边北行。并，同"傍"，沿着。㊵碣石：山名，在今河北昌黎西北。㊶辽西：汉郡名，郡治在今辽宁阜新西南。㊷历北边：沿北部边境西行。㊸九原：汉县名，在今内蒙古包头西，当时为五原郡的郡治所在地。㊹五月二句：《史记正义》引姚察曰："三月幸缑氏，五月乃至甘泉，则八旬中周万八千里，其不然乎?”〖按〗《汉书·武帝纪》但云“行自泰山，复东巡海上，至碣石，自辽西历北边九原，归于甘泉”，而未言月日，较此可信。㊺治粟都尉：主管军粮的官，刘邦为汉王时，韩信曾短时任之，后不常设。武帝时战争频繁，故又设此职。㊻领大农：代行大司农的职权。以低级职位代行高级职权曰“领”，以高级职位兼理低级职权曰“摄”。㊼平准之法：使天下各种物品的价格能保持均衡的办法。平准，如水之平。㊽各以其物如异时商贾所转贩者为赋：令各县之均输官要像商人趁本地某物丰产价贱即行买进的样子，令百姓即以此价贱之物充当赋税。㊾而相灌输：各地均输官根据各地物产之缺盈、物价之高低，相互交流，乘机为国家牟利。㊿平准：指平准令，大司农的属官，主管全国范围的物资调拨，平衡物价。(951)都受天下委输：总管天下物资的调拨、平衡工作。他所管的是表报，并不一定要把各地的物资都汇集到京城来。都，总、总汇。委输，运送、运输。(952)尽笼：全部掌握；全部控制。(953)贵即卖之二句：国家根据市场行情以吞吐货物，维持物价平衡。(954)无所牟大利：谋取不到太大的利润。牟，取也。(955)腾踊：指物价飞升。(956)皆取足大农：一切都由大农令充分供应。(957)请：请求批准。(958)令吏得入粟补官：让想做官的给国家交粮食就能做官。〖按〗汉之卖“爵”自文帝以晁错建议始，而卖“官”则自武帝以桑弘羊建议始。(959)罪人赎罪：犯罪的给国家交粮食就能免于惩罚。(960)山东漕粟益岁六百万石：东方各地向长安漕运的粮食数量增加到六百万石。〖按〗未行均输之法前，东方向长安漕运的粮食只有四百万石。(961)太仓、甘泉仓：都是汉王朝国家的大粮仓名，太仓在长安城内，甘泉仓在甘泉宫附近。(962)边余谷：各边防前线都贮有余粮。(963)诸物均输帛：各地均输官由吞吐各种物资所赚得的绢帛。帛在当时起货币的作用。(964)民不益赋而天下用饶：此言国家行平准、均输之实效。益赋，增加赋税。天下用，指国家的各种开支。(965)左庶长：汉代武功爵的第十级。(966)再百斤：二百金。汉代之“一金”重一斤，约当今零点五一六五斤。又，汉代“一金”可以兑换铜钱一万。(967)县官：犹今所谓“政府”“公家”，这里指皇帝以及整个统治机构的人员。(968)坐市列肆：坐于市肆行列之中，意即充当商人。王念孙以为“肆”字衍文，应削。(969)烹弘羊二句：凌稚隆曰：“一篇结束，藉此以断兴利之臣之罪。”顾炎武曰：“古人作史，有不待论断，而于序事之中即见其旨者，惟太史公能之。《平准书》末载卜式语，《王翦传》末载客语……皆史家于叙事中寓论断法也。”(《日知录》)梁玉绳引方苞语云：“事似未终，疑有缺文。”(970)有星孛于东井：彗星出现在井宿的位置。孛，彗星，这里用作动词，即火光四射的样子。东井，即二十八宿中的井宿。古人认为彗星出现是一种将有战争、动乱的征兆。(971)三台：也写作“三能”，星名，属于现代天文学的“大熊星座”。(972)望气：古时观望云气以卜测人事吉凶的方士。(973)王朔：当时著名的望气者。其事见于《史记·天官书》《史记·李将军列传》等篇。(974)候：谓占测天文气象。(975)独见填星出如瓜：胡三省以为“填”字同“镇”，镇星即土星。而《史记·孝武本纪》作“独见其星大如瓠”，“其星”即上文“孛于东井”“孛于三台”之彗星。疑后者为是。(976)食顷复入：过了一顿饭的工夫隐去不见了。⑰ 建汉家封禅：建立了汉王朝的封禅大典。⑱ 天其报德星云：上帝为报谢下界的皇帝，而为之出现了“德星”。德星，表示祥瑞的星。云，句末语气词，表示一种似信非信、人云亦云的口气。梁玉绳曰：“以彗孛为‘德星’，犹以天旱为‘干封’，阿谀无理，足供千古拊掌之资。”⑲ 齐怀王闳：刘闳，武帝之子，王夫人所生，元狩六年（公元前一一七年）受封为齐王。怀字是其死后的谥。

## 【校记】

[6] 勒兵十八万骑旌旗径千余里以见武节威匈奴：原无此十九字。据章钰校，十四行本、乙十一行本皆有此十九字，张敦仁《通鉴刊本识误》同。今从诸本及《汉书·武帝纪》《汉书·匈奴传》补。[7] 卒：据章钰校，孔天胤本作“率”，张敦仁《通鉴刊本识误》同。〖按〗《通鉴纪事本末》《史记·东越列传》作“率”。[8] 上：原作“尚”。据章钰校，十四行本、乙十一行本皆作“上”。今从诸本及《通鉴纪事本末》《史记·武帝本纪》改。[9] 令：原无此字。据章钰校，十四行本、乙十一行本、孔天胤本皆有此字。今从诸本及《史记·平准书》补。

## 【研析】

本卷写了武帝元狩五年（公元前一一八年）至元封元年（公元前一一〇年）共九年间的全国大事，其中值得注意的事情有以下数端。

第一，汉王朝对南越、东越、西南夷三方的用兵，应该说都是出于汉武帝的扩张野心。尤其是南越，它们与汉王朝的关系一向良好，但汉武帝仍不满意，一定要把它变成自己国内的一部分，于是一系列的活动相继展开了。胜利当然是属于汉王朝的，没有任何悬念，但其做法令人讨厌。南越丞相吕嘉为了维护南越王的利益，忠心耿耿，誓死抗争，是一个值得敬佩的人物。汉王朝的官员中则有许多小丑，他们狂妄自大、目中无人，如终军、韩千秋，就同属这一类，真正到了时候一筹莫展，落个死无葬身之地，真是活该。不知为何这个以说大话闻名的终军，居然还被后代称为敢于“请缨”的英雄，真是百思不得其解。司马迁当初写《史记·南越列传》《史记·西南夷列传》时，对汉武帝的行为是批判的，表现了历史家的进步民族思想。

第二，本卷写了酷吏张汤被三长史所害的过程，又写了武帝为张汤报仇而杀了三长史，甚至闹得丞相也跟着自杀。打了一个罗圈仗，究竟谁对谁错呢？前后矛盾。司马迁从开始写这个问题就充满矛盾。司马迁是讨厌张汤的，他让以“正直敢言”著称的汲黯警告身为大行令的李息，说你如不及早弹劾张汤，日后将会倒霉。李息胆小不敢动。待至张汤被三长史害死后，汉武帝听说汲黯事先警告过李息而李息不动，于是愤怒地把李息杀头了。可是司马迁又写张汤的清廉，死后载以牛车，汉武帝又为张汤鸣不平，为张汤诛灭了三长史，丞相庄青翟也为此自杀。司马迁讨厌张汤、汲黯警告李息，对还是不对？汉武帝也跟着变来变去，还有点是非原则吗？

第三，上卷写到了李广跟随卫青伐匈奴，因没有向导、行军迷路，贻误战机而自杀。本卷则接着写了李广的儿子李敢因怨恨卫青而将卫青打伤。卫青自己对此事未作声张，而卫青的外甥霍去病为给卫青报仇，竟在与李敢陪着武帝打猎时，故意将李敢射死了。汉武帝为偏袒、保护霍去病，公然掩盖事实，说李敢是被鹿撞死的。请注意，李敢这时任郎中令，是朝廷的九卿之一。这社会难道还有天日吗？李广的弟弟李蔡身为丞相之职，在李广自杀的第二年又被强加以“侵孝景堧垣”的罪名而自杀，连续三年，每年死一个；再过十八年，李广的孙子李陵率五千名步兵出讨匈奴，遇匈奴单于大部队，苦战十余日，因无法突围而放下武器，于是武帝遂将李陵全家下狱，而后将其满门抄斩。世人都知道李广的一生是悲剧，殊不知李广的全家都被汉武帝杀光了！

第四，汉武帝所推行的一系列经济政策，司马迁几乎都不赞成，司马光写《资治通鉴》几乎将这些政策全部移了进来。造“白金”“皮币”是明目张胆地掠夺，大司农颜异对此不满，没等说出，只见嘴唇动了一下，就被以“腹诽”的罪名杀死了；“算缗”“告缗”闹得全国“中产”以上的工商业者“大抵皆破”，这在中国古代“工商业发展史”上该是一种何等野蛮的摧残，以至于连酷吏义纵都坚决反对，结果义纵也被武帝处死了；汉武帝号召全国的诸侯都学习为了帮着朝廷讨伐南越而自愿捐款、报名参军的卜式，结果全国诸侯没人响应，于是汉武帝就勃然大怒，他捏造了一个缴纳“酎金”不合规定的罪名，一下子将一百零六个列侯罢为平民，逼得主管此事的丞相也只好自杀。武帝晚年一连串地诛杀丞相，使得在朝的衮衮诸公谁要一听到让他当丞相就吓得放声大哭，趴在地上求饶。这是什么日子！

第五，汉武帝的迷信神仙、希求长生不死，其迷信、愚蠢的程度在中国历代帝王中少有其比，他先后宠信的骗子有：神君、李少君、谬忌、少翁、栾大、巫锦、公孙卿等等，他封他们为“文成将军”“五利将军”“乐通侯”，乃至把自己的亲生女儿嫁给他们当中的一个；他祭祀五畤、祭祀太一、祭祀太室、祭祀八神、祭祀泰山，行踪不定、突然而往，致使不少郡的太守来不及给他修路、供应不了他大队人马的饮食而被处死。其他帝王势大声宏、装模作样地祭祀大地祖宗，那是一套神化自己、愚弄百姓的“神道设教”；而武帝所进行的那些最痴迷、最花本钱的祭祀则目的只有一个，就是为了求得长生不死。请大家看一看《史记》里的《封禅书》吧，那里有这位“千古风流人物”的极不风流的一面，而且极有助于帮着我们认识当今社会打着“科学”幌子以表演“特异功能”的种种伎俩。

# 卷第二十一　汉纪十三

起玄黓涒滩（壬申，公元前一〇九年），尽玄黓敦牂（壬午，公元前九九年），凡十一年。

**【题解】**

本卷写了武帝元封二年（公元前一〇九年）至天汉二年（公元前九九年）共十一年间的全国大事。其主要篇幅写了汉与匈奴之间时和时战，特别写了其中苏武出使匈奴被扣留，坚贞不屈；赵破奴伐匈奴被俘投降，全军覆没；李广利与匈奴战于天山，先胜后败；李陵率步兵五千人北伐匈奴，兵败投降诸事。其次是写了汉王朝讨伐朝鲜，在朝鲜地区设立四郡的过程，历史家深刻揭露了汉王朝使者与将领之间的钩心斗角与腐朽无能。其三是写了李广利的讨伐大宛，第一次轻敌无备，惨败而回；第二次全国动员、大张旗鼓，损失极大而仅仅迫使大宛订立城下之盟。这是汉王朝征伐四夷中最惹人讨厌的对外用兵。此外还写了汉武帝大搞淫祀、大兴土木，造柏梁台、起建章宫，推行酷吏政治，加强专制独裁，设立十三刺史部，以致官逼民反，官吏粉饰太平、上下相互蒙混的日益不堪情景。

**【原文】**

**世宗孝武皇帝下之上**

**元封二年（壬申，公元前一〇九年）**

冬，十月，上行幸雍，祠五畤[①]。还，祝祠泰一[②]，以拜德星[③]。

春，正月，公孙卿言见神人东莱山[④]，若云欲见天子。天子于是幸缑氏城[⑤]，拜卿为中大夫[⑥]，遂至东莱[⑦]。宿留之数日，无所见，见大人迹云。复遣方士求神怪、采芝药以千数。时岁旱，天子既出无名[⑧]，乃祷万里沙[⑨]。夏，四月，还[⑩]，过祠泰山[⑪]。

初，河决瓠子[⑫]，后二十余岁不复塞[⑬]，梁、楚之地[⑭]尤被其害。是岁，上使汲仁、郭昌[⑮]二卿发卒数万人塞瓠子河决[⑯]。天子自泰山还，自临决河，沈白马、玉璧于河[⑰]，令群臣、从官自将军以下[⑱]皆负

【语译】

## 世宗孝武皇帝下之上

### 元封二年（壬申，公元前一〇九年）

冬季，十月，汉武帝到雍县巡视，在五帝畤祭祀五帝。返回途中在泰一祠祭祀泰一神，以答谢上帝显现德星。

春季，正月，公孙卿对汉武帝说在东莱山见到了神仙，好像是说想会晤皇帝。于是汉武帝亲自前往缑氏城，封公孙卿为中大夫，随后来到东莱郡。停留下来等待神仙出现，等了几天，却一无所见，只说看见了神仙的足迹。汉武帝又派方士去访求神仙灵怪，采集灵芝仙草，派去的有上千人。当时大气干旱，汉武帝此次出行没有冠冕堂皇的理由，于是就以干旱求雨为借口，在万里沙神庙祈祷上苍普降甘霖。夏季，四月，从东莱郡返回，途经泰山，又祭祀泰山。

当初，黄河洪水泛滥，冲决了瓠子堤，到现在已经过了二十多年，一直没有把它堵上，梁、楚一带遭受决口之害最为严重。这一年，汉武帝派汲仁、郭昌两位大臣征调了几万人的军队，堵塞地处瓠子的黄河决口。武帝从泰山返回途中，亲临黄河决口的地方视察，并将白马、玉璧沉入水中祭祀河神，命令群臣、随从的官员，

薪[19]，卒填决河[20]。筑宫其上，名曰宣防宫[21]。导河北行二渠[22]，复禹旧迹[23]，而梁、楚之地复宁，无水灾。

上还长安。

初令越巫[24]祠上帝、百鬼[25]，而用鸡卜[26]。

公孙卿言仙人好楼居，于是上令长安作蜚廉、桂观[27]，甘泉作益寿、延寿观[28]，使卿持节设具[29]而候神人。又作通天台[30]，置祠具其下。更置甘泉前殿，益广诸宫室。

初，全燕之世[31]，尝略属[32]真番[33]、朝鲜[34]，为置吏，筑障塞[35]。秦灭燕[36]，属辽东外徼[37]。汉兴[38]，为其远难守，复修辽东故塞[39]，至浿水[40]为界，属燕[41]。燕王卢绾反[42]，入匈奴，燕人卫满亡命[43]，聚党千余人，椎髻蛮夷服[44]而东走出塞[45]，渡浿水，居秦故空地上下障[46]，稍役属[47]真番、朝鲜蛮夷及燕亡命者王之，都王险[48]。会孝惠、高后时[49]，天下初定，辽东太守即约满为外臣，保[50]塞外蛮夷，无使盗边。诸蛮夷君[51]欲入见天子，勿得禁止。以故满得以兵威财物[52]侵降[53]其旁小邑，真番、临屯[54]皆来服属，方数千里。

传子至孙右渠[55]，所诱汉亡人滋多[56]，又未尝入见[57]。辰国[58]欲上书见天子，又雍阏[59]不通。是岁，汉使涉何[60]诱谕，右渠终不肯奉诏。何去至界上[61]，临浿水，使御[62]刺杀送何者朝鲜裨王长[63]，即渡，驰入塞[64]，遂归报天子曰“杀朝鲜将”。上为其名美，即不诘[65]，拜何为辽东东部都尉[66]。朝鲜怨何，发兵袭攻杀何[67]。

六月，甘泉房中[68]产芝九茎，上为之赦天下[69]。

上以旱为忧，公孙卿曰：“黄帝时，封则天旱[70]，干封三年[71]。”上乃下诏曰：“天旱，意干封乎[72]？”

凡是大将军以下的所有文武官员都要去背柴草堵决口，终于把黄河决口堵上了。在瓠子堤上面修筑了宫室，命名为“宣防宫”。引导黄河水向北从两条故渠流过，回到大禹治水时的故道，从此梁、楚一带的黄河重新恢复宁静，再也没有水患的危害。

汉武帝回到长安。

汉武帝开始命令来自越地的巫师祭祀上帝以及各式各样的鬼怪，用鸡骨占卜吉凶。

公孙卿对武帝说，神仙喜欢住在楼上，于是武帝命人在长安建造蜚廉观、桂观，在甘泉建造益寿观、延寿观，派公孙卿手持符节负责操持供具、摆设供品，等待神仙的降临。又在甘泉宫建造通天台，在台下摆设着祭祀用的器物和祭品。又在甘泉宫前增修了前殿，其他宫室也进行了扩建。

当初，战国时燕国最鼎盛的时期，曾经将国土拓展到了真番、朝鲜，并在那里设置官吏、修筑防卫工事。秦国灭掉了燕国之后，那里就成了辽东郡的边界。汉朝建立后，认为那里路途遥远难于防守，就将辽东郡原有的边塞重新修复，东部以浿水为界，归属于燕国管辖。燕王卢绾造反，逃入了匈奴，燕人卫满逃亡途中，聚集党羽一千多人，他们全都梳着椎形的发髻、穿着蛮夷的服装向东逃出关塞，渡过浿水，居住在秦朝时期已将其划在边界之外，汉朝更弃之不要的真番、朝鲜等地区，并逐渐使真番人、朝鲜人以及逃亡来到那里的燕国人归属自己、听从自己的役使，后来卫满又在那里自立称王，将王险作为都城。汉朝的孝惠帝、吕后时期，天下刚刚平定，辽东太守就与卫满约定，让卫满作为汉朝的外臣，保有塞外的蛮夷之地，不骚扰汉朝的边境。如果其境内的其他蛮夷部落首领想要朝见汉朝皇帝，他不得禁止。出于这个原因，卫满依仗兵威财力降伏了附近的几个小城邑，真番、临屯也都归附于他，国土达到了方圆几千里。

王位传给儿子，儿子又传给孙子，他的孙子名叫右渠，在这期间，引诱过去的汉人越来越多，也从来没有到汉朝朝觐过皇帝。其东南部的辰国人想上书请求朝见汉朝天子，又因为中间有朝鲜阻挡，道路不通而无法实现。这一年，汉朝派使者涉何到王险城来诱导卫右渠，但右渠始终不肯接受汉朝的命令。涉何离开王险城回国，当他到达边界、邻近浿水的时候，就指使车夫刺杀了护送自己的朝鲜小王长，然后渡过浿水，飞速地进入中国边塞，他回到长安向汉武帝报告说“我杀死了朝鲜的将领”。武帝因为涉何有刺杀朝鲜将领的美名，就不再追问，还任命涉何做了辽东郡东部都尉。朝鲜因为怨恨涉何，就发兵袭击了辽东郡，杀死了涉何。

六月，甘泉宫供祭祀斋戒的屋室中长出了一根九茎的灵芝，汉武帝认为这是天降祥瑞，为此而大赦天下。

汉武帝因为天气干旱而深感忧虑，公孙卿说：“黄帝在位的时候，一进行封禅就出现干旱，因为要把皇帝新修的祭坛晒干需要三年的时间。”武帝下诏说：“天气干旱，难道就是为了晒干祭坛的封土吗？”

秋，作明堂于汶上[73]。

上募[74]天下死罪为兵，遣楼船将军杨仆从齐浮渤海[75]，左将军[76]荀彘[77]出辽东[78]，以讨朝鲜。

初，上使王然于[79]以越破[80]及诛南夷兵威[81]风喻[1]滇王[82]入朝。滇王者，其众数万人，其旁东北有劳深[83]、靡莫[84]，皆同姓相杖[85]，未肯听。劳深、靡莫数[86]侵犯使者吏卒。于是上遣将军郭昌[87]、中郎将卫广[88]发巴、蜀兵击灭劳深、靡莫，以兵临滇。滇王举国降，请置吏入朝[89]。于是以为益州郡[90]，赐滇王王印[91]，复长其民[92]。

是时，汉灭两越[93]，平西南夷，置初郡十七[94]，且以其故俗治[95]，毋赋税。南阳、汉中以往郡[96]，各以地比给初郡吏卒奉食币物、传车马被具[97]。而初郡时时小反杀吏，汉发南方吏卒[98]往诛之，间岁[99]万余人，费皆仰给大农[100]。大农以均输调盐铁助赋[101]，故能赡之[102]。然兵所过，县为以訾给毋乏而已[103]，不敢言擅赋法矣[104]。

是岁，以御史中丞[105]南阳杜周[106]为廷尉。周外宽，内深次骨[107]，其治大放[108]张汤。时诏狱[109]益多，二千石系者，新故相因[110]，不减百余人。廷尉一岁至千余章[111]，章大者连逮证案[112]数百、小者数十人，远者数千、近者数百里会狱[113]。廷尉及中都官诏狱[114]逮至六七万人[115]，吏所增加[116]十万余人。

**三年（癸酉，公元前一〇八年）**

冬，十二月，雷，雨雹大如马头。

上遣将军赵破奴[117]击车师[118]。破奴与轻骑七百余先至，虏楼兰王[119]，遂破车师。因举兵威以困乌孙[120]、大宛[121]之属。春，正月甲申[122]，封破奴为浞野侯[123]。王恢[124]佐破奴击楼兰，封恢为浩侯[125]。于是酒泉列亭障至玉门[126]矣。

初作角抵戏[127][2]、鱼龙曼延[128]之属。

汉兵入朝鲜境，朝鲜王右渠发兵距险[129]。楼船将军将齐兵七千人先

秋季，在汶水边上建造了一座明堂。

汉武帝下诏死罪犯人如果愿意当兵可以免除其死罪，派遣楼船将军杨仆率领舰船从齐国渡海，左将军荀彘从辽东出兵，共同讨伐朝鲜。

当初，武帝命令王然于出使滇国，用汉朝攻破南越以及诛杀南夷的兵威劝说滇王，让滇王到汉朝朝见天子。滇王拥有几万人，滇国的东北是劳深国、靡莫国，都与滇王同一族姓，互相扶持，不肯听命于汉朝。劳深国和靡莫国还屡次侵犯汉朝使者随行的官吏和士卒。于是汉武帝派遣将军郭昌、中郎将卫广率领巴、蜀的军队灭掉了劳深国和靡莫国，然后兵临滇国城下。滇王率领全国投降汉朝，请求汉朝为滇派遣官吏，滇王入朝朝见汉武帝。于是汉朝把滇设置为益州郡，赐给滇王王印，让他仍然为滇国臣民之长。

当时，汉朝已经消灭了南越、东越，平定了西南少数民族地区，新设置的郡有十七个，而且都是按照当地旧有的习俗进行治理，不用向国家缴纳赋税。南阳、汉中以南各郡，因为与新设的郡相毗连，所以就由他们负责供给新设各郡的官吏、士兵的衣食、货币、物品、传车以及车马用具。然而新设郡还是经常发生一些小规模的叛乱，杀害官吏，武帝就从南方与这些新设郡相邻近的地区抽调官吏士兵前去征讨，每年都有一万多人前去平叛，费用全依赖大农令供应。大农令依靠均输法、盐铁官营的利润补贴赋税收入的不足，所以才能够保证供给。而军队所经过的各县，只以资助军队的财物不至于匮乏而已，并不敢随意以军兴法向百姓征集物资了。

这一年，汉武帝任命御史中丞南阳人杜周为廷尉。杜周表面上宽宏大度，而内心阴险残酷深入骨髓，他主持司法极力仿效张汤。当时奉诏审理的案件越来越多，二千石以上官员被逮捕关押的，旧的囚犯还没有离去而新的囚犯就又进来了，监狱中被关押的始终不下百人。经过廷尉审理的案件，一年达一千多件，大的案件受牵连被逮捕以及做证的有几百人，小的案件也涉及几十人，远的要长途跋涉几千里，近的也有几百里，全都会集到长安过堂审理。廷尉以及京师诸官府内所设立的临时诏狱中经常关押着六七万人，酷吏们加大打击范围，所增加的犯人更是多达十万多人。

**三年（癸酉，公元前一〇八年）**

冬季，十二月，打雷，下冰雹，最大的冰雹有马头那么大。

汉武帝派遣将军赵破奴攻打车师国。赵破奴与轻锐的骑兵七百多人率先到达，先俘获了楼兰王，随后又打败了车师。又借着兵威一举将乌孙、大宛这些国家逼入困境。春季，正月甲申日，武帝封赵破奴为浞野侯。王恢协助赵破奴打败楼兰有功，封王恢为浩侯。于是汉朝所修建的哨所、屏障就从酒泉一直延伸到了玉门关。

开始有人进行角抵、杂技与变幻莫测的魔术表演。

汉朝的军队进入朝鲜境内，朝鲜王卫右渠派军队占据险要。楼船将军杨仆率领齐

至王险，右渠城守，窥知楼船军少，即出城击楼船。楼船军败散，遁山中十余日，稍求收[3]散卒，复聚⑬⓪。左将军击朝鲜浿水西军⑬①，未能破。天子为两将未有利，乃使卫山⑬②因兵威⑬③往谕右渠。右渠见使者，顿首谢："愿降，恐两将诈杀臣。今见信节⑬④，请复降。"遣太子入谢⑬⑤，献马五千匹，及馈军粮⑬⑥。人众万余，持兵方⑬⑦渡浿水，使者及左将军疑其为变，谓太子："已服降，宜令人毋持兵。"太子亦疑使者、左将军诈杀之⑬⑧，遂不渡浿水，复引归。山还报天子，天子诛山⑬⑨。

左将军破浿水上军⑭⓪，乃前至城下，围其西北。楼船亦往会，居城南。右渠遂坚守城，数月未能下。左将军所将燕、代卒⑭①多劲悍⑭②。楼船将齐卒已尝败亡困辱，卒皆恐，将心惭，其围右渠，常持和节⑭③。左将军急击之，朝鲜大臣乃阴间使人私约降楼船⑭④，往来言尚未肯决⑭⑤。左将军数与楼船期战⑭⑥，楼船欲就其约⑭⑦，不会⑭⑧。左将军亦使人求间隙降下朝鲜⑭⑨，朝鲜不肯，心附楼船⑮⓪。以故两将不相能⑮①。左将军心意⑮②楼船前有失军罪，今与朝鲜私善，而又不降⑮③，疑其有反计，未敢发⑮④。

天子以两将围城乖异⑮⑤，兵久不决⑮⑥，使济南太守公孙遂⑮⑦往正之⑮⑧，有便宜得以从事⑮⑨。遂至，左将军曰："朝鲜当下，久之不下者，楼船数期不会⑯⓪。"具以素所意⑯①告，曰："今如此不取⑯②，恐为大害。"遂亦以为然，乃以节⑯③召楼船将军入左将军营计事，即命左将军麾下⑯④执⑯⑤楼船将军，并其军⑯⑥。以报天子⑯⑦，天子诛遂⑯⑧。

国的七千人率先到达朝鲜的都城王险城，卫右渠坚守王险城，当他探知楼船将军杨仆的军队很少的时候，立即率军出城袭击杨仆。杨仆的军队被打败后四处溃逃，杨仆也逃到山中躲藏了十几天，才又逐渐地将逃散的士兵召集起来。左将军荀彘率军攻打测水以西的朝鲜军队，未能取胜。汉武帝看到两位将军出战不利，就又派卫山为使者，想借助汉军的兵威劝说朝鲜王卫右渠投降。卫右渠见到汉朝使者，就磕头认罪说："我本来愿意归降汉朝，因为害怕两位将军以诈谋杀害我。如今见到使者手持的符节，我就放心了，请允许我投降。"于是朝鲜王卫右渠派太子跟随汉朝使者到汉朝京师向武帝谢罪，又贡献出五千匹马，还给汉朝的军队馈送了军粮。又派一万多人护送，这些人手持兵器正要渡过测水，使者卫山以及左将军荀彘担心这些人作乱，就对朝鲜太子说："你们已经臣服于汉朝，就不应当让你的随从携带兵器。"朝鲜王太子也怀疑使者卫山、左将军荀彘是想将自己骗过河去而后杀害自己，于是不肯渡过测水，竟然带兵而回。卫山回来报告汉武帝，汉武帝诛杀了卫山。

左将军荀彘打败了测水岸边的朝鲜军队，前进到朝鲜的都城之下，包围了城西北。楼船将军杨仆也来会合，驻扎在王险城的南边。卫右渠坚守城池，汉军一连攻打了几个月都没能攻下。左将军荀彘所率领的燕、代士兵大多身强体壮、作战勇敢。而楼船将军杨仆所率领的齐兵曾经被朝鲜军队打败，饱尝了失败逃亡的困苦和羞辱，因而士卒心有余悸，将领心中怀愧，他们虽然参与了围困右渠，却经常希望通过谈判解决问题。左将军荀彘攻城甚急，朝鲜大臣却偷偷地派人和楼船将军杨仆联系，暗中约定向楼船将军投降，只是双方往来协商投降的条件还没有最后确定下来。在这期间，左将军荀彘几次与楼船将军杨仆约定日期共同攻打右渠，楼船将军杨仆一心想实现接受右渠投降的愿望，因此，不肯前去参与会战。左将军荀彘也暗中派人寻找时机促使朝鲜投降自己，但朝鲜不肯投降左将军荀彘，而是想投降楼船将军杨仆。因此，左将军荀彘与楼船将军杨仆之间产生了矛盾。左将军荀彘因为楼船将军杨仆先前曾经有被朝鲜打败逃散的罪过，如今又与朝鲜王私下里交往，朝鲜王又不肯投降，所以疑心杨仆有反叛之心，只是一时还不敢对杨仆采取行动。

汉武帝因为左将军荀彘与楼船将军杨仆虽然围困了朝鲜都城却不能协调作战，战争很久不能结束，便派济南太守公孙遂前去调解他们的矛盾，并授权公孙遂，如果对国家有好处，就有自行决定处理的权力。公孙遂到了朝鲜，左将军荀彘向公孙遂诉说："朝鲜本来早就应当攻下了，久久没有攻下，是因为楼船将军杨仆屡次违背约定不参与会战。"便把平时自己对楼船将军杨仆的怀疑详细地报告给公孙遂，并说："现在如果不趁机捉拿杨仆，恐怕将来会造成更大的危害。"公孙遂也认为荀彘分析得有道理，于是就用天子符节召请楼船将军杨仆到左将军荀彘营中商议事情；楼船将军杨仆来到左将军荀彘营中，公孙遂立即下令左将军荀彘的部下拿下楼船将军杨仆，并让荀彘合并了杨仆的军队。公孙遂将处理的结果报告了汉武帝，汉武帝将公孙遂处死。

左将军已并两军，即急击朝鲜。朝鲜相路人⑯、相韩阴、尼溪相参⑰、将军王唊相与谋曰："始欲降楼船，楼船今执，独左将军并将⑰，战益急，恐不能与战。王又不肯降⑰。"阴、唊、路人皆亡降汉⑰，路人道死。夏，尼溪参⑰使人杀朝鲜王右渠来降。王险城未下，故右渠之大臣成已⑰又反，复攻吏⑰。左将军使右渠子长⑰、降相路人之子最⑰告谕其民，诛成已。以故遂定朝鲜，为乐浪⑰、临屯⑱、玄菟⑱、真番⑱四郡。封参为澅清侯⑱，阴为荻苴侯⑱，唊为平州侯⑱，长为几侯⑱，最以父死颇有功，为涅阳侯⑱。

左将军征至⑱，坐争功相嫉乖计⑱，弃市⑲。楼船将军亦坐兵至列口⑲，当待左将军，擅先纵⑲，失亡多，当诛⑲，赎为庶人。

班固曰⑲："玄菟、乐浪，本箕子所封⑲。昔箕子居朝鲜，教其民以礼义、田蚕织作，为民设禁八条：相杀⑲，以当时偿杀⑲；相伤，以谷偿⑲；相盗⑲者，男没入为其家奴⑳，女为婢；欲自赎者，人五十万⑳。虽免为民⑳，俗犹羞之，嫁娶无所售⑳。是以其民终不相盗，无门户之闭，妇人贞信不淫辟。其田野⑳饮食以笾豆⑳，都邑⑳颇放效吏⑳，往往以杯器食⑳。郡⑳初取吏于辽东⑳，吏见民无闭臧⑳，及贾人往者，夜则为盗，俗稍益薄⑳。今于⑳犯禁浸多⑳，至六十余条⑳。可贵哉，仁贤之化⑳也！然东夷⑳天性柔顺，异于三方之外⑳。故孔子悼道不行⑳，设浮桴于海⑳，欲居九夷⑳，有以也夫⑳！"

秋，七月，胶西于王端㉓薨。

武都氐㉔反，分徙酒泉㉕。

左将军荀彘合并了楼船将军杨仆的军队之后，立即加紧攻打朝鲜。朝鲜国相路人、韩阴、尼溪国相参、将军王唊互相商议说：“开始的时候是想投降楼船将军杨仆，而杨仆如今被抓，只有左将军荀彘统率两军，攻打很急，恐怕我们战胜不了他们。而国王又不愿意投降。”于是韩阴、王唊、路人都逃出城来投降汉军，路人死在逃亡的路上。夏季，尼溪相参派人刺杀了朝鲜王卫右渠，来向汉军投降。王险城还没有被攻克，而已故朝鲜王卫右渠的大臣成己又谋反，率人攻打汉朝的官吏荀彘等。左将军荀彘就派卫右渠的儿子卫长、投降过来的朝鲜相路人的儿子路最晓谕那里的朝鲜人，号召他们诛杀成己。于是平定了朝鲜，汉朝将朝鲜设置为乐浪郡、临屯郡、玄菟郡、真番郡四个郡。封参为澅清侯，封韩阴为萩苴侯，封王唊为平州侯，卫长为几侯，路最因为父亲路人首谋降汉而又死在路上，也算有功于汉，因此，封路最为涅阳侯。

左将军荀彘被召到京师，因为争抢战功、互相嫉妒而使出荒谬的手段获罪，被拉到闹市处决。楼船将军杨仆也因为军到列口，本应等待左将军荀彘到来共同出击，却擅自抢先进兵，导致战败、士兵逃散、伤亡惨重的严重后果，以此也被判处死刑，出钱赎罪，贬为平民。

班固说：“玄菟、乐浪，本来是周武王给箕子的封地。过去箕子统治朝鲜的时候，用礼义教化那里的人民，教他们种田、养蚕、织布等技能，还为那里的人民制定了八条禁令：杀了人，当时偿命；伤了人，用谷物赔偿。偷盗的，男的就处罚他到被偷盗的人家里做奴隶，女的做婢女；想要赎身的，每人出五十万钱。即使被赦免罪过成为平民，当时的风俗仍然认为这是耻辱，这样的人家，男的娶不到媳妇，女的嫁不出去。所以，那时的人民终生不偷盗，也无关门闭户之说，妇人讲究贞节信用，从不淫乱。乡村里的人进餐都用竹器瓦器盛饭盛汤，住在城镇里的人大都效仿官吏，往往用杯碗等餐具进食。自从成为汉朝的郡县以来，官吏大都从辽东派去，这些官吏以及往来经商的人，看见那里的人家夜不闭户，也不收藏好自家的东西，便经常在夜间前去偷盗，于是风俗逐渐变坏。现在由于违犯禁令的人越来越多，制定的法律条文也由原来的八条增加到六十多条。多么可贵呀，当年箕子以礼义教化影响！然而朝鲜民族天性柔顺，和中原地区的北方、西方、南方境外各民族的习性不一样。所以孔子在哀叹自己的理想不能实现的时候，就准备乘坐一只小木筏出海，前往居住在海上的民族中去，看来是有道理的呀！”

秋季，七月，胶西于王刘端去世。

武都郡的氐族部落发动叛乱，汉朝将氐人中的一部分迁到了酒泉郡。

**【段旨】**

以上为第一段，写元封二年（公元前一〇九年）、三年共两年间的全国大事。本段主要篇幅是详细写了汉王朝平定朝鲜、在其地设立四郡的过程，写了汉王朝将领之间的钩心斗角与汉朝使者的昏聩无能。史文来自《史记》的《朝鲜列传》，作者的批判态度是很明确的。《资治通鉴》作者又引进了一段班固对箕子古朝鲜风俗的赞美，更突出了这段文字的讽刺性。此外还写了汉王朝平定滇国附近的反汉者，在滇国一带设立益州郡；写了赵破奴击车师、楼兰，汉王朝西部地域向西扩展；武帝宠信公孙卿，继续大搞荒诞迷信的行为等。

**【注释】**

① 五畤：分别祭祀五方天帝的五座神坛，即密畤、鄜畤、吴阳上畤、吴阳下畤、北畤，都在雍县附近。② 泰一：祭祀泰一神的神坛，在当时的长安城东南方。骗子们把泰一说成是天上最高的神灵，五帝是泰一神的辅佐。③ 德星：胡三省说是“镇星”，即今所谓土星。梁玉绳以为骗子们自欺欺人地指彗星，事见本书卷二十。梁说近是。④ 东莱山：在今山东黄县东南。⑤ 缑氏城：在今河南偃师东南，嵩山的西北，离嵩山不远。⑥ 中大夫：皇帝的侍从官，在皇帝身边以备参谋议论，上属郎中令。⑦ 东莱：汉郡名，郡治即今山东烟台。⑧ 无名：无借口，说不出一个光明正大“为国为民”的理由。⑨ 乃祷万里沙：于是便做出了一种为百姓求雨的样子。万里沙是地区名，也是这里的祠庙名，在今山东烟台东北，濒临渤海，海边有神秘的参山。⑩ 还：由东方向西来。⑪ 过祠泰山：路过时顺便祭祀一下，不同于专门举行的封禅大典。⑫ 瓠子：地名，在今河南濮阳城西南，处于当时古黄河的南侧。⑬ 二十余岁不复塞：黄河于武帝元光三年（公元前一三二年）决口于瓠子，至此时已二十三年，而一直没有把它堵上。⑭ 梁、楚之地：指今河南东部和与之邻近的安徽、江苏北部地区。因为今开封一带战国时期属梁，徐州、寿县一带战国时期属楚，故云。⑮ 汲仁、郭昌：汲仁是武帝时的直臣汲黯之弟，曾官至九卿，不知此时任何职。郭昌是武帝时的名将。事迹参见《史记·卫将军骠骑列传》《史记·西南夷列传》《史记·朝鲜列传》。⑯ 塞瓠子河决：正在堵塞地处于瓠子的黄河决口。⑰ 沈白马玉璧于河：以此祭祀河神。沈，沉。⑱ 将军以下：指“大将军”以下的所有文武百官。“大将军”以上只还有“丞相”一人。⑲ 负薪：背柴草以填于决口。⑳ 卒填决河：终于把黄河决口堵上了。㉑ 宣防宫：祠庙名，取其既能导水使通，又能防止河堤决口。宣，通。㉒ 导河北行二渠：修通两条渠道，以分黄河之水。二渠，一指故“大河”，自今河南浚县引河水北行，至河北黄骅入海，为黄河主干流；一指漯水，自今浚县引河水经南乐东行，至山东高青入海，为支流。㉓ 复禹旧迹：梁玉绳以为汉时之黄河已非禹时所行之故道，以为“史不书河徙已属疏略，乃称武帝‘道二渠，复禹迹’，岂史公明知非禹所

穿，而以武帝自多其功姑妄纪之乎”。㉔越巫：越人之为巫者。巫，以装神弄鬼、沟通人神为事的骗子。㉕百鬼：各式各样的鬼。㉖用鸡卜：以鸡骨占卜吉凶。《史记正义》曰：“鸡卜法用鸡一、狗一，生祝愿讫，即杀鸡狗煮熟，又祭，独取鸡两眼，骨上自有孔裂，似人物形则吉，不足则凶。今岭南犹此法也。”㉗蜚廉、桂观：二台名。《史记集解》引应劭曰：“飞廉神禽，能致风气。”晋灼曰：“身如鹿，头如雀，有角而蛇尾，文如豹文也。”陈直曰：“西安汉城遗址出土蜚廉画瓦甚多，其形身如鹿，头如雀，与晋灼注相合，盖即蜚廉观中之物。”㉘益寿、延寿观：二台观名。《史记索隐》引《汉武故事》云：“作延寿观，高三十丈。”㉙设具：陈列供神灵享用的饮食起居之具。㉚通天台：《资治通鉴》原作“通天茎台”，茎字衍文，今削。师古引《汉旧仪》云：“台高三十丈，望见长安城。”《史记正义》引《括地志》云：“通天台在云阳西北八十里，武帝以五月避暑，八月乃还。”㉛全燕之世：指战国时燕国最强盛的时期，即燕昭王（公元前三一一至前二七九年在位）时代。有关燕国的历史详见韩兆琦《史记笺证》之《燕世家》及有关考证资料。㉜略属：攻击之使其臣属。略，拓地、扩展地盘。㉝真番：古代小国名，约今黄海北道与黄海南道的部分地区。㉞朝鲜：古国名，国都王险，在今朝鲜平壤西南。㉟筑障塞：指在真番、朝鲜周围帮助两国构筑防卫工事。障塞，城堡。㊱秦灭燕：事在秦王政二十五年、燕王喜三十三年、公元前二二二年。㊲辽东外徼：辽东郡的界外管区。秦朝的辽东郡治襄平，即今辽阳。徼，边界上的栅栏，这里即指燕国所筑的长城。此城基本沿着大宁江及其支流昌城江向南逶迤延伸，最后抵达入海处，在今朝鲜半岛的清川江入海口之北，名叫满蕃汗。㊳汉兴：刘邦于公元前二〇六年被项羽封为汉王，公元前二〇二年破杀项羽，统一全国，称皇帝。㊴辽东故塞：辽东郡东部的旧国境。〖按〗秦时辽东郡的东境北起今辽宁铁岭，东南行，经今本溪、丹东东，过鸭绿江至今清川江入海处。㊵浿水：即今朝鲜国之清川江。也有说即今鸭绿江者，非。㊶属燕：意谓辽东郡的边界以内属燕，而真番、朝鲜在浿水以南，此时已不属燕国。燕，此指汉初的诸侯国，国都蓟县（即今北京市）。㊷燕王卢绾反：事在高祖十二年（公元前一九五年）。卢绾原是刘邦的亲信，高祖五年被封为燕王，后与陈豨通连谋反，失败后，逃入匈奴。事见《史记·韩信卢绾列传》。㊸亡命：有如今之抛弃户口、证件，匿名外逃。㊹椎髻蛮夷服：改换成一种少数民族的梳妆打扮。椎髻，将头发盘在头顶，上尖如锥，当时少数民族男人的一种发式。椎，此处同“锥”。㊺出塞：脱出辽东郡东南边界上的长城。㊻秦故空地上下障：即上文所说最初“全燕之世”在真番、朝鲜周围所筑，汉代建国后嫌其太远而将其放弃的那些“障塞”。秦故空地，即秦时已将其划在徼外，汉代更弃而不要的真番、朝鲜等地区。空，指无人管辖，并非指空无人居。上下障，《史记索隐》引《汉书·地理志》曰：“乐浪郡有云鄣（障）。”乐浪郡在今平壤之东南部。㊼稍役属：稍，逐渐。役属，使之归属，受己役使。㊽王险：即今平壤。《后汉书·东夷传》曰：“昔武王封箕子于朝鲜，其后四十余世，至朝鲜侯准，自称王。汉初大乱，燕、齐、赵人往避地者数万口，而燕人卫满击破准而自王朝鲜。”〖按〗有关卫满击败朝鲜王准，夺其位而为朝鲜王事，尚见于《三国志·东夷传》与注引《魏略》等多处。㊾孝惠、高后时：孝惠，即惠帝刘盈，刘邦之子，公元前一九四至前一八八年在位。高后，即吕后，刘邦之妻，公元前一八七至前一八〇年在位。㊿保：团聚；统领。51诸蛮夷君：当时居住在今朝鲜境内的各部族首领。52兵威财物：以“兵威”震慑，以“财物”利诱，二者兼施。53侵降：郭嵩焘曰：“‘侵’字承‘兵威’言，‘降’字承‘财物’言。”54临屯：部落名，当时居住在今朝鲜咸镜南道及江原北道一带。55传子至孙右渠：师古曰：“满死传子，子死传孙，右渠者，其孙名也。”56滋多：越来越多。滋，益也。57入见：指入汉朝拜见皇帝。58辰国：也称“辰韩”，约当今韩国的东部地区，在当时朝鲜国的东南部。59雍阏：也写作“拥遏”“壅厄”，阻塞、阻挡。60涉何：姓涉名何。61去至界上：离开王险回国，回至国境线上。62御：车夫，也可泛指仆从。63裨王长：裨王，小王；偏裨之王。师古曰：“长者，裨王名也。”64即渡二句：渡过浿水，进了长城。〖按〗当时浿水以北就是古燕之长城，也就是当时辽东郡与朝鲜的边境。65上为其名美二句：《史记索隐》曰：“有杀将之名。”不诘，不问、不责怪。66辽东东部都尉：辽东郡东部驻军的长官。东部都尉的驻地武次，在今辽宁凤城东北。67发兵袭攻杀何：“袭”“攻”“杀”三动词连用，以见朝鲜反应之强烈、迅速。吴见思曰：“写使者生事，天子好名，朝鲜倔强报怨，三事合并写。”68甘泉房中：甘泉宫的祭祀斋戒之处。69赦天下：因产一芝九茎，以为祥瑞，故赦天下。70封则天旱：一进行封禅，天就干旱不雨。71干封三年：为把皇帝新修祭坛的湿土晒干，要用三年的时间。72意干封乎：莫非就是为了晒干祭坛上的湿土吗。〖按〗方士之言，无视民生疾苦，而皇帝也跟着如此说，似乎全无心肝。73作明堂于汶上：在汶水边上修造了一座明堂。汉明堂故址在今泰安东北之东、西谢过城村之间，为一圆形高台。当时的汶水流经奉高县城的西北侧。74募：招募，愿去者可免其罪。75从齐浮渤海：从齐地（今山东东部）乘船渡海进攻朝鲜。渤海，实即今之黄海，因从齐浮海至朝鲜，不必经由今之渤海。76左将军：武官名，汉代武官最贵者为大将军，其次为骠骑将军，再次为卫将军，再次为前、后、左、右四将军，再次为诸杂号将军。77荀彘：以善车技先在武帝身边任侍中，又以校尉随卫青讨匈奴。事迹略见于《史记·卫将军骠骑列传》。78出辽东：谓荀彘率陆军经由辽东郡出发进攻朝鲜。79王然于：姓王名然于，前在元光六年时曾作为司马相如的副使出使西夷，在西夷的邛都、筰都一带设县、设都尉。见《史记·司马相如列传》。80越破：指汉平南越、东越事。81诛南夷兵威：指破且兰，夜郎入汉为县事。82滇王：相传是楚顷襄王之弟庄蹻的后代。详情见韩兆琦《史记笺证》之《西南夷列传》考证。滇王都城在今云南滇池之东南侧，今昆明之东南方。83劳深：《史记》作“劳浸”，少数民族部落名，有说其地在今云南宜良东。84靡莫：少数民族部落名，有说其地在今云南曲靖一带。劳深、靡莫都与滇国同族，且亲缘关系较近。85同姓相杖：同一族姓，相互扶持。86数：屡屡。87郭昌：曾以伐匈奴功被任为拔胡将军。

事见《史记·匈奴列传》。⑱ 卫广：西汉将领。武帝时任中郎将。元鼎六年（公元前一一一年），率兵平定南夷，设牂柯郡。⑲ 请置吏入朝：请朝廷为滇国地区派遣官吏，自己入朝拜见皇帝。⑳ 益州郡：约当今云南之滇池、洱海等一带地区，郡治在今云南昆明市晋宁区东北，地处滇池之东南侧。㉑ 赐滇王王印：据云南晋宁石寨山滇王墓之发掘报告称，在石寨山六号墓发现金印一方，刻有篆书“滇王之印”四字，与此记载相合。此印为方形，每边宽二点四厘米，通纽厚二厘米。㉒ 复长其民：使其仍为滇国臣民之君长，位同一县，上属汉之益州郡。〖按〗此与前之平定夜郎，仍使其君为“夜郎王”者相同，皆“因其故俗而治之”。㉓ 两越：指南越、东越。㉔ 置初郡十七：初郡，新设郡。汉武帝平定南越后，在今广东、广西、海南与越南设立了南海（治广州）、苍梧（治广西梧州）、郁林（治所在今广西桂平西）、合浦（治所在今广西合浦东北）、交趾（治越南河内）、九真（治所在今越南清化西北）、日南（治所在今越南广治西北）、珠崖（治所在今海南海口东南）、儋耳（治所在今海南澹县西北）九郡；平定西南夷后在今贵州、云南、四川南部与北部、甘肃之东南部设立了武都（治所在今甘肃成县西北）、牂柯（治所在今贵州贵定东北）、越巂（治所在今四川西昌东南）、沈黎（治所在今四川汉原东北）、汶山（治所在今四川茂县西北）、犍为（治所在今四川宜宾西南）、零陵（治所在今湖南兴安东北）、益州（治所在今云南晋宁东北）八郡，共十七郡。㉕ 且以其故俗治：暂且按照其原有的风俗习惯加以治理。且，暂、姑且。㉖ 南阳、汉中以往郡：南阳、汉中以南的各郡，如汉中以南的巴郡、蜀郡，南阳以南的江夏、长沙、武陵等郡。㉗ 各以地比给初郡吏卒奉食币物、传车马被具：因为这些郡和那些新设郡相邻近，因此就让它们给新设郡的吏卒供应俸食币物，为驿站供应车马用具。比，邻近。给，供应。传车马，驿站上用的车马。被具，披挂用具。〖按〗若将“给”字移至“初郡”字下，则此句含意较现在显豁。㉘ 南方吏卒：即邻近这些新设郡县地区的官吏、士兵。㉙ 间岁：隔年，实则这里即指每年、连年。⑩ 仰给大农：都靠国家的大农令供应。⑩ 以均输调盐铁助赋：使用各郡国均输官的运输能力，调集各地盐铁事业的收入，来支助南方兵徭的费用。⑩ 故能赡之：所以才能够保证供应，未使缺乏。⑩ 县为以訾给毋乏而已：语略不顺，大意为仅能保证其基本需要。“为以”二字疑有讹误，《汉志》作“以为”。訾给，供应。訾，通“资”。⑩ 不敢言擅赋法矣：此句含义不清，《汉志》作“不敢言轻赋法矣”。何焯曰：“擅赋法，谓常法正供外，擅取诸民，以訾给所过军也。”方苞曰：“军所过，县吏擅赋法以多取于民，而众亦不敢以为言也。”郭嵩焘曰：“言武帝雄心稍戢，不更侈用以求急功也。”诸说皆不满人意，姑录之以备考。疑此句应作“不敢擅言赋法矣”。擅言，随便讲，轻易动用。赋法，以军兴法征集物资。其所以不敢用“军兴法”掠夺百姓，因百姓本来已经不安定，恐激起民变。⑩ 御史中丞：御史大夫的属官，执掌纠弹。⑩ 杜周：当时著名的酷吏。事迹详见《史记·酷吏列传》。⑩ 内深次骨：内心阴沉，残刻至骨。次，至也。⑩ 大放：大大仿效。⑩ 诏狱：由皇帝交下来的案件，也指关押皇帝要查办的罪犯的监狱，这里是指前面

的意思。⑩新故相因：旧的尚未离去，新的就又来了。因，接续。⑪廷尉一岁至千余章：意思欠明，《史记》原文作“郡吏大府举之廷尉一岁至千余章”，较此明晰，意思是指各郡及丞相府提交到廷尉衙门来的大案要案一年一千多件。千余章，即千余件。⑫连逮证案：牵连到与案件有关的人。⑬会狱：过堂；开审。⑭中都官诏狱：京师诸官府内所设立的临时诏狱。中都官，京城里的诸官府。⑮逮至六七万人：经常被关押的多达六七万人。⑯吏所增加：酷吏们加宽打击面而逮捕的人。师古曰：“吏又于此外以文致之，更增加也。”⑰赵破奴：原是匈奴人，降汉后被用为将军。事迹见《史记·卫将军骠骑列传》。⑱车师：古西域国名，也写作“姑师”。分前后两国，车师前国的国都交河城，在今新疆吐鲁番城西；车师后国在吐鲁番北的天山北侧。⑲楼兰王：楼兰国（古西域国名）之王。都城即今新疆罗布泊西北之楼兰故城。东汉时楼兰改称鄯善，都城迁至扜泥（今新疆若羌）。楼兰在车师前国的东南方。⑳乌孙：西域国名，其地约当今我国新疆之西北部、塔吉克斯坦的东南部，与吉尔吉斯斯坦的东部地区，首都赤谷城，在今吉尔吉斯斯坦境内的伊塞克湖之东南。㉑大宛：西域国名，首都贵山城（今卡散赛）。㉒正月甲申：此处记事有误，正月丁亥朔，无甲申日。㉓浞野侯：赵破奴随霍去病伐匈奴，曾因功封从票侯，后因酎金事失侯，今又封浞野侯。㉔王恢：与当初怂恿武帝袭击匈奴，徒劳无功，被武帝所杀者非一人。㉕封恢为浩侯：据《史记·建元以来侯者年表》，王恢“以故中郎将将兵捕得车师王功侯”，事在元封四年（公元前一〇七年）。此处史文乃云以佐破奴击楼兰封侯，事件与时间皆误。㉖酒泉列亭障至玉门：从酒泉郡向西建立亭障，一直建立到玉门关。酒泉，汉郡名，郡治禄福，即今甘肃酒泉。亭障，指瞭望台以及碉堡之类。玉门，指玉门关，即今敦煌西北的小方盘城，因西域人由此向中原输入玉石而得名。㉗角抵戏：一种技艺表演，类似今之摔跤。㉘鱼龙曼延：一种杂技与魔术相结合的活动。曼延，极言变化之奇特繁多。㉙距险：凭险塞以抗汉军。距，通“拒”。㉚稍求收散卒二句：渐渐地寻找逃散的部队，又重新集合起来。稍，渐。求，寻找。㉛浿水西军：驻守于浿水之西，亦即抗击汉朝陆军的最前沿的军队。㉜卫山：其人事迹不详。《史记·卫将军骠骑列传》有义阳侯卫山，应是另一人。㉝因兵威：趁有两将的军队临朝鲜之境。因，凭借、仗恃。㉞信节：即指节，皇帝使者的信物。㉟入谢：入朝谢罪。㊱馈军粮：给荀彘、杨仆两军供应粮饷。馈，赠、供应。㊲方：将；正要。㊳诈杀之：骗其过河而杀之。㊴天子诛山：以其办事无能。〖按〗因袭击匈奴不成诛王恢，因对闽越失利诛张成、刘齿，今又因接待朝鲜投降不成诛卫山，武帝可谓法严令具。㊵浿水上军：浿水边上的守军。水上，水边、沿岸。㊶燕、代卒：从燕国、代国征调来的士兵。因为这两个地区邻近匈奴，故比较勇敢善战。代，汉朝的郡国名，建国以来有时为诸侯国，有时为郡。此时为郡，郡治即今河北蔚县东北之代王城。㊷劲悍：强悍。〖按〗荀彘所率之燕代兵不仅强悍，而且人多。杨仆仅七千人，荀彘则有五万人。㊸常持和节：总希望通过谈判解决问题。〖按〗杨仆吸收了在南越作战时由于自己猛攻，而将欲降者都赶入了伏波帐下的教训，此次也想学当时伏波之所为。⑭乃阴间使人私约降楼船："阴""间"二字应削其一，意即"暗中""私下"，两字重叠使用者少见。⑮尚未肯决：尚未最后说定。⑯期战：约定时间与右渠开战。⑰欲就其约：想等待实现朝鲜向自己投降的约定。⑱不会：不愿与荀彘相约、并力。⑲求间隙降下朝鲜：找机会使朝鲜投降自己。间隙，空隙、机会。⑳朝鲜不肯二句：谓朝鲜人不肯投降荀彘，而欲投降杨仆。㉑不相能：不相得；相互不买账。下文"不能"，与此义同。㉒心意：心中猜疑。意，疑。㉓而又不降：谓朝鲜人不肯答应荀彘的约降。㉔未敢发：还没敢公开动手解决杨仆。㉕乖异：两人的意见不合。乖，背、相悖离。㉖兵久不决：围一座小城而长时间不能攻下。㉗济南太守公孙遂：姓公孙，名遂。济南，汉郡名，郡治东平陵（今山东章丘西北）。㉘往正之：前往调停、解决。正，裁决，分辨其是非曲直。㉙有便宜得以从事：看着怎么办好就怎么办，即授予其临时处置之权。㉚数期不会：多次与之约定，他都不来。㉛素所意：平时对杨仆的种种怀疑。㉜不取：不拿下杨仆。㉝以节：凭着他所持的皇帝所给予的节信。㉞麾下：部下。麾，大将的指挥旗。㉟执：拘捕。㊱并其军：谓公孙遂乃使荀彘并杨仆之军。㊲以报天子：主语为公孙遂。㊳天子诛遂：武帝可谓有识见、有决断，绝无姑息。㊴朝鲜相路人：姓路名人。㊵尼溪相参：尼溪相名参，"尼溪"的意思不详，有人说是地名。㊶并将：两支军队都归他率领。㊷王又不肯降：此处对话未完，意思由下面的叙述补足。㊸亡降汉：背王潜逃降汉。㊹尼溪参：即上文之"尼溪相参"。㊺成已：姓成名已。㊻复攻吏：复攻汉朝之吏荀彘等。㊼右渠子长：右渠的儿子名曰"长"，已降汉，前文漏书。据《史记·建元以来侯者年表》，此人叫"张各"。㊽路人之子最：路人的儿子其名曰"最"。㊾乐浪：乐浪郡，约当今朝鲜的西北部地区。㊿临屯：临屯郡，约当今北纬三十八度线两侧的东部地区。(181)玄菟：玄菟郡，约当今朝鲜的东北部地区。(182)真番：真番郡，约当今北纬三十八度线两侧的西部地区。(183)澅清侯：封地澅清，《史记集解》引韦昭曰："属齐。"(184)萩苴侯：封地萩苴，《史记集解》韦昭曰："属勃海。"(185)平州侯：封地平州，《史记集解》引韦昭曰："属梁父。"(186)几侯：封地几，《史记集解》引韦昭曰："属河东。"(187)涅阳侯：封地涅，《史记集解》引韦昭曰："属齐。"(188)征至：被召到朝廷。(189)乖计：使用荒谬的手段。乖，悖谬。(190)弃市：腰斩或杀头。古者刑人于市，以示与国人共弃之，故云。(191)列口：即今朝鲜殷栗，在平壤西南临海。(192)擅先纵：专断地率先发起进攻。(193)当诛：被判为死刑。当，判。(194)班固曰：以下评论文字见《汉书·地理志》。(195)箕子所封：据《史记·宋微子世家》，箕子是殷纣王的亲戚，劝谏纣王不听，自己隐身为奴。周武王灭殷后，封箕子于朝鲜。(196)相杀：此处意即杀人。(197)偿杀：抵命。(198)以谷偿：用粮食赔偿受伤者。(199)相盗：偷盗人家的东西。(200)没入为其家奴：将人身归于其家为奴隶。(201)五十万：指铜钱。(202)虽免为民：即使免去了奴隶身份、恢复了平民资格。(203)嫁娶无所售：男人娶不了媳妇，女人嫁不出去。无所售，卖不出，以喻无法嫁娶。(204)田野：指住在农村的人。(205)饮食以笾豆：用竹器、瓦器盛饭盛汤。⑳都邑：指住在城镇的人。⑳放效吏：生活习惯模仿官吏。放，通“仿”。⑳以杯器食：用杯碗之类的餐具饮食。⑳郡：指玄菟、乐浪一带古朝鲜地区。⑳取吏于辽东：都是到周王朝所辖的辽东郡一带物色官吏。㉑无闭臧：不关门、不收藏好自家的财物。㉑俗稍益薄：风俗越来越坏。稍益，逐渐。㉑今于：现在由于。㉑浸多：越来越多。浸，渐。㉑至六十余条：指法令由八条发展到了六十多条。㉑仁贤之化：指箕子当年教化影响。㉑东夷：东方的蛮夷，这里指朝鲜民族。㉑异于三方之外：和中原地区北方、西方、南方境外之各民族习性不同。㉑悼道不行：伤心在周王朝的地面上无法推行自己的学说。㉒设浮桴于海：准备乘船出海，到海上的少数民族中去。设，准备、打算。桴，筏，通常即指船。《论语·公冶长》：“道不行，乘桴浮于海。”㉒欲居九夷：《论语·子罕》有所谓“子欲居九夷”。九夷，指古代东方的少数民族，古朝鲜在古代史书上被称作“东夷”。㉒有以也夫：孔子发那种慨叹是有道理的，指当初古朝鲜的风俗比中原王朝的风俗

---

【原文】

**四年（甲戌，公元前一〇七年）**

冬，十月，上行幸雍，祠五畤。通回中道[226]，遂北出萧关[227]，历独鹿[228]、鸣泽[229]，自代而还，幸河东[230]。春，三月，祠后土[231]，赦汾阴、夏阳[232]、中都[233]死罪以下[234]。

夏，大旱。

匈奴自卫、霍度幕[235]以来，希[236]复为寇，远徙北方，休养士马，习射猎，数[237]使使于汉，好辞甘言[238]求请和亲。汉使北地人王乌等窥[239]匈奴，乌从其俗[240]，去节入穹庐[241]，单于爱之，佯许甘言[242]，为遣其太子入汉为质[243]。汉使杨信于匈奴[244]，信不肯从其俗，单于曰：“故约[245]汉尝遣翁主[246]，给缯絮食物有品[247]，以和亲[248]，而匈奴亦不扰边。今乃欲反古[249]，令吾太子为质，无几[250]矣。”信既归，汉又使王乌往。而单于复谄以甘言[251]，欲多得汉财物，绐[252]谓王乌曰：“吾欲入汉见天子面，相约为兄弟。”王乌归报汉，汉为单于筑邸[253]于长安。匈奴曰：“非得汉贵人使，吾不与诚语[254]。”匈奴使其贵人至汉，病，汉予药，

好。㉓胶西于王端：刘端，景帝之子，于景帝三年削平七国之乱后受封为胶西王，都城在今山东高密西。㉔武都氐：居住在今甘肃武都一带的少数民族。氐，古代少数民族名。㉕分徙酒泉：将武都氐族的一部分迁到酒泉郡去。

【校记】

［1］风喻：原无“风”字。据章钰校，乙十一行本有“风”字，《史记》《汉书》亦皆有“风”字，今据补。［2］角抵戏：原作“角牴戏”。据章钰校，十四行本、乙十一行本、孔天胤本皆作“角抵戏”，《史记》《汉书》亦皆作“角抵戏”，今据改。［3］收：原作“退”，今据严衍《资治通鉴补》改作“收”。〖按〗《史记》《汉书》亦皆作“稍求收散卒”，用“收”字义长。

【语译】

**四年（甲戌，公元前一〇七年）**

冬季，十月，汉武帝到雍地巡视，在五帝畤祭祀五帝。由于修通了回中道，于是汉武帝便向北走出萧关，经历独鹿山、鸣泽，到达代郡，然后返回，归途中又巡视了河东郡。春季，三月，祭祀地神，赦免了汾阴、夏阳、中都三地除去死罪犯以外的所有罪犯。

夏季，大旱。

自从卫青、霍去病向北度过沙漠大破匈奴以来，匈奴很少再到边境侵扰，而是远远地迁徙到了北方，他们休养人马，练习射箭打猎，屡次派遣使者来到汉朝，用甜言蜜语请求和亲。武帝派遣北地人王乌等人到北地去窥探匈奴的虚实，王乌到了匈奴之后就改从匈奴的习俗，把所持的汉朝符节放在帐外而只身进入匈奴人用毡子制成的大帐篷里，匈奴单于很喜欢他，用好听的言辞哄骗王乌，还答应送太子到汉朝充当人质。汉武帝又派杨信为使者出使匈奴，杨信不肯像王乌那样遵从匈奴的习俗，匈奴单于说：“过去约定和亲，都是汉朝派遣公主到匈奴来和亲，每年送给匈奴相当数量的绸缎丝絮以及食品，所以匈奴也不侵扰汉朝的边境。如今汉朝却想违反过去的约定，让我派太子到汉朝充当人质，你们别指望。”杨信回来后，汉武帝又派王乌前往匈奴。匈奴单于又用花言巧语哄骗王乌，目的就是想要得到汉朝更多的财物，匈奴单于欺骗王乌说：“我想要到汉朝去拜见天子，与汉朝建立兄弟般的友好关系。”王乌回来报告给汉武帝，汉武帝专门为单于在长安建造了官邸。匈奴单于却说：“汉朝必须派遣地位尊贵的人前来，否则我不会说心里话。”匈奴单于派遣了一位贵人来到汉朝，不幸病倒了，

欲愈之[255]，不幸而死。汉使路充国佩二千石印绶[256]往使，因送其丧，厚葬[257]，直数千金[258]，曰："此汉贵人也[259]。"单于以为汉杀吾贵使者，乃留路充国不归[260]。诸所言者[261]，单于特空绐[262]王乌，殊无意入汉及遣太子。于是匈奴数使奇兵侵犯汉边。乃拜郭昌为拔胡将军[263]，及浞野侯[264]屯朔方[265]以东，备胡。

**五年（乙亥，公元前一〇六年）**

冬，上南巡狩至于盛唐[266]，望祀[267]虞舜于九疑[268]。登灊天柱山[269]，自寻阳[270]浮江[271]，亲射蛟江中，获之。舳舻千里[272]，薄枞阳而出[273]，遂北至琅邪[274]，并海[275]，所过礼祠其名山大川。春，三月，还至太山，增封[276]。甲子[277]，始祀上帝于明堂[278]，配以高祖[279]。因朝[280]诸侯王、列侯，受郡、国计[281]。夏，四月，赦天下，所幸县毋出[282]今年租赋。还幸甘泉，郊泰畤[283]。

长平烈侯[284]卫青薨。起冢象庐山[285]。

上既攘却[286]胡、越，开地斥境[287]，乃置交趾、朔方之州[288]，及冀、幽、并、兖、徐、青、扬、荆、豫、益、凉[289]等州，凡十三部[290]，皆置刺史[291]焉。

上以名臣文武欲尽[292]，乃下诏曰："盖有[293]非常之功，必待非常之人。故马或奔踶[294]而致千里[295]，士或有负俗之累[296]而立功名[297]。夫泛驾[298]之马，跅弛[299]之士，亦在御[300]之而已。其令州郡察吏民有茂材[4]异等[301]可为将相及使绝国[302]者。"

**六年（丙子，公元前一〇五年）**

冬，上行幸回中[303]。

春，作首山宫[304]。

三月，行幸河东，祠后土，赦汾阴殊死[305]以下。

汉既通西南夷，开五郡[306]，欲地接以前[307]通大夏[308]，岁遣使十余辈出此初郡[309]，皆闭昆明[310]，为所杀，夺币物。于是天子赦京师亡命[311]令

汉朝派医生给他看病吃药，本想治愈他的病，不幸的是贵人却死了。汉武帝于是派遣路充国佩戴二千石的印绶作为使者前往匈奴，同时护送匈奴贵人的灵柩回国，并为他厚葬，前后花费有几千金，路充国对匈奴单于说："这是按照汉朝贵人殡葬的规格。"匈奴单于认为是汉朝杀死了他的贵人使者，便扣留了路充国，不许他归汉。匈奴单于以前所说的话，其实都是故意哄骗王乌，根本就没有到汉朝朝见皇帝和派遣太子入汉当人质的打算。此后匈奴屡次派遣骑兵侵扰汉朝的边境。汉武帝于是任命郭昌为拔胡将军，与浞野侯赵破奴一起率军驻扎在朔方郡防备匈奴。

**五年（乙亥，公元前一〇六年）**

冬季，汉武帝南巡来到盛唐山，在这里向着九疑山方向遥祭虞舜。然后登上灊县境内的天柱山，然后从寻阳乘船顺长江而下，汉武帝亲自射中江中的蛟龙，将蛟龙擒获。武帝的船队首尾相接在江中排列有一千里，在靠近枞阳的地方登岸后，又向北到达琅邪台，沿着海岸线北行，沿途所经过的名山大川，汉武帝都要进行祭祀。春季，三月，武帝回到泰山，整修了封禅的祭坛，举行了祭天活动。二十一日甲子，武帝第一次在明堂祭祀上帝，并把高祖的灵位也放入明堂陪同天神、地神享受祭祀。又在这里接受诸侯王、列侯的朝拜，并批阅各郡、国所呈送的财务结算报告。夏季，四月，大赦天下，下诏凡是此次巡行所经过的郡县全部免缴当年的租赋。返回途中，巡幸甘泉宫，在郊外祭祀泰一神。

长平烈侯卫青去世。为他修筑的坟墓，形状就像是匈奴境内的庐山。

汉武帝已经打败了匈奴，平定了南越国和东越国，开拓了疆域，扩大了版图，于是在新设置的郡之上又设置了交趾、朔方州，以及冀、幽、并、兖、徐、青、扬、荆、豫、益、凉等州，总共十三部，每州设置一位最高行政长官刺史。

汉武帝觉得当时有名的文臣武将凋零殆尽，就下诏说："要想建立不同寻常的功业，必须有不同寻常的人才。所以良马即使撒欢尥蹶子，却能一日奔跑一千里；有才能的人士虽然有被世俗非议的缺点，但也有建功扬名的才干。对于不遵循轨迹的千里马、放纵不羁的人才，关键在于如何驾驭、管理而已。命令各州刺史、各郡郡守认真考察属下的官吏、辖区内的人士，如果有异常优秀、才能出众，可以担任将、相以及可以担当到绝远国家出使重任的人才，要及时举荐。"

**六年（丙子，公元前一〇五年）**

冬季，汉武帝巡视回中。

春季，兴建首山宫。

三月，汉武帝巡视河东郡，在汾阴祭祀地神，赦免汾阴死罪以下的所有囚犯。

汉朝已经征服了西南夷，并设置了犍为、越巂、沈黎、汶山、益州五个郡，想借此寻找一条通往大夏国的道路，每年都要派遣十多批使者从这些新设置的郡中经过，然而都被昆明部落所阻挡，使者被杀，财物被抢。于是汉武帝将京师的一些亡

从军，遣拔胡将军郭昌将以击之，斩首数十万。后复遣使，竟不得通[312]。

秋，大旱，蝗。

乌孙使者见汉广大，归报其国，其国乃益重汉。匈奴闻乌孙与汉通，怒，欲击之。又其旁[313]大宛、月氏之属皆事汉[314]，乌孙于是恐，使使愿得尚汉公主[315]，为昆弟[316]。天子与群臣议，许之。乌孙以千匹马聘[5]汉女。汉以江都王建女细君[317]为公主[318]，往妻乌孙，赠送甚盛。乌孙王昆莫以为右夫人。匈奴亦遣女妻昆莫，以为左夫人[319]。公主自治宫室居，岁时一再与昆莫会[320]，置酒饮食。昆莫年老，言语不通，公主悲愁思归[321]，天子闻而怜之，间岁[322]遣使者以帷帐锦绣给遗[323]焉。昆莫曰“我老”，欲使其孙岑娶尚公主。公主不听，上书言状。天子报曰：“从其国俗，欲与乌孙共灭胡。”岑娶遂妻公主。昆莫死，岑娶代立，为昆弥[324]。

是时，汉使西逾葱岭[325]，抵安息[326]。安息发使，以大鸟卵[327]及黎轩善眩人[328]献于汉，及诸小国欢潜[329]、大益[330]、姑师[331]、扜罙[332]、苏韰[333]之属皆随汉使献见[334]天子，天子大悦。西国使更来更去[335]，天子每巡狩海上[336]，悉从[337]外国客，大都多人则过之[338]，散财帛以赏赐，厚具[339]以饶给[340]之，以览示[341]汉富厚焉。大角抵[342]，出奇戏[343]、诸怪物[344]，多聚观者。行赏赐，酒池肉林。令外国客遍观名仓库府藏[345]之积，见[346]汉之广大，倾骇之[347]。大宛左右多蒲萄，可以为酒，多苜蓿，天马嗜[348]之。汉使采其实[349]以来，天子种之于离宫别观旁，极望[350]。然西域以近匈奴，常畏匈奴使，待之过于汉使焉。

是岁，匈奴乌维单于[351]死，子乌师庐[352]立，年少，号“儿单于”。自此之后，单于益西北徙，左方兵直云中[353]，右方兵[354]直酒泉、敦煌郡。

命之徒赦免，命令他们从军，派遣拔胡将军郭昌率领着南下征讨昆明，杀死了几十万人。后来再派使者，但始终没有打通通往大夏国的道路。

秋季，大旱，蝗虫成灾。

乌孙使者看到汉朝地域广大，回去向他的国君作了汇报，乌孙国于是更加重视与汉朝的关系。匈奴听说乌孙国与汉朝互通往来，非常恼怒，就想发兵攻打乌孙国。而此时乌孙国近旁的大宛国、月氏国等都已听命于汉朝，乌孙国王听到匈奴要来攻打的消息感到非常恐惧，就派遣使者入汉，希望能娶汉朝的公主为妻，与汉朝建立兄弟般的友好关系。汉武帝与群臣商议后，答应了乌孙王的请求。乌孙国王将一千匹马作为聘礼前来聘娶汉朝公主。汉武帝封江都王刘建的女儿刘细君为公主，将她嫁给乌孙王，作为陪嫁而赠送的礼品非常丰厚。乌孙王昆莫封汉朝公主刘细君为右夫人。匈奴也将一位美女嫁给乌孙王为妻，乌孙王封匈奴女为左夫人。公主自己建造了宫室居住，一年之中与乌孙王昆莫只能见上一两次，每次见面时又仅限于设置酒宴招待。昆莫年老，又言语不通，因此细君公主十分悲伤忧愁，日夜思念故乡，盼望能够回到汉朝，武帝知道后非常同情公主，便每隔一年就派遣使者将帷帐、丝织品等给细君公主送去。昆莫说“我老了”，想要让公主嫁给他的孙子岑娶。公主不同意，并将此事上奏给汉武帝。武帝回复说:“遵守他们国家的风俗习惯，因为我们的目的是要联合乌孙共同消灭匈奴。”于是乌孙国王昆莫的孙子岑娶娶了细君公主为妻。昆莫去世，岑娶继承了王位，称为昆弥。

当时，汉朝的使者向西越过葱岭，到达安息国。安息也派遣使者到汉朝回访，并将他们那里出产的鸵鸟蛋以及黎轩国的魔术师献给汉武帝，其他诸多小国如欢潜、大益、车师、扜采、苏䪥等国也都派遣使者跟随汉朝使者来朝见汉朝皇帝，汉武帝非常高兴。西域国家派来的使者更加频繁地来来往往，武帝每次到东部沿海巡视，就将这些外国使节全部带上，沿途的大城市或人多的地方就成为必经之路，还将财物赏赐给他们，并为他们准备足够的用具，以此向外国人显示汉朝的广大和富有。每逢进行摔跤表演、各种杂技表演以及奇异的魔术表演，都会招引很多人围观。武帝不仅将物品赏赐给他们，还大摆宴席，酒肉丰盛得简直就是肉林酒池一般。还让这些外国客人观看各地仓库里堆积如山的物品，以显示汉朝地域的广大，使这些客人无不为中国地域的广阔和富有而感到惊骇。大宛国附近盛产葡萄，可以酿酒。还生长着很多的苜蓿，苜蓿是汗血马非常喜欢吃的一种植物。汉朝使者将采集的苜蓿种子带回汉朝，武帝就将这些苜蓿种子种在离宫别馆的旁边，苜蓿长得一眼望不到边。然而西域各国因为挨近匈奴，对匈奴的使者非常畏惧，所以他们对待匈奴的使者与对待汉朝的使者比起来更加优待。

这一年，匈奴乌维单于死，他的儿子乌师庐继位，因为年龄太小，所以称他为“儿单于”。从此之后，单于更加向西北方向迁徙，匈奴的东部左贤王的人马对着汉朝的云中郡，西部右贤王的兵力对着汉朝的酒泉、敦煌郡。

## 太初元年（丁丑，公元前一〇四年）

冬，十月，上行幸泰山。十一月甲子朔，旦，冬至[355]，祠上帝于明堂。东至海上，考入海[356]及方士求神者莫验[357]。然益遣[358]，冀遇之[359]。乙酉[360]，柏梁台灾[361]。

十二月甲午朔[362]，上亲禅高里，祠后土[363]，临勃海[364]，将以望祀[365]蓬莱[366]之属，冀至殊廷[367]焉。春，上还，以柏梁灾，故朝诸侯，受计于甘泉[368]。甘泉作诸侯邸[369]。

越人勇之[370]曰："越俗，有火灾，复起屋必以大[371]，用胜服之[372]。"于是作建章宫[373]，度[374]为千门万户。其东则凤阙[375]，高二十余丈。其西则唐中[376]，数十里虎圈。其北治大池，渐台[377]高二十余丈，命曰太液池[378]，中有蓬莱、方丈、瀛洲[379]、壶梁[380]，象海中神山、龟鱼之属[381]。其南有玉堂、璧门[382]、大鸟[383]之属。立神明台[384]、井幹楼[385]，度五十丈，辇道相属[386]焉。

大中大夫[387]公孙卿[388]、壶遂[389]、太史令司马迁等言："历纪[390]坏废，宜改正朔[391]。"上诏兒宽[392]与博士赐[393]等共议，以为宜用夏正[394]。夏，五月，诏卿、遂、迁等共造汉《太初历》[395]，以正月为岁首[396]，色上黄[397]，数用五[398]，定官名，协音律，定宗庙百官之仪，以为典常[399]，垂之后世[400]云。

匈奴儿单于好杀伐，国人不安。又有天灾，畜多死。左大都尉[401]使人间告[402]汉曰："我欲杀单于降汉。汉远，即[403]兵来迎我，我即发[404]。"上乃遣因杅将军公孙敖[405]筑塞外受降城[406]以应之。

秋，八月，上行幸安定[407]。

汉使入西域者言："宛有善马，在贰师城[408]，匿[409]不肯与汉使。"天子使壮士车令[410]等持千金及金马以请之。宛王与其群臣谋曰："汉去我远，而盐水[411]中数败[412]，出其北[413]有胡寇，出其南[414]乏水草，又且往往而绝邑[415]，乏食者多。汉使数百人为辈[416]来，而常[417]乏食，死者过半。是安能致大军乎[418]！无奈我何。贰师马，宛宝马也。"遂不肯予汉使。

**太初元年（丁丑，公元前一〇四年）**

冬季，十月，汉武帝巡游泰山。十一月初一日甲子，这天的早晨交冬至节，汉武帝在明堂祭祀上帝。武帝向东来到大海边，考察方士入海求仙的情况，没有一个得到应验。然而汉武帝还是加派人员入海寻求神仙，希望能够遇到。二十二日乙酉，柏梁台发生火灾。

十二月初一日甲午，汉武帝来到泰山脚下的高里山拓地祭祀地神，然后来到渤海边，遥望着传说中蓬莱仙岛的方向祭祀，希望能到达仙人居住的地方。春季，汉武帝回京，因为柏梁台失火，所以改在甘泉宫接受诸侯的朝拜以及听取各郡、国的财政问题汇报。让诸侯们各自在甘泉建造府邸。

有一个越国人叫作勇之的说："按照越人的习俗，凡是发生火灾的地方，如果在原地重新盖房子，新房子一定要比被烧的房子大，才能制服火神。"于是在柏梁台原址建造建章宫，计划将建章宫建造得千门万户。在建章宫的东边建造凤阙，凤阙高二十多丈。在建章宫的西边建设唐中苑和一个方圆几十里的虎圈。在建章宫的北边用人工挖掘一个大水池，水池中建造的渐台高二十多丈，这个水池被命名为太液池，太液池中还建有蓬莱、方丈、瀛洲、壶梁四座假山，象征着海上的四座神山，还雕刻有龟、鱼之类。在建章宫的南边建有玉堂、璧门，立有大鸟之类。还建有神明台、井幹楼，高约五十丈，各建筑之间有空中阁道供皇帝的车子往来。

大中大夫公孙卿、壶遂、太史令司马迁等向汉武帝建议说："历法混乱得已经无法使用，应当改用新的历法。"武帝下令兒宽与博士赐等共同商议，大家都认为应该采用夏朝的历法，以正月作为岁首。夏季，五月，武帝命令公孙卿、壶遂、司马迁等共同修订汉朝的《太初历》，以正月为一岁之首，颜色崇尚黄色，数字采用五进制，制定官名，协调音律，制定百官以及宗庙祭祀的各种礼仪，并将其定为典章，永垂后世。

匈奴儿单于性情凶暴，动不动就杀人，匈奴国人因此而惊恐不安。又发生天灾，牲畜死亡很多。匈奴左大都尉派密使到汉朝，说："我想杀掉儿单于投降汉朝。但汉朝离我们路途遥远，如果汉朝能派兵前来接应，我立即动手。"武帝于是派遣因杅将军公孙敖在边境上修筑关塞，名叫"受降城"，以接应匈奴左大都尉投降。

秋季，八月，汉武帝巡视安定郡。

汉朝派往西域的使者回来说："大宛国有一种宝马，在贰师城，藏匿起来不让汉朝使者看见。"汉武帝于是派遣壮士车令等人携带着一千斤黄金以及金马前往大宛国要求交换宝马。大宛王与群臣商议说："汉朝距离我们这里路途遥远，中间需要通过盐泽，过往的人经常因路途险恶而死亡，如果绕道而行，北边有匈奴，南边既缺乏水草，又没有城邑，人烟稀少，缺乏食品供应。汉朝几百人结伙而来，经常因为缺乏食物而死亡过半。这种情况下汉朝哪里有能力调动大军前来讨伐我们呢！他们不能把我们怎么样。贰师城的马，是我们大宛国的宝马。"于是，拒绝与汉使交易宝马。

汉使怒，妄言[419]，椎金马[420]而去。宛贵人怒曰："汉使至轻我[421]！"遣汉使去，令其东边郁成王[422]遮攻[423]，杀汉使，取其财物。

于是天子大怒。诸尝使宛[424]姚定汉等言："宛兵弱，诚以汉兵不过三千人，强弩射之，可尽虏[425]矣。"天子尝使浞野侯以七百骑虏楼兰王[426]，以定汉等言为然。而欲侯宠姬李氏[427]，乃拜李夫人兄广利[428]为贰师将军[429]，发属国[430]六千骑及郡国恶少年[431]数万人，以往伐宛。期[432]至贰师城取善马，故号贰师将军。赵始成为军正[433]，故浩侯王恢[434]使导军，而李哆为校尉[435]，制军事[436]。

臣光曰[437]："武帝欲侯宠姬李氏，而使广利将兵伐宛，其意以为'非有功不侯[438]'，不欲负[439]高帝之约也。夫军旅大事，国之安危、民之死生系焉[440]。苟为[441]不择贤愚而授之[442]，欲徼幸咫尺之功[443]，藉以为名[444]而私其所爱[445]，不若无功而侯之为愈[446]也。然则武帝有见于封国[447]，无见于置将[448]，谓之能守先帝之约[449]，臣曰过矣[450]。"

中尉[451]王温舒坐为奸利[452]，罪当族，自杀。时两弟及两婚家[453]亦各自坐他罪而族。光禄勋[454]徐自为[455]曰："悲夫！古有三族[456]，而王温舒罪至同时而五族[457]乎！"

关东[458]蝗大起，飞西至敦煌。

---

**【段旨】**

以上为第二段，写元封四年（公元前一〇七年）至太初元年（公元前一〇四年）共四年间的全国大事。本段主要写了汉王朝与乌孙和亲，与西域诸国的来往频繁，汉向西域人夸富摆阔；写了汉向大宛求善马，大宛不给，因而引起纠

汉使车令气愤已极，就对大宛王说了许多不该说的话，然后击碎金马而离开大宛国。大宛国的显贵们也发怒说："汉使竟敢如此轻视我们！"汉使离开后，大宛国的显贵便让他们东边的郁成王在途中阻击汉朝使者，将汉朝使者杀死，夺取了汉朝使者所携带的财物。

汉武帝得知大宛国杀死了汉朝使者后，不禁勃然大怒。曾经出使过大宛国的姚定汉等人对武帝说："大宛国兵力很弱，如果出兵攻打大宛，连三千人的兵力也用不了，只要用强弩射击，就可以把他们全部俘虏了。"汉武帝曾经派浞野侯赵破奴率领七百名骑兵俘虏了楼兰王，所以认为姚定汉等人说得有道理。另一方面，也想借机让宠姬李夫人的哥哥李广利建立战功而封侯，于是任命李夫人的哥哥李广利为贰师将军，调拨附属国的六千名骑兵以及郡国之中品行恶劣的少年几万人组成一支远征军前去讨伐大宛。希望到达贰师城就能得到大宛国的宝马，所以称李广利为贰师将军。赵始成担任军中的司法官，曾经被封为浩侯的王恢作为军事向导，李哆担任校尉，掌管行军打仗。

司马光说："武帝想封宠姬李夫人的哥哥李广利为侯，所以才派李广利带兵讨伐大宛，武帝以为'非有战功者不能封侯'，是不想违背高祖的约定。然而行军打仗的事情，关系到国家安危、人民的生死。如果不管其是贤能还是愚蠢，就将军事指挥大权授予他，希望他凭借侥幸而获取小小的功劳，并以此为借口而把利益授予受宠者，与其这样做还不如不发动这场战争而白白地赏给他这个侯爵呢。然而，武帝只知道要封侯就需要建立功劳，而没有看到如果用将不当，不仅难以建功，反而会导致失败的严重后果，如果仅凭这一点就说武帝能够遵守高祖的约定，我认为这是错误的。"

中尉王温舒因为非法牟利，而被判处灭族之罪，王温舒自杀。当时王温舒的两个弟弟以及两个儿女亲家也因为受到他罪牵连而被灭族。光禄勋徐自为感慨地说："可悲啊！古代有灭三族的法律，而王温舒的罪过竟至于被诛灭五族了！"

函谷关以东地区发生蝗灾，蝗虫向西飞到了敦煌郡。

---

纷，汉武帝为侯宠妃之家而起兵伐宛；写了汉与匈奴时而通使，时有摩擦；写了汉在郡国之上设立十三刺史部，目的在于加强中央集权，强化汉武帝个人的独裁专制；写了汉王朝的"改正朔"，施行《太初历》；写了汉武帝继续巡幸、求仙，大搞淫祀、大兴土木、大造建章宫等劳民伤财的勾当。

## 【注释】

㉖通回中道：通，修通。回中道，关中平原与陇东高原间的咽喉通道，东起今陕西陇县，西北至今甘肃的华亭。㉗萧关：关塞名，在今宁夏固原东南。㉘独鹿：山名，方位不详，应在今宁夏、内蒙古一带。㉙鸣泽：沼泽名，方位不详，约在今内蒙古西部或陕西北部。有人以今河北涿州的鸣泽当之，恐非。㉚河东：汉郡名，郡治安邑，在今山西夏县西北。㉛祠后土：祭祀地神。后土祠在今山西万荣西南的古汾阴县城西。㉜夏阳：汉县名，县治在今陕西韩城西南。㉝中都：汉县名，县治在今山西平遥西南。㉞死罪以下：指死罪以下的罪犯。㉟卫、霍度幕：指元狩四年（公元前一一九年）之卫青、霍去病度漠北大破匈奴。㊱希：通“稀”。少。㊲数：屡；屡次。㊳好辞甘言：甜言蜜语。㊴窥：以通使的名义窥测其动静虚实。㊵从其俗：按照匈奴人的习俗，实即依照匈奴人规定。㊶去节入穹庐：把汉王朝的旌节放在帐外，空身进帐。穹庐，匈奴单于的篷帐。㊷佯许甘言：以好话哄弄王乌。㊸为遣其太子入汉为质：假说他要派其太子去汉朝拜见皇帝。㊹汉使杨信于匈奴：后来汉王朝又派杨信到匈奴去。㊺故约：根据过去的规定。㊻尝遣翁主：经常不断地派公主到匈奴和亲。尝，通“常”。翁主，据刘邦时的规定，汉朝要派公主和亲匈奴。此处作“翁”字与事实不合。“翁主”是诸侯的女儿。㊼给缯絮食物有品：每年都要把相当份额的丝织品与食品送给匈奴。有品，有一定的数量、规格。㊽以和亲：谓结好和亲以后。以，通“已”。㊾反古：改变故约。古，意思同“故”。㊿无几：没门儿；别指望。几，冀、希望。(251)谄以甘言：以好话讨人喜欢。谄，通“啖”，喂。(252)绐：哄骗。(253)邸：官邸，诸侯建于京城的府舍，以备入朝天子时住宿。(254)诚语：说心里话。(255)欲愈之：想给他治好病。(256)使路充国佩二千石印绶：路充国本来的官爵原不至二千石，现特命其以二千石的身份充任使者。二千石，郡太守与诸侯相之级别。(257)厚葬：此指装殓丰厚。(258)直数千金：直，通“值”。数千金，汉代称黄金一斤曰“一金”，“一金”约值铜钱一万。(259)此汉贵人也：这在汉朝，是贵人殡葬的规格。(260)不归：不令其归汉。(261)诸所言者：过去单于对王乌所说的那些话。(262)特空绐：就是为了欺骗。特，只、就是。空绐，以空话欺骗。(263)郭昌为拔胡将军：拔胡将军是杂号将军名，盖取其任务以名之。郭昌事迹又见于前文平西南夷事。(264)浞野侯：赵破奴，先从霍去病破匈奴有功，封从骠侯。后兵败失侯，至再破楼兰王，乃又被封为浞野侯。事迹详见《史记·卫将军骠骑列传》。(265)朔方：汉郡名，郡治在今内蒙古乌拉特前旗东南。(266)盛唐：汉县名，即今安徽六安。(267)望祀：遥祭。(268)九疑：山名，在今湖南零陵西南，山上有舜墓。(269)灊天柱山：灊县境内的天柱山。灊，汉县名，县治在今安徽霍山县东北。天柱山，安徽境内的名山，在今安徽潜山市西北，旧时的灊县西南。(270)寻阳：汉县名，在今湖北黄梅西南。(271)浮江：谓乘船顺长江而下。(272)舳舻千里：极言船只之多，首尾不断。舳，指船尾。舻，指船头。(273)薄枞阳而出：在枞阳县离开长江。枞阳

县在今安徽境内的长江北岸。薄，靠近。㉗④琅邪：此指琅邪台，在今山东青岛市黄岛区西南的黄海之滨，在当时的琅邪县东南。㉗⑤并海：沿海边北行。并，傍着。㉗⑥增封：给泰山加土，即举行祭天活动。㉗⑦甲子：三月二十一。㉗⑧明堂：皇帝的祭天与讲礼之建筑，在泰山东北侧的奉高境内。㉗⑨配以高祖：把高祖刘邦的灵牌也放在天神、地神的旁边接受祭祀。㉘⓪朝：接受……的朝拜。㉘①受郡、国计：接受各郡各诸侯国的财务结算报告。计，财务结算。㉘②毋出：免缴。㉘③泰畤：即泰一畤。㉘④长平烈侯：卫青被封为长平侯，烈字是谥。㉘⑤起冢象庐山：坟墓修筑得像是匈奴境内的庐山。卫青墓在今陕西兴平东北，是汉武帝的陪葬墓。庐山，也写作“卢山”，在匈奴境内，具体方位不详。㉘⑥攘却：打退；打败。㉘⑦开地斥境：扩大了领土地盘。㉘⑧置交趾、朔方之州：意即在新开拓的今福建、广东、广西一带建立交趾刺史部，在新开拓的内蒙古与陕西北部一带建立朔方刺史部。交趾刺史部辖南海、郁林、苍梧、交趾、合浦、九真、日南七郡；朔方刺史部辖朔方、五原、西河、上郡、北地五郡。㉘⑨冀、幽、并、兖、徐、青、扬、荆、豫、益、凉：在汉王朝原来管辖的地面上设立冀、幽、并、兖、徐、青、扬、荆、豫、益、凉十一个刺史部，冀州刺史部辖赵、广平、真定、中山、河间、信都诸王国和魏郡、常山、巨鹿、清河四郡，幽州刺史部辖上谷、渔阳、右北平、辽西、辽东、玄菟、乐浪、渤海、涿郡、广阳国，并州刺史部辖太原、上党、云中、定襄、雁门、代郡六郡，兖州刺史部辖陈留、山阳、济阴、泰山、东郡及城阳、淮阳、东平国，徐州刺史部辖琅邪、东海、临淮郡及泗水、广陵、楚国，青州刺史部辖齐郡、济南、千乘、平原、北海、东莱郡及淄川、胶东国，扬州刺史部辖九江、庐江、丹阳、会稽、豫章郡及六安国，荆州刺史部辖南阳、江夏、南郡、武陵、零陵、桂阳郡及长沙国，豫州刺史部辖颍川、汝南、沛郡及梁国、鲁国，益州刺史部辖汉中、巴、蜀、武都、广汉、犍为、牂柯、越嶲、益州九郡，凉州刺史部辖安定、天水、陇西、金城、武威、张掖、酒泉、敦煌八郡。㉙⓪十三部：十三个管辖区。㉙①刺史：官名，汉王朝中央的派出官员，犹如后代的“特派员”，级别很低，秩六百石，只管了解该地区的情况，向中央报告。开始时没有固定的办公地点，只是奉诏巡行诸郡，以省察治政、官吏能否、有无冤狱等等。㉙②欲尽：快要死光了。㉙③有：要；想要建立。㉙④奔踶：撒欢、尥蹶子，指其野性难改。踶，同“踢”。㉙⑤致千里：指善跑，一日千里。㉙⑥负俗之累：被世俗非议的缺点。㉙⑦立功名：有立功扬名的才干。㉙⑧泛驾：翻车。㉙⑨跅弛：放纵不羁。㉚⓪御：驾驭；管理。㉚①茂材异等：才华出众。茂材，意即“秀才”，东汉人为避刘秀讳，改秀曰“茂”。㉚②绝国：出使远方之国。绝，交通阻隔。㉚③回中：地区名，也是道路名，指关中平原与陇东高原间的咽喉通道，东起今陕西陇县，西北至今甘肃的华亭。㉚④首山宫：在当时的河东蒲阪县境内，今山西永济西。㉚⑤殊死：死罪。㉚⑥五郡：指犍为郡、越嶲郡、沈黎郡、汶山郡、益州郡。㉚⑦地接以前：不断地向前扩大地盘。㉚⑧通大夏：一直与大夏连接起来。《史记集解》曰：“欲地界相接至大夏。”大夏，西域国名。在当时的月氏以南，今之阿富汗北部，国都蓝氏城

（今巴里黑）。㉙初郡：新设立之郡。㉚皆闭昆明：都被昆明部落所阻挡。闭，阻路。昆明，西南地区的少数民族部落名，其地在今云南西部的洱海以南。㉛亡命：亡命徒；黑户口。㉜竟不得通：最后还是没能打通。㉝其旁：乌孙国的旁边。㉞事汉：听命、服从汉王朝。㉟尚汉公主：娶汉王朝的皇帝之女为妻。㊱昆弟：兄弟。昆，兄也。㊲江都王建女细君：江都王刘建之女名叫细君。刘建是景帝之孙，继其父位为江都王，都城在今扬州东南。㊳为公主：以公主的名义。因为双方协议是以公主和亲。㊴以为左夫人：当时匈奴尚左，乌孙也尚左。乌孙畏匈奴，故以匈奴女为左夫人。㊵岁时一再与昆莫会：一年里头与昆莫见一两次面。岁指一年，时指一个季度。在这里"岁时"即指一年。一再，一两次。㊶悲愁思归：《汉书·西域传》载细君之作歌曰："吾家嫁我兮天一方，远托异国兮乌孙王。穹庐为室兮旃为墙，以肉为食兮酪为浆。居常土思兮心内伤，愿为黄鹄兮归故乡。"㊷间岁：每隔一年。㊸给遗：赠送。㊹昆弥：乌孙王的称号。㊺葱岭：山名，古时对今帕米尔高原及昆仑山、天山西段的统名。㊻安息：伊朗地区的古国名。㊼大鸟卵：鸵鸟蛋。㊽黎轩善眩人：黎轩国的魔术师。黎轩，又作"犁轩""犁靬"等。敦煌悬泉汉简中作"骊靬"，在今甘肃永昌以南。㊾欢潜：西域国名，其地约在今阿姆河下游，接近咸海一带，今属乌兹别克斯坦。㊿大益：西域国名，丁谦以为即阿拉伯人。(331)姑师：即"车师"。分前后两国，车师前国的国都交河城，在今新疆吐鲁番城西；车师后国在吐鲁番北的天山北侧。(332)扜冞：也作"扜弥"，西域国名，国都在今于田西北。(333)苏薤：西域国名，岑仲勉以为在今乌兹别克斯坦的撒马尔罕一带。(334)献见：献礼朝见。(335)更来更去：更加频繁地来来往往。(336)每巡狩海上：每次到东部沿海边巡游。巡狩，指皇帝的出游，美其名曰"巡狩"，意思是巡行视察各地诸侯为国家守护疆土的情况。狩，通"守"。汉武帝屡屡外出到东方海上巡游是从元封元年（公元前一一〇年）开始，目的是寻求神仙与不死之药。(337)悉从：全部带上。(338)大都多人则过之：专门找那种城市大、人口多的地方走。(339)厚具：多多地准备东西。(340)饶给：多给；出手大方。〖按〗以上"散财帛以赏赐，厚具以饶给之"，指赏赐当地臣民。(341)览示：夸示，指摆阔给外国人看。(342)大角抵：指大规模地举行摔跤、相扑一类的表演。(343)奇戏：指各种杂技表演。(344)诸怪物：各种稀奇古怪的动物。(345)仓库府藏：都是仓库的不同名称。(346)见：同"现"，夸耀。(347)倾骇之：令其惊讶怪骇。(348)嗜：爱吃。(349)实：果实；种子。(350)极望：一眼看不到边。(351)乌维单于：公元前一一四至前一〇五年在位。(352)乌师庐：公元前一〇五至前一〇二年在位。(353)左方兵直云中：东部左贤王的人马对着汉王朝的云中郡，今内蒙古呼和浩特西南。(354)右方兵：西部右贤王的人马。(355)十一月甲子朔三句：十一月初一是甲子日，这天的早晨交冬至节。(356)入海：指入海寻找三仙山的人。(357)莫验：没有一个人得到应验。(358)益遣：更多地派遣。(359)冀遇之：希望能够遇上。(360)乙酉：十一月二十二。(361)柏梁台灾：柏梁台失火烧掉。柏梁台在当时未央宫北的桂宫内，高数十丈，相传是用"香柏"为之，也有说其台用梁百根。(362)十二月甲午朔：十二月初一是甲午日。㊽禅高里二句：在高里山拓地祭祀地神。高里，也写作“蒿里”，泰山下的小山名，在今泰安西南。㉞勃海：即今渤海。㉟望祀：遥望而祭祀。㊱蓬莱：方士们传说的大海中的仙人名。㊲殊廷：另一种境界。㊳受计于甘泉：在甘泉宫接受各郡、各诸侯国的财政问题汇报。㊴甘泉作诸侯邸：让诸侯们各自在甘泉宫附近建造官邸，意思是今后将常在甘泉宫接受诸侯朝拜。㊵越人勇之：越族的骗子名勇之。㊶有火灾二句：如果房子因火灾烧掉了，那就在原地盖一所更大的。㊷用胜服之：以此来压倒火神。胜，也称“压胜”，用巫术制服魔鬼。㊸建章宫：《史记正义》引《括地志》云：“建章宫在长安县西二十里，长安故城西。”〖按〗建章宫在当时长安城的西墙外，与城墙内的未央宫隔城墙相对。㊹度：计划；设计。㊺凤阙：《史记索隐》引《三辅故事》云：“上有铜凤凰，故曰‘凤阙’也。”㊻唐中：宫殿名，班固《西都赋》有“前唐中而后太液”；张衡《西京赋》有“前开唐中，弥望广象”之句。㊼渐台：大池中筑有高台。师古曰：“渐，浸也。台在池中，为水所浸，故曰‘渐台’。”㊽命曰太液池：称此建章宫北的大池曰“太液池”。《史记正义》引臣瓒曰：“‘太液’言象阴阳津液以作池也。”㊾蓬莱、方丈、瀛洲：即方士们所编造的海中三仙山。㊿壶梁：与蓬莱、方丈等同为传说中的海中仙山名。㊳龟鱼之属：《史记索隐》引《三辅故事》云：“海池北岸有石鱼长二丈，广五尺，西岸有石龟二枚，各长六尺。”〖按〗杜甫《秋兴八首》有所谓“织女机丝虚夜月，石鲸鳞甲动秋风”，盖谓此。382 玉堂、壁门：《史记索隐》曰：“其南则玉堂，《汉武故事》：‘玉堂基与未央前殿等，去地十二丈。’”《史记正义佚文》引《汉武故事》曰：“玉壁内殿十二门，陛阶咸以玉为之，门高樽三层，台高十余丈，椽首樽以璧为之，名曰‘璧门’。”383 大鸟：师古曰：“立大鸟也。”384 神明台：师古引《汉宫阁疏》云：“神明台高五十丈，上有九室，恒置九天道士百人。”385 井幹楼：师古曰：“积木而高，为楼若井幹之形也。井幹者，井上木栏也，其形或四角，或八角。张衡《西京赋》云‘井干叠而百层’，即谓此楼也。”386 辇道相属：各楼台之间有空中阁道供皇帝的车子往来。相属，相连。387 大中大夫：皇帝的侍从官员，在皇帝身边以备顾问。388 公孙卿：以鬼神邪说蛊惑汉武帝的骗子。389 壶遂：曾与司马迁等共同制定历法的天文学家。事迹还见于《史记》的《太史公自序》与《韩长孺列传》。390 历纪：即指历法。391 改正朔：改用新的月份为一年的第一个月。如夏朝一年开头的月份是正月，商朝是十二月，周朝是十一月，秦朝是十月。汉代建国以来一直没改，故自贾谊开始屡屡有人提出动议。392 兒宽：一个读儒书以柔媚取悦于汉武帝的官僚，此时任御史大夫。393 博士赐：身为博士之职，其名曰赐，史失其姓。394 夏正：夏朝的历法。395《太初历》：以正月为岁首的一种新历法，并首次规定以没有中气的月份为闰月。396 以正月为岁首：从下年开始以正月为岁首，故本年就有了十五个月。397 色上黄：帝王的冠冕、礼服、车马、旌旗等等的颜色都用黄色。398 数用五：如一步等于五尺、车的宽度五尺、印文用五个字等。399 典常：常法；常规。400 垂之后世：后世永远遵行。401 左大都尉：匈奴的高级军官名，地位在左右大将之下。402 间告：密告。403 即：若；

若有。㊸发：举事；动手。㊹公孙敖：曾多次随卫青北伐匈奴，现任因杅将军之职。事迹见《史记·卫将军骠骑列传》。㊻筑塞外受降城：修筑关塞，名叫“受降城”，也称“宿虏城”，谭其骧《历史地图集》标在今内蒙古乌拉特中后联合旗东。㊼安定：汉郡名，郡治高平，在今宁夏固原。㊽贰师城：在大宛首都贵山城之东南，今吉尔吉斯斯坦安集延之正南。㊾匿：藏。㊿壮士车令：壮士姓车名令。⑪盐水：即罗布泊。⑫数败：指凡欲通过罗布泊者，往往被恶劣的自然气候所摧垮。⑬出其北：向北绕开罗布泊，意即经由所谓“北路”西行。⑭出其南：意即沿所谓“南路”西行。⑮绝邑：没有城镇，没有人烟。⑯数百人为辈：结伙数百人。⑰常：此处通“尚”，尚且。⑱是安能致大军乎：这样的道路，大部队怎么能通过呢。是，此。致，使之前来。⑲妄言：指骂人。⑳椎金马：砸碎了带来的礼品金马。㉑至轻我：竟然敢轻视我们。至，竟。或曰，汉使轻视我们达到了极点。至，极。㉒东边郁成王：东部边境地区的郁成王。郁成，大宛的城镇名，在大宛国都贵山城的东南，贰师城的东北，今安集延的正东。徐孚远曰：“欲讳杀使之迹，故纵之去，而令郁成遮要之。”㉓遮攻：截击。㉔诸尝使宛：几个曾经出使过大宛的人。㉕尽虏：全部俘获他们。㉖以七百骑虏楼兰王：事在前元封三年。㉗欲侯宠姬李氏：欲使其宠姬李夫人之亲属李氏家族为侯。有关李夫人的简略事迹见《史记·外戚世家》。㉘广利：李广利。事迹除见于本文外，尚见于《史记·匈奴列传》与《汉书·李广利传》。㉙贰师将军：以行动之目的地为将军之称号，亦如赵破奴之为“匈河将军”“浚稽将军”。㉚属国：少数民族归顺汉王朝，而集体居住在边境地区的部落。当初匈奴浑邪王率部降汉，汉王朝将其安置在今内蒙古与陕西、甘肃北部一带地区，即称“属国”。㉛恶少年：师古曰：“无行义者。”〖按〗虽“无行义”，但亦尚非“罪人”者。㉜期：期望；计划。㉝军正：军中的司法官。㉞故浩侯王恢：王恢于元封四年被封浩侯，不久因“出使酒泉，矫制”，被废，故此称“故浩侯”。㉟校尉：将军属下的部队长。一个将军下设若干部，部的长官即校尉。㊱制军事：主管全军的军事。陈子龙曰：“贰师于将略未必长也，故以李哆制军事。”中井曰：“详具三人职事，而校尉更称‘制军事’，可见将军无所掌也。唯与具往还，取封

---

**【原文】**

## 二年（戊寅，公元前一〇三年）

春，正月戊申[459]，牧丘恬侯石庆[460]薨。

闰月丁丑[461]，以太仆公孙贺[462]为丞相，封葛绎侯[463]。时朝廷多事，督责[464]大臣，自公孙弘[465]后，丞相比坐事死[466]。石庆虽以谨得终[467]，然数被谴[468]。贺引拜为丞相，不受印绶[469]，顿首涕泣不肯起。

侯而已矣。”㊲臣光曰：以下文字是司马光对上述史实所发的评论。由于《资治通鉴》一书是进呈给皇帝看的，所以他自称“臣光”。㊳非有功不侯：当年刘邦建国后第一次分封功臣为侯时，曾有规定：“非刘氏而王者，若无功上所不置为侯者，天下共诛之”。见《史记·汉兴以来诸侯王年表》。㊴负：违背。㊵系焉：决定于此。㊶苟为：一旦要是。㊷授之：将兵权交给他。㊸徼幸咫尺之功：抱着侥幸的心理去博取一点小功名。徼幸，同“侥幸”。古代八寸为咫，咫尺，以喻极小。㊹藉以为名：以此为借口。㊺私其所爱：把利益给予受宠者。私，偏袒。㊻不若无功而侯之为愈：还不如不发动这场战争而白白地赏给他这个侯爵。愈，更好。㊼有见于封国：光注意到了要封侯必须有功。㊽无见于置将：没有看到命将不当的严重危害。㊾谓之能守先帝之约：还说这是武帝能遵守刘邦的规定。㊿臣曰过矣：我以为这是错误的。㊿中尉：国家首都的治安长官，秩中二千石。㊿为奸利：非法牟利。具体情节不详。据《史记·酷吏列传》，王温舒被杀的原因是朝廷下令让一些不法的恶吏参军，跟着李广利去伐大宛，王温舒掩护了他的一个亲信，没让前去，结果被强加其他名义，治以重罪。㊿婚家：即今所谓亲家。㊿光禄勋：原称“郎中令”，九卿之一，统领皇帝的侍从人员，为宫廷守卫门户。㊿徐自为：武帝时将领，曾参与对匈奴、对羌人的作战，并受命在北方边境筑城。事迹参见《史记·卫将军骠骑列传》。㊿古有三族：意即古有灭三族之律。关于“三族”的说法历来不一，有曰指父族、母族、妻族；有曰指父辈、己辈、子辈。㊿五族：指五族同时被灭。五族指温舒与两弟为三族，再加两妻家，故为五族。㊿关东：指函谷关以东的广大地区。

## 【校记】

［4］茂材：原作“茂才”。据章钰校，十四行本、乙十一行本、孔天胤本皆作“茂材”，《汉书·武帝纪》亦作“茂材”，今据改。［5］聘：原作“往聘”。据章钰校，十四行本、乙十一行本、孔天胤本皆无“往”字，《史记·大宛列传》同，今据删。

## 【语译】

### 二年（戊寅，公元前一〇三年）

春季，正月戊申日，牧丘恬侯石庆去世。

闰月丁丑日，任命太仆公孙贺为丞相，同时封他为葛绎侯。当时，国家政务繁多，武帝对大臣严厉地督察要求，从公孙弘以后，丞相接连被指控犯罪而不得好死。石庆虽然因为行事谨慎得以善终，然而也屡次受到谴责。公孙贺虽然被任命为丞相，而他竟然不敢接受丞相印绶，他跪在地上不肯起来，哭泣着向武帝磕头请求。

上乃起去⑩，贺不得已拜[471]，出曰："我从是殆[472]矣！"

三月，上行幸河东，祠后土。

夏，五月，籍吏民马[473]补车骑马[474]。

秋，蝗。

贰师将军之西[475]也，既过盐水[476]，当道小国[477]各城守，不肯给食，攻之不能下。下者得食，不下者数日则去[478]。比至郁成[479]，士至者不过数千，皆饥罢[480]。攻郁成，郁成大破之，所杀伤甚众。贰师将军与李哆、赵始成等计："至郁成尚不能举[481]，况至其王都乎！"引兵而还。至敦煌，士不过什一二[482]。使使上书言："道远，多[6]乏食，且士卒不患战而患饥，人少，不足以拔宛[483]。愿且罢兵，益发而复往[484]。"天子闻之，大怒，使使遮玉门[485]曰："军有敢入者辄[486]斩之！"贰师恐，因留敦煌[487]。

上犹以受降城[488]去匈奴远[489]，遣浚稽将军赵破奴将二万余骑出朔方西北二千余里，期[490]至浚稽山[491]而还。浞野侯既至期[492]，左大都尉欲发而觉[493]，单于诛之，发左方兵击浞野侯。浞野侯行捕首虏[494]，得数千人。还未至[495]受降城四百里，匈奴兵八万骑围之。浞野侯夜自出求水[496]，匈奴间捕[497]生得浞野侯，因[498]急击其军，军吏畏亡将[499]而诛，莫相劝归[500]者，军遂没[501]于匈奴。儿单于大喜，因遣奇兵攻受降城，不能下，乃寇入边[502]而去。

冬，十二月，兒宽[503]卒。

**三年（己卯，公元前一〇二年）**

春，正月，胶东太守延广[504]为御史大夫。

上东巡海上，考神仙之属皆无验，令祠官礼东泰山[505]。夏，四月，还，修封[506]泰山，禅石闾[507]。

匈奴儿单于死[508]，子年少，匈奴立其季父右贤王呴犁湖为单于[509]。

汉武帝起身退朝，公孙贺不得已只好接受丞相印绶出任丞相，退朝之后，他长叹一声说："我从此危险了！"

三月，汉武帝巡视河东郡，祭祀地神。

夏季，五月，登记征集吏民的私人马匹，以补充军马的不足。

秋季，闹蝗灾。

贰师将军李广利率军西征大宛国，他们虽然渡过了盐水，然而沿途的各个小国全都坚守城邑，不肯供给汉军饮食，攻又攻不下。攻下的，军队就能得到补给，攻不下的攻了几天之后也只好绕城而过。等到达郁成的时候，将士剩下的不过几千人，也都因饥饿疲惫而失去了战斗力。攻打郁成，被郁成的守军打得大败，士兵损失了很多。贰师将军李广利与李哆、赵始成等商议说："现在我们连郁成都攻不下，更何况是去攻打他们的都城呢！"于是率领军队退回。他们回到敦煌的时候，清点士兵，已经不足去时的十分之一二。李广利派使者向武帝报告说："汉朝距离大宛道路遥远，沿途食物经常缺乏，士兵们所惧怕的不是打仗而是饥饿，所带的人马又少，攻打大宛兵力不足。请求暂且罢兵，等增派大批军队之后再去攻打大宛。"武帝听了大怒，派遣使者在玉门关拦住贰师将军李广利说："军中有人胆敢进入关内的，格杀勿论！"贰师将军李广利感到非常恐惧，于是将军队停留在敦煌。

汉武帝认为受降城距离匈奴还是太远，就又派浚稽将军赵破奴率领二万多名骑兵从朔方郡出发向西北走了两千多里，约定到达浚稽山与匈奴左大都尉会师后撤回。浞野侯赵破奴按期到达浚稽山接应匈奴左大都尉，左大都尉正准备举事而机密泄露，被匈奴儿单于杀死，儿单于又调动东部左贤王的军队袭击浞野侯。浞野侯赵破奴一边撤退一边与匈奴交战，杀死、俘虏了匈奴几千人。当撤退到距离受降城四百里远的时候，被匈奴的八万名骑兵包围。浞野侯赵破奴趁着黑夜亲自出去寻找水源，被前来偷袭的匈奴人活捉，匈奴趁机加紧攻打赵破奴所率领的汉军，汉军中的官吏害怕丢失主将回去被杀，所以没有一个人敢主张撤回汉朝，这支军队便在与匈奴的战斗中全军覆没了。儿单于看见汉军被消灭非常欢喜，就又派遣骑兵攻打受降城，未能攻下，于是就在汉朝边塞劫掠了一番而后退去。

冬季，十二月，兒宽去世。

**三年（己卯，公元前一〇二年）**

春季，正月，任命胶东太守延广为御史大夫。

汉武帝到东部沿海巡视，考察寻找神仙的事情都没有结果，就命令主管祭祀的官员在东泰山祭祀。夏季，四月，武帝返回，在经过泰山的时候，整修了封禅台祭祀天帝，又在石闾山下祭祀地神。

匈奴儿单于去世，他的儿子年纪还小，匈奴人就拥立他的叔父右贤王呴犁湖为单于。

上遣光禄勋徐自为出五原塞[510]数百里，远者千余里，筑城障列亭[511]，西北至庐朐[512]，而使游击将军韩说[513]、长平侯卫伉[514]屯其旁，使强弩都尉路博德[515]筑居延泽上[516]。秋，匈奴大入定襄、云中[517]，杀略[518]数千人，败数二千石[519]而去，行破坏[520]光禄所筑城列亭障[521]。又使右贤王入酒泉、张掖，略数千人。会军正任文[522]击救[523]，尽复失所得而去。

是岁，睢阳侯张昌[524]坐为太常乏祠[525]，国除[526]。

初，高祖封功臣为列侯百四十有三[527]人。时兵革之余[528]，大城名都民人散亡[529]，户口可得而数裁什二三[530]。大侯不过万家[531]，小者五六百户。其封爵之誓[532]曰：“使黄河如带，泰山若厉[533]，国以永存，爰及苗裔[534]。”申以丹书之信[535]，重以白马之盟[536]。及高后时，尽差第列侯位次[537]，藏诸宗庙[538]，副在有司[539]。逮[540]文、景四五世[541]间，流民既归，户口亦息[542]，列侯大者至三四万户，小国自倍[543]，富厚如之[544]。子孙骄逸[545]，多抵法禁[546]，陨身失国[547]，至是见侯[548]才[7]四人[549]，罔亦少密焉[550]。

汉既亡浞野之兵[551]，公卿议者皆愿罢宛军，专力攻胡。天子业[552]出兵诛宛，宛小国而不能下，则大夏之属渐轻汉，而宛善马绝不来，乌孙、轮台[553]易苦汉使[554]，为外国笑，乃案[555]言伐宛尤不便者邓光等。赦囚徒、发恶少年及边骑，岁余[556]而出敦煌者六万人，负私从者[557]不与[558]，牛十万，马三万匹，驴橐驼[559]以万数，赍粮、兵弩甚设[560]。天下骚动，转相奉伐宛[561]五十余校尉[562]。宛城中无井，汲[563]城外流水，于是遣水工徙其城下水空[564]，以空其城[565]。益发戍甲卒[566]十八万酒泉、张掖

汉武帝派遣光禄勋徐自为到距离五原塞几百里，最远一千多里的地方修筑城池、在山上建造堡垒、设立哨所，向西北方向一直到达庐朐山，又派游击将军韩说、长平侯卫伉率军屯扎在附近担任警戒，派遣强弩都尉路博德在居延泽建城防守。秋季，匈奴大举侵入定襄郡、云中郡，杀死、掠走了几千人，打败了几个俸禄在二千石以上的汉朝官员而后离去，一面撤退一面破坏了光禄勋徐自为所修建的城邑、屏障、哨所。匈奴还派右贤王侵入酒泉、张掖，掠走了几千人。碰巧军正任文赶来救援，打败了匈奴右贤王，夺回了被匈奴劫掠的人口及全部财物。

这一年，睢阳侯张昌身为祭祀官太常，却使祭祀宗庙的供品不够用而获罪，武帝取消了他的睢阳侯爵位，废掉了睢阳侯的建制。

当初，汉高祖刘邦分封了一百四十三个有功之臣为列侯。当时因为战争结束不久，大的城市和一些有名的城邑由于百姓为躲避战乱而四处逃亡，可以统计的户口，只相当于战乱前人口的十分之二三。大的诸侯国不超过一万家、小的诸侯国只有五六百户。当时分封诸功臣为列侯时的誓言说："即使黄河水流狭窄得像一条带子，泰山被侵蚀风化得变成了一块小石头，你的封国也是永世长存的，你的子孙后代将会永远继承它。"并用朱砂把它书写下来作为凭信，又举行了杀白马歃血盟誓的仪式。等到吕后当政的时期，就将列侯的等级次序重新进行了厘定，并把排定的一百四十三个列侯位次的正式文本藏到宗庙里，副本由有关部门掌管。到了文帝、景帝时期，经过了四五十年的时间，流亡的人逐渐返回故里，人口繁衍也很快，此时大的诸侯国已有三四万户，小的诸侯国的户数也比受封时增加了一倍，财富的收入也和户口的增长成正比。这些侯王的子孙骄奢淫逸，许多人因为触犯法律，身死国亡，高祖时所封的一百四十三个列侯能传宗接代到现在的只剩下四个人，而皇帝对列侯的制裁也确实是稍微严厉了一些。

汉朝已经损失了浞野侯赵破奴的军队，公卿大臣商议的结果都是希望放弃讨伐大宛国，集中力量专门攻打匈奴。汉武帝已经派兵去讨伐大宛，况且大宛只是一个小国，如果攻不下来，那么像大夏这样的西域国家就会轻视汉朝，大宛的宝马肯定也得不到，乌孙、轮台会变本加厉地给汉朝使者苦头吃，会遭到外国的耻笑，于是就将主张停止讨伐大宛的邓光等人进行严厉查办。然后赦免囚徒，将这些被赦免的囚犯以及那些品行不端的少年一律强迫从军，加上征调的边防骑兵去攻打大宛，一年多的时间里先后从敦煌出去前往征讨大宛的就有六七万人，携带粮食自备鞍马自愿从军的还不包括在内，就已经是牛十万头，马三万匹，驴、骆驼也都在一万头以上，此次携带的粮食、兵器、弓弩等武器装备也都十分齐备。全国上下全都因为讨伐大宛而骚动不安，仅奉命负责辗转运送粮草供给讨伐大宛军队的校尉就有五十多名。军队到达大宛，发现大宛城中没有水井，饮用水全部依靠汲取流过城边的河水，汉军于是派遣水工将河流改道，使其城内没有水喝。汉武帝又增派十八万名戍守边

北，置居延、休屠屯兵[567]以卫酒泉[568]。而发天下吏有罪者、亡命者及赘婿、贾人、故有市籍[569]、父母大父母[570]有市籍者凡七科适[571]为兵，载糒给贰师[572]，转车人徒[573]相连属[574]。而拜习马者二人为执、驱马校尉[575]，备破宛择取其善马云。

于是贰师后复行[576]，兵多，所至小国莫不迎，出食给军。至轮台，轮台不下[577]，攻数日，屠之[578]。自此而西，平行[579]至宛城[580]，兵到者三万。宛兵迎击汉兵，汉兵射败之，宛兵走入保其城[581]。贰师欲攻郁成城[582]，恐留行[583]而令宛益生诈，乃先至宛，决其水原移之[584]，则宛固已忧困，围其城，攻之四十余日。宛贵人谋曰："王毋寡[585]匿善马、杀汉使，今杀王而出善马[586]，汉兵宜解。即不解[587]，乃力战而死[588]，未晚也。"宛贵人皆以为然，共杀王。其外城坏，虏宛贵人勇将煎靡[589]。宛大恐，走入城中，持王毋寡头，遣人使贰师约曰："汉无攻我，我尽出善马，恣所取[590]，而给汉军食[591]。即不听我，我[8]尽杀善马，康居[592]之救又且至。至，我居内，康居居外，与汉军战。孰计之，何从?"是时，康居候视汉兵尚盛，不敢进。贰师闻宛城中新得汉人，知穿井[593]，而其内食尚多，计以为[594]"来诛首恶者毋寡，毋寡头已至，如此不许[595]则坚守，而康居候汉兵罢[596]来救宛，破汉军[9]必矣"。乃许宛之约。宛乃出其马，令汉自择之，而多出食食汉军。汉军取其善马数十匹，中马以下牝牡[597]三千余匹，而立宛贵人之故时遇汉善者[598]名昧蔡为宛王，与盟而罢兵。

初，贰师起敦煌西[599]，分为数军，从南、北道[600]。校尉王申生将千

疆的披甲士兵驻扎在酒泉、张掖以北，又在居延县、休屠县设置二都尉，屯兵守卫酒泉，防范匈奴从侧翼攻击汉朝的征宛大军。又征调天下有罪的官吏、亡命之徒以及入赘到别人家里做上门女婿的、正在经商的和原来登记为商人的，以及父母、祖父母曾经是商人的总共七种应该受惩罚的人，全都被发配到军队中充当士兵，从国内装载粮饷供给贰师将军的运输车辆和人夫络绎不绝于路。同时还任命熟悉战马习性的二人一个为执马校尉、一个为驱马校尉，准备攻破大宛后负责挑选宝马。

于是，贰师将军李广利又第二次出发去攻打大宛，因为此次兵多，所经过的小国没有敢不出来迎接的，他们纷纷拿出粮食犒军。李广利所率大军到达轮台，轮台虽然是个小国，却不肯投降，汉军攻打了几天，终于攻下轮台，一怒之下就将城里所有的军民全部杀光了。从轮台往西，一路畅通无阻，顺利到达大宛城，到达大宛的军队有三万人。大宛兵出城迎击汉军，汉军用强弓劲弩将大宛兵击败，大宛兵退入城内，坚守不出。贰师将军李广利原想在行进途中攻打郁成城，恐怕耽误行程而给大宛国制造机会发生其他变故，于是就越过郁成城，直接奔向大宛的都城，在河水源头掘毁堤坝，使河流改道而断了城中的水源，大宛都城之内没有了水源，本来就已经人心惶惶，汉军又将都城围困起来，一连攻打了四十多天。大宛国的亲贵大臣相互商议说："国王毋寡不应该把宝马藏匿起来，又杀死了汉朝使者，现在如果我们杀死国王毋寡向汉朝献出宝马，应该能够化解汉人对我们的仇恨，使他们停止进攻。如果到时汉军仍然不停止进攻，我们再拼死一战，也不为晚。"大宛的亲贵大臣都认为说得有道理，就一起杀死了国王毋寡。而此时外城已经被汉军攻破，大宛的贵人、素以骁勇著称的将军煎靡也被汉军俘虏。大宛人非常恐惧，纷纷逃入内城，然后派遣使者提着大宛王毋寡的人头到贰师将军李广利的军前与李广利相约说："请汉军不要再攻城了，我们把宝马全部献出来，任凭你们挑选，我们还供给你们军队粮食吃。如果不接受我们的条件，我们就把宝马全部杀死，康居的救援部队就要到了。援军到达之后，我们与康居里应外合与汉军拼死一战。后果将会如何，你们仔细考虑吧，是要做何决定呢?"而此时，康居观察到汉兵士气旺盛，不敢前进。贰师将军李广利听说大宛城中最近已经得到汉人的帮助，不仅掌握了打井的技术，而且城内食物储备还很多，他们的计划是，"汉军此来的目的就是要诛杀首恶国王毋寡，现在毋寡的人头已经送去，如此向汉军求和，汉军如果还不同意讲和，我们就拼死坚守，而康居派来的援军等到汉军疲惫的时候，与我们里外夹击，一定会将汉军打败"。于是，就答应了大宛的要求。大宛将他们藏匿的宝马全部献出，让汉人自己挑选，又拿出很多食物招待汉军。汉军挑选了几十匹上等宝马，又挑选中等以下的公马、母马共三千多匹，又从大宛国的亲贵当中挑选出一位过去就对汉朝使者友善、名字叫作昧蔡的人为大宛王，然后与他订立了和平条约后撤军回国。

当初，贰师将军李广利从敦煌出兵西下的时候，将军队分为几路，分别从西域

余人别至郁成[601]，郁成王击灭之，数人脱，亡走贰师[602]。贰师令搜粟都尉上官桀[603]往攻破[10]郁成，郁成王亡走康居，桀追至康居。康居闻汉已破宛，出郁成王与桀。桀令四骑士缚守诣贰师[604]。上邽骑士赵弟[605]恐失[606]郁成王，拔剑击斩其首，追及贰师[607]。

**四年（庚辰，公元前一〇一年）**

春，贰师将军来至京师。贰师所过小国闻宛破，皆使其子弟从入贡献[608]，见天子，因为质焉[609]。军还，入马千余匹[610]。后行[611]，军非乏食，战死不甚多，而将吏贪，不爱卒，侵牟[612]之，以此物故[613]者众。天子为万里而伐，不录其过[614]，乃下诏封李广利为海西侯[615]，封赵弟为新畤[616]侯，以上官桀为少府[617]，军官吏[618]为九卿者三人[619]，诸侯相、郡守、二千石[620]百余人，千石[621]以下千余人，奋行者[622]官过其望[623]，以谪过行皆黜其劳[624]，士卒赐[625]直四万钱[626]。

匈奴闻贰师征大宛，欲遮[627]之，贰师兵盛，不敢当[628]，即遣骑因楼兰[629]候汉使后过者[630]，欲绝勿通[631]。时汉军正任文[632]将兵屯玉门关，捕得生口[633]，知状以闻[634]。上诏文便道[635]引兵捕楼兰王，将诣阙簿责[636]。王对曰："小国在大国间，不两属[637]无以自安，愿徙国[638]入居汉地。"上直其言，遣归国，亦因使候司匈奴[639]，匈奴自是不甚亲信楼兰。

自大宛破后，西域震惧，汉使入西域者益得职[640]。于是自敦煌西至盐泽往往起亭[641]，而轮台、渠犁[642]皆有田卒[643]数百人，置使者、校尉领护[644]，以给使外国者[645]。

后岁余，宛贵人以为昧蔡善谀[646]，使我国遇屠[647]，乃相与杀昧蔡，立毋寡昆弟蝉封为宛王，而遣其子入质[11]于汉[648]。汉因使使赂赐以镇

的南道和北道向西推进。校尉王申生带领一千多人离开大部队来攻打郁成，被郁成王消灭，只有几个人得以逃回贰师将军李广利的军中。李广利命令搜粟都尉上官桀率军去攻破郁成，郁成王逃亡到了康居，上官桀随后也追到了康居。康居国王听说汉军已经攻破了大宛，于是就把郁成王送出来交给了上官桀。上官桀命令四个骑兵把郁成王捆绑起来送给贰师将军李广利处置。上邽县的骑兵赵弟担心郁成王途中逃跑，便拔剑斩下了郁成王的人头，追上了贰师将军。

**四年（庚辰，公元前一〇一年）**

春季，贰师将军李广利回到京师。李广利所经过的各小国听说大宛已被攻破，就都派遣他们的子弟跟随贰师将军李广利入汉贡献物品，朝见汉朝天子，就势留在汉朝京师做人质。贰师将军李广利第一次率军回来的时候，进入玉门关的战马只有一千多匹。后来的这次出兵讨伐大宛，军队并非缺乏食品，战死的不是很多，但将吏贪婪，不爱惜士兵，只知道一味地牟取财物，因此，军士死去的依然很多。武帝认为李广利率军远行万里征伐大宛很不容易，所以就没有计较他前次的过失，于是下诏封李广利为海西侯，封赵弟为新畤侯，任命上官桀为少府，军中的大小官吏位至九卿的有三个人，被提升为诸侯相、郡守、二千石的官吏有一百多人，俸禄在一千石以下的官吏多达一千多人，那些自告奋勇参军，最后被授予的官职之高竟然出乎他们的预料，因犯罪而被罚去参军的，将功折罪，赦为平民，赏赐每个士卒的钱物价值四万。

匈奴听说贰师将军李广利率军征讨大宛，就想在半路上设伏阻击，后来看到贰师将军所率领的军队兵势强盛，虽然没敢采取行动，却派出骑兵赶往楼兰，想借助楼兰的军队拦截后面再来的汉朝使者，想断绝李广利与汉朝廷的联系。当时汉朝的军正官任文正率军屯扎在玉门关，活捉了匈奴的奸细，了解到匈奴的动向后奏报给了汉武帝。武帝命令任文就近率军去逮捕楼兰王，将他送到京师接受朝廷审问。楼兰王说："小国处在两个大国之间，对双方都得服从、应付，否则的话就无法保证自己的安全，我愿意把我的国民全部迁徙到汉朝的土地上居住。"武帝认为他说得有理，便遣送他回国，也趁机通过楼兰探听匈奴人的动静，匈奴从此对楼兰不再亲近和信任。

自从大宛国被汉朝攻破后，西域各国都很震惊和恐惧，汉朝派往西域各国的使者也因此而更加不辱使命。于是，从敦煌往西一直到西边的盐泽都建立起亭驿，而在轮台、渠犁等地都安置有几百名士卒在那里屯田，派遣使者、校尉负责统领和关照屯垦事务，以便为出使外国的汉朝使节提供各种需要。

过了一年多之后，大宛国的亲贵大臣认为昧蔡善于阿谀奉承汉人，致使大宛国的人民遭受屠杀，于是互相商量后杀死了昧蔡，拥立原国王毋寡的兄弟蝉封为大宛王，派遣蝉封的儿子到汉朝充作人质。汉朝通过使者厚赏大宛新王蝉封，对他进行抚之[649]。蝉封与汉约，岁献天马[650]二匹。

秋，起明光宫[651]。

冬，上行幸回中。

匈奴呴犁湖单于[652]死，匈奴立其弟左大都尉且鞮侯[653]为单于。天子欲因伐宛之威遂困胡[654]，乃下诏曰："高皇帝遗朕平城之忧[655]。高后时[656]，单于书绝悖逆[657]。昔齐襄公复九世之仇[658]，《春秋》大之[659]。"且鞮侯单于初立，恐汉袭之，乃曰："我儿子[660]，安敢望[661]汉天子。汉天子，我丈人行[662]也。"因尽归汉使之不降者路充国[663]等，使使来献。

---

**【段旨】**

以上为第三段，写太初二年（公元前一〇三年）至太初四年共三年间的全国大事，主要篇幅写了李广利两次伐大宛。第一次李广利无备而往，惨败而回；一年后又第二次大张旗鼓、兴师动众，这次虽以大宛告败而结束，但劳民伤财莫此为甚，史官皆深有感慨。其次是写了汉与匈奴屡有摩擦、互有胜败，其中以赵破奴的全军覆没最为引人注目。此外还写了武帝晚年的性情暴戾，屡杀丞相，以致杀得大臣怕当丞相；写了武帝打击、消灭列侯，使高祖功臣受封者几乎荡然无存的状况。

**【注释】**

[459] 正月戊申：疑记载有误，正月丁巳朔，无戊申日。[460] 牧丘恬侯石庆：石庆是一个以"淳谨"著名的滑头人物，以丞相的资格被封为牧丘侯，恬字是谥。石庆是万石君石奋之子。事迹见《史记·万石张叔列传》。[461] 闰月丁丑：太初二年无闰月。所谓"丁丑"，可能是正月二十一。[462] 太仆公孙贺：随卫青伐匈奴的将领，是武帝卫皇后的姐夫，《汉书》有传。[463] 葛绎侯：据《史记·卫将军骠骑列传》，公孙贺乃封南窌侯。[464] 督责：严厉地监察要求。[465] 公孙弘：一个因念儒书而飞黄腾达的官僚。事迹见《史记·平津侯主父列传》。公孙弘于公元前一二四至前一二一年为丞相，封平津侯。[466] 比坐事死：连续地因犯事被杀。自公孙弘元狩二年（公元前一二一年）善终之后，元狩五年丞相李蔡有罪自杀，元鼎二年丞相庄青翟自杀，元鼎五年丞相赵周下狱死，至太初二年（公元前一〇三年）公孙贺为相，近二十年间，坐事死了三个丞相。[467] 以谨得终：以谨慎圆滑得以

安抚。蝉封向汉朝承诺，每年向汉朝贡献两匹天马。

秋季，起造明光宫。

冬季，汉武帝巡视回中。

匈奴呴犁湖单于去世，匈奴拥立他的弟弟左大都尉且鞮侯为单于。汉武帝想借助讨伐大宛的余威一鼓作气打垮匈奴，于是下诏说："高皇帝给我留下了洗雪平城之辱的任务。高皇后在位的时候，匈奴单于的来信大逆不道到了极点。春秋时期的齐襄公能报九世祖被诬陷而遇害的仇恨，孔子在《春秋》一书中对齐襄公的行为大加赞美。"且鞮侯单于刚刚即位，担心汉朝攻击他，就说："我是儿子辈，怎么敢怨恨汉朝的天子呢。汉朝天子，是我的长辈啊。"于是把不肯投降匈奴的汉朝使者路充国等人全部释放回国，又派遣使者向汉朝贡献财物。

---

善终。㊻然数被谴：也是多次受到过谴责。㊼不受印绶：不接受丞相的印绶。㊽起去：起身离开金殿。㊾不得已拜：不得已接受了相印。拜，封任。㊿殆：危险。(473)籍吏民马：登记征集吏民私人的马匹。籍，登记，这里即指按册征收。(474)补车骑马：以补军用马匹之不足。车骑马，军队上拉车的马与骑兵乘坐的马。(475)西：西行，往讨大宛。(476)盐水：即今罗布泊，在新疆东部。(477)当道小国：如危须、焉耆、龟兹、姑墨等。(478)数日则去：谓攻之不下则绕行西进。(479)比至郁成：等前进到大宛东北部的郁成。比，及、等到。郁成，大宛的城邑名，在贰师城的东北方，今安集延之正东。(480)饥罢：饥饿疲乏。罢，通"疲"。(481)举：拔；攻下。(482)士不过什一二：谓剩回来的士兵不到原数的十分之一二。(483)不足以拔宛：不可能攻克大宛都城。(484)益发而复往：更多地调集好大兵之后再去。(485)遮玉门：堵着玉门关。遮，堵、拦截。玉门关在今甘肃敦煌西北。(486)辄：立即。(487)留敦煌：驻扎在敦煌郡。郡治在今敦煌城西。(488)受降城：也称"宿虏城"，谭其骧《中国历史地图集》标在今内蒙古乌拉特中后联合旗东。(489)去匈奴远：离着准备杀单于降汉的匈奴左大都尉远。去，距离。(490)期：预定。(491)浚稽山：在今蒙古国的达兰札达加德西北。(492)至期：约定的期限。(493)欲发而觉：正要举事而被单于发觉了。(494)行捕首虏：一边撤退，一边捕捉敌人或斩敌之首。(495)还未至：意即距离某地还差……(496)求水：寻找水源。(497)间捕：暗中袭捕。(498)因：随即；趁势。(499)亡将：损失了主将。(500)莫相劝归：没有一个人主张返回汉朝。(501)没：覆没。(502)寇入边：攻入汉王朝的边境骚扰掠夺了一回。(503)兒宽：一个以念儒书、以圆滑著称而飞黄腾达的官僚，此时任御史大夫。(504)胶东太守延广：名延广，史失其姓。胶东郡的郡治即墨，在今山东平度东南。(505)东泰山：

即今之“沂山”，在山东临朐南。⑯修封：修补封禅台而祭天。⑰禅石闾：在石闾小山祭祀地神。石闾，小山名，在今泰安南。⑱儿单于死：儿单于乌师庐元封六年（公元前一〇五年）继其父位为单于，至太初三年死，在位刚三年。⑲呴犁湖为单于：呴犁湖乃乌师庐单于之叔，公元前一〇二至前九七年在位。⑳五原塞：《史记正义》以为即“五原郡的榆林塞”，在今内蒙古东胜一带。㉑筑城障列亭：《史记正义》引顾胤曰：“障，山中小城。亭，候望所居也。”㉒庐朐：泷川引丁谦曰：“徐光禄所筑亭障，当从阴山北麓迤逦而西，直至庐朐山止。庐朐山必阳山北麓之名。”〖按〗阳山，即今内蒙古黄河后套以北的狼山。㉓游击将军韩说：刘邦功臣韩王信的曾孙，韩王信叛汉逃入匈奴后，生子颓当。颓当后又归汉，在平定吴楚七国之乱中有功，封弓高侯。韩说即韩颓当之孙。㉔长平侯卫伉：卫青之子，袭其父爵为长平侯。㉕路博德：武帝时将领，先从霍去病伐匈奴有功，封符离侯；又以伏波将军之名伐南越有功益封，后犯罪失侯，现以强弩都尉之职率军守边。事迹参见《史记·卫将军骠骑列传》。㉖筑居延泽上：在居延泽上筑城防守。居延塞遗址在今内蒙古西部的额济纳旗。㉗定襄、云中：皆汉郡名，定襄郡的郡治成乐，在今内蒙古和林格乐西北。云中郡的郡治在今呼和浩特西南。㉘杀略：杀戮与掳掠。略，意思同“掠”。㉙败数二千石：打败了好几个郡的郡守。郡守是二千石一级的长官。㉚行破坏：一边撤退一边破坏。㉛城列亭障：中井曰：“宜言‘城障列亭’。”㉜军正任文：任文是汉将名，任军正之职。军正是军中的司法官。〖按〗军正任文当时正率军驻扎在玉门关，故得援酒泉、张掖。事见下文。㉝击救：击匈奴而救汉人。㉞睢阳侯张昌：刘邦女婿张敖的后裔，张广之子。张广被武帝封为睢阳侯，张昌继其父爵为侯。㉟为太常乏祠：身为太常之职，而使祭祀宗庙的供品不够使用。太常是九卿之一，掌管朝廷礼仪与宗庙祭祀。㊱国除：睢阳侯的建制被取消。㊲百四十有三：即一百四十三。有，意思同“又”。㊳兵革之余：战争刚刚结束。㊴散亡：逃散离乡。㊵裁什二三：只有原来户口的十分之二三。㊶大侯不过万家：梁玉绳曰：“表载，曹参封一万六千户，刘泽封一万二千户，萧何封一万五千户，则‘不过万家’之说不可信。”泷川曰：“表曰‘万五千’‘万六千’，依籍言之；此曰‘不过万家’，以实言之。”㊷封爵之誓：分封诸功臣为列侯时的誓词。沈钦韩曰：“今俗语有‘丹书铁券’，然则此约誓之词刻在铁券也。”㊸使黄河如带二句：即使有朝一日黄河变得像一条带子那样窄，泰山变得像一块磨刀石那样小。使，即使。厉，磨，这里指磨刀石。㊹国以永存二句：你的封国也仍是平安的，一直给你的后代子孙传下去。以，通“亦”。爰，因、于是。苗裔，以称后代子孙。〖按〗汉代民歌《上邪》云：“上邪，我欲与君相知，长命无绝衰。山无陵，江河为竭，冬雷震震夏雨雪，天地合，乃敢与君绝。”此誓词袭用其意。㊺申以丹书之信：用丹书表明君臣之间的信义。㊻重以白马之盟：又杀白马喢血盟誓。重，又。㊼差第列侯位次：将诸列侯排出高低次序。差第，排出等级。〖按〗此顺序见《史记·高祖功臣侯者年表》。㊽藏诸宗庙：指将“差第”一百四十三个列侯位次的正式文本藏之于宗庙。㊾副在有司：其副

本保存在主管列侯事务的官员那里。⑭ 逮：到。⑭ 四五世：四五代。古称三十年为“一世”。⑭ 息：生；繁衍。⑭ 自倍：比受封时多了一倍。⑭ 富厚如之：财富的收入大体也和这种人口的发展成比例。⑭ 骄逸：骄奢淫逸。⑭ 抵法禁：触犯法律。⑭ 陨身失国：丧失生命、亡掉封国。⑭ 至是见侯：高祖时所封的一百四十三个列侯能传宗接代到今天的。见，通“现”，现存。⑭ 才四人：胡三省以为指萧何的后代酂侯萧寿成、郦商的后代缪侯郦世宗、靳翕的后代汾阳侯靳石封、张敖的后代睢陵侯张昌。〖按〗《史记》作“见侯五”。《史记正义》曰：“谓平阳侯曹宗、曲周侯郦终根、阳阿侯齐仁、戴侯秘蒙、谷陵侯冯偃也。”此外还有别的说法，总之此处的统计不准确。⑮ 罔亦少密焉：国家的法网，也就是皇帝对列侯们的制裁，也的确是稍微严厉了点。这句话是对皇帝强加罪名，蓄意消灭诸王、消灭列侯的含蓄指责，如元鼎五年（公元前一一二年）的“坐酎金国除”就是最明显的一例。罔，通“网”，法网。少，通“稍”。⑮ 汉既亡浞野之兵：指去年赵破奴伐匈奴被俘、全军投降匈奴事。⑮ 业：已；已经。⑮ 轮台：西域小国名，也称“轮头”，其地在今新疆轮台东南，当时的乌孙以东。⑮ 易苦汉使：轻视汉朝使者，给汉朝使者苦头吃。易，瞧不起。〖按〗此处似应作“益苦汉使”，因为汉使在此之前已经在吃他们的苦头。⑮ 案：惩办，通常指处死。⑮ 岁余：在此后一年多的时间里。⑮ 负私从者：自己备办鞍马衣粮随军前去的志愿者。《史记·匈奴列传》有“私负从马十四万匹”，意思与此相同。⑮ 不与：不计在内。⑮ 橐驼：骆驼。⑯ 赍粮、兵弩甚设：多带粮食，兵器弩弓都很充足。设，齐备、盛多。《史记·范雎蔡泽列传》有所谓“食饮甚设”；《刺客列传》有所谓“居处兵卫甚设”，“设”的用法可资参照。⑯ 转相奉伐宛：指全国由远及近地辗转将物资运送到伐宛前线。⑯ 五十余校尉：总共有五十多个校尉为李广利部队做后勤运输工作。古代一个将军统领若干“部”，“部”的长官称作“校尉”。⑯ 汲：打水；从下往上提水。⑯ 徙其城下水空：使流向贵山城的河水改道。水空，水道。“空”的意思同“孔”。⑯ 以空其城：使其城内无水喝。《资治通鉴》原文作“以穴其城”，今依《史记》改。⑯ 戍甲卒：戍守边疆的披甲士兵。⑯ 置居延、休屠屯兵：（在酒泉、张掖二郡的北面）设置居延、休屠二都尉，居延都尉的驻地在今内蒙古额济纳旗东南，休屠都尉的驻地在今武威北。都尉的级别相当于郡尉，在一些新开拓的地区统兵防守。⑯ 以卫酒泉：据《汉书·武帝纪》，太初三年秋，匈奴曾侵袭张掖、酒泉，杀都尉，现在又设立两个都尉并派如此之多的兵马，一方面是为了防守张掖、酒泉，另一方面更是为了防止匈奴从侧翼攻击汉王朝的伐宛大军。⑯ 故有市籍：曾被登入工商业者的名册，意即本人曾从事过工商业活动。⑰ 大父母：祖父祖母。⑰ 七科适：七种应受惩罚的人，即上列吏有罪、亡命、赘婿、贾人、有市籍、父母有市籍、大父母有市籍。适，通“谪”。⑰ 载糒给贰师：用车拉着干粮以供应李广利的伐宛大军。糒，原指干饭，这里即指干粮。〖按〗《资治通鉴》原文“载糒”前有“及”字。详此处文意，当时所以调发七科谪，就是让他们给李广利的西征大军运送粮草，而不是除七科谪外还有一批专门运送粮草的人役。故

此处“及”字应削。⑤⑦③转车人徒：即指“载精给贰师”者。⑤⑦④相连属：意即沿路络绎不绝。⑤⑦⑤执、驱马校尉：一人为执马校尉，一人为驱马校尉。⑤⑦⑥于是贰师后复行：于是贰师将军又第二次出发了。⑤⑦⑦轮台不下：轮台人不投降。下，降服。⑤⑦⑧屠之：将其全城杀光。⑤⑦⑨平行：顺利通行。师古曰：“无寇难。”⑤⑧⓪宛城：即大宛国都贵山城（今乌兹别克斯坦境内的塔什干之东）。⑤⑧①宛兵走入保其城：大宛人逃入城内防守之。走、入、保、乘四动词并行连用。⑤⑧②欲攻郁成城：原想在行进中首先攻下郁成城。郁成城在大宛东部边境。⑤⑧③留行：耽误行程。〖按〗此二句乃补叙贰师之所以围大宛都城之迅疾。⑤⑧④决其水原移之：在河水源头掘堤，令河水改道。⑤⑧⑤王毋寡：大宛国王名曰“毋寡”。⑤⑧⑥出善马：给汉人交出善马。⑤⑧⑦即不解：如果汉兵仍不停止攻击。即，若、如果。⑤⑧⑧乃力战而死：再与之拼个你死我活。⑤⑧⑨宛贵人勇将煎靡：既是大宛的贵族，又是大宛的勇将，名叫煎靡。⑤⑨⓪恣所取：任凭你们挑选。⑤⑨①给汉军食：供给你们军队食粮。⑤⑨②康居：西域国名，其地约当今乌兹别克斯坦的东部，在当时的大宛西北，大月氏之北，国都卑阗（或说即今塔什干）。⑤⑨③知穿井：懂得打井技术。⑤⑨④计以为：他们的计划是。⑤⑨⑤如此不许：如此向汉人求和，汉人若还不答应。⑤⑨⑥候汉兵罢：等候汉兵疲惫。罢，通“疲”，疲惫。⑤⑨⑦牝牡：以称兽类之雌、雄。⑤⑨⑧故时遇汉善者：过去就对待汉使友善者。⑤⑨⑨起敦煌西：由敦煌出兵西下。⑥⓪⓪从南、北道：从南北两路齐头并进。⑥⓪①别至郁成：另统一支部队，离开大队来攻郁成。⑥⓪②亡走贰师：逃归李广利的大部队。⑥⓪③搜粟都尉上官桀：搜粟都尉是主管筹集粮秣的军官名。上官桀，姓上官名桀。⑥⓪④缚守诣贰师：指捆绑起来押送到李广利处。诣，到，此处指押解到。⑥⓪⑤上邽骑士赵弟：上邽县籍的骑士姓赵名弟。上邽是汉县名，即今甘肃天水市。⑥⓪⑥恐失：怕在途中跑掉。⑥⓪⑦追及贰师：追上了李广利的大部队。⑥⓪⑧从入贡献：跟着李广利的军队入汉朝向皇帝献礼。⑥⓪⑨因为质焉：就势留在汉朝京城当人质。⑥①⓪入马千余匹：去时是“牛十万，马三万匹，驴橐驼以万数”。史公载此与前写出师之盛相比较，对武帝之伐大宛深致批判之意。⑥①①后行：后来的这次伐大宛。⑥①②侵牟：侵吞、克扣。牟，取。“牟”是一种食苗虫，故用为“牟取”意。⑥①③物故：指死，此谓牺牲、减员。⑥①④不录其过：不计较李广利前次的过失。⑥①⑤海西侯：以其立“功”之地为封号。⑥①⑥新畤：地名，《汉书·功臣表》以为在齐地。〖按〗赵弟以杀了一个俘虏而得以为侯，滑稽到了极点。⑥①⑦少府：九卿之一，秩中二千石，主管为皇帝的私家理财。⑥①⑧军官吏：军中的大小官吏。⑥①⑨为九卿者三人：依上文所述，仅有上官桀一人，余赵始成、李哆皆未及，不知尚有何人。⑥②⓪诸侯相、郡、守二千石：汉代的诸侯王国例由朝廷所派的“相”主持政事，故诸侯国相的权力与中央各郡的太守相同，级别都是二千石。此外朝廷和军队里还有一批二千石级的官员，如典属国、内史、主爵都尉等。⑥②①千石：如丞相长史、太中大夫、御史中丞等皆秩千石。⑥②②奋行者：志愿前往者，即前文之所谓“负私从者”。⑥②③官过其望：所获官位之高超出其意料。⑥②④以谪过行皆黜其劳：师古曰：“以罪谪而行者，免其所犯，不叙功劳。”意即将功折罪，赦为庶人。⑥②⑤士卒赐：对士兵的赏赐。⑥②⑥直四万钱：直，通“值”。〖按〗讨大宛出发时共六万多人，返回时一万多人，赏四万钱，每人平均四文铜钱，似乎太少；《史记·大宛列传》作“四万金”，又似乎过多，疑记事皆有误。⑥②⑦遮：半道伏击。⑥②⑧当：碰。⑥②⑨因楼兰：借助楼兰。⑥③⓪候汉使后过者：等候截捕后面再来的使者。⑥③①欲绝勿通：想断绝李广利与朝廷的联系。勿通，相互不通消息。⑥③②汉军正任文：应作“汉军军正任文”，上年已驰援张掖、酒泉，击匈奴兵。⑥③③生口：犹言“活口”，活的俘虏，可向以问事者。⑥③④知状以闻：知道了匈奴人的动向而飞速上报。⑥③⑤便道：就近。⑥③⑥诣阙簿责：送到朝廷接受审问。簿责，书面谴责。⑥③⑦两属：对两方面都得应付、听话。⑥③⑧国：这里指全部楼兰人。⑥③⑨亦因使候司匈奴：也通过楼兰打探匈奴人的消息。⑥④⓪益得职：越来越容易完成任务。得职，得行其职责。⑥④①起亭：建立亭驿，以传送消息、接待过往官员，可充驿站之用。⑥④②渠犁：西域小国名，在今新疆库尔勒与尉犁之间。⑥④③田卒：屯田的士兵，一方面农垦，一方面担任守卫。⑥④④领护：统领关照。⑥④⑤以给使外国者：以便为出使外国的人员提供服务。给，供应。⑥④⑥善谀：指喜欢讨好汉人。⑥④⑦使我国遇屠：使大宛遭受屠杀。⑥④⑧入质于汉：到汉王朝为人质。⑥④⑨赂赐以镇抚之：赂赐，赏赐、收买。实际是无可奈何，只好承认其所立之新王，无法更行干涉。所谓“镇抚”，亦不过勉强求得其大体承认而已。⑥⑤⓪天马：即汗血马。⑥⑤①明光宫：在长乐宫之北、桂宫之南。⑥⑤②呴犁湖单于：儿单于之叔，公元前一〇二至前一〇一年在位。⑥⑤③且鞮侯：呴犁湖单于之弟，公元前一〇一至前九六年在位。⑥⑤④欲因伐宛之威遂困胡：想一鼓作气整垮匈奴。⑥⑤⑤遗朕平城之忧：给我留下了要雪平城之辱的任务。刘邦被匈奴困于平城事在高祖七年（公元前二〇〇年）。⑥⑤⑥高后时：吕后在位的时间是公元前一八七至前一八〇年。⑥⑤⑦绝悖逆：大逆不道到了极点。绝，极。冒顿单于曾致书吕后称：“陛下独立，孤偾独居，两主不乐，无以自娱，愿以所有，易其所无。”⑥⑤⑧齐襄公复九世之仇：指灭掉纪国。齐襄公（公元前六九七至前六八六年在位），名诸儿，春秋前期齐国的国君。其九世祖曾因纪国诸侯的挑动，被周天子所杀，至襄公时遂以“复仇”为名，灭掉了纪国。事见《公羊传》庄公四年。⑥⑤⑨《春秋》大之：大，赞美。《公羊传》对齐襄公的此举评论说：“九世犹可以复雠乎？曰：虽百世可也。”〖按〗《史记》中对《春秋》《公羊传》《左传》之文，常常都以“春秋”称之。张照曰：“此下疑有阙文，然《汉书》亦仍之，则当时所传亦如此。”泷川引中井曰：“武帝欲逞其欲，自占好题目，故史载此语，不须终语。”⑥⑥⓪我儿子：我是小孩子，晚辈。⑥⑥①望：怨恨。⑥⑥②我丈人行：我的上一辈，长辈。⑥⑥③路充国：元封四年送匈奴使者丧车回匈奴，被匈奴扣留至今。

【校记】

［6］多：原无此字。据章钰校，乙十一行本有此字，《史记》《汉书》亦皆有此字，今据补。［7］才：原作“裁”。据章钰校，十四行本、乙十一行本、孔天胤本皆作“才”，今据改。［8］我：此字原无重。据章钰校，十四行本、乙十一行本、孔天胤本此字皆重，今据补。〖按〗《汉书·李广利传》亦重“我”字。［9］军：原作“兵”。据章钰校，十四行

【原文】

天汉元年（辛巳，公元前一〇〇年）

春，正月，上行幸甘泉，郊泰畤[664]。三月，行幸河东，祠后土[665]。

上嘉匈奴单于之义[666]，遣中郎将苏武[667]送匈奴使留在汉者，因厚赂单于，答其善意。武与副中郎将张胜及假吏[668]常惠等俱[669]，既至匈奴，置币[670]遗[671]单于。单于益骄，非汉所望[672]也。

会[673]缑王[674]与长水虞常[675]等，及卫律所将降者，阴相与谋劫单于母阏氏[676]归汉。卫律者，父故长水胡人[677]。律善[678]协律都尉李延年[679]，延年荐言律[680]使于匈奴。使还，闻延年家收[681]，遂亡降匈奴。单于爱之，与谋国事，立为丁灵王[682]。虞常在汉时素与副[683]张胜相知，私候[684]胜曰："闻汉天子甚怨卫律，常能为汉伏弩[685]射杀之。吾母、弟在汉，幸蒙其赏赐[686]。"张胜许之，以货物与常。后月余，单于出猎，独阏氏、子弟在，虞常等七十余人欲发，其一人夜亡告之[687]。单于子弟发兵与战，缑王等皆死，虞常生得[688]。

单于使卫律治[689]其事。张胜闻之，恐前语发[690]，以状语武[691]。武曰："事如此，此必及我[692]。见犯乃死[693]，重负国[694]。"欲自杀，胜、惠共止之。虞常果引[695]张胜。单于怒，召诸贵人议，欲杀汉使者。左伊秩訾[696]曰：

本、乙十一行本皆作“军”，《史记》《汉书》亦皆作“军”，今据改。[10]破：原无此字。据章钰校，十四行本、乙十一行本、孔天胤本皆有此字，张敦仁《资治通鉴刊本识误》同，今据补。〖按〗《史记》《汉书》亦皆有此字。[11]入质：原作“入侍”。据章钰校，十四行本、乙十一行本、孔天胤本皆作“入质”，张瑛《通鉴校勘记》同，今据改。〖按〗《史记·大宛列传》作“入质”。

【语译】

**天汉元年（辛巳，公元前一〇〇年）**

春季，正月，武帝前往甘泉巡视，在泰畤祭祀泰一神。三月，汉武帝又巡视河东郡，祭祀地神。

汉武帝对匈奴且鞮侯单于意欲与汉朝通好，以及放回被扣留的汉朝使者路充国等行为很有好感，于是就派遣中郎将苏武护送被扣留在汉朝的匈奴使者回归匈奴，趁便厚赠礼物给且鞮侯单于，报答他的善意。苏武与副中郎将张胜和临时借调来的官吏常惠等一同前往匈奴，到了匈奴之后，把财物赠送给且鞮侯单于。匈奴且鞮侯单于对待汉朝使者态度傲慢，这与汉朝所期望于且鞮侯单于的大相径庭。

碰巧此时匈奴的缑王与长水人虞常等人，以及卫律所率领的投降匈奴的汉人，暗地里密谋想要劫持且鞮侯单于的母亲回汉朝。卫律，他的父亲原本是居住在长水的匈奴人。卫律与协律都尉李延年友好，李延年推荐卫律出使匈奴。卫律出使回国的时候，听说李延年全家被逮捕下狱，惧怕受到牵连，于是逃亡投降了匈奴。匈奴单于非常器重他，让他参与谋划国家大事，封他为丁灵王。虞常在汉朝的时候一向与张胜友好，他私下里拜访张胜说：“听说汉天子非常怨恨卫律，我虞常能暗地里埋伏下人用弩箭射死他，替汉朝天子出气。我的母亲、弟弟都在汉朝，我希望我的家人能得到皇帝的赏赐。”张胜答应了虞常，还把一些钱物交给虞常。过了一个多月，且鞮侯单于出去打猎，只有单于阏氏、单于的儿子及兄弟在家留守，虞常等七十多人想要趁机劫持阏氏，不料其中有一个人连夜跑出去告密。单于子弟率领军队攻击虞常等人，缑王等全部战死，虞常被活捉。

匈奴且鞮侯单于命令卫律审理此事。张胜知道消息后，担心自己和虞常通谋的事情被揭发出来，便将事情的经过告诉了苏武。苏武说：“事已如此，这个案子一定会牵连到我。如果等到被匈奴人审问的时候再自杀，那就更加对不起国家了。”拔出剑来就要自杀，被张胜、常惠阻止。虞常果然供出了张胜。且鞮侯单于大怒，立即召集匈奴的亲贵大臣商议，准备杀死汉朝使者。左伊秩訾说：“谋害单于亲属就将汉

"即[697]谋单于，何以复加[698]？宜皆降之[699]。"单于使卫律召武受辞[700]。武谓惠等："屈节辱命[701]，虽生，何面目以归汉！"引佩刀自刺。卫律惊，自抱持武，驰召医，凿地为坎[702]，置煴火[703]，覆武其上[704]，蹈[705]其背以出血。武气绝，半日复息[706]。惠等哭，舆归[707]营。单于壮其节，朝夕遣人候问武，而收系[708]张胜。

武益愈[709]，单于使使晓武[710]，欲降之。会论[711]虞常，欲因此时降武。剑斩虞常已[712]，律曰："汉使张胜谋杀单于近臣[713]，当死，单于募降者赦罪。"举剑欲击之，胜请降。律谓武曰："副有罪，当相坐[714]。"武曰："本无谋[715]，又非亲属，何谓[716]相坐？"复举剑拟[717]之，武不动。律曰："苏君，律前负汉归匈奴，幸蒙大恩，赐号称王，拥众数万，马畜弥山[718]，富贵如此！苏君今日降，明日复然[719]。空以身膏[720]草野，谁复知之？"武不应。律曰："君因我降，与君为兄弟。今不听吾计，后虽欲复见我，尚可得乎？"武骂律曰："汝为人臣子，不顾恩义，畔主背亲，为降虏于蛮夷，何以汝为见[721]！且单于信汝，使决人死生[722]，不平心持正，反欲斗两主[723]，观祸败[724]。南越杀汉使者，屠为九郡[725]；宛王杀汉使者，头县北阙[726]；朝鲜杀汉使者，实时诛灭[727]，独匈奴未耳。若[728]知我不降明，欲令两国相攻，匈奴之祸从我始矣。"律知武终不可胁，白单于，单于愈益欲降之。乃幽武置大窖中，绝[729]不饮食。天雨雪，武卧啮雪与旃[730]毛并咽之，数日不死。匈奴以为神，乃徙武北海[731]上无人处，使牧羝[732]，曰："羝乳[733]乃得归。"别[734]其官属常惠等各置他所[735]。

天雨白牦[736]。

夏，大旱。

五月，赦天下。

朝使者杀死，如果是谋害单于，还怎么再加重处罚呢？应当逼着他们全部投降。”且鞮侯单于就派卫律召苏武接受审讯。苏武对常惠等人说：“如果丧失了气节、有辱使命，虽然活着，还有什么脸面再回汉朝！”拔出身上的佩刀就向自己的身上刺去。卫律大吃一惊，赶紧上前抱住苏武，一面吩咐赶紧传唤医生。医生命人在地上挖了一个坑，坑里放上炭火，把苏武搭放在火堆上，拍打他的背部让瘀血流出。苏武当时已经断了气，在医生的救助下，半天才恢复呼吸。常惠等急得直哭，用车把苏武拉回了营地。且鞮侯单于佩服苏武的气节，就早晚派人来探视和慰问苏武，而把张胜逮捕起来。

苏武的伤势逐渐好起来，且鞮侯单于派遣使者来劝说苏武，想让他投降匈奴。匈奴要处决虞常，就想趁这个机会迫使苏武投降。当虞常被剑刺死后，卫律宣布说：“汉朝使者张胜参与谋杀单于的近臣，按罪应当处死，单于说只要投降就可以赦免。”说完，举起剑就要刺杀张胜，张胜被吓得赶紧请求投降。卫律又对苏武说：“副使有罪，正使也摆脱不了罪责。”苏武驳斥他说：“我本来没有参与他们的阴谋，副使又不是我的亲属，凭什么牵连到我的头上？”卫律又举起剑对准了苏武，苏武丝毫不为所动。卫律说：“苏武先生，我以前背叛汉朝投降了匈奴，有幸蒙受了匈奴的大恩大德，匈奴单于封我为丁灵王，手下拥有几万人马，我所拥有的马、牛、羊等牲畜漫山遍野，我从来没有想到我会如此的富有和尊贵！苏武你今天投降，明天就会像我一样富贵。白白地死去做了野草的肥料，又有谁知道你的忠心呢？”苏武不回答。卫律又说：“如果你因为我的规劝而投降，我愿意和你结拜为兄弟。如果你现在不肯听从我的劝告，以后即使再想见到我，那还可能吗？”苏武大骂卫律说：“你作为臣子，不顾念汉朝皇帝对你的恩义礼遇，背叛主人、背叛父母，向匈奴投降做了一个蛮夷之人，我何必再见到你！再说，既然单于信任你，让你负责审理此案、裁决人的生死，你不公平执法，反而想要挑起两国君主之间互相争斗，你好在一旁坐观成败。南越国杀死了汉朝的使者，现在已经被灭掉，变成了汉朝的九个郡；大宛王杀害汉朝的使者，大宛王的人头被悬挂在长安的北城门；朝鲜杀害汉朝的使者，立即让它灭亡，现在只剩匈奴还没有被消灭。你明明知道我绝不会向匈奴投降，却非要逼迫我，好让两国互相攻打起来，匈奴被消灭的灾祸就要因我而开始了。”卫律深知苏武终究不会因为威逼利诱而投降，就报告了且鞮侯单于，且鞮侯单于就越发想要苏武投降。于是把苏武幽禁在一个大地窖中，并断绝了他的饮食。天降大雪，苏武躺在地窖中，靠吞吃雪和毡毛维持生命，几天下来竟然没有被冻死饿死。匈奴以为苏武有上天神灵保佑，于是又把苏武流放到北海上没有人烟的地方，让他放牧公羊，并对他说：“等到公羊产下小羊的时候就放你回去。”单于把他的官属常惠等人分别关押。

天空纷纷落下白色的牦牛毛。

夏季，大旱。

五月，汉武帝下诏大赦天下。

发谪戍[737]屯五原[738]。

浞野侯赵破奴自匈奴亡归[739]。

是岁，济南太守王卿为御史大夫。

**二年（壬午，公元前九九年）**

春，上行幸东海[740]。还[12]幸回中。

夏，五月，遣贰师将军广利以三万骑出酒泉，击右贤王于天山[741]，得胡首虏万余级[742]而还。匈奴大围贰师将军，汉军乏食数日，死伤者多。假司马[743]陇西赵充国[744]与壮士百余人溃围陷陈[745]，贰师引兵随之，遂得解。汉兵物故[746]什六七，充国身被二十余创[747]。贰师奏状[748]，诏征充国诣行在所[749]，帝亲见，视其创，嗟叹之，拜为中郎[750]。

汉复使因杅将军敖[751]出西河[752]，与[13]强弩都尉路博德[753]会涿涂山[754]，无所得。

初，李广有孙陵[755]为侍中[756]，善骑射，爱人下士[757]。帝以为有广之风[758]，拜骑都尉[759]，使将丹阳楚人[760]五千人，教射酒泉、张掖以备胡。及贰师击匈奴[761]，上诏陵，欲使为贰师将辎重[762]。陵叩头自请曰："臣所将屯边者，皆荆楚[763]勇士奇材剑客也，力扼虎[764]，射命中[765]。愿得自当一队[766]，到兰干山[767][14]南以分[768]单于兵，毋令专乡[769]贰师军。"上曰："将恶相属邪[770]？吾发军多，无骑予女[771]。"陵对："无所事骑[772]，臣愿以少击众，步兵五千人涉[773]单于庭[774]。"上壮而许之，因诏路博德将兵半道[775]迎陵军。博德亦羞为陵后距[776]，奏言："方秋[777]，匈奴马肥，未可与战。愿留陵[778]至春俱出[779]。"上怒，疑陵悔不欲出而教博德上书，乃诏博德引兵击匈奴于西河[780]。诏陵以九月发，出遮虏障[781]，至东浚稽山[782]南龙勒水上，徘徊观虏。即无所见[783]，还抵受降城[784]休士。陵于是将其步卒五千人，出居延[785]，北行三十日，至浚稽山止营，举图[786]所过山川地形，使麾下骑[787]陈步乐还以闻[788]。步乐召见[789]，道陵将率[790]得士

将罪犯发配到五原郡去戍边屯垦。

浞野侯赵破奴从匈奴逃回汉朝。

这一年，任命济南太守王卿为御史大夫。

**二年（壬午，公元前九九年）**

春季，汉武帝前往东海郡巡视，返回途中巡视回中。

夏季，五月，派遣贰师将军李广利率领三万名骑兵从酒泉出发，前往天山攻打匈奴右贤王，此次出击，共杀死和俘虏了匈奴一万多人。回师途中，贰师将军李广利被匈奴援军包围，汉军几天得不到食物，死伤了很多。代理司马陇西人赵充国率领一百多名强壮的敢死队冲破匈奴的重重包围，贰师将军李广利带领着大队兵马紧随其后，这才冲破匈奴的包围回到汉朝。此次汉军死亡的有十分之六七，赵充国身受二十多处创伤。李广利向武帝奏明情况，武帝下诏让赵充国前往皇帝的行宫，汉武帝亲自接见，他察看了赵充国身上的伤势，十分感叹，任命赵充国为中郎将。

汉武帝又派因杅将军公孙敖从西河出发，和强弩都尉路博德到涿涂山会合，但此次出征没有任何收获。

当初，李广有个孙子叫李陵，担任汉武帝身边的侍从官侍中，李陵也和他的祖父一样善于骑射，爱惜人才，尊重士人。汉武帝认为李陵大有其祖父李广的风范，任命李陵为统领骑兵的骑都尉，让他率领丹阳楚国的五千人，在酒泉、张掖一带教习骑马射箭，防备匈奴人的入侵。等到贰师将军李广利率军攻打匈奴的时候，武帝下诏给李陵，想让李陵负责为贰师将军运输粮草。李陵磕头向汉武帝请求说："我所率领的屯垦戍边之人，都是从荆、楚一带选拔出来的勇士、有奇异才能的剑客，他们力量大得能制服老虎，箭法精良，百发百中。我希望率领这支部队独当一面，到兰干山以南地区去分散匈奴单于的兵力，不让他们集中兵力专门对付贰师将军。"武帝说："是不是你不愿意接受贰师将军李广利的统领？我这次调动的军队很多，没有马匹补充给你。"李陵说："没有必要再给我增加战马，我希望能够以少量兵力去攻击众多的敌人，只率领手下的这五千名步兵去踏平单于的王庭。"武帝很赞赏李陵的勇敢，就答应了他的请求，并命令路博德率兵在半道接应李陵的军队。路博德认为做李陵军队的接应很不光彩，就向武帝建议说："现在正是秋季，匈奴的战马肥壮，不利于与匈奴作战。希望留下李陵，等到春季我再和他一起出兵。"汉武帝很生气，怀疑是李陵后悔出战而教路博德出面给皇帝上书，于是下诏命令路博德率军出西河袭击匈奴。又下诏令李陵于九月出兵，让他从遮虏障出兵，到东浚稽山南麓龙勒水一带，以武力搜索敌情。假如遇不到敌人，就回到受降城休整待命。李陵于是带领手下的五千名步兵，从居延出发，向北走了三十天，到达浚稽山安下营寨，将沿途所经过的山川地形全部绘制成地图，派手下的骑士陈步乐带着地图回去向武帝报告。汉武帝召见陈步乐，陈步乐向武帝讲述李陵为将，深得士兵的拥护，全都愿意拼死

死力，上甚悦，拜步乐为郎。

陵至浚稽山，与单于相值[791]，骑可[792]三万围陵军。军居两山间[793]，以大车为营，陵引士出营外为陈[794]，前行持戟、盾，后行持弓、弩[795]。虏见汉军少，直前就营[796]。陵搏战[797]攻之，千弩俱发，应弦而倒。虏还走上山，汉军追击杀数千人。单于大惊，召左、右地兵[798]八万余骑攻陵。陵且战且引南行[799]，数日，抵山谷中，连战，士卒中矢伤，三创[800]者载辇[801]，两创者将车[802]，一创者持兵战[803]，复斩首三千余级。引兵东南，循[804]故龙城道[805]行，四五日，抵大泽葭苇[806]中，虏从上风纵火，陵亦令军中纵火以自救[807]。南行至山下，单于在南山上[808]，使其子将骑击陵。陵军步斗树木间，复杀数千人，因发连弩射单于，单于下走[809]。是日捕得虏，言："单于曰：'此汉精兵，击之不能下，日夜引吾南近塞[810]，得无[811]有伏兵乎？'诸当户[812]君长皆言：'单于自将数万骑击汉数千人不能灭，后无以复使边臣[813]，令汉益轻[814]匈奴。复力战山谷间，尚四五十里[815]，得平地[816]，不能破，乃还[817]。'"

是时陵军益急，匈奴骑多，战一日数十合[818]，复伤杀虏二千余人。虏不利，欲去。会陵军候管敢[819]为校尉所辱[820]，亡[821]降匈奴，具言[822]："陵军无后救，射矢且尽，独将军麾下[823]及校尉成安侯韩延年[824]各八百人为前行[825]，以黄与白为帜，当使精骑[826]射之，即破矣。"单于得敢大喜，使骑并攻汉军，疾呼曰："李陵、韩延年趣降[827]！"遂遮道[828]急攻陵。陵居谷中，虏在山上，四面射，矢如雨下。汉军南行，未至鞮汗山[829]，一日五十万矢皆尽，即弃车去。士尚三千余人，徒[830]斩车辐[831]而

为他效力，武帝听了以后很高兴，任命陈步乐为郎。

李陵率领五千名步卒到达浚稽山，突然与匈奴单于遭遇，匈奴单于率领大约三万名骑兵，将李陵的军队团团围住。李陵的军队原本驻扎在两山之间，用大车排成营寨，李陵率领士兵出营布阵，前排的士兵手持戟和盾牌，后排的士兵手持弓、弩。匈奴看见汉军人少，径直向前逼近李陵的营寨。李陵亲自率领前排的战士冲上前去与敌人交战，后面千弩俱发射向匈奴的军队，匈奴人应弦而倒。其他匈奴士兵赶紧逃回山上，汉军勇敢追杀，杀死了匈奴几千人。匈奴单于大惊，赶紧召集左右两翼的八万多名骑兵向李陵发起进攻。李陵一边战斗一边指挥军队向南撤退，经过几天的边打边撤，到达一个山谷中，由于连日作战，士兵中箭受伤的很多，受三处伤的，就用车拉着，受两处伤的负责赶车，受一处伤的拿着兵器继续作战，就这样又杀死了三千多名敌人。李陵率军向东南方向撤退，沿着旧时由龙城通往汉朝的道路行进，走了四五天，来到一个大泽的芦苇荡中，匈奴从上风放火，企图将李陵所率领的这支汉军烧死在芦苇荡中，李陵也让士兵放火预先烧掉自己跟前的芦苇，使上风烧过来的火烧不到自己。李陵继续率军南行，来到一座山下，匈奴单于率军在南山之上挡住了李陵的南退之路，匈奴单于派他的儿子率领骑兵向李陵发起进攻。李陵率领步兵在树林间与匈奴骑兵展开激战，又杀死了匈奴几千人，李陵用连弩向南山之上的匈奴单于射击，单于赶紧下山退走。这天李陵抓住一个俘虏，俘虏交代说："单于说：'这肯定是汉朝的精兵，所以我们无法消灭他们，他们日夜引诱我们向南靠近汉朝的边塞，会不会是汉朝已经在边塞埋下伏兵了？'各部落的首领都说：'单于亲自带领几万名骑兵攻击汉朝这几千个步兵，都不能把他们消灭掉，今后就没有办法再管理、命令守边之臣了，也会使汉朝更加轻视匈奴。再组织兵力与汉军在山谷间拼死一战，再向南追击四五十里，就到了平地，到那时如果还不能消灭这股汉军，我们再撤军。'"

当时李陵的军队所面临的形势更加危急，匈奴骑兵人数众多，一日之内就向李陵的军队发起几十次进攻，在这种敌强我弱的情况下，李陵的军队又杀死杀伤匈奴两千多人。匈奴作战失利，就准备撤退。碰巧李陵部下的一个军候名叫管敢，因为受了校尉的侮辱，就逃跑投降了匈奴，管敢对单于说："李陵没有后续的救援军队，箭也快要射完了，现在李陵只有他的直属部队和校尉成安侯韩延年各有八百人在前担任先锋，分别用黄色与白色的旗帜作为标识，如果用精锐骑兵向他们射击，立即就能将汉军击败。"单于得到管敢非常高兴，就让管敢也骑上战马与匈奴一起进攻李陵的军队，管敢大声呼喊："李陵、韩延年赶快投降吧！"于是派骑兵挡住汉军的退路，向李陵发起更猛烈的进攻。李陵的军队在山谷中，而匈奴的军队在山上，居高临下，四面射击，箭如雨下。李陵的军队继续艰难地向南撤退，还没有到达鞮汗山，一天之内就把仅剩的五十万支箭射光了，于是抛弃了辎重车辆轻装前进。此时李陵的手下还有三千多名士兵，但是手中的兵刃已经全部损坏，士兵只好砍下车辐拿在

持之，军吏持尺刀[832]，抵山[15]，入陿[833]谷。单于遮其后，乘隅下垒石[834]，士卒多死，不得行。昏后，陵便衣独步出营，止左右："毋随我，丈夫一取单于[835]耳！"良久[836]，陵还，太息曰："兵败，死矣！"于是尽斩旌旗，及珍宝埋地中。陵叹曰："复得数十矢，足以脱矣。今无兵[837]复战，天明，坐受缚[838]矣。各鸟兽散[839]，犹有得脱归[840]报天子者。"令军士人持二升精[841]，一片冰，期[842]至遮虏障者相待[843]。夜半时，击鼓起士[844]，鼓不鸣[845]。陵与韩延年俱上马，壮士从者十余人，虏骑数千追之，韩延年战死。陵曰："无面目报陛下！"遂降。军人分散，脱至塞[846]者四百余人。

陵败处去塞百余里，边塞以闻[847]。上欲陵死战，后闻陵降，上怒甚，责问陈步乐，步乐自杀。群臣皆罪陵[848]，上以问[849]太史令司马迁，迁盛言[850]："陵事亲孝，与士信，常奋不顾身以徇国家之急[851]，其素所畜积[852]也，有国士[853]之风。今举事一不幸，全躯保妻子[854]之臣随而媒糵其短[855]，诚可痛也！且陵提步卒不满五千，深蹂[856]戎马之地，抑[857]数万之师，虏救死扶伤不暇[858]，悉举引弓之民[859]共攻围之，转斗千里，矢尽道穷，士张空拳[860]，冒白刃，北首[861]争死敌[862]，得人之死力，虽古名将不过也。身虽陷败，然其所摧败亦足暴[863]于天下。彼之不死，宜欲得当[864]以报汉也。"上以迁为诬罔[865]，欲沮贰师[866]，为陵游说，下迁腐刑[867]。

久之，上悔[868]陵无救[869]，曰："陵当发出塞[870]，乃诏强弩都尉令迎军[871]。坐预诏之[872]，得令老将生奸诈[873]。"乃遣使劳赐[874]陵余军得脱者。

上以法制御下[875]，好尊用酷吏，而郡国二千石[876]为治[877]者大抵多酷暴，吏民益轻犯法[878]。东方盗贼滋起[879]，大群至数千人，攻城邑，取库兵[880]，释死罪[881]，缚辱郡太守、都尉[882]，杀二千石；小群以百数[883]掠

手里当作武器，军吏手中也只剩有尺把长的短刀，到了鞮汗山，军队退入一个峡谷。单于率军堵住退路，又利用山石拐角处从山上往下推滚石块，汉军中许多人被砸死，军队没法行进。黄昏之后，李陵穿上便衣独自一人走出军营，他阻止左右跟随的人说："不要跟着我，让我一个人去捉拿匈奴单于！"过了好久，李陵返回，他叹息着说："兵败至此，看来只有死在此地了！"于是把旌旗全部砍倒，又将军中值钱的东西埋藏到地下。李陵十分惋惜地说："如果再有几十支箭，就完全可以脱身了。如今手中已经没有了继续战斗的武器，等到天明，将坐以待毙。不如咱们趁着黑夜各自逃散，还可能有人逃回去做个向皇帝报信的人。"命令军士每人携带两升干粮，一片冰凌，约定到遮虏障会合。半夜时分想要敲击战鼓让士兵起身，而战鼓敲不响。李陵与韩延年全都骑上马，有十多个壮士跟随，匈奴调集了几千名骑兵在后面紧紧追赶，韩延年战死。李陵说："我已经没有脸面回报陛下了！"于是投降了匈奴。李陵部下的士兵分散逃亡，逃回汉朝边塞的有四百多人。

李陵失败的地方距离汉朝的边塞只有一百多里，守边人员把情况奏报朝廷。汉武帝希望李陵战斗到死，后来听说李陵投降了匈奴，汉武帝愤怒到了极点，他去责问陈步乐，陈步乐畏惧自杀。群臣都怪罪李陵不该投降匈奴，武帝又去询问太史令司马迁，司马迁用赞美的口气为李陵开脱说："李陵对待父母很孝顺，以诚信对待士兵，经常为了国家的急难而奋不顾身，这是他平素的志向所决定的，他的风范在全国之中都是少有的。如今不幸失败而投降，那些只知道保全身家性命的人就马上夸大人家的短处，真是让人感到痛心啊！况且李陵只带领着不足五千名的步兵，深入敌人腹地，摧折了几万名强大的敌军，奋勇拼杀，给敌人造成很大伤亡，使敌人救死扶伤都来不及，匈奴单于把所有善于射箭的骑兵全部调来围攻李陵，李陵与匈奴辗转战斗上千里，箭矢用尽生还无望，而士兵们赤手空拳，冒着敌人的屠刀，向北与敌人拼死作战，李陵能够使士兵为他不顾生死，即使是古代有名的将领也不过如此。李陵虽然身陷敌军，然而他所杀伤的敌人数量也足以使他扬名于天下。他之所以没有选择战死，大概是想寻找机会立功而回以补偿其破败之罪吧。"汉武帝认为司马迁是有意诬蔑皇帝，暗中讥讽贰师将军李广利，为李陵说情，于是将司马迁处以宫刑。

过了很久，武帝对没有派人去援救李陵而感到后悔，他说："当初派李陵出征的时候，曾经下诏命令强弩都尉路博德接应李陵。是我预先命令他做接应，使老将路博德产生羞耻之心而向我做了推脱的回话，致使李陵无人救援。"于是派遣使者慰劳、赏赐李陵部下那些侥幸逃脱回来的人。

汉武帝用严厉的刑法来驾驭臣民，喜欢重用酷吏，因而郡、国二千石以上的官员大多数都属于那种残酷暴烈之人，然而下级小吏及百姓却越发不把犯法当作一回事。东方各郡县的盗贼蜂起，大的盗贼团伙有数千人，他们攻打城邑，抢夺武库中的兵器，释放死刑罪犯，绑架、侮辱郡太守、都尉，杀死俸禄在二千石以上的官员。

卤[884]乡里者不可胜数，道路不通。上始使御史中丞、丞相长史督之[885]，弗能禁，乃使光禄大夫[886]范昆及故九卿张德[887]等衣绣衣[888]，持节、虎符[889]，发兵以兴击[890]。斩首大郡或至万余级，及以法[891]诛通行、饮食[892]当连坐者，诸郡甚者数千人。数岁，乃颇得其渠率[893]，散卒失亡复聚党[894]阻山川[895]者，往往[896]而群居，无可奈何。于是作《沈命法》[897]，曰："群盗起不发觉[898]，发觉而捕弗满品[899]者，二千石以下至小吏，主者[900]皆死。"其后小吏畏诛，虽有盗不敢发[901]，恐不能得，坐课累府[902]，府亦使其不言。故盗贼浸多[903]，上下相为匿[904]，以文辞避法[905]焉。

是时，暴胜之[906]为直指使者[907]，所诛杀二千石以下尤多，威震州郡[908]。至勃海[909]，闻郡人隽不疑[910]贤，请与相见。不疑容貌尊严[911]，衣冠甚伟，胜之躧履[912]起迎，登堂坐定，不疑据地[913]曰："窃伏海濒[914]，闻暴公子旧矣[915]，今乃承颜接辞[916]。凡为吏，太刚则折[917]，太柔则废[918]。威行，施之以恩[919]，然后树功扬名，永终天禄[920]。"胜之深纳其戒[921]。及还，表荐[922]不疑，上召拜不疑为青州刺史[923]。济南王贺[924]亦为绣衣御史[925]，逐捕魏郡[926]群盗，多所纵舍[927]，以奉使不称[928]免，叹曰："吾闻活千人，子孙有封[929]。吾所活者万余人，后世其兴乎[930]！"

是岁，以匈奴降者介和王成娩[931]为开陵侯[932]，将楼兰国兵击车师，匈奴遣右贤王将数万骑救之，汉兵不利，引去。

---

【段旨】

以上为第四段，写天汉元年（公元前一〇〇年）、二年两年间的全国大事，主要写了苏武出使匈奴，被匈奴押留，苏武坚贞不降；写了李广利伐匈奴，与匈奴战于天山，先胜后败，赵充国英勇善战，使大军突出重围；写了李陵率步兵小的盗贼团伙也有几百人，他们掳掠乡里百姓，团伙多得数不清，甚至阻断了交通。武帝开始派御史中丞、丞相长史前去督促各地政府进行清剿，然而却无法禁止，于是又派光禄大夫范昆，以及原来曾经位列九卿的张德等人身穿绣有特殊花纹图案的衣服，手持符节、带着象征兵权的虎符，以战争需要为名征集军队去剿灭盗贼。有些大郡中被斩首的盗贼多达一万多人，再加上按照法律应该诛杀的那些允许盗贼通行以及为盗贼提供饮食的人，各郡都有，多的有几千人。用了几年的时间，才稍微捉到了一些盗贼头领，然而那些逃脱的人又重新聚集起来结成团伙占据山林的，到处都有，朝廷对他们也是无可奈何。于是开始制定惩治隐瞒匪情不报的《沈命法》，法律规定："盗贼出现，没有及时发现，以及虽然发现却没有报告和捕获的人数达不到规定的标准的，上自俸禄在二千石以上，下到一般小吏，主管此事的人一律处死。"此后小吏畏惧被杀，即使发现盗贼也不敢向上级报告，害怕不能将盗贼抓获，自己要受审查而且连累郡府，而郡府的高级官员也不希望下级官吏将盗贼的情况声张出去。所以盗贼日益增多，而上下互相遮盖、隐瞒，都知情不报，只以虚假的文辞粉饰太平，以免惹出麻烦。

当时，暴胜之担任直指使者，被他处死的二千石以下的官员尤其多，因而他的威名震动了州郡。暴胜之来到勃海郡之后，听说郡里有一个叫作隽不疑的人，很贤德有才能，就请他出来相见。暴胜之见隽不疑相貌高贵威严，衣帽华丽整齐，就赶紧站起来迎接，连鞋子都没顾上穿好，到客厅坐下之后，隽不疑双腿跪下两手撑地，俯身向前，说："我这个隐居海边的草野之民，早就听说暴先生的大名了，今天有幸见到您并与您当面交谈。我认为凡是做官的，过分刚强就容易折断，过分软弱就发挥不了作用，威严已经展露，还要对人广施恩惠，恩威并行才能建功扬名，享受福禄到永远。"暴胜之认真接受了隽不疑的告诫。等他回到朝中，立即上表向汉武帝推荐隽不疑，汉武帝召见隽不疑并任命他为青州刺史。济南国的王贺也被武帝任命为绣衣御史，负责追捕魏郡的盗贼，然而大部分盗贼被他从轻发落而得以活命，朝廷却认为他不称职而免去了他的职务，他感慨地说："我听说救活一千人，子孙就会得到封爵。而我救活了的有一万多人，我的后代大概会兴旺起来吧！"

这一年，封投降过来的匈奴介和王成娩为开陵侯，让他率领楼兰国的军队去袭击车师国，匈奴派右贤王带领几万名骑兵去援救车师，开陵侯成娩被右贤王击败，无功而返。

---

五千人远征匈奴，与匈奴单于艰苦作战，最后兵败降敌，司马迁为李陵说好话遭受宫刑；写了汉武帝重用酷吏，为加强专制独裁而设十三刺史部，结果盗贼愈多，吏风愈坏，上下相蒙，国事不堪的情形。

## 【注释】

㊅泰畤：祭祀泰一神的神坛，在当时长安城的东南方。665祠后土：祭祀地神的神坛，在今山西万荣西南的古汾阴县城西。666匈奴单于之义：指欲与汉王朝通好，放回了被扣留的路充国等人。667中郎将苏武：字子卿，讨伐匈奴的将领苏建之子。中郎将是皇帝的侍从武官，上属郎中令，统领诸中郎。668假吏：临时借调来的官吏。669俱：一道同行。670置币：给匈奴单于送上礼品。置，通“致”。送。币，礼品。671遗：给。672望：希望；意料。673会：适逢；正赶上。674缑王：匈奴中的某小王。675长水虞常：长水县（在今陕西西安市鄠邑区东）的虞常，原汉人，后降匈奴。676单于母阏氏：今单于的母亲，老单于的阏氏。阏氏，犹如汉朝皇帝的妃嫔。677长水胡人：居于长水地区的匈奴人。678善：与……友好。679协律都尉李延年：武帝宠妃李夫人之兄，也得汉武帝的宠信，因擅长音律被封为协律都尉。事迹见《史记·佞幸列传》。680荐言律：向武帝推荐卫律。681延年家收：李延年全家被逮捕下狱。682丁灵王：匈奴中的小王。丁灵，也写作“丁零”，居住在贝加尔湖一带的少数民族名。683副：副使。684私候：私自拜访。685伏弩：埋伏弓箭手。686幸蒙其赏赐：我希望能让他们得到汉王朝这份应该给我的赏赐。687夜亡告之：夜间逃去告知单于之母与单于之子弟。688生得：活捉。689治：审理。690恐前语发：害怕他与虞常通谋的事情被揭发。691以状语武：遂将事情的过程告诉苏武。692及我：牵连到我。693见犯乃死：等到被匈奴人审问时再自杀。694重负国：那就太对不起朝廷了。重，严重。695引：牵连；供出。696左伊秩訾：匈奴的官号名。697即：如果。698何以复加：其完整的意思是，谋害单于亲属就判死罪，如果谋害单于还能判什么罪呢。699宜皆降之：应该都逼着他们投降。700受辞：接受审讯。701屈节辱命：丧失气节，有辱使命。702坎：土坑。703煴火：没有火苗的火堆。704覆武其上：将苏武搭放在火堆上。705蹈：用脚踹。也有人说“蹈”字应作“掐”。706息：呼吸。707舆归：用车拉回。708收系：拘捕关押。709益愈：稍稍好了一点。710晓武：犹劝苏武。711会论：商议定罪，这里实指处决。712已：完毕；之后。713单于近臣：卫律指自己。714当相坐：正使当受牵连获罪。715无谋：没有参与该项谋划。716何谓：为何。717拟：对着。718弥山：满山。719复然：也会如此。720膏：油；肥。这里的意思是给……做肥料。721何以汝为见：何必再见你。722决人死生：指审理、处置这次叛乱事件。723斗两主：挑起汉朝皇帝与匈奴单于之间的斗争。724观祸败：你在一边看笑话。725屠为九郡：汉灭南越事见本书元鼎五年（公元前一一二年）。726头县北阙：汉平大宛事见本书太初三年（公元前一〇二年），但文内未言宛王毋寡头悬北阙。727实时诛灭：汉灭朝鲜事见本书元封二年（公元前一〇九年）。728若：你。729绝：断绝。730旃：即身上所穿与坐卧所用之物。旃，通“毡”。731北海：即今俄罗斯境内的贝加尔湖，在匈奴地盘的北方。732羝：公羊。733羝乳：公羊产子。乳，喂奶。“羝乳乃得归”是“永远不许回来”的调侃说法。734别：分

开。㉟各置他所：意即分别关押。㊱天雨白牦：天空纷纷落下白色牦牛的毛。因事奇特，故史官著于史。㊲谪戍：有罪而派往守边。㊳五原：汉郡名，郡治九原，在今内蒙古包头西。㊴自匈奴亡归：赵破奴于太初二年初为匈奴所俘获，投降匈奴，今又从匈奴逃了回来。㊵东海：汉郡名，郡治郯县，在今山东郯城西北。㊶天山：即今新疆境内之天山山脉。㊷首虏万余级：首级与俘虏共万余。㊸假司马：代理司马之职。司马是军中的执法官。㊹赵充国：陇西郡（郡治狄道，即今甘肃临洮）人，《汉书》有传。㊺溃围陷陈：冲破敌阵，突出重围。陈，同“阵”。㊻物故：死亡。㊼创：伤口。㊽奏状：向皇帝禀明情况。㊾诣行在所：到皇帝出行的所在之处。㊿中郎：皇帝的侍从官名，秩六百石，上属郎中令。751因杅将军敖：公孙敖。752西河：似应作“河西”，指今甘肃之敦煌、酒泉一带，与前文说骠骑平定陇右后，“河西益少寇”之“河西”同。有人以山西、陕西北部交界之“西河郡”当之，两者相隔遥远，极不合理。753强弩都尉路博德：此时正驻兵于居延塞。754涿涂山：也作“涿邪山”，在今蒙古国境内，在前文赵破奴北伐所至的浚稽山之西。755陵：李陵，字少卿。事迹见《汉书·李广苏建传》。756侍中：皇帝的侍从官员，上属郎中令。757下士：尊重士人。758有广之风：有李广的风范。759骑都尉：统领骑兵的军官名，比将军低一级，秩比二千石。760丹阳楚人：丹阳一带的旧时楚人。丹阳郡的郡治宛陵，在今安徽宣城，战国时期属楚。761及贰师击匈奴：即上文所说的李广利与匈奴战于天山事。762将辎重：押送物资的后勤部队。763荆楚：这里即指楚，春秋、战国时代的楚国也称荆国。764扼虎：制服老虎。765射命中：要射什么就一定能射中。766自当一队：独当一面，不愿受别人控制。767兰干山：在今甘肃兰州南。768分：吸引；分散。769专乡：集中力量攻击。乡，通“向”。770将恶相属邪：是不是讨厌受李广利统辖。将，莫非、是不是。恶，不愿意。相属，受别人统辖。771无骑予女：没有马匹补充给你。〖按〗此句重要，说明武帝已经考虑到五千名步兵北出的危险。772无所事骑：没有必要补充战马。773涉：踏上；到达。774单于庭：匈奴单于的集会办公之地。775半道：到半路上。776后距：犹今所谓“后卫”。背后的救援部队。777方秋：现在正当秋天。778留陵：让李陵停止出发。779至春俱出：到明年春天我再和他一道出兵。780西河：似应作“河西”，即今甘肃走廊以北地区。781遮虏障：在今内蒙古额济纳旗境内。782东浚稽山：在今蒙古国杭爱山脉东南。783即无所见：如果看不到敌人。784受降城：也称“宿虏城”，谭其骧《历史地图集》标在今内蒙古乌拉特中后联合旗东。785居延：水泽名，在今内蒙古额济纳旗境内，其地有众多的防御工事，路博德就驻兵在此。786举图：全部画下。787麾下骑：属下的骑兵。788还以闻：回京向皇帝报告情况。789召见：被武帝召见。790将率：即指将军李陵。791相值：相遇。792可：大约有。793军居两山间：指李陵军。794陈：通“阵”。795弩：有机械装置的弓。796直前就营：一直向前逼近李陵的军营。797搏战：开战；对战。798左、右地兵：左、右贤王两部的士兵。799引南行：向南方撤退。800三创：三处受伤。创，兵器所致的伤口。801载辇：用车拉着。802将车：给拉伤兵的车子赶车。803持兵战：拿着兵器作战。804循：沿着。805故龙城道：旧时由龙城通往汉朝边境的道路。元狩四年（公元前一一九年）卫、霍大破匈奴于漠北前，匈奴的龙城在今蒙古国乌兰巴托西南之鄂尔浑河西侧的和硕柴达木湖附近，在居延泽的东北方。龙城是单于居住、朝会、祭天的地方。806葭苇：芦苇。807纵火以自救：预先烧掉自己跟前的芦苇，则上风来火便不能延及己之所在。808单于在南山上：意即截住了李陵的南退之路。809下走：下南山退走。810南近塞：向南靠近汉王朝边境。811得无：会不会。812当户：匈奴中的下级军官名。813无以复使边臣：无法再管理、命令守边之臣。814益轻：越发地轻视。815尚四五十里：意即再向南追击四五十里。816得平地：意思是一旦到了平地，李陵的步兵就无法再与匈奴的骑兵对抗了。817不能破二句：如果到那时我们还不能打败他，我们再撤回。818一日数十合：一天要打退匈奴的几十次冲锋。819军候管敢：一个军候名叫管敢。当时将军属下有若干"部"，其长官叫校尉；校尉属下有若干"曲"，其长官叫军候。820为校尉所辱：被他的顶头上司所侮辱。821亡：潜逃。822具言：详细地告诉。823将军麾下：指李陵的直属部队。麾下，部下。824韩延年：韩千秋之子，因其父死于伐南越的战事而受封为成安侯，此时任校尉之职。韩千秋事见本书元鼎五年。825前行：最靠前、最能冲锋陷阵的部队。826精骑：精锐的骑兵。827趣降：赶快投降。趣，意思同"促"，速。828遮道：拦住李陵的退路。829鞮汗山：在今内蒙古额济纳旗北。830徒：没有兵器的人。831车辐：车轮上的辐条，用以作为武器。832尺刀：短刀。833陿：同"狭"。834乘隅下垒石：利用一个山石拐角的地方向下推滚石块。隅，拐角。垒石，石块。835一取单于：只身往取单于。836良久：过了好久。837无兵：没有武器。838坐受缚：只有被人俘虏。839各鸟兽散：意即各自利用一切条件，四散逃走。840犹有得脱归：或许还能有人逃回去。841糒：干粮。842期：约定。843相待：互相等待，意即在那里会合。844起士：号令大家起身行动。845鼓不鸣：战鼓不出声音。神秘现象，对李陵表示同情。与《汉书》写法不同。846脱至塞：逃回到汉朝边境。847以闻：将情况报告朝廷。848罪陵：谴责李陵。849以问：拿李陵的事情相问。850盛言：用赞美的口吻大谈。851徇国家之急：为解国家之急而贡献一切。徇，顺。852素所畜积：平时的积累与表现。853国士：一国之中的稀有之士，极言其卓绝。854全躯保妻子：只管保全自己、保全妻子儿女。855媒糵其短：夸大人家的短处。媒糵，犹今之所谓"添油加醋"，使一点坏事由小变大，由少变多。糵，酵母。856深蹂：远涉；深入。蹂，践、达到。857抑：压倒；摧折。858不暇：来不及；顾不上。859悉举引弓之民：凡能拉开弓的人全部调来。860张空弮：手执没有箭的空弓。张，奋也。861北首：向着北方冲杀。862争死敌：争相与敌人拼死。863暴：露；显扬。864宜欲得当：大概是想取得一份与其罪过相当的功效。师古曰："欲于匈奴立功而归，以当其破败之罪。"865诬罔：瞎说。《报任安书》作"诬上"，意即诬蔑、诬赖皇帝，说皇上对此负有责任。866沮贰师：说贰师将军李广利的坏话。沮，这里通"诅"，诅咒。867腐刑：又称"宫刑"，割掉男性的生殖器。⑱悔：后悔；遗憾。⑲无救：无人救援。⑳当发出塞：开始出发。871乃诏强弩都尉令迎军：曾经下令叫路博德出兵迎接李陵。强弩都尉，指路博德，当时就率军活动在居延塞一带。872坐预诏之：由于我过早地给他下诏令。873令老将生奸诈：意思是让他有机会向我做了推脱的回话。874劳赐：慰劳、赏赐。875御下：管理臣民。御，驾驭、管理。876郡国二千石：指各郡郡守与各诸侯国的相。877为治：为官治民。878益轻犯法：越来越不把犯法当作一回事。轻，不在意。879滋起：越闹越多。880取库兵：劫取国家仓库里的武器。881释死罪：把监狱里的死刑犯释放出来。882都尉：郡里的武官，主管征讨租税、缉捕盗贼。883小群以百数：小股的武装起义也有几百人。884掠卤：抢东西、抢人。卤，通"虏"。885使御史中丞、丞相长史督之：御史中丞属御史大夫，丞相长史是丞相手下的大吏，二府联合派大员督促各地政府清剿，足见当时事态之急。886光禄大夫：郎中令的属官，掌议论，原名中大夫，太初元年改称光禄大夫。887故九卿张德：曾官居九卿的张德。九卿指太常、光禄勋（郎中令）、卫尉、太仆、廷尉、鸿胪、宗正、大司农、少府，不知张德具体曾任何职。888衣绣衣：身穿绣有特殊图案的衣服。889持节、虎符：有的持节，有的手握虎符。节，旌节，皇帝派使者外出下达命令所持的信物。虎符，皇帝派人调动军队所持的信物，以金属制成虎形，分成两半，朝廷与统兵者各执其一。890以兴击：师古曰："以军兴之法而讨击也。"〖按〗"军兴"即今之所谓"军事动员"，以战争需要为名征调人力、物力。891以法：按法律。892通行、饮食：指允许"盗匪"通行与给"盗匪"提供饮食者。893颇得其渠率：捉到了某些首领。渠率，大头目。渠，大。894复聚党：旧同伙又重新会聚起来。895阻山川：以险要的山川形势为依托。阻，凭借。896往往：到处都有。897《沈命法》：惩治隐瞒匪情不报的法律。王先谦引应劭曰："沈，没也，敢蔽匿盗贼者，没其命也。"又引沈钦韩曰："与之相连俱死也。"898不发觉：指没有及时发现，或虽已发现但不报告。899捕弗满品：捕获的人数达不到规定标准。师古曰："品，率也，以人数为率也。"即所谓"概率""百分比"。900主者：主管此事的人。901不敢发：不敢上报。发，张扬。902坐课累府：因自己受查究而连累郡府。课，审查、查究。府，师古曰："府，郡府也。"903浸多：渐多；越来越多。浸，渐。904上下相为匿：彼此互为隐瞒。905以文辞避法：各地各级都隐瞒不报、粉饰太平，以免惹麻烦。《史记集解》引徐广曰："诈为虚文，言无盗贼也。"906暴胜之：姓暴，名胜之，字公子。907直指使者：也称"绣衣直指"，皇帝派往各地处理问题的"特派员"，这是汉武帝为加强专制独裁所采取的措施之一。908威震州郡："直指使者"的级别很低，秩六百石，在皇帝跟前其卑如奴；但手执符节，口称皇命，出京后又权力极大，可以杀戮守、相二千石，至东汉遂致尾大不掉，亦可悲哉！909勃海：汉郡名，郡治浮阳，在今河北沧州东南。910隽不疑：姓隽，名不疑，勃海郡人，以读儒书为郡小吏。911尊严：庄重严肃。912躧履：趿拉着鞋子，以言其慌忙出迎的样子。913据地：双腿跪下以手撑地。914窃伏海濒：犹言隐居海边的草野之民。窃，谦辞。915闻暴公子旧矣：犹言"早就听说您的大名啦"。古时当面往往不呼人之名，而呼其字，以表示尊敬。旧，久、早已。⑯承颜接辞：见您之面，和您说话。⑰太刚则折：太硬的东西容易折断。⑱太柔则废：太软弱了就不起作用。⑲威行二句：威严已经有了，那就要对人广施恩惠。⑳永终天禄：以保持您天赐的福禄永远享受不完。㉑深纳其戒：认真地接受了他的告诫。㉒表荐：向皇帝上表推荐。㉓青州刺史：巡视、刺探青州所管诸郡的特派员。青州是十三个刺史部之一，辖地为齐、济南、千乘、平原、北海、东莱诸郡及淄川国、胶东国。㉔济南王贺：济南国的王贺。㉕绣衣御史：与"绣衣直指""某州刺史"为一职多称。㉖魏郡：郡治邺县，在今河北临漳西南。㉗纵舍：放其逃命。㉘不称：不称职。㉙活千人二句：能救活上千的人，其子孙就会蒙受封赏。㉚后世其兴乎：后代将会兴旺起来吧。〖按〗王姓的后代有王凤、王根、王莽等，最后一度篡夺西汉政权。㉛介和王成娩：匈奴介和王名叫成娩。㉜开陵侯：封地开陵，胡三省以为在临淮郡。

## 【校记】

［12］还：原作空格。据章钰校，十四行本、乙十一行本、孔天胤本皆作"还"字，张瑛《通鉴校勘记》同，今据补。［13］与：原无此字。据章钰校，十四行本、乙十一行本皆有此字，张敦仁《资治通鉴刊本识误》、张瑛《通鉴校勘记》同，今据补。［14］兰干山：原作"兰于山"。据章钰校，十四行本、乙十一行本皆作"兰干山"，张瑛《通鉴校勘记》同，今据改。〖按〗《汉书·李陵传》作"兰干山"。［15］抵山：原无此二字。据章钰校，十四行本、乙十一行本、孔天胤本皆有此二字，张敦仁《资治通鉴刊本识误》同，今据补。

## 【研析】

本卷写了武帝元封二年（公元前一〇九年）至天汉二年（公元前九九年）共十一年间的全国大事，其中值得注意、值得讨论的问题有以下几个。

第一，伐大宛在汉武帝讨伐四夷的战争中是最劳民伤财、最得不偿失的战争，据《史记·大宛列传》，第一次是"发属国六千骑，及郡国恶少年数万人"，结果轻敌无备，被打得惨败而回，剩下的人不到"什一二"。汉武帝不甘心失败，于是第二次再来。第二次是在一年之后，"赦囚徒材官，益发恶少年及边骑，岁余而出敦煌者六万人，负私从者不与。牛十万，马三万余匹，驴骡橐它以万数。多赍粮，兵弩甚设，天下骚动，传相奉伐宛，凡五十余校尉"。为了给李广利押送粮草，又"发天下七科谪，及载糒给贰师，转车人徒相连属至敦煌"。为了保障征西大军侧翼的安全，又"益发戍甲卒十八万，酒泉、张掖北置居延、休屠以卫酒泉"。轰轰烈烈、沸沸扬扬，前后共享了近四年的时间，终于迫使大宛接受了城下之盟。李广利"取其善马数十匹，中马以下牡牝三千余匹"而回。凯旋的人马是多少呢？"军入玉门者万余人，军马千余匹”。至少损失了五万多人、牛马四万九千多头匹。汉武帝为胜利大赏诸军，李广利封了海西侯，甚至连一个鼓起勇气、仗着胆子杀了一个俘虏的骑兵赵弟也被封了新畤侯，简直令人无法理解。

第二，李陵率步卒五千人北讨匈奴的问题，最早见于司马迁的《报任安书》，其次是见于班固《汉书·李广传》的李陵部分，第三次是见于司马光的《资治通鉴》本卷。《资治通鉴》本卷中的文字几乎移自《汉书·李广传》。将《资治通鉴》本卷所叙述的李陵故事与司马迁的《报任安书》相比较有哪些差异呢？其一，本卷引用《汉书》文字写了李陵请战时武帝对李陵说“吾发军多，无骑予女”，表明武帝看到了李陵这支小部队出征的危险性。倒是李陵口出狂言：“臣愿以少击众，步兵五千人涉单于庭。”而且武帝又安排“路博德将兵半道迎陵军”，思考问题不算不细。遗憾的是当路博德提出推脱时，而武帝没有下强制性的命令，结果造成李陵后来无人救援。其二是《报任安书》对李陵以少胜众的描写过分夸张，如说“仰亿万之师，与单于连战十有余日，所杀过半当。虏救死扶伤不给，旃裘之君长咸震怖，乃悉征其左、右贤王，举引弓之人，一国共攻而围之”。这是五千人能做到的事吗？夸张得太不着边际了。本卷则引《汉书》文字说“陵至浚稽山，与单于相值，骑可三万围陵军”；后又“单于大惊，召左、右地兵八万余骑攻陵”。虽然仍有许多夸张的色彩，但比起《报任安书》是冷静、可信得多了。其三，本卷也有修改《汉书》的地方，如《汉书》写李陵激励士兵作战时有所谓：“‘吾士气少衰而鼓不起者何也？军中岂有女子乎？’……陵搜得，皆剑斩之。”这段文字与整个上下文的气氛不合，是败笔。本卷则删去此数句，而将击鼓事移到了最后的分散突围前，“夜半时，击鼓起士，鼓不鸣”，这是一种奇特而又神秘的现象，不知为何如此，文笔掩抑，充满无限悲凉。

第三，汉武帝为保证其战争机器的不停运转，为满足其日益膨胀的物质与精神欲望，于是任用了大批聚敛之臣；又为了镇压国内百姓的反抗与朝廷官员的不满情绪，而任用了大批酷吏，于是恶性循环，愈演愈烈。于是“吏民益轻犯法。东方盗贼滋起，大群至数千人，攻城邑，取库兵，释死罪，缚辱郡太守、都尉，杀二千石；小群以百数掠卤乡里者不可胜数”。也正是在这种背景下，汉武帝为了加强其专制独裁，而建立了“十三刺史部”，即派出许多只对皇帝负责的特派员到全国各地明察暗访，向皇帝打小报告。这些人级别甚低，而权力甚大；他们手执符节、口含天宪，很多高级地方官轻易地死于这些人之手。于是这时有了所谓“沈命法”，即“群盗起不发觉，发觉而捕弗满品者，二千石以下至小吏，主者皆死”。法令施行之后，“小吏畏诛，虽有盗不敢发，恐不能得，坐课累府，府亦使其不言。故盗贼浸多，上下相为匿，以文辞避法焉”。这就和秦朝末年的情况差不甚多了。“风流人物”而使国家“风流”至此，不亦哀哉！

# 卷第二十二　汉纪十四

起昭阳协洽（癸未，公元前九八年），尽阏逢敦牂（甲午，公元前八七年），凡十二年。

【题解】

本卷写了天汉三年（公元前九八年）至后元二年（公元前八七年）共十二年间的全国大事。第一，写武帝晚年既迷信神仙，又疑神疑鬼，奸人遂趁机掀起巫蛊大案，以致丞相公孙贺被杀，卫皇后之二女被杀。第二，写武帝因宠爱钩弋夫人而欲废太子、立幼子，遂使奸人江充等趁机陷害太子与卫皇后；在太子、皇后怒斩江充，起兵与来加害者对抗时，武帝派丞相刘屈氂统兵讨伐，致使皇后自杀，太子兵败亦自杀而死，前后死者多达数万。第三，写汉武帝逐渐查知太子之冤，处死奸人苏文以及江充之余党，而统兵与太子作战之刘屈氂与因镇压太子而获升迁的商丘成、马通等人又遭清洗；而田千秋则因为太子辩冤而被超升为大鸿

---

【原文】

**世宗孝武皇帝下之下**

**天汉三年（癸未，公元前九八年）**

春，二月，王卿[①]有罪自杀，以执金吾[②]杜周[③]为御史大夫。

初榷酒酤[④]。

三月，上行幸泰山，修封[⑤]，祀明堂[⑥]，因受计[⑦]。还祠常山[⑧]，瘗玄玉[⑨]。方士之候祠[⑩]神人、入海求蓬莱者终无有验，而公孙卿犹以大人迹为解[⑪]，天子益怠厌[⑫]方士之怪迂语[⑬]矣。然犹羁縻不绝[⑭]，冀[⑮]遇其真。自此之后，方士言神祠[⑯]者弥众，然其效可睹[⑰]矣。

夏，四月，大旱，赦天下。

秋，匈奴入雁门[⑱]，太守坐畏愞[⑲]弃市。

胪，进而为丞相，封富民侯。其四，写李广利率军北伐，而朝中因处死刘屈氂，连带李广利家族系狱，李广利于思想矛盾中被匈奴打败，投降匈奴；又在匈奴受卫律忌恨，被卫律进谗杀害。其五，写汉武帝接受建议，不再迷信方士、企求长生；写汉武帝深悔当年穷兵黩武，因否定桑弘羊等屯田轮台之议而下诏息兵养民。其六，写汉武帝因决心立幼子而预先杀了幼子之母钩弋夫人；写武帝临终前向霍光、金日磾等托孤，与历史家班固、司马光对武帝政治的评价。整卷前半写武帝的老年昏聩、喜怒无常、凶残好杀，令人深恶痛绝；后半写其悔过自责，大胆袒露，亦颇令人感动。

---

**【语译】**

**世宗孝武皇帝下之下**

**天汉三年（癸未，公元前九八年）**

春季，二月，御史大夫王卿因罪自杀，汉武帝任命执金吾杜周为御史大夫。

开始实行酒类由国家专卖。

三月，汉武帝巡行泰山，再次在泰山顶举行祭天活动，又祭祀泰山东北山脚下的明堂，乘便在明堂接受各郡、国呈送的财务报表。在返回京师的途中，祭祀常山，把黑色的玉埋在地下，以祭祀常山之神。武帝派往各地等候神仙降临的方士，以及到大海之中去寻找蓬莱仙山的都始终没有结果，然而公孙卿仍然用大脚印来证明确实有神仙存在，汉武帝越来越厌恶方士的那些怪诞迂腐的言论。然而对神仙之事还是时常牵挂，希望能够真的遇见神仙。从此之后，方士讲说自己遇到了神仙、讲述如何祭祀的越来越多，然而他们所说的全都毫无效验也就可想而知了。

夏季，四月，天气大旱。大赦天下。

秋季，匈奴入侵雁门关，雁门太守被指控对匈奴心存畏惧而被处死。

## 四年（甲申，公元前九七年）

春，正月，朝诸侯王于甘泉宫[20]。

发天下七科谪[21]及勇敢士，遣贰师将军李广利将骑六万、步兵七万出朔方[22]，强弩都尉路博德将万余人与贰师会[23]，游击将军韩说[24]将步兵三万人出五原[25]，因杅将军公孙敖[26]将骑万、步兵三万人出雁门。匈奴闻之，悉远其累重[27]于余吾水[28]北，而单于以兵十万待水南，与贰师接战。贰师解而引归[29]，与单于连斗十余日。游击无所得[30]。因杅与左贤王[31]战，不利，引归。

时上遣敖深入匈奴迎李陵[32]，敖军无功还，因曰："捕得生口[33]，言李陵教单于为兵[34]以备汉军，故臣无所得[35]。"上于是族陵家[36]。既而闻之，乃汉将降匈奴者李绪，非陵也。陵使人刺杀绪[37]。大阏氏[38]欲杀陵[39]，单于匿之北方。大阏氏死，乃还。单于以女妻陵，立为右校王[40]，与卫律[41]皆贵用事。卫律常在单于左右，陵居外，有大事乃入议。

夏，四月，立皇子髆[42]为昌邑王[43]。

## 太始元年（乙酉，公元前九六年）

春，正月，公孙敖坐妻[44]为巫蛊[45]要斩[46]。

徙郡国豪桀[47]于茂陵[48]。

夏，六月，赦天下。

是岁，匈奴且鞮侯单于[49]死，有两子，长为左贤王，次为左大将[50]。左贤王未至[51]，贵人以为有病，更立左大将为单于。左贤王闻之，不敢进[52]，左大将使人召左贤王而让位焉。左贤王辞以病，左大将不听，谓曰："即[53]不幸死，传之于我。"左贤王许之，遂立，为狐鹿孤单于，以左大将为左贤王。数年，病死[54]，其子先贤掸[55]不得代[56]，更以为日逐王[57]。单于自以其子为左贤王。

## 二年（丙戌，公元前九五年）

春，正月，上行幸回中[58]。

**四年（甲申，公元前九七年）**

春季，正月，汉武帝在甘泉宫接受各诸侯王的朝拜。

将全国七种有罪名的人以及那些勇于争斗的人征召入伍，派贰师将军李广利率领六万名骑兵、七万名步兵从朔方郡出塞，派强弩都尉路博德率领一万多人与贰师将军会合，派游击将军韩说率领三万名步兵从五原郡出塞，因杅将军公孙敖率领一万名骑兵、三万名步兵从雁门关出塞，各路大军分成几路前往攻打匈奴。匈奴听到汉朝大军前来征讨的消息后，立即把所有家口、财物以及笨重的东西全部运到了余吾水以北，且鞮侯单于亲自率领十万名骑兵驻扎在余吾水以南，准备迎战贰师将军李广利。贰师将军李广利率军和匈奴且鞮侯单于连续战斗了十多天，最后退出战斗，率军撤回。游击将军韩说因为没有找到匈奴人，只好无功而返。因杅将军公孙敖率军与左贤王交战，失败而回。

当时汉武帝派遣公孙敖深入匈奴准备迎回李陵，公孙敖无功而返，他对汉武帝说："我俘获了一个匈奴人，这个匈奴人说李陵正在帮助匈奴训练军队以抵御汉军的进攻，所以我没能完成接回李陵的任务。"汉武帝于是诛杀了李陵全族。不久听说帮助匈奴训练军队的是投降匈奴的汉将李绪，而不是李陵。李陵派人刺杀了李绪。匈奴大阏氏想要杀死李陵，且鞮侯单于把李陵隐藏在北方。一直等到大阏氏死了之后，李陵才回到匈奴王庭。且鞮侯单于把自己的女儿嫁给李陵为妻，又封李陵为右校王，与卫律一样地位尊贵，手中握有重权。卫律经常跟随在且鞮侯单于身边，而李陵经常在王庭之外，只在遇有军国大事，才到王庭参与决策。

夏季，四月，汉武帝封皇子刘髆为昌邑王。

**太始元年（乙酉，公元前九六年）**

春季，正月，公孙敖由于妻子被指控使用巫术害人，受牵连而被腰斩。

将各郡、各诸侯国中那些有影响力和号召力的人物强行搬迁到茂陵。

夏季，六月，大赦天下。

这一年，匈奴且鞮侯单于去世，且鞮侯单于有两个儿子，长子为左贤王，次子为左大将。左贤王领兵在外，没有及时赶到王庭，王庭中的权贵认为长子左贤王有病，于是就拥立左大将为匈奴单于。左贤王听到左大将已经被立为匈奴单于的消息后，就不敢进入王庭，左大将派人召请左贤王，准备把王位让给左贤王。左贤王借口身体有病而谢绝，左大将不答应，他对左贤王说："如果你真的不幸病死，再把王位传给我。"左贤王这才答应做了单于，就是狐鹿孤单于，他任命左大将为左贤王。过了几年，左贤王因病死去，他的儿子先贤掸没能继承左贤王的职位，狐鹿孤单于将先贤掸改封为日逐王。单于把自己的儿子封为左贤王。

**二年（丙戌，公元前九五年）**

春季，正月，汉武帝巡视回中地区。

杜周㊾卒，光禄大夫暴胜之㊿为御史大夫[61]。

秋，旱。

赵中大夫白公[62]奏穿渠引泾水[63]，首起谷口[64]，尾入栎阳[65]，注渭中[66]袤二百里[67]，溉田四千五百余顷，因名曰白渠，民得其饶。

**三年（丁亥，公元前九四年）**

春，正月，上行幸甘泉宫。二月，幸东海[68]，获赤雁。幸琅邪[69]，礼日成山[70]，登之罘[71]，浮大海[72]而还。

是岁，皇子弗陵[73]生。弗陵母曰河间赵倢伃[74]，居钩弋宫[75]，任身[76]十四月而生。上曰："闻昔尧[77]十四月而生，今钩弋[78]亦然。"乃命其所生门[79]曰尧母门。

> 臣光曰[80]："为人君者，动静举措[81]不可不慎，发于中必形于外[82]，天下无不知之。当是时也，皇后、太子皆无恙[83]，而命钩弋之门曰尧母，非名[84]也。是以奸臣[1]逆探上意[85]，知其奇爱[86]少子，欲以为嗣[87]。遂有危[88]皇后、太子之心，卒成巫蛊之祸[89]，悲夫！"

赵人江充为水衡都尉[90]。初，充为赵敬肃王[91]客，得罪于太子丹[92]，亡逃，诣阙[93]告赵太子阴事[94]，太子坐废[95]。上召充入见。充容貌魁岸[96]，被服轻靡[97]，上奇之。与语政事，大悦，由是有宠，拜为直指绣衣使者[98]，使督察贵戚近臣逾侈[99]者。充举劾[100]无所避[101]，上以为忠直，所言皆中意[102]。尝从上甘泉[103]，逢太子家使[104]乘车马行驰道[105]中，充以属吏[106]。太子闻之，使人谢充[107]曰："非爱[108]车马，诚不欲令上闻之，以教敕亡素[109]者。唯[110]江君宽之！"充不听，遂白奏[111]。上曰："人臣当如是[112]矣！"大见信用，威震京师。

杜周去世，汉武帝任命光禄大夫暴胜之为御史大夫。

秋季，天气干旱。

赵国的中大夫白公向武帝建议开挖水渠引泾河水灌溉农田，这条水渠从谷口县开始，到栎阳县以后，就注入渭水，全长两百里，灌溉农田四千五百多顷，因为是白公建议开挖，所以命名为白渠，白渠灌溉区的人民深得其利，生活富裕。

**三年（丁亥，公元前九四年）**

春季，正月，汉武帝到甘泉宫巡视。二月，又前往东海郡巡视，途中捕获了一只红色的大雁。汉武帝来到琅邪，在成山岛祭祀日神，然后登上之罘山，乘船由海上返回。

这一年，皇子刘弗陵降生。刘弗陵的母亲是河间人，姓赵，封婕妤，住在钩弋宫，怀孕十四个月生下刘弗陵。汉武帝说："听说古代的圣王尧是十四个月出生，如今钩弋宫赵婕妤的这个孩子也是怀孕十四个月出生。"于是将赵婕妤所住的钩弋宫宫门命名为尧母门。

司马光说："身为皇帝，一举一动都不能不谨慎，内心所想的一定会在行动上表现出来，天下就会无人不知无人不晓。在那个时候，皇后卫子夫、太子刘据都安然无恙，而汉武帝竟然给钩弋宫门命名为尧母门，这是不合道理的称呼。所以，那些奸猾之臣就开始揣摩皇帝的意图，知道武帝对刘弗陵孕育了十四个月才出生感到惊奇因而特别溺爱这个小儿子，想改立小儿子为继承人。于是生出危害皇后、太子的阴谋，终于酿成巫蛊的祸乱，实在是可悲啊！"

赵国人江充担任水衡都尉。当初，江充在赵敬肃王刘彭祖的王府充当门客，因为得罪了刘彭祖的太子刘丹，所以逃离了赵国，跑到京城向汉武帝告发赵国太子刘丹的隐私，太子刘丹因此而被废。武帝召见江充。见江充身材魁梧，衣服轻细华丽，武帝暗自称奇。又与江充谈论国家大事，听了江充的议论，汉武帝心里非常高兴，因此江充深受武帝的宠爱和信任，武帝任命江充为直指绣衣使者，让他督察皇亲国戚以及天子近臣中过分骄奢淫逸等不法行为。江充在检举、弹劾时无所顾忌，不怕得罪任何人，武帝就认为江充为人忠诚正直，而江充所提的建议武帝又觉得都很符合自己的心意。江充曾经跟随汉武帝到甘泉宫去，碰巧遇见太子刘据派出的使者乘车在专供皇帝车驾通行的御道上行驶，江充就把太子的使者送交法吏处置。太子刘据得知后，派人向江充求情说："我并不是爱惜车马，实在是不想让皇帝知道，认为我平常对手下人约束管教不严。希望江先生宽容这一次！"江充拒绝了太子的请求，而把此事报告了汉武帝。汉武帝说："做臣下的就应该这样！"于是对江充就越加信任，江充的声威震动了整个京城。

**四年（戊子，公元前九三年）**

春，三月，上行幸泰山。壬午[113]，祀高祖于明堂[114]以配上帝[115]，因受计[116]。癸未[117]，祀孝景皇帝于明堂[118]。甲申[119]，修封[120]。丙戌[121]，禅石闾[122]。夏，四月，幸不其[123]。五月，还，幸建章宫[124]，赦天下。

冬，十月甲寅晦[125]，日有食之。

十二月，上行幸雍，祠五畤[126]。西至安定、北地[127]。

**征和元年（己丑，公元前九二年）**

春，正月，上还，幸建章宫。

三月，赵敬肃王彭祖薨[128]。彭祖取江都易王[129]所幸淖姬[130]，生男，号淖子。时淖姬兄为汉宦者[131]，上召问："淖子何如？"对曰："为人多欲。"上曰："多欲不宜君国子民[132]。"问武始侯昌[133]，曰："无咎无誉[134]。"上曰："如是可矣[135]。"遣使者立昌为赵王。

夏，大旱。

上居建章宫，见一男子带剑入中龙华门[136]，疑其异人[137]，命收[138]之。男子捐剑走[139]，逐之弗获[140]。上怒，斩门候[141]。冬，十一月，发三辅骑士[142]大搜上林[143]，闭长安城门索[144]，十一日乃解[145]。巫蛊始起。

丞相公孙贺[146]夫人君孺，卫皇后姊也，贺由是有宠。贺子敬声代父为太仆[147]，骄奢不奉法，擅用北军[148]钱千九百万，发觉，下狱。是时诏捕阳陵[149]大侠朱安世[150]甚急，贺自请逐捕安世以赎敬声罪，上许之。后果得安世。安世笑曰："丞相祸及宗矣[151]！"遂从狱中上书，告"敬声与阳石公主[152]私通。上且上[153]甘泉，使巫当驰道[154]埋偶人[155]，祝诅[156]上，有恶言"。

**四年（戊子，公元前九三年）**

春季，三月，汉武帝巡视泰山。二十五日壬午，将高祖刘邦的灵牌供奉在明堂中上帝的灵位旁边，在祭祀上帝时，使高祖随着一同受祭，顺便在此听取各郡、诸侯国的财政汇报。二十六日癸未，在明堂祭祀孝景皇帝。二十七日甲申，在泰山顶上整修祭坛、祭祀天神。二十九日丙戌，在石闾山下祭祀地神。夏季，四月，游览不其山。五月，返回京师，住在建章宫中，赦免天下罪犯。

冬季，十月最后一天甲寅日，发生日食。

十二月，汉武帝巡视雍县，在五畤祭祀五帝。继续西行巡游，到达安定郡和北地郡。

**征和元年（己丑，公元前九二年）**

春季，正月，汉武帝返回京师，仍旧住在建章宫。

三月，赵敬肃王刘彭祖去世。刘彭祖娶了江都易王刘非的宠姬淖姬，生了一个男孩，取名刘淖子。当时，淖姬的哥哥是汉武帝身边的宦官，汉武帝将他找来询问说："淖子这孩子怎么样？"淖姬的哥哥回答说："他的欲望特别多。"武帝说："欲望太多的人不适宜做国君治理人民。"武帝又问赵敬肃王刘彭祖的另一个儿子武始侯刘昌的情况，宦官回答说："武始侯刘昌没有犯过什么过错，也没有什么太好的名声。"武帝说："这样就可以了。"于是武帝派使者封武始侯刘昌为赵王。

夏季，天气大旱。

汉武帝居住在建章宫，一天，汉武帝看见一个男子带着剑进入中龙华门，于是就怀疑这个人有什么阴谋，赶紧命人去逮捕。那个男子扔下剑逃跑了，追捕的人没有将其抓住。武帝大怒，就杀死了看守宫门的人。冬季，十一月，命令驻守在京城附近的骑兵到上林苑中进行搜捕，又关闭了长安城门，在城内挨家挨户搜查可疑之人，搜索了十一日才解除禁令。巫蛊事件开始兴起。

丞相公孙贺的夫人卫君孺，是皇后卫子夫的姐姐，由于这层关系，公孙贺很受汉武帝的宠信。公孙贺的儿子公孙敬声接替父亲为太仆，骄横奢侈，不遵守法纪，私自动用北军的公款一千九百万，被查出后逮捕入狱。当时，汉武帝下诏正在加紧搜捕阳陵大侠朱安世，公孙贺就向汉武帝请求亲自去逮捕朱安世，以此替公孙敬声赎罪，武帝答应了他的请求。后来，公孙贺果然将朱安世抓捕归案。朱安世狞笑着对公孙贺说："丞相把我抓住，恐怕你要满门灭绝了！"于是，朱安世在监狱中给武帝上书揭发，说"公孙敬声与阳石公主通奸。公孙敬声还在皇帝准备去甘泉宫的时候，派女巫在通往甘泉宫的御道上埋下偶人，诅咒皇上，口出恶言"。

## 【段旨】

以上为第一段，写天汉三年（公元前九八年）至征和元年（公元前九二年）共七年间的全国大事。本段主要写了李广利伐匈奴无功而还；写了公孙敖误传李陵为匈奴训练军队，致使李陵全家被族灭，而李陵遂愤而长留匈奴，受匈奴单于宠信；写了武帝因宠钩弋夫人而欲废太子、立幼子，遂为奸人陷害太子与皇后提供了条件；写了奸人江充为揭发赵国太子阴事，又因举报皇太子家人出使行驰道事而大受武帝宠信，为其日后掀起巫蛊大案埋下伏笔；写了武帝晚年既迷信神仙，又疑神疑鬼，为一幻觉而调集军队、大肆搜捕；公孙贺为救子而得罪了朱安世，朱安世反咬公孙贺，巫蛊案件之巨网遂一举张开，不可收拾。

## 【注释】

①王卿：自元狩元年（公元前一二二年）由济南太守升御史大夫。②执金吾：原称“中尉”，国家首都的治安长官。③杜周：当时有名的酷吏之一。事迹详见《史记·酷吏列传》。④榷酒酤：实行酒类由国家专卖。榷，专利、独占专卖。⑤修封：继续在泰山顶进行祭天活动。修，继续做某事。⑥祀明堂：祭祀泰山东北山脚下的明堂。⑦因受计：顺便在明堂接受各郡国送上的财务报表。计，财务收支报表。⑧还祠常山：在西返的途中祭祀常山。常山即恒山，在今河北曲阳西北。⑨瘞玄玉：埋黑色玉于地下，以祭恒山之神。因恒山是北方的大山，北方按五行属黑，故以黑玉祭之。⑩候祠：探访、祭祀。⑪以大人迹为解：用他见到的大脚印来向皇帝搪塞。解，借口、搪塞。⑫益怠厌：越来越心灰意懒、越来越讨厌。⑬怪迂语：奇谈怪论。⑭羁縻不绝：不完全撒手，总还藕断丝连。⑮冀：希望。⑯言神祠：讲说神仙、讲说祭祀。⑰其效可睹：真正的效果是可想而知的，意即根本不会有。⑱雁门：汉郡名，郡治善无，在今山西右玉东南。⑲畏愞：畏惧、怯懦。⑳朝诸侯王于甘泉宫：在甘泉宫接受诸侯王们的朝拜。甘泉宫在今陕西淳化西北的甘泉山上。㉑七科谪：七种有罪名应该派往从军的人，即吏有罪、亡命、赘婿、贾人、故有市籍、父母有市籍、祖父母有市籍。秦汉时代常派罪人从军，而商人、赘婿，甚至不是商人而其父母或祖父母曾当过商人的人都在“罪犯”之列。㉒朔方：汉郡名，郡治在今内蒙古乌拉特前旗东南。㉓会：合军一起，一路同行。㉔韩说：刘邦功臣韩王信的曾孙，武帝的幸臣韩嫣之弟。㉕五原：汉郡名，郡治九原，在今内蒙古包头西。㉖公孙敖：跟随卫青伐匈奴的将领。事见《史记·卫将军骠骑列传》。㉗远其累重：将一些笨重的物资都向后方运得远远的。累重，辎重，指财物与老弱伤残之类。㉘余吾水：即今蒙古国境内的土拉河。㉙解而引归：退出战斗引军南撤。㉚游击无所得：将军韩说没有找到匈奴人。㉛左贤王：匈奴东部地区的最高长官，地位仅低于单于，通常是由单于的儿子或

兄弟充任。㉜迎李陵：当时李陵已兵败，被匈奴所俘获。事见本书卷二十一武帝天汉二年（公元前九九年）。㉝生口：活的俘虏。㉞教单于为兵：帮着匈奴训练军队。㉟无所得：没有迎到。㊱族陵家：全部杀光了李陵的家属。族，灭族。㊲刺杀绪：因李绪帮匈奴练兵而导致自己家族被诛灭。㊳大阏氏：匈奴单于之母。阏氏是匈奴单于的姬妾之号。㊴欲杀陵：因李绪是大阏氏的女婿。㊵右校王：匈奴西部地区的王号。㊶卫律：早先投降匈奴的汉人，被匈奴封为丁灵王。苏武被匈奴扣留，就是因为苏武的副使参与谋杀卫律的活动。㊷皇子髆：刘髆，武帝之子，宠姬李夫人所生。㊸昌邑王：国都昌邑，今山东巨野城南。㊹坐妻：由于妻子犯罪而受牵连。坐，因。㊺巫蛊：巫师使用妖术害人的一种手段，如《红楼梦》中马道婆之害凤姐、宝玉所使用的方法即是其一。其实都是瞎掰。这里的“巫蛊”是指有人以此加害汉武帝，实际是有人以此为口实挑起武帝怀疑朝臣，对朝臣大肆诛戮。公孙敖是被诬陷的第一个。㊻要斩：即腰斩。要，通“腰”。㊼郡国豪桀：各郡各诸侯国地方上有影响力、有号召力的人物。㊽茂陵：汉武帝为自己预修的陵墓，在今陕西兴平东北。汉武帝所以要向茂陵地区移“郡国豪桀”，一是想把这些不安定分子集中到京城附近加强管理，同时也可以让这个地区迅速繁荣起来，以便他日后埋在这里也不寂寞。㊾且鞮侯单于：呴犁湖单于之弟，公元前一〇一至前九六年在位。㊿左大将：匈奴官名，比左贤王低两等。(51)未至：未及时赶到单于庭，接受单于之位。(52)不敢进：不敢进单于庭，怕被新单于所杀。(53)即：若。(54)病死：谓左贤王病死。(55)先贤掸：左贤王的儿子名先贤掸。(56)不得代：未能继其父位为左贤王。(57)日逐王：匈奴西部地区的王号。这里的意思是先贤掸不仅未能继其父位，而且被调离东部，换到了西部地区。(58)回中：地区名，也是道路名，东起今陕西陇县，西北至今甘肃的华亭，是关中平原与陇东高原间的咽喉通道。(59)杜周：当时有名的酷吏，任御史大夫。(60)光禄大夫暴胜之：姓暴，名胜之，字公子，先曾为“直指使者”，即后来的所谓“刺史”；以能干被用为光禄大夫。光禄大夫原称中大夫，皇帝的侍从官，秩千石。(61)为御史大夫：暴胜之由光禄大夫一跃为御史大夫，超升许多级，由此见武帝之宠用酷吏。(62)赵中大夫白公：赵国的中大夫姓白，史失其名。赵国的都城即今河北邯郸。此“中大夫”是赵王的侍从官。(63)泾水：河水名，西自甘肃流来，至长安城北汇入渭水。(64)谷口：汉县名，县治在今陕西礼泉东北。(65)栎阳：汉县名，县治在今陕西西安市阎良区，曾为秦国的都城，楚汉战争时期为刘邦的大本营。(66)注渭中：流入渭水。(67)袤二百里：谓此渠长二百里。袤，长。(68)东海：汉郡名，郡治在今山东郯城北。(69)琅邪：汉县名，在今山东青岛市黄岛区西南，其地有古琅邪台，是当年秦始皇曾经登临、祭祀过的地方。(70)礼日成山：在成山岛祭祀日神。成山岛在今山东荣成东北，陡峭插入东海，形势雄伟而神秘。(71)之罘：海边山岛名，在今山东烟台北，从秦朝起这里就成了寻仙者的神秘之地。(72)浮大海：由海上乘船。(73)弗陵：刘弗陵，武帝之子，即日后的汉昭帝。(74)河间赵倢伃：河间是当时的诸侯国名，国都名成，在今河北献县东南。倢伃是皇帝嫔妃的称号名，仅低于皇后。赵倢伃即通常所说的钩弋夫人。⑮钩弋宫：在当时长安城外的直门南。⑯任身：怀孕。任，通“妊”。⑰尧：远古传说中的帝王，号陶唐氏。事迹见《史记·五帝本纪》。⑱钩弋：指钩弋夫人怀孕。⑲所生门：生昭帝的那所房子的门。⑳臣光曰：以下文字是《资治通鉴》作者司马光对上述历史事件所发表的评论。㉑举措：做什么与不做什么。举，兴作。措，停止。㉒发于中必形于外：心里边一有想法，外表上必定会有流露。中，内心、思想。㉓无恙：没有任何毛病、过错。㉔非名：不合道理的称呼。㉕逆探上意：推测皇上的意图。㉖奇爱：因奇而生爱。㉗欲以为嗣：想改立他为接班人。㉘危：陷害。㉙巫蛊之祸：指诬说皇后、太子为巫蛊，造成皇后、太子惨死事，见后文。㉚水衡都尉：官名，掌管上林苑，兼管铸钱等事。㉛赵敬肃王：刘彭祖，景帝之子，封为赵王，敬肃是谥。赵国都城即今河北邯郸。㉜太子丹：刘丹，刘彭祖之子。㉝诣阙：到朝廷。阙，宫殿的正门，通常用以代指朝廷。㉞赵太子阴事：指与其同胞姐及其女通奸。㉟坐废：因而被剥夺太子位。㊱魁岸：魁梧。㊲被服轻靡：衣着华丽。㊳直指绣衣使者：朝廷派往各郡国的刺探、调查人员。前文已出现“直指”“绣衣使者”，此则二者兼称，职务相同。㊴逾侈：骄奢越分。⑩举劾：检举、弹劾。⑪无所避：不怕得罪任何人。⑫中意：符合皇帝的心意。⑬从上甘泉：跟着皇帝到甘泉宫去。甘泉宫在今陕西淳化西北，是秦汉皇帝的避暑、祭祀与游览之地。⑭太子家使：太子刘据派出的办事人员。⑮驰道：御道，专门供皇帝车驾行走的大道。⑯以属吏：将其交由法吏处置，这里是将其车马没收。汉律：骑乘车马行驰道中，已论者没入车马被具。⑰谢充：向江充道歉求情。⑱爱：吝惜。⑲教敕亡素：平素对身边的人缺乏管教。敕，管教。素，平时。⑪唯：表示祈请的发语词。⑪白奏：报告皇帝。⑫当如是：应当如此。⑬壬午：三月二十五。⑭祀高祖于明堂：将刘邦的灵牌供奉在泰山东北侧明堂的上帝灵位旁边。⑮以配上帝：在祭祀上帝时，让刘邦也随着一同受祭。⑯受计：听取各郡、国的财务报告，接受各郡国缴纳的钱粮。⑰癸未：三月二十六。⑱祀孝景皇帝于明堂：又将汉景帝的灵牌供奉在明堂内的上帝灵牌的旁边。⑲甲申：三月二十七。⑳修封：在泰山顶祭祀天神，再次给泰山加土。㉑丙戌：三月二十九。㉒禅石闾：在石闾山祭祀地神。石闾小山在今山东泰安南。㉓不其：山名，也是县名，在今山东即墨西南。㉔幸建章宫：到建章宫游览居住。建章宫在当时长安城的城外西南侧，与城内西南角的未央宫隔城相对。㉕十月甲寅晦：十月的最后一天是甲寅。但“甲寅”为十一月初一，非十月。⑫⁶五畤：祭祀上帝的五座神坛，即密畤、鄜畤、吴阳上畤、吴阳下畤、北畤。⑫⁷安定北地：汉之二郡名，安定郡的郡治高平，即今宁夏固原。北地郡的郡治马领，在今甘肃庆阳西北。⑫⁸赵敬肃王彭祖薨：刘彭祖先为广川王，后为赵王，共在位六十四年。⑫⁹江都易王：刘非，景帝之子，先为汝南王，后改江都王，共在位二十八年，元朔元年（公元前一二八年）死。谥曰易。⑬⁰淖姬：姓淖，原为江都王刘非的宠姬，刘非死后，刘非的太子刘建将其奸占。刘建犯法自杀后，淖姬又被刘彭祖娶来。⑬¹为汉宦者：为武帝身边的宦者。⑬²君国子民：意即为一国之王。君、子二字皆用为动词。⑬³武始侯昌：刘昌，赵敬肃王刘彭祖之子，受封为武始侯，武始是县名。⑬⁴无咎无誉：没有过错，也没有好名声。⑬⁵如是可矣：这样就可以了。⑬⁶中龙华门：建章宫的宫门名。⑬⁷异人：不是宫里的正常人，即刺客之流。⑬⁸收：拘捕。⑬⁹捐剑走：扔下剑跑了。⑭⁰逐之弗获：追捕没有追到。〖按〗武帝晚年疑神疑鬼，心神恍惚，总觉得有人想害他，为日后之查巫蛊、大肆诛杀埋下伏笔。⑭¹门候：守卫宫门的人。⑭²三辅骑士：驻扎在首都附近的骑兵。三辅即京兆尹、左冯翊、右扶风，是首都长安及其四周郊区的三个行政长官，级别都同于郡守。⑭³上林：上林苑，秦汉时代的皇家猎场，在今陕西西安西南，区域广达数县。⑭⁴闭长安城门索：索，搜查。为一个可疑的幻影而大规模搜捕，武帝可谓已经昏了头。⑭⁵解：解除禁令。⑭⁶公孙贺：原为随卫青讨伐匈奴的将领，后任太仆，太初二年（公元前一〇三年）被迫无奈地接受了丞相之职。⑭⁷代父为太仆：也在太初二年。太仆是九卿之一，为皇帝赶车。掌乘舆车马。⑭⁸北军：驻扎在长安城的最强大的一支部队，其主要任务就是守卫宫廷。因其驻扎在未央宫北，故称北军。⑭⁹阳陵：汉景帝的陵墓名，也是该陵墓所在地的县（陵邑）名，在今西安北，当时长安城东北的渭水之北。⑮⁰朱安世：被强制搬迁到阳陵邑居住的豪强。⑮¹祸及宗矣：意思是他要把公孙贺搞得满门诛灭。⑮²阳石公主：武帝之女。⑮³且上：将去。⑮⁴当驰道：在皇帝将要通过的驰道中央。⑮⁵偶人：古时以妖术害人所用的小偶像，上写被害人的生辰八字等。⑮⁶祝诅：祷告鬼神降祸于他要加害的人。

## 【校记】

［1］臣：原作“人”。据章钰校，十四行本、乙十一行本、孔天胤本皆作“臣”，《通鉴纪事本末》亦作“臣”，今据改。

【原文】

**二年（庚寅，公元前九一年）**

春，正月，下贺狱，案验[157]，父子死狱中，家族[158]。以涿郡[159]太守刘屈氂为左[2]丞相，封澎侯[160]。屈氂，中山靖王[161]子也。

夏，四月，大风，发屋[162]折木。

闰月[163]，诸邑公主、阳石公主[164]及皇后弟[165]子长平侯伉[166]皆坐巫蛊诛[167]。

上行幸甘泉。

初，上年二十九乃生戾太子[168]，甚爱之。及长，性仁恕温谨，上嫌其材能少，不类己[169]。而所幸王夫人生子闳[170]，李姬生子旦、胥[171]，李夫人生子髆[172]，皇后、太子宠浸衰[173]，常有不自安[174]之意。上觉之，谓大将军青[175]曰："汉家庶事草创[176]，加四夷[177]侵陵中国，朕不变更制度[178]，后世无法[179]，不出师征伐，天下不安，为此[180]者不得不劳民。若后世又如朕所为，是袭亡秦之迹[181]也。太子[182]敦重好静，必能安天下，不使朕忧。欲求守文[183]之主，安有贤于太子者乎！闻皇后与太子有不安之意，岂有之邪[184]？可以意晓之[185]。"大将军顿首谢。皇后闻之，脱簪[186]请罪。太子每谏征伐四夷，上笑曰："吾当其劳[187]，以逸遗汝[188]，不亦可乎？"

上每行幸[189]，常以后事[190]付太子，宫内付皇后。有所平决[191]，还，白其最[192]，上亦无异[193]，有时不省[194]也。上用法严，多任深刻吏[195]，太子宽厚，多所平反，虽得百姓心，而用法大臣皆不悦。皇后恐久获罪，每戒太子，宜留取上意[196]，不应擅有所纵舍[197]。上闻之，是太子[198]而非皇后。群臣宽厚长者皆附太子，而深酷用法者皆毁[199]之。邪臣多党与[200]，故太子誉少而毁多。卫青薨[201]后[3]，臣下无复外家为据[202]，竞欲构[203]太子。

【语译】

**二年（庚寅，公元前九一年）**

春季，正月，将丞相公孙贺逮捕入狱，查验属实，公孙贺父子都在狱中被处死，满门被杀。汉武帝任命涿郡太守刘屈氂为左丞相，封刘屈氂为澎侯。刘屈氂，是中山靖王刘胜的儿子。

夏季，四月，刮起的大风，吹倒了房屋，折断了树木。

闰四月，诸邑公主、阳石公主以及皇后的弟弟卫青的儿子长平侯卫伉都以巫蛊陷害皇帝的罪名被杀。

汉武帝前往甘泉宫。

当初，汉武帝二十九岁的时候才生下戾太子刘据，因此对刘据非常疼爱。刘据长大之后，性情仁恕敦厚、温顺恭谨，汉武帝嫌他缺乏才能，不像自己。而汉武帝所宠幸的王夫人生了儿子刘闳，李姬生了儿子刘旦、刘胥，李夫人生了儿子刘髆，卫皇后以及太子刘据便逐渐失去武帝的宠爱，因此有一种不安全的感觉，常常担心被废。武帝觉察到后，就对大将军卫青说："汉朝建立时间不久，兴办各种事情都是一个开头，没有旧的章程可循，加上四边各族不断侵陵中国，我如果不根据实际需要变更制度，后代就没有法则可以遵守，如果不出动军队征讨，天下就得不到安宁，为此而不得不劳苦百姓。如果后代也像我一样劳苦百姓，那就是在重走秦朝灭亡的老路。太子刘据敦厚、稳重、安详，一定能够治理好国家，不让朕感到忧虑。想要找一个不搞武力扩张、变更制度等新花样，谨慎地按照过去的章程办事的君主，哪里还有比太子更合适的呢！听说皇后和太子心里不安，难道真有这回事吗？你可以把我的意思转告他们。"大将军卫青赶紧向汉武帝磕头谢恩。卫皇后知道后，也摘去头上的钗环向武帝请罪。太子刘据每次劝谏武帝不要征讨四方，武帝总是笑着说："我把这些需要花费力气的事情都替你办了，而把安逸留给你，不是很好吗？"

武帝每次出去巡视，经常把朝廷的政事交给太子处理，宫内的事情则交给卫皇后掌管。太子与皇后如果有什么裁决，等到武帝回来后，便选择最主要的向武帝汇报，武帝也没有什么异议，有时候武帝也不过问。武帝用法苛刻，任用的官吏大多数是深文峻法的酷吏，而太子宽宏厚道，对好多案件重新审理，纠正了不少冤假错案，虽然得到百姓的拥护，但执法的大臣都很不高兴。卫皇后担心时间久了会因此而获罪，经常告诫太子，应该留着听取皇帝的意见，不要擅自主张。武帝知道后，赞同太子的做法，而否定卫皇后的做法。大臣当中那些宽厚的长者都依附于太子，而那些深文苛法的酷吏们却经常在武帝面前诋毁太子。那些深文峻法的官吏又有许多党羽，所以在舆论上反而是称赞太子的人少而诽谤太子的人多。卫青去世以后，大臣们认为太子已经没有强大的外戚做靠山，争相罗织罪名陷害太子。

上与诸子疏[204]，皇后希[205]得见。太子尝谒[206]皇后，移日[207]乃出。黄门[208]苏文告上曰："太子与宫人戏[209]。"上益[210]太子宫人满二百人。太子后知之，心衔[211]文。文与小黄门常融、王弼等常微伺太子过[212]，辄增加白之[213]。皇后切齿，使太子白[214]诛文等。太子曰："第勿为过[215]，何畏文等！上聪明，不信邪佞，不足忧也[216]。"上尝小不平[217]，使常融召太子，融言："太子有喜色。"上嘿然[218]。及太子至，上察其貌，有涕泣处[219]，而佯语笑[220]，上怪之。更微问[221]，知其情[222]，乃诛融。皇后亦善自防闲[223]，避嫌疑，虽久无宠，尚被礼遇[224]。

是时，方士[225]及诸神巫多聚京师，率皆左道[226]惑众，变幻[227]无所不为。女巫往来宫中，教美人度厄[228]，每屋辄埋木人祭祀之。因妒忌恚詈[229]，更相告讦[230]，以为祝诅上[231]，无道[232]。上怒，所杀后宫[233]延及大臣，死者数百人。上心既以为疑[234]，尝昼寝，梦木人数千持杖欲击上，上惊寤，因是体不平，遂苦忽忽善忘[235]。江充自以与太子及卫氏[236]有隙，见上年老，恐晏驾[237]后为太子所诛，因是为奸[238]，言上疾祟在巫蛊[239]。于是上以充为使者[240]，治巫蛊狱[241]。充将胡巫[242]掘地求偶人[243]，捕蛊及夜祠、视鬼[244]，染污令有处[245]，辄收捕验治[246]，烧铁钳灼[247]，强服[248]之。民转相诬以巫蛊[249]，吏辄劾[250]以[4]大逆无道。自京师、三辅[251]连及郡、国，坐而死[252]者前后数万人。

是时，上春秋高[253]，疑左右皆为蛊祝诅，有与无，莫敢讼其冤[254]者。充既知上意[255]，因[256]胡巫檀何言："宫中有蛊气，不除之，上终不差[257]。"上乃使充入宫，至省中[258]，坏御座，掘地求蛊。又使按道侯韩说[259]、御史[260]章赣、黄门苏文等助充。充先治后宫希幸夫人[261]，以

汉武帝与儿子的关系都很疏远，卫皇后也很少见到皇帝。太子曾经到后宫拜见自己的母亲卫皇后，过了很久才出来。黄门苏文就向武帝报告说:“太子与宫女打打闹闹。”武帝就把太子宫中的宫女增加到二百人。太子后来知道事情的原委之后，心里怨恨苏文。苏文与小黄门常融、王弼等经常窥视探察太子的过失，动不动就添油加醋地向武帝告发太子。卫皇后对他们恨得咬牙切齿，让太子向武帝请求诛杀苏文等。太子说:“只要我自己不犯错误，怕苏文这些人干什么！父皇很英明，不会相信邪佞之臣的谗言，用不着为此担心!”武帝曾经身体有点不舒服，派常融去叫太子，常融回来对武帝说:“太子知道陛下生病，面带喜色。”武帝默不作声。等到太子到了跟前，武帝细心观察太子的表情，发现脸上有哭泣的泪痕，却又在面前假装有说有笑，武帝感到很奇怪。便暗中仔细查问，当了解到事情的真相之后，便将常融杀死了。卫皇后也是处处小心谨慎，不让人抓住把柄，虽然很久得不到武帝的宠幸，但汉武帝对卫皇后仍然以礼相待。

当时，那些方士以及神巫有很多都聚集在京师，他们中的大多数都用旁门左道蛊惑人心，要弄各种花招而无所不为。那些女巫轻易就能进出后宫，她们教美人如何躲避灾难，后宫之中几乎每个屋子里都埋有木偶人，祭祀鬼神，祈求免灾降福。又往往因为争风吃醋而怨恨咒骂，互相攻击告发，说对方是在祈求鬼神降祸皇帝，犯了大逆不道之罪。武帝非常愤怒，所处死的后宫美人和受牵连而被杀的大臣就有几百人。武帝心里也真的疑心有人在诅咒自己，有一次白天睡觉，梦中看见几千个木头人手里拿着木棍想要攻击自己，武帝惊醒之后，就感到身体不舒适，于是苦于精神恍惚，容易忘事。江充觉得自己与太子和卫皇后之间已经结下怨恨，看到武帝年纪已大，害怕武帝去世后自己被太子诛杀，于是心生奸计，说皇帝的病是因为巫蛊作祟。于是武帝就派江充为使者，全权处理巫蛊案。江充于是率领着一批来自匈奴的巫师到处挖地寻找埋藏的木偶人，把那些涉嫌进行巫蛊活动的、在夜间进行祭祀的，以及请巫祝观察什么地方有鬼的人全部抓捕起来，还派胡巫故意去污染某一块地面，伪造祭祀过的痕迹，然后将这一块地方的人抓捕起来进行审讯逼供，他们或是用烧红了的铁钳钳人的皮肤，或是用烧红的烙铁烧灼人的身体，强迫他们招供认罪。在严刑逼供之下，这些人便彼此诬告对方参与了巫蛊活动，官吏就将他们定罪为“大逆不道”上奏给朝廷。从京城、京城周围的三个郡，进而涉及全国各地的郡、诸侯国，受到巫蛊案牵连而被处死的前后有几万人。

当时，汉武帝年纪已经很大，身体总有些不舒服，于是就怀疑自己身边的人都在用巫蛊诅咒自己，被杀的人中有其事还是没有其事，没有人敢站出来为他们申冤。江充也看准了汉武帝的心思，就指使胡巫檀何对武帝说:“皇宫之内有蛊气，如果不清除掉，皇帝的病就永远好不了。”汉武帝于是派江充率人入宫清除“蛊”气，江充等人到了宫殿之中，为了搜寻蛊气，拆墙掘地，把皇帝的宝座都给弄坏了。武帝又派按道侯韩说、御史章赣、黄门苏文等人协助江充。江充先从后宫中很少得到皇帝

次及皇后、太子宫，掘地纵横，太子、皇后无复施床处[262]。充云："于太子宫得木人尤多，又有帛书，所言不道，当奏闻。"太子惧，问少傅[263]石德。德惧为师傅并诛，因谓太子曰："前丞相父子[264]、两公主[265]及卫氏[266]皆坐此，今巫与使者掘地得征验[267]，不知巫置之邪，将[268]实有也，无以自明[269]。可矫以节[270]收捕充等系狱[271]，穷治其奸诈[272]。且上疾在甘泉[273]，皇后及家吏[274]请问[275]皆不报[276]。上存亡未可知，而奸臣如此，太子将[277]不念秦扶苏事[278]邪！"太子曰："吾人子[279]，安得擅诛？不如归谢[280]，幸得无罪。"太子将往之甘泉，而江充持[281]太子甚急，太子计不知所出，遂从石德计。秋，七月壬午[282]，太子使客诈为使者，收捕充等。按道侯说疑使者有诈，不肯受诏，客格杀说。太子自临斩充，骂曰："赵虏[283]！前乱乃国王父子不足邪[284]！乃复乱吾父子也[285]！"又炙[286]胡巫上林[287]中。

太子使舍人无且[288]持节夜入未央宫殿长秋门，因长御倚华[289]具白[290]皇后，发中厩车[291]载射士，出武库[292]兵，发长乐宫卫卒[293]。长安扰乱，言太子反。苏文迸走[294]，得亡归[295]甘泉，说太子无状[296]。上曰："太子必惧[297]，又忿充等，故有此变。"乃使使召太子。使者不敢进，归报云："太子反已成，欲斩臣，臣逃归。"上大怒。丞相屈氂闻变，挺身逃，亡其印绶[298]，使长史[299]乘疾置[300]以闻。上问："丞相何为[301]？"对曰："丞相秘之[302]，未敢发兵。"上怒曰："事籍籍[303]如此，何谓秘也[304]！丞相无周公之风矣，周公不诛管、蔡乎[305]！"乃赐丞相玺书[306]曰："捕斩反者，自有赏罚。以牛车为橹[307]，毋接短兵[308]，多杀伤士众！坚闭城门，毋令反

宠幸的夫人那里开始挖掘寻找，然后依次寻到皇后、太子的宫中，把地面挖掘得破败不堪，太子、皇后就连安置床铺的地方都没有。江充说："从太子宫中挖掘出来的木偶人特别多，还挖出了写有文字的丝绸，上面的文辞实属大逆不道，不能不奏报给皇帝知道。"太子刘据害怕得没有了主意，就向少傅石德求教。石德也惧怕自己因为是太子的老师而受到牵连被诛杀，就给太子出主意说："前丞相公孙贺父子，诸邑、阳石两位公主以及卫伉等都因为'巫蛊'事而被杀，现在巫师和使者从太子宫中挖出了木偶人，不知是巫师故意栽赃预先埋在那里的，还是真有其事，根本就无法向皇帝解释清楚。现在唯一能解救的办法就是利用手中的旌节假传皇帝的诏命，派人将江充等人抓捕入狱，严厉追究，一定要将他们的阴谋查个水落石出。再说皇帝有病住在甘泉宫，皇后以及太子所派的家吏前去探问，连皇帝的面都见不到。目前皇帝是死是活，我们根本不知道，而那些奸贼却嚣张到如此的地步，太子难道没有想到秦朝扶苏的事情吗！"太子说："我这个当儿子的，怎么可以擅自诛杀朝廷大臣呢？不如亲自到甘泉宫去见皇帝说明情况，希望得到皇帝的宽恕。"太子刘据准备前往甘泉宫，而江充对太子控制得特别厉害，太子根本就没有办法出去，于是决定采纳石德的建议。秋季，七月初九日壬午，太子派自己的宾客冒充皇帝的使者，率人将江充等人抓了起来。按道侯韩说怀疑使者有假，不肯接受诏令，宾客当即将按道侯韩说杀死。太子亲自到刑场监斩江充，怒骂江充说："你这个赵国的流氓！早先你已经给你们赵国的国王父子制造了灾难，难道还不够吗！现在竟然又来挑拨我们的父子关系了！"太子杀死江充之后，又在上林苑中将那些胡巫用火烧死。

太子派名叫无且的舍人手持符节连夜进入未央宫长秋殿殿门，并通过在宫中担任长御官的倚华将情况详细禀报给卫皇后，然后调动了未央宫马厩里的车马，满载着善射的军士，又打开武器库取出兵器，分发给长乐宫中的卫士。整个长安城立即陷入一片混乱，人们纷纷传说太子谋反。苏文趁混乱侥幸逃走，他逃往甘泉，向汉武帝述说太子杀死江充、发兵谋反等情况。汉武帝说："一定是太子心怀恐惧，又怨恨江充等人，所以才会采取这种行动。"于是派遣使者到长安召唤太子。使者到了长安，却没敢进城，就返回甘泉向武帝汇报说："太子谋反已是事实，还想把我杀掉，我是逃回来的。"汉武帝勃然大怒。长安城中，丞相刘屈氂听到城中发生变乱的消息，起身就逃，由于走得慌张，连丞相印绶都跑丢了，他派丞相府中的长史乘坐驿站的快车，跑到甘泉将情况报告给汉武帝。汉武帝问丞相长史："丞相在干什么呢？"长史回答说："丞相只是封锁消息，没敢采取行动。"汉武帝听了非常恼火，说："事情已经混乱到了这种地步，还有什么秘密可保！丞相太缺乏周公的风范了，难道周公当年没有诛杀管叔、蔡叔吗！"于是将盖有皇帝御印的诏书颁发给丞相刘屈氂，诏书上说："奋勇斩杀叛军有重赏。用牛车当作盾牌，不要与叛军短兵相接，以免造成士兵的重大伤亡！坚闭城门，不要让一个叛军逃出城外！"

者得出！”太子宣言告令百官云：“帝在甘泉病困，疑有变，奸臣欲作乱。”上于是从甘泉来，幸城西建章宫[309]，诏发三辅近县兵，部中二千石以下[310]，丞相兼将之[311]。太子亦遣使者矫制[312]赦长安中都官囚徒[313]，命少傅石德及宾客[314]张光等分将[315]，使长安囚如侯[316]持节发长水及宣曲胡骑[317]，皆以装会[318]。侍郎马通[319]使长安[320]，因[321]追捕如侯，告胡人曰：“节有诈，勿听也。”遂斩如侯，引骑[322]入长安，又发楫棹士[323]以予大鸿胪商丘成[324]。初，汉节纯赤[325]，以太子持赤节[326]，故更为黄旄加上[327]以相别。

太子立车[328]北军[329]南门外，召护北军使者任安[330]，与节，令发兵。安拜受节[331]，入，闭门不出。太子引兵去[332]，驱四市人[333]凡数万众，至长乐西阙[334]下，逢丞相军，合战五日，死者数万人，血流入沟中。民间皆云“太子反”，以故众不附太子，丞相附兵浸多[335]。

庚寅[336]，太子兵败，南奔覆盎城门[337]。司直田仁[338]部闭城门[339]，以为太子父子之亲[340]，不欲急之[341]，太子由是得出亡[342]。丞相欲斩仁，御史大夫[343]暴胜之谓丞相曰：“司直，吏二千石，当先请[344]，奈何[345]擅斩之！”丞相释仁。上闻而大怒，下吏责问御史大夫曰：“司直纵反者[346]，丞相斩之，法也[347]，大夫何以擅止之[348]？”胜之惶恐，自杀。诏遣宗正刘长[349]、执金吾[350]刘敢奉策[351]收皇后[352]玺绶，后自杀。上以为任安老吏，见兵事起，欲坐观成败，见胜者合从[353]之，有两心[354]，与田仁皆要斩[355]。上以马通获如侯，长安男子景建从通[356]获石德，商丘成力战获张光，封通为重合侯[357]，建为德侯[358]，成为秺侯[359]。诸太子宾客尝出入宫门，皆坐诛；其随太子发兵，以反法族[360]；吏士劫略[361]者，皆徙敦煌郡[362]。以太子在外[363]，始置屯兵长安诸城门。

上怒甚，群下忧惧，不知所出[364]。壶关三老茂[365]上书曰：“臣闻父者犹天，母者犹地，子犹万物也。故天平地安，物乃茂成，父慈母爱，

此时太子也正号令长安城中的文武百官:“皇帝在甘泉养病，恐怕病情发生变化，奸臣要趁机谋乱。”汉武帝从甘泉回到长安，住进城西的建章宫，他下诏征调京城周边三个郡中与长安邻近县的军队，部署二千石以下的官员都由丞相统领。太子刘据也派使者假传皇帝的诏命赦免长安城中关押在各官署中的囚徒，命令师傅石德和宾客张光等人分别率领，又派长安城中的囚徒名叫如侯的手持符节征调驻扎在长水和宣曲的两支由匈奴人组成的骑兵部队，命令他们要全副武装前来长安会合。正巧遇见武帝派往长安的使者侍郎马通，马通派人抓住了如侯，并告诉匈奴人说:“如侯所持的符节是假的，不要听从他。”于是将如侯斩首，然后率领两处匈奴骑兵进入长安，又征调了附近的船工交给大鸿胪商丘成。当初，汉朝的符节是纯红色的，因为太子用的也是纯红色，于是就在原来的符节上又添加一缕黄色的牦牛尾以示区别。

太子刘据亲自乘车来到北军的南门外，唤出北军使者任安，并将符节交予任安，让他发兵助战。任安接受了太子的符节，回到北军之后，却紧闭营门不肯出兵。太子只好引兵回到长安城中，驱赶着长安城中东、西、直、柳四个市场的商人与顾客，总计几万人，来到长乐宫的西门，正遇上丞相刘屈氂率领的军队，双方激战了五天，死了有几万人，鲜血流入了水沟。当时民间都传说“太子谋反”，所以民众大多不归附太子，而归顺丞相的人却越来越多。

七月十七日庚寅，太子刘据兵败，他向南逃跑来到了覆盎城门。担任丞相司直的田仁临时分管长安城门的管制，他认为太子刘据与皇帝乃是亲父子，就不想逼急太子，太子因此得以逃出长安城。丞相刘屈氂想杀死田仁，御史大夫暴胜之对丞相说:“司直的级别是二千石，应当先请示皇帝，怎么能擅自将他斩首呢!”于是丞相刘屈氂便将田仁释放了。汉武帝听说御史大夫主张放了田仁，不禁大怒，便将御史大夫暴胜之交与司法部门审理，责问他说:“司直田仁放走了谋反的太子，丞相要将他斩首，这是执行法律，你为什么擅自阻止他?”暴胜之知道案情重大，惶恐不安，便自杀了。汉武帝又诏令宗正刘长、担任执金吾的刘敢手捧皇帝废黜皇后的诏书到长乐宫收走卫皇后的玺绶，卫皇后自杀。汉武帝认为任安是一个老奸巨猾的官吏，看见太子发动兵变，就想坐观成败，看见谁能取胜就与谁联合，脚踩两只船，于是将任安和田仁全都腰斩。汉武帝因为马通抓获了如侯，长安男子景建跟随马通抓获了石德，商丘成奋勇作战抓获了张光，于是封马通为重合侯，封景建为德侯，封商丘成为秺侯。太子的宾客凡是在这段时间里出入过宫门的全部诛杀;那些跟随太子出兵作战的，按照反叛的法律条文，全部灭族;即使是那些被太子胁迫而卷入进去的官吏和士人，也都被流放到敦煌郡。因为太子还逃亡在外，所以开始在长安各城门设置重兵把守。

汉武帝愤怒到了极点，朝廷上下都很忧愁恐惧，不知该怎么办才好。壶关县的三老令狐茂上书给汉武帝说:“我听说，父亲就像是辽阔的上天，母亲就像是宽厚的大地，而孩子就如同是天地间的万物，所以苍天平安，大地平安，万物就能生长茂

子乃孝顺。今皇太子为汉适嗣[366]，承万世之业，体祖宗之重[367]，亲则皇帝之宗子[368]也。江充，布衣之人，闾阎[369]之隶臣[370]耳，陛下显而用之，衔至尊之命[371]以迫蹴[372]皇太子，造饰奸诈[373]，群邪错缪[374]，是以亲戚之路[375]鬲塞[376]而不通。太子进则不得见上，退则困于乱臣，独冤结而无告，不忍忿忿之心[377]，起而杀充，恐惧逋逃[378]，子盗父兵[379]，以救难自免耳[380]。臣窃以为[381]无邪心。诗曰[382]：‘营营[383]青蝇，止于藩[384]。恺悌君子[385]，无信谗言[386]。谗言罔极[387]，交乱四国[388]。’往者江充谗杀[389]赵太子，天下莫不闻。陛下不省察[390]，深过太子[391]，发盛怒，举大兵而求[392]之。三公自将[393]，智者不敢言，辩士不敢说，臣窃痛之！唯[394]陛下宽心慰意，少察所亲[395]，毋患太子之非[396]，亟罢甲兵[397]，无令太子久亡[398]！臣不胜惓惓[399]，出一旦之命[400]，待罪建章宫下[401]。”书奏，天子感寤，然尚未[5]显言赦之[402]也。

太子亡[403]，东至湖[404]，藏匿泉鸠里[405]。主人家贫，常卖屦[406]以给[407]太子。太子有故人在湖，闻其富赡[408]，使人呼之[409]而发觉[410]。八月辛亥[411]，吏围捕太子。太子自度[412]不得脱，即入室距户自经[413]。山阳[414]男子张富昌为卒，足蹋开户[415]，新安令史[416]李寿趋抱解太子，主人公遂格斗死，皇孙二人皆并[6]遇害。上既伤太子，乃封李寿为邗侯[417]，张富昌为题侯[418]。

初，上为太子立博望苑[419]，使通宾客[420]，从其所好，故宾客多以异端进[421]者。

臣光曰[422]：“古之明王教养太子，为之择方正敦良之士以为保傅师友[423]，使朝夕与之游处。左右前后无非正人[424]，出入起居无非正道，然犹有淫放邪僻[425]而陷于祸败者焉。今乃使太子自通宾客，从其所好。夫正直难亲[426]，谄谀易合[427]，此固中人[428]之常情，宜太子之不终也[429]！”

盛，父亲仁慈，母亲疼爱，孩子就孝顺。如今皇太子乃是皇帝的嫡子，是皇位的合法继承人，将要继承汉家的万世基业，承担起祖宗的托付之重，从血缘关系看是皇帝的嫡长子。而江充原本是个平民百姓，是闾里间的一个贱民，陛下重用他，使他显贵，他奉皇帝之命彻查巫蛊之事，却借机欺凌迫害皇太子，栽赃陷害，一群邪恶纠结在一起形成团伙，以至于亲情之间反倒被阻隔而不能沟通。太子进不能见到皇上，退则被乱臣所困，独自含冤受屈而无处求告，其愤恨之情忍无可忍，这才奋起杀死江充，又因心怀恐惧、害怕皇帝责罚，所以逃亡，儿子盗用父亲的军队，只不过是为了解救自己脱离灾难。我觉得太子没有谋反之心。《诗经》上说：'嗡嗡叫着的苍蝇停留在篱笆上，平和可亲的君子不要听信谗言。谗言变化无常没有准则，谗言可以把整个天下搅得一片混乱。'过去江充进谗言害死赵国太子的事情，天下没有人不知道。陛下没有体察到江充的谗言，而把太子的罪过想得过于严重，因此大发雷霆，征调大军追捕太子。并派三公统兵征讨，在那个时候，智慧的人不敢进言，能言善辩的人不敢开口，我真为此而感到痛心！希望陛下放宽胸怀，平稳情绪，稍微体察一下所亲近的人当时的处境，不要担心太子会真的谋反，赶紧停止战争，不要让太子长久地流亡在外！这完全是我对陛下的一片拳拳忠心，所以才不顾生死前来上书，我在建章宫门外等待接受陛下的处罚。"汉武帝看了令狐茂的奏疏之后，也稍微有所醒悟，然而还一时难以明白说出赦免太子的话。

太子刘据逃出长安城后，向东逃到了湖县，藏匿在泉鸠里。主人家里很穷，经常靠卖草鞋供给太子。太子有一旧友也住在湖县，听说他家里很富有，就派人去找他而被人发觉。八月初八日辛亥，官吏率人围捕太子刘据。太子刘据估计自己已经无法脱身，就进入室内，关闭了房门上吊自杀了。山阳男子张富昌当时充当一名士卒，他用脚踢开房门，新安令史李寿赶紧奔上前去解救太子，主人公为保护太子与围捕的官兵格斗而死，汉武帝的两个孙子也同时遇害。汉武帝对太子之死感到很伤心，于是封李寿为邘侯，封张富昌为题侯。

当初，汉武帝为太子修建了博望苑，教他按照自己的喜好招揽宾客，所以儒家学派以外的许多歪门邪道之人也被太子接纳。

司马光说："古代圣明的君主教育培养太子，都是挑选那些规矩诚实的人，做太子的师傅、朋友，让这些人与太子朝夕相处。在太子的前后左右没有一个不是正派的人，太子的出入起居，没有一点不符合正道，即使这样，仍然有因为任意而行、品行不端而招致灾祸、导致败亡的人。如今汉武帝却让太子刘据根据个人所好，随意交接宾客。与行为正直的人相处，关系很难亲密无间，而阿谀奉承之徒因为善于阿谀奉承，往往容易关系融洽，这本来是人之常情，太子不得善终也就不是偶然的了！"

癸亥[430]，地震。

九月，商丘成为御史大夫。

立赵敬肃王小子偃[431]为平干王[432]。

匈奴入上谷、五原[433]，杀掠吏民。

---

【段旨】

以上为第二段，写征和二年（公元前九一年）一年间的全国大事。本段主要写了武帝晚年疑神疑鬼，奸人乘机而进，挑动武帝与太子刘据的矛盾，进而以巫蛊加害于太子、皇后；太子、皇后在无法忍受、告诉无门的情况下怒斩奸人江充，起兵与来加害者对抗；武帝听信谣言以为太子反，派丞相统兵讨伐；皇后自杀，太子兵败逃出，最后亦自杀而死，前后死者多达数万。整段文字表现了武帝晚年的昏庸荒谬、轻信好杀；对太子与皇后的悲惨结局表现了同情。文章开头先写了丞相公孙贺与诸邑、阳石两公主的被害，为太子惨剧做了前导。

【注释】

⑮⑦案验：审问、查证。⑮⑧家族：满门被杀。族，灭门、灭族。⑮⑨涿郡：汉郡名，郡治即今河北涿州。⑯⓪澎侯：封地澎邑，有说在东海郡，今山东之东南部。⑯①中山靖王：刘胜，景帝之子，被封为中山王，都城即今河北定州。靖字是谥。刘靖墓在今河北满城西。⑯②发屋：揭掉屋顶。⑯③闰月：闰四月。⑯④诸邑公主、阳石公主：皆武帝之女，皇后卫子夫所生。⑯⑤皇后弟：指卫青。⑯⑥长平侯伉：卫伉，卫青之子，袭其父爵为长平侯。⑯⑦皆坐巫蛊诛：都以“巫蛊”陷害皇帝的罪名被杀。⑯⑧戾太子：刘据，武帝之子，皇后卫子夫所生，元狩元年（公元前一二二年）被立为皇太子。被害后谥曰戾。⑯⑨不类己：不像自己。⑰⓪生子闳：刘闳，元狩六年被封为齐王。⑰①旦、胥：刘旦、刘胥。刘旦于元狩六年被封为燕王，刘胥于元狩六年被封为广陵王。⑰②生子髆：刘髆，天汉四年（公元前九七年）被封为昌邑王。⑰③浸衰：越来越不行。⑰④不自安：担心被废。⑰⑤大将军青：卫青，皇后卫子夫之弟。大将军是国家的最高武官名，实权在丞相之上。⑰⑥庶事草创：兴办各种事情都是头一次，没有旧的章程可循。庶事，诸事。⑰⑦四夷：指周边各族，如匈奴、东越、朝鲜等。⑰⑧变更制度：指改用新历法、色尚黄、数用五等等，已见前文。⑰⑨无法：没有章程可遵循。⑱⓪为此：指改制度、伐四夷。⑱①袭亡秦之迹：重蹈秦王朝灭亡的覆辙，指秦始皇在位时大动干戈，大兴土木；秦始皇死后，秦二世仍照秦始

八月二十日癸亥，发生地震。

九月，任命商丘成为御史大夫。

封赵敬肃王刘彭祖的小儿子刘偃为平干王。

匈奴侵入上谷郡、五原郡，杀死、掳掠了不少吏民。

---

皇的做法不加改变。⑱太子：指卫子夫所生的儿子刘据。⑱守文：不搞武力扩张、变更制度等新花样，仅依过去章程办事。⑱岂有之邪：莫非真是这样吗。⑱以意晓之：把我的意思告诉他。⑱脱簪：摘掉头上的簪环，这是古代妇女向人请罪的一种姿态。⑱吾当其劳：凡是要花力气的事，我都替你办了。⑱以逸遗汝：留给你一种安闲的日子过。逸，安闲。⑱行幸：指出外巡游。⑲后事：皇帝离京后朝廷需要及时处理的事务。⑲有所平决：皇帝不在朝廷时太子与皇后处理了什么事情。平决，裁断、处理。⑲还二句：皇帝回京城时，挑最重要的向皇帝报告。⑲无异：不表示别的意见。⑲不省：不管；不过问。⑲深刻吏：即司马迁所说的"酷吏"。⑲留取上意：留着听取皇帝的意见。⑲纵舍：将酷吏定案的"罪犯"释放。⑲是太子：肯定太子的所作所为。⑲毁：说他的坏话。⑳党与：同"党羽"。与，交结。⑳卫青薨：卫青卒于元封五年（公元前一〇六年）。⑳无复外家为据：文字略不顺，大意谓太子没有强大的外戚为依靠。⑳构：罗织罪名以陷害之。⑳疏：关系疏远。⑳希：通"稀"。⑳谒：进见。⑳移日：太阳变了地方，以言其见面的时间之长。⑳黄门：宦者的泛称，因其出入宫廷，故云。⑳与宫人戏：与宫中的侍应女子打打闹闹，以言其有失身份。㉑益：增加。㉑衔：怨恨。㉑微伺太子过：暗中侦察太子的过失。微伺，暗中窥测。㉑增加白之：添油加醋地向武帝报告。㉑白：禀告皇帝。㉑第勿为过：只要自己不犯错误。第，但、只要。㉑不足忧也：于此可见太子之善良，内心坦荡。㉑小不平：身体微有不适。㉑嘿然：没有说话。嘿，同"默"。㉑有涕泣处：还有没全擦干的眼泪。㉒佯语笑：勉强做出笑脸。㉒微问：暗中了解。㉒情：真情；真实情况。㉒善自防闲：处处谨慎小心，不让人抓住把柄。㉒尚被礼遇：还能受到武帝的以礼相待。㉒方士：以炼丹吃药、长生不死哄人的骗子。㉒左道：邪门歪道。㉒变幻：指使出一切骗人的手段。㉒度厄：躲避灾难。㉒妒忌恚詈：为了争风吃醋而怨愤咒骂。㉓更相告讦：互相攻击告状。讦，告状。㉓以为祝诅上：说对方是祈祷鬼神降祸皇上。㉓无道：说对方是大逆不道。㉓后宫：此指后宫的女人。㉓疑：指疑心真的有人在诅咒自己。㉓苦忽忽善忘：为精神恍惚、记忆力减退而苦恼。㉓卫氏：卫氏家族，此处主要指卫皇后。㉓晏驾：宫车晚出，婉称帝王之死。晏，晚。㉓为奸：进行阴谋活动。㉓祟在巫蛊：是由于巫蛊活动之所致。祟，鬼神之活动害人。㉔为

使者：为皇帝的特派人员。㉑治巫蛊狱：查办进行巫蛊活动的人。㉒将胡巫：率领一批来自匈奴的巫师。㉓偶人：指木偶、泥偶、布偶之类。㉔捕蛊及夜祠、视鬼：凡是进行巫蛊活动的、夜晚进行祭祀的、请巫祝观察何处有鬼的，通通逮捕。㉕染污令有处：指江充等人故意染污某处的一块地面，便说这是有人祭祀的痕迹。㉖辄收捕验治：随即将这块地方的人逮捕审问。㉗烧铁钳灼：用烧红的铁钳或夹或烫。㉘强服：逼迫招供认罪。㉙民转相诬以巫蛊：于是人们遂彼此诬告对方是进行巫蛊。民，指被逮捕逼问的人们。㉚劾：弹劾，这里即定罪上报。㉛三辅：指京兆尹、左冯翊、右扶风，这是首都长安周围的三个相当于郡的政区。因其环护、拱卫京城，故称“三辅”。㉜坐而死：因受牵连被杀。㉝春秋高：指年老。㉞莫敢讼其冤：没有一个敢为别人申诉冤情。㉟知上意：知道武帝已经在怀疑身边的人。㊱因：让；支使。㊲上终不差：您的病永远好不了。差，减、减轻。㊳省中：宫殿之中。㊴按道侯韩说：韩说是刘邦功臣韩王信的后代，以军功封按道侯。㊵御史：御史大夫的属官，掌管监察弹劾。㊶希幸夫人：很少受皇帝宠幸的女人。希，通“稀”。㊷无复施床处：连个安放床的地方都没有。㊸少傅：太子的辅导官，秩二千石。㊹前丞相父子：指公孙贺父子。㊺两公主：指诸邑公主、阳石公主，皆为太子的亲姐妹。㊻卫氏：指卫伉，大将军卫青之子。㊼征验：证据。㊽将：还是，转折语词。㊾无以自明：无法给自己说清楚。㊿矫以节：利用你手中的旌节假传皇帝的命令。节，旌节，以竹为之，皇帝派使者外出办事所持的信物。(271)系狱：关进监狱。(272)穷治其奸诈：彻底查清他的一切阴谋活动。(273)甘泉：甘泉宫，武帝新修的离宫名，在今陕西淳化西北的甘泉山上。(274)家吏：太子家的管家。(275)请问：请安问候。(276)皆不报：都得不到答复。(277)将：意同“将无”，难道。(278)秦扶苏事：秦始皇死后，赵高等封锁消息，并假造遗诏杀死始皇长子扶苏事，见本书前文秦始皇三十七年（公元前二一〇年）。(279)人子：犹今所谓“我这个做儿子的”。(280)归谢：亲自去向天子说明情况。(281)持：控制。(282)七月壬午：七月初九。(283)赵虏：赵国来的奴才。虏，骂人语。(284)前乱乃国王父子不足邪：你已经给你们赵国的国王父子制造了灾难，难道还不够吗。乃，你，你们的。江充“乱”赵国事见本书太始三年（公元前九四年）。(285)乃复乱吾父子也：现在又来挑动我们父子之间的动乱吗。也，同“耶”。反问语气词。(286)炙：烤，这里即用火烧死。(287)上林：上林苑，秦汉时代的皇家猎场，在今西安城西南。(288)舍人无且：太子舍人名叫无且，史失其姓。太子舍人是太子少傅的属官。(289)长御倚华：身为长御的倚华。长御是宫中的女官名。(290)具白：详细禀告。(291)中厩车：未央宫马棚里的车马。(292)武库：国家的武器仓库。在当时长安城内的长乐宫与未央宫之间。(293)长乐宫卫卒：即长乐宫卫尉所掌管的军队。(294)迸走：侥幸逃出。(295)亡归：逃向。(296)无状：不像样子。(297)必惧：必然是因为害怕。(298)亡其印绶：书此以见刘屈氂的怯懦庸劣。(299)长史：丞相、大将军属下的诸史之长，秩千石。(300)疾置：驿站使用的快速驿传。(301)丞相何为：丞相他现在在干什么。(302)秘之：还未将太子的行动向全国公开宣扬。(303)籍籍：犹“纷纷”“攘攘”，喧哗纷乱的样子。㉚④何谓秘也：怎说什么保密呀。㉚⑤周公不诛管、蔡乎：周公当年不也讨灭了造反的管叔、蔡叔吗。周公，指周武王的弟弟姬旦，武王死后辅佐年幼的成王，这时他的兄弟管叔、蔡叔勾结殷纣之子武庚发动叛乱，周公率兵将其讨平，现在刘屈氂与太子刘据也是兄弟辈。㉚⑥玺书：加盖皇帝印的文书，极言其郑重。㉚⑦橹：盾牌，这里指做掩体。㉚⑧毋接短兵：不要短兵相接。㉚⑨建章宫：武帝新建的宫殿，在长安城外的西南侧，与城里的未央宫隔墙相对。㉛⓪部中二千石以下：命令朝廷直属各官府的官员都要率领本部的大小官吏。部，部署，这里也是发动、调动的意思。中二千石一级有九卿加中尉，二千石有典属国、将作少府、詹事、水衡都尉等。㉛①丞相兼将之：通通由丞相统领。㉛②矫制：假传皇帝的命令。㉛③长安中都官囚徒：在长安城里的中央与地方所属的各官府里服役的苦役犯。㉛④宾客：太子身边的幕僚。㉛⑤分将：分别统领。㉛⑥长安囚如侯：长安城里的囚犯姓如名侯。〖按〗此必是侠客一流，有一定的知名度与号召力。㉛⑦长水及宣曲胡骑：驻扎在长水与宣曲的两支由归顺的匈奴人组成的骑兵。长水，汉县名，即今陕西西安市鄠邑区。宣曲，宫殿名，旧址在今西安西南，当时的昆明池西。㉛⑧皆以装会：都要全副武装地前来。㉛⑨侍郎马通：武帝身边侍从人员名叫马通。㉜⓪使长安：正好受武帝之命到长安办事。㉜①因：于是。㉜②引骑：带领着由如侯那里接管过来的胡骑。㉜③楫棹士：昆明池上划船的船工。楫、棹，都是划船的工具。武帝曾在昆明池上训练水军，故而这种楫棹工人数不少。㉜④大鸿胪商丘成：大鸿胪也称“典客”，是九卿之一，掌管民族事务。其人姓商丘名成，正在奉命组织部众参加平叛。㉜⑤汉节纯赤：汉王朝使用的旌节连竹竿与上面的牦牛尾装饰都是红色的。㉜⑥太子持赤节：皇帝不在京城，朝廷的事务都由太子监管，故而朝廷的符节太子可以随意使用。㉜⑦更为黄旄加上：在旧有纯赤的旌节上再加上一缕黄色的牦牛毛。㉜⑧立车：停车等候。㉜⑨北军：国家驻扎在京城的一支国防军，因屯于未央宫北而得名。此军在西汉初期由朝廷的重臣、皇帝的亲信所掌管；至武帝时改由皇帝直接控制，而平时只安插一个低级别的“使者”在那里听候命令。㉝⓪护北军使者任安：受皇帝派遣监控北军的使者名叫任安。任安字少卿，是司马迁的朋友。㉝①拜受节：磕头接过了太子的旌节之后。㉝②引兵去：指带着他原来已经跟随的士兵而去，并非指率领北军士兵。㉝③四市人：指长安城中四个市场上的商人与顾客。四市指东市、西市、直市、柳市。㉝④长乐西阙：长乐宫的西门。长乐宫是皇太后居住的地方，在当时的未央宫东，故也称“东宫”。㉝⑤浸多：越来越多。㉝⑥庚寅：七月十七。㉝⑦覆盎城门：即覆盎门，长安城南面的东数第一门，也称“杜门”。㉝⑧司直田仁：田仁是田叔之子，此时任丞相司直，协助丞相处理司法工作，秩比二千石。关于田仁父子的事迹见《史记·田叔列传》。㉝⑨部闭城门：临时分管长安城的城门管制。部，分管。㉞⓪太子父子之亲：太子与皇帝是父子的关系。㉞①不欲急之：不想给太子制造困难，意即放他出了城。㉞②出亡：出城逃走。㉞③御史大夫：与丞相皆在三公之位，职同副丞相。㉞④当先请：应先向皇帝请示，盖暴胜之亦同情太子之遭遇故也。㉞⑤奈何：怎么能。㉞⑥纵反者：放走了造反的人。㉞法也：这是符合法律的事。㉟擅止之：独出心裁地阻止他。㊱宗正刘长：宗正是掌管刘姓宗族事务的官，九卿之一。刘长，人名。㊲执金吾：原称“中尉”，掌京师治安。㊳奉策：手捧皇帝的诏书。策，写在竹简上的皇帝诏令。㊴皇后：指卫子夫，太子刘据之生母，大将军卫青之姐。㊵合从：这里即指“联合”。㊶两心：脚踩两只船，谁胜了归向谁。㊷要斩：同“腰斩”。㊸从通：跟随马通。㊹重合侯：封地重合，在今河南汤阴境内。㊺德侯：封地德邑，在今山东德州或平原县安德附近。㊻秺侯：封地秺邑，在今山东成武西北。㊼以反法族：按造反的条文灭族。㊽劫略：被裹胁；被强迫。㊾徙敦煌郡：发配到敦煌郡，汉时的敦煌郡治在今甘肃敦煌西。㊿在外：时太子正逃亡在外。364不知所出：不知如何是好。365壶关三老茂：壶关县的三老令狐茂。汉时的壶关县在今山西屯留东。三老是乡官名，主管一乡的教化工作。366适嗣：正统的继承人。适，通“嫡”，正根、正支。367体祖宗之重：是祖宗正根的体现者。368宗子：嫡长子。369闾阎：犹今所谓“里巷”，平民居住的地方。370隶臣：奴仆。371衔至尊之命：犹今所谓打着皇帝的旗号。至尊，指皇帝。372迫蹴：逼迫践踏。373造饰奸诈：编造罪名，奸邪诡诈。374群邪错缪：小人拉帮结派，盘根错节。375亲戚之路：指太子与皇帝之间、皇帝与皇后之间。376鬲塞：隔绝、堵塞。鬲，同“隔”。377不忍忿忿之心：按捺不住内心的愤怒。378恐惧逋逃：因害怕皇帝责罚而逃跑在外。逋，也是“逃”的意思。379子盗父兵：儿子偷了父亲的兵器。380以救难自免耳：只不过是解自己的燃眉之急，求得苟活而已。381窃以为：我认为，“窃”字是谦辞。382诗曰：以下诗句见《诗经·青蝇》。383营营：苍蝇往返群飞的样子。384止于藩：落在篱笆上。藩，篱笆。以上二句是以苍蝇比喻江充等一批邪臣小人。385恺悌君子：平和可亲的君子，这里用来指称汉武帝。386无信谗言：不要听信那些坏人的挑拨。387罔极：没边儿；没有准头、法则。388交乱四国：可以把整个天下搅得一片混乱。四国，四方，即指整个国家。389谗杀：因其进谗言使……遭杀害。390不省察：对事情没看清楚。省，看。391深过太子：把太子的罪过想得过于严重。392求：捉拿。393三公自将：派三公统兵讨伐。三公指丞相、太尉、御史大夫。这里即指武帝所派出的丞相刘屈氂、御史大夫暴胜之。将，统兵。394唯：表示请求的发语词。395少察所亲：对你所信任的那些也稍稍考察一下。少，稍。396毋患太子之非：对太子的那点过错不用太挂心。397亟罢甲兵：赶紧停止战争。亟，赶紧。398久亡：长期逃命在外。399惓惓：犹“拳拳”，心情恳切的样子。400出一旦之命：

---

**【原文】**

**三年（辛卯，公元前九〇年）**

春，正月，上行幸雍，至安定、北地[434]。

不顾自己的生死。出，豁出。㊵①待罪建章宫下：跪在建章宫门听候您的处置。㊵②尚未显言赦之：还没有明确地说出要赦免太子。㊵③亡：潜逃。㊵④湖：汉县名，县治在今河南灵宝西。㊵⑤泉鸠里：湖县城内一条里巷的名字。㊵⑥屦：用麻、葛等材料织成的鞋子。㊵⑦给：供应。㊵⑧闻其富赡：听说友人过得还比较富裕。㊵⑨呼之：指呼友人。㊶⓪发觉：被别人发觉。㊶①八月辛亥：八月初八。㊶②自度：自己估量。㊶③距户自经：关住房门上吊而死。距，通"拒"，关住。㊶④山阳：汉县名，县治在今河南焦作东。㊶⑤蹋开户：踢开房门，欲止太子勿死。㊶⑥新安令史：新安县的小吏。令史，书办一类的小吏。新安县在今河南渑池县东。㊶⑦封李寿为邘侯：为其有救太子之意。邘侯，封地邘邑，在今河南沁阳境内，当时属野王县。㊶⑧题侯：封地题邑，在今河北平乡西南，当时属钜鹿郡。㊶⑨博望苑：园林猎场名，在故长安杜门外五里。㊷⓪通宾客：结交宾客。㊷①以异端进：以邪门歪道受太子接纳。异端，儒家以外的其他各派学说。㊷②臣光曰：以下文字是本书作者司马光对武帝为太子立博望苑一事所发的议论。㊷③保傅师友：都是太子身边的辅导官名，如太子太傅、太子少保等等。㊷④无非正人：没有一个不是正派的人。㊷⑤淫放邪僻：淫放指任意而行，僻也是邪的意思。㊷⑥正直难亲：正直的人难于使人亲近。㊷⑦谄谀易合：阿谀奉承的人容易讨人喜欢。㊷⑧中人：中等人、一般人，非恶非善者。㊷⑨宜太子之不终也：看来太子之不得好死不是偶然的。㊸⓪癸亥：八月二十日。㊸①小子偃：赵敬肃王刘彭祖的小儿子刘偃。㊸②平干王：封地平干，原名"广平"，在今河北鸡泽东南。㊸③上谷、五原：皆汉郡名，上谷郡治沮阳，在今河北怀来东南。五原郡治九原，在今内蒙古包头西。

## 【校记】

［2］左：原无此字。据章钰校，十四行本、乙十一行本皆有此字，今据补。［3］后：原无此字。据章钰校，乙十一行本、孔天胤本皆有此字，今据补。［4］以：原作"以为"。据章钰校，乙十一行本无"为"字，《汉书》亦无，今据改。［5］未：原作"未敢"。胡三省注云："以文理观之，不必有'敢'字。"据章钰校，十四行本、乙十一行本、孔天胤本皆无"敢"字，张敦仁《资治通鉴刊本识误》、张瑛《通鉴校勘记》同，今据删。［6］皆并：原作"并皆"。据章钰校，十四行本、乙十一行本、孔天胤本二字皆互乙，今据改。〖按〗《汉书》亦作"皆并"。

## 【语译】

### 三年（辛卯，公元前九〇年）

春季，正月，汉武帝巡视雍县，然后从雍县前往安定郡、北地郡巡视。

匈奴入五原、酒泉435，杀两都尉436。三月，遣李广利437将七万人出五原，商丘成438将二万人出西河439，马通440将四万骑出酒泉，击匈奴441。

夏，五月，赦天下。

匈奴单于442闻汉兵大出，悉徙其辎重443北邸444郅居水445。左贤王446驱其人民度余吾水447六七百里，居兜衔山448，单于自将精兵度姑且水449。商丘成军至，追邪径450，无所见，还。匈奴使大将451与李陵将三万余骑追汉军，转战九日，至蒲奴水452，虏不利，还去。马通军至天山453，匈奴使大将偃渠454将二万余骑要455汉兵，见汉兵强，引去，通无所得失。是时，汉恐车师456兵[7]遮457马通军，遣开陵侯成娩458将楼兰、尉犁、危须459等六国兵共围车师，尽得其王民众而还。贰师将军出塞，匈奴使右大都尉460与卫律461将五千骑要击汉军于夫羊句山狭462，贰师击破之，乘胜追北463至范夫人城464。匈奴奔走，莫敢距敌465。

初，贰师之出也，丞相刘屈氂为祖道466，送至渭桥467。广利曰："愿君侯468早请昌邑王469为太子，如立为帝，君侯长何忧乎！"屈氂许诺。昌邑王者，贰师将军女弟李夫人子也，贰师女为屈氂子妻，故共欲立焉。会内者令470郭穰告471"丞相夫人祝诅上，及与贰师共祷祠472，欲令昌邑王为帝"，按验473，罪至大逆不道。六月，诏载屈氂厨车以徇474，要斩东市475，妻子枭首476华阳街477。贰师妻子亦收478。贰师闻之，忧惧，其掾479胡亚夫亦避罪从军，说贰师曰："夫人、室家皆在吏480，若还，不称意适与狱会481，郅居以北，可复得见乎482！"贰师由是狐疑483，深入要功484，遂北至郅居水上。虏已去，贰师遣护军485将二万骑度郅居之水，逢左贤王、左大将将二万骑，与汉军[8]合战一日，汉军杀左大

匈奴入侵五原郡、酒泉郡，杀死了两名都尉。三月，汉武帝派遣李广利率领七万人军队从五原郡出塞，派商丘成率领二万人从西河郡出发，派马通率领四万名骑兵从酒泉郡出发，几路大军同时出击匈奴。

夏季，五月，大赦天下。

匈奴狐鹿孤单于听到汉朝派大军前来征讨的消息，就命人将所有储备物资向北转移到郅居水岸边。匈奴左贤王驱赶着匈奴百姓渡过余吾水，又跋涉六七百里，来到兜衔山驻扎下来，匈奴狐鹿孤单于亲自率领精兵渡过姑且水。商丘成率领二万名汉军进入匈奴境内，沿着小路追击匈奴北撤之兵，连匈奴的影子也没有看到，只得撤军而回。匈奴派大将与李陵一起率领三万多名骑兵追赶汉军，转战九天，来到蒲奴水，匈奴由于没有获胜的机会，也撤军而回。马通率领四万名汉军进抵天山，匈奴派大将偃渠率领二万多名骑兵准备截击汉军，后来看见汉军势力强盛，没敢动手，也率军而回，马通一路既无所得，也没有什么损失。当时，汉朝担心车师国出兵拦截马通的军队，就派遣开陵侯成娩率领楼兰、尉犁、危须等六国联军共同包围了车师，将车师国的国王以及所有民众全部劫掠回中国。贰师将军李广利率领七万人马出塞后，匈奴派遣右大都尉与卫律率领五千名骑兵在夫羊句山峡拦截汉军，被贰师将军李广利的军队打败，贰师将军乘胜追击败逃的匈奴军，一直追到范夫人城。匈奴的军队慌忙逃走，没有人敢抵抗。

当初，贰师将军李广利出塞的时候，丞相刘屈氂为他设宴饯行，一直将李广利送到渭桥。李广利对刘屈氂说:“希望您早点请求皇上立昌邑王刘髆为太子，如果昌邑王刘髆将来做了皇帝，您还有什么可值得忧虑的呢!”身为丞相的刘屈氂答应了贰师将军李广利的请求。昌邑王刘髆，是贰师将军李广利的妹妹李夫人的儿子，而贰师将军李广利的女儿又嫁给丞相刘屈氂的儿子为妻，所以两个人都想立昌邑王刘髆为太子。恰巧此时负责掌管宫内卧具的内者令郭穰向汉武帝告发“丞相刘屈氂的夫人诅咒皇帝早死，还与贰师将军李广利共同祭祀祈祷，想拥立昌邑王刘髆为皇帝”，经查证属实，被判犯了大逆不道之罪。六月，汉武帝下诏将丞相刘屈氂绑缚在装载食物的厨车上游街示众，然后在东市将其腰斩，刘屈氂的妻、子也在华阳街被砍下了脑袋。贰师将军李广利的妻、子也被收监入狱。贰师将军李广利得知消息后，非常忧愁恐惧，他手下的小吏胡亚夫也是为避罪而从军，于是劝说贰师将军李广利说:“您的夫人与家小都被关押在官府，您如果现在回去，肯定不符合皇帝的心意，那正好把我们投入监狱去了，到那时，要想再向北渡过郅居水到匈奴避难，还可能有机会吗!”贰师将军李广利因此而犹豫不决，他想深入匈奴建立大功来博得汉武帝的欢心，从而让武帝饶过自己，于是率军继续北上，抵达郅居水边。而此时匈奴的军队已经远去，贰师将军于是派护军率领二万名骑兵渡过郅居水，与匈奴的左贤王和左大将相遇，匈奴的左贤王与左大将也率领着二万名骑兵，他们与汉军激战了一天，汉军杀死了匈奴左大将，匈奴死伤惨

将，虏死伤甚众。军长史[486]与决眭都尉辉渠侯[487]谋曰："将军怀异心[488]，欲危众求功，恐必败。"谋共执[489]贰师。贰师闻之，斩长史，引兵还至燕然山[490]。单于知汉军劳倦，自将五万骑遮击贰师，相杀伤甚众。夜，堑汉军前[491]，深数尺，从后急击之，军大乱败[9]，贰师遂降。单于素知其汉大将，以女妻之，尊宠在卫律上。宗族遂灭。

秋，蝗。

九月，故城父令公孙勇[492]与客胡倩等谋反，倩诈称光禄大夫[493]，言使督盗贼[494]。淮阳[495]太守田广明觉知[496]，发兵捕斩焉。公孙勇衣绣衣[497]、乘驷马车至圉[498]，圉守尉[499]魏不害等诛之。封不害等四人为侯[500]。

吏民以巫蛊相告言[501]者，案验多不实。上颇知[502]太子惶恐无他意，会高寝郎[503]田千秋上急变[504]，讼[505]太子冤曰："子弄父兵[506]，罪当笞[507]。天子之子过误杀人[508]，当何罪哉？臣尝梦见[10]一白头翁教臣言[509]。"上乃大感寤，召见千秋，谓曰："父子之间，人所难言也，公独明其不然[510]。此高庙神灵使公教我，公当遂为吾辅佐[511]。"立拜千秋为大鸿胪[512]，而族灭江充家，焚苏文于横桥[513]上，及泉鸠里加兵刃于太子者，初为北地[514]太守，后族。上怜太子无辜，乃作思子宫，为归来望思之台于湖[515]，天下闻而悲之。

**四年（壬辰，公元前八九年）**

春，正月，上行幸东莱[516]，临大海，欲浮海求神山[517]。群臣谏，上弗听。而大风晦冥[518]，海水沸涌。上留十余日，不得御[519]楼船，乃还。

二月丁酉[520]，雍县无云如雷[521]者三，陨石二，黑如鹥[522]。

三月，上耕于巨定[523]。还，幸泰山，修封[524]。庚寅[525]，祀于明堂[526]。

重。汉军中的长史与担任决眭都尉的辉渠侯商议说："贰师将军已经对朝廷怀有二心，想要危害众人向朝廷邀功，恐怕注定要失败。"于是密谋把贰师将军李广利抓捕起来。不想阴谋泄露，李广利杀死了长史，便率军返回到燕然山。匈奴狐鹿孤单于得知汉军已经相当疲劳倦怠，就亲自率领五万名骑兵拦住贰师将军李广利的军队猛力攻打，两军都有很大伤亡。夜间，匈奴又在汉军的军营前面挖掘壕沟，壕沟深好几尺，然后率军从汉军背后发动猛攻，汉军一下子乱了阵脚而溃败，贰师将军李广利绝望之下投降了匈奴。匈奴狐鹿孤单于早就知道贰师将军李广利是汉朝一位有名的大将，便将自己的女儿下嫁给他为妻，对李广利的尊宠程度远在卫律之上。他的家属及族人因此全部被武帝杀死。

秋季，蝗虫成灾。

九月，曾经担任过城父县令的公孙勇与其门客胡倩等人谋反，胡倩冒充光禄大夫，声称自己是奉皇帝之命出来监督地方官吏缉拿盗贼的。淮阳太守田广明识破了他的诡计，就发兵将胡倩抓捕起来处决了。公孙勇冒充绣衣使者，身穿绣衣使者的服装、乘坐着四匹马拉的车子来到圉县，被圉县代理县尉魏不害等人杀死。汉武帝接到奏报后，封魏不害等四人为侯爵。

吏民因为巫蛊之事而互相告发的，经过查验，情况多不属实。汉武帝稍稍知晓到太子确实因为惶恐才发兵诛杀江充等人，而没有谋反的意图，而此时负责看守高祖庙的郎官田千秋向汉武帝递交了一封紧急奏章，他在奏章中为太子申诉冤情说："儿子玩弄父亲的兵器，其罪过顶多用竹板打一顿。天子的儿子因过错而误伤人命，按照法律应当判什么罪呢？这是我梦见一位白发老翁教我这样说给陛下的。"汉武帝此时已经完全醒悟，于是召见田千秋，对田千秋说："父子之间的事情，外人很难评论谁是谁非，而先生您却能分析清楚其中的道理。这一定是高庙的神灵让您来如此指教我，您应当作为我的辅弼大臣。"当即任命田千秋为大鸿胪，并下令将江充灭族，把苏文抓起来绑在横桥上活活烧死，就是在泉鸠里将兵刃加到太子身上的那个人，当初虽然被封为北地太守，后来也被灭族。汉武帝痛惜太子无罪而自杀，于是修建了思子宫，又在湖县修建了归来望思台，天下人听到这个消息都为太子感到悲伤。

**四年（壬辰，公元前八九年）**

春季，正月，汉武帝到东莱郡巡视，面对波涛汹涌的大海，武帝就想要亲自乘船去大海中寻找神山。群臣极力劝阻，武帝却执意要去。但当时风浪很大，天地之间一片昏暗，海水就像沸腾起来一样汹涌咆哮。武帝在海边等待了十多天，都无法登上楼船，只好返回。

二月初三日丁酉，雍县上空晴天少云，但像雷声一样轰隆隆地响了三声，随即落下了两块陨石，陨石的颜色很像人们脸上黑痣的颜色。

三月，汉武帝在山东巨定县亲自扶犁耕作。返回途中，经过泰山，于是修整封禅台，举行祭天活动。二十六日庚寅，祭祀泰山东北侧的明堂。二十九日癸巳，在

癸巳[527]，禅石闾[528]，见群臣，上乃言曰：“朕即位以来，所为狂悖[529]，使天下愁苦，不可追悔。自今事有伤害百姓，糜费天下者，悉罢之！”田千秋曰：“方士言神仙者甚众，而无显功[530]，臣请皆罢斥遣之！”上曰：“大鸿胪言是也。”于是悉罢诸方士候神人[531]者。是后上每对群臣自叹：“向时[532]愚惑，为方士所欺。天下岂有仙人，尽妖妄[533]耳！节食服药，差可少病而已[534]。”夏，六月，还，幸甘泉[535]。

丁巳[536]，以大鸿胪田千秋为丞相，封富民侯[537]。千秋无他材能术学[11]，又无伐阅功劳[538]，特以一言寤意[539]，数月取宰相、封侯，世未尝有也。然为人敦厚有智，居位自称[540]，踰[541]于前后数公[542]。

先是[543]，搜粟都尉桑弘羊[544]与丞相、御史[545]奏言：“轮台[546]东有溉田[547]五千顷以上，可遣屯田卒，置校尉三人分护[548]，益种[549]五谷。张掖、酒泉[550]遣骑假司马[551]为斥候[552]。募民壮健敢徙者诣田所[553]，益垦溉田[554]。稍筑列亭[555]，连城而西[556]，以威西国[557]，辅乌孙[558]。”上乃下诏，深陈既往之悔[559]曰：“前有司奏[560]欲益民赋三十[561]助边用，是重困[562]老弱孤独也。而今又请遣卒田轮台[563]。轮台西于车师千余里，前开陵侯击车师[564]时，虽胜，降其王，以辽远乏食，道死者尚数千人，况益西[565]乎！曩者[566]朕之不明，以军候弘[567]上书，言匈奴缚马前后足[568]置城下，驰言[569]：‘秦人[570]！我匄若马[571]。’又，汉使者久留不还[572]，故兴遣[573]贰师将军，欲以为使者威重[574]也。古者[575]卿、大夫与谋[576]，参以蓍龟[577]，不吉不行。乃者[578]以缚马书遍视[579]丞相、御史、二千石[580]、诸大夫[581]、郎、为文学者[582]，乃至郡、属国都尉[583]等，皆以[584]‘虏自缚其马，不祥甚哉[585]！’或以为‘欲以见强[586]，夫不足者视人有余[587]’。公车方士[588]、

石间小山祭祀地神，接见群臣，汉武帝对群臣说："我自从即位以来，做了许多狂妄而不合情理的事情，给天下的百姓造成很大痛苦，现在已经是追悔莫及。从今以后，如果还有伤害百姓、靡费天下财富的项目，一律停止！"田千秋进谏说："现在有很多的方士谈论神仙，却又没有效验，我请求陛下将那些方士们全部斥退、遣散！"汉武帝说："大鸿胪说得很对。"于是把那些在全国各地等候神仙降临的方士全部遣散。此后，武帝经常对群臣感慨地说："过去真是太愚昧了，竟然被方士所蒙骗。天下哪有什么神仙，都是胡说八道。节制饮食，经常服用一些药品，只不过少得点病也就罢了。"夏季，六月，汉武帝返回，前往甘泉宫。

六月二十五日丁巳，汉武帝任命大鸿胪田千秋为丞相，封为富民侯。田千秋没有别的才能学问，也没有什么可以值得夸耀的功劳和资历，只因为一句话使汉武帝感悟、合了武帝的心意，所以几个月的时间就当上了丞相、封了侯，这是从来未曾有过的事情。然而田千秋这个人为人宽宏厚道、有智谋，担任丞相也很称职，胜过前后几位其他丞相。

在此之前，担任搜粟都尉的桑弘羊与丞相、御史联名向汉武帝奏请说："轮台以东有可以灌溉的农田五千顷以上，可以派遣军队到那里屯田，在那里设置三个校尉分别负责监管、保护，多种五谷。另外在张掖、酒泉等地派遣一部分骑兵，由代理司马统领，负责侦察匈奴的动静、为屯垦部队担任警戒。再招募民间那些身强体壮、有胆量、愿意到屯田之所去的人，到那里更多地开垦水浇田。逐渐向西修筑起哨所、岗亭，把这些孤立的哨所、岗亭连接起来，以威慑西域诸国，给乌孙国以声势上的援助。"汉武帝就此事颁布诏书，深刻检讨以往的过失，他说："以前有关人员曾经奏请将百姓的人头税增加三十文用于加强边防建设，是在加重老弱孤独的负担，会使他们生活更加困难。现在又有人奏请派军队到轮台去屯垦。轮台在车师国以西一千多里的地方，以前开陵侯成娩率军攻打车师的时候，虽然取得了胜利，迫使车师国王投降，但终因路途遥远，大军食物缺乏，路上就死了几千人，何况是比车师还要远一千多里的轮台呢！过去我不明实际情况，因为军候弘上书说匈奴将马捆住四足放在城下，并围着城奔驰呼喊说：'秦人，我把马送给你们。'我听信了军候弘的话。再说，匈奴将汉朝的使者长期扣留，不让他们归汉，所以才派遣贰师将军李广利出兵，目的是在外族面前提高汉朝使者的身份地位。古代的圣帝明王在决定国家大事的时候，都要让卿、大夫参与谋划，还要用蓍草、龟甲进行占卜，如果占卜的结果显示出不吉祥，就立即停止行动。过去我曾经把匈奴捆绑在马身上的挑战书拿给丞相、御史大夫和所有二千石以上的官员、诸位大夫、郎官以及文秘人员，甚至郡、属国的都尉等人看，所有的人都认为'匈奴自己把马绑缚起来，这对匈奴来说是最大的不吉祥！'也有人认为'匈奴人这样做是为了显示他们的强大，实际上只有衰弱的人才向人夸耀自己的强大'。而那些在公交车门等候召见的方术之士、掌管天文的太史令、研究星相的专家，以及以望气来

太史、治星、望气[589]及太卜龟蓍[590]皆以为'吉，匈奴必破，时不可再得也'。又曰'北伐行将[591]，于鬴山必克[592]。卦[593]，诸将贰师最吉'。故朕亲发贰师下鬴山，诏之必毋深入[594]。今计谋[595]、卦兆[596]皆反缪[597]。重合侯得虏候者[598]，乃言'缚马者匈奴诅军事[599]也'。匈奴常言'汉极大，然不耐饥渴[600]，失一狼，走千羊[601]'。乃者贰师败，军士死略离散[602]，悲痛常在朕心。今又请远田轮台，欲起亭隧[603]，是扰劳天下，非所以优民[604]也，朕不忍闻。大鸿胪[605]等又议欲募囚徒送匈奴使者[606]，明封侯之赏以报忿[607]，此五伯所弗为[608]也。且匈奴得汉降者常提掖搜索[609]，问以所闻[610]，岂得行其计乎？当今务在禁苛暴，止擅赋[611]，力本农[612]，修马复令[613]，以补缺[614]、毋乏武备[615]而已。郡国二千石[616]各上进[617]畜马方略补边状[618]，与计对[619]。"

由是[620]不复出军，而封田千秋为富民侯，以明[621]休息，思富养民也。又以赵过为搜粟都尉[622]。过能为代田[623]，其耕耘田器皆有便巧[624]，以教民，用力少而得谷多，民皆便之。

臣光曰："天下信未尝无士[625]也！武帝好四夷之功，而勇锐轻死之士充满朝廷，辟土广地，无不如意。及后息民重农，而赵过之俦[626]教民耕耘，民亦被[627]其利。此一君之身趣好殊别[628]，而士辄应之[629]。诚使武帝兼三王之量[630]以兴商、周之治[631]，其无三代之臣乎[632]！"

秋，八月辛酉晦[633]，日有食之。

卫律害[634]贰师之宠，会匈奴单于母阏氏[635]病，律饬胡巫言[636]："先

预测吉凶，用蓍草、龟甲进行占卜的官员都认为是‘大吉大利，匈奴一定被打败，机会难得易失’。还说‘率军北征的将领，必将破敌于鬴山。根据占卜的结果，诸将当中只有派贰师将军李广利最为吉祥’。所以我亲自派遣李广利出兵鬴山，并告诫他一定不要贪功深入。而诸位的谋略、占卜的结果却与事实相反。重合侯马通捕获的匈奴哨探人员说‘匈奴人将马捆起来放在城下是为了破坏我们的军事计划’。匈奴人常说‘汉朝国土虽然极其广大，但汉人不能忍耐饥渴，损失了一只狼，就会逃散一群羊’。过去贰师将军李广利失败之后，手下的军士除去死了的、被俘的，其余的一哄而散，我经常为此事而感到痛心。现在又建议派军队到遥远的轮台屯垦，还想在那里修建哨所、修建烽火台，这是在骚扰、辛劳天下的百姓，而不是体恤百姓的本意，我不忍心听到这样的话。大鸿胪等又建议招募罪犯借护送滞留在中国的匈奴使者之机到匈奴去当刺客，寻找机会刺杀匈奴君长，并许诺这些囚徒如果刺杀成功就封他们为侯，以此发泄我们对匈奴人的怨愤，这是春秋五霸都不屑于去做的事情。况且，匈奴对于投降过去的汉朝人总是连拉带拽，进行严格的搜身，并进行严厉的审查盘问，你的计谋又怎么能够实现呢？当务之急应该是禁止苛政暴行，禁止向百姓进行横征暴敛，鼓励人民努力耕作，恢复实行招募人为公家养马而免除他们自身服劳役纳赋税的法令，用以补充战马数量的不足，使国家的战备物资不致缺乏而已。各郡、各诸侯国二千石以上的高级官员就如何畜养马匹，以及补充边用物资不足的方法向朝廷献计献策，与各地的报表人员一同进京应对。”

此后汉朝不再对外用兵，而封田千秋为富民侯，以此表明武帝要与民休养生息，以使国家富强人民生活安定。又任命赵过为搜粟都尉。因为赵过总结出了轮作法，又对农具进行了改造，经他改造过的农具既轻便又灵巧，所以让他向农民进行推广，农民花费的力气少而收获的粮食却增加了很多，很受百姓的欢迎。

司马光说：“天下确实是各种人才都有啊！武帝喜欢对四边蛮族发动战争的时候，那些勇敢不怕死的人士就充满了朝廷，他们开疆拓土，没有一次不使武帝称心如意。到了后期，武帝转变为休息民众、重视农业生产的时候，就又涌现出了赵过这类的人物，他们教育人民如何耕作，人民也因此而得到很大的利益。前后都是一个君主，只因为所好发生了变化，而各种人才也就随之而产生。如果能够让汉武帝兼有三王的度量，重新实行商代、周代的王道政治，难道会缺乏像三代那样的辅弼大臣吗！”

秋季，八月最后一天三十日辛酉，发生日食。

卫律对贰师将军李广利受到狐鹿孤单于的尊宠感到无比妒忌，恰巧狐鹿孤单于的母亲阏氏有病，卫律就教唆胡巫对匈奴单于狐鹿孤说：“先单于曾经生气地说：‘我

单于怒曰[637]："胡故时祠兵[638]，常言得贰师以社[639]，何故不用[640]？'"于是收[641]贰师。贰师骂曰："我死必灭匈奴！"遂屠贰师以祠[642]。

---

【段旨】

以上为第三段，写征和三年（公元前九〇年）、四年两年间的全国大事，其一是写了李广利、商丘成、马通三道北出伐匈奴，皆无功。时朝内刘屈氂以巫蛊罪名被杀，牵出李广利家族系狱；李广利欲深入邀功以求皇帝宽赦，部下则劝李广利北逃以避难匈奴，李广利犹豫不决，匈奴乘机攻之；李广利兵败投降匈奴，深受单于之宠任，卫律忌恨李广利，乃进谗以杀之。其二是写汉武帝逐渐查知太子之冤，遂处死奸人苏文以及江充之余党；田千秋因乘机为太子辩冤而被超升为大鸿胪，进而为丞相，封富民侯；武帝又接受田千秋建议，从此不再迷信方士、企求长生。其三是桑弘羊等建议派兵屯田轮台，并向西域扩大地盘，武帝下诏不许，并追述了派遣李广利北伐匈奴之失误，决心息兵养民、发展农业、任用赵过以提高农业技术等等。

【注释】

㊳④ 安定、北地：汉代二郡名，安定郡治高平，即今宁夏固原。北地郡治马领，在今甘肃庆阳西北。㊳⑤ 酒泉：汉郡名，郡治禄福，即今甘肃酒泉。㊳⑥ 两都尉：当时酒泉郡设有北部都尉与东部都尉，北部都尉驻军于偃泉障，东部都尉驻军于东泉障，是防止匈奴南犯、保卫河西走廊的两支军队。㊳⑦ 李广利：武帝宠妃李夫人之兄，因伐大宛被封为海西侯。㊳⑧ 商丘成：姓商丘名成，此时任御史大夫。㊳⑨ 西河：汉郡名，郡治平定，在今内蒙古鄂尔多斯东胜区境内。㊵⓪ 马通：因与太子刘据作战被封重合侯。㊵① 击匈奴：此次李广利、商丘成等北伐匈奴为卫青、霍去病于元狩四年（公元前一一九年）北伐匈奴后又一次大规模的北伐。㊵② 匈奴单于：此时的匈奴单于名狐鹿孤，太始元年（公元前九六年）即位。㊵③ 辎重：由后勤部队保管、运送的各种储备物资。㊵④ 邸：通"抵"，到。㊵⑤ 郅居水：即源于今杭爱山北麓，流入贝加尔湖的色楞格河。㊵⑥ 左贤王：匈奴东部地区的最高君长，地位仅低于单于，通常由单于的儿子或兄弟充任。㊵⑦ 余吾水：即今蒙古国乌兰巴托附近的土拉河。㊵⑧ 兜衔山：方位不详。㊵⑨ 姑且水：源于今杭爱山之东南麓，南流。㊵⑩ 追邪径：沿小路追击匈奴北撤之兵。邪径，曲折窄细之路。㊵⑪ 大将：匈奴官名，有左、右二大将，位在左右贤王、左右谷蠡王之下。此处与李陵协作的应是匈奴左大将，

们过去在战前总要举行祭祀战神的活动，每次都发誓要杀死贰师将军李广利来祭祀社神，现在母阏氏患病，你们为什么不杀掉李广利祭神呢?'”于是狐鹿孤单于下令将李广利抓起来。李广利大骂匈奴人说:“我死了之后，一定会变作厉鬼灭掉匈奴!”匈奴单于于是将李广利杀死用作祭神的祭品。

---

左贤王的部下。㊻蒲奴水：源于今杭爱山脉东麓，东南流。㊼天山：即今新疆境内的天山山脉。㊽大将偃渠：此处的大将应是右大将，名叫偃渠，是右贤王的部下。㊾要：意思同“邀”。袭击；截击。㊿车师：西域国名，分前、后两国。前国即今新疆吐鲁番西北的交河城；后国在今新疆奇台西北。457遮：拦击。458开陵侯成娩：开陵侯名成娩，本匈奴人，因降汉被封开陵侯。459楼兰、尉犁、危须：皆西域国名，楼兰的都城在今新疆罗布泊西北部，尉犁的都城即今新疆库尔勒，危须的都城在今新疆焉耆东北。460右大都尉：匈奴官名，地位在右大将之下，是右贤王的部属。461卫律：原汉人，降匈奴后被封为丁零王。462夫羊句山狭：匈奴境内的峡谷名，在今蒙古国达兰托达加德城西。463追北：追击败逃之敌。464范夫人城：在夫羊句山峡东北，今蒙古国达兰托达加德城东北。465距敌：抵抗。距，通“拒”。敌，当。466祖道：设宴送行并祭祀道路之神，祈求保佑出行顺利。祖，祭祀。通常称送别宴会为“祖宴”。467渭桥：出长安城北行所必经之渭水大桥。468君侯：当时对丞相的敬称。丞相照例封侯，故称“君侯”。469昌邑王：刘髆，武帝之子，李夫人所生，李广利的外甥。470内者令：也作“内谒者令”，皇帝的内侍，掌管宫内卧具，上属少府。471告：告发。472祷祠：祭祀祷告，以求愿望实现。473按验：查证。474徇：即今所谓“游街”。475要斩东市：在东市处死。要，通“腰”。东市，当时长安城内的大市场之一，在长安城的西北部。476枭首：将人头悬挂高竿。477华阳街：长安街道之一，应是刘屈氂等贵族居住的地方名。478收：拘捕关押。479掾：属吏。480在吏：被法吏关押。481不称意适与狱会：句子不顺，大意是皇帝不会对我们满意，而正好把我们投入监狱。适，恰好。482郅居以北二句：到那时再想北渡郅居水到匈奴避难还来得及吗?郅居以北，隐指匈奴。483狐疑：心存疑虑。484深入要功：想深入敌区以立大功，博得皇帝欢心，从而饶过自己。要，求。485护军：在军中掌管监察、协调等事的官吏。486军长史：贰师将军属下的诸史之长，史失其名。当时在丞相、大将军属下都有长史，总领诸事，地位相当崇重。487决眭都尉辉渠侯：任决眭都尉之职的辉渠侯，名叫雷电。雷电之父名叫仆朋，原是匈奴人，降汉后被封为辉渠侯。仆朋死后，其子雷电袭其父爵为侯，今随李广利出征，任决眭都尉。488异心：其实李广利此时只是动摇未定。489执：拘捕；抓起来。490燕然山：即今蒙古国境内的杭爱山。491堑汉军前：在汉

军的军营前面挖下壕沟。㊾城父令公孙勇：城父县的县令姓公孙名勇。城父县在今安徽亳州东南。㊾光禄大夫：光禄勋的属官。光禄勋原称“郎中令”，九卿之一，统领皇帝侍从，并主管宫殿门户。㊾言使督盗贼：谎称自己是奉命外出监督地方官缉拿盗贼的。㊾淮阳：汉郡名，郡治即今河南淮阳。㊾觉知：发觉了他是假的。㊾衣绣衣：穿着绣衣使者的服装，即冒充绣衣使者。绣衣使者也称“绣衣直指”，是皇帝的特派员，奉命到各郡视察，回京向皇帝报告。后来演变成十三个分区的“刺史”。㊾圉：汉县名，在今河南太康西北。㊾圉守尉：圉县的代理县尉。守，代理。县尉是县令的副职，主管县里的捕盗、征粮等事。㊿四人为侯：魏不害为当涂侯、江德为轑阳侯、苏昌为蒲侯、另一失名者为关内侯。㊿告言：告发。㊿颇知：稍稍知晓。㊿高寝郎：刘邦庙的看守人员。寝，即指庙。凡庙之前殿供奉灵位以接受祭祀之处曰庙，后殿储藏受祭者生前遗物，以象征其生前起居之处曰寝。郎，帝王的侍从、侍奉人员。㊿急变：紧急文书。变，也称“变事”，告发谋反大案的密信。这里乃紧急为太子申冤的上书。㊿讼：申诉；辩白。㊿子弄父兵：儿子拿着父亲的兵器玩耍，这里隐指调动某些军队。㊿笞：用竹板打一顿。㊿过误杀人：过错性地杀了人。㊿一白头翁教臣言：这是一个白头发老人教给我这么说的。㊿不然：不是人们所说的那种样子。㊿为吾辅佐：成为我的左膀右臂。㊿大鸿胪：也称“典客”，九卿之一，掌管民族事务。㊿横桥：长安横门外的渭河大桥。㊿北地：汉郡名，郡治马领，在今甘肃庆阳西北。㊿湖：汉县名，太子躲藏与最后被迫自杀之地，在今河南灵宝西。㊿东莱：汉郡名，郡治即今山东莱州市。㊿神山：即所谓蓬莱、方丈、瀛洲三山。㊿晦冥：白天昏暗如夜。㊿御：用，这里即指乘坐。㊿二月丁酉：二月初三。㊿无云如雷：晴天打雷。如，意思同“而”。㊿黑如黶：意谓天空降落的两块陨石其黑如人面之痣。黶，黑痣的颜色。㊿巨定：汉县名，在今山东广饶北。㊿修封：修整封禅台，意即又在泰山顶进行祭天活动。㊿庚寅：三月二十六日。㊿祀于明堂：祭祀泰山东北侧的明堂。祀，祭祀。明堂是帝王宣明政教之处，此处的明堂在泰山脚下的东北侧。㊿癸巳：三月二十九日。㊿禅石闾：在石闾小山祭祀地神。禅，拓地而祭地神。石闾山在今山东泰安。㊿狂悖：狂妄而不合情理。悖，背于常理。㊿显功：明显的功效。㊿候神人：探寻、等候神仙降临。㊿向时：昔日；前些时候。㊿妖妄：瞎说。㊿差可少病而已：争取少得点病也就不错了。差可，或许可以。㊿甘泉：甘泉宫，在今陕西淳化西北，汉武帝所建的离宫。㊿丁巳：六月二十五。㊿富民侯：表示休养生息，使民富足之意。㊿伐阅功劳：四字都是“功勋”“功劳”的意思。《史记·高祖功臣侯者年表》：“以德立宗庙、定社稷曰勋，以言曰劳，用力曰功，明其等曰伐，积日曰阅。”㊿寤意：使武帝感悟、合其心意。㊿自称：意即称职。㊿踰：同“逾”。超过；胜过。㊿前后数公：前后的几位丞相，在其前者有石庆、赵周、公孙贺、刘屈氂；在其后者有王䜣、杨敞、蔡义等。㊿先是：在此之前，追述往事的前置语。㊿搜粟都尉桑弘羊：搜粟都尉是大司农的属官，掌农耕及屯田等事。桑弘羊是武帝时期的经济名臣，出身商人之家，善于计算，十三岁为武帝侍中，又为搜粟都尉，最后至御史大夫。⑤④⑤丞相、御史：丞相指田千秋，御史大夫为商丘成。⑤④⑥轮台：西域城名，在今新疆轮台东南，当时属于龟兹国。⑤④⑦溉田：水浇田。⑤④⑧分护：分别监管、保护。⑤④⑨益种：更多地种植。⑤⑤⓪张掖、酒泉：汉代二郡名，张掖郡的郡治在今甘肃张掖西北，酒泉郡的郡治即今甘肃酒泉。⑤⑤①遣骑假司马：词语不顺，大意为派出一部分骑兵，并派人任代理司马之职以统领之。⑤⑤②斥候：侦察兵，使之探察匈奴人的动静。⑤⑤③田所：即轮台以东的屯田地区。⑤⑤④益垦溉田：更多地开垦水浇田。⑤⑤⑤稍筑列亭：逐渐地向西建立岗棚哨所。列亭，一路排列出去的岗亭哨卡。⑤⑤⑥连城而西：把一个个孤立的城堡连接起来，一直向西排列而去。⑤⑤⑦以威西国：以震慑西域诸国。⑤⑤⑧辅乌孙：给乌孙以声势上的援助。乌孙是西域国名，大体在今新疆西北部和与之邻近的俄罗斯地区，是最早与汉王朝通好结亲的西域国家。⑤⑤⑨既往之悔：对过去进行一系列扩张战争的后悔之意。⑤⑥⓪有司奏：有关主管部门的官员提出请求。⑤⑥①益民赋三十：将第二个人人头税增加三十文铜钱。⑤⑥②重困：给……增加严重困难。⑤⑥③田轮台：到轮台屯田。⑤⑥④开陵侯击车师：开陵侯名敖，原为东越臣，降汉后被封为开陵侯。其击车师事在征和三年（公元前九〇年）。⑤⑥⑤益西：更加向西的轮台。⑤⑥⑥曩者：同前“向时”，昔日。⑤⑥⑦军候弘：军候名弘，史失其姓。军候是军中的哨探人员。⑤⑥⑧缚马前后足：为了让马留在城下，不致跑走。⑤⑥⑨驰言：围着城下奔驰吆喝。⑤⑦⓪秦人：指中原人，这里是呼唤城上的汉军。汉时外族称中国为“秦”，至唐、宋乃呼中国为“汉”。⑤⑦①我匄若马：我把这马送给你们用。匄，讨要，这里指“送给”“借给”。若，你、你们。两句的意思是：你们不是说因为缺少马匹才不能来和我们作战么，现在我给你们马，你们敢来和我们作战么。猖狂挑战语。⑤⑦②久留不还：长期扣留，不使归汉，如苏武等。⑤⑦③兴遣：兴兵派遣。兴，指军事动员。⑤⑦④为使者威重：为了在外族面前提高汉朝使者的身份地位。⑤⑦⑤古者：指古代圣帝明王决定国家大事。⑤⑦⑥卿大夫与谋：要让卿、大夫全都发表意见。与谋，参加谋划。⑤⑦⑦参以蓍龟：还要通过占卜看其是否吉利。蓍，蓍草，古代占卦所用的物品。龟，龟甲，古代占卦所用的首要物品。⑤⑦⑧乃者：前者，指匈奴人缚马猖狂挑战时。⑤⑦⑨以缚马书遍视：我把匈奴人留在城下的缚马与挑战书信让所有官员观看。⑤⑧⓪二千石：这里包括“中二千石”的九卿，“二千石”与“比二千石”的其他朝廷高官。⑤⑧①诸大夫：指朝廷的各中级官员。⑤⑧②郎、为文学者：朝廷与皇帝身边的低级官员。郎是皇帝的侍从人员，文学是中央各部、各官僚机构里的文秘人员，一般是读儒书出身。⑤⑧③郡、属国都尉：指郡都尉、属国都尉。郡都尉是地方各郡里的武官。属国都尉是在归降于汉王朝的少数民族聚居之地所设的武官。⑤⑧④皆以：以上各中央与地方官僚全都认为。⑤⑧⑤不祥甚哉：对匈奴不祥，正好我们出击。⑤⑧⑥欲以见强：匈奴人的这种做法是为了表现他们的强大。见，通“现”。⑤⑧⑦不足者视人有余：只有衰弱的人才向人夸耀自己强大。视，通“示”。意思是匈奴人现在已经衰弱了。⑤⑧⑧公车方士：在公交车门等候召见的方术之士。⑤⑧⑨太史、治星、望气：都是从事占卜观测等活动的官员。太史即太史令，主管文书与祭祀活动的官员。治星是观测天文星象的官员。望气是观测云气以占卜吉凶的官员。⑤⑨⓪太卜龟蓍：专门主管占测的官员，上属太常。⑤⑨①北伐行将：率军北行的将领。⑤⑨②于釜山必克：必将破敌于釜山。釜山是匈奴境内的山名，应在当时五原郡之正北。⑤⑨③卦：意即占卜的结果。⑤⑨④必毋深入：一定不要深入敌区。⑤⑨⑤计谋：指群臣的主意谋略。⑤⑨⑥卦兆：龟纹、蓍草所呈现的卦象，即指占卜所得的结果。⑤⑨⑦反缪：与事实相反、悖谬。⑤⑨⑧得虏候者：俘虏了匈奴的哨探人员。⑤⑨⑨诅军事：破坏我们的军事计划。诅，瓦解。有人解为"诅咒"，情同"巫蛊"所为，似非。⑥⓪⓪不耐饥渴：忍受不了饥渴。⑥⓪①失一狼二句：以喻伤亡一将，军众即刻离散。⑥⓪②死略离散：或身死，或被虏，其余一哄而散。略，意同"掠""掳"。⑥⓪③起亭隧：建造岗亭与烽火台。隧，通"燧"。此处之"起亭隧"即前文之"稍筑列亭，连城而西"。⑥⓪④优民："优"字理应作"忧"。⑥⓪⑤大鸿胪：据《汉书·百官公卿表》，继田千秋为大鸿胪者为戴仁。⑥⓪⑥募囚徒送匈奴使者：让这些囚徒到匈奴去当刺客，寻机刺杀匈奴君长。⑥⓪⑦明封侯之赏以报忿：承诺给这些囚徒，如能刺杀成功就封以为侯，以此发泄对匈奴人的愤恨。⑥⓪⑧五伯所弗为：这是连春秋五霸也不屑于做的勾当。五霸指齐桓公、晋文公、楚庄王、吴王阖闾、越王勾践。⑥⓪⑨提掖搜索：指反复搜身检查的样子。⑥①⓪问以所闻：向他们打听各种情报。⑥①①止擅赋：禁止向百姓随意摊派。⑥①②力本农：努力从事农业。本，即指农业。⑥①③修马复令：重新实行募人为公家养马而免除其自身徭役的法令。⑥①④补缺：补充军用马匹之不足。⑥①⑤毋乏武备：使国家的战备物资不致缺乏。⑥①⑥郡国二千石：各郡、各诸侯国的行政长官，即郡太守、王国之相等等。⑥①⑦上进：上书进言。⑥①⑧畜马方略补边状：有关养马与补充边用物资不足的办法。⑥①⑨与计对：与上计者一同进京师应对。计，代表各郡、各诸侯国进京向朝廷结算、缴纳钱粮的官员。⑥②⓪由是：从此。⑥②①明：表示。⑥②②搜粟都尉：大司农的属官，主管农业生

---

【原文】

**后元元年（癸巳，公元前八八年）**

春，正月，上行幸甘泉，郊泰畤[643]，遂幸安定[644]。

昌邑哀王髆[645]薨。

二月，赦天下。

夏，六月，商丘成坐祝诅自杀[646]。

初，侍中仆射[647]马何罗[648]与江充相善。及卫太子起兵，何罗弟通[649]以力战[650]封重合侯。后上夷灭充宗族党与[651]，何罗兄弟惧及[652]，遂

产，征集粮食等事。㉓代田：即轮作法。㉔便巧：有技术含量，用起来能事半功倍。㉕信未尝无士：的确不是没有人才。信，的确。㉖侪：辈；同一类的人。㉗被：蒙受。㉘一君之身趣好殊别：同一个君主不同时期的趋向爱好不同。趣好，趋向、爱好。㉙士辄应之：总是有人来投合他的需要。㉚三王之量：像夏禹、商汤及周文王、周武王一样的气量。㉛兴商、周之治：重新实行一种商朝、周朝的王道政治。㉜其无三代之臣乎：难道就没有夏、商、周时代那样的贤臣围拢过来吗。㉝八月辛酉晦：八月的最末一天是三十。晦，阴历的每月最后一天。㉞害：妒忌；忌恨。㉟母阏氏：犹汉代之所谓"太后""太妃"。阏氏是匈奴贵族夫人的称号名，兼指正妻与姬妾。㊱饬胡巫言：让匈奴的巫师对现任的单于说。饬，告诫、命令。㊲先单于怒曰：去世的单于曾生气地说过。先单于即患病的"单于母阏氏"之夫。㊳胡故时祠兵：我们过去在战前祭祀战争之神。㊴得贰师以社：如果捉到李广利，一定杀他祭神。社，这里即指祭祀。㊵何故不用：现在母阏氏患病，为什么不杀李广利祭神。㊶收：拘捕。㊷祠：祭祀，这里指用作祭神的供品。

【校记】

［7］兵：原无此字。据章钰校，十四行本、乙十一行本、孔天胤本皆有此字，今据补。［8］军：原作"兵"。据章钰校，十四行本、乙十一行本、孔天胤本皆作"军"，今据改。〖按〗《汉书》亦作"军"字。［9］败：原无此字。据章钰校，十四行本、乙十一行本、孔天胤本皆有此字，张敦仁《资治通鉴刊本识误》同，今据补。〖按〗《汉书》亦有"败"字。［10］见：原无此字。据章钰校，乙十一行本有此字，《汉书》亦有此字，今据补。［11］术学：原无此二字。据章钰校，十四行本、乙十一行本、孔天胤本皆有此二字，张敦仁《资治通鉴刊本识误》、张瑛《通鉴校勘记》同，今据补。

【语译】

## 后元元年（癸巳，公元前八八年）

春季，正月，汉武帝巡视甘泉，祭祀泰一神，顺便从这里前往安定郡。

昌邑哀王刘髆去世。

二月，大赦天下。

夏季，六月，商丘成被指控在祭祀鬼神时说皇帝的坏话，商丘成自杀。

当初，担任侍中仆射的马何罗与江充关系密切。等到卫太子刘据为杀江充而起兵的时候，马何罗的弟弟马通因为拼命追杀太子有功而被封为重合侯。后来汉武帝屠灭江充的宗族和党羽，马何罗兄弟二人惧怕受到株连，于是密谋造反。担任侍中

谋为逆。侍中驸马都尉[653]金日磾[654]视其志意有非常[655]，心疑之，阴独察[656]其动静，与俱上下[657]。何罗亦觉日磾意，以故久不得发[658]。是时上行幸林光宫[659]，日磾小疾卧庐[660]，何罗与通及小弟安成[661]矫制[662]夜出，共杀使者[663]，发兵。明旦，上未起，何罗无何从外入[664]。日磾奏厕[665]，心动，立入[666]，坐内户下[667]。须臾[668]，何罗袖白刃从东厢[669]上，见日磾，色变，走趋卧内[670]，欲入，行触宝瑟[671]，僵[672]。日磾得抱何罗[673]，因传[674]曰："马何罗反！"上惊起。左右拔刃欲格[675]之，上恐并中日磾，止勿格。日磾投何罗殿下，得禽缚之。穷治[676]，皆伏辜[677]。

秋，七月，地震。

燕王旦[678]自以次第[679]当为太子，上书求入宿卫[680]。上怒，斩其使于北阙[681]。又坐[682]藏匿亡命[683]，削良乡、安次、文安[684]三县。上由是[685]恶[686]旦。旦辩慧博学，其弟广陵王胥[687]，有勇力，而皆动作无法度，多过失，故上皆不立。

时钩弋夫人[688]之子弗陵[689]，年数岁，形体壮大，多知[690]，上奇爱之，心欲立焉。以其年稚母少，犹与[691]久之。欲以大臣辅之，察群臣，唯奉车都尉、光禄大夫霍光[692]，忠厚可任大事，上乃使黄门[693]画周公负成王[694]朝诸侯[695]以赐光[696]。后数日，帝谴责钩弋夫人，夫人脱簪珥[697]叩头。帝曰："引持去[698]，送掖庭狱[699]！"夫人还顾，帝曰："趣行[700]，汝不得活！"卒赐死。顷之，帝闲居，问左右曰："外人言云何[701]？"左右对曰："人言：'且立其子[702]，何去其母乎[703]？'"帝曰："然，是非儿曹愚人之所知[704]也。往古国家所以乱，由主少母壮也。女主独居骄蹇[705]，淫乱自恣[706]，莫能禁也[707]。汝不闻吕后[708]邪！故不得不先去之也。"

驸马都尉的金日磾发现二人神态异常，心里产生了怀疑，就暗中观察他们的一举一动，总是跟他们一起进出朝廷。马何罗也发现了金日磾在监视自己，所以很长一段时间没敢采取行动。当时汉武帝前往林光宫，金日磾因为有病而在宫中的一个小房间里卧床休息，马何罗与他的弟弟马通以及最小的弟弟马安成假托皇帝的命令乘夜出宫，他们杀死了使者，调动了军队。天亮的时候，武帝还没有起床，马何罗出去不久又回到宫中。金日磾刚好要去厕所，忽然感到心里怦然一动，于是马上返回，坐在汉武帝所居住林光宫的内殿门下。不一会儿，马何罗袖子里藏着利刃从东厢房进宫，他一眼看见金日磾，脸色马上就变了，但还是坚持向武帝的寝室奔去，快要进门的时候，撞到了旁边摆放的乐器，仰面摔倒。金日磾马上冲上去将马何罗抱住，一边向室内大喊："马何罗谋反！"汉武帝一下子被惊醒，赶紧起来。武帝身边的侍卫拔出剑来就要刺向马何罗，武帝担心误伤金日磾，赶紧制止不要动手杀死马何罗。金日磾把马何罗扔到殿下，被人抓住捆绑起来。经过严厉审查，马何罗等人都认罪、伏法。

秋季，七月，地震。

燕王刘旦自以为按照长幼次序应该轮到自己做太子，于是给武帝上书请求到宫中充当侍卫。汉武帝很生气，就把燕王的使者杀死在北宫门。偏巧此时燕王又被人指控窝藏逃匿的罪犯，汉武帝于是削去了他良乡、安次、文安三个县的封地。武帝因此对燕王刘旦心生厌恶。其实燕王刘旦很有口才，也很聪明，又知识广博，他的弟弟广陵王刘胥生性勇武强壮，但兄弟二人都不太遵纪守法，经常干一些违法乱纪的事，所以汉武帝不愿意立他们为太子。

当时钩弋夫人所生的儿子刘弗陵，虽然才几岁，却长得很高大，又很有智慧，汉武帝对这位幼子很是欣赏和疼爱，心里早就想立他为继承人。但因刘弗陵年纪还小，他的母亲钩弋夫人也很年轻，所以犹豫了很久也下不了决心。就想物色大臣来辅佐刘弗陵，他遍察群臣，只有担任奉车都尉、光禄大夫的霍光，为人忠厚，可以担当这个重任，汉武帝于是让黄门画了一幅周公背负周成王接受诸侯朝拜的图画赏赐霍光。过了几天，汉武帝借故对钩弋夫人大加谴责，钩弋夫人被吓得摘掉首饰，向武帝磕头认错。武帝却吩咐左右的人说："把她拉出去，送到掖庭的监狱去！"钩弋夫人回过头来可怜巴巴地向武帝求饶，武帝绝情地说："快走，你活不了了！"后来汉武帝命钩弋夫人在狱中自杀了。过了一段时间，武帝闲暇无事，就问他身边的人："外面的人都说了些什么？"左右的人回答说："人们都说：'就要立她生的儿子为太子了，为什么要除掉他的母亲呢？'"汉武帝说："确实，这不是你们这些蠢人所能理解的。自古以来，国家所以发生变乱，大多是因为君主年纪幼小，而君主的母亲却在青春鼎盛造成的。母后大权独揽、骄奢傲慢，生活淫乱放纵，为所欲为，却又没人能制止她。你没有听说吕后的事情吗！所以我现在不能不为幼主预先扫除障碍而杀掉钩弋夫人。"

## 二年（甲午，公元前八七年）

春，正月，上朝诸侯王于甘泉宫。二月，行幸盩厔五柞宫⑲。

上病笃⑳，霍光涕泣问曰："如有不讳㉑，谁当嗣㉒者？"上曰："君未谕㉓前画㉔意邪？立少子㉕，君行周公之事㉖。"光顿首让曰："臣不如金日磾。"日磾亦曰："臣，外国人，不如光，且使匈奴轻汉㉗矣！"乙丑㉘，诏立弗陵为皇太子，时年八岁。丙寅㉙，以光为大司马大将军㉚，日磾为车骑将军㉛，太仆上官桀㉜为左将军㉝，受遗诏辅少主，又以搜粟都尉桑弘羊为御史大夫，皆拜卧内床下。光出入禁闼㉞二十余年，出则奉车㉟，入侍左右，小心谨慎，未尝有过。为人沈静详审，每出入、下殿门，止进有常处㊱，郎、仆射㊲窃识视㊳之，不失尺寸㊴。日磾在上左右，目不忤视㊵者数十年，赐出宫女㊶，不敢近㊷，上欲内其女后宫㊸，不肯。其笃慎㊹如此，上尤奇异之。日磾长子为帝弄儿㊺，帝甚爱之。其后弄儿壮大㊻，不谨，自殿下与宫人戏㊼。日磾适㊽见之，恶其淫乱，遂杀弄儿。上闻之，大怒。日磾顿首谢，具言所以杀弄儿状㊾。上甚哀，为之泣，已而心敬日磾。上官桀始以材力㊿得幸，为未央厩令[741]。上尝体不安，及愈，见马，马多瘦，上大怒曰："令[742]以我不复见马邪[743]？"欲下吏[744]。桀顿首曰："臣闻圣体不安，日夜忧惧，意诚不在马[745]。"言未卒，泣数行下。上以为爱己，由是亲近，为侍中[746]，稍迁[747]至太仆[748]。三人皆上素所爱信者，故特举[749]之，授以后事[750]。丁卯[751]，帝崩于五柞宫[752]，入殡未央宫前殿[753]。

帝聪明能断[754]，善用人，行法无所假贷[755]。隆虑公主[756]子昭平君[757]尚帝女夷安公主[758]。隆虑主病困[759]，以金千斤、钱千万为昭平君豫赎死罪[760]，上许之。隆虑主卒，昭平君日骄，醉杀主傅[761]，系狱[762]。

**二年（甲午，公元前八七年）**

春季，正月，汉武帝在甘泉宫接受各诸侯王的朝拜。二月，武帝前往周至县境内的五柞宫。

汉武帝病势沉重，霍光泪流满面地问："陛下万一离开人世，应该立谁为继承人？"武帝说："难道先生不明白以前我赏赐你那幅画的寓意吗？立最小的儿子，就由先生担任周公辅佐周成王的角色。"霍光一边磕头一边推辞说："我的才能不如金日磾。"金日磾也说："我，原本是个匈奴人，才能不如霍光，如果让我担任辅佐大臣，会让匈奴人看不起中国！"二月十二日乙丑，汉武帝下诏立刘弗陵为皇太子，刘弗陵当时年仅八岁。十三日丙寅，任命霍光为大司马大将军，任命金日磾为车骑将军，担任太仆的上官桀被任命为左将军，三人接受了汉武帝的遗诏，共同辅佐年幼的君主刘弗陵，又任命搜粟都尉桑弘羊为御史大夫，几个人都在武帝的病榻前接受了武帝的诏命。霍光出入宫廷长达二十多年，武帝外出时就在车上侍奉武帝，回朝之后则随侍在武帝的左右，一向小心谨慎，从未出过差错。为人沉着冷静，虑事详细周密，每次出入、上下殿门，不论是站立还是走路都有固定的地方，那些郎官、仆射曾经从旁边偷偷地观察过，发现差不了几寸。金日磾在汉武帝身边随侍了几十年，从来都是目不斜视，汉武帝赏赐给他的宫女，金日磾对她们非常尊重，不敢把她们视同自己的姬妾，汉武帝想把他的女儿收入后宫做嫔妃，他也不答应。其为人就是这样的诚笃谨慎，所以汉武帝对他另眼相看。金日磾的长子小时候是武帝的男宠，武帝非常喜欢他。长大成人之后，行为不谨慎，在宫殿之下与宫女打打闹闹。恰巧被金日磾遇见，金日磾觉得儿子行为近似淫乱，心里感到非常厌恶，于是就把长子杀死了。武帝听说后，非常生气。金日磾向武帝磕头请罪，详细地向武帝述说了杀死儿子的缘故。武帝很伤心，竟然为他流下了眼泪。过后，心里对金日磾越加敬重。上官桀最初是以有身材力气而得到武帝的宠信，让他在未央宫掌管马棚。武帝曾经有一段时间身体不舒服，等到痊愈之后，去马厩看马，发现马瘦了许多，于是大发雷霆说："难道你这个马厩令认为我再也见不到马了吗？"就想把他交给司法部门处理。上官桀向武帝磕头说："我听说陛下身体不适，日夜担惊受怕，心思根本就没有放在养马上。"话没说完，已经是泪流满面了。武帝认为他爱戴自己，所以不仅没有处罚他，反而对他越来越亲近，提升他做了侍中，又逐渐地升迁至太仆。霍光、金日磾、上官桀三个人都是汉武帝平素最喜欢最信任的人，所以在临终的时候特别指定他们三人，将身后的大事托付给他们。十四日丁卯，汉武帝在五柞宫驾崩，遗体被抬进未央宫，停灵于未央宫前殿。

汉武帝为人聪明，敢于决断，善于用人，执行法令，对任何人都不宽恕。武帝的妹妹隆虑公主的儿子昭平君娶武帝的女儿夷安公主为妻。隆虑公主临终时，拿出黄金一千斤、铜钱一千万预先为儿子赎死，武帝当时表示答应。隆虑公主去世之后，昭平君越来越骄横不法，在酒醉的时候杀死了隆虑公主的师傅，被捕入狱。

廷尉[763]以公主子上请[764]，左右人人为言："前又入赎[765]，陛下许之。"上曰："吾弟[766]老有是一子，死以属我[767]。"于是为之垂涕，叹息良久，曰："法令者，先帝所造也，用弟故[768]而诬[769]先帝之法，吾何面目入高庙[770]乎？又下负[771]万民。"乃可其奏[772]，哀不能自止，左右尽悲。待诏东方朔[773]前上寿[774]，曰："臣闻圣王为政，赏不避[775]仇雠，诛不择[776]骨肉。《书》曰：'不偏不党，王道荡荡[777]。'此二者[778]，五帝[779]所重，三王[780]所难也，陛下行之[781]，天下幸甚！臣朔奉觞昧死再拜[782]上万岁[12]寿[783]！"上初怒朔，既而善之，以朔为中郎[784]。

班固赞[785]曰："汉承百王之弊[786]，高祖拨乱反正[787]，文、景务在养民[788]，至于稽古礼文[789]之事，犹多阙焉[790]。孝武[791]初立，卓然罢黜百家[792]，表章六经[793]，遂畴咨海内[794]，举其俊茂[795]，与之立功[796]。兴太学[797]，修郊祀[798]，改正朔，定历数[799]，协音律[800]，作诗乐[801]，建封禅[802]，礼百神[803]，绍周后[804]，号令文章，焕焉[13]可述[805]。后嗣[806]得遵洪业[807]，而有三代之风[808]。如武帝之雄材大略，不改文、景之恭俭以济斯民[809]，虽《诗》《书》所称[810]何有加焉[811]？"

臣光曰："孝武穷奢极欲，繁刑重敛，内侈宫室[812]，外事四夷[813]，信惑神怪[814]，巡游无度[815]，使百姓疲敝[816]，起为盗贼[817]，其所以异于秦始皇者无几[818]矣。然秦以之亡，汉以之兴者，孝武能尊

主管此案的廷尉因为昭平君是隆虑公主的儿子，便将判处的意见向汉武帝请示，武帝身边的人都为昭平君求情说："先前，公主已经预先出钱为他赎罪，陛下已经应允的。"武帝说："我妹妹年纪很大才有这么一个儿子，临终之时将他托付给我。"说到这里不禁难过得流下了眼泪，叹息了好久，最后还是说："法令，是先帝制定的，如果因为我妹妹的请托就不予处罚，就是破坏了先帝的法律，我还有什么脸面进高祖庙拜见先帝呢？又怎么对得起天下的百姓。"于是批准廷尉将其处死的请示报告，武帝为此悲伤得无法控制，身边的人也因此都伤心落泪。担任待诏的东方朔上前为武帝敬酒，说："我听说圣明的君主治理国家，该奖赏的就一定奖赏，即使是自己所仇恨的人也不漏掉，该诛杀的就诛杀，而不论他是不是自己的至亲骨肉。《尚书》上说：'不偏向某人，不与某人拉帮结派，圣明的君主执法公正公平。'这两个方面是古代的五个帝王最重视的，就连夏、商、周三朝的开国帝王也很难做到，而陛下却做到了，这是天下人的福分！我东方朔冒死为您敬上一杯酒，祝福皇帝陛下万寿无疆！"起初汉武帝对东方朔的话感到生气，后来又认为他说得好，任命他为中郎。

班固在《汉书·武帝纪》评论说："汉朝是在周、秦乱世之后所建立起的国家，汉高祖刘邦的主要贡献是拨乱反正，恢复了社会的正常秩序，汉文帝、汉景帝的主要贡献是使人民休养生息，增强国力，提高人民生活水平，至于考察古代的治国经验、制定新的规章制度方面，仍然有许多缺失。汉武帝刚一即位，就果断地采取措施，禁止诸子百家的学说，大力提倡、尊崇儒家的经典六经，于是征求国内贤哲的意见，要求全国各地向朝廷举荐优秀人才，经过朝廷选拔而加以重用，让他们为国家建功立业。兴办高等学府，修订祭祀天地的典礼，停止使用秦朝历法，改用《太初历》，任命李延年为协律都尉，让他为乐府诗歌谱曲，派人创作祭祀所用的诗歌，建立了到泰山祭祀天、在泰山脚下的小山祭祀地的封禅制度，祭祀各种神灵，分封周王朝的后裔，提倡文章辞赋，功业焕然，历历可述。后世子孙遵循武帝所开创的事业，遂使汉朝不比夏、商、周三朝的隆盛时期差。像汉武帝这样具有雄才大略的君主，如果能够不改变文帝、景帝时的温和俭朴来治理黎民百姓，纵然是《诗经》《尚书》中所称道的那些古代圣王，又有谁能超过他呢？"

司马光说："汉孝武帝穷奢极欲，刑法严酷，赋税繁重，在国内骄奢淫逸、大肆兴建宫室，在国外实行武力扩张、对四周各族征战不休，追求长生不死，迷信神仙鬼怪，四处巡游没有节制，使得百姓身心疲敝，群起而为盗贼，跟秦始皇比起来已经没有多少差别了。然而秦朝因此而灭亡，汉朝依然能够兴盛，

先王之道[819]，知所统守[820]，受忠直之言，恶人欺蔽[821]，好贤不倦，诛赏严明，晚而改过[822]，顾托得人[823]，此其所以有亡秦之失[824]而免亡秦之祸[825]乎！”

戊辰[826]，太子[827]即皇帝位。帝姊鄂邑公主[828]共养省中[829]，霍光、金日磾、上官桀共领尚书事[830]。光辅幼主，政自己出[831]，天下想闻其风采[832]。殿中尝有怪，一夜群臣相惊，光召尚符玺郎[833]，欲收取玺[834]。郎不肯授，光欲夺之。郎按剑曰："臣头可得，玺不可得也！"光甚谊之[835]。明日，诏增此郎秩二等[836]。众庶[837]莫不多[838]光。

三月甲辰[839]，葬孝武皇帝于茂陵[840]。

夏，六月，赦天下。

秋，七月，有星孛于东方[841]。

济北王宽[842]坐禽兽行自杀[843]。

冬，匈奴入朔方[844]，杀略吏民。发军屯西河[845]，左将军桀行北边[846]。

---

**【段旨】**

以上为第四段，写后元元年（公元前八八年）、二年共两年间的全国大事。本段主要写了随着太子刘据的冤情得申，与太子作战获升的商丘成、马通、马何罗等又自杀或被杀；写了武帝欲立幼子刘弗陵为太子，预先杀了刘弗陵之母钩弋夫人；写了武帝临终向霍光、金日磾等托孤，与历史家介绍霍光、金日磾其人；写了武帝之死与班固、司马光对武帝政治的评价。

是因为汉孝武帝能够尊奉古代圣王的治国之道，知道应该怎样统治黎民、怎样守住基业，他能接受忠臣的良言规劝，憎恶那些蒙蔽欺骗自己的人，招引贤才不知道疲倦，赏罚严明，到了晚年能够幡然改正自己的过错，又为幼主选择了合适的辅佐大臣，这大概是汉武帝虽然也实行过秦始皇当年实行过的错误政策却没有重蹈秦朝灭亡的覆辙的原因吧!”

二月十五日戊辰，八岁的太子刘弗陵即皇帝位，就是汉孝昭皇帝。汉昭帝的姐姐鄂邑公主在宫中抚养年幼的汉昭帝，霍光、金日磾、上官桀共同兼管皇帝的文秘工作。霍光辅佐年幼的君主，一切大政方针都是霍光一人说了算，天下人全都想看见、听到他为政的风采。一天夜间，宫殿之中发生了令人奇怪的事情，群臣全都惊恐不安，霍光赶紧将掌管皇帝玺印的郎官找来，想把皇帝的玺印要过来自己掌管。尚符玺郎不给，霍光就想强行夺取。尚符玺郎手按宝剑说:“我就是掉脑袋，皇帝的玺印也不能给您!”霍光认为尚符玺郎非常忠于职守。第二天，以皇帝的名义将尚符玺郎的俸禄提升两级。天下人对霍光无不大加称赞。

三月二十二日甲辰，将汉孝武皇帝刘彻葬于茂陵。

夏季，六月，大赦天下。

秋季，七月，有流星出现在东方天际。

济北王刘宽被指控在家族内部有淫乱行为而畏罪自杀。

冬季，匈奴入侵朔方郡，杀死、掳掠了许多边民。汉朝派兵屯戍西河郡，左将军上官桀到北部边境巡视。

---

【注释】

㊸郊泰畤：祭祀泰畤。郊，在郊外祭天，这里即指祭祀。泰畤，祭祀泰一神的神坛，在当时的云阳县境内，今陕西淳化西北。㊹安定：汉郡名，郡治高平，即今宁夏固原。㊺昌邑哀王髆：刘髆，武帝之子，宠姬李夫人所生。㊻坐祝诅自杀：祝诅是在祭祀鬼神时，说皇帝的坏话。〖按〗商丘成是在与太子作战时有功获超升，今太子之冤获申，故商丘成死。与丞相刘屈氂之死略同。㊼侍中仆射：皇帝的侍从官员，为诸侍中之长。㊽马何罗:《汉书》作“莽何罗”。㊾弟通：马何罗之弟马通。㊿力战：马通原为武帝之侍郎，受命由甘泉到长安办事时，杀了太子派出的使者如侯，又调发楫棹士随商丘成讨伐太子。651党与：同“党羽”。652惧及：害怕大祸牵连自己。653侍中驸马都尉：以驸马都尉之职为皇帝之侍从人员。驸马都尉之职务是为皇帝掌管副车。654金日磾：字翁

叔，本匈奴人，随浑邪王降汉后，以小心谨慎又善养马受武帝赏识，封驸马都尉。《汉书》中有传。⑮志意有非常：即神态异常。⑯阴独察：独自暗中观察。⑰与俱上下：与之一道出入上下。⑱发：发动；动手。⑲林光宫：汉代的离宫名，在甘泉宫附近。⑳卧庐：在屋里躺着。661小弟安成：马何罗的小弟马安成。662矫制：假托皇帝命令。663使者：此使者为何人，来自或使往何处，皆交代欠明。664无何从外入：出去不久又回来了。665奏厕：刚要如厕。奏，向。666立入：不去厕所，转身进入宫殿。667坐内户下：坐在皇帝所居的内殿门下。668须臾：一会儿。669东厢：东厢房。670走趋卧内：小步急急地奔向皇帝的卧室。671行触宝瑟：走路不小心撞到了乐器。672僵：仰面摔倒。673得抱何罗：因马何罗摔倒，金日磾才能赶上将其抱住。674传：向着屋里呼喊。675格：杀。676穷治：彻底审查。677伏辜：认罪；服罪。〖按〗马通、马何罗皆因奉命与太子为敌获封赏，现太子之冤获申，故马氏反而成为叛逆，与刘屈氂、商丘成之下场相同。678燕王旦：刘旦，武帝之子。元狩六年（公元前一一七年）受封燕王，都城即今北京市。事迹详见《汉书·武五子传》。679以次第：按年龄次序。680求入宿卫：请求进京进宫为皇帝充当保卫人员，实际意思是请求做皇帝的接班人。681北阙：未央宫的北门。因宫门外有双阙，故称宫门曰阙。682坐：因……而获罪。683藏匿亡命：窝藏逃亡的犯人。亡命，亡命徒，不怕死的暴乱分子，也可以解释为隐姓埋名的逃亡者。684良乡、安次、文安：当时属于燕国的三个县，良乡县治在今北京市房山区东南，安次县治在今河北廊坊西北，文安县治在今河北文安城东北。685由是：从此。686恶：讨厌。687广陵王胥：刘胥，武帝之子，元狩六年被封广陵王，都城即今江苏扬州。事迹详见《汉书·武五子传》。688钩弋夫人：武帝晚年的宠姬。据《汉书·外戚传》，此女生来双手皆拳，武帝为之掰开后，双手遂愈，从此得幸。因居于钩弋宫，遂号钩弋夫人。689弗陵：刘弗陵，即日后的汉昭帝。690多知：很有智慧。知，同“智”。691犹与：同“犹豫”。692霍光：汉代名将霍去病之小弟，此时任奉车都尉与光禄大夫之职，《汉书》有传。693黄门：这里用以指称皇宫里的宦者。694周公负成王：周公背着成王，隐指辅佐幼主的意思。周公是周武王之弟，武王死后，成王年幼，当时的一切事情都是靠周公辅助处理。695朝诸侯：接受诸侯大臣的朝拜。696以赐光：将这张图画赐给霍光，意即日后由他充当周公的角色。697脱簪珥：摘去首饰，这是古人认罪请罪的一种姿态。698引持去：犹今所谓“拉出去”。699掖庭狱：宫廷里的监狱。掖庭，宫掖、宫廷。此处即指甘泉宫。《资治通鉴音注》：“掖庭属少府，有秘狱，凡宫人有罪者下之。”700趣行：赶紧走。趣，通“促”，疾速。701外人言云何：外头的人们对此怎么说。702且立其子：马上就要立其子为太子了。且，将。703何去其母乎：为什么要杀掉他的母亲呢。去，杀掉。704是非儿曹愚人之所知：这不是你们这些蠢材所能理解的。儿曹，犹言“汝辈”“后生之辈”。705骄蹇：骄奢傲慢。706自恣：为所欲为。707莫能禁也：史珥《四史剿说》曰：“说弊甚透，致诸死地则因噎废食矣。”708吕后：刘邦的皇后，刘邦死后掌权，大封吕氏为王，残酷杀害刘邦诸子，险些篡夺刘氏的社稷。详情见《史记·吕太后本纪》。⑦⓪⑨ 盩厔五柞宫：位于周至县境内的五柞宫。盩厔是汉县名，县治在今陕西周至城东。五柞宫是汉王朝的离宫之一，在长杨宫东北八里。⑦①⓪ 病笃：病情严重。⑦①① 不讳：婉指死。⑦①② 嗣：继承；接班。⑦①③ 谕：理解；明白。⑦①④ 前画：指"周公负成王朝诸侯"的图画。⑦①⑤ 少子：指钩弋夫人所生的刘弗陵。⑦①⑥ 周公之事：即辅佐幼主，总理朝政。⑦①⑦ 使匈奴轻汉：似乎大汉王朝无人，才找一个匈奴人来做顾命大臣。⑦①⑧ 乙丑：二月十二。⑦①⑨ 丙寅：二月十三。⑦②⓪ 大司马大将军：元狩四年为加封卫青始置此官，为内朝之首领，实权在丞相之上。⑦②① 车骑将军：地位仅在大将军、骠骑将军之下。⑦②② 太仆上官桀：姓上官名桀，时任太仆之职。太仆是九卿之一，为皇帝掌管御用车马，出门为皇帝赶车。⑦②③ 左将军：与前、后、右将军地位相同，高于杂号将军。⑦②④ 禁闼：禁门；宫门。闼，小门，这里即指门。"出入禁闼"指受皇帝亲幸，掌握朝廷大权。⑦②⑤ 奉车：在车上侍奉皇帝，意同"参乘"。⑦②⑥ 止进有常处：靠近皇帝近到什么地方，从皇帝跟前出来退到什么地方，都有一定的地点。⑦②⑦ 郎、仆射：皇帝的侍从、侍卫人员。郎包括郎中、中郎、侍郎、骑郎等门类，是皇帝的低级侍从、侍卫。仆射是诸郎的小头目，地位在中郎将之下。⑦②⑧ 窃识视：暗中观察记忆。识，记。⑦②⑨ 不失尺寸：差不了几寸。⑦③⓪ 忤视：对着对方的眼睛。忤，对着。⑦③① 赐出宫女：皇帝赐给他宫女。⑦③② 不敢近：尊敬之，不敢视同自己的姬妾，因其来自皇帝身边故也。⑦③③ 欲内其女后宫：想把金日磾的女儿召进宫内，策之为嫔妃。内，通"纳"。⑦③④ 笃慎：诚实、谨慎。⑦③⑤ 弄儿：男宠。⑦③⑥ 壮大：成为成年人、壮年人。⑦③⑦ 与宫人戏：与宫女打打闹闹。⑦③⑧ 适：刚好。⑦③⑨ 状：原因；缘由。⑦④⓪ 材力：身材力气。⑦④① 未央厩令：在未央宫掌管马棚，上属太仆。⑦④② 令：指未央厩令上官桀。⑦④③ 邪：通"耶"，反问语气词。⑦④④ 下吏：下狱，交由法吏查办。⑦④⑤ 意诚不在马：心思实在没有放在马上，言外之意是全都放到皇帝的健康上去了。诚，实在。〖按〗上官桀真可谓能随机应变。⑦④⑥ 侍中：在宫中侍候皇帝。中，指宫禁。后来侍中也成为官名。⑦④⑦ 稍迁：逐渐升迁。⑦④⑧ 太仆：九卿之一，为皇帝掌管御用车马，出门为皇帝赶车。⑦④⑨ 举：这里指提拔。⑦⑤⓪ 授以后事：把老皇帝死后的一切事情都托付给他们。⑦⑤① 丁卯：二月十四。⑦⑤② 帝崩于五柞宫：武帝死时年七十一岁。⑦⑤③ 入殡未央宫前殿：将武帝遗体抬进未央宫，停灵于未央宫前殿，以供群臣吊唁。殡，停灵。⑦⑤④ 能断：敢于决断。⑦⑤⑤ 无所假贷：绝不宽饶。⑦⑤⑥ 隆虑公主：景帝之女，王皇后所生，武帝之同胞小妹。⑦⑤⑦ 昭平君：姓字不详，"昭平君"是其封号名。⑦⑤⑧ 尚帝女夷安公主：娶武帝女夷安公主为妻。尚，上配、高攀，意思即"娶"。⑦⑤⑨ 病困：病重；临死前。⑦⑥⓪ 豫赎死罪：知其子非善类，故预先为之赎其免死。⑦⑥① 主傅：隆虑公主的师傅或保姆。⑦⑥② 系狱：关在狱中。⑦⑥③ 廷尉：九卿之一，掌管全国刑狱。⑦⑥④ 上请：向皇帝请示。⑦⑥⑤ 前又入赎：此前又预先交了赎金。⑦⑥⑥ 吾弟：犹言吾妹。⑦⑥⑦ 死以属我：临死前将此子托付于我。属，托付。⑦⑥⑧ 用弟故：由于妹妹的请托。⑦⑥⑨ 诬：破坏；不执行。⑦⑦⓪ 入高庙：到高祖庙去拜见先帝。⑦⑦① 负：对不起。⑦⑦② 可其奏：批准了将其处死的请示报告。⑦⑦③ 待诏东方朔：东方朔是武帝时期正直敢言的文学之士，《汉书》有传，此时正在宦者署等待皇帝的招呼录用。待诏，听宣。⑭前上寿：上前祝酒，给皇帝说宽心话。⑮不避：不漏掉。⑯不择：不区分；不挑选。⑰不偏不党二句：见《尚书·洪范》。不偏，不偏向某人。不党，不与某人拉帮结派。荡荡，公正公平的样子。⑱二者：指“赏不避仇雠，诛不释骨肉”。⑲五帝：传说中的五个帝王，即黄帝、颛顼、帝喾、尧、舜。⑳三王：夏、商、周三朝的开国帝王，即夏禹、商汤、周文王与周武王。㉑行之：意即做到了。㉒昧死再拜：汉朝人习惯使用的恭敬语。昧死，冒死；不顾死的危险。㉓上万岁寿：敬祝我皇万寿无疆。㉔中郎：皇帝的侍从人员，秩六百石，上属光禄勋。㉕班固赞：班固《汉书·武帝纪》的赞语。㉖汉承百王之弊：汉王朝是接续周、秦之乱世建立起国家的。㉗高祖拨乱反正：刘邦的贡献主要在于改变旧秩序、建立新秩序。㉘文、景务在养民：文帝、景帝的贡献主要在于休养生息，提高国民的生活。㉙稽古礼文：考察古代的治国经验，建立新的制度章程。稽，考查。㉚犹多阙焉：还有很多不齐备。阙，同“缺”。㉛孝武：即汉武帝，汉代尊儒，讲究孝道，故在每个皇帝的谥号前都加一个“孝”字。㉜罢黜百家：凡与儒家思想不合的各派学说，通通予以禁止。董仲舒对策有所谓“诸不在六艺之科、孔子之术者，皆绝其道，勿使并进”。㉝表章六经：大力提倡、尊崇儒家的经典。六经指《诗经》《尚书》《易》《礼》《乐》《春秋》六种儒家当年使用的教材，被汉人视为经典。〖按〗汉武帝罢黜百家、独尊儒术，《资治通鉴》系之于建元元年（公元前一四〇年），而今学术界则多以为在元光五年（公元前一三〇年）。㉞畴咨海内：向国内贤哲征求意见。“畴咨”是《尚书》中古帝王向群臣说话的呼唤语，后人断章取义地用作典故，遂成为征求意见的意思。㉟俊茂：俊才；秀才。㊱与之立功：搜求贤才，委以重任，与之一道建立功勋。〖按〗武帝《求贤诏》有所谓“盖有非常之功，必待非常之人。故马或奔踶而致千里，士或有负俗之累而立功名。夫泛驾之马，跅弛之士，亦在御之而已，其令州郡察吏民有茂才异等可为将相及使绝国者”。其气魄可见。㊲兴太学：开办国家大学，讲授儒家经典，其教师称为博士，其生员称博士弟子。事在元朔五年（公元前一二四年），汉代的太学在当时长安城的南郊。㊳修郊祀：制定祭祀天地的典礼。郊祀，指冬至日皇帝在京城的南郊祭天，夏至日在北郊祭地。㊴改正朔二句：指停止使用秦历，改用《太初历》。改正朔，秦朝以十月为岁首，汉初相沿未变，自武帝太初元年（公元前一〇四年），改用正月为岁首。正朔，一年开头的第一个月第一天。㊵协音律：即任命李延年为协律都尉，使之为乐府诗歌谱曲。㊶作诗乐：指派人创作祭祀所用的诗歌，也从民间采集歌诗。即扩大乐府机关，开展作诗采诗活动。司马相如作有《郊祀歌》。㊷建封禅：即到泰山山顶祭天，在泰山脚下的某小山祭地。武帝封禅从元封元年（公元前一一〇年）开始。㊸礼百神：祭祀各种神灵，如在雍县、甘泉山、汾阴县、山东半岛等地建立各种祭坛、祠庙，所进行的各种祭祀活动。㊹绍周后：指在洛阳找出一个周王朝后裔封之为“子南君”。㊺焕焉可述：美好得可以供后代学习。焕焉，文采照人。述，阐释、仿效。㊻后嗣：后代，指昭帝、宣帝等人。⑱遵洪业：继续遵循武帝开创的事业。⑱有三代之风：不比夏、商、周的隆盛时期差。⑱以济斯民：以文帝、景帝的温和俭朴来治理黎民百姓。济，成全、治理。⑱诗书所称：《诗经》《尚书》所称道的那些圣帝明王，如尧、舜、禹、汤、文王、武王等等。⑱何有加焉：有谁能超过他呢。这两句的意思是一方面肯定汉武帝有雄才大略的一面，同时又委婉地批评他穷兵黩武、好大喜功，缺少恭俭爱民的一面。⑱内侈宫室：在国内骄奢淫逸、大造宫殿。⑱外事四夷：在国外对四周少数民族大举兴兵。⑱信惑神怪：追求长生不死，迷信各种奇谈怪论。⑱巡游无度：没有节制地到处巡游。⑱疲敝：意思同“疲惫”。敝，衰败。⑱起为盗贼：据《史记·酷吏列传》：“南阳有梅免、白政，楚有殷中、杜少，齐有徐勃，燕赵之间有坚卢、范生之属。大群至数千人，擅自号，攻城邑，取库兵，释死罪，缚辱郡太守、都尉，杀二千石，为檄告县趣具食；小群以百数，掠卤乡里者，不可胜数也。”⑱无几：没有多少，意思是和秦始皇的暴政差不多。⑱能尊先王之道：指实行尊儒。⑳知所统守：知道应该怎样统治黎民、怎样守住基业。㉑恶人欺蔽：憎恨那些蒙骗自己的人。恶，憎恨。㉒晚而改过：指悔恨过去的用兵太过，下轮台诏书，不用桑弘羊的建议等等。㉓顾托得人：临终任命的霍光、金日磾等人，都很得当。㉔有亡秦之失：指汉武帝也实行过秦始皇当年实行过的错误政策。㉕免亡秦之祸：没有重蹈秦王朝灭亡的覆辙。㉖戊辰：二月十五。㉗太子：即钩弋夫人所生的刘弗陵，历史上的汉昭帝，时年八岁。㉘鄂邑公主：即盖长公主，武帝之女。㉙共养省中：在宫中抚养年幼的刘弗陵。共，通“供”。省中，即宫中。㉚领尚书事：兼管皇帝的文秘工作。领，兼任。尚书，主管皇帝文秘工作。㉛政自己出：一切大政方针都是霍光一人说了算。㉜想闻其风采：希望听到、看到霍光的仪容风度。㉝尚符玺郎：为皇帝掌管符节信印的小官。㉞欲收取玺：想把皇帝的信印要过来自己保管。㉟谊之：认为他的行动作为合乎身份。谊，通“义”，宜。㊱增此郎秩二等：给这个符玺郎提高两级。秩，级别。㊲众庶：众人，包括官员与民众。㊳多：称赞。㊴甲辰：三月二十二。㊵茂陵：汉武帝为自己预先修建的陵墓，在今陕西兴平东北。㊶有星孛于东方：有流星出现在东方的天空。孛，火光四射的样子。㊷济北王宽：刘宽，淮南王刘长的后代，济北王刘胡之子。刘宽自天汉四年（公元前九七年）继其父位为王。济北王的都城卢县，在今山东长清西南。㊸坐禽兽行自杀：因在家族内部有淫乱行为，事败自杀。〖按〗据《汉书·诸侯王表》，刘宽乃因谋反自杀。㊹朔方：汉郡名，郡治在今内蒙古乌拉特前旗东南。㊺西河：汉郡名，郡治平定，在今内蒙古东胜境。㊻行北边：巡视北部边境。

## 【校记】

［12］岁：原无此字。据章钰校，十四行本、乙十一行本、孔天胤本皆有此字，张瑛《通鉴校勘记》同，今据补。〖按〗《汉书》亦有“岁”字。［13］焕焉：原作“焕然”。据章钰校，十四行本、乙十一行本、孔天胤本皆作“焕焉”，今据改。〖按〗《汉书》亦作“焕焉”。

## 【研析】

本卷写了天汉三年（公元前九八年）至后元二年（公元前八七年）共十二年间的全国大事，令人深有感触的有以下数点。

第一，一个独裁专制的封建社会统治者如果活得年龄很大，而且又是终身制，这对于国家民族而言实在是一种灾难。一个长期把持最高权力的统治者，其自大自信、自以为是、目中无人、听不得不同意见是可以想见的。如果再有特殊的癖好、荒谬的指向，那么奸人便会因缘而进，投合其趣味者便会闻风而至，于是想不受蒙蔽、想不被别有用心者牵着鼻子走也就不可能了。汉武帝好神仙，一群骗子便围拢在他的周围，与其五十多年的统治相终始；汉武帝老年疑神疑鬼，总怕有人加害于他；又宠爱小姬，意存更储，于是一群恶人便闻风而入，直到嫁祸于丞相、嫁祸于大将、嫁祸于公主，最后公然将罪恶的矛头指向太子、皇后，一场窝里残杀、父子对打的恶戏上演了。这在几千年的封建历史上虽然不是绝无仅有，但其恶劣程度还得说是独一无二。汉武帝于此可以说是昏庸荒谬到了极点。

第二，统治者家里的矛盾，本与外人不相干，但由于他们是“统治者”，他们可以指挥别人，所以许多人不能不跟着他们的指挥棒转；又因为他们是“统治者”，于是一些贪图权力之徒便会不由得积极贴上去。汉武帝听信江充等人的搬弄，直至派江充到太子、皇后的宫里抄家。当太子怒斩江充、收捕奸党时，他派丞相统兵镇压。当太子兵败外逃时，丞相司直田仁开城门放走了太子，于是田仁被杀；御史大夫暴胜之由于曾劝阻丞相莫杀田仁，于是暴胜之又被迫自杀。而在镇压太子过程中有“功”的马通被封侯，商丘成被任为御史大夫。待至汉武帝逐渐醒悟，逐渐体察到太子的冤屈时，又反过来杀了镇压太子的丞相刘屈氂、御史大夫商丘成，以及重合侯马通等等。于是同情太子的一方先被杀了，镇压太子的一方也跟着被杀了。站在中间立场，既不支持太子，也不支持丞相的北军护军使者任安也被杀了。支持、反对、中立，都不行，给喜怒无常的独裁者做事可真够难哪！

第三，《资治通鉴》本卷写武帝对太子刘据本来很信任，江充、苏文等诬蔑太子，武帝也有许多不相信；太子起兵杀奸党，武帝还派人出去调查，由于派出的人回来谎报太子造反，武帝才信以为真。这些曲折，不仅《史记》的有关片段只字未及，即使在《汉书》有关诸篇也没有说得如此详悉。结合武帝早有废太子之心，此处又如此多情，似乎有些不能令人信服，恐此中多有司马光的回护之笔。

第四，本卷写了汉武帝听取田千秋之劝谏，取消了长期追求神仙的念头，又在否定桑弘羊建议屯田轮台的时候，下长篇诏书表达了对派李广利率军北伐、致使兵败的后悔之意，并下令息兵养民。这段文字应该说很是感人。是否真有愧悔，姑且不说，作为一个独裁专制长达五十多年的老皇帝，临终能有这种表现，颇令人感动、令人感到难得。从古到今能够做到这一步的也真不多。

第五，李广利以武帝宠姬之兄率兵伐大宛，前后四年劳民伤财，封了海西侯，是令人厌恶的。其后又统兵伐匈奴，没有取得什么成效。在最后一次北伐中，家族被以巫蛊罪名下狱，李广利得知消息，部下又极力劝说，仍未决心降敌，可谓不易；后来兵败降匈奴，受到单于宠信，结果又遭卫律谗毁，以致被匈奴所杀，其际遇也够悲哀的了。由此再说到大破匈奴的名将卫青，前后十多年间，多次率军北出，最后一次大破匈奴单于于漠北，英风豪气，可谓壮哉！不料晚年即遭冷落，先是儿子以巫蛊之名被杀，接着是姐姐卫子夫以年长失宠。卫青不久去世，接着来的就是姐姐自杀，姐姐的儿子、女儿通通被杀尽，凡是姓卫的被族灭得一个不剩。可怜的名将啊，即使茂陵还有他状似庐山的陪葬坟墓，可参观的游人谁又知道一代名将的冤屈与悲凉呢？

# 卷第二十三　汉纪十五

起旃蒙协洽（乙未，公元前八六年），尽柔兆敦牂（丙午，公元前七五年），凡十二年。

【题解】

本卷写了昭帝始元元年（公元前八六年）至元凤六年（公元前七五年）共十二年间的全国大事。第一写了武帝子燕王刘旦因不服其弟刘弗陵为帝，遂勾结不逞之徒在齐地作乱，被青州刺史隽不疑捕灭，昭帝释刘旦不问。第二写了上官桀、上官安父子与盖长公主、燕王刘旦、桑弘羊等结党，企图诬陷、杀害霍光，废昭帝、立燕王；上官安则欲并杀燕王，立其父上官桀为帝，结果因被人告密，上官桀父子与桑弘羊等被诛，盖长公主、燕王自杀，大乱平息。第三写了霍光执政初期吸纳张安世、杜延年等共同辅佐昭帝，俭约宽和，召问民间疾苦，革除了武帝时期的某些弊政；而霍光则大权独揽，丞相虚设，以及法令严酷，诬杀大臣，开始形成了权臣执政的局面。其四写了匈奴因内部分裂而势力衰落，向西北远避。写了苏武被拘匈奴十九年，因坚守操节而最后得以荣归。写了霍光支使傅介子在楼兰王已经“谢罪”的情况下假装出使，哄骗、刺杀了楼兰王的诡诈行径等。还写了“大石自立”“枯树复生”等怪异，为宣帝入承帝位埋下伏笔。

【原文】

孝昭皇帝①上

始元元年（乙未，公元前八六年）

夏，益州夷②二十四邑③、三万余人皆反。遣水衡都尉吕破胡④募吏民⑤及发犍为、蜀郡⑥奔命往击⑦，大破之。

秋，七月，赦天下。

大雨，至于十月，渭桥绝⑧。

初，武帝[1]崩，赐诸侯王玺书⑨。燕王旦⑩得书不肯哭，曰：“玺书封⑪小，京师疑有变⑫。”遣幸臣寿西长⑬、孙纵之、王孺等之长安，以问礼仪⑭为名，阴刺候⑮朝廷事。及⑯有诏褒赐旦⑰钱三十万，益封⑱万三千户，旦怒曰：“我当为帝，何赐⑲也？”遂与宗室中山哀王

【语译】

**孝昭皇帝上**

**始元元年（乙未，公元前八六年）**

夏季，益州境内二十四座城镇的少数民族、总计大约三万多人发动叛乱。朝廷派遣水衡都尉吕破胡招募吏民应征入伍，又征调犍为郡、蜀郡的驻守部队火速前去围剿，很快平息了叛乱。

秋季，七月，大赦天下。

连降大雨，一直持续到十月，大水冲断了位于长安城北渭水河上的大桥。

当初，汉武帝刚去世的时候，朝廷向各诸侯王发布了钤有皇帝玺印的讣告。燕王刘旦看到讣告后不但没有伤心、哭泣，反而说："装载讣告的封套太小，不符合以往皇家的规矩，恐怕京师发生了什么变故。"于是立即派自己的亲信寿西长、孙纵之、王孺等人前往长安，以询问有关武帝丧葬的礼仪为借口，暗中刺探朝廷的动静。等到新皇帝颁布诏书，赏赐燕王刘旦钱三十万，为他的封国增加一万三千户的时候，刘旦怒气冲冲地说："我应当做皇帝，何止是赏赐呢？"于是便与宗室中的中山哀王刘

子长[20]、齐孝王孙泽[21]等结谋，诈言以武帝时受诏，得职吏事[22]，修武备，备非常[23]。郎中成轸[24]谓旦曰："大王失职[25]，独可起而索[26]，不可坐而得[27]也。大王壹起[28]，国中虽女子皆奋臂[29]随大王。"旦即与泽谋，为奸书[30]，言："少帝[31]非武帝子，大臣所共立[32]，天下宜共伐之！"使人传行郡国[33]以摇动百姓。泽谋归发兵临淄[34]，杀青州刺史隽不疑[35]。旦招来[36]郡国奸人[37]，赋敛铜铁作甲兵[38]，数阅[39]其车骑材官[40]卒，发民大猎[41]以讲[42]士马，须期日[43]。郎中韩义等数谏旦，旦杀义等凡[44]十五人。会[45]瓶侯成[46]知泽等谋，以告隽不疑。八月，不疑收捕泽等以闻[47]。天子遣大鸿胪丞治[48]，连引[49]燕王。有诏，以燕王至亲[50]，勿治[51]，而泽等皆伏诛。迁隽不疑为京兆尹[52]。

不疑为京兆尹，吏民敬其威信。每行县录囚徒[53]还，其母辄问[54]不疑："有所平反[55]？活几何人[56]？"即[57]不疑多有所平反，母喜笑异于他时；或无所出[58]，母怒，为不食[59]。故不疑为吏，严而不残[60]。

九月丙子[61]，秺敬侯金日磾[62]薨。初，武帝病，有遗诏，封金日磾为秺侯，上官桀[63]为安阳侯，霍光[64]为博陆侯：皆以前捕反者马何罗[65]等功封。日磾以帝少，不受封，光等亦不敢受。及日磾病困[66]，光白封[67]，日磾卧受印绶[68]，一日薨。日磾两子赏、建[69]俱侍中[70]，与帝略同年[71]，共卧起[72]。赏为奉车[73]、建驸马都尉[74]。及赏嗣侯[75]，佩两绶[76]，上谓霍将军[77]曰："金氏兄弟两人，不可使俱两绶[78]邪？"对曰："赏自嗣父为侯耳。"上笑曰："侯不在我与将军乎？"对曰："先帝之约[79]，有功乃得封侯[80]。"遂止。

昌的儿子刘长、齐孝王刘将闾的孙子刘泽等人暗中联络，结成联盟，谎称汉武帝在世的时候曾经授予诏书，让他可以任职管理政事，掌握兵权，以防备意外之事发生。燕国的郎中成轸怂恿燕王刘旦说："本来应该由大王继承皇位，而今却是刘弗陵做了皇帝，现在只能靠采取行动去夺取，而不能坐等。只要大王一起事，全国之内，即使是女人也会振臂而起，追随大王。"刘旦立即与刘泽谋划，写了一封骗人的密信，信上说："年幼的小皇帝刘弗陵不是汉武帝的亲儿子，是那几位大臣要立他为皇帝，天下所有的人都应该站出来讨伐他！"然后派人将此信散发到全国各郡、各诸侯国，借此煽动百姓、动摇民心。刘泽打算回齐国临淄发兵，先杀掉朝廷任命的青州刺史隽不疑。刘旦将各郡、各诸侯国中那些不法之徒召集起来，又向民间征敛铜铁、打造兵器，还多次地检阅他的战车、骑兵和力大善射的特种兵，他发动全国百姓进行大规模的游猎活动，以训练他们的军事技能，等待约定好的谋反日期的到来。在燕国担任郎中的韩义等人屡次劝谏燕王刘旦，刘旦不仅不听，反而将韩义等十五人全部杀死。而此时瓶侯刘成得知了刘泽等人谋反的消息，立即通知了青州刺史隽不疑。八月，隽不疑将刘泽等人抓捕起来，然后将情况奏报朝廷。汉昭帝派遣大鸿胪的属官前去查办此事，燕王刘旦被牵连出来。汉昭帝颁布诏书，以燕王刘旦是皇帝的至亲骨肉，免予追究，而刘泽等人全部被诛杀。提升隽不疑为京兆尹。

隽不疑担任京兆尹，京畿的百姓对他的威严和诚信极其敬畏。隽不疑每次到所属各县巡视或是审理囚犯回来，他的母亲总要询问："有没有为冤狱平反？给多少个冤屈的死刑犯平反使他们得以活命？"如果隽不疑平反的人比较多，他的母亲就比平时高兴得多；如果没有发现冤狱、没能解救什么人，他的母亲就要发怒，并因此而不吃饭。所以隽不疑担任法官，虽然严厉，却不残酷。

九月初二丙子，秺侯金日磾逝世。当初，汉武帝病重之时写下遗诏，封金日磾为秺侯，封上官桀为安阳侯，封霍光为博陆侯：都是因为捕获刺杀汉武帝的马何罗有功而被封为侯爵。金日磾因为昭帝年纪太小，坚决不肯接受封赏。霍光等看见金日磾如此，也就没敢接受。等到金日磾病情危重，霍光向汉昭帝奏报，于是立即加封，金日磾躺在病榻上接受了秺侯印，只过了一天就去世了。金日磾的两个儿子金赏、金建全都被任命为侍中，他们与昭帝刘弗陵的年龄相仿，总是陪着昭帝一起睡觉、一起起床。后来金赏被任命为奉车都尉，金建被任命为驸马都尉。等到金赏继承其父之位为秺侯，身上就佩戴着两枚印绶了，昭帝对霍光将军说："金氏兄弟二人，难道不能让他们都佩带两枚印绶吗？"霍光回答说："金赏佩带两颗印绶，是因为他继承了父亲的侯爵啊。"昭帝笑着说："封侯的权力难道不是掌握在我和将军的手里吗？"霍光回答说："这是汉高帝定下的规矩，只有建立功劳的人才能够封侯。"昭帝这才打消了封金建为侯的念头。

闰月[81]，遣故廷尉[82]王平等五人持节[83]行郡国[84]，举贤良[85]，问民疾苦、冤、失职[86]者。

冬，无冰。

**二年（丙申，公元前八五年）**

春，正月，封大将军光为博陆侯，左将军桀为安阳侯。

或说霍光曰："将军不见诸吕之事[87]乎？处伊尹[88]、周公[89]之位，摄政擅权，而背宗室[90]，不与共职[91]，是以天下不信，卒至于灭亡[92]。今将军当盛位[93]，帝春秋富[94]，宜纳宗室[95]，又多与大臣共事[96]，反诸吕道[97]。如是，则可以免患。"光然之[98]，乃择宗室可用者，遂拜楚元王孙辟彊[99]及宗室刘长乐皆为光禄大夫[100]，辟彊守长乐卫尉[101]。

三月，遣使者振贷[102]贫民无种、食者。

秋，八月，诏曰："往年灾害多，今年蚕、麦伤，所振贷种、食勿收责[103]，毋令民出今年田租。"

初，武帝征伐匈奴，深入穷追，二十余年，匈奴马畜孕重堕殰[104]，罢极[105]，苦之，常有欲和亲意，未能得。狐鹿孤单于[106]有异母弟为左大都尉[107]，贤，国人乡之[108]。母阏氏[109]恐单于不立子而立左大都尉也，乃私使杀之。左大都尉同母兄[110]怨，遂不肯复会单于庭[111]。是岁，单于病且死，谓诸贵人："我子少，不能治国，立弟右谷蠡王[112]。"及单于死，卫律[113]等与颛渠阏氏[114]谋，匿其丧，矫单于令[115]，更立子左谷蠡王[116]为壶衍鞮单于。左贤王、右谷蠡王怨望[117]，率其众欲南归汉，恐不能自致[118]，即胁卢屠王[119]，欲与西降乌孙[120]。卢屠王告之单于，使人验问[121]，右谷蠡王不服，反以其罪罪[122]卢屠王，国人皆冤之。于是二王[123]去居其所[124]，不复肯会龙城[125]，匈奴始衰。

**三年（丁酉，公元前八四年）**

春，二月，有星孛于西北[126]。

冬，十一月壬辰朔[127]，日有食之。

闰十月，汉昭帝派遣曾经担任过廷尉的王平等五个人手持符节到全国各郡、国巡行视察，向朝廷举荐人才、调查民间疾苦、平反冤假错案以及检举失职官员。

冬季，天气和暖，没有结冰。

**二年（丙申，公元前八五年）**

春季，正月，封大将军霍光为博陆侯，封左将军上官桀为安阳侯。

有人对霍光说："将军难道忘记吕氏集团被诛杀的事情吗？他们处在伊尹、周公的位置，掌管朝政大权，却不依靠、任用刘氏家族的人，不与他们共同管理国家，所以引起天下人的不信任，终于招致了灭族之祸。如今将军处于显赫的地位，皇帝年纪幼小，您现在应该多任用一些刘氏宗室的人，遇到事情，多与大臣们共同商议决定，与诸吕所行之道相反。只有这样才能免除灾祸。"霍光认为他们分析得有道理，于是在刘氏宗室中遴选可以胜任的人才，任命楚元王刘交的孙子刘辟疆以及宗室刘长乐两人为光禄大夫，刘辟疆还兼任守卫长乐宫的部队长。

三月，昭帝派遣使者前去赈济、借贷给没有种子和食物的贫民。

秋季，八月，汉昭帝下诏说："往年灾害很多，今年蚕桑、小麦又遭受了灾害，朝廷所赈济借贷给百姓的种子、食物不要再向百姓讨要，不要让百姓再缴纳今年的田租。"

当初，汉武帝派军队征讨匈奴，深入匈奴腹地，穷追猛打，历时二十多年，匈奴的马、牛、羊等牲畜因为四处躲避战乱，疲惫不堪，就连怀孕的牲畜都流了产，人民生活更是困苦不堪，因此经常想与汉朝恢复和亲，但战败国已经失去了和亲的资格。狐鹿孤单于的异母弟弟担任左大都尉，很贤德，匈奴人都拥护他。狐鹿孤单于的母亲阏氏担心狐鹿孤单于不立儿子而立左大都尉为继承人，于是就暗中派人杀死了左大都尉。左大都尉同母的哥哥因为怨恨狐鹿孤单于，于是不肯再去狐鹿孤单于的王庭参加朝会。这一年，狐鹿孤单于病危，临终的时候，狐鹿孤单于对诸位亲贵说："我的儿子年纪幼小，还没有能力治理国家，就让我的弟弟右谷蠡王继承王位吧。"狐鹿孤单于死后，卫律等人就与颛渠阏氏秘密商议，对外隐瞒了狐鹿孤单于已死的消息，假传狐鹿孤单于的遗命，改立狐鹿孤单于的儿子左谷蠡王为壶衍鞮单于。左贤王、右谷蠡王对此心怀怨恨，就想带领自己的部众往南归降汉朝，担心路途遥远，不能安全到达，于是就胁迫西部地区的卢屠王，要他一同向西投奔乌孙王。卢屠王向壶衍鞮单于揭发了右谷蠡王的阴谋，壶衍鞮单于派人追查此事，右谷蠡王不仅不承认，反而将卢屠王诬陷致死，匈奴人都认为卢屠王冤枉。于是左贤王、右谷蠡王远离壶衍鞮单于的王庭，回到他们自己的领地，再也不到龙城参与单于举行的祭天、祭祖大会，匈奴从此更加衰落。

**三年（丁酉，公元前八四年）**

春季，二月，西北方向的夜空有流星划过。

冬季，十一月初一壬辰，发生日食。

初，霍光与上官桀相亲善，光每休沐出㉘，桀常代光入决事㉙。光女为桀子安㉚妻，生女，年甫五岁㉛，安欲因光㉜内之宫中㉝，光以为尚幼，不听。盖长公主㉞私近子客㉟河间丁外人㊱，安素与外人善，说外人曰："安子㊲容貌端正，诚因长主时㊳得入为后，以臣父子在朝㊴而有椒房之重㊵，成之在于足下㊶。汉家故事㊷，常以列侯尚主㊸，足下何忧不封侯㊹乎？"外人喜，言于长主㊺。长主以为然，诏㊻召安女入[2]为倢伃㊼，安为骑都尉㊽。

**四年（戊戌，公元前八三年）**

春，三月甲寅㊾，立皇后上官氏㊿，赦天下(151)。

西南夷(152)姑缯、叶榆(153)复反(154)，遣水衡都尉吕辟胡(155)将益州兵击之。辟胡不进(156)，蛮夷遂杀益州太守(157)，乘胜与辟胡战，士战及溺死者四千余人。冬，遣大鸿胪(158)田广明(159)击之。

廷尉李种坐故纵死(160)罪弃市。

是岁，上官安为车骑将军(161)。

---

**【段旨】**

以上为第一段，写昭帝始元元年（公元前八六年）至始元四年共四年间的全国大事。本段主要写了武帝子燕王刘旦因不服刘弗陵为帝而勾结不逞之徒在齐地作乱，被青州刺史隽不疑捕灭，昭帝释刘旦不问；写了霍光、金日磾、上官桀三人封侯，金日磾早死，霍光为官守正，上官桀则勾结丁外人送孙女入宫为皇后，为其日后作乱张本；写了匈奴上层因内部分裂而势力衰落等。

**【注释】**

①孝昭皇帝：名弗陵，武帝少子，钩弋夫人所生。公元前八六至前七四年在位。②益州夷：益州郡内的少数民族。当时的益州郡约当今之云南中部，郡治滇池县，在今昆明南。③二十四邑：二十四座城镇。④水衡都尉吕破胡：姓吕名破胡，任水衡都尉之职。水衡都尉的职责是主管上林苑以及盐铁、铸钱诸事，秩二千石。⑤募吏民：招募吏民自愿参加（讨伐叛乱）。⑥犍为、蜀郡：汉之二郡名，犍为郡的郡治僰道，在今四

当初，霍光与上官桀关系亲密，霍光每次休假离开宫廷，上官桀都代替霍光入朝处理政事。霍光还把女儿嫁给了上官桀的儿子上官安为妻，并为上官安生了一个女儿，刚刚五岁，上官安想借助霍光的势力把女儿送入宫中，霍光认为外孙女年纪还小，因此没有同意。昭帝的姐姐盖长公主暗中与她儿子的宾客河间人丁外人私通，而上官安一向与丁外人关系密切，于是上官安就游说丁外人说："我的女儿容貌端庄，如果趁长公主健在之时把我的女儿纳入宫中为皇后，有我父子在朝中掌管朝政，又有外孙女为皇后，就什么事情都好办了，要办成这件事情就全靠你了。按照汉家的先例，多是列侯迎娶公主为妻，你还担忧不被封侯吗？"丁外人非常高兴，便把这件事情告诉了盖长公主，请求她从中帮忙。盖长公主很赞同，于是劝说昭帝刘弗陵下诏把上官安的女儿召进宫中，封为婕妤，同时提拔上官安为骑都尉。

**四年（戊戌，公元前八三年）**

春季，三月二十五日甲寅，立上官安的女儿为皇后，大赦天下。

西南地区的少数民族姑缯、叶榆部落再次发动叛乱，朝廷派水衡都尉吕辟胡带领益州兵马前去平定叛乱。吕辟胡迟迟不肯进兵，蛮夷于是杀了益州太守，乘胜与吕辟胡的军队作战，吕辟胡所率领的军队战死的以及被水淹死的多达四千多人。冬季，朝廷又派大鸿胪田广明前去征讨叛军。

廷尉李种被指控故意释放死囚而获罪，被绑缚闹市处死。

这一年，上官安被提升为车骑将军。

---

川宜宾西南。蜀郡的郡治即今四川成都。⑦奔命往击：火速前往征讨。⑧渭桥绝：长安城北渭水河上的大桥被暴涨的河水冲断。⑨玺书：加盖了皇帝玉玺的诏令。⑩燕王旦：刘旦，武帝子，元狩六年（公元前一一七年）被封为燕王，都城即今北京市。⑪封：装玺书的封套。⑫有变：指权臣篡位。⑬寿西长：姓寿，名西长。⑭问礼仪：询问有关武帝丧葬的礼仪。⑮阴刺候：暗中刺探。⑯及：等到。⑰褒赐旦：褒奖赐予刘旦。⑱益封：增加封地。⑲何赐：岂止是赏赐。⑳中山哀王子长：中山靖王刘胜之孙，中山哀王刘昌之诸子，中山康王刘昆侈之弟刘长。中山国的都城即今河北定州。㉑齐孝王孙泽：齐孝王刘将闾之孙，齐懿王刘寿之诸子，齐孝王刘次昌之弟刘泽。齐国的都城即今山东淄博之临淄。㉒得职吏事：可以任职管理政事，意即在本国握有实权。〖按〗这是汉代朝廷所不允许的，尤其是在景帝讨平七国之乱以后。诸侯国的一切大权均由朝廷派往的官员把持。㉓修武备二句：意即抓取兵权。㉔郎中成轸：燕国的郎中姓成名轸。郎中是帝王的侍从人员。㉕失职：谓当为武帝的接班人而未当上。㉖独可起而索：只能自己起来要，意即鼓动刘旦造反。㉗不可坐而得：坐着等是永远得不到的。㉘壹起：一旦起

兵。㉙奋臂：踊跃的样子。㉚奸书：骗人的信。㉛少帝：年轻的小皇帝，指昭帝。㉜大臣所共立：连上句读，意思是说，这个小皇帝也不是满朝文武所一致拥立的，只是某几个人之所为。㉝传行郡国：散布到各郡、各诸侯国。㉞归发兵临淄：回齐郡临淄发兵。㉟青州刺史隽不疑：姓隽名不疑，现任青州刺史之职。青州是汉代的十三个刺史部之一，所包括的地区有齐郡、济南、千乘、平原、北海、东莱六郡及甾川、胶东二国。刺史是该地区的特派长官，级别不高，任务是刺察各郡、各诸侯国的问题、动向及时上报朝廷。㊱招来：招纳；招募。来，通“徕”。㊲郡国奸人：各郡、各诸侯国的奸邪之人。㊳甲兵：铠甲兵器。㊴数阅：屡屡检阅。㊵材官：力大善射的特种兵。㊶大猎：大规模的游猎。㊷讲：操练；演习。㊸须期日：等候约定好的时机到来。须，等待。期日，约定的日期。㊹凡：共。㊺会：恰好。㊻瓶侯成：刘成，甾川靖王之子，封为瓶侯。甾川国的都城剧县，在今山东昌乐西北。㊼以闻：将情况报告朝廷。㊽遣大鸿胪丞治：派遣大鸿胪的属官前往查办。大鸿胪丞是大鸿胪的属官。治，查办。㊾连引：被牵连出来。㊿燕王至亲：燕王刘旦与皇帝刘弗陵是亲兄弟。51勿治：不再追究。52京兆尹：首都及其郊区的行政长官，秩二千石，相当于各郡的郡守与各诸侯国的相。53行县录囚徒：到所管各县去核查在押囚犯有无冤情。行，视察。录，核查、了解。54辄问：总是要询问。55有所平反：有没有对负屈含冤的囚犯进行过平反。56活几何人：使多少个冤屈的死刑犯得以平反活命。57即：假若；如果。58无所出：没能对谁平反释放。59为不食：为此而不吃饭。〖按〗隽母此举未免过于片面，如该县的长官能秉公执法，量刑恰当，自然也可以无所平反，何必一定将“无所出”视为坏事？老太太见识未必可取。60严而不残：严格而不酷苛。61九月丙子：九月初二。62秺敬侯金日磾：金日磾原为匈奴人，降汉后受武帝信用，赐姓金，以捉反者护驾有功大受宠任，为顾命大臣，后封秺侯，敬字是谥。《汉书》有传。63上官桀：姓上官名桀，以左将军为武帝顾命大臣，《汉书》有传。64霍光：字子孟，霍去病的同父异母弟，以大司马大将军为武帝顾命大臣，《汉书》有传。65马何罗：也称“莽何罗”，其谋反欲刺武帝事，见本书《汉纪》第十四卷。66病困：病情危急。67白封：禀告昭帝，迅即加封金日磾为秺侯。68卧受印绶：在病床上躺着接受了秺侯印。69赏、建：金赏、金建。70俱侍中：都在宫中侍候皇帝。“侍中”也是官名，皇帝身边的侍从官员。71略同年：年龄不相上下。72共卧起：陪着皇帝一起睡觉、一同起床。73赏为奉车：金赏为奉车都尉，为皇帝掌管车马。74建驸马都尉：金建为驸马都尉，为皇帝掌管副车。75嗣侯：继承其父之位为秺侯。76佩两绶：意即同时佩带两枚印，一是奉车都尉印，一是秺侯之印。绶，系在印上的丝带。77霍将军：即大将军霍光。78俱两绶：意思是也将金建封为列侯，和他的兄长一样。79先帝之约：高祖刘邦定下的规矩。80有功乃得封侯：刘邦当时规定：非刘氏者不得王，非有功者不得侯。81闰月：闰十月。82故廷尉：已经卸任的廷尉。廷尉是九卿之一，是全国最高的司法官。83持节：手执旌节。节是皇帝派出使者所持的信物。84行郡国：到各郡、各诸侯国视察。行，巡行视察。㊏举贤良：向朝廷推荐人才。贤良，汉代选拔人才的科目之一，通常指读儒书的贤良方正之士。㊐失职：失业。这里主要指读儒书、有才干的人，而不涉农、工、商诸行业。㊑诸吕之事：指刘邦死后，吕后专权，大封吕产、吕禄等，几危刘氏社稷事。详见本书《汉纪》吕后元年至八年。㊒伊尹：商汤时的大臣，汤死后又辅佐少主治理国家。事迹详见《史记·殷本纪》。㊓周公：姬旦，周文王之子，武王之弟，先辅佐武王灭殷建立周王朝，武王死后又辅佐年幼的成王治理国家。事迹详见《史记·周本纪》与《史记·鲁周公世家》。㊔背宗室：指不倚靠、不任用刘氏家族的人。㊕不与共职：不与他们共同管理国家。㊖卒至于灭亡：指诸吕最后被刘章、周勃等所诛灭事。卒，最后、终于。㊗盛位：大位，指为首辅而言。㊘春秋富：指年轻，未来的时日方长。㊙纳宗室：任用刘氏家族的人。㊚共事：紧密合作、共同议事。㊛反诸吕道：反诸吕拉帮结派之道而行之。㊜然之：以其话为有理。㊝楚元王孙辟疆：楚元王刘交的孙子刘辟疆。楚元王是刘邦之弟，被封于楚国，国都彭城（即今江苏徐州），元字是其死后的谥号。⑩⓪光禄大夫：光禄勋的属官。光禄勋原称“郎中令”，九卿之一，统领帝王的侍从官员，掌管宫廷门户。⑩①守长乐卫尉：代理长乐卫尉之职。守，代理。长乐卫尉，九卿之一，守卫长乐宫的部队长。长乐宫是太后所居之地。⑩②振贷：振指救济，贷指借钱借粮与人。⑩③勿收责：不要再向百姓讨要。责，讨要。或曰责，通“债”，亦可。⑩④孕重堕殰：即指怀胎流产。师古曰：“孕重，怀妊。堕，落。殰，败也。”⑩⑤罢极：意即疲倦、困乏。罢，通“疲”。极，也是疲倦的意思。⑩⑥狐鹿孤单于：且鞮侯单于之子，公元前九六年即位为单于。⑩⑦左大都尉：匈奴左贤王属下的高级君长。⑩⑧乡之：拥护他。乡，意思同“向”。⑩⑨母阏氏：狐鹿孤单于之母。阏氏是匈奴单于夫人、姬妾的通称。⑪⓪同母兄：既同父又同母，极言其关系之近。⑪①不肯复会单于庭：不来单于庭会见单于。单于庭，单于会见匈奴诸官长之大帐。⑪②右谷蠡王：匈奴右贤王属下的高级官长。⑪③卫律：一个投降匈奴的汉人，被匈奴封为丁零王，甚受单于宠信，前曾害死投降匈奴的李广利。⑪④颛渠阏氏：一个姓颛渠的单于宠妃。单于的正妻。⑪⑤矫单于令：假说是单于的命令。矫，改变、伪托。⑪⑥左谷蠡王：左贤王属下的高级君长。⑪⑦怨望：怨恨。⑪⑧自致：自己到达汉朝边境。⑪⑨胁卢屠王：胁迫西部地区的卢屠王。⑫⓪乌孙：当时的西域国名，约当今之新疆西北部和与之邻近的哈萨克斯坦、俄罗斯一带地区。⑫①验问：核查；调查。⑫②罪：加罪；诬陷。这里指被诬陷致死。⑫③二王：指左贤王与右谷蠡王。⑫④去居其所：远离单于，回到自己原来的地区居住。⑫⑤不复肯会龙城：再也不参加单于在龙城举行的祭天祭祖大会。龙城，在今蒙古国鄂尔浑河上游地区。⑫⑥有星孛于西北：有流星出现于天空的西北方。孛，火光四射的样子。⑫⑦十一月壬辰朔：十一月初一是壬辰日。朔，阴历的每月初一。⑫⑧休沐出：因休假而离开宫廷。休沐，休息、沐浴，即今所谓公休日。⑫⑨入决事：入宫处理政事。⑬⓪桀子安：上官安。⑬①年甫五岁：年刚五岁。甫，始、刚刚。⑬②因光：通过霍光的关系。因，通过、靠着。⑬③内之宫中：使之入宫为皇后。内，通“纳”。⑭盖长公主：武帝的长女，昭帝之姐。原称鄂邑公主，因嫁与盖侯王充为妻，故又称“盖长公主”。⑮私近子客：暗中与其儿子的宾客私通。近，亲近，隐指两性关系。⑯河间丁外人：河间国的姓丁名外人。⑰安子：上官安的女儿。⑱因长主时：趁盖长公主健在之时。⑲父子在朝：上官桀与其子上官安均在朝为大官。⑳而有椒房之重：再加一个孙女为皇后。椒房，古称皇后所居之室，这里即指皇后。皇后所居称椒房，取其多子之意。㉑成之在于足下：要办成这件事情就全靠你了。足下，对受话人的敬称。㉒汉家故事：依照汉王朝的先例。㉓常以列侯尚主：多使列侯娶公主为妻。尚，高攀，隐指娶。㉔何忧不封侯：意谓如丁外人能通过盖长公主的活动使上官安女为皇后，则上官桀父子定能让丁外人娶盖长公主，于是丁外人可得封侯。㉕长主：即盖长公主。㉖诏：令小皇帝下诏。㉗倢伃：皇帝嫔妃的封号名，其地位仅低于皇后。㉘骑都尉：骑兵军官，级别略同于校尉，在将军之下。㉙三月甲寅：三月二十五。㉚立皇后上官氏：即立上官安之女为皇后。㉛赦天下：汉时皇帝有喜庆事常赦天下，以示与万民同喜。㉜西南夷：此指当时益州郡（今云南中部地区）的少数民

【原文】

五年（己亥，公元前八二年）

春，正月，追尊帝外祖赵父[162]为顺成侯。顺成侯有姊君姁[163]，赐钱二百万、奴婢、第宅[164]以充实焉。诸昆弟[165]各以亲疏受赏赐，无在位者[166]。

有男子乘黄犊车[167]诣北阙[168]，自谓卫太子[169]，公车以闻[170]。诏使公、卿、将军、中二千石[171]杂识视[172]。长安中吏民聚观者数万人。右将军[173]勒兵阙下[174]以备非常。丞相、御史[175]、中二千石至者并莫敢发言。京兆尹不疑[176]后到，叱[177]从吏收缚[178]。或曰：“是非未可知，且安之[179]。”不疑曰：“诸君何患于卫太子[180]？昔蒯聩违命出奔[181]，辄距而不纳[182]，《春秋》是之[183]。卫太子得罪先帝[184]，亡不即死[185]，今来自诣[186]，此罪人也！”遂送诏狱[187]。天子与大将军霍光闻而嘉之，曰：“公卿大臣当用有经术[188]、明于大谊[189]者。”繇是[190]不疑名声重于朝廷，在位者皆自以不及也。廷尉验治何人[191]，竟得奸诈[192]，本夏阳[193]人，姓成名方遂，居

族。⑬ 姑缯、叶榆：皆古代益州郡内的少数民族名。姑缯所处的方位不详，应距滇池不远。叶榆在今云南大理西北。⑭ 复反：始元元年曾有“益州夷二十四邑皆反”事，前被讨平，故称今姑缯、叶榆之反曰“复反”。⑮ 吕辟胡：即始元元年之“吕破胡”，史文前后欠统一。⑯ 不进：畏缩不前。⑰ 益州太守：益州郡的行政长官，史失其名。⑱ 大鸿胪：原称“典客”，九卿之一，主管少数民族事务。⑲ 田广明：当时有作为的地方官员，官至御史大夫。事迹见《汉书·酷吏传》。⑳ 故纵死：故意地将死刑犯人释放。㉑ 车骑将军：将军中的地位崇高者，在大将军、骠骑将军、卫将军之下。

【校记】

［1］初，武帝：原作“武帝初”。据章钰校，甲十五行本、乙十一行本、孔天胤本皆作“初武帝”，张瑛《通鉴校勘记》同，今据改。［2］入：原无此字。据章钰校，甲十五行本、乙十一行本、孔天胤本皆有此字，今据补。〖按〗《汉书·外戚·孝昭皇帝上官皇后传》有此字。

【语译】

**五年（己亥，公元前八二年）**

春季，正月，汉昭帝刘弗陵追认他的外祖父赵父为顺成侯。又赏赐顺成侯的姐姐赵君姁钱二百万，以及奴婢、高级住宅等以充实她的财富。钩弋夫人的众弟兄也都按照亲疏关系分别给予赏赐，但都没有被封官。

有一个男子乘坐着小黄牛犊拉的车子来到未央宫的北门，自称是卫太子刘据，公车令将此事报告了汉昭帝。汉昭帝下诏，让公、卿、将军、中二千石等大小官吏共同去辨认。长安城中的百姓闻讯前来观看的有几万人。右将军在宫门外列队维持秩序，以防发生意外事故。丞相、御史、中二千石看了之后，没有人敢发表意见。京兆尹隽不疑最后赶到，他喝令随从的官吏将那个男子捆起来。有人说：“是不是太子刘据还不清楚，先不要急着把人抓起来。”隽不疑说：“你们为什么要害怕卫太子？从前卫灵公的太子蒯聩违反王命出逃，他的儿子蒯辄后来即位，就起兵抵抗他的父亲蒯聩回国，《春秋》就肯定了蒯辄的抵抗行为。卫太子刘据因为得罪了先帝，不能前来就死，反而逃跑，如今又自己回来，他是朝廷的罪人！”于是将那男子送入监狱。昭帝与大将军霍光听说后称赞，说：“公卿大臣就应当任用懂得儒家经典、深明大义的人。”从此隽不疑的声望在朝中越来越高，朝中大小官员都认为自己的才能赶不上隽不疑。廷尉负责审问那个自称是卫太子的人，最终弄清了他的真实面目，此人原本是夏阳县人，姓成，名叫方遂，居住在湖县，以占卜为生。有一个原来跟随

湖[194]，以卜筮为事。有故太子舍人[195]尝从方遂卜[196]，谓曰[197]："子状貌甚似卫太子。"方遂心利其言[198]，冀[199]得以富贵。坐诬罔不道[200]，要斩[201]。

夏，六月，封上官安为桑乐侯。安日以骄淫，受赐殿中[202]，对宾客言："与我婿饮[203]，大乐[204]！"见其服饰[205]，使人归，欲自烧物[206]。子病死，仰而骂天，其顽悖[207]如此。

罢儋耳、真番郡[208]。

秋，大鸿胪广明、军正[209]王平击益州，斩首、捕虏三万余人，获畜产五万余头。

谏大夫[210]杜延年[211]见国家承[212]武帝奢侈、师旅之后，数为大将军光言："年岁比不登[213]，流民未尽还，宜修孝文[214]时政，示以俭约、宽和，顺天心，说民意，年岁宜应[215]。"光纳其言。延年，故御史大夫周之子也。

**六年（庚子，公元前八一年）**

春，二月，诏有司[216]问郡国所举贤良文学[217]民所疾苦、教化之要[218]，皆对[219]："愿罢盐、铁、酒榷、均输官[220]，毋与天下争利[221]，示以俭节[222]，然后教化可兴。"桑弘羊难[223]，以为："此国家大业，所以制四夷，安边足用之本，不可废也[224]。"于是盐铁之议起焉。

初，苏武既徙北海上[225]，禀食不至[226]，掘野鼠去草实[227]而食之。杖汉节[228]牧羊，卧起操持[229]，节旄[230]尽落。武在汉，与李陵[231]俱为侍中[232]。陵降匈奴，不敢求[233]武。久之，单于使陵至海上[234]，为武置酒设乐，因谓武曰："单于闻陵与子卿[235]素厚，故使来说[236]足下[237]，虚心欲相待[238]。终不得归汉，空[239]自苦亡人之地[240]，信义安所见[241]乎？足下兄弟二人，前皆坐事自杀[242]；来时，太夫人[243]已不幸[244]；子卿妇年少，闻已更嫁矣；独有女弟二人[245]、两女一男[246]，今复[247]十余年，存亡不可知。

过卫太子的幕僚曾经请成方遂占卜，这个幕僚对成方遂说："你长得特别像卫太子。"成方遂认为这个幕僚的话可以利用，希望以此谋取富贵，于是便来冒充太子。被判处犯了招摇撞骗的大逆不道罪而被腰斩于市。

夏季，六月，封上官安为桑乐侯。上官安便一天天地骄奢淫逸起来，每次在宫中接受了皇帝的赏赐，就对他的宾客们夸耀说："与我的皇帝女婿在一块儿饮酒，喝得极其高兴!"看到皇帝身上所穿的华贵衣服，就觉得自己的东西简直要不得，就想派人回府，把自家的东西全部烧掉。后来他的儿子因病而死，他就仰头辱骂苍天，其狂妄悖谬竟然达到如此程度。

撤销了儋耳、真番两个郡。

秋季，大鸿胪田广明、军正王平攻打益州的姑缯、叶榆部落，杀死、俘虏了三万多人，缴获牲畜五万多头。

谏大夫杜延年看到昭帝即位以来，武帝时期那种奢侈、穷兵黩武的风气依然存在，就屡次对大将军霍光说："粮食连年歉收，流离失所的人民还没有全部回归故里，应该采用孝文帝时期的治国之策，提倡勤俭节约，实行宽和的政治，如此，则上顺天意，下悦民心，年景一定会逐渐好转。"霍光采纳了他的意见。杜延年，是前御史大夫杜周的儿子。

**六年（庚子，公元前八一年）**

春季，二月，朝廷下诏给有关部门，让他们向各郡国所举荐的贤良、文学之士询问民间疾苦以及教育感化臣民所应抓的主要问题，这些人都回答说："希望朝廷废除盐铁官营、酒类专卖以及平准均输等经济政策，不要与民争利，各级官府都应厉行节俭，然后才能教化百姓。"桑弘羊出面驳斥他们说："实行盐铁官营、酒类专卖以及平准均输政策，这是朝廷财政的重要来源，朝廷依靠它才得以保障军队供应、抵御四周各族的入侵、保卫边境的安宁，因此绝对不能废除。"于是，引发了有关盐铁是否官营的一场大辩论。

当初，苏武被匈奴单于流放到北海上牧羊，供应的食物已经断绝，苏武就靠挖掘野鼠藏在洞中的草籽充饥。但他无论是牧羊的时候，还是睡觉的时候，随时随地都手持着汉朝的符节，符节上用作装饰的牦牛尾已经全部脱落。苏武在汉朝时与李陵都是侍中。李陵投降了匈奴，虽然都身在匈奴，但李陵心怀愧疚不敢见苏武。过了很久，单于派遣李陵到北海上去劝降苏武，李陵为苏武摆设了酒宴、安排了歌舞，李陵趁机对苏武说："单于听说我与你一向关系密切，所以让我来劝说你，单于诚心诚意地希望你留下来。你肯定回不了汉朝，何必白白地困苦自己，居住在这荒无人烟的地方，又有谁知道你的忠信节义呢？你的两个兄弟，以前都因犯罪而自杀；你来匈奴的时候，你的母亲已经不幸去世；你的妻子很年轻，听说已经改嫁了；家中只有两个妹妹、两个女儿、一个儿子，如今又十多年过去了，是死是活还不知道。

人生如朝露，何久自苦如此？陵始降时，忽忽如狂，自痛负汉[248]，加以老母系保宫[249]。子卿不欲降，何以过陵？且陛下春秋高[250]，法令无常，大臣无罪夷灭[251]者数十家。安危不可知，子卿尚复谁为[252]乎？"武曰："武父子无功德，皆为陛下所成就，位列将[253]，爵通侯[254]，兄弟亲近[255]，常愿肝脑涂地[256]。今得杀身自效，虽斧钺汤镬[257]，诚甘乐之！臣事君，犹子事父也，子为父死，无所恨[258]。愿勿复再言！"陵与武饮数日，复曰："子卿壹听陵言[259]！"武曰："自分[260]已死久矣，王[261]必欲降武，请毕今日之欢[262]，效死[263]于前！"陵见其至诚，喟然[264]叹曰："嗟乎，义士！陵与卫律[265]之罪上通于天！"因泣下沾衿，与武决[266]去。赐武牛羊数十头。

后陵复至北海上，语武以武帝崩[267]。武南乡[268]号哭欧血[269]，旦夕临数月[270]。及壶衍鞮[271]单于立，母阏氏不正[272]，国内乖离[273]，常恐汉兵袭之，于是卫律为单于谋，与汉和亲。汉使至，求[274]苏武等，匈奴诡言[275]武死。后汉使复至匈奴，常惠[276]私见汉使，教使者谓单于，言："天子射上林[277]中，得雁，足有系帛书[278]，言武等在某泽[279]中。"使者大喜，如惠语以让[280]单于。单于视左右而惊，谢汉使[281]曰："武等实在。"乃归武及马宏等。马宏者，前副光禄大夫王忠[282]使西国[283]，为匈奴所遮[284]。忠战死，马宏生得[285]，亦不肯降。故匈奴归[286]此二人，欲以通善意。于是李陵置酒贺武曰："今足下还归，扬名于匈奴，功显于汉室，虽古竹帛[287]所载，丹青[288]所画，何以过子卿[289]？陵虽驽怯[290]，令汉贯陵罪[291]，全[292]其老母，使得奋大辱之积志[293]，庶几乎曹柯之盟[294]，此陵宿昔[295]之所不忘也。收族[296]陵家，为世大戮[297]，陵尚复何顾[298]乎？已矣[299]，令子卿知吾心耳！"陵泣下数行，因与武决。

人生如同早晨的露水一样，何必这样长久地苦害自己呢？我刚投降匈奴的时候，精神恍惚得就像要发疯一样，痛心自己不该一念之差背叛了汉朝，而且老母亲也因我被关押在监狱中。你不愿意投降的心情，哪里能超过我呢？而且现在武帝年事已高，法令变化无常，就是那些没有犯罪的大臣被灭族的也有几十家了。生死存亡都不可预知，你还为谁而如此受苦呢？"苏武说："我父子原本没有建立什么功劳，也没有什么高尚的品德，都是陛下提拔重用，才使我们父子身在将军之列，爵受通侯之封，我们兄弟三人都是武帝身边的近臣，经常希望为武帝贡献忠心，哪怕是肝脑涂地也在所不辞。现在得到一个能牺牲性命报效国家的机会，即使被匈奴用斧钺砍死，或是被扔到开水锅中煮死我也心甘情愿！臣子侍奉君主，就好比儿子侍奉父亲一样，儿子为父亲而死，没有什么可以遗憾的。希望你不要再说下去了！"李陵与苏武一连饮了几天酒，李陵又对苏武说："子卿就听我一句话吧！"苏武说："我估计自己早就该死了，如果大王一定要我投降，就让我在今天的欢乐饮酒之后，死在你的面前吧！"李陵被苏武的赤诚所感动，非常伤感地长叹了一声说："唉！真是个忠臣！我与卫律这两个投降匈奴的人真是罪恶滔天啊！"于是痛哭流涕，泪水打湿了衣襟，然后与苏武诀别而去。李陵临走时送给苏武几十头牛羊。

后来李陵又来到北海上，他告诉苏武汉武帝已经驾崩。苏武面向南方痛哭得口吐鲜血，他每天早晨、晚上哭丧，一连哭了好几个月。等到壶衍鞮单于继位为匈奴大单于后，因为其母阏氏作风不正派，导致内部离心离德，所以经常担心汉朝趁机派兵前来袭击，这时卫律为壶衍鞮单于出谋划策，于是向汉朝提出和亲。汉朝使者应邀来到匈奴，向匈奴询问苏武等人的下落，匈奴谎称苏武已死。后来汉朝的使者再次来到匈奴，常惠私下会见汉朝的使者，他教使者对壶衍鞮单于说："汉天子在上林苑中打猎，射下一只大雁，大雁腿上绑有一封写在丝帛上的信，说苏武等人在某泽中。"使者非常高兴，就按照常惠所教的责问壶衍鞮单于。壶衍鞮单于环视左右，表情显得非常惊讶，连忙向汉使者道歉说："苏武等人确实还活着。"于是让苏武和马宏等人与汉朝使者一同归汉。马宏先前作为副手跟随光禄大夫王忠出使西域各国，途中遭到匈奴拦击。王忠战死，马宏被活捉，也是坚决不肯投降。所以匈奴放这两个人归汉，以此表示希望与汉朝和好的诚意。于是李陵又摆下酒宴向苏武祝贺，李陵对苏武说："如今你回归汉朝，你的名声已经传遍了匈奴，你的功劳也将显扬于汉朝，即使古代史书上所记载的，用丹青所描画的历代圣贤，又有谁能超过你呢？我虽然才能低下，假如当初汉朝能够宽恕我的罪过，保全我的母亲，使我能够在长期受辱后突然借机迸发，向匈奴反戈一击，也能像春秋时期的曹沫在两国首脑的盟会上劫持齐桓公那样为国立功赎罪，这是我李陵夙夜所不能忘怀的。然而武帝却将我的族人收捕、杀光，成为世上最大的耻辱，我还眷顾什么呢？算了吧，说这些又有什么用呢，只是让你了解我的心迹罢了！"李陵泣不成声、泪流满面，于是与苏武诀别。

单于召会[300]武官属，前已降及物故[301]，凡随武还者九人。既至京师[302]，诏武奉一太牢[303]谒武帝园庙[304]，拜为典属国[305]，秩中二千石[306]，赐钱二百万，公田二顷，宅一区[307]。武留匈奴凡十九岁，始以强壮出，及还，须发尽白。霍光、上官桀与李陵素善，遣陵故人陇西任立政[308]等三人俱至匈奴招之。陵曰："归易耳[309]，丈夫不能再辱[310]！"遂死于匈奴。

夏，旱。

秋，七月，罢榷酤官[311]，从[312]贤良文学之议也。武帝之末，海内虚耗，户口减半。霍光知时务之要[313]，轻徭薄赋[314]，与民休息[315]。至是匈奴和亲，百姓充实，稍复[316]文、景之业[317]焉。

诏以钩町侯毋波[318]率其邑君长[319]、人民击反者有功，立以为钩町王，赐田广明爵关内侯[320]。

---

**【段旨】**

以上为第二段，写始元五年（公元前八二年）、六年共两年间的全国大事。本段主要写了夏阳成方遂冒充卫太子入朝求见，事败被杀；写了上官安封侯，骄淫狂妄，为其谋反伏笔；写了杜延年劝霍光俭约宽和，行文帝时政；写了朝廷召问贤良文学民间疾苦，贤良文学请求废止盐铁官营、平准均输诸政，桑弘羊出场答辩，朝廷废止榷酒事；写了匈奴因内乱而衰弱，向汉求和；苏武被拘匈奴十九年，坚守操节而最后得以荣归等。

**【注释】**

⑯²外祖赵父：外祖父赵氏某人，史失其名，故统称曰"父"。钩弋夫人之父。⑯³君姁：顺成侯赵父之姐，钩弋夫人之大姑。⑯⁴第宅：豪华住宅。第，等，可以数得上。⑯⁵诸昆弟：钩弋夫人的众兄弟。⑯⁶无在位者：指光赏与钱财而不任其为官吏。⑯⁷乘黄犊车：乘坐着黄牛犊拉的车，以言其家境不富，尚无钱买马。⑯⁸北阙：未央宫的北门。汉时给皇帝上书或求见皇帝等皆在未央宫北门。⑯⁹卫太子：卫皇后所生的太子刘据。

壶衍鞮单于将苏武出使匈奴时的随从人员召集起来，除去已经投降的以及死亡的，总共只有九个人跟随苏武回归汉朝。苏武等人到达京师的时候，汉昭帝让苏武用太牢到武帝陵园中的祭庙向汉武帝致祭、汇报出使的经过，任命苏武为典属国，俸禄为中二千石，赏赐苏武二百万钱，公田二顷，住宅一处。苏武在匈奴总共被拘留了十九年，出使匈奴时还是壮盛的年纪，等到回来的时候，已经是一个须发皆白的老翁。霍光、上官桀原来都与李陵关系很好，于是派遣李陵的老朋友陇西人任立政等三人一起到匈奴召请李陵回国。李陵说："回去容易，只是大丈夫不能再遭受一次耻辱！"李陵最终死在了匈奴。

夏季，天气干旱。

秋季，七月，昭帝听从了贤良、文学们的建议，撤销了酒类专卖的官员。武帝末年，国家的财力物力消耗很大，国库空虚，人口减少了一半。霍光深知当务之急是什么，于是减轻人民的徭役负担、放宽赋税政策，使人民得到休养生息。此时又与匈奴和亲，于是和平再现，百姓逐渐富裕，文帝、景帝时期的社会景象渐渐得到恢复。

因为钩町侯毋波率领他所在地区的部落首领剿灭姑缯、叶榆的叛乱有功，汉昭帝下诏封钩町侯毋波为钩町王，封田广明为关内侯。

---

因受巫蛊之诬被逼造反自杀，故又称为"戾太子"。事迹详见《汉书·武五子传》。⑰⓪公车以闻：公交车令将事体报告皇帝。公交车令是公交车司马门的主管长官，负责受理上书。⑰①中二千石：九卿一级的在朝高官，除正九卿以外还有中尉。⑰②杂识视：共同辨认。杂，共同。识，记忆。⑰③右将军：众将军的名号之一，与前、后、左将军同级。⑰④勒兵阙下：在宫门外列队维持秩序。勒兵，统兵布阵。⑰⑤御史：此指御史大夫，三公之一，职同副丞相。⑰⑥不疑：隽不疑，前因识别奸人，捉拿反者被升任京兆尹。⑰⑦叱：喝令。⑰⑧收缚：将假充卫太子者捆起。收，拿下。⑰⑨且安之：暂时先不要动手。⑱⓪何患于卫太子：对卫太子有什么可怕的。患，顾虑。⑱①蒯聩违命出奔：蒯聩是春秋时卫灵公的太子，卫灵公的宠妃行为不正，蒯聩谋欲杀之，卫灵公见了大怒，蒯聩遂逃奔国外。⑱②辄距而不纳：事过不久，卫灵公病死，因蒯聩不在国内，于是国人遂立蒯聩之子名辄者为卫君。蒯聩不甘心，又欲回国与其子争夺君位，其子起兵抵抗。距，通"拒"，抵抗。⑱③《春秋》是之：《公羊传》肯定其子辄的抵抗行为。其文曰："曼姑受命于灵公而立辄，曼姑之义固可以距蒯聩也。辄之义可以立乎？曰：可。奈何？不以父命辞王父（祖父）命也。"⑱④得罪先帝：违背武帝的旨意，又起兵作乱。⑱⑤亡不即死：不前来受

死反而逃跑。即，就、前来。⑱今来自诣：现在自己冒了出来。诣，来到。⑱诏狱：关押皇帝钦定罪犯的牢狱。⑱有经术：指熟悉儒家教条，且能活学活用的人。⑱大谊：同“大义”。指儒家所倡导的一套行为法则。⑲繇是：从此。繇，通“由”。⑲验治何人：审查这个冒充卫太子的究竟是什么人。⑲竟得奸诈：最后弄清了他的真实面目。竟，最后、终于。⑲夏阳：汉县名，县治在今陕西韩城西南。⑲居湖：家住湖县。湖县的县治在今河南灵宝西。⑲故太子舍人：当年卫太子属下的亲信用人、太子的幕僚。⑲尝从方遂卜：在卫太子被打败逃匿在湖县的时候，曾找成方遂为太子算卦。⑲谓曰：对成方遂说。⑲心利其言：觉得他的话可以为自己所用。利，用。⑲冀：希望。⑳坐诬罔不道：犯了招摇撞骗的大逆不道之罪。⑳要斩：拦腰斩为两截。要，同“腰”。⑳受赐殿中：在宫殿中接受了皇帝的赏赐。⑳与我婿饮：今天和我的女婿一道喝酒了。我婿，上官安的女儿是汉昭帝的皇后，故上官安向其宾客吹夸。⑳大乐：喝得极其高兴。⑳见其服饰：见到皇帝的服饰之华贵。⑳欲自烧物：想把自己家的服饰器物通通烧掉。⑳顽悖：狂妄、悖谬。⑳罢儋耳、真番郡：撤销了儋耳、真番两个郡。罢，撤销。儋耳，汉郡名，元鼎六年（公元前一一一年）灭南越之后所设立，郡治在今海南儋州市西北。真番，汉郡名，元封三年（公元前一〇八年）灭掉朝鲜之后所设立，郡治在今朝鲜提奚南。⑳军正：军队中的司法官。㉑谏大夫：朝官名，即所谓“言官”，上属光禄勋。职务是给皇帝与大臣的行为、言论与朝廷决策提出意见。㉑杜延年：武帝时的著名酷吏杜周之子，因明习法律，昭帝时官至御史大夫，《汉书》有传。㉑承：接续。㉑年岁比不登：年成连年不好。岁，年成。比，接连。不登，不丰收。㉑孝文：汉文帝，刘邦之子，公元前一七九至前一五七年在位，为政以宽和、俭朴著名。㉑年岁宜应：意即只要皇帝实行宽和俭朴之政，上天就会相应地给我们回报以丰年。㉑有司：主管该项事务的官吏。㉑贤良文学：汉代选拔官吏的科目名，主要是选拔那些念儒书、品行方正的士子，以备朝廷任用。㉑教化之要：国家教育臣民百姓所应抓住的主要问题。㉑对：回答朝廷所问。㉒愿罢盐、铁、酒榷、均输官：希望朝廷停止实行盐铁官营、酒类专卖以及平准均输等经济政策。盐铁，即盐铁国营。酒榷，酒类专卖制度。均输官，朝廷为控制、垄断物价而在全国各地设立的调节物资流通的官员。以上制度都是桑弘羊等人在武帝时期建议实行的经济政策。㉒与天下争利：武帝实行以上政策的目的就是为了不使私人工商业者操纵市场，而将利益收归朝廷，故当时的私人工商业者与受此官工官商之苦的臣民都称朝廷这种政策是“与民争利”。㉒俭节：犹言“节俭”。㉒桑弘羊难：桑弘羊出面驳斥他们。桑弘羊是武帝时期的经济名臣，此时在朝任御史大夫。难，驳斥。㉒不可废也：以上贤良文学所提出的问题以及桑弘羊对此的驳斥，即所谓“盐铁论”，其详情见桓宽所著《盐铁论》其书。㉒苏武既徙北海上：苏武出使匈奴被匈奴扣留，因坚持不降而被匈奴送往北海（今俄罗斯境内的贝加尔湖）事，详见本书武帝天汉元年（公元前一〇〇年）。㉒禀食不至：供应的食物断绝了。禀，《汉书》作“廪”，意即供给。㉒野鼠去草实：野鼠所囤积的草籽。去，通“弆”，集、藏。㉘杖汉节：秉持着出使时朝廷所给予的符节。此节即所谓“旄节”，以竹竿为之，以牦牛尾为之饰，三重。㉙卧起操持：黑夜白天不离手，以见其对国家使命的昼夜不忘。㉚节旄：竹竿上的牦牛尾装饰。旄，通“牦”。㉛李陵：李广之孙，此前率五千名步兵伐匈奴，兵败被俘投降匈奴。事见本书武帝天汉二年。㉜侍中：皇帝的侍从人员。侍中也是官名，级别虽低，但地位清显。㉝求：寻访；往见。㉞海上：北海边。㉟子卿：苏武的字。对人说话称对方之字，表示尊敬。㊱说：劝告。㊲足下：与“陛下”“殿下”“阁下”的用法相同，都是不直称对方曰“你”，故谦指对方所处的身前之地。㊳虚心欲相待：意谓单于是真的想对你以礼相待。㊴空：白白地。㊵自苦亡人之地：在这没有人烟的地方独自受苦。亡，通“无”。㊶安所见：谁看得见。㊷坐事自杀：坐，因为犯罪。其兄苏嘉为奉车都尉，因“扶辇下除，触柱折辕”而自杀；其弟苏贤受命捉拿逃犯，因未捉到而自杀。㊸太夫人：敬称苏武之母。㊹不幸：指死，病故。㊺女弟二人：你的两个妹妹。㊻两女一男：你的两个女儿、一个儿子。㊼复：又；又过去。㊽自痛负汉：自己伤心对不起汉王朝。负，亏、愧对。㊾系保宫：被关押在监狱里。保宫，监狱的一种。李陵一打败仗被俘，汉王朝即将其全家下狱。㊿春秋高：谓年高、年老。(251)夷灭：诛灭。(252)尚复谁为：还为谁而如此受苦。(253)位列将：身在将军之列，指其父苏建，曾为游击将军，又为右将军。(254)爵通侯：位在通侯之爵。通侯，也称“列侯”，苏建曾因军功封平陵侯。(255)兄弟亲近：指兄弟三人皆为郎官、侍中之职。(256)常愿肝脑涂地：不惜牺牲生命。(257)斧钺汤镬：指被匈奴砍头、腰斩，或被用开水煮死。汤镬，开水锅。(258)无所恨：没有任何遗憾。恨，憾。(259)壹听陵言：犹今所谓“你就听我一句话吧”。(260)自分：自料；本来估计。(261)王：以称李陵，李陵当时被匈奴封为右校王。(262)请毕今日之欢：让我在今天的愉快饮酒之后。(263)效死：自杀，把命交给你。(264)喟然：伤心的样子。(265)陵与卫律：我们这两个投降派。(266)决：通“诀”，告别。(267)语武以武帝崩：《汉书·苏武传》谓“区脱捕得云中生口，言太守以下吏民皆白服，曰‘上崩’”。(268)南乡：向着南方。乡，通“向”。(269)欧血：吐血。欧，通“呕”。(270)旦夕临数月：每天早晨、晚上哭丧，一直哭了好几个月。临，哭丧。(271)壶衍鞮：狐鹿孤单于之子，公元前八五年即位为单于。(272)不正：指两性关系不正。(273)乖离：指各部落对壶衍鞮单于离心离德。乖，背离。(274)求：这里意即讨要。(275)诡言：假说。(276)常惠：苏武使团中的成员，与苏武都被匈奴人扣留十九年。(277)上林：上林苑，秦、汉时代的皇家猎场，在当时长安城的西南方，有数县之广。(278)帛书：写在丝帛上的信。(279)某泽：当时苏武所处的实际地点，写史者失其名。(280)让：责备。(281)谢汉使：向汉使道歉。(282)副光禄大夫王忠：为光禄大夫王忠的副手。副，为……之副手。(283)使西国：出使到西域诸国去。(284)遮：拦截；截击。(285)生得：活捉。(286)归：放回。(287)古竹帛：指前代史书。竹、帛都是古代书写的工具，用竹写的称“简”，用丝帛写的称“帛书”。(288)丹青：绘画所用的颜料，通常也用以指绘画。(289)何以过子卿：还有哪辈古人能够超过你。(290) 驽怯：笨拙、怯懦。驽，劣马，以喻才能低下，这里是自谦之词。(291) 令汉贳陵罪：假如汉王朝当时能宽恕一下我的罪过。令，假使。贳，宽恕。(292) 全：保全；不杀。(293) 奋大辱之积志：在长期忍辱之后突然借机迸发，向匈奴人反戈一击。(294) 庶几乎曹柯之盟：让我也能像春秋时的曹沫在两国首脑盟会上劫持齐桓公一样。曹沫是春秋时的鲁国将军，曾在作战时败给齐国，丧失国土。后来齐桓公与鲁庄公在柯邑（今山东东阿西南）盟会时，曹沫突然执匕首劫持齐桓公，迫使齐桓公退还了所侵鲁国的土地。事见《史记·刺客列传》。(295) 宿昔：犹言“昼夜”。宿，通“夙”，早。昔，通“夕”，晚。(296) 收族：逮捕、杀光。李陵全族被诛灭事，见本书天汉三年。(297) 戮：耻辱。(298) 尚复何顾：还有什么可留恋的。顾，回望、留恋。(299) 已矣：犹今所谓“算了吧”“不再说啦”。(300) 召会：召集；集合。(301) 前已降及物故：意谓除去已经投降了匈奴和已经死掉的。物故，即指死。(302) 京师：指长安。(303) 一太牢：具有一牛、一豕、一羊的供品。(304) 谒武帝园庙：前

---

【原文】

## 元凤元年（辛丑，公元前八〇年）

春，武都氐人[321]反，遣执金吾[322]马适建、龙頟侯韩增[323]、大鸿胪田广明将三辅、太常徒[324]，皆免刑，击之[325]。

夏，六月，赦天下。

秋，七月乙亥晦[326]，日有食之，既[327]。

八月，改元[328]。

上官桀父子既尊[329]，盛德长公主[330]，欲为丁外人求封侯[331]，霍光不许。又为外人求光禄大夫[332]，欲令得召见[333]，又不许。长主[334]大以是[335]怨光，而桀、安数[336]为外人求官爵弗能得，亦惭[337]。又桀妻父所幸充国[338]为太医监[339]，阑入殿中[340]，下狱当死[341]。冬月且尽[342]，盖主为充国入马[343]二十匹赎罪，乃得减死论[344]。于是桀、安父子深怨光而重德[345]盖主。自先帝时，桀已为九卿[346]，位在光右[347]。及[348]父子并为将军[349]，皇后亲安女[350]，光乃其外祖，而顾[351]专制朝事，由是与光争权。燕王旦[352]自以帝兄[353]不得立，常怀怨望[354]。及[355]御史大夫桑弘羊建造酒榷、盐铁，

往祭祀当初派他出使的老皇帝的陵园，向老皇帝汇报此次出使的过程。园庙，陵墓前面的祭庙。武帝的陵墓曰“茂陵”，在今陕西兴平城东北。㉟典属国：朝官名，掌管归附的少数民族事务。306秩中二千石：官阶为中二千石，与九卿同一级，在太守、诸侯相（二千石）之上。307宅一区：住宅一所。308陇西任立政：陇西郡的任立政。陇西郡的郡治为狄道，即今甘肃临洮。309归易耳：回去是容易的。310再辱：再蒙受一次耻辱。311罢榷酤官：撤销酒类专卖的官员。312从：听取；采纳。313时务之要：当时应该采取的紧急工作。314轻徭薄赋：减少徭役，放宽赋税。315与民休息：朝廷与黎民百姓全都实行一种休养生息的政策。316稍复：渐渐地恢复。317文景之业：汉文帝、汉景帝所实行的轻徭薄赋、与民休息的政策。318钩町侯毋波：当时居住在今云南东南部的少数民族头领、被汉王朝封为钩町侯的毋波。当时的钩町即今云南广南县。319其邑君长：毋波所在地区的各少数民族头目。320关内侯：比列侯低一级，只有食邑而没有正式封地的侯爵。

---

**【语译】**

**元凤元年（辛丑，公元前八〇年）**

春季，住在武都地区的氐族人造反，朝廷派遣执金吾马适建、龙頟侯韩增、大鸿胪田广明率领在三辅地区以及太常衙门从事劳动的苦役犯，给这些苦役犯免除刑罚，让他们当兵，跟随去平定叛乱。

夏季，六月，大赦天下。

秋季，七月乙亥晦，发生日全食。

八月，改年号为元凤。

上官桀父子已经官高禄厚，因此非常感激盖长公主，于是请求为长公主的情人丁外人封侯，被霍光拒绝。他们又请求任命丁外人为光禄大夫，使他有机会得到天子的召见，霍光还是不同意。盖长公主因此非常怨恨霍光，而上官桀、上官安屡次为丁外人请求官爵都碰了壁，也觉得脸上无光。另外，上官桀的岳父所亲信的一个名字叫充国的人在担任太医监的时候，擅自闯入宫殿，被逮捕入狱，判处死刑。处死罪犯的冬季就要过去，盖长公主向国家捐献出二十匹马为充国赎罪，充国才被免去死罪，减一级处理。于是上官桀、上官安父子对霍光怀恨在心而对盖长公主更加感恩戴德。在武帝执政时期，上官桀就已经位列九卿，地位在霍光之上。等到上官桀父子并列为将军，皇后又是上官安的亲生女儿，而霍光只是皇后的外祖父，反而在朝中大权独揽，于是上官桀父子开始与霍光争权。燕王刘旦自以为是昭帝的哥哥却不得继承皇位，心中常怀怨恨。还有御史大夫桑弘羊，因为向朝廷建议酒、盐、

为国兴利，伐其功[356]，欲为子弟得官，亦怨恨光。于是盖主、桀、安、弘羊皆与旦通谋[357]。

旦遣孙纵之等前后十余辈[358]，多赍[359]金宝、走马[360]赂遗盖主、桀、弘羊等。桀等又诈令人为[361]燕王上书言："光出都肄郎、羽林[362]，道上称趯[363]，太官先置[364]。"又引"苏武使匈奴二十年不降[365]，乃[366]为典属国。大将军长史敞[367]无功，为搜粟都尉[368]。又擅调[369]益莫府校尉[370]。光专权自恣[371]，疑有非常[372]。臣旦愿归符玺[373]，入宿卫[374]，察奸臣变[375]。"候司[376]光出沐日[377]奏之[378]。桀欲从中下其事[379]，弘羊当与诸大臣共执退光[380]。书奏，帝不肯下[381]。明旦，光闻之，止画室[382]中，不入[383]。上问："大将军安在？"左将军桀对曰："以燕王告其罪，故不敢入。"有诏："召大将军。"光入，免冠[384]顿首谢[385]。上曰："将军冠[386]！朕知是书[387]诈也，将军无罪。"光曰："陛下何以知之？"上曰："将军之广明都郎[388]，近耳[389]。调校尉[390]以来，未能十日[391]，燕王何以得知之？且将军为非[392]，不须校尉[393]。"是时帝年十四，尚书[394]、左右皆惊。而上书者果亡[395]，捕之甚急。桀等惧[396]，白上[397]："小事不足遂[398]。"上不听。后桀党与有谮光[399]者，上辄怒曰："大将军忠臣，先帝所属[400]以辅朕身，敢有毁[401]者，坐之[402]！"自是桀等不敢复言。

李德裕[403]论曰[404]："人君之德，莫大于至明[405]，明以照奸[406]，则百邪不能蔽[407]矣！汉昭帝是也。周成王有惭德[408]矣！高祖、文、景俱不如也。成王闻管、蔡流言[409]，遂使周公狼跋而东[410]。汉高闻陈平去魏背楚[411]，欲舍腹心臣[412]。汉文惑季布使酒难近[413]，罢归股肱

铁由国家专营，为国家筹集了资金，也经常夸耀自己的功劳，想为自己的子弟谋取官职而没有得到，因此也怨恨霍光。于是盖长公主、上官桀、上官安、桑弘羊都与燕王刘旦串通一气，想要搞垮霍光。

燕王刘旦派遣孙纵之等前后十几批人携带着大量的金银珠宝和良马到京师贿赂盖长公主、上官桀、桑弘羊等人。上官桀等人又派人假装为燕王刘旦上书，检举揭发霍光说："霍光每次出来检阅郎官、御林军的时候，都要清道戒严，禁止百姓通行，还派皇帝的膳食官先期到达安排饮食。"又引用苏武等人的事情指控霍光说"苏武出使匈奴二十年不肯投降匈奴，回国后却只任命他为典属国。而担任大将军长史的杨敞并没有建立什么功劳，反而任命他为搜粟都尉。又擅自调动、增加大将军幕府的校尉。霍光独揽大权、为所欲为，恐怕要有非同小可的行动。我刘旦愿意将燕王的符玺交还朝廷，亲自到皇宫中为皇帝担任侍卫，借此观察奸臣霍光的动静。"他们趁着霍光出宫休假的机会把这封假奏章呈报给汉昭帝。上官桀想从宫中以昭帝的名义将诬告信批交给有关部门进行查办，到那时桑弘羊将与诸大臣共同弹劾霍光，将霍光罢免、斥退。不料，昭帝却将这份奏章扣留，并不下发。第二天上朝的时候，霍光知道了这件事，就停留在画有周公辅成王朝诸侯的房间里，不肯上朝。昭帝问："大将军在哪里?"左将军上官桀上前回答说："因为燕王告发大将军有罪，所以大将军不敢上朝。"昭帝下诏说："召请大将军上朝。"霍光进殿后，摘掉官帽、趴在地上向昭帝磕头谢罪。昭帝说："大将军戴好帽子！我知道这封奏章是伪造的，大将军无罪。"霍光问："陛下怎么知道这信是伪造的?"昭帝说："将军到广明亭检阅郎官，是最近几天的事。调遣校尉的事情，也不到十天的工夫，燕王远在千里之外，怎么可能这么快就知道？而且将军如果想做坏事，也用不着校尉。"当时汉昭帝才十四岁，尚书以及昭帝身边的人都为他如此英明睿智感到惊讶。而给昭帝上奏章的人果然逃跑了，昭帝下令立即将此人追捕归案。上官桀等做贼心虚，害怕把自己牵扯出来，就劝阻说："这么一件小事情，不值得去追究。"昭帝不听他的劝告。以后上官桀的党羽又有人诋毁霍光，昭帝发怒说："大将军是忠臣，先帝托付他辅佐我执掌朝政，今后有谁胆敢再诋毁大将军，就以诬陷罪论处!"从这以后，上官桀等才不敢再在昭帝面前说霍光的坏话。

李德裕评论说："皇帝的道德才能，没有比英明到极点更大的了，英明才能够识别奸佞，能够识别奸佞，那么各种奸谋就蒙蔽不了他！汉昭帝就是这样的皇帝。周成王的德行与汉昭帝比起来也有感到惭愧的地方啊！汉高祖、汉文帝、汉景帝都比不上汉昭帝。周成王听信管叔、蔡叔诽谤周公的流言蜚语，致使周公陷入进退两难的境地，不得已而东征。汉高祖听说陈平曾经离开魏国又背叛楚国，就想舍弃这位得力的心腹大臣。汉文帝听信别人议论季布酗酒任性，就不敢任用季布为御史大夫，让季布仍旧回去做他的河东郡守；又怀疑贾谊专权、

郡[414]；疑贾生擅权纷乱[415]，复疏贤士[416]。景帝信诛晁错兵解[417]，遂戮三公[418]。所谓'执狐疑之心，来谗贼之口[419]'。使昭帝得伊、吕[420]之佐，则成、康不足侔[421]矣！"

桀等谋令长公主置酒请光，伏兵格杀之，因废帝，迎立燕王为天子。旦[422]置驿书[423]往来相报，许立桀为王，外连郡国豪桀[424]以千数。旦以语相平[425]，平曰："大王前与刘泽结谋[426]，事未成而发觉者，以刘泽素夸[427]，好侵陵[428]也。平闻左将军[429]素轻易[430]，车骑将军[431]少而骄，臣恐其如刘泽时不能成[432]，又恐既成反大王[433]也。"旦曰："前日一男子诣阙[434]，自谓故太子，长安中民趣乡之[435]，正讙不可止[436]。大将军[437]恐，出兵陈之[438]，以自备耳。我，帝长子[439]，天下所信，何忧见反[440]？"后谓群臣[441]："盖主报言[442]，独患大将军与右将军王莽[443]。今右将军物故[444]，丞相[445]病，幸事[446]必成，征不久[447]。"令群臣皆装[448]。

安又谋诱燕王至而诛之，因废帝而立桀。或曰[449]："当如皇后何[450]？"安曰："逐麋之狗，当顾菟邪[451]？且用皇后为尊[452]，一旦人主意有所移[453]，虽欲为家人[454]，亦不可得。此百世之一时也！"会[455]盖主舍人父[456]稻田使者燕仓[457]知其谋，以告大司农杨敞。敞素谨，畏事，不敢言，乃移病卧[458]，以告谏大夫杜延年，延年以闻[459]。九月，诏丞相部中二千石[460]逐捕孙纵之及桀、安、弘羊、外人等，并宗族悉诛之，盖主自杀。燕王旦闻之，召相平曰："事败[461]，遂发兵乎[462]？"平曰："左将军已死，百姓皆知之，不可发也。"王忧懑，置酒与群臣、妃妾别。会天子以玺书让旦[463]，旦以绶[464]自绞死，后、夫人[465]随旦自杀者二十余人。天子加恩，赦王太子建为庶人[466]，赐旦谥曰"剌王[467]"。皇后以年少[468]，不与谋[469]，亦霍光外孙[470]，故得不废[471]。

庚午[472]，右扶风王䜣[473]为御史大夫。

**扰乱朝政，于是疏远了贾谊这样的贤能之士。汉景帝听信袁盎的奸谋，以为诛杀了晁错，吴楚七国就会退兵，于是就将位在三公的晁错腰斩于东市。俗话说‘预先对某人心存怀疑，就容易听信别人给他编排的坏话’。假设昭帝得到伊尹、吕尚那样的贤臣辅佐，那么‘成康之治’就不值得拿来相比了！”**

上官桀等人密谋让盖长公主摆酒邀请霍光前来赴宴，预先埋伏下士兵袭杀霍光，然后废掉昭帝，迎接燕王刘旦回朝为天子。刘旦也通过驿站往来传递消息，许诺事成之后封上官桀为王，又在外面联络勾结各郡国中的敢死之徒上千人。刘旦把这件事告诉了丞相平，丞相平说："大王以前曾经与刘泽结盟谋反，事情还没有成功就走漏了消息，是因为刘泽一向急躁浮夸，好欺凌人。我听说左将军上官桀一向处事轻率，车骑将军上官安既年轻又骄横，我担心他们会像刘泽时那样不能成功，我更担心即使成功了，他们也会反过来背叛大王。"燕王刘旦说："前些日子有一个男子到宫门，自称是原来的卫太子刘据，长安城中的百姓都赶过来围着他，群情激动，止都止不住。大将军霍光担心有变而出兵布阵，以防发生意外对自己不利。我是武帝的长子，天下人都知道，何必担心他们会反对我？"后来燕王刘旦又对群臣说："盖长公主来信说，唯独担心大将军霍光与右将军王莽。如今右将军王莽已死，丞相田千秋又在病中，所希望的事情必然成功，不久就会得到证实。"于是燕王刘旦命令群臣全都去收拾行装，做好进京的准备。

上官安又密谋引诱燕王刘旦来京城，然后将他除掉，再废掉昭帝而立其父上官桀为皇帝。有人问："到时候上官皇后怎么办？"上官安说："一只追逐麋鹿的狗，还能顾及身边的兔子吗？今天皇帝让这个女人为皇后，我们就有眼前的富贵，一旦皇帝移情别恋，即使我们想做一个普通百姓，恐怕也不能够了。这是百年不遇的好时机啊！"恰好盖长公主一个侍从官的父亲、身为稻田使者的官员燕仓知道了他们的阴谋，遂将此事报告了大司农杨敞。杨敞素来谨慎，胆小怕事，不敢奏报，于是便请了病假在家卧床不起，但把这件事告诉了谏议大夫杜延年，杜延年赶紧报告了皇帝。九月，昭帝命令丞相统领中二千石的高官逐个追捕孙纵之以及上官桀、上官安、桑弘羊、丁外人等人，就连他们的族人也都杀光了，盖长公主自杀。燕王刘旦听到消息，立即召见丞相平说："事情已经败露，立即发兵吗？"丞相平说："左将军上官桀已经被杀，百姓都知道了这件事，不能再发兵了。"燕王刘旦心烦意乱，于是设酒与群臣、王后和众姬妾诀别。恰好昭帝用盖有皇帝玺印的诏书谴责刘旦，刘旦就用系印的丝带把自己勒死了，王后、夫人等跟随刘旦自杀的有二十多人。昭帝格外施恩，赦免燕太子刘建的死罪，将他贬为平民，昭帝赐给刘旦的谥号为"刺王"。上官皇后因为年纪幼小，没有参与阴谋，又是霍光的外孙女，所以没有将她废掉。

九月初二庚午，任命右扶风王䜣为御史大夫。

冬，十月，封杜延年为建平侯，燕仓为宜城侯，故丞相征事任宫[474]捕得桀，为弋阳侯，丞相少史[475]王山寿诱安入府[476]，为商利侯。久之，文学济阴魏相[477]对策[478]，以为："日者[479]燕王为无道，韩义[480]出身[481]强谏，为王所杀。义无比干之亲[482]而蹈比干之节[483]，宜显赏其子[484]以示天下[485]，明为人臣之义[486]。"乃擢[487]义子延寿为谏大夫。

大将军光以朝无旧臣[488]，光禄勋张安世自先帝时为尚书令[489]，志行纯笃[490]，乃白用[491]安世为右将军兼光禄勋[492]，以自副[493]焉。安世，故御史大夫汤[494]之子也。光又以杜延年有忠节[495]，擢为太仆、右曹、给事中[496]。光持[497]刑罚严，延年常辅之以宽。吏民上书言便宜[498]，辄下[499]延年平处复奏[500]。言[3]可官试者至为县令[501]，或丞相、御史除用[502]，满岁以状闻[503]，或抵其罪法[504]。

是岁匈奴发左、右部[505]二万骑为四队，并入边[506]为寇。汉兵追之，斩首获虏[507]九千人，生得瓯脱王[508]，汉无所失亡。匈奴见瓯脱王在汉，恐以为道击之[509]，即西北远去[510]，不敢南逐水草[511]。发人民屯瓯脱[512]。

**二年（壬寅，公元前七九年）**

夏，四月，上自建章宫[513]徙未央宫[514]。

六月，赦天下。

是岁，匈奴复遣九千骑屯受降城[515]以备汉，北桥余吾水[516]，令可度[517]，以备奔走。欲求和亲，而恐汉不听，故不肯先言，常使左右风汉使者[518]。然其侵盗益希[519]，遇[520]汉使愈厚，欲以渐致和亲[521]。汉亦羁縻之[522]。

冬季，十月，封杜延年为建平侯，燕仓为宜城侯，曾经担任过丞相征事的任宫捕获上官桀有功，被封为弋阳侯，担任丞相少史的王山寿将上官安引诱到丞相府，从而顺利地逮捕了上官安，有功，封为商利侯。过了很久，来自济阴的贤良文学魏相回答昭帝的询问说："前些时候燕王刘旦大逆不道之时，韩义挺身而出，极力规劝，被燕王杀害。韩义和燕王之间虽然没有比干和商纣王那样的亲属关系，但韩义却表现了比干那样的节操，应该大张旗鼓地奖赏他的儿子，让天下人都知道人臣应该遵守的大义。"于是提拔韩义的儿子韩延寿为谏大夫。

大将军霍光因为朝中老臣已经凋零殆尽，只有光禄勋张安世是从先帝时就担任尚书令，心智、操守纯正厚道，于是奏请昭帝，任用张安世为右将军兼光禄勋，让他做自己的助手。张安世是原来御史大夫张汤的儿子。霍光又认为杜延年有忠臣的气节，就提拔他做了太仆、右曹、给事中。霍光主持刑法力主从严，而杜延年却经常以宽大来提醒他。吏民给昭帝上奏章，提出一些对国家有益的建议，昭帝往往交给杜延年，让他分析研究后先拿出初步的处理意见上奏皇帝。指示根据其人所提的建议，认为可以为官的，最高可以让他去做个县令，有的让丞相、御史聘去使用，试用满一年后，将其任职情况上报朝廷，如果事实证明其所言荒谬者，则依法治罪。

这一年，匈奴动员左贤王和右贤王所统领的二万多名骑兵分为四路，同时侵入汉朝的边境地区进行抢掠。汉朝派兵追杀，斩首、俘虏了九千人，还活捉了瓯脱王，匈奴此次入侵没有给汉朝造成多少损失。匈奴看到瓯脱王被汉朝活捉，很恐惧，担心瓯脱王为汉人当向导袭击匈奴，于是立即向着大西北方向远远地逃去，不敢再向南来寻找有水草的地方生活放牧。汉朝又发动百姓迁移到瓯脱王过去经常活动的地带去戍边、屯垦。

**二年（壬寅，公元前七九年）**

夏季，四月，汉昭帝由建章宫迁到未央宫居住。

六月，大赦天下。

这一年，匈奴又派遣九千名骑兵驻扎在受降城防备汉军，又在受降城北边的余吾水上架设桥梁，以方便渡河，预先为逃跑准备好退路。匈奴单于希望与汉朝和亲，又担心遭到汉朝拒绝，所以不敢先于汉朝提出和亲的请求，于是就经常让他身边的人向汉朝使者透露他们希望和亲的意愿。所以他们对汉朝边境侵略抢夺的次数也越来越少，对汉朝使者也更加优待，想以此逐渐达到和亲的目的。汉朝也借机有意地笼络他们。

【段旨】

以上为第三段，写元凤元年（公元前八〇年）、二年共两年间的全国大事。主要写了上官桀父子与盖长公主、燕王、桑弘羊等结党，诬陷霍光，赖昭帝明察，上官桀等阴谋未成；写上官桀与盖长公主勾结谋杀霍光，并欲废昭帝、立燕王；上官安则欲并杀燕王，立其父上官桀为帝，结果因被人告密，上官桀父子与桑弘羊等被诛，盖长公主、燕王自杀；写了霍光亲用张安世、杜延年，数人合作，共同辅佐昭帝治国；写了匈奴进一步削弱，向西北方远撤，并欲向汉王朝请求和亲。

【注释】

㉑武都氐人：住在武都地区的氐族人。武都是汉郡名，郡治武都，在今甘肃武都东北。氐是古代少数民族名，汉时居住在今之甘肃东南部和与之邻近的四川东北部、陕西西南部一带地区。㉒执金吾：原称"中尉"，掌管首都治安的军事长官。㉓龙頟侯韩增：刘邦功臣韩王信的后代，按道侯韩说之子。韩说查抄巫蛊被卫太子所杀后，其子韩增被续封为龙頟侯。㉔三辅、太常徒：在三辅与太常衙门从事劳动的苦役犯。三辅指京兆尹、左冯翊、右扶风三个首都与其郊区所在的郡级行政单位，其衙门都在长安。太常也称"奉常"，掌管朝廷与宗庙礼仪。徒，苦役犯。㉕皆免刑二句：给这些苦役犯免除刑罚，让他们去当兵平叛。㉖七月乙亥晦：七月的最后一天是乙亥日。〖按〗此说有误，应是"己亥"之误。㉗既：尽，意思是由日半蚀变成了日全食。㉘改元：改用一个新的年号，即改"始元七年"为"元凤元年"。㉙既尊：官位越来越高，又都被封了侯。㉚盛德长公主：深深感激盖长公主。盛德，深深感谢。德字用如动词。㉛为丁外人求封侯：丁外人是盖长公主的情夫，上官桀在求丁外人为自己的孙女谋取皇后之位时，曾答应日后设法为丁外人求封侯。㉜光禄大夫：朝官名，光禄勋的下属官员。光禄勋原称"郎中令"，九卿之一，统领皇帝的侍从，掌管宫廷门户，是皇帝的亲信职位。㉝得召见：可以得到皇帝的召见。㉞长主：即盖长公主。㉟大以是：很是为此……。㊱数：屡次。㊲亦惭：自己既没面子，又无法向丁外人交代。㊳桀妻父所幸充国：上官桀的岳父所亲幸的一个名叫"充国"的人，史佚其姓。㊴太医监：管理宫廷医生、医务的官员，上属少府。㊵阑入殿中：没有理由地闯入宫殿。汉制，凡入宫殿都要有特别许可证，要在宫门受检查。㊶当死：判为死罪。当，判罪。㊷冬月且尽：眼看就到腊月月底。汉代规定秋后处决罪犯，到腊月底告一段落，因此"冬月且尽"正是突击处决犯人的时刻。㊸入马：向国家缴纳马匹，为罪犯赎罪。㊹减死论：免去死罪，减一级处置。㊺重德：越发感戴盖长公主。重，又、更加。㊻已为九卿：上官桀在武帝时为太仆，太仆为九卿之一，秩中二千石，为皇帝掌管车马。㊼位在光右：职位比霍光高。霍光在武帝时为奉车都尉、光禄大夫，秩比二千石。比上官桀低两等。㊽及：等到。㊾父子并为将军：上官桀为左

将军，上官安为车骑将军。㊿亲安女：上官安的亲生之女。351顾：反而。352燕王旦：刘旦，武帝之子，元狩六年（公元前一一六年）被封为燕王，都城即今北京市。353帝兄：昭帝之兄。354怨望：怨恨。望，也是怨恨的意思。355及：与；还有。356伐其功：夸耀其功劳巨大。伐，自己夸耀。357通谋：共谋推翻昭帝，另立燕王刘旦为帝。358十余辈：十多批；十多伙。359赍：携带。360走马：善于奔驰的马。361诈令人为：令人假装是。362光出都肄郎、羽林：霍光每次出来集合郎官与皇帝卫队进行检阅的时候。都肄，集中演习。363称趯：清道戒严，禁止通行。364太官先置：给皇帝管理膳食的官员总是先期到达准备。太官，管理皇帝膳食的官员。365二十年不降：实际是十九年，夸说"二十年"以加大霍光压抑人才之罪。366乃：才；仅。367长史敞：杨敞，司马迁的女婿，杨恽之父。长史为诸史之长，如今之"秘书长"，是丞相与大将军属下的重要僚属，秩千石。368搜粟都尉：大司农的属官，掌管农耕及屯田等事。369擅调：擅自调动。370益莫府校尉：补充到大将军的帐下充当校尉。莫府，通"幕府"，大将军的办公机构。371自恣：自己想干什么就干什么。恣，任意而行。372非常：非同小可的行动，指叛乱、篡权等大逆不道之事。373归符玺：将燕王的符节、印玺交还朝廷，意即不再当燕王。374入宿卫：进京进朝给皇帝当个警卫人员。宿卫，夜间值勤。375察奸臣变：观察奸臣霍光的变化。376候司：窥测、等候。司，通"伺"。377出沐日：出宫休假之日。沐，洗浴，这里即指公休日。378奏之：（将诬蔑信）进呈上去。奏，进呈。379从中下其事：从宫中以皇帝的名义将诬蔑信批交有关部门进行查办。380共执退光：共同坚持罢免、斥退霍光。381不肯下：不肯将他们的诬告信批给有关部门。382画室：画有周公辅成王朝诸侯之室。383不入：不入昭帝临朝之殿堂。384免冠：古人请罪的一种姿态。385谢：谢罪；告罪。386冠：用作动词，意即请戴上帽子。387是书：此信，指上官桀等所造的诬告信。388之广明都郎：到广明亭检阅郎官。广明亭在汉长安城的东都门外。都，即上文所谓"都肄"。389近耳：是最近几天的事。390调校尉：即上文所谓"擅调（杨敞）益莫府校尉"。391未能十日：连十天还不到。392且将军为非：如果将军你要干坏事，指政变篡权。393不须校尉：用不着调动校尉官。394尚书：在皇帝身边主管随时记事的官吏。395果亡：真的害怕逃跑了。396桀等惧：怕把他们牵连出来。397白上：对皇帝说。398不足遂：没有必要查个究竟。遂，一直（查下去）。399谮光：说霍光的坏话。400所属：所委托。属，通"嘱"，托付。401毁：说人坏话。402坐之：将其判罪。403李德裕：中唐时期的宰相。事迹见《唐书》本传。404论曰：李德裕论汉昭帝的这段文字，见《会昌一品集·外集·论昭帝》。405至明：英明到极点。406照奸：看清一切坏人。407蔽：蒙蔽；欺骗。408周成王有惭德：周成王也比不上。周成王是周武王之子，幼年即位，周公姬旦忠心耿耿地辅佐他。事情详见《史记·周本纪》。惭德，德行对比有愧。409管、蔡流言：管叔是周公之兄，蔡叔是周公之弟，二人散布流言蜚语以诬蔑周公，勾结殷纣王的儿子共同作乱，后被周公讨平。事见《史记·周本纪》。410狼跋而东：管、蔡的流言一度使成王怀疑周公，故周公在进退两难的压力下，率兵东讨叛乱。《狼跋》是《诗经》中的篇目名，以狼的进退两难比喻周公当时所处的困境。㊶闻陈平去魏背楚：陈平是刘邦的开国功臣，在他刚投归刘邦时，有人说陈平是反复无常的小人，先是跟着魏豹，中途离开了，改去投靠项羽；现在又背叛项羽前来投奔你。㊷欲舍腹心臣：刘邦听说陈平的经历后很生气，曾一度想把陈平这样的谋臣赶走。事见《史记·陈丞相世家》。㊸惑季布使酒难近：季布原是项羽的部下，项羽失败后在汉王朝任河东郡守。汉文帝听说季布有才，将其召至京城，准备提拔，这时有人对汉文帝说季布好喝酒难以接近，于是汉文帝遂改变了主意。㊹罢归股肱郡：季布在京城白等了好长时间，文帝打发他仍回原郡任太守，说法是：河东郡对于朝廷来说如同股肱一样重要，我太想你了，所以叫你进京来见一面。详情见《史记·季布栾布列传》。㊺疑贾生擅权纷乱：贾谊在文帝时多次上书、提出重要建议，文帝准备提拔他任卿相之职，这时周勃、灌婴等说贾谊好揽权，而且喜欢改变礼法，给朝廷添乱。㊻复疏贤士：文帝听到周勃、灌婴的这些坏话后，于是疏远贾谊，改派他离开朝廷到长沙国去任太傅了。详情见《史记·屈原贾生列传》。㊼信诛晁错兵解：晁错是汉景帝的谋臣，因协助景帝削弱诸侯国的势力而引起吴、楚等七国的痛恨。当这些诸侯国起兵造反时，他们的口号是“诛晁错以清君侧”，威胁汉景帝说，只要您杀掉晁错，七国就乖乖退兵。汉景帝在七国的欺骗下背信弃义地杀了晁错，但七国仍不退兵，最后还是靠着周亚夫等人的力量，出兵讨平了七国叛军。㊽遂戮三公：晁错被汉景帝所杀时任御史大夫，御史大夫与丞相、太尉合称三公。㊾执狐疑之心二句：意思是当你正对某人心存怀疑的时候，你就更容易听到别人给他编排的坏话。执，心存。狐疑，怀疑。来，招引。谗贼，挑拨是非、说人坏话的人。以上二句引自刘向的《条灾异封事》。㊿伊、吕：伊尹、吕尚。伊尹是商汤的开国功臣。事迹见《史记·殷本纪》。吕尚即姜太公，是周武王的开国功臣。事迹见《史记·周本纪》与《史记·齐太公世家》。421成、康不足侔：古代所谓“成康之治”在汉昭帝这里不值得一提。不足侔，不值得拿来相比。侔，相等、相比。422旦：此指燕王刘旦。423置驿书：通过驿站传送书信。置、驿，都是驿站、邮传的意思。424外连郡国豪桀：对外勾结各郡、各诸侯国的敢死之徒。425旦以语相平：燕王刘旦将此事告诉燕国的丞相平。相平，丞相名平，史失其姓。426与刘泽结谋：刘旦与刘泽勾结企图谋反失败事，见本书始元元年（公元前八六年）。刘泽是齐孝王刘将闾之孙。427素夸：一贯急躁浮夸。428侵陵：欺侮人。429左将军：指上官桀。430轻易：轻率；不稳重。431车骑将军：指上官安。432不能成：不能成功。433既成反大王：推翻皇帝的事情一旦成功，就又回过头来反对大王您。434诣阙：到宫门下。诣，到。435趣乡之：都赶过去围着他。“趣”的意思同“趋”。“乡”字意思同“向”。436正讙不可止：以言其群情激动之状。正，已经、尚且。讙，喧哗。437大将军：指霍光。438陈之：指列队在宫门外，以警戒非常。陈，通“阵”。439帝长子：在武帝现有的儿子中年龄最长。440何忧见反：怎么会害怕别人反对。见反，被人反对。441谓群臣：对燕国的诸臣说。442报言：给我传过来的消息说。443王莽：字稚叔，与八十年后篡夺西汉政权的王莽不是同一个人。此人未见有何出类拔萃的举动，亦未见专门描写，不知刘旦何以称之。㊹㊹ 物故：谓死。㊹㊺ 丞相：指田千秋，因开导武帝，为卫太子申冤，于征和四年（公元前八九年）被封为丞相。㊹㊻ 幸事：我们所希望、所追求的事情，指推翻昭帝，自立为帝。㊹㊼ 征不久：不久就可以得到证明。征，征兆、验证。㊹㊽ 皆装：都收拾行装，做好准备。㊹㊾ 或曰：有人问。㊺⓪ 当如皇后何：如果废了皇帝，那么对皇后该怎么办。因为皇后是上官安的女儿。㊺① 逐麋之狗二句：一只追捕大鹿的狗，它能顾及身边的兔子吗。意即为了成大事其他一切不顾。麋，大鹿。菟，通“兔”。㊺② 用皇后为尊：今天皇帝让这个女人做皇后，我们就有眼前的富贵。㊺③ 意有所移：谓移情别恋，又喜欢上别的女人。㊺④ 虽欲为家人：即使你想当个平民。家人，平民、普通人。㊺⑤ 会：这时；刚好。㊺⑥ 盖主舍人父：盖长公主的亲信的父亲。㊺⑦ 稻田使者燕仓：身为稻田使者的官员姓燕名仓。㊺⑧ 移病卧：写信请假，卧床不出。㊺⑨ 以闻：将此事报告朝廷，实即霍光。㊻⓪ 部中二千石：统领中二千石的九卿一级高官。部，率领。中二千石的官僚只有九卿与中尉。㊻① 败：暴露。㊻② 遂发兵乎：是不是干脆起兵造反呢。遂，就、干脆。㊻③ 以玺书让旦：用盖着皇帝印玺的诏书谴责刘旦。让，谴责。㊻④ 绶：系印的丝带。㊻⑤ 后、夫人：燕王的王后与姬妾。夫人，汉代帝王姬妾的统称。㊻⑥ 赦王太子建为庶人：免其死罪，赦之为平民百姓。㊻⑦ 剌王：剌字是谥，“剌”字的意思是行为悖谬。㊻⑧ 皇后以年少：是时上官皇后年方九岁。㊻⑨ 不与谋：没有参加造反的阴谋。与，参与。㊼⓪ 外孙：外孙女。㊼① 不废：仍继续为皇后。㊼② 庚午：九月初二。㊼③ 右扶风王䜣：任右扶风的王䜣。右扶风是长安城西郊区的行政长官，相当于郡太守。㊼④ 丞相征事任宫：身任丞相征事的低级官吏姓任名宫。征事秩比六百石。㊼⑤ 丞相少史：丞相府的文职小吏。少史，秩四百石。㊼⑥ 诱安入府：将上官安诱进大将军府，而后将其捕杀。㊼⑦ 文学济阴魏相：来自济阴国的贤良文学姓魏名相。文学，也称“贤良文学”，是汉代选拔官吏的科目名。魏相，字弱翁，《汉书》有传。㊼⑧ 对策：回答皇帝提出的问题。因为皇帝所提的问题是写在竹简上，故谓之“对策”。㊼⑨ 日者：当初；前些时候。㊽⓪ 韩义：燕国的大臣。㊽① 出身：挺身而出。㊽② 义无比干之亲：韩义与被谏的燕王没有像比干与殷纣王那样的亲属关系。㊽③ 蹈比干之节：但韩义却表现了比干的气节。蹈，实践、表现。殷纣王的父辈比干因谏殷纣王而被剖心的故事见《史记·殷本纪》。㊽④ 显赏其子：提升、奖赏韩义的儿子。㊽⑤ 以示天下：让天下人都知道。㊽⑥ 明为人臣之义：以表明做臣子的对待自己的君长应该是怎么一种样子。义，宜，应有的姿态。㊽⑦ 擢：提拔。㊽⑧ 旧臣：上一个皇帝时代的老臣。㊽⑨ 尚书令：犹今所谓“秘书长”，为朝廷掌管文书档案的官，上属少府，秩千石。㊾⓪ 纯笃：纯正厚道。㊾① 白用：禀告皇帝加以任用。㊾② 光禄勋：旧称“郎中令”，九卿之一，统领皇帝侍从，管理宫廷门户。㊾③ 以自副：使之作为自己的助手。㊾④ 故御史大夫汤：张汤，武帝时的司法长官，任御史大夫。事迹详见《史记·酷吏列传》。㊾⑤ 杜延年有忠节：杜延年是武帝时酷吏杜周之子，此前任谏大夫，因揭发燕王旦等人的阴谋造反，故被霍光认为有忠节。[496] 太仆、右曹、给事中：太仆，九卿之一，为皇帝掌管车马。右曹，尚书令的属官。给事中，在宫中为皇帝侍从，以备参谋顾问。杜延年的正式官职是太仆，右曹、给事中都是加官，以表现霍光对他的信任。[497] 持：掌握；施行。[498] 言便宜：建议国家当前应办某事、应行某政。[499] 下：交由。[500] 平处复奏：分析研究并提出处理意见。复奏，帮决策人提出处理意见。[501] 可官试者至为县令：视其所言，估计可任以为官者，最高可任之为县令。[502] 或丞相、御史除用：或让丞相、御史大夫聘去使用。御史，此处即指御史大夫。除用，任用。[503] 满岁以状闻：试用一年后将其任职情况上报朝廷。[504] 或抵其罪法：凡事实证明其所言荒谬者，则依法治罪。[505] 左、右部：即左右贤王所统领的部众。[506] 入边：侵入汉王朝的边境。[507] 斩首获虏：斩敌之首与所捉俘虏。[508] 瓯脱王：活动在汉匈边界一带的匈奴王号。瓯脱，汉匈两国之间的中间隔离地带。[509] 恐以为道击之：害怕瓯脱王为汉军当向导袭击匈奴。道，通“导”，向导。[510] 西北远去：向着大西北方远远逃去。[511] 南逐水草：向南找有水草的地方生活放牧。[512] 发人民屯瓯脱：于是汉王朝便发动一些黎民百姓住进原是两国边境的缓冲地带中去。[513] 建章宫：汉宫名，武帝时代所筑，在汉代长安城外的西南角，与城内的未央宫隔城墙相对。[514] 未央宫：汉

---

**【原文】**

**三年（癸卯，公元前七八年）**

春，正月，泰山有大石自起立，上林[523]有柳树枯僵[524]自起生[525]，有虫食其叶成文[526]，曰“公孙病已立[527]”。符节令鲁国眭弘[528]上书言：“大石自立，僵柳复起，当有匹庶[529]为天子者。枯树复生，故废之家公孙氏[530]当复兴乎？汉家承尧之后[531]，有传国之运[532]，当求贤人禅帝位[533]，退自封百里[534]，以顺天命。”弘坐设[535]妖言惑众伏诛。

匈奴单于使犁污王[536]窥边[537]，言酒泉、张掖[538]兵益弱，出兵试击，冀[539]可复得其地。时汉先得降者，闻其计，天子诏边警备。后无几[540]，右贤王[541]、犁污王四千骑分三队，入日勒、屋兰、番和[542]。张掖太守、属国都尉[543]发兵击，大破之，得脱者数百人。属国义渠王[544]射杀犁污王，赐黄金二百斤，马二百匹，因封为犁污王。自是后，匈奴不敢入张掖。

燕、盖[545]之乱，桑弘羊子迁亡[546]，过父故吏侯史吴[547]。后迁捕得[548]，

宫名，楚汉战争时期萧何所建造，在当时长安城内的西南方，是西汉历代皇帝经常居住的地方。⑮受降城：在今内蒙古乌拉特中后联合旗城东，是武帝元封六年（公元前一〇五年）派因杅将军公孙敖所筑，因当时匈奴的左大都尉欲杀单于以降汉，故朝廷派公孙敖筑此城以接纳降者。⑯桥余吾水：在余吾水上架桥。桥，作动词用。余吾水，即今蒙古国乌兰巴托附近的土拉河。⑰可度：可以渡过余吾水。度，通"渡"。⑱风汉使者：向汉朝派去匈奴的使者吹风示意。风，不好直接说，曲折地吹风示意。⑲侵盗益希：对汉王朝边境的攻击越来越少。益，渐。希，通"稀"。⑳遇：对待。㉑渐致和亲：渐渐地达到和亲状态。致，达到。㉒羁縻之：不严格要求，像放牧牛羊一样地大体笼络着。

## 【校记】

［3］言：原无此字。据章钰校，甲十五行本、乙十一行本、孔天胤本皆有此字，今据补。〖按〗《汉书·杜周传附杜延年传》《资治通鉴纲目》卷五下皆有此字。

---

## 【语译】

### 三年（癸卯，公元前七八年）

春季，正月，泰山有块大石头自己立了起来，上林苑中一棵枯死的柳树又长出了新芽，有虫子在树叶上咬出了"公孙病已立"的字样。担任符节令的鲁国人眭弘上书给汉昭帝说："大石头自己站立起来，枯死的柳树忽然又活了过来，预示应当有平民百姓做皇帝。枯树复活，难道是过去被废黜的王公贵族要复兴吗？汉朝刘氏是尧的后代，有实行禅让的传统，陛下应当访求贤人，把皇位禅让给他，自己找一处百里大小的地盘去待着，以顺应天命。"眭弘以妖言惑众之罪被杀头。

匈奴单于派遣犁污王前来窥探汉朝边境的虚实，犁污王回报单于说：汉朝的酒泉郡、张掖郡兵力薄弱，可以出兵攻打那里，或许可以收复故土。当时汉朝已经先从投降过来的匈奴人那里知道了匈奴的动向，于是昭帝下令酒泉、张掖一带要加强警戒，做好防范匈奴入侵的准备。没过多久，匈奴右贤王、犁污王率领四千名骑兵分为三队，分别侵入日勒、屋兰、番和。张掖太守、属国都尉发兵迎击，大败匈奴，匈奴损失惨重，只有几百人得以逃脱。附属国中义渠族的首领射死了匈奴的犁污王，朝廷赏赐义渠王二百斤黄金、二百匹马，并改封他为犁污王。从此以后匈奴再也不敢入侵张掖。

燕王刘旦、盖长公主等人谋乱被杀的时候，只有桑弘羊的儿子桑迁逃了出去，他逃到其父桑弘羊的僚属侯史吴家里躲避起来。后来桑迁还是被搜出逮捕，最终伏

伏法。会赦，侯史吴自出系狱[549]。廷尉王平与[4]少府徐仁杂治反事[550]，皆以为桑迁坐父谋反[551]而侯史吴臧[552]之，非匿反者[553]，乃匿为随者[554]也，即以赦令除吴罪[555]。后侍御史[556]治实[557]，以桑迁通经术[558]，知父谋反而不谏争[559]，与反者身[560]无异。侯史吴故三百石吏[561]，首匿迁[562]，不与庶人匿随从者等[563]，吴不得赦[564]。奏请覆治[565]，劾廷尉、少府纵反者[566]。少府徐仁，即丞相车千秋[567]女婿也，故千秋数为侯史吴言[568]。恐大将军光不听[569]，千秋即召中二千石、博士会公车门[570]，议问吴法[571]。议者知大将军指[572]，皆执吴为不道[573]。明日，千秋封上众议[574]。光于是以千秋擅召[575]中二千石以下，外内异言[576]，遂下廷尉平、少府仁狱。朝廷皆恐丞相坐之[577]。太仆杜延年奏记光[578]曰："吏纵罪人[579]，有常法[580]。今更诋吴为不道[581]，恐于法深[582]。又，丞相素无所守持[583]而为好言于下[584]，尽其素行[585]也。至擅召中二千石，甚无状[586]。延年愚以为丞相久故[587]及先帝用事[588]，非有大故[589]，不可弃[590]也。间者[591]民颇言狱深[592]，吏为峻诋[593]。今丞相所议[594]，又狱事也。如是以及丞相[595]，恐不合众心。群下讙哗，庶人私议，流言四布，延年窃重[596]将军失此名[597]于天下也。"光以廷尉、少府弄法轻重[598]，卒下之狱[599]。夏，四月，仁自杀，平与左冯翊贾胜胡[600]皆要斩。而不以及丞相，终与相竟[601]。延年论议持平，合和朝廷[602]，皆此类[603]也。

冬，辽东乌桓[604]反。初，冒顿破东胡[605]，东胡余众散保[606]乌桓[607]及鲜卑山[608]为二族，世役属匈奴[609]。武帝击破匈奴左地[610]，因徙[611]乌桓于上谷、渔阳、右北平、辽东塞外[612]，为汉侦察匈奴动静。置护乌桓校尉[613]监领[614]之，使不得与匈奴交通[615]。至是[616]部众渐强，遂反。

先是[617]，匈奴三千余骑入五原[618]，杀略数千人。后数万骑南旁塞猎[619]，行攻[620]塞外亭障[621]，略取[622]吏民去。是时汉边郡烽火候望[623]精明，

法。正巧遇到大赦，侯史吴投案自首而被关进监狱。当时的廷尉王平与少府徐仁共同审理侯史吴与燕王谋反有关之事，他们都认为桑迁是因为他父亲谋反而获罪，侯史吴窝藏他，不是窝藏谋反的人，而是窝藏了受谋反牵连的人，随即根据大赦令中的规定赦免了侯史吴窝藏谋反者的罪过。后来侍御史复审这个案件，认为桑迁熟读儒家经典，知道父亲谋反而不劝阻，与直接参与谋反的没有什么区别。侯史吴曾经担任俸禄三百石的官吏，却带头窝藏谋逆犯桑迁，这与普通人藏匿受牵连罪犯不同，侯史吴的罪过不应当赦免。于是请求朝廷重新审理侯史吴窝藏罪犯一案，并弹劾廷尉王平、少府徐仁故意放走谋反者。少府徐仁，是丞相车千秋的女婿，所以千秋屡次为侯史吴说情。他担心大将军霍光不准情，千秋就召集中二千石的官员以及博士等在未央宫北门附近的公车门召开会议，议论侯史吴依法应当定什么罪。参加议论的人都知道大将军霍光的心思，便都说侯史吴犯的是大逆不道罪。第二天，田千秋把众人的意见函封起来上奏给汉昭帝。霍光便以田千秋擅自召集中二千石以下官员开会议论，造成朝内朝外众说纷纭，而把廷尉王平、少府徐仁逮捕入狱。朝中大臣都担心丞相田千秋因此获罪。太仆杜延年上书给霍光说："什么样的情况算作官吏故意放走罪犯，法律上有明文规定。如今又把侯史吴说成大逆不道，恐怕量刑太严苛了。再说，丞相一向就没有什么主见，又常为下属说好话，他向来就是如此。至于擅自召集二千石的官吏议论，确实是没道理。我这人很愚笨，认为丞相在位已久，早在先帝时就已经在朝中主事了，如果没有特别重大的事故，就不要抛弃他。近来人民都说刑法苛酷，法官恶毒诬陷。如今丞相所议论的，又是关于诉讼之事。如果因此而搞垮了丞相，恐怕不符合众人的心意。下属喧哗，百姓私下议论，流言传布四方，我很担心因为此案而使将军的一世英名受损。"霍光坚持认为廷尉王平、少府徐仁定罪有失公平，最终还是把他们逮捕入狱。夏季，四月，徐仁自杀，王平与担任左冯翊之职的贾胜胡都被腰斩于市。事情没有牵连到丞相田千秋，勉强留下了和事佬田千秋，与霍光一直共事至终。杜延年对事情能够做出公正的评论，调和大臣之间的矛盾，大都类似于此。

冬季，辽东郡中的乌桓部落起兵造反。当初，匈奴冒顿单于击败了东胡，逃散的东胡人有一部分逃到了乌桓山，遂改称乌桓族，一部分逃到了鲜卑山，遂称为鲜卑族，他们世代隶属于匈奴。武帝时期派兵打败了匈奴东部的左贤王，占领了匈奴的东部地区，于是把乌桓人迁到上谷、渔阳、右北平、辽东郡的塞外地区居住，让他们负责为汉朝刺探匈奴的动向。又在那里设置护乌桓校尉负责监管他们，禁止他们与匈奴交往。到现在，乌桓部众逐渐强大起来，于是起兵反叛。

先前，匈奴派三千多名骑兵侵入五原郡，杀伤掳掠了几千名汉人。后来匈奴又有几万名骑兵向南沿着汉朝的边境游猎，一面前进一面攻打汉朝的防卫岗亭和哨所，抢劫和掳掠汉朝的边民。当时汉朝边境各郡的烽火台严密监视敌人，消息灵通，因

匈奴为边寇者少利，希复犯塞[624]。汉复得匈奴降者，言乌桓尝发先单于冢[625]，匈奴怨之，方发[626]二万骑击乌桓。霍光欲发兵邀击[627]之，以问护军都尉[628]赵充国[629]，充国以为："乌桓间[630]数犯塞，今匈奴击之，于汉便[631]。又匈奴希寇盗，北边幸无事，蛮夷自相攻击而发兵要[632]之，招寇生事，非计[633]也。"光更问中郎将[634]范明友[635]，明友言可击，于是拜明友为度辽将军[636]，将二万骑出辽东。匈奴闻汉兵至，引去。初，光诫明友："兵不空出，即后匈奴[637]，遂击乌桓。"乌桓时新中[638]匈奴兵，明友既后匈奴，因乘乌桓敝[639]，击之，斩首六千余级，获三王首[640]。匈奴由是恐，不能复出兵。

**四年（甲辰，公元前七七年）**

春，正月丁亥[641]，帝加元服[642]。

甲戌[643]，富民定侯[644]田千秋薨。时政事壹决[645]大将军光，千秋居丞相位，谨厚自守[646]而已。

夏，五月丁丑[647]，孝文庙[648]正殿火。上及群臣皆素服，发中二千石[649]将五校作治[650]，六日，成。太常[651]及庙令、丞、郎吏[652]，皆劾大不敬[653]。会赦，太常轑阳侯德[654]免为庶人。

六月，赦天下。

初，扜弥[655]遣太子赖丹为质于龟兹[656]，贰师击大宛还[657]，将赖丹入至京师[658]。霍光用桑弘羊前议[659]，以赖丹为校尉[660]，将军[661]田轮台[662]。龟兹贵人姑翼谓其王曰："赖丹本臣属吾国，今佩汉印绶[663]来，迫[664]吾国而田，必为害。"王即杀赖丹而上书谢汉[665]。

楼兰[666]王死，匈奴先闻之，遣其质子安归[667]归，得立为王。汉遣使诏新王令入朝[668]，王辞，不至。楼兰国最在东垂[669]，近汉，当白龙堆[670]，乏水草，常主发导[671]，负水担粮，送迎汉使。又数为吏卒所寇[672]，惩艾[673]，不便与汉通[674]。后复为匈奴反间[675]，数遮杀[676]汉使。其弟尉屠

此，匈奴到边境抢掠已经得不到多少好处，所以很少再来侵扰边塞。汉朝又得到投降过来的匈奴人，说乌桓人曾经发掘了匈奴单于的坟墓，匈奴非常怨恨乌桓人，刚刚派出二万名骑兵攻打乌桓。霍光想要派兵拦击匈奴的军队，便去征求护军都尉赵充国的意见，赵充国认为："乌桓近来屡次在边塞为非作歹，如今匈奴派兵攻打他们，对汉朝有利。而且匈奴很少侵扰汉朝边境，北部边境侥幸没有多少战事，匈奴与乌桓互相攻击而我们发兵拦截，招惹是非，不是良策。"霍光又去征求中郎将范明友的意见，范明友认为应当截击匈奴的军队，于是任命范明友为度辽将军，率领两万名骑兵从辽东出塞拦击匈奴。匈奴听说汉朝出兵，急忙撤退。当初，霍光告诫范明友："出兵不能一无所获，假如不能追上匈奴的骑兵，就趁机攻打乌桓。"当时乌桓刚刚受到匈奴的打击，范明友的骑兵既然没有追上匈奴的骑兵，就趁乌桓正处于战后疲惫之机，出其不意向乌桓发起猛攻，杀死了乌桓六千多人，其中有三颗乌桓君长的人头。匈奴从此也害怕了，不敢再出兵。

**四年（甲辰，公元前七七年）**

春季，正月初二丁亥，昭帝举行加冕典礼。

正月甲戌日，富民定侯田千秋去世。当时，国家大事都由霍光一人处理决定，田千秋虽然位居丞相，却一向谨慎小心，只是占着职位自保平安罢了。

夏季，五月丁丑日，孝文帝祭庙的正殿起火。昭帝以及群臣都穿上白色的衣服，调集中二千石一级的官员带领五校尉部下的士众动手重建文庙正殿，只用了六天时间就修建完毕。掌管朝中及宗庙礼仪的太常以及庙令、庙丞以及各级下属郎、吏，都以大不敬的罪名遭到弹劾。因为遇上大赦，太常轑阳侯江德被贬为平民。

六月，大赦天下。

当初，扜弥王派自己的太子赖丹到龟兹去充当人质，贰师将军李广利攻打大宛班师回国的时候，将赖丹带回汉朝的京师长安。霍光采用桑弘羊以前所提出的派兵到轮台屯田的建议，任命赖丹为校尉，率领一支部队到轮台垦田戍边。龟兹国的一个贵人名叫姑翼的对龟兹王说："赖丹本来是我国的臣属，如今佩戴着汉朝的印绶来到轮台，在靠近我国疆界的地方屯田，一定会危害我国。"龟兹王立即杀死了赖丹而后上书向汉朝认罪。

关于楼兰王的去世，匈奴最先得到消息，他们立即遣送楼兰王在匈奴做人质的儿子安归回到楼兰国，使安归得以被立为楼兰王。汉朝派遣使者前往楼兰诏令新楼兰王安归到汉朝长安来朝见汉朝皇帝，楼兰王安归拒绝，不肯到长安。楼兰在西域诸国的最东边，距离汉朝最近，正对着白龙堆沙漠，那里缺乏水草，楼兰人主管给过往使臣派出向导，替使臣背水担粮，送往迎来。又屡次遭受汉朝过往吏卒的抢夺，楼兰人因为吃过汉朝过往使臣的苦头，有过教训，所以不愿意与汉朝往来。后来又受到匈奴的挑拨，于是屡次拦截杀害汉朝派往西域的使者。楼兰王安归的弟弟尉屠

者[677]降汉，具言状[678]。骏马监北地傅介子[679]使大宛，诏因令责楼兰、龟兹[680]。介子至楼兰、龟兹，责其王，皆谢服[681]。介子从大宛还，到龟兹，会[682]匈奴使从乌孙[683]还，在龟兹，介子因率其吏士共诛斩匈奴使者。还，奏事，诏拜[684]介子为中郎[685]，迁平乐监[686]。

介子谓大将军霍光曰："楼兰、龟兹数反覆[687]，而不诛[688]，无所惩艾[689]。介子过龟兹时，其王近就人[690]，易得[691]也。愿往刺之，以威示诸国[692]。"大将军曰："龟兹道远，且验之于楼兰[693]。"于是白遣之[694]。介子与士卒俱赍金币[695]，扬言以赐外国为名，至楼兰。楼兰王意[696]不亲介子，介子阳引去[697]，至其西界，使译谓曰[698]："汉使者持黄金、锦绣行赐[699]诸国。王不来受[700]，我去之西国[701]矣。"即出金、币以示译[702]。译还报王，王贪汉物，来见使者。介子与坐饮，陈物示之[703]，饮酒皆醉。介子谓王曰："天子使我私报王[704]。"王起，随介子入帐中屏语[705]，壮士二人从后刺之，刃交匈[706]，立死，其贵人[5]、左右皆散走。介子告谕以王负汉罪[707]，"天子遣我诛王，当更立王弟尉屠耆在汉者。汉兵方至[708]，毋敢动[709]，自令灭国矣[710]！"介子遂斩王安归首，驰传诣阙[711]，县首北阙下[712]。

乃立尉屠耆为王，更名其国为鄯善，为刻印章，赐以宫女为夫人，备车骑、辎重[713]，丞相[714]率百官送至横门[715]外，祖[716]而遣之。王[717]自请天子曰："身在汉久，今归单弱[718]，而前王有子在，恐为所杀。国中有伊循城[719]，其城[6]肥美[720]，愿汉遣一将屯田积谷，令臣得依[721]其威重。"于是汉遣司马[722]一人、吏士四十人田伊循[723]以填抚之[724]。

秋，七月乙巳[725]，封范明友为平陵侯[726]，傅介子为义阳侯[727]。

者投降了汉朝，详细介绍了那里的情况。担任骏马监的北地郡人傅介子出使大宛，昭帝命他中途经过楼兰与龟兹时责问楼兰与龟兹对汉朝的无礼与挑衅。傅介子遵照汉昭帝的旨意谴责楼兰王和龟兹王，他们都认错服罪。傅介子从大宛返回经过龟兹的时候，恰逢匈奴的使者从乌孙回来，也在龟兹，傅介子趁机率领他的吏士一同诛杀了匈奴的使者。回京后，他将出使情况以及在龟兹诛杀匈奴使者的情况奏报给汉昭帝，昭帝下诏任命傅介子为中郎，升任为平乐监。

傅介子对大将军霍光说："楼兰、龟兹反复无常，时常背叛，如果不对他们进行打击，就没有办法使他们敬畏中国。我在经过龟兹的时候，看见龟兹王与过往的使者坐得很近，很容易对他下手。我愿意去刺杀他，以便给其他国家一点颜色看看。"大将军霍光说："龟兹距离我们路途遥远，不如先在距离较近的楼兰试试。"于是向昭帝奏报后，就派遣傅介子去行刺楼兰王。傅介子与士卒都携带着金币，扬言要赏赐给外国的君主，他们首先到达楼兰。楼兰王对傅介子的到来表现出一种不友好的态度，傅介子于是假装要离开的样子，当他们走到楼兰西部边界的时候，傅介子让楼兰国的翻译回去对楼兰王说："汉朝使者携带着大量的黄金、锦绣等物品来赏赐西域各国的国王。如果大王不来接受，我们就要离开楼兰到西域各国去了。"并将黄金、绸缎等展示出来让楼兰国的翻译看。翻译回去以后立即报告了楼兰王，楼兰王贪图汉朝的财物，就来会见汉朝的使者。傅介子和楼兰王在一块儿坐着饮酒，将所携带的各种物品陈列出来让楼兰王看，当时都喝醉了酒。傅介子对楼兰王说："大汉皇帝有重要的事情让我秘密转告大王。"楼兰王起身随傅介子进入帐中，并支开其他人准备与他密谈，于是汉朝的两个壮士就将剑刺向了楼兰王，利刃从背后刺入，从前胸出来，楼兰王当即被刺死，跟随楼兰王的贵臣大员、侍从全都四散逃走。傅介子向楼兰国的臣民宣布楼兰王背叛汉朝的罪行，说："大汉天子派我来诛杀楼兰王，另立在汉朝的楼兰王的弟弟尉屠耆为楼兰王。汉朝的大军就要来到，你们不要轻举妄动，自取灭亡！"傅介子于是割下楼兰王安归的人头，利用驿站的车马飞快地传送到汉朝的京师，悬挂在未央宫的北宫门。

汉朝立尉屠耆为楼兰国国王，将其国名改为鄯善国，并为鄯善国王尉屠耆刻制了印章，将汉朝的宫女赏赐给鄯善王尉屠耆做夫人，为他准备了车马、辎重。丞相亲自率领文武百官将鄯善王尉屠耆送到横门以外，为他摆酒饯行。鄯善王尉屠耆亲自向昭帝请示说："我在汉朝已经很久，如今回去势孤力单，而前王安归的儿子还活着，恐怕被他们杀害。鄯善国内有伊循城，那里土地肥沃，希望汉朝派遣一位将军到那里屯垦田地积存粮草，使我能够依靠汉朝的威望，以保平安。"于是汉朝派遣了一位司马、四十个吏士到伊循城屯田，以保护鄯善王尉屠耆的安全，维持那里的秩序，稳定局面。

秋季，七月二十三日乙巳，封范明友为平陵侯，傅介子为义阳侯。

臣光曰[728]："王者之于戎狄，叛则讨之，服则舍[729]之。今楼兰王既服其罪[730]，又从而诛之，后有叛者，不可得而怀[731]矣。必以为有罪而讨之，则宜陈师鞠旅[732]，明致其罚[733]。今乃遣使者诱以金币而杀之，后有奉使诸国[734]者，复可信乎[735]？且以大汉之强而为盗贼之谋于蛮夷[736]，不亦可羞哉[737]？论者[738]或美[739]介子以为奇功，过矣。"

**五年（乙巳，公元前七六年）**

夏，大旱。

秋，罢象郡[740]，分属郁林、牂柯[741]。

冬，十一月，大雷。

十二月庚戌[742]，宜春敬侯王䜣[743]薨。

**六年（丙午，公元前七五年）**

春，正月，募[744]郡国徒[745]筑辽东[746]、玄菟城[747]。

夏，赦天下。

乌桓复犯塞[748]，遣度辽将军范明友击之。

冬，十一月乙丑[749]，以杨敞为丞相[750]，少府河内蔡义[751]为御史大夫[752]。

---

**【段旨】**

以上为第四段，写昭帝元凤三年（公元前七八年）至元凤六年共四年间的全国大事，写了大石自立、枯树复生等怪异，为宣帝入承帝位埋伏笔；写了霍光执政时的大权独揽、丞相虚设，以及滥行酷法，以"故纵"罪名诬杀二卿，杜延年力谏，仅保住了丞相的恐怖环境；写了乌桓势力复起，范明友袭破之，匈奴犯边失败，此时汉朝边防无忧的情景；写了傅介子在楼兰王"请罪、服罪"的情况下出使楼兰，因哄骗、刺杀楼兰王而获封侯，令写史者深深感慨的汉代外交。

司马光说："圣明的君主对待四周的少数民族，如果他们背叛就讨伐他们，如果顺从就放过而不予追究。如今楼兰王已经认错服罪，却又诛杀了他，以后再有背叛的人，中国就无法再用怀柔政策取得他们的信任。如果认为他们确实有罪必须加以讨伐，就应该摆开军队讲明道理，名正言顺地讨伐他们。如今竟然派遣使者用财物为诱饵将其诱至而杀之，以后再有使者奉命出使到这些国家去，还能让人家相信你吗？而且以强大的汉朝对待如此弱小的小国却采用盗贼一般的凶杀手段，不是很可耻的行径吗？评论的人还称赞傅介子立了奇功，实在是错误的。"

**五年（乙巳，公元前七六年）**

夏季，天气大旱。

秋季，撤销了象郡，将原来象郡之地分别划归于郁林郡、牂柯郡。

冬季，十一月，气象反常，天上打雷。

十二月初六庚戌，宜春敬侯王䜣去世。

**六年（丙午，公元前七五年）**

春季，正月，招募各郡国的服刑人员去修筑辽东城、玄菟城。

夏季，大赦天下。

乌桓人再次侵犯边塞，汉朝派遣度辽将军范明友去攻打乌桓。

冬季，十一月二十七日乙丑，任命杨敞为丞相，任命担任少府的河内人蔡义为御史大夫。

---

**【注释】**

㉓ 上林：即上林苑，秦汉时代的皇家猎场，在当时的长安城西南，有数县之广。㉔ 枯僵：干枯、躺倒。僵，倒下。㉕ 自起生：忽然又自己立起来，活了。㉖ 食其叶成文：在树叶上吃成一串文字。文，文字。㉗ 公孙病已立：卫太子的孙子名"病已"者当立为皇帝。公孙，诸侯之孙，此指卫太子之孙，武帝的皇曾孙，其名曰"病已"。"病已"的意思即病情痊愈。〖按〗以上怪现象即汉代的所谓"谶"，也就是一种神秘的政治性预言，预示社会上即将出现的事情。这种现象的出现，一种是出于动乱分子的编造，为其即将举行的活动做舆论准备，如陈涉、黄巾起义前都用过这一套；另一种则是事后附会，倒说在事前有何表现云云，以神化某人的成事在天，如《史记·高祖本纪》说刘邦未起事前就头上有龙等等。㉘ 符节令鲁国眭弘：为皇帝掌管符节的鲁国人姓眭名弘。符、节都是皇帝的信物，派人出使时持之以证明其身份。符节令，掌管符节的小官，秩六百石，上

属少府。鲁国，汉代诸侯国名，都城即今山东曲阜。㉙匹庶：匹夫、庶民，即平民百姓。㉚故废之家公孙氏：过去被废的某家王公贵族。㉛汉家承尧之后：刘邦是唐尧的后代。〖按〗把刘邦的家谱续到唐尧，是武帝尊儒以后的现象，《史记》中还没有这样的说法，眭弘此说应该算是比较早的，到班固写《汉书》，就直接说是“汉承尧运”了。㉜有传国之运：意谓尧的家族有实行禅让的传统，现在又到了应该禅让的时刻。运，时机、时刻。㉝禅帝位：将帝位让给贤人。㉞退自封百里：自己出去找块小地盘待起来。百里，一个县的小地盘。㉟设：立；编造。㊱犁污王：匈奴的一个部落王号，胡三省以为其地当离汉境不远。㊲窥边：窥探汉朝边境的状态。㊳酒泉、张掖：汉之二郡名，酒泉郡的郡治禄福，即今甘肃酒泉。张掖郡的郡治觻得，在今甘肃张掖西北。㊴冀：希望，这里是“或许”的意思。㊵后无几：时过不久。㊶右贤王：匈奴西部地区的最高君长，是匈奴单于的左膀右臂。㊷日勒、屋兰、番和：河西走廊上的三个县名，都属张掖郡。日勒县治在今甘肃永昌西北，屋兰县治在今甘肃张掖东南，番和县治即今甘肃永昌。㊸属国都尉：率军驻扎在归降汉朝而集中居住在汉朝边境的少数民族地区的军事长官。其驻地在居延县，今内蒙古额济纳旗东南。㊹属国义渠王：在属国区域中居住的归附汉王朝的义渠族头领。㊺燕、盖：指燕王刘旦与盖长公主。㊻亡：逃跑。㊼过父故吏侯史吴：到其父桑弘羊的僚属侯史吴家躲藏。过，到……处。侯史吴，姓侯史名吴。㊽捕得：被捕获。㊾自出系狱：自首后被拘于狱。遇赦而始出首，盖估计不致下狱也。㊿杂治反事：共同审理侯史吴与燕盖谋反有关的事。杂，共同、协同。551坐父谋反：因父亲谋反而牵连获罪。552臧：通“藏”，窝藏。553非匿反者：不是窝藏谋反者。554乃匿为随者：乃是窝藏了受连坐的人。555以赦令除吴罪：按照赦令的规定免除了侯史吴的窝藏谋反者之罪。556侍御史：御史大夫的属官，主管监察等事。557治实：重新核查其事。558通经术：熟读儒家经典。559谏争：劝阻。560反者身：谋反者本人。561故三百石吏：他是一个秩禄三百石的官吏。三百石相当于一个小县的县长。562首匿迁：带头窝藏桑迁。563不与庶人匿随从者等：意谓侯史吴既不是普通平民，而他所窝藏的也不是一般受牵连犯罪的人。564吴不得赦：不能赦免侯史吴。565奏请覆治：请求朝廷重新给侯史吴定罪。治，定罪。566劾廷尉、少府纵反者：而且举报审理侯史吴的廷尉与少府两位高官是故意地放走谋反者。劾，弹劾、举报。纵，释放。567车千秋：原名田千秋，因其年老，皇帝准其乘车入朝，故时人亦谓“车丞相”“车千秋”。568数为侯史吴言：数，屡次。言，说情。因为侯史吴的问题定性，牵连到徐仁等是否有罪。569不听：不听田千秋的说情意见。570会公车门：在未央宫北门附近的公车门召集会议。571议问吴法：议论侯史吴依法律当得何罪。572指：心思；意旨。573皆执吴为不道：都坚持说侯史吴犯的是大逆不道。574封上众议：将众臣之议论封呈皇帝。575擅召：擅自召集。576外内异言：外朝与内朝的看法不同，意即公然反对内朝的决议。外朝指丞相召集九卿等官所开的会议。内朝指大将军召集诸将所开的会议。577恐丞相坐之：担心丞相田千秋也因此获罪。〖按〗

据以上数行，可知丞相到此时已完全成为傀儡，只有俯首奉行内朝的决定而已。这是武帝以来的现象，高祖与文、景时代皆不如此。⑤⑦⑧奏记光：给霍光上书。记，文体名，群臣给朝廷首辅所上的书信。⑤⑦⑨吏纵罪人：什么样的情况算是官员故意放走罪犯。⑤⑧⓪有常法：法律上是有明文规定的。⑤⑧①今更诋吴为不道：现在（不仅把桑迁说成大逆不道，）又把侯史吴说成大逆不道。⑤⑧②恐于法深：恐怕在掌握法律条文上是过于苛酷了。深，酷苛。⑤⑧③素无所守持：向来不坚持什么意见。〖按〗一句话又可为田千秋之“没嘴葫芦”定性。⑤⑧④为好言于下：常为下属说好话。⑤⑧⑤尽其素行：这是他一贯的表现。⑤⑧⑥无状：不像样子；没有道理。⑤⑧⑦久故：意即老臣，在位已久。⑤⑧⑧及先帝用事：早在先帝时就已经在朝主事了。⑤⑧⑨非有大故：没有特别的原因。⑤⑨⓪不可弃：应该让其继续任职。⑤⑨①间者：前者；近些时候以来。⑤⑨②狱深：刑法酷苛。⑤⑨③吏为峻诋：做法官的成了恶毒诬陷。⑤⑨④丞相所议：田千秋召集议论的问题。⑤⑨⑤如是以及丞相：如果用这种问题搞倒了丞相。⑤⑨⑥窃重：担心；惋惜。窃，谦辞。⑤⑨⑦失此名：由此失掉名望。⑤⑨⑧弄法轻重：定罪失平，意即过于宽松。⑤⑨⑨卒下之狱：最终还是把两个九卿下了狱。〖按〗由此可见霍光的独断专行。⑥⓪⓪左冯翊贾胜胡：身任左冯翊之职的贾胜胡。左冯翊是长安城东北部郊区的行政长官，与右扶风、京兆尹合称“三辅”，级别相当于郡守。⑥⓪①终与相竟：勉强留下了一个“和事佬”田千秋，与霍光一直共事至终。⑥⓪②合和朝廷：调和朝廷大臣之间的矛盾。⑥⓪③皆此类：情形大都如此。⑥⓪④辽东乌桓：辽东郡里的乌桓民族。辽东郡的郡治襄平，即今辽宁辽阳。乌桓，当时活动在今辽宁和与之临近的内蒙古、河北一带的少数民族名。⑥⓪⑤冒顿破东胡：事情大约在楚汉战争时期。冒顿是统一匈奴诸部落、使匈奴强大到顶点的关键人物，公元前二〇九至前一七五年在单于位。东胡，战国后期在今辽宁一带兴起的少数民族名，活动在今辽宁和与之邻近的内蒙古、河北一带地区。先败于战国末期赵国的李牧，后又败于匈奴的冒顿，从此遂一蹶不振。⑥⓪⑥散保：分散逃逸。⑥⓪⑦乌桓：原是山名，约在今内蒙古东部的锡拉木伦河一带，东胡人之逃居此地者遂改称乌桓族。⑥⓪⑧鲜卑山：原是山名，即今大兴安岭的北段，东胡人逃居此地者遂改称鲜卑族。⑥⓪⑨役属匈奴：听从匈奴人的奴役、统属。⑥①⓪击破匈奴左地：打败了匈奴东部的左贤王统治区。⑥①①徙：强制搬迁。⑥①②上谷、渔阳、右北平、辽东塞外：汉王朝的沿边四个郡的边境之外。上谷郡的郡治沮阳，在今河北怀来东南。渔阳郡的郡治渔阳，在今北京市密云西南。右北平郡的郡治平刚，在今辽宁凌源西南。⑥①③护乌桓校尉：专门管理乌桓事务的军官名。⑥①④监领：监督、管理。⑥①⑤交通：互相往来。⑥①⑥至是：到现在。⑥①⑦先是：在此之前。⑥①⑧五原：汉郡名，郡名九原，在今内蒙古包头西。⑥①⑨南旁塞猎：向南来沿着汉王朝的边境游猎，意即示威、挑战。旁，通“傍”，沿着。⑥②⓪行攻：一面前进一面攻击。⑥②①塞外亭障：汉王朝在长城外修筑的岗棚哨所。亭，供瞭望用的岗棚。障，用以防敌的碉堡。⑥②②略取：俘获；捕捉。⑥②③烽火候望：烽火，以通消息。候望，观测、瞭望。⑥②④希复犯塞：侵扰汉朝边塞的情况很少。希，通“稀”。⑥②⑤尝发先单于冢：曾经把老辈的单于墓给刨了。⑥②⑥方发：正在派出。㉗邀击：从侧翼袭击。邀，拦截。㉘护军都尉：负责协调、监督军中诸部关系的军官。㉙赵充国：字翁叔，西汉后期的著名将领，熟习匈奴和西羌的事务，多有战功。事迹详见《汉书》本传。㉚间：间者；前不久。㉛于汉便：对汉王朝有利。㉜要：同“邀”，拦截袭击。㉝非计：不是良策。㉞中郎将：皇帝的侍卫长官，统领诸郎中、中郎，上属光禄勋。㉟范明友：西汉后期的著名将领。事迹详见《汉书》本传。㊱度辽将军：杂号将军名，以到辽水袭击匈奴而命名。㊲即后匈奴：如果没有赶上袭击匈奴人。即，如果。后，没赶上。㊳新中：刚受到……的打击。㊴敝：疲惫、残破。㊵三王首：三个乌桓君长的人头。㊶正月丁亥：正月初二。㊷加元服：行加冠礼，这年昭帝年满十八岁。元服，即指帽子。㊸甲戌：此年正月丙戌朔，无甲戌日，史文有误。㊹富民定侯：田千秋以丞相的资格被封为富民侯，定字是其死后的谥。㊺壹决：一概决定于……㊻谨厚自守：谨慎厚道，只求自己无过。㊼丁丑：五月甲申朔，无丁丑日，史文有误。㊽孝文庙：供奉汉文帝灵位的庙宇，汉时在京师与各郡国的都城都立有文帝庙。㊾发中二千石：调集中二千石一级的官员。㊿将五校作治：带领着五校尉部下的士众动手重建。将，带领。五校，五校尉，指中垒校尉、屯骑校尉、越骑校尉、射声校尉、虎贲校尉。作治，修建。651太常：也称“奉常”，九卿之一，掌朝廷及宗庙礼仪。652庙令、丞、郎吏：庙令、庙丞，以及管理该庙的各种下级人员。653皆劾大不敬：都被弹劾为犯了“大不敬”的罪。“大不敬”是死罪。654太常辕阳侯德：身任太常之职的辕阳侯名德。据《汉书·百官公卿表》此人为江德。655扜弥：西域古国名，其都城在今新疆于田东北。656龟兹：西域古国名，其都城即今新疆库车。657贰师击大宛还：事在武帝太初四年（公元前一〇一年）。贰师，指贰师将军李广利。李广利于太初元年开始击大宛，至太初四年始胜大宛而还。大宛，西域古国名，其地在今新疆西部境外的哈萨克斯坦境内，首都贵山城（今卡散赛）。658将赖丹入至京师：回师途经龟兹时，将赖丹带来长安。将，携带。659桑弘羊前议：当时桑弘羊曾提出过派兵到轮台屯田的建议。事见本书武帝征和四年（公元前八九年）。660校尉：略同于今之校官。当时一位将军统领若干“部”，“部”的长官即校尉。661将军：带领士兵。662田轮台：在轮台县屯田。汉时的轮台县治在今新疆轮台东。663佩汉印绶：接受汉王朝的任命。664迫：靠近；逼近。665谢汉：向汉王朝请罪。666楼兰：西域古国名，其都城在今新疆罗布泊之西北侧。667质子安归：楼兰国派到匈奴做人质的楼兰王的儿子名叫安归。668诏新王令入朝：让新即位的楼兰王到长安朝见皇帝。669最在东垂：在西域诸国的最东边。垂，通“陲”，边方。670当白龙堆：正对着白龙堆沙漠。白龙堆是沙漠名，在今新疆罗布泊东北。671主发导：管着给过往使臣派出向导。672数为吏卒所寇：屡屡受到汉王朝过往吏卒的抢夺。673惩艾：吃过汉王朝过往吏卒的苦头，有过教训。674不便与汉通：不愿意与汉王朝相往来。不便，不利，不愿意。675为匈奴反间：受到匈奴人的挑拨。反间，用手段使敌方内部或敌方的盟国之间闹矛盾。676数遮杀：屡屡地拦截杀害。677尉屠耆：楼兰王安归之弟。678具言状：详细地说出了这些情况。⑥79 骏马监北地傅介子：来自北地郡的为皇帝掌管骏马棚的官员姓傅名介子。骏马监，掌管御马棚的官员，上属太仆。北地郡的郡治马领，在今甘肃庆阳西北。傅介子，事迹详见《汉书》本传。⑥80 诏因令责楼兰、龟兹：皇帝让傅介子中途经过楼兰与龟兹时谴责这两个国王的对汉朝的无礼与挑衅。⑥81 谢服：认罪服罪。⑥82 会：适值；正好碰上。⑥83 乌孙：西域古国名，国都赤谷城，在今吉尔吉斯斯坦境内的伊塞克湖之东南，距我国的新疆边界不远。⑥84 拜：任命。⑥85 中郎：皇帝的侍从官员，秩六百石，上属光禄勋。⑥86 迁平乐监：升任管理平乐观的官员。迁，升任。平乐监，《汉书·功臣表》作“平乐厩监”，意即平乐观的养马的所在。⑥87 反覆：反复无常，时降时叛。⑥88 而不诛：若不对之进行打击。诛，讨、打击。⑥89 无所惩艾：没法警告其他西域国家。⑥90 近就人：与过往的人们坐得很近。⑥91 易得：容易袭掳或刺杀他。⑥92 以威示诸国：以便给其他国家一点颜色看。⑥93 且验之于楼兰：先在离着近的楼兰国试验一下。⑥94 白遣之：向汉昭帝报告后打发傅介子去了。⑥95 赍金币：携带着许多金银与其他礼品。赍，携带。币，礼物、礼品。⑥96 意：表现了一种……的态度。⑥97 阳引去：假装自动离去。阳，通“佯”，假装。⑥98 使译谓曰：让从行的楼兰译者回去对楼兰王说。⑥99 行赐：巡行赏赐；边行边赐。⑦00 王不来受：你们国王如果再不来接受。⑦01 去之西国：我就将到楼兰以西的其他国家去了。之，往。⑦02 示译：让楼兰的译者看。⑦03 陈物示之：把金银、礼品摆出来给楼兰王看。陈，列、摆出。⑦04 私报王：单独对您个人讲。⑦05 屏语：避开他人而密谈。屏，支开，这里即指避开。⑦06 刃交匈：利刃从背后刺入，从前胸出来。匈，通“胸”。⑦07 告谕以王负汉罪：把楼兰王背叛汉王朝的事实向众人讲了一遍。⑦08 方至：马上就要到来。⑦09 毋敢动：谁也不要动。⑦10 自令灭国矣：谁要是敢动，那就是自找着让你们的国家灭亡。⑦11 驰传诣阙：乘坐着沿途驿站的车子，飞快地回到宫门。诣，到、到达。⑦12 县首北阙下：意即悬首未央宫北门。县，通“悬”。北阙，未央宫的北门。西汉群臣见皇帝，照例都是从北门进宫。⑦13 备车骑、辎重：为之安排了车马骑兵，赐给他许多日用物资。辎重，用大车装载的各种生活物资。⑦14 丞相：此时的丞相为王䜣。⑦15 横门：汉长安城北出西头的第一门。⑦16 祖：祖道，出行前的祭祀路神，引申作为出行者设宴送别，即所谓“饯行”。⑦17 王：汉王朝所立的亲汉派楼兰王尉屠耆。⑦18 单弱：孤单力弱，因在其国内无任何基础。⑦19 伊循城：在楼兰旧都的西南方，今新疆若羌东北。⑦20 其城肥美：因其城北不远即由西向东流入罗布泊的车尔臣河。⑦21 依：依靠；借重。⑦22 司马：原是武官名，在军中主管司法。这里专门派出，其级别大约相当于副校尉。⑦23 田伊循：在伊循屯田。⑦24 填抚之：为之维持秩序、稳定局面。填，同“镇”。⑦25 七月乙巳：七月二十三。⑦26 封范明友为平陵侯：奖其袭击乌桓之功，平陵是封地名。⑦27 义阳侯：奖其刺楼兰王之功，义阳是封地名。⑦28 臣光曰：以下文字是司马光对傅介子因刺楼兰王而得封侯的评论。⑦29 舍：通“舍”，放过不究。⑦30 既服其罪：即前文所谓“介子至楼兰、龟兹，责其王，皆谢服。”⑦31 怀：指施恩义招之归顺。⑦32 陈师鞠旅：摆开军队，讲明道理。陈，列队。鞫，告。⑦③明致其罚：名正言顺地对其进行讨伐。⑦④后有奉使诸国：再有使臣到这些国家去。⑦⑤复可信乎：还能让人家相信你的话吗。⑦⑥为盗贼之谋于蛮夷：对少数民族小国使用这种匪盗一般的手段。⑦⑦不亦可羞哉：不是很可耻的行径吗。⑦⑧论者：有些发表评论的人。⑦⑨美：称赞。⑧⓪罢象郡：撤销象郡。象郡的郡治临尘，即今广西崇左。⑧①分属郁林、牂柯：将原象郡之地分别划归于郁林、牂柯两郡。郁林郡的郡治布山，在今广西桂平西南。牂柯郡的郡治且兰，在今贵州贵定东北。⑧②十二月庚戌：腊月初六。⑧③宜春敬侯王䜣：王䜣因任丞相被封为宜春侯，敬字是其死后的谥号。⑧④慕：招募。⑧⑤郡国徒：各郡、各诸侯国的苦役犯。⑧⑥辽东：汉郡名，这里是指其郡治襄平，即今辽宁辽阳。⑧⑦玄菟城：玄菟郡治高句丽城，在今辽宁新宾西南。⑧⑧犯塞：侵扰辽东、辽西等郡的边塞。⑧⑨十一月乙丑：十一月二十七。⑨⓪杨敞为丞相：杨敞原任大司农，因受霍光宠任，又胆小怕事，故被用为丞相。⑨①少府河内蔡义：身任少府之职的河内郡人蔡义。河内郡的郡治怀县，在今河南武陟西南。⑨②御史大夫：与丞相、大将军合称三公，职同副丞相。

## 【校记】

［4］与：原无此字。据章钰校，甲十五行本、乙十一行本、孔天胤本皆有此字，今据补。〖按〗《汉书·杜周传附杜延年传》《资治通鉴纲目》卷五下皆有此字。［5］人：原作“臣”。据章钰校，甲十五行本、乙十一行本、孔天胤本皆作“人”，今据改。〖按〗《通鉴纪事本末》卷三、《汉书·傅介子传》《汉书·西域上·鄯善国传》皆作“人”。［6］城：原作“地”。据章钰校，甲十五行本、乙十一行本、孔天胤本皆作“城”，今据改。〖按〗《通鉴纪事本末》卷三作“城”。

## 【研析】

本卷写了昭帝始元元年（公元前八六年）至元凤六年（公元前七五年）共十二年间的全国大事，其中值得议论的事情有以下数项。

第一，关于燕王、盖长公主与权臣勾结作乱的问题。昭帝即位的时候年方八岁，幼主临朝容易产生的问题首先是同姓亲属不服，起而争夺皇位；其次是异姓辅政者挟天子以令诸侯，最终演变成篡夺皇位。对汉昭帝来说，这两种危险实际都存在。在对付同姓夺权者的时候，异姓辅政者与小皇帝的命运是系在一起的，故而臣子的“忠”心与幼主的亲“贤”彼此一致。汉昭帝因此受后人尊敬，说他的遇事不惑胜过周成王，魏文帝曹丕与其身边的丁仪，以及唐代的李德裕都发表过这样的评论。不过李德裕的评论带有更多的借以抒发个人愤懑之意，这是很明显的。上官桀父子轻举妄动，无其权而想成其事，结果被霍光所杀是理所当然的。霍光受汉武帝眷宠，其实也未必是多么纯朴的善良之辈，观其后来对待其妻大逆不道之罪行的态度即可得知。只不过刘氏正统在当时尚深入人心，霍光当时还没有篡位的客观气候而已。

第二，关于昭帝在霍光等人辅佐下革除武帝弊政、拨乱反正的问题。武帝在位期间对外连年发动战争，对内实行严刑峻法，以保证其对于不同政见者的镇压，和对全国黎民百姓的不遗余力的搜刮。司马迁在《史记·酷吏列传》中写到当时国内的紧张情况时说："吏民益轻犯法，盗贼滋起。南阳有梅免、白政，楚有殷中、杜少，齐有徐勃，燕赵之间有坚卢、范生之属。大群至数千人，擅自号，攻城邑，取库兵，释死罪，缚辱郡太守、都尉，杀二千石，为檄告县趣具食；小群以百数，掠卤乡里者，不可胜数也。"但西汉王朝之所以没有像秦朝那样被农民起义推翻，宋代秦观说："二世不变始皇之事，孝昭能改武帝之故也。"

第三，关于霍光大权独揽，权臣专政局面形成的问题。从刘邦建国一直到汉景帝，都是大权在皇帝之手，而丞相是皇帝的左膀右臂，有很高的荣誉和相当大的权力，甚至皇帝也有时拗不过丞相，而不得不依着丞相的意思办。从武帝开始，他在丞相的权力上又建立了一个以他个人为中心、外加几位大将的"内朝"，从此丞相变成了徒有其名、只能照"内朝"的章程签押照办的傀儡。轮到昭帝继位，受遗命辅幼主的几个人都是"内朝"武将，丞相就更加成为被扔在一边、无任何事情可管的可怜虫了。从此以后的丞相，一部分是万事不问的尸位素餐者，另一部分不甘寂寞，干脆就成为"内朝"首辅阴谋野心家的鹰犬了，如后来的韦玄成、韦贤、匡衡、张禹、孔光等都是这样的两种人，一直到把野心家王莽送上皇帝宝座而后已。

第四，关于傅介子刺楼兰王的评价问题。司马光对此是深恶痛绝的，他说："楼兰王既服其罪，又从而诛之，后有叛者，不可得而怀矣。必以为有罪而讨之，则宜陈师鞠旅，明致其罚。今乃遣使者诱以金币而杀之，后有奉使诸国者，复可信乎？且以大汉之彊而为盗贼之谋于蛮夷，不亦可羞哉？"但唐代诗人却对之赞不绝口，如大诗人李白有所谓"游猎向楼兰""挥刃斩楼兰""愿将腰下剑，直为斩楼兰"；张仲素有所谓"直斩楼兰报国恩"；曹唐有所谓"不斩楼兰不拟回"；翁绶有所谓"谁斩楼兰献未央"；等等。直到清朝赵翼的《廿二史札记》中有"汉使立功绝域"一条，在引用了傅介子等人的做法后，说是"可见汉之威力行于绝域，奉使者亦皆非常之才，故万里折冲，无不如志"，似乎都没有像司马光那样进行应有的分析。

第五，关于苏武胜利归国的问题。《资治通鉴》所载的苏武出使匈奴始末，全部依据班固的《汉书》，而且在《苏武传》的最后还加有精彩的一段说："甘露三年，单于始入朝，上思股肱之美，乃图画其人于麒麟阁，法其形貌，署其官爵、姓名。"这十一个人是：霍光、张安世、韩增、赵充国、魏相、丙吉、杜延年、刘德、梁丘贺、萧望之、苏武。清代李慈铭《越缦堂读书记》对此评论说："如以后世史法论图画麒麟阁功臣事，必当属之霍光传后矣。此知班氏犹得《春秋》'微而显、志而晦'之旨者也。"又说："苏武唯麒麟阁一事足以伸眉身后，故班氏特以此事系之传后，以慰千载读史者之心，良史用心之苦，非晋宋以后史家所知。”苏武的志节操守当然是可歌可泣的，前人之述备矣，但汉代出使若苏武之处历年所者实不止苏氏一人，苏武之同行者有常惠，在其前者有张骞等等。赵翼曾具列其姓氏，深慨人之遭遇“有幸有不幸”。“张骞先使月氏，道半为匈奴所得。留十年，持汉节不失。后乃逃出，由大宛、康居至月氏、大夏，从羌中归；又为匈奴所得。岁余，乘其国乱，乃脱归。是骞之崎岖更甚于武也。”有关张骞的事迹详见《史记·大宛列传》。苏武的贡献，主要在道德层面，并没有其他实际的功效；而张骞则是既谨守了民族节操，又完成了出使西域，从官方的角度打开了西域交通，即后代所谓“丝绸之路”的前所未有的历史贡献。张骞作为具有世界贡献的杰出人物将彪炳于世界文化的历史上，是苏武所无法与之相比的。但苏武两千年来家喻户晓，而张骞则不仅无此殊荣，相反以“生事”“兴利”之名，长期受到历史的批判。究其所始，苏武乃受惠于班固《汉书》之表彰，而张骞则受司马迁《史记》之批判也。人之“有幸有不幸”，无过于此者。

# 卷第二十四　汉纪十六

起强圉协洽（丁未，公元前七四年），尽昭阳赤奋若（癸丑，公元前六八年），凡七年。

【题解】

本卷写了昭帝元平元年（公元前七四年）至宣帝地节二年（公元前六八年）共七年间的全国大事。主要写了昭帝去世，因昭帝无子而朝廷选立昌邑王刘贺；又因为昌邑王刘贺荒唐悖谬，不成体统，最后被霍光等人所废。写了宣帝幼年祖父卫太子在巫蛊之乱中含冤而死、全家被灭，宣帝在廷尉监王吉的护持下得以全活，养于掖庭与卫太子妃之母家，后因昌邑王被废，宣帝遂被迎立为帝的过程。写了霍光的权势之大与其家族亲戚盘根错节、垄断朝廷，甚至霍光妻为了让其小女进宫掌权而毒死了宣帝的发妻许皇后，霍光为之掩盖、包庇的情形。写了霍光之死，张安世继续秉政，魏相上书要求裁抑霍氏之权。写了赵广汉以峻法治京兆，于定国为廷尉，“哀鳏寡，罪疑从轻”，均获朝野称颂。写了夏侯胜平易敢言，受皇帝、太后尊敬，儒者引以为荣。写了汉军五道伐匈奴皆无功，独常惠护乌孙兵多所克获而封侯。写了匈奴屡屡受挫、势力益弱而欲和亲。写了宣帝因生长民间而知官场利弊，亲政后加强法制，发挥郡国二千石的作用，史称中兴。

【原文】

**孝昭皇帝下**

**元平元年（丁未，公元前七四年）**

春，二月，诏减口赋①钱什三②。

夏，四月癸未③，帝崩于未央宫④，无嗣⑤。时武帝子独有广陵王胥⑥，大将军光与群臣议所立⑦，咸持⑧广陵王。王⑨本以行失道⑩，先帝所不用⑪，光内不自安⑫。郎⑬有上书言：“周太王⑭废太伯立王季⑮，文王⑯舍伯邑考立武王⑰，唯在所宜⑱，虽废长立少可也。广陵王不可以承宗庙⑲。”言合光意。光以其书示丞相敞⑳等，擢㉑郎为九江太守㉒。即日承皇后诏㉓，遣行大鸿胪事少府乐成㉔、宗正德㉕、光禄大夫吉㉖、中郎将利汉㉗，迎昌邑王贺㉘，乘七乘传㉙诣㉚长安邸㉛。

【语译】

**孝昭皇帝下**

**元平元年（丁未，公元前七四年）**

春季，二月，汉昭帝下诏将人们每年向国家缴纳的口赋税减少十分之三。

夏季，四月十七日癸未，汉昭帝在未央宫驾崩，他没有儿子继承皇位。当时，汉武帝的儿子只有广陵王刘胥在世，大将军霍光与群臣商量立谁为皇帝，大臣们都主张立广陵王刘胥。广陵王刘胥因为品行不端，行为不正，所以武帝不立他为皇太子，霍光不知如何是好。有一位郎官给霍光写信说："周太王废掉长子太伯而立小儿子季历为接班人，周文王舍弃长子伯邑考而立姬发为接班人，只要合适，就是废长立幼也是可以的。广陵王刘胥不适合做皇位继承人，主持对宗庙的祭祀。"郎官的意见正合霍光的心思。霍光就把这封书信拿给丞相杨敞等人观看，并提拔这个郎官做了九江太守。当天，霍光秉承上官皇后的旨意，派遣以少府身份代行大鸿胪职务的乐成、身任宗正职务的刘德、担任光禄大夫的丙吉以及中郎将利汉，前往昌邑迎接昌邑王刘贺回朝继承皇位，昌邑王刘贺乘坐着七匹马驾的传车来到长安城中自己的府邸。

光又白[32]皇后，徙[33]右将军安世[34]为车骑将军[35]。

贺，昌邑哀王[36]之子也，在国素狂纵[37]，动作无节[38]。武帝之丧[39]，贺游猎不止。尝游方与[40]，不半日[41]驰二百里。中尉琅邪王吉[42]上疏[43]谏曰："大王不好书术[44]而乐逸游[45]，冯式撙衔[46]，驰骋不止，口倦乎叱咤[47]，手苦于棰辔[48]，身劳虖车舆[49]，朝则冒雾露[50]，昼则被尘埃[51]，夏则为大暑之所暴炙[52]，冬则为风寒之所匽薄[53]，数以耎脆之玉体[54]犯勤劳之烦毒[55]，非所以全寿命之宗[56]也，又非所以进仁义之隆[57]也。夫广厦[58]之下，细旃[59]之上，明师居前，劝诵[60]在后，上论唐、虞之际[61]，下及殷、周之盛[62]，考[63]仁圣之风，习治国之道，䜣䜣[64]焉发愤忘食，日新厥德[65]，其乐岂衔橛之间哉[66]？休则俛仰屈伸[67]以利形[68]，进退步趋[69]以实下[70]，吸新吐故[71]以练臧[72]，专意积精[73]以适神[74]，于以养生岂不长哉[75]？大王诚留意如此，则心有尧、舜之志，体有乔、松[76]之寿，美声广誉[77]，登而上闻[78]，则福禄其臻[79]而社稷[80]安矣。皇帝[81]仁圣，至今思慕[82]未怠，于宫馆、囿池、弋猎[83]之乐未有所幸[84]，大王宜夙夜念此[85]以承圣意[86]。诸侯骨肉[87]，莫亲大王[88]，大王于属则子[89]也，于位则臣[90]也，一身而二任之责加焉[91]。恩爱行义[92]，孅介有不具[93]者，于以上闻[94]，非飨国之福[95]也。"王乃下令曰："寡人造行[96]不能无惰[97]，中尉甚忠，数辅[98]吾过。"使谒者千秋[99]赐中尉牛肉五百斤、酒五石、脯[100]五束。其后复放纵自若[101]。

郎中令山阳龚遂[102]，忠厚刚毅，有大节，内谏争于王[103]，外责傅相[104]，引经义，陈祸福，至于涕泣，蹇蹇亡已[105]。面刺[106]王过，王至掩耳

霍光奏请上官皇后之后，调任右将军张安世为车骑将军。

昌邑王刘贺，是武帝的儿子昌邑哀王刘髆的儿子，他在自己的封国之内一向狂妄放纵，行为不遵守礼节。在为其祖父汉武帝守丧期间，刘贺照样游玩打猎，丝毫没有悲痛的表示。他曾经到方与县游玩，在不到半天的时间里就骑马奔驰了二百里。在昌邑国担任中尉的琅邪人王吉上书规劝他说："大王不喜好读书和钻研儒家学术，却贪图安逸、喜欢奔驰游猎，还经常亲自驾车勒马，到处驰骋，因为不停地大声叱咤而导致口干舌燥十分疲倦，因为紧勒缰绳、挥舞马鞭而使得双手疲乏无力，每天坐在车子上东奔西跑而使身体劳倦，不仅如此，早晨遭受大雾和露水的侵害，白昼则遭受风沙尘土的袭击，夏天遭受炎热太阳的炙烤，冬季则遭受着风寒的侵凌，大王以金枝玉叶般的柔弱身躯却屡次承受恶劣的气候和疲倦劳累的煎熬，这绝不是延年益寿的好办法，也无益于促进美好道德的提高。您居住在明亮高大的殿堂里，坐在柔软细密的毛毯上，前面有高明的老师指导您学习，后边有人侍奉、劝导您诵读诗书文章，往上探讨唐尧、虞舜时代为什么昌盛，往下研究商汤、周文王、周武王时期兴隆的原因，详细考察仁人圣贤的风范，学习揣摩安邦治国的道理，心中充满求知的愉悦而废寝忘食地读书，使自己的品德天天都有新的提高，其中的快乐哪里是骑马游猎所能比拟的呢？休息的时候，就自由自在地想躺就躺、想站就站，弯弯腰、伸伸腿都有利于身体健康；或者是散散步，有时走快点，有时走慢点，可以锻炼下肢的筋骨而使步履矫健；吸入新鲜空气，吐出胸中浊气从而达到洗练肺腑的目的；排除一切杂念，蓄养精神，调节好自己的情绪，将此作为养生之道，难道能不长寿吗？大王若能诚心诚意地这样做，那么就会心里存有像尧、舜那样治理好自己国家的志向，身体又能像王子乔、赤松子一样健康长寿，修养自己的声望，推广自己的美德，这种情况一旦传到皇帝那里，那么福禄就会一起到来而国家政权也因此而更加稳固。当今的皇帝仁爱圣明，至今依然对先皇思念不已，而对于观赏皇宫馆舍、园林池沼以及那些射鸟捕兽的娱乐，从来都没有参与过，大王也应该日夜想着这些，按照皇上的样子做。在所有的诸侯王当中，没有人比大王和皇帝的血缘关系更亲近的了，大王在与武帝的亲属关系上属于儿子一辈，从地位职分来说您又是臣子，一身而负有两种责任。由血缘关系决定的应有恩情与由君臣关系决定的应尽义务，使得您的一举一动稍微有点不好的地方，上传到皇帝的耳朵里，都不是您这昌邑王的福分啊。"于是昌邑王刘贺下令说："我的所作所为难免有怠惰、疏忽的地方，中尉王吉对我忠心耿耿，屡次辅助我改正过错。"因此派担任谒者职务的千秋赏赐中尉王吉五百斤牛肉、五石酒、五捆熟肉干。但事过之后，昌邑王刘贺依然放纵如故。

担任昌邑国郎中令的山阳人龚遂，为人忠厚刚毅，坚守节操，在王宫之内敢于当面直言规劝昌邑王刘贺，在王宫以外则严格要求昌邑王的师傅和丞相，他引经据典，为他们陈述利害关系，以至于痛哭流涕，他情真意切，说起话来就没完没了。

起走，曰：“郎中令善媿人[107]！”王尝久与驺奴[108]、宰人[109]游戏饮食，赏赐无度，遂入见王，涕泣膝行，左右侍御[110]皆出涕。王曰：“郎中令何为哭？”遂曰：“臣痛[111]社稷危也！愿赐清闲[112]竭愚[113]。”王辟[114]左右，遂曰：“大王知胶西王[115]所以为无道亡乎[116]？”王曰：“不知也。”曰：“臣闻胶西王有谀臣侯得[117]，王所为儗于桀、纣[118]也，得以为尧、舜[119]也。王说[120]其谄谀，常与寝处[121]，唯得所言[122]，以至于是[123]。今大王亲近群小[124]，渐渍邪恶所习[125]，存亡之机[126]，不可不慎也！臣请选郎通经有行义者[127]与王起居[128]，坐则诵《诗》《书》[129]，立则习礼容[130]，宜有益。”王许之。遂乃选郎中[131]张安等十人侍王。居数日，王皆逐去[132]安等。

王尝见大白犬，颈以下似人，冠方山冠[133]而无尾[134]。以问龚遂，遂曰：“此天戒[135]，言在侧者尽冠狗[136]也，去之则存[137]，不去则亡矣。”后又闻人声曰“熊”，视而见大熊，左右莫见，以问遂。遂曰：“熊，山野之兽，而来入宫室，王独见之，此天戒大王，恐宫室将空，危亡象[138]也。”王仰天叹[1]曰：“不祥何为数来[139]？”遂叩头曰：“臣不敢隐忠[140]，数言危亡之戒[141]，大王不说[142]。夫国之存亡，岂在臣言哉？愿王内自揆度[143]。大王诵《诗》三百五篇[144]，人事浃[145]，王道备[146]。王之所行，中《诗》一篇何等也[147]？大王位为诸侯王，行污于庶人[148]，以存难[149]，以亡易[150]，宜深察之！”后又血污王坐席[151]，王问遂，遂叫然号曰[152]：“宫空不久，妖祥数至[153]。血者，阴忧象[154]也，宜畏慎自省[155]！”王终不改节[156]。

他当面批评刘贺的过错，使昌邑王感到很难为情，就双手捂着耳朵跑开了，昌邑王对别人说："郎中令专门爱给人下不了台！"昌邑王刘贺曾经与赶车的奴仆以及厨师们在一块儿游戏吃喝，赏赐起这些人来毫无限度，龚遂知道后立即进宫面见昌邑王刘贺，他一边哭泣，一边膝行来到刘贺的面前，他的忠诚感动得在旁边侍奉昌邑王的奴婢们都流下了眼泪。昌邑王刘贺问他："郎中令你为什么如此痛哭？"龚遂说："我是为昌邑国面临着即将覆灭的危险而伤心痛哭啊！希望陛下抽出一点时间，让我把心里话跟大王尽情地说一说。"昌邑王刘贺于是将身边的侍奉人员支开，龚遂说："大王知道胶西王刘卬被称为'无道'而被灭亡的事情吗？"刘贺说："不知道。"龚遂说："我听说胶西王身边有一个特别会阿谀谄媚的大臣叫作侯得，胶西王刘卬的所作所为就像夏桀、商纣一样暴虐无道，而侯得却称赞胶西王刘卬是一个像尧、舜一样贤明的君主。胶西王刘卬喜欢听侯得的阿谀奉承，所以经常与侯得同床共寝，形影不离，对侯得的话言听计从，最终导致国灭身亡。如今大王亲近一帮小人，逐渐受到那些邪恶习惯的浸染，这可是生死存亡的关键，不能不引起大王的重视啊！请让我给您挑选一些通晓经术、有道德修养的侍从与您一同生活，坐着的时候就朗诵儒家的经典《诗经》《尚书》，站立的时候就练习礼仪姿容，这样对大王一定有好处。"刘贺答应了龚遂的请求。于是龚遂挑选郎中张安等十个人随侍在刘贺的左右。但几天之后，昌邑王刘贺就把张安等驱逐出宫了。

昌邑王刘贺曾经见到一只大白犬，脖子以下像人形，头上戴着山形的帽子，却没长尾巴。昌邑王刘贺就问龚遂，龚遂说："这是老天爷在警示您，意思是说大王左右的近侍之臣都是戴着帽子的狗，如果将他们驱逐出去，国家就能生存，留他们在身边，国家就要灭亡了。"后来昌邑王刘贺好像听到有人喊"熊"，仔细一看，果然看到了一只大熊，但身边的人却谁也没有看见熊，昌邑王刘贺又去问龚遂。龚遂说："熊，是山野中的野兽，现在进入了宫室，却又只有大王能看见它，这是上天在告诫大王，恐怕宫室将要空虚，这是国家即将灭亡的征兆。"昌邑王刘贺仰天长叹，说："不祥的征兆为什么总是接二连三地显现出来呢？"龚遂磕头说："我不敢隐瞒忠心而不说，我屡次说到这种警告灾难的话，使得大王心里很不高兴。国家的兴衰存亡，难道在于我说吗？希望大王能够深刻地自我反省。大王读了整本的《诗经》，这些诗对人际关系、人的行为准则等方面讲得非常透彻，对有关治国平天下的道理也讲得很完备。大王的行为，符合了《诗经》中的哪一篇呢？大王处在诸侯王的位置上，而大王的行为连一般人都比不上，用您的这种行为谋求生存是很困难的，而自取灭亡却很容易，所以请大王认真思考思考吧！"后来又不知哪里来的一摊血弄脏了昌邑王刘贺的座席，昌邑王又向龚遂询问是什么征兆，龚遂惊得大叫一声哭着说："离人去楼空不远了，所以不祥的征兆才屡次出现。鲜血，是阴沉忧患的象征啊，大王应该心怀畏惧、谨慎行事，要认真地自我反省才好啊！"但昌邑王刘贺始终不肯改变他的行为做派。

及征书[157]至，夜漏[158]未尽一刻[159]，以火发书[160]。其日中，王发[161]。晡时[162]，至定陶[163]，行百三十五里，侍从者马死相望于道[164]。王吉奏书[165]戒王曰："臣闻高宗谅暗[166]，三年不言。今大王以丧事征[167]，宜日夜哭泣悲哀而已，慎毋有所发[168]。大将军仁爱、勇智、忠信之德，天下莫不闻，事孝武皇帝二十余年，未尝有过。先帝弃群臣[169]，属以天下[170]，寄幼孤[171]焉。大将军抱持幼君襁褓之中[172]，布政施教，海内晏然[173]，虽周公[174]、伊尹[175]无以加也。今帝崩无嗣[176]，大将军惟思[177]可以奉宗庙[178]者，攀援[179]而立大王，其仁厚岂有量哉[180]？臣愿大王事之[181]、敬之，政事壹听之[182]，大王垂拱南面[183]而已。愿留意[184]，常以为念[185]。"

王至济阳[186]，求长鸣鸡[187]，道买积竹杖[188]。过弘农[189]，使大奴善[190]以衣车载女子[191]。至湖[192]，使者[193]以让相安乐[194]。安乐告龚遂，遂入问王，王曰："无有。"遂曰："即无有[195]，何爱一善以毁行义[196]？请收属吏[197]，以湔洒[198]大王。"即捽[199]善属[200]卫士长行法。

王到霸上[201]，大鸿胪[202]郊迎[203]，驺[204]奉乘舆车[205]。王使寿成[206]御[207]，郎中令遂参乘[208]。且至广明[209]、东都门[210]，遂曰："礼，奔丧望见国都哭[211]，此长安东郭门也[212]。"王曰："我嗌[213]痛，不能哭。"至城门[214]，遂复言[215]，王曰："城门与郭门等[216]耳。"且至未央宫东阙[217]，遂曰："昌邑帐[218]在是阙外驰道[219]北，未至帐所[220]，有南北行道[221]，马足未至数步[222]，大王宜下车，乡阙西面伏哭[223]，尽哀止[224]。"王曰："诺[225]。"到，哭如仪[226]。六月丙寅[227]，王受皇帝玺绶[228]，袭尊号[229]，尊皇后[230]曰皇太后。

壬申[231]，葬孝昭皇帝于平陵[232]。

朝廷征召昌邑王刘贺进京的文书送达昌邑国的时候，根据漏刻，离天亮还差一刻的时间，于是在王宫中点火照明，打开书信观看。到第二天中午时分，昌邑王刘贺出发。下午三点多的时候，昌邑王到达定陶，已经走出了一百三十五里的路程，跟随的人员、马匹累死在路上的前后相望。王吉上书给昌邑王，告诫说："我听说殷王武丁继任王位，在为上代君主守丧期间，三年不言不语。如今大王因为皇帝的丧事而被征召入朝，应该日夜哭泣倍感悲哀才是，千万谨慎小心，不要有任何举动。大将军霍光仁爱、果敢、睿智、忠信的品德，天下没有人不知道，他辅佐孝武皇帝二十多年，从来没有出过错。先帝在临终时，把整个国家的事情托付给他代管，将年幼的小国君托付给他。大将军抱持着尚在襁褓中的小皇帝，发布政令，施行教化，海内平安无事，即使是周公、伊尹的功劳也超不过他啊。如今昭帝驾崩，没有子嗣，大将军一心思考的是皇位继承人的问题，根据宗室亲缘关系而选择大王来继承皇位，他的仁慈宽厚难道有办法衡量吗？我希望大王能够倚重他、尊敬他，一切国家大政方针都听从他，大王只需垂衣拱手端坐在皇帝的宝座上就可以了。希望您留心，经常想着这些。"

昌邑王刘贺到达济阳，下令寻求长鸣鸡，又在路上购买积竹杖。经过弘农县的时候，又派奴仆总管名叫善的人用一辆有帷帐的车子载着不知从哪里弄来的美女同行。到达湖县的时候，京师派来迎接昌邑王的使者发现了昌邑王刘贺的车子里载有美女，就去责问昌邑王刘贺的国相安乐。安乐将此事告诉了龚遂，龚遂立即去追问昌邑王刘贺，刘贺抵赖说："没有这回事。"龚遂说："如果真的没有这回事，大王为什么舍不得杀掉一个奴仆总管而让他毁坏了您的名誉？请把善交给执法官员去处理，以洗刷大王的冤屈，还大王一个清白。"说完，立即伸手将奴仆总管善揪出来交给卫士长处决了。

昌邑王刘贺到达霸上，大鸿胪到郊外迎接，为皇帝主管车马的官吏奉请昌邑王换乘皇帝所乘坐的车驾。昌邑王刘贺让一个叫作寿成的奴仆为自己驾车，郎中令龚遂担任陪乘。将到广明苑、东都门的时候，龚遂提醒昌邑王刘贺说："按照礼仪，奔丧的人一望见都城的门就要大声号哭，现在已经到了长安东郭门了。"昌邑王刘贺说："我的咽喉疼痛，不能哭。"等到达东都门的内城门时，龚遂又一次提醒昌邑王，昌邑王刘贺说："长安城门与长安郭门是一样的。"等到达未央宫的东门时，龚遂说："昌邑王哭丧的帷帐设在宫门外御道的北边，这里距离大王的帐所，只隔着南北方向的一条通路，乘马车走没有几步远，大王应该下车走到帐所，然后面向西朝着未央宫东门，趴在地上痛哭，要极尽悲哀之后再起来。"昌邑王刘贺说："好吧。"到达昌邑国吊丧的帷帐后，昌邑王刘贺按照礼仪规定进行了哭丧。六月初一丙寅，昌邑王刘贺接受了皇帝的玉玺、绶带，接续使用皇帝的尊号，尊上官皇后为皇太后。

六月初七壬申，将汉孝昭皇帝安葬在平陵。

昌邑王既立，淫戏[233]无度。昌邑官属[234]皆征至长安，往往超擢拜官[235]。相安乐迁长乐卫尉[236]。龚遂见安乐，流涕谓曰：“王立为天子，日益骄溢[237]，谏之不复听。今哀痛未尽[238]，日与近臣饮食[2]作乐，斗虎豹，召皮轩车[239]九旒[240]，驱驰东西，所为誖道[241]。古制宽，大臣有隐退[242]，今去不得，阳狂恐知[243]，身死为世戮[244]，奈何[245]？君，陛下故相[246]，宜极谏争[247]。”

王梦青蝇之矢[248]积西阶东[249]，可五六石[250]，以屋版瓦覆之[251]，以问遂，遂曰：“陛下之《诗》[252]不云乎[253]：‘营营[254]青蝇，止于藩[255]。恺悌君子[256]，毋信谗言[257]。’陛下左侧[258]谗人众多，如是青蝇恶[259]矣。宜进先帝[260]大臣子孙，亲近以为左右。如不忍[261]昌邑故人，信用谗谀[262]，必有凶咎[263]。愿诡祸为福[264]，皆放逐之，臣当先逐矣。”王不听。

太仆丞河东张敞[265]上书谏曰：“孝昭皇帝蚤崩无嗣，大臣忧惧，选贤圣承宗庙，东迎[266]之日，唯恐属车[267]之行迟。今天子[268]以盛年[269]初即位，天下莫不拭目倾耳[270]，观化听风[271]。国辅大臣[272]未褒[273]，而昌邑小辇[274]先迁[275]，此过之大者也。”王不听。

大将军光忧懑[276]，独以问所亲故吏大司农田延年[277]。延年曰：“将军为国柱石[278]，审此人不可[279]，何不建白太后[280]，更选贤而立之？”光曰：“今欲如是[281]，于古尝有此不[282]？”延年曰：“伊尹相殷[283]，废太甲以安宗庙[284]，后世称其忠。将军若能行此，亦汉之伊尹也！”光乃引[285]延年给事中[286]，阴与车骑将军张安世图计[287]。

王出游，光禄大夫鲁国夏侯胜[288]当乘舆[289]前谏曰：“天久阴而不

昌邑王刘贺做了皇帝之后，依然是荒淫、嬉戏没有节制。他把昌邑国的大小官员都征调到了长安，而且越级提升官职。他将昌邑国的国相安乐升任为长乐宫的卫尉。龚遂见到安乐，流着眼泪对他说："大王被立为天子后，更加骄傲、自满，对于我的规劝，他已经听不进去。如今为昭帝服丧尚未期满，大王却每日跟他的左右亲信在宫中饮食作乐，引虎斗豹，还乘坐着用红色皮革做篷顶的车子，车上插着用九条飘带做装饰的大旗，在宫中往来驰骋，他的所作所为完全违背了君臣之义和子侄之道。古代的制度宽舒，大臣可以辞官隐退，如今的规定却不允许这样做，我想假装疯癫以求辞官又怕被人发觉，长此以往，恐怕不仅自身难保，死了也会遭到世人的耻笑，这可如何是好？您，原来就是陛下的国相，应该竭尽全力地劝阻陛下才对。"

昌邑王刘贺梦见许多苍蝇屎堆积在大殿西阶的东侧，有五六石之多，上面用建造房屋的大瓦覆盖着，刘贺把梦中的情形向龚遂述说了一遍，询问是什么征兆，龚遂说："陛下读过的《诗经》中不是有这样的诗句吗：'往来盘旋的青蝇，停落在篱笆上。平易近人的君子，不要听信小人的谗言。'陛下身边谗佞的小人太多了，他们就像苍蝇屎一样。陛下应该召集先帝大臣的子孙，亲近他们，让他们服侍在陛下的左右。如果舍不得昌邑国的那些旧臣，依然信任他们、听信他们的谗言，必定会招致灾祸。希望陛下转祸为福，把那些谗佞小人全都撵出宫去，我就是首先应当被驱逐的一个。"昌邑王刘贺听不进龚遂的劝告。

担任太仆丞的河东人张敞上书对昌邑王进行规劝，他说："孝昭皇帝过早驾崩，没有子嗣，大臣们对此都很忧虑恐慌，一心要选择贤能圣明的刘氏宗亲来继承皇位、主持宗庙的祭祀，在前往东方的昌邑国迎接陛下进京的时候，唯恐您的车驾行动迟缓。如今陛下以壮年初登大位，天下人没有一个不在拭目以待、侧耳倾听，盼望看到新气象、听到新消息。而那些辅佐朝廷的有功大臣还没有得到褒奖，而当年给昌邑王挽车的小臣却首先得到升迁，这是很大的过错啊。"刘贺把张敞的劝告当作耳边风。

大将军霍光对昌邑王刘贺的所作所为深感忧愁和烦闷，于是单独向自己最亲信的故吏大司农田延年征求意见。田延年说："将军是国家的柱石，如果这个人确实不行，何不向太后奏报清楚、提出建议，再从皇室中另外选择贤能的立为皇帝？"霍光说："现在正想这么做，古代有没有这样的先例？"田延年说："伊尹在殷朝为相，因为太甲昏庸无道，伊尹将他安置到铜宫思过，为的是使宗庙得到保全、国家长治久安，后世都称赞伊尹忠诚。将军如果也能这样办，将军就是汉朝的伊尹啊！"于是，霍光便将田延年调到宫中担任侍奉皇帝的给事中，暗中又与车骑将军张安世谋划废立的大事。

昌邑王刘贺出宫游猎，担任光禄大夫的鲁国人夏侯胜挡在他的车驾前劝谏说：

雨，臣下有谋上[290]者。陛下出，欲何之[291]？”王怒，谓胜为祅言[292]，缚以属吏[293]。吏白霍光，光不举法[294]。光让[295]安世，以为泄语[296]。安世实不言[297]。乃召问胜，胜对言：“在《鸿范传》曰[298]：‘皇之不极[299]，厥罚常阴[300]，时则下人有[3]伐上者[301]。’恶察察言[302]，故云‘臣下有谋’。”光、安世大惊，以此益重经术士[303]。侍中[304]傅嘉数进谏，王亦缚嘉系狱[305]。

光、安世既定议[306]，乃使田延年报[307]丞相杨敞。敞惊惧，不知所言，汗出洽背[308]，徒唯唯而已[309]。延年起，至更衣[310]。敞夫人[311]遽[312]从东厢谓敞曰：“此国大事，今大将军议已定，使九卿[313]来报君侯[314]，君侯不疾应[315]，与大将军同心，犹与无决[316]，先事诛[317]矣！”延年从更衣还，敞夫人与延年参语[318]，许诺：“请奉[319]大将军教令！”

癸巳[320]，光召丞相、御史[321]、将军、列侯、中二千石、大夫、博士会议[322]未央宫。光曰：“昌邑王行昏乱[323]，恐危社稷，如何？”群臣皆惊鄂[324]失色，莫敢发言，但唯唯而已。田延年前[325]，离席按剑曰：“先帝属将军以幼孤，寄将军以天下，以将军忠贤，能安刘氏也。今群下鼎沸[326]，社稷将倾。且汉之传谥常为‘孝’者[327]，以长有天下[328]，令宗庙血食[329]也。如汉家绝祀[330]，将军虽死，何面目见先帝于地下乎？今日之议，不得旋踵[331]，群臣后应者[332]，臣请剑斩之！”光谢[333]曰：“九卿责光是也[334]！天下匈匈[335]不安，光当受难[336]。”于是议者皆叩头曰：“万姓之命，在于将军，唯大将军令[337]！”

光即与群臣俱见，白太后，具陈[338]昌邑王不可以承宗庙状。皇太后乃车驾幸未央承明殿[339]，诏诸禁门[340]毋内昌邑群臣[341]。王入朝太后还[342]，乘辇欲归温室[343]，中黄门宦者[344]各持门扇[345]，王入，门闭，昌邑群

"天气一直阴沉着而不下雨，预示着有臣下在阴谋算计皇上。陛下出游，想往哪里去?"刘贺听了大怒，认为夏侯胜在妖言惑众，就命人将夏侯胜绑缚起来交给法官进行处置。法官将此事报告给霍光，霍光没有依法处置夏侯胜。霍光责备张安世，认为是张安世泄露了秘密。而张安世确实没有走漏消息，霍光便把夏侯胜叫来询问。夏侯胜回答说:"在《鸿范传》中有记载说:'皇帝的行为倘若不端正，上天对他的惩罚就是久阴不雨，那时候就可能有臣民要造皇帝的反。'我不能说得太具体、太明白，所以就说'有臣下要谋算皇上'。"霍光、张安世听了夏侯胜的回答都感到很吃惊，因此更加尊重精通儒家学术之士。刘贺的侍从官傅嘉也屡次对昌邑王刘贺进行劝谏，刘贺也把傅嘉关进了监狱。

霍光、张安世做出了废立的决定，就派田延年先去告知丞相杨敞。杨敞非常惊惶恐惧，根本不知道该说什么好，窘迫得汗流浃背，只会连声称是。田延年起身去厕所。杨敞的夫人急速地从东厢房走出来对杨敞说:"这可是关系国家存亡的大事，如今大将军商议已定，特意派九卿来通知你，你不赶紧表态，答应与大将军同心协力办成此事，却在此犹豫不决，他们会先把你杀掉再干别的!"田延年从厕所返回，杨敞夫人陪同杨敞答复田延年说:"一定遵从大将军的命令!"

六月二十八日癸巳，霍光召集丞相、御史、将军、列侯、中二千石、大夫、博士等在未央宫开会。霍光说:"昌邑王刘贺行为昏聩悖谬，恐怕要危及社稷的安全，你们说应该怎么办?"群臣突然听到这个问题，一个个大惊失色，没有人敢发表意见，只是一连声儿地称是而已。田延年离开座席走上前去，手按宝剑，大声说:"先皇帝临终把幼小的皇帝托付给大将军，把执掌天下的大权交付给大将军代管，就是因为大将军忠诚贤能，能使刘姓建立起来的国家政权稳固。如今群臣对昌邑王非常不满、议论纷纷，使刘氏政权面临着即将崩溃的危险。而且汉朝皇帝的谥号前面总要加一个'孝'字，就是希望江山社稷千秋万代永远传承下去，使供奉在宗庙中的祖先能够永远享受后代的祭祀。如果汉朝的祖先断绝了祭祀，大将军即使死了，又有何脸面见先帝于地下呢?今天讨论的事情，没有退缩的余地，必须尽快做出决定，在座的群臣中有谁响应迟缓，我就用剑先杀了他!"霍光歉疚地说:"九卿田延年对我霍光的批评指责是对的!天下骚动不安，我难辞其咎，理应当受到所有臣民的责难。"于是参加会议的人全都磕头说:"百姓的生命安危，都系在将军一人身上，我等唯大将军命令是从!"

霍光随即率领群臣进宫去见上官皇太后，把昌邑王刘贺继位以来种种恶行逐条陈述给上官皇太后，认为他确实不适合做皇帝、主持宗庙的祭祀。上官皇太后立即坐着辇车来到未央宫的承明殿，下诏给各个宫门的守卫，不许放一个昌邑王刘贺的旧臣入宫。昌邑王刘贺到长乐宫朝见上官皇太后回到未央宫，乘坐着辇车准备去未央宫的温室殿，在皇宫后院服务的宦官早已守住了各道宫门，等到昌邑王刘贺一进

臣不得人。王曰："何为[346]？"大将军跪曰："有皇太后诏，毋内昌邑群臣。"王曰："徐之[347]，何乃惊人如是[348]？"光使尽驱出昌邑群臣，置金马门[349]外。车骑将军安世将羽林骑[350]收缚二百余人，皆送廷尉诏狱[351]。令故昭帝侍中中臣[352]侍守王[353]。光敕[354]左右："谨宿卫[355]！卒有物故自裁[356]，令我负天下[357]，有杀主名。"王尚未自知[4]当废，谓左右："我故群臣从官安得罪[358]，而大将军尽系之[359]乎？"

顷之[360]，有太后诏召王。王闻召，意恐，乃曰："我安得罪[361]而召我哉？"太后被珠襦[362]，盛服[363]坐武帐[364]中，侍御[365]数百人皆持兵[366]，期门武士[367]陛戟[368]陈列殿下，群臣以次上殿，召昌邑王伏前[369]听诏。光与群臣连名奏王[370]，尚书令[371]读奏[372]曰："丞相臣敞等[373]昧死言[374]皇太后陛下：孝昭皇帝早弃天下[375]，遣使征昌邑王典丧[376]，服斩衰[377]，无悲哀之心。废礼谊，居道上不素食，使从官略[378]女子载衣车，内所居传舍[379]。始至谒见[380]，立为皇太子，常私买鸡豚以食[381]。受皇帝信玺、行玺大行前[382]，就次[383]，发玺不封[384]。从官更持节[385]引内[386]昌邑从官、驺宰[387]、官奴[388]二百余人，常与居禁闼内[389]敖戏[390]。为书曰[391]：'皇帝问侍中君卿[392]：使中御府令[393]高昌奉黄金千斤，赐君卿取十妻[394]。'大行在前殿[395]，发乐府乐器[396]，引内昌邑乐人[397]击鼓，歌吹，作俳倡[398]，召内泰壹、宗庙乐人[399]，悉奏众乐。驾法驾[400]驱驰北宫、桂宫[401]，弄彘斗虎[402]。召皇太后御小马车[403]，使官奴骑乘，游戏掖庭[404]中。与孝昭皇帝宫人蒙[405]等淫乱，诏掖庭令[406]：'敢泄言，要斩[407]！'"太后曰："止[408]！为人臣子，当悖乱如是邪[409]？"王离席伏[410]。尚书令复读[411]曰："取诸侯王、列侯、二千石绶[412]及墨绶、黄绶[413]以并佩昌邑郎官者免奴[414]。发御

宫，宦官们立即关闭了宫门，昌邑王的随行旧臣一个也无法进入。昌邑王刘贺惊愕地问："为什么不让他们进来？"大将军霍光跪下说："有皇太后的诏书在此，不许从昌邑来的旧臣入宫。"昌邑王说："你慢慢说，何必弄得这样吓人？"霍光派人把昌邑来的群臣全部驱赶出去，安置在金马门外。车骑将军张安世亲自带皇帝的骑兵卫队将他们抓捕起来，一共是二百多人，全部送到廷尉管理的监狱中关押起来。又让曾经在已故昭帝时担任侍中的内臣负责看守昌邑王刘贺。霍光告诫他们说："要认真地保护好！万一发生突然事件使他死亡或是自杀身亡，我都无法向天下人交代，还会让我背上个弑君的骂名。"昌邑王刘贺此时还不知道自己将被废掉，他对左右的人说："那些从昌邑就跟随我的旧臣和随从官员，他们都犯了什么罪，而大将军把他们全都拘捕起来呢？"

过了一会儿，上官皇太后下诏召见昌邑王刘贺。昌邑王刘贺听到皇太后召见，心里恐慌，竟然说："我犯了什么罪而皇太后要召见我？"上官皇太后身穿缀满珍珠的短袄，盛装坐在列有兵器和卫士的帷帐中，几百名侍卫都手持兵器，为皇帝担任侍卫的勇士执戟排列在殿阶两侧，满朝的文武百官依次上殿，然后召昌邑王刘贺跪在皇太后面前听候宣诏。霍光与群臣联名上奏弹劾昌邑王刘贺，尚书令宣读弹劾的奏章说："丞相杨敞等冒死上奏皇太后陛下：孝昭皇帝过早地抛弃了天下，因此朝廷派遣使臣征召昌邑王刘贺前来主持丧礼，而昌邑王刘贺身穿孝子的丧服，却没有一点哀戚之意。他废弃礼法，在来京的路上不仅不肯吃素食，还指示随从的官员抢掠民间妇女藏在有帷帐的车子内，带进他所居住的馆舍中。他进宫拜见皇太后，就被立为皇太子，但他还是经常私自购买鸡肉、猪肉以供自己食用。他在先帝的灵柩之前接受了皇帝信玺、皇帝行玺后回到自己的居住之所，打开玺匣看过玺印后就不再缄封起来。他的侍从官员手持旌节将他从昌邑来的随从官员、在马厩服务的人员以及奴仆总计二百多人领进宫中，昌邑王经常与这些人在深宫之内游荡嬉戏。他还给一个名叫君卿的小臣写信说：'皇帝慰问侍中君卿：我已经命令负责掌管衣服财宝的中御府令高昌带着一千斤黄金，赏赐你，让你娶十个妻子。'大行皇帝的灵柩还停放在未央宫的前殿，而昌邑王刘贺竟然调用乐府机关的乐器，将一些昌邑王宫的艺人引进宫来击打乐器，吹奏歌唱，表演各种滑稽节目取乐，又将祭祀泰一神和宗庙的乐人招进宫中，听他们弹奏各种音乐。他还驾驭着只有在举行大典时皇帝才使用的最隆重的车驾在北宫、桂宫之中往来驰骋，又去戏弄野猪、引逗老虎。擅自动用皇太后乘坐的小马车，让那些奴仆乘坐，在后宫中游戏取乐。他还与侍奉过孝昭皇帝的后宫女子蒙等淫乱，并警告掖庭令说：'你如果敢把消息泄露出去，我就将你腰斩！'……"上官皇太后听到这里，忍不住打断尚书令说："不要再往下说了！为人臣子，应当这样胡作非为吗？"昌邑王刘贺赶紧离开座席，匍匐在地上。尚书令接着往下读奏章："……他又把诸侯王、列侯、二千石才能佩带的丝带和墨色丝带、黄色丝带一并赏赐给他从昌邑带来的郎官以及免罪的奴仆们佩带。他打开宫中的府库，取

府[415]金钱、刀剑、玉器、采缯[416]，赏赐所与游戏者。与从官、官奴夜饮，湛沔[417]于酒。独夜设九宾温室[418]，延见[419]姊夫昌邑关内侯[420]。祖宗庙祠未举[421]，为玺书[422]，使使者持节以三太牢[423]祠[424]昌邑哀王园庙[425]，称'嗣子皇帝'[426]。受玺以来二十七日，使者旁午[427]，持节诏诸官署征发[428]凡一千一百二十七事。荒淫迷惑，失帝王礼谊，乱汉制度。臣敞等数进谏，不变更，日以益甚，恐危社稷，天下不安。臣敞等谨与博士议，皆曰：'今陛下嗣孝昭皇帝后，行淫辟不轨[429]。五辟之属，莫大不孝[430]。周襄王[431]不能事母[432]，《春秋》曰天王出居于郑[433]。由不孝出之[434]，绝之于天下[435]也。宗庙重于君[436]，陛下[437]不可以承天序[438]、奉祖宗庙、子万姓[439]，当废。'臣请有司[440]以一太牢具[441]告祠高庙[442]。"皇太后诏曰："可。"光令王起，拜受诏。王曰："闻'天子有争臣七人，虽亡道不失天下[443]'。"光曰："皇太后诏废[444]，安得称天子[445]？"乃即持其手，解脱其玺组[446]，奉上太后，扶王下殿，出金马门，群臣随送。王西面拜曰："愚戆[447]，不任汉事[448]。"起，就乘舆副车[449]，大将军光送至昌邑邸。光谢曰："王行自绝于天，臣宁负王[450]，不敢负社稷。愿王自爱，臣长不复左右[451]。"光涕泣而去。

群臣奏言："古者废放[452]之人，屏[453]于远方，不及以政[454]。请徙王贺汉中房陵县[455]。"太后诏归贺昌邑[456]，赐汤沐邑二千户[457]，故王家财物皆与贺。及哀王女[458]四人，各赐汤沐邑千户。国除[459]，为山阳郡[460]。

昌邑群臣坐在国时[461]不举奏[462]王罪过，令汉朝不闻知，又不能辅道[463]，陷王大恶，皆下狱，诛杀二百余人。唯中尉吉[464]、郎中令遂[465]以忠直数谏正[466]，得减死[467]，髡为城旦[468]。师王式[469]系狱当死[470]，治事使

出里面的金钱、刀剑、玉器、各色丝织品，赏赐给那些参与游戏的人。他与那些随从的官员、奴仆整夜饮酒，日夜沉湎于酒色。他独自一人在温室宫设九宾宾仪，接见他的姐夫昌邑关内侯。供奉祖先的太庙还没有祭祀，他就动用玺书，派遣使者手持皇帝符节用猪、牛、羊各三头的三太牢大礼到昌邑哀王刘髆的陵庙祭祀他的生父，自称是'嗣子皇帝'。他接受皇帝玺印以来只有二十七日，派出的使者却纷纷外出，仅派使者'持节'向各官署讨要的东西就有一千一百二十七件。荒淫昏乱到如此程度，完全失去了帝王的礼仪，扰乱了汉朝的制度。臣杨敞等人虽然屡次进谏，昌邑王都毫不悔改，反而日甚一日，长此以往恐怕将要危及社稷，引起天下动荡。因此臣杨敞等与博士等商议，都说：'如今的陛下继承了孝昭皇帝的皇位后，行为放纵邪恶，不合法度。五种刑罚当中，为人不孝量刑最重。周襄王姬郑不孝敬他的后母，《春秋》说周天子被逐出京师前往郑国居住。由于他不孝顺，所以被逐出，表明他是自绝于天下。国家利益重于国君，现在的陛下不可以列于历代皇帝的序列之中、奉守祖先宗庙、统治天下百姓，应当废掉。'臣等请求派主管该项事务的官员用一太牢到高祖庙祭祀高祖，禀告废掉昌邑王之事。"皇太后下诏说："可以。"霍光让昌邑王刘贺站起来，然后再跪下接受皇太后的诏命，昌邑王刘贺说："我听说'天子身边应该有七位正直敢言的大臣，即使这个天子无道也不至于失掉天下'。"霍光说："皇太后已经下诏将您废掉，您怎么还自称天子?"于是拉住他的手，摘掉他身上所佩戴的皇帝玺印，捧着呈献给上官皇太后，然后扶着昌邑王走下宫殿，出了金马门，群臣跟随在后面为昌邑王刘贺送行。昌邑王刘贺面向西跪拜说："我愚蠢、笨拙，当不了汉朝皇帝。"说完站起身，坐上皇帝车驾中的副车，大将军霍光一直送昌邑王刘贺回到昌邑王府邸。霍光向昌邑王谢罪说："大王的行为自绝于天下，我宁可对不起大王，也不敢对不起国家。希望大王自爱，我将永远不能再侍奉您。"霍光泪流满面地离开了昌邑王的府邸。

群臣上奏章给上官皇太后说："古代被废黜的君王，都要被流放到遥远的地方，使他们不再参与任何政事。请把昌邑王刘贺流放到汉中郡的房陵县去。"上官皇太后下诏让刘贺仍旧回到昌邑，赏赐给他二千户作为汤沐邑，昌邑王原来的财物都归还给他。昌邑哀王刘髆的四个女儿，也都各赐汤沐邑一千户。撤销了昌邑国，将其改为山阳郡。

昌邑国旧臣作为刘贺的臣子不向朝廷举报昌邑王的罪过，使朝廷因为不了解昌邑王的情况而做出错误的选择，又不能很好地辅佐昌邑王、使他改恶从善，终于使昌邑王陷入罪恶的深渊，因此都被关入监狱，被诛杀的有二百多人。只有中尉王吉、郎中令龚遂因为忠诚正直，屡次规劝昌邑王刘贺，才免除死罪，从轻发落，但仍然被剃去头发，发往边疆罚做四年筑城的苦役。昌邑王刘贺的老师王式也被关进牢狱

者[471]责问曰："师何以无谏书[472]？"式对曰："臣以《诗》三百五篇朝夕授王，至于忠臣、孝子之篇，未尝不为王反复诵之也。至于危亡失道之君，未尝不流涕为王深陈[473]之也。臣以三百五篇谏，是以无谏书。"使者以闻[474]，亦得减死论[475]。

霍光以群臣奏事东宫[476]，太后省政[477]，宜知经术[478]，白令[479]夏侯胜用《尚书》[480]授太后。迁胜长信少府[481]，赐爵关内侯。

---

**【段旨】**

以上为第一段，写昭帝元平元年（公元前七四年）一月至六月共半年间的全国大事。本段主要写了昭帝去世，因昭帝无子，朝廷选立昌邑王刘贺；又因为昌邑王刘贺荒唐悖谬，不成体统，最后又被霍光等人所废，由皇太后暂理朝政的局面。

**【注释】**

①口赋：人头税。据《汉旧仪》：百姓年龄七至十四，每人出口赋钱二十三，其中二十钱供皇帝用，三钱是武帝所加，用以补车骑马。②什三：十分之三。③四月癸未：四月十七。④帝崩于未央宫：是年昭帝二十三岁。未央宫，西汉历代皇帝居住与处理政事的地方，在当时长安城的西南角。⑤无嗣：没有继承人。嗣，儿子、继承人。⑥独有广陵王胥：只有广陵王刘胥在世。刘胥是武帝之子，元狩六年（公元前一一六年）被封为广陵王，都城即今江苏扬州。⑦议所立：商议立谁为皇帝。⑧咸持：都主张。持，提议。⑨王：指广陵王刘胥。⑩以行失道：由于行为不够端正。失道，脱离正轨。⑪不用：指没有立为接班人。⑫不自安：不知如何是好。立之则非其人，不立又无别子可立。⑬郎：昭帝身边的侍从，有郎中、中郎之别，上属光禄勋，史失其姓名。⑭周太王：即古公亶父，周文王的祖父，周武王的曾祖父。⑮废太伯立王季：舍弃长子太伯不立，而立了三儿子季历。据《史记·周本纪》，周太王有三子，其少子季历生子曰昌，有圣相，太王喜之。其长兄太伯与次兄仲雍见此光景，便自动离开周国出走，以便让太王能自然地传位于季历，再过渡到姬昌。姬昌即日后的周文王。王季，即季历，也称"公季"。武王灭殷后，追封之曰"王季"。太王舍太伯而立王季的故事，详见《史记·吴太伯世家》。⑯文王：季历之子，武王之父，是为周武王灭商奠定基础的重要人物。⑰舍

判处了死刑，负责审理该案件的使者责问他说："你作为昌邑王刘贺的老师，为什么没有规劝他的上书？"王式回答说："我将《诗经》中的三百零五篇从早到晚教授昌邑王，至于其中那些讲述忠臣、孝子的诗篇，没有一篇不是反复为昌邑王朗诵。对于那些讲述君主因荒淫无道而亡国的篇章，我每次都痛哭流涕地为昌邑王做深刻的讲解和分析。我是用《诗经》中的三百零五篇作为规劝他的谏书，所以没有另外上书。"使者将此上报朝廷，因此王式也得到减刑而免除死罪。

霍光率领群臣到东宫向上官皇太后奏报政务，太后要过问政事，就应该懂得经学儒术，经过奏请，派夏侯胜为上官皇太后讲授《尚书》。升任夏侯胜为长信少府，赐爵为关内侯。

---

伯邑考立武王：伯邑考是文王之长子，文王何以不立伯邑考为继承人，《史记·周本纪》无明文，于《史记·管蔡世家》中说伯邑考"早死"。而《礼记·檀弓》中有"文王舍伯邑考而立武王"之说，详情亦不得而知。其后也有说"伯邑考为纣所杀"者。武王，名发，文王的第二子，在周公姬旦、太公姜尚的协助下灭掉商朝，建立了周王朝。过程详见《史记·周本纪》。⑱唯在所宜：只要能对要办的事情更合适、更有利。⑲承宗庙：继续主持对宗庙的祭祀。是"统治国家"的变换说法，因为只有国家的帝王才有资格主持宗庙的祭祀。⑳丞相敞：杨敞，司马迁的女婿，由大司农升任丞相。事迹见《汉书》本传。㉑擢：提升。㉒九江太守：九江郡的行政长官。九江郡的郡治寿春，即今安徽寿县。㉓承皇后诏：秉承昭帝上官皇后的旨意。㉔行大鸿胪事少府乐成：以少府的资格代理大鸿胪职务的乐成，史失其姓。行，代理。大鸿胪，原称"典客"，九卿之一，管理少数民族事务，也主管朝廷礼仪。少府，九卿之一，主管为皇帝的私家理财、主管山林湖海的收入以及为皇家服务的手工业制造等。㉕宗正德：身任宗正之职的刘德。宗正是九卿之一，掌管刘氏皇族的有关事务，由皇族中的年高有德者充任。㉖光禄大夫吉：身任光禄大夫的丙吉。光禄大夫是光禄勋的属官，在皇帝身边以备参谋顾问。㉗中郎将利汉：身任中郎将的利汉，史失其姓。中郎将是皇帝的侍卫长官，上属光禄勋。㉘昌邑王贺：刘贺。刘贺是汉武帝之孙，继其父昌邑哀王刘髆之位为昌邑王。昌邑国的都城在今山东巨野城南。㉙七乘传：七匹马拉的驿车。传，也称"驿"。传车，即驿车。驿车依据乘坐者之身份地位有一乘传、二乘传，直至六乘传、七乘传等。当年文帝进京即乘"六乘传"。㉚诣：到。㉛长安邸：各诸侯王、各列侯、各郡地方官在京城长安设立的住宿之所。㉜白：禀告。㉝徙：调任。㉞右将军安世：张安世，当时的著名酷吏张汤之子。事迹详见《汉书》本传。右将军，与前、后、左三将军同一等级。㉟车骑将军：汉代高级将军的名号，在大将军、骠骑将军、卫将军之下。㊱昌邑哀王：刘髆，武帝之子，被封

为昌邑王，哀字是谥。㊲素狂纵：向来狂妄放纵。㊳动作无节：行为放荡。㊴武帝之丧：在刘贺为其祖父武帝守丧的日子里。丧，守丧。㊵方与：昌邑国内的属县名，县治在今山东鱼台西。㊶不半日：不到半天的时间，极言其奔驰之快。㊷中尉琅邪王吉：在昌邑国任中尉的琅邪人王吉。诸侯国的中尉掌该国军事，由朝廷委派，对朝廷负责。王吉，字子阳。事迹详见《汉书》本传。㊸疏：文体名，专指臣民给帝王所上的章表，因其分条陈说，故称疏。㊹书术：书本与学术，皆指儒家学派的内容而言。㊺逸游：奔驰游猎。㊻冯式撙衔：冯式，同“凭轼”。双手放在车前的横木上。式，通“轼”。车前横木，可以凭扶休息。撙衔，勒着马的嚼子。整句的意思即指驾车、乘车。㊼口倦乎叱咤：极言其整天不断地吆喝之状。叱咤，赶马的吆喝之声。㊽棰辔：赶马的鞭子与牵马缰绳。棰，赶马的竹片或鞭子。辔，拴马的笼头与缰绳。㊾舆：即指车。㊿冒雾露：冒着雾气、露水出去打猎。(51)被尘埃：在尘埃弥漫中奔跑出没。被，披，也是“顶着”“冒着”的意思。(52)暴炙：曝晒。暴，通“曝”，炙、烤。(53)偃薄：犹今所谓“侵袭”。偃，吹倒。薄，迫、侵陵。(54)耎脆之玉体：不健壮的金枝玉叶。耎脆，意即单薄。耎，柔软。脆，脆弱。(55)犯勤劳之烦毒：去找那种吃苦耐劳的罪受。(56)非所以全寿命之宗：这不是延年益寿的好办法。全，保全。宗，宗旨、办法。(57)进仁义之隆：使人的仁义美德有所提高。进，促进、提高。隆，盛、美。(58)广厦：高房大屋，权势者之所居，此指昌邑王的宫殿。(59)细旃：细柔的毡毯，权势者室内的铺陈，此指昌邑王的铺陈。旃，同“毡”。(60)劝诵：劝导学生读书的人，此指“伴读”或“助教”之类。(61)唐、虞之际：唐尧、虞舜时代的事情。(62)殷、周之盛：商、周两朝兴盛时期政治景象。(63)考：考查。(64)䜣䜣：高兴学习的样子。(65)日新厥德：让自己的品德每天都有新的提高。新，这里用如动词，更新。厥，犹“其”。(66)其乐岂衔橛之间哉：那种乐趣哪是打猎所能比拟的呢。衔橛之间，指骑马。衔、橛，马口所衔的嚼子或横木。(67)俛仰屈伸：自由自在地躺躺或是站站、坐坐。(68)利形：有利于身体健康。(69)步趋：有时慢步，有时急趋。趋，小步快走。(70)实下：增强腿力。(71)吸新吐故：吸进新鲜之气，呼出胸中的浊气。(72)练臧：洗练自己的内脏。臧，通“脏”。(73)专意积精：排除邪门歪道的一切思虑，保护自己的真精不做无益的消耗。(74)适神：调节好自己的精神。(75)于以养生岂不长哉：这对于养生不是更好吗。长，更好。(76)乔、松：王子乔、赤松子，都是传说中的仙人的名字。(77)美声广誉：修养您的名声，推广您的美誉。(78)登而上闻：这种情况如能上传到皇帝那里。(79)福禄其臻：福禄临门。臻，至、降临。(80)社稷：此指昌邑国的社稷坛，祭祀天地与农业之神的坛台。通常用以代指国家政权。(81)皇帝：当时指在位的汉昭帝。(82)思慕：指思念去世的武帝，当时武帝已去世数年。(83)弋猎：游猎。弋指射鸟。猎指捕兽。(84)未有所幸：谓从未光顾。幸，皇帝光顾。(85)宜夙夜念此：应该昼夜不停地想着昭帝的这种样子。(86)以承圣意：按着皇帝的意思做。(87)诸侯骨肉：所有刘姓诸侯在与皇帝的血缘关系上。(88)莫亲大王：没有谁比大王与皇帝的血缘关系更亲近了。刘贺是汉昭帝的亲侄子。(89)于属则子：

在亲属关系上属于儿子一辈。⑩ 于位则臣：从地位职分说您是臣子。⑪ 一身而二任之责加焉：您的一身负有两重任务、两重责任。⑫ 恩爱行义：由血缘关系决定的应有恩情，与由君臣关系所决定的应尽义务。行义，应该执行的义务。义，宜也。⑬ 孅介有不具：稍微有一点做得不好。孅介，极言其细小。具，全面、周到。⑭ 于以上闻：上传到皇帝那里。⑮ 非飨国之福：这都不是作为一国之王的福，意即您离着倒霉的日子不远了。飨国，享国者，即国王。飨，通“享”。⑯ 造行：一举一动；所作所为。⑰ 惰：怠慢；疏忽。⑱ 数辅：多次提出补救。辅，辅助、补救。⑲ 谒者千秋：昌邑国的谒者名叫千秋，史失其姓。谒者是帝王的侍从官员，掌管收发传达以及赞礼等等。⑳ 脯：熟肉干。㉑ 复放纵自若：又放纵自己，与从前一样。自若，如前。㉒ 郎中令山阳龚遂：任昌邑国郎中令的山阳人龚遂。郎中令的职责是为帝王统领侍卫并掌管宫殿门户。龚遂，字少卿。事迹详见《汉书》本传。㉓ 内谏争于王：在宫内对昌邑王直接进谏。谏争，下级对上级直言规劝。争，通“诤”。㉔ 外责傅相：在外面对昌邑王太傅、昌邑国相严格要求（要求他们对昌邑王尽到责任）。责，要求。㉕ 蹇蹇亡已：忠实诚恳地一直说个没完。蹇蹇，通“謇謇”，诚恳劝说的样子。亡，通“无”。㉖ 面刺：当面批评。㉗ 善媿人：爱把人弄得下不了台。媿，同“愧”。羞辱。㉘ 驺奴：管理车马的奴仆。㉙ 宰人：厨师。㉚ 左右侍御：陪伴、侍候在昌邑王身边的人。御，用，听候支使。㉛ 痛：伤心。㉜ 愿赐清闲：希望能给我一点空隙，请求个别谈话的婉转语。清闲，应作“清间”，“清”字是谦辞，“间”指间隙。㉝ 竭愚：让我把内心的话说完。愚，谦指自己的意见。㉞ 辟：通“避”。用如动词，使……避开。㉟ 胶西王：刘卬，齐悼惠王刘肥之子，文帝时被封为胶西王，都城即今山东高密。景帝前三年（公元前一五四年）参与吴楚之乱，被诛。㊱ 所以为无道亡乎：为什么被称为“无道”，被灭亡吗。无道，这里指逆乱。㊲ 谀臣侯得：一个专门顺风说好话的臣子名叫侯得。㊳ 王所为儗于桀、纣：胶西王的行为实际上与桀、纣差不多。儗，通“拟”，相比。桀，夏代末年的暴君。纣，商代末年的暴君。桀、纣被后代说成残暴帝王的代表。㊴ 得以为尧、舜：侯得就说胶西王的行为可以比得上尧、舜。尧、舜是传说中最圣明的君主，被说成是古代贤明君主的代表。㊵ 说：通“悦”。㊶ 与寝处：与其一道睡卧。㊷ 唯得所言：只听侯得一个人的话。㊸ 以至于是：以招致国灭身亡的结果。是，此，指灭亡。㊹ 群小：一帮小人。㊺ 渐渍邪恶所习：逐渐受那些邪恶习惯的浸染。渐，逐渐。渍，浸染。㊻ 存亡之机：这可是生死存亡的关键。机，关键。㊼ 郎通经有行义者：通习儒家经典、行为做派合宜的郎官。郎，帝王的侍从人员，有郎中、中郎等名目，上属郎中令，皇帝与诸侯王的宫中都有此职。㊽ 与王起居：陪伴大王一道生活。㊾《诗》《书》：儒家经典中的两部，即今所谓《诗经》《尚书》。这里代指儒家经典。㊿ 礼容：符合礼节的行为做派。[131] 郎中：帝王侍从中的级别最低者，掌管车、骑、门户，并充侍卫之职。[132] 逐去：赶走不要。[133] 冠方山冠：戴着山形的帽子，以帛所制。[134] 无尾：没有尾巴。寓意是绝后嗣。[135] 天戒：老天爷在警告您。[136] 尽冠狗：全都是一群戴着帽子的狗。⑰去之则存：能够赶走它们您就能活。⑱危亡象：即将灭亡的征兆。⑲何为数来：为何总是接二连三地到来。数，屡屡。⑳隐忠：隐瞒忠心而不言。㉑数言危亡之戒：我总说这种警戒灾难的话。㉒大王不说：大王您是不高兴的。㉓内自揆度：自己内心掂量。㉔诵《诗》三百五篇：即读了整本《诗经》。《诗经》共三百零五篇。㉕人事浃：对有关人际关系、人的行为准则等方面，都讲得非常透彻。浃，深入、透彻。㉖王道备：对有关治国平天下的道理也讲得很完备。㉗中《诗》一篇何等也：符合了《诗经》中的哪一篇呢。中，符合。㉘行污于庶人：您的行为比一个平民还不如。㉙以存难：用您的行动谋生存是很难的。⑮⑩以亡易：想要找死倒是不难。⑮⑪血污王坐席：不知哪里来的一些血，弄脏了昌邑王的座席。⑮⑫叫然号曰：惊得大叫一声哭着说。号，号哭。⑮⑬宫空不久二句：凶险的征兆连续出现，那就离人去楼空不远了。⑮⑭阴忧象：阴沉忧患的象征。⑮⑮畏慎自省：应该畏惧谨慎、自己反省。省，内视、反省。⑮⑯节：操守，这里指一贯的行为做派。⑮⑰征书：征召进京的文书。⑮⑱夜漏：古代计时的用具，又称“漏壶”，壶上刻有表示时间的符号。⑮⑲未尽一刻：距天亮还差一刻的时辰。⑯⑩以火发书：点火照明，打开书信。⑯⑪王发：昌邑王出发。⑯⑫晡时：申时，即下午的三点至五点。⑯⑬定陶：汉县名，县治在今山东定陶西北。⑯⑭相望于道：路上前后相望，极言其多。〖按〗以上数句皆言昌邑王进京的急不可待。⑯⑮奏书：呈上书信。⑯⑯高宗谅暗：殷王武丁继任王位，在为上代帝王居丧的时刻。高宗，殷朝武丁的庙号。谅暗，指继位帝王或诸侯为其上代守丧，只居庐哀戚而无他言。⑯⑰以丧事征：因临朝的皇帝过世而被征召进朝。⑯⑱慎毋有所发：千万记着不要有任何举动。发，举动。⑯⑲弃群臣：婉指帝王的死，这里指临死前。⑰⑩属以天下：将整个国家的事情托付给他代管。属，通“嘱”，委托。⑰⑪寄幼孤：将年幼的小国君托付给他。⑰⑫抱持幼君襁褓之中：抱持着襁褓中的小皇帝。襁褓，以夸张孩子的幼小，时昭帝年八岁。襁，用以背小孩的布带。褓，用以裹小孩的被子。⑰⑬晏然：安然；平安无事。⑰⑭周公：周武王之弟，协助武王灭殷建周，又辅助年幼的成王治理天下。⑰⑮伊尹：商代的贤臣，协助商汤灭夏建商，又辅佐太甲治理国家。⑰⑯帝崩无嗣：昭帝死后没有继承人。嗣，继位者。⑰⑰惟思：思考。惟，也是“思”的意思。⑰⑱奉宗庙：意即治理国家。只有管理国家的帝王才有主持祭祀宗庙的资格。⑰⑲攀援：牵引；依照亲缘关系加以选拔。⑱⑩岂有量哉：难道还有办法衡量吗。⑱⑪事之：侍奉他。⑱⑫政事壹听之：一切国家大事都按他说的办。⑱⑬垂拱南面：坐在皇帝的位子上，垂衣拱手，什么事情都不要管。⑱⑭留意：留心、注意。⑱⑮常以为念：永远记着这一条。⑱⑯济阳：汉县名，县治在今河南兰考东北。⑱⑰求长鸣鸡：寻找一种鸣声很长的鸡。相传长鸣鸡产于西南夷，鸣声圆长，一鸣半刻。⑱⑱积竹杖：细竹多根缠成的手杖。⑱⑲弘农：汉县名，县治在今河南灵宝东北。⑲⑩大奴善：众奴的头领其名曰善。⑲⑪以衣车载女子：用一辆有帷帐的车装着一个弘农县的女人。⑲⑫至湖：到达湖县时。湖县的县治在今河南灵宝西。⑲⑬使者：朝廷来迎昌邑王的使者。⑲⑭让相安乐：责备昌邑王刘贺的丞相名安乐，史失其姓。⑲⑤即无有：如果真的没有这种事。即，如果。⑲⑥何爱一善以毁行义：为什么舍不得杀掉大奴善而眼看着自己的名誉受损。爱，舍不得。行义，行为、名誉。⑲⑦请收属吏：请逮捕善，交付法吏惩处。⑲⑧湔洒：洗濯；洗刷。⑲⑨捽：捉住；抓起。⑳⓪属：交给。⑳①霸上：地名，在当时的长安城东南。⑳②大鸿胪：原称“典客”，九卿之一，掌管少数民族事务，后渐变为赞襄礼仪之官。⑳③郊迎：到郊外迎接。⑳④驺：为皇帝管理车马的官吏。⑳⑤奉乘舆车：给刘贺献上皇帝乘坐的车驾。⑳⑥寿成：昌邑王刘贺原来的太仆，史失其姓。⑳⑦御：赶车。⑳⑧参乘：陪乘，兼充警卫之职。⑳⑨广明：广明苑，皇家的宫苑名，在当时长安城的乐都门外。㉑⓪东都门：长安城东出北头的第一门。㉑①望见国都哭：凡给皇帝奔丧，从一望见都城就要开始号哭。㉑②此长安东郭门也：这里已经是长安城外城的东门啦。古代的内城曰城，外城曰郭。东郭门即指东都门的外郭之门。㉑③嗌：咽喉。㉑④城门：此指东都门的内城之门。㉑⑤遂复言：龚遂又提醒昌邑王应当号哭。㉑⑥城门与郭门等：意思是他要同等对待，仍是不想哭。㉑⑦未央宫东阙：未央宫的东门。未央宫是西汉历代皇帝居住和处理政事、朝会群臣的地方。㉑⑧昌邑帐：昌邑王哭丧的棚帐。㉑⑨驰道：皇帝车驾通行的大道。㉒⓪未至帐所：离昌邑帐不远的地方。未至，快到、临近。所，地点。㉒①有南北行道：有一条横过驰道的南北通道。㉒②马足未至数步：乘马车没有几步远，意即到了驰道的北侧之后。㉒③乡阙西面伏哭：对着未央宫的东门伏地痛哭。乡，通“向”。㉒④尽哀止：直到哭出全部的悲哀为止。㉒⑤诺：答应的声音。㉒⑥哭如仪：按照礼仪规定进行了哭丧。㉒⑦六月丙寅：六月初一。㉒⑧玺绶：玉玺与绶带。㉒⑨袭尊号：接续使用了皇帝的称号。㉓⓪皇后：指昭帝的皇后，上官安之女，霍光的外孙女。㉓①壬申：六月初七。㉓②平陵：汉昭帝为自己预修的陵墓，在今陕西咸阳西北。㉓③淫戏：荒淫、嬉戏。㉓④昌邑官属：旧日昌邑国的大小官员。㉓⑤超擢拜官：越级地提升官职。㉓⑥长乐卫尉：九卿之一，掌管长乐宫的护卫事宜。〖按〗昌邑相安乐原属二千石，现为正九卿，秩中二千石。㉓⑦骄溢：骄傲、自满。㉓⑧哀痛未尽：指尚在为昭帝服丧期间。㉓⑨皮轩车：用红色皮革为篷顶的车子，通常用于武事场合。㉔⓪九旒：也称“九斿”，九条飘带的大旗，是皇帝车驾前的一种仪仗。㉔①誖道：违背人臣与子侄之道。誖，通“悖”，悖逆。㉔②有隐退：如为官不得意可以隐退。㉔③阳狂恐知：想象商朝的箕子一样通过装疯达到辞官目的，又怕被人发觉。阳，通“佯”，假装。㉔④身死为世戮：这样下去，恐怕不仅自己的生命不保，还要落得被世人所嘲笑。㉔⑤奈何：这可如何是好。㉔⑥君二句：您，是皇帝过去的老宰相。君，对对方的尊称，这里指安乐。㉔⑦宜极谏争：应该极力劝阻。争，坚持、坚守正道。㉔⑧矢：通“屎”。㉔⑨积西阶东：堆积在大殿西阶的东侧。㉕⓪可五六石：大约有五六石之多。可，大约。石，容量单位，一石等于十斗。㉕①以屋版瓦覆之：用修房子的大瓦盖着。版瓦，大瓦。覆，盖。㉕②陛下之《诗》：陛下您读过的《诗经》。㉕③不云乎：不是说过吗。㉕④营营：往来盘旋的样子。㉕⑤止于藩：停落在篱笆上。止，落。藩，篱笆。㉕⑥恺悌君子：平易近人的君子。㉕⑦毋信谗言：不要听信那些谗佞小人的话。以上四句见《诗经·青蝇》，中心是以肮脏可恶的苍蝇比喻谗佞小人，因为这些人颠倒黑白，像苍蝇一样可恶。㉕⑧左侧：犹言“左近”，意即旁边。㉕⑨如是青蝇恶：就和这些苍蝇屎一样。恶，屎。《吴越春秋》有所谓“越王勾践为吴王尝恶”，即此“恶”字之义。㉖⓪先帝：指昭帝。㉖①不忍：舍不得放走。㉖②谗谀：谗是说人坏话，挑拨是非；谀是用甜言蜜语讨好于人。㉖③凶咎：意即灾难。㉖④诡祸为福：转祸为福。诡，转；变。㉖⑤太仆丞河东张敞：河东郡的张敞现任太仆丞之职。太仆丞是太仆的属官。河东郡的郡治安邑，在今山西夏县西北。张敞的事迹详见《汉书》本传。㉖⑥东迎：到东方的昌邑迎接刘贺进京为帝。㉖⑦属车：跟从的车子，这里实即婉指昌邑王的车驾。㉖⑧今天子：以称刘贺。㉖⑨盛年：壮年。㉗⓪拭目倾耳：积极等候、满怀期待的样子。㉗①观化听风：希望看到新气象、听到新消息的神情。㉗②国辅大臣：辅佐皇帝处理国家要务的大臣，如霍光、张安世等。㉗③未褒：尚未受到褒奖。㉗④昌邑小辇：当年给昌邑王挽车的小臣。㉗⑤先迁：首先获得升迁。㉗⑥忧懑：忧愁、烦闷。㉗⑦大司农田延年：大司农是九卿之一，掌管税收、钱谷、盐铁和国家财政诸事。田延年的事迹详见《汉书·酷吏传》。㉗⑧柱石：支撑屋宇所以不倒的立柱和立柱下面的石础，通常用以比喻国家的骨干大臣。㉗⑨审此人不可：如果这个人（指刘贺）确实不行。审，确实。㉘⓪建白太后：向太后禀告清楚、提出建议。㉘①今欲如是：如果我们今天真想这么办。㉘②于古尝有此不：在古代曾有过这样的先例吗。㉘③伊尹相殷：伊尹给商朝做宰相。㉘④废太甲以安宗庙：太甲是商汤的孙子，继任为王后，行为不正，于是宰相伊尹将其放之于桐宫思过。三年后，太甲变好，伊尹才将他迎了回来，重新授之以政权。详情见《史记·殷本纪》。安宗庙，意即为了国家的长治久安。㉘⑤引：调进宫来。㉘⑥给事中：在宫中侍候皇帝。田延年的主官是大司农，同时也进宫侍候皇帝。㉘⑦图计：谓霍光暗中与张安世、田延年谋划废立的大事。㉘⑧光禄大夫鲁国夏侯胜：任光禄大夫之职的鲁国人姓夏侯名胜。光禄大夫是光禄勋的属官。夏侯胜字长公，西汉后期的著名儒生。事迹详见《汉书》本传。㉘⑨乘舆：皇帝所乘的车驾。㉙⓪谋上：算计皇帝、想推翻皇帝。㉙①欲何之：想到哪里去。㉙②袄言：蛊惑人心的话。㉙③缚以属吏：捆起来交给法官处理。㉙④不举法：不对之用法。㉙⑤让：责备。㉙⑥泄语：泄露了他们图谋废立的消息。㉙⑦不言：没对外人说过他们暗中商量的事。㉙⑧《鸿范传》曰:《鸿范传》里有这样的话。《鸿范传》是汉代儒生解释《尚书·洪范》的穿凿附会之作，他们大量引用阴阳灾异以附会朝政与人事祸福。类似本段夏侯胜所言，显然是后人所附会。㉙⑨皇之不极：皇帝的行为倘若不端正。极，正。㉚⓪厥罚常阴：上天对他的惩罚就是连续阴天。厥，其。㉚①下人有伐上者：臣民造皇帝的反。㉚②恶察察言：不能说得太具体、太明白。恶，不、不能。察察，清楚、明白。㉚③经术士：精通儒家学术之士。㉚④侍中：皇帝的侍从人员。㉚⑤系狱：下狱；囚禁于牢狱。㉚⑥定议：做出了实行废立的决定。㉚⑦报：通知。㉚⑧洽背：背后沾湿。㉚⑨唯唯而已：连声称是，更无他语。〖按〗杨敞为大司农，接到燕仓告盖主之阴谋作乱时，表现亦如此。见本书《汉纪》卷十五。⑶⑽更衣：此指厕所。⑶⑾敞夫人：杨敞的夫人。施丁曰："这是后妻，不是原妻司马迁之女，参《汉书》卷六十六《杨敞附恽传》中'后母无子'之文，可以印证。"⑶⑿遽：急速地。⑶⒀九卿：指大司农田延年，大司农是九卿之一。⑶⒁君侯：对丞相的敬称，因自武帝以来，凡为丞相者例皆封侯。⑶⒂疾应：火速答应。⑶⒃犹与无决：犹豫不决。与，此处同"豫"。⑶⒄先事诛：先把你杀了再干别的。⑶⒅参语：三人聚语，盖为帮着其夫说话。参，同"三"。⑶⒆奉：接受；遵行。⑶⒇癸巳：六月二十八。(321)御史：此指御史大夫。(322)会议：集会一道议论。(323)行昏乱：行动昏聩悖谬。(324)惊鄂：通"惊愕"。(325)前：跨前一步，挺身而出。(326)群下鼎沸：极言臣民对刘贺的不满。鼎沸，像锅里的开水沸腾一样。(327)汉之传谥常为"孝"者：汉代皇帝的谥号前面常加一个"孝"字，如"孝惠""孝文""孝景"等等。(328)以长有天下：为的是让我们的江山社稷能永远传下去。(329)令宗庙血食：让我们的祖先能永远享受祭祀。血食，享受牛、羊、猪的供品。(330)绝祀：断绝祭祀，即指亡国。(331)不得旋踵：必须迅速做出决定。旋踵，指回身、退缩。(332)后应者：响应迟缓的人。(333)谢：表示歉意。(334)九卿责光是也：田延年对我霍光的批评指责是对的。(335)匈匈：同"汹汹"，骚扰不安的样子。(336)光当受难：我应该承当所有臣民的责难。(337)唯大将军令：我等皆唯大将军之令是从。(338)具陈：逐条陈述。(339)车驾幸未央承明殿：是时皇太后居住在长乐宫，故须乘车至未央宫。未央承明殿，未央宫的承明殿，是皇帝会见群臣的场所。(340)诸禁门：此指未央宫的各个宫门。(341)毋内昌邑群臣：不准放一个昌邑王的旧臣进来。内，通"纳"。(342)王入朝太后还：昌邑王到长乐宫朝见太后回到未央宫。(343)温室：未央宫中的温室殿。(344)中黄门宦者：在皇宫后院服务的太监，以其在黄门之内，故名。(345)各持门扇：都把守好了各道门。(346)何为：为什么不让他们进来。(347)徐之：可以慢慢来嘛。(348)何乃惊人如是：何必弄得这么吓人。(349)金马门：未央宫里的宦者署之门。《三辅黄图》曰：汉武帝得大宛马，乃铸铜马于宦者署之门，因称此门曰"金马门"。东方朔、主父偃、徐乐、严安等都曾在此处等候过武帝的召见。(350)羽林骑：皇帝的骑兵卫队。(351)廷尉诏狱：廷尉掌管的专门关押皇帝钦定案犯的监狱。廷尉是九卿之一，全国最高的司法长官。(352)中臣：犹言"内臣"，在宫内服务的小臣。(353)侍守王：看管着昌邑王。(354)敕：告诫。(355)谨宿卫：认真地保护好。宿卫，守好夜、站好岗。(356)卒有物故自裁：万一出个死亡或自杀。卒，意思同"猝"，突然。物故，谓死。自裁，自杀。(357)负天下：无法向天下人交代。负，对不起。(358)安得罪：都犯了什么罪。(359)尽系之：把他们全都逮捕起来。系，拘捕。(360)顷之：过了不久。(361)我安得罪：我有什么罪过。(362)被珠襦：身披珍珠装饰的短袄。(363)盛服：身穿很严肃、很讲究的衣服。(364)武帐：列有兵器和卫士的帷帐。(365)侍御：侍奉与护卫的人。(366)持兵：手执兵器。(367)期门武士：皇帝侍卫武士的一种，武帝时所建。(368)陛戟：执戟列于殿阶两侧。(369)伏前：拜伏在太后面前。(370)奏王：上书弹劾昌邑王。(371)尚书令：为皇帝掌管文书档案的长官。(372)读奏：宣读霍光等人所上的奏章。(373)丞相臣敞等：当时掌实权的是大将军霍光，但名义上还是说丞相为百僚之首，所以这里的群臣列名仍以大傀儡杨敞领头。㊲㊆昧死言：冒死上言，这是汉代臣民对皇帝上书所用的套话，汉代尊儒后特别时兴这一套。㊲㊅早弃天下：婉指早死。㊲㊆典丧：主持丧礼。典，主管。㊲㊆服斩衰：身穿儿子所穿的丧服。斩衰，用粗糙的生麻布制成的孝服，袖口与下摆不缝边。这是丧服中最哀戚的一种。㊲㊇略：掠夺。㊲㊈内所居传舍：让人把抢来的女子送进他所住的客馆中去。内，通“纳”。传舍，驿站上的客馆。㊳⓪谒见：指拜见皇太后。㊳①私买鸡豚以食：守丧期间私自吃肉，是违反礼法的行为。豚，小猪，泛指猪。㊳②受皇帝信玺、行玺大行前：在昭帝灵前接过皇帝印玺的时候。信玺、行玺，都是皇帝的印。汉代皇帝有六玺，即：皇帝行玺、皇帝之玺、皇帝信玺、天子行玺、天子之玺、天子信玺。还有传国玺，称为七玺。天子之玺由皇帝随身携带，其余都保存于符节台（掌管符节印玺的官署）。大行，指刚死的皇帝，这里指昭帝。㊳③就次：回到自己的所住之处。㊳④发玺不封：打开看过之后就不再封缄起来。㊳⑤持节：手执旌节，到处说是奉皇帝之命。节，这里即指旌节，皇帝使者手持的信物。㊳⑥引内：将……引进宫来。㊳⑦驺宰：掌管马厩的官。㊳⑧官奴：在贵族府第与各政府衙门服役的奴隶。㊳⑨居禁闼内：居住在深宫里面。禁闼，宫门。㊴⓪敖戏：游戏。敖，通“遨”。游荡。㊴①为书曰：给一个小臣写信说。㊴②皇帝问侍中君卿：皇帝问候侍中君卿。问，慰问。这是汉代吏民彼此写信的常用格式，而皇帝给一个小臣写信竟也如此，是有失身份。君卿是该侍中之名。㊴③中御府令：给皇帝掌管衣服财宝的官员，上属少府。㊴④赐君卿取十妻：赐给你这些钱，让你娶十个媳妇。取，通“娶”。㊴⑤大行在前殿：昭帝的灵柩尚停在未央宫前殿。㊴⑥发乐府乐器：而昌邑王居然调用乐府机关的乐器。发，调用。乐府，掌管音乐的官署。㊴⑦引内昌邑乐人：将一些昌邑王宫的艺人引进宫来。㊴⑧作俳倡：表演各种滑稽节目。㊴⑨召内泰壹、宗庙乐人：把那些祭祀泰一神和祭祀宗庙的乐工叫进宫来。㊵⓪驾法驾：乘坐着皇帝最隆重的车驾。法驾是皇帝祭祀天地、社稷等大典才使用的车驾。㊵①北宫、桂宫：都是汉代的宫殿名，都在未央宫之北。㊵②弄彘斗虎：戏弄野猪、观虎相斗。㊵③召皇太后御小马车：把皇太后乘坐的小马车要来。御，乘、使用。㊵④掖庭：深宫，嫔妃、宫女居住的地方。㊵⑤宫人蒙：侍候过昭帝的后宫女子其名曰蒙。㊵⑥诏掖庭令：并警告掖庭令说。掖庭令是主管宫廷内犯罪者的官。㊵⑦要斩：拦腰斩断。要，同“腰”。㊵⑧止：命令读奏章的人暂停。下面是她的插话。㊵⑨当悖乱如是邪：难道能胡作非为到这种样子吗。㊶⓪离席伏：离开座席，拜伏于地。㊶①复读：又接着向下读奏章。㊶②绶：系在印纽上的丝带。㊶③墨绶、黄绶：据《续汉志》，诸侯王红绶，列侯紫绶，二千石青绶，千石、六百石墨绶，四百石、三百石、二百石黄绶。㊶④并佩昌邑郎官者免奴：把从各诸侯王、各列侯那里夺来的绶带给他们昌邑来的郎官与免罪的奴隶带上。施丁曰：“‘免奴’上‘者’字，疑是‘诸’字之讹。”免奴，奴隶被免为自由人者。㊶⑤发御府：从皇家的仓库调出。㊶⑥采缯：彩色丝织品。㊶⑦湛沔：沉湎；沉溺。㊶⑧独夜设九宾温室：独自一个夜间在温室殿设九宾宾仪。九宾之礼究竟为何等礼仪，史无明文，只是极言其隆重而已。⑲延见：接见。⑳昌邑关内侯：昌邑国的关内侯。没有封地，只有一定食邑的侯爵。㉑祖宗庙祠未举：供奉祖先的太庙尚未祭祀。㉒为玺书：犹言下诏令。玺书，加盖玉玺的诏书。㉓三太牢：牛、羊、豕各三头。牛羊豕各一头叫一太牢，羊豕各一头叫一少牢。㉔祠：祭祀。㉕昌邑哀王园庙：刘贺之父刘髆陵园上的祭庙。刘髆死后谥曰哀。园庙，陵园上的祭庙。㉖称"嗣子皇帝"：按古代礼法，刘贺既然已经继承昭帝的皇位，就应放弃与刘髆的父子关系，而不应再自称是刘髆的嗣子。㉗旁午：纷纷外出、纵横交错的样子。㉘诏诸官署征发：给诸官署下命令、讨要东西。㉙不轨：不合法度。㉚五辟之属二句：应该受到惩罚的罪名，没有比不孝更严重的了。五辟，古称髡刑、黥刑、刖刑、宫刑、大辟为五辟，也称"五刑"，这里即泛指刑法。㉛周襄王：姓姬名郑，春秋时代的周朝帝王，公元前六五二至前六一九年在位。㉜不能事母：不能好好地侍奉其母。其实是其后母助其亲生儿子夺位，将襄王逐出国外。㉝《春秋》曰"天王出居于郑"：《春秋》僖公二十四年对此事写作"周天子出逃到郑国去住了"。《春秋》是鲁国史官编写的一部当代史书，据传经过孔子改写，加进了一定的义理，有褒贬善恶的意思。汉朝人尊儒，常引用以演说当代政事。天王，指周天子。㉞由不孝出之：由于"不孝"的原因被驱逐。㉟绝之于天下：这表明是周襄王自绝于全人类。〖按〗汉儒想强调"孝"是可以的，但这里说周襄王自绝于天下，则是颠倒黑白，应该受谴责的是其后母惠后。㊱宗庙重于君：国家政权重于君主，为了国家利益可以牺牲君主。㊲陛下：指昌邑王。㊳承天序：列于历代皇帝的顺序之中。天序，上天安排的历代皇帝的顺序。㊴子万姓：视万姓为子民，即统治天下百姓。㊵有司：主管该项事务的官吏。㊶一太牢具：即一太牢，牛羊豕各一头。具，指盛放牛羊豕的供具。㊷告祠高庙：到高祖庙去祭祀禀告废昌邑王为帝的这件事。㊸天子有争臣七人二句：二句引《孝经》中的孔子语，意思是，一个天子身边应该有七个正直敢言的大臣，即使这个在位的天子无道，那么他所统治的国家也不会灭亡。㊹皇太后诏废：皇太后已把您的皇位废掉了。㊺安得称天子：您怎么还能称自己是天子。㊻解脱其玺组：把皇帝印从昌邑王身上解下来。玺组，即玺绶，系印的丝绦。㊼愚戆：笨拙。㊽不任汉事：当不了汉王朝的皇帝。㊾就乘舆副车：坐上了皇帝车驾中的副车。㊿宁负王：宁可对不起您。51长不复左右：今后将永远不能再侍候您。52废放：废弃。53屏：斥逐。54不及以政：不再参与任何政事。55汉中房陵县：汉中郡的房陵县。汉中郡的郡治西城，在今陕西安康西北。房陵县的县治即今湖北房县。房陵县在秦汉时代是流放罪犯的场所。56归贺昌邑：让刘贺回归昌邑国。57赐汤沐邑二千户：意即让这二千户的租税田赋供应昌邑王的生活开销。汤沐邑，以其邑之所出以供应该领主之洗沐用度。58哀王女：昌邑哀王刘髆之女，刘贺之姐妹。59国除：昌邑国被撤销。60为山阳郡：在原昌邑国的地盘上设立山阳郡，郡治昌邑，在今山东金乡西北。61在国时：在昌邑国为刘贺的臣子时。62不举奏：不向朝廷举报。63辅道：辅导昌邑王改恶向善。道，通"导"。64中尉吉：王吉。65郎中令遂：龚遂。466数谏正：屡次给昌邑王提意见。467减死：免去死罪，从轻发落。468髡为城旦：剃去头发，发往边疆修长城。髡，古代刑法之一，男子剃去头发。城旦，古代徒刑之一，白天筑城，夜间打更巡逻。469师王式：昌邑王的老师名叫王式。470当死：判为死罪。471治事使者：处理该案件的朝廷使者。472无谏书：没有规劝昌邑王的上书。473深陈：深入地讲解、陈述。474以闻：将此上报朝廷。475亦得减死论：也得到了免除死罪的处理。476奏事东宫：向皇太后禀报政务。东宫，即长乐宫，是西汉历代皇太后所居之处，这里即指皇太后。477省政：过问政事。省，视、过问。478经术：儒家的经典学术。479白令：禀告后派遣。480《尚书》：儒家学派的经典之一，其实是一部远古历史资料的汇编，汇集了传说中的尧舜以及夏、商、周时代的历史文献。481迁胜长信少府：将夏侯胜升任为长信少府。长信少府是掌管长信殿事务的官。长信，即长信殿，在长乐宫中。

---

**【原文】**

初，卫太子[482]纳鲁国史良娣[483]，生子进[484]，号史皇孙。皇孙纳涿郡王夫人[485]，生子病已[486]，号皇曾孙。皇曾孙生数月，遭巫蛊事[487]，太子三男一女及诸妻、妾皆遇害，独皇曾孙在[488]，亦坐收系郡邸狱[489]。故廷尉监鲁国丙吉[490]受诏治巫蛊狱[491]，吉心知太子无事实[492]，重哀[493]皇曾孙无辜，择谨厚女徒[494]渭城胡组[495]、淮阳郭徵卿[496]，令乳养曾孙[497]，置闲燥处[498]。吉日再省视[499]。

巫蛊事连岁不决，武帝疾，往来[5]长杨、五柞宫[500]，望气者[501]言长安狱中有天子气，于是武帝遣使者分条中都官诏狱系者[502]，无轻重[503]一切皆杀之。内谒者令[504]郭穰夜到郡邸狱[505]，吉闭门拒使者不纳[506]，曰："皇曾孙在。他人无辜死者犹不可，况亲曾孙乎？"相守[507]至天明，不得入。穰还，以闻，因劾奏吉[508]。武帝亦寤[509]，曰："天使之也[510]。"因赦天下。郡邸狱系者，独赖吉得生[511]。

既而吉谓守丞谁如[512]："皇孙不当在官[513]。"使谁如移书京兆尹[514]，

【校记】

［1］叹：原作“而叹”。据章钰校，甲十五行本、孔天胤本皆无“而”字，今据删。〖按〗《通鉴纪事本末》卷四、《通鉴纲目》卷五下皆无“而”字。［2］食：原作“酒”。据章钰校，甲十五行本、乙十一行本、孔天胤本皆作“食”，今据改。〖按〗《通鉴纪事本末》卷四、《汉书·循吏·龚遂传》皆作“食”。［3］下人有：原作“有下人”。据章钰校，乙十一行本作“下人有”，《通鉴纪事本末》卷四、《通鉴纲目》卷五下亦作“下人有”，今据改。［4］自知：原误作“自和”，今据严衍《通鉴补》改作“自知”。〖按〗《汉书·霍光传》卷四、《通鉴纲目》卷五皆作“自知”。

【语译】

当初，卫太子刘据纳鲁国史姓女子入宫，并封她为良娣，史良娣为卫太子刘据生下儿子刘进，刘进是汉武帝的孙子，所以被称为史皇孙。史皇孙刘进纳涿郡的王姓女子为夫人，王夫人为他生了儿子刘病已，刘病已是汉武帝的曾孙，所以被称为皇曾孙。皇曾孙刘病已出生才几个月，就遭遇了巫蛊之乱，卫太子刘据的三个儿子、一个女儿以及诸位妻、妾都在这场变故中遇害，只有皇曾孙刘病已还活着，也被拘押在郡邸的监狱中。当时担任廷尉监的鲁国人丙吉受了朝廷之命审讯被指控犯巫蛊罪的犯人，丙吉知道卫太子没有犯罪事实，又非常同情皇曾孙刘病已无辜被关押，于是就精心选择了两位处事谨慎、为人厚道的女犯人渭城县的胡组和淮阳县的郭徵卿，让她们喂养皇曾孙，他把皇曾孙刘病已安置在一个安静而又干燥的地方。丙吉每天都要前来探望两次。

巫蛊事件一拖几年，武帝病了以后，经常往来于长杨宫、五柞宫，通过观望云气来占卜吉凶的方士对汉武帝说长安监狱中有天子气象，于是武帝派遣使者逐个登记京城各官府监狱中所关押的犯人，无论罪行轻重，一律处以死刑。担任内谒者令的郭穰奉命连夜来到郡邸狱执行武帝的命令，丙吉紧闭监狱大门，拒绝内谒者令郭穰进入，丙吉对郭穰说：“皇曾孙在此。其他人无辜而死尚且不可以，何况是皇帝的亲曾孙呢？”双方一直僵持到天亮，郭穰也没能进入邸狱。郭穰回去后，将此事报告了汉武帝，并弹劾丙吉妨碍执行公务。武帝此时也有所醒悟，说：“是上天让丙吉这样做的。”于是下诏大赦天下。京师各官府监狱中关押的犯人，只有郡邸监狱的犯人，因为丙吉而得以保全性命。

过了一段时间，丙吉对郡邸狱的守丞谁如说：“皇曾孙不应该关押在官方的监

遣与胡组俱送[515]，京兆尹不受，复还[516]。及组日满当去[517]，皇孙思慕[518]，吉以私钱雇组[519]令留，与郭徵卿并养[520]，数月，乃遣组去[521]。后少内啬夫[522]白吉[523]曰："食皇孙无诏令[524]。"时吉得食米肉[525]，月月以给皇曾孙。曾孙病，几不全者数焉[526]，吉数敕[527]保养乳母加致[528]医药，视遇[529]甚有恩惠。吉闻史良娣有母贞君及兄恭[530]，乃载皇曾孙以付之[531]。贞君年老，见孙孤[532]，甚哀之，自养视[533]焉。

后有诏掖庭养视[534]，上属籍宗正[535]。时掖庭令张贺[536]，尝事[537]戾太子，思顾[538]旧恩，哀曾孙，奉养甚谨，以私钱供给，教书[539]。既壮[540]，贺欲以女孙妻之。是时昭帝始冠[541]，长八尺二寸[542]。贺弟安世为右将军，辅政[543]，闻贺称誉皇曾孙，欲妻以女，怒曰："曾孙乃卫太子后也，幸得以庶人[544]衣食县官[545]足矣[546]，勿复言予女事！"于是贺止。时暴室啬夫[547]许广汉[548]有女，贺乃置酒请广汉，酒酣，为言："曾孙体近[549]，下乃关内侯[550]，可妻[551]也。"广汉许诺。明日，妪[552]闻之，怒。广汉重令人为介[553]，遂与曾孙[554]。贺以家财聘之[555]。曾孙因依倚广汉兄弟及祖母家史氏，受《诗》[556]于东海澓中翁[557]，高材好学，然亦喜游侠，斗鸡走马[6]，以是具知闾里奸邪[558]，吏治得失[559]。数上下诸陵[560]，周遍三辅[561]，尝困[562]于莲勺卤中[563]。尤乐杜、鄠[564]之间，率常在下杜[565]。时会朝请[566]，舍长安尚冠里[567]。

及昌邑王废，霍光与张安世诸大臣议所立[568]，未定。丙吉奏记光[569]曰："将军事孝武皇帝，受襁褓之属[570]，任天下之寄[571]。孝昭皇帝早崩亡嗣，海内忧惧，欲亟闻嗣主[572]。发丧之日，以大谊立后[573]，所立非

狱。”便派谁如发文书给京兆尹，同时派人把皇曾孙与胡组一起送到京兆尹处，京兆尹不肯接受，他们只好又回到郡邸狱。等到胡组刑期已满准备离去，皇曾孙舍不得离开胡组，丙吉就自己出钱雇用胡组，让胡组留下来与郭徵卿一起继续抚养皇曾孙，过了几个月，才让胡组离去。后来在宫廷仓库担任少内啬夫的小吏向丙吉报告说：“供养皇曾孙的生活费没有地方支取、没有诏令，无法报销。”丙吉就把自己每月得到的薪俸拿来买米买肉，按月供给皇曾孙。皇曾孙生病，有好几次病得差一点死去，丙吉屡次叮咛抚养皇曾孙的乳母为皇曾孙请医喂药，对皇曾孙非常有恩。后来丙吉打听到史良娣还有母亲贞君以及哥哥史恭在世，于是就用车将皇曾孙刘病已送到他们那里抚养。贞君虽然已经很老，但看到自己的外孙孤苦无依，非常可怜他，就亲自担负起抚养照顾皇曾孙的责任。

后来皇帝颁布诏书，皇曾孙刘病已由掖庭负责抚养看管，这才将皇曾孙刘病已的名字登记到宗正所管的皇族家谱上。当时的掖庭令张贺曾经侍奉过卫太子刘据，他思念卫太子刘据的旧日恩德，又可怜皇曾孙的孤苦无依，因此对皇曾孙照顾得非常周到，他用自己的私钱供养他，教他读书。等到皇曾孙长大成人之后，张贺就想把自己的孙女嫁给皇曾孙刘病已为妻。当时汉昭帝刚刚举行过加冠礼，身高八尺二寸。张贺的弟弟张安世当时担任右将军，是辅佐朝政的大臣之一，他听到张贺赞誉皇曾孙刘病已，还想把孙女嫁给他，就发怒说：“皇曾孙乃是卫太子刘据的后代，他侥幸以平民的身份得到皇家的衣食供养也就足够了，你不要再提将孙女嫁给他的事情了！”于是，张贺不敢再有将孙女嫁给皇曾孙的念头。当时担任暴室啬夫的许广汉有一个女儿，张贺设宴邀请许广汉饮酒，酒饮到最尽兴的时候，张贺对许广汉说：“皇曾孙和皇帝的血缘关系近，将来最不济也能封个关内侯，你可以将女儿嫁给他为妻。”许广汉当即答应了这门亲事。第二天，许广汉的妻子知道了此事，非常生气。许广汉郑重其事地请人做媒，终于将女儿许配给皇曾孙。张贺用自己家的财物替皇曾孙作聘礼交给了许广汉。皇曾孙于是依靠许广汉兄弟以及外祖母史家，师从东海郡的儒生姓澓名中翁，跟他学习《诗经》，皇曾孙天赋很高，又勤奋好学，然而也喜欢游侠，斗鸡赛马，因此更加了解民情、了解民间坏人的活动以及吏治的得失。他还多次去过汉朝皇帝的陵园，足迹踏遍了三辅大地，也曾在莲勺县的盐碱地中遭受劫难。他尤其喜欢杜县、鄠县一带的风景，最经常去的地方是下杜城。逢年过节的时候也跟随宗室去朝见皇帝，此时则住在长安城中的尚冠里。

等到昌邑王刘贺被废之后，霍光与张安世等诸位大臣商议立谁为皇帝，一时还无法决定。丙吉便上书给霍光说：“将军侍奉孝武皇帝，孝武皇帝临终时将尚在襁褓中的孝昭皇帝托付给大将军，从此大将军担负起了辅佐幼主治理天下的重任。不幸的是孝昭皇帝早崩，又没有子嗣，举国上下为此而心怀忧惧，都急切地想知道谁是皇位的继承人。为孝昭皇帝发丧之日，大将军根据血缘关系选立了当时的昌邑王刘

其人，复以大谊废之[574]，天下莫不服焉。方今社稷、宗庙、群生[575]之命在将军之壹举[576]。窃伏听于众庶[577]，察其所言诸侯、宗室在列位者[578]，未有所闻于民间也[579]。而遗诏所养[580]武帝曾孙名病已在掖庭、外家者[581]，吉前使居郡邸[582]时，见其幼少，至今十八九矣，通经术，有美材，行安而节和[583]。愿将军详大义[584]，参以蓍龟[585]岂宜，褒显先使入侍[586]，令天下昭然知之，然后决定大策[587]，天下幸甚！”杜延年亦知曾孙德美，劝光、安世立焉。

秋，七月，光坐庭中，会丞相以下议定[7]所立，遂复与丞相敞等上奏曰：“孝武皇帝曾孙病已，年十八，师受[588]《诗》《论语》《孝经》躬行[589]节俭，慈仁爱人，可以嗣孝昭皇帝后，奉承祖宗庙，子万姓。臣昧死以闻。”皇太后诏曰：“可。”光遣宗正德至曾孙家尚冠里，洗沐，赐御衣，太仆以軨猎车[590]迎曾孙，就斋[591]宗正府[592]。庚申[593]，入未央宫，见皇太后，封为阳武侯[594]。已而群臣奏上玺绶，即皇帝位，谒高庙[595]，尊皇太后为太皇太后[596]。

侍御史[597]严延年劾奏[598]：“大将军光擅废立主[599]，无人臣礼，不道[600]。”奏虽寝[601]，然朝廷肃然敬惮[602]之。

八月己巳[603]，安平敬侯杨敞[604]薨。

九月，大赦天下。

戊寅[605]，蔡义[606]为丞相。

初，许广汉女适皇曾孙[607]，一岁，生子奭[608]。数月，曾孙立为帝，许氏为倢伃[609]。是时霍将军有小女与皇太后亲[610]，公卿议更立皇后，皆心拟[611]霍将军女，亦未有言。上乃诏求[612]微时故剑[613]。大臣知指[614]，白[615]立许倢伃为皇后。

十一月壬子[616]，立皇后许氏。霍光以后父广汉刑人[617]，不宜君国[618]，岁余，乃封为昌成君[619]。

太皇太后归长乐宫[620]。长乐宫初置屯卫[621]。

贺为皇位继承人，后来发现刘贺不适宜做皇帝，将军立即将他废掉，天下没有人不敬服将军。如今国家的兴衰、宗庙社稷的存亡、黎民百姓的安危都决定于将军所选择的皇位继承人了。我从百姓的议论中，听到他们所提及的那些在朝廷任职的宗室与列国诸侯，在民间都没有什么声望。而昭帝当年下诏收养的武帝曾孙刘病已，就是曾经在掖庭令的关照下以及由外戚史家抚养长大的那个人，我从前奉使到郡邸处理案件，那时他还很幼小，现在已经有十八九岁了，他精通经学儒术、有很好的品行和才能，举止安详，气度和顺。希望大将军审慎地考虑考虑，再通过占卜预测一下吉凶，考察刘病已适合不适合，褒举刘病已，先让他入宫侍候皇太后，让天下人都明确地知道这件事，然后再做出是否立刘病已为帝的决定，这是天下人最大的幸运！”杜延年也知道皇曾孙刘病已品德端好，因此也极力劝说霍光、张安世立皇曾孙为皇帝。

秋季，七月，霍光坐在议事厅中，召集丞相以下的官员商议决定是否立刘病已为帝，随后又与丞相杨敞等上奏上官皇太后说：“孝武皇帝的曾孙刘病已，现年已经十八岁，跟随老师学习了《诗经》《论语》《孝经》，他崇尚节俭并身体力行，为人仁慈、宽厚、关爱百姓，可以做孝昭皇帝的继承人，担当起奉祀祖先宗庙、治理好国家的重任。臣等冒死奏请皇太后。”上官皇太后下诏说：“可以。”霍光于是派遣宗正刘德到皇曾孙刘病已所居住的尚冠里，让他沐浴之后，穿上皇太后赏赐给他的御用衣服，太仆用射猎用的轻便小车将他迎进宗正府进行斋戒。二十五日庚申，引皇曾孙刘病已进入未央宫，拜见上官皇太后。上官皇太后封他为阳武侯。之后，群臣奏请上官皇太后为皇曾孙刘病已佩戴上皇帝玺绶，于是皇曾孙刘病已即位为皇帝，就是汉宣帝，宣帝随即拜谒汉高祖庙，尊上官皇太后为太皇太后。

侍御史严延年给上官太皇太后上奏章弹劾霍光，他说：“大将军霍光擅自废立皇帝，违背了做臣子的礼节，犯了大逆不道之罪。”奏章虽然被压下，然而朝中的大臣却由此而对他心怀敬畏。

八月初五己巳，安平侯杨敞去世，谥号为“敬”。

九月，大赦天下。

戊寅日，任命蔡义为丞相。

当初，许广汉的女儿许平君嫁给皇曾孙，一年后，生下儿子刘奭。几个月之后，皇曾孙就被立为皇帝，许平君被封为婕妤。当时霍光的小女儿霍成君与上官太皇太后关系亲近，公卿们议论如果皇帝要立皇后，都猜测一定会立霍将军的女儿霍成君，但谁都没有明说。宣帝此时却下诏让大臣们为他寻求他地位卑微时所用过的一把剑。大臣们于是猜透了皇帝的心思，于是奏请宣帝立许婕妤为皇后。

十一月十九日壬子，立许氏为皇后。霍光认为许皇后的父亲许广汉是受过刑的人，不适合当一个封国的君主，一年后，汉宣帝封许广汉为昌成君。

上官太皇太后回到长乐宫居住。长乐宫开始驻兵防守。

## 【段旨】

以上为第二段，写昭帝元平元年（公元前七四年）七月至十二月半年间的全国大事。本段主要写了刘病已幼年因祖父卫太子在巫蛊之乱中含冤而死、全家被灭，刘病已在廷尉监丙吉的护持下得以全活，后养于掖庭与卫太子妃之母家，因而能了解民间与官场的种种得失利弊；以及在昌邑王被废，宗庙承祀无人，刘病已遂被迎立为帝的过程。

## 【注释】

㊽②卫太子：武帝的太子刘据，因系皇后卫子夫所生，故史称卫太子。于征和二年（公元前九一年）因巫蛊之祸而起兵失败自杀。事见本书武帝征和二年。483鲁国史良娣：鲁国的女子史良娣。鲁国是汉代的诸侯国之一，都城鲁县，即今山东曲阜。史良娣，史姓女子，入太子之宫后被封为良娣之号。太子的后宫有妃、良娣、孺子共三等。484进：刘进，卫太子之子，武帝之孙。485纳涿郡王夫人：纳涿郡的王姓女子为夫人。涿郡的郡治即今河北涿州。王夫人，王姓女子名翁须，为史皇孙刘进之夫人。486生子病已：生了个儿子，取名刘病已。病已就是"病情痊愈"的意思。487遭巫蛊事：正赶上卫太子被加以巫蛊的罪名受到迫害。488独皇曾孙在：只有皇曾孙刘病已被留了下来。489坐收系郡邸狱：被捉进关押在京城的郡邸狱里。郡邸狱，关押各郡、国来京犯罪人员的监狱。490故廷尉监鲁国丙吉：当时任廷尉监的鲁国人丙吉。廷尉监是廷尉的属官，有左、右二监，时丙吉为右监。丙吉字少卿，事迹详见《汉书》本传。491受诏治巫蛊狱：奉朝廷之命审讯被指控犯巫蛊罪的犯人。492无事实：没有犯罪事实。493重哀：深深同情。494择谨厚女徒：选择了两个谨慎厚道的女犯人。徒，囚犯。495渭城胡组：渭城人姓胡名组。渭城即秦朝的咸阳城。496淮阳郭徵卿：淮阳是汉郡名，郡治陈县，即今河南淮阳。497令乳养曾孙：让这两个女子给刘病已喂奶。498闲燥处：安静而又不潮湿的地方。499日再省视：每天探望两次。省，也是"看视"的意思。500往来长杨、五柞宫：在长杨、五柞两宫间轮流居住。长杨宫在今陕西周至东南，五柞宫在今陕西周至。501望气者：通过观望云气以占测人世吉凶的迷信职业者。502分条中都官诏狱系者：分别登记京城各官府监狱所关押的犯人。503无轻重：不论罪行轻重。504内谒者令：皇帝身边诸谒者的头目。谒者是给皇帝掌管收发、传达以及赞礼的人员，上属少府。505夜到郡邸狱：深夜到达郡邸狱进行登记，随即杀掉诸人。506不纳：不让他进门。507相守：相持；互不让步。508因劾奏吉：于是向皇帝弹劾丙吉。509寤：同"悟"，醒悟。510天使之也：这是老天爷让丙吉这么做的。511独赖吉得生：史谓"郡邸狱系者，独赖吉得生"，则是其他一切监狱之所系犯人均已按武帝命令"无轻重一切皆杀之"矣，武帝之暴戾惨刻如此！512守丞谁如：郡邸狱的守丞名谁如，史失其姓。513不当在官：不当关押在官方的监狱。514移书京兆尹：发

文件给京兆尹。移书，转发文件。京兆尹，都城长安的行政长官，相当于郡太守。⑮遣与胡组俱送：派人把皇曾孙病已与胡组一同送到京兆尹处，意思是让京兆尹相机送病已给武帝。⑯复还：又回到了郡邸狱。⑰日满当去：服刑期满，当出狱回家。⑱皇孙思慕：意思是皇曾孙病已舍不得胡组、离不开胡组。皇孙，应作“皇曾孙”，下同。⑲雇组：给胡组发工资。⑳并养：共同抚养。㉑乃遣组去：才让胡组离狱回家。㉒少内啬夫：在宫廷仓库任职的小吏，上属掖庭令。㉓白吉：告诉丙吉。㉔食皇孙无诏令：供养皇曾孙的生活用度无处支取、无法报销。食，喂养。无诏令，没诏令许可。㉕得食米肉：得到可以购买食物的薪俸时。㉖几不全者数焉：差点不能保全的紧急情况有好几回。几，几乎、差点儿。不全，不能保全。㉗数敕：多次叮嘱。敕，告。㉘加致：更多地求得。㉙视遇：看待；关照。㉚史良娣有母贞君及兄恭：史良娣的母亲贞君与哥哥史恭还在世。㉛载皇曾孙以付之：就把皇曾孙送到了他们那里。㉜孤：孤苦无依，一个无父母，又无祖父祖母的孩子。㉝自养视：亲自抚养、照顾。㉞掖庭养视：由掖庭令负责抚养看管。㉟上属籍宗正：将其名字登记到宗正所管的皇族家谱。宗正，九卿之一，掌管刘氏皇室事务。㊱张贺：张安世之兄，曾为卫太子属下，巫蛊事发，张贺被牵连受宫刑，此时为掖庭令。㊲事：侍候；为……做事。㊳思顾：思念。㊴教书：教给他读书写字。㊵壮：长大成人。㊶始冠：开始加冠，年十八岁。㊷长八尺二寸：谓昭帝身高八尺二寸，差点儿不到一点九米。㊸辅政：是当时的辅政大臣之一。㊹以庶人：以平民的身份。㊺衣食县官：由公家供应衣食用度。㊻足矣：对他已经够可以了。㊼暴室啬夫：掖庭令属下的小吏，主管织染曝晒等事，管理宫中有罪的女子。㊽许广汉：曾在昌邑王属下为郎，因犯罪受宫刑，现为暴室啬夫。㊾体近：与皇帝的血缘关系近。㊿下乃关内侯：将来最不济也能封个关内侯。关内侯没有封地，只在关中地区享有若干户的采邑，比列侯低一等。551可妻：可以将女儿嫁给他。552妪：许广汉的妻子。553重令人为介：郑重其事地请人做媒。554遂与曾孙：遂将自己之女嫁给了皇曾孙。555贺以家财聘之：张贺用自己家的钱财给皇曾孙作为聘礼。聘，聘金，旧时结婚男家送给女家的彩礼。556受《诗》：学习《诗经》。557东海澓中翁：东海郡的儒生姓澓名中翁。东海郡的郡治郯县，在今山东郯城西北。558闾里奸邪：民间坏人的活动。闾里，犹言民间。559吏治得失：官场利弊。560数上下诸陵：多次去过汉代历朝皇帝的陵邑，如长陵、安陵、灞陵等等，这些都是当时权贵与富人居住的地方。因这些地方较其他地方地势为高，故曰上下。561周遍三辅：走遍了长安城与其四郊的一切地方。三辅即京兆尹、左冯翊、右扶风，长安城与其郊区三个郡。562困：受困；遭受劫难。563莲勺卤中：莲勺县的盐碱地上。莲勺县的县治在今陕西蒲城南。卤中，盐碱地。564杜、鄠：汉之二县名，杜县在今陕西长安西，鄠县即今陕西西安市鄠邑区。565率常在下杜：一般说来，常住在下杜。率，一般；大致。下杜，城邑名，在今陕西西安。566时会朝请：这里即指按规定进宫朝见皇帝。时会，指过年与四时随从宗室朝见皇帝。朝请，指诸侯王进京朝见皇帝，春季进见曰朝，秋季进见曰请。㊤567 舍长安尚冠里：都是住在长安城内的尚冠里。舍，住宿。尚冠里，里巷名，在汉代长安的南城。568 议所立：商量立谁为帝。569 奏记光：给霍光上书。记，文体名，是汉代臣民给朝廷大官僚上书的名称。570 受襁褓之属：接受了辅佐幼主的嘱托。属，通“嘱”，托付。571 任天下之寄：担任着治理天下的寄托。572 欲亟闻嗣主：急于想知道接班人是谁。亟，急。嗣主，继位的君主。573 以大谊立后：按道理选立了接班人刘贺。谊，同“义”。道理，指血缘关系的远近。574 复以大谊废之：又按照国家利益大于君主个人利益的原则废掉了刘贺。575 群生：全体黎民百姓。576 在将军之壹举：意思是关键就在于选好下一个继承人了。577 窃伏听于众庶：我听到社会上的人们议论。“窃”“伏”二字都是谦辞。578 察其所言诸侯、宗室在列位者：我见他们所提到的那些在朝任职的宗室与列国诸侯。察，看、分析。579 未有所闻于民间也：没有听到民间对他们有什么反映。580 遗诏所养：昭帝当年下诏所收养的。581 在掖庭、外家者：曾经在掖庭令关照下与宫外人家生活长大的。582 前使居郡邸：前时奉使到郡邸处理案件。583 行安而节和：行动安详，气度和顺。节，气度。584 详大义：审慎地考虑立谁更合适。义，宜。585 参以蓍龟：再通过占卜看其吉凶。蓍龟，蓍草和龟甲，都是占卜用品。586 先使入侍：先让他进宫侍候太后。587 决定大策：决定是否立病已为帝。588 师受：跟着老师学习。589 躬行：身体力行。590 軨猎车：射猎使用的轻便小车。591 斋：斋戒，指沐浴、更衣、素食等等。592 宗正府：宗正的官署，宗正是管理刘氏皇族事务的官，为九卿之一。593 庚申：七月二十五。594 封为阳武侯：阳武是封地名。先封为侯，为下一步立为皇帝做铺垫，不至于由平民一步为天子。595 谒高庙：拜见高祖刘邦庙。596 尊皇太后为太皇太后：因为刘病已是昭帝上官皇后的孙辈。597 侍御史：御史大夫的属官，主管举劾纠弹。598 劾奏：上书弹

【原文】

**中宗孝宣皇帝[622]上之上**

**本始元年（戊申，公元前七三年）**

春，诏有司论定策安宗庙[623]功。大将军光益封万七千户[624]，与故所食凡[625]二万户。车骑将军富平侯安世[626]以下益封者十人[627]，封侯者五人[628]，赐爵关内侯者八人[629]。

大将军光稽首归政[630]，上[631]谦让不受，诸事皆先关白[632]光，然后奏御[633]。自昭帝时，光子禹[634]及兄孙云[635]皆为中郎将[636]，云弟山[637]奉车都

劾。⑨擅废立主：擅自废主立主。⑩不道：大逆不道。⑪奏虽寝：奏章虽被压下。⑫敬惮：敬畏。⑬八月己巳：八月初五。⑭安平敬侯杨敞：杨敞的封号是安平侯，安平是封地名，敬字是其死后的谥号。⑮戊寅：九月乙未朔，无戊寅日，此处记载有误。⑯蔡义：昭帝时曾以明经在大将军霍光属下任职。事迹详见《汉书》本传。⑰适皇曾孙：嫁与刘病已为妻。适，嫁给。⑱奭：刘奭，即未来的汉元帝。⑲倢伃：妃嫔的称号名，地位仅低于皇后。⑳与皇太后亲：论辈分，此时的皇太后（即昭帝的上官皇后）应向此霍光之小女叫姨。㉑心拟：心里盘算。㉒诏求：下诏书寻找。㉓微时故剑：身份卑微时所用的一把剑。㉔指：同“旨”，心思。㉕白：请示皇帝，向皇帝建言。㉖十一月壬子：十一月十九。㉗刑人：受过刑的人。㉘不宜君国：不适合为一国之君，在这里即指不便封为列侯。汉时列侯所封也叫国。㉙昌成君：封君的称号名，比侯爵低一等，也食有一定的采邑。㉚归长乐宫：自昌邑王刘贺被废后，太皇太后一直住在未央宫处理政事，今宣帝已立，故太皇太后归长乐宫。㉛初置屯卫：开始驻兵防守，其军事长官即长乐宫卫尉。

## 【校记】

［5］往来：原作“来往”。据章钰校，甲十五行本、乙十一行本、孔天胤本二字皆互乙，今据改。〖按〗《通鉴纪事本末》卷四、《汉书·宣帝纪》《汉书·丙吉传》皆作“往来”。［6］马：原作“狗”。据章钰校，甲十五行本、乙十一行本皆作“马”，今据改。〖按〗《通鉴纪事本末》卷四、《资治通鉴纲目》卷五下、《汉书·宣帝纪》皆作“马”。［7］定：原无此字。据章钰校，甲十五行本、乙十一行本、孔天胤本皆有此字，今据补。〖按〗《通鉴纪事本末》卷四、《资治通鉴纲目》卷五下、《汉书·霍光传》皆有此字。

## 【语译】

### 中宗孝宣皇帝上之上

### 本始元年（戊申，公元前七三年）

春天，汉宣帝下诏命令有关部门的官员评定出安定国家、稳固社稷的有功之臣。因此，大将军霍光的封地在原有的基础上又增加了一万七千户，总计封地有两万户。车骑将军富平侯张安世及以下有功之臣增加封地的有十个人，被封为侯爵的有五个人，被封为关内侯的有八个人。

大将军霍光在朝廷上向汉宣帝行跪拜大礼，请求将摄政大权归还给皇帝，汉宣帝再三谦让不肯接受，此后诸事仍然先禀告霍光，然后再奏报汉宣帝。从汉昭帝执政的时候开始，霍光的儿子霍禹及霍光兄长霍去病之孙霍云就都担任了负责宫廷警

尉、侍中[638]，领胡、越兵[639]，光两女婿为东、西宫卫尉[640]，昆弟[641]、诸婿、外孙皆奉朝请[642]，为诸曹[643]、大夫[644]、骑都尉[645]、给事中[646]，党亲连体[647]，根据[648]于朝廷。及昌邑王废，光权益重，每朝见，上虚己敛容[649]，礼下之已甚[650]。

夏，四月庚午[651]，地震。

五月，凤皇集胶东、千乘[652]。赦天下，勿收田租赋。

六月，诏曰："故皇太子[653]在湖[654]，未有号谥[655]，岁时祠[656]，其议谥，置园邑[657]。"有司奏请："礼，为人后者，为之子也[658]。故降其父母[659]，不得祭[660]，尊祖之义[661]也。陛下为孝昭帝后[662]，承祖宗之祀[663]。愚以为亲谥宜曰悼[664]，母曰悼后，故皇太子谥曰戾[665]，史良娣曰戾夫人。"皆改葬焉。

秋，七月，诏立燕刺王太子建[666]为广阳王[667]，立广陵王胥[668]少子弘为高密王[669]。

初，上官桀与霍光争权，光既诛桀，遂遵武帝法度，以刑罚痛绳[670]群下，由是俗吏皆尚严酷[671]以为能，而河南太守丞[672]淮阳黄霸[673]独用宽和为名。上在民间时，知百姓苦吏急[674]也，闻霸持法平[675]，乃召为廷尉正[676]，数决疑狱[677]，庭中[678]称平。

**二年（己酉，公元前七二年）**

春，大司农田延年有罪自杀。昭帝之丧[679]，大司农僦民车[680]，延年诈增僦直[681]，盗取[682]钱三千万，为怨家[683]所告。霍将军召问延年，欲为道地[684]。延年抵[685]曰："无有是事。"光曰："即无事，当穷竟[686]。"御史大夫[687]田广明谓太仆[688]杜延年曰："《春秋》之义[689]，以功覆过[690]。当废昌邑王时[691]，非田子宾之言[692]，大事不成[693]。今县官出三千万自乞之[694]，何哉[695]？愿以愚言白大将军。"延年言之大将军，大将军曰："诚然，实

卫任务的中郎将，霍云的弟弟霍山以奉车都尉之职兼任在宫中侍奉皇帝的侍中，同时兼职负责统领由匈奴人和越族人组编成的军队，霍光的两个女婿分别担任着皇太后所居住的长乐宫卫尉和皇帝所居住的未央宫卫尉，霍光的其他兄弟、诸位女婿以及外孙等也都按照节令入朝拜见皇帝，分别担任着诸曹、大夫、骑都尉、给事中等各种职务，职务与亲缘结为一体，在朝廷中盘根错节。等到昌邑王刘贺被废之后，霍光建树的功劳最大、权势更重，他每次朝见汉宣帝，汉宣帝在他面前都非常谦虚谨慎、不苟言笑，不惜降低自己的皇帝身份，谦恭得有些过分。

夏季，四月初十庚午，发生地震。

五月，有凤凰飞到胶东国、千乘郡。宣帝下令大赦天下，免收百姓当年的田租赋税。

六月，汉宣帝下诏说："我的祖父、已故卫太子的坟墓在湖县，至今既没有封号、谥号，也没有四时的祭祀，请为我的祖父议定谥号，设置守护陵园的机构与食邑。"有关部门的官员向汉宣帝奏请说："按照礼仪，给人家做继承人，就要做人家的儿子，就要降低自己的生身父母不能再祭祀，这是为了明确系统、尊重祖先。陛下做了孝昭皇帝的继承人，已经担当起祭祀历代祖先的责任，我认为陛下的生父谥号应该用'悼'字，陛下生母就应该是'悼后'，陛下的祖父、已故卫太子刘据的谥号应该为'戾'，祖母史良娣应称为'戾夫人'。"汉宣帝将自己的祖父母、生父、生母全都重新选址安葬。

秋季，七月，汉宣帝下诏封燕剌王刘旦的太子刘建为广阳王，封广陵王刘胥的小儿子刘弘为高密王。

当初，上官桀与霍光争权，霍光诛杀了上官桀之后，立即恢复汉武帝时期所实行的法度，用严酷的刑法严厉制裁下级官吏和百姓，于是一般的官吏都以严酷为能，越严越好，而担任河南郡太守丞的淮阳人黄霸却独以执法宽大平和闻名。宣帝在民间的时候，深知百姓深受酷吏执法之苦，听说黄霸执法公正平和，就调任他到朝廷担任廷尉正，黄霸屡次判决有疑难的案件，朝中大臣都认为他执法公正。

**二年（己酉，公元前七二年）**

春季，大司农田延年犯罪自杀。在为汉昭帝治丧期间，大司农田延年负责向民间租赁车辆，他在租赁价钱上弄虚作假，从中贪污了三千万钱，被怨恨他的人举报。霍光亲自询问田延年，是想为他减轻罪责、留些余地。而田延年却抵赖说："根本没有这回事。"霍光说："既然没有这回事，那就彻底查一查。"御史大夫田广明对太仆杜延年说："按照《春秋》所讲的道理，可以将功补过。在废黜昌邑王刘贺的时候，如果不是田延年拔剑挺身而出、激烈陈词，废掉昌邑王的决议就通不过。我愿意向国家缴纳三千万钱把他赎出来，你觉得怎么样？希望你把我的想法报告给霍光大将军。"太仆杜延年将御史大夫田广明的话报告给大将军霍光，霍光说："的确如此，田

勇士也！当发大议时[696]，震动朝廷。”光因举手自抚[8]心[697]曰：“使我至今病悸[698]。谢田大夫[699]晓大司农[700]，通往就狱[701]，得公议之[702]。”田大夫使人语延年，延年曰：“幸县官宽我耳[703]，何面目入牢狱，使众人指笑我，卒徒[704]唾吾背乎？”即闭閤[705]独居斋舍[706]，偏袒[707]，持刀东西步[708]。数日，使者召延年诣廷尉[709]，闻鼓声[710]，自刎死。

夏，五月，诏曰：“孝武皇帝躬仁谊[711]，厉威武[712]，功德茂盛，而庙乐未称[713]，朕甚悼焉。其与列侯、二千石、博士议[714]。”于是群臣大议庭中[715]，皆曰：“宜如诏书。”长信少府夏侯胜独曰：“武帝虽有攘四夷[716]、广土境之功，然多杀士众[717]，竭民财力，奢泰[718]无度，天下虚耗，百姓流离，物故者半[719]，蝗虫大起，赤地[720]数千里，或人民相食，畜积[721]至今未复[722]。无德泽于民，不宜为立庙乐[723]。”公卿共难胜[724]曰：“此诏书也[725]。”胜曰：“诏书不可用[726]也。人臣之谊[727]，宜直言正论，非苟阿意顺指[728]。议已出口，虽死不悔！”于是丞相、御史[729]劾奏胜非议诏书[730]，毁先帝[731]，不道[732]。及丞相长史黄霸[733]阿纵胜[734]，不举劾[735]，俱下狱。有司遂请尊孝武帝庙[736]为世宗[737]庙，奏《盛德》《文始五行之舞》[738]。武帝巡狩所幸郡国[739]皆立庙[740]，如高祖、太宗[741]焉。夏侯胜、黄霸既久系[742]，霸欲从胜受《尚书》[743]，胜辞以罪死[744]。霸曰：“朝闻道，夕死可矣[745]。”胜贤其言[746]，遂授之。系再更冬[747]，讲论不怠。

初，乌孙公主[748]死，汉复以楚王戊之孙解忧[749]为公主[750]，妻岑娶[751]。岑娶胡妇子泥靡[752]尚小，岑娶且死[753]，以国与季父大禄子翁归靡[754]，曰：“泥靡大[755]，以国归之[756]。”翁归靡既立，号肥王，复尚楚主[757]，生三

延年的表现确实是个勇士！当年他一番大义凛然的议论，震惊了整个朝廷。”霍光用手抚摸着自己的胸口说：“使我至今都会怕得心跳。感谢田广明御史大夫把我们的意思告知田延年大司农，让他先按规定到监狱去，请他相信一定能够得到公正的裁决。”田广明派人把霍光的意思告诉了大司农田延年，田延年说：“我承蒙皇帝开恩将我宽赦，但我有何脸面进入牢狱让众人指点讥笑我，让那些狱卒犯人指点着我的脊梁唾骂呢？”于是闭门不出，独自居住在斋戒的屋子里，袒露着一只臂膀，手里拿着刀在室内徘徊。过了几天，使者前来通知田延年到廷尉衙门接受审判，当田延年听到大司农衙门迎接诏书的鼓声，便挥刀自刎了。

夏季，五月，汉宣帝下诏说：“孝武皇帝躬行仁义，发扬威武，功德盖世，然而在祭祀宗庙时还没有与他功德相称的音乐，对此我感到非常的哀痛。请大将军、丞相等与列侯、二千石的高级官员以及博士共同商定这件事。”于是群臣便在朝廷中展开了议论，都说：“应该按照皇帝的旨意去办。”只有长信少府夏侯胜表达了不同的意见，他说：“武帝虽有讨伐国家四周不驯服的少数民族、开疆拓土的功绩，然而却由此导致许多的将士战死沙场，使国家和民众的财力物力损失殆尽，而且武帝生活铺张奢侈，挥霍无度，耗尽了天下的财富，使百姓流离失所，人口数量减半，加上蝗灾严重，致使上千里的土地寸草不生，百姓由于贫困不堪，竟然有人吃人的现象发生，国库的储备和百姓的私家积蓄直到现在也没有得到完全的恢复。总体来说，他没有给人民带来恩德与幸福，不应该专门为他制定一部祭祀的音乐。”公卿大臣全都责难夏侯胜说：“这可是皇帝的旨意啊。”夏侯胜说：“虽然是皇帝的旨意，也不能采纳、不能照办。做臣子的义务，就应该直言正论，而不能一味地阿谀奉承、只是顺着皇帝的旨意办。我的意见已经说出口，即使把我杀了我也不后悔！”于是，丞相、御史全都上奏章弹劾夏侯胜，说他诽谤皇帝的诏书，诋毁先帝，大逆不道。同时弹劾担任丞相长史的黄霸，说他纵容夏侯胜，对夏侯胜的行为不检举不弹劾，于是二人都被逮捕入狱。有关官员于是奏请汉宣帝为孝武帝庙上尊号为世宗庙，祭祀时演奏《盛德》《文始五行之舞》。凡是武帝在世时巡狩到过的郡、诸侯国都要为武帝单独建庙祭祀，其规模要与高祖刘邦、太宗汉文帝的祭庙一样。夏侯胜、黄霸被长期关押在监狱中，黄霸想跟夏侯胜学习《尚书》，夏侯胜以一个犯了死罪的人还学什么《尚书》为由婉言拒绝。黄霸说：“早晨学到了大道理，就是晚上死了也值得。”夏侯胜很赞赏他的话，于是就在监狱中教授他学习《尚书》。他们在狱中度过了两个漫长的冬天，然而学习讲论却毫不倦怠。

当初，嫁给乌孙王为妻的江都王刘建的女儿乌孙公主死后，汉朝又把楚王刘戊的孙女刘解忧封为公主嫁给乌孙国王岑娶为妻。岑娶所娶的另一位匈奴妻子所生的儿子泥靡当时年龄还小，岑娶在临死的时候，就把王位传给他叔父大禄的儿子翁归靡，岑娶对翁归靡说：“等我的儿子泥靡长大了，你一定要把王位归还他。”翁归靡继承了王位，号称肥王，肥王又将解忧公主娶去为妻，解忧公主为翁归靡生育了三

男、两女。长男曰元贵靡，次曰万年，次曰大乐。昭帝时，公主上书言：“匈奴与车师[758]共侵乌孙，唯[759]天子幸救之！”汉养士马，议击匈奴。会昭帝崩[760]，上遣光禄大夫[761]常惠[762]使乌孙。乌孙公主及昆弥[763]皆遣使上书，言：“匈奴复连发大兵，侵击乌孙。使使谓乌孙：‘趣持公主来[764]！’欲隔绝汉[765]。昆弥愿发国精兵五万骑，尽力击匈奴，唯天子出兵以救公主、昆弥！”先是[766]匈奴数侵汉边，汉亦欲讨之。秋，大发兵，遣御史大夫田广明为祁连将军[767]，四万余骑，出西河[768]；度辽将军范明友三万余骑，出张掖[769]；前将军韩增三万余骑，出云中[770]；后将军赵充国为蒲类将军[771]，三万余骑，出酒泉[772]；云中太守田顺为虎牙将军，三万余骑，出五原[773]，期[774]以出塞各二千余里。以常惠为校尉[775]，持节[776]护乌孙兵[777]共击匈奴。

【段旨】

以上为第三段，写宣帝本始元年（公元前七三年）、二年共两年间的全国大事。本段主要写了霍光的权势之大与其家族亲戚盘根错节、垄断朝廷的局势；写了汉宣帝为武帝议庙号、议庙乐，为其祖父卫太子、其父刘进等立园、议谥；写了田延年因贪污自杀；写了汉王朝为援助乌孙而五道出兵伐匈奴等事。

【注释】

㉒中宗孝宣皇帝：即汉宣帝刘询，本名病已，后更名询，武帝之曾孙，卫太子之孙，公元前七三至前四九年在位。中宗是其庙号。㉓定策安宗庙：指决策废昌邑王，立宣帝事。㉔益封万七千户：在原有封地的基础上再增加一万七千户人家的封地。㉕凡：总共。霍光于武帝始元二年（公元前八五年）以捕马何罗功封博陆侯，食二千多户，今益封一万七千多户，故凡二万户。㉖富平侯安世：张安世，始封富平侯。㉗益封者十人：此十人为安平侯杨敞、阳平侯蔡义、平陵侯范明友、龙頟侯韩增、建平侯杜延年、蒲侯苏昌、宜春侯王谭、当涂侯魏圣、杜侯屠耆堂、关内侯夏侯胜。㉘封侯者五人：田广明封为昌水侯、赵充国封为营平侯、田延年封为阳城侯、乐成封为爰氏侯、王迁封为平丘侯。㉙赐爵关内侯者八人：即周德、苏武、李光、刘德、韦贤、宋畸、丙吉、赵广汉。㉚稽首归政：向皇帝行跪拜礼，请求将摄政权归还皇帝自己。稽首，最虔敬的跪拜

个儿子、两个女儿。长子叫元贵靡，次子叫万年，三子叫大乐。昭帝在位时，解忧公主曾经上书给昭帝说："匈奴与车师两国联合起来侵略乌孙，希望天子能够派兵援救乌孙国！"于是汉朝训练士兵蓄养马匹，商议发兵攻打匈奴。而此时汉昭帝却突然驾崩，汉朝派遣光禄大夫常惠为使者出使乌孙。解忧公主以及昆弥都派出使者到汉朝给皇帝上书说："匈奴又接连增派大军前来侵略乌孙。他们派使者来对乌孙国王说：'快把解忧公主送来！'他们的目的就是要截断乌孙与汉朝的联系。昆弥愿意调动乌孙国内的五万名精锐骑兵，竭尽全力攻打匈奴，只是希望汉天子赶紧发兵营救公主、昆弥！"先前，匈奴曾经屡次派兵侵略汉朝的边境，汉朝本来就想讨伐匈奴。所以秋季一到，汉朝立即调集大军，派御史大夫田广明为祁连将军，率领四万多名骑兵，从西河郡出塞；派度辽将军范明友带领三万多名骑兵，从张掖出塞；命前将军韩增带领三万多名骑兵，从云中出发；命后将军赵充国为蒲类将军，带领三万多名骑兵，从酒泉出发；任命云中太守田顺为虎牙将军，带领三万多名骑兵，从五原出发，约定各路军马必须深入匈奴境内两千多里扫荡匈奴。任命常惠为校尉，手持汉朝皇帝的符节监督乌孙国出击匈奴的军队，共同攻打匈奴。

---

礼，先跪下，而后全身俯伏在地。㉛上：指汉宣帝。㉜关白：禀告。㉝奏御：报告皇帝。㉞光子禹：霍禹。㉟兄孙云：霍光之侄孙霍云。㊱中郎将：皇帝的卫队长，统领众中郎，上属光禄勋。㊲云弟山：霍光之侄霍山。㊳奉车都尉、侍中：以奉车都尉之职，兼在宫中侍候皇帝。奉车都尉的职责是为皇帝掌管车马，上属光禄勋。㊴领胡、越兵：统领由匈奴人和越族人编成的部队。㊵东、西宫卫尉：负责守卫东宫与西宫的军事长官，即长乐宫卫尉与未央宫卫尉，皆为九卿之一。㊶昆弟：兄弟，指霍光本人的兄弟。㊷奉朝请：按一定的节令入朝拜见皇帝，这是朝廷给某些闲散官僚、贵族的一种荣誉。㊸诸曹：指尚书令所属的各曹尚书。㊹大夫：朝廷各部门的下属官员。㊺骑都尉：统领骑兵的军官，级别同于校尉。㊻给事中：职务略同于"侍中"，在皇帝身边，以备参谋顾问。㊼党亲连体：职务与亲缘结成不可分割的关系网。㊽根据：盘根错节。㊾虚己敛容：谦虚谨慎、不苟言笑。㊿礼下之已甚：对之恭敬得已有些过分。(651)四月庚午：四月初十。(652)凤皇集胶东、千乘：意即胶东、千乘二郡国出现了凤凰。凤皇，同"凤凰"。集，众鸟落于木。胶东，诸侯国名，都城即墨，在今山东平度东南。千乘，汉郡名，郡治在今山东高青东北。〖按〗汉代儒生鼓吹天人感应，以为凤凰出现是天降吉祥，故赦天下、免田租云云。(653)故皇太子：指卫太子，汉宣帝之祖父。(654)在湖：坟墓在湖县，今河南灵宝西北。(655)未有号谥：没有封号、谥号。谥，古人死后，后人依据其生前行为事迹给予的一种称号。(656)岁时祠：应该在年关、四时进行祭祀。(657)置园邑：设置守护园

陵的机构与食邑。⑱为人后者二句：给人家做继承人，就要当人家的儿子。⑲降其父母：降低自己的亲生父母。⑳不得祭：不能再祭祀他。㉑尊祖之义：这是为了明确系统、尊重祖先。㉒为孝昭帝后：您现在已经是汉昭帝的继承人。㉓承祖宗之祀：已经担当起祭祀历代祖先的责任。㉔亲谥宜曰悼：您的生父应该谥为“悼”，意思是死得令人同情。亲，指生父刘进。㉕谥曰戾：“戾”的意思是悖谬，因卫太子杀了武帝所派的使者江充，又起兵与丞相作战，故谥为“戾”。㉖燕剌王太子建：燕剌王刘旦的太子刘建。燕王刘旦于昭帝元凤元年（公元前八〇年）因谋反罪自杀，燕国撤销，为广阳郡；今重又建国，封刘建为王。㉗广阳王：广阳国的都城即今北京市。广阳王刘建之墓即今北京市大葆台汉墓。㉘广陵王胥：刘胥，武帝之子，元狩六年（公元前一一七年）被封为广陵王，都城即今江苏扬州。㉙高密王：高密国的都城即今山东高密。高密国即原来的胶西国。㉚痛绳：严厉制裁。绳，约束、管制。㉛尚严酷：以严酷为能，越严越好。㉜河南太守丞：河南郡太守的副职。河南郡的郡治洛阳，在今河南洛阳城东北。㉝淮阳黄霸：淮阳是汉代诸侯国名，都城即今河南淮阳。黄霸是西汉著名的地方官。事迹详见《汉书》本传。㉞苦吏急：以官吏的严酷为苦。㉟持法平：执法公平。㊱廷尉正：廷尉的属官，秩千石。廷尉是九卿之一，掌管全国司法。㊲数决疑狱：屡屡判断有疑难的案件。㊳庭中：汉王朝的朝廷之中。㊴丧：指办丧事。㊵僦民车：向百姓租赁车辆。僦，雇用。㊶诈增僦直：虚报雇车所花的钱。直，通“值”，钱数。㊷盗取：意即贪污。㊸怨家：仇家。㊹欲为道地：想给他留些余地，做些开脱。㊺抵：抵赖；不承认。㊻即无事二句：如果没有问题，那就彻底查一查。即，如果。穷竟，彻底清查。㊼御史大夫：三公之一，职同副丞相，主管监察纠弹。㊽太仆：九卿之一，为皇帝赶车。㊾《春秋》之义：按《春秋》所讲的道理。㊿以功覆过：可以用功劳抵补过失。(691)废昌邑王时：指霍光召集群臣示意要废除昌邑王，让群臣表态时。(692)非田子宾之言：如果当时没有田延年的激烈陈词。见本书昭帝元平元年（公元前七四年）。田延年字子宾。(693)大事不成：废除昌邑王的决议就通不过。(694)今县官出三千万自乞之：意思是我愿意给国家出钱三千万把他赎出来。有人认为“今”下应有“向”字。县官，指国家、官府。自乞之，我请求把他赎出来。(695)何哉：你看如何。(696)发大议时：指当时田延年的激烈陈词。(697)抚心：抚摸着自己的心口。(698)病悸：害怕得心跳。(699)田大夫：对御史大夫田广明的敬称。(700)晓大司农：请把咱们的意思告知田延年。(701)通往就狱：赶紧按规定自往监狱。通，按照通例。就，往。(702)得公议之：我们再共同议论一下该如何处置他。(703)幸县官宽我耳：我是蒙皇帝开恩把我宽赦的。幸，获幸。县官，这里指皇帝。(704)卒徒：狱卒与囚犯。徒，刑徒。(705)闭阁：闭门。阁，内门。(706)斋舍：斋戒的屋子，这里即指僻静的小屋。(707)偏袒：袒露一臂，这是古人发愤、发誓、表决心时所做的一种姿态。(708)持刀东西步：欲自杀但又下不了决心的样子。(709)诣廷尉：到廷尉衙门接受审判。(710)闻鼓声：田延年听到大司农衙门迎接诏书的鼓声。(711)躬仁谊：躬行仁义。躬，亲身。谊，同“义”。(712)厉威武：发扬国威。厉，磨，这里意即发扬。⑬庙乐未称：祭祀宗庙时还没有与他的功德相称的音乐。⑭其与列侯、二千石、博士议：请大将军、丞相等与列侯、二千石、博士等共同讨论一下。⑮庭中：朝廷之上。⑯攘四夷：讨伐国家四周对汉王朝不驯服的少数民族，如匈奴、南越、东越、西南夷、朝鲜等。攘，击逐。⑰多杀士众：使汉族士兵付出重大牺牲。⑱奢泰：骄奢淫逸。泰，淫逸。⑲物故者半：人口数量减半。物故，死亡。⑳赤地：土地上不长禾苗。㉑畜积：国库和百姓私家的储存。畜，此处通"蓄"。㉒未复：未能恢复到武帝即位前。㉓立庙乐：专门制定一部祭祀武帝的音乐。㉔难胜：责问夏侯胜。难，责问、驳斥。㉕此诏书也：这是皇帝下诏书让我们讨论的。㉖不可用：不能采纳；不能照办。㉗人臣之谊：作为一个臣子的义务。谊，义、义务。㉘非苟阿意顺指：不能只是顺着皇帝的意思办。阿意，曲从。指，同"旨"。㉙丞相、御史：丞相蔡义。御史，指御史大夫，即田广明。㉚非议诏书：诽谤皇帝的诏令。㉛毁先帝：诋毁武帝。㉜不道：大逆不道。㉝丞相长史黄霸：黄霸原任廷尉正，此时任丞相长史。长史是丞相的属官，为丞相属下的诸史之长，此时代丞相组织众人讨论。㉞阿纵胜：顺着夏侯胜；放纵夏侯胜。㉟不举劾：明知其有罪而不举报、不弹劾。㊱孝武帝庙：指单独建筑的汉武帝庙与西汉王朝太庙里所供奉的汉武帝的灵牌。㊲世宗：汉武帝的庙号，凡能使一个王朝的国力变强、以武功著称的帝王通常尊为"世宗"。㊳《盛德》《文始五行之舞》：皆祭祀宗庙所用舞名。㊴武帝巡狩所幸郡国：武帝当年巡狩所到过的各郡、各诸侯国。幸，使……蒙幸，意即所到达之处。㊵皆立庙：皆立武帝庙。㊶高祖、太宗：高祖是刘邦的庙号，太宗是文帝刘恒的庙号。㊷久系：长期被关押在狱中。㊸从胜受《尚书》：跟着夏侯胜学习《尚书》。受，接受、学习。㊹辞以罪死：推辞以一个犯了死罪的人还学什么《尚书》。㊺朝闻道二句：见《论语·里仁》。意思是早晨学到了大道理，晚上死了也值得。㊻贤其言：认为他说得好。㊼系再更冬：在狱里经过了两个冬天。更，经历。㊽乌孙公主：汉江都王刘建之女，名细君，于元封年间（公元前一一〇至前一〇五年）武帝以公主之名将其嫁与乌孙王，史称"乌孙公主"。乌孙是西域国名，其地约当今我国新疆之西北部、塔吉克斯坦的东南部，与吉尔吉斯斯坦的东部地区，首都赤谷城，在今吉尔吉斯斯坦境内的伊塞克湖之东南，距我国的新疆边界不远。㊾楚王戊之孙解忧：楚王刘戊的孙女，名解忧。刘戊是楚元王刘交之孙，于景帝三年（公元前一五四年）因谋反兵败自杀。㊿为公主：以武帝公主的名义。(751)妻岑娶：嫁与乌孙王岑娶为妻。岑娶是老乌孙王之孙。(752)胡妇子泥靡：岑娶的妃子匈奴女人所生的儿子名叫泥靡。胡妇，匈奴女人。(753)且死：将死。(754)季父大禄子翁归靡：岑娶的叔父大禄的儿子名叫翁归靡。季父，小叔父。(755)泥靡大：等日后泥靡长大成人。(756)以国归之：把统治乌孙国的权力交还给他。(757)复尚楚主：又接续以楚王刘戊的孙女解忧为妻。尚，高攀，这里的意思即娶。当时许多少数民族都有子继父位或弟继兄位时，即接收其父或其兄之嫔妃为自己嫔妃的习俗。(758)车师：西域国名，分前后两国，车师前国的国都交河城，在今新疆吐鲁番城西；车师后国在吐鲁番北的天山北侧。[759]唯：表示祈请的发语词。[760]会昭帝崩：事在元平元年。[761]光禄大夫：光禄勋的属官，在皇帝身边备参谋顾问。[762]常惠：曾随苏武出使匈奴，被匈奴拘留十九年。昭帝时还汉，任光禄大夫。[763]昆弥：乌孙王的称号，即翁归靡。[764]趣持公主来：火速将你们那里的汉朝公主送到匈奴来。趣，同“促”，迅速。公主，指乌孙公主。[765]欲隔绝汉：想截断乌孙与汉王朝的关系。[766]先是：在此以前。[767]祁连将军：以出兵要去的方向为将军之号。祁连，即祁连山，在今甘肃走廊南侧与青海相邻处。[768]西河：汉郡名，郡治平定，在今内蒙古东胜境内。[769]张掖：汉郡名，郡治在今甘肃张掖西北。[770]云中：汉郡名，郡治在今内蒙古托克托东北。[771]蒲类将军：以出兵所

【原文】

## 三年（庚戌，公元前七一年）

春，正月癸亥[778]，恭哀许皇后[779]崩。时霍光夫人显[780]欲贵其小女成君[781]，道无从[782]。会许后当娠[783]，病，女医淳于衍[784]者，霍氏所爱，尝入宫侍皇后疾[785]。衍夫赏[786]为掖庭户卫[787]，谓衍：“可过辞霍夫人[788]，行为我求安池监[789]。”衍如言报显，显因生心[790][9]，辟[791]左右，字谓衍[792]曰：“少夫幸[793]报我以事[794]，我亦欲报少夫[795]，可乎？”衍曰：“夫人所言，何等不可者[796]？”显曰：“将军素爱小女成君，欲奇贵之，愿以累少夫[797]。”衍曰：“何谓邪[798]？”显曰：“妇人免乳[799]，大故[800]，十死一生。今皇后当免身[801]，可因投毒药去[802]也，成君即为皇后矣。如蒙力事成，富贵与少夫共之。”衍曰：“药杂治[803]，当[10]先尝，安可[804]？”显曰：“在少夫为之耳[805]。将军领天下[806]，谁敢言者？缓急相护[807]，但恐少夫无意[808]耳。”衍良久[809]曰：“愿尽力！”即捣附子[810]，赍[811]入长定宫[812]。皇后免身后，衍取附子并合大医大丸[813]以饮[814]皇后，有顷[815]，曰[816]：“我头岑岑[817]也，药中得无有毒[818]？”对曰：“无有。”遂加烦懑[819]，崩。衍出，过见显，相劳问[820]，亦未敢重谢衍。后人有上书告诸医侍疾无状[821]者，

向之地为将军之号。蒲类是水泽名，也是小国名，在今新疆东部。⑫ 酒泉：汉郡名，郡治禄福，即今甘肃酒泉。⑬ 五原：汉郡名，郡治在今内蒙古包头西。⑭ 期：预计；预定计划。⑮ 以常惠为校尉：让常惠以校尉的级别。⑯ 持节：手执旌节，以皇帝特使的身份。节，皇帝派出使者所持的信物。⑰ 护乌孙兵：监督乌孙国出击匈奴的部队。

【校记】

［8］抚：原作“怃”。据章钰校，甲十五行本、乙十一行本、孔天胤本皆作“抚”，今据改。〖按〗《汉书·酷吏·田延年传》作“抚”。

---

【语译】

**三年（庚戌，公元前七一年）**

春季，正月十三日癸亥，恭哀许皇后去世。当时，霍光的夫人显想让自己的小女儿霍成君当皇后，却又一时没有办法实现。机会凑巧，许皇后因为怀有身孕，身体不舒服，有一位女医生名叫淳于衍的一向被霍家所喜爱，淳于衍曾经入宫为许皇后看过病。淳于衍的丈夫赏是守卫后宫门户的卫士，他对淳于衍说：“你去跟霍夫人求求情，让她进宫去为我谋一个安池监的职务。”淳于衍按照她丈夫的意思到霍光家里请求夫人显帮忙，夫人显立即阴谋诡计计上心头，她支开身边的人，很亲热地称呼着淳于衍的字说：“少夫求我为你丈夫谋取安池监，我感到很荣幸，我也想求少夫帮我办一件事，可以吗？”淳于衍回答说：“夫人所说的，还有什么不行的？”显说：“霍将军平素最疼爱小女霍成君，一心想让她大富大贵，这件事可就得麻烦少夫你了。”淳于衍说：“您所指的是什么？”显说：“妇人生孩子，是一个大劫难，真是九死一生。如今许皇后将要分娩，可以趁机投毒把她毒死，这样成君不就可以做皇后了吗。如果承蒙出力，事情成功之后，我们霍家将与少夫共同分享荣华富贵。”淳于衍说：“为皇后看病，要经过多位医生共同会诊然后下药，而且在皇后服药之前还要有人先尝一下药，如何下得了毒呢？”显说：“成与不成还不是全看你的了。霍将军掌管天下大权，有谁敢言语一声？即使出了问题也会有人保护你，就怕你不想干。”淳于衍沉吟了很久说：“我愿意尽力而为！”于是淳于衍事先将含有剧毒的附子捣成粉末，带入许皇后居住的长定宫。许皇后分娩后，淳于衍取出附子，掺和到太医搓合的大药丸中让许皇后服下，过了一会儿，许皇后说：“我的头胀痛得厉害，是不是药里有毒？”淳于衍回答：“无毒。”许皇后憋闷、疼痛得更加剧烈，一会儿就崩逝了。淳于衍出宫后，到霍家去见霍夫人显，霍夫人显与淳于衍互相安慰，但霍夫人显并没敢重谢淳于衍。后来有人上书告发诸医生侍候病中的许皇后不负责任，于是为许皇后

皆收系诏狱[822]，劾不道[823]。显恐急[824]，即以状具语光[825]，因曰："既失计为之[826]，无令吏急衍[827]！"光大惊，欲自发举[828]，不忍，犹与[829]。会奏上[830]，光署衍勿论[831]。显因劝光内其女入宫[832]。

戊辰[833]，五将军发长安[834]。匈奴闻汉兵大出，老弱奔走，驱畜产远遁逃，是以五将少所得。夏，五月，军罢。度辽将军出塞千二百余里，至蒲离候水[835]，斩首、捕虏七百余级。前将军出塞千二百余里，至乌员[836]，斩首、捕虏百余级。蒲类将军出塞千八百余里，西去[11]候山[837]，斩首捕虏，得单于使者蒲阴王以下三百余级。闻虏已引去，皆不至期[838]还。天子薄其过[839]，宽而不罪。祁[12]连将军出塞千六百里，至鸡秩山[840]，斩首、捕虏十九级。逢汉使匈奴还者[841]冉弘等，言鸡秩山西有虏众，祁连[842]即戒弘[843]，使言无虏，欲还兵。御史属公孙益寿[844]谏，以为不可。祁连不听，遂引兵还。虎牙将军出塞八百余里，至丹余吾水[845]上，即止兵不进，斩首捕虏千九百余级，引兵还。上以虎牙将军不至期，诈增卤获[846]，而祁连知虏在前，逗遛不进，皆下吏[847]，自杀。擢[848]公孙益寿为侍御史[849]。

乌孙昆弥[850]自将五万骑与校尉常惠从西方入[851]，至右谷蠡王庭[852]，获单于父行[853]及嫂、居次[854]、名王、犁污都尉[855]、千长[856]、骑将以下四万级[857]，马、牛、羊、驴、橐佗[858]七十余万头。乌孙皆自取所虏获[859]。上以五将皆无功，独惠奉使克获[860]，封惠为长罗侯。然匈奴民众伤而去者及畜产远移死亡，不可胜数，于是匈奴遂衰耗[861]，怨乌孙。

上复遣常惠持金币还赐乌孙贵人有功者。惠因奏请龟兹国[862]尝杀

诊病的医生包括淳于衍在内都被逮捕入狱，被弹劾犯了大逆不道罪。霍夫人显觉得事态严重，这才恐慌、着急起来，她把实情详细地告诉了霍光，并趁机说："既然已经失策做下了这样的蠢事，还是不要让法官紧急逼供淳于衍！"霍光知道真相后大吃一惊，想自己站出来揭发检举，又心存不忍，霍光正在犹豫不决。恰巧负责审理此案的法官将审理意见奏报汉宣帝的同时，正好有别的大臣上书启奏这件事，霍光就在奏章上签署了对淳于衍不予追究的处理意见。霍夫人显趁机劝说霍光将自己的小女儿霍成君送进宫去。

正月十八日戊辰，御史大夫田广明等五位将军从长安出发前往各自的部队，准备率军去攻打匈奴。匈奴听说汉朝出动大军大举来攻的消息，不分老弱全都纷纷奔走逃命，他们驱赶着自己的牲畜携带着自己的家产向着更加遥远的地方逃遁，所以五位将军全都收获很少。夏季，五月，汉朝罢兵。度辽将军范明友从张掖出塞，深入匈奴境内一千二百多里，到达蒲离候水，斩首、俘获了匈奴七百多人。前将军韩增从云中出塞深入匈奴一千二百多里，到达乌员，斩首、俘获匈奴一百多人。蒲类将军赵充国从酒泉出塞深入匈奴一千八百多里，向西到达候山，斩首、俘获了包括匈奴单于的使者蒲阴王在内的三百多人。三位将军听到匈奴远遁的消息后，都没有到达预定的会合地点就撤军了。汉宣帝认为他们的过错并不严重，就对他们宽大处理而没有判罪。祁连将军田广明从西河出塞深入匈奴境内一千六百里，到达鸡秩山，只斩首、俘获了匈奴十九人。他们遇见了汉朝派往匈奴的使者冉弘等从匈奴返回，冉弘告诉田广明鸡秩山以西有很多匈奴人，祁连将军田广明立即告诫冉弘，让他不要说出看到西边有敌人的事情，想要退兵回国。御史大夫的属官公孙益寿极力劝阻田广明，要他不要急于撤军。祁连将军田广明拒不接受，于是率军而回。虎牙将军田顺从五原出塞深入匈奴仅八百多里，到达丹余吾水河边就停止不前，他这支部队斩首、俘获了匈奴一千九百人，也率兵而回。宣帝认为虎牙将军田顺没有到达约定的地点就撤兵，并虚报所掳获的人丁与财物，而祁连将军田广明明明知道敌人就在前边，却畏敌不前，于是将二人都交付司法官吏处治，二人全都自杀而死。提升公孙益寿为侍御史。

乌孙昆弥翁归靡亲自率领五万名乌孙骑兵与汉朝校尉常惠一起从匈奴的西部进入匈奴境内，到达右谷蠡王的王庭，俘获单于的叔父辈以及单于的嫂嫂、匈奴主的女儿、名王、犁污都尉、千长、骑将以下四万人，缴获的马、牛、羊、驴、骆驼总计七十多万头。乌孙王令其部下自行抄掳抢夺。宣帝认为五位将军率军出征都没有建立战功，唯独常惠奉命出使乌孙有较大收获，便封常惠为长罗侯。然而，匈奴的民众伤亡逃散的以及牲畜因远距离迁徙而死亡的数量，仍然多得不可胜数，匈奴从此更加衰落，并由此而怨恨乌孙人。

汉宣帝又派遣常惠携带着金币返回乌孙赏赐乌孙贵人中的那些有功者。常惠趁

校尉赖丹[863]，未伏诛[864]，请便道击之。帝不许。大将军霍光风惠[865]以便宜从事[866]。惠与吏士五百人俱至乌孙，还过[867]，发西国[868]兵二万人，令副使发龟兹东国[869]二万人，乌孙兵七千人，从三面攻龟兹。兵未合[870]，先遣人责其王[871]以前杀汉使状。王谢[872]曰："乃我先王时为贵人姑翼所误[873]耳，我无罪。"惠曰："即如此，缚姑翼来，吾置王[874]。"王执姑翼诣惠[875]，惠斩之而还。

大旱。

六月己丑[876]，阳平节侯蔡义[877]薨。

甲辰[878]，长信少府[879]韦贤[880]为丞相。

大司农魏相[881]为御史大夫。

冬，匈奴单于自将数万骑击乌孙，颇得老弱。欲还，会天大雨雪，一日深丈余，人民、畜产冻死，还者不能什一[882]。于是丁令[883]乘弱[884]攻其北[885]，乌桓[886]入其东[887]，乌孙击其西，凡三国所杀数万级，马数万匹，牛羊甚众。又重[888]以饿死，人民死者什三[889]，畜产什五。匈奴大虚弱，诸国羁属者皆瓦解[890]，攻盗不能理[891]。其后汉出三千余骑为三道，并入匈奴[892]，捕虏得数千人还。匈奴终不敢取当[893]，滋欲乡和亲[894]，而边境少事矣。

是岁，颍川[895]太守赵广汉为京兆尹[896]。颍川俗，豪桀[897]相朋党[898]。广汉为缿筩[899]，受吏民投书，使相告讦[900]，于是更相怨咎[901]，奸党散落，盗贼不敢发。匈奴降者言匈奴中皆闻广汉名，由是入为京兆尹。广汉遇吏[902]，殷勤甚备。事推功善[903]，归之于下[904]，行之发于至诚[905]，吏咸愿为用[906]，僵仆无所避[907]。广汉聪明，皆知其能之所宜，尽力与否。其或负者[908]，辄收捕之[909]，无所逃[910]，案之[911]，罪立具[912]，即时伏辜[913]。尤善

机向宣帝奏报说，龟兹国曾经杀害了汉朝派往轮台屯田的校尉赖丹，却一直没有受到应有的讨伐，请求宣帝允许自己率军顺路攻打龟兹。汉宣帝没有应允。大将军霍光示意常惠可以根据实际情况相机行事。常惠与随从的吏士总计五百人全部到达乌孙，完成使命后返回途中，经过龟兹以西各国，便沿途征调了各国二万人，又命令副使前往龟兹国以东的各国征调了二万人，再加上乌孙国的七千人，分别从三面围攻龟兹。开战之前，常惠先派人到龟兹谴责龟兹王以前杀害汉朝使者的罪行。龟兹王赔礼、道歉说："那是我先王因为受到贵人姑翼的蛊惑误杀了汉使，这不是我的罪过。"常惠说："既然如此，那你就将姑翼绑缚起来交给我，我就放过龟兹王的过错不问。"龟兹王把姑翼抓起来交给常惠，常惠把姑翼斩杀后返回汉朝。

当年旱情严重。

六月十一日己丑，阳平节侯蔡义逝世。

二十六日甲辰，任命长信少府韦贤为丞相。

任命大司农魏相为御史大夫。

冬季，匈奴单于亲自率领数万名骑兵袭击乌孙国，俘获了不少乌孙的老弱。就在匈奴准备撤兵的时候，天降大雪，一天之内雪就下了有一丈多深，人民、牲畜被冻死，能够回到匈奴的不到十分之一。于是丁令族趁匈奴兵力衰弱从北边攻打匈奴，乌桓人从东边攻打匈奴，乌孙国从西边攻打匈奴，三国的军队总计杀死匈奴数万人，杀死战马数万匹，还有大量的牛羊。再加上饿死的，匈奴人损失了大约十分之三，畜产损失了大约有一半。匈奴因此更加衰弱，原来松散地隶属于匈奴的那些小国也都不再听命于匈奴，他们相互攻杀掠夺，匈奴再也没有力量制止。后来汉朝又派出三千多名骑兵分成三路同时攻入匈奴境内，俘获了几千名匈奴人。匈奴始终不敢进行军事报复，以取得相应的利益，反而越发地希望与汉朝重新结为和亲关系，汉朝的边境从此就很少有战事发生了。

这一年，担任颍川太守的赵广汉被改任为京兆尹。颍川的风俗中，民间、地方上的豪绅、游侠等互相勾结，形成帮派。赵广汉就设置了一些接收匿名信的信筒，专门接收吏民的检举投诉，鼓励他们相互揭发举报，于是这些人士便互相埋怨、互相指责，有效地瓦解了帮派团伙，就连盗贼也不敢再为非作歹。从匈奴投降过来的人说，就连匈奴人都知道赵广汉的大名，由于这个原因，赵广汉被调入京师担任京兆尹。赵广汉对待自己手下的属吏，关怀备至。凡是办事成功或受到称赞，他就全都归功于下属，他在这样做的时候，都表现得诚诚恳恳，所以官吏们都乐意听他的使唤，即使是冒着生命危险，也在所不辞。赵广汉聪明睿智，对属下官吏的能力和特长，以及他们做事是否尽心尽力都了解得一清二楚。一旦发现某人有背叛行为或欺诈行为，就立即将其逮捕，没有人能够逃避，只要一查办，罪证立刻齐备，就马上定罪结案，依法惩处。他尤其擅长追查线索以弄清事实真相，就连隐藏在乡里之

为钩距[914]以得事情[915]，闾里铢两之奸[916]皆知之。长安少年数人会穷里空舍[917]，谋共劫人[918]，坐语未讫[919]，广汉使吏捕治[920]，具服[921]。其发奸擿伏[922]如神，京兆政清[923]，吏民称之不容口[924]。长老传以为自汉兴，治京兆者莫能及[925]。

**四年（辛亥，公元前七〇年）**

春，三月乙卯[926]，立霍光女[927]为皇后，赦天下。初，许后起微贱[928]，登至尊日浅[929]，从官车服[930]甚节俭。及霍后立，舆驾[931]侍从益盛，赏赐官属以千万计，与许后时县绝[932]矣。

夏，四月壬寅[933]，郡国四十九[934]同日地震或山崩，坏城郭、室屋，杀[935]六千余人。北海、琅邪[936]坏祖宗庙[937]。诏丞相、御史与列侯、中二千石博问[938]经学之士，有以应变[939]，毋有所讳[940]。令三辅[941]、太常[942]、内郡国[943]举贤良方正[944]各一人。大赦天下。上素服[945]，避正殿[946]五日。释夏侯胜、黄霸[947]，以胜为谏大夫[948]、给事中[949]，霸为扬州刺史[950]。

胜为人，质朴守正，简易[951]无威仪[952]，或时谓上为君[953]，误相字于前[954]，上亦以是[955]亲信之。尝见[956]，出道上语[957]，上闻而让胜[958]，胜曰："陛下所言善，臣故扬之[959]。尧言布于天下，至今见诵[960]。臣以为可传，故传耳。"朝廷每有大议[961]，上知胜素直，谓曰："先生建正言[962]，无惩前事[963]！"胜复为长信少府，后迁太子太傅[964]，年九十卒。太后赐钱二百万，为胜素服五日，以报师傅之恩[965]。儒者以为荣。

五月，凤皇集北海安丘、淳于[966]。

广川王去[967]坐杀其师及姬妾十余人，或销铅锡[968]灌口中，或支解[969]，并毒药煮之，令糜尽[970]，废徙上庸[971]，自杀。

间罪过很小的案犯他都能了如指掌。一次，长安城中几个年轻人在一个偏僻无人的空屋子里聚会，刚开始商量要去打劫某人，勒索钱财，他们刚坐下几句话还没有说完，赵广汉的手下就已经闻讯赶到把他们逮捕了，经过讯问，几个人全都承认了罪行。他发现奸邪、挖出潜藏的罪犯就像有神人相助一样。赵广汉所管辖的京兆地区政治清明，治安良好，无论官吏还是百姓对他都是赞不绝口。年岁大的人都说自汉朝建立以来，历届的京兆尹没有人能比得上他。

**四年（辛亥，公元前七〇年）**

春季，三月十一日乙卯，汉宣帝册立霍光的小女儿霍成君为皇后，大赦天下。当初，许皇后由于出身卑微，做皇后的时间又很短，服侍她的官员以及她自己所乘坐的车马、所用的服饰都非常节俭。等到霍成君当上了皇后，所乘坐的肩舆、车辆、侍从的盛大威严，赏赐属下动不动就以千万计算，与许皇后的时候相比，真有天壤之别。

夏季，四月二十九日壬寅，有四十九个郡、诸侯国同一天发生地震，有的地方出现山崩，城郭被损毁、房屋倒塌，造成了六千多人死亡。北海、琅邪两郡还震坏了太祖庙和太宗庙。汉宣帝命令丞相、御史以及列侯、中二千石的官员去广泛地听取精通儒家经学的知识分子的意见，寻求用什么办法来回应上天所降的这种灾异，要他们畅所欲言，不要有什么忌讳。又下令京兆尹、左冯翊、右扶风三个政区、太常以及内地的各郡、各诸侯国都要向朝廷推举贤良方正各一人。大赦天下。汉宣帝身穿白色衣服，避开正殿五天。将夏侯胜、黄霸从监狱中释放出来，任命夏侯胜为谏大夫、给事中，任命黄霸为扬州刺史。

夏侯胜为人质朴正派，不拘小节、平易近人、不摆架子，有时候竟然称呼皇帝为“君”，在皇帝面前提到某大臣时竟然违反在皇帝面前说话的规矩，称其字而不称其名，而汉宣帝却由此更加亲近他、信任他。夏侯胜有一次见过宣帝，出宫后在路上就把皇帝对他说的话告诉了别人，宣帝知道后就责备他，夏侯胜解释说：“陛下所说的都是对国家和百姓有利的好话，我是有意想让更多的人知道。在古代，尧说过的话要布告天下，所以直到今天还在被人们传诵。我认为陛下所说的话也应该这样，所以就传诵出去了。”朝廷每次议论重大事情，宣帝深知夏侯胜一向坦诚率直，就对他说：“先生有什么重要的话该说就说，不要因为以前下过狱就不敢畅所欲言了！”夏侯胜再次被任命为长信少府，后来升任太子太傅，活到九十岁去世。上官太皇太后赏赐他二百万钱办丧事，还亲自为夏侯胜穿了五天素服，以此来报答他教授自己学习《尚书》的恩德。儒家学者全都以此为荣。

五月，凤凰飞到了北海郡的安丘县、淳于县。

广川王刘去杀死了自己的师傅以及姬妾十多人，而且手段极其残忍：他或是把熔化的铅水锡水灌入被害者的口中，或是将尸体肢解，还把尸体放入毒药水中烹煮，把尸体煮到稀烂为止，因此被废去王位，流放到上庸，刘去自杀。

**地节元年（壬子，公元前六九年）**

春，正月，有星孛[972]于西方。

楚王延寿[973]以广陵王胥[974]武帝子，天下有变[975]，必得立[976]，阴附助之[977]，为其后母弟赵何齐[978]取广陵王女为妻，因使何齐奉书遗广陵王曰："愿长耳目[979]，毋后人有天下[980]！"何齐父长年[981]上书告之，事下有司考验[982]，辞服[983]。冬，十一月，延寿自杀。胥勿治[984]。

十二月癸亥晦[985]，日有食之。

是岁，于定国[986]为廷尉。定国决疑平法[987]，务在哀鳏寡[988]，罪疑从轻[989]，加审慎[990]之心。朝廷称之曰："张释之[991]为廷尉，天下无冤民[992]。于定国为廷尉，民自以不冤[993]。"

**二年（癸丑，公元前六八年）**

春，霍光病笃[994]。车驾自临问[995]，上为之涕泣。光上书谢恩，愿分国邑[996]三千户以封兄孙奉车都尉山[997]为列侯，奉兄去病祀[998]。即日，拜光子禹[999]为右将军。三月庚午[1000]，光薨。上及皇太后亲临光丧[1001]，中二千石治冢[1002]，赐梓宫[1003]、葬具[1004]皆如乘舆制度[1005]，谥曰宣成侯[1006]。发三河卒穿复土[1007]，置园邑三百家[1008]，长、丞奉守[1009]。下诏复其后世[1010]，畴其爵邑[1011]，世世无有所与[1012]。

御史大夫魏相上封事[1013]曰："国家新失大将军，宜显明功臣[1014]以填藩国[1015]，毋空大位，以塞争权[1016]。宜以车骑将军安世[1017]为大将军，毋令领[1018]光禄勋事。以其子延寿[1019]为光禄勋。"上亦欲用之。夏，四月戊申[1020]，以安世为大司马[1021]车骑将军，领尚书事[1022]。

凤皇集鲁[1023]，群鸟从之。大赦天下。

上思报大将军德[1024]，乃封光兄孙山[1025]为乐平侯，使以奉车都

**地节元年（壬子，公元前六九年）**

春季，正月，在西方的夜空出现了光芒四射的彗星。

楚王刘延寿认为广陵王刘胥是汉武帝的儿子，天下万一有什么变动，刘胥一定会被立为皇帝，所以就暗地里依附、帮助刘胥，还为自己后母的弟弟赵何齐撮合，娶了广陵王刘胥的女儿为妻，楚王刘延寿通过赵何齐带书信给广陵王刘胥说："希望你伸长耳朵、睁大眼睛，密切关注朝廷局势的变化，在争夺天下这件事上可不要落在别人的后边！"赵何齐的父亲赵长年向汉宣帝写信告发了此事，宣帝把此案交付给司法部门进行查办审理，刘延寿供认不讳。冬季，十一月，刘延寿自杀。宣帝对广陵王刘胥不予追究。

十二月最后一天癸亥日，发生日食。

这一年，于定国担任廷尉。于定国判处疑难案件，公平执法，同情鳏寡孤独等弱势群体，凡是有犯罪嫌疑而又证据不足的就从轻处理，倍加审慎、力求精确，唯恐出现冤假错案。朝廷称赞他说："张释之担任廷尉的时候，天下没有冤狱。如今于定国担任廷尉，连被判刑的人都认为自己不冤枉。"

**二年（癸丑，公元前六八年）**

春季，霍光病重。汉宣帝亲自前往探视，他看到霍光病势沉重，竟然忍不住痛哭流涕。霍光上书谢恩，希望宣帝能封自己哥哥霍去病的孙子、奉车都尉霍山为列侯，自己愿意从自家博陆侯的封地中划分出三千户给霍山，用来为自己的哥哥霍去病主持祭祀。当天，汉宣帝就任命霍光的儿子霍禹为右将军。三月初八庚午，霍光去世。汉宣帝以及上官太皇太后亲临霍光的府邸进行吊唁，中二千石的官员都要参加为霍光修筑坟墓的劳动，宣帝赏赐给霍光的梓木棺材、随葬的物品等与皇帝葬礼的规格一样，给他的谥号是宣成侯。征调河东、河内、河南三郡的士兵来为霍光的坟墓挖坑、填土，又为他设置了三百户的一个园邑，这个园邑设有园邑长、园邑丞，负责为霍光看守坟墓。汉宣帝又下诏给霍光的后代子孙免除一切赋税徭役，使他的后代子孙永远享有同等的封爵和食邑，世世代代不纳租赋、不服徭役。

御史大夫魏相向宣帝呈交了一封加了密封的奏章，他在奏章中说："朝廷刚刚失去大将军，现在应该另外指定一位大功臣接任大将军来主持国事、镇抚各诸侯国，不要让这个位子空着，以免引起权力之争。应该任命车骑将军张安世为大将军，不要让他再兼任光禄勋的职务。可以让他的儿子张延寿担任光禄勋。"汉宣帝也正想重用张安世。于是，于夏季的四月十七日戊申，任命张安世为大司马、车骑将军，同时兼管尚书省的有关事务。

凤凰飞临鲁国，成群的鸟儿围绕着凤凰飞舞。大赦天下。

汉宣帝想要报答霍光的恩德，就封霍光的兄长霍去病的孙子霍山为乐平侯，让

尉领尚书事。魏相因[1026]昌成君许广汉奏封事，言：“《春秋》讥世卿[1027]，恶[1028]宋三世为大夫[1029]及鲁季孙之专权[1030]，皆危乱国家。自后元[1031]以来，禄去王室[1032]，政由冢宰[1033]。今光死，子复为右将军，兄子秉枢机[1034]，昆弟[1035]、诸婿据权势，在兵官[1036]，光夫人显及诸女皆通籍长信宫[1037]，或夜诏门出入[1038]，骄奢放纵，恐浸不制[1039]，宜有以损夺[1040]其权，破散[1041]阴谋，以固万世之基[1042]，全功臣之世[1043]。”又故事[1044]：诸上书者皆为二封[1045]，署[1046]其一曰副，领尚书者先发[1047]副封，所言不善[1048]，屏去不奏[1049]。相复因许伯[1050]白去副封[1051]以防壅蔽[1052]。帝善之，诏相给事中[1053]，皆从其议。

帝兴于闾阎[1054]，知民事之艰难。霍光既薨，始亲政事，厉精为治[1055]，五日一听事[1056]。自丞相以下各奉职奏事[1057]，敷奏其言[1058]，考试功能[1059]。侍中、尚书功劳当迁[1060]及有异善[1061]，厚加赏赐，至于子孙[1062]，终不改易[1063]。枢机周密[1064]，品式备具[1065]，上下相安，莫有苟且之意[1066]。及拜[1067]刺史、守、相，辄亲见问[1068]，观其所由[1069]，退而考察所行[1070]以质其言[1071]。有名实不相应[1072]，必知其所以然[1073]。常称曰：“庶民所以安其田里[1074]而亡叹息愁恨之心者，政平讼理[1075]也。与我共此[1076]者，其唯良二千石[1077]乎！”以为太守吏民之本[1078]，数变易[1079]则下不安[1080]，民知其将久[1081]，不可欺罔[1082]，乃服从其教化。故二千石有治理效[1083]，辄以玺书勉厉[1084]，增秩[1085]赐金，或爵至关内侯[1086]。公卿缺[1087]，则选诸所表[1088]，以次用之[1089]。是故[13]汉世良吏，于是为盛[1090]，称中兴[1091]焉。

他以奉车都尉的职位兼管尚书省的事务。魏相通过昌成君许广汉向汉宣帝递交了一封密折，他在这封密折中说：“《春秋》对那种世卿专国政的现象给予了讽刺，对宋国诸侯三世都娶大夫之女为妃，使得诸侯与大夫之间没有了等级区别，以及鲁国季孙氏的专权表示了极大的厌恶，因为这些现象都直接危害到朝廷的利益，给国家造成了混乱。汉朝自从汉武帝后元元年以来，权力已经不由皇帝掌握，国家大权一直掌握在宰相级的权臣手中。如今霍光去世了，他的儿子霍禹又当上了右将军，霍光哥哥的儿子霍山担任了尚书而执掌国家机要，霍光的兄弟、诸女婿全都身居要职，把握军权，霍光的夫人显以及她的女儿们都享有随时自由出入长信宫的特权，甚至在深夜让太后下诏打开宫门令其出入，霍家骄横奢侈、放纵不羁，我担心长此发展下去将无法管制，现在就应当逐渐裁减他们的权力，粉碎他们的阴谋，以巩固汉朝的万世基业，保全功臣的后代子孙。”按照先前的惯例，凡是上奏章给皇帝的都是一式两份，将其中的一份署上“副”字，表示为副本，主管机要的尚书先拆开副本观看，如果奏章中有不妥的内容，就将正本弃置一旁，不再奏呈皇帝。魏相又通过许广汉奏请汉宣帝取消奏章的副本制度以防止君主遭受蒙蔽。汉宣帝认为这些建议很好，便下诏任命魏相担任给事中，魏相的意见都被宣帝采纳。

宣帝生长于民间，深知百姓生活的艰难。霍光死后，汉宣帝便开始亲自处理国家大事，他竭尽一切精力用于治理国家，每五天听取一次群臣工作汇报。从丞相以下各大臣都要根据自己所负的职责，向宣帝作出汇报，宣帝根据他们的汇报情况，考察他们工作的实际。侍中、尚书有功劳应当提升以及有特殊表现的，宣帝对他们的赏赐特别优厚，甚至赏赐到他们的子孙，这种做法于宣帝执政期间始终没有改变。朝廷的各种机要部门都能严守机密，各种规章制度也很健全，因此上下相安无事，大小官员都能尽职尽责，没有人敢得过且过、敷衍了事。至于任命刺史、郡守、诸侯国相，宣帝对候选人总要亲自召见、询问，了解他们的施政思路、询问他们的志向，然后考察他们的行为是否和他们所说的相符合。如果有名不副实的，一定要弄清楚原因所在。他经常说：“百姓能够安心地在本乡本土自己的土地上耕种而不唉声叹气心怀怨恨，就在于政治清明、司法公正。能够与我共同治理天下实现这一目标的，只有优秀的郡守与诸侯国相！”宣帝认为，太守是治理好一方吏民的根本，如果频繁变更，下面的官吏、百姓就会感到不安定，如果百姓知道某位郡守将要长久地在某地干下去，那么百姓就会知道这位太守是不可欺骗的，就会服从他的教令。所以对于俸禄在二千石的郡守、诸侯国相来说，只要他治理地方有实效、政绩明显，汉宣帝总要下诏书予以勉励，提高他们的品级，赏赐给他们金钱，有的甚至赐封为关内侯。三公九卿一旦有了空缺，就从那些受过表彰的郡国守相中按照他们功劳的大小依次提拔任用。所以汉朝的优秀官吏，在宣帝执政的时期出现得最多，被称颂为西汉的中兴时代。

匈奴壶衍鞮[1092]单于死，弟左贤王立为虚闾权渠单于，以右大将[1093]女为大阏氏[1094]，而黜前单于所幸颛渠阏氏[1095]。颛渠阏氏父左大且渠[1096]怨望[1097]。是时汉以匈奴不能为边寇，罢塞外诸城[1098]以休百姓[1099]。单于闻之，喜，召贵人谋，欲与汉和亲。左大且渠心害其事[1100]，曰："前汉使来，兵随其后。今亦效汉发兵[1101]，先使使者入[1102]。"乃自请与呼卢訾王[1103]各将万骑，南旁塞猎[1104]，相逢俱入[1105]。行未到[1106]，会三骑亡降汉[1107]，言匈奴欲为寇。于是天子诏发边骑[1108]屯要害处，使大将军军监治众[1109]等四人将五千骑，分三队，出塞各数百里，捕得虏各数十人而还。时匈奴亡其三骑，不敢入，即引去[1110]。是岁，匈奴饥，人民、畜产死什六七[1111]，又发[1112]两屯[1113]各万骑以备汉。其秋，匈奴前所得西嗕[1114]居左地[1115]者，其君长以下数千人皆驱畜产行[1116]，与瓯脱战[1117]，所杀伤[1118]甚众，遂南降汉。

【段旨】

以上为第四段，写宣帝本始三年（公元前七一年）至地节二年（公元前六八年）共四年间的全国大事。本段主要写了霍光妻为了让其女儿当皇后而收买医生毒死了汉宣帝的发妻许皇后，而霍光为之掩盖包庇；写了霍女为皇后之后的骄奢排场；写了霍光之死，张安世继续秉政，魏相上书要求裁抑霍氏之权；写了赵广汉以峻法治京兆,百姓称之，以为汉兴以来无能及者；写了于定国为廷尉，"哀鳏寡，罪疑从轻"，朝野称之；写了夏侯胜平易敢言，受皇帝、太后尊敬，儒者以为荣；写了汉军五道伐匈奴，而三路无功，田广明以知敌不进、田顺以不至期皆获罪自杀；独常惠护乌孙兵多所克获而封侯，又引西域多国兵攻龟兹，讨其杀汉屯田校尉之罪而还；写了匈奴屡屡受挫、势力益弱而欲和亲；写了宣帝亲政后的一些新举措，如综核名实，加强法制，重视发挥郡国二千石的作用等等，史称中兴。

匈奴壶衍鞮单于死后，他的弟弟左贤王即位为虚闾权渠单于。虚闾权渠单于封右大将的女儿为大阏氏，而把壶衍鞮单于所宠幸的正妻颛渠阏氏废退。因此颛渠阏氏的父亲左大且渠心生怨恨。当时汉朝因为匈奴势力衰微已经没有能力再侵扰汉朝边境，便撤掉了长城以外的光禄塞、受降城、遮虏障等地的守军，以使百姓得到休养。虚闾权渠单于知道这个消息后，非常高兴，就召集匈奴的诸位贵人进行商议，想要与汉朝和亲。左大且渠不想让和亲这件事成功，就说："以前汉朝的使节前面来，攻打我们的汉朝大军随后也就到了。如今我们也效法汉朝，先派出使者出使汉朝，在使者的身后紧随着进攻汉朝的军队。"于是自告奋勇请求与呼卢訾王各自率领一万名骑兵，向南到汉朝的边境打猎，两支军队一会师，就同时攻入汉朝边境。他们二人各自率领骑兵还没有到达会师的地方，就有三个匈奴骑兵逃跑投降了汉朝，将匈奴的两支军队以打猎为名准备入侵汉朝的事情告诉了汉朝。于是宣帝下诏调动守边的骑兵守住军事要塞，又派遣大将军属下的军监名叫治众的等四人率领五千名骑兵，分为三队，分别出塞数百里迎击匈奴，三队人马各俘获了数十名匈奴人而回。当时匈奴发现逃跑了三个骑兵，所以没敢侵入汉朝边境就引兵撤走了。这一年，匈奴闹饥荒，人民、牲畜各死亡了十分之六七，虚闾权渠单于怕汉朝进行报复，又征调了两支军队各一万名骑兵防备汉军。这一年秋天，前些时被匈奴所降服的一个叫作西嗕的少数民族部落，他们居住在匈奴的东部，有几千人，在他们部族首领的率领下驱赶着牲畜转移，在一个空旷的地方与把守边境的匈奴人展开激战，他们杀死了很多匈奴人之后，向南投降了汉朝。

---

**【注释】**

⑰⑧ 正月癸亥：正月十三。⑰⑨ 恭哀许皇后：宣帝的皇后，许广汉之女，恭哀二字是谥。⑱⓪ 显：霍光妻之名。⑱① 欲贵其小女成君：意思就是想让她的女儿成君当皇后。贵，使……尊贵。成君，霍光的小女之名。⑱② 道无从：没有达到目的的办法。⑱③ 当娠：正在怀孕。⑱④ 淳于衍：姓淳于，名衍。⑱⑤ 侍皇后疾：为皇后治病。⑱⑥ 衍夫赏：淳于衍的丈夫，名赏。⑱⑦ 掖庭户卫：守卫后宫门户的卫士。⑱⑧ 可过辞霍夫人：可前去对霍夫人说。过，往、前去。辞，说。⑱⑨ 行为我求安池监：请她进宫去为我谋一个安池监的职务。行，入宫。安池监，管理未央宫里的安池的小吏。安池是池水名。⑲⓪ 生心：阴谋诡计计上心头。⑲① 辟：通"避"，令……离开。⑲② 字谓衍：对淳于衍说话而称其字，即下文之所谓"少夫"。对人称字，是表示尊敬。⑲③ 幸：谦辞，言对方所说，使己蒙幸。⑲④ 报我以事：向我转告了名"赏"者对我的请求。⑲⑤ 我亦欲报少夫：我也正有事情要对你讲。⑲⑥ 何等不可者：还有什

么不行的。⑦97 累少夫：给你添麻烦。累，添累赘、添麻烦。⑦98 何谓邪：你说的是什么意思。⑦99 免乳：生孩子。免，通“娩”，分娩。⑧00 大故：大劫难；大关口。⑧01 免身：意即分娩。⑧02 去：除去；害死。⑧03 杂治：指众医会诊下药。⑧04 安可：如何能下毒药。⑧05 在少夫为之耳：那就全看你的啦。⑧06 将军领天下：大将军掌管天下大权。⑧07 缓急相护：出了问题有人保护。缓急，偏义复词，这里即谓急。⑧08 但恐少夫无意：就是怕你不想干。⑧09 良久：想了好久。⑧10 捣附子：将附子捣成碎末。附子，毒药名。⑧11 赍：携带。⑧12 长定宫：许皇后生产的地方。⑧13 并合大医大丸：与太医所开的大丸合在一起。大医，太医，宫廷里的医官。大丸，大药丸。⑧14 饮：使……喝。⑧15 有顷：过了一会儿。⑧16 曰：许皇后说。⑧17 岑岑：胀痛。⑧18 得无有毒：莫非有毒。⑧19 遂加烦懑：于是越来越憋闷。⑧20 相劳问：互相安慰。⑧21 侍疾无状：侍候病人不像样子。⑧22 皆收系诏狱：全部逮捕囚禁在朝廷钦犯的大狱里。⑧23 劾不道：弹劾这些人都犯了大逆不道罪。⑧24 恐急：恐慌、着急。⑧25 以状具语光：把实情一一地告诉了霍光。⑧26 既失计为之：既然已经做了这不该做的事。失计，失策。⑧27 无令吏急衍：不要让主管官吏对淳于衍施加压力。急，施压，逼其交代实情。⑧28 自发举：自己揭发检举。⑧29 犹与：同“犹豫”。⑧30 会奏上：正好有别的大臣上书启奏这件事。⑧31 光署衍勿论：霍光签署意见不要追究淳于衍。⑧32 内其女入宫：将自己的小女成君送进宫去，意即请皇帝立以为皇后。内，通“纳”。⑧33 戊辰：正月十八。⑧34 发长安：由长安出发，去各自的部队。⑧35 蒲离候水：河水名，地点不明，应在今甘肃张掖之大北方。⑧36 乌员：地名，具体方位不详，应在今内蒙古包头的大北方。⑧37 候山：山名，具体方位不详，应在今甘肃酒泉之大北方。⑧38 不至期：没有到达预先规定的地方。⑧39 薄其过：认为他们的过错不大。⑧40 鸡秩山：具体方位不详。⑧41 汉使匈奴还者：出使匈奴回来的汉朝使者。⑧42 祁连：指祁连将军田广明。⑧43 戒弘：告诫使者冉弘。⑧44 御史属公孙益寿：御史大夫的属官姓公孙，名益寿。⑧45 丹余吾水：河水名，具体方位不详。⑧46 诈增卤获：虚报所掳获的人丁与财物。卤获，同“掳获”。⑧47 下吏：交付法吏处治。⑧48 擢：提升。⑧49 侍御史：仍是御史大夫的属官，主管接受群臣奏事，举报纠弹犯法。⑧50 乌孙昆弥：乌孙王翁归靡。⑧51 从西方入：从西方攻入匈奴。⑧52 右谷蠡王庭：匈奴右谷蠡王的大本营。右谷蠡王是匈奴西部地区的大头领，地位在右贤王之下。⑧53 单于父行：单于父辈的大贵族。行，辈分。⑧54 居次：匈奴王之女。⑧55 犁污都尉：犁污王的都尉。⑧56 千长：统领千人的长官。⑧57 四万级：四万个人头。⑧58 橐佗：骆驼。⑧59 自取所虏获：令其部下自行抄掳抢夺。⑧60 克获：能有收获。⑧61 衰耗：衰落、衰败。⑧62 龟兹国：西域古国名，即今新疆库车。⑧63 杀校尉赖丹：赖丹原是西域人，归汉后受命以校尉屯田轮台，被龟兹人所杀。事见本书昭帝元凤四年（公元前七七年）。校尉，军官名，在将军之下。⑧64 未伏诛：尚未受到应有的讨伐。⑧65 风惠：示意常惠。⑧66 以便宜从事：看情况相机行事。⑧67 还过：回来时的一路上。⑧68 西国：龟兹以西的国家。⑧69 龟兹东国：龟兹以东的国家。⑧70 未合：尚未开战。⑧71 责其王：谴责龟兹王。⑧72 谢：赔礼；道歉。⑧73 所误：所骗；上了他的当。⑧74 置王：放过龟兹王的过错不问。置，放下、放过。⑱执姑翼诣惠：将姑翼抓起来送给常惠。执，逮捕。诣，到、送交。⑱六月己丑：六月十一。⑱阳平节侯蔡义：蔡义因任丞相被封阳平侯。节字是其死后的谥。⑱甲辰：六月二十六。⑲长信少府：掌管长信宫事务的官员。⑳韦贤：西汉后期的著名儒生。事迹详见《汉书》本传。㉑魏相：字弱翁。事迹详见《汉书》本传。㉒不能什一：不到十分之一。㉓丁令：也作“丁零”，古代少数民族名，活动在今俄罗斯境内的贝加尔湖一带。㉔乘弱：趁着匈奴衰落。㉕攻其北：从北侧攻击匈奴。㉖乌桓：也作“乌丸”，古代的少数民族名，因居于乌桓山（今内蒙古东部的西拉木伦河及归喇里河一带）而得名。㉗入其东：攻入匈奴的东部地区。㉘重：再加上。㉙什三：十分之三。㉚诸国羁属者皆瓦解：过去听匈奴招呼的那些小国都不再听命。羁属，松散地隶属。㉛攻盗不能理：这些小国相互攻击掠夺，匈奴也没有力量制止。㉜并入匈奴：一齐攻入匈奴境内。㉝不敢取当：不敢向汉朝边境进攻，以取得相应的利益。㉞滋欲乡和亲：越发地希望与汉王朝重结和亲关系。滋，更、越发。乡，向、向往。㉟颍川：汉郡名，郡治阳翟，即今河南禹州。㊱京兆尹：首都长安城的行政长官，级别同于郡守与诸侯相。㊲豪桀：民间、地方上的豪绅、游侠等人物。㊳相朋党：互相勾结成为帮派。㊴缿筒：接收匿名信的信筒。㊵相告讦：相互揭发举报。㊶相怨咎：相互埋怨、相互指责。㊷遇吏：对待自己的下属。㊸事推功善：凡办事成功或受到称赞。㊹归之于下：都把功劳归之于下级。㊺行之发于至诚：一切都表现得诚诚恳恳。㊻咸愿为用：都乐意听赵广汉的使唤。咸，都。㊼僵仆无所避：一切艰辛生死都在所不顾。僵，仰面倒下。仆，俯身倒下。㊽其或负者：一旦发现某人有背叛或欺诈行为。负，叛、欺。㊾辄收捕之：立刻将其逮捕。㊿无所逃：无法逃避。911案之：只要一查办。912立具：罪证立刻齐备。913伏辜：伏法，指被论处。914钩距：指追查线索。915事情：事实真相。情，实情。916闾里铢两之奸：隐藏民间的罪过很小的案犯。闾里，民间。铢两，极言分量之轻、价值之小。917会穷里空舍：聚会在一个穷巷空闲的房子里。918谋共劫人：刚开始商量要去打劫某人。919坐语未讫：刚坐下几句话还没说完。讫，完毕。920使吏捕治：立刻被赵广汉的手下逮捕而来。921具服：一一招认。922发奸擿伏：揭发奸邪，挖出潜藏的罪犯。923京兆政清：首都地区的治安一派清明。924称之不容口：称道得简直没法再好了。925治京兆者莫能及：治理首都的长官没有一个比得上。926三月乙卯：三月十一。927霍光女：名成君。928起微贱：出身于一个受过宫刑的人家。929登至尊日浅：居于皇后地位日子不多。至尊，女人的最高位置。930从官车服：侍奉的官员与自己的车马服饰。931舆驾：车辆。932县绝：相差悬殊。县，通“悬”。933四月壬寅：四月二十九。934郡国四十九：四十九个郡与诸侯国。935杀：因山崩、地震而死。936北海、琅邪：汉之二郡名，北海郡治营陵，在今山东潍坊西南。琅邪郡治东武，在今山东诸城。937祖宗庙：在该郡、该国所建立的太祖高皇帝庙与太宗文皇帝庙。938博问：广泛听取。939有以应变：用什么办法来回应上天所降的这种灾异。940毋有所讳：不要有什么忌讳，不敢说。941三辅：指京兆尹、左冯翊、右扶风三个政区。942太常：也称“奉常”，九卿之一，掌宗庙礼仪与选试人才。㊸内郡国：指内地的诸郡与各诸侯国。㊹贤良方正：汉代选拔官吏的科目之一，主要是选拔有“贤良方正”这种品德的儒生。㊺上素服：皇帝身穿白色衣服，以表示请罪、悔过。㊻避正殿：表示不敢处理政事。㊼释夏侯胜、黄霸：夏侯胜于两年前因反对为武帝立庙，黄霸因纵容夏侯胜发言而被同时下狱。㊽谏大夫：皇帝的侍从官名，在皇帝身边以备拾遗补阙，上属光禄勋。㊾给事中：在宫中侍候皇帝。㊿扬州刺史：皇帝的特派官员，负责到扬州所辖的庐江、九江、会稽、丹阳、豫章五郡及六安国了解刺探该地区的官民动向，回来向皇帝报告。951简易：不拘小节，平易近人。952无威仪：不摆架子。953谓上为君：称皇帝叫“君”。这种称呼自秦始皇称皇帝以来绝对不可以。954误相字于前：在皇帝面前称某大臣不称名而称字。尊重了某大臣而违反了在皇帝面前说话的规矩。955以是：因此。956尝见：有一次见过皇帝后。957出道上语：出宫后就跟人说皇帝对我说了什么。958让胜：责备夏侯胜口无遮拦。959扬之：想让更多的人都知道。960至今见诵：直到今天还被人们所传诵。961大议：议论重大事情。962建正言：有重要的话该说就说。963无惩前事：不要因为前次下过狱，这次就不说了。惩，接受以往的教训。前事，指两年前因反对给武帝立庙被下狱事。964太子太傅：太子的辅导官，秩二千石。掌辅导太子。965师傅之恩：夏侯胜曾教昭帝上官皇后读《尚书》，故昭帝皇后对夏侯胜之死分外尽礼。966北海安丘、淳于：北海郡的安丘、淳于二县。北海郡的郡治营陵，在今山东潍坊南偏西。安丘县的县治在今山东安丘西南。淳于县的县治在今山东安丘东北。967广川王去：刘去，景帝子广川惠王刘越之孙、缪王刘齐之子。广川国的都城信都，即今河北冀州。968销铅锡：将铅锡熔化成液体。969支解：将人体卸成若干块。支，通“肢”。970令糜尽：将其全部煮烂。971废徙上庸：废去王位，强制其搬迁到上庸。上庸是汉县名，县治在今湖北竹山县西南，是秦、汉时代发配犯人的地方。972孛：火光四射的样子，指彗星。973楚王延寿：刘延寿，楚元王子刘礼的后代。楚国的国都彭城，即今江苏徐州。974广陵王胥：刘胥，武帝之子，元狩六年（公元前一一七年）被封为广陵王。广陵国的都城即今江苏扬州。975天下有变：指昭帝死后无子。976必得立：必定被立为皇帝，因为刘胥是武帝现存的最后一个儿子。977阴附助之：暗地里靠近他、帮助他。978后母弟赵何齐：其后母的弟弟姓赵名何齐。979长耳目：伸长耳朵、睁大眼睛，意即紧密盯着朝廷的局势。980毋后人有天下：在争夺天下这件事上不要落在他人之后。981何齐父长年：赵何齐的父亲名叫长年。982考验：查办。983辞服：承认；招供。984勿治：不追究；不查办。985十二月癸亥晦：十二月的最后一天是癸亥日。晦，阴历每个月的最后一天。986于定国：西汉后期著名的司法官。事迹详见《汉书》本传。987决疑平法：意即审理案件。决疑，审理疑案。平法，公平执法。988哀鳏寡：同情弱势群体。鳏，丧妻或无妻者。寡，丧夫者。989罪疑从轻：犯罪者有可疑之处则从轻处理。990审慎：精确、谨慎。991张释之：文帝时期的著名司法官。事迹详见《史记·张释之冯唐列传》。992天下无冤民：因为张释之用法公平。师古曰：“言决狱皆当。”993民自以不冤：师古曰：“言知其宽平，皆无冤枉之虑也。”994病笃：病情严重。995车

驾自临问：宣帝亲自前往看视。车驾，这里即指皇帝。临问，前往看视。996分国邑：分出自家博陆侯的领土。997兄孙奉车都尉山：哥哥的孙子，现任奉车都尉的霍山。兄孙，霍光兄霍去病的孙子。奉车都尉，为皇帝掌管车驾的武官，秩比二千石。998奉兄去病祀：为自己的哥哥霍去病主持祭祀。999光子禹：霍禹。1000三月庚午：三月初八。1001亲临光丧：亲自到霍光家吊唁。1002中二千石治冢：九卿一级通通参加修建坟墓，九卿的官阶都是中二千石。1003赐梓宫：朝廷赐给棺材。梓宫，梓木做的棺材，也用以泛指棺材。1004葬具：随葬物品。1005如乘舆制度：如同皇帝葬礼的规格。1006谥曰宣成侯：霍光的封号是博陆侯，博陆是封地名，死后谥曰宣成。1007发三河卒穿复土：调动河东、河内、河南三郡的士兵来给霍光的坟墓挖坑、堆土。三河，指河东、河内、河南三郡。穿复土，穿指挖坑，复指堆土。1008置园邑三百家：此园邑相当于县一级的行政单位，其所收赋税即供经常的看守与修护坟墓之用。1009长、丞奉守：在霍光的园邑设立长、丞二职，亦如县衙之有县长、县丞，负责看守坟墓。1010复其后世：给他的后代子孙免除一切赋税徭役。复，免除赋税徭役。1011畴其爵邑：使其子孙永远享有同等的爵邑，不做变更。畴，等、同等。1012世世无有所与：永世与租赋徭役无关。1013封事：奏章。因其加以密封，不令人知故云。1014显明功臣：另指定一位大功臣以主持国事。1015以填藩国：以镇抚各诸侯王国，免得刘姓诸侯乘机滋事。填，通“镇”。藩国，各诸侯王国。1016塞争权：堵塞争权的缝隙。1017车骑将军安世：张安世。车骑将军的位次仅低于大将军。1018毋令领：不要再让他兼任。领，兼任。1019其子延寿：张延寿。1020四月戊申：四月十七。1021大司马：汉代用作加官之称，一加此官便有了位压群臣之势。1022领尚书事：同时兼管尚书省的有关事务。尚书是为皇帝管理文件、起草文件的部门。1023集鲁：聚集在鲁国。鲁是汉代诸侯国名，都城即今山东曲阜。1024思报大将军德：想报答霍光的恩情。1025光兄孙山：霍光兄霍去病的孙子霍山。1026因：通过。1027《春秋》讥世卿:《春秋》对那种世卿专国政的现象是讽刺的。见《公羊传》隐公四年。世卿，世代为卿，把持国政。1028恶：讨厌。1029宋三世为大夫：宋是西周至战国中期的诸侯国，都城即今河南商丘。三世，指宋襄公、宋成公、宋昭公三世。为大夫，应作“无大夫”。《公羊传》僖公二十五年：“宋三世无大夫，三世内娶也。”意即宋国诸侯三世娶其本国大夫之女，故诸侯与其大夫无等差之别也。1030鲁季孙之专权：鲁是西周至战国初期的诸侯国名，鲁国的政权自僖公开始，一直被季孙氏所把持，国君等同虚设。1031后元：此指汉武帝的最后一个年号，公元前八八至前八七年。1032禄去王室：权力不再由皇帝自己掌握。禄，福，这里即指权力。王室，皇帝家族，这里即指皇帝。1033政由冢宰：国家大权由首辅大臣一人把持。冢宰，头号掌权人物，这里即指霍光。1034兄子秉枢机：指霍山领尚书事。兄子，应作“兄孙”。秉，执掌。枢机，机要部门。1035昆弟：兄弟，霍光的兄弟。1036在兵官：掌握兵权。在，应作“任”。1037通籍长信宫：可以自由地出入于长乐宫。通籍，名载于可出入宫门的名籍。长信宫是长乐宫内的一座宫殿名，是皇太后居住的地方。1038夜诏门出入：深夜让太后下诏开门令其出入。⑩39恐浸不制：恐怕发展下去日后难以管制。浸，渐、越来越……⑩40损夺：裁减；裁抑。⑩41破散：粉碎。⑩42万世之基：指皇帝的权位。⑩43全功臣之世：保全功臣的后代。世，后代。⑩44故事：先例。⑩45二封：正副两本。正本上呈天子，副本由领尚书者先看。领尚书者，兼职尚书的人。⑩46署：注明；在封面上写清。⑩47发：拆看。⑩48所言不善：指上书中有不妥的内容。⑩49屏去不奏：遂将正本扔去，不让皇帝看。⑩50复因许伯：又通过许广汉。许伯，即许广汉。⑩51白去副封：禀告皇帝取消奏章有"副封"的制度。⑩52壅蔽：遮掩，意即对皇帝隐瞒事实、封锁消息。⑩53诏相给事中：给魏相加一个"给事中"的头衔，即允许魏相可入宫见皇帝，预中朝之议。⑩54闾阎：里巷，即指平民、民间。⑩55厉精为治：尽一切精力于治理国家。厉，磨炼。⑩56听事：听取群臣汇报工作。⑩57奉职奏事：按职务禀报工作。⑩58敷奏其言：根据他所禀报的情况。敷，陈述。⑩59考试功能：考察其工作的实际情况。⑩60功劳当迁：有功劳应该提升者。⑩61异善：特殊的优良表现。⑩62至于子孙：以至赏及他们的子孙。⑩63终不改易：谓前述听事、考功、赏赐诸事，宣帝行之永不改易。⑩64枢机周密：皇帝身边的一些机要部门都能严守机密。⑩65品式备具：各种规章制度都很齐备。⑩66莫有苟且之意：都严肃认真，一丝不苟。苟且，马马虎虎、凑凑合合。⑩67拜：任命。⑩68辄亲见问：总是亲自召见、询问有关情况。⑩69观其所由：了解一下他准备怎么做。由，思路。⑩70所行：实际上是怎么做的。⑩71以质其言：以印证他当初所说。质，印证、比照。⑩72名实不相应：即名不副实。相应，相一致、相符合。⑩73所以然：造成眼前这种样子的原因。⑩74安其田里：愿意住在本乡本土。⑩75政平讼理：政治平和，司法公正。⑩76共此：共同做到这一点。⑩77良二千石：好的郡守与诸侯国相。⑩78太守吏民之本：好的太守是治好一方吏民的根本。⑩79数变易：更换得过于频繁。⑩80下不安：下面的吏民就不会安定，因为一换人就必定要改新章程。⑩81将久：将要长期地干下去，久于其任。⑩82欺罔：欺骗；弄虚作假。⑩83有治理效：有治理该郡、该诸侯国的实效。⑩84辄以玺书勉厉：总要下诏书予以勉励。辄，总是。玺书，加盖皇帝印玺的文书。勉厉，同"勉励"。⑩85增秩：提高官阶。秩，品级。⑩86关内侯：封爵名，比列侯低一等，有封号而无封地。⑩87公卿缺：三公九卿一旦出现空缺。⑩88选诸所表：选择那些受过表扬的郡国守相。⑩89以次用之：按照他们功劳的大小先后依次任用。⑩90于是为盛：在这个时候出现得最多。⑩91称中兴：被称为是西汉的"中兴"时代。中兴是指一度衰落之后又兴旺起来。⑩92壶衍鞮：狐鹿孤单于之子，公元前八五至前六八年为单于。⑩93右大将：匈奴右贤王的属下。⑩94大阏氏：单于姬妾中的地位居上者。⑩95颛渠阏氏：壶衍鞮单于的正妻。⑩96左大且渠：匈奴官长的名号，匈奴左贤王的属下。⑩97怨望：怨恨。⑩98罢塞外诸城：撤去了戍守长城以外诸城堡的守军，如光禄塞、受降城、遮虏障等。⑩99休百姓：使百姓得以休养。⑪00心害其事：心里不希望这件事情办成，因为这将对他的女儿更不利。害，嫉恨。⑪01效汉发兵：像汉朝那样，在使者身后跟着进攻的军队。效，仿效。⑪02入：进入汉境。⑪03呼卢訾王：匈奴的王号，左贤王的属下。⑩南旁塞猎：向南到汉王朝的边境打猎。旁，通“傍”，靠近。⑩相逢俱入：两支军队一会师便同时攻入汉境。⑩行未到：还没有到达会师的地方。⑩亡降汉：逃跑投降了汉朝。⑩诏发边骑：下令调集边境上的骑兵。⑩大将军军监治众：大将军属下的军监名叫治众。军监，在军中主管监察的官。⑩引去：引兵撤走。⑪什六七：十分之六七。⑪发：派出。⑪两屯：两支人马。⑪匈奴前所得西嗕：前些时候被匈奴人所俘获的一支名叫西嗕的少数民族部落。⑪居左地：居住在匈奴的东部地区。⑪驱畜产行：赶着牲畜一道转移。⑪与瓯脱战：与把守边境的匈奴人开战。瓯脱，两国边境之间的隔离地带。这里即指边境。⑪所杀伤：指杀伤匈奴人。

## 【校记】

［9］生心：原作“心生”。据章钰校，甲十五行本、乙十一行本、孔天胤本二字皆互乙，张敦仁《资治通鉴刊本识误》、张瑛《通鉴校勘记》同，今据改。［10］当：原作“常”。据章钰校，乙十一行本、孔天胤本皆作“当”，今据改。〖按〗《通鉴纪事本末》卷四、《汉书·外戚上·孝宣许皇后传》皆作“当”。［11］去：原作“至”。据章钰校，甲十五行本、乙十一行本、孔天胤本皆作“去”，今据改。〖按〗《通鉴纪事本末》卷四、《汉书·匈奴传上》皆作“去”。［12］祁：原作“祈”。据章钰校，甲十五行本、乙十一行本、孔天胤本皆作“祁”，今据改。下三见均同。〖按〗《通鉴纪事本末》卷四、《汉书·匈奴传上》皆作“祁”。［13］故：原作“以”。据章钰校，甲十五行本、乙十一行本皆作“故”，今据改。〖按〗《汉书·循吏传序》作“故”。

## 【研析】

本卷写了昭帝元平元年（公元前七四年）至宣帝地节二年（公元前六八年）共七年间的全国大事，其统治阶级内部斗争之复杂激烈，可谓惊心动魄。其可以特别议论者主要有三。

第一，帝位争夺的剧烈。昭帝做皇帝本来就已经很不牢靠了，但由于是武帝自己所立，敢于公开反对的毕竟不多，所以燕王刘旦的夺位活动很容易被粉碎。待至昭帝早死，没有子嗣，只好外找时，于是又面临一次帝位的争夺。这时武帝的儿子还有广陵王刘胥，武帝的孙子只有昌邑王刘贺，可挑选的余地很小。刘胥早在武帝时就不受喜欢，所以霍光选择刘贺也实在是没有办法的事，不能怪他出尔反尔。但刘贺似乎并没有对霍光心存感激，而一味荒唐任性，于是被霍光找借口废掉了。书中罗列了刘贺的许多罪名，但让后人看来，可信的也似乎不多，尤其看不到在事关国家的大政方针上刘贺有什么不可饶恕之处。在刘贺被皇太后下诏废掉时，刘贺忽然来了一句“天子有争臣七人，虽亡道不失天下”，看来刘贺还是读过一些儒家经书的。史家让刘贺在退出历史舞台前，吼出了这么一句，倒也颇耐人寻味。刘贺被废后，霍光从民间找来了卫太子的孙子刘病已，立为皇帝，即历史上所称的汉宣帝。不管霍光当时心里是怎么想的，但他能帮助宣帝上台，这在客观上是一件大好事。汉宣帝由于生长在民间，深知民间疾苦与官场利弊，因而在亲政后进行了很多变革，历史上称之为“中兴之君”。这件事情的警世意义不仅在汉代，也不仅在中国，可惜中国在汉代以后的两千年里似乎很少有哪一个统治者能自觉、主动地实践这一条。清代何焯还说：“汉家气象，至宣帝复一变渐已任法，不任人矣。”这也很重要，可惜中国封建社会两千多年以来，实行的基本上还是人治，而不是法治。

第二，关于霍光专权的问题。历史家写霍光开始极力称道他的忠诚、谨慎，这些开始时也许是真的，但随着他的威望日高、权势日大，其“忠诚、谨慎”也就越来越少，乃至变得越来越专横、越来越霸道了。尤其令人无法容忍的是居然纵容、包庇其妻害死了与宣帝有患难之交的许皇后，而后又送其小女成君入宫，填补了皇后的空缺。当有人上书议及此事时，他又借职务之便将奏书压下，这些都可谓胆大包天，死有余辜。而令人心惊的是，汉宣帝居然也对此只有默认，而没敢提出任何问题。霍光的专横霸道可以说是登峰造极。胡致堂说：“显弑天下之母，而光不发觉，则是与闻乎弑矣，欲免于祸得乎哉？史称‘沉静详审’，乃至于此。富贵生不仁，可不戒哉！”陈仁子说：“宣帝之嘉霍光，畏之也，非爱之也。史言帝在民间，闻霍氏贵盛，心不能善，此岂爱霍氏者？故光存则压于骖乘之威，光亡则碍于新后之立。内有畏之之心，外存爱之之礼。至魏相许广汉之计一售，而族诛绝祀，举无噍类……此盖帝无爱光之素心然也。”汉宣帝真也是两难，一方面他得感激霍光，是霍光将他捧上了皇帝的宝座，如果霍光当时不捧他，他自己也毫无办法。另一方面，他也真是怕霍光，前面不是早有一个被废的刘贺，在那里放着给他做榜样了吗！当时的群臣上书皆为二封，“领尚书者先发副封，所言不善，屏去不奏”。事实上又岂止“屏去不奏”而已，这对打击异己、形成一言堂是最方便不过的了。而霍光安于这种制度，直到他死后，汉宣帝才敢对之进行改变。霍光的家族不久就被灭门了，这是物极必反的一种结局；专权者深知这种结局的可怕，于是有人就干脆篡位，王莽的表演很快就要开始了。

第三，两位很优秀的司法大臣。一位是赵广汉，用严厉的刑法治理都城，由于他能手段高强地任用属下，使之相互检举告发，结果“京兆政清，吏民称之不容口。长老传以为自汉兴，治京兆者莫能及”。赵广汉的这种情况我们在《史记·酷吏列传》见传，不算特别新鲜。另一位是于定国，“定国决疑平法，务在哀鳏寡，罪疑从轻，加审慎之心”。于是朝廷称之曰：“张释之为廷尉，天下无冤民；于定国为廷尉，民自以不冤。”于定国的“哀鳏寡，罪疑从轻”，颇有现代法治的精神，这跟历代残暴统治者所推行的“宁可错杀一千，不使一人漏网”完全是两种境界。

# 卷第二十五　汉纪十七

起阏逢摄提格（甲寅，公元前六七年），尽屠维协洽（己未，公元前六二年），凡六年。

**【题解】**

本卷写了宣帝地节三年（公元前六七年）至元康四年（公元前六二年）共六年间的全国大事。本卷主要写了霍光死后霍氏一门仍不知收敛，骄奢纵横，即家奴亦仗势横行，凌侮御史大夫，而霍光妻更丧心病狂地又指使其女欲毒死太子刘奭，至权势被削，更穷凶极恶地策划杀戮大臣、废掉宣帝，结果被诛灭的过程。写了张敞、徐福上书，建议及早削减霍氏之权，企图协调皇帝与霍氏的关系，以期达到君臣两全，结果宣帝不用，因为他早已决心要诛灭霍氏家族。写了当时有作为的几位地方官，尹翁归为右扶风得誉于朝廷，黄霸为颍川太守政绩天下第一，尤其是龚遂治勃海郡解决农民暴动的具体方式，都可为后世效法。写了郑吉、司马憙经营西域的重大功绩，写了冯奉世出使西域，因便宜发诸国兵以讨平与汉朝作对的莎车王，以及赵充国经营西羌的重要方略等等。写了丙吉护持宣帝有大功而终不自言，写了疏广、疏受的双双引退，以及疏广的教子令其自力更生等等，都很令人起敬。

**【原文】**

**中宗孝宣皇帝上之下**

**地节三年（甲寅，公元前六七年）**

春，三月，诏曰：“盖闻有功不赏，有罪不诛，虽唐、虞①不能以[1]化天下②。今胶东相王成③，劳来不怠④，流民自占⑤八万余口，治⑥有异等⑦之效。其赐成爵关内侯⑧，秩中二千石⑨。”未及征用⑩，会病卒官⑪。后诏使丞相、御史⑫问郡、国上计长史、守丞⑬以政令得失⑭。或⑮对言“前胶东相成伪自增加⑯以蒙显赏⑰，是后俗吏多为虚名⑱”云⑲。

夏，四月戊申⑳，立子奭㉑为皇太子，以丙吉㉒为太傅㉓，太中大夫疏广㉔为少傅㉕。封太子外祖父许广汉为平恩侯㉖。又封霍光兄孙中郎将云㉗为冠阳侯。

【语译】

## 中宗孝宣皇帝上之下

### 地节三年（甲寅，公元前六七年）

春季，三月，汉宣帝下诏说："我听说，如果对有功的人不奖赏，对有罪的人不惩罚，即使是唐尧、虞舜那样的圣明君主也不能使国家变好。如今胶东国的丞相王成，勤于政事，为招募流浪在外的百姓归来而不知疲倦地工作，因此流民前去自报户口的就有八万多人，他为政治民出类拔萃、卓有功效。封王成为关内侯，官阶为中二千石，月俸为一百八十斛。"但还没有等到被征调到朝廷任职，王成就病死在胶东国丞相的岗位上。后来，宣帝又下诏让丞相、御史向各郡、诸侯国派遣到朝廷报告钱粮以及各项政务的长史、守丞等询问朝廷的政令有何得失。有人回答说"以前胶东国丞相王成夸大政绩、虚报户籍数目，竟然受到很高的奖赏，后来就有许多庸俗的官吏为了名利而效法王成弄虚作假、谎报政绩"等。

夏季，四月二十二日戊申，汉宣帝封许皇后所生的儿子刘奭为皇太子，任命丙吉为太子太傅，任命太中大夫疏广为太子少傅。封太子刘奭的外祖父许广汉为平恩侯。又封霍光的哥哥霍去病的孙子中郎将霍云为冠阳侯。

霍显[28]闻立太子，怒恚[29]不食，欧血[30]，曰："此乃民间时子，安得立[31]？即后有子[32],反为王邪[33]？"复教皇后令毒太子[34]。皇后数[35]召太子赐食，保、阿[36]辄先尝之，后挟毒[37]不得行。

五月甲申[38]，丞相贤[39]以老病乞骸骨[40]，赐黄金百斤、安车驷马[41]，罢就第[42]。丞相致仕[43]自贤始。

六月壬辰[44]，以魏相为丞相。辛丑[45]，丙吉为御史大夫，疏广为太子太傅，广兄子受[46]为少傅。

太子外祖父平恩侯许伯[47]以为太子少，白使[48]其弟中郎将舜[49]监护[50]太子家。上以问广，广对曰："太子，国储副君[51]，师友必于[52]天下英俊，不宜独亲外家[53]许氏。且太子自有太傅、少傅，官属已备，今复使舜护太子家，示陋[54]，非所以广太子德[55]于天下也。"上善其言，以语魏相，相免冠谢曰："此非臣等所能及。"广由是见器重。

京师大雨雹，大行丞[56]东海萧望之[57]上疏，言大臣任政，一姓专权之所致[58]。上素闻望之名，拜为谒者[59]。时上博延[60]贤俊，民多上书言便宜[61]，辄下望之问状[62]。高者请丞相、御史[63]，次者中二千石试事[64]，满岁以状闻[65]，下者报闻，罢[66]。所白处奏皆可[67]。

冬，十月，诏曰："乃者[68]九月壬申[69]地震，朕甚惧焉。有能箴朕过失[70]，及贤良方正直言极谏[71]之士，以匡朕之不逮[72]，毋讳有司[73]！朕既不德[74]，不能附远[75]，是以边境屯戍[76]未息。今复饬兵重屯[77]，久劳百姓，非所以绥天下[78]也。其罢[79]车骑将军、右将军[80]屯兵[81]！"

霍光夫人显听说皇帝立了刘奭为太子，恼怒、愤恨得连饭也不肯吃，还大口地吐血，她说:“刘奭是皇帝在民间时生的儿子，怎么能立他为太子？如果将来霍皇后生了儿子，反倒要做诸侯王吗?”于是她又唆使自己的女儿霍皇后去毒死太子刘奭。霍皇后多次召太子刘奭到自己宫中，赏给他食物吃，而每次太子的保姆、奶娘都要自己先尝过之后再让太子吃，霍皇后虽然手里拿着毒药却一直没有下手的机会，因此想要毒死太子的阴谋才没能得逞。

五月二十九日甲申，丞相韦贤因为年老多病请求辞职回家养老，汉宣帝赏赐给他黄金一百斤，还有四匹马和一辆车，免去他的职务让他回家休养。汉朝丞相的退休制度就从韦贤开始了。

六月初七日壬辰，汉宣帝任命魏相为丞相。十六日辛丑，任命丙吉为御史大夫，疏广为太子太傅，疏广哥哥的儿子疏受为太子少傅。

太子刘奭的外祖父平恩侯许广汉认为太子年纪太小，于是禀报汉宣帝，请求派他的弟弟中郎将许舜负责关照、保护太子。汉宣帝就此事征求疏广的意见，疏广回答说:“太子就是未来的皇帝，所以太子的师傅和朋友必须挑选天下的英俊之士充任，而不应该只是亲近外祖父许氏一家。而且太子本来已经有太傅、少傅，僚属已经齐备，如果再派许舜负责照顾太子，就显得见识浅陋、气度小，不利于扩大太子的胸襟、气量。”汉宣帝觉得疏广说得有道理，就将这件事告诉了丞相魏相，魏相摘下帽子向汉宣帝谢罪说:“陛下的远见卓识，我们这些臣子永远也赶不上。”疏广因此而更加受到宣帝的器重。

京师长安降了大雨和冰雹，担任大行丞的东海人萧望之上书给汉宣帝，说天降雹灾，都是因为大臣专权，一姓之中掌权的人太多造成的。汉宣帝早就听说过萧望之的名字，于是任命他为掌管收发传达以及赞礼等事务的谒者。当时汉宣帝大量招揽贤能英俊的人才，民间也有许多人上书给皇帝，提出国家当前应该着手做的各种事情，汉宣帝总是让萧望之先与之谈话、了解情况。遇有特别高见的就让丞相、御史大夫给他分派工作加以试验，遇到水平、建议略微差一点的就交给中二千石的官员，由他们去分派工作进行试验，一年之后，把试验的结果奏报给皇帝，如果属于才能低下，所提建议不可用的，就将其罢免。萧望之所奏报的处理意见，汉宣帝都认为可行。

冬季，十月，汉宣帝下诏说:“本年九月十九日壬申所发生的地震，使我感到很恐惧。有谁能指摘我的过失，包括各地保举的贤良方正和敢于直言劝谏的人，对我考虑欠周到的地方都可以进行纠正、弥补，涉及各级执政官员的问题也不要避讳！我的道德不高，不能使远方的人来归附，所以在边境上防守驻扎的军队还不能休息。现在再让军队加紧训练、加强防守，使百姓长久处于劳苦状态而得不到休养，这些都不是安定天下的好办法。因此撤销车骑将军、右将军所率领的两支屯田戍守的军队!”

又诏:“池籞未御幸[82]者，假与贫民[83]。郡国宫馆[84]勿复修治。流民还归者，假公田[85]，贷种食[86]，且勿算事[87]。”

霍氏骄侈纵横[88]，太夫人显[89]，广治第室[90]。作乘舆辇[91]，加画，绣细冯[92]，黄金涂[93]，韦絮荐轮[94]，侍婢以五采丝挽显[95]游戏第中。与监奴冯子都乱[96]。而禹、山[97]亦并缮治[98]第宅，走马驰逐平乐馆[99]。云当朝请[100]，数称病私出[101]，多从[102]宾客，张围[103]猎黄山苑[104]中，使仓头奴[105]上朝谒[106]，莫敢谴者[107]。显及诸女昼夜出入长信宫[108]殿中，亡期度[109]。

帝自在民间，闻知霍氏尊盛日久，内不能善[110]。既躬亲[111]朝政，御史大夫魏相给事中[112]。显谓禹、云、山:“女曹[113]不务奉[114]大将军余业[115]，今大夫给事中[116]，他人壹间女[117]，能复自救邪[118]?”后两家奴争道[119]，霍氏奴入御史府[120]，欲蹦大夫门，御史为叩头谢[121]，乃去。人以谓霍氏[122]，显等始知忧。

会魏大夫为丞相，数燕见[123]言事。平恩侯[124]与侍中金安上[125]等径出入省中[126]。时霍山领尚书[127]，上令吏民得奏封事[128]，不关尚书[129]，群臣进见独往来[130]，于是霍氏甚恶之。上颇闻霍氏毒杀许后而未察[131]，乃徙光女婿度辽将军、未央卫尉、平陵侯范明友为光禄勋[132]，出[133]次婿[134]诸吏[135]、中郎将、羽林监[136]任胜为安定太守[137]。数月，复出光姊婿[138]给事中、光禄大夫[139]张朔为蜀郡[140]太守，群孙婿[141]中郎将王汉为武威[142]太守。顷之，复徙光长女婿长乐卫尉[143]邓广汉为少府[144]。戊戌[145]，更以张安世为卫将军[146]，两宫卫尉[147]、城门[148]、北军兵[149]属焉。以霍禹为大司马[150]，冠小冠，亡印绶[151]，罢其屯兵官属[152]，特使禹官名与光俱大司马者[153]。又收范明友度辽将军印绶，但为光禄勋。

又下诏说："凡是天子不去巡游的陂池园囿，一律租给贫民去开发耕种。各郡、各诸侯国不要再修建预备皇帝巡幸时所住的宫殿馆所。流亡在外的人如果回到故乡，各地官府要将本地的公田借给他们耕种，要借给他们种子和粮食，而且暂时不要向他们征收各种赋税和征调他们服劳役。"

霍光家族骄奢淫逸、蛮横不法，太夫人显虽然年事已高，仍然大兴土木、建造高级住宅。打造类似于皇帝所乘坐的那种车子，车上绘着图画，用锦绣做车垫和包装车前的横木，车身、车轮等部位都涂着黄金，又用熟牛皮和丝絮将车轮包裹起来以减轻车子的震动，自己坐在车上，让侍女们用五色丝绸拉着车子在宅院中游戏。又与管家冯子都私通。霍光的儿子霍禹、侄孙霍山也同时扩建宅第，在皇家园林上林苑中的平乐馆跑马驰骋。霍云还屡次在应该入朝朝见皇帝的时候称病请假，私自外出游荡，让许多的宾客跟随在自己身边，到黄山苑中拉开包围圈进行围猎，只打发一个头上包着青巾的奴仆代替他入朝拜见皇帝，满朝的文武大臣没有人敢说他不好。霍光夫人显以及他的几个女儿不分白天黑夜，随时进出上官太后的长信宫，不受任何时间限制。

汉宣帝从在民间的时候，就听说霍氏家族尊盛的时间已经很久，心里就感到很讨厌。等到自己亲理朝政，任命御史大夫魏相担任给事中。霍光夫人显对霍禹、霍云、霍山说："你们这些人不努力继承大将军遗留下来的事业，现在竟然让御史大夫魏相担任了给事中，他一旦从中说你们的坏话，你们还能救得了自己吗？"后来霍家与魏家两家的家奴在外出时为争抢道路发生争执，霍氏的家奴冲入御史府，想踢开御史大夫的家门，御史大夫魏相亲自向霍氏家奴磕头赔礼，霍氏家奴才离开御史府。有人将此事告诉了霍光夫人显，霍光夫人显等才开始感到担忧起来。

不久，御史大夫魏相升为丞相，汉宣帝多次在闲暇的时候接见魏相。平恩侯许广汉、侍中金安上等人也可以径直出入宫廷。当时霍山兼管尚书部门的事宜，汉宣帝下令无论臣、民都可以给皇帝上奏章，而不必通过尚书部门的检查、筛选，群臣可以单独拜见皇帝，对此霍氏非常痛恨。汉宣帝对霍氏毒死许皇后的事情也颇有耳闻，只是还没有查出确凿证据，于是就把霍光的女婿度辽将军、未央宫卫尉、平陵侯范明友调出，让他担任光禄勋，将霍光的二女婿诸吏、中郎将、羽林监任胜调出宫廷去担任安定太守。过了几个月，又将霍光姐夫、担任给事中、光禄大夫的张朔调任为蜀郡太守，将霍光的孙女婿、担任中郎将的王汉调任为武威太守。不久，又将霍光的大女婿、担任长乐宫卫尉的邓广汉改任为少府。十一月十六日戊戌这天，任命张安世为卫将军，未央宫、长乐宫两宫的卫尉、长安城十二城门的卫队以及北军之兵都归属于他统领。任命霍禹为大司马，但只允许他戴小帽，也没有授予他大司马的印绶，同时解除了他的固有兵权以及他手下的一幢官署，仅给他保留了一个与他父亲相同的大司马的空名而已。又收回了范明友的度辽将军印绶，只让他担任光禄勋。

及光中女婿赵平为散骑、骑都尉[2]、光禄大夫，将屯兵，又收平骑都尉印绶[154]。诸领胡、越骑、羽林及两宫卫将屯兵[155]，悉易[156]以所亲信许、史[157]子弟代之。

初，孝武之世，征发烦数[158]，百姓贫耗[159]，穷民犯法，奸轨不胜[160]，于是使张汤、赵禹[161]之属，条定[162]法令，作见知故纵[163]、监临部主之法[164]，缓深、故之罪[165]，急纵、出之诛[166]。其后奸猾巧法[167]转相比况[168]，禁罔浸密[169]，律令烦苛[170]，文书[171]盈于几阁[172]，典者[173]不能遍睹。是以郡国承用者驳[174]，或罪同而论异[175]，奸吏因缘为市[176]，所欲活[177]则傅生议[178]，所欲陷[179]则予死比[180]，议者咸冤伤之[181]。

廷尉史[182]钜鹿路温舒[183]上书曰："臣闻齐[184]有无知之祸而桓公以兴[185]，晋[186]有骊姬之难而文公用伯[187]。近世[188]赵王不终[189]，诸吕作乱[190]，而孝文为太宗[191]。繇是观之，祸乱之作[192]，将以开圣人[193]也。夫继变乱之后，必有异旧之恩[194]，此贤圣所以昭天命[195]也。往者昭帝即世无嗣[196]，昌邑淫乱，乃皇天所以开至圣[197]也。臣闻《春秋》正即位[198]，大一统[199]而慎始[200]也。陛下初登至尊[201]，与天合符[202]，宜改前世之失，正始受命之统[203]，涤烦文[204]，除民疾[205]，以应天意。臣闻秦有十失，其一尚存，治狱之吏是也[206]。夫狱[207]者，天下之大命[208]也，死者不可复生，绝者不可复属[209]。《书》曰：'与其杀不辜，宁失不经[210]。'今治狱吏则不然，上下相驱[211]，以刻为明[212]，深[213]者获公名[214]，平[215]者多后患[216]。故治

霍光的另一个女婿赵平原本担任散骑、骑都尉、光禄大夫，负责统领屯兵，现在收回了他的骑都尉印绶。所有统领由胡人组成的胡军、由越人骑兵组成的越骑，以及羽林军、长乐宫和未央宫两宫的警卫和屯兵的指挥官，全部换上了汉宣帝所亲近、信任的岳父许广汉一族和祖母史良娣的娘家史姓的子弟。

当初，在汉孝武皇帝时期，向百姓征收赋税一次接着一次，百姓因此而资财枯竭、生活陷入了极端贫困，为了生存，穷苦的人不惜触犯法律，为非作歹的人多得数不清，于是武帝便派张汤、赵禹这样的酷吏，将法律规定成具体条文：看见或知道他人犯法而不举报、司法官吏故意放走犯人，下层吏民犯罪，相应的上级部门要连带吃官司；放宽对司法人员惩治犯人过严或故意陷人于罪的制裁，加重对司法人员让犯罪者逃脱或释放在押人犯的惩处。此后，那些奸猾之人就以玩弄法律条文进行营私舞弊，他们互相仿效，形成恶性循环，结果是法网日益严密，法令条文越来越烦琐酷苛，各种案件、各种资料堆得满屋满桌都是，就连主管此项工作的人都没有办法全部浏览一遍。所以各郡、各诸侯国中接手工作的人对前任的文件理解不一，各行其是，有的罪状相同而定罪却不相同，奸猾的官吏趁机徇私枉法、进行权钱交易，想要让某个罪犯活下来，就极力给他往活处办，想要把谁置于死地，就极力引用使他非死不可的条文与案例，说起此事的人无不为之感到不平与伤心。

担任廷尉史的钜鹿人路温舒上书给皇帝说："我听说春秋时期齐国发生过公孙无知弑君篡位的灾祸，但齐桓公却在此基础上使齐国兴盛起来，晋国发生了骊姬之难，但后来的晋文公仍然成了当时的霸主。近代，赵王如意不得善终，诸吕氏想要篡夺刘氏政权，而继任的汉文帝由于治国有方，被后人尊奉为太宗。从这些史实当中可以得出这样的结论：祸乱的发生，原本是为圣人的出世作先导。在变乱发生之后，必定会有与以往历代皇帝完全不同的改革措施，广泛地施恩惠于人民，圣明的君主正是借助于此来显示自己的一举一动都是符合天意的。过去，汉孝昭皇帝逝世之后，因为没有后嗣，所以发生了昌邑王淫乱宫廷之事，这正是上天有意为至高无上的圣人开辟道路。我听说《春秋》特别重视新君即位的问题，这是因为中国历来强调全国政令的统一，重视新君即位应该做好的事情。陛下刚刚登上皇帝的宝座，与上天的意愿相一致，所以陛下应该对前世的过失加以革除，要有一套新的符合天意的章程办法，涤除旧有的那些繁杂苛刻的法律条文，废除那些给人民造成疾苦的政策规定，以顺应天意。我听说秦朝犯有十大过失，其中的一条现在还依然存在，这就是治理刑事案件的官吏。审理案件、惩治犯人，这是关系到人的生死存亡的大问题，人死了不能复生，被斩断了就再也连接不上。《尚书》上说：'与其没有把握地错杀了好人，不如犯执法不严的错误。'现在的司法官员却不是如此，他们上下级之间互相竞赛，谁最苛刻就认为谁最好，谁越是深文苛法，谁就越能博得公正的好名声，谁要是执法公允持平，谁就会给自己招来说不清的麻烦。所以那些司法官吏都想将

狱之吏皆欲人死，非憎人也，自安之道在人之死[217]。是以死人之血，流离于市[218]，被刑之徒，比肩而立[219]，大辟[220]之计，岁以万数[221]，此仁圣之所以伤也。太平之未洽[222]，凡以此[223]也。夫人情，安则乐生[224]，痛则思死[225]，棰楚[226]之下，何求而不得[227]？故囚人不胜痛[228]，则饰辞以示之[229]。吏治者[230]利其然[231]，则指导以明之[232]。上奏畏却[233]，则锻练而周内之[234]。盖奏当[235]之成，虽皋陶[236]听之，犹以为死有余辜。何则？成练者众[237]，文致之罪明[238]也。故俗语曰：'画地为狱，议不入[239]。刻木为吏，期不对[240]。'此皆疾吏之风[241]，悲痛之辞[242]也。唯[243]陛下省法制[244]，宽刑罚，则太平之风可兴于世。"上善其言。

十二月，诏曰："间者[245]吏用法巧文浸深[246]，是朕之不德也。夫决狱[247]不当，使有罪兴邪[248]，不辜蒙戮[249]，父子悲恨，朕甚伤之！今遣廷史[250]与郡鞠狱[251]，任轻禄薄[252]，其为置廷尉平[253]，秩六百石[254]，员四人[255]。其务平之[256]，以称朕意[257]！"于是每季秋[258]后请谳[259]时，上常幸宣室[260]，斋居[261]而决事，狱刑[262]号为平矣。

涿郡[263]太守郑昌上疏言："今明主躬垂明听[264]，虽不置廷平[265]，狱[266]将自正。若开后嗣[267]，不若删定[268]律令。律令一定，愚民知所避[269]，奸吏无所弄[270]矣。今不正其本[271]，而置廷平以理其末[272]，政衰听怠[273]，则廷平将召权[274]而为乱首[275]矣。"

昭帝时，匈奴使四千骑田车师[276]。及五将军击匈奴[277]，车师田者惊去，车师复通于汉[278]。匈奴怒，召其太子军宿[279]，欲以为质[280]。军宿，焉耆外孙[281]，不欲质匈奴，亡走焉耆[282]，车师王更立子乌贵为太子。及乌

人整死，这并不是因为他们憎恨于人，而是只有将人置之死地才是保护自己的最好办法。所以才出现法场上杀人的鲜血流满街市的现象，被判处死刑的人多得一个挨着一个，估计每年被杀头或腰斩的都有好几万人，这是使善良仁慈的人最感悲伤的事情。国家始终无法呈现出太平祥和的景象，也正是因为这个原因。按照人之常情，生活安全稳定，人们就愿意生存，生活悲惨痛苦就盼望快点死亡，犯人在严刑拷打之下，狱吏想要得到什么样的口供不能呢？所以，每当囚犯熬刑不过的时候，就会编一套假口供给你。审判犯人的官吏喜欢这种取得口供的方式，就引导指使犯人如何招供。当把判决书往上申报的时候，这些官吏又担心犯人翻案而遭到上级的批驳，于是就像工匠锤炼器物一样，反复琢磨，将其铸成一件结结实实的罪案。所以当将审判结果上报皇帝的时候，即使像传说中最善于断案的皋陶听了也会认为死有余辜。为什么呢？因为在严刑逼供之下，犯人承认的罪行太多，给自己罗织编造的罪行太明显。所以俗话说：'在地上画个圆圈当作牢狱，也绝对没有人愿意进去。削个木头当作狱吏，也必定没有人愿意去面对。'这都表明人们对酷吏执法作风的憎恨，是很悲伤、很痛苦的话。希望陛下减轻律法，放宽刑罚，天下就会呈现出太平的景象。"宣帝很赞成路温舒的意见。

十二月，汉宣帝下诏说："前一段时间，司法官吏舞文弄法，日益酷苛，这是我本人品德不好造成的。断案不公，就会使真正的犯罪之人更加邪恶嚣张，而使无罪的人蒙受耻辱、遭受杀戮，父亲为儿子悲伤，儿子为父亲痛苦，我深深地为此而感到痛心！现在实行的是由朝廷派遣廷尉的属员协助郡里负责诉讼的官员审理案件，这些人地位低俸禄少，很难发挥作用，现在为各郡增设廷尉平，官阶六百石，共设四名。其职责是务必使决狱公平，以满足我的愿望！"自此之后，每当秋季九月呈请皇帝最后审查的时候，汉宣帝经常到宣室殿，沐浴斋戒后独自住在那里审理案件，案件的审理被称为公正平允。

涿郡太守郑昌给汉宣帝上书说："如今由圣明的陛下亲自过问刑狱之事，即使不设置廷尉平，对案件的审判也会公正平允。如果想要让后人一直能够审判公正，不如对现有的律令进行删改、修订。只要律令确定下来，百姓们就知道什么事情属于违法犯纪，是不能做的，那么，最奸猾的官吏也无法玩弄法律、再做手脚了。现在不从删改、修订律令这一根本的地方入手，却以设置廷尉平的办法来处理执行中的一些具体问题，一旦政令无力或是陛下的过问稍有松懈，这些廷尉平很可能要独揽诉讼大权、徇私舞弊，变成破坏法令、造成刑狱腐败的罪魁祸首了。"

汉昭帝时，匈奴曾经派遣四千名骑兵到车师国屯垦。等到汉朝派五位将军攻打匈奴的时候，在车师国垦田的匈奴骑兵惊慌失措地撤离了车师，车师国再次与汉朝恢复往来。匈奴对车师的行为十分恼怒，就想将车师国的太子军宿招到匈奴充当人质。太子军宿是焉耆国王的外孙，他不愿意到匈奴去做人质，于是就逃到焉耆国去

贵立为王，与匈奴结婚姻，教匈奴遮汉道通乌孙者㉘³。

是岁，侍郎㉘⁴会稽郑吉㉘⁵与校尉司马憙，将免刑罪人田渠犁㉘⁶，积谷，发城郭诸国兵㉘⁷万余人，与所将田士㉘⁸千五百人共击车师，破之，车师王请降。匈奴发兵攻车师，吉、憙引兵北㉘⁹，逢之，匈奴不敢前。吉、憙即留一候㉙⁰与卒二十人留守王㉙¹，吉等引兵归渠犁。车师王恐匈奴兵复至而见杀㉙²也，乃轻骑奔乌孙㉙³。吉即迎其妻子，传送长安㉙⁴。匈奴更以车师王昆弟兜莫㉙⁵为车师王，收其余民东徙㉙⁶，不敢居故地。而郑吉始使吏卒三百人往田车师地以实之㉙⁷。

上自初即位，数遣使者求外家㉙⁸。久远㉙⁹，多似类而非是㉚⁰。是岁，求得外祖母王媪㉚¹及媪男无故、武㉚²。上赐无故、武爵关内侯。旬月[3]间㉚³，赏赐以巨万㉚⁴计。

---

【段旨】

以上为第一段，写宣帝地节三年（公元前六七年）一年间的全国大事。本段主要写了霍光死后霍氏一门仍不知收敛，骄侈纵横，即家奴亦仗势横行，甚至连御史大夫也向其磕头，而霍光妻更丧心病狂地指使其女欲毒死太子刘奭；写了宣帝罢免霍氏子弟与其诸多亲属的兵权，与其在皇帝身边的机要位置，尽以许、史子弟任之；写了武帝时的酷吏政治至宣帝仍旧盛行，路温舒上书畅论其弊，宣帝设廷尉平以治此事，郑昌上书提出删修律令以治根本；以及写了郑吉、司马憙经营西域的大有功效等等。

【注释】

①唐、虞：唐尧、虞舜，传说中的远古帝王。事迹详见《史记·五帝本纪》。被后人称为英明帝王的代表。②化天下：使天下变好。化，改变。③胶东相王成：胶东国的丞相王成。胶东国的都治即墨，在今山东平度东南。④劳来不怠：为招募流浪在外的百姓归来工作不息。劳，慰劳。来，使之来归。怠，懈怠。⑤自占：自报户口。占，上户

了，车师国王就另立乌贵为太子。等到车师王去世，乌贵做了车师国王之后，就与匈奴结成婚姻，并让匈奴拦截汉朝通往乌孙的道路。

这一年，担任侍郎的会稽人郑吉和担任校尉的司马憙，率领着被免除罪行的囚犯到渠犁一带开荒屯垦，积蓄粮秣，又征调了周围一些有城郭的小国的军队一万多人，再加上自己所率领的屯垦士兵一千五百人共同攻打车师国，将车师打得大败，车师王乌贵请求投降。匈奴一看车师王投降了汉朝，就发兵攻打车师，郑吉、司马憙率领所部兵马向北迎击匈奴，匈奴不敢上前接战。于是郑吉、司马憙留下一个候官和二十个士卒负责看守车师王乌贵，郑吉等则率军回到渠犁。车师王乌贵担心匈奴人再杀回来，自己性命难保，于是就率领着一小队轻装的骑兵投奔乌孙。郑吉于是就用驿站的传车将车师国王乌贵的妻、子送往长安。匈奴又从车师王乌贵的兄弟中挑选了一个叫作兜莫的立为车师王，兜莫组织起车师国的百姓向东方迁徙，而不敢在原来的地方居住。郑吉便派了三百名吏卒到车师国开荒屯垦，充实车师国无人地区的人口。

汉宣帝自从即位做了皇帝以来，曾经多次派人四处寻找自己外婆家的人。因为已经多年失去联系，所以有好几次以为找到了，而实际上却又不是。这一年，终于找到了外祖母王媪，以及王媪的两个儿子王无故和王武。汉宣帝封王无故和王武两个人都为关内侯。仅三十天的时间，赏赐给他们的就有上亿的钱物。

---

口。⑥治：为政治民。⑦异等：出类拔萃。⑧赐成爵关内侯：赐给王成关内侯的爵位。关内侯比列侯低一级，有侯爵而无封地。⑨秩中二千石：官阶为中二千石，月俸为一百八十斛。中二千石是九卿一级，而一般的郡太守与诸侯相只是二千石。⑩征用：调到朝廷任职。⑪卒官：死于任职期间，这里即死在诸侯相的任上。⑫御史：此指御史大夫，三公之一，职同副丞相。⑬郡、国上计长史、守丞：各郡、各诸侯国派遣到朝廷报告钱粮以及各项政务的地方副长官。长史，这里指诸侯国相的属官。守丞，郡太守的属官。《后汉书·郡国志》："诸侯王相如太守，长史如郡丞。"⑭政令得失：朝廷的政令有何得失。⑮或：有人。⑯伪自增加：意即虚报。⑰蒙显赏：受到了光荣的奖赏。⑱多为虚名：许多人为了名利而弄虚作假。⑲云：用于句尾表示不肯定，如今之所谓"据说如此""人们都这么说"。⑳四月戊申：四月二十二。㉑子奭：宣帝的儿子刘奭，许皇后所生，即日后的汉元帝。㉒丙吉：汉宣帝当年蒙难时的大恩人。事迹已见于本书卷二十四。㉓太傅：皇太子的辅导官。㉔太中大夫疏广：身任太中大夫之职的儒生姓疏名广。太中大夫是皇帝的侍从官员，在皇帝身边以备参谋顾问之用，上属光禄勋。㉕少傅：也

是皇太子的辅导官，地位在太傅之下。㉖平恩侯：许广汉原来只封为昌成君。㉗中郎将云：霍云，霍去病之孙，霍山之弟。中郎将是皇帝的卫队长，统领中郎，上属光禄勋。㉘霍显：霍光的夫人名显，霍字乃其夫之姓。㉙怒恚：恼怒。㉚欧血：吐血。欧，通“呕”。㉛安得立：怎能立为太子。㉜即后有子：如果皇后再有了儿子。此时的皇后即霍光之小女，名叫成君。㉝反为王邪：不就只能为王了吗。汉代诸帝的儿子除太子为帝外，其他例皆封王。㉞令毒太子：让皇后把太子刘奭毒死。㉟数：多次。㊱保、阿：保母、阿母，即今所谓保姆。㊲后挟毒：皇后手里拿着毒药。挟，夹带。㊳五月甲申：五月二十九。㊴丞相贤：韦贤，以读儒书升任丞相的庸俗官僚，《三字经》有所谓“人遗子，金满籯；我遗子，唯一经”，就是说的韦贤。事迹见《汉书》本传。㊵乞骸骨：因年老请求退休的客气说法。㊶安车驷马：四匹马拉的可以坐乘的车子。㊷罢就第：罢职回家休养。㊸致仕：退休。㊹六月壬辰：六月初七。㊺辛丑：六月十六。㊻广兄子受：疏受，疏广之侄，也是一个以读儒书闻名的书生。㊼许伯：即许广汉。称“伯”以表示尊重。㊽白使：禀告皇帝派遣。㊾中郎将舜：中郎将许舜。㊿监护：关照；保护。51国储副君：国之储、君之副，都是未来君主的意思。52于：以；用。53外家：皇帝的外祖之家。54陋：浅陋；气度小。55广太子德：扩大太子的胸襟、气量。56大行丞：大行治礼丞，大行令的属官。大行令也叫“典客”，九卿之一，主管归降的少数民族事务。57东海萧望之：东海是汉郡名，郡治郯县，在今山东郯城西北。萧望之字长倩，一个以读儒书出身的正直官吏。事迹详见《汉书》本传。58一姓专权之所致：意谓天上所以下这种大雹子，这是由于国家政权被某一个大臣的合族包揽之所致。59谒者：皇帝的侍从人员，上属光禄勋，为皇帝掌管收发传达及赞礼等。60博延：广泛延请。61便宜：国家当前应该着手做的事。62辄下望之问状：总是让萧望之先与之谈话，了解情况。辄，总是。下，交付。问状，了解情况。63高者请丞相、御史：遇到水平高、建议好的就让丞相、御史大夫给他分派工作加以试验。64次者中二千石试事：遇到水平、建议略差一点的就请九卿给他分派工作加以试验。中二千石，指九卿一级。65满岁以状闻：一年之后把试验的情况报告皇帝。66下者报闻二句：对那些水平、建议差的报告皇帝，让他们回家。67所白处奏皆可：萧望之所禀报与实际所处理的一些人奏明皇帝后，皇帝都以为可以。68乃者：前者；前些时候。69九月壬申：本年的九月十九。70箴朕过失：提出我的过失。箴，劝诫。71贤良方正直言极谏：贤良方正中的敢于直言极谏者。贤良方正是汉代选拔官吏的科目之一，目标是品行端方的儒生。72匡朕之不逮：帮我纠正过失、弥补漏洞。匡，纠正。不逮，没想到。73毋讳有司：涉及执政官员的问题也不要避讳。讳，避而不言。有司，主管各种事务的官吏。74不德：德行不高，皇帝的自谦之词。75附远：使远方之人归附。76屯戍：驻兵守边。77饬兵重屯：训练军队，驻扎在更多的地方。饬，整顿、训练。78绥天下：使天下人得到平安。绥，平安。79罢：撤销；解散。80车骑将军、右将军：汉代将军的名号，车骑将军在大将军、骠骑将军之下，地位崇高；右将军与左、前、后将军为同一级，在杂号将军之上。㉛ 屯兵：这里即某某麾下之兵。㉜ 池籞未御幸：凡皇帝不去游赏的园林池沼。池籞，意即禁苑。未御幸，没去游赏。㉝ 假与贫民：租给贫民去开发耕种。假，借、租赁。㉞ 郡国宫馆：各郡、各诸侯国所修建的预备皇帝巡幸所住的宫殿馆所。㉟ 假公田：将本地区的公田借给他们耕种。㊱ 贷种食：借给他们种子、粮食。㊲ 且勿算事：暂时不要向他们征收人头税。算，人头税。㊳ 纵横：肆意横行霸道。㊴ 太夫人显：霍光的妻子名显。㊵ 广治第室：大造府第。第，高级住宅。㊶ 作乘舆辇：打造类似皇帝所乘的那种车子。乘舆，这里即隐指皇帝。辇，皇帝乘坐的车子。㊷ 绣细冯：用锦绣为坐垫并包装车前的横木。细，坐垫。冯，通“凭”，车轼。㊸ 黄金涂：用黄金涂饰车厢、车轮等部位。㊹ 韦絮荐轮：用熟牛皮和丝絮将车轮包起来，以减少车子行走时的震动。㊺ 挽显：给霍光妻拉着车子。㊻ 与监奴冯子都乱：与霍氏的管家冯子都私通。监奴，管家的奴仆。乱，私通。〖按〗汉乐府《羽林郎》的歌词中有所谓“昔有霍家奴，姓冯名子都。倚仗将军势，调笑酒家胡”云云，即谓此冯子都也。㊼ 禹、山：霍禹、霍山。霍禹是霍光之子；霍山是霍去病之孙。㊽ 缮治：建造。㊾ 平乐馆：皇家园林上林苑中的游乐场所。㊿ 云当朝请：霍云每当轮到应进宫朝见皇帝的时候。(101) 数称病私出：屡屡推说有病而外出游荡。(102) 多从：让很多……跟着。(103) 张围：拉开包围圈。(104) 黄山苑：皇家的猎场名，故址在今陕西兴平西南。(105) 仓头奴：头上包着青巾的奴仆。仓，通“苍”。(106) 上朝谒：让他代替自己去拜见皇帝。(107) 莫敢谴者：没有一个人敢说他不好。谴，责备。(108) 长信宫：长乐宫中的宫殿名，当时为霍光外孙女上官太后的所住之处。(109) 亡期度：没有时间限制。亡，通“无”。(110) 内不能善：心里感到讨厌。(111) 躬亲：亲自管理。(112) 给事中：在宫中侍候皇帝，时常在皇帝身边。(113) 女曹：尔等；你们这些人。女，通“汝”。(114) 不务奉：不努力继承。奉，奉行、继承。(115) 余业：遗留下来的事业，指独擅朝政。(116) 今大夫给事中：如今竟让御史大夫魏相当了给事中。(117) 壹间女：一说你们的坏话。间，离间、挑拨。(118) 能复自救邪：还能救得了你们自己吗。(119) 争道：为让谁先走而发生争执。(120) 入御史府：冲进了御史大夫魏相家里。(121) 御史为叩头谢：御史大夫魏相向着霍氏的家奴磕头赔礼。(122) 人以谓霍氏：有人把这件事对霍光的妻子讲。(123) 燕见：闲暇时不讲严格礼节的会见。(124) 平恩侯：许广汉，宣帝的岳父。(125) 金安上：字子侯，金日磾之子。(126) 径出入省中：可以径直地出入宫廷。径，直接。省中，宫中。(127) 领尚书：兼理尚书部门的事宜。(128) 吏民得奏封事：意即任何人都可以给皇帝上书。封事，奏章的别称。因其加有封函，故称封事。(129) 不关尚书：不再通过尚书部门的检查。关，通过。(130) 独往来：可以单独叩见皇帝，霍氏无法再监督。(131) 未察：过去未能查清。(132) 光禄勋：原称“郎中令”，九卿之一，统领皇帝侍从，管理宫廷门户。〖按〗此句意即免去范明友度辽将军、未央宫卫尉二职，而令其专任光禄勋。(133) 出：调到外面。(134) 次婿：霍光的二女婿。(135) 诸吏：犹言某某官职，史失其名。(136) 中郎将、羽林监：都是霍光次婿任胜原任的官职。中郎将是皇帝的卫队长，统领众中郎；羽林监是皇帝禁卫军中的司法官。⑬⑦安定太守：安定是汉郡名，郡治高平，即今宁夏固原。⑬⑧光姊婿：霍光之姐的女婿。⑬⑨光禄大夫：光禄勋的属官，在皇帝身边以备参谋顾问之用。位虽不高，但近机密。⑭⓪蜀郡：郡治即今成都。⑭①群孙婿：霍光孙女的丈夫。群孙，众多孙女中的一个。⑭②武威：汉郡名，郡治在今甘肃民勤东北。⑭③长乐卫尉：九卿之一，长乐宫的护卫长官。⑭④少府：九卿之一，掌山海池泽收入及皇室手工业制造，为皇帝的私家理财。⑭⑤戊戌：应是十一月戊戌，即十一月十六。⑭⑥卫将军：高级武官名，仅在大将军、骠骑将军之下。⑭⑦两宫卫尉：指未央宫卫尉、长乐宫卫尉。⑭⑧城门：指长安城十二城门的守门之兵。⑭⑨北军兵：北军之兵，北军是驻扎在京城的一支重兵，先是由皇帝的心腹高官统领，至武帝时更由其自己统领，平时只派一个品级不高的亲信作为"使者护军"以做联络。⑮⓪大司马：加于将军称号前的一种官号。武帝为使霍光辅佐幼主，封以为大司马大将军，从此该职遂专擅朝政。今宣帝只任霍禹为大司马，无将军之实衔，遂只成了一种荣誉称号。⑮①冠小冠二句：原先的大司马大将军戴武弁大冠，佩金印，有实权；今之大司马则无实权，戴小冠，无印绶。亡，通"无"。印绶，印章与绶带，主要指印。⑮②罢其屯兵官属：解除他所固有兵权与他手下的一套官属。霍禹原任右将军，有兵权、有属官，不久前宣帝以减轻百姓负担为名解散了右将军的部队，是其"屯兵官属"已被罢去。⑮③特使禹官名与光俱大司马者：只让霍禹保留了一个与他父亲一样的大司马的空名。特，只。⑮④收平骑都尉印绶：霍光的另一个女婿赵平原任散骑、骑都尉、光禄大夫，是带兵的，现在则免去他骑都尉的职务。⑮⑤诸领胡、越骑、羽林及两宫卫将屯兵：所有统领胡骑、越骑、羽林以及两宫宫门守军的将领。诸领，所有统领。胡、越骑，匈奴骑兵与南越骑兵。两宫卫将屯兵，即统领两宫宫门守军的未央卫尉与长乐卫尉。⑮⑥悉易：全部调换。⑮⑦许、史：宣帝的岳父许广汉一族与宣帝祖母史良娣的娘家一族。⑮⑧烦数：频繁；一次挨一次。⑮⑨贫耗：贫困枯竭。⑯⓪奸轨不胜：为非作歹者多得数不过来。奸轨，通"奸宄"。这里实指官逼民反者。⑯①张汤、赵禹：都是武帝时期著名的酷吏。事迹详见《史记·酷吏列传》。⑯②条定：规定成条文。⑯③见知故纵：两种罪名。见知指分明看见或是知道他人犯法而不举报；故纵指司法官吏故意放走犯人。⑯④监临部主之法：下层吏民犯罪，相应的上级部门要连带吃官司的办法。⑯⑤缓深、故之罪：放宽对司法人员处治犯人过严或故意陷人入于罪的制裁。缓，放宽。⑯⑥急纵、出之诛：加重对司法人员让犯罪者逃脱或释放在押人犯的惩处。急，加重。诛，制裁、讨伐。⑯⑦巧法：玩弄法令条文以进行舞弊。⑯⑧转相比况：相互仿效，恶性循环。⑯⑨禁罔浸密：法网日益严密。⑰⓪律令烦苛：条文烦琐而酷苛。⑰①文书：指各种案件、各种审判的资料、卷宗。⑰②盈于几阁：堆满桌子、装满屋子。几，桌子。阁，这里即指屋子。⑰③典者：主管这项工作的人。⑰④承用者驳：接手工作的人对其前任的文件理解不一，各行其是。驳，杂乱。⑰⑤论异：定罪不同。论，判罪。⑰⑥因缘为市：趁机徇私枉法，进行交易。⑰⑦所欲活：想让谁活。⑰⑧则傅生议：就极力给他向活处办。傅，贴、寻找。⑰⑨所欲陷：想把谁置于死地。⑱⓪ 予死比：就极力把他往死罪上靠。⑱① 冤伤之：为之感到冤屈、伤心。⑱② 廷尉史：廷尉的属官。⑱③ 钜鹿路温舒：钜鹿，也写作“巨鹿”，汉郡名，郡治在今河北平乡西南。路温舒的事迹详见《汉书》本传。⑱④ 齐：此指春秋时代的齐国，姜太公的后代，都城即今山东淄博市临淄区。⑱⑤ 无知之祸而桓公以兴：无知是齐国的贵族，弑其君襄公而自立，很快无知又被国人所杀。也正是在这种齐国无君的情况下，公子小白趁机取得政权，即位后即历史上所称的齐桓公，后来成为有名的春秋五霸之一。过程详见《左传》或《史记·齐太公世家》。⑱⑥ 晋：春秋时代的诸侯国名，都城绛，即今山西侯马。⑱⑦ 骊姬之难而文公用伯：骊姬是晋献公的宠妃，谗杀了太子申生，驱逐了诸公子。献公死后，骊姬生的儿子奚齐得立，但国人不服，于是奚齐被杀，国内动乱不安好多年，最后公子重耳在秦国的帮助下回国即位，即历史上所称的晋文公。从此晋国强大，晋文公成为春秋时代最大的霸主。过程详见《左传》或《史记·晋世家》。⑱⑧ 近世：指西汉建国初期。⑱⑨ 赵王不终：指刘邦死后，被封为赵王的刘邦的三个儿子刘如意、刘友、刘恢连续被吕后所杀。事情详见《史记·吕太后本纪》。不终，不得善终，意即被害。⑲⓪ 诸吕作乱：通常指被吕后封王的吕氏子弟吕产、吕禄等，乘吕后去世之机欲篡夺刘氏政权。但历史上无此事实，乃周勃、陈平等强加罪名将吕氏诛灭。过程详见《史记·吕太后本纪》。⑲① 孝文为太宗：周勃、陈平等诛灭吕氏集团后，迎来在代国为王的刘恒立以为帝，即历史上所称的汉文帝。汉文帝由于治国有方，被后人追称为“太宗”。过程详见《史记·孝文本纪》。⑲② 作：发作；闹起。⑲③ 开圣人：为圣人的出世做先导。开，启发、先导。〖按〗以上所说的齐桓公、晋文公、汉文帝，如果在正常的情况下，是轮不到他们主持政权的。正是由于国内大乱，才给他们提供了上台执政的机会，以比喻下文所说的汉宣帝情况也是如此。⑲④ 异旧之恩：与过去历代皇帝所不同的广施恩惠。这种广施恩惠既是上天的意愿，也是新即位的圣人之所应为。⑲⑤ 昭天命：显示自己的一举一动都是符合天意的。⑲⑥ 即世无嗣：去世时没有留下后代。嗣，子、接班人。⑲⑦ 至圣：至高无上的圣人，指宣帝。⑲⑧《春秋》正即位:《春秋》特别重视国君即位问题，也就是要名正言顺。正常即位，称正；继弑君则不言即位。⑲⑨ 大一统：强调全国政令的统一。⑳⓪ 慎始：重视开头，重视新君即位应该做好的事情。⑳① 初登至尊：刚开始登上最高的宝座。⑳② 与天合符：与上天的愿望相一致。合符，相统一；相一致。⑳③ 正始受命之统：要有一套新的符合天命的章程办法。⑳④ 涤烦文：去掉那些烦琐的法律条文。涤，洗去。⑳⑤ 除民疾：废除那些给黎民百姓造成疾苦的政策规定。⑳⑥ 治狱之吏是也：意即秦朝掌管刑狱的官吏还一直留存到今天，也就是说汉朝今天的司法制度还与秦朝没有区别。⑳⑦ 狱：刑狱，处治犯人。⑳⑧ 大命：生死攸关的大问题。⑳⑨ 绝者不可复属：被斩断了的就再也连接不上，如宫刑、刖刑等等。绝，斩断。属，连接。㉑⓪ 与其杀不辜二句：意思是与其没有把握地错杀好人，不如犯执法不严的错误。也就是前文于定国所坚持的“疑罪从轻”的意思。二句见《尚书·虞书·大禹谟》。不辜，无罪。不经，不按常规。㉑① 相驱：相互竞赛。㉑② 以刻为明：越酷苛越好。刻，深、苛。㉑③深：酷苛。㉑④公名：大公无私之名。㉑⑤平：用法持平，意即不追求酷苛。㉑⑥多后患：就要给自己留下说不清的麻烦，如本书《汉纪》十五卷所载廷尉王平、少府徐仁皆以九卿被罗织成“纵反”被害事。㉑⑦自安之道在人之死：法吏使自己太平无事的办法，就是要把罪人整死。㉑⑧流离于市：流满了整个市场。流离，流淌。市，古代刑人于市，以示与市人共弃之。㉑⑨比肩而立：多得一个挨一个。比肩，并肩。㉒⓪大辟：死刑，杀头或腰斩。㉒①岁以万数：每年都有好几万。岁，年。㉒②太平之未洽：太平世界的有缺陷、不到家。洽，浸透、彻底。㉒③凡以此：就是因为这一点。㉒④乐生：乐于生存；有活着的乐趣。㉒⑤思死：盼着快死。㉒⑥棰楚：棍棒荆条，泛指刑具。㉒⑦何求而不得：什么样的口供不能得到。㉒⑧不胜痛：忍受不了痛苦。㉒⑨饰辞以示之：就编一套假口供让你看。饰辞，编假口供。㉓⓪吏治者：审判犯人的官吏。治，审判。㉓①利其然：喜欢这种取得口供的方式。㉓②指导以明之：引导指使犯人如何招供。㉓③上奏畏却：上报审理结果怕犯人翻案被退回。㉓④锻练而周内之：譬如铁匠锤炼，以成所需要之形；又如木匠削枘就凿，能使其严丝合缝。内，通“纳”。㉓⑤奏当：上报皇帝的审判结果。当，判罪。㉓⑥皋陶：尧、舜时代的司法长官，这里喻指最圣明的法官。㉓⑦成练者众：逼使其自己承认的罪行多。㉓⑧文致之罪明：罗织编排的罪行明显。㉓⑨画地为狱二句：在地上画个牢狱，也绝对没人愿意进去。议，同“义”，意即绝对，其用法与“义不帝秦”“义无反顾”之句式同。㉔⓪刻木为吏二句：师古曰：“期，犹必也。”“议”与“期”对文，都用以修饰“必”字。㉔①皆疾吏之风：都表明了一种痛恨司法官吏的风俗。㉔②悲痛之辞：很悲伤、很痛苦的话。㉔③唯：表示祈请的发语词，犹言“希望”“恳请”。㉔④省法制：减轻律法。㉔⑤间者：前者；前一段时间。㉔⑥巧文浸深：舞文弄法，日益酷苛。㉔⑦决狱：断案。㉔⑧有罪兴邪：真正的犯罪分子更加嚣张邪恶。㉔⑨不辜蒙戮：没有罪过的人反而遭受诛戮。㉕⓪廷史：廷尉属下的小吏。㉕①与郡鞠狱：协助郡里审讯犯人。鞠，审问。㉕②任轻禄薄：职位太低而俸禄太少。㉕③置廷尉平：增设廷尉平一职。廷尉平，专门复审案件，清理疑狱，以保证审判公平的官员。㉕④秩六百石：官阶六百石，与县令同级。㉕⑤员四人：廷尉平一职共设四人。㉕⑥其务平之：一定要达到决狱公平。㉕⑦以称朕意：以满足我的愿望。㉕⑧季秋：指九月。㉕⑨请谳：呈请皇帝最后审查。谳，复查有疑问的案件。㉖⓪宣室：未央宫里的前殿名。㉖①斋居：斋戒独宿，以示虔敬。㉖②狱刑：也称“刑狱”，即案件的审理。㉖③涿郡：汉郡名，郡治即今河北涿州。㉖④躬垂明听：亲自过问。躬，亲自。垂明听，意即垂听、过问。“明”字是谦辞。㉖⑤廷平：即廷尉平。㉖⑥狱：对案件的审判。㉖⑦若开后嗣：如果想让后人一直能够审判公正。㉖⑧删定：删改、修订。㉖⑨知所避：知道什么事不能干。㉗⓪无所弄：无处耍其奸猾，舞文弄法。㉗①正其本：指删定律令条文。律令条文是处理一切案件的依据。㉗②理其末：处理枝节，指那些执行中的具体问题。㉗③政衰听怠：一旦政令无力，皇帝的过问松懈。㉗④召权：招权纳贿，徇私舞弊。㉗⑤乱首：破坏法令、造成刑狱腐败的罪魁祸首。㉗⑥田车师：在车师一带驻兵屯田。田，屯垦。车师，西域国名，分前后两国，车师前国的国都交河城，在今新疆吐鲁番城西；车师后国在吐鲁番北的天山北侧。由于匈奴在此屯兵，车师遂倒向匈奴。㉗⑦五将军击匈奴：事见本书卷二十四宣帝本始三年（公元前七一年），所谓五将军即祁连将军田广明、度辽将军范明友、前将军韩增、后将军赵充国、虎牙将军田顺。㉗⑧复通于汉：又和汉王朝恢复关系。㉗⑨军宿：车师国的太子。㉘⓪欲以为质：令其到匈奴为人质。㉘①焉耆外孙：焉耆国王的外孙。焉耆是西域国名，在今新疆焉耆一带。㉘②亡走焉耆：逃到了焉耆。㉘③遮汉道通乌孙者：拦截汉朝通乌孙的道路。遮，拦截。㉘④侍郎：皇帝的侍从人员，上属光禄勋。㉘⑤会稽郑吉：会稽是汉郡名，郡治即今江苏苏州。郑吉是西汉后期经营西域有功的重要人物。事迹详见《汉书》本传。㉘⑥田渠犁：率军在渠犁一带屯田。渠犁是西域国名，在今新疆库尔勒与尉犁一带。㉘⑦发城郭诸国兵：调集周围有城郭诸国的军队。城郭诸国，以区别于游牧诸国。㉘⑧田士：屯田的士兵。㉘⑨引兵北：引兵向北迎击匈奴人。㉙⓪候：军官名，约当今之连长，上属校尉。一个校尉统领若干曲，曲的长官即军候。㉙①留守王：留下来看着车师王。㉙②见杀：被匈奴人所杀。㉙③乌孙：西域国名，其地约当今我国新疆之西北部、塔吉克斯坦共和国的东南部，与吉尔吉斯斯坦的东部地区，首都赤谷城，在今吉尔吉斯斯坦境内的伊塞克湖之东南，距我国的新疆边界不远。㉙④传送长安：用驿车将车师王的妻、子运送到长安。㉙⑤昆弟兜莫：车师王的兄弟名叫兜莫。㉙⑥东徙：向东部搬迁。㉙⑦以实之：以填补车师国的无人之地。㉙⑧求外家：寻找许姓、史姓的亲属。㉙⑨久远：由于多年没有联系。㉚⓪多似类而非是：大都似是而非，意即多是冒名而来。㉚①外祖母王媪：宣帝父刘进的岳母王老太太。媪，对老年妇女的通称。㉚②媪男无故、武：王媪的儿子王无故、王武，都是宣帝的舅舅。㉚③旬月间：十来天到一个月的工夫。㉚④巨万：万万，即今所谓“亿”，单位是铜钱。

## 【校记】

［1］以：原无此字。据章钰校，甲十五行本、乙十一行本、孔天胤本皆有此字，今据补。〖按〗《汉书·宣帝纪》有此字。［2］散骑、骑都尉：据章钰校，甲十五行本、乙十一行本、孔天胤本皆作“散骑都尉”，《通鉴纪事本末》卷四亦作“散骑都尉”。〖按〗西汉无“散骑都尉”，都尉为郡职，典郡兵；骑都尉为中央官，隶光禄勋，掌羽林骑。严衍《资治通鉴补》正作“散骑、骑都尉”，注云：“以骑都尉而加散骑官也。”《汉书·霍光传》亦作“散骑、骑都尉”。［3］月：原作“日”。据章钰校，甲十五行本、乙十一行本、孔天胤本皆作“月”，今据改。〖按〗《汉书·外戚上·史皇孙王夫人传》作“月”。

【原文】

**四年（乙卯，公元前六六年）**

春，二月，赐外祖母号为博平君[305]，封舅无故为平昌侯，武为乐昌侯。

夏，五月，山阳、济阴[306]雹如鸡子，深二尺五寸，杀[307]二十余人，飞鸟皆死。

诏："自今子有匿[308]父母、妻匿夫、孙匿大父母[309]，皆勿治[310]。"

立广川惠王孙文[311]为广川王[312]。

霍显[313]及禹、山、云[314]自见日侵削[315]，数相对啼泣自怨。山曰："今丞相用事[316]，县官[317]信之，尽变易大将军时[318]法令，发扬[319]大将军过失。又，诸儒生多窭人子[320]，远客[321]饥寒，喜妄说狂言，不避忌讳，大将军常雠之[322]。今陛下好与诸儒生语，人人自书对事[323]，多言我家者。尝有上书言我家昆弟骄恣，其言绝痛[324]，山屏不奏[325]。后上书者益黠[326]，尽奏封事[327]，辄使中书令出取之[328]，不关[329]尚书，益[330]不信人。又闻民间讙言[331]'霍氏毒杀许皇后'，宁有是邪[332]？"显恐急，即具以实[333]告禹、山、云。禹、山、云惊曰："如是[334]，何不早告禹等？县官离散斥逐诸婿[335]，用是故也[336]。此大事，诛罚不小[337]，奈何？"于是始有邪谋矣。

云舅李竟所善张赦，见云家卒卒[338]，谓竟曰："今丞相与平恩侯用事，可令太夫人言太后[339]，先诛此两人。移徙[340]陛下，在太后耳[341]。"长安男子[342]张章告之[343]，事下廷尉[344]，执金吾[345]捕张赦等。后有诏，止勿捕。山等愈恐，相谓曰："此县官重太后[346]，故不竟[347]也。然恶端已见[348]，久之犹发[349]，发即族矣[350]，不如先[351]也。"遂令诸女各归报其夫，皆曰："安所相避[352]？"

【语译】

**四年（乙卯，公元前六六年）**

春季，二月，汉宣帝封外祖母王媪为博平君，封舅父王无故为平昌侯，王武为乐昌侯。

夏季，五月，山阳郡、济阴郡下了鸡蛋大的冰雹，平地堆积的冰雹有二尺五寸厚，砸死了二十多人，就连空中的飞鸟都被砸死了。

汉宣帝下诏说："从现在开始，如果是儿子窝藏父母、妻子窝藏丈夫、孙子窝藏祖父祖母，都不要进行惩处。"

立广川惠王刘越的孙子刘文为广川王。

霍光夫人显及儿子霍禹、侄孙霍山、霍云看见自己家的权力、职位逐渐被削减、剥夺，曾经几次聚在一起相对哭泣，自怨自艾。霍山说："现在的丞相魏相掌权，皇帝对他十分信任，他完全改变了大将军执政时所修订的法律，还大张旗鼓地宣扬大将军的过失。还有，现在的那些儒生，大多是穷苦人家的子弟，他们远离家乡来到京城，虽然连自己的生活都没有着落，却喜欢吹牛皮说大话、胡言乱语，一点顾忌都没有，大将军在世的时候，十分痛恨这些人。而现在的皇帝却很喜欢与这些儒生一起谈论时政，而且允许他们每个人都可以上奏章回答皇帝所提出的问题，其中有许多内容都涉及我们霍家。曾经有一个儒生在奏疏中指控我们霍家子弟骄横恣肆，言辞当中可以看出对我们家非常痛恨，我把这封奏疏给扔到一边，没有交给皇帝。后来上奏章的人变得更加狡猾，竟然将奏章密封起来上奏，皇帝往往派中书令亲自出来收取，不再通过尚书，看来皇帝对我是越来越不信任。我还听民间传言说'霍家毒死了许皇后'，难道会有这样的事情吗？"霍显很恐惧着急，就把事情的真相原原本本地告诉了霍禹、霍山、霍云。霍禹、霍山、霍云全都惊恐地说："既然是这样，为什么不早点告诉我们？皇帝将我们霍家的姑爷通通调离宫廷、贬逐到边远的外郡，原来都是因为这个缘故啊。这可是大事，我们的罪过可不小，怎么办？"于是开始萌生谋乱的邪念。

霍云的舅父李竟的好友张赦，看见霍云一家戚戚惶惶、恐惧不安的样子，就对李竟说："现在是丞相魏相和平恩侯许广汉掌权，可以让太夫人显去对她的外孙女上官太后说，让太后先杀掉魏相和许广汉。至于皇帝是否要废掉，权力还不是掌握在太后手里。"长安城里一个叫张章的男子告发了这件事，汉宣帝将此案交予廷尉，于是执金吾将张赦等人逮捕。随后汉宣帝又下诏制止逮捕张赦等。而霍山等人就越加感到恐惧，他们互相商议说："这是皇帝看在上官太后的情面上，所以暂时不予穷究。然而我们霍家犯罪的苗头已经被发现，久后还是会被查办的，一旦查出来就要被灭族了，不如我们采取先发制人。"于是就派自家的几个女儿分别回到婆家把这个决定告诉她们的丈夫，霍家的几个女婿都说："我们就是想躲避也躲避不了了？"

会李竟坐与诸侯王交通[353]，辞语及霍氏[354]。有诏：“云、山不宜宿卫[355]，免就第[356]。”山阳[357]太守张敞[358]上封事曰：“臣闻公子季友有功于鲁[359]，赵衰有功于晋[360]，田完有功于齐[361]，皆畴其庸[362]，延及子孙。终后田氏篡齐[363]，赵氏分晋[364]，季氏颛鲁[365]。故仲尼作《春秋》，迹盛衰[366]，讥世卿[367]最甚。乃者[368]大将军决大计，安宗庙，定天下[369]，功亦不细矣。夫周公七年[370]耳，而大将军二十岁[371]，海内之命[372]断于掌握[373]。方其隆盛[374]时，感动天地[375]，侵迫阴阳[376]。朝臣宜有明言曰[377]：‘陛下褒宠[378]故大将军以报功德[379]足矣。间者[380]辅臣颛政[381]，贵戚[382]大[4]盛，君臣之分不明[383]，请罢霍氏三侯[384]皆就第，及卫将军张安世，宜赐几杖[385]归休[386]，时存问召见[387]，以列侯为天子师[388]。’明诏以恩不听[389]，群臣以义固争而后许之[390]，天下必以陛下为不忘功德[391]而朝臣为知礼[392]，霍氏世世无所患苦[393]。今朝廷不闻直声[394]，而令明诏自亲其文[395]，非策之得者[396]也。今两侯已出[397]，人情不相远，以臣心度[398]之，大司马[399]及其枝属必有畏惧之心。夫近臣自危[400]，非完计[401]也。臣敞愿于广朝[402]白发其端[403]，直守远郡[404]，其路无由[405]。唯陛下省察！”上甚善其计，然不召也[406]。

禹、山等家数有妖怪，举家[407]忧愁。山曰：“丞相擅减宗庙羔、菟、蛙[408]，可以此罪[409]也！”谋令太后为博平君置酒[410]，召丞相、平恩侯以下[411]，使范明友、邓广汉[412]承太后制[413]引斩之，因废天子而立禹。约定，未发[414]，云拜为玄菟[415]太守，太中大夫任宣[416]为代郡[417]太守。会事发觉，秋，七月，云、山、明友自杀。显、禹、广汉等捕得，禹要

正遇上霍云的舅父李竟因为犯有与诸侯王勾结为非作歹之罪而被查办，供词中涉及了霍家。汉宣帝于是下诏说："霍云、霍山不适合在宫中执勤护卫皇帝，免去他们宫廷侍卫的职务，回家去吧。"山阳太守张敞将奏章密封起来上奏给汉宣帝说："我听说，春秋时期鲁国的公子季友有功于鲁国，晋国的赵衰有功于晋国，齐国的田完有功于齐国，这几个国家都对他们的功勋给予了酬劳，使他们的子孙尽享荣华富贵。然而，后来田氏篡夺了齐国的政权，赵氏参与了瓜分晋国，季氏在鲁国把持朝政。所以孔子才著《春秋》，考察一个国家兴盛衰亡的变化过程，对卿大夫世代相袭、把持政权的现象进行了最严厉的批判。过去，大将军霍光等决定废掉昌邑王、拥立陛下继承皇位，在稳定国家、安定社稷方面，功劳确实不小。周公辅佐周成王执政七年，而后返政于成王，而大将军霍光辅政前后达二十年之久，在这二十年中，国家的一切大事都在大将军的掌握之中，都由他一个人说了算。在他权势大、气焰高的时候，能撼天动地、变换阴阳。当时的朝中大臣应该有人站出来明确地向陛下进言：'陛下褒奖、尊崇大将军以报答他对汉王朝宗庙社稷的功勋与恩情已经足够了。近来，辅政之臣过于专权，皇亲国戚权势太重，这些权臣、贵戚超越名分，无人臣之礼，请陛下罢免博陆侯霍禹、乐平侯霍山、冠阳侯霍云三个人的职务，让他们回家享福，至于卫将军张安世，应该赏赐给他几杖，让他回家养老，陛下时常召见询问一些事情或派人前去慰问，让他以列侯的身份作为皇帝的顾问。'陛下公开下诏表示不能采纳，大臣们就据理力争，然后陛下再应允，如此的话，天下人必定称颂陛下不忘大臣的辅政之功与拥戴之恩，也必定认为被解职的辅臣是恭敬守礼的臣子，霍家将世代没有被抄家灭门的忧患。现在朝廷之中听不到这样正直的言论，还得等着陛下亲自下达这种将权臣免职的诏书，这都不是成功的好办法。如今乐平侯霍山与冠阳侯霍云已经被迫离开宫廷，人之性情相互之间差不了多少，据我估计，大司马霍禹及其家属此时必定心怀恐惧。使身边的近臣感到岌岌可危，这可不是使他们得以保全的办法。我张敞愿意到朝堂之上率先提出倡议，遗憾的是我现在只是一个远离京师的山阳郡太守，想这样做却没有办法做到。希望陛下能够体察！"汉宣帝认为张敞的建议非常好，然而却没有将他召到长安。

霍禹家和霍山家近来屡次发生稀奇古怪的事情，全家人都为此而心怀忧虑。霍山说："丞相魏相擅自做主减去了皇家宗庙祭祀用品中的羊羔、兔子和青蛙，可以借此对他兴师问罪！"密谋让上官太后摆设酒宴宴请宣帝的外祖母博平君王媪，并以此为由召丞相魏相、平恩侯许广汉及以下官员作陪，在酒席宴上，让范明友、邓广汉奉上官太后的诏命，将魏相、许广汉拉出去斩首，就势废掉汉朝皇帝而立霍禹为皇帝。密谋已定，还没有等到时机动手，霍云就被汉宣帝任命为玄菟郡太守，担任太中大夫的任宣被任命为代郡太守。就在此时，霍山的阴谋败露，秋季，七月，霍云、霍山、范明友自杀。霍光夫人显、霍禹、邓广汉等人遭到逮捕，霍禹被腰斩，霍光

斩[418]，显及诸女昆弟皆弃市[419]，与霍氏相连坐诛灭者数十家。太仆杜延年以霍氏旧人[420]，亦坐[421]免官。八月己酉[422]，皇后霍氏[423]废，处昭台宫[424]。乙丑[425]，诏封告霍氏反谋者男子张章[426]、期门董忠[427]、左曹杨恽[428]、侍中金安上[429]、史高[430]皆为列侯[431]。恽，丞相敞子。安上，车骑将军日磾弟子。高，史良娣兄子也。

初，霍氏奢侈，茂陵徐生[432]曰："霍氏必亡。夫奢则不逊，不逊必[5]侮上[433]。侮上者，逆道[434]也，在人之右[435]，众必害[436]之。霍氏秉权日久，害之者多矣，天下害之，而又行以逆道，不亡何待[437]？"乃上疏言："霍氏泰盛[438]，陛下即爱厚之[439]，宜以时抑制[440]，无使至亡[441]。"书三上，辄报闻[442]。其后霍氏诛灭，而告[443]霍氏者皆封。人为徐生上书曰："臣闻客有过主人[444]者，见其灶直突[445]，傍有积薪[446]，客谓主人：'更为曲突[447]，远徙其薪[448]，不者且[449]有火患。'主人嘿[450]然不应。俄而[451]家果失火，邻里共救之，幸而得息[452]。于是杀牛置酒，谢其邻人，灼烂者[453]在于上行[454]，余各以功次坐[455]，而不录[456]言曲突者。人谓主人曰：'向使[457]听客之言，不费牛酒[458]，终亡火患[459]。今论功而请宾，曲突徙薪无恩泽[460]，焦头烂额为上客邪[461]？'主人乃寤[462]而请之。今茂陵徐福，数上书言霍氏且有变，宜防绝之[463]。乡使福说得行[464]，则国无裂土出爵[465]之费，臣无逆乱诛灭之败[466]。往事既已[467]，而福独不蒙其功，唯陛下察之，贵徙薪曲突之策[468]，使居焦发灼烂之右[469]。"上乃赐福帛十匹，后以为郎[470]。

帝初立，谒见高庙[471]，大将军光骖乘[472]，上内严惮之[473]，若有芒刺在背[474]。后车骑将军张安世代光骖乘[475]，天子从容肆体[476]，甚安近焉[477]。及光身死而宗族竟诛，故俗传霍氏之祸萌于骖乘[478]。后十二岁，霍后复徙云林馆[479]，乃自杀。

夫人显和她的几个女儿以及兄弟全都被绑缚闹市斩首示众，因霍氏受牵连而被灭族的有几十家。担任太仆的杜延年因为与霍家长期以来关系不错，因此受到牵连被免了官。八月初一日己酉，霍成君皇后被废，囚禁在昭台宫。十七日乙丑，汉宣帝下诏，封告发霍氏谋反的男子张章为博成侯、担任期门官的董忠为高昌侯、担任左曹的杨恽为平通侯、侍中金安上为都成侯、史高为乐陵侯。杨恽，是丞相杨敞的儿子。金安上，是车骑将军金日磾弟弟的儿子。史高，是宣帝祖母史良娣哥哥的儿子。

当初，霍氏家族生活奢侈，茂陵邑的徐福说："霍氏家族必然灭亡。生活奢侈，就容易傲慢无礼，傲慢无礼就一定凌辱上级或皇帝。凌辱上级或皇帝，是大逆不道的事情，居人之上，必然遭到众人的嫉恨。霍氏家族执掌政权的时间太久，所以怨恨他们的人一定很多，所有的人都怨恨他们，再加上所行大逆不道，不灭亡还等什么呢?"于是徐福便上书给汉宣帝说："霍家的权势太盛，陛下如果厚爱霍家，就应该时常地对他们加以压制，不能让他们太放纵，不要使他们走向灭亡。"徐福连续上书三次，都被告知"皇帝已经知道了"。后来霍氏被灭族，那些告发霍氏的人都受到封赏。有人为徐福鸣不平，于是上书给汉宣帝说："我听说有一个人到一所房屋的主人家里串门，他看见主人家里锅灶的烟囱是直的，旁边还堆了许多柴草，这个人就对房屋的主人说：'应该把烟囱改成弯曲的，再把柴草挪到远一点的地方去，不然的话就有发生火灾的隐患。'主人没有什么反应。不久，主人家里果然着火了，邻里都赶来帮助灭火，火被灭掉，侥幸没有造成太大的损失。于是主人杀牛摆酒，答谢邻里，他将因为帮助救火而被烧伤的人安置在上首的座位上，其他的人按照功劳的大小依次就座，却没有邀请那个建议他改造烟囱的人。有人就对主人说：'当初如果你能听取客人的建议，既用不着破费牛酒请客，也永远不会发生火灾。现在你按照功劳宴请邻里，而那个曾经建议你改造烟囱、挪开柴草的客人没有得到你的奖赏，却把因为救火被烧得焦头烂额的人安排在上座，这合适吗?'主人这才醒悟过来，赶紧将那个客人请来。如今茂陵邑的徐福，几次上书给皇帝，说霍氏将有叛逆行为，应该早加预防，以断绝他们谋逆的念头。假如当初采纳了徐福的建议，那么国家就用不着拿出土地爵号去封赏功臣，霍氏家族也不会因此谋逆导致灭族。事情已经过去了，而唯独徐福没有受到奖赏，希望陛下明察，应该重视那些提出挪动柴草、改造烟囱建议的人，让这样的人坐在因救火而被烧得焦头烂额的人的上位。"汉宣帝于是赏赐给徐福十匹帛，后来又任命他为郎官。

汉宣帝即位之初，亲自到高祖庙中进行祭祀、拜见高祖灵位，大将军霍光为宣帝作陪乘，宣帝对大将军霍光心存畏惧，就如同有芒刺在背上扎着一样。后来车骑将军张安世接替大将军霍光为宣帝作骖乘，宣帝感到自己的一举一动都很自由自在、无拘无束，很有安全感、亲切感。等到霍光死了之后，霍氏竟然被灭族，所以民间传说：从霍光给汉宣帝骖乘的那一天起，霍氏家族被灭亡的命运就已经注定了。过了十二年，汉宣帝又将被废的皇后霍成君迁移到云林馆，霍成君自杀。

班固赞曰[480]："霍光受襁褓之托[481]，任汉室之寄[482]，匡[483]国家，安社稷，拥昭立宣[484]，虽周公、阿衡何以加此[485]？然光不学亡术[486]，暗于大理[487]，阴妻邪谋[488]，立女为后[489]，湛溺盈溢之欲[490]，以增颠覆之祸[491]，死财[492]三年，宗族诛夷[493]，哀哉！"

臣光曰[494]："霍光之辅汉室[495]，可谓忠矣。然卒不能庇其宗[496]，何也？夫威福[497]者，人君之器[498]也。人臣执之，久而不归[499]，鲜不及[500]矣。以孝昭之明，十四而知上官桀之诈[501]，固可以亲政[502]矣。况孝宣十九即位，聪明刚毅，知民疾苦，而光久专大柄，不知避去，多置亲[6]党，充塞朝廷，使人主蓄愤[503]于上，吏民积怨于下，切齿侧目[504]，待时而发，其得免于身，幸矣[505]！况子孙以骄侈趣之[506]哉？虽然，向使[507]孝宣专以禄秩赏赐[508]富其子孙，使之食大县[509]，奉朝请[510]，亦足以报盛德[511]矣。乃复任之以政，授之以兵[512]，及事丛衅积[513]，更加裁夺[514]，遂至怨惧以生邪谋[515]，岂徒霍氏之自祸[516]哉？亦孝宣酝酿以成之[517]也。昔斗椒[518]作乱于楚，庄王灭其族而赦箴尹克黄[519]，以为子文无后，何以劝善[520]？夫以显、禹、云、山之罪，虽应夷灭，而光之忠勋[521]不可不祀[522]，遂使家无噍类[523]，孝宣亦少恩[524]哉！"

九月，诏减天下盐贾[525]。又令郡国岁上[526]系囚[527]以掠笞若瘐死者[528]，所坐县名爵里[529]，丞相、御史课殿最以闻[530]。

班固评论说：“霍光在汉武帝临终之时接受了武帝的托孤重任，从此担负起维护汉室兴亡的寄托，他扶持幼主，安定社稷，辅佐了汉昭帝，又选立了汉宣帝，即使是周朝的圣人周公、商朝的圣人伊尹又怎能超过他？但是霍光不能学习古代的经验，没有良好的治国之术，不明大义，掩盖妻子谋杀许皇后的邪恶行径，又伙同其妻将女儿送入宫中去当皇后，沉浸在无穷膨胀的欲望之中，从而加速了霍氏灭亡的灾祸，死后才三年，宗族就被灭绝了，真是可悲呀！”

司马光说：“霍光辅佐汉王朝，可说是忠心耿耿。然而最终却连自己的家族都保护不住，这是什么原因呢？作威作福，能置人于死地、能给人以祸福，这是君主才能享有的权力。而臣子将其掌握在自己手里，且又长时间地不归还给皇帝，很少有人能不因此而遭遇灾祸的。就凭汉昭帝的精明，十四岁的时候就能分辨出上官桀的欺诈，本来就可以亲理朝政、不需要辅政大臣越俎代庖了。更何况汉宣帝即位的时候就已经十九岁，为人聪明刚毅，深知民间疾苦，而霍光却依然久久地把持着朝政大权，不知道退避，且又私自安插自己的亲戚、党羽，使自己的亲信充满朝廷，上使君主的不满与愤怒与日俱增，下使官吏百姓的怨恨越来越重，上下都对霍光恨得咬牙切齿、畏惧得侧目而视，都在等待时机寻求报复，霍光能够幸免于难，已经是侥幸的了！更何况他的子孙又都骄奢淫逸，以加速灾祸的降临呢？道理虽然如此，如果当初汉宣帝只给霍氏社会地位及物质赏赐，使霍氏子孙很富有，赏给他们家族一个大的封邑，让他们按照一定的节令进宫拜见皇帝，以这样的方式来报答霍光辅政的功劳也就足够了。事实却并非如此，汉宣帝又把朝政大权交给他们，把兵权也交给他们，等到霍氏的权势越来越盛、违法事件越积越多，这时又急于削减他们的职务、剥夺他们的权力，终于引起霍氏家族的怨恨与恐惧而生出邪恶的阴谋，这难道只是霍氏家族自取灭亡吗？也是汉宣帝为其祸变的形成准备了条件的结果。春秋时期，楚国的斗椒谋乱，楚庄王灭掉了他的家族若敖氏，却赦免了给斗椒提过意见的箴尹、子文的孙子克黄，他以为，像子文这样的人如果其后代也被杀光，还怎么鼓励人们学好人、做好事呢？以霍光夫人显、霍禹、霍云、霍山所犯的罪行，虽然应该被灭族，然而凭霍光的功劳是不应该让他断绝了后代的祭祀的，但事实上他的家族竟然已经被杀得干干净净，连一个孩童也没有留下，汉宣帝也真够刻薄寡恩的了！”

九月，汉宣帝下诏降低全国盐的价格。又下令各郡、各诸侯国每年将监狱中所关押的罪犯因严刑不过或因饥寒病痛所造成的死亡人数进行统计，要详细注明这些死在狱中的罪犯所属何县、姓名、爵位、乡里，由丞相、御史进行考核，统计出死人最少的与死人最多的上奏给朝廷。

十二月，清河王年[531]坐内乱废[532]，迁房陵[533]。

是岁，北海[534]太守庐江朱邑[535]以治行第一[536]入为大司农[537]，勃海[538]太守龚遂[539]入为水衡都尉[540]。先是，勃海左右郡岁饥[541]，盗贼并起，二千石[542]不能禽制[543]。上选能治者，丞相、御史举故昌邑郎中令龚遂，上拜为勃海太守。召见，问："何以治勃海，息[544]其盗贼?"对曰："海濒遐远[545]，不沾圣化[546]，其民困于饥寒而吏不恤[547]，故使陛下赤子[548]盗弄陛下之兵于潢池中[549]耳。今欲使臣胜之[550]邪，将安之[551]也?"上曰："选用贤良，固[552]欲安之也。"遂曰："臣闻治乱民犹治乱绳，不可急也，唯缓之，然后可治。臣愿丞相、御史且无拘臣以文法[553]，得一切便宜从事[554]。"上许焉，加赐黄金赠遣。乘传[555]至勃海界，郡闻新太守至，发兵以迎。遂皆遣还[556]。移书敕属县[557]："悉罢逐捕盗贼吏[558]，诸[559]持锄、钩[560]、田器者皆为良民，吏毋得问[561]，持兵[562]者乃为贼。"遂单车独行至府[563]。盗贼闻遂教令[564]，即时解散，弃其兵弩而持钩、锄，于是悉平，民安土乐业[565]。遂乃开仓廪假贫民[566]，选用良吏尉安牧养[567]焉。遂见齐俗奢侈[568]，好末技[569]，不田作，乃躬率以俭约[570]，劝民务农桑[571]，各以口率种树畜养[572]。民有带持刀剑者，使卖剑买牛，卖刀买犊，曰："何为带牛佩犊[573]?"劳来循行[574]，郡中皆有畜积[575]，狱讼止息[576]。

乌孙公主[577]女为龟兹王绛宾[578]夫人。绛宾上书言："得尚汉外孙[579]，愿与公主女俱入朝[580]。"

十二月，清河王刘年因为在宗族内部犯有淫乱罪而被废，被发配到房陵县。

这一年，担任北海太守的庐江人朱邑因为在政绩考评中排名全国第一而被提升为掌管租税钱粮以及国家财政收入的大司农，担任勃海太守的龚遂也被调入京师，担任掌管上林苑以及铸钱等事务的水衡都尉。早先，勃海附近的郡县闹饥荒，饥民聚集在一起成为盗贼的此起彼伏，各郡太守、各诸侯国相对此简直束手无策。皇帝挑选有才能、能够平息饥民叛乱的人才，丞相和御史全都推举曾经为以前的昌邑王刘贺担任过郎中的龚遂，汉宣帝就任命龚遂担任勃海太守。汉宣帝在召见龚遂的时候问他说："你准备用什么办法治理勃海，平息那里的盗贼呢？"龚遂回答说："勃海距离京师路途遥远，感受不到圣明君主的教化，那里的百姓因为缺衣少食，而当地的政府官员又对他们不知道怜悯、抚恤，所以才导致那些心地纯洁善良的平民百姓在您宫中的池塘上偷偷地耍弄起您的兵器。现在陛下是想让我用武力消灭他们呢，还是希望我去教育、安抚他们，让他们放下武器回家为民呢？"宣帝说："我选用贤能之人，本来就是让他去安抚那里的百姓啊。"龚遂说："我听说治理乱民，就好像是梳理一团乱绳一样，不能操之过急，只有先将局面缓和下来，然后才能进行治理。我希望丞相、御史不要用严格的法律条文来限制、规定我使用什么办法，让我有权灵活处理。"汉宣帝答应了龚遂的要求，并额外地赏赐给他一些黄金，派他赴任。龚遂乘坐驿站的车子到达勃海郡的边界，勃海郡的官员听说朝廷委派的新太守即将抵达，赶紧派军队前来迎接。龚遂将前来迎接的军队全都打发回去，然后下发文件给所属各县说："把那些追捕盗贼的官吏全部撤回，凡是手拿锄头、镰刀以及其他各种用于耕作的农具的都是善良的百姓，官吏不能将他们视为盗贼进行盘问、审查，只有手持兵器的才算盗贼。"龚遂独自乘坐一辆单车来到太守的府衙。那些盗贼看到龚遂太守所下的通告，立即解散，他们抛弃了手中的兵器，重新拿起种田用的镰刀与锄头，于是一场饥民暴乱就这样平息了，百姓也都希望安居乐业。龚遂打开仓库将粮食借贷给贫苦的百姓，又挑选品行优良的官吏到百姓中间去安慰他们、管理他们。龚遂发现齐地的风俗喜好奢侈，喜好从事手工业和经商而不乐于耕作，龚遂就带头过俭朴的生活，他鼓励百姓从事农业生产、种桑养蚕织布，按照各家的人口多少，规定出种植作物与蓄养牲畜的数量。发现有随身携带刀剑的，就劝他们卖掉剑买头牛，卖掉刀买头小牛犊，龚遂对他们说："为什么要把大牛、小牛佩戴在身上呢？"他到处巡视，往来慰问、劝导，郡中人逐渐都有了积蓄，治安好转，打官司、闹纠纷的事情很少发生了。

乌孙公主的女儿是龟兹国王绛宾的夫人。龟兹国王绛宾上书给汉朝皇帝说："我娶了汉朝的外孙女为夫人，我希望与汉朝公主的女儿一起到长安拜见汉朝皇帝。"

## 【段旨】

以上为第二段，写宣帝地节四年（公元前六六年）一年间的全国大事。本段主要写了张敞、徐福的上书，建议及早削减霍氏之权，企图协调皇帝与霍氏的关系，以期达到君臣两全，结果宣帝不用，因为他早已决心要诛灭霍氏家族；写了霍氏集团因权势被削，更穷凶极恶地策划造反，结果因被告密而遭诛灭的过程；写了班固批评霍光“不学亡术，暗于大理”；写了司马光批评霍光“久专大柄，不知避去”的自取灭亡，同时也批评宣帝前则养患，后又为之不以渐，以及责备宣帝少恩，不给勋臣留后等等；写了当时有作为的几位地方官，尤其写龚遂治勃海郡的具体情实，如解决农民暴动的具体方式、躬率俭约、劝民农桑等等，均使人深受感动。

## 【注释】

㉟博平君：封号名，以东郡的博平、蠡吾二县为汤沐邑。㊱山阳、济阴：汉之二郡名。山阳郡治昌邑，在今山东金乡西北。济阴郡治定陶，在今山东定陶西北。㊲杀：被冰雹砸死。㊳匿：窝藏；包庇其罪行。㊴大父母：祖父祖母。㊵勿治：不要惩处。㊶广川惠王孙文：广川惠王刘越之孙、刘去之子刘文。刘越是景帝之子。㊷为广川王：刘去继其父位为广川王，本始四年（公元前七〇年）以罪自杀，国除；今又立刘文为广川王。㊸霍显：霍光之妻名显。㊹禹、山、云：霍光之子霍禹，霍去病之孙霍山、霍云。㊺日侵削：权力、职位逐日削减。㊻丞相用事：丞相执掌朝权。丞相指魏相。㊼县官：有时指国家、公家，这里指皇帝。㊽大将军时：指霍光当年执政时。㊾发扬：揭发、暴露。㊿窭人子：贫穷人的子弟。㉑远客：远离家乡来到京城。㉒雠之：敌视他们。㉓自书对事：自己上书回答皇帝所提的问题。㉔绝痛：对我们非常痛恨。㉕山屏不奏：我都把它扔到一边，不交给皇帝。屏，扔开。〖按〗霍山当时“领尚书”，故有权力这样做。㉖益黠：变得狡猾起来。㉗尽奏封事：都改成了上密封的奏章。㉘辄使中书令出取之：皇帝总是自己派中书令出去取。中书令，为皇帝掌管机要文件。㉙不关：不通过。㉚益：越发。㉛谨言：纷纷传说。㉜宁有是邪：哪里有这样的事呢。宁，难道、哪里。㉝以实：把毒死许皇后的实际过程。㉞如是：既然如此。㉟县官离散斥逐诸婿：皇帝所以要把我们家的那些姑爷们通通调开、赶走。㊱用是故也：看来就是由于这个缘故。㊲诛罚不小：我们的罪恶可不小。诛罚，讨伐，这里即指该受讨伐的罪恶。㊳卒卒：戚戚惶惶、恐惧不安的样子。㊴令太夫人言太后：让老太太进宫对太后说一声。太夫人，指霍光妻。太后，昭帝的皇后，霍光的外孙女。㊵移徙：挪挪窝儿，意即废掉。㊶在太后耳：那就全凭太后一句话啦。㊷男子：指平民。㊸告之：告发了这件事。㊹廷尉：九卿之一，掌管全国刑狱。㊺执金吾：原称中尉，是主管京师治安的长官。㊻县官重太

后：皇帝不愿牵连到太后。重，为难、不愿。㊼ 不竟：不穷尽；不一查到底。㊽ 恶端已见：我们家犯罪的苗头已被发现。见，通“现”。㊾ 久之犹发：日后还是要被查办的。发，动手、查办。㊿ 发即族矣：只要一被查办，罪过就是灭族。351 不如先：不如我们先动手造反。352 安所相避：还有什么可回避的。353 坐与诸侯王交通：因为犯了与诸侯王串通为非作歹的罪而被查办。坐，因……而犯罪。交通，勾结往来。354 辞语及霍氏：在口供中牵连到了霍氏。355 不宜宿卫：不适合在宫中值勤护卫皇帝。在此以前霍山曾为侍中，又以奉车都尉领尚书事；霍云曾为中郎将，皆有宿卫之职。356 免就第：免去职务，以侯爵在家赋闲。357 山阳：汉郡名，郡治昌邑，在今山东巨野南。358 张敞：西汉后期著名的地方官与京兆尹。事迹详见《汉书》本传。359 公子季友有功于鲁：季友是春秋初期鲁桓公的少子，鲁庄公之弟，名友，号成季，故称“季友”或“公子友”。因平定庆父之乱、拥立僖公有功，被鲁国任为上卿。360 赵衰有功于晋：赵衰是春秋前期的晋国名臣，因辅佐晋文公成就霸业，而被晋国任为上卿。361 田完有功于齐：田完，即田敬仲，原是陈国人，后来逃到齐国，成为齐国的大臣，收买人心，逐渐把持齐国政权。362 畴其庸：报谢他们的功勋。畴，意思同“酬”，答谢。庸，功勋。363 田氏篡齐：田氏家族在齐国的权势日大，至春秋末期，田和遂废掉齐康公，篡夺了齐国政权，开始了战国时代的田氏齐国。过程详见《史记·田敬仲完世家》。364 赵氏分晋：从赵衰开始，赵氏家族遂成为晋国政权的把持者之一，到赵简子、赵襄子两代遂实际与韩氏、魏氏三家瓜分晋国，建立赵、韩、魏三个诸侯国。过程详见《史记·赵世家》。365 季氏颛鲁：从季友开始，季氏的后代世世为鲁国上卿，专擅鲁政，到战国时期遂在费邑自立为君。事情详见《史记·鲁周公世家》。366 迹盛衰：考察一个国家盛衰的变化过程。迹，这里用如动词，考察其变化轨迹。367 讥世卿：批判权臣世袭把持政权的现象。讥，讽刺、批判。世卿，世世代代在一个国家为卿掌权。368 乃者：前者；前些时候。369 决大计三句：指霍光等决定废掉昌邑王，拥立汉宣帝。370 周公七年：周公辅成王七年，而后返政于王。371 大将军二十岁：霍光自武帝后元二年（公元前八七年）至宣帝地节二年（公元前六八年），前后共辅政二十年。372 海内之命：国家的一切大事。373 断于掌握：都在他的掌握之中，都由他一个人说了算。374 隆盛：兴盛；权势大、气焰高。375 感动天地：能撼天动地。感动，同“撼动”。撼，摇。376 侵迫阴阳：能侵陵阴阳二气，极言其权势之大。377 朝臣宜有明言曰：当时的朝廷大臣应该有人出来大声疾呼。明言，公开地说、大声地说。378 褒宠：褒奖；尊崇。379 以报功德：以报谢他对汉王朝宗庙社稷的功勋与恩情。380 间者：近一段时间。381 辅臣颛政：指张安世、霍禹等把持政权。颛政，同“专政”。382 贵戚：皇帝的外戚，主要指霍氏。383 君臣之分不明：权臣、贵戚超越名分，无人臣之礼。384 霍氏三侯：指博陆侯霍禹、乐平侯霍山、冠阳侯霍云。385 赐几杖：赐给几案和手杖，对老臣的一种尊敬。386 归休：回家养老。387 时存问召见：时而派人慰问或召见询问一些事情。388 以列侯为天子师：免去卫将军的职务，只以列侯的身份作为皇帝的顾问。张安世于昭帝元凤六年（公元前七五年）被封为富平侯。天子师，荣誉职衔，以备顾问之用。㊳⑨明诏以恩不听：（当大臣提出以上建议时）皇帝公开下令不同意，以表示对功臣们的感激留恋。㊳⑩群臣以义固争而后许之：提建议的大臣们坚持要求让专权的辅臣退职，在这种情况下，皇帝再表示同意大臣们的建议。㊳⑪陛下为不忘功德：称颂您是不忘辅臣功德的皇帝。㊳⑫朝臣为知礼：也必然以为被解职的辅臣是守礼的臣子。㊳⑬无所患苦：没有被抄家灭门的担忧。㊳⑭不闻直声：没有听到任何一个朝臣提出过上述性质的忠直的建议。㊳⑮令明诏自亲其文：还得等着让皇帝亲自下这种将权臣免职的诏书。㊳⑯非策之得者：这都不是成功的好做法。㊳⑰两侯已出：乐平侯霍山、冠阳侯霍云已解职出朝回家。㊳⑱度：猜想；揣测。㊳⑲大司马：指霍禹。㊵⓪自危：自己感到形势危险。㊵①非完计：不是完善的安排。㊵②愿于广朝：愿到朝廷之上。㊵③白发其端：前去提出倡议。㊵④直守远郡：遗憾的是我如今只是一个远郡的太守。直，只。远郡，指山阳郡。㊵⑤其路无由：想做而没有可能。〖按〗张敞的上书，自然有其道理，但说来说去，最后落到了要求自己进朝为官上，与战国时劝燕昭王养士的郭隗腔口相同，令人失笑。㊵⑥然不召也：汉宣帝早已下定诛灭霍氏的决心，不劳张敞这么兜圈子。㊵⑦举家：全家。㊵⑧擅减宗庙羔、菟、蛙：擅自做主减去了祭祀宗庙供品中的羔、兔、蛙三种。㊵⑨可以此罪：可以用此事加罪于他。㊶⓪为博平君置酒：为宣帝的外祖母博平君王媪举行酒会。㊶①丞相、平恩侯以下：魏相、许广汉及其以下的满朝官员。㊶②范明友、邓广汉：都是霍光的女婿。㊶③承太后制：奉太后（霍光之外孙女）的命令。㊶④未发：还没有来得及动手。㊶⑤玄菟：汉郡名，郡治高句丽，在今辽宁新宾西南。㊶⑥太中大夫任宣：霍光有女婿任胜，前已出为安定太守，此任宣或与任胜为同一族。㊶⑦代郡：汉郡名，郡治代县，即今河北蔚县东北之代王城。㊶⑧要斩：拦腰斩断。要，通“腰”。㊶⑨弃市：处决于市场，以示与市人共弃之。㊷⓪霍氏旧人：与霍光家族长期以来关系不错。㊷①坐：因；受牵连。㊷②八月己酉：八月初一。㊷③皇后霍氏：霍光的小女成君。㊷④昭台宫：在上林苑中。㊷⑤乙丑：八月十七。㊷⑥男子张章：首先告发霍氏谋反的长安男子张章。男子，多数情况指市井平民，但有时也指低级官吏。㊷⑦期门董忠：期门郎董忠。期门是汉代禁军的名目之一，上属光禄勋。㊷⑧左曹杨恽：左曹是皇帝身边的机要官员，受理尚书之事。杨恽，前丞相杨敞之子，司马迁的外孙。事迹附见《汉书·杨敞传》。㊷⑨金安上：金日磾之侄。事迹附见《汉书·金日磾传》。㊸⓪史高：宣帝之舅。㊸①皆为列侯：张章为博成侯、董忠为高昌侯、杨恽为平通侯、金安上为都成侯、史高为乐陵侯。㊸②茂陵徐生：茂陵邑的徐福先生。茂陵邑是武帝陵墓所在的行政区域名，其级别相当于县，在今陕西兴平东北。生，对学者的敬称，犹“先生”。汉代对“先生”也可以单称曰“先”。㊸③侮上：凌辱上级或皇帝。㊸④逆道：大逆不道的事情。㊸⑤在人之右：犹言居人之上，即掌管吏民。关于“左”“右”何者为上的问题，各个时期的习惯不同，西汉时期是以“右”为上。㊸⑥害：嫉恨。㊸⑦不亡何待：意谓霍氏既遭其君上之恨，又遭其群下之嫉，哪有不亡的道理。㊸⑧泰盛：“泰”字同“太”。㊸⑨即爱厚之：如果是真想宠爱他、厚待他。即，如果。㊵440 以时抑制：时常地对之加以抑制，不能让他骄纵、放肆。时，时常。441 无使至亡：不要让他自取灭亡。442 辄报闻：皇帝总是回答一声“知道了”。报，回答。闻，听到。443 告：告发。444 过主人：往见一所房子的主人。过，过访、往见。445 其灶直突：他家锅灶的烟筒是直的。突，烟筒。446 傍有积薪：锅灶的旁边又堆放着柴草。傍，意思同“旁”，旁边。447 更为曲突：将直烟筒改建为弯曲形。448 远徙其薪：将柴草搬到远一点的地方去。449 且：将。450 嘿：同“默”。451 俄而：不久。452 息：同“熄”，熄灭。453 灼烂者：被烧伤的人。454 在于上行：坐在上座。455 以功次坐：依功劳大小按次序就座。456 不录：不收；不奖励。457 向使：当初如能。458 不费牛酒：用不着今天杀牛备酒请客。459 终亡火患：永远也不会有失火的问题。亡，通“无”。460 无恩泽：得不到任何赏赐。461 焦头烂额为上客邪：此句文字欠完整，意思应是这样做合适吗。462 寤：通“悟”，醒悟。463 宜防绝之：应事先预防，以断绝其逆乱形成的机会。464 福说得行：徐福的建议能被采纳。465 裂土出爵：指拿出土地爵号，封赏功臣。466 臣无逆乱诛灭之败：指霍氏家族也能获得保全。467 既已：已经过去。468 贵徙薪曲突之策：意即诸事都要事先预防，未雨绸缪。贵，重视。469 使居焦发灼烂之右：让有远见能直言的人比那些事后的告密者受更高的奖赏。470 郎：皇帝的低级侍从人员，上属光禄勋。471 谒见高庙：拜见高祖灵位，以告自己登基。472 骖乘：陪乘，原指为皇帝做警卫，此则表现对大臣的尊崇。473 内严惮之：内心对霍光充满畏惧。474 芒刺在背：仿佛背后有植物的芒刺在扎，以喻其惶恐不安之状。475 代光骖乘：指霍光死后，张安世任首辅，为宣帝做骖乘。476 从容肆体：感到自己的一举一动都自由自在、无拘无束。〖按〗以上从宣帝的细微感受中，对比了霍光与张安世的个性、为人。477 甚安近焉：很有安全感、亲切感。478 萌于骖乘：从霍光给宣帝骖乘的那一天起，霍氏家族被诛灭的命运就注定了。萌，动心、动念头。479 复徙云林馆：霍皇后成君被废之后，开始被安置在上林苑中的昭台宫，现又被转移到云林馆。480 班固赞曰：班固在《汉书·霍光传》的“赞语”中说。481 受襁褓之托：受遗诏以辅佐年幼的皇帝执政。襁是背负幼儿用的布带，褓是包裹幼儿用的小被。襁褓以喻孩子之幼小，昭帝即位时年始八岁。482 任汉室之寄：接受了维护大汉江山的嘱托。483 匡：扶持。484 拥昭立宣：护持了昭帝，又选立了宣帝。485 虽周公、阿衡何以加此：即使周朝的姬旦、商朝的伊尹，又怎能超过霍光。周公，周武王之弟姬旦。武王死后，其子成王幼小，周公尽心竭力，辅佐成王，使周初成为盛世。阿衡，商汤的大臣伊尹。商汤死后，其孙太甲即位，因行为悖谬，伊尹将其放逐到桐宫；三年后太甲改好，伊尹又将其迎回复位，被历史传为佳话。486 不学亡术：不能学习古代经验，没有良好的治国之术。亡，通“无”。487 暗于大理：不明大义。488 阴妻邪谋：掩盖其妻杀害许皇后的邪恶行径。阴，隐瞒、掩盖。489 立女为后：又伙同其妻送女进宫为宣帝皇后。490 湛溺盈溢之欲：沉浸在一种无限膨胀的欲望之中。湛溺，同“沉溺”。491 增颠覆之祸：以加速霍氏家族的灭亡。492 财：通“才”。493 诛夷：杀光、灭族。494 臣光曰：这是《资治通鉴》作者司马光对霍光家族被诛灭这一重大历史事件所发的评论。㊾⑤辅汉室：辅佐汉王朝。㊾⑥卒不能庇其宗：结果竟连自己的家族都保不住。卒，结果、终于。庇，保护。宗，家族。㊾⑦威福：指作威作福，能置人生死、能给人祸福。㊾⑧人君之器：这是只有帝王才能运用的。㊾⑨久而不归：长期地不还给皇帝。⑤⓪⓪鲜不及：很少不因此遭罪的。鲜，少。⑤⓪①十四而知上官桀之诈：事见本书《汉纪》卷十五昭帝元凤元年。⑤⓪②亲政：亲自处理政事，不用辅政大臣再越俎代庖。⑤⓪③蓄愤：内心怀恨。⑤⓪④切齿侧目：怀怒含愤的样子。⑤⓪⑤其得免于身二句：其自身能免于惩处，这已经是很侥幸的了。免于身，自身获免，指霍光病死。⑤⓪⑥以骄侈趣之：继续骄奢淫逸，以加速家族的灭亡。趣，加速。⑤⓪⑦向使：当初如果。向，从前，旧时。⑤⓪⑧专以禄秩赏赐：光给他们社会地位与物质赏赐。⑤⓪⑨食大县：增加其封地与食邑的户数。⑤①⓪奉朝请：按一定的节令进宫拜见皇帝。⑤①①报盛德：报答霍光选立自己的大恩。⑤①②乃复任之以政二句：指任用霍光之子、霍去病的孙子、霍光的女婿等多人为将军、为内臣等等。⑤①③事丛衅积：指霍氏的气焰越来越盛、罪行越来越多。⑤①④更加裁夺：这时才罢官削职。⑤①⑤邪谋：造反、政变的阴谋。⑤①⑥自祸：自己酿成灾难。⑤①⑦酝酿以成之：意即为其祸变的形成准备了条件。酝酿，添油加醋，助成祸乱。⑤①⑧斗椒：春秋时代楚国名臣令尹子文的侄子。⑤①⑨庄王灭其族而赦箴尹克黄：斗椒在楚国作乱，并欲攻杀楚庄王，罪孽深重。但楚庄王在平息斗椒的叛乱，诛灭斗椒家族时，留下了给斗椒提过意见的箴尹、子文的孙子克黄。事见《左传》宣公四年。楚庄王是春秋时代楚国最有作为的君主，为五霸之一。⑤②⓪子文无后二句：像子文这样的人如果其后代也被杀光，那还怎么鼓励人们学好人、做好事呢。⑤②①忠勋：忠心与功业。⑤②②不可不祀：不能没有人祭祀，意即应该留有后代。⑤②③遂使家无噍类：像今天这样霍氏家族被杀得一干二净。噍类，活人。⑤②④少恩：缺乏恩德，换句话说，也就是“够残酷的啦”。⑤②⑤盐贾：盐的价钱。贾，通“价”。⑤②⑥岁上：每年上报。⑤②⑦系囚：监狱关押的囚犯。⑤②⑧以掠笞若瘐死者：因受刑而死与因饥寒病痛而死于狱中的人数。掠笞，鞭打、拷问。瘐死，囚犯因饥寒病痛而死。⑤②⑨所坐县名爵里：这些死在狱中的人所属何县、姓名、爵位、所居邑里。⑤③⓪课殿最以闻：统计出死人最少的与死人最多的上报朝廷。最好的称“最”，最差的称“殿”。⑤③①清河王年：清河王刘义之孙刘年。清河国的都城清阳，在今河北清河县东南。⑤③②坐内乱废：因在家族内部犯淫乱罪被废。⑤③③迁房陵：被发配到房陵县。房陵县即今湖北房县。⑤③④北海：汉郡名，郡治营陵，今山东安丘西北。⑤③⑤庐江朱邑：庐江是汉郡名，郡治舒县，在今安徽庐江县西南。朱邑是西汉后期的著名地方官。事迹详见《汉书》本传。⑤③⑥以治行第一：由于任北海太守时的政绩居全国第一。⑤③⑦大司农：也称“大农令”，九卿之一，掌管租税钱谷及国家财政收入。⑤③⑧勃海：汉郡名，郡治浮阳，在今河北沧州东南。⑤③⑨龚遂：原曾为昌邑王任郎中令，后来成为著名的地方官，《汉书》有传。⑤④⓪水衡都尉：掌管上林苑以及铸钱等事。⑤④①岁饥：年成不好；闹饥荒。⑤④②二千石：

指各郡太守或诸侯国相。㊺㊸禽制：捉拿、制服。禽，通“擒”。㊺㊹息：平息。㊺㊺海濒遐远：遥远的滨海地区。“濒”的含义与“滨”字同。㊺㊻不沾圣化：感受不到朝廷的教化。㊺㊼吏不恤：地方官吏又对之不体怜。恤，体恤、怜悯。㊺㊽赤子：初生婴儿，以比喻心地纯洁善良的平民。㊺㊾盗弄陛下之兵于潢池中：在您宫内的池塘上偷偷地摆弄您的兵器，暗喻农民武装起义。潢池，本星名，引申为天子宫苑里的池沼。㊿胜之：以武力将其打败。551安之：教育、安抚，使其回家为民。552固：本来；当然。553无拘臣以文法：不要限制、规定我使用什么办法。拘，束缚、限制。文法，章程、办法。554得一切便宜从事：让我能够随机应变地采取灵活措施。555传：驿车。556遣还：打发他们回去。557移书敕属县：下文件给勃海郡所属各县。移书，发布文告。敕，告诫。558悉罢逐捕盗贼吏：把那些派出去追捕盗贼的官吏一律撤回。悉，全部。罢，撤回。559诸：凡是。560锄、钩：锄头和镰刀。钩，镰刀。561毋得问：不要再盘问、审查。562兵：武器。563府：太守的府衙。564教令：文体名，指官府长官所发的通告、告示等。565安土乐业：安于乡土，以从事自己的耕桑诸业为乐。566假贫民：借贷给贫民。假，借。567尉安牧养：安慰之、管理之、养育之。尉，通“慰”。牧，这里即指管理。568齐俗奢侈：齐地的风俗好奢侈。569好末技：喜欢从事手工业、商业。古时称农业为本业，称工商业为末业。570躬率以俭约：亲自带头过俭朴生活。躬，亲自。俭约，俭朴、节省。571务农桑：从事耕田织布。572以口率种树畜养：按人口多少规定种植作物与畜养牲畜的最低限额。种树，种植。据《汉书·龚遂传》，龚遂命令百姓每个人种一棵榆树、一百棵薤菜、五十棵大葱、一畦韭菜；每家养两头母猪、五只鸡。573何为带牛佩犊：为什么要把大牛、小牛佩戴在身上。极言其白白地浪费应有价值。574劳来循行：慰劳之、招募之，到处视察劝导。575畜积：储存。畜，通“蓄”。576狱讼止息：打官司、闹纠纷的事情几乎没有了。577乌孙公主：此指第二次汉王朝所派往嫁乌孙王的女子，乃楚王刘戊之孙女，名叫解忧。578龟兹王绛宾：乌孙公主解忧之女的丈夫。龟兹是西域国名，都城即今新疆库车。此时正依附汉王朝。579得尚汉外孙：意思是以能娶汉朝公主的女儿为荣。尚，高攀，谦指娶帝王家的女子为妻。580俱入朝：一道来汉朝拜见皇帝。

## 【校记】

［4］大：原作“太”。据章钰校，甲十五行本、乙十一行本、孔天胤本皆作“大”，今据改。〖按〗《通鉴纪事本末》卷四作“大”。［5］必：原作“则”。据章钰校，甲十五行本、乙十一行本皆作“必”，张敦仁《资治通鉴刊本识误》同，今据改。〖按〗《通鉴纪事本末》卷四、《资治通鉴纲目》卷五下、《汉书·霍光传》皆作“必”。［6］亲：原作“私”。据章钰校，甲十五行本、乙十一行本、孔天胤本皆作“亲”，今据改。〖按〗《通鉴纪事本末》卷四、《资治通鉴纲目》卷五下皆作“亲”。

【原文】

**元康元年（丙辰，公元前六五年）**

春，正月，龟兹王及其夫人来朝，皆赐印绶，夫人号称公主[581]，赏赐甚厚。

初作杜陵[582]。徙丞相、将军、列侯、吏二千石、訾百万者杜陵[583]。

三月，诏以凤皇集泰山、陈留[584]，甘露降未央宫[585]，赦天下[586]。

有司复言悼园[587]宜称尊号曰皇考[588]，夏，五月，立皇考庙。

冬，置建章卫尉[589]。

赵广汉[590]好用世吏子孙[591]新进年少[592]者，专厉强壮蠭气[593]，见事风生[594]，无所回避[595]，率多果敢之计[596]，莫为持难[597]，终以此败[598]。广汉以私怨论杀男子荣畜[599]，人上书言之[600]，事下丞相、御史按验[601]。广汉疑丞相夫人[602]杀侍婢，欲以此胁丞相[603]，丞相按之愈急[604]。广汉乃将吏卒入丞相府，召其夫人跪庭下受辞[605]，收奴婢十余人去[606]。丞相上书自陈，事下廷尉治[607]，实丞相自以过谴笞傅婢[608]，出至外第乃死[609]，不如广汉言[610]。帝恶之[611]，下广汉廷尉狱。吏民守阙[612]号泣者数万人，或言[7]：“臣生无益县官[613]，愿代赵京兆死，使牧养小民。”广汉竟坐要斩。广汉为京兆尹，廉明，威制豪强[614]，小民得职[615]，百姓追思歌之[616]。

是岁，少府[617]宋畸坐议[618]“凤皇下彭城[619]，未至京师，不足美[620]”，贬为泗水太傅[621]。

上选博士、谏大夫[622]通政事者补郡国守相[623]，以萧望之[624]为平原[625]太守。望之上疏曰：“陛下哀愍[626]百姓，恐德之不究[627]，悉出谏官

## 【语译】

**元康元年（丙辰，公元前六五年）**

春季，正月，龟兹王绛宾偕同夫人来到汉朝的京师长安拜见汉宣帝，汉宣帝将印绶赏赐给他们，又封绛宾夫人为汉朝公主，赏赐的钱物极其丰厚。

汉宣帝开始在杜县为自己修建陵墓。将丞相、将军、列侯、享受二千石俸禄的官员，以及资产超过百万的全都迁移到杜陵县。

三月，汉宣帝因为有凤凰飞落在泰山、陈留二郡，又有甘甜的露水降落在未央宫，所以下诏大赦天下。

有关部门的官员再次奏请汉宣帝应该尊称生父刘进为皇考，夏季，五月，宣帝为自己的生父刘进修建皇考庙。

冬季，为守卫建章宫的军队设置卫尉。

当时正在担任京兆尹的赵广汉喜欢任用那些世代为官的子弟以及那些刚刚步入仕途的年轻人，专门利用他们那种胆大、有锋芒、有气势的特点，遇到事情能迅速作出反应，雷厉风行、无所畏惧、毫不退避，大致说来就是敢作敢为，从不犹豫不前，然而也正是因为这个缘故，终于招致了悲惨的结局。赵广汉因为个人恩怨而处决了一个叫作荣畜的男子，有人上书给朝廷告发此事，宣帝将此案件交付给丞相魏相和御史大夫丙吉查证核实。赵广汉怀疑丞相魏相的夫人曾经杀死了婢女，就以此来要挟丞相不要追查他处死荣畜的事情，而丞相魏相不仅不受威胁，反而加大力度查证荣畜被杀一案。赵广汉就亲自率领一些吏卒闯入丞相府，将丞相夫人叫出来，强迫她跪在庭院中接受审问，又将丞相夫人身边奴婢带走了十多个。丞相魏相上书给汉宣帝陈述原委，宣帝将此案交付给掌管刑狱的廷尉审理，经过调查取证，事实是丞相因为家中的保姆有过错而用鞭子责打了她，这个保姆挨打之后离开丞相府就自杀了，并不像赵广汉所说的那样。汉宣帝因此事而对赵广汉心生厌恶，便将他逮捕押入廷尉狱中。京畿的官吏和百姓听到赵广汉被逮捕下狱的消息后，围守在宫门口号哭求情的有几万人，有人说："我们这些人活着对国家也没有什么用处，愿意替赵京兆尹去死，留下他来管理百姓。"然而赵广汉仍然被处以腰斩之刑。赵广汉担任京兆尹，为人廉正明察，严厉打击那些有钱有势、专横不法的地方豪强，使小民百姓有了一个适宜的生存环境，所以，赵广汉死了之后，人民都怀念他、歌颂他。

这一年，担任少府的宋畸对凤凰飞落彭城一事发表议论说"凤凰飞落彭城，却没有飞到京师，不值得称颂"，因此犯罪，被贬到泗水王刘综那里担任太傅。

汉宣帝从诸博士、谏大夫当中挑选有行政能力的人去补充各郡太守和诸侯国丞相的空缺，任命萧望之为平原郡太守。萧望之上书给汉宣帝说："陛下同情、体恤天下的百姓，唯恐自己的德音德政有传达不到的地方，所以把在朝廷中担任谏

以补郡吏。朝无争臣[628]，则不知过，所谓忧其末而忘其本者也。”上乃征[629]望之入守少府[630]。

东海[631]太守河东尹翁归[632]，以治郡高第[633]入为右扶风[634]。翁归为人，公廉明察[635]，郡中吏民贤不肖[636]及奸邪罪名[637]尽知之。县县各有记籍[638]，自听其政[639]。有急名则少缓之[640]。吏民小解[641]，辄披籍[642]。取人[643]必于秋冬课吏大会[644]中及出行县[645]，不以无事时。其有所取也，以一警百。吏民皆服，恐惧，改行自新。其为扶风[646]，选用廉平疾奸吏[647]以为右职[648]，接待以[8]礼[649]，好恶与同之[650]。其负翁归[651]，罚亦必行。然温良谦退，不以行能骄人[652]，故尤得名誉于朝廷[653]。

初，乌孙公主少子万年有宠于莎车王[654]。莎车王死而无子，时万年在汉，莎车国人计欲自托于汉[655]，又欲得乌孙心[656]，上书请万年为莎车王。汉许之，遣使者奚充国送万年[657]。万年初立，暴恶[658]，国人不说[659]。

上令群臣举可使西域者[660]，前将军韩增[661]举上党冯奉世[662]以卫候[663]使持节[664]送大宛[665]诸国客至伊循城[666]。会故莎车王弟呼屠征与旁国共杀其王万年及汉使者奚充国，自立为王。时匈奴又发兵攻车师城[667]，不能下而去。莎车遣使扬言“北道诸国[668]已属匈奴矣”，于是攻劫南道[669]，与歃盟畔汉[670]，从鄯善以西皆绝不通[671]。都护郑吉、校尉司马憙[672]皆在北道诸国间，奉世与其副严昌[673]计，以为不亟击之[674]，则莎车日强，其势难制，必危西域[675]。遂以节[676]谕告诸国王，因发其兵，南北道合万五千人，进击莎车，攻拔其城。莎车王自杀，传其首诣长安[677]，

议职务的官员全部外放去补充各郡、各诸侯国官吏的空缺。但是，朝廷中如果缺少了拾遗补阙的谏诤之臣，就会有错而不自知，这就是人们常说的因为担忧那些枝节的、次要的而忘记了事情的根本。”于是汉宣帝征召萧望之回到朝廷代理少府的职务。

担任东海太守的河东人尹翁归，因为在郡太守级的政绩考核中名列前茅而被调回长安担任右扶风。翁归为人公正廉洁、明察秋毫，郡中的大小官吏以及平民百姓，哪个好哪个不好，以及哪些是坏人，他们的罪行是什么等等，他全都了如指掌。所属各县都有一个存在问题的登记簿，并且亲自过问各县中的重要问题。对那些办事以严厉著称的下属，就对他们的要求略松。如果哪个地方的吏民办事懈怠，他就要亲自翻阅案情记录进行督察。逮捕罪犯，也必定是在秋冬季节对官吏进行考核的集会之时以及在巡视各县之时，而不在其他的日子里进行。他逮捕人，也是为了以一儆百。官吏和百姓对他都很佩服、敬畏，因而有了过错都能改过自新。尹翁归担任右扶风，总是选择那些为人廉洁、执法公平、疾恶如仇的官吏担任要职，他对这些僚属待之以礼，在对待一些相关事务上，也对他们比较随和。但如果这些人违背了他，他也必定要给予处罚。然而他性情温良，待人谦和恭敬，从不因自己的德行才能好而对人骄傲，所以在朝廷中尤其受到好评。

当初，汉朝嫁给乌孙国王的公主刘解忧所生的小儿子万年很受莎车国王的喜爱。莎车国王死了却没有继承人，当时万年正在汉朝，莎车国的臣僚想要依附汉朝，又想讨乌孙国的喜欢，于是就上书给汉宣帝，请求立万年为莎车王。汉朝答应了莎车国的请求，便派奚充国为使者护送万年前往莎车。万年刚做了莎车王，其凶恶粗暴的性格就表现出来了，莎车国人都不喜欢他。

汉宣帝下令让群臣推举可以出使西域的人，担任前将军的韩增举荐上党人冯奉世，于是冯奉世便以卫候的身份充任汉朝出使西域的使者，他手持旌节护送大宛等国的宾客回国。途中经过伊循城，正遇上已故莎车国王的弟弟呼屠征勾结邻国一起杀死了莎车国新国王万年以及汉朝的使者奚充国，自立为莎车王。当时匈奴又发兵攻打车师城，因为不能取胜而退去。莎车派使者到处宣称“汉朝通往西域的北部道路周边各国已经全部归附匈奴了”，并趁势攻击劫掠汉朝通往西域的南道，与南道周边的各个小国歃血结盟一同背叛汉朝，于是从鄯善以西，汉朝通往西域的道路全部被断绝，不能通行。汉朝都护郑吉、校尉司马憙当时都在北道诸国之间，冯奉世就与他的副手严昌商议，认为如果不赶紧对莎车采取军事行动，莎车就会日益强大起来，到那时就很难对它进行控制，必定要危害到汉王朝对西域各国的主权。于是就用手中所持的符节诏告诸国王，向他们征集军队，从南北两道共征集到一万五千人，然后率领着攻打莎车，很快占领了莎车的都城。莎车王呼屠征自杀身亡，冯奉世将他的首级割下来派人通过驿路送往长安，又从原莎车王其他兄弟子侄中挑选

更立它昆弟子[678]为莎车王。诸国悉平，威振西域，奉世乃罢兵以闻[679]。帝召见韩增曰："贺将军所举得其人。"

奉世遂西至大宛。大宛闻其斩莎车王，敬之异于他使，得其名马象龙而还[680]。上甚说，议封奉世[681]。丞相、将军[682]皆以为可，独少府萧望之以为"奉世奉使有指[683]，而擅矫[9]制违命[684]发诸国兵，虽有功效，不可以为后法[685]。即封奉世[686]，开后奉使者利以奉世为比[687]，争逐[688]发兵，要功[689]万里之外，为国家生事[690]于夷狄，渐不可长[691]。奉世不宜受封。"上善望之议，以奉世为光禄大夫[692]。

**二年（丁巳，公元前六四年）**

春，正月，赦天下。

上欲立皇后，时馆陶主[693]母华倢伃[694]及淮阳宪王[695]母张倢伃、楚孝王[696]母卫倢伃皆爱幸。上欲立张倢伃为后，久之，惩艾[697]霍氏欲害皇太子[698]，乃更选后宫无子而谨慎者，二月乙丑[699]，立长陵王倢伃[700]为皇后，令母养太子，封其父奉光为邛成侯[701]。后无宠，希得进见[702]。

五月，诏曰："狱[703]者，万民之命[704]。能使生者不怨[705]，死者不恨[706]，则可谓文吏[707]矣。今则不然。用法或持巧心[708]，析律贰端[709]，深浅不平[710]，奏不如实[711]，上亦亡由知[712]，四方黎民将何仰[713]哉？二千石[714]各察官属[715]，勿用此人[716]。吏或擅兴徭役[717]，饰厨传[718]，称过使客[719]，越职逾法[720]以取名誉，譬如践薄冰以待白日，岂不殆[721]哉？今天下颇被[722]疾疫之灾，朕甚愍[723]之，其令郡国被灾甚者毋出今年租赋。"

又曰："闻古天子之名，难知而易讳[724]也，其更讳询[725]。"

匈奴大臣皆以为"车师地肥美，近匈奴，使汉得之，多田[726]积

了一个立为莎车王。西域各国的叛乱全部被平定，冯奉世的声威震动了整个西域，于是冯奉世将调集的各国军队遣返回国，并将情况奏报朝廷。汉宣帝召见韩增，嘉勉他说："恭贺将军为出使西域推举了合适的人选。"

冯奉世继续向西抵达大宛。大宛国王听说冯奉世斩杀了莎车王，对他敬畏的程度远远超过了对待其他的中国使节。冯奉世从大宛得到了一匹名叫"象龙"的宝马带回汉朝。汉宣帝非常高兴，就议论着想封冯奉世为列侯。丞相魏相、卫将军张安世都认为可以，只有担任少府的萧望之认为不可，他认为"冯奉世奉命出使的目的是护送西域诸国宾客回国，但他却假传圣旨，擅自改变朝廷的命令，征调各国军队攻打莎车，虽然有功，但不能给后世开这样的先例。如果就此封赏冯奉世为列侯，后世奉命出使的人就容易引他为榜样，竞相发兵，追求在万里之外建功立业，将会在汉朝与周边国家间不断制造矛盾、引发事端，此风不可长。不应该封冯奉世为侯。"汉宣帝认为萧望之说得有道理，便打消了封冯奉世为侯的念头，只提升他为光禄大夫。

**二年（丁巳，公元前六四年）**

春季，正月，大赦天下。

汉宣帝想册封皇后，当时馆陶公主的母亲华婕妤和淮阳宪王刘钦的母亲张婕妤，以及楚孝王刘嚣的母亲卫婕妤都很受宣帝的宠爱。汉宣帝本意是想立张婕妤为皇后，但犹豫了很久，因为担心再次出现像霍氏谋害皇太子那样的事情，就从后宫的嫔妃当中挑选一位没有儿子而且行为又谨慎的立为皇后，二月二十六日乙丑，立长陵邑的王婕妤为皇后，让她像母亲那样抚养皇太子，同时封王皇后的父亲王奉光为邛成侯。但王皇后并没有因此而受到汉宣帝的宠爱，也很少有机会见到宣帝。

五月，汉宣帝下诏说："断案之事，是涉及千万人生死的大问题。如果能做到让活着的罪犯没有什么埋怨，被判了死刑的人没有什么遗憾，那才算得上是公正廉明的司法官吏。而现在却不是这样。执法之人中有人舞文弄法，分析案情模棱两可，同一种罪行量刑或重或轻，很不公平，又不如实向朝廷奏报，使上级无法了解到真实情况，如此的话，全国的黎民百姓还能指望谁呢？俸禄在两千石的官员要对自己的属下进行审察，对有上述行为的一律不要任用。如果有官吏擅自征调百姓服劳役，装修驿站的厨房、传车，用高过标准的规格招待过往的使节宾客，使他们感到称心满意，超越职务权限、超出条文规定以博取好名声，这就如同是站在薄冰之上等待烈日，难道不是太危险了吗？如今天下人很是遭受疾疫的折磨，我非常同情他们，诏令各郡、诸侯国，那些受灾严重的免缴今年的租赋。"

汉宣帝又说："我听说古代天子的名字很难认，因而容易忌讳不用，我现在改名为刘询。"

匈奴大臣都认为"车师国土地肥沃，水草丰美，又靠近匈奴，如果被汉朝占有，

谷，必害人国[727]，不可不争”。由是数遣兵击车师田者[728]。郑吉将渠犁田卒[729]七千余人救之，为匈奴所围。吉上言：“车师去[730]渠犁千余里，汉兵在渠犁者少，势不能相救，愿益田卒[731]。”上与后将军赵充国[732]等议，欲因匈奴衰弱，出兵击其右地[733]，使不敢[10]复扰西域。

魏相上书谏曰：“臣闻之：救乱诛暴[734]，谓之义兵，兵义者王[735]。敌加于己[736]，不得已而起者，谓之应兵[737]，兵应者胜[738]。争恨小故[739]，不忍愤怒者，谓之忿兵[740]，兵忿者败[741]。利[742]人土地、货宝者，谓之贪兵，兵贪者破。恃[743]国家之大，矜[744][11]民人之众，欲见威于敌[745]者，谓之骄兵，兵骄者灭。此五者，非但人事[746]，乃天道也[747]。间者[748]匈奴尝有善意[749]，所得汉民，辄奉归之[750]，未有犯于边境，虽争屯田车师[751]，不足致意中[752]。今闻诸将军欲兴兵入其地，臣愚不知此兵何名[753]者也！今边郡困乏，父子共犬羊之裘[754]，食草莱之实[755]，常恐不能自存[756]，难以动兵。‘军旅之后，必有凶年[757]’，言民以其愁苦之气伤阴阳之和[758]也。出兵虽胜，犹有后忧，恐灾害之变[759]因此以生。今郡国守相多不实选[760]，风俗尤薄，水旱不时。按今年计[12]，子弟杀父兄、妻杀夫者凡二百二十二人，臣愚以为此非小变[761]也。今左右[762]不忧此，乃欲发兵报纤介之忿[763]于远夷[764]，殆孔子所谓[765]‘吾恐季孙之忧不在颛臾，而在萧墙之内也[766]’。”上从相言，止遣[767]长罗侯常惠[768]将张掖、酒泉骑[769]往车师，迎郑吉及其吏士还渠犁。召故车师太子军宿[770]在焉耆[771]者，立以为王，尽徙车师国民令居渠犁[772]，遂以车师故地[773]与匈奴。以郑吉为卫司马[774]，使护鄯善以西南道[775]。

魏相好观汉故事[776]及便宜章奏[777]，数条[778]汉兴已来国家便宜行事[779]及贤臣贾谊、晁错、董仲舒[780]等所言[781]，奏请施行之[782]。相敕掾

就会大面积地开垦土地囤积粮食，必定对匈奴构成威胁，因此不能不争夺过来”。于是多次派出军队对在车师进行屯田的汉朝军队进行攻击。郑吉率领着在渠犁屯田的七千多名士卒前往车师救援，又被匈奴的军队所围困。郑吉于是上书给朝廷说：“车师距离渠犁一千多里，汉朝在渠犁屯田的军队又很少，这种形势决定了匈奴如果进犯车师，渠犁的军队根本无法赶去救援，希望增加屯田的军队。”汉宣帝与后将军赵充国等人商议，想趁着匈奴国内空虚，出兵攻打匈奴的西部地区，使它不敢再骚扰西域。

丞相魏相上书劝谏说：“我听说：平定叛乱、讨伐残暴的军队被称为‘正义之师’，正义之师就能取得胜利。敌兵来攻打我们，迫不得已而发兵进行抵抗的叫作‘应战之兵’，出兵是为了应敌，就一定能取得胜利。为一点小事而产生怨愤，因为无法控制怨愤而掀起战争的叫作‘忿兵’，带着愤怒作战的军队必定失败。为了得到别国的土地、财宝而发动战争的叫作‘贪兵’，贪兵必定败亡。依仗国势强大、人口众多，为了在敌军面前显示自己威风而发动战争的叫作‘骄兵’，骄兵必败。这五种军事行动的成败，不光取决于人的谋划，而是一种自然规律。前些时，匈奴曾经向我们做出了善意的表示，对于劫掠去的汉民，都把他们送了回来，也没有再侵犯汉朝的边境，虽然双方为争夺车师屯田而发生了小规模的战争，但不值得放在心上。现在，我听说诸位将军想以此为借口兴兵深入匈奴腹地，我很愚钝，不知道这种军事行动属于上述五种兵中的哪一种！如今边塞各郡的百姓生活极度贫困，有的父子二人合穿一件用羊皮或是狗皮做的衣服，吃的是草籽，他们常常担心无法养活自己，很难再发动他们去与匈奴作战。俗话说‘战争之后，必定会有一场灾荒’，说的是人民对战争的愁苦怨恨情绪，破坏了天地之间阴阳二气的平衡。发动战争，即使是取得了胜利，还要留下隐忧，我担心恐怕会因此而引发灾祸。现在各郡的太守和各诸侯国的丞相大多都不得其人，民情更是浇薄，加上水旱之灾不时发生。就拿今年来说，儿子杀死父亲、弟弟杀死兄长、妻子杀死丈夫的总共有二百二十二人，我认为，这绝对不是小的变故。现在您身边的大臣不知道忧虑这些，竟然因为一点小的怨愤就要发动军队对远方的民族实施报复，这大概就是孔子所说的‘我担心季孙氏的忧患不在颛臾小国，而在鲁国统治集团的内部’。”汉宣帝听从了魏相的建议，只派遣长罗侯常惠率领张掖、酒泉二郡的骑兵前往车师，迎接郑吉以及在车师屯田的吏士返回渠犁。又将车师国的原太子、现在住在焉耆的军宿接回车师，立为车师王，把车师国的百姓全部迁徙到渠犁定居，然后把已经空无人烟的车师故地放弃给了匈奴。任命郑吉为卫司马，让他负责守护鄯善以西通往西域的南部通道。

丞相魏相喜欢阅览汉朝的往事以及朝廷档案中保存的前人上书谈论政事利害与如何相机行事的奏章，并多次将汉朝建立以来朝廷根据实际情况对有关问题所采取的措施，以及几位贤能的臣子如贾谊、晁错、董仲舒等人所上的奏章及当朝回答皇

史[783]按事郡国[784]及休告[785]从家还至府[786]，辄白四方异闻[787]。或有逆贼[788]、风雨灾变，郡不上[789]，相辄奏言之[790]。与御史大夫丙吉[791]同心辅政，上皆重之。

丙吉为人深厚[792]，不伐善[793]。自曾孙遭遇[794]，吉[13]绝口不道前恩[795]，故朝廷[796]莫能明其功也。会掖庭宫婢则[797]令民夫[798]上书，自陈尝有阿保之功[799]，章[800]下掖庭令[801]考问[802]，则辞引使者丙吉知状[803]。掖庭令将则[804]诣御史府以视吉，吉识[805]，谓则曰："汝尝坐养皇曾孙不谨[806]，督笞汝[807]，汝安得有功？独渭城胡组、淮阳郭徵卿有恩[808]耳。"分别奏组等共养[809]劳苦状。诏吉求[810]组、徵卿，已死，有子孙，皆受厚赏。诏免则为庶人，赐钱十万。上亲见问，然后知吉有旧恩而终不言，上大贤之。

帝以萧望之经明持重[811]，论议[14]有余[812]，材任宰相，欲详试其政事[813]，复以为左冯翊[814]。望之从少府出[815]为左迁[816]，恐有不合意[817]，即移病[818]。上闻之，使侍中[819]都成侯[15]金安上[820]谕意[821]曰："所用[822]皆更治民以考功[823]，君前为平原太守日浅[824]，故复试之于三辅[825]，非有所闻[826]也。"望之即起视事[827]。

初，掖庭令张贺[828]数为弟车骑将军安世称皇曾孙之材美[829]及征怪[830]，安世辄绝止[831]，以为少主在上[832]，不宜称述[833]曾孙。及帝[834]即位而贺已死，上谓安世曰："掖庭令[835]平生称我[836]，将军止之，是也[837]。"上追思贺恩[838]，欲封其冢为恩德侯，置守冢二百家[839]。贺有子蚤死，子安世小男彭祖[840]。彭祖又小与上同席研《书》指[841]，欲封之[842]，先赐爵关内侯[843]。安世深辞贺封[844]，又求损[845]守冢户数，稍减至三十户。上曰："吾自为掖庭令[846]，非为将军也。"安世乃止，不敢复言。

帝所问等内容进行分门别类的整理，然后奏请汉宣帝遇事照此先例实行。魏相还命令丞相府的属吏到全国各郡、国巡视考察、处理问题，即使有人回家休假，从家乡所在的郡县回到丞相府衙，也要将所见所闻的新鲜事向丞相讲述。如果某些地方发生叛乱与盗贼，或是有风雨等自然灾害发生，所在郡、国的官员没有向朝廷报告，丞相魏相就会奏报给皇帝。他与御史大夫丙吉同心协力辅佐朝政，汉宣帝对他们二人都很倚重。

丙吉为人深沉厚道，从不炫耀自己的长处。自从保护皇曾孙刘病已意外地当上皇帝，丙吉对任何人都不谈自己以前对宣帝的恩情，所以就连汉宣帝也不清楚他的功劳。赶上掖庭的一个叫作则的宫女教唆她在民间的丈夫上书给汉宣帝，陈述自己曾经有乳养与保护宣帝的功劳，宣帝将民夫所上的奏章连同那个叫作则的宫女一齐交付掖庭令考察、审问，则在供词中提到了当时担任使者的丙吉了解实情。掖庭令就带着则来到御史府让丙吉辨认，丙吉认出了则，他对则说："你曾经因为喂养皇曾孙不谨慎、小心，我用鞭子惩罚过你，你哪有什么功劳？只有渭城县的胡组、淮阳县的郭徵卿有恩于皇帝。"于是便将胡组、郭徵卿共同供养皇曾孙的劳苦情状奏报给汉宣帝。汉宣帝下诏让丙吉寻找胡组、郭徵卿，二人此时已经去世，但都有子孙在世，她们的子孙都得到了皇帝的重赏。汉宣帝下诏则贬为平民，赏赐给她十万钱。汉宣帝亲自询问此事之后，才知道丙吉曾经对自己有那么大的恩德却始终没有透露，心里对丙吉非常钦敬。

汉宣帝因为萧望之既精通儒家经典、办事稳重，又善于评论政事，其才能足以胜任宰相职务，就想再详细地考察一下他处理政务的本领，于是又任命他去担任左冯翊。萧望之从九卿之一的少府被降职出任地方官，担心自己的工作不符合皇帝的心意，就推说有病请求辞职。汉宣帝知道后，就派担任侍中的都成侯金安上去向他讲明皇帝的意图，说："凡是任用的丞相都要有治理百姓的经历，并经过政绩考核，先生以前担任平原太守的时间很短，所以才又调任到三辅担任左冯翊，并不是听到你有什么过失。"萧望之立即起身就任，处理政事。

当初，掖庭令张贺屡次在其弟弟车骑将军张安世面前称颂皇曾孙刘病已，说他身材美好，又有很多奇异的征兆，每次张安世都阻止他，认为年轻的汉昭帝在位，不应该赞美皇曾孙。等到皇曾孙即位为皇帝时，张贺已经去世，汉宣帝对张安世说："掖庭令张贺当时赞美我，将军阻止他是对的。"汉宣帝追念张贺的恩德，就想追封他为恩德侯，再安置二百户人家为他守墓，让这二百户将应该向国家缴纳的租税留作为他修墓的资金。张贺曾经有过儿子，但早已去世，张安世将自己的小儿子张彭祖过继给他当儿子。张彭祖又从小就与蒙难中的汉宣帝一起同席研读《尚书》，汉宣帝想封张彭祖为列侯，便先封他为关内侯。张安世坚决拒绝宣帝给张贺的封赠，又请求减少守护坟墓的户数，一直争取减少到三十户。汉宣帝说："我这样做是为报答掖庭令张贺，而不是为将军。"张安世这才不敢再坚持。

上心忌故昌邑王贺[847]，赐山阳[848]太守张敞玺书[849]，令谨备盗贼，察往来过客，毋下所赐书[850]。敞于是条奏贺居处[851]，著其废亡之效[852]曰："故昌邑王为人[853]，青黑色[854]，小目，鼻末锐卑[855]，少须眉，身体长大，疾痿[856]，行步不便。臣敞尝与之言，欲动观其意[857]，即以恶鸟感之[858]曰：'昌邑多枭[859]。'故王应曰：'然。前贺西至长安，殊无枭[860]，复来[861]，东至济阳[862]，乃复闻枭声。'察故王衣服、言语、跪起，清狂不惠[863]。臣敞前言[864]：'哀王[865]歌舞者张修等十人无子，留守哀王园[866]，请罢归[867]。'故王闻之曰：'中人守园[868]，疾者当勿治[869]，相杀伤者当勿法[870]，欲令亟死[871]。太守奈何而欲罢之[872]？'其天资喜由乱亡[873]，终不见仁义如此。"上乃知贺不足忌也。

---

【段旨】

以上为第三段，写宣帝元康元年（公元前六五年）、二年两年间的全国大事。本段主要写了赵广汉为京兆尹摧折豪强，受平民拥护，最后竟寻事到丞相头上，以过误被腰斩；写了尹翁归为右扶风，因治郡有方而得誉于朝廷；写了冯奉世出使西域，因便宜发诸国兵以讨平与汉朝作对之莎车王，立有殊功；写了萧望之因反对加封冯奉世，并因其一再表现的"善议论"而获宣帝重视，欲委大用；写了丞相魏相上书反对增兵屯田车师；写了丙吉护持宣帝有大功而终不自言，最后因其他事情被宣帝发现，而大贤之；写了张贺自为掖庭令而倾心宣帝，死后获宣帝封赏；等等。

【注释】

[581]夫人号称公主：夫人乃乌孙公主解忧所生，是乌孙王的公主，今则赐以汉朝公主之名。[582]初作杜陵：汉宣帝开始在杜县为自己预修陵墓。杜县在今陕西西安东南。[583]徙丞相、将军、列侯、吏二千石、訾百万者杜陵：让具备以上资格的人搬迁到杜陵县居住，目的是让杜陵县迅速繁荣起来。訾百万，家资百万铜钱。訾，此处意思同"赀"，资产。[584]以凤皇集泰山、陈留：因为有凤凰落在泰山与陈留二郡。凤皇，同"凤凰"。集，鸟停于树。泰山，此处指泰山郡，郡治奉高，在今山东泰安东。陈留郡的郡治陈留，在今河南开封东南。[585]甘露降未央宫：甘甜的露水降落在未央宫。汉人迷信天人感应，认

汉宣帝内心对已经被废黜的昌邑王刘贺仍然心存疑忌，于是将加盖了天子印章的诏书赐给山阳郡太守张敞，让他严防盗贼，密切注视与刘贺往来的客人，并叮嘱不许把这份诏书转发给下属看。张敞就将刘贺被废后的起居行止详细地奏报给汉宣帝，并奏明他被废之后的实际表现说："被废黜的昌邑王刘贺，其相貌是肤色青黑，眼睛很小，鼻端又尖又小，头发眉毛稀少，身材虽然长大，却又筋肉萎缩，行动不便。我曾经与他交谈，想要探察一下他的动向，就用令人厌恶的鸟来试探他，看他有什么反应，我说：'昌邑地区的猫头鹰很多。'故昌邑王刘贺回应说：'对。以前我前往西边的长安时，这里确实没有猫头鹰，等我回来的时候，向东刚走到济阳，就又听到猫头鹰叫。'我仔细观察故昌邑王刘贺所穿的衣服、说话的神态，以及跪下起立的姿势，简直就像一个白痴，一点也不聪慧。我上前提议说：'您的父亲、已故哀王的歌女张修等十人都没有子女，现在她们一直为哀王守护坟墓，请求放她们回家。'故昌邑王刘贺听了之后说：'后宫的女子为先王守护陵园，有病的不给她们治疗，她们之间互相打架伤人也不必惩治，就是想让她们早点死光了。太守你何必要放她们回家呢？'说明他天性之中就喜欢看到别人的离乱灭亡，始终就不知道什么是仁、什么是义。"汉宣帝这才知道刘贺根本就不值得忧虑。

---

为凤凰集、甘露降都是祥瑞，即所谓吉祥的征兆，故史家书之于史。宣帝在位时似乎特别热衷这套玩意。⑤⑧⑥赦天下：因有祥瑞，故赦天下。⑤⑧⑦悼园：敬指宣帝的生父刘进。因为刘进前谥为"悼"，故称之"悼园"，亦犹称皇帝曰某陵、某庙。⑤⑧⑧皇考：对生父的敬称。因宣帝是以昭帝继承人的名义临朝为帝，也就是百姓俗称的"受过继"，故而此前一直未称刘进为父。如今宣帝的统治地位巩固，遂又称其生父曰父。⑤⑧⑨建章卫尉：护卫建章宫的军事长官。在此之前朝廷设有未央卫尉、长乐卫尉，皆九卿一级；今又设建章卫尉，其秩禄应与前二卫尉相同。建章宫是武帝所修，在长安城的西城墙外，与城内的未央宫隔城墙相对，其宏伟壮丽又超未央、长乐而远过之。⑤⑨⓪赵广汉：此时任京兆尹，以能干闻名。⑤⑨①世吏子孙：世代官宦人家的子弟。⑤⑨②新进年少：刚进入仕途的年轻人。⑤⑨③专厉强壮蠭气：胆大敢为、有锋芒、有气势。蠭，同"锋"，锋芒。⑤⑨④见事风生：遇到问题能迅速做出反应，如风起之快速。⑤⑨⑤无所回避：什么人都敢得罪，从不绕着走。⑤⑨⑥率多果敢之计：一般说来都是敢作敢为。率，大致、一般。⑤⑨⑦莫为持难：从不犹豫不前。⑤⑨⑧终以此败：就是由于这个原因而招致了悲惨的结局，过程即下文所说。⑤⑨⑨论杀男子荣畜：判刑处决了一个名叫荣畜的男子。⑥⓪⓪上书言之：给皇帝上书控告赵广汉挟私怨杀人。⑥⓪①事下丞相、御史按验：把事情交给丞相、御史查证核实。⑥⓪②丞相夫人：丞相魏相的夫人。⑥⓪③胁丞相：要挟丞相不要查证荣畜有无冤屈的问题。⑥⓪④按之愈急：意谓

魏相不受威胁，反而加紧力度地查办荣畜被杀之案。〖按〗也写作“案”，查办。⑥⑤受辞：接受审问。⑥⑥收奴婢十余人去：将丞相夫人身边的奴婢带走了十多个，以审问口供。收，拘捕。⑥⑦事下廷尉治：案子交由廷尉审理。廷尉是主管全国刑狱的长官，九卿之一。⑥⑧实丞相自以过谴笞傅婢：事实是丞相因为他家的保姆犯错而鞭打了她。傅婢，保姆。⑥⑨出至外第乃死：这个保姆离开丞相府后自杀了。⑩不如广汉言：不像赵广汉所说的那种样子。⑪恶之：讨厌赵广汉这种挟怨杀人，又粗暴犯上的样子。⑫守阙：围守在宫门外。⑬臣生无益县官：我活着对国家没有用处。县官，这里即指国家。〖按〗《汉书·赵广汉传》“臣”上有“或言”二字，较此为优。⑭威制豪强：严厉打击那些有钱有势、专横霸道的人。⑮小民得职：一般平民都有了一个舒适的生活环境。得职，得其所。⑯追思歌之：怀念他、歌颂他。⑰少府：九卿之一，掌管山林湖海收入与皇家手工业制造，为皇帝私家理财。⑱坐议：因对……发议论而犯罪。⑲下彭城：降落在彭城，彭城即今江苏徐州。⑳不足美：不值得称赞。㉑泗水太傅：泗水王刘综的太傅。泗水国的都城在今江苏泗阳西北。太傅是帝王的辅导官。㉒博士、谏大夫：都是皇帝身边的侍从官员，前者以备参谋顾问；后者掌议论，以备拾遗补阙。㉓补郡国守相：当郡太守、诸侯王相有空缺时，即以此博士、谏大夫补充之。㉔萧望之：原为大行丞，此时为谒者，为皇帝主管收发传达以及赞礼等事。㉕平原：汉郡名，郡治在今山东平原县南。㉖哀愍：同情、体恤。㉗恐德之不究：担心自己的德音德政有传达不到的地方。不究，不遍。㉘争臣：能给皇帝提意见，能与皇帝的主张持不同态度的人。争，通“诤”。㉙征：召之使来。㉚入守少府：进朝代理少府的职务。㉛东海：汉郡名，郡治郯县，在今山东郯城西北。㉜河东尹翁归：河东是汉郡名，郡治安邑，在今山西夏县西北。尹翁归是西汉后期著名的地方官。事迹详见《汉书》本传。㉝治郡高第：任郡守的政绩名列前茅。高第，上等。㉞入为右扶风：调进京城任右扶风。右扶风是长安西部郊区的行政长官，级别虽仍相当于郡太守，但因靠近朝廷，故比郡国守相的地位为高。㉟公廉明察：公正廉洁，明察秋毫。㊱贤不肖：哪个好，哪个不好。㊲奸邪罪名：哪些是坏人，他们的罪行是什么。㊳县县各有记籍：每个县都有一个存在问题的登记簿。㊴自听其政：亲自过问各县的重要问题。㊵有急名则少缓之：对于那些办事以严厉著称的下属，就对他们的要求略松。急名，有严厉的名声。少缓，略松。㊶吏民小解：当哪个地方的吏民办事懈怠。解，通“懈”，懈怠。㊷披籍：翻阅那个记录案情的本子。意即查出他们的问题加以警告。㊸取人：逮捕人。㊹课吏大会：考核官吏的众人集会之时。㊺出行县：出郡巡视各县。㊻为扶风：任右扶风。㊼疾奸吏：憎恨坏人的官吏。疾，通“嫉”，憎恨。㊽右职：高职。㊾接待以礼：对之以礼相待。㊿好恶与同之：在看待一些相关事物的感情上，也对他们有些随和。好恶，喜欢什么讨厌什么。⑤①其负翁归：如果他们违背了尹翁归。⑤②不以行能骄人：不因为自己的德行才能好而对人骄傲。⑤③尤得名誉于朝廷：尤其受到朝廷的好评。⑤④有宠于莎车王：受到莎车王的喜爱。莎车是西域国名，都城即今新疆莎车。⑤⑤计欲自托于汉：

想要依附汉朝。托，归附。⑥⑤⑥又欲得乌孙心：又想讨得乌孙国的喜欢。⑥⑤⑦送万年：送万年到莎车上任。⑥⑤⑧暴恶：粗暴凶恶。⑥⑤⑨不说：不喜欢。说，通“悦”。⑥⑥⓪举可使西域者：推举可以出使西域的人。⑥⑥①前将军韩增：韩增是刘邦的开国功臣韩王信的后代，此时任前将军之职，是受宣帝亲信的人物。⑥⑥②上党冯奉世：上党人冯奉世。事迹详见《汉书》本传。上党是汉郡名，郡治长子，在今山西长子西。⑥⑥③卫候：皇帝卫队中的军候，军候的级别在校尉之下，上属卫尉。⑥⑥④使持节：令其手执旌节。节是皇帝使者出行时所持的信物，“使持节”在持节的使者中身份最高，权力最大。⑥⑥⑤大宛：西域国名，其地在今新疆西部境外的哈萨克斯坦境内，首都贵山城（今卡散赛）。⑥⑥⑥伊循城：楼兰国的一个城市。楼兰国的都城在今新疆罗布泊的西北角。楼兰后来改名鄯善，都城改在今新疆若羌东北。⑥⑥⑦车师城：此指车师前国之城，在今新疆吐鲁番西北。⑥⑥⑧北道诸国：中国通往西域的道路，到玉门以西分为南、北两条，其北路是出玉门关至车师前王庭（今吐鲁番），傍天山南麓，经塔克拉玛干沙漠北侧向西，其沿途的小国有危须、焉耆、尉犁、乌垒、龟兹（今新疆库车）、姑墨、温宿、尉头、疏勒等，而后与南道相合。⑥⑥⑨南道：出阳关向西，经罗布泊至楼兰，再依阿尔金山、昆仑山北麓向西，沿塔克拉玛干沙漠南侧西行，其沿途小国有且末、精绝、扜弥、渠勒、于阗、莎车、疏勒等地，越过葱岭再向西南至罽宾、身毒（今印度），或向西到大月氏、安息（今伊朗）、条支（今伊拉克）至于犁轩（今土耳其境内）。⑥⑦⓪与歃盟畔汉：与南路上的诸小国歃血定盟一同反叛汉王朝。畔，通“叛”。⑥⑦①皆绝不通：全部被断绝，不能通行。⑥⑦②都护郑吉、校尉司马憙：两位西汉后期经营西域的功臣，其事迹已见于本书宣帝地节三年（公元前六七年）。⑥⑦③其副严昌：其副手严昌。⑥⑦④不亟击之：若不迅速消灭莎车。亟，意思同“急”。⑥⑦⑤必危西域：必定要危害到汉王朝对西域诸国的主权。⑥⑦⑥以节：凭着手中所持的旌节。⑥⑦⑦传其首诣长安：通过驿路将莎车王呼屠征的人头转送到了长安。⑥⑦⑧它昆弟子：莎车王万年的其他兄弟的儿子。⑥⑦⑨罢兵以闻：解除了军事状态，把详情报告皇帝。⑥⑧⓪得其名马象龙而还：从大宛取得了一匹名叫“象龙”的好马带回国来。⑥⑧①议封奉世：议论着想封冯奉世为列侯。⑥⑧②丞相、将军：丞相是魏相，将军指卫将军张安世。⑥⑧③奉使有指：有本来的目的，即送西域诸国之客回国。⑥⑧④擅矫制违命：假传圣旨，擅自专断地改变朝廷命令。⑥⑧⑤不可以为后法：不能给后世开这样的先例。法，榜样、先例。⑥⑧⑥即封奉世：如果就此封冯奉世为侯。即，如果。⑥⑧⑦利以奉世为比：容易以冯奉世为榜样。利，容易。为比，为榜样。⑥⑧⑧争逐：竞相。⑥⑧⑨要功：追求立功。要，通“邀”。⑥⑨⓪生事：制造矛盾；滋生事端。⑥⑨①渐不可长：这个头不能开。渐，浸染。⑥⑨②光禄大夫：皇帝的侍从官员，以备参谋顾问，上属光禄勋。⑥⑨③馆陶主：馆陶公主，宣帝之女。⑥⑨④华婕伃：姓华，史未记其名。婕伃是嫔妃的称号，其地位次于皇后。⑥⑨⑤淮阳宪王：刘钦，宣帝之子，被封为淮阳王，宪字是其死后的谥。淮阳国的都城即今河南淮阳。⑥⑨⑥楚孝王：刘嚣，宣帝之子，被封为楚王，孝字是其死后的谥。楚国的都城即今江苏徐州。⑥⑨⑦惩艾：接受……的教训。⑥⑨⑧霍氏欲害皇太子：霍光妻支使其女成君欲毒死太子刘奭。事见本书宣帝地节三年。⑳二月乙丑：二月二十六。⑳长陵王倢伃：长陵邑的王倢伃。长陵邑是刘邦陵墓所在的县名，县治在今陕西咸阳东北。⑳邛成侯：皇后父王奉光的封号，邛成是封地名。⑳希得进见：很少有机会见到皇帝。希，通“稀”，少。⑳狱：刑狱，这里即指断案。⑳万民之命：是涉及万千人生死存亡的大问题。⑳生者不怨：活着的罪犯没有埋怨，心悦诚服。⑳死者不恨：被处死的人没有遗憾。⑳文吏：真正的好法官。⑳持巧心：玩弄手段。⑳析律贰端：用模棱两可的话解释法律条文。贰端，可以向轻、重两个方向解释。⑳深浅不平：同一种罪行而量刑轻重不同。深浅，指量刑轻重。⑪奏不如实：不按实情向朝廷奏报。⑫上亦亡由知：上头也无法知道真实情况。亡，通“无”。⑬何仰：仰仗谁；指望谁。⑭二千石：这里指郡守、诸侯相。⑮各察官属：都要各自审察一遍自己的下属。⑯勿用此人：不要任用这样的人。⑰擅兴徭役：擅自调发百姓服劳役。⑱饰厨传：把驿站上的厨房、驿站都修饰得好好的。厨，谓饮食。传，传舍、传车。⑲称过使客：尽量让过往的使者宾客称心满意。称，使……称心满意。目的是令其代为传布美名。⑳越职逾法：超越职权范围，超出条文规定。㉑殆：危险。㉒颇被：很是遭受。㉓愍：通“悯”。同情；体恤。㉔难知而易讳：其字难认而容易避讳不用。㉕更讳询：实即改名叫“询”。宣帝原名“病已”，两个字都是人们所常用，避讳较难。现改为“询”，比起“病已”二字，避讳就容易多了。㉖多田：更多地开垦种田。㉗必害人国：必定对我们匈奴国构成危害。㉘车师田者：汉王朝在车师驻扎屯田的士兵。㉙渠犁田卒：在渠犁屯田的汉朝士兵。渠犁是西域国名，在今新疆库尔勒与尉犁一带。㉚去：距离。㉛益田卒：增加屯田的士兵。㉜赵充国：西汉后期的著名将领，此时任后将军之职。事迹详见《汉书》本传。㉝右地：指匈奴的西部地区，为其右贤王所管辖，大体相当于今甘肃以北与新疆东北一带地区。㉞救乱诛暴：平息叛乱，讨伐残暴。救，止、息。㉟兵义者王：出兵正义就能胜利。王，称王，这里即指胜。㊱敌加于己：敌兵来打我们。加，意即侵犯。㊲应兵：应战之兵。㊳兵应者胜：出兵是为了应敌，就一定能够战胜。㊴争恨小故：为一些小事而产生怨愤。㊵忿兵：为愤怒而掀起战争。㊶兵忿者败：带着愤怒作战的军队必定失败。㊷利：以……为利，意即贪求。㊸恃：依仗。㊹矜：夸耀。㊺欲见威于敌：想向敌兵显威风。见，通“现”。㊻非但人事：不光人世间的规律如此。㊼乃天道也：大自然的规律就是这样的。㊽间者：前些时候。㊾尝有善意：意即想与汉朝和亲通好，指昭帝时事。㊿辄奉归之：都把他们送回来，如苏武、常惠等之回国即其一例。751争屯田车师：双方都争想到车师屯田。752不足致意中：不值得放在心上。753此兵何名：这在前面所说的五种兵里应该称作什么兵。754父子共犬羊之裘：父子二人合穿一件犬羊之皮的皮袄。755草莱之实：泛称草籽。莱，野菜。756不能自存：无法养活自己。757军旅之后二句：见老子《道经》，意谓一场战争之后，必然会有一场灾荒。758伤阴阳之和：破坏了天地间阴阳二气的平衡。759灾害之变：如山崩、地震、水旱、蝗虫之灾等等。760多不实选：谓不得其人、不胜其任。761非小变：这不是小变故，意谓这是颠倒人伦的大问题。762左右：指天子身边大臣与言官。⑦63纤介之忿：细小的怨恨。⑦64远夷：远方的少数民族，这里是指匈奴。⑦65殆孔子所谓：这差不多正是孔子所说过的……⑦66吾恐季孙之忧二句：我担心季氏的麻烦不在颛臾小国，而是在鲁国统治集团的内部。孔子此话见于《论语·季氏》。季孙即季孙氏，也称“季氏”，春秋时代把持鲁国政权的大贵族。颛臾是春秋时代鲁国的附庸小国，在今山东费县西北。萧墙，室内迎门的屏风。当时季氏想出兵伐颛臾，孔子告诉他，你们的麻烦不在颛臾，而在你们内部。⑦67止遣：只是派出。⑦68长罗侯常惠：西汉后期的著名边将，先曾随苏武被扣留匈奴十九年，回国后因经营西域有功，被封长罗侯。事迹详见《汉书》本传。⑦69将张掖、酒泉骑：带领着张掖、酒泉二郡的骑兵。⑦70故车师太子军宿：车师国的原太子名叫军宿。⑦71在焉耆：现时正在焉耆。焉耆，今新疆焉耆回族自治县。⑦72尽徙车师国民令居渠犁：把全部车师国的人通通搬迁到渠犁居住。尽徙，让……搬迁。⑦73车师故地：已经是一片没有人烟的空地。⑦74郑吉为卫司马：郑吉原为侍中，以平车师乱被任西域都护，现又任之为卫司马。卫司马与冯奉世原来所任的卫候都是光禄勋的属官，司马在军中主管司法。⑦75护鄯善以西南道：守护鄯善以西的汉通西域的南线交通的安全。⑦76汉故事：汉朝的往事，指事件原委与解决处理的办法等。⑦77便宜章奏：上书言政事利害与如何相机行事的章奏。⑦78数条：多次整理归纳。条，使之有条理。⑦79便宜行事：根据实际情况而对有关问题采取的措施。⑦80贾谊、晁错、董仲舒：都是以上书言事著称的西汉名臣。贾谊是文帝时人，晁错是景帝时人，董仲舒是武帝初期人。事迹皆见《汉书》本传。⑦81所言：所上的奏章，与当朝回答皇帝所问。⑦82奏请施行之：奏请皇帝遇事照此先例执行。⑦83敕掾史：告诫属下官吏。掾史，主官属下的群吏。⑦84按事郡国：到各郡、各诸侯国调查处理问题。⑦85休告：回家休假。⑦86从家还至府：从家乡所在的郡县回到丞相府衙。⑦87辄白四方异闻：总是要向丞相讲讲各地区的新鲜事。白，报告。异闻，不同寻常的事。⑦88逆贼：叛乱分子与盗贼。⑦89郡不上：所在郡的官吏没有上报。⑦90相辄奏言之：魏相总是能禀报给皇帝知道。⑦91丙吉：宣帝蒙难时的大恩人。事迹详见《汉书》本传。⑦92深厚：深沉厚道。⑦93不伐善：不炫耀自己的长处。⑦94曾孙遭遇：自从刘病已遭逢意外的机遇，即登上皇位。⑦95不道前恩：不提自己以前对宣帝的恩情。⑦96朝廷：指宣帝本人。⑦97掖庭宫婢则：后宫中的婢女名“则”者。掖庭，嫔妃、宫女居住的地方。⑦98民夫：在民间的旧夫。⑦99阿保之功：乳养与保护宣帝的功劳。阿保，保姆，这里用为动词。⑧00章：指民夫的上书。⑧01掖庭令：掌管宫女事务的官，上属光禄勋。⑧02考问：考察、盘问。⑧03辞引使者丙吉知状：其供词中提到当时的使者丙吉了解这个情况。⑧04将则：带着这个名“则”的婢女。⑧05吉识：丙吉还记得她。⑧06汝尝坐养皇曾孙不谨：你曾因喂养皇曾孙做得不好。不谨，不好、不细心。⑧07督笞汝：鞭打过你。⑧08渭城胡组、淮阳郭徵卿有恩：渭城的胡组与淮阳的郭徵卿的确对皇帝有恩。渭城即秦时的咸阳，汉代改称渭城；淮阳是郡、国名，都城即今河南淮阳。胡组、郭徵卿抚养年幼的宣帝事，详见本书《汉纪》昭帝元平元年（公元前七四年）。⑧09共养：同“供养”。⑧10求：寻访；寻找。⑧11经明持重：既精通儒家经典，又办事稳重。⑧12论议有余：善于评论政事。⑬详试其政事：再详细地考验一下他处理政事的本领。⑭左冯翊：长安城东部郊区的行政长官，相当于郡太守。⑮从少府出：从九卿之一的少府，出任左冯翊。⑯左迁：降职。少府是正九卿，秩中二千石；左冯翊相当于郡太守，秩二千石，低了一级。⑰恐有不合意：怕是自己的工作让皇帝不满意。⑱移病：上书称病辞职。⑲侍中：加官名，职务即侍从天子，以备参谋顾问。⑳都成侯金安上：金安上是武帝时大臣金日磾之子，被封为都成侯。㉑谕意：向他说明皇帝的本意。㉒所用：凡是任用丞相。㉓皆更治民以考功：都要经过治理百姓这一层考验。更，经历。考功，考核成绩优劣。㉔日浅：时间太短。㉕三辅：指京兆尹、左冯翊、右扶风，这里即指左冯翊。㉖非有所闻：并不是听到你有什么过失。㉗起视事：起身就任，处理政事。㉘张贺：著名酷吏张汤之子，张安世之兄。㉙材美：身材美好。㉚征怪：奇怪的征兆。㉛绝止：阻止。㉜少主在上：指昭帝在位。㉝称述：赞美；赞扬。㉞帝：此指汉宣帝。㉟掖庭令：以称张贺。㊱平生称我：当时赞美我。平生，意即当时。㊲将军止之二句：你当时制止他，是对的。〖按〗当时过于赞美皇曾孙，一来是对在位的昭帝不敬，二来也是加重皇曾孙的危险。㊳追思贺恩：追怀张贺当时对自己的关照与保护。㊴置守冢二百家：令此二百家的所缴租税为守墓修墓之资。㊵子安世小男彭祖：过继张安世的小儿子张彭祖为自己的儿子。子，以……为子。㊶彭祖又小与上同席研《书》指：张彭祖又从小与蒙难中的汉宣帝同席研讨《尚书》的思想。㊷欲封之：想封之为列侯。㊸先赐爵关内侯：关内侯比列侯低一级，为下一步封侯做铺垫。㊹深辞贺封：坚决推辞给张贺的封赏。㊺损：减少。㊻吾自为掖庭令：我封赏的是掖庭令张贺。㊼心忌故昌邑王贺：心忌，内心猜疑忌恨，因为昌邑王刘贺曾经做过皇帝，宣帝觉得对自己有一定威胁。㊽山阳：汉郡名，其地即原来的昌邑国，郡治在今山东金乡西北。被废后的昌邑王刘贺即以平民的资格居住于山阳郡，食邑二千户。㊾玺书：加盖天子印章的诏书。㊿毋下所赐书：不要把这封诏书转发给下属看。(851)条奏贺居处：上书详细报告刘贺的生活起居状况。(852)著其废亡之效：写清了他被废以后的现实表现。(853)昌邑王为人：昌邑王的相貌。(854)青黑色：指皮肤青黑色。(855)鼻末锐卑：鼻端尖小。(856)疾痿：患瘫痪症。(857)动观其意：探察一下他的思想。(858)感之：打动他，看他的反应。(859)昌邑多枭：昌邑地区猫头鹰多。枭，俗名猫头鹰。旧说枭食其母，故以喻恶人。(860)殊无枭：的确是没有枭

**【原文】**

**三年（戊午，公元前六三年）**

春，三月，诏封故昌邑王贺为海昏侯(874)。

乙未(875)，诏曰："朕微眇(876)时，御史大夫丙吉、中郎将史曾、史玄(877)、长乐卫尉许舜(878)、侍中、光禄大夫许延寿(879)皆与朕有旧恩，及故

鸟。殊，特别、的确。861复来：回来的时候。862济阳：汉县名，县治在今河南兰考东北。863清狂不惠：清狂，犹今所谓白痴。不惠，即“不慧”，没有智慧。864臣敞前言：我曾经对他说。865哀王：指昌邑哀王刘髆，刘贺之父。866留守哀王园：为哀王刘髆看守陵园。867请罢归：请把她们撤回，让她们各自回家。868中人守园：后宫里的女子为先王看守陵园。869疾者当勿治：有病的不予医治。870相杀伤者当勿法：有相互杀伤的也不必惩治。勿法，不以法论处。871令亟死：目的是让她们都快点死。亟，通“急”，快速。872太守奈何而欲罢之：你为什么要把她们撤回来。太守，指张敞。罢，撤销。873喜由乱亡：喜欢看到别人的离乱灭亡。喜由，由……而喜。

## 【校记】

［7］或言：原无此二字。胡三省注曰：“《汉书》本传‘臣生’之上有‘或言’二字。”据章钰校，甲十五行本、乙十一行本、孔天胤本皆有此二字，张瑛《通鉴校勘记》同，今据补。［8］以：原作“有”。据章钰校，甲十五行本、乙十一行本、孔天胤本皆作“以”，今据改。〖按〗《资治通鉴纲目》卷五下作“以”。［9］矫：原无此字。据章钰校，甲十五行本、乙十一行本、孔天胤本皆有此字，今据补。〖按〗《汉书·冯奉世传》有此字。［10］敢：原作“得”。据章钰校，甲十五行本、乙十一行本、孔天胤本皆作“敢”，今据改。〖按〗《通鉴纪事本末》卷四、《汉书·魏相传》皆作“敢”。［11］矜：原作“务”。据章钰校，甲十五行本、乙十一行本、孔天胤本皆作“矜”，熊罗宿《胡刻资治通鉴校字记》同，今据改。［12］计：原无此字。据章钰校，甲十五行本、乙十一行本、孔天胤本皆有此字，今据补。〖按〗《通鉴纪事本末》卷四、《资治通鉴纲目》卷五下、《汉书·魏相传》皆有此字。［13］吉：原作“言”。据章钰校，甲十五行本、乙十一行本、孔天胤本皆作“吉”，熊罗宿《胡刻资治通鉴校字记》同，今据改。［14］论议：原作“议论”。据章钰校，甲十五行本、乙十一行本、孔天胤本二字皆互乙，今据改。〖按〗《资治通鉴纲目》卷五下、《汉书·萧望之传》皆作“论议”。［15］都成侯：原作“成都侯”。胡三省注云：“《功臣表》及《霍光传》皆作‘都成侯’，此承望之本传之误。”严衍《资治通鉴补》改作“都成侯”，当是，今据以校正。

---

## 【语译】

### 三年（戊午，公元前六三年）

春季，三月，汉宣帝下诏封故昌邑王刘贺为海昏侯。

三月初二日乙未，汉宣帝下诏说：“我身份低微时，御史大夫丙吉、中郎将史曾、史玄、长乐卫尉许舜、侍中、光禄大夫许延寿都对我有旧恩，还有已故的掖庭

掖庭令张贺，辅导朕躬[880]修文学经术[881]，恩惠卓异，厥功茂焉[882]。《诗》不云乎：'无德不报[883]。'封贺所子弟子[884]侍中、中郎将[885]彭祖为阳都侯，追赐贺谥曰阳都哀侯[886]，吉为博阳侯，曾为将陵侯，玄为平台侯，舜为博望侯，延寿为乐成侯。"贺有孤孙霸[887]，年七岁，拜为散骑、中郎将[888]，赐爵关内侯。故人下至郡邸狱复作[889]尝有阿保之功[890]者，皆受官禄、田宅、财物，各以恩深浅报之[891]。

吉临当封[892]，病。上忧其不起[893]，将使人就加印绋[894]而封之，及其生存[895]也。太子太傅夏侯胜[896]曰："此未死也[897]。臣闻有阴德[898]者必飨其乐[899]，以及子孙[900]。今吉未获报[901]而疾甚，非其死疾[902]也。"后病果愈[903]。

张安世自以父子封侯[904]，在位太盛，乃辞禄[905]，诏都内[906]别藏[907]张氏无名钱[908]以百万数。安世谨慎周密，每定大政，已决，辄移病出[909]。闻有诏令，乃惊[910]，使吏之丞相府问[911]焉。自朝廷大臣，莫知其与议[912]也。尝有所荐[913]，其人来谢，安世大恨，以为"举贤达能[914]，岂有私谢[915]邪?"绝弗复为通[916]。有郎[917]功高不调，自言安世，安世应曰："君之功高，明主所知，人臣执事[918]，何长短而自言乎[919]？"绝不许[920]。已而郎果迁[921]。安世自见父子尊显，怀不自安[922]，为子延寿求出补吏[923]，上以为北地[924]太守。岁余，上闵[925]安世年老，复征[926]延寿为左曹、太仆[927]。

夏，四月丙子[928]，立皇子钦为淮阳王[929]。皇太子[930]年十二，通《论语》《孝经》[931]。太傅疏广[932]谓少傅受[933]曰："吾闻'知足不辱，知止不殆[934]'。今仕宦[935]至二千石[936]，官成名立，如此不去[937]，惧有后悔。"即日，父子[938]俱移病[939]，上疏乞骸骨[940]。上皆许之，加赐黄金二十斤，皇

令张贺，亲自教导我学习儒家经典，他对我的恩德，最为深厚，他辅佐我的功劳最为卓著。《诗经》上不是有这样的话吗：‘有恩惠就要报答。’因此封已故掖庭令张贺从其弟弟张安世的儿子中过继的儿子，现任侍中、中郎将的张彭祖为阳都侯，追封掖庭令张贺为阳都哀侯，封御史大夫丙吉为博阳侯，封中郎将史曾为将陵侯，中郎将史玄为平台侯，封长乐卫尉许舜为博望侯，侍中、光禄大夫许延寿为乐成侯。”张贺还有一个早年失去父亲的孙子张霸，年仅七岁，汉宣帝任命张霸为散骑、中郎将，同时封为关内侯。在过去的老关系中，即使是那些在郡邸狱服劳役的犯人，只要是对皇曾孙有过关照之恩、保护之功的，都有封赏：或升官加禄，或赏赐田亩、住宅、财物，都是根据当时尽心尽力的程度、恩德的深浅给以报答。

就在汉宣帝要报答丙吉的旧恩、对他进行封赏的时候，丙吉却病势沉重。汉宣帝担心他的病好不了，就想趁他还活着的时候派人把印绶送到他的病榻之前。太子太傅夏侯胜劝阻说：“丙吉死不了。我听说，暗中做好事积了阴德的人必然要享受到幸福快乐，而且会把这种幸福快乐留传给他的子孙。如今，丙吉还没有受到报答却病势沉重，肯定不是致死的病。”后来，丙吉果然痊愈。

张安世因为自己父子二人全都被封为侯爵，官位太高、权势太重，于是请求辞去俸禄，汉宣帝于是下令由大司农的属官都内将张家没有领走的钱另外放在一个地方，后来竟然累积到一百万钱左右。张安世行为谨慎、思考周密，每当参与皇帝制定大政方针，一旦决定下来，总是推说有病请假离开宫廷回到私宅，就好像这次新政令的修订与他没有关系似的。等到皇帝颁布诏令时，才装作很吃惊的样子，赶紧派属吏到丞相府去询问。所以朝廷大臣，谁也不知道张安世曾经参与议论大政。他曾经向朝廷举荐某人，当那个被举荐的人上门来表示感谢的时候，张安世就非常生气，因为他觉得“自己是为国家举荐人才，让有才能的人到任，怎么能看作是私人感情，哪里需要私下里登门表示感谢呢?”于是与其断绝关系，不再与他往来。有一位郎官，功劳很大，却一直没有升迁，就自己向张安世请求，张安世答复他说：“先生功劳大，贤明的皇帝是知道的，我们做臣子的都是为朝廷办事，怎么可以评长论短，自己提出要求呢?”当面拒绝帮忙。但过了不久，那个郎官就得到提升。张安世自从父子二人同时获得高官显爵，内心就很不安，于是请求皇帝让自己的儿子张延寿离开京师到地方上去做官，汉宣帝于是任命张延寿为北地郡太守。过了一年多，汉宣帝怜悯张安世年纪太大，就又把张延寿调回长安，让他担任左曹、太仆。

夏季，四月十四日丙子，封皇子刘钦为淮阳王。皇太子刘奭虽然只有十二岁，却已经精通《论语》《孝经》。太傅疏广对少傅疏受说：“我听说‘知足的人不会受辱，懂得进退的人不会有危险’。如今我们居官任职已经做到了俸禄为二千石的高官，声誉也已经确立，如果还不肯离去，恐怕将来要后悔的。”当天，叔侄二人全都称说有病，上书给汉宣帝请求辞职、退休。汉宣帝全都批准，又额外赏赐他们每人黄金

太子赠以五十斤。公卿故人设祖道供张[941]东都门[942]外，送者车数百两[943]。道路观者皆曰："贤哉二大夫！"或叹息为之下泣[944]。

广、受归乡里[945]，日[946]令其家卖金共具[947]，请族人、故旧、宾客，与相娱乐。或劝广以其金为子孙颇立产业[948]者，广曰："吾岂老悖[949]不念子孙哉？顾[950]自有旧田庐[951]，令子孙勤力其中，足以共衣食[952]，与凡人齐[953]。今复增益之[954]以为赢余[955]，但教子孙怠堕耳[956]。贤而多财，则损其志[957]，愚而多财，则益其过[958]。且夫富者众之怨[959]也，吾既无以教化[960]子孙，不欲益其过而生怨[961]。又此金者，圣主所以惠养老臣[962]也，故乐与乡党[963]、宗族共飨其赐[964]，以尽吾余日[965]，不亦可乎？"于是族人悦服。

颍川[966]太守黄霸使邮亭、乡官[967]皆畜鸡、豚[968]，以赡鳏寡贫[16]穷者[969]。然后为条教[970]，置父老[971]、师帅[972]、伍长[973]，班行[974]之于民间，劝以为善防奸之意，及务耕桑、节用、殖财[975]、种树[976]、畜养，去浮淫之费[977]。其治，米盐靡密[978]，初若烦碎，然霸精力[979]能推行之。吏民见者，语次寻绎[980]，问它阴伏[981]以相参考，聪明识事[982]，吏民不知所出[983]，咸称神明，毫厘不敢有所欺[984]。奸人去入[985]他郡，盗贼日少[986]。霸力行教化[987]而后诛罚，务在成就全安长吏[988]。许丞[989]老，病聋，督邮[990]白欲逐之[991]。霸曰："许丞廉吏，虽老，尚能拜起送迎，正颇重听何伤[992]？且善助之[993]，毋失贤者意[994]！"或问其故，霸曰："数易[995]长吏，送故迎新[996]之费，及奸吏因缘[997]绝簿书[998]、盗财物，公私费耗甚多，皆当出于民。所易新吏又未必贤，或不如其故[999]，徒相益为乱[1000]。凡治道[1001]，去其泰甚[1002]者耳。"霸以外宽内明[1003]，得吏民心，户口岁增，

二十斤，皇太子也赠送他们每人五十斤黄金。离开京城的时候，满朝的公卿大夫以及亲朋故友全都到东都门外举办宴会为他们送行，送行的车辆有好几百辆。沿途观看的人都说："这两位大臣太贤明了！"有人甚至感动得流下泪来。

疏广和疏受回到故里，每天都让家人变卖黄金、摆设酒宴，宴请族人、亲朋故友以及宾客，与大家共享欢乐。有人劝说疏广，让他用黄金为自己的子孙置办一些家产，疏广说："我难道是老糊涂了不知道顾念子孙吗？关键是家里原本有田亩房舍，只要子孙们勤奋劳作，完全可以做到衣食无忧，像普通人那样生活。如果现在为他们增置田产，让他们生活得更富裕，那就只会让儿孙们越来越懈怠懒惰。如果儿孙贤能，但因为财产很多，就会磨损他们的上进心，如果子孙生性愚蠢，太多的财产将会助长他们犯更多的错误。再说，有钱人很容易招致众人的怨恨，我既然没有良好的办法对子孙进行教育感化，就更不能用增加财产来助长他们犯错误以招致怨恨。而且，这些金子是圣明的皇帝恩赐给我养老用的，所以我很乐意用这些金钱与乡亲、朋友、族人共同分享这份恩典，以此打发我晚年的时光，这不是很好吗？"族人听了都心悦诚服。

颍川太守黄霸要求自己管辖之下的邮亭和下级官吏都要畜养鸡、猪，用来赡养那些鳏寡、贫穷之人。然后制定出有关教育的规章条文，设置掌管教化的父老，当老师、作表率的师帅，五家设置一个伍长等，在民间颁布实行，劝导人民做好事善事、去除邪恶，以及督促人民耕田种桑、节约用度、增殖财货、种植树木、蓄养家畜家禽，禁止没有实际用途的开销。黄霸治理颍川，就连柴米油盐这样琐碎繁杂的事情都要过问，开始时好像很烦琐杂乱，但黄霸尽心竭力，坚持把它推行到底。当他与下属官吏和平民百姓接触的时候，说话之间注意分析思考，总是能发现问题，就连一些极其隐秘的事情也能被他询问出来作为参考。由于他处世精明、善于记忆，那些官吏和百姓根本不知道他的判断是怎么得出来的，都认为他有神明相助，因此对他不敢有丝毫的欺瞒。那些奸邪之人也都跑到别的郡县，因此颍川的盗贼日益减少。黄霸首先努力推行教化，然后才对罪犯进行惩罚，目的是使下属获得成功获得安全。许县的一个县丞年纪很大了，耳朵又聋，许县的督邮向黄霸禀报想将他辞退。黄霸说："许县丞是一个廉洁的官吏，虽然年纪大了，但还能够跪拜起立，送往迎来，即使耳朵有点聋，于公务又有什么妨害呢？还是好好地帮助他吧，不要使善良的人感到伤心！"有人问他为什么要这样做，黄霸说："频繁地更换地方官吏，肯定免不了要送旧迎新，这是一笔不小的开支，而那些奸猾的官吏往往要利用交接班的机会，销毁簿册档案，盗取国家财物，国家和私人都会耗费很多，而这些消费还不是都出在百姓的身上。何况所更换的新官吏又未必贤能，有的甚至还不如原来的，这样一来反而增加了混乱。治理的方法，只不过是把太过分的人去掉罢了。"黄霸外表待人宽厚，而心如明镜，很受官吏和百姓的拥护，颍川的户口每年都有增加，考核成绩

治[1004]为天下第一，征守京兆尹[1005]。顷之，坐法连贬秩[1006]，有诏复归颍川为太守，以八百石居[1007]。

**四年（己未，公元前六二年）**

春，正月，诏："年八十以上，非诬告、杀伤人[1008]，他皆勿坐[1009]。"

右扶风尹翁归卒，家无余财。秋，八月，诏曰："翁归廉平乡正[1010]，治民异等[1011]。其赐翁归子黄金百斤，以奉祭祀。"

上令有司[1012]求[1013]高祖功臣子孙失侯[1014]者，得槐里[1015]公乘周广汉[1016]等百三十六人，皆赐黄金二十斤，复其家[1017]，令奉祭祀[1018]，世世勿绝。

丙寅[1019]，富平敬侯张安世[1020]薨。

初，扶阳节侯韦贤[1021]薨，长子弘有罪系狱[1022]，家人矫贤令[1023]，以次子大河都尉[1024]玄成为后[1025]。玄成深知其非贤雅意[1026]，即阳为病狂[1027]，卧便利[1028]，妄笑语[1029]，昏乱。既葬[1030]，当袭爵[1031]，以狂不应召[1032]。大鸿胪奏状[1033]，章[1034]下丞相、御史按验[1035]。按事丞相史[1036]乃与玄成书曰："古之辞让[1037]，必有文义可观[1038]，故能垂荣于后[1039]。今子独坏容貌[1040]，蒙耻辱为狂痴[1041]，光曜晻而不宣[1042]，微哉子之所托名也[1043]！仆素[1044]愚陋，过为丞相执事[1045]，愿少闻风声[1046]，不然，恐子伤高[1047]而仆为小人[1048]也。"玄成友人侍郎章[1049]亦上疏言："圣王贵以礼让为国，宜优养[1050]玄成，勿枉[1051]其志，使得自安衡门之下[1052]。"而丞相、御史[1053]遂以玄成实不病，劾奏[1054]之。有诏勿劾，引拜[1055]。玄成不得已，受爵。帝高其节[1056]，以玄成为河南[1057]太守。

车师王乌贵之走乌孙[1058]也，乌孙留不遣[1059]。汉遣使责乌孙[1060]，乌孙送乌贵诣阙[1061]。

在全国总是排名第一，因此皇帝征召其到长安，任命他为京兆尹。但过了没多久，就因为犯法，官阶被一降再降，俸禄一减再减，后来汉宣帝下诏，让黄霸仍旧回到颍川担任颍川太守，是以八百石的官阶担任这一职务。

**四年（己未，公元前六二年）**

春季，正月，汉宣帝下诏说："凡是年满八十岁以上，只要不是犯了诬告罪或是杀死、杀伤别人的罪过，所犯其他罪过都不予追究。"

担任右扶风的尹翁归去世，他的家里没有一点多余的财产。秋季，八月，汉宣帝下诏说："尹翁归为官一向清正廉洁、公平正派，治民的政绩出类拔萃。赏赐翁归的儿子黄金一百斤，作为祭祀翁归的费用。"

汉宣帝下令，让有关部门的官员访求汉高祖刘邦时期的功臣子孙中由于种种原因而失去了祖先被封的世袭侯爵的人，于是找到了槐里县具有公乘爵位的周广汉等一共一百三十六人，汉宣帝赏赐他们每人黄金二十斤，并免除了他们全家的赋税和徭役，让他们对其祖先进行祭祀，世世代代不要断绝。

八月十一日丙寅，富平敬侯张安世去世。

当初，扶阳节侯韦贤去世，他的长子韦弘恰巧因犯罪被关押在监狱中，韦贤的家人就伪造韦贤的遗嘱，让二儿子、当时担任大河都尉的韦玄成为继承人，承袭其扶阳侯的爵位。韦玄成知道这不是父亲韦贤的本意，于是立即假装疯癫，躺卧在污秽的粪便之中，嘴里还无法控制地说笑，搞得一片混乱。等到韦贤的丧事完毕，韦玄成应该起来继承父亲爵位的时候，他又装作疯癫而不接受皇帝的诏命。大鸿胪将韦玄成的情况向汉宣帝奏报之后，汉宣帝将大鸿胪的奏章交付给丞相和御史，让他们对韦玄成的情况进行查验。前来进行核查工作的丞相属吏丞相史就给韦玄成写了一封信，他在信中说："古代推辞做官的人，必定要有一篇有正当理由、有华丽文采的可供流传的文章，才能将其光荣的事迹流传于后世。而先生你却让自己的形容龌龊、装疯卖傻做出一副不嫌丢人的样子，把你固有的那种美好容仪都掩藏起来，你为了推辞继承父亲的侯爵所找的这个借口实在是不怎么样！我这个人向来愚蠢、孤陋寡闻，勉强地在丞相手下做点事情，希望你能稍微了解一下外面对你这种表现的反应，否则的话，我担心你的这种清高会受到损害，而我也会因为秉公办事、向朝廷检举你而被人骂为小人了。"玄成的朋友、担任侍郎的名字叫作章的也上书给汉宣帝说："圣明的君主一向推崇以礼让治国，所以对于韦玄成应当给予优待，不要强迫他改变自己的志向，使他能够安心地在家中过他的隐居生活。"而丞相和御史则因为韦玄成没病装病，上书对他进行举报和弹劾。汉宣帝下诏制止大臣们的弹劾，并将韦玄成唤入朝中，授予他官爵。韦玄成迫不得已，只好接受。汉宣帝认为韦玄成的品节高尚，就任命他为河南太守。

车师国王乌贵逃到乌孙国，乌孙国王将他扣留，不放他回国。汉朝派遣使者到乌孙就此事责备乌孙王，乌孙王派人将车师国王乌贵送交朝廷，由朝廷进行处置。

初，武帝开河西四郡[1062]，隔绝羌[1063]与匈奴相通之路，斥逐[1064]诸羌，不使居湟中[1065]地。及帝即位[1066]，光禄大夫义渠安国[1067]使行诸羌[1068]，先零豪[1069]言："愿时渡湟水北[1070]，逐民所不田处畜牧[1071]。"安国以闻[1072]。后将军赵充国[1073]劾安国奉使不敬[1074]。是后羌人旁缘前言[1075]，抵冒[1076]渡湟水，郡县不能禁。

既而先零与诸羌种豪[1077]二百余人解仇、交质、盟诅[1078]。上闻之，以问赵充国，对曰："羌人所以易制[1079]者，以其种自有豪[1080]，数相攻击，势不壹[1081]也。往三十余岁[1082]西羌反时，亦先解仇合约攻令居[1083]，与汉相距[1084]，五六年乃定[1085]。匈奴数诱羌人，欲与之共击张掖、酒泉地，使羌居之。间者[1086]匈奴困于西方[1087]，疑其更遣使[1088]至羌中与相结[1089]。臣恐羌变未止此[1090]，且复结联他种[1091]，宜及未然[1092]为之备。"后月余，羌侯狼何[1093]果遣使至匈奴藉兵，欲击鄯善[1094]、敦煌以绝汉道[1095]。充国以为："狼何势不能独造此计，疑匈奴使已至羌中，先零、罕、幵乃解仇作约[1096]。到秋马肥，变必起[1097]矣。宜遣使者行边兵[1098]，豫为备[1099]，敕视[1100]诸羌，毋令解仇[1101]，以发觉其谋。"于是两府[1102]复白遣义渠安国行视诸羌[1103]，分别善恶。

是时，比年丰稔[1104]，谷石五钱[1105]。

---

**【段旨】**

以上为第四段，写宣帝元康三年（公元前六三年）、四年两年间的全国大事。本段主要写了张安世死，与张安世任首辅的极力谦退；写了韦玄成装疯，不欲继其父韦贤之侯爵；写了疏广、疏受的双双引退、见好就收，以及疏广的教子之道，令其自力更生；写了黄霸为颍川太守的治郡有方，政绩天下第一，以及赵充国治理西羌的方略；等等。

当初，汉武帝开辟了河西走廊的四个郡，截断了羌人与匈奴往来的通道，并将那些羌人驱逐，不让他们在湟中地居住。等到汉宣帝继位做了皇帝，光禄大夫义渠安国以汉朝使者的身份到那些羌人聚居的地方巡视，先零部落的酋长向他请求说："希望能够不时地渡过湟水，到北边那些无人耕种却又水草茂盛的地方去放牧牛羊。"义渠安国把先零羌人的要求奏报给汉宣帝。担任后将军的赵充国弹劾义渠安国故意违背先朝的规定，没有当即驳回先零人的要求。随后，先零羌人就按照他们以前向义渠安国请求时所说的样子，硬是不顾汉朝的禁令，向北渡过湟水放牧，当地郡县无法禁止。

不久，先零羌与其他的羌人部落首领二百多人化解了仇恨，并互送人质，结成联盟。汉宣帝得知消息后，就向赵充国征询意见，赵充国回答说："过去羌人之所以容易被我们控制，是因为羌人每个部落有每个部落的首领，部落之间又经常互相攻打，势力不能统一。三十多年以前西羌叛乱时，各部落之间也是先化解了仇怨、订立和约，然后共同攻打令居，与汉朝相对抗，经过了五六年的时间才将其平定。匈奴多次地引诱羌人，想要与羌人联合起来攻取张掖、酒泉，让羌人定居在那里。不久前，匈奴人在西方受到重创，我怀疑目前羌人的动向是匈奴派使者到羌人居住的地方进行活动的结果。我担心羌人的变乱不会到此为止，恐怕会再次与其他部落联合，应该趁他们没有采取行动之前赶紧做好应变的准备。"过了一个多月，羌侯狼何果然派使者到匈奴去借兵，准备攻打鄯善、敦煌，以截断汉朝通往西域的道路。赵充国认为："仅凭狼何的势力，绝对想不出这样的办法，怀疑匈奴的使者已经到了羌人中间进行活动，因此，先零、罕、开等部落才抛开仇怨订立盟约。到秋高马肥之时，变乱必定要发生。应该派遣使者到边防部队去视察，让他们预先做好应敌的准备，同时告诫羌人，不要让他们化解仇怨、联合起来，要在羌人中揭露匈奴的阴谋。"于是，丞相府和御史府再次向汉宣帝奏请派义渠安国到羌人聚居地去巡行视察，区分各羌人部落的好坏。

当时，已经是连年粮食丰收，每石谷子的价钱只有五个铜钱。

---

**【注释】**

⑧74海昏侯：封地海昏县，即今江西建昌。⑧75乙未：三月初二。⑧76微眇：身份低微。⑧77史曾、史玄：宣帝祖母史良娣的亲属。⑧78许舜：宣帝故许皇后的亲属。⑧79许延寿：宣帝故许皇后的亲属。⑧80朕躬：我本身；我本人。⑧81文学经术：即指儒学义理。⑧82厥功茂焉：其功甚伟。厥，其。茂，伟大、美好。⑧83无德不报：有恩惠就要报答。诗句见《诗经·抑》。⑧84所子弟子：所认作儿子的那个其弟张安世的儿子，即张彭

祖。⑻侍中、中郎将：中郎将是实际职务，侍中是加官。⑻阳都哀侯：追封张贺为阳都侯，哀字是谥。⑻孤孙霸：早年失去父亲的孙子张霸。⑻散骑、中郎将：散骑是加官，中郎将是实职，但由于其年纪幼小，故而中郎将也就成了虚名。⑻郡邸狱复作：在郡邸狱服劳役的犯人。郡邸狱，关押各郡、国来京犯罪人员的监狱。复作，苦役犯。⑻阿保之功：曾对宣帝有过生活方面的关照、保护的功劳。⑻以恩深浅报之：按所蒙受其恩情的多少大小予以报答。⑻吉临当封：丙吉就要受封了。⑻不起：指就此死去。⑻就加印绋：把印绶送到他家里系在他身上。绋，意思同"绶"，系印的丝带。⑻及其生存：趁他还活着。⑻太子太傅夏侯胜：太子太傅是太子的辅导官。夏侯胜是当时著名的儒生，先曾以《尚书》教昭帝皇后，《汉书》有传。⑻此未死也：丙吉是死不了的。⑻阴德：暗中为人做好事。⑻飨其乐：必然要享受到幸福快乐。飨，通"享"。⑼以及子孙：而且要把这种幸福快乐传给他的子孙。⑼未获报：还没有受到报答。⑼非其死疾：不是要命的病。⑼愈：痊愈。⑼父子封侯：张安世封富平侯，其少子彭祖封阳都侯。⑼辞禄：辞去俸禄不领。⑼都内：大司农的属官，掌守国库钱财。⑼别藏：另放在一个地方。⑼张氏无名钱：张家没有领走的钱。名，占有，使之属己。⑼辄移病出：总是上书请病假离开宫廷，好像这次新政令的制定与他没有关系一样。移病，上书请病假。出，离开宫廷。以他为首的"内朝"在宫内。⑼乃惊：装作自己根本不知道的样子。⑼之丞相府问：到丞相府询问。⑼与议：参与了商量、制定。⑼有所荐：推荐了某个人。⑼达能：任能，使能者到任。⑼岂有私谢：哪有私人感情，哪用私下感谢。⑼绝弗复为通：与之断绝，不再与之来往。⑼郎：皇帝身边的低级侍从人员，有郎中、中郎、侍郎等名目，上属光禄勋。⑼人臣执事：当臣子的都是为朝廷做事。⑼何长短而自言乎：有什么优点缺点值得自己来讲呢。⑼绝不许：回绝了他，不答应他的请求。⑼已而郎果迁：不久这个郎官就得到了提升。⑼怀不自安：内心总感到不踏实。⑼求出补吏：请求出京到地方上任职。⑼北地：汉郡名，郡治马领，在今甘肃庆阳西北。⑼闵：通"悯"，怜惜。⑼征：召之进京。⑼左曹、太仆：太仆是实职，九卿之一，为皇帝赶车；左曹是加官名，掌尚书事。⑼四月丙子：四月十四。⑼淮阳王：淮阳国的都城即今河南淮阳。⑼皇太子：刘奭，已故的许皇后所生，即日后的汉元帝。⑼《论语》《孝经》：都是儒家的经典名，后来都被列入"十三经"。《论语》是孔子弟子及其后学所编，是一部记录孔子思想言行的书。《孝经》是宣扬孝道和以孝治国的书，大约出自西汉人之手。⑼疏广：西汉后期的著名儒生。事迹详见《汉书》本传。⑼少傅受：疏受，疏广之侄。⑼知足不辱二句：见《老子》。不辱，不会受辱。不殆，不会有危险。⑼仕宦：居官任职。⑼二千石：官阶名，朝官中的太子太傅、太子少傅、典属国、詹事与地方官中的郡守、诸侯相等皆为二千石。⑼如此不去：已经达到了这一步，如果还不赶紧辞职。⑼父子：即指叔侄。⑼移病：上书称说有病。⑼乞骸骨：谦称请求退职、离休。⑼设祖道供张：举办宴会送行。祖道，出行前祭祀路神。供张，搭起帐篷，排设酒筵。⑼东都门：长安城一个东门的名字。⑭数百两：好几百辆。两，通“辆”。⑭下泣：落泪。⑭归乡里：回到老家。二疏是东海郡的兰陵县（即今山东枣庄东南）人。⑭日：每天；天天。⑭卖金共具：将黄金变换成铜钱，给乡亲们大摆酒席。共具，也写作“供具”，即摆酒席。⑭颇立产业：置办一些家产。颇，一些。⑭老悖：老糊涂。⑭顾：犹如今之所谓“问题是”“关键是”。⑮旧田庐：旧日的田地房产。⑮共衣食：解决衣食之需，指维持日常生活。⑮与凡人齐：做一个普通人。⑮今复增益之：如果再给他们额外增添。⑮以为赢余：让他们生活得更加富裕。⑮但教子孙怠堕耳：那就只有让儿孙们越来越懒。但，只有。怠堕，懒惰。堕，通“惰”。⑮损其志：消磨他们的上进心。⑮益其过：助长他们犯更多的错误。⑮富者众之怨：富贵人是遭众人怨恨的。⑯无以教化：没有什么办法教育感化。⑯不欲益其过而生怨：不想再助长他们犯错误以招人恨。⑯惠养老臣：这是给我养老用的。⑯乡党：乡亲。乡、党都是古代的基层编制名，意思同于“乡里”。⑯共飨其赐：共同享受这朝廷的赏赐。飨，通“享”。享受。⑯以尽吾余日：以度我的晚年时光。⑯颍川：汉郡名，郡治阳翟，即今河南禹州市。⑯邮亭、乡官：古代基层的行政单位。县以下设乡，乡以下设亭，都有掌管教化与缉捕盗贼的小吏。古时设在驿路沿途以供应过往官员食宿的旅舍也叫亭。有时一亭具有两种功能。⑯畜鸡、豚：养鸡养猪。⑯赡鳏寡贫穷者：赡养鳏寡、贫穷的人。古时无妻称鳏，无夫称寡。⑰条教：有关教育的规章条文。⑰父老：即“三老”，掌教化的乡官。⑰师帅：当教师、当表率的人。帅，通“率”。⑰伍长：古代以五家为伍，设伍长一人。⑰班行：颁布施行。班，同“颁”。⑰殖财：生财；增产。⑰种树：种植。⑰去浮淫之费：禁止没有实际用途的开销。浮淫，犹今所谓花里胡哨。⑰米盐靡密：琐碎繁杂。⑰精力：用心用力。⑱语次寻绎：说话之间注意分析思考。⑱问它阴伏：询问其他隐藏的情况。⑱识事：善于记忆。识，通“志”，记。⑱不知所出：不知道他的判断是怎么得出来的。⑱欺：骗；说假话。⑱去入：逃到。⑱盗贼日少：指颍川郡的盗贼日少。⑱力行教化：首先强调思想教育。⑱成就全安长吏：使自己的下属获得成功获得安全。⑱许丞：许县的县丞。许县的县治在今河南许昌东；县丞是县令的助手。⑲督邮：郡太守的属吏，主管巡视督察各属县。⑲白欲逐之：禀告黄霸建议令其离职。⑲正颇重听何伤：即使耳聋有何关系。颇，有些。重听，耳聋。⑲善助之：好好帮助他。⑲毋失贤者意：别叫善良的人伤心。毋，通“勿”。⑲数易：频繁地更换。⑲送故迎新：故吏离职、新吏上任。⑲因缘：趁此交接班的机会。⑲绝簿书：销毁簿册档案。⑲或不如其故：有的还不如原来的。或，有的。⑩徒相益为乱：只有增加混乱。徒，只。益，增加。⑩治道：办事的原则。⑩去其泰甚：去泰、去甚，以求中庸、平稳。意思出自《论语》。泰、甚，都是过分的意思。泰，通“太”。⑩外宽内明：表面宽和，心明如镜。⑩治：政绩。⑩征守京兆尹：调进京城代理京兆尹职务。京兆尹是长安城及其部分郊区的行政长官。⑩坐法连贬秩：因为犯法一连降级。⑩以八百石居：以八百石的官阶任太守之职。〖按〗郡国守相通常官秩为二千石，黄霸连续贬级，已贬到了八百石，比一个县令略高一点，不知具体因为何事。⑩⑧非诬告、杀伤人：只要不是诬告别人或是有杀死、杀伤别人的罪过。⑩⑨他皆勿坐：犯有其他罪过的人都可以不论罪。坐，治罪。⑩⑩乡正：公正。乡，通“向”。⑩⑪治民异等：治民的政绩出类拔萃。⑩⑫有司：主管此事的官吏。⑩⑬求：寻找；寻访。⑩⑭子孙失侯：由于其子孙的种种原因，其祖先被封的世袭侯爵被废除。⑩⑮槐里：汉县名，县治在今陕西兴平东南。⑩⑯公乘周广汉：现有“公乘”之爵位的周勃的后代子孙名周广汉。“公乘”是秦汉时代二十级爵位的第八级。这种爵位可以通过战场立功取得，也可以向国家缴纳粮食或钱财买得。有此爵的人可以享受不同等级的特权，七级以上可以免除徭役、兵役。⑩⑰复其家：给其家免除赋税徭役。⑩⑱奉祭祀：奉行对其祖先周勃的祭祀。⑩⑲丙寅：八月十一。⑩⑳富平敬侯张安世：张安世被封为富平侯，敬字是其死后的谥。⑩㉑扶阳节侯韦贤：韦贤是西汉后期的著名儒生，从宣帝本始三年（公元前七一年）继蔡义为丞相，封扶阳侯；地节三年（公元前六七年）以老病辞职。死后谥为“节”。事迹详见《汉书》本传。⑩㉒有罪系狱：韦弘时为奉常，因宗庙事系狱。⑩㉓矫贤令：假称韦贤生前的遗命。⑩㉔大河都尉：大河郡的都尉。大河郡的郡治无盐，在今山东东平东；都尉是掌管郡中军事的武官。⑩㉕为后：为继承人，继承其扶阳侯的爵位。⑩㉖非贤雅意：不是韦贤固有的意思。⑩㉗阳为病狂：假装疯癫。阳，通“佯”，假装。⑩㉘卧便利：在床上大小便。⑩㉙妄笑语：无法控制地说笑。⑩㉚既葬：韦贤下葬后。⑩㉛当袭爵：韦玄成当起来继承其父的侯爵。⑩㉜以狂不应召：以癫狂为由不应皇帝的诏命。⑩㉝大鸿胪奏状：大鸿胪把韦玄成的情况奏明皇帝。大鸿胪原称“典客”，主管少数民族事务，并在朝廷襄赞礼仪等。⑩㉞章：指大鸿胪的上奏。⑩㉟按验：核查韦玄成的情况。⑩㊱按事丞相史：前来进行核查工作的丞相的属吏。丞相史，丞相属下的文秘人员。⑩㊲辞让：指推辞做官。⑩㊳必有文义可观：必然要有一篇有正当理由、有华丽文采的可供流传的文章。⑩㊴垂荣于后：让你的光荣事迹流传于后世。⑩㊵坏容貌：让自己的形容龌龊。⑩㊶蒙耻辱为狂痴：装疯卖傻做出一副不嫌丢人的样子。⑩㊷光曜晻而不宣：把你固有的那种美好容仪都掩藏了起来。⑩㊸微哉子之所托名也：你所找的这个推辞继承侯爵的借口可真不怎么样啊。微，少。托名，借口。⑩㊹素：平素；向来。⑩㊺过为丞相执事：勉强地在丞相手下做点工作。过，谦辞，犹“谬”。⑩㊻少闻风声：稍微听听外头对你这种表现的反应，意思是赶紧打住。⑩㊼恐子伤高：我怕你的高风要受到损害，意即被揭穿。⑩㊽仆为小人：而我也只好秉公而办，不得不在你这个问题上当一回小人了。⑩㊾侍郎章：皇帝的侍从人员名章，史失其姓。⑩㊿优养：优待。1051枉：委屈；歪曲。1052自安衡门之下：安心地在家中当个隐士。衡门，横木为门，指贫穷者或隐士居住的房舍。1053丞相、御史：指魏相与丙吉。1054劾奏：弹劾、举报。1055引拜：唤其入朝，授以官爵。1056高其节：以其品节为高。1057河南：

汉郡名，郡治在今河南洛阳东北。⑩⑤⑧乌贵之走乌孙：事见本书宣帝地节三年。⑩⑤⑨留不遣：将其扣留，不放其回国。⑩⑥⓪责乌孙：此时的乌孙王名翁归靡，其妻即汉之乌孙公主名解忧。⑩⑥①诣阙：送交朝廷，由朝廷处置。阙，宫门。⑩⑥②河西四郡：指河西走廊上的武威、张掖、酒泉、敦煌四郡。⑩⑥③羌：古代少数民族名，汉时分居住在今青海和与之邻近的甘肃、四川一带地区。⑩⑥④斥逐：驱赶。⑩⑥⑤湟中：指今青海内的湟水流域，是青海最富饶的地方。湟水源于今青海海晏之包呼图山，流经西宁，东流至甘肃兰州西入黄河。⑩⑥⑥及帝即位：此帝指宣帝，宣帝于公元前七三年即皇帝位。⑩⑥⑦义渠安国：姓义渠名安国，义渠原是战国时代的少数民族名，后遂演化为姓。⑩⑥⑧使行诸羌：出使到羌族的各个部落中去。⑩⑥⑨先零豪：先零部落的酋长。先零是羌族的一个部落名，当时约居住在今青海东南部一带地区。⑩⑦⓪时渡湟水北：时而渡过湟水，到湟水以北。⑩⑦①逐民所不田处畜牧：到那些没有人种田的地方放牧。逐，到、追求。田，农耕。〖按〗从先零人的角度说，这是回到他们原来的地方；从汉王朝的角度说，这是想破坏武帝当年的计划。⑩⑦②安国以闻：义渠安国把先零人的请求报告皇帝。⑩⑦③赵充国：西汉后期的名将，此时任后将军。⑩⑦④奉使不敬：故意违背先朝的规定，不对先零人的要求当即驳回。⑩⑦⑤旁缘前言：按照他们以前所说的样子。旁，通“傍”，沿着。⑩⑦⑥抵冒：硬是；不顾一切地。⑩⑦⑦诸羌种豪：各个羌族部落的头领。⑩⑦⑧解仇、交质、盟诅：消除以往仇恨，相互派遣人质，共同宣誓结盟。⑩⑦⑨易制：容易被我所制。⑩⑧⓪自有豪：各部落都有各自的头领，互不相下。⑩⑧①势不壹：势力不能统一。⑩⑧②往三十余岁：三十多年前。⑩⑧③令居：汉县名，县治在今甘肃永登西北。⑩⑧④相距：相对抗。距，通“拒”。⑩⑧⑤五六年乃定：胡三省曰：“武帝元鼎五年西羌反，攻故安、枹罕，次年即平，至是五十一年。”⑩⑧⑥间者：前些时候。⑩⑧⑦匈奴困于西方：指宣帝本始三年，匈奴为乌孙所破。⑩⑧⑧更遣使：又派遣使臣。⑩⑧⑨与相结：与羌人联合。⑩⑨⓪羌变未止此：羌族人的变乱不会到此为止，指仅仅渡过湟水。⑩⑨①且复结联他种：他们一定要联合其他部落。他种，别的部族。⑩⑨②宜及未然：应趁他们还未及广泛联合。⑩⑨③羌侯狼何：羌族头领名叫狼何。⑩⑨④鄯善：西域古国名，原称楼兰，都城在今新疆罗布泊之西北角；后来改称鄯善，都城即今新疆若羌。⑩⑨⑤绝汉道：断绝汉与西域诸国间的往来通道。⑩⑨⑥先零、罕、开乃解仇作约：一定是先零人、罕人、开人都已化解仇恨，联合起来。罕、幵都是羌族的部落名，当时居住在今甘肃兰州以南地区。⑩⑨⑦变必起：必然要发动对汉王朝的叛乱。⑩⑨⑧行边兵：巡察边防部队，令其提高战备意识。⑩⑨⑨豫为备：早做准备。豫，通“预”。⑪⓪⓪敕视：告诫。视，通“示”。⑪⓪①毋令解仇：不让他们化解怨仇。⑪⓪②两府：指丞相府、御史大夫府。⑪⓪③行视诸羌：到羌族的各部落中巡行视察。⑪⓪④比年丰稔：连年丰收。⑪⓪⑤谷石五钱：每石谷价值五个铜钱。汉时的一斗约当今之五升。

## 【校记】

［16］贫：原无此字。据章钰校，甲十五行本、乙十一行本、孔天胤本皆有此字，今据补。〖按〗《资治通鉴纲目》卷五下有此字。

## 【研析】

本卷写了宣帝地节三年（公元前六七年）至元康四年（公元前六二年）共六年间的全国大事，其中可议论的问题有以下四方面。

第一，关于霍氏家族被诛灭的问题。霍氏家族除霍光一人尚未见有原发性的大罪外，其他如其妻、其子、其女，都可谓是穷凶极恶。霍光妻毒死了许皇后，又送其女霍成君入宫当了皇后，霍光对前者开始不知道，知道后不举发，是谓包庇；接着又与其妻一同送女入宫，用心不良，霍光可以说是同谋。霍光死后，其妻不思悔改，又指使其女毒杀许皇后所生的皇太子，其女竟毫不反对，只是由于太子左右防范严密，霍成君无法下手而已，霍成君分明是同谋要犯。接着霍光妻又指使其外孙女，即昭帝上官皇后，以“皇太后”的名义召皇帝、丞相等人入长信宫，由霍禹等杀死丞相等人，而由“皇太后”下令废掉汉宣帝，改立霍光的儿子霍禹为皇帝。在此，霍光的外孙女，也就是当时所谓的“皇太后”也公然成了霍氏集团的骨干同谋。至此，霍氏一门的穷凶极恶可谓到了登峰造极的程度，都死有余辜。而司马光发表评论，还指责汉宣帝未能及早裁抑，到时候又不给霍光留下一些后代，说汉宣帝这是“亦少恩哉”，这些评论分明是对霍光过于宽容了。不错，汉宣帝对霍光早就怀恨于心了，要诛灭霍氏家族也是汉宣帝早已想好的事情。但说汉宣帝对霍氏加官晋爵是“酝酿以成”之，则是未能考虑宣帝当时之处境。宣帝是霍光召立的，朝里朝外，孤立一人，霍光妻竟敢公然毒死许皇后，宣帝都没敢过问，你说他当时还敢“裁抑”霍家的一根毫毛？幸亏霍光死了，宣帝迅即应大臣之请，任命张安世为辅政大臣，到这时宣帝个人的安全才开始有了一些保障。霍氏家族势力与其关系网的形成，霍光是无法摆脱其干系的。宫里有一个皇后，一个皇太后；宫外有一个儿子、两个侄孙，再加上一个姐婿、四五个女婿、群孙婿等等；其妻则更肆无忌惮地出入宫廷，穿针引线，坐镇指挥。这群黑暗势力如不彻底扫清，哪有汉宣帝的存身之处？因此班固说霍光“不学亡术，暗于大理，阴妻邪谋，立女为后，湛溺盈溢之欲，以增颠覆之祸”。钱时说霍光妻“既杀许后而立其女，又教其女杀太子，为外孙他日之地，覆宗绝嗣，岂足怪哉?”说霍光“虽竭节于国而不能正其家，有盖世之功而不能免赤族之祸，可为万世戒矣”。

第二，关于宣帝消灭霍氏集团后，起用许、史、王氏一干新外戚与昔日之故人。史文在写到宣帝剥夺了霍氏诸人的权柄后，说“诸领胡、越骑、羽林及两宫卫将屯兵，悉易以所亲信许、史子弟代之”；随后又说“是岁，求得外祖母王媪及媪男无故、武。上赐无故、武爵关内侯。旬月间，赏赐以巨万计”。宣帝对于早年受过关照的故人感情深厚，对于丙吉、史曾、史玄、许延寿、张贺等都封之为侯，“贺有孤孙霸，年七岁，拜为散骑、中郎将，赐爵关内侯。故人下至郡邸狱复作尝有阿保之功者，皆受官禄、田宅、财物，各以恩深浅报之”。宣帝幼年深遭艰难凶险，对故人抱有感激之情是可以理解的，多有赏赐亦理所当然。王吉曾上书议及此曰：“外家及故人可厚以财，不宜居位。”钱时说霍光：“但知遍置亲族，植党与以自固，而不悟国之名器，非我一家之私物也。宣帝黜削其权，大明公道，选天下忠贤而用之，夫谁曰不可？奈何夺之霍氏，而复易以所亲信许、史之子弟乎？”武帝以前，外戚控制朝权的现象应该说是没有的，吕氏有过昙花一现，但旋即被灭，而且其形成过程与其专权形式也与昭帝以后的外戚专权大不相同。自从昭帝有霍氏，宣帝有许、史、王氏，元帝以后有王氏，这以后的外戚遂不仅位压群僚，且把皇帝看同傀儡，直到王莽篡汉而后已。因此，昭帝、宣帝时代的外戚掌权是特别应该总结、研究的。

第三，由于宣帝自幼生长于民间，故而“知民事之艰难”；又“具知闾里奸邪，吏治得失”，这对于一个皇帝的成长应该说是一种非常重要的经历。宣帝常说：“庶民所以安其田里而亡叹息愁恨之心者，政平讼理也。与我共此者，其唯良二千石乎！”因此他很注意考核地方官的政绩，因而汉代地方官的故事也多流传于民间。本卷讲到了东海太守尹翁归、颍川太守黄霸，其中北海太守龚遂的事迹分外令人感慨。北海郡由于灾荒而民变蜂起，宣帝派龚遂前往治理。龚遂提出：“治乱民犹治乱绳，不可急也，唯缓之，然后可治。臣愿丞相、御史且无拘臣以文法，得一切便宜从事。”龚遂乘传车到达勃海后，移书敕属县：“悉罢逐捕盗贼吏，诸持锄、钩、田器者皆为良民，吏毋得问，持兵者乃为贼。”结果是“盗贼闻遂教令，实时解散，弃其兵弩而持钩、锄，于是悉平”。而后遂赈济贫民，发展生产，使一方百姓安土乐业。这样的地方官岂不令人敬佩？

第四，本卷写了丙吉、疏广两个人物的为人行事，值得称道。丙吉在宣帝幼年遭难时有救护之大功，但宣帝即位后丙吉从未自言。直到后来在一个偶然的事件中被连带引出时，宣帝才明白了其中的真相。“然后知吉有旧恩而终不言，上大贤之”。疏广与其侄疏受同以儒生为太子的师傅，后自动请求解职回家，带着较高的俸禄过起闲散生活。当有人劝他为子孙购置产业时，疏广说：“吾岂老悖不念子孙哉？顾自有旧田庐，令子孙勤力其中，足以共衣食，与凡人齐。今复增益之以为赢余，但教子孙怠堕耳。贤而多财，则损其志，愚而多财，则益其过。且夫富者众之怨也，吾既无以教化子孙，不欲益其过而生怨。又此金者，圣主所以惠养老臣也，故乐与乡党、宗族共飨其赐，以尽吾余日，不亦可乎？”于是族人悦服。这种培养、教育子孙的方法，这种为人处世的态度，都值得后人学习，尤其可谓对那些张口闭口说是为子女谋取钱财的贪官污吏的当头棒喝。

# 卷第二十六　汉纪十八

起上章涒滩（庚申，公元前六一年），尽玄黓阉茂（壬戌，公元前五九年），凡三年。

**【题解】**

本卷写了宣帝神爵元年（公元前六一年）至神爵三年共三年间的全国大事。本卷主要写了宣帝迷信鬼神、求仙之事，王褒上《圣主得贤臣颂》以讽，张敞亦上书劝谏，宣帝悉罢之。写了宣帝好奢侈铺张，宠用许、史、王氏外戚，王吉上书劝谏，并提出宣帝时的若干弊政，宣帝不从，王吉谢归。写了义渠安国的愚蠢盲动，起祸西羌，以及赵充国有智谋、有策略地分化瓦解，孤立少数，最终顺利平息羌乱的过程。写了郑吉因经营西域与迎降匈奴日逐王有功获封侯，并首任西域都护。写了丙吉任丞相，时人称其有大体。详细地写了韩延寿任颍川太守与任左冯翊的“尚礼义，好古教化”，从而取得良好政绩。写了匈奴握衍朐鞮单于自私、残暴，匈奴内部逐渐分裂的情形。

**【原文】**

**中宗孝宣皇帝中**

**神爵元年（庚申，公元前六一年）**

春，正月，上始行幸甘泉[①]，郊泰畤[②]。三月，行幸河东[③]，祠后土[④]。上颇修武帝故事[⑤]，谨斋祀之礼[⑥]，以方士[⑦]言增置神祠[⑧]。闻益州[⑨]有金马、碧鸡之神，可醮祭而致[⑩]，于是遣谏大夫[⑪]蜀郡王褒[⑫]使持节[⑬]而求之。

初，上闻褒有俊才，召见，使为《圣主得贤臣颂》[⑭]。其辞曰：“夫贤者，国家之器用[⑮]也。所任贤[⑯]，则趋舍省[⑰]而功施普[⑱]；器用利[⑲]，则用力少而就效众[⑳]。故工人之用钝器[㉑]也，劳筋苦骨[㉒]，终日矻矻[㉓]；

【语译】

## 中宗孝宣皇帝中

### 神爵元年（庚申，公元前六一年）

春季，正月，汉宣帝第一次到甘泉宫巡游，在祭祀太一的神坛泰畤举行了祭祀活动。三月，汉宣帝又到河东郡巡视，又在那里举行了祭祀后土的活动。汉宣帝特别喜欢干汉武帝所干过的事情，对待斋戒祭祀之类表现得非常虔诚，按照那些方士的建议修建了许多祭祀的庙宇和神坛。他听说益州郡有金马、碧鸡这样的宝物，可以通过祭祀将它们招引来，于是派遣担任谏大夫的蜀郡人王褒手持符节前往蜀郡祭祀、招引宝物。

当初，汉宣帝听说王褒很有文才，就召见他，让他撰写一篇《圣主得贤臣颂》。王褒在这篇颂中写道："贤能的臣子，是治理朝廷的工具和运用工具的人才。君主任用的如果是真正贤能的人，那么或进或退或取或舍都会毫不费力而功效高、成就大；工具很好、利用工具的人技术又很高，那么花费的力气虽然很少而取得的成效却很大。所以做工的人如果使用的工具很钝，即使累断了筋骨，整天都勤奋不懈地工作，成效也不会显著；等到灵巧的工匠打造出了像'干将'那样的宝剑，再让眼力好得

及至巧冶铸干将[24]，使离娄督绳[25]，公输削墨[26]，虽崇台五层[27]、延袤百丈[28]而不溷[29]者，工用相得[30]也。庸人之御驽马[31]，亦伤吻敝策[32]而不进于行；及至驾啮膝[33]、骖乘旦[34]，王良执靶[35]，韩哀附舆[36]，周流八极[37]，万里一息[38]，何其辽哉[39]？人马相得[40]也。故服絺绤之凉[41]者，不苦[42]盛暑之郁燠[43]；袭貂狐之暖[44]者，不忧至寒之凄怆[45]。何则？有其具[46]者易其备[47]。贤人君子，亦圣王之所以易海内[48]也。昔周公躬[49]吐捉[50]之劳，故有圄空之隆[51]；齐桓[52]设庭燎之礼[53]，故有匡合之功[54]。由此观之，君人者勤于求贤而逸于得人[55]，人臣亦然。昔贤者之未遭遇[56]也，图事揆策[57]，则君不用其谋；陈见悃诚[58]，则上不然其信[59]；进仕[60]不得施效[61]，斥逐又非其愆[62]。是故伊尹勤于鼎俎[63]，太公困于鼓刀[64]，百里自鬻[65]，宁子饭牛[66]，离此患也[67]。及其遇明君、遭圣主也，运筹[68]合上意，谏诤[69]即见听，进退得关其忠[70]，任职得行其术[71]，剖符锡壤[72]而光祖考[73]。故世必有圣知[74]之君，而后有贤明之臣。故虎啸而风冽[75]，龙兴而致云[76]，蟋蟀俟秋吟[77]，蜉蝣[78]出以阴[79]。《易》曰：‘飞龙在天，利见大人[80]。’《诗》曰：‘思皇多士，生此王国[81]。’故世平主圣[82]，俊艾[83]将自至。明明[84]在朝，穆穆[85]布列，聚精会神，相得益章[86]，虽伯牙操递钟[87]，逢门子弯乌号[88]，犹未足以喻[89]其意也。故圣

像离娄那样的人来调整准绳，让像鲁班那样的能工巧匠按照绳墨来砍削木料，即使你要建造五层高的楼台，也会有条不紊、不出任何差错，就是因为工具好、使用工具的人也好。如果让一个平庸的人驾驭一匹劣等的马，就是勒破了马嘴，抽坏了马鞭也很难使马在大道上奔驰；如果是用啮膝这样的良马驾辕，用乘旦这样的好马拉边套，再派一个像王良一样善于赶车的人拉着马的缰绳充当驭手，让像韩哀一样技艺高超的造车能工巧匠跟随着负责维修车辆，然后周游天下，即使远行万里也只不过是喘口气的工夫，行的路程是多么的远、走得是多么的快呀！这是因为所用的驭手和使用的马都很适当才有的效果。所以说，身穿凉爽的薄纱衣，就不会感到盛夏期间的酷热难耐；身穿温暖的貂狐皮衣的人，就不担忧会遭受严寒的痛苦。为什么呢？因为他们拥有解决那种问题的条件，所以不把这些当作什么难以解决的大事。那些贤能之人、品行高尚之士，圣明的君主利用他们就不难治理好天下。周朝时周公姬旦吃一顿饭往往要停下三次，洗一回头也往往要握住头发跑出去三次，为的是接待天下的贤才，正因为有周公如此的辛劳，才出现了监狱中没有一个犯罪之人的太平盛世；春秋时期的齐桓公在庭院中设置照明灯以招待前来求见的宾客，所以才成就了他一匡天下、九合诸侯的霸业。由此看来，治理人的人只要肯花力气去做招纳贤才的工作，贤能的人自然就会聚集到他的身边来，作为臣子也同样如此。过去，圣贤之人在没有遇到圣明君主的时候，即使他为了国家的利益整日殚精竭虑，出谋划策，而君主就是不采纳；诚恳地向国君提出自己忠诚的建议，而国君却对他的忠诚一点也不肯定；进身仕途不能施展自己的才能以报效国家，遭受贬黜又不是因为自己有了什么过错。所以贤能的伊尹在没有遇到商汤的时候曾经背负锅和案板给人做饭，姜太公吕尚在没有遇到周文王时在商朝的都城屠牛卖肉，百里奚在没有遇到秦穆公时曾经被卖给别人当奴隶，宁戚在没有遇到齐桓公之前曾经为人养牛，这些人都曾经遭受过苦难。等到他们遇见了圣明的君主之后，他们筹谋军国大事完全合乎君主的心意，他们规劝的言辞立即被君主采纳，无论他们干什么还是不干什么都是发自他们自己的本心，担任官职也能够施展才能，国君对这些有功之臣剖符为信、划分土地对他们进行封赏，使他们光耀祖宗。所以，世间只有在出现了圣洁而又智慧的君主之后，才会有贤明的臣子出现。所以猛虎一咆哮，凛冽的狂风就会刮起，神龙只要一动，云彩就会围涌在它的身边，蟋蟀只有到了秋天才会鸣叫，只有在阴暗潮湿的地方才会有蜉蝣出现。《易经》上说：‘当龙飞上天的时候，就是贤才出来投奔做事的时候了。’《诗经》上说：‘如此众多的贤士，都来到这美好的国度里。’所以说天下太平、君主圣明，英俊的人士自然会前来投奔。无比聪明睿智的圣主主持朝政，贤臣端庄肃穆地排成行列，他们聚精会神地工作，圣主与贤臣相互配合、功业显著，即使是以善于弹琴而闻名的伯牙弹奏他的递钟琴，以善于射箭而闻名的逢门子拉他的乌号弓，都不足以用来比喻圣主与贤臣之间互相配合的绝妙境界。所以说，

主必待贤臣而弘功业⑽，俊士亦俟⑼明主以显其德⑽。上下俱欲⑽，欢然交欣⑽，千载壹合⑽，论说无疑⑽，翼乎⑽如鸿毛遇顺风⑽，沛乎⑽如巨鱼纵大壑⑽。其得意若此，则胡禁不止⑽，曷令不行⑽？化溢四表⑽，横被无穷⑽。是以圣王[1]不遍窥望⑽而视已明⑽，不殚倾耳⑽而听已聪⑽。太平之责塞⑽，优游之望得⑽，休征⑽自至，寿考⑽无疆，何必偃仰屈伸若彭祖⑽，呴嘘呼吸如侨、松⑽，眇然⑽绝俗离世⑽哉？”是时上颇好神仙，故褒对及之⑽。

京兆尹张敞亦上疏谏曰：“愿明主时忘⑽车马之好⑽，斥远⑽方士之虚语⑽，游心帝王之术⑽，太平庶几⑽可兴也。”上由是悉罢尚方待诏⑽。初，赵广汉死后⑽，为京兆尹者皆不称职，唯敞能继其迹⑽。其方略、耳目⑽不及广汉，然颇以经术儒雅文之⑽。

上颇修饰⑽，宫室、车服盛于昭帝时。外戚许、史、王氏贵宠⑽。谏大夫王吉⑽上疏曰：“陛下躬圣质⑽，总万方⑽，惟思世务⑽，将兴太平，诏书每下，民欣然若更生⑽。臣伏而思之，可谓至恩⑽，未可谓本务⑽也。欲治之主不世出⑽，公卿幸得遭遇其时⑽，言听谏从，然未有建万世之长策⑽，举明主于三代之隆⑽也。其务⑽在于期会⑽、簿书⑽、断狱、听讼⑽而已，此非太平之基⑽也。臣闻民者，弱而不可胜⑽，愚而不可欺⑽也。圣主独行⑽于深宫，得⑽则天下称诵之，失⑽则天下咸言之⑽。故宜谨选左右⑽，审择所使⑽。左右所以正身⑽，所使所以宣德⑽，此其本也⑽。孔子曰：‘安上治民，莫善于礼⑽。’非空言也。王

圣明的君主必须有贤明的大臣辅佐才能使他的功业发扬光大，英俊之士也必须等待遇到明主，他的才能才能够得以展现。君主与贤臣之间彼此互相需要、互相喜欢，是千载难逢的际遇，彼此之间说什么话都坦坦荡荡、没有猜疑，飘飘然就像鸿雁飞行遇到了顺风，就像是巨大的鲸鱼遨游于大海。他们心满意足到如此的程度，还有什么该禁止的不能禁止，有什么该推行的不能推行呢？教化的实施必然会遍及全国，并传播到周围极其遥远的地方。所以，圣明的君王用不着自己亲自到各处去探察就能把任何事情看得很清楚，用不着自己费力地去侧耳谛听而已经听得很明白，使天下太平的责任已经完成，优哉游哉无为而治的愿望已经实现，美好的征兆已经不求而自至，寿命自然长久，哪里还用得着像彭祖那样俯仰屈伸以求长生，像王子乔、赤松子那样呼吸修炼以寻求与世隔绝的神仙境界呢？”当时汉宣帝特别喜好修炼神仙之术，所以王褒在文章中提及此事。

担任京兆尹的张敞也上书劝谏汉宣帝说：“希望圣明的陛下能够经常忘掉对打猎的嗜好，斥逐那些方士，不要听信他们的虚妄之言，把心思用于研究治国平天下的工作当中去，天下太平差不多就可以实现了。”于是汉宣帝把那些在宫廷主管医药部门随时等待诏命的方士全部打发走。当初，赵广汉死后，继任的京兆尹全都不称职，只有张敞能够步其后尘。张敞在谋略方面以及视听的能力上却赶不上赵广汉，但他办事说理总爱用儒家经典上的词句进行修饰。

汉宣帝很讲究排场，所居住的宫室、所乘坐的车马、所穿戴的服饰，其奢华程度都超过了汉昭帝。而那些外戚如许姓、史姓、王姓全都富贵受宠。担任谏大夫的王吉上书给汉宣帝说：“陛下亲劳圣体，总理万方事物，一心思考的是如何将国家治理好，以实现天下太平，每次陛下颁布诏书，天下的百姓都欢欣鼓舞，就像是又获得一次新生。我伏案沉思，觉得陛下对黎民百姓的恩德真是无比深厚的了，但却不能说是抓住了政务的根本。能够使国家成为太平盛世的皇帝并不常见，而现在的公卿大臣有幸遇上了一位难得的想治理好国家的圣明君主，言听谏从，然而他们却没有一位能给陛下提出有关国家长治久安的方针大计，把陛下推上可以与夏、商、周三代开国帝王相媲美的高度。他们把全部精力都放在定期缴纳赋税以及兵役、徭役，处理公文簿册，审理案件和听取诉讼上，这些都不是实现太平盛世的根本问题。我听说老百姓虽然看似很柔弱，实际上却是不可能战胜的，虽然他们看似很愚昧，实际上却是不可欺骗的。圣明的君主独断专行于深宫之中，事情处理得好，天下的人都会齐声称颂陛下，如果出现了失误，天下人就都会纷纷议论表示不满。所以陛下应该谨慎地挑选左右的亲近之臣，认真地挑选派出的使者。皇帝身边近臣的职责就是要拾遗补阙，帮助皇帝修正错误，派出去的使者都是为传达皇帝的命令，以彰显皇帝恩德的，这都是涉及根本的大问题。孔子说：‘使君主平安、使百姓得到治理，最好的办法就是以礼治国。’这话并不是毫无根据的。在圣明的君主还没有制定出新

者未制礼之时，引先王礼[159]宜于今者而用之。臣愿陛下承天心[160]，发大业[161]，与公卿大臣延[162]及儒生，述旧礼[163]，明王制[164]，驱一世之民[165]跻之仁寿之域[166]，则俗[167]何以不若成、康[168]，寿何以不若高宗[169]？窃见当世趋务[170]不合于道者，谨条奏[171]，唯[172]陛下财择[173]焉。"吉意以为："世俗聘妻、送女无节[174]，则贫人不及[175]，故不举子[176]。又，汉家列侯尚公主[177]，诸侯则国人承翁主[178]，使男事女[179]，夫屈于妇[180]，逆阴阳之位[181]，故多女乱。古者衣服、车马，贵贱有章[182]，今上下僭差[183]，人人自制[184]，是以贪财诛利[185]，不畏死亡。周[186]之所以能致治[187]刑措而不用[188]者，以其禁邪于冥冥[189]，绝恶于未萌[190]也。"又言："舜、汤不用三公九卿之世[191]，而举皋陶、伊尹[192]，不仁者远[193]。今使俗吏得任子弟[194]，率多骄骜[195]，不通古今，无益于民，宜明选求贤[196]，除任子之令[197]。外家及故人[198]，可厚以财，不宜居位[199]。去角抵[200]，减乐府[201]，省尚方[202]，明示天下以俭。古者工不造雕瑑[203]，商不通侈靡[204]，非工商之独贤，政教[205]使之然也。"上以其言为迂阔[206]，不甚宠异[207]也。吉遂谢病归。

义渠安国至羌中，召先零诸豪[208]三十余人，以尤桀黠[209]者皆斩之。纵兵击其种人，斩首千余级。于是诸降羌[210]及归义羌侯杨玉[211]等怨怒，无所信乡[212]，遂劫略小种[213]，背畔犯塞[214]，攻城邑，杀长吏。安国以骑都尉[215]将骑三[2]千屯备羌，至浩亹[216]，为虏所击，失亡车重[217]、兵器甚众。安国引还[218]，至令居[219]，以闻[220]。

时赵充国年七十余，上老之[221]，使丙吉问谁可将[222]者。充国对曰：

的礼仪之时，往往暂且引用先王所制定的，而且是适合于当代的礼仪。我希望陛下顺承上天的意愿，建立宏大的事业、制定礼仪，让公卿大臣与专门聘请的那些研究儒家学说的学者们一起，在先王旧礼的基础上加以阐发，建立起一套今王的礼制，让全国的吏民都跨进王道乐土的领域，那么社会习俗怎么会比不上西周的成康盛世，皇帝的寿命怎么会比不上商王朝的武丁呢？我私下里把当今之世施政方面不合于正道的现象，逐条地开列出来呈报给陛下，希望陛下加以裁夺选择。”王吉以为：“世俗在男婚女嫁方面毫无节制地挥霍浪费，贫穷人家因为没有负担能力所以就结不了婚，也就不能生儿育女。还有，汉朝的制度是有列侯爵位的男子才能娶皇帝的女儿为妻，其他诸侯王的女儿则招没有侯爵的男子为婿，这就使得男人必须侍奉女人，丈夫必须屈从于妻子，因为女人比男人的身份高贵，颠倒了阴阳的位置，所以造成许多女人乱政的事件发生。在古代，人们所穿的衣服、乘坐的车马，高贵的和低贱的都有章程规定，而现在各级别的人都超越应有的等级，自己想怎么样就怎么样，所以贪图钱财、追求利禄的人不择手段、不畏惧死亡。西周的成王与康王时代所以能够使天下太平，致使刑法、监狱都闲置不用，就是因为那时能够禁止邪恶的念头于没有产生之前，断绝犯罪的行动于没有出现之前。”王吉又说：“古代的圣王虞舜、商汤不从三公、九卿的子弟中选拔人才，却挑选了出身微贱但贤能的皋陶、伊尹来担任重要职务，使不仁的人远离朝廷。而现在，哪怕是一个平庸的小官吏，也有资格保举自己的子弟为官，而这些子弟大多生性骄傲、桀骜不驯，在学识上既不了解古代，又不懂得现代，让这样的人担任官职，对百姓没有一点好处。应该大张旗鼓地选拔贤能而废除保任子弟为官的制度。皇亲国戚以及过去跟随过陛下或有恩于陛下的人，可以多赏赐给他们钱财，而不应当让他们当官。还应该废除‘角抵’游戏，削减乐府的数量，减少为宫廷制造器物的官署，向天下表明陛下崇尚节俭。在古代，工匠们不去制造那些用工多而没有实际价值的东西，商贾们也不贩卖那些专供摆阔气、讲排场所用的奢侈品，这不是说古代做工的匠人和商贾们比现在的人贤明，而是当时的政治教化使他们如此。”汉宣帝认为王吉的话太迂腐、不切实际，所以不喜欢、不重视王吉。王吉于是声称自己有病而辞职回家了。

义渠安国到达羌中之后，就将先零部落的各个首领召集起来，总计有三十多人，把其中最凶悍狡猾而不驯服的当场杀掉。然后发兵攻击他们的族群，杀死了一千多人。于是那些原本已经投降汉朝的羌人和被封为归义侯的杨玉等人都心怀怨恨，觉得没有了可以信任、可以依靠的人，于是便挟持那些小部落，然后背叛汉朝，进侵边塞，攻打城邑，杀死官吏。义渠安国又以骑都尉的身份率领三千名骑兵前往屯兵防备羌人，他们抵达浩亹的时候，遭到羌人的伏击，损失了很多的辎重、武器。义渠安国急忙撤军，回到令居的时候，才将失败的消息报告给朝廷。

当时赵充国已经七十多岁了，汉宣帝认为他年纪已老，本没想让他率兵出征，

“无逾于老臣者㉓矣！”上遣问㉔焉，曰：“将军度㉕羌虏何如㉖？当用几人㉗？”充国曰：“百闻不如一见。兵难隃[3]度㉘，臣愿驰至金城㉙，图上方略㉚。羌戎小夷，逆天背畔，灭亡不久㉛，愿陛下以属老臣㉜，勿以为忧！”上笑曰：“诺。”乃大发兵诣金城。

夏，四月，遣充国将之以击西羌。

---

**【段旨】**

以上为第一段，写宣帝神爵元年（公元前六一年）前四个月的全国大事。本段主要写了宣帝迷信鬼神、求仙之事，王褒上《圣主得贤臣颂》以讽之，张敞亦上书劝谏，宣帝悉罢之；写了宣帝好奢侈铺张，宠用许、史、王氏外戚，王吉上书劝谏，提出宣帝时的若干弊政，宣帝不从，王吉谢归；写了义渠安国的愚蠢盲动，起祸西羌，以及赵充国七十受命，西下经营羌乱事。

**【注释】**

①甘泉：汉代的离宫名，在今陕西淳化西北。②郊泰畤：祭祀泰畤坛。郊，原指皇帝在南郊祭天，这里即指祭祀。泰畤，祭祀泰一（天神）的神坛。③河东：汉郡名，郡治安邑，在今山西夏县西北。④祠后土：祭祀地神。祭祀后土的神坛在今山西万荣西南的黄河边上，当时的汾阴县城西。⑤颇修武帝故事：很喜欢干武帝当年所干的事情，这里主要指迷信鬼神，希求长生不死等等。修，继续做。⑥谨斋祀之礼：对斋戒祭祀一类的礼节很是虔敬。谨，谨慎、虔诚。⑦方士：此处指以鼓吹求仙吃药、长生不死为业的骗子。⑧增置神祠：多盖了许多神庙。⑨益州：汉代的十三个刺史部之一，统有蜀郡、巴郡、汉中郡、广汉郡、犍为郡等，约当今之四川、云南等西南地区。⑩可醮祭而致：可以通过祭祀得到。醮，祭祀。致，求得。⑪谏大夫：皇帝身边的侍从官员，以备拾遗补阙之用，上属光禄勋。⑫王褒：字子渊，西汉后期的文学家，以辞赋著称。事迹见《汉书》本传。⑬使持节：令其手执旌节。节是皇帝使者出行时所持的信物。⑭《圣主得贤臣颂》：王褒的代表作品之一，是一篇既歌功颂德，又希求垂青见怜的文字，而在篇章最后曲终奏雅，对宣帝之追求长生亦微致讽谏之意。⑮器用：工具与运用工具的才干。⑯所任贤：所任用的如果真的是贤才。⑰趋舍省：意思是省劲儿、省工夫。趋舍，干什么或不干什么。趋，采取行动。舍，停止活动。⑱功施普：指效率高、成就大。⑲器用利：工具好而且技术高。⑳就

只是派丙吉去向他咨询谁可以出任讨伐西羌的将领。赵充国回答说："没有人比我再合适的了！"汉宣帝又派人去问他："将军估计羌人的动向如何？讨伐羌人需要多少人马？"赵充国说："百闻不如一见。军事行动，很难在遥远的地方凭空预测，我愿意亲自前往金城，为陛下观察地形，制定征讨方略。羌人只是一个很小的种族，他们违背天意背叛汉朝，我看是离灭亡不远了，希望陛下将这个任务交给我，不要因为这件事而担忧！"汉宣帝笑着说："行。"于是征调大批军队前往金城。

夏季，四月，任命赵充国担任统帅，前去征讨西羌。

---

效众：取得的成效大。㉑钝器：不锋利、不好的工具。㉒劳筋苦骨：指费尽力气。㉓砣砣：用功用力的样子。㉔巧冶铸干将：灵巧的铁匠铸宝剑，干将是古代最好的宝剑名。这里即指一个精明的巧匠制造器物。巧匠以比喻指挥群臣的帝王。㉕使离娄督绳：让眼力最好的人调整墨线。离娄传说是黄帝时眼睛最明亮的人。督，端详。绳，木工用的准绳。㉖公输削墨：让最巧的工匠按着墨线用刀用锯。公输即公输班，也称"鲁班"，我国古代著名的工匠。削墨，按着墨线进行切割。㉗虽崇台五层：即使你要盖一座五层高的楼台。崇台，高台。㉘延袤百丈：即使这座楼台长宽各达一百丈。延袤，长度与宽度。㉙不溷：不混乱；不出差错。㉚工用相得：工具好，使用工具的人也好。㉛庸人之御驽马：让一个平庸的人骑一匹劣等的马。御，驾驭。驽马，劣马。㉜伤吻敝策：勒伤了马嘴，打坏了鞭子。伤吻，或应解释作为赶马而吆喝得口干舌燥。㉝啮膝：良马名，一低头就能咬到膝盖，故名啮膝。㉞骖乘旦：也是驾驭良马的意思。骖，原指拉边套，这里即指让马拉车。乘旦，良马名。㉟王良执靶：让王良拉着缰绳。王良是古代善于驾驭马的人。靶，缰绳。㊱韩哀附舆：让韩哀调整好车子。韩哀是古代善于造车的工匠。㊲周流八极：指跑遍四面八方。㊳万里一息：跑万里只是喘口气的工夫。㊴何其辽哉：走得又是多么远、多么快呀。辽，遥远。㊵人马相得：人与马配成了好搭档。相得，相互适应。㊶服絺绤之凉：穿着凉爽的絺绤。服，穿。絺，细葛布。绤，粗葛布。都是夏天的凉爽布料。㊷不苦：不以……为苦。㊸郁燠：闷热。㊹袭貂狐之暖：穿着温暖的貂裘狐裘。袭，穿。貂、狐，指貂裘、狐裘。㊺凄怆：指由寒冷造成的痛苦。㊻有其具：有解决那种问题的物质条件。具，物品。㊼易其备：不难采取措施、容易解决问题。㊽易海内：不难治好天下。㊾躬：亲身奉行。㊿吐捉：吐哺、握发。相传周公为了不慢待天下之贤才，一饭三吐哺，一沐三握发。51 圄空之隆：监狱里没有罪犯的太平盛世。圄，监狱。52 齐桓：指春秋时代的霸主齐桓公。53 设庭燎之礼：相传有人求见齐桓公，齐桓公开始不见，后来醒悟后设庭燎之礼以迎接之，从此贤士大集，齐国的名臣隰朋即由此而至。庭燎之礼是打开庭院中的所有路灯。54 匡合之功：即指齐桓公"九合诸侯，一匡天下"的霸业。九合诸侯指多次召集各国

诸侯会盟；一匡天下指稳定了周天子的统治地位。55 勤于求贤而逸于得人：意思是功到自然成，求贤的工作做好了，贤人自然也就来了。勤，用心用力。逸，省劲。56 未遭遇：指未遇到明主。57 图事揆策：考虑国事、谋划对策。58 陈见悃诚：陈述自己诚恳的意见。悃诚，忠诚的想法。59 不然其信：不肯定他的忠诚见解。60 进仕：进入官场为官。61 不得施效：不能施展才能取得功效。62 斥逐又非其愆：一旦遭到贬斥，又不是由于他的罪过。愆，过错。63 伊尹勤于鼎俎：伊尹是商汤的开国功臣，在没有遇到商汤前曾背着锅与板子给人做饭。勤，辛苦、辛劳。64 太公困于鼓刀：太公即吕尚、姜尚，周朝的开国功臣。相传太公在没有遇到周文王前，曾在殷都朝歌鼓刀屠牛。65 百里自鬻：百里指春秋时代秦国名臣百里奚，在没有遇到秦穆公之前，曾把自己卖给别人当奴隶。关于百里奚的出身，说法各不相同。此处之所谓“自鬻”，也与《左传》所叙不同。66 宁子饭牛：宁子指宁戚，春秋时齐国的大臣。据说宁戚在没有遇到齐桓公前，曾给人家喂牛。67 离此患也：他们都遭受如此的苦难。离，遭受。68 运筹：帮助当权者谋划军国大事。筹，古代用于计算的筹码。69 谏诤：劝阻当权者做某事。70 进退得关其忠：干什么还是不干什么，都是发于自己的本心。关，通过。71 行其术：按着自己的心思办事。72 剖符锡壤：剖符指帝王与有功之臣剖符为信，锡壤指帝王划出土地封功臣为侯。73 光祖考：给自己的祖先增光。祖指祖父，考指父亲。祖考即泛指祖先。74 圣知：既圣洁又有智慧。知，通“智”。75 风洌：意即风起、风生。洌，寒冷。76 龙兴而致云：龙只要一动，就有云彩围上来。致，招来。〖按〗以上虎、龙二句喻圣君。77 俟秋吟：等待秋天鸣叫。78 蜉蝣：生长于阴暗之处的一种小虫。79 出以阴：在阴湿之处出现。〖按〗以上蟋蟀、蜉蝣二句喻贤臣。80 飞龙在天二句：引自《易经·乾卦》。意思是当龙飞在天的时候，就是贤才们出来投奔做事的时候了。81 思皇多士二句：见《诗经·文王》。意思是说众多美好的贤士，都来到这文王的国家。82 世平主圣：世道太平，君主圣明。83 俊艾：英俊的人才。艾，通“乂”。84 明明：无比的英明，指圣主。85 穆穆：端庄肃穆的样子，指贤臣。86 相得益章：指圣主与贤臣相互配合，功业显著。87 伯牙操递钟：即指伯牙弹琴。伯牙相传是春秋时人，以精于弹琴闻名。递钟，有说当作“号钟”，是一种古琴的名字。88 逢门子弯乌号：即指逢蒙射箭。逢门子即逢蒙，古代传说中的善射者。弯，拉弓。乌号，古代的良弓名。以上伯牙鼓琴与逢蒙射箭以比喻圣主与贤臣相互配合的绝妙境界。89 未足以喻：还未能充分地比喻。90 弘功业：使功业发扬光大。91 俟：等待；依靠。92 显其德：表现其才干。德，性，这里主要指性能、才干。93 俱欲：彼此相互需要。94 交欣：相互喜欢。95 千载壹合：时隔千年才有一次这样的君臣遇合。96 论说无疑：彼此之间说什么话都坦坦荡荡，没有猜疑。97 翼乎：飘飘然，自由自在的样子。98 鸿毛遇顺风：鸿雁飞行遇到了顺风。鸿毛，鸿雁的翅膀，这里即指鸿雁。99 沛乎：有气势、有力量的样子。100 巨鱼纵大壑：大鱼钻进深潭。纵，投入。以上鸿雁顺风、巨鱼入水，乃极力比喻君臣相得之状。101 胡禁不止：还有什么该禁止而禁止不了的。胡，何。102 曷令不行：还有什么该做而做不到的。103 化溢四表：教化的实施遍及全国。四表，四方的边境之内。⑭横被无穷：并扩展到周围的无限遥远之地。⑮不遍窥望：用不着自己到处张望。⑯视已明：该看的已经全部看到了。⑰不殚倾耳：用不着自己侧耳谛听。⑱听已聪：该听的已经全部听到了。⑲太平之责塞：建立太平世界的责任已经完成。塞，完满。⑩优游之望得：优哉游哉无为而治的愿望已经实现。⑪休征：美好的征兆，如凤凰、神雀、甘露等等。⑫寿考：年命。⑬偃仰屈伸若彭祖：像彭祖那样为追求长寿而偃仰屈伸。彭祖是传说中的神仙，据说寿命长达七百多岁。偃仰屈伸，为增进健康而做的各种气功动作。偃仰，犹俯仰。⑭呴嘘呼吸如侨、松：像王子侨、赤松子那样为追求长寿而呴嘘呼吸。王子侨、赤松子都是传说中的仙人。呴嘘呼吸，古代有所谓导引之术，据说学习龟、鹤、猿猴、青蛙等动物之呼吸，可以令人长寿。⑮眇然：高远的样子。⑯绝俗离世：离开人类社会，出家去当神仙。最后几句是说，像宣帝这种圣君与贤臣相得，既创造了政治伟业，又使自己到达快然自足的境界，任何神仙也无法相比。⑰故褒对及之：所以王褒在作品的最后说到“神仙不如”这个问题上来。⑱时忘：有时忘掉、有时丢开，这里是婉转的说法。⑲车马之好：指打猎。⑳斥远：斥逐、赶走。㉑虚语：骗人的鬼话。㉒游心帝王之术：把心思用在研究治国平天下的办法上。㉓庶几：差不多可以，也是一种比较婉转的说法。㉔悉罢尚方待诏：把在宫廷主管医药部门候旨听宣的方士们通通打发掉了。悉罢，全部取消。尚方待诏，在医药部门听候传呼。㉕赵广汉死后：赵广汉为京兆尹因冲击丞相魏相府被腰斩事，见本书宣帝元康元年（公元前六五年）。㉖继其迹：步其后尘。㉗方略、耳目：办法、眼线。㉘以经术儒雅文之：办事说理总爱引用儒家经典的词句以修饰之。㉙修饰：指讲究排场。㉚贵宠：富贵受宠，前文已讲到赏赐无度的问题。㉛王吉：西汉后期的著名儒生，字子阳。事迹详见《汉书》本传。㉜躬圣质：具有圣人的素质。㉝总万方：犹言“理万机”。㉞惟思世务：思考治理国家的问题。惟、思二字同义，都是“思考”的意思。㉟更生：死而复生。㊱可谓至恩：可以说是对黎民百姓的恩情无比深厚。㊲未可谓本务：但不能说是已经抓到了根本问题。本务，政务之本。㊳欲治之主不世出：想治理好国家的君主并不是经常都有的。不世出，不常有。㊴遭遇其时：意谓今天的三公九卿们可是遇上了一位难得的想治理好国家的皇帝。㊵未有建万世之长策：但不见一位大臣给皇帝提出有关国家长治久安的方针大计。㊶举明主于三代之隆：把我们的皇帝推奉到夏、商、周开国帝王的高度。㊷其务：他们所追求的。㊸期会：指规定时间，限期缴纳赋税，以及兵役、徭役的报到等等。㊹簿书：指对上传下达的公文簿册严厉要求规范。㊺断狱、听讼：指审判案件、听取诉讼。㊻非太平之基：不是实现太平盛世的根本问题。㊼弱而不可胜：看似软弱，实则不可战胜。㊽愚而不可欺：看似愚昧，实则不可欺骗。㊾独行：独断专行。㊿得：事情处理得好。(151)失：事情处理得不好，有失误。(152)咸言之：都会有议论。(153)谨选左右：谨慎地选择安插亲近之臣，如侍中、议郎、光禄大夫、谏大夫等职。(154)审择所使：认真选择派出的使者。(155)左右所以正身：皇帝身边的人其任务就是拾遗补阙，帮着皇帝修正错误。(156)所使所以宣德：派出去的使者都是传达皇帝的命令，以显示皇帝恩德的。⑮此其本也：这都是涉及根本的大问题。⑱安上治民二句：引自《孝经》。⑲先王礼：古代先王之礼，指儒家经典之所记载。⑯承天心：顺着上天的意愿。⑯发大业：意即建大业，即制定礼仪。发，创建。⑯延：请。⑯述旧礼：在先王旧礼的基础上加以阐发。⑯明王制：建立一套今王的礼制。⑯驱一世之民：让全国吏民。⑯跻之仁寿之域：跨进王道乐土的领域。跻，登、跨进。仁寿之域，实行仁政的和长寿的国度。⑯俗：我们现代的风俗。⑯何以不若成、康：怎么就赶不上西周的“成康盛世”。西周的成王、康王时代被历史家称为“成康之治”。⑯寿何以不若高宗：为什么说我们圣明皇帝的寿命就一定赶不上殷朝的武丁。高宗，指殷王武丁，旧时传说他享国百年，据《夏商周断代工程》之年表，武丁在位的年代为公元前一二五〇至前一一九二年，共在位五十八年。⑰当世趋务：当今执政者的追求。⑰谨条奏：我都把它逐条地记下来呈报给皇帝。⑰唯：表示祈请的发语词。⑰财择：裁夺选择。财，通“裁”。⑰无节：没有节制，意即无限度地挥霍浪费。⑰贫人不及：穷人办不到，于是没法结婚。⑰故不举子：因此也就不能生儿育女。⑰列侯尚公主：有列侯爵位的男人才能娶皇帝的女儿为妻。“尚公主”即娶公主为妻，“尚”字表示谦敬。⑰诸侯则国人承翁主：诸侯王的翁主则招没有侯爵的男人为婿。承翁主，即娶诸侯王之女为妻。翁主，指诸侯王之女。⑰使男事女：让男人侍候女人，因为女人的身份比男人高。⑱夫屈于妇：丈夫屈服于妻子。⑱逆阴阳之位：颠倒了阴阳固有的位置。阴阳五行学派向来说什么阳上阴下、阳强阴弱等等。⑱有章：有章程规定。⑱上下僭差：各级别的人都超过应有的等级。僭，越分。⑱自制：按自己的想法行事。⑱诛利：求利。诛，求。⑱周：指西周的成王、康王时代。⑱致治：获得天下太平。⑱刑措而不用：由于无人犯罪，故使刑罚闲置而不用。措，闲置、搁起来。⑱禁邪于冥冥：禁止邪恶于其尚未出现之前。冥冥，指尚无苗头，一切都看不出的样子。⑲绝恶于未萌：断绝犯罪于其尚未出手之前。以上两句的意思都指这是由于周朝实行了礼制的建设，使吏民人人自律，故无人犯罪。贾谊《陈政事疏》有所谓“礼禁未然之前，法施已然之后；法之所为用者易见，而礼之所为禁者难知”云云，即此王吉之所本。⑲不用三公九卿之世：不用大臣的子弟世代为官，即不行世卿世禄的制度。世，继承人。⑲皋陶、伊尹：二人皆非朝廷重臣之子弟，而是以贤见用。伊尹更是出身于微贱，见前王褒文。⑲不仁者远：使不仁的人远离朝廷。⑲俗吏得任子弟：汉代不仅名公巨卿可以保任子弟为官，连小官吏也有保任子弟的资格。〖按〗此处虽明言“俗吏”，实指权臣外

---

【原文】

六月，有星孛[233]于东方。

赵充国至金城，须[234]兵满万骑，欲渡河[235]，恐为虏所遮[236]，即夜遣

戚。⑮ 率多骄骜：多数都骄傲不驯。率，大致。骜，不驯服。⑯ 明选求贤：公开选拔，以求贤者。⑰ 除任子之令：废除保任子弟为官的制度。⑱ 外家及故人：外家即外戚，故人指老相识，宣帝即位后起用不少这种人。⑲ 不宜居位：不应该让他们当官。⑳ 角抵：秦汉时代的一种杂技，类似现在的相扑。㉑ 乐府：主管音乐的官署。㉒ 尚方：掌管为宫廷制造器物的官署，上属少府。㉓ 不造雕瑑：不制造用工多而没有实用价值的东西。雕瑑，将玉石雕刻成艺术品。㉔ 不通侈靡：不贩卖专供摆阔气、铺张浪费所用的东西。㉕ 政教：政府的教化。㉖ 迂阔：学究气、大而无当。㉗ 不甚宠异：不喜欢、不重视。㉘ 先零诸豪：先零部落各个头领。㉙ 尤桀黠：特别凶悍狡猾。㉚ 诸降羌：原已归降汉朝的羌人。㉛ 归义羌侯杨玉：已经归顺汉朝的羌侯杨玉。归义，指归顺汉朝。羌侯，羌族头领之势大称侯者。㉜ 无所信乡：没有了可信任、可依靠的人。乡，同“向”。㉝ 劫略小种：劫持、抄掠羌族一些小部落。㉞ 背畔犯塞：背叛汉朝，进攻汉朝边境。畔，通“叛”。塞，边境上的防御工事。㉟ 骑都尉：骑兵统领，其级别相当于校尉或郡尉。㊱ 浩亹：汉县名，县治在今青海乐都东。㊲ 车重：即辎重，指储备待用的生活物资与作战物资。㊳ 引还：引兵向东方撤退。㊴ 令居：汉县名，县治在今甘肃永登西北。㊵ 以闻：将情况报告朝廷。㊶ 老之：嫌他的年龄太大。㊷ 使丙吉问谁可将：让丙吉向赵充国问询谁可为讨伐西羌之将。〖按〗此时丙吉为御史大夫。㊸ 无逾于老臣者：没有人比我更合适的了。逾，超过。老臣，赵充国自指。㊹ 遣问：更派主管这方面事务的人来进一步询问。㊺ 度：估计。㊻ 羌虏何如：羌人的形势怎么样。㊼ 当用几人：应调动多少人马。㊽ 隃度：在远距离外估计。隃，通“遥”，遥远。㊾ 金城：汉郡名，郡治允吾，在今甘肃永靖西北。㊿ 图上方略：将攻讨方略绘制成图上报朝廷。(231) 灭亡不久：不久即当消灭之。(232) 以属老臣：您就把它交给我吧。属，交给。

## 【校记】

［1］王：原作“主”。据章钰校，甲十五行本、乙十一行本、孔天胤本皆作“王”，今据改。〖按〗《汉书・王褒传》作“王”。［2］三：原作“二”。据章钰校，乙十一行本、孔天胤本皆作“三”，张敦仁《资治通鉴刊本识误》同，今据改。〖按〗《通鉴纪事本末》卷四作“三”。［3］隃：原作“遥”。据章钰校，乙十一行本、孔天胤本皆作“隃”，今据改。〖按〗《资治通鉴纲目》卷六、《汉书・赵充国传》皆作“隃”。

## 【语译】

六月，有一颗光芒四射的流星划过东方的夜空。

赵充国到达金城，等到骑兵到达了有一万人的时候，就想渡过黄河西进，因为

三校[237]衔枚[238]先渡，渡辄营陈[239]，会明毕[240]。遂以次尽渡[241]。虏数十百骑[242]来，出入军傍[243]，充国曰："吾士马新倦[244]，不可驰逐[245]，此皆骁骑[246]难制，又恐其为诱兵也。击虏以殄灭为期[247]，小利不足贪。"令军勿击。遣骑候[248]四望狭[249]中无虏，夜引兵上至落都[250]，召诸校司马[251]谓曰："吾知羌虏不能为兵[252]矣！使虏发[253]数千人守杜[254]四望狭中，兵岂得入哉[255]？"

充国常以远斥候[256]为务，行必为战备[257]，止[258]必坚营壁[259]，尤能持重[260]，爱士卒，先计而后战。遂西至西部都尉府[261]，日飨[262]军士，士皆欲为用。虏数挑战，充国坚守。捕得生口[263]，言羌豪相数责[264]曰："语汝无反[265]，今天子遣赵将军来，年八九十矣，善为兵。今请欲壹斗而死[266]，可得邪[267]？"初，罕、幵豪靡当儿[268]使弟雕库来告都尉[269]曰："先零欲反。"后数日，果反。雕库种人[270]颇在先零中[271]，都尉即留雕库为质[272]。充国以为无罪，乃遣归告种豪："大兵诛有罪者，明白自别[273]，毋取并灭[274]。天子告诸羌人：犯法者能相捕斩[275]，除罪[276]，仍以功大小赐钱有差[277]。又以其所捕妻子、财物尽与之[278]。"充国计欲以威信招降罕、幵及劫略者[279]，解散[280]虏谋，徼其疲剧[281]，乃击之。

时上已发内郡兵[282]屯边者合六万人矣。酒泉[283]太守辛武贤[284]奏言："郡兵[285]皆屯备南山[286]，北边空虚，势不可久[287]。若至秋冬乃进兵，此虏在境外之册[288]。今虏朝夕为寇，土地寒苦，汉马不耐冬[289]，不如以七月上旬赍[290]三十日粮，分兵出张掖[291]、酒泉，合击罕、幵在鲜水上[292]者。虽不能尽诛，但夺其畜产，虏其妻子，复引兵还，冬复击之。

担心遭到羌人的伏击，于是就先派三个校尉各自率领本部人马在夜间悄悄地渡过黄河，为了防止喧哗，每个人口中都衔着一支形状类似筷子的枚，到了对岸之后就立即安营布阵，等到天亮时，这三支队伍已经全部渡河并安营布阵完毕。就按照这种样子依次全部渡过了黄河。羌人有数十人或上百人左右的军队出现在汉军营寨附近，赵充国说："我们的军队刚刚到达，都很疲倦，没有力气驰骋、追击他们，再说这些都是羌军中最骁勇、剽悍的骑兵，很难将他们制服，又恐怕是前来诱敌的。我们此次是以将他们全部彻底消灭为目的，而不在于获取一点小的利益。"于是下令不许追击。赵充国派遣侦察骑兵到四望峡谷中侦察，发现没有羌人的埋伏，于是在夜幕的掩护下率领军队抵达落都，然后召集起诸校司马说："我已经看出羌人是不会治军的了！如果羌人派遣几千人把守住四望峡谷口，我们的军队怎么能够到达这里呢?"

赵充国用兵，总是把侦察敌情作为首要工作，行进时，总是保持随时做好战斗准备的戒备状态，安营扎寨的时候，一定要把兵营四周的防御工事修得牢牢的，更为可贵的是老成持重，爱惜士卒，总是先计划好攻守谋略，然后才采取军事行动。于是向西来到西部都尉的行营所在地，每天都用酒肉犒赏军队，所以士卒都愿意为他效劳。羌人的军队多次前来挑战，赵充国都下令坚守。抓获的俘虏供认说，羌人的部落首领全都互相指责说："告诉你们不要谋反，你们不听，现在汉朝天子派赵充国老将军前来征讨，赵将军已经八九十岁了，很善于用兵打仗。现在就是想要与汉军拼个死活，办得到吗?"当初，罕部落、开部落的首领名叫靡当儿，他派他的弟弟雕库来向汉朝的都尉义渠安国告发说："先零人要谋反。"过了几天，先零人果然谋反了。雕库所属的那个种姓的人中有不少人混杂在先零族的部落中，都尉义渠安国就将雕库扣留下来充当人质。而赵充国认为雕库本人没有过错，就把他遣送回去，并让他告诉本族的首领说："汉朝的大军只诛杀有罪的人，你们明确地表示出与发动叛乱的先零人是有区别的，不要与先零人一起自取灭亡。汉朝皇帝告诉羌人：犯法的人如果能够斩杀其他犯法的人，不仅免除他的罪行，还按照他功劳的大小赏赐数量不等的钱财，并将他所捕获的其他羌人的妻子、儿女以及财物全部赏给他。"赵充国的用意是以威信招降罕部落、开部落以及那些被先零羌所劫持、裹挟而参与谋乱的人，达到瓦解羌人部落联盟的目的，等到他们极度疲倦的时候，再出兵攻打他们。

此时，汉宣帝从内地所征调的军队加上屯边的军队已经有六万人了。担任酒泉太守的辛武贤上书给汉宣帝说："酒泉郡的兵力全都屯驻在南面的大山中，而北部边防空虚，这种局势不能长久，还要防备匈奴的入侵。如果非要等到秋冬季节才对羌人展开进攻，这是对付远在边境之外的敌人的计策。现在是羌人在不断地进犯，而这里的冬季极其寒冷，汉朝的战马不能忍受冬季的严寒，不如在七月上旬，让士兵带够三十天的粮食，分别从酒泉、张掖出兵，合力攻打在鲜水北侧的罕部落和开部落。虽然不能把他们全部消灭，但可以夺得他们的牲畜财产、俘虏他们的妻、子，

大兵仍出[293]，虏必震坏[294]。”天子下其书充国[295]，令议之。充国以为：“一马自负三十日食，为米二斛四斗[296]，麦八斛，又有衣装、兵器，难以追逐。虏必商军进退[297]，稍引去[298]，逐水草[299]，入山林。随而深入[300]，虏即据前险[301]、守后厄[302]，以绝粮道，必有伤危之忧，为夷狄笑，千载不可复[303]。而武贤以为可夺其畜产、虏其妻子，此殆[304]空言，非至计[305]也。先零首为畔逆，他种劫略[306]，故臣愚册[307]，欲捐[308]罕、幵暗昧之过[309]，隐而勿章[310]，先行先零之诛[311]以震动之[312]，宜悔过反善，因赦其罪，选择良吏知其俗者，拊循和辑[313]。此全师保胜安边[314]之册。”

天子下其书[315]，公卿议者咸以为“先零兵盛而负罕、幵之助[316]，不先破罕、幵，则先零未可图[317]也。”上乃拜侍中许延寿[318]为强弩将军，即拜[319]酒泉太守武贤为破羌将军，赐玺书嘉纳其册[320]。以书敕让充国[321]曰：“今转输并起[322]，百姓烦扰[323]，将军将万余之众，不早及秋共水草之利[324]，争其畜食[325]，欲至冬，虏皆当畜食[326]，多藏匿山中，依险阻[327]。将军士寒，手足皲瘃[328]，宁有利哉[329]？将军不念中国之费[330]，欲以岁数[331]而胜敌，将军谁不乐此者[332]？今诏破羌将军武贤等将兵以七月击罕羌。将军其[333]引兵并进，勿复有疑！”

充国上书曰：“陛下前幸赐书，欲使人谕罕以大军当至，汉不诛罕，以解其谋[334]。臣故遣幵豪雕库宣天子至德，罕、幵之属皆闻知明诏。今先零羌杨玉阻石山木[335]，候便为寇[336]，罕羌未有所犯，乃置先零[337]，先击罕，释有罪，诛无辜。起壹难[338]，就两害[339]，诚非陛下本计[340]也！臣

然后撤兵，等到冬季，我们再出兵攻打，大部队频繁出击，必定能将羌人吓坏。”汉宣帝将辛武贤的奏章转发给赵充国，让他发表意见。赵充国认为：“一匹马驮着三十天的粮食，就是二斛四斗米，八斛麦，再加上衣服、兵器，如此沉重的负担，很难在战场上奔驰追击敌人。而羌人也一定会根据军情变化决定进退，他们会慢慢引军后退，沿着有水草的地方进入山林。如果我们尾追其后也进入山林，羌人肯定会占据前面的险要地势，再控制住我们后退路上的险要之地，断绝我军的运粮通道，到那时我军必定面临着惨重伤亡的危险，而遭到羌人的耻笑，这种耻辱即使是经过一千年也是洗刷不掉的。而辛武贤却认为可以夺取羌人的牲畜、财产、妻子，这只不过是一句空话、大话，而不是最好的计策。先零人首先发动叛乱，其他部落只是被胁迫才参与叛乱，所以我的策略是，想对罕部落和开部落由于糊涂所犯的过错睁一只眼闭一只眼，隐忍而不公开，先对先零羌进行讨伐，而给罕部落和开部落以恫吓和警告，他们应该为自己的行为感到后悔而改变立场，到那时再赦免他们的罪过，然后选择优秀、贤能而又了解当地风俗的官吏去安抚他们，使他们平安和睦。这才是既能使军队完好无损，又能确保军事上的胜利，从而达到安定边陲的最好策略。”

汉宣帝将赵充国的奏疏交给朝中大臣讨论，公卿大臣都认为“先零羌的军队势力强盛，又仰仗罕部落和开部落的援助，如果不首先打败罕部落和开部落，就无法战胜先零羌。”于是汉宣帝就任命担任侍中的许延寿为强弩将军，又派人到酒泉郡任命酒泉太守辛武贤为破羌将军，并下发诏书表彰并接受辛武贤所陈述的意见。汉宣帝又下诏书申斥赵充国说：“现在全国各地都在为讨伐西羌而运输粮草物资，百姓的正常生活因此而受到扰乱不得安宁，将军统帅着一万多人的军队，不能趁着秋季水草繁茂的有利时机，争夺羌人的牲畜和粮草，反而要等到冬季，到那时，羌人已经准备了足够的粮草，他们躲入山中，占据了险要地形。而将军的将士们则暴露在严寒之中，手脚都被冻裂，难道还有什么优势可言吗？将军不考虑朝廷的庞大军事费用，竟然想耗费数年的时间然后再战胜敌人，带兵的将军，谁不乐意这样呢？如今已经任命破羌将军辛武贤等人率军于七月间攻打罕羌。希望将军到时率军同时进兵，不要再有什么疑义！”

赵充国再次上书给汉宣帝说：“陛下此前曾经赐书给我，希望我派人去告诉罕部落，说汉朝大军就要前来征讨先零人，但汉军不会攻打罕部落，以瓦解先零羌人加强与罕部落、开部落联合的阴谋。所以我才释放了开部落的首领雕库，让他回到自己的部落去传达陛下的恩德，现在罕部落和开部落都已经听到了陛下的诏命。如今先零羌的首领杨玉凭借着山石树木的有利地形，等待有利时机对我们汉军发动进攻，而罕部落和开部落并没有任何违法行动，现在却想把先零羌放在一边，先去攻打罕羌，这是释放了有罪之人，而征讨无辜之人。这就等于是一次发难，而为自己成就了两种害处，我想这一定不是陛下本来的意图！我听说兵法上有这样的话：‘如果攻

闻兵法：‘攻不足者守有余[341]。’又曰：‘善战者致人，不致于人[342]。’今罕羌欲为敦煌、酒泉寇[343]，宜饬[344]兵马、练[345]战士，以须其至[346]。坐得致敌之术[347]，以逸击劳，取胜之道也。今恐二郡兵少，不足以守，而发之行攻[348]，释[349]致虏之术而从[350]为虏所致之道，臣愚以为不便。先零羌虏欲为背畔，故与罕、幵解仇结约，然其私心不能无恐[351]汉兵至而罕、幵背之[352]也。臣愚以为其计常欲先赴罕、幵之急[353]以坚其约[354]。先击罕羌，先零必助之。今虏马肥、粮食方饶，击之恐不能伤害，适使[355]先零得施德于罕羌[356]，坚其约[357]、合其党[358]。虏交坚党[359]，合精兵二万余人，迫胁诸小种，附着者稍众[360]，莫须之属[361]不轻得离[362]也。如是，虏兵浸多[363]，诛之用力数倍[364]。臣恐国家忧累[365]，由十年数[366]，不二三岁而已。于臣之计，先诛先零已[367]，则罕、幵之属不烦兵而服[368]矣。先零已诛而罕、幵不服[369]，涉正月击之[370]，得计之理[371]，又其时也[372]。以今进兵，诚不见其利！”戊申[373]，充国上奏。秋，七月甲寅[374]，玺书报[375]，从充国计焉。

充国乃引兵至先零在所[376]。虏久屯聚，懈弛，望见大军，弃车重，欲渡湟水[377]，道厄狭[378]，充国徐行驱之[379]。或曰：“逐利行迟[380]。”充国曰：“此穷寇，不可迫[381]也。缓之则走不顾[382]，急之则还致死[383]。”诸校[384]皆曰善。虏赴水[385]溺死者数百，降及斩首五百余人。虏马、牛、羊十万余头，车四千余两[386]。兵至罕地[387]，令军毋燔聚落[388]、刍牧田中[389]。罕羌闻之，喜曰：“汉果不击我矣！”豪靡忘[390]使人来言：“愿得还复故地[391]。”充国以闻，未报[392]，靡忘来自归[393]。充国赐饮食，遣还谕种人[394]。

击敌人而力量显得不足的话，那么就采取防守。’兵法上还说：‘善于作战的人能够掌握战场的主动权，牵着敌人的鼻子走，而不是被敌人牵着鼻子走。’假设罕羌想要进犯敦煌、酒泉，我们就应该早做准备，整顿好兵马，训练好士卒，等待他们的到来。坐在那里就能白白捡到一个诱敌上钩的机会，在战术上叫作以逸待劳，这是夺取胜利的重要策略。现在由于担心酒泉、敦煌两郡的兵力太少，防守的力量不足，就要让他们首先对敌人发起进攻，这就等于抛弃了战场上的主动权而被敌方牵着鼻子走，我虽然很愚昧，却认为这样做是不合适的。先零羌因为想要背叛汉朝、发动叛乱，所以才与罕部落和开部落化解了仇怨而缔结和约，但他们的心里未尝不担心汉朝大军一到而罕部落和开部落会背叛。因此，我以为先零人非常希望能先解救一次罕部落和开部落的危急，以使他们之间的联盟更为坚固。如果我们先去攻打罕羌，先零羌一定会赶来救援。如今正是羌人战马肥壮、粮草富足的时候，攻打他们恐怕也不能给他们造成重大伤害，反而给先零羌施恩德于罕羌提供了机会，使他们之间的联合更加坚固，使他们的奸党更加铁板一块。一旦羌人各部落之间结成死党，将精兵联合起来就有二万多人，然后胁迫那些小部落，向他们靠拢的人就会越来越多，类似莫须这样的小部落也就不敢轻易地离开先零羌了。如此的话，羌人的势力就会越来越大，再想要消灭他们，就得多花费出数倍的力量。我担心朝廷的忧患、麻烦没有十几年的工夫是不能解决的，那可就不只是两三年的问题了。按照我的意见，只要先诛灭先零，那么对待罕羌、开羌，用不着出兵他们就会主动归服。如果先零羌已经被诛灭，而罕、开仍然不服，等过了正月再去攻打他们，这是最合理的计划，也是最理想的时机。而现在进兵，确实看不出有什么好处！”六月二十八日戊申，赵充国将此奏章上奏汉宣帝。秋季，七月初五日甲寅，盖有皇帝玺印的诏书对赵充国的意见作出了答复，汉宣帝听取了赵充国的意见。

赵充国率领军队逼近先零军队驻扎的地方。这些先零人由于在此地已经屯驻了很久，戒备已经松懈，他们突然看见汉朝大军到来，马上丢弃了车辆辎重，想渡过湟水向南逃跑，却由于道路狭窄难行而挤作一团，赵充国率领军队缓缓地向他们进逼。有人建议说：“我们的目的是追求胜利，现在的速度太慢了。”赵充国回答说：“这是陷入穷途末路的贼寇，不可逼得太急。慢慢地逼近，他们会争先逃走，连回头也顾不上，如果逼得太急，他们就要回过头来与你拼命。”诸将领都认为赵充国说得有道理。先零人掉入水中淹死的有数百人，向汉军投降的以及被杀死的也有五百多人。缴获的马、牛、羊十万多头，车子四千多辆。赵充国率领大军来到罕羌所居之地，下令军中不许烧毁罕人的村落、房屋，不许在罕人的田间放牧。罕羌人听说以后，都高兴地说：“汉军果然不攻打我们！”罕人的首领靡忘派人来对汉军说：“希望回到叛乱前居住的地方。”赵充国将这个情况派人奏报朝廷，没有得到答复，靡忘就亲自来到赵充国的军中归案，听候惩处。赵充国备好饮食招待他，打发他回去向自

护军[395]以下皆争[396]之曰："此反虏，不可擅遣[397]！"充国曰："诸君但欲便文自营[398]，非为公家忠计也。"语未卒，玺书报，令靡忘以赎论[399]。后罕竟不烦兵而下[400]。

上诏破羌、强弩将军[401]诣屯所[402]，以十二月与充国合，进击先零。时羌降者万余人矣，充国度其必坏[403]，欲罢骑兵[404]，屯田[405]以待其敝[406]。作奏未上[407]，会得进兵玺书[408]，充国子中郎将卬[409]惧，使客谏充国曰："诚令兵出破军杀将[410]，以倾国家[411]，将军守之可也[412]。即利与病[413]，又何足争[414]？一旦不合上意，遣绣衣[415]来责将军，将军之身不能自保，何国家之安[416]？"充国叹曰："是何言之不忠也！本用吾言[417]，羌虏得至是邪[418]？往者举可先行羌[419]者，吾举辛武贤，丞相、御史复白[420]遣义渠安国，竟沮败羌[421]。金城、湟中[422]谷斛八钱，吾谓耿中丞[423]：'籴[424]三百万斛谷，羌人不敢动[425]矣！'耿中丞请籴百万斛，乃得四十万斛[426]耳。义渠再使[427]，且费其半。失此二册[428]，羌人致敢为逆[429]。失之豪厘，差以千里，是既然矣[430]。今兵久不决，四夷卒有动摇[431]，相因而起，虽有知者不能善其后[432]，羌独足忧邪[433]？吾固以死守之[434]，明主可为忠言[435]。"

遂上屯田奏[436]曰："臣所将吏士、马牛食所用粮谷、茭稿[437]，调度甚广[438]，难久不解[439]，徭役不息，恐生他变，为明主忧[440]，诚非素定庙胜之册[441]。且羌易以计破，难用兵碎也，故臣愚心以为击之不便。计度[442]临羌[443]东至浩亹[444]，羌虏故田及公田[445]民所未垦，可二千顷以上，其间邮亭[446]多坏败者。臣前部士入山[447]，伐林木六万余枚，在水次[448]。臣愿罢骑兵，留步兵万二百八十一人，分屯要害处，冰解漕下[449]，缮乡

己的部落说明情况。赵充国手下的监军全都抗议说:“这是一个参与谋反的羌人，不能擅自做主将他放回去!”赵充国说:“诸位都是为了不惹法律的麻烦以求自我保全，而不是出于忠心为国家的利益考虑。”话还没有说完，宣帝的诏书就到了，令将靡忘按照将功折罪处置。后来罕、开部落果然不用动武就全部归顺了。

汉宣帝下诏命令破羌将军辛武贤和强弩将军许延寿率领所部前往赵充国屯驻的地方，限期于十二月与赵充国的军队会合，向先零叛军发动攻击。当时羌人向汉军投降的已经有一万多人了，赵充国估计他们必定自行崩溃，就准备将骑兵撤走，只留下步兵就地屯田，以等待先零人自行垮台的时机。奏章已经写好但还没有发往京师，就接到皇帝要求进兵的诏书，赵充国的儿子、担任中郎将的赵印心里感到害怕，就派了一个幕僚来劝谏赵充国说:“如果命令军队出击，就招致军败将亡，朝廷因此而面临倾覆的严重后果，将军坚持自己的立场是可以的。而现在不过是有利与有弊的问题，哪里用得着如此的固执己见呢?一旦违背了皇帝的旨意，皇帝派下一位身穿绣衣的直指使者前来责备将军，将军自己的身家性命都难以保全，哪里还谈得上维护国家的安全呢?”赵充国听了之后叹了口气说:“这些话听起来对皇上是多么的不忠啊!如果当初就采纳我的意见，羌人怎么会闹到今天的这个样子呢?当初推举可以先到羌中视察的人选时，我举荐辛武贤，而丞相、御史又向皇帝建议派遣义渠安国，结果竟然破坏了羌人与汉朝的关系，促成了羌人的叛乱。金城、湟中的谷子每斛八钱，我对耿中丞说:‘我们只要收购三百万斛谷米储备起来作为军粮，羌人就不敢轻举妄动了!’耿中丞却请求收购一百万斛，而最后只收购了四十万斛。义渠安国两次出使就耗费了其中的一半。这两项失策，导致羌人敢于谋反。一毫厘的失误，就导致了一千里的偏差，这都是以往的事情了。而现在军事行动拖延日久、问题得不到解决，国家四周的其他少数民族如果突然有个风吹草动，就可能由此而引发一连串的变故，到那时，即使再高明的人，也难以处理好下一步的事情，难道只有这些羌人值得我们忧虑吗?我之所以要冒死坚持自己的主张，是因为我相信圣明的君主必定会采纳我的忠言。”

于是赵充国给汉宣帝上了一道关于屯田的奏章，说:“我所率领的全军将士以及马牛所食用的粮食和草料，要从其他广大地区调来，与羌人的战争很难坚持长久而不能解决，由此而加重了百姓的徭役负担，恐怕会引发变故而给圣明的君主增添忧愁，这不符合事先早已确定好的，不用出兵作战、在朝廷之上运用智谋就能挫败敌人的策略。而且羌人很容易用计谋将其战胜，而难于用军事力量将其征服，所以我认为对羌人采取军事行动没有什么好处。我估计，从临羌县向东到浩亹县一带，原本是羌人的故地以及属于汉朝当地政府所有的土地，从未经过农民开垦，估计有两千顷以上，其间的驿站大多都已经损坏。我前些时率领军队入山，砍伐林木六万多株，放置在溪水边上。我请求撤回骑兵，只留下步兵一万零二百八十一个人，分别

亭㊿，浚沟渠[451]，治[452]湟陿[453]以西道桥七十所，令可至鲜水左右[454]。田事出[455]，赋人二[4]十亩[456]。至四月草生，发郡骑[457]及属国胡骑[458]各千，就草[459]为田者游兵[460]，以充入金城郡[461]，益积畜[462]，省大费[463]。令大司农所转谷至者[464]，足支[465]万人一岁食。谨上田处及器用簿[466]。"

上报曰："即如[467]将军之计，虏当何时伏诛？兵当何时得决[468]？孰计其便复奏[469]。"

充国上状[470]曰："臣闻帝王之兵，以全取胜[471]，是以贵谋而贱战[472]。'百战而百胜，非善之善者也，故先为不可胜[473]以待敌之可胜[474]。'蛮夷习俗虽殊[475]于礼义之国[476]，然其欲避害就利[477]，爱亲戚，畏死亡，一也[478]。今虏亡其美地荐草[479]，愁于寄托远遁[480]，骨肉心离[481]，人有畔志[482]。而明主班师罢兵[483]，万人留田[484]，顺天时，因地利，以待可胜之虏[485]。虽未即伏辜[486]，兵决[487]可期月而望[488]。羌虏瓦解，前后降者万七百余人，及受言去者凡七十辈[489]，此坐[490]支解羌虏之具[491]也。臣谨条不出兵留田便宜十二事[492]。步兵九校、吏士万人留屯，以为武备[493]，因田致谷[494]，威德并行，一也。又因排折[495]羌虏，令不得归肥饶之地，贫破其众[496]，以成羌虏相畔之渐[497]，二也。居民得并田作[498]，不失农业[499]，三也。军马一月之食，度支田士一岁[500]，罢骑兵以省大费，四也。至春，省甲士卒[501]，循河、湟漕谷至临羌[502]以示羌虏[503]，扬威武，传世折冲之具[504]，五也。以闲暇时，下先所伐材[505]，缮治邮亭，充入金城[506]，六也。兵出，乘危徼幸[507]；不出[508]，令反畔之虏窜于风寒之地，离霜露、疾疫、瘃堕之患[509]，坐得必胜之道，七也。无经阻[510]、远

屯驻在险要之处，等到河水解冻之后，将木材放排而下，用它修缮驿站，疏通沟渠水道，把湟陿以西的七十多座桥梁修好，使河水可以一直通到青海湖边。等到可以开始耕作的时候，分配给每个士兵二十亩地。到四月份青草发芽的时候，就征调各郡的骑兵以及各属国的骑兵各一千人，就着地面的水草一边放牧，一边给屯田的步兵巡逻放哨，粮食收获之后上缴给金城郡，以增加金城郡的粮食储备，这样可以为国家省下很大的一笔费用。如今大司农派人转运来的粮食，足够支持一万人一年以上的用度。现在仅呈上屯田的地点以及屯田所需要的农具、物品的货单。”

汉宣帝回复说：“假如按照将军的计划，叛逆的羌人什么时候能够平定？战事什么时候能够结束？认真考虑好制服羌人的方案重新奏报。”

赵充国呈上叙述该项事务的奏章，他说：“我听说帝王的军队，以自己不受损失而能战胜敌人为上，所以特别注重战胜敌人的谋略而把战场取胜放在第二位。‘百战而能百胜，并不是高手中的高手，所以应该先将自己摆在不可战胜的地位，而后寻找可以战胜敌人的机会。’蛮夷的风俗习惯虽然和我们这个礼仪之邦的汉朝不同，然而在躲避灾害追求利益、爱护亲戚、惧怕死亡方面和我们是一样的。如今他们失掉了肥美的土地和茂盛的牧草，整天生活在漂泊远遁的痛苦之中，即使是那些叛乱分子的至亲骨肉也会与他们离心离德，人人都有背叛他们的愿望。而在此时，圣明的陛下下令罢兵休战，留下一万人屯垦，既是顺应天时，也是适应地利，以此等待可以最后战胜羌虏的机会。他们虽然还没有立即认罪伏诛，但战事结束也就在这几个月之内。目前羌人已经在迅速瓦解之中，前后向我们投降的已经有一万七百多人，以及答应我们要脱离叛乱集团而去的也有七十多伙，这些都是我们坐等羌虏分崩离析的苗头。我现在就将不出兵攻打羌人而将步兵留下来屯垦的十二项好处逐条地奏报给陛下。留下一万名步兵屯田，将其分作九支队伍，分别由九个校官指挥，以为战备，开垦农田而获得粮食，将汉朝的威势与恩德同时向羌人展现，这是其一。又用这种屯田的形式将羌虏排挤出去，他们不能回到肥美富饶的土地上，其部下贫穷困苦，他们之间的团结就会遭到破坏，目前羌虏内部分崩离析的趋势已经显现，这是其二。当地居民因为没有羌人骚扰，可以和屯田部队同时耕作，百姓可以不失农时，这是其三。军马一个月所需的粮食，估计可以够屯田士兵一人一年的用度，撤回骑兵可以节省很大的费用，这是其四。到了春季，可以检阅披甲的士兵，让他们沿着黄河、湟水，把屯垦收获的粮食运送到临羌县，做给羌人看，向羌人耀武扬威，这是一种可以流传后世的折服敌人的手段，这是其五。部队在闲暇的时候，将先前砍伐下来的木材顺水放下来，用来修缮驿站，将屯田收获的粮食补充给金城郡，这是其六。如果我们冒险出兵攻打羌虏，只能凭借侥幸取得胜利；如果不出兵攻打，反而能迫使反叛的羌虏逃窜到苦寒贫瘠的地方去遭受霜露、疾病、冻疮这样的灾患，而我们却能坐等胜利，这是其七。采取屯垦的方式，我们还可以免受翻越险阻、远

追、死伤之害，八也。内不损威武之重，外不令虏得乘间[511]之势，九也。又亡惊动河南大幵[512]使生它变之忧，十也。治隍陿[513]中道桥，令可至鲜水以制西域[514]，伸威千里，从枕席上过师[515]，十一也。大费既省，繇役豫息[516]，以戒不虞[517]，十二也。留屯田得十二便，出兵失十二利，唯[518]明诏采择!”

上复赐报[519]曰:“兵决可期月而望者，谓今冬邪，谓何时也？将军独不计虏闻兵颇罢[520]，且丁壮相聚[521]，攻扰田者及道上屯兵，复杀略人民，将何以止之？将军孰计[522]复奏。”

充国奏[5]曰:“臣闻兵以计[523]为本，故多算胜少算[524]。先零羌精兵，今余不过七八千人，失地远客分散[525]，饥冻畔还[526]者不绝。臣愚以为虏破坏可日月冀[527]，远在来春，故曰兵决可期月而望。窃见北边[528]自敦煌至辽东[529]万一千五百余里，乘塞列地[530]有吏卒数千人，虏数以大众攻之[531]而不能害。今骑兵虽罢，虏见屯田之士精兵万人，从今尽三月[532]，虏马羸瘦[533]，必不敢捐其妻子于他种中[534]，远涉河山而来为寇，亦不敢将其累重[535]，还归故地。是臣之愚计所以度虏[536]且必瓦解其处[537]，不战而自破之册也。至于虏小寇盗，时杀人民，其原未可卒禁[538]。臣闻战不必胜，不苟接刃[539]，攻不必取，不苟劳众[540]。诚令兵出[541]虽不能灭先零，但能令虏绝不为小寇，则出兵可也。即今同是[542]，而释坐胜之道，从乘危之势[543]，往终不见利[544]，空内自罢敝[545]，贬重[546]以自损，非所以示蛮夷[547]也。又大兵一出，还不可复留[548]，湟中亦未可空[549]，如是，

途追击、死伤相继的损失，这是其八。对内丝毫不会损伤朝廷的威望，对外又使羌虏没有可乘之机，这是其九。又没有惊动黄河以南另一支大的开羌势力，避免了其他变故发生，这是其十。修治湟陋山谷中的道路和桥梁，使其可以直接通往青海湖，以控制通往西域的交通，使汉朝的国威延伸千里，又使军队行军安全方便，就像是在自家的枕席上通过一样，这是其十一。大的费用已经节省下来，人民的徭役负担也就可以免除，就可以留出力量预防其他的意外事故，这是其十二。留下步兵屯田可以获得十二个方面的好处，而出兵就要失掉这十二个方面的好处，是屯田还是出兵，请求圣明的陛下选择！”

汉宣帝批复说：“你在奏章上所说的解决这次战争可以在数月之内实现，指的是今年冬季呢，还是别的什么时间呢？将军难道就没有考虑到一旦羌虏听到汉军骑兵撤回的消息后，他们将会把军队中的青壮年重新集结起来，攻击骚扰屯田的士兵以及在道路上担任巡逻守卫的士兵，再次攻杀抢掠我国的边民，如果出现这种情况，将采取什么措施进行阻止呢？希望将军仔细考虑之后奏报上来。”

赵充国上书给汉宣帝说：“我听说在军事上以智谋为根本，所以谋划精确的必定战胜谋划粗疏的。先零羌军队中的精锐，现在剩下的不超过七八千人，他们已经失去了自己原来的土地而四处分散、客居他乡，因为忍饥受冻而背叛他们的头领、返还故乡的人络绎不绝。所以我认为，最终打败羌虏应该是指日指月可待，再久远一点也不超过来年春季，所以说军事的解决可以在数月之内实现。我私下里观察，看见北部边境从敦煌郡到辽东郡全长达一万一千五百多里，在如此长的边境线上，登上城堡的与排列在地面担任守卫的官兵只有几千人，而胡虏多次派大部队对他们发动进攻，都无法伤害他们。现在骑兵虽然撤回，羌虏所看到的我们屯田的精壮部队仍然有一万人之多，从现在开始到明年三月底，正是羌虏战马羸瘦的时期，他们必定不敢将自己的妻子儿女丢在其他部落中，而从遥远的地方跋山涉水前来骚扰，也不敢带着他们的全部辎重、妻子儿女返回到已经被我们占领的故地。这就是我所谋划的羌虏必定会在他们现在的栖身之处自行瓦解，不必动用武力，就会不攻而自破计策的依据。至于小股羌虏在很小的范围之内偶尔杀伤汉民，这本来就是不可能一下子禁绝的。我听说如果作战没有必胜的把握，就不要轻率地与敌人交战，如果是没有把握攻克的城，就不能轻率地兴师动众去硬攻。假如下令出兵，即使不能将先零羌彻底消灭，但也能使羌人绝对不敢再来侵扰，哪怕是小股的羌虏，那么出兵是可以的。如果打过一仗之后，情况还和原来一样，就连小股羌人的侵扰也无法杜绝，却要放弃坐等就能获取的胜利，采取冒险的做法，打一仗也得不到什么好处，白白地把自己军队弄得很疲乏，贬低、损伤汉朝的威严，这不是应该向羌虏展示的大国形象。再说，只要大军一出动，不管是胜是败，打完仗之后就得换防，不可能再让这些士兵留下来屯田备羌，而湟中之地又不能没有人防守，势必导致再度向百姓征

徭役复更发[550]也。臣愚以为不便。臣窃自惟念[551]：奉诏出塞，引军远击，穷[552]天子之精兵，散车甲[553]于山野，虽亡[554]尺寸之功，偷得避嫌之便[555]，而亡后咎余责[556]，此人臣不忠之利，非明主社稷之福也。”

充国奏每上，辄下公卿议臣[557]。初是[558]充国计者什三[559]，中什五，最后什八。有诏诘[560]前言不便者，皆顿首服[561]。魏相曰：“臣愚不习兵事利害，后将军数画军册[562]，其言常是，臣任[563]其计可必[6]用也。”上于是报充国，嘉纳之[564]。亦以破羌、强弩将军数言当击，以是两从其计[565]，诏两将军与中郎将印出击。强弩出，降四千余人，破羌斩首二千级，中郎将印斩首降者[566]亦二千余级，而充国所降复得五千余人。诏罢兵，独充国留屯田。

大司农朱邑卒。上以其循吏[567]，闵惜[568]之，诏赐其子黄金百斤，以奉其祭祀。

是岁，前将军、龙頟侯韩增为大司马、车骑将军。

丁令[569]比三岁[570]钞盗匈奴[571]，杀略数千人。匈奴遣万余骑往击之，无所得。

---

**【段旨】**

以上为第二段，写宣帝神爵元年（公元前六一年）六月至十二月共七个月间的全国大事。本段主要写了赵充国有智谋、有策略地分化瓦解、孤立少数，最终顺利平息羌乱的过程。文章详细载录了赵充国的屡次上奏，表现了赵充国稳妥持重、努力以不战屈人的军事思想；记载了赵充国屯田备战、寓兵于民的国防思想，至今仍有鲜活的现实意义。

兵的事情发生。我认为那样对国家没有好处。我经常私下里考虑：如果接受皇帝的诏命远出塞外去征讨叛羌，率领军队深入蛮荒去攻打敌人，最后将所率领的精兵强将损失殆尽，将车马甲胄丢弃在荒山旷野之间，虽然没有建立尺寸大小的功劳，却可以避免抗旨的罪名，落得个没有过错的好处，也无须承担日后生出的责任与麻烦，但那样做对不忠诚于国家的个人有利，却不是圣明的君主与国家的福分。”

赵充国每次的奏章，汉宣帝都要将其交付给公卿大臣、议臣们讨论评议。最初赞成赵充国意见的人只有十分之三左右，后来就有一半的人赞成赵充国的意见，到最后，竟然是十分之八的人赞成。汉宣帝下诏责备最初反对赵充国意见的人，这些人都磕头认错。魏相说："我很愚钝，不懂得军事上的利害关系。后来赵充国将军屡次谋划策略军事大计，他的话绝大多数都是正确的，我相信他的计策必定可行。"汉宣帝决定采纳赵充国的意见，并在批复的诏书中对赵充国给以嘉奖。又因为破羌将军辛武贤、强弩将军许延寿屡次建议应该对羌人采取行动，因此对两种计划都予以采纳，汉宣帝下诏令破羌将军辛武贤、强弩将军许延寿与中郎将赵卬出兵攻打羌虏。强弩将军许延寿率军出战，俘获的羌虏有四千多人，破羌将军辛武贤的军队斩杀羌虏二千多人，中郎将赵卬斩杀和俘虏的加起来也有两千多人，而赵充国的军队所俘获的又有五千多人。汉宣帝下诏撤兵，只留下赵充国率领步兵屯田。

担任大司农的朱邑去世。汉宣帝因为他是一个循理守法的官吏，对他的死感到很惋惜，于是下诏赏赐给他的儿子黄金一百斤，作为祭祀朱邑的费用。

这一年，任命前将军、龙頟侯韩增为大司马、车骑将军。

匈奴北部的丁零人连续三年南下对匈奴进行攻击抢掠，杀死劫掠了数千人。匈奴派遣了一万多名骑兵前去攻打，却一无所获。

---

**【注释】**

㉝孛：火光四射的样子，这里是指流星。㉞须：等待。㉟欲渡河：欲渡黄河西进，当地的黄河是从今青海流来，经甘肃东部，北流入宁夏。㊱恐为虏所遮：恐怕遭到羌人的伏击。遮，截击、伏击。㊲三校：三个校尉各领本部人马。㊳衔枚：枚的形状像是筷子，士兵衔在口中以防喧哗。㊴度辄营陈：过河后立刻安营列阵，做好战斗准备。陈，通"阵"。㊵会明毕：等到天亮，这三校士兵已经全部渡河并安营列阵完毕。㊶遂以次尽度：就照这种样子按次序全部渡过了黄河。㊷数十百骑：八九十骑、上百骑。㊸出入军傍：在汉军营阵的附近出没。傍，同"旁"。㊹新倦：刚刚到达，奔走疲倦。㊺驰逐：奔驰、追赶。㊻骁骑：剽悍的骑兵。㊼以殄灭为期：以彻底消灭敌人为

目的。殄，灭。期，预定目标。㉔⑧遣骑候：派骑兵侦察得知。候，侦察。㉔⑨四望狭：峡谷名，在今青海乐都境内。㉕⓪落都：即今青海之乐都。㉕①诸校司马：各校尉属下司马官。司马在校尉属下主管军中司法。㉕②不能为兵：意即不会用兵。㉕③发：派出。㉕④杜：堵住；把守住。㉕⑤兵岂得入哉：我们的军队又怎么能进得来呢。㉕⑥远斥候：远远地派出侦察兵。㉕⑦行必为战备：行军的时候总是做好战斗准备。㉕⑧止：驻扎。㉕⑨坚营壁：把兵营四周的防御工事修得牢牢的。㉖⓪持重：稳扎稳打，不轻易出战。㉖①西部都尉府：西部都尉的行营所在地，在今青海乐都西，当时属金城郡。西部都尉是汉王朝派驻此地的军事长官。㉖②日飨：每天都犒赏。飨，通“享”。以酒肉招待士兵。㉖③生口：也称“活口”“舌头”，这里即指俘虏。㉖④相数责：相互埋怨责备。㉖⑤语汝无反：早就对你说不要反叛。㉖⑥今请欲壹斗而死：即使想要痛快地打一仗落得个战死。今，即使。㉖⑦可得邪：办得到吗。㉖⑧罕、开豪靡当儿：罕、开部落的头领名叫靡当儿。㉖⑨都尉：即上文所谓西部都尉。㉗⓪雕库种人：雕库那个种姓的人。种，血统。㉗①颇在先零中：有一些杂居在先零族的部落里。颇，有一些，表示数量之少。㉗②为质：作为人质。㉗③明白自别：自己要明显地与叛乱分子表现出区别。㉗④毋取并灭：不要自取与他们共同灭亡。㉗⑤能相捕斩：如能捕斩了其他的叛乱者。㉗⑥除罪：免除其罪。㉗⑦以功大小赐钱有差：根据其功劳大小，赏赐数量不等的钱财。差，等级。当时规定，能斩大豪有罪者一人，赐钱四十万；中豪十五万；小豪二万；女子及老弱千钱。㉗⑧尽与之：全都赏给他。㉗⑨劫略者：被先零羌所劫持、裹挟的人。㉘⓪解散：即今所谓“瓦解”。㉘①徼其疲剧：看准他疲倦到顶点的时候。徼，看准、抓准。㉘②内郡兵：内地诸郡的兵勇，此与沿边诸郡相对而言。㉘③酒泉：汉郡名，郡治禄福，即今甘肃酒泉。㉘④辛武贤：西汉后期的著名将领。事迹详见《汉书》本传。㉘⑤郡兵：酒泉郡的兵勇。㉘⑥南山：酒泉郡南侧的大山，即今甘肃、青海两省边界上的祁连山。㉘⑦势不可久：指要防备匈奴人的入侵。㉘⑧此虏在境外之册：意思是如果羌人远在境外，那我们采取等秋冬进攻的办法是正确的。册，通“策”，计策。㉘⑨不耐冬：不能忍受冬季的严寒。㉙⓪赍：携带。㉙①张掖：汉郡名，郡治在今甘肃张掖西北。㉙②鲜水上：指鲜水北侧。鲜水，即今之青海湖。㉙③仍出：频繁出击。㉙④震坏：恐惧、崩溃。㉙⑤下其书充国：把辛武贤的上书转发给赵充国。㉙⑥二斛四斗：即二石四斗。一斛等于一石，一石为十斗。汉时的一斗约当今之五升。㉙⑦商军进退：意即根据我们的情况来考虑他们的进攻与退守。商，考虑。㉙⑧稍引去：意即慢慢引兵后退。稍，逐渐。㉙⑨逐水草：沿着有水草生长的地方。㉚⓪随而深入：如果我军追着他们进入山林。㉚①据前险：占据前面的险要地势。㉚②守后厄：再控制住我们后退路上的险要之点。㉚③千载不可复：这样的失败耻辱，是一千年也洗刷不掉的。复，报复、洗刷。㉚④殆：差不多，“是”字的委婉说法。㉚⑤至计：最好的设计。㉚⑥他种劫略：其他部落只是被劫持裹挟。略，此处意思通“掠”。㉚⑦愚册：愚计，谦辞。㉚⑧捐：弃；饶过。㉚⑨暗昧之过：由于糊涂所犯的过错。㉛⓪隐而勿章：对其隐忍而不公开。隐，隐忍。㉛①先行先零之诛：

先进行对先零人的讨伐。诛，讨伐。㉜以震动之：以恫吓、警告罕、幵部落。㉝拊循和辑：安抚他们，使之平安和睦。㉞全师保胜安边：既使军队完好无损，又能保证胜利，又能安定边陲。㉟下其书：把赵充国的上书发给群臣讨论。㊱负罕、幵之助：又倚仗着有罕、幵部落的援助。负，仗恃。㊲未可图：没法打它的主意，即无法打败它。㊳许延寿：宣帝岳父许广汉之子。㊴即拜：到其人所在之地予以加委。㊵赐玺书嘉纳其册：皇帝下诏书表彰并接受他所陈述的意见。玺书，加盖皇帝玉玺的诏书。㊶以书敕让充国：皇帝又下诏书申斥责备赵充国。敕让，申斥、责备。敕，此处通"饬"。㊷转输并起：各地都在为讨伐西羌而运送粮草物资。㊸百姓烦扰：全国都不得安宁。烦扰，心烦而又不得休息。㊹不早及秋共水草之利：不赶早趁着秋天水草繁茂的有利时机。㊺争其畜食：争其牲畜，夺其粮食。㊻虏皆当畜食：让敌人都已储存了充足的粮食。畜，通"蓄"，积聚。㊼依险阻：占据了险要地形。㊽皲瘃：因寒冷而皮肤皲裂。㊾宁有利哉：到那时，我们还能说有什么优势可言吗。宁，岂、难道。㊿中国之费：中国内地的严重耗费。㉛以岁数：靠耗费时间。㉜将军谁不乐此者：当武将的谁不愿意靠这个战胜敌人。㉝其：表示希冀、祈请的发语词。㉞以解其谋：以瓦解先零人加强与罕、幵联合之谋。㉟阻石山木：凭借着山石树木的有利地形。阻，凭借。㊱候便为寇：寻有利时机对我发动进攻。㊲置先零：放下先零不打。置，放下。㊳起壹难：攻击一个敌人。㊴就两害：造成两种害处。其一是罕、幵本非坚敌，而使之成为坚敌；其二是罕、幵本非先零的忠实盟友，今使之成了先零的忠实盟友，从而使先零的势力增强。㊵陛下本计：宣帝本来的意图也是想招降罕、幵。㊶攻不足者守有余：语见《孙子兵法·形》。意思是如果敌方的力量比我们小，我们就主动对敌进攻；如果我们的力量比敌方弱，我们就采取防守。㊷善战者致人二句：语见《孙子兵法·虚实》。意思是善战者要能牵着敌人的鼻子走，而不被敌人牵着鼻子走。致，牵引。㊸欲为敦煌、酒泉寇：要进攻敦煌、酒泉。㊹饬：整顿好。㊺练：训练好。㊻以须其至：以等待他们的到来，即今所谓"严阵以待"。须，待。㊼坐得致敌之术：白白捡得一个诱敌上钩的机会。㊽而发之行攻：反而要让他们去进攻敌人。㊾释：放掉。㊿从：采取。㉛不能无恐：不能不担心。㉜背之：背叛他。㉝先赴罕幵之急：先解救一次罕、幵部落的危急。㉞以坚其约：以加固他们之间的联盟。㉟适使：恰好让。㊱得施德于罕羌：有了一个能施恩于罕、幵部落的机会。㊲坚其约：让他们的联盟巩固起来。㊳合其党：让他们的奸党更加铁板一块。㊴虏交坚党：羌虏结交成死党。㊵附着者稍众：向他们靠拢的人就会越来越多。附着，贴近。稍，渐渐。㊶莫须之属：类似莫须那样的小部落。莫须，羌族的一个部落名。㊷不轻得离：不会轻易地离开先零羌。㊸虏兵浸多：敌人的队伍就会越来越大。浸，逐渐。㊹诛之用力数倍：再想消灭他们就得多花出几倍的力量。㊺忧累：累赘；麻烦。㊻由十年数：由十年向上计算。㊼先诛先零已：首先诛灭先零之后。已，完毕。㊽不烦兵而服：用不着再出兵就自动归服了。㊾而罕幵不服：如果罕、幵还不降服。而，如。㊿涉正月击之：过了正月再去打它。㊲得计之理：这是最合理的计划。㊲又其时也：也是最理想的时机。㊲戊申：六月二十八。㊲七月甲寅：七月初五。㊲玺书报：皇帝的诏书作出批复。㊲先零在所：先零人所驻扎的地方。㊲欲渡湟水：欲渡湟水南逃。㊲道厄狭：道路狭窄难行。㊲徐行驱之：缓缓进兵驱赶。㊳逐利行迟：目的是求得胜利，追击的速度太慢了。㊳不可迫：不能逼得太急。古兵法有所谓“穷寇勿追”“穷寇勿遏”等语。㊳走不顾：急急逃走而不回头。㊳还致死：回过身来拼命。致死，拼命。㊳诸校：各个校尉。古代一位将军统领若干部，部的长官即校尉。㊳赴水：扑入湟水。㊳两：通“辆”。㊳罕地：罕羌所居之地。㊳毋燔聚落：不要焚烧罕羌人所居住的村落、居民点。聚，居民点。㊳刍牧田中：在田间放牧。刍牧，割草、放牧。㊴豪靡忘：罕羌的首领名叫靡忘。㊴还复故地：回到叛乱前的地方居住。㊴未报：皇帝的批复还未来到。㊴来自归：自己前来归案，听候处治。㊴遣还谕种人：打发他回去向自己的部落说明情况。谕，说明情况。㊴护军：意同“监军”“督军”，地位仅低于将军。㊴争：劝阻。㊴擅遣：擅自做主放他回去。㊴便文自营：不惹法律的麻烦，以图自全。㊴以赎论：按将功折罪处置。㊵不烦兵而下：不用动武就全部归顺了。㊵破羌、强弩将军：指辛武贤、许延寿。㊵诣屯所：到赵充国驻兵的地方。㊵度其必坏：估计他们必定自行崩溃。坏，崩溃。㊵罢骑兵：撤走骑兵。㊵屯田：留下步兵屯垦驻守。㊵以待其敝：以静候先零人的自行垮台。㊵作奏未上：写好奏章尚未发出。㊵会得进兵玺书：这时收到了皇帝命令进兵的诏书。会，正、恰。㊵中郎将卬：赵卬，赵充国之子，此时以中郎将的身份随军出征。中郎将是皇帝的卫队长。㊶诚令兵出破军杀将：如果真是一旦出兵就会招致兵败将死。㊶以倾国家：使国家遭受危难。㊶将军守之可也：您坚持反对出兵的意见是可以的。守，坚持。㊶即利与病：如果只是哪个好点、哪个差点。即，如果。㊶又何足争：又何必非要坚持自己的意见。㊶绣衣：身穿绣衣的使者。汉代有所谓“绣衣直指”，是奉皇帝命令外出查办案件的使者。㊶何国家之安：您又怎能维护国家的安全。㊶本用吾言：如果当初听我的话。㊶羌虏得至是邪：羌人能闹到今天这种样子吗。至是，到这个地步。㊶先行羌：先到羌中视察。㊷复白：又建议皇帝。㊷竟沮败羌：最终破坏了羌人与汉朝的关系，促成了羌人的叛乱。㊷金城、湟中：金城郡相当今甘肃兰州一带地区，湟中指今青海东部的湟水流域。㊷耿中丞：指耿寿昌，此时任大农丞，是大司农的属官。㊷籴：买进。㊷羌人不敢动：因其知汉朝政府早有准备。㊷乃得四十万斛：实际上他只买了四十万斛，还不到我建议的七分之一。㊷义渠再使：义渠安国的第二次出使。㊷失此二册：由于这两项失策。一指错派义渠安国出使西羌，激起羌变；一指不大量籴谷，对羌人没有构成威胁。㊷羌人致敢为逆：故而导致了羌人的造反。㊸是既然矣：这都是以往的事情啦。㊸四夷卒有动摇：其他方面的少数民族如果再突然有个风吹草动。卒，通“猝”，突然。㊸虽有知者不能善其后：即使有再高明的人，也难以处理好下一步的事情。知，通“智”。㊸羌独足忧邪：难道只是这一些羌人让我们忧虑吗。㊸吾固以死守之：我之所以敢于冒死地坚持己见。固，通“故”。㊺明主可为忠言：是因为我相信英明的皇帝可以听取我的忠言。㊻屯田奏：有关屯田方略的奏章。㊼茭稿：喂牲口的干草。稿，禾秆。㊽调度甚广：要从其他广大地区调来。㊾难久不解：意指如果与羌人的战争常年不能解决。㊿为明主忧：给皇帝造成麻烦，增添忧愁。㊶素定庙胜之册：事先早已确定了的，不用出兵作战，在朝堂上运用智谋就能挫败敌人的策略。素定，预定。素，通“夙”。庙胜，战胜敌人于宗庙、朝廷之上。㊷计度：估算。㊸临羌：汉县名，县治在今青海湟源东南，是羌人居住的西部地区。㊹浩亹：汉县名，县治在今青海乐都东，是羌人居住的东部地区。㊺公田：汉朝当地政府所有的土地。㊻邮亭：驿站，为官方传达信件与为过往官员提供食宿的馆舍。㊼部士入山：带领士兵进山。部，率领。㊽在水次：在溪水边上放着。次，旁。㊾冰解漕下：到春天解冻后可顺水将木材放排而下。㊿缮乡亭：把那些破败的乡公所、驿站都加以修缮。㊶浚沟渠：把那些浇灌田地的沟渠都加以疏通。㊷治：修建；架设。㊸湟陿：湟水上的峡谷名，在今青海西宁东。㊹令可至鲜水左右：一直通到青海湖边。㊺田事出：到可以开始种地的时候。㊻赋人二十亩：分配给每个士兵二十亩地。㊼发郡骑：征调各郡的骑兵。㊽属国胡骑：匈奴属国的骑兵。汉代沿边诸郡将归附汉朝的少数民族分别划地集中居住，这种集中划区居住的少数民族称为“属国”，设都尉予以管理。㊾就草：就着地面有草。㊿为田者游兵：给屯田的步兵巡逻放哨。㊶以充入金城郡：收获的粮食上交给金城郡。㊷益积畜：增加金城郡的粮食储备。畜，通“蓄”。㊸省大费：可以节省国家的大量开支。㊹令大司农所转谷至者：要让大司农运送到金城前线的粮食。《资治通鉴》“令”字原作“今”，文意不顺，据上下文意改。㊺足支：足够供应。㊻谨上田处及器用簿：谨报上屯田的地点与屯田所需工具、物品的货单。㊼即如：如果按照。㊽兵当何时得决：战事须待何时结束。㊾孰计其便复奏：仔细考虑好实施方案重新上报。孰，同“熟”。㊿上状：呈上叙述该项事务的奏章。状，文体名，叙述具体实施方案的文章。㊶以全取胜：以自己不受损失而能战胜敌人为上。㊷贵谋而贱战：重视谋略而把战场取胜放在第二位。㊸先为不可胜：先将自己摆在不可战胜的位置。㊹以待敌之可胜：然后再寻找时机以求战胜敌人。〖按〗以上三句取意于《孙子兵法·谋攻》“是故百战百胜，非善之善者也，不战而屈人之兵，善之善者也”；与《形》“昔之善战者，先为不可胜以待敌之可胜”。㊺殊：有别于。㊻礼义之国：指汉王朝。㊼避害就利：躲开危害，获得利益。㊽一也：是一样的。㊾亡其美地荐草：丢失了肥沃的土地、丰茂的草原。荐草，丰茂的青草。㊿愁于寄托远遁：整天生活在漂泊远逃的痛苦之中。㊶骨肉心离：即使那些叛乱头子的骨肉至亲也对他们离心离德。㊷人有畔志：所有的人都不想跟着他们的头子再干下去。畔，同“叛”。㊸罢兵：撤军。㊹留田：留下屯田。㊺以待可胜之虏：以等待最后战胜羌虏的时机。㊻虽未即伏辜：虽然还没有立刻认罪伏诛。伏辜，伏罪、伏法。㊼兵决：战事结束。㊽可期月而望：也就在这几个月之间。期月，一整月。㊾受言去者凡七十辈：已经答应要脱离叛乱集团而去的共有七十多伙。⑷⑨⓪此坐：这都是我们坐看、坐等。⑷⑨①支解羌虏之具：使羌虏分崩离析的苗头。⑷⑨②不出兵留田便宜十二事：不出兵攻击而留下部分军队屯田的十二条好处。⑷⑨③武备：战备。⑷⑨④因田致谷：通过屯田而获得粮食。⑷⑨⑤排折：排挤、摧折。⑷⑨⑥贫破其众：使其部下贫困破败。⑷⑨⑦相畔之渐：相互叛离的趋势。渐，逐渐、趋势。⑷⑨⑧居民得并田作：当地居民可以和屯田部队同时耕作。⑷⑨⑨不失农业：百姓们可以不失农时。⑸⓪⓪度支田士一岁：差不多够屯田士兵一年的开支。度，估计、差不多。⑸⓪①省甲士卒：检阅一下披甲的士兵。⑸⓪②循河、湟漕谷至临羌：沿着黄河、湟水把粮食用船运送到西部的临羌县。漕谷，水运粮食。⑸⓪③以示羌虏：以做给羌人看。⑸⓪④传世折冲之具：这是一种可以流传后世的折服敌人的手段。折冲，制服敌人的进攻。⑸⓪⑤下先所伐材：把先前在山上砍伐的木材顺水放下来。⑸⓪⑥充入金城：把屯田收获的粮食补充给金城郡。⑸⓪⑦兵出二句：如果出兵攻敌，那是一种冒危险、靠侥幸的事。乘危，冒险。徼幸，即侥幸。⑸⓪⑧不出：不出兵攻击。⑸⓪⑨离霜露、疾疫、瘃堕之患：让他们吃尽严寒、疾病等一切苦头。离，遭受。瘃堕，因严寒而冻掉指头。⑸①⓪经阻：翻越险厄之地。⑸①①乘间：利用间隙。⑸①②亡惊动河南大开：不惊动黄河以南的另一支开羌势力。亡，通"无"，不。河南，这里指今兰州以西的黄河以南地区。⑸①③湟陿：即湟峡。⑸①④以制西域：以控制通往西域的交通。⑸①⑤从枕席上过师：意思是说修桥成功，则行军安全方便，如从枕席上经过。⑸①⑥繇役豫息：徭役停息。繇，通"徭"。⑸①⑦以戒不虞：留出力量预防其他的意外事故。不虞，意外。⑸①⑧唯：表示祈请的发语词。⑸①⑨报：批复。⑸②⓪闻兵颇罢：听到我军有些撤回的消息。⑸②①且丁壮相聚：他们的青壮年将再次集合起来。丁壮，成丁者与壮年人。古称十八岁的男人为成丁。⑸②②孰计：仔细考虑。孰，通"熟"。⑸②③计：智谋。⑸②④多算胜少算：谋划精确的打败谋划粗疏的。《孙子兵法·计》有所谓"多算胜，少算不胜。"⑸②⑤失地远客分散：丢掉了原来的地盘而远居异地，且又住得分散。⑸②⑥畔还：离开其头目而各自回家。⑸②⑦可日月冀：意即指日指月可待。冀，希望。⑸②⑧北边：北部边境。⑸②⑨辽东：汉郡名，郡治襄平，即今辽宁辽阳。⑸③⓪乘塞列地：登上城堡的与排列在地面的。⑸③①数以大众攻之：多次用大部队对之发动攻击。⑸③②从今尽三月：从现在开始到明年三月底。⑸③③羸瘦：瘦弱、病瘦。因无草挨饿而致。⑸③④捐其妻子于他种中：把他的老婆孩子丢在其他部落。捐，抛弃。他种，别的部落。⑸③⑤将其累重：带着他们的全部辎重。累重，辎重，指各种后勤物资。⑸③⑥是臣之愚计所以度虏：我之所以估计敌人……就是根据这一点。⑸③⑦且

---

【原文】

## 二年（辛酉，公元前六〇年）

春，正月，以凤皇、甘露降集京师[1]，赦天下。

必瓦解其处：必将在其所处之地自行瓦解。㊳其原未可卒禁：这本来就是不可能一下子禁绝的。卒，通“猝”。㊴战不必胜二句：没有必胜把握的仗，就绝不能轻易地打。不苟，不随便。接刃，意即开战。㊵攻不必取二句：没有把握攻克的城，就绝不兴师动众地攻。劳众，使众人疲劳。㊶诚令兵出：如果这次出兵真能达到。㊷即今同是：如果打过一仗情况还和原来一样，即不能根绝小股入侵。㊸从乘危之势：采取冒险的做法。从，从事、采取。㊹往终不见利：打一仗也得不到什么好处。㊺空内自罢敝：白白把自己弄得很疲乏。罢敝，意即劳民伤财。㊻贬重：降低汉王朝的身份、威严。㊼非所以示蛮夷：这不是应该向蛮夷展示的大国形象。㊽还不可复留：打完仗以后就得换防，不可能再让这些士兵屯田备羌。㊾亦未可空：还得调兵防守。㊿徭役复更发：向百姓征兵的事情就又来了。551自惟念：自己思考。惟，也是“思”的意思。552穷：尽；消耗。553车甲：车辆、甲胄，这里即指士兵。554亡：通“无”。555偷得避嫌之便：但落一个没有过错的好处。偷，苟，马马虎虎地。避嫌，免得落一个“抗旨”的罪名。556后咎余责：日后生出的责任与麻烦。557辄下公卿议臣：总是要下发给公卿议臣们讨论。558初是：最初赞成。559什三：十分之三。560诘：问。561顿首服：磕头自认不如。562数画军册：屡次谋划军事大计。563任：相信。564嘉纳之：称赞他的谋略高并予以采纳。565两从其计：对两种计划都予以采纳。566斩首降者：斩敌之首与接受投降者。567循吏：守法循理之吏，这里即指良吏。568闵惜：怜惜。闵，通“悯”。569丁令：也写作“丁零”，游牧在匈奴以北，今俄罗斯贝加尔湖一带的少数民族名。570比三岁：一连三年。571钞盗匈奴：从北侧对匈奴进行攻击掠夺。

## 【校记】

［4］二：原作“三”。据章钰校，甲十五行本、乙十一行本、孔天胤本皆作“二”，张敦仁《资治通鉴刊本识误》同，今据改。［5］奏：原作“复奏”。据章钰校，甲十五行本、乙十一行本、孔天胤本皆无“复”字，今据删。〖按〗《通鉴纪事本末》卷四、《资治通鉴纲目》卷六、《汉书·赵充国传》皆无“复”字。［6］可必：原作“必可”。据章钰校，甲十五行本、乙十一行本、孔天胤本二字皆互乙，今据改。〖按〗《通鉴纪事本末》卷四、《资治通鉴纲目》卷六、《汉书·赵充国传》皆作“可必”。

## 【语译】

### 二年（辛酉，公元前六〇年）

春季，正月，因为凤凰飞落京师，甘露降于京师，所以大赦天下。

夏，五月，赵充国奏言："羌本可[573]五万人军，凡斩首七千六百级，降者三万一千二百人，溺河湟[574]、饥[7]饿死者五六千人，定计[575]遗脱[576]与煎巩、黄羝俱亡者[577]不过四千人。羌靡忘[578]等自诡必得[579]，请罢屯兵[580]。"奏可。充国振旅而还[581]。

所善浩星赐[582]迎说充国曰："众人皆以破羌、强弩[583]出击，多斩首生降，虏以破坏[584]。然有识者以为虏势穷困，兵虽不出，必[8]自服矣[585]。将军即见[586]，宜归功于二将军出击，非愚臣所及[587]。如此，将军计未失[588]也。"充国曰："吾年老矣，爵位已极[589]，岂嫌伐一时事[590]以欺明主[591]哉？兵势，国之大事，当为后法[592]。老臣不以余命[593]壹为陛下明言兵之利害[594]，卒死[595]，谁当复言之者？"卒以其意对[596]。上然其计[597]，罢遣辛武贤归酒泉太守[598]，官充国复为后将军[599]。

秋，羌若零、离留、且种、儿库[600]共斩先零大豪犹非、杨玉[601]首，及诸豪弟泽、阳雕、良儿、靡忘[602]皆帅煎巩、黄羝之属四千余人降。汉封若零、弟泽二人为帅众王[603]，余皆为侯、为君[604]。初置金城属国[605]以处降羌。

诏举可[606]护羌校尉[607]者。时充国病，四府[608]举辛武贤小弟汤[609]。充国遽起[610]，奏："汤使酒[611]，不可典蛮夷[612]。不如汤兄临众[613]。"时汤已拜受节[614]，有诏更用临众[615]。后临众病免，五府[616]复举汤。汤数醉酗[617]羌人，羌人反畔，卒如充国之言。辛武贤深恨充国，上书告中郎将[9]印[618]泄省中语[619]，下吏[620]，自杀。

司隶校尉[621]魏郡盖宽饶[622]，刚直公清，数干犯[623]上意。时上方用

夏季，五月，赵充国上书给汉宣帝说："先零羌人的军队原来大约有五万人，被我军斩首了有七千六百多人，投降过来的有三万一千二百人，落入黄河、湟水淹死的以及饿死的有五六千人，满打满算，自己开小差逃走的，加上跟随煎巩、黄羝两个头目一道逃走的不会超过四千人。罕羌首领靡忘等人自己保证一定能将这些逃亡的先零羌叛乱分子头目擒获，请求结束屯田。"汉宣帝批准撤军。赵充国整顿军队班师而回。

赵充国的好友浩星赐在赵充国班师途中迎住赵充国，他对赵充国说："大家都认为破羌将军辛武贤、强弩将军许延寿率军出击先零羌，斩杀和俘虏了很多先零羌人，先零羌是因为辛武贤、许延寿的出击才崩溃垮台的。然而有识见的人都认为先零人已经是走投无路穷困不堪，即使不出兵，先零人肯定自己就屈服了。将军如果见到皇帝，应该将打败先零羌的功劳归于破羌将军辛武贤、强弩将军许延寿二位将军的主动出击，皇帝命令二位将军出击的决策是英明的，自己是无论如何也比不上的。这样的话，将军原来的计划也不算错。"赵充国说："我已经年老了，爵位已经达到了顶点，怎么能为了避免嫌疑，惧怕别人议论我在用兵这件事情上自夸功劳，就去用假话哄骗皇帝呢？军事策略，是国家的大事，应当为后世留下可供学习的法则。老臣如果不能在有生之年为皇帝讲清楚在什么情况下应该出兵、在什么情况下不应该出兵的利害关系，如果我哪一天突然死了，还有谁肯再去对皇帝讲清楚呢？"赵充国最后还是按照自己的想法把实际情况对汉宣帝实话实说了。汉宣帝同意他的意见，因而免去了辛武贤破羌将军的职务，让他仍旧回到酒泉担任酒泉太守，赵充国也仍然担任他原来的后将军。

秋季，诸羌人部落的首领若零、离留、且种、儿库共同将先零部落中率领羌人作乱的首领犹非、杨玉斩首，其他的羌人首领弟泽、阳雕、良儿、靡忘等也都率领煎巩、黄羝手下的四千多名羌人向汉朝投降。汉朝封若零、弟泽二人为统帅羌族大众之王，其他的有人被封为侯，有人被封为君。开始在金城郡沿边地带设置属国，用来安置归附汉朝的羌人集中居住。

汉宣帝下诏举荐可以担任设立在羌人地区、以监管守护羌族事务为职责的护羌校尉的人选。当时赵充国正在病中，丞相府、御史府、车骑将军府、前将军府四府全都举荐辛武贤的小弟辛汤。赵充国听到消息后，立即从病床上爬起来，他向汉宣帝奏报说："辛汤酗酒任性，不适合担任护羌校尉掌管羌族事务。让他担任还不如让他的哥哥辛临众担任。"而此时辛汤已经被任命并接受了符节，汉宣帝又下诏改任辛临众。后来辛临众因为有病被免职，五个官府再次举荐辛汤。辛汤上任以后，多次在酗酒之后辱骂羌人，羌人因此再次反叛，正如赵充国所预料的那样。辛武贤因此将赵充国恨入骨髓，于是上书告发赵充国的儿子、担任中郎将的赵印泄露了宫中谈话的秘密，赵印因此被捕入狱，后来在狱中自杀。

担任司隶校尉的魏郡人盖宽饶，为人刚毅正直、公正清廉，曾经多次冒犯皇帝。当时汉宣帝正把精力贯注在刑法上，而且宠任中书部门的官吏，盖宽饶就给汉

刑法，任中书官[624]，宽饶奏封事[625]曰："方今圣道[626]浸微[627]，儒术不行，以刑余为周、召[628]，以法律为《诗》《书》[629]。"又引《易传》[630]言："五帝官天下[631]，三王家天下[632]。家以传子孙，官以传贤圣。"书奏，上以为宽饶怨谤[633]，下其书中二千石[634]。时执金吾[635]议，以为"宽饶旨意欲求禅[636]，大逆不道"。谏大夫[637]郑昌愍伤[638]宽饶忠直忧国，以言事不当意[639]而为文吏所诋挫[640]，上书讼[641]宽饶曰："臣闻山有猛兽，藜藿为之不采[642]。国有忠臣，奸邪为之不起。司隶校尉宽饶，居不求安，食不求饱[643]。进有忧国之心，退有死节[644]之义。上无许、史之属[645]，下无金、张之托[646]。职在司察[647]，直道而行，多仇少与[648]。上书陈国事，有司劾以大辟[649]。臣幸得从大夫之后[650]，官以谏为名，不敢不言。"上不听。九月，下宽饶吏。宽饶引佩刀自到北阙[651]下，众莫不怜之。

匈奴虚闾权渠单于[652]将十余万骑旁塞猎[653]，欲入边为寇。未至，会[654]其民题除渠堂亡降汉[655]言状，汉以为言兵鹿奚[10]卢侯[656]，而遣后将军赵充国将兵四万余骑屯缘边九郡[657]备虏。月余，单于病欧血[658]，因不敢入，还去，即罢兵[659]。乃使题王都犁胡次[660]等入汉请和亲，未报[661]，会单于死。虚闾权渠单于始立，而黜颛渠阏氏[662]。颛渠阏氏即与右贤王屠耆堂[663]私通，右贤王会龙城[664]而去。颛渠阏氏语以单于病甚，且勿远。后数日，单于死，用事贵人郝宿王刑未央[665]使人召诸王[666]，未至，颛渠阏氏与其弟左大[11]且渠都隆奇[667]谋，立右贤王为握衍朐鞮单于[668]。握衍朐鞮单于者，乌维单于[669]耳孙[670]也。

握衍朐鞮单于立，凶恶，杀刑未央等而任用都隆奇，又尽免虚闾权渠子弟近亲而自以其子弟代之。虚闾权渠单于子稽侯珊既不得

宣帝写了一封严密封缄的奏章，他在奏章中说：“现在孔子的治国之道逐渐衰微，儒家思想也被废弃不用，却把宦官当作周公、召公一样的圣人，让他们掌握大权，用法律代替《诗经》《尚书》教化世人。”还引用《易传》上的话说：“五帝时代以天下为公，不把天下看作是一家之私有，从三王开始把天下看作是自家的私有财产。把天下看作私有财产的就将天下传给自己的子孙，视天下为公有财产的则将天下禅让给圣贤。”汉宣帝看了盖宽饶的密奏之后，认为是在诽谤自己，就将他的奏章交付给俸禄在中二千石的官员进行讨论。当时执金吾认为“盖宽饶想让皇帝把皇位禅让给他，犯了大逆不道之罪”。担任谏议大夫的郑昌很同情盖宽饶，认为他忠诚正直、过分忧虑国家前途，因为上疏谈论国事不合皇帝的心意而被司法官吏抓住辫子大做文章，于是给皇帝上书替盖宽饶辩护说：“我听说山上如果有凶猛的野兽出没，就连生长在山上的野菜也没有人敢去采摘。国家有了忠直敢谏的大臣，邪恶奸佞之辈就无法抬头。司隶校尉盖宽饶，居处不贪图安逸，吃饭不追求美味。出来做官，有忧国忧民之心，退隐归田，也有为坚持真理而死的节操。在他上面没有像许伯、史高这样的外戚作为庇护，下面没有金日磾、张安世这样的世家给予支持。他的职责就是主管监察，按照国家有关规定办事，所以他树敌多而党羽少。他上书给皇帝谈论国家大事，有关部门却弹劾他犯了大逆不道罪，想将他置于死地。我有幸位在大夫之列，而我的官名又是‘谏大夫’，所以我不敢不把自己的想法说出来。”汉宣帝没有接受郑昌的劝谏。九月，将盖宽饶交付给司法官吏处置。盖宽饶在未央宫的北门之下拔出身上的佩刀自刎而死，人们对他的惨死无不感到痛惜。

匈奴单于虚闾权渠率领十多万名骑兵沿着汉朝边境打猎，想趁机侵入边境掳掠。还没有到达目的地，恰好有一个匈奴人叫作题除渠堂的逃跑归降了汉朝，向汉朝透露了这次虚闾权渠单于行动的目的，汉朝封题除渠堂为言兵鹿奚卢侯，然后派遣后将军赵充国率领四万多名骑兵沿着边境九郡防备匈奴入侵。过了一个多月，匈奴虚闾权渠单于生了重病，口吐鲜血，因而没敢侵入汉朝边境就撤军而去，汉朝也随后罢兵。匈奴虚闾权渠单于派遣题王都犁胡次等人到汉朝请求和亲，汉朝还没有来得及给予答复，匈奴虚闾权渠单于就死了。当初虚闾权渠单于刚即位的时候，因不喜欢颛渠阏氏而将其废黜。颛渠阏氏于是与右贤王屠耆堂私通，右贤王前往龙城参加匈奴各部首领祭祀祖先及天地、鬼神大会。颛渠阏氏将虚闾权渠单于病危的消息告诉他，并嘱咐他不要远去。过了几天，虚闾权渠单于果然病逝，当权贵族郝宿王刑未央派人召集匈奴诸王共同商议后事，各王还没有到达，颛渠阏氏已经与他的弟弟左大且渠都隆奇谋划好，拥立右贤王屠耆堂为握衍朐鞮单于。握衍朐鞮单于是乌维单于的远代子孙。

握衍朐鞮单于即位之后，凶相毕露，他杀死了郝宿王刑未央等人，而重用颛渠阏氏的弟弟左大且渠都隆奇，又将虚闾权渠单于的子弟以及近亲全部免除职务，而让自己的子弟接替。虚闾权渠单于的儿子稽侯珊既然不能继承父亲为匈奴单于，就逃亡投

立，亡归妻父乌禅幕。乌禅幕者，本乌孙、康居⑥⑦¹[12]间小国，数见侵暴，率其众数千人降匈奴，狐鹿孤单于⑥⑦²以其弟子日逐王姊妻之，使长其众，居右地⑥⑦³。日逐王先贤掸，其父左贤王当为单于，让狐鹿孤单于，狐鹿孤单于许立之⑥⑦⁴。国人以故颇言日逐王当为单于。日逐王素与握衍朐鞮单于有隙，即率[13]其众欲降汉，使人至渠犁⑥⑦⁵，与骑都尉郑吉⑥⑦⁶相闻⑥⑦⁷。吉发渠犁、龟兹⑥⑦⁸诸国五万人迎日逐王口万二千人、小王将⑥⑦⁹十二人，随吉至河曲⑥⁸⁰，颇有亡者⑥⁸¹，吉追斩之，遂将诣京师⑥⁸²。汉封日逐王为归德侯。

吉既破车师⑥⁸³，降日逐⑥⁸⁴，威震西域，遂并护⑥⁸⁵车师以西北道⑥⁸⁶，故号都护⑥⁸⁷。都护之置，自吉始焉。上封吉为安远侯。吉于是中西域⑥⁸⁸而立莫府⑥⁸⁹，治乌垒城⑥⁹⁰，去阳关⑥⁹¹二千七百余里。匈奴益弱，不敢争西域，僮仆都尉⑥⁹²由此罢⑥⁹³。都护督察乌孙、康居等三十六国动静，有变以闻⑥⁹⁴。可安辑⑥⁹⁵，安辑之；不可者诛伐之。汉之号令班西域⑥⁹⁶矣。

握衍朐鞮单于更立其从兄⑥⁹⁷薄胥堂为日逐王。

乌孙昆弥翁归靡⑥⁹⁸因⑥⁹⁹长罗侯常惠⁷⁰⁰上书：“愿以汉外孙元贵靡⁷⁰¹为嗣⁷⁰²，得令复尚汉公主⁷⁰³，结婚重亲，畔绝匈奴⁷⁰⁴。”诏下公卿议。大鸿胪萧望之⁷⁰⁵以为：“乌孙绝域⁷⁰⁶，变故难保，不可许。”上美乌孙新立大功⁷⁰⁷，又重绝故业⁷⁰⁸，乃以乌孙主解忧弟相夫⁷⁰⁹为公主⁷¹⁰，盛为资送⁷¹¹而遣之，使常惠送之至敦煌⁷¹²。未出塞，闻翁归靡死，乌孙贵人共从本约⁷¹³立岑娶子泥靡⁷¹⁴为昆弥，号狂王。常惠上书：“愿留少主⁷¹⁵敦煌。”惠驰至乌孙，责让⁷¹⁶不立元贵靡为昆弥，还迎少主⁷¹⁷。事下公卿⁷¹⁸，望之复以为[14]“乌孙持两端⁷¹⁹，难约结⁷²⁰。今少主以元贵靡不立而还，信无负于夷狄⁷²¹，中国之福也。少主不止⁷²²，繇役将兴⁷²³”。天子从之，征还少主⁷²⁴。

弃了岳父家乌禅幕国。乌禅幕原本是西域乌孙、康居国之间的一个小国，因为屡次遭受侵犯，所以才率领本国的几千人投降了匈奴，当时的匈奴狐鹿孤单于将自己弟弟的儿子日逐王的姐姐嫁给乌禅幕为妻，让乌禅幕仍然为国人的首领，居住在匈奴的西部。日逐王叫先贤掸，先贤掸的父亲左贤王本来应该为匈奴单于，但他将单于之位让给了狐鹿孤单于，狐鹿孤单于曾经许诺在自己死后立日逐王先贤掸为单于。所以匈奴人都说日逐王先贤掸应当为单于。日逐王先贤掸一向与握衍朐鞮单于有矛盾，所以就想率领他的部众投降汉朝，他派人到渠犁，与驻扎在那里的骑都尉郑吉取得了联系。郑吉立即征调了渠犁、龟兹等属国的五万多人迎接日逐王先贤掸及其所率领的一万二千人和小王将十二人，先贤掸等跟随郑吉到达河曲，一路之上，有些人要逃跑，都被郑吉派人追上杀死了，于是郑吉率领着这些人来到京师长安。汉宣帝封日逐王先贤掸为归德侯。

郑吉已经打败了车师国，如今又招降了日逐王先贤掸，因此他的威名震动了西域，于是朝廷命他全部监护车师以西的整个通西域的北线交通，所以人们都称郑吉为“都护”。在西域设置都护，就是从郑吉开始的。汉宣帝封郑吉为安远侯。郑吉在西域的中部地区设立幕府，治所设置在乌垒城，乌垒城东距阳关二千七百多里。匈奴的势力更加衰弱，不敢与汉朝争夺西域，并从此撤销了负责监管西域各国事务的僮仆都尉。汉朝的都护负责监察包括乌孙、康居在内的三十六个西域国家的动静，一旦发生变乱，就立即向朝廷奏报。能安抚的就进行安抚；如果安抚无效，就动用军队进行讨伐。汉朝的号令当时已经颁行于西域。

握衍朐鞮单于另立他的堂兄薄胥堂为日逐王。

乌孙国王翁归靡通过长罗侯常惠给汉宣帝上书说：“希望立汉朝的外孙元贵靡为乌孙国的合法继承人，希望能够让他再娶汉朝的公主为妻，这样亲上加亲，永远与匈奴断绝关系。”汉宣帝下诏将此事交付公卿大臣商议。担任大鸿胪的萧望之说：“乌孙国地处人迹罕至、距离汉朝又极其遥远的地方，一旦发生变故，很难进行保护，所以不应该答应他的和亲请求。”汉宣帝一方面很赞赏乌孙国在常惠统领下打败匈奴、建立功劳的行为，又担心如果不答应乌孙的请求会中断与乌孙的友好关系，于是封解忧公主的妹妹刘相夫为公主，又拿出好多东西做陪嫁就打发上路了，派常惠护送到敦煌。还没有走出边塞，就听到了乌孙国昆弥王翁归靡去世的消息，乌孙贵族共同遵守当年乌孙王岑娶临死时立翁归靡的约定，立岑娶的儿子泥靡为昆弥王，号称狂王。常惠赶紧上书给汉宣帝说：“希望暂时将少公主留在敦煌。”常惠骑马赶往乌孙，指责他们不立元贵靡为昆弥，还继续向汉朝请求迎公主为妻。汉宣帝把常惠的奏章交给朝中大臣讨论，萧望之仍然认为“乌孙国在汉朝与匈奴之间首鼠两端，很难用婚姻关系进行约束。现在少公主因为乌孙不立元贵靡而中途返回，不能说是我们对乌孙不守信用，而应看作是中国的福分。如果让少公主继续嫁给乌孙人，将来难免会有更大的麻烦”。汉宣帝这次采纳了萧望之的意见，召回少公主。

## 【段旨】

以上为第三段，写宣帝神爵二年（公元前六〇年）一年间的全国大事。本段主要写了赵充国胜利回师，向宣帝报告平羌实情；写了羌人归附汉王朝，汉王朝设立金城属国以安置羌人；写了辛武贤因屡与赵充国意见不合，又屡屡失败而生忌恨，害赵充国之子赵卬于死；写了盖宽饶因上书言事被宣帝所杀；写匈奴因争权内乱，日逐王率众降汉；写郑吉因经营西域与迎降日逐王有功获封侯，并首任西域都护；等等。

## 【注释】

572 降集京师：谓甘露降于京师，凤凰集于京师。573 本可：原本大约。574 溺河湟：落入黄河、湟水淹死的人。575 定计：满打满算，充其量。576 遗脱：指自己开小差逃走的。577 与煎巩、黄羝俱亡者：跟着煎巩、黄羝两个头目一道逃走的。578 靡忘：羌人的头领，前已归降赵充国，赵充国令其回羌中以宣谕朝廷意旨，安抚自己部落者。579 自诡必得：自己保证一定能够擒获那些逃跑的叛乱分子头目。自诡，自己料定。580 请罢屯兵：请将讨伐叛羌的汉朝大军全部撤回。581 振旅而还：班师而还。振旅，整军、列队。582 浩星赐：姓浩星，名赐，赵充国的朋友。583 破羌、强弩：破羌将军辛武贤，强弩将军许延寿。584 虏以破坏：羌虏是因为辛武贤、许延寿的出击才崩溃垮台的。以，因。585 必自服矣：必定自己屈服了。586 即见：如果见到皇帝；如被皇帝问起。587 非愚臣所及：（就说皇帝命令二将出击的决策）不是我所比得上的。588 如此二句：这么说，你原来的计划也不算错。589 爵位已极：爵位已经到达顶点，指被封为营平侯。这里的意思是自己已经不想再往上升，不想再顾及什么。590 岂嫌伐一时事：怎么还能回避暂时落一个自我夸耀的嫌疑。伐，自夸。591 以欺明主：用假话哄骗皇上，指分明不是辛武贤、许延寿的功劳，而为了避免自夸，故意说是他们的功劳。592 当为后法：应该为后人留下可供学习的法则。593 不以余命：不在有生之年。594 壹为陛下明言兵之利害：一定要给皇上把什么情况下该出兵、什么情况下不该出兵的利害关系说清楚。595 卒死：突然死了。卒，同“猝”，突然。596 卒以其意对：最后还是按着自己的想法把实际情况对皇帝说了。597 然其计：同意他的计策。598 归酒泉太守：仍回任酒泉太守，未获得任何升迁。599 复为后将军：赵充国仍任后将军，亦似无升迁，但后将军与大司马车骑将军韩增等同居内朝，管理国政，故辛武贤对赵充国记恨于心。600 若零、离留、且种、儿库：都是羌族各部落的头领之名。601 犹非、杨玉：率领羌人作乱的主要人物。602 弟泽、阳雕、良儿、靡忘：都是已经归顺汉王朝的羌族部落头领之名。603 帅众王：统率羌族大众之王。604 余皆为侯、为君：据《汉书》，离留、且种二人为侯；儿库为君；阳雕为言兵侯；良儿为君；靡忘为献牛君。“君”的爵位比“侯”低一级。605 金城属国：在金城郡沿边地带所设立的政区名，以安置归附汉朝的羌族人集中居住。⑥⑥可：可以担任。⑥⑦护羌校尉：设立在羌人地区，以监管守护羌族事务的武官，地位相当于郡尉。⑥⑧四府：指丞相、御史大夫、车骑将军、前将军等内、外朝的主要官府。⑥⑨小弟汤：辛武贤的小弟辛汤。⑥⑩遽起：赶紧从床上爬起来。遽，急速。⑥⑪使酒：好酗酒生事。⑥⑫典蛮夷：主管少数民族事务。典，主管。⑥⑬汤兄临众：辛汤之兄辛临众，也是辛武贤之弟。⑥⑭已拜受节：已经任命官职并授予符节。⑥⑮更用临众：改任辛临众。⑥⑯五府：前已述之四府，再加上赵充国的后将军府。⑥⑰醉酗：醉酒后辱骂人。⑥⑱中郎将印：即赵印，赵充国之子。⑥⑲泄省中语：据《汉书》，赵印与辛武贤在军中闲谈时，说起过宣帝曾对张安世不满，欲诛之。多亏了赵充国从中化解，张安世才得保全。辛武贤即据此告发赵印有罪。省中，即指宫中。⑥⑳下吏：交由法吏审理。⑥㉑司隶校尉：武帝时新置的官名，掌纠察朝廷百官及京城附近各郡，相当于州刺史。司隶原来是管理京城的徒奴，故以名官。⑥㉒魏郡盖宽饶：魏郡的郡治邺城，在今河北临漳西南。盖宽饶字次公，西汉后期的名臣。事迹详见《汉书》本传。⑥㉓干犯：冲犯；冒犯。⑥㉔任中书官：宠任中书部门的官吏。中书是在宫中为皇帝掌管文书档案的单位，这些人员的品级看似不高，但受宠信，握有实权。又因为这个机关是在宫内，故又常用宦官为之。⑥㉕奏封事：意即上表章。因给皇帝的表章须严密封缄，故称“封事”。⑥㉖圣道：孔子之道，即儒家思想。⑥㉗浸微：逐渐衰微；越来越不受重视。⑥㉘以刑余为周、召：让太监充任朝廷的肱股大臣。刑余，指宦官。周、召，周公姬旦，召公姬奭，二人皆周初的辅政大臣。⑥㉙以法律为《诗》《书》：谓以刑罚统治代替王道教化。《诗经》《尚书》是儒家的经典，儒家鼓吹王道，用《诗经》《尚书》作为教化工具。⑥㉚《易传》：这里是指汉代韩婴所著的《易传》。⑥㉛五帝官天下：五帝时代以天下为公，不看作是一家之私有，故实行禅让制，传贤不传子。五帝指黄帝、颛顼、帝喾、尧、舜。⑥㉜三王家天下：从三王开始把天下看作私家之物，故传子不再传贤。三王，指夏禹、商汤、周文王与周武王。⑥㉝怨谤：怨恨、诽谤当朝皇帝。⑥㉞下其书中二千石：将盖宽饶的上书下发给九卿一级的官员讨论。中二千石是官阶名，指汉代朝廷的九卿一级。⑥㉟执金吾：官名，原称“中尉”，是掌管首都治安的长官。据《汉书·百官公卿表》，当时任执金吾的人名贤，史失其姓。〖按〗执金吾在当时并非中二千石，是二千石，但其地位列于九卿。⑥㊱旨意欲求禅：想让皇帝把位子传给他。⑥㊲谏大夫：主管为皇帝拾遗补阙，随时提出修正意见的人。⑥㊳愍伤：怜悯；同情。⑥㊴不当意：不合皇帝的心意。⑥㊵而为文吏所诋挫：被司法官吏抓住辫子大做文章。文吏，法官。诋挫，诋毁、打压。⑥㊶讼：辩护；申冤。⑥㊷藜藿为之不采：即使野菜也无人敢去采摘，其他有价值的东西更不用说了。藜藿，野菜。⑥㊸居不求安二句：见《论语》，原文作“君子食无求饱，居无求安，敏于事而慎于言就有道而正焉。”⑥㊹死节：为坚持真理、坚守操节而死。⑥㊺许、史之属：许广汉、史高那样的亲戚。许广汉是宣帝的岳父，史高是宣帝祖母史良娣的娘家人。现在都位居列侯，在朝秉政。⑥㊻金、张之托：金安上、张安世那样的依靠。托，寄托、依靠。张安世与金安上之父金日磾都是武帝临死前的顾命大臣，宣帝时张安世、金安上都位居列侯，在朝秉政。⑥㊼司察：主管监察。㊽多仇少与：仇人多、朋友少。与，交好、友好。㊾劾以大辟：将之弹劾议定成了死罪。大辟，古代的死刑。㊿从大夫之后：也算一个“大夫”官。从，跟随。651北阙：未央宫的北门。652虚闾权渠单于：壶衍鞮单于之弟，自公元前六八年继其兄位为单于。653旁塞猎：沿着汉王朝的边塞打猎。旁，通“傍”，沿着。654会：恰好有。655亡降汉：逃跑投降了汉王朝。656言兵鹿奚卢侯：题除渠堂所封列侯的名号。657缘边九郡：指五原、朔方、云中、代郡、雁门、定襄、右北平、上谷、渔阳九郡。658欧血：同“呕血”。659即罢兵：指匈奴人即撤兵而去。660题王都犁胡次：“题王”是匈奴的王号，其名叫“都犁胡次”。661未报：汉王朝还未来得及回复。662黜颛渠阏氏：事在宣帝地节二年（公元前六八年）。663右贤王屠耆堂：右贤王是匈奴西部地区的最高统治者，与左贤王分掌匈奴的东部与西部地区，是匈奴单于的左膀右臂，通常由单于的儿子或兄弟充任。老单于去世，新单于往往就从这些人里选出。屠耆堂是右贤王之名。664会龙城：匈奴每年五月在龙城大会各部首领，祭祀祖先及天地、鬼神。龙城，也写作“茏城”，在今蒙古国乌兰巴托西南之鄂尔浑河西侧的和硕柴达木湖附近。崔浩曰：“西方胡皆事龙神，故名大会处为‘龙城’。”665郝宿王刑未央：郝宿王是匈奴的王号，名叫“刑未央”。666召诸王：召诸王至共议立单于事。667左大且渠都隆奇：左大且渠名都隆奇。左大且渠是左贤王的部下，地位不很高。668握衍朐鞮单于：“握衍朐鞮”是该匈奴单于的名号，其人名叫“屠耆堂”。自宣帝神爵二年（公元前六〇年）为单于。669乌维单于：伊稚斜单于之子，公元前一一四至前一〇五年在位。670耳孙：远代之孙，有说是八世孙。671乌孙、康居：皆西域国名，乌孙约当今我国新疆之西北部、塔吉克斯坦的东南部，与吉尔吉斯斯坦的东部地区，首都赤谷城，在今吉尔吉斯斯坦境内的伊塞克湖之东南，距我国的新疆边界不远。康居约当今乌兹别克斯坦的东部，国都卑阗（或说即今塔什干）。672狐鹿孤单于：且鞮侯单于之子，公元前九六至前八五年在单于位。673右地：匈奴的西部地区，为右贤王所统辖。674许立之：许于自己死后立先贤掸为单于。事见本书武帝太初元年（公元前一〇四年）。675渠犁：西域小国名，在今新疆库尔勒和尉犁一带。676骑都尉郑吉：西汉后期经营西域的名臣。事迹见本书宣帝地节三年。此时郑吉为西域都护，驻兵渠犁。677相闻：互通信息。678龟兹：西域国名，都城在今新疆库车。679小王将：以小王的身份带兵为部将。680河曲：黄河拐弯的地方，大约指今甘肃兰州黄河以西地区。681颇有亡者：有些人要逃跑。亡，逃跑。682将诣京师：率领着这些人来到了长安城。诣，到。683吉既破车师：郑吉破车师事见本书卷二十五宣帝地节三年。684降日逐：现又招降了日逐王。685并护：全部监护。686车师以西北道：车师以西的整个通西域的北线交通。此道自敦煌向西出玉门关至车师前王庭（今吐鲁番），傍天山南麓，经塔克拉玛干沙漠北侧向西，经危须、焉耆、尉犁、乌垒、龟兹（今新疆库车）、姑墨、温宿、尉头、疏勒等，与南道相合。687都护：汉王朝设在西域地区的最高长官。都护监护该地区的所有小国。688 中西域：在西域诸国的中央地区。689 莫府：即幕府，将军办公的处所，后遂称“都护府”。690 治乌垒城：以乌垒城为都护的驻兵与办公之地。乌垒城在今新疆轮台东北。691 去阳关：东距阳关。阳关在今甘肃敦煌西南。692 僮仆都尉：匈奴监管西域各国的军事长官，隶属于匈奴日逐王。所谓“僮仆”，是把西域当奴仆对待。693 由此罢：从此撤销。694 有变以闻：一旦出现变乱，立刻报告朝廷。695 安辑：安抚。696 班西域：颁行于西域。697 从兄：堂兄。698 乌孙昆弥翁归靡：乌孙昆弥犹言“乌孙王”，其名字叫“翁归靡”，“昆弥”是乌孙王的称号。翁归靡是第二位乌孙公主刘解忧的第二个丈夫。其即乌孙王位的过程见本书宣帝本始二年（公元前七二年）。699 因：通过；借助。700 常惠：西汉中期的名将，曾随苏武使于匈奴被拘留十九年，后率乌孙破匈奴有功，被封为长罗侯。事见《汉书》本传。701 汉外孙元贵靡：翁归靡与解忧公主所生的长子，故称“汉外孙”。702 为嗣：作为王位继承人。703 得令复尚汉公主：希望能够让他再娶汉朝的公主为妻。尚，高攀，娶帝王之女的敬称。704 畔绝匈奴：永远与匈奴断绝关系。畔，同“叛”。705 大鸿胪萧望之：大鸿胪原称“典客”，九卿之一，主管少数民族事务，后渐变为襄赞礼仪之官。萧望之是西汉后期的著名儒生。事迹详见《汉书》本传。706 绝域：人迹罕至，极言山高路远的地方。707 新立大功：指受常惠统领大破匈奴事。详见本书宣帝本始二年。708 又重绝故业：又怕因为不答应而断绝了过去与乌孙的友好关系。重，看重。故业，与乌孙的友好关系。709 乌孙主解忧弟相夫：前乌孙公主解忧的妹妹名叫“相夫”。710 为公主：冒做皇帝的公主。〖按〗前出嫁乌孙的解忧，本是楚王刘戊的孙女，也是以皇帝女儿的名义出嫁乌孙的。711 盛为资送：拿出了好多东西做陪嫁。712 敦煌：汉县名，县治在今甘肃敦煌西。713 本约：当年前乌孙王岑娶临死立翁归靡时的约定。见本书宣帝本始二年。714 岑娶子泥靡：岑娶与匈奴女子所生的儿子名叫“泥靡”。715 少主：小公主，指相夫。716 责让：责备；指责。“让”也是“责”的意思。717 还迎少主：还继续向汉王朝请求迎公主为妻。718 事下公卿：宣帝将此事交给公卿讨论。719 持两端：指向汉王朝、向匈奴两方面讨好。720 难约结：难以通过和亲结约。721 信无负于夷狄：确实是没有什么对不起夷狄的地方。722 少主不止：如果让少主继续嫁给乌孙人。723 繇役将兴：意即今后的麻烦将会更大。因为既要维护公主的身份、权益，又要对付匈奴人干涉等等。繇，通“徭”。724 征还少主：把少主相夫接回京城。

## 【校记】

［7］饥：原无此字。据章钰校，甲十五行本、乙十一行本、孔天胤本皆有此字，今据补。〖按〗《通鉴纪事本末》卷四、《汉书·赵充国传》皆有此字。［8］必：原作“即”。据章钰校，甲十五行本、乙十一行本、孔天胤本皆作“必”，张敦仁《资治通鉴刊本识误》同，今据改。［9］将：原无此字。据章钰校，甲十五行本、乙十一行本、孔天胤本皆有此字，今据补。［10］奚：“奚”下原有“鹿”字。据章钰校，甲十五行本、乙十一

行本皆无“鹿”字，张瑛《通鉴校勘记》同，今据删。〖按〗《通鉴纪事本末》卷四无后“鹿”字。[11] 大：“大”下原有“将”字。据章钰校，甲十五行本、乙十一行本皆无“将”字，今据删。〖按〗《通鉴纪事本末》卷四无“将”字。[12] 乌孙、康居：原作“康居、乌孙”。据章钰校，乙十一行本、孔天胤本二词皆互乙，今据改。〖按〗《汉书·匈奴传上》作“乌孙、康居”。[13] 率：原作“帅”。据章钰校，甲十五行本、乙十一行本、孔天胤本皆作“率”，今据改。〖按〗《通鉴纪事本末》卷四、《汉书·匈奴传上》皆作“率”。[14] 为：原无此字。据章钰校，甲十五行本、乙十一行本、孔天胤本皆有此字，今据补。〖按〗《通鉴纪事本末》卷三、《资治通鉴纲目》卷六皆有此字。

---

**【原文】**

**三年（壬戌，公元前五九年）**

春，三月丙辰[725]，高平宪侯魏相[726]薨。

夏，四月戊辰[727]，丙吉为丞相。吉上宽大[728]，好礼让，不亲小事[729]，时人以为知大体。

秋，七月甲子[730]，大鸿胪萧望之为御史大夫。

八月，诏曰：“吏不廉平，则治道衰。今小吏皆勤事而俸禄薄[731]，欲无侵渔[732]百姓，难矣！其益吏百石已下[733]俸十五[734]。”

是岁，东郡[735]太守韩延寿为左冯翊[736]。始，延寿为颍川[737]太守，颍川承赵广汉[738]构会吏民[739]之后，俗多怨雠。延寿改更，教以礼让。召故老[740]，与议定嫁娶、丧祭仪品[741]，略依古礼，不得过法[742]。百姓遵用其教。卖偶车马[743]、下里伪物[744]者，弃之市道[745]。黄霸[746]代延寿居颍川，霸因其迹[747]而大治[748]。延寿为吏，上礼义[749]，好古教化[750]，所至必聘其贤士，以礼待用[751]，广谋议[752]，纳谏争[753]。表孝弟有行[754]，修治学官[755]，春秋乡射[756]，陈钟鼓管弦，盛升降揖让[757]。及都试讲武[758]，设斧钺旌旗，习射御[759]之事。治城郭，收赋租，先明布告其日[760]，以期会[761]为大事。吏民

## 【语译】

**三年（壬戌，公元前五九年）**

春季，三月十六日丙辰，高平宪侯魏相去世。

夏季，四月戊辰日，任命丙吉为丞相。丙吉以宽和、重大体作为自己为人处世的准则，谦虚礼让，不过问细小的事情，当时的人都评价丙吉为识大体。

秋季，七月二十六日甲子，任命大鸿胪萧望之为御史大夫。

八月，汉宣帝下诏说："下级官吏如果不能做到廉洁公平，国家就治理不好。现在的下级官吏都能够勤劳公事而薪俸却很少，要想使他们不侵夺、勒索百姓，是很难做到的！为俸禄在一百石以下的官吏按照十分之五的比例增加俸禄。"

这一年，东郡太守韩延寿被调到京师担任左冯翊。起初，韩延寿担任颍川太守，颍川郡自从赵广汉任太守时，倡导吏民互相揭发检举之后，民情浇薄，相互间结下层层仇怨。韩延寿改弦更张，大力提倡礼仪谦让。又将地方上熟悉佚文旧事的老年人召集起来，让他们参与制定嫁女娶妻、丧葬祭祀等的大体规矩章法，基本上参照古代的礼法，规定吏民办事时不能超过他们议定的仪品，不准挥霍排场。百姓都能遵循他的教化。用土、木仿制的假车假马，用于阴间的各种陪葬物品，因为无人买而只好抛弃在市场的道路上。黄霸接替韩延寿任颍川太守，按照韩延寿的治郡办法治理颍川，政绩斐然。韩延寿为官，崇尚礼义，喜欢采用古代的教化办法，每到一地，一定要聘请当地的贤能之士，以礼相待，以礼任用，遇事广泛征求意见，充分商量，认真听取不同意见、反对意见。大力表彰那些孝敬父母、敬爱兄长等品行好的人和事，整修各地的学校校舍，在春、秋两季召集士子们举行射箭之礼，设置钟、鼓、管弦等乐器，特别讲究不同辈分、不同年龄之间在上堂下堂、叩拜行礼等方面的礼节。等到农闲时就在郡中集会比试武艺，讲武场上也摆设着斧钺旌旗，演练射箭、驾车等项技艺。整修城郭，征收赋税，都事先出布告说清楚哪一天是修筑城墙、

敬畏，趋乡之[762]。又置正、五长[763]，相率以孝弟[764]。不得舍奸人[765]，闾里阡陌[766]有非常[767]，吏辄闻知[768]，奸人莫[15]敢入界。其始若烦，后吏无追捕之苦，民无棰楚之忧[769]，皆便安之。接待下吏[770]，恩施甚厚而约誓明。或欺负之[771]者，延寿痛自刻责[772]："岂其负之？何以至此[773]？"吏闻者自伤悔，其县尉[774]至自刺死。及门下掾[775]自刭，人救不殊[776]。延寿涕泣，遣吏医治视[777]，厚复其家[778]。在东郡三岁，令行禁止[779]，断狱[780]大减，由是入为冯翊[781]。

延寿出行县[782]至高陵[783]，民有昆弟相与讼田[784]，自言[785]。延寿大伤之[786]，曰："幸得备位[787]，为郡表率[788]，不能宣明[789]教化，至令民有骨肉争讼[790]，既伤风化，重使贤长吏、啬夫、三老、孝弟[791]受其耻，咎在冯翊[792]，当先退[793]。"是日[794]，移病不听事[795]，因入卧传舍[796]，闭阁[797]思过。一县莫知所为，令、丞[798]、啬夫、三老亦皆自系待罪[799]。于是讼者[800]宗族传相责让[801]，此两昆弟深自悔，皆自髡肉袒谢[802]，愿以田相移[803]，终死不敢复争。郡中歙然[804]，莫不传相敕厉[805]，不敢犯。延寿恩信[806]周遍二十四县[807]，莫敢以辞讼自言[808]者。推其至诚[809]，吏民不忍欺绐[810]。

匈奴单于[811]又杀先贤掸[812]两弟，乌禅幕[813]请之[814]，不听，心恚[815]。其后左奥鞬王[816]死，单于自立其小子为奥鞬王，留庭[817]。奥鞬贵人[818]共立故奥鞬王子为王，与俱东徙[819]。单于右丞相[820]将万骑往击之。失亡数千人，不胜。

哪一天是缴纳赋税，把最后期限当作一件大事。由于人们都对韩延寿心存敬畏，所以一旦日期公布，人们都争先恐后按照规定去做。又在乡里设立里正、五长小头目，彼此监督，互相学习，看哪一家孝敬父母、敬爱兄长做得好。规定不准收留奸邪之人，无论是在邻里之间还是田间地头，一旦有突发事件，政府官员马上就能知道，所以奸邪之人都不敢进入颍川境内。开始施行时好像很烦琐，但到后来，官吏没有了追捕盗贼的艰辛，百姓也免除了遭受刑杖的痛苦，所以上下全都拥护这项新举措。韩延寿对待下属虽然恩遇有加，但同时也约束严明。如果有人欺骗了他、做了对不起他的事，韩延寿就严厉地责备自己说："怎么会是这个样子？难道是我亏待了他？不然的话，他怎么会这样做？"那些做了错事的部下听到后都会自我伤感和悔恨，有一个县尉竟因此而自杀身死。郡守门下的一个掾吏也是因此类事情自杀，被人及时救下得以不死。韩延寿为此痛哭流涕，不仅派属吏前往探视、请医生治疗，还优厚地安抚了他的家属。他在东郡任职三年，郡中有令即行、有禁即止，不论是民事案件还是刑事案件都大为减少，因此才被调到京师担任左冯翊。

韩延寿到所属各县巡行视察来到高陵县，遇到兄弟二人为争夺田产而对簿公堂，他们各执一词，各有各的说法。韩延寿对此事感到非常痛心，他说："我有幸被派到这个郡中任职，身为一郡之长就要为全郡作出表率，但我没能通过自己的宣教使人明白，致使骨肉之间为争夺田产而打起官司，这不仅损害了当地的风俗礼教，也使贤明的县令及其僚属啬夫、三老和孝弟等蒙受了耻辱，责任都出在我这个左冯翊身上，我应当引咎辞职。"当天，他就对外发布文告称说自己有病不能处理政务，他离开府衙回到自己下榻的传舍，开始闭门思过。一县的人都不知该怎么办，于是县令、县丞、啬夫以及三老等都让人将自己捆绑起来，听候处理。于是那两个对簿公堂的族人全都来责备他们兄弟二人，这兄弟二人也为自己的行为感到深深的悔恨，就自行剃去自己的头发，脱去上衣，袒露着胳膊向韩延寿请罪，都表示愿意把田产让给对方，一直到死也不敢再为此相争。郡中的人听说了这件事之后，都感到很欣慰，无不相互转告，彼此勉励，骨肉之间再也不敢为田产之事发生争执。韩延寿以恩义和诚信使自己的威望传遍了辖区的二十四县，没有人敢再挑头打官司。因为韩延寿以赤诚之心待人，不论是官吏还是百姓都不忍心再做违背韩延寿教导的事情。

匈奴握衍朐鞮单于因为痛恨日逐王先贤掸投降了汉朝，于是又将先贤掸的两个弟弟杀死，乌禅幕为他们求情，但遭到匈奴单于的拒绝，因此乌禅幕对握衍朐鞮单于心怀怨恨。后来左奥鞬王去世，匈奴握衍朐鞮单于就立自己的小儿子为奥鞬王，并让他留在单于庭。奥鞬部落的贵族共同拥立已故奥鞬王的儿子为王，并举族向东迁徙。单于右丞相率领一万名骑兵随后追击，白白损失了一千多人，而没有取胜。

【段旨】

以上为第四段，写宣帝神爵三年（公元前五九年）一年间的全国大事。本段主要写了丙吉任丞相，时人称其有大体；详细地写了韩延寿任颍川太守与任左冯翊的“尚礼义，好古教化”，从而取得良好政绩；写了匈奴握衍朐鞮单于自私、残暴，匈奴内部逐渐分裂的情形。

【注释】

㉕三月丙辰：三月十六。㉖高平宪侯魏相：魏相因任丞相被封为高平侯，宪字是死后的谥。事迹详见《汉书》本传。㉗四月戊辰：四月庚午朔，无戊辰日，此处记事有误。㉘上宽大：以宽和、重大体为处世做人准则。上，通“尚”，崇尚。㉙不亲小事：不过问小事。亲，关心；过问。㉚七月甲子：七月二十六。㉛俸禄薄：工资少。㉜侵渔：侵夺；勒索。㉝百石已下：百石以下的小吏。约当乡长、亭长等等。已，通“以”。㉞俸十五：俸禄的十分之五。例如原俸一石，则增加五斗，共一石五斗。㉟东郡：汉郡名，郡治濮阳，在今河南濮阳西南。㊱左冯翊：西汉都城长安东部郊区的行政长官，相当于郡太守。㊲颍川：汉郡名，郡治阳翟，即今河南禹州市。㊳赵广汉：前于宣帝本始三年（公元前七〇年）曾任颍川太守，以严酷善管著名。后转为京兆尹，因误冲撞丞相魏相，被杀。事见本书宣帝元康元年（公元前六五年）。㊴构会吏民：让吏民相互揭发检举，使其不敢为非。事见本书宣帝本始三年。㊵故老：熟悉佚文旧事的老年人。㊶嫁娶丧祭仪品：料理红白喜事的大体规矩章法。仪品，仪式、章法。㊷不得过法：不能超过他们议定的“仪品”，不准挥霍排场。㊸偶车马：用土、木仿制的车马等殉葬品。㊹下里伪物：用于“阴间”的各种殉葬用品。下里，即指阴间。㊺弃之市道：因为无人买而只好抛弃于市场的道路。㊻黄霸：西汉后期的著名地方官，先曾于宣帝元康年间为颍川太守，有能名，调任京兆尹，坐法贬秩，又回到颍川任太守。事见本书宣帝元康三年。㊼因其迹：按着韩延寿的路子走。㊽大治：在治理颍川的工作中取得了巨大成功。㊾上礼义：崇尚礼义。上，通“尚”，崇尚。㊿好古教化：喜欢采取古代的教化办法。(751)以礼待用：以礼相待，以礼任用。(752)广谋议：广泛征求意见，充分商量。(753)纳谏争：听取不同意见、反对意见。(754)表孝弟有行：表彰那些孝顺父母、敬爱兄长等品性好的人。孝弟，孝顺父母、敬重兄长。(755)修治学官：修整各地的学校校舍。学官，这里即指校舍。(756)春秋乡射：春秋两季召集士子们举行射箭之礼。乡射，古代由地方长官召集士子举行的一种射箭之礼，于春、秋举行。(757)盛升降揖让：充分讲究不同辈分、不同年龄之间的上堂下堂、叩拜行礼。升降，指上殿下殿、上堂下堂。揖让，指行礼与推辞。(758)都试讲武：指地方官于农闲举行的演习操练。都试，总学习、大检阅。(759)射御：射箭、驾车。(760)先明布告其日：预先出布告说清楚在哪一天修筑城墙、缴纳赋税。(761)期会：按时间到达聚

会。意即该修城的修城，该缴税的缴税。⑫趋乡之：意即都按着他的规定做。趋乡，同“趋向”，奔走、围拢。⑬置正、五长：设立层层管理的小头目、小官吏。正，最基层的乡官，如乡正、里正。五长，最小的居民编制单位，五人为“伍”，设五长一人。⑭相率以孝弟：彼此监督、相互学习，看哪一家的“孝弟”做得好。⑮舍奸人：收容坏人留住。⑯闾里阡陌：闾里指居民之间、邻里之间。阡陌指田间小道、田间地头。⑰非常：指突发事变。⑱吏辄闻知：政府官员马上就知道了。辄，就。⑲无棰楚之忧：不致因为犯罪而受惩罚。棰楚，木棍与荆杖，这里用如动词。⑳接待下吏：指韩延寿接待下属官吏。㉑或欺负之：如果有人欺骗了他、对不起他。㉒痛自刻责：严厉地责备自己。㉓岂其负之二句：莫非是我亏待了他，不然他怎么会干这种事。㉔县尉：县令的僚属，掌管该县军事。㉕门下掾：郡守门下的属吏。㉖人救不殊：被人救下，得以不死。不殊，将死而未死之状。㉗遣吏医治视：遣医往治其伤，遣吏前往探视。㉘厚复其家：优厚地安抚他的家属。〖按〗“复”指免除赋税徭役，是为国家做了贡献的人才能享受；这种犯错误自致死伤者恐怕无此资格。故此处的“复”字似应作“抚”。㉙令行禁止：令之则行，禁之则止，言没有违犯规定的人。㉚断狱：审理和判决案件，这里指发生案件。㉛入为冯翊：调进京城，任左冯翊。㉜行县：视察左冯翊所属各县。㉝高陵：汉县名，县治即今陕西高陵，当时上属左冯翊。㉞昆弟相与讼田：兄弟两个为争田产而对簿公堂。㉟自言：各执一词，各有各的说法。㊱大伤之：对之大为伤心。㊲备位：充数，旧时任职者的自谦之词。㊳为郡表率：身为一郡之长，自应作全郡的表率。㊴宣明：通过自己的宣教使人明白。㊵骨肉争讼：骨肉之间打起官司。骨肉，指关系最近的亲属。㊶贤长吏、啬夫、三老、孝弟：指该诉讼者所在的县乡地方官。贤长吏，指高陵的县令及其僚属。啬夫、三老、孝弟，都是乡一级的官吏。啬夫主管诉讼、赋税、治安等事；三老掌管教化；孝弟主渠道德风化方面的事情。㊷咎在冯翊：罪责首先在一郡之长，即左冯翊本人。㊸当先退：应该首先引咎辞职。㊹是日：当天。㊺移病不听事：向各方面发出文告，称说自己有病，不能处理政务了。移，发出文告。听事，处理政务。㊻入卧传舍：离开自己的府衙，搬到招待所里居住。传舍，意同“驿站”，旅舍。㊼闭阁：意同“闭门”。阁，门。㊽令、丞：县令、县丞。县丞是县令的助手。㊾自系待罪：自己进入监狱，听候处理。㊿讼者：指为争田产而对簿公堂的兄弟二人。(801)传相责让：相互批评、相互责备。(802)自髡肉袒谢：自行剃去头发、脱去上衣，表示认罪受罚。髡，古代最轻的一种刑罚，即剃去头发。肉袒，脱去上衣，古人请罪常用这种姿态。(803)愿以田相移：甘愿把田让给对方。相移，相让。(804)歙然：和睦融洽的样子。(805)传相敕厉：辗转地彼此约束、勉励。敕，约束、告诫。厉，同“励”。(806)恩信：恩情；信义。(807)二十四县：指左冯翊所管辖的高陵、栎阳、夏阳、临晋等二十四县。(808)莫敢以辞讼自言：没有人敢再挑头打官司。辞讼，诉讼。(809)推其至诚：即以赤诚之心待人。(810)不忍欺绐：不忍心再做违背韩延寿教导的事。欺绐，瞒骗。(811)匈奴单于：即握衍朐鞮单于，名叫“屠耆堂”。自宣帝神爵二年（公元前六〇年）为单于。⑫先贤掸：即上年率众降汉之日逐王。⑬乌禅幕：日逐王先贤掸的姐夫，前任匈奴单于虚闾权渠单于的儿子稽侯珊的岳父。⑭请之：为日逐王的两弟求情。⑮恚：怨恨。⑯左奥鞬王：匈奴左贤王的部下，在匈奴所辖的东部地区。⑰留庭：留在单于庭。⑱奥鞬贵人：奥鞬王部落的上层分子。⑲与俱东徙：谓整个奥鞬部落一起向东迁徙，离匈奴单于越来越远。⑳单于右丞相：单于庭的右丞相。据此可知匈奴单于身边此时已设有左、右丞相，此制度为武帝以前之匈奴所未有。

## 【校记】

［15］莫：原作“不”。据章钰校，甲十五行本、乙十一行本、孔天胤本皆作“莫”，今据改。〖按〗《资治通鉴纲目》卷六作“莫”。

## 【研析】

本卷写了宣帝神爵元年（公元前六一年）至神爵三年共三年间的全国大事，其中值得议论的有如下几点。

第一，详细写了西汉后期名将赵充国的军事理论与其忠心耿耿、公而忘私的光辉人格。作品以耿寿昌、义渠安国、辛武贤等为反面对比，表明这次羌人叛乱如果按赵充国的对策本来可以不发生；而所以酿成这次叛乱是由于耿寿昌不预先积粮，与义渠安国的错误处置造成的。即使是叛羌头目杨玉也不是预谋反汉，而是由于后来的形势所促成。羌人叛乱后，如果依照赵充国的对策本来可以有征无战，而所以导致最后还是出兵征伐，这是由于辛武贤等人的一再横生枝节，最后有人怂恿宣帝下令出击的，其实完全是多此一举。这次平定羌乱的整个过程都在赵充国的预料之内。赵充国先使自己居于不可胜之地，而后极大限度地分化瓦解敌人，争取一切可以争取的力量，当敌兵仓皇逃走时，赵充国“徐行趋之”，自己不受任何损失，而使敌人损失惨重。他的每一步骤都生动地体现着《孙子兵法》的原则。其屯田备战、寓兵于民的国防思想，至今仍有鲜活的现实意义。

赵充国不仅是杰出的军事家，而且忠心耿耿，公而忘私，知无不言，言无不尽。当第一次皇帝下令出兵攻击时，他的儿子劝他不要再抗命上书，他坚持上书，使皇帝收回了成命；至胜利回京，浩星赐又劝他将此次取胜的原因归于最后的出击，不要再讲其中的实情。赵充国说：“吾年老矣，爵位已极，岂嫌伐一时事以欺明主哉？”又说：“老臣不以余命壹为陛下明言兵之利害，卒死，谁当复言之者？”这种无私的精神是可歌可泣的，但辛武贤却不是廉颇，他对赵充国怀恨在心，直到将赵充国的儿子害死而后已。司马光为了突出赵充国的人格，不惜篇幅将他的屡次上书都载入《资治通鉴》，作者的良苦用心，也是读者应该认真体会的。

第二，汉武帝当年好神仙，好鬼神之祀，成为历史上的大笑柄。宣帝不改弦更张，又想继续搞这一套。王褒为此写了《圣主得贤臣颂》，文章的辞采华美，说理透彻。最后说只要君臣一心，就能达到“太平之责塞，优游之望得，休征自至，寿考无疆，何必偃仰屈伸若彭祖，呴嘘呼吸如侨、松，眇然绝俗离世哉”的境界，接着张敞又上书论及此事，于是宣帝“悉罢尚方待诏”。这里表现汉宣帝的确举动不凡，有人君之度。但对于王吉上书所论及的“宫室、车服盛于昭帝时”，以及“外戚许、史、王氏贵宠”等，宣帝便“以其言为迂阔”，充耳不闻；待至盖宽饶上书，论及宣帝的“方用刑法，任中书官”时，宣帝便不仅不听，还将其处死了。盖宽饶的言论有其不切现实的过于天真之处，但竟然将其处死，未免太令人心寒了。王吉与盖宽饶的上书都涉及宣帝任用酷法与过分宠用外戚的问题，历史证明，这都是非常中肯的言论。

第三，本卷大篇幅地写了韩延寿任颍川太守与任左冯翊两届地方官时的卓越情景。韩延寿“上礼义，好古教化”；他“聘其贤士，以礼待用，广谋议，纳谏争”；他不仅有古代儒家色彩的“循吏”之风，而且还有些现代官吏“集思广益”的民主色彩。可惜就是这样一个令百姓喜爱的地方官，到下卷竟由于与萧望之的矛盾而被下令处死了。韩延寿的被杀，与宣帝元康元年赵广汉的被杀情形略似：一个是因为与丞相发生冲突，一个是因为与御史大夫发生冲突；两个都是深受百姓喜爱的地方官吏，而死在了宣帝时代的严刑峻法之下，真令千载之下的读者为之感慨不已。

# 卷第二十七　汉纪十九

起昭阳大渊献（癸亥，公元前五八年），尽玄黓涒滩（壬申，公元前四九年），凡十年。

**【题解】**

本卷写了宣帝神爵四年（公元前五八年）至黄龙元年（公元前四九年）共十年间的全国大事。主要写了匈奴握衍朐鞮单于因残暴好杀，兵败身死，导致匈奴分裂为五单于，稍后形成了呼韩邪单于与郅支单于两军对立，呼韩邪单于因作战失败而归附汉朝，并到长安朝拜汉宣帝，从此被称为“南匈奴”，而郅支单于则率部西移，改都坚昆，影响到西域诸国与汉王朝的关系，为日后陈汤经营西域做铺垫。写了严延年、韩延寿、杨恽被朝廷所杀的一系列用刑不当。写了丞相黄霸为讨好宣帝，欲上书言祥瑞，被张敞所劾奏，又欲举史高为太尉，遭宣帝之痛斥，既见黄霸之媚俗，亦见当时丞相之难为。写了太子刘奭因好儒而被宣帝所责备，写了王政君入太子宫而受宠生子，为日后王氏外戚专权做铺垫。写了汉宣帝图中兴功臣十一人于麒麟阁的盛事。写了宣帝死，与班固对宣帝的高度评价。

**【原文】**

**中宗孝宣皇帝下**

**神爵四年（癸亥，公元前五八年）**

春，二月，以凤皇、甘露降集①京师，赦天下。

颍川②太守黄霸在郡前后八年③，政事愈治④。是时凤皇、神爵⑤数集郡国，颍川尤多。夏，四月，诏曰：“颍川太守霸，宣布[1]诏令⑥，百姓乡化⑦，孝子弟弟⑧、贞妇顺孙日以众多，田者让畔⑨，道不拾遗，养视鳏寡⑩，赡助⑪贫穷，狱或八年⑫无重罪囚。其赐爵关内侯⑬，黄金百斤，秩中二千石⑭。”而颍川孝弟有行义民⑮、三老、力田⑯皆以差赐爵及帛⑰。后数月，征霸为太子太傅⑱。

【语译】

中宗孝宣皇帝下

## 神爵四年（癸亥，公元前五八年）

春季，二月，因为凤凰飞临京师，甘美的露水降落长安，汉宣帝下诏大赦天下。

颍川太守黄霸在颍川郡任太守前后有八年之久，颍川郡被治理得越来越好。在这期间，凤凰、神雀多次飞落全国各郡、各诸侯国，但属飞落颍川的次数最多。夏季，四月，汉宣帝下诏说："颍川太守黄霸，宣传和推广朝廷的各项规章制度，百姓因此而拥护朝廷的章程办法，郡中的孝子、尊敬兄长的弟弟、坚守忠贞节操的妇女、孝敬老人的儿孙越来越多，种田的人在处理与相邻地块界线的时候彼此谦让，丢失在道路上的东西也没有人拾取占为己有，人们主动照顾、赡养孤寡老人，帮扶、救助贫穷弱小，八年之中郡中有的监狱竟然没有重刑囚犯。特此封黄霸为关内侯，赏赐黄金一百斤，享受中二千石俸禄的待遇。"对颍川中那些具有孝悌等良好品行的百姓、主管教化工作的三老和获得"力田"称号的乡绅，根据不同的等级，有的赏赐爵位，有的赏赐布帛。几个月之后，汉宣帝将黄霸征调到京师担任太子太傅。

五月，匈奴单于⑲遣弟呼留若王胜之⑳来朝㉑。

冬，十月，凤皇十一集杜陵㉒。

河南㉓太守东海[2]严延年㉔为治阴鸷酷烈㉕。众人所谓当死者一朝出之㉖，所谓当生者诡杀之㉗，吏民莫能测其意深浅㉘，战栗不敢犯禁。冬月，传属县囚会论府上㉙，流血数里，河南号曰"屠伯㉚"。延年素轻黄霸为人，及比郡为守㉛，褒赏反在己前，心内不服。河南界中又有蝗虫，府丞义㉜出行蝗㉝，还，见延年。延年曰："此蝗岂凤皇食邪㉞？"义年老，颇悖㉟，素畏延年，恐见中伤㊱。延年本尝与义俱为丞相史㊲，实亲厚之，馈遗㊳之甚厚，义愈益恐。自筮，得死卦㊴，忽忽不乐。取告㊵至长安，上书言延年罪名十事。已拜奏㊶，因饮药自杀，以明不欺㊷。事下御史丞㊸按验㊹，得其语言怨望㊺、诽谤政治㊻数事。十一月，延年坐不道㊼，弃市。

初，延年母从东海㊽来，欲从延年腊㊾。到洛阳，适见报囚㊿。母大惊，便[3]止都亭(51)，不肯入府(52)。延年出至都亭谒母(53)，母闭阁(54)不见。延年免冠(55)顿首阁下(56)，良久，母乃见之。因子责(57)延年："幸得备郡守(58)，专治千里，不闻仁爱教化，有以全安(59)愚民，顾乘刑罚(60)，多刑杀人，欲以立威，岂为民父母意哉？"延年服罪，重顿首谢，因自[4]为母御(61)归府舍。母毕正腊(62)，谓延年[5]："天道神明(63)，人不可独杀(64)，我不意(65)当老见壮子被刑戮(66)也。行矣(67)，去汝东归(68)，扫除墓地(69)耳！"遂去，归郡，见昆弟宗人(70)，复为言之(71)。后岁余，果败(72)，东海莫不贤智其母(73)。

匈奴握衍朐鞮单于暴虐，好杀伐，国中不附(74)。及太子、左贤

五月，匈奴握衍朐鞮单于屠耆堂派遣自己的弟弟呼留若王胜之到汉朝来朝拜皇帝。

冬季，十月，有十一只凤凰飞落在杜陵县。

河南郡太守东海人严延年治理河南郡，手段阴险暴烈。众人都认为应当判处死罪的，他却在某一天就将其判为无罪而释放，众人都认为其罪不当死的，他却变着法地强加以各种罪名将其处死，治下的官吏和百姓没有人能够猜透他的意图，因此人人惊慌，唯恐冒犯了他。冬季，严延年传令把河南郡所属各县的死囚犯全部押解到太守衙门前进行集中处决，由于斩杀的人太多，鲜红的血水流出去好几里远，河南人送给他一个绰号叫作“屠伯”。严延年一向瞧不起黄霸的为人，等到两人在相邻的两个郡里当太守之后，每次皇帝褒扬和奖赏的时候，黄霸反而都在自己之前，因此心里很不服气。河南郡中又发生了蝗灾，一个叫作义的府丞到各县视察灾情，回来以后进见郡守严延年。严延年问他说：“这些蝗虫难道不正是凤凰的食物吗？”义上了年纪，又有些糊涂，一向惧怕严延年，听了此话之后，不明就里，生怕受到严延年的伤害。严延年本来曾经与义一同在丞相府担任过属吏，内心对义很是亲近和信任，所以赠送给义的财物也很丰厚。这反而使义感到更加的恐惧，义给自己算了一卦，卦象显示出死亡的征兆，义因此而闷闷不乐，于是就向严延年告了假来到京师长安，上了一道奏章给汉宣帝，他在奏章中列举了严延年的十大罪状。奏章呈上去之后，义就喝毒药自杀了，他想以此表明自己反映的情况都是真实无欺的。汉宣帝将此事交付给御史丞去调查核实，结果查出严延年好几件怨恨朝廷、诽谤朝政的事实。十一月，严延年被判以大逆不道的罪名在闹市中处死。

当初，严延年的母亲从老家东海郡来到河南郡探望儿子，原本打算与严延年一起度过腊月。她到洛阳的时候，正好碰上严延年在处决犯人。他母亲感到非常吃惊，便在一个驿馆里住下来，不肯进入严延年的郡太守府衙。严延年亲自来到驿馆拜见母亲，他母亲闭门不肯见他。严延年摘掉帽子在驿馆门前磕头请罪，过了很久，他的母亲才与他相见，责备他说：“你侥幸当上一名郡守，独自管辖着方圆一千里的地面，却没有听到你用仁爱之心推行朝廷的规章制度，有安定、保全百姓的政绩，反而一味地利用刑法，杀人如麻，想借此树立自己的威信，这难道就是你做百姓父母官的本意吗？”严延年向母亲承认自己的罪过，再次磕头认罪，又亲自为母亲赶车，这才将母亲接到郡太守府衙。他母亲在郡中过完腊月的祭神节之后，非常伤心地对严延年说：“冥冥之中有神灵在上，不能总是让你滥杀别人，日后恐怕你也会被别人所杀，我没有料到自己到了老年却要看到正当壮年的儿子被杀戮。我要走了，离开你回到东海郡老家去，为你准备好墓地，等你的灵柩运回去安葬吧！”于是离开河南郡返回东海老家，她遇见兄弟和同族之人，就将严延年的所作所为向他们述说一遍。过了一年多，严延年果然因罪被杀，东海郡的人无不称赞其母亲有远见、为人贤明。

匈奴握衍朐鞮单于屠耆堂生性残暴狂虐，喜好征战杀伐，因此在匈奴国内，人们

王⑮数谗左地贵人⑯，左地贵人皆怨。会乌桓⑰击匈奴东边姑夕王⑱，颇得人民⑲，单于怒。姑夕王恐，即与乌禅幕⑳及左地贵人共立稽侯珊㉑为呼韩邪单于㉒，发左地兵四五万人，西击握衍朐鞮单于。至姑且水㉓北，未战，握衍朐鞮单于兵败走，使人报其弟右贤王㉔曰："匈奴共攻我，若㉕肯发兵助我乎？"右贤王曰："若不爱人，杀昆弟、诸贵人。各自死若处㉖，无来污我！"握衍朐鞮单于恚㉗，自杀。左大且渠都隆奇㉘亡之右贤王所，其民众[6]尽降呼韩邪单于。呼韩邪[7]单于归庭㉙，数月，罢兵，使各归故地。乃收其兄呼屠吾斯在民间者，立为左谷蠡王㉚。使人告右贤贵人㉛，欲令杀右贤王。其冬，都隆奇与右贤王共立日逐王薄胥堂㉜为屠耆单于，发兵数万人东袭呼韩邪单于，呼韩邪单于兵败走。屠耆单于还，以其长子都涂吾西为左谷蠡王，少子姑瞀楼头为右谷蠡王，留居单于庭。

**五凤元年（甲子，公元前五七年）**

春，正月，上幸甘泉㉝，郊泰畤㉞。

皇太子冠㉟。

秋[8]，匈奴屠耆单于使先贤掸㊱兄右奥鞬王㊲与乌藉[9]都尉各二万骑屯东方，以备呼韩邪单于。是时西方呼揭王㊳来与唯犁当户㊴谋，共谗㊵右贤王，言欲自立为单于。屠耆单于杀右贤王父子，后知其冤，复杀唯犁当户。于是呼揭王恐，遂畔去，自立为呼揭单于。右奥鞬王闻之，即自立为车犁单于。乌藉都尉亦自立为乌藉单于，凡五单于㊶。屠耆单于自将兵东击车犁单于，使都隆奇击乌藉。乌藉、车犁皆败，西北走，与呼揭单于兵合为四万人。乌藉、呼揭皆去单于号，共并力尊辅车犁单于。屠耆单于闻之，使左大将、都尉将四万骑分屯东方，以备呼韩邪单于，自将四万骑西击车犁单于。车犁单于败，西北走。屠耆单于即引兵西南，留闟敦㊷地。

汉议者多曰："匈奴为害日久，可因其坏乱，举兵灭之。"诏问御

都不拥护他。等到握衍朐鞮单于的太子、左贤王屡次在握衍朐鞮单于面前诡毁居住在匈奴东部的左谷蠡王及其属下大小首领的时候，左谷蠡王及其属下大小首领全都对握衍朐鞮单于心怀怨恨。恰巧遇上乌桓攻打匈奴东部的姑夕王，掠走了姑夕王手下不少的匈奴人，握衍朐鞮单于非常生气。姑夕王因为惧怕，就联合了乌禅幕以及东部的左谷蠡王及其属下大小首领共同拥立稽侯珊为呼韩邪单于，发动东部军队四五万人，准备向西攻打握衍朐鞮单于。他们抵达姑且水北岸，双方还没有交战，握衍朐鞮单于的军队就溃不成军、四散而逃，握衍朐鞮单于赶紧派人向他的弟弟右贤王求救说："匈奴人全都联合起来攻打我，你能不能派兵来援救我呢?"右贤王答复说："你不爱护百姓，杀戮自己的兄弟以及诸多贵族。你就死在你的那块地方吧，不要来侮辱我!"握衍朐鞮单于虽然恼怒到极点，还是无奈地自杀了。在他手下担任左大且渠的都隆奇逃亡到右贤王那里，而其他的民众全都归降了呼韩邪单于。呼韩邪单于稽侯珊率领众人回到匈奴王庭，几个月之后，下令罢兵，使各方全都回到自己的领地。派人在民间将自己的兄长呼屠吾斯找来，封其为左谷蠡王。又派人到右贤王的领地煽动那里的贵族，想让他们杀死右贤王。这年冬天，都隆奇与右贤王一同拥立日逐王薄胥堂为屠耆单于，然后发兵数万人向东攻打呼韩邪单于，呼韩邪单于兵败逃走。屠耆单于薄胥堂回到王庭，封自己的长子都涂吾西为左谷蠡王，封小儿子姑瞀楼头为右谷蠡王，留他们住在单于庭。

**五凤元年（甲子，公元前五七年）**

春季，正月，汉宣帝前往甘泉宫，在供奉泰一神的神坛祭祀泰一神。

为皇太子举行了加冕典礼。

秋季，匈奴屠耆单于薄胥堂派先贤掸的哥哥右奥鞬王与乌藉都尉分别率领二万名骑兵驻扎在匈奴的东部，防备呼韩邪单于稽侯珊。当时，位于西部的呼揭王来与屠耆单于部下的唯犁当户合谋，共同在屠耆单于面前诋毁右贤王，说右贤王要自立为单于。于是屠耆单于薄胥堂立即将右贤王父子杀死，后来，屠耆单于发现右贤王是被冤枉的，就又把唯犁当户杀死。呼揭王感到很害怕，索性率领部下叛变，自立为呼揭单于。右奥鞬王听到消息后，立即自立为车犁单于。乌藉都尉也自立为乌藉单于，当时匈奴共出现了五个单于。屠耆单于薄胥堂亲自率领军队向东攻打车犁单于，派都隆奇率军攻打乌藉单于。乌藉单于和车犁单于全都被打败，他们率领残部向西北方向逃走，与呼揭单于合兵一处，总计有四万人。乌藉单于和呼揭单于由于势力衰弱，便主动取消了单于称号，齐心合力尊奉和辅佐车犁单于。屠耆单于得到消息后，立即派左大将、都尉率领四万名骑兵分别屯驻在匈奴东部，以防备东部的呼韩邪单于，而自己则亲自率领四万名骑兵向西攻打车犁单于。车犁单于被打败之后，继续向西北方向逃走。屠耆单于则率领他的军队前往西南方向的闟敦驻扎。

汉朝许多人都议论说："匈奴侵害中国已经很久了，现在可以趁着匈奴内乱，出动大军一举将他们消灭。"汉宣帝下诏征求御史大夫萧望之的意见，萧望之回答说：

史大夫萧望之，对曰："《春秋》晋士匄帅师侵齐[103]，闻齐侯[104]卒，引师而还[105]，君子大其不伐丧[106]，以为恩足以服孝子[107]，谊[108]足以动诸侯[109]。前单于[110]慕化乡善[111]，称弟[112]，遣使请求和亲，海内欣然[113]，夷狄莫不闻。未终奉约[114]，不幸为贼臣所杀。今而伐之，是乘乱而幸灾也，彼必奔走远遁。不以义动[115]，兵恐劳而无功。宜遣使者吊问[116]，辅其微弱，救其灾患。四夷闻之，咸贵[117]中国之仁义。如遂蒙恩得复其位[118]，必称臣服从，此德之盛也。"上从其议。

冬，十有二月乙酉朔[119]，日有食之。

韩延寿代萧望之为左冯翊[120]。望之闻延寿在东郡时[121]放散官钱[122]千余万，使御史案之[123]。延寿闻知，即部吏[124]案校[125]望之在冯翊时廪牺官钱[126]放散百余万。望之自奏："职在总领天下[127]，闻事[128]不敢不问，而为延寿所拘持[129]。"上由是不直延寿[130]，各令穷竟所考[131]。望之卒无事实。而望之遣御史案东郡者，得其试骑士[132]日，车服、侍卫[10]奢僭逾制[133]。又取官铜物，候月食铸刀剑[134]，效尚方事[135]。及取官钱帛[11]私假徭使吏[136]及治饰车甲三百万以上。延寿竟坐狡猾不道，弃市。吏民数千人送至渭城[137]，老小扶持车毂[138]，争奏酒炙[139]。延寿不忍距逆[140]，人人为饮，计饮酒石余。使掾、史[141]分谢送者："远苦吏民，延寿死无所恨[142]！"百姓莫不流涕。

---

**【段旨】**

以上为第一段，写宣帝神爵四年（公元前五八年）、五凤元年（公元前五七年）共两年间的全国大事。本段主要写了严延年为河南太守，严酷治郡，最后亦被朝廷所杀；写了匈奴握衍朐鞮单于因残暴好杀，兵败身死，导致匈奴分裂，五单于同时并立，以及前单于虚闾权渠之子被拥立为呼韩邪单于后与汉朝交好，势

“《春秋》上记载：晋国的士匄率领晋国的军队去攻打齐国，当听到齐国国君去世的消息后，便率军而回，品德高尚的人对士匄不因敌国之丧而对敌进攻的行为都给予高度的评价，认为这种施恩惠于对方的行为，完全可以使死者的继承人心服，这种义举完全可以感动其他诸侯。匈奴前单于虚闾权渠单于向慕汉朝的国情，愿意与汉朝友好，对汉朝自称为弟，还派遣他的弟弟呼留若王为使者来到汉朝请求和亲，汉朝举国上下全都为此而感到高兴，其他少数民族也全都知道了此事。不幸的是还没来得及缔结和亲之约，虚闾权渠单于就被贼臣杀死了。如果现在发兵攻打匈奴，是乘人之危而幸灾乐祸，匈奴人必定逃向更为遥远的地方。此时乘匈奴内乱出兵讨伐则是出师不义，恐怕会劳而无功。应该派使者前去吊唁、慰问，在他们衰弱的时候帮助他们，在他们遇到灾害的时候去救助他们。四周各少数民族知道以后，都会对中国的仁义之举表示尊重。如果再帮助呼韩邪单于稳定在匈奴的地位，他们一定会向汉朝臣服，这是最高的德政。”汉宣帝听从了萧望之的建议。

冬季，十二月初一日乙酉，发生日食。

韩延寿接替萧望之担任了左冯翊。萧望之听说韩延寿在东郡担任太守的时候，曾经挪用官府的库银一千多万向百姓放高利贷牟取私利，便派御史负责调查此事。韩延寿听到这个消息，也部署自己的属吏调查取证萧望之在担任左冯翊时动用廪牺中储备的用于祭祀宗庙鬼神的钱财一百多万放贷给百姓牟利的事实。萧望之于是抢先向汉宣帝奏报说：“我现在担任御史大夫，职责就是督察天下各个郡、国，发现问题不敢不追查，现在却受到韩延寿的要挟。”汉宣帝因此事而不支持韩延寿，于是下令将双方的问题都要彻底追查清楚。追查的结果是：萧望之动用廪牺公款一百多万放贷的事情查无实据。而萧望之所派御史却查出：韩延寿在东郡举行骑士会试比武的时候，车驾、服装、侍卫等大肆铺张，排场超过制度规定。又用官府的铜器，趁月食的时候熔化这些铜器打造刀剑，全部仿效尚方署制造刀剑的样子。还把官府的钱帛私自借给组织徭役的官员使用，以及动用三百万以上的公款修治车辆、甲胄。韩延寿竟然被判处犯下“狡猾不道”之罪，被绑赴闹市斩首示众。在押往刑场的途中，有数千名官吏和百姓为他送行，送行的男女老幼护拥在囚车的两旁，争先向他进奉酒肉。韩延寿不忍心拒绝，凡是敬他的，他都一饮而尽，估计喝下的酒有一石多。他让属下的官吏分别向送行的人们致谢说：“有劳各位长途相送，我韩延寿虽死也没有什么遗憾了！”送行的人无不为之痛哭流涕。

---

力渐强，逐渐成为匈奴之希望；写了韩延寿因治左冯翊有能名而引起萧望之的忌恨，最后被罗织罪名杀害的情形。

## 【注释】

①降集：降指甘露降，集指凤凰集。集，鸟落于木。②颍川：汉郡名，郡治阳翟，即今河南禹州。③在郡前后八年：黄霸于宣帝地节四年（公元前六六年）任颍川太守，因政绩突出调任京兆尹。但在京兆尹时期政绩极差，贬秩数级，又返回颍川任太守，政绩又好起来，直到本年，前后共八年。④政事愈治：政绩越来越好。⑤神爵：同“神雀”。⑥宣布诏令：宣传推广朝廷的规章制度。⑦乡化：拥护朝廷的章程办法。乡，通“向”，倒向。⑧弟弟：尊敬兄长的弟弟。⑨田者让畔：种田的人在处理与相邻地块界线的时候彼此谦让。畔，田界。⑩养视鳏寡：关心照顾孤独的老人。古称无妻的人曰鳏，称无夫的人曰寡。⑪赡助：救助。赡，以财物供应人。⑫狱或八年：有的监狱竟至一连八年……⑬关内侯：有侯爵而无封地，只在关中地区享有一份采邑。比列侯低一等。⑭秩中二千石：享受中二千石的待遇。当时的郡太守官秩为二千石，中二千石是正九卿的官阶。黄霸在任京兆尹的时候最低曾被贬到八百石，比县令略高一点。⑮孝弟有行义民：有孝悌等良好品行的百姓。⑯三老、力田：三老是掌管教化工作的乡官，力田是获得这种称号的乡绅。⑰以差赐爵及帛：按等级赐给他们爵位和绢帛。差，等级。⑱太子太傅：皇太子的辅导官。⑲匈奴单于：握衍朐鞮单于，自宣帝神爵二年（公元前六〇年）继虚闾权渠之后为单于。⑳呼留若王胜之：“呼留若”是匈奴的王号名，其人名叫“胜之”。㉑来朝：来汉朝拜见皇帝。〖按〗匈奴遣使专程来汉拜见皇帝，表示归服，这是破天荒的第一次，武帝终生未获此荣。㉒杜陵：汉宣帝为自己预修之陵墓所在的县名，县治在今陕西西安东南。㉓河南：汉郡名，郡治洛阳，在今河南洛阳东北。㉔严延年：西汉后期的著名酷吏。事迹详见《汉书》本传。其临朝斥责霍光擅行废立事，见本书昭帝元平元年（公元前七四年）。㉕阴鸷酷烈：阴险残忍。㉖当死者一朝出之：原应该判死刑的犯人，他可以在某一天把他放出来。㉗当生者诡杀之：原应该活着放出的犯人，他可以变着法地将其弄死。㉘其意深浅：其心里想的是什么。㉙传属县囚会论府上：把河南郡所属各县的死刑犯全部集合到太守门前集中处决。会论，集中处决。论，判罪处决。府上，郡太守的官衙前。㉚屠伯：犹言“屠夫”。㉛比郡为守：在相互邻近的两个郡里当太守。河南郡与颍川郡两郡相邻。㉜府丞义：河南郡的郡丞名义，史失其姓。㉝出行蝗：到下属各县视察蝗灾。㉞此蝗岂凤皇食邪：这些蝗虫难道不正是凤凰的食物吗。意思是凤凰很快也要到我们郡里来了，言外有嘲讽颍川凤凰屡次出现之意。㉟颇悖：有些糊涂。㊱恐见中伤：担心被严延年所伤害。㊲俱为丞相史：一同在丞相府当过文书。㊳馈遗：赠送财物。㊴自筮二句：自己占卜吉凶，得到的是死卦。㊵取告：请假。㊶已拜奏：奏章上呈皇帝后。㊷以明不欺：以证明他的话不是假的。㊸御史丞：即御史中丞，御史大夫的属官。㊹按验：核察严延年是否果有其事。㊺怨望：怨恨朝廷。望，也是“怨恨”的意思。㊻诽谤政治：即嘲弄各地虚报凤凰事。㊼坐不道：以

大逆不道之罪。诽谤朝廷即是“大逆不道”。㊽东海：汉郡名，郡治郯县，在今山东郯城西北。严延年是东海郡人。㊾从延年腊：到其子严延年处过腊月。腊是古代十二月中的一个合祭众神的节日，故称十二月为腊月。㊿适见报囚：正好见到严延年处决犯人。51 便止都亭：便在一个驿馆里住下来。便，《资治通鉴》原文本作“使”，据《汉书》改。都亭，驿馆、旅店。52 入府：进入严延年的郡太守府衙。53 谒母：拜见母亲。谒，见。54 闭阁：闭门。阁，这里即指门。55 免冠：脱下帽子，这是古人表示请罪的一种姿态。56 阁下：门前。57 子责：责备。58 备郡守：即任郡守之职。备，充数，自己说是谦辞，别人说是斥责之词。59 全安：保护；保全。60 顾乘刑罚：反而利用刑法。顾，反、反而。乘，利用、凭借。61 自为母御：亲自为母亲赶车。御，赶车。62 毕正腊：过完了腊月的祭神节。63 天道神明：意即天道神明在上。64 不可独杀：不能总是让你杀别人，意即你日后也将被别人所杀。65 不意：意想不到。66 当老见壮子被刑戮：当年老时看到自己正当盛年的儿子被杀，即通常所说的“白发人送黑发人”。67 行矣：我走了。68 去汝东归：离开你回到老家去。69 扫除墓地：准备好墓地，意即静候你丧车的到来。70 昆弟宗人：兄弟与同族之人。71 复为言之：又对他们说了一遍严延年的事情。72 果败：指严延年果然被杀。73 贤智其母：称赞其母贤而且智。74 不附：不亲附；不拥护。75 太子左贤王：握衍朐鞮单于的太子，被封为左贤王，但仍留在单于身边。76 左地贵人：指左贤王部下的各位高级头领，如左谷蠡王、左大将乃至左大当户等。77 乌桓：当时居住在今辽宁西北部以及吉林境内的少数民族名，前已见于本书昭帝元凤三年（公元前七八年）。78 姑夕王：匈奴东部地区的王号名，约活动在今内蒙古东部地区。79 颇得人民：俘获了一些姑夕王部下的人。80 乌禅幕：降汉日逐王先贤掸的姐夫。81 稽侯狦：前匈奴单于虚闾权渠之子，乌禅幕的女婿。82 呼韩邪单于：匈奴分裂后出现的单于之一，公元前五八至前三一年在位。与汉王朝关系亲近，历史上称之曰“南匈奴”。83 姑且水：在今蒙古国杭爱山脉东南麓。84 右贤王：匈奴西部地区的最高统领。85 若：你。86 各自死若处：你就死在你自己的那块地方吧。87 恚：恼怒。88 都隆奇：颛渠阏氏之弟，此时任左大且渠。89 归庭：回到匈奴单于所居之大本营。90 左谷蠡王：左贤王部下的最高统领。91 右贤贵人：右贤王部下的高级统领。92 日逐王薄胥堂：握衍朐鞮单于的堂兄，名薄胥堂。93 甘泉：汉代的离宫名，在今陕西淳化西北。94 郊泰畤：祭祀供奉泰一神的神坛。泰一，也写作“太一”，是方士们所说的天上的最高神。此神坛就在甘泉宫附近，是汉武帝所建。95 冠：行加冠，表示已到成年。96 先贤掸：原在匈奴为日逐王，于宣帝神爵二年（公元前六〇年）率众降汉，被封为归德侯。97 右奥鞬王：右贤王部下的高级统领，本居于匈奴西部地区。98 呼揭王：右贤王部下的王号名。99 唯犁当户：屠耆单于部下的当户，名叫唯犁。当户是匈奴的中级官号名。100 共谗：共同说……的坏话。101 凡五单于：匈奴一共出了五个单于，即呼韩邪单于、屠耆单于、呼揭单于、车犁单于、乌藉单于。凡，总共。102 引兵西南二句：领兵西南行，驻扎在闟敦。闟敦的具体方位不详。⑩晋士匄帅师侵齐：事见《公羊传》襄公十九年。士匄，晋国之卿。齐是春秋时的诸侯国名，都城即今山东淄博之临淄。⑩齐侯：齐灵公，名环，公元前五八一至前五五四年在位。⑩引师而还：士匄引兵伐齐，到了谷城，听到齐侯病死的消息，遂引兵而回。⑩大其不伐丧：称赞士匄这种不因人之丧而对之用兵的行为。大，称赞其行为正大。《公羊传》对此评论说："还者何？善辞也。大其不伐丧也。"⑩服孝子：使死者的继承人心服。⑩谊：通"义"。⑩动诸侯：使别国诸侯感动。⑩前单于：指虚闾权渠单于，其派使请和亲事，见本书宣帝神爵二年。⑪慕化乡善：意即喜欢汉朝的国情，愿与汉朝友好。⑫称弟：对汉朝以弟自称。⑬海内欣然：汉王朝举国上下都很高兴。⑭未终奉约：没有来得及缔结和亲之约。⑮不以义动：如果汉乘匈奴内乱而伐之，则是出师不以义。⑯吊问：吊唁、慰问。⑰咸贵：都看重；都珍视。⑱如遂蒙恩得复其位：指帮助呼韩邪单于稳定在匈奴中的地位。⑲十有二月乙酉朔：十二月初一是乙酉日，阴历每月第一天称"朔"。⑳代萧望之为左冯翊：事在宣帝神爵三年。㉑在东郡时：韩延寿在任左冯翊之前任东郡太守。东郡的郡治濮阳，在今河南濮阳西南。㉒放散官钱：将公家的钱放贷给百姓，以牟取利息。㉓使御史案之：派其属下前往调查。颜师古曰："望之以延寿代己为冯翊，而有能名出己之上，故忌害之，欲陷以罪法。"㉔部吏：部署自己的属下。㉕案校：查究、核算。㉖廪牺官钱：廪牺令所储备的用于祭祀宗庙鬼神的钱财。廪，指储藏谷物。牺，指圈养牲畜。均供祭祀之用。㉗职在总领天下：指其现任御史大夫之职。㉘闻事：听到有人举发。㉙而为延寿所拘持：而今天竟被韩延寿所要挟。拘持，要挟。㉚不直延寿：不支持韩延寿一方。㉛各令穷竟所考：对两个人的问题都彻底追查。㉜试骑士：骑兵的考核比武。㉝奢僭逾制：铺张排场，超过制度的规定。㉞候月食铸刀剑：等候月食的时候熔化这些铜器制造刀剑。㉟效尚方事：学习朝廷尚方署制造刀剑的样子。尚方署上属少府，是为皇家制造刀剑器物的部门。㊱私假徭使吏：私自借给组织徭役的官吏使用。假，借。徭使，组织徭役。㊲渭城：即秦朝的都城咸阳，汉

---

**【原文】**

**二年（乙丑，公元前五六年）**

春，正月，上行[12]幸甘泉，郊泰畤。

车骑将军韩增㊸薨。五月，将军许延寿㊹为大司马、车骑大将军。

丞相丙吉年老，上重之。萧望之意常轻吉，上由是不悦。丞相司直㊺奏望之遇丞相礼节倨慢㊻，又使吏买卖㊼，私所附益㊽凡十万三千，请逮捕系治㊾。秋，八月壬午㊿，诏左迁[51]望之为太子太傅，以太子太

代改称渭城。⑬⑧车毂：指韩延寿囚车的车毂。毂，指车轮中心以穿车轴的部位。扶持车毂即护拥在车子的两旁。⑬⑨争奏酒炙：争献酒肉。炙，烤肉。⑭⑩距逆：拒绝。距，通“拒”。⑭⑪掾史：指韩延寿属下吏员。⑭⑫死无所恨：死而无憾。恨，憾。

## 【校记】

［1］布：原作“明”。据章钰校，甲十五行本、乙十一行本、孔天胤本皆作“布”，今据改。〖按〗《汉书·循吏·黄霸传》作“布”。［2］东海：原无此二字。据章钰校，甲十五行本、乙十一行本、孔天胤本皆有此二字，张敦仁《资治通鉴刊本识误》同，今据补。［3］使：原作“使”。据章钰校，甲十五行本、乙十一行本、孔天胤本皆作“便”，今据改。〖按〗《汉书·酷吏·严延年传》作“便”。［4］自：原无此字。据章钰校，甲十五行本、乙十一行本、孔天胤本皆有此字，今据补。〖按〗《汉书·酷吏·严延年传》有此字。［5］延年：原作“延年曰”。据章钰校，甲十五行本、乙十一行本皆无“曰”字，今据删。〖按〗《汉书·酷吏·严延年传》无“曰”字。［6］众：原无此字。据章钰校，甲十五行本、乙十一行本、孔天胤本皆有此字，今据补。〖按〗《通鉴纪事本末》卷四、《资治通鉴纲目》卷六皆有此字。［7］邪：原无此字。据章钰校，甲十五行本、乙十一行本、孔天胤本皆有此字，今据补。［8］秋：原作“秋七月”。据章钰校，甲十五行本、乙十一行本皆无“七月”二字，今据删。〖按〗《通鉴纪事本末》卷四无“七月”二字。［9］藉：原作“籍”。据章钰校，甲十五行本、乙十一行本、孔天胤本皆作“藉”，今据改。下均同。〖按〗《通鉴纪事本末》卷四作“藉”。［10］车服侍卫：原无此四字。据章钰校，甲十五行本、乙十一行本、孔天胤本皆有此四字，张瑛《通鉴校勘记》同，今据补。［11］帛：原无此字。据章钰校，甲十五行本、乙十一行本、孔天胤本皆有此字，张敦仁《资治通鉴刊本识误》同，今据补。

---

## 【语译】

### 二年（乙丑，公元前五六年）

春天，正月，汉宣帝前往甘泉宫，在供奉泰一神的祭坛祭祀泰一神。

车骑将军韩增去世。五月，任命将军许延寿为大司马、车骑大将军。

丞相丙吉虽然年老，但汉宣帝依然很敬重他。萧望之却经常流露出轻视丙吉的意思，汉宣帝因此心中不快。担任丞相司直的繁延寿弹劾萧望之对丞相丙吉傲慢无礼，又派他属下的官吏经商，自己从中获利总计十万三千钱，请求将萧望之下狱处治。秋季，八月初二日壬午，汉宣帝下诏将萧望之降职为太子太傅，同时任命太子傅黄霸为御史大夫。

匈奴呼韩邪单于遣其弟右谷蠡王等西袭屠耆单于屯兵，杀略[152]万余人。屠耆单于闻之，即自将六万骑击呼韩邪单于。屠耆单于兵败，自杀。都隆奇[153]乃与屠耆少子右谷蠡王姑瞀楼头亡归汉。车犁[13]单于[154]东降呼韩邪单于。冬，十一月，呼韩邪单于左大将乌厉屈与父呼遬累乌厉温敦[155]皆见匈奴乱，率其众数万人降汉。封乌厉屈为新城侯[156]，乌厉温敦为义阳侯[157]。是时李陵子[158]复立乌藉都尉为单于，呼韩邪单于捕斩之，遂复都单于庭，然众裁数万人[159]。屠耆单于从弟休旬王自立为闰振单于，在西边。呼韩邪单于兄左贤王呼屠吾斯亦自立为郅支骨都侯单于[160]，在东边。

光禄勋平通侯杨恽[161]，廉洁无私，然伐其行能[162]，又性刻害[163]，好发人阴伏[164]，由是多怨于朝廷。与太仆[165]戴长乐相失[166]，人有上书告长乐罪，长乐疑恽教人告之，亦上书告恽罪曰："恽上书讼韩延寿[167]，郎中[168]丘常谓恽曰：'闻君侯讼韩冯翊，当得活乎[169]？'恽曰：'事何容易？胫胫者[170]未必全[171]也！我不能自保[172]，真人所谓[173]鼠不容穴，衔窭数[174]者也。'又语长乐[175]曰：'正月以来，天阴不雨，此《春秋》所记，夏侯君所言[176]。'"事下廷尉[177]。廷尉定国[178]奏恽怨望，为妖恶言[179]，大逆不道。上不忍加诛，有诏皆免恽、长乐为庶人。

**三年（丙寅，公元前五五年）**

春，正月癸卯[180]，博阳定侯丙吉[181]薨。

班固赞[182]曰："古之制名[183]，必由象类[184]，远取诸物，近取诸身[185]。故经谓君为元首，臣为股肱[186]，明其一体[187]相待而成[188]也。是故君臣相配，古今常道[189]，自然之势[190]也。近观汉相，高祖开基，萧、曹为冠[191]；孝宣中兴[192]，丙、魏有声[193]。是时黜陟有序[194]，众职修理[195]，公卿多称其位[196]，海内兴于礼让。览其行事，岂虚乎哉[197]？"

太傅黄霸为御史大夫。

匈奴呼韩邪单于稽侯珊派遣他的弟弟右谷蠡王等率军向西攻打屠耆单于薄胥堂的驻军，杀死、掳掠了一万多人。屠耆单于薄胥堂听到消息，立即亲自率领六万名骑兵赶来攻打呼韩邪单于。屠耆单于薄胥堂兵败自杀。都隆奇于是与屠耆单于薄胥堂的小儿子右谷蠡王姑瞀楼头投降了汉朝。车犁单于则向东投降了呼韩邪单于。冬季，十一月，呼韩邪单于稽侯珊的左大将乌厉屈与他的父亲呼遬累乌厉温敦看见匈奴内乱不止，就率领他们的部属几万人也投降了汉朝。汉朝封乌厉屈为新城侯，封乌厉温敦为义阳侯。当时李陵的儿子又拥立乌藉都尉为匈奴单于，乌藉都尉被呼韩邪单于稽侯珊擒获后处死。呼韩邪单于稽侯珊再次回到匈奴王庭，但兵力只有几万人。屠耆单于薄胥堂的堂弟休旬王自立为闰振单于，占据着匈奴西部。呼韩邪单于稽侯珊的哥哥左贤王呼屠吾斯也自立为郅支骨都侯单于，占据着匈奴的东部。

担任光禄勋的平通侯杨恽，为人廉洁，大公无私，然而喜欢夸耀自己的品行才能，又生性刻薄、爱忌恨人，专好揭发别人的隐私，于是在朝廷中结下很多仇怨。他与担任太仆的戴长乐合不来，恰好有人上书告发戴长乐有不法行为，戴长乐怀疑是杨恽指使人干的，于是也上书告发杨恽说："杨恽上书为韩延寿辩冤，担任郎中的丘常对杨恽说：'听说你正在为左冯翊韩延寿辩冤，你能救活他一命吗？'杨恽说：'这事谈何容易？正直而有个性的人未必能够保全自己！我连自己都未必能够保全，正如人们所说的那样老鼠所以不能进入洞中，是因为它嘴里叼着一个大草圈的缘故。'丘常对长乐说：'从正月以来，天气只阴不雨，这正是《春秋》上所记载过的事情，夏侯胜因为久阴不雨曾经上书给昌邑王说：天久阴不雨，臣下必有谋上者。'"汉宣帝将此案交付给廷尉于定国处治。廷尉于定国向宣帝奏报杨恽心怀怨望，妖言惑众，属于大逆不道。汉宣帝不忍诛杀杨恽，便下诏将杨恽和戴长乐两人全都贬为平民。

**三年（丙寅，公元前五五年）**

春季，正月二十六日癸卯，博阳定侯丙吉去世。

班固评论说："古代确定某种事物的名义，必定要根据那种事物的性质、形状，远的取材于各种物品，近的则取材于人类本身。所以经书上把国君称为元首，把臣比喻为胳膊和大腿，就是为了说明君主与大臣都像人体上的一部分，彼此互相依赖，缺少哪个部分也不成。所以国君与臣属互相配合，才是古往今来正确的道理，是自然的形势要求。观察近代汉朝的丞相，汉高祖开创大汉的基业，萧何、曹参是高祖刘邦股肱大臣的代表；汉宣帝使汉朝中兴，丙吉、魏相是声望最高的丞相。在那个时期，无论是罢黜还是升迁都有一定的标准和次序，各种政府职能齐备而有条理，朝廷大臣也都各司其职，国内礼让之风盛行。考察他们君臣之间的为人处世，难道是虚传的？"

二月壬辰⑲⑧，黄霸为丞相。霸材长于治民，及为丞相，功名损于治郡⑲⑨。时京兆尹张敞⑳⓪舍鹖雀⑳①飞集丞相府，霸以为神雀，议欲以闻⑳②。敞奏霸⑳③曰："窃见丞相请与中二千石、博士⑳④杂问⑳⑤郡、国上计长史、守丞⑳⑥为民兴利除害，成大化⑳⑦，条其对⑳⑧。有耕者让畔⑳⑨，男女异路，道不拾遗，及举孝子贞妇㉑⓪者为一辈㉑①，先上殿㉑②；举而不知其人数㉑③者次之㉑④；不为条教㉑⑤者在后㉑⑥，叩头谢㉑⑦。丞相虽口[14]不言，而心欲其为之㉑⑧也。长史、守丞对时，臣敞舍有鹖雀飞止丞相府屋上，丞相以下见者数百人。边吏多知鹖雀㉑⑨者，问之，皆阳不知㉒⓪。丞相图议上奏曰㉒①：'臣问上计长史、守丞以兴化条㉒②，皇天报下神雀㉒③[15]。'后知从臣敞舍来，乃止。郡国吏窃笑丞相仁厚有知略㉒④，微信奇怪㉒⑤也。臣敞非敢毁㉒⑥丞相也，诚恐群臣莫白㉒⑦，而长史、守丞畏丞相指㉒⑧，归舍法令㉒⑨，各为私教㉓⓪，务相增加，浇淳散朴㉓①，并行伪貌㉓②，有名亡实，倾摇解怠㉓③，甚者为妖㉓④。假令京师先行让畔、异路、道不拾遗，其实亡益廉贪、贞淫㉓⑤之行。而以伪先天下㉓⑥，固未可也。即诸侯先行之，伪声轶于京师㉓⑦，非细事也。汉家承敝通变㉓⑧，造起律令，所以劝善禁奸，条贯详备，不可复加。宜令贵臣明饬㉓⑨长史、守丞，归告二千石㉔⓪，举三老㉔①、孝弟、力田、孝廉㉔②、廉吏，务得其人，郡事㉔③皆以法令[16]检式㉔④，毋得擅为条教㉔⑤。敢挟诈伪㉔⑥以干名誉㉔⑦者，必先受戮，以正明好恶㉔⑧。"天子嘉纳敞言，召上计吏，使侍

二月壬辰日这一天，黄霸被任命为丞相。黄霸擅长治理人民，等到他做了丞相以后，功劳和声望都远远不如做太守的时候。当时，京兆尹张敞家里养的鹖雀飞落在丞相府，黄霸以为是一种神鸟，就商议着要把它当作祥瑞奏报给汉宣帝。张敞上书弹劾黄霸说："我私下里看见丞相将中二千石的官员、博士叫到一起询问那些从各郡、各诸侯国来到京师呈送各种计簿、向朝廷汇报工作的长史和守丞，询问他们在为百姓兴利除弊、形成良好社会风气方面都做了哪些事情，让他们逐条回答。凡是回答说在自己的辖区内，地块相邻的两家农夫互相谦让地界，男女不同路，将东西遗失在道路上也没有人拾取，以及表彰过辖区内的孝子、贞妇的就评为一等，就先让他们进入丞相府衙，受到接见；表彰过某些孝子节妇，但不能准确地说出人数的，就评为二等；列举不出本郡、本国在哪些方面取得具体成效的，就列为末等，被评为末等的一个劲地向丞相磕头谢罪。丞相虽然嘴里没有说什么，但心里却希望他们也能按照评为一等的样子办。在这些长史、守丞回答丞相的问话时，我家里养的鹖雀飞落在丞相府的屋顶上，丞相以及属下的人看见的有几百人。从边疆来的人都知道这是鹖雀，丞相问他们的时候却都装作不认识。丞相就准备把此鸟当作祥瑞启奏给陛下说：'当我向各郡国来的长史、守丞询问各地教化、要他们逐条回答的时候，上天登时就派神雀降临到了我的府衙。'后来知道鸟是从我家飞出来的以后，这才作罢。从郡国来的这些官吏全都私下里讥笑丞相，认为他虽然为人忠厚、有办理大事的谋略，美中不足的是稍微有些迷信奇谈怪论。我并不敢诋毁丞相，确实是担心朝中大臣没有人敢公开向陛下报告实情，而那些长史、守丞惧怕丞相，不敢违背丞相的旨意，回到郡国以后，有可能舍弃国家的法令法规，各自又搞一套本郡、本国的章程规定，一意追求增加有利于突出地方政绩的数字，使原本淳厚朴实的社会风气变得花里胡哨，导致大家全都去做表面文章，其实是有名无实，脱离正轨，偷懒耍滑，甚至弄出一些牛鬼蛇神、耸人听闻的花样来。假如让京师宣布率先实现了地块相邻的两家互相谦让地界、男女不同路、道路不拾遗的良好社会风尚，对倡廉肃贪、表彰贞洁、惩戒淫乱并无丝毫的好处。而以虚假的东西号召天下实行，这是绝对不可以的。如今却引导诸侯先那样去做，使诸侯国的虚假声望流传到了京师，这可不是件小事情。汉朝是在秦朝破败的基础上建立起来的，顺应时代的要求除旧布新，制定出了各种法律法令，目的就是为了劝勉人民一心向善，禁止作奸犯科，法律详尽而周密，简直到了无以复加的程度。应该命令朝中大臣明明白白地告诉那些长史、守丞，让他们回去转告给享受二千石俸禄的地方行政长官，让他们在选拔可以作为楷模的老人、孝悌、力田以及孝廉、廉吏时，务必实事求是，得到合适的人选，处理郡国中的各项事务必须以朝廷的法令为准则，不能擅自对法律条款进行修改或另立标准。胆敢以弄虚作假来沽名钓誉的人，必定首先受到刑戮，以清楚地表明朝廷提倡什么、反对什么。"汉宣帝非常赞赏张敞的见解，并采纳了他的意见，将那些呈送计簿、汇报工作的长史、守丞召集起来，派侍中出面给他们传达宣

中[249]临饬[250]，如敞指意。霸甚惭。

又，乐陵侯史高[251]以外属旧恩[252]侍中，贵重，霸荐高可太尉[253]。天子使尚书[254]召问霸："太尉官罢久[255]矣。夫宣明教化，通达幽隐[256]，使狱无冤刑，邑无盗贼，君之职也。将相之官[257]，朕之任焉。侍中、乐陵侯高，帷幄近臣[258]，朕之所自亲[259]，君何越职而举之[260]？"尚书令[261]受丞相对[262]，霸免冠谢罪，数日，乃决[263]，自是后不敢复有所请[264]。然自汉兴，言治民吏[265]，以霸为首[266]。

三月，上行[17]幸河东[267]，祠后土[268]。减天下口钱[269]，赦[18]殊死以下[270]。

六月辛酉[271]，以西河[272]太守杜延年[273]为御史大夫。

置西河、北地属国[274]以处[275]匈奴降者。

广陵厉王胥[276]使巫李女须祝诅上[277]，求为天子。事觉，药杀巫及宫人二十余人以绝口[278]。公卿请诛胥。

**四年（丁卯，公元前五四年）**

春，胥自杀。

匈奴单于称臣[279]，遣弟[19]谷蠡王入侍[280]。以边塞亡寇[281]，减戍卒什二[282]。

大司农中丞[283]耿寿昌奏言："岁数丰穰[284]，谷贱，农人少利[285]。故事[286]：岁漕[287]关东谷[288]四百万斛[289]以给京师[290]，用卒六万人。宜籴三辅[291]、弘农[292]、河东、上党[293]、太原郡[294]谷，足供京师，可以省关东漕卒过半。"上从其计。寿昌又白："令边郡皆筑仓，以谷贱增其贾而籴[295]以利农[20]，谷贵时减贾而粜[296]，名曰常平仓。"民便之。上乃下诏赐寿昌爵关内侯[297]。

夏，四月辛丑朔[298]，日有食之。

杨恽既失爵位，家居治产业[299]，以财自娱[300]。其友人安定[301]太守西河孙会宗与恽书，谏戒[302]之，为言"大臣废退，当阖门[303]惶惧，为可怜之意[304]，不当治产业，通宾客，有称誉[305]"。恽，宰相子[306]，有材能，少显朝廷，一朝[307]以晻昧语言见废[308]，内怀不服，报[309]会宗书曰：

帝的旨意，内容完全按照张敞的建议。黄霸对此心里感到非常惭愧。

还有，乐陵侯史高因为既是外戚又有当年抚养宣帝之恩而位至侍中，官高位显，黄霸向宣帝推荐史高担任太尉。汉宣帝派尚书代表自己召见并责问黄霸说："太尉一职已经废止很久了。推行教化，反映民间隐情，使天下不再有冤假错案，地方不再有盗贼，这是丞相的职责。而将相官员的任免，这是皇帝的权力。侍中、乐陵侯史高，是皇帝身边的亲近之臣，皇帝心里非常清楚，你为什么超越自己的职权范围而举荐他呢?"由尚书令来听取黄霸的回答，黄霸无言以对，只得摘帽请罪，过了几天之后，汉宣帝才下令对黄霸的事情不予追究，从此以后，黄霸不敢再向宣帝提出什么请求。然而自从汉朝建立以来，要说优秀的治民官吏，仍然数黄霸第一。

三月，汉宣帝巡视河东郡，在后土祠祭祀地神。削减天下未成年男子的人头税，赦免除死刑犯以外的其他罪犯。

六月十六日辛酉，任命西河太守杜延年为御史大夫。

在西河郡、北地郡中设置属国，集中安置归附于汉朝的匈奴人。

广陵厉王刘胥让女巫李女须诅咒汉宣帝早死，好让自己当上皇帝。事情被发觉后，刘胥就用毒药毒死了女巫以及王宫中的宫女二十多人以灭口。公卿大臣请求宣帝诛杀刘胥。

**四年（丁卯，公元前五四年）**

春天，广陵厉王刘胥畏罪自杀。

匈奴呼韩邪单于稽侯珊向汉朝称臣，并派遣自己的弟弟谷蠡王到汉朝侍奉皇帝充当人质。因为边塞没有了敌寇的侵扰，所以汉朝将守边的士卒减少了十分之二。

担任大司农中丞的耿寿昌上书给宣帝建议说："连年五谷丰登，粮价便宜，农民没有什么收益。按照以往的惯例，每年通过河道把函谷关以东地区的四百万斛粮食运送到京师，需要用六万人才能够完成。如果是从三辅、弘农、河东、上党、太原等郡收购粮食，足够供应京师食用，却可以节省关东半数以上的漕运人员。"宣帝采纳了他的建议。耿寿昌又建议说："命令边郡都修建粮仓，当粮价便宜的时候就适当加价收购粮食储存起来，当粮价太高的时候就以低于市场的价格将粮食卖出，以使农民获利用来平抑粮价，这就叫作常平仓。"这办法实施以后给人民带来了很大的利益。宣帝于是下诏赐耿寿昌为关内侯。

夏季，四月初一日辛丑，发生日食。

杨恽失去爵位以后，在家中购置土地房产，以肆意消费钱财自娱自乐。他的朋友、担任安定太守的西河郡人孙会宗给杨恽写信，对他的行为进行劝阻，并告诫他说"大臣被辞退以后，应当感到诚惶诚恐、闭门不出，做出一副可怜的样子，而不应当购置产业，交通宾客，让人传诵、说好"。杨恽，是曾经担任过宰相的杨敞的儿子，很有才能，在他很小的时候就已经显扬于朝廷，却突然在一天之内因为说了几句模棱两可、似是而非的话就被废黜，内心很不服气，于是在回复孙会宗的信中说：

“窃自思念，过已大矣，行已亏矣[310]，常为农夫以没世矣，是故身率妻子，戮力[311]耕桑，不意当复用此为讥议[312]也！夫人情所不能止者[313]，圣人弗禁。故君父至尊亲[314]，送其终[315]也，有时而既[316]。臣之得罪，已三年矣[317]，田家作苦[318]，岁时伏腊[319]，烹羊炰羔[320]，斗酒自劳，酒后耳热，仰天拊缶[321]而呼乌乌[322]。其诗曰：‘田[323]彼南山，芜秽不治[324]。种一顷豆，落而为萁[325]。人生行乐耳，须富贵何时[326]？’诚[327]淫荒[21]无度，不知其不可[328]也。”又恽兄子安平侯谭[329]谓恽曰：“侯罪薄[330]，又有功[331]，且复用[332]。”恽曰：“有功何益？县官[333]不足为尽力[334]。”谭曰：“县官实然[335]。盖司隶、韩冯翊[336]皆尽力吏[337]也，俱坐事诛[338]。”会有日食之变[339]，驺马猥佐成[340]上书告“恽骄奢，不悔过。日食之咎，此人所致”。章下廷尉，按验[341]，得所予会宗书，帝见而恶之。廷尉当[342]恽大逆无道，要斩，妻子徙酒泉郡[343]。谭坐免为庶人，诸在位[344]与恽厚善者，未央卫尉韦玄成[345]及孙会宗等，皆免官。

臣光曰[346]：“以孝宣[347]之明，魏相、丙吉为丞相，于定国为廷尉，而赵、盖、韩、杨[348]之死皆不厌众心[349]，惜哉[22]！其为善政之累[350]大矣。《周官》司寇之法[351]，有议贤、议能[352]，若广汉、延寿之治民，可不谓能乎？宽饶、恽之刚直，可不谓贤乎？然则虽有死罪，犹将宥之[353]，况罪不足以死乎？扬子[354]以韩冯翊之诉萧[355]为臣之自失[356]。夫所以使延寿犯上者，望之激之[357]也。上不之察[358]，而延寿独蒙其辜[359]，不亦甚哉？”

匈奴闰振单于[360]率其众东击郅支单于。郅支与战，杀之，并其兵，遂进攻呼韩邪。呼韩邪兵败走，郅支都单于庭。

"我自己私下里寻思，我的过失已经非常大了，品行也有欠缺，恐怕要做一辈子农夫以了此一生了，所以才亲自率领妻子，努力耕田种桑，想不到又会因为这个原因而受到讥讽和议论！凡是不能用理性控制的感情变化，即使是圣人也不能禁止。所以君王虽然是最尊贵的，父亲虽然是最亲近的，在他们去世以后，臣子和儿子为他们服丧礼、对他们的哀悼之情，也是到一定的期限就过去了。我获罪受到处罚，已经三年了，我像一个农民一样春种、夏锄、秋收、冬藏，饱尝了耕作的辛苦，到了逢年过节，以及举行伏祭腊祭的时候，烹一只羊、烤一只小羊羔，饮上一斗酒自己慰劳一下自己，酒酣耳热之后，免不了要敲击着缶随着节拍仰天唱上几句。吟唱的诗句是：'在南山上耕种的那块地啊，野草锄也锄不尽。种了一顷豆子啊，豆叶全都落光只剩下豆梗。人生应该及时行乐啊，等待富贵什么时候才能到来？'如果这种生活就算是荒淫无度，我认为这也没有什么不可以的。"另外，杨恽哥哥的儿子安平侯杨谭对杨恽说："你的罪很轻，又有功劳，以后皇帝还会起用你的。"杨恽说："有功劳又管什么用？当今的皇帝不值得我为他效力。"杨谭说："当今皇帝确实如此。司隶校尉盖宽饶、左冯翊韩延寿都是为皇帝尽心竭力的官员，还不都是因为犯了点罪就被诛杀了。"恰好遇上日食这样的天象变化，负责喂养驺马的小官吏成借机上书告发"杨恽骄纵奢侈，不思悔过自新。日食的警告，恐怕就是他所招致的"。汉宣帝将成的奏章交给廷尉处治，在查证核实过程中，搜到了杨恽写给孙会宗的信件，宣帝看了之后对杨恽非常厌恶。廷尉判处杨恽犯了大逆不道之罪，将其腰斩于市，杨恽的妻、子被流放到酒泉郡。杨谭受牵连被罢免为庶人，那些在职的与杨恽关系密切的官员，如未央宫的卫尉韦玄成以及孙会宗等人，都被免官。

司马光说："以汉宣帝的聪明睿智，任命魏相、丙吉为宰相，于定国为廷尉，然而赵广汉、盖宽饶、韩延寿、杨恽的先后被杀都让人觉得不满意，实在是太可惜了！这作为美好政治中的一种缺憾也是很大的了。《周官》这部记载周代官制的书写到司法官员执法，认为对于那些有德行、有才能的人，即使犯了罪，在量刑时也要从宽议处，像赵广汉、韩延寿在治理人民方面难道不可以称之为能臣吗？像盖宽饶、杨恽的刚直不阿，能说他们不贤良吗？即使他们真的犯了死罪，还应该宽宥他们，何况他们的罪过还不至于死呢？扬雄认为韩延寿控告萧望之是做臣子的自己造成的失误。造成韩延寿冒犯上级的原因，是由萧望之激起来的。宣帝不了解实情，而让韩延寿一个人蒙受罪责，不是也太过分了吗？"

匈奴闰振单于率领其部众进攻东边的郅支单于。郅支单于奋起应战，杀死了闰振单于，兼并了他的军队，于是乘胜进攻呼韩邪单于。呼韩邪单于兵败逃走，郅支单于入居单于庭。

## 【段旨】

以上为第二段，写宣帝五凤二年（公元前五六年）至五凤四年共三年间的全国大事。本段主要写了匈奴继续内乱，屠耆单于兵败自杀，数部头领率众归汉，且有单于入汉称臣者，匈奴主要由郅支单于与呼韩邪单于两部分别控制；写了平通侯杨恽因恃才傲物，被谢长乐所告废为庶人，后居家不谨，牢骚怨望，又被人所诬告腰斩，司马光评宣帝“善政之累”；写了黄霸为丞相，为讨好宣帝，欲上书言祥瑞，被张敞所劾奏；又欲举史高为太尉，遭宣帝痛斥，既见黄霸之媚俗，亦见当时丞相之难为。

## 【注释】

⑭³韩增：刘邦开国功臣韩王信的后代，昭帝死后与霍光等共立宣帝，张安世死后为朝廷之首辅大臣。⑭⁴许延寿：许广汉之子，宣帝许皇后的兄弟。⑭⁵丞相司直：丞相司直是丞相属下的大吏，主管司法、监察方面的事务。⑭⁶倨慢：傲慢。⑭⁷买卖：指经商。⑭⁸私所附益：自己获得收益。⑭⁹系治：下狱治罪。⑮⁰八月壬午：八月初二。⑮¹左迁：降职。⑮²杀略：杀虏。略，意思同“掠”“虏”。⑮³都隆奇：颛渠阏氏之弟，屠耆单于的拥立者。⑮⁴车犁单于：原为右奥鞬王，称单于后被屠耆单于打败，逃向西北。⑮⁵呼遬累乌厉温敦：“呼遬累”是官号，“乌厉温敦”是他的名字。⑮⁶新城侯：其食邑在汝南之细阳。⑮⁷义阳侯：其食邑在南阳之平氏。⑮⁸李陵子：李陵的儿子，史失其名。李陵是武帝时名将李广之孙，在伐匈奴过程中兵败后投降匈奴，被匈奴人封为王。⑮⁹裁数万人：仅有几万人。裁，通“才”。⑯⁰郅支骨都侯单于：即通常所说的“郅支单于”，名呼屠吾斯，虚闾权渠单于之子，呼韩邪单于之兄。⑯¹光禄勋平通侯杨恽：光禄勋原称“郎中令”，九卿之一，掌管宫廷门户，统领皇帝侍从。杨恽是宣帝时丞相杨敞之子，司马迁的外孙，因告发霍氏谋反被封为平通侯。⑯²伐其行能：夸耀其品行才能。⑯³性刻害：性情刻薄，好忌恨人。⑯⁴发人阴伏：揭发别人隐私。⑯⁵太仆：九卿之一，主管为皇帝赶车。⑯⁶相失：不和；合不来。⑯⁷讼韩延寿：为韩延寿辩冤。⑯⁸郎中：皇帝的低级侍从人员，上属光禄勋。⑯⁹当得活乎：能够救他一死吗。⑰⁰胫胫者：直正而有个性。胫胫，坚硬的样子。⑰¹未必全：未必能保全自己。⑰²我不能自保：我连自己都不能自保。⑰³真人所谓：正如人们所说。⑰⁴鼠不容穴二句：老鼠之所以不能进洞，就因为它嘴里衔着一个草圈。衔窭数，以比喻说话得罪人。窭数，用草结成的圆圈，可以放在头上作为顶东西的垫子。⑰⁵又语长乐：谓丘常转身又去挑动谢长乐。⑰⁶《春秋》所记二句：《春秋》上记载过不雨的事情，夏侯胜因久阴不雨曾上书昌邑王称“天久阴不雨，臣下必有谋上者”。事见本书昭帝元平元年（公元前七四年）。此则丘常因天阴不雨而指定是杨恽“谋上”。⑰⁷事下廷尉：事情交给廷尉查办。廷尉是九卿之一，主管全国刑

狱。⑱廷尉定国：于定国，西汉后期以宽仁著称的司法官员，自宣帝地节元年（公元前六九年）即为廷尉，至此已在官十四年。⑲为妖恶言：说杨恽“怨望”，的确不假；但说杨恽“为妖恶言，大逆不道”，似近乎罗织。于定国是否能算是公正宽仁？⑱正月癸卯：正月二十六。⑱博阳定侯丙吉：丙吉被封为博阳侯，定字是谥。⑱班固赞：班固所写的《汉书·魏相丙吉传》的论赞。⑱制名：确定某种事物的名义。⑱必由象类：一定要依据那种事物的性质形状。⑱远取诸物二句：《周易·系辞传》曰：“古者伏羲氏之王天下也，仰则观象于天，俯则观法于地，观鸟兽之文与地之宜，近取诸身，远取诸物，于是始作八卦，以通神明之德。”⑱君为元首二句：君主如同人的头，大臣如同君主的大腿胳膊。《尚书·虞书·益稷》有所谓“元首明哉，股肱良哉”之语。股肱，大腿、胳膊。⑱明其一体：君主、大臣都像人体上的一部分。⑱相待而成：彼此相互依赖，缺了哪个部分也不行。⑱古今常道：古往今来都是如此。⑲自然之势：大自然的飞禽、走兽、水族，以至天上的日月星辰，都无不如此。⑲萧、曹为冠：萧何、曹参是刘邦股肱大臣的代表。萧何、曹参是刘邦建汉后的第一、第二两任丞相。冠，首位，这里意即代表、楷模。⑲孝宣中兴：一个王朝在衰落、动乱之后又稳定、兴旺起来，称为“中兴”。武帝在位期间四方动武、大兴土木、严刑酷法、残暴搜刮，致使晚年国内动荡；再加昭帝在位年幼，又有昌邑王被废之举，直到宣帝即位国家政局始告安定，故称宣帝为“中兴之君”。⑲丙、魏有声：丙吉、魏相是声望最高的丞相。⑲黜陟有序：谁该降级，谁该提升，都有严格的次序，意即赏罚公平。⑲众职修理：各种官职都兢兢业业、奉公守法。⑲称其位：意即各司其职，都能很好地完成任务。⑲览其行事二句：看看他们君臣之间的实际行动，哪里是虚传的。⑲二月壬辰：二月戊申朔，无壬辰日，此处记载有误。⑲损于治郡：不如任郡太守的时候。⑳张敞：当时闻名的地方官，以任京兆尹著称于世。⑳鹖雀：也叫“鸮雀”。⑳议欲以闻：商量着想奏报皇上。张敞家里的鹖雀飞到黄霸家，黄霸不认识，以为是神雀，说明其无知识；见到“神雀”就想奏报皇上，以投宣帝之所好，此更见黄霸之俗气，无宰相气度。⑳奏霸：上书弹劾黄霸。⑳博士：此指皇帝的侍从官员，以知识广博备顾问之用。⑳杂问：叫到一起问询。⑳郡、国上计长史、守丞：各郡、各诸侯国按规定时间带着本郡、本国的各种簿记到朝廷汇报工作，叫作“上计”。诸侯国往往派长史，各郡往往派郡丞以办理此事。长史是诸侯相属下的大吏，为其诸史之长。郡丞也称“守丞”，是太守的助手。⑳为民兴利除害二句：问这些上计吏你们郡国在兴利除弊、形成良好社会风气方面都做了哪些事。⑳条其对：将你们郡国的做法与其效果逐条回答。⑳耕者让畔：地块相邻的两家互让地界。畔，地界。㉑举孝子贞妇：表彰过孝子贞妇。举，表彰、上报。㉑为一辈：算是第一等。㉑先上殿：先进入丞相府衙，受到接见。上殿，此处犹言登堂。㉑举而不知其人数：表彰过某些人，但说不出具体人数。㉑次之：算是第二等。㉑不为条教：列不出本郡国在这些方面所取得具体成效者。㉑在后：列为下等。㉑谢：请罪、道歉。㉑心欲其为之：希望这些郡国也按着那些列为一等郡国的样子办。㉑⑨多知鹖雀：许多人都认识这种鸟。㉒⓪皆阳不知：都假装不认得。阳，通“佯”，假装。㉒①图议上奏曰：计划着把这件事情启奏为……㉒②臣问上计长史、守丞以兴化条：当我向上计长史、守丞问询如何兴起教化的时候。㉒③皇天报下神雀：上天登时就派神雀降临到了我的府衙。㉒④仁厚有知略：为人厚道，有办理大事的谋略。知，通“智”。㉒⑤微信奇怪：美中不足的是稍微有些迷信奇谈怪论。㉒⑥毁：诽谤；说人坏话。㉒⑦群臣莫白：在朝的大臣们没有人愿意公开说。㉒⑧畏丞相指：害怕丞相，不敢违背丞相的意旨。指，同“旨”。㉒⑨归舍法令：回到郡国后，都抛开朝廷的法令不管。㉓⓪各为私教：都各自又搞一套本郡国的章程规定。㉓①浇淳散朴：使本来清淳朴实的社会风气变得花里胡哨。㉓②并行伪貌：都来追求一种表面的、虚伪的东西。㉓③倾摇解怠：脱离正轨，偷懒耍滑。解，通“懈”。㉓④甚者为妖：甚而弄出一些牛鬼蛇神、耸人听闻的花样来。㉓⑤亡益廉贪、贞淫：对于倡廉肃贪、彰贞戒淫并无实际好处。㉓⑥以伪先天下：用虚假的东西号召天下实行。㉓⑦轶于京师：传到京城。轶，漏、流传。㉓⑧承敝通变：言在秦朝破败的基础上顺应时代除旧布新。㉓⑨明饬：明白无误地告诫。㉔⓪归告二千石：回去告诉各郡国的行政长官，即各郡太守与各诸侯相。㉔①三老：各地区所选拔的可作为楷模的老人。与县、乡吏员中的主管教化工作的“三老”不是一回事。㉔②孝弟、力田、孝廉：都是汉代选拔人才的科目名。㉔③郡事：处理郡国的各项事务。㉔④以法令检式：以朝廷法令为准则。检式，准则、模式。㉔⑤擅为条教：擅自制定地方性法规。㉔⑥挟诈伪：弄虚作假。㉔⑦干名誉：沽名钓誉。干，求。㉔⑧正明好恶：以清楚地表明朝廷提倡什么、反对什么。㉔⑨侍中：皇帝的内廷侍从。㉕⓪临饬：出面告诫。㉕①史高：宣帝祖母史良娣之兄史恭的长子，因揭发霍光妻的谋反有功，封乐陵侯。㉕②外属旧恩：既是外戚又有当年抚养宣帝的恩情。㉕③可太尉：可任太尉之职。太尉是西汉初期的武官名，掌管全国军事，为三公之一。㉕④尚书：皇帝的内廷官员，为皇帝掌管文书档案，品级虽不高，但职位显要。㉕⑤太尉官罢久：汉武帝初年，田蚡为太尉；田蚡死后，此职遂不再设。㉕⑥通达幽隐：寻访山林隐者的意见。㉕⑦将相之官：至于任谁为相、任谁为将这种人事大权。㉕⑧帷幄近臣：意即身边近臣。帷幄，指皇帝的内室。㉕⑨朕之所自亲：这是我自己所明白的。㉖⓪君何越职而举之：越职，超越职权范围。胡三省曰：“丞相职总百官，进贤退不肖，霸荐史高，以为所荐非其人可也，以为越职则非也。盖自武帝以来，丞相之失其职也久矣。”㉖①尚书令：尚书机构的长官，上属少府。㉖②受丞相对：听取丞相黄霸的回答，意即责问其越职建议的理由。㉖③乃决：才宣告事情过去，不再追究。㉖④不敢复有所请：黄霸自以丞相之尊，请求皇帝任命史高为太尉，本来是谄媚讨好之举，没想到惹了这么大麻烦。读史者为之三叹。㉖⑤言治民吏：要说优秀的治民官吏。㉖⑥以霸为首：以黄霸为第一。㉖⑦河东：汉郡名，郡治安邑，在今山西夏县西北。㉖⑧祠后土：祭祀地神的神坛。后土祠在当时的汾阴县城西。汾阴县上属河东郡。㉖⑨口钱：未成年男子的人头税。汉时七至十四岁的男童出人头税每人二十三文。成年男子是一百二十文。㉗⓪殊死以下：指死刑犯以外的其他犯人。㉗1 六月辛酉：六月十六。㉗2 西河：汉郡名，郡治平定，在今内蒙古准格尔旗西南。㉗3 杜延年：武帝时的著名酷吏杜周之子，因揭发燕王刘旦、上官桀父子谋逆，被封为建平侯；后随霍光拥立宣帝，迁任太仆；又因是霍氏旧人，受霍氏谋反牵累，被降职外任。㉗4 置西河北地属国：在西河、北地二郡内设置属国，以安置归降的少数民族。北地郡的郡治马领，在今甘肃庆阳西北。属国是政区名，集中安置归附于当王朝的少数民族部落，其级别相当于县。㉗5 处：安置；使之居住。㉗6 广陵厉王胥：刘胥，武帝之子，自元狩六年（公元前一一七年）被封为广陵王，都城即今江苏扬州，是汉武帝最长寿的儿子。厉字是其死后的谥。㉗7 祝诅上：诅咒宣帝。㉗8 绝口：灭口。㉗9 匈奴单于称臣：司马光《资治通鉴考异》曰："按《匈奴传》，'呼韩邪称臣，即遣铢屡堂入侍'，事在明年。时匈奴有三单于，不知此单于为谁也。"㉘0 入侍：入朝侍奉皇帝，意思是来做人质。㉘1 亡寇：各方边境均无寇盗。亡，通"无"。㉘2 减戍卒什二：减少守边部队的十分之二。㉘3 大司农中丞：大司农的属官。㉘4 丰穰：丰收。㉘5 农人少利：即俗所谓"谷贱伤农"。㉘6 故事：以往的先例。㉘7 岁漕：每年通过河道运输。㉘8 关东谷：函谷关以东广大地区的谷物。㉘9 四百万斛：即四百万石。一斛等于一石。但汉时的一石等于现在的五斗。㉙0 以给京师：以供应首都长安的食用。㉙1 三辅：指京兆尹、左冯翊、右扶风。㉙2 弘农：汉郡名，郡治在今河南三门峡市西南。㉙3 上党：汉郡名，郡治长子，在今山西长子西南。㉙4 太原郡：郡治晋阳，在今山西太原西南。㉙5 增其贾而籴：用略高一些的价钱买入。贾，通"价"。㉙6 减贾而粜：用低于市价的价钱卖出。㉙7 关内侯：爵位名，比列侯低一等，没有封地，只在关中地区有少量食邑，故称关内侯。㉙8 四月辛丑朔：四月初一是辛丑日。朔，阴历每个月的第一天。㉙9 治产业：购置土地房产。㉚0 以财自娱：以肆意消费为乐。㉚1 安定：汉郡名，郡治高平，即今宁夏固原。㉚2 谏戒：劝阻，望其收敛。㉚3 阖门：闭门不出。㉚4 为可怜之意：做出一副可怜的样子。㉚5 有称誉：让人传颂、说好。㉚6 宰相子：昌邑王与宣帝初期的丞相杨敞的儿子。㉚7 一朝：突然在一天之间。㉚8 以晻昧语言见废：因为一种模棱两可、似是而非的说话而被罢去爵职。晻昧，不清楚。㉚9 报：回复；写回信。㉛0 行已亏矣：品行已有欠缺啦。㉛1 戮力：努力。㉛2 不意当复用此为讥议：想不到今天又因为这一条受到人们的讥讽。用此，由此、因此。㉛3 人情所不能止者：凡是不能用理性控制的感情变化。㉛4 君父至尊亲：君主是最尊贵的了，父亲是最亲密的了。㉛5 送其终：给他们的服丧礼和对他们的哀悼之情。㉛6 有时而既：也是到一定的期限就过去了。既，尽，指三年之后除去丧服。㉛7 已三年矣：谢长乐告发杨恽致杨恽免为庶人，在宣帝五凤二年（公元前五六年），至此已是第三个年头。㉛8 作苦：劳动辛苦。㉛9 岁时伏腊：到了过年过节的时候。岁，指年节。时，指立春、立夏、立秋、立冬所进行的祭祀。伏，指夏至之后第三个庚日所进行的伏祭。腊，指冬至后的第三个戌日所进行的腊祭，故十二月也称腊月。㉜0 炰羔：烤小羊。㉜1 拊缶：击缶。缶，一种瓦质的打击乐器。㉜2 而呼乌乌：古时秦地民间歌唱的样子。李斯《谏逐客书》有所谓“击瓮叩缶、弹筝搏髀而歌呼乌乌快耳目者，真秦声也”，可供参考。㉓田：用如动词，意即耕田、种田。㉔芜秽不治：种得不好，长满了荒草。㉕落而为萁：留下的只是豆梗。萁，豆梗。㉖须富贵何时：等候富贵，富贵什么时候能来。须，等候。㉗诚：即使真是。㉘不知其不可：不认为有何不可。㉙安平侯谭：杨谭，杨恽之兄、杨忠之子，袭其祖父杨敞之爵为安平侯。㉚侯罪薄：你的罪过不大。侯，敬称杨恽原来之爵，杨恽原为平通侯。㉛有功：有揭发霍氏谋反之功。㉜且复用：很快就要被重新起用。且，将。㉝县官：皇帝，也指国家。㉞不足为尽力：不值得为他尽力。㉟县官实然：当今这皇帝确实如此。㊱盖司隶韩冯翊：指司隶校尉盖宽饶、左冯翊韩延寿。㊲皆尽力吏：都是为国家尽心尽力的官员。㊳俱坐事诛：都因事被杀了。㊴日食之变：即指出现日食。汉人迷信天人感应，以为出现日食是极其凶险的征兆，往往找借口杀大臣以消灾。㊵驺马猥佐成：喂养驺马的小吏，其名叫“成”。驺马，仪仗队使用的马。猥，此处意思同“喂”。佐，小吏的副职。㊶按验：查证核实。㊷当：判处。㊸徙酒泉郡：发配到酒泉郡。酒泉郡的郡治禄福，即今甘肃酒泉。㊹诸在位：凡是现在任职的官员。㊺未央卫尉韦玄成：未央卫尉是九卿之一，主管未央宫的护卫工作。韦玄成是前丞相韦贤之子。㊻臣光曰：以下文字是《资治通鉴》作者司马光对杨恽被杀以及与此有关诸事所发的评论。㊼孝宣：即指汉宣帝。汉代每个皇帝谥号的前面都加一个“孝”字，是想表示汉代皇帝都崇尚孝道。㊽赵、盖、韩、杨：赵广汉、盖宽饶、韩延寿、杨恽。㊾不厌众心：让人觉得不满意。不厌，不满。厌，通“餍”，满足。㊿其为善政之累：这作为美好政治中的一种缺憾。累，瑕疵。351《周官》司寇之法:《周官》中曾写到司法官员的执法。《周官》即指儒家经典中的《周礼》，是一部记录周代官制的书。司寇，周代官名，主管刑狱。352有议贤、议能:《周官》在写到小司寇之职责时有所谓“议贤之辟”与“议能之辟”，意思是对于那些有德行、有才干的人，即使犯了罪，也要从宽议处。353虽有死罪二句：即使真的犯了死罪，还应该受到宽恕。宥，宽免。354扬子：扬雄，西汉后期的著名学者，著有《太玄》《法言》。355诉萧：控告萧望之。356臣之自失：作为臣子的自己造成的失误。扬雄《法言》有所谓:“请问臣自失。曰：李贰师之执贰，田祁连之滥帅，韩冯

---

【原文】

## 甘露元年（戊辰，公元前五三年）

春，正月，行幸甘泉，郊泰畤。

杨恽之诛也，公卿奏京兆尹张敞，恽之党友，不宜处位。上惜敞材，独寝其奏[361]，不下[362]。敞使掾絮舜[363]有所案验[364]，舜私归其家曰：“五日京兆耳[365]，安能复案事[366]？”敞闻舜语，即部吏[367]收舜系狱[368]，

翊之愬萧，赵京兆之犯魏。”㊲望之激之：是由萧望之激起来的，指萧望之为忌妒韩延寿之政绩，而派人往察其治东郡时的毛病。㊳上不之察：宣帝不察其细情。㊴延寿独蒙其辜：让韩延寿一个人蒙受罪责。辜，罪。㊵闰振单于：屠耆单于的堂弟，原为休旬王，居住在匈奴的西部地区。

## 【校记】

［12］行：原无此字。据章钰校，甲十五行本、乙十一行本、孔天胤本皆有此字，今据补。［13］犁：原作“黎”。据章钰校，甲十五行本、乙十一行本、孔天胤本皆作“犁”，今据改。［14］虽口：原作“口虽”。据章钰校，甲十五行本、乙十一行本、孔天胤本二字皆互乙，今据改。〖按〗《资治通鉴纲目》卷六作“虽口”。［15］雀：原作“爵”。据章钰校，甲十五行本、乙十一行本、孔天胤本皆作“雀”，今据改。〖按〗《资治通鉴纲目》卷六、《汉书·循吏·黄霸传》皆作“雀”。［16］令：“令”下原有“为”字。据章钰校，甲十五行本、乙十一行本、孔天胤本皆无“为”字，今据删。〖按〗《资治通鉴纲目》卷六、《汉书·循吏·黄霸传》皆无“为”字。［17］行：原无此字。据章钰校，甲十五行本、乙十一行本、孔天胤本皆有此字，张敦仁《资治通鉴刊本识误》同，今据补。［18］赦：原作“赦天下”。据章钰校，甲十五行本、乙十一行本、孔天胤本皆无“天下”二字，今据删。〖按〗《汉书·宣帝纪》无“天下”二字。［19］弟：“弟”下原有“右”字。据章钰校，甲十五行本、乙十一行本、孔天胤本皆无“右”字，今据删。〖按〗《通鉴纪事本末》卷四、《汉书·宣帝纪》皆无“右”字。［20］以利农：原无此三字。据章钰校，甲十五行本、乙十一行本、孔天胤本皆有此三字，张敦仁《资治通鉴刊本识误》、张瑛《通鉴校勘记》同，今据补。［21］淫荒：原作“荒淫”。据章钰校，甲十五行本、乙十一行本、孔天胤本二字皆互乙，今据改。〖按〗《汉书·杨敞传附杨恽传》作“淫荒”。［22］惜哉：原无此二字。据章钰校，甲十五行本、乙十一行本、孔天胤本皆有此二字，张敦仁《资治通鉴刊本识误》、张瑛《通鉴校勘记》同，今据补。

---

## 【语译】

### 甘露元年（戊辰，公元前五三年）

春季，正月，汉宣帝巡视甘泉，在供奉有泰一神的泰畤祭祀泰一。

杨恽被诛杀之后，公卿大臣弹劾京兆尹张敞，说张敞是杨恽的亲密朋友，不应该再任京兆尹。宣帝爱惜张敞的才能，就将弹劾张敞的奏折搁置起来，没有交给群臣讨论。张敞派遣属下佐吏名叫絮舜的去调查某个案件，絮舜竟然私自回了家，还说：“张敞这个京兆尹当不了五天了，哪里还能再查办别人的案件？”絮舜的话传到了

昼夜验治[369]，竟致其死事[370]。舜当出死[371]，敞使主簿[372]持教[373]告舜曰：“五日京兆竟何如？冬月已尽[374]，延命乎[375]？”乃弃舜市[376]。会立春[377]，行冤狱使者[378]出，舜家载尸并编敞教，自言使者[379]。使者奏敞贼杀不辜[380]。上欲令敞得自便[381]，即先下敞前坐杨恽奏[382]，免为庶人。敞诣阙上印绶[383]，便从阙下亡命[384]。数月，京师吏民解弛[385]，枹鼓数起[386]，而冀州部[387]中有大贼，天子思敞功效[388]，使使者即家在所召敞[389]。敞身被重劾[390]，及使者至，妻子家室皆泣，惶惧[23]，而敞独笑曰：“吾身亡命为民，郡吏当就捕[391]。今使者来，此天子欲用我也。”装[392]随使者，诣公车[393]上书曰：“臣前幸得备位列卿，待罪京兆[394]，坐杀掾絮舜[395]。舜本臣敞素所厚吏，数蒙恩贷[396]。以臣有章劾当免，受记考事[397]，便归卧家，谓臣‘五日京兆’。背恩忘义，伤薄俗化[398]。臣窃以舜无状[399]，枉法[400]以诛之。臣敞贼杀无[24]辜，鞠狱[401]故不直[402]，虽伏明法[403]，死无所恨。”天子引见敞，拜为冀州刺史[404]。敞到部[405]，盗贼屏迹[406]。

皇太子[407]柔仁好儒，见上所用多文法吏[408]，以刑绳下[409]，尝[25]侍燕从容言[410]：“陛下持刑太深，宜用儒生。”帝作色[411]曰：“汉家自有制度，本以霸王道杂之[412]，奈何纯任德教，用周政[413]乎？且俗儒不达时宜[414]，好是古非今，使人眩于名实[415]，不知所守[416]，何足委任？”乃叹曰：“乱我家[417]者太子也！”

臣光曰：“王霸无异道[418]。昔三代之隆[419]，礼乐、征伐自天子出[420]，则谓之王[421]。天子微弱不能治诸侯，诸侯有能率其与国[422]，

张敞的耳朵里，他立即派遣属吏将絮舜逮捕入狱，连夜突击审问，最后竟把絮舜整成了死罪。当絮舜被拉出监狱押往刑场的时候，张敞又派遣主簿拿着自己亲笔写的文告对絮舜说："只能当五天京兆尹的人怎么样？处决犯人的冬季快要结束了，你还想延长寿命吗？"竟将絮舜处决于闹市。在立春那一天，朝廷派遣到各地巡行复查冤狱的使臣前来巡视，絮舜的家属用车拉着絮舜的尸体并且带着张敞写给絮舜的文告，亲自到行冤使者面前控告张敞。行冤使者奏报张敞滥杀无辜。宣帝想将张敞免官，让他自选出路，就先将公卿大臣此前因杨恽之事弹劾张敞的奏章发下来，将张敞免职，贬为平民。张敞到皇宫门前交上了自己为京兆尹的印章与绶带后，便从宫门悄悄地隐去了。几个月之后，由于京师官员的懈怠，出现了无政府状态，因为连续发生多起盗贼案件而导致频繁击鼓聚众讨伐，而冀州部更是出现了一伙大盗，汉宣帝想起了张敞治理京师的政绩，便派遣使者到张敞家庭所在的地方去寻找张敞。张敞因为受到多种弹劾又背负着滥杀无辜的罪名，看到使者到来，他的妻子及家人都哭泣起来，惶恐不安，只有张敞笑着说："我只不过是一个削职为民逃亡在外的罪人，如果朝廷要捉拿我，让郡中的官吏来就行了。现在却是派使者来，这是天子要起用我啊。"于是整理行装跟随使者来到京师，他到公交车门给宣帝上书说："我以前侥幸备位列卿，担任京兆尹之职，却因滥杀佐史絮舜而受到弹劾。絮舜本来是我一向所厚待的官吏，数次蒙受我的恩惠和宽恕。因为我受到弹劾，将被免去京兆尹的职务，此时我派他出去调查事务，他便拒绝执行擅自回家睡觉，还讥讽我是只能当五天的京兆尹。这是一个忘恩负义、伤风败俗之辈。我认为絮舜太不成体统，便歪曲法律，不是死罪也硬将他判成死罪杀了他。我滥杀无辜，审理案件故意判得不公正，即使接受朝廷的法律判处我死刑，我也没有什么怨恨。"宣帝召见了张敞，任命他为冀州刺史。张敞到达冀州任上之后，盗贼很快就销声匿迹了。

皇太子刘奭性情敦厚仁慈，喜好儒家学说，他看到汉宣帝所重用的官吏都是些掌握法律条文的人，他们以严刑峻法来管制臣民，有一次就借着陪同皇帝吃饭的机会装作漫不经心似的说："陛下使用刑法太重，应该多重用儒生。"宣帝听了马上板起面孔，严肃地说："汉家自有汉家的制度，汉家从来都是霸道和王道掺杂使用，为什么要单用儒家的礼教，难道还要用周朝的以仁政治国吗？况且那些迂腐的儒生根本就不识时务，死守教条而不知变通，又好厚古薄今，爱在'名'与'实'的问题上做文章，搞得人眼花缭乱，不知所从，他们哪里值得任用呢？"于是叹息着说："让我们汉王朝改变政治路线的人一定是太子呀！"

**司马光说："王道与霸道没有什么本质性的差异。过去夏、商、周三代的鼎盛时期，一切定邦、戡乱的事情全都由天子说了算，这样的政治局面被后人称之为王道。后来天子权力削弱不能再控制诸侯，诸侯中有能率领他的同盟国共**

同讨不庭[423]以尊王室者，则谓之霸[424]。其所以行之也，皆本仁祖义[425]，任贤使能，赏善罚恶，禁暴诛乱。顾名位有尊卑[426]，德泽[427]有深浅，功业有巨细，政令有广狭[428]耳，非若白黑、甘苦之相反[429]也。汉之所以不能复三代之治者，由人主之不为[430]，非先王之道不可复行于后世也。夫儒有君子，有小人。彼俗儒者，诚不足与为治[431]也，独[432]不可求真儒[433]而用之乎？稷、契、皋陶、伯益[434]、伊尹[435]、周公[436]、孔子[437]，皆大儒也，使汉得而用之，功烈[438]岂若是而止[439]邪？孝宣谓太子懦而不立，暗于治体[440]，必乱我家，则可矣，乃曰王道不可行、儒者不可用，岂不过甚矣[26]哉[441]？殆[27]非所以训示子孙[442]，垂法将来[443]者也。”

淮阳宪王[444]好法律，聪达有材，王母张倢伃[445]尤幸。上由是疏太子而爱淮阳宪王，数嗟叹[446]宪王曰：“真我子也！”常[447]有意欲立宪王，然用[448]太子起于微细[449]，上少依倚许氏[450]，及即位而许后以杀死[451]，故弗忍[452]也。久之，上拜韦玄成为淮阳中尉[453]，以玄成尝让爵于兄[454]，欲以感谕[455]宪王，由是太子遂安。

匈奴呼韩邪单于之败[456]也，左伊秩訾王[457]为呼韩邪计，劝令称臣入朝事汉，从汉求助，如此，匈奴乃定。呼韩邪问诸大臣，皆曰：“不可。匈奴之俗，本上气力[458]而下服役[459]，以马上战斗为国，故有威名于百蛮。战死，壮士所有[460]也。今兄弟争国[461]，不在兄则在弟，虽死犹有威名，子孙常长诸国[462]。汉虽强，犹不能兼并匈奴，奈何乱先古之制，臣事于汉，卑辱先单于[463]，为诸国所笑？虽如是而安，何以复长百蛮[464]？”左伊秩訾曰：“不然，强弱有时。今汉方盛，乌孙城郭诸国[465]皆为臣妾[466]。自且鞮侯单于[467]以来，匈奴日削，不能取复[468]，虽屈强于此[469]，未尝一日安也。今事汉则安存，不事则危亡，计何以过

同讨伐那些不来朝见天子、并率领诸侯尊崇天子的，这样的政治局面后人就称之为霸道。他们所以要这样做，都是以仁义为出发点，任用贤明有才能的人，奖励善行惩罚邪恶，禁暴诛乱。只不过前者是由天子做的，后者是由诸侯做的，他们的恩泽有深有浅，所建立的功业有大有小，能发号施令的区域有大有小罢了，并不像白与黑、甘与苦那样绝对对立。汉朝所以没能恢复夏、商、周三代的以仁义治国的政治，是由于汉朝皇帝都不想推行先王之道，而不是先王之道不可以在后世实行啊。儒家学派中有君子，也有小人。那些迂腐的儒者，确实不能依靠他们治理天下，难道不可以寻求真正的儒者而使用他们吗？稷、契、皋陶、伯益、伊尹、周公、孔子，都是大儒者，假使汉朝能够得到像他们那样的人并且任用他们治理国家，功业难道仅达到现在的这种样子就完了吗？汉宣帝认为太子懦弱、不能自立，不明白治理国家的根本诀窍，必然改变汉家的政治路线，他那样说是可以的，然而由此却说王道不可行、儒者不可用，岂不是太过分了吗？这大概不是用来教育子孙后代、为后世留下榜样的好做法。”

淮阳宪王刘钦喜好研究法律，又聪明豁达、很有才能，刘钦的母亲张婕妤尤其受到宣帝的宠爱。宣帝因此疏远了太子刘奭而偏爱淮阳宪王刘钦，多次赞叹刘钦说：“刘钦才真是我的儿子呀！”曾经想废掉太子刘奭而立宪王刘钦为太子，但又因为太子出生于自己微贱之时，自己是依靠岳父许广汉家的帮助才得以生存，等到自己即位后，太子的母亲许皇后又被毒死，所以不忍心废掉太子。过了很久，汉宣帝任命韦玄成为淮阳中尉，因为韦玄成曾经把爵位让给他的哥哥，宣帝想以此感化晓谕宪王刘钦，从此以后刘奭的太子地位才稳固下来。

匈奴呼韩邪单于稽侯狦被打败之后，左伊秩訾王为他出谋划策，劝说他向汉朝称臣，以求得汉朝的援助，认为只有这样，才能安定匈奴。呼韩邪单于稽侯狦征求各大臣的意见，大臣们都说：“不可以。匈奴的风俗习惯，向来是尊崇那种有血性、敢拼敢打的人，而看不起那些低三下四、服从别人的人，以能在马背上战斗为立国之本，所以才使得我们匈奴的威名远播到各个民族。为作战而死是英雄的本分。如今是兄弟之间争夺王位，王位不是被兄长夺取就是被弟弟夺取，即使战死了也有威名存在，子孙们也会永远为诸国、诸部落之长。汉朝虽然强大，也不可能兼并匈奴，为什么要乱了祖先的制度，臣服于汉朝，使我们祖辈的单于蒙受耻辱、被各国所耻笑？虽然臣服于汉朝能得到平安，但还怎么再为众蛮夷的首领呢？”左伊秩訾王说：“你们说得不对，强盛和衰弱随着时代的不同，是不一样的。如今汉朝正是鼎盛时期，乌孙等有城郭的国家都已经臣服于汉朝。我们匈奴自从且鞮侯单于以来，势力一天一天被削弱，再也无力恢复，虽然躲在这个地方逞强，但没有过过一天安稳的日子。如果归顺汉朝，我们就能获得平安、得以保存，不归顺汉朝则匈奴就面临着

此[470]？”诸大人相难[471]久之，呼韩邪从其计，引众南近塞[472]，遣子右贤王铢娄渠堂入侍。郅支单于亦遣子右大将驹于利受入侍。

二月丁巳[473]，乐成敬侯许延寿[474]薨。

夏，四月，黄龙见新丰[475]。

丙申[476]，太上皇庙火[477]。甲辰[478]，孝文庙[479]火，上素服[480]五日。

乌孙狂王[481]复尚楚主解忧[482]，生一男鸱靡，不与主和[483]。又暴恶失众。汉使卫司马[484]魏和意、副候[485]任昌至乌孙。公主言：“狂王为乌孙所患苦，易诛也。”遂谋置酒，使士拔剑击之。剑旁下[486]，狂王伤，上马驰去。其子细沈瘦[487]会兵[488]围和意、昌及公主于赤谷城[489]，数月，都护郑吉[490]发诸国兵救之，乃解去。汉遣中郎将[491]张遵持医药治狂王，赐金帛，因收和意、昌系琐[492]，从尉犁[493]槛车至长安[494]，斩之。

初，肥王翁归靡胡妇子乌就屠[495]，狂王伤时，惊，与诸翎侯[496]俱去，居北山[497]中，扬言母家匈奴兵来，故众归之。后遂袭杀狂王，自立为昆弥[498]。是岁，汉遣破羌将军辛武贤[499]将兵万五千人至敦煌[500]，通渠积谷，欲以讨之。

初，楚主[501]侍者冯嫽，能史书[502]，习事[503]，尝持汉节[504]为公主使[505]，城郭诸国敬信之[506]，号曰“冯夫人”，为乌孙右大将妻。右大将与乌就屠相爱，都护郑吉使冯夫人说乌就屠以汉兵方出，必见灭，不如降。乌就屠恐，曰：“愿得小号以自处[507]。”帝征[508]冯夫人，自问状[509]。遣谒者[510]竺次、期门[511]甘延寿为副[512]，送冯夫人[513]。冯夫人锦车[514]持节[515]，诏乌就屠诣长罗侯赤谷城[516]，立元贵靡[517]为大昆弥[518]，乌就屠为小昆弥[519]，皆赐印绶。破羌将军不出塞[520]，还[521]。后乌就屠不尽归[522]诸[28]翎侯人众，汉复遣长罗侯惠[29]将三校屯赤谷[523]，因为分别[524]其[30]人民

灭亡的危险，还有什么别的办法比归顺汉朝更好的吗？”诸大臣互相争论了很久，呼韩邪单于还是采纳了左伊秩訾王的建议，带领属下的民众向南来到靠近汉朝边塞的地方，然后派遣自己的儿子右贤王铢娄渠堂到汉朝侍奉汉朝天子、充当人质。郅支单于也派遣自己的儿子、右大将驹于利受到汉朝侍奉汉天子、充当人质。

二月二十一日丁巳，乐成敬侯许延寿去世。

夏季，四月，黄龙出现在新丰县。

四月初一日丙申，宣帝的父亲、太上皇刘进的祭庙失火。初九日甲辰，孝文帝的祭庙也遭受火灾，为此汉宣帝穿了五天的白色衣服，表示戒惧、反省。

乌孙狂王泥靡娶解忧公主为妻，解忧公主为狂王生了一个男孩名叫鸱靡，乌孙狂王泥靡与解忧公主感情不和。又因为他性情凶暴，失去了民心。汉朝派遣卫司马魏和意、原在皇帝卫队中担任侦察员的任昌为副使出使乌孙国。他们到了乌孙国之后，解忧公主对他们说：“乌孙国的百姓恨透了狂王泥靡，要除掉他是很容易的事情。”经过一番谋划，于是摆设酒席宴请狂王，让武士寻机用剑击杀他。不料剑没有正面击中狂王，狂王负伤后飞身上马逃走了。狂王的儿子细沈瘦集合士兵把魏和意、任昌以及解忧公主围困在赤谷城，围困了几个月，一直到西域都护郑吉征调附近各国的军队前来解救，才解围而去。汉朝派遣中郎将张遵带着医药去给狂王疗伤，并赏赐狂王许多金银绸缎，同时将魏和意、任昌逮捕起来，戴上枷锁，用囚车把他们从尉犁城押解回长安，处死。

当初，乌孙肥王翁归靡所娶的匈奴妻子生的儿子乌就屠，在狂王受伤的时候，受到惊吓，便与诸位翎侯一同逃跑，躲藏到乌孙北部的山中，并且扬言说母亲的娘家匈奴会派兵来救援，所以很多乌孙人都来投奔他。后来乌就屠率人袭杀了狂王，自立为昆弥王。这一年，汉朝派遣破羌将军辛武贤率兵一万五千人来到敦煌郡，他们疏通河道，耕种田地，积蓄粮食，准备向西讨伐乌就屠。

当初，解忧公主的侍女冯嫽，因为熟悉历史，能撰写文章，既熟悉汉朝之事，又熟悉西域各国的风俗习惯，曾经手持汉朝符节作为解忧公主的使者出使各国，西域那些有城郭的国家都很尊敬她、信任她，称她为“冯夫人”，冯夫人嫁给乌孙右大将为妻。右大将与乌就屠关系亲密，都护郑吉就让冯夫人去劝说乌就屠，让他认识到汉朝的军队一旦出击，乌孙必然被消灭，不如趁早投降汉朝。乌就屠感到很恐慌，说：“我希望汉朝能给我一个小封号，使我有个安身立命的地方。”宣帝征召冯夫人到长安，亲自向她询问乌孙国的情况。然后派遣谒者竺次、期门甘延寿为副使护送冯夫人回乌孙国。冯夫人端坐在锦车里，手持汉朝符节，传达汉朝皇帝的诏令：让乌就屠前往赤谷城去见长罗侯常惠，册封元贵靡为大昆弥，乌就屠为小昆弥，都赐给印绶。破羌将军辛武贤没有出玉门关，就率军回到酒泉郡。后来乌就屠不肯把各翎侯的人众全数归还翎侯，于是汉朝又派遣长罗侯常惠率领三个校尉的人马驻扎在赤

地界，大昆弥户六万余，小昆弥户四万余。然众心皆附小昆弥。

二年（己巳，公元前五二年）

春，正月，立皇子嚣㉕为定陶王㉖。

诏赦天下，减民算三十㉗。

珠崖郡㉘反。夏，四月，遣护军都尉㉙张禄将兵击之。

杜延年㉚以老病免。五月己丑㉛，廷尉于定国为御史大夫。

秋，九[31]月，立皇子宇为东平王㉜。

冬，十二月，上行幸萯阳宫㉝、属玉观㉞。

是岁，营平壮武侯㉟赵充国薨。先是，充国以老乞骸骨㊱，赐安车驷马㊲黄金，罢就弟㊳。朝廷每有四夷大议㊴，常与参兵谋㊵、问筹策㊶焉。

匈奴呼韩邪单于款五原塞㊷，愿奉国珍㊸，朝三年正月㊹。诏有司议其仪㊺。丞相、御史㊻曰："圣王之制，先京师而后诸夏㊼，先诸夏而后夷狄㊽。匈奴单于朝贺，其礼仪宜如诸侯王㊾，位次在下㊿。"太子太傅萧望之以为："单于非正朔所加[51]，故称敌国[52]，宜待以不臣[53]之礼，位在诸侯王上。外夷稽首称藩[54]，中国让而不臣，此则羁縻之谊[55]，谦亨[56]之福也。《书》曰：'戎狄荒服[57]。'言其来服荒忽亡常[58]。如使匈奴后嗣卒有鸟窜鼠伏[59]，阙于朝享[60]，不为畔臣[61]，万世之长策也。"天子采之，下诏曰："匈奴单于称北蕃[62]，朝正朔[63]。朕之不德[64]，不能弘覆[65]，其[66]以客礼待之，令单于位在诸侯王上，赞谒[67]称臣而不名[68]。"

荀悦论[69]曰："《春秋》之义[70]，王者无外[71]，欲一于天下[72]也。戎狄道里辽远，人迹介绝[73]，故正朔不及[74]，礼教不加[75]，非尊之[76]也，其势然[77]也。《诗》云：'自彼氐、羌，莫敢不来王[78]。'故

谷城，并为他们划分出人员、地界，大昆弥元贵靡管辖之下有六万多户，小昆弥乌就屠管辖之下有四万多户。然而民心却都向着小昆弥乌就屠。

**二年（己巳，公元前五二年）**

春季，正月，汉宣帝封皇子刘嚣为定陶王。

汉宣帝下诏大赦天下，将百姓的人头税减少三十文。

珠崖郡发生叛乱。夏季，四月，朝廷派遣护军都尉张禄率兵前往珠崖平定叛乱。

杜延年因为年老多病被免去职务。五月初一日己丑，提升廷尉于定国为御史大夫。

秋季，九月，宣帝封皇子刘宇为东平王。

冬季，十二月，宣帝前往萯阳宫、属玉观巡视。

这一年，营平壮武侯赵充国去世。先前，赵充国因为自己年老而向宣帝请求辞官退休，宣帝答应了他的请求，并赏赐他安车、驷马、黄金，让他辞职回家安享晚年。但每当朝廷遇到有关周边少数民族问题的重大讨论，都要请他参与军事问题的谋划或是去征求他的意见。

匈奴呼韩邪单于通过五原郡的守将向朝廷提出请求，愿意向汉朝献上他们国家的珍宝，希望能在甘露三年的正月到长安朝见汉朝皇帝。宣帝下诏让有关部门商议匈奴呼韩邪单于前来朝见的具体仪式。丞相黄霸、御史大夫于定国都说："按照古代圣王的制度，在朝见皇帝的顺序上，应该是京师排在第一位，而后才是中原的各个封国，最后才是四周各族。匈奴呼韩邪单于前来朝贺，其礼仪应该等同于诸侯王，只是其位置要安排在诸侯王之后。"太子太傅萧望之发表意见说："单于不是使用汉朝历法的地方，不属于汉朝统治，所以称其为地位相等之国，应该按照对待宾客的礼仪对待他们，接待的规格应该在诸侯王之上。蛮夷之君向汉朝皇帝行叩拜之礼，自称是藩属之臣，中国应该谦让，表示不以臣属对待他们，这样既可以笼络他们，又可以享受到谦让所带来的福分。《尚书》中说：'中国天子对周边的戎狄之族，只要取得他们大体的承认就行。'说的是他们即使臣服也是反复无常的。假如匈奴的后代子孙突然之间像鸟兽一样不知钻到什么地方去了，他们不再向汉朝纳贡称臣，我们也不必把他们当作叛臣去加以讨伐，这才是万世长远的策略啊。"宣帝采纳了他们的建议，下诏说："匈奴单于自称是汉朝北方的藩臣，愿意来京朝贺正月的元旦。我的品行还不够高尚，不能将恩德普遍地施与天下的百姓，准备以接待宾客之礼接待匈奴单于，将单于的地位安置在诸侯王之上，在他行拜见之礼时，只称臣而不要自报姓名。"

荀悦评论说："《春秋》所讲的原则是，圣明的君主不把任何一块地方看作是不属于自己的地盘，就是想要一统天下。戎狄由于相距非常遥远，人事隔绝，所以中国的历法无法推行到那里，中国的礼乐、教化也影响不到那里，这并不是特别地尊重他们，而是受形势所限不得不如此罢了。《诗经》上说：'不论是

要、荒之君[579]必奉王贡[580]，若不供职[581]，则有辞让号令[582]加焉，非敌国之谓也。望之欲待以不臣之礼，加之王公之上，僭度失序[583]，以乱天常[584]，非礼也。若以权时之宜[585]，则异论[586]矣。”

诏遣车骑都尉[587]韩昌迎单于，发所过七郡[588]二千骑为陈道上[589]。

【段旨】

以上为第三段，写宣帝甘露元年（公元前五三年）、二年两年间的全国大事。本段主要写了张敞因杨恽被诛而受牵累的一些世态炎凉与其重新被起用的故事；写了太子刘奭因好儒而被宣帝所责备的史实；写了匈奴呼韩邪单于因与郅支单于作战失败而酝酿归附于汉朝，与汉王朝准备迎接呼韩邪单于来朝的情景；写了郑吉与冯夫人安辑乌孙的过程。

【注释】

㊱①寝其奏：将弹劾张敞的奏章压下。寝，压下、搁起来。㊱②不下：不交给群臣讨论。㊱③掾絮舜：张敞手下的佐吏，名叫絮舜。掾，属吏的通称。㊱④有所案验：派他出去调查某事。㊱⑤五日京兆耳：张敞这个京兆尹顶多当不了五天了。㊱⑥安能复案事：哪里还能查办别人的事情。案，查办。㊱⑦部吏：派遣属吏。㊱⑧收舜系狱：逮捕絮舜投入监狱。㊱⑨昼夜验治：连夜地突击审讯查证。㊲⓪竟致其死事：最后竟把絮舜整成了死罪。㊲①舜当出死：当絮舜被提出监狱押往刑场的时候。㊲②主簿：掌管文书档案的官，犹今所谓秘书长。㊲③持教：手持张敞的文告。教，文体名，通常指高级长官下达与属下吏民的文告。㊲④冬月已尽：汉代在冬天处决死囚，至腊月底告一段落。这里的意思是现在已到腊月底，而你也正好被处决。㊲⑤延命乎：你还能再延长寿命吗。㊲⑥弃舜市：将絮舜处决于闹市。古代称处决犯人于市场曰“弃市”，以示与市人共弃之。㊲⑦会立春：也就是在立春那一天。㊲⑧行冤狱使者：朝廷派遣到各地巡行复查冤狱的使臣。㊲⑨自言使者：自己到行冤狱使者那里告状。㊳⓪贼杀不辜：杀害无罪之人。贼，也是“杀害”的意思。㊳①得自便：意思是将其免官，令其自选出路。㊳②下敞前坐杨恽奏：先发布了群臣前次弹劾张敞与杨恽有牵连的奏章。㊳③诣阙上印绶：到宫门前上交了自己为京兆尹的印章与绶带。㊳④亡命：悄悄隐去。㊳⑤吏民解弛：出现了无政府状态。解，通“懈”。㊳⑥枹鼓

氐人还是羌人，没有谁敢不来朝见中原地区之王。’所以不论是远在要服、还是远在荒服的国君必须向中央王朝的君主贡献方物，如果不承担朝贡的义务，那就将用文告责备、以威令训斥，这是不把他们看作地位平等的国家。萧望之想把匈奴呼韩邪单于当作宾客对待，让他位居诸侯王和三公之上，这是超越了制度，搞错了位次，搞乱了正常的次序，不符合礼仪的规定。假如只是作为临时的权宜之计，那就另当别论了。”

汉宣帝下诏派遣车骑都尉韩昌前往匈奴迎接呼韩邪单于，从边境到京城要经过七个郡，从每个郡征调两千名骑兵排列在道路两旁，以示欢迎和担负警戒。

---

数起：为有盗贼闹事而频繁击鼓聚众讨伐。枹鼓，这里即指击鼓。枹，鼓槌。㊳⑦冀州部：汉代的十三刺史部之一，包括魏郡、常山、巨鹿、清河四郡及赵、广平、真定、中山、河间、信都六诸侯国。㊳⑧功效：治理京兆尹的政绩。㊳⑨即家在所召敞：到张敞家庭所在的地方找张敞。㊴⓪身被重劾：身上还背着一个“贼杀不辜”的罪名。㊴①郡吏当就捕：如果朝廷要捉拿我，就让当地的官吏来办就行了。㊴②装：收拾行装。㊴③诣公车：到公车门。公车门是接待臣民上书和臣民求见皇帝的地方。㊴④备位列卿二句：二句意思相同，即谦言自己曾任京兆尹。“备位”“待罪”都是谦辞，“备位”犹言“充数”；“待罪”犹言“等着挨处治”。汉代朝官有九个职位是正九卿，如光禄勋、少府、宗正、大司农等，都是中二千石；此外还有几个职位如太子太傅、中尉、主爵都尉、京兆尹等都是二千石，被称作“列于九卿”，简称“列卿”，都比一般的二千石地位高。㊴⑤坐杀掾絮舜：句子欠完整，意思是由于杀了小吏絮舜而受到弹劾。㊴⑥数蒙恩贷：多次受到我的恩赏与宽恕。贷，宽饶、原谅。㊴⑦受记考事：接受命令出去调查事务。记，文体的一种，意思即长官的命令、嘱托。㊴⑧伤薄俗化：伤俗薄化，丧失了一个小吏对待长官的起码规矩。㊴⑨无状：不像话；不成体统。㊵⓪枉法：歪曲法律，不是死罪而硬判了死刑。㊵①鞠狱：审理案件。鞠，同“鞫”。㊵②故不直：故意判得不公平。㊵③虽伏明法：即使接受朝廷的法律，判处死刑。“明”字是颂美朝廷之词。㊵④冀州刺史：到冀州各郡国督办盗贼的官员，秩六百石。品级虽不高，但因是奉旨行事，权力甚大。㊵⑤到部：到任。当时十三刺史的办事机构叫“部”。㊵⑥屏迹：销声匿迹。㊵⑦皇太子：名奭，即日后的汉元帝。㊵⑧文法吏：掌握法律条文的官吏。㊵⑨以刑绳下：以刑法管制臣民。绳，整治、钳制。㊶⓪尝侍燕从容言：有一回在陪着宣帝吃饭的时候像是漫不经心地说起。尝，曾经。燕，通“宴”。从容，自然地，像是漫不经心地。㊶①作色：板起面孔，严肃起来。㊶②霸王道杂之：霸道和王道掺杂使用，亦即儒法并用。㊶③周政：周朝的治国方略，指儒家所鼓吹的仁政。㊶④不达时宜：不识时务，死守教条，不知变通。㊶⑤眩于名实：好在“名”

与“实”的问题上做文章，如孔子就大讲“正名”。眩，使人眼花缭乱。416 不知所守：不知所从。守，坚持。417 乱我家：让我们汉王朝改变政治路线。418 王霸无异道：王道与霸道没有根本差别。〖按〗这是司马光的看法，是继承荀子的观点。孔子、孟子的说法并不如此。如孟子说“五霸者，三王之罪人也”，是一样的吗？419 三代之隆：夏、商、周三朝的鼎盛时期。420 礼乐、征伐自天子出：一切定邦、戡乱的事情都由天子说了算。421 则谓之王：这样的政治局面就叫作“王道”。422 率其与国：率领着他的同盟国。与国，同盟国。423 同讨不庭：共同讨伐那些不来朝见天子者。不庭，不来朝拜，也就是不听招呼、不服管辖。424 则谓之霸：这样的政治局面就叫作“霸道”。425 本仁祖义：以仁义为出发点。426 顾名位有尊卑：只不过前者是由天子做的，后者是由诸侯做的。427 德泽：原指帝王对百姓的恩泽，这里实指百姓对“王者”“霸者”所感戴、所拥护的程度。428 政令有广狭：能发号施令的区域有大小不同。王者是“溥天之下，莫非王土”；霸者只能在他所管辖的区域之内。429 非若白黑、甘苦之相反：这也只是司马光的解释而已，其实霸主们的想法做法才不像司马光所说，晋文公能把周天子喊到诸侯结盟的大会去为他加封，楚庄王问鼎轻重，意自想要取而代之，能说都是“本仁祖义”吗？430 由人主之不为：是由于汉朝的历代皇帝都不想推行先王之道。431 不足与为治：不可能和他们一起治理好天下。432 独：难道。433 真儒：不知司马光所说的“真儒”是何人，是申培、韩婴，还是董仲舒？434 稷、契、皋陶、伯益：都是尧、舜时代的大臣。稷，后稷，以发展种植闻名，是后来周朝的先祖。契，以推行教化工作闻名，是后来商朝的先祖。皋陶，以掌握刑法公正闻名。伯益，帮助大禹治水有功，是秦王朝的先祖。435 伊尹：商汤的开国名臣。436 周公：名旦，武王之弟，辅佐武王灭殷建周。437 孔子：名丘，字仲尼，儒家学派的开创者。〖按〗司马光称“稷、契、皋陶、伯益、伊尹、周公”皆大儒也，也未必能让人赞同，他只是根据儒家称这些人为“圣贤”而已。438 功烈：功业。439 岂若是而止：岂止仅仅搞成了汉朝的这种样子而已。440 暗于治体：不明白治理国家的根本诀窍。441 岂不过甚矣哉：难道不说得太过分了吗。442 训示子孙：教育后代。443 垂法将来：为后代做榜样。法，准则、榜样。444 淮阳宪王：刘钦，宣帝之次子。元康三年（公元前六三年）被封为淮阳王。淮阳国的都城即今河南淮阳。宪字是其死后的谥。445 倢伃：嫔妃的封号，其地位仅低于皇后。446 嗟叹：赞叹；叹赏。447 常：通“尝”，曾经。448 用：因。449 起于微细：出生于宣帝微贱之时。宣帝在娶太子之母与太子降生时，自身是一个刚被免罪的庶人。450 依倚许氏：依靠岳父许广汉家。451 许后以杀死：宣帝即位后，太子之母被立为皇后，但不久被霍光之妻毒死。事见本书宣帝本始三年（公元前七一年）。452 弗忍：不忍心废掉太子。453 淮阳中尉：在淮阳国主管军事的官员，秩二千石。454 尝让爵于兄：韦玄成是原丞相韦贤之子，韦贤因任丞相被封为扶阳侯。韦贤死后，其长子因犯罪在狱，族人推韦玄成袭其父爵，韦玄成死活不干，愿空位以待其兄之出，直到装疯。事见本书宣帝元康四年。455 感谕：感化；晓谕。456 呼韩邪单于之败：被郅支单于打败，离开单于庭。㊼左伊秩訾王：左贤王的部下。㊽上气力：赞美那种有血性、敢拼敢打的人。㊾下服役：看不起低三下四、服从别人的人。㊿壮士所有：是壮士的本分，人皆有死。461兄弟争国：指郅支单于与呼韩邪单于本来都是兄弟辈分。462常长诸国：常为诸国、诸部落之长。463卑辱先单于：使祖辈的单于蒙受耻辱。464复长百蛮：再为众蛮夷的首领。465城郭诸国：有城郭的国家，与游牧民族相对而言。466皆为臣妾：皆对汉降服，男为臣，女为妾。臣妾，意即奴仆。467且鞮侯单于：呼韩邪单于的曾祖，公元前一〇一至前九六年在位。468取复：收复；恢复。469屈强于此：躲在这个地方自己逞强。屈强，同“倔强”，不服输的样子。470计何以过此：还有什么别的办法能比归附汉王朝更好。471相难：提出反对意见。472南近塞：南行靠近汉朝边境。473二月丁巳：二月二十一日。474乐成敬侯许延寿：许延寿是宣帝岳父许广汉之子，封乐成侯，敬字是谥。475见新丰：出现在新丰县。新丰县在今陕西临潼东北。476丙申：四月初一。477太上皇庙火：宣帝父刘进之庙被焚毁。478甲辰：四月初九。479孝文庙：汉文帝刘恒的庙。480素服：穿着白色衣服，表示戒惧、反省。因为两次宗庙被焚烧，是老天爷在显示惩罚。481乌孙狂王：老乌孙王岑娶之子，匈奴女人所生，名叫泥靡。482复尚楚主解忧：楚主解忧是楚王刘戊的孙女，以“公主”的名义出嫁乌孙王。刚入乌孙时，即为岑娶之妻；岑娶死后，又为翁归靡之妻；翁归靡死后，又为狂王泥靡之妻。483不与主和：与公主解忧感情不和。484卫司马：皇帝卫队中的司马官，司马在军中主管司法。485副侯：魏和意的副手原在皇帝卫队中充当侦察人员。486剑旁下：剑没有正面刺中。487其子细沈瘦：狂王的儿子名叫细沈瘦。488会兵：集合士兵。489赤谷城：当时乌孙的都城，在今吉尔吉斯斯坦境内的伊塞克湖之东南，距我国的新疆边界不远。490都护郑吉：郑吉是西汉后期经营西域的大功臣，被首任为西域都护，驻兵于乌垒城，在今新疆轮台东北。491中郎将：皇帝的卫队长，统领诸中郎，上属光禄勋。492收和意昌系琐：将魏和意、任昌逮捕捆绑。收，逮捕。系琐，捆绑起来戴上枷锁。493尉犁：西域小国名，在今新疆库尔勒和尉犁一带，郑吉原先驻兵之地。494槛车至长安：将魏和意、任昌装入囚车，从驿路解往长安。495乌就屠：肥王翁归靡之子，狂王泥靡之堂兄弟，亦匈奴女人之所生。496诸翎侯：各位翎侯。翎侯是乌孙的官号。497北山：乌孙北部的山。498昆弥：乌孙王的称号，犹言“乌孙王”。499辛武贤：时为酒泉太守，曾任破羌将军。500敦煌：汉郡名，郡治在今甘肃敦煌西。当时敦煌是汉王朝的西部边陲，再往西就进入西域地区了。501楚主：即解忧公主，因她是楚王刘戊的孙女，故称“楚主”。502能史书：熟悉历史，能写文章。503习事：既熟悉汉朝之事，又熟悉西域诸国之事。504持汉节：手持汉王朝的旌节。节是朝廷使者外出办事时所持的信物。505为公主使：作为公主派出的使者。506敬信之：尊敬而信任之。507愿得小号以自处：希望汉王朝能给一个小封号，以保证日后的太平无事。508征：召之进京。509自问状：亲自向冯夫人询问西域的情况。510谒者：皇帝身边的侍从人员，主管传达与赞礼等等，上属光禄勋。511期门：期门郎，皇帝的侍卫人员。512为副：为冯夫人做副使。513送冯夫人：这里实际是跟从冯夫人。⑭锦车：以锦绣为蒙饰的车子。⑮持节：手持皇帝赋予的旌节。⑯诣长罗侯赤谷城：到赤谷城见长罗侯常惠。⑰元贵靡：肥王翁归靡与解忧公主所生的儿子。⑱大昆弥：乌孙国的大王。⑲小昆弥：乌孙国的小王。⑳不出塞：未出玉门关。㉑还：回到酒泉郡。㉒不尽归：不全数归还。意即将诸翎侯的部分人众掠归己有。㉓将三校屯赤谷：率领三个校尉的人马驻扎在赤谷城。古代一位将军统率若干部，部的首长即校尉。㉔分别：划分；分配。㉕皇子嚣：刘嚣，宣帝之子。㉖定陶王：都城在今山东定陶西北。㉗减民算三十：将百姓的人头税降低三十文。人头税。汉的人头税是一百二十文。㉘珠崖郡：汉郡名，郡治即今海南海口。㉙护军都尉：在大将兵营负责监督、协调各部校尉的军事长官。㉚杜延年：西汉著名酷吏杜周之子，此时任御史大夫。㉛五月己丑：五月初一。㉜东平王：封地即原大河郡，都城无盐，即今山东东平。㉝萯阳宫：汉代的行宫名，在今陕西西安市鄠邑区西南。㉞属玉观：宫馆名。属玉是一种水鸟，因以名观。㉟营平壮武侯：赵充国以军功封营平侯，壮武是其死后的谥。㊱乞骸骨：请求辞官退职的谦恭说法。㊲安车驷马：安车是一种可以乘坐的车子，用以表示尊贤敬老；驷马，用四马拉车，表示乘坐者的地位崇高。㊳罢就弟：辞职归家。弟，通“第”，宅院。㊴四夷大议：有关周边少数民族问题的重大讨论。㊵与参兵谋：参与军事问题的谋划。与参，即今“参与”。㊶问筹策：朝廷向其征求意见。㊷款五原塞：通过五原塞的守将向朝廷提出要求。款，敲门。五原塞，五原郡的城关。五原郡的郡治在今内蒙古包头西北。㊸奉国珍：献上他们国家的珍宝。㊹朝三年正月：在甘露三年（公元前五一年）的正月元旦，来长安朝拜皇帝。㊺议其仪：商量有关朝拜的具体仪式。㊻丞相、御史：时黄霸为丞相，于定国为御史大夫。㊼诸夏：指中国内部的各地区。㊽夷狄：指周边的各少数民族。㊾诸侯王：国内的各封国诸侯。㊿位次在下：位次在诸侯王之下。551非正朔所加：不是使用汉朝历法的地方，意即不归汉朝统治。正朔，正月初一，这里即指历法。在汉王朝的封疆之内必须使用朝廷颁布的历法。552敌国：地位相等之国。553不臣：不把对方看作臣民，意即看作宾客。554稽首称藩：蛮夷之君对中国皇帝叩拜，自称是附属国。稽首，最虔诚的叩拜礼，头要碰到地上。藩，藩篱、屏障。古称四周的属国。555羁縻之谊：意即加以笼络，取得其大体的承认就行了。谊，同“义”，道理、意思。556谦亨：《周易·谦卦》有所谓：“谦，亨，天道下济而光明，地道卑而上行，言谦之为德，无所不通也。”557戎狄荒服：中国天子对周边的戎狄之族，只要取得他们大体的承认就行。此语见于《国语·周语》，今《尚书》无此文。“荒服”的意思即荒忽无常，有个口头承认就行。558荒忽亡常：意谓时来时去，难以常规管理。亡，通“无”。559卒有鸟窜鼠伏：忽然有一天不知钻到什么地方去了。卒，通“猝”，突然。560阙于朝享：意思是又不来朝拜称臣了。朝享，朝拜进贡。561不为畔臣：我们也不必就把他们当作叛臣去加以讨伐。562北蕃：北方的藩臣。563朝正朔：来京朝贺正月的元旦。564不德：犹言“无德”，皇帝的自谦之词。565不能弘覆：自己的道德不能远盖到那里，实际是说自己的统治力达不到那些地方。566 其：发语词，表示“将要”“准备”的意思。567 赞谒：行拜见之礼时的唱名。568 称臣而不名：只称“臣”，而不再自报姓名。569 荀悦论：荀悦《后汉纪》对这段史实的议论。570《春秋》之义：《春秋》所讲的道理、原则。571 无外：不把任何一块地方看作不是自己的地盘。《诗经》有所谓“溥天之下，莫非王土”，即此之意。572 欲一于天下：想统一天下。573 介绝：断绝；隔绝。574 正朔不及：汉王朝的历法不能为其所使用。575 礼教不加：汉王朝的礼乐、教化也影响不到那里。576 非尊之：并不是为了尊敬他们。577 其势然：是由形势决定的，意思是自己的力量达不到。578 自彼氐、羌二句：二句见《诗经·殷武》。氐、羌，都是古代西部地区的少数民族名。来王，来朝见中原地区之王。579 要、荒之君：要服、荒服地区的君主。古代将王者京畿以外的地区由内向外分成五个圈，第一圈称甸服，第二圈称侯服，第三圈称绥服，第四圈称要服，第五圈称荒服。580 必奉王贡：必须向中央王朝的帝王进贡。581 若不供职：如果不给中央王朝进贡。职，也是“贡”的意思。582 辞让号令：以文告责备，以威令训斥。583 僭度失序：超越制度，错了位次。584 乱天常：搞乱了正常的次序。585 权时之宜：临时性的惩处方式。586 异论：另当别论，意即作为一种临时制宜的处理方式是可以的。587 车骑都尉：统领车兵骑兵的军官，级别略同于校尉。588 所过七郡：从边境到京城所经过的七个郡，即五原、朔方、西河、上郡、北地、左冯翊、京兆尹。589 陈道上：每个郡都要调集两千名骑兵排列于所经过的道路，以示欢迎与为之做警卫。

## 【校记】

［23］惶惧：原无此二字。据章钰校，甲十五行本、乙十一行本、孔天胤本皆有此二字，张敦仁《资治通鉴刊本识误》、张瑛《通鉴校勘记》同，今据补。［24］无：原作“不”。据章钰校，乙十一行本、孔天胤本皆作“无”，今据改。〖按〗《汉书·张敞传》作“无”。［25］尝：原作“常”。据章钰校，甲十五行本、乙十一行本皆作“尝”，今据改。〖按〗《资治通鉴纲目》卷六、《汉书·元帝纪》皆作“尝”。［26］甚矣：原无此二字。据章钰校，甲十五行本、乙十一行本、孔天胤本皆有此二字，今据补。［27］殆：原无此字。据章钰校，甲十五行本、乙十一行本、孔天胤本皆有此字，今据补。〖按〗《资治通鉴纲目》卷六有此字。［28］诸：原无此字。据章钰校，甲十五行本、乙十一行本、孔天胤本皆有此字，今据补。〖按〗《通鉴纪事本末》卷三、《汉书·西域下·乌孙国传》皆有此字。［29］惠：原无此字。据章钰校，甲十五行本、乙十一行本、孔天胤本皆有此字，张敦仁《资治通鉴刊本识误》、张瑛《通鉴校勘记》同，今据补。［30］其：原无此字。据章钰校，甲十五行本、乙十一行本、孔天胤本皆有此字，今据补。〖按〗《通鉴纪事本末》卷三、《汉书·西域下·乌孙国传》皆有此字。［31］九：原作“七”。据章钰校，甲十五行本、乙十一行本、孔天胤本皆作“九”，张瑛《通鉴校勘记》同，今据改。〖按〗《汉书·宣帝纪》作“九”。

【原文】

**三年（庚午，公元前五一年）**

春，正月，上行幸甘泉，郊泰畤。

匈奴呼韩邪单于来朝，赞谒称藩臣而不名。赐以冠带、衣裳，黄金玺、盭绶[590]，玉具剑[591]、佩刀，弓一张，矢四发，棨戟[592]十，安车一乘，鞍勒一具[593]，马十五匹，黄金二十斤，钱二十万，衣被七十七袭[594]，锦绣、绮縠[595]、杂帛八千匹，絮[596]六千斤。礼毕，使使者道单于[597]先行宿长平[598]。上自甘泉宿池阳宫[599]。上登长平阪[600]，诏单于毋谒[601]，其左右当户[602]群臣[32]皆得列观[603]，及诸蛮夷[604]君长、王、侯数万，咸迎于渭桥下[605]，夹道陈[606]。上登渭桥，咸称万岁。单于就邸长安[607]。置酒建章宫[608]，飨赐[609]单于，观以珍宝[610]。二月，遣单于归国。单于自请"愿留居幕南光禄塞[611]下，有急，保汉受降城[612]"。汉遣长乐卫尉[613]高昌侯董忠、车骑都尉韩昌将骑万六千，又发边郡士马以千数，送单于出朔方鸡鹿塞[614]。诏忠等留卫单于，助诛不服，又转[615]边谷米糒[616]，前后三万四千斛[617]，给赡[618]其食。先是，自乌孙以西至安息[619]诸国近匈奴者，皆畏匈奴而轻汉，及呼韩邪单于[33]朝汉后，咸尊汉矣。

上以戎狄宾服[620]，思股肱[621]之美，乃图画其人于麒麟阁[622]，法其容貌[623]，署[624]其官爵姓名。唯霍光不名[625]，曰"大司马大将军博陆侯，姓霍氏"，其次张安世[626]、韩增[627]、赵充国[628]、魏相、丙吉[629]、杜延年[630]、刘德[631]、梁丘贺[632]、萧望之[633]、苏武[634]，凡十一人，皆有功德，知名当世，是以表而扬之，明著中兴辅佐，列于方叔、召虎、仲山甫[635]焉。

凤皇集新蔡[636]。

三月己巳[637]，建成安侯[638]黄霸薨。五月甲午[639]，于定国[640]为丞相，封西平侯。太仆[641]沛郡陈万年[642]为御史大夫。

诏诸儒讲五经同异[643]，萧望之等平奏其议[644]，上亲称制临决[645]焉。

**【语译】**

**三年（庚午，公元前五一年）**

春季，正月，汉宣帝前往甘泉巡视，在泰畤祭祀泰一神。

匈奴呼韩邪单于来到长安朝见汉朝皇帝，拜见宣帝的时候自称藩臣而不自报名字。宣帝赐给呼韩邪单于汉朝的官帽、衣裳、黄金玺印、绿色绶带，还有剑柄用玉石做装饰的宝剑、佩刀，以及一张弓、四支箭、十杆用作仪仗的木戟、一乘车、一套马鞍马辔头、十五匹马、二十斤黄金、二十万钱、七十七件汉朝的长衣服，还有锦绣、绸缎、各种各样的帛总共八千匹，棉絮六千斤。朝见仪式结束以后，汉宣帝派使者引导呼韩邪单于先行住进修建在长平阪上的长平观。宣帝从甘泉宫移居池阳宫。宣帝登上长平阪与呼韩邪单于相会，诏告呼韩邪单于不用行叩拜礼，呼韩邪单于随行的当户群臣都可以列队观看，还有其他各少数民族的君长、王、侯总计有数万人，都来到渭水桥头，排列在道路两旁迎接汉宣帝。汉宣帝登上渭水桥，众人全都高呼万岁。呼韩邪单于进入长安住进专门为他修建的官邸。宣帝在建章宫摆设酒宴，宴请并赏赐呼韩邪单于，让他观看中国的珍宝。二月，遣送呼韩邪单于回匈奴。呼韩邪单于向汉宣帝请求“愿意居住在沙漠以南的光禄塞旁边，一旦有紧急情况，可以依托汉朝的受降城作为屏障以自保”。汉宣帝于是派遣长乐卫尉、高昌侯董忠、车骑都尉韩昌率领骑兵一万六千人，又从边郡征调了几千名骑兵，护送呼韩邪单于出朔方郡鸡鹿塞。宣帝又下诏让董忠等留下护卫呼韩邪单于，帮助呼韩邪单于诛杀那些不肯服从的人，又将边郡储藏的粮米、干粮运送给呼韩邪单于，前后送去的粮米、干粮总计有三万四千斛，供其食用。先前，从乌孙以西一直到安息各国凡是靠近匈奴的，全都畏惧匈奴而轻视汉朝，等到呼韩邪单于朝拜汉朝皇帝之后，便都转而尊重汉朝了。

宣帝看到四周的少数民族已经全都降服汉朝，便开始追念起左右辅佐大臣的功劳，于是派人把他们描画在麒麟阁上，画出他们的肖像，列出他们的官爵、姓名。只有霍光的肖像没有署名，只写上“大司马大将军博陆侯，姓霍氏”，其次是张安世、韩增、赵充国、魏相、丙吉、杜延年、刘德、梁丘贺、萧望之、苏武，共计十一人，这些人都对国家做出了重大贡献，德高望重，名扬当世，所以特别表扬他们，明确地向天下人昭示：他们是中兴的有功之臣，可以和古代的方叔、召虎、仲山甫三位贤臣相媲美。

凤凰飞落在新蔡县。

三月己巳日，建成安侯黄霸去世。五月十二日甲午，任命于定国为丞相，封为西平侯。任命太仆、沛郡的陈万年为御史大夫。

宣帝下诏，召集诸多儒生针对五经中有关问题的不同看法展开辩论，由萧望之等负责对大家的评论进行归纳裁定后奏报皇帝，由皇帝亲自做出裁决。于是决定

乃立梁丘《易》[646]，大、小夏侯《尚书》[647]，穀梁《春秋》[648]博士[649]。

乌孙大昆弥元贵靡[650]及鸱靡[651]皆病死。公主上书言："年老土思[652]，愿得归骸骨[653]，葬汉地。"天子闵[654]而迎之。冬，至京师，待之一如公主之制[655]。后二岁卒。

元贵靡子星靡代为大昆弥，弱。冯夫人[656]上书："愿使[657]乌孙，镇抚星靡[658]。"汉遣之。都护韩宣[34]奏[659]乌孙大吏大禄、大监[660]皆可赐以金印紫绶[661]，以尊辅大昆弥[662]。汉许之。其后段会宗[663]为都护，乃招还亡叛[664]，安定之[665]。星靡死，子雌栗靡代立。

皇太子所幸司马良娣[666]病，且死，谓太子曰："妾死非天命，乃诸娣妾、良人[667]更祝诅杀我[668]。"太子以为然。及死，太子悲恚[669]发病，忽忽不乐。帝乃令皇后择后宫家人子[670]可以娱侍太子[671]者，得元城[672]王政君[673]，送太子宫。政君，故绣衣御史贺[674]之孙女也，见于丙殿[675]，壹幸，有身[676]。是岁，生成帝于甲馆画堂[677]，为世适皇孙[678]。帝爱之，自名曰"骜"[679]，字"大孙"，常置左右。

**四年（辛未，公元前五〇年）**

夏，广川王海阳[680]坐禽兽行[681]、贼杀不辜[682]废，徙房陵[683]。

冬，十月丁卯[684][35]，未央宫宣室阁[685]火。

是岁，徙定陶王嚣[686]为楚王[687]。

匈奴呼韩邪、郅支两单于俱遣使朝献，汉待呼韩邪使有加[688]焉。

**黄龙元年（壬申，公元前四九年）**

春，正月，上行幸甘泉，郊泰畤。

匈奴呼韩邪单于来朝，二月归国。始，郅支单于以为呼韩邪兵弱，降汉，不能复自还，即引其众西，欲攻定右地[689]。又屠耆单于小弟本侍呼韩邪，亦亡之右地[690]，收两兄[691]余兵，得数千人，自立为伊利目

以梁丘贺编写的《易》讲义、夏侯胜与夏侯建编写的《尚书》讲义、穀梁赤编写的《春秋》讲义作为经书的标准读本，并在太学里设置博士官。

乌孙大昆弥元贵靡以及鸱靡都先后病死。解忧公主给宣帝写信说："我年纪已老，思念家乡，希望能够回归故里，死后能够将尸骨埋葬在汉朝的土地上。"宣帝很怜悯解忧公主，于是派人将解忧公主接回汉朝。冬季，解忧公主回到京师长安，宣帝仍然让她享受真正的公主待遇。两年后解忧公主去世。

乌孙大昆弥元贵靡的儿子星靡继任为乌孙大昆弥，但当时年龄很小。冯夫人上书给汉宣帝说："我愿意出使乌孙国，帮助星靡维持秩序。"宣帝同意她再次前往乌孙国。西域都护韩宣向朝廷提出建议，认为乌孙的大吏大禄、大监都应该赐予金印紫绶，以显明他们的尊贵，使他们更好地辅佐大昆弥星靡。朝廷同意了他的请求。后来段会宗担任西域都护，召回了那些叛逃的乌孙人，使星靡在乌孙国的统治逐渐稳定下来。星靡死后，他的儿子雌栗靡继任为乌孙大昆弥。

皇太子刘奭所宠幸的司马良娣患了重病，临死的时候对太子说："我的死不是上天安排的，而是后宫中那些良娣、良人因为妒忌而轮番诅咒我，以致使我早死。"太子刘奭认为司马良娣说得很对。司马良娣死后，太子由于过度悲伤气愤也病倒了，他整日精神恍惚、闷闷不乐。宣帝就命皇后从后宫里挑选那些来自民间的、能把太子侍候得高兴起来的女子，结果选中了来自元城的王政君，送到太子宫中。王政君是曾经担任过绣衣御史的王贺的孙女，太子在太子宫的丙殿召见了她，只一次宠幸，她就怀了身孕。当年，王政君在太子宫的甲馆画堂生下了日后的汉成帝刘骜，刘骜是宣帝的嫡长孙。宣帝对他特别疼爱，亲自为他起名"骜"，字"大孙"，经常把他带在身边。

**四年（辛未，公元前五〇年）**

夏季，广川王刘海阳因为在家族内部有淫乱行为以及杀害无辜罪被废黜，并流放到房陵县。

冬季，十月丁卯日，未央宫的宣室阁发生火灾。

这一年，改封定陶王刘嚣为楚王。

匈奴呼韩邪单于、郅支单于分别派遣使者入朝拜见汉朝皇帝、贡献物品，汉朝对待呼韩邪单于的使者更加优待。

**黄龙元年（壬申，公元前四九年）**

春季，正月，汉宣帝前往甘泉巡视，在泰畤祭祀泰一神。

匈奴呼韩邪单于来长安朝拜皇帝，二月返回匈奴。当初，郅支单于以为呼韩邪单于因为兵力弱小才投降汉朝，汉朝一定不会放他回匈奴，于是就带领自己的人马西进，想攻占匈奴的西部地区。再加上屠耆单于的小弟弟本侍呼韩邪，也逃亡到了匈奴的西部，他在途中召集屠耆单于、闰振单于两位兄长的溃散士兵，一共集结起几千人，便自立为伊利目单于。路上猝然遇到了向西进发的郅支单于，双方展开激战，

单于。道逢郅支，合战，郅支杀之，并其兵五万余人。郅支闻汉出兵谷助呼韩邪，即遂留居右地。自度力不能定匈奴，乃益西⑫，近乌孙，欲与[36]并力⑬，遣使见小昆弥乌就屠。乌就屠杀其使，发八千骑迎郅支。郅支觉其谋，勒兵逢击⑭乌孙，破之。因北击乌揭、坚昆、丁令⑮，并三国。数遣兵击乌孙，常胜之。坚昆东去⑯单于庭七千里，南去[37]车师⑰五千里，郅支留都之⑱。

三月，有星孛于王良、阁道⑲，入紫微宫⑳[38]。

帝寝疾㉑，选大臣可属㉒者，引外属㉓侍中乐陵侯史高㉔、太子太傅萧望之、少傅周堪至禁中㉕，拜高为大司马车骑将军，望之为前将军、光禄勋，堪为光禄大夫㉖，皆受遗诏辅政㉗，领尚书事㉘。冬，十二月甲戌㉙，帝崩于未央宫㉚。

班固赞㉛曰："孝宣之治，信赏必罚㉜，综核名实㉝。政事、文学、法理之士，咸精其能㉞。至于技巧、工匠、器械㉟，自元、成间鲜能及之㊱。亦足以知吏称其职、民安其业也。遭值匈奴乖乱㊲，推亡固存㊳，信威北夷㊴，单于慕义，稽首称藩。功光祖宗㊵，业垂后嗣㊶，可谓中兴，侔德殷宗、周宣㊷矣！"

癸巳㊸，太子即皇帝位㊹，谒高庙，尊皇太后㊺曰太皇太后，皇后㊻曰皇太后。

---

**【段旨】**

以上为第四段，写宣帝甘露三年（公元前五一年）至黄龙元年（公元前四九年）共三年间的全国大事，写了匈奴呼韩邪单于来长安朝拜汉宣帝，与汉宣帝图

结果伊利目单于被郅支单于杀死，他刚刚召集起来的军队也被郅支单于兼并，此时郅支单于的兵力已经发展到五万多人。郅支单于听说汉朝派军队、运送粮食护送呼韩邪单于返回匈奴，于是就逗留在西部地区。郅支单于估计自己没有力量统一匈奴，于是继续向西迁移，当靠近乌孙的时候，就想与乌孙国联合起来，于是派遣使者去见乌孙小昆弥乌就屠。乌就屠杀死了郅支单于派来的使者，然后调集八千名骑兵前来迎接郅支单于。郅支单于识破了乌就屠的阴谋，于是组织军队对乌孙发起迎面攻击，把乌孙的军队打得大败。又乘胜向北攻打乌揭、坚昆、丁令，吞并了这三个小国。此后郅支单于多次派兵攻击乌孙国，而且屡屡得胜。坚昆国东部距离匈奴的单于庭七千里，南部距离车师国五千里，郅支单于于是便在坚昆留住下来，并把坚昆作为都城。

三月，有流星在王良星、阁道星两星座旁边划过，而后进入紫微宫。

汉宣帝病重，选择可以托付后事的大臣，于是将外戚中担任侍中的乐陵侯史高、太子太傅萧望之、少傅周堪叫到寝宫的病榻前，任命史高为大司马车骑将军，任命萧望之为前将军、光禄勋，任命周堪为光禄大夫，他们都接受了汉宣帝的遗诏为辅政大臣，兼任尚书部门的事务。冬季，十二月初七日甲戌，汉宣帝在未央宫驾崩。

> 班固在《汉书·宣帝纪》评论说："汉宣帝治理国家，确实做到了有功必赏，有罪必罚，全面考核官员是否名实相符。所任用的管理政事、文学、法理的人士，都能很好地发挥其聪明才智。至于技巧、工匠、器械所达到的水平，直到汉元帝、汉成帝时期都很少有人能赶得上。这就足以说明当时任用的官吏称职，人民安居乐业。又正好遇到匈奴内部相互攻杀、战乱不止，汉朝对待无道者就推而灭之，对待有道者就帮扶他使他地位稳固，使汉朝的声威远播于北部的匈奴，因此呼韩邪单于才仰慕汉朝的威仪，甘愿俯首称臣。宣帝建立了为列祖列宗增光的伟大功勋，开创了可以作为后世子孙榜样的伟业，可以称得上是中兴之主，他的功业和美德可以和殷高宗、周宣王相比美！"

十二月二十六日癸巳，太子刘奭即皇帝位，是为汉元帝，拜谒汉高祖庙，尊上官皇太后为太皇太后，尊王皇后为皇太后。

---

中兴功臣十一人于麒麟阁的情景；写王政君入太子宫受宠生子，为日后王氏外戚专权做铺垫；写郅支单于率部西移，影响到西域诸国与汉关系，为陈汤日后经营西域做铺垫；写宣帝死，与班固对宣帝的高度评价。

【注释】

⑩590 盭绶：绿色的绶带。汉代诸侯王的绶带是绿色。⑩591 玉具剑：剑柄的各个部分都用玉做装饰。⑩592 棨戟：作为高官仪仗之用的用红漆漆过的木戟。⑩593 鞍勒一具：鞍，指马鞍。勒，指马的辔头。一具，一套。⑩594 衣被七十七袭：衣被，即指长衣。袭，犹今所谓“一身”“一件”。⑩595 锦绣、绮縠：锦绣指彩色刺绣品，绮縠指有图案有皱纹的丝织品。⑩596 絮：丝絮；丝绵。⑩597 道单于：导引单于。道，通“导”，导引。⑩598 先行宿长平：先期往住在长平阪。长平阪在今陕西泾阳南，离长安城五十里。⑩599 自甘泉宿池阳宫：从甘泉宫出发向东南行，住宿在池阳宫。池阳宫是汉代的离宫名，在汉代的池阳县（今陕西泾阳西北）。⑩600 长平阪：泾水南岸的高地名，当时属池阳县。⑩601 毋谒：不必叩拜进见。谒，进见。⑩602 左右当户：单于属下的中级官长，其高级官长自不待言。⑩603 皆得列观：都可以列队观看。⑩604 诸蛮夷：其他各少数民族的头领。⑩605 渭桥下：渭桥的桥头。渭桥在汉代长安城北的渭水上，是从渭北进入长安的必经之道。⑩606 夹道陈：排列在道路的两旁。⑩607 就邸长安：前行进住到长安官邸。邸，为单于在长安修建的官邸。⑩608 建章宫：武帝修建的宫殿，在当时长安西城外的南侧，与城里的未央宫隔城相对，是西汉最巍峨、最豪华的宫殿。⑩609 飨赐：宴请并赏赐。⑩610 观以珍宝：把仓库里的珍宝给单于看，向其炫耀。观，显示、显白。⑩611 幕南光禄塞：大沙漠以南的光禄塞。幕，通“漠”。光禄塞，武帝时期由光禄勋徐自为所筑的城堡，在今内蒙古包头西北。⑩612 有急二句：遇有紧急情况，可以依托汉代的受降城作为屏障。受降城是武帝时期公孙敖所筑之城，在今内蒙古乌拉特中后联合旗东。⑩613 长乐卫尉：九卿之一，主管长乐宫的警卫。⑩614 朔方鸡鹿塞：朔方郡的鸡鹿塞。朔方郡的郡治在今内蒙古乌拉特前旗东南，鸡鹿塞在汉代的窳浑县西北，今内蒙古磴口西北。⑩615 转：用车辆运送。⑩616 米糒：米与干粮。糒，干粮。⑩617 三万四千斛：即三万四千石。汉代的一石相当于今之五斗。⑩618 给赡：供给、满足。⑩619 安息：古西域国名，即世界史上所说的“帕提亚王朝”，在今伊朗境内，国都番兜城（今德黑兰东部之达姆甘）。⑩620 宾服：意即降服、归服。⑩621 股肱：大腿和胳膊，以喻佐命的骨干大臣。⑩622 麒麟阁：殿阁名，在未央宫中。⑩623 法其容貌：画出他们的肖像。法，模仿。⑩624 署：书写；列出。⑩625 不名：不称呼其名字。⑩626 张安世：武帝时著名酷吏张汤之子，曾任大司马车骑将军、卫将军等职，继霍光辅佐宣帝。⑩627 韩增：刘邦功臣韩王信的后代，袭其父爵为龙頟侯，曾为大司马车骑将军，领尚书事。⑩628 赵充国：曾任后将军，以经营西羌事被封为营平侯。⑩629 魏相、丙吉：宣帝时期的两任很有作为的丞相。⑩630 杜延年：武帝时著名酷吏杜周之子，宣帝时曾任御史大夫。⑩631 刘德：楚元王刘交的后代，昭帝时曾任宗正之职，因参与立宣帝，后封阳成侯。⑩632 梁丘贺：西汉后期的著名儒生，以学《易经》闻名，官至少府。⑩633 萧望之：西汉后期的著名儒生，屡上书言事，受宣帝重视，曾任御史大夫，又降为太子太傅。⑩634 苏武：武帝时以出使匈奴被匈奴扣押十九年而坚贞不屈，回国后任

典属国。(635)列于方叔、召虎、仲山甫：以上十一人的德行功业可以和周朝的方叔、召虎、仲山甫三人相比。方叔、召虎、仲山甫都是西周宣王时代的大臣，曾外伐玁狁、内佐朝政，促成了宣王时代的“中兴”局面。事迹详见《诗经》中的《六月》《出车》等篇。(636)新蔡：汉县名，县治即今河南新蔡。(637)三月己巳：三月甲申朔，无己巳日，此处记事有误。(638)建成安侯：黄霸因任丞相被封为建成侯，安字是其死后的谥。(639)五月甲午：五月十二。(640)于定国：西汉著名的司法官，此前为御史大夫。(641)太仆：九卿之一，为皇帝赶车。(642)陈万年：西汉后期的庸俗官僚，一生谄事权贵。事迹详见《汉书》本传。(643)讲五经同异：讨论对五经中有关问题的不同理解。五经指《诗经》《尚书》《易经》《礼记》《春秋》。(644)平奏其议：对大家的评论进行归纳裁定上报皇帝。(645)称制临决：以皇帝的身份出面裁决。(646)梁丘《易》：梁丘贺编写的《易经》讲义。(647)大、小夏侯《尚书》：夏侯胜与夏侯建编写的《尚书》讲义。夏侯建是夏侯胜之侄，故人称其叔侄曰“大小夏侯”。(648)穀梁《春秋》：穀梁赤编写的《春秋》讲义。(649)博士：太学里的教官。“立……博士”即在太学里设立此教官，开设这门课程。(650)元贵靡：解忧公主与肥王翁归靡之所生。(651)鸱靡：解忧公主与狂王之所生。(652)土思：思念故土。(653)归骸骨：让自己的尸骨回归汉朝，这是请求返回故国故乡的一种客气说法。(654)闵：通“悯”。(655)一如公主之制：解忧原是楚王刘戊的孙女，刘戊是“七国之乱”的发动者之一，是刘氏宗室里的大罪人，故而令其孙女以“公主”之名远嫁乌孙。解忧在乌孙功劳、苦劳都不少，故而回国后遂令其享受了真正的“公主”待遇。(656)冯夫人：即冯嫽，解忧公主的侍者，嫁与乌孙国的右大将为妻，此时也随公主一同回国。(657)使：出使。(658)镇抚星靡：去帮着星靡维持秩序。(659)都护韩宣奏：西域都护韩宣向朝廷提出建议。(660)大禄大监：乌孙国高官的名称。(661)金印紫绶：相当于汉代列侯的爵级。(662)以尊辅大昆弥：目的是让他们尊敬辅佐元贵靡。(663)段会宗：西汉后期经营西域的名臣，与郑吉、陈汤等并称。事迹详见后文与《汉书》本传。(664)招还亡叛：把那些叛逃者又招了回来。(665)安定之：使星靡在乌孙的统治稳定下来。(666)司马良娣：姓司马，良娣是太子姬妾的封号名。太子的正妻称太子妃，其他则有良娣、孺人、良人等。(667)诸娣妾良人：统指太子的其他姬妾。良人，女官名，秩八百石。(668)更祝诅杀我：轮番交替地祝诅我，以致使我死去。祝诅，祈祷鬼神降灾于人。(669)悲恚：悲伤气愤。(670)后宫家人子：后宫里的从民间选来的女子。家人，平民。(671)娱侍太子：能把太子侍候得高兴。(672)元城：汉县名，县治在今河北大名东。(673)王政君：即后来汉元帝的王皇后。事迹详见《汉书》本传。(674)绣衣御史贺：王贺，曾为绣衣御史之职。绣衣御史是武帝时受朝廷派遣到各郡、国查办案件、缉捕盗贼的官员。(675)丙殿：殿名，以甲、乙、丙、丁为命名。(676)有身：怀了孕。(677)甲馆画堂：甲馆内的有图画之堂。甲馆，也称“甲观”，在当时的太子宫中。(678)世适皇孙：宣帝长子所生的长孙。(679)自名曰“骜”：宣帝亲自给他取了个名字曰“骜”。(680)广川王海阳：刘海阳，景帝子刘越的曾孙。广川国的都城即今河北冀州。(681)禽兽行：在家族内部淫乱。(682)贼杀不辜：杀害无罪的人。贼，也是“杀”的意思。据《汉书》，刘海阳与人共同杀害一家三口。㊳ 房陵：汉县名，即今湖北房县，秦汉时代这里是流放罪人的地区。㊴ 十月丁卯：十月乙亥朔，无丁卯。疑记载有误。㊵ 宣室阁：殿阁名，《史记索隐》引《三辅故事》曰：“在未央殿北。”盖即未央宫中之某室。㊶ 定陶王嚣：刘嚣，宣帝之子，初封定陶王，都城即今山东定陶。㊷ 楚王：楚国的都城，即今江苏徐州。㊸ 有加：更好一些。㊹ 右地：原右贤王所辖的地区，指匈奴的西部一带。㊺ 亡之右地：潜逃到了西部地区。㊻ 两兄：指屠耆单于、闰振单于。㊼ 益西：进一步向西方移动。㊽ 欲与并力：想与乌孙联合起来。㊾ 逢击：迎面发起攻击。㊿ 乌揭、坚昆、丁令：西域地区的三个小国名。乌揭分布于今阿尔泰山一带；坚昆活动在今叶尼塞河和鄂毕河上游地区；丁令开始在今贝加尔湖一带，后移到阿尔泰山一带。⑹ 东去：东距。⑺ 车师：西域国名，分前后两国，前国的都城交河，在今新疆吐鲁番西；后国的都城在今新疆奇台西北。⑻ 留都之：意即在坚昆一带留住下来。⑼ 有星孛于王良、阁道：有流星划过王良、阁道两星座。孛，火光四射的样子。王良，星官名，属奎宿，共五星。阁道，星官名，属奎宿，共六星。⑽ 紫微宫：星官名，位于北斗星东北，古人用以对应皇帝居住的地方。⑾ 寝疾：犹言卧病。⑿ 可属：可托付后事。属，通“嘱”，托付。⒀ 外属：犹言外戚。⒁ 史高：宣帝祖母史良娣的侄子。⒂ 禁中：宫中。⒃ 光禄大夫：皇帝的侍从官员，上属光禄勋。⒄ 辅政：辅佐新皇帝执政。⒅ 领尚书事：兼任尚书部门的事务。领，意即兼任。尚书是为皇帝掌管文件档案的部门，级别虽然不高，但事涉机要，权力甚大。故凡受遗诏辅政者皆领尚书事，至东汉称录尚书事。⒆ 十二月甲戌：十二月初七。⒇ 帝崩于未央宫：宣帝十八岁即位，在位二十五年，死时四十三岁。㉑ 班固赞：班固《汉书·宣帝纪》的赞语。㉒ 信赏必罚：有功必赏，有罪必罚。信，确实。㉓ 综核名实：检查考核名与实是否相符。㉔ 咸精其能：都能很好地发挥其聪明才干。㉕ 技巧、工匠、器械：泛指各种手工业制造。㉖ 元、成间鲜能及之：元帝、成帝时的各种制造都赶不上宣帝时期之精良。㉗ 匈奴乖乱：匈奴内部相互攻杀，战乱不止。㉘ 推亡固存：语出《尚书·仲虺之诰》，意思是对无道者推而灭之，对有道者扶而固之。㉙ 信威北夷：使汉王朝的国威远布于匈奴。信，通“申”。㉚ 功光祖宗：建立了为列祖列宗增光的功勋。㉛ 业垂后嗣：开创了为子孙后代留做榜样的伟业。㉜ 侔德殷宗周宣：汉宣帝的功业可以和殷高宗、周宣王相媲美。侔德，比德、相等。㉝ 癸巳：十二月二十六。㉞ 太子即皇帝位：即历史上的汉元帝。㉟ 皇太后：指汉昭帝的上官皇后。㊱ 皇后：宣帝的王皇后。

## 【校记】

［32］群臣：原无此二字。据章钰校，甲十五行本、乙十一行本、孔天胤本皆有此二字，今据补。〖按〗《通鉴纪事本末》卷四、《汉书·匈奴传下》皆有此二字。［33］单于：原无此二字。据章钰校，甲十五行本、乙十一行本、孔天胤本皆有此二字，今据补。

〖按〗《通鉴纪事本末》卷四有此二字。[34]韩宣：原无此二字。据章钰校，甲十五行本、乙十一行本、孔天胤本皆有此二字，张敦仁《资治通鉴刊本识误》、张瑛《通鉴校勘记》同，今据补。[35]丁卯：原无此二字。据章钰校，甲十五行本、乙十一行本、孔天胤本皆有此二字，张敦仁《资治通鉴刊本识误》同，今据补。〖按〗《汉书·宣帝纪》有此二字。[36]与：原作"其"。据章钰校，甲十五行本、乙十一行本皆作"与"，张敦仁《资治通鉴刊本识误》同，今据改。〖按〗《通鉴纪事本末》卷四、《汉书·匈奴传下》皆作"与"。[37]去：原作"至"。据章钰校，甲十五行本、乙十一行本、孔天胤本皆作"去"，今据改。〖按〗《通鉴纪事本末》卷四、《汉书·匈奴传下》皆作"去"。[38]宫：原为空格。据章钰校，甲十五行本、乙十一行本、孔天胤本皆作"宫"，今据改。〖按〗《资治通鉴纲目》卷六作"宫"。

## 【研析】

本卷写了宣帝神爵四年（公元前五八年）至黄龙元年（公元前四九年）共十年间的全国大事，可议论的问题有以下几点。

第一，关于呼韩邪单于称臣朝汉的问题。这是汉武帝一生追求而未能实现的梦想，不料被汉宣帝碰上了。汉武帝用了十几年的工夫伐匈奴，卫青、霍去病多次出击，立下了丰功伟绩，但也只是收复了秦朝时的一些失地，取得了河西走廊，打开了西域交通；而真正对匈奴人本身则不过是深入其地，给予了一些沉重的打击而已，并没有使匈奴从此停止对汉王朝的骚扰攻击。到了武帝后期又对匈奴发动过一些进攻，结果则是以赵破奴、李广利的两次全军覆没而告终。所以总结汉武帝的胜利，实际只是挫败了匈奴的嚣张气焰，改变了对匈奴的进贡求和，使汉王朝北部与西北部边防大为加强而已，从双方的损耗而言，可谓两败俱伤。到宣帝时，汉朝的北部边防并无任何加强，也没有对匈奴从正面发动过大规模的战争，关键性的问题是匈奴内部发生一连串的内讧，从一个分裂成五个，又归成三个，最后形成了呼韩邪与郅支两人的争夺对立。在呼韩邪又被郅支打败的情况下，呼韩邪向汉朝求和称臣。汉宣帝完全是捡了一个大便宜，所谓"鹬蚌相争，渔人得利"者也。汉宣帝接受呼韩邪朝贺的那份排场，是汉武帝梦寐以求而未能得到的。真是人算不如天算，"踏破铁鞋无觅处，得来全不费工夫"。它给后人的教训是，"堡垒是不容易从外部攻破的"，内部的私斗分裂，才是一个民族衰败的根苗。

第二，关于西汉后期的丞相其职。从刘邦建国一直到武帝前期，丞相的地位都是一人之下、万万人之上，但自从汉武帝伐匈奴，任卫青为大将军以后，从此大将军虽然名义上是在丞相之下，但实际权力却在丞相之上，而且从此也公开形成以大将军为首的"内朝"，从此以后丞相遂徒有其名、若有若无了。试想，谁还记得起武帝后期的丞相如李蔡、庄青翟、赵周、石庆等在丞相任上做过一些什么事情呢？到昭帝时代，大将军霍光掌权，当时的丞相先后是田千秋、王䜣、杨敞、蔡义；到宣帝初期仍是霍光掌权，当时的丞相是韦贤，谁又能说出这些丞相都做过什么事呢？比较特殊的是霍光死，霍氏谋反被诛灭后，魏相为丞相，接着是丙吉为丞相，只有这两任，比较有作为，即使仍有内朝存在，但掩盖不住这两任相权的光辉。班固还特别为这两任写过评论，称之曰“孝宣中兴，丙、魏有声。是时黜陟有序，众职修理，公卿多称其位”云云。但好景不长，当丙吉一死，黄霸继任丞相，情况便一下子又回到武帝后期与昭帝时期的样子去了。黄霸是最优秀的地方官，历任诸郡太守时，政绩天下第一。但一调任丞相，立刻就玩不转了。宣帝迷信鬼神、崇尚祥瑞一类的玩意儿，黄霸为讨好宣帝，也想上书举报一条，结果被张敞所弹劾，使其大伤面子；接着又欲举荐宣帝的舅舅史高为太尉，以充“中朝”之首，这本来是宣帝心中所想的事情，结果宣帝嫌他多嘴，被认为是“越职而举”，狠狠地痛斥了一顿，还不依不饶地要对之加以惩治。胡三省对此说：“丞相职总百官，进贤退不肖，霸荐史高，以为所荐非其人可也；以为越职则非也。盖自武帝以来丞相之失职也久矣。”待至宣帝临死任命“辅政大臣”，所任命的人员是史高、萧望之、周堪等，地位最高的是太子太傅，官秩二千石。别说“三公”，连“九卿”也没有一个。这就形成了有职者无权，有权者不须有职。黄霸的媚俗姑且不讲，但汉代后期的丞相也太难当了，所以点检起来多数都是“软体动物”。

于定国是名传青史的优秀司法官，曾有过一些好的政绩。但当杨恽为名太守韩延寿讼冤不成而发过一些牢骚被人告发时，身为廷尉的于定国竟为之定罪为“为妖恶言，大逆不道”，这能否算是公平宽仁的表现？

西汉后期经营西域的常惠、郑吉等屡建奇功，这在前几卷中已有表现。郑吉在上卷中又因迎降匈奴日逐王有功获封侯，并首任西域都护，这在历史上都是很光辉的事情。本卷则以精彩的笔注写了出嫁乌孙王的解忧公主的使女、被人称作“冯夫人”的冯嫽。她“能史书，习事，尝持汉节为公主使，城郭诸国敬信之”。她曾与都护郑吉合谋欲劝说乌就屠亲汉，为此获得宣帝召见，宣帝派冯夫人为使者，“锦车持节”，终于办成了此事。后来乌孙王死，小王星靡荏弱，冯夫人又上书：“愿使乌孙，镇抚星靡。”又终于完成此事。文字不多，但人物精彩生动，可编为电视剧敷衍。

# 卷第二十八　汉纪二十

起昭阳作噩（癸酉，公元前四八年），尽屠维单阏（己卯，公元前四二年），凡七年。

**【题解】**

本卷记事起公元前四八到前四二年，凡七年，当汉元帝初元元年至永光二年。汉元帝是一名典型的昏君，说好听一点是一位中庸之君，其特点是可与为善，也可与为恶。汉元帝亲近宦官弘恭、石显，以及外戚史高、许嘉等人，则办出糊涂事，可以逼杀自己尊敬的老师、大儒萧望之；汉元帝亲近萧望之、周堪、刘向等人，则可以举贤、纳谏，并克己奉公，做出表率。本卷所载大事，主要有三个方面。第一，汉元帝举贤纳谏。王吉、贡禹是所举贤者之一，两人均为大儒。汉元帝起用萧望之、周堪、刘向、张猛等人，亦皆大儒。汉元帝采纳贡禹之言，为政节俭，下诏御厨房不要每天杀牲，省膳，减少饮食一半，立即停止宫殿的修缮，减少御用马，撤销角抵游戏，释放上林苑行宫中稀见的宫女回家，撤销齐地的皇家织造厂，裁撤北假的军事屯田，废除刑法七十多条判例，发放赈济，扩大太学和郡国学校招收生徒的名额，能精通一经的士人免除田租差役。汉元帝又采纳贾捐之上书，停止征讨海南岛

---

**【原文】**

**孝元皇帝①上**

**初元元年（癸酉，公元前四八年）**

春，正月辛丑②，葬孝宣皇帝于杜陵③；赦天下。

三月丙午④，立皇后王氏⑤，封后父禁为阳平侯。

以三辅、太常、郡国公田及苑可省者振业⑥贫民；赀⑦不满千钱者，赋贷种、食⑧。

封外祖[1]平恩戴侯同产弟子⑨中常侍⑩许嘉为平恩侯。

夏，六月，以民疾疫，令太官⑪损膳⑫，减乐府⑬员，省苑马⑭，以振困乏⑮。

秋，九月[2]，关东⑯郡、国十一大水⑰，饥⑱，或人相食，转旁郡钱谷以相救⑲。

上素闻琅邪⑳王吉、贡禹㉑皆明经洁行㉒，遣使者征之。吉道病

珠崖郡夷人的叛乱。这些都是善政。第二，以主要篇幅记载权臣斗争。中官弘恭、石显，外戚史高、许嘉，两派勾结对付朝官，中坚人物为石显。朝官萧望之、周堪、刘向、张猛等人为中坚，志在除恶，刘向是朝官派的急先锋，他的上书刀光剑影，直指对立面石显，但仍隐晦其辞，不敢直呼其名。纯儒派官僚贡禹、薛广德、韦玄成、匡衡等依违其间。钻营派官僚郑朋、诸葛丰、贾捐之、杨兴等人，推波助澜，他们奔走于权贵之门，策划阴谋诡计于密室，寡廉鲜耻，巧言钻营，一副小人嘴脸，被描绘得栩栩如生。常语说，疏不间亲。汉元帝贴近中官和外戚，石显有恃无恐，朝官派事事先发难而常败北。萧望之自杀，刘向、周堪、张猛等人被罢官。第三，汉元帝羁縻北匈奴郅支单于，过于妥协，送还质子，派大臣直送至郅支王庭，示人以弱，郅支反而不买账，杀汉使而西走，大为失计。冯奉世果决平定陇西羌人叛乱，巩固了边防，稳定了西域，这为后来西域都护斩杀郅支奠定了基础。

---

【语译】

孝元皇帝上

初元元年（癸酉，公元前四八年）

春，正月初四日辛丑，安葬孝宣皇帝于杜陵。下诏大赦天下。

三月初十日丙午，册立皇后王氏，封皇后父亲王禁为阳平侯。

诏令将京师三辅、太常、郡国所掌公田，以及皇室禁苑可以节省的土地假贷给贫民耕作；资产不到一千钱的贫民，赈济或借贷给种子、粮食。

封外祖父平恩戴侯许广汉的同胞弟弟的儿子中常侍许嘉为平恩侯。

夏，六月，因为民间流行传染病，命令太官减少宫中膳食，裁减乐府人员，减少禁苑马匹，用来赈济贫困缺吃少穿的民众。

秋，九月，函谷关以东十一个郡和诸侯国发生大水灾，闹饥荒，有的地方人吃人，于是转运相邻郡县的钱谷加以赈救。

皇上早就听说琅邪郡人王吉、贡禹都精通经术、德行高洁，就派遣使者征召

卒。禹至，拜为谏大夫㉓。上数虚己㉔问以政事[3]，禹奏言："古者人君节俭，什一而税㉕，无他赋役，故家给人足。高祖、孝文、孝景皇帝，宫女不过十余人，厩马㉖百余匹。后世争为奢侈，转转益甚㉗；臣下亦稍[4]放㉘效。臣愚以为如太古㉙难，宜少㉚放古以自节㉛焉。方今宫室已定，无可奈何矣；其余尽可减损。故时齐三服官㉜，输物不过十笥㉝；方今齐三服官，作工各数千人，一岁费数巨万㉞，厩马食粟将万匹㉟。武帝时，又多取好女㊱至数千人，以填㊲后宫。及弃天下㊳，多藏㊴金钱、财物，鸟兽、鱼鳖凡百九十物；又皆以后宫女置于园陵㊵。至孝宣皇帝时，陛下恶有所言㊶，群臣亦随故事㊷，甚可痛也！故使天下承化，取㊸女皆大过度㊹：诸侯妻妾或至数百人，豪富吏民畜歌者至数十人。是以内多怨女，外多旷夫。及众庶㊺葬埋，皆虚地上以实地下。其过自上生㊻，皆在大臣循故事之罪也。唯陛下深察古道，从其俭者：大减损乘舆服御器物，三分去二；择后宫贤者，留二十人，余悉归㊼之，及诸陵园女无子者，宜悉遣㊽；厩马可无过数十匹，独舍㊾长安城南苑地㊿，以为田猎之囿。以[5]方今天下饥馑，可无(51)大自损减(52)以救之，称天意(53)乎？天生圣人，盖为万民，非独使自娱乐而已也。"天子纳善其言，下诏，令诸宫馆希御幸(54)者勿缮治，太仆(55)减谷食马(56)，水衡(57)减[6]肉食兽(58)。

臣光曰："忠臣之事君也，责其所难(59)，则其易者(60)不劳而正(61)；补其所短，则其长者不劝而遂。孝元践位之初，虚心以问禹，禹宜先其所急，后其所缓。然则优游不断(62)，谗佞用权(63)，当时之大患也，而禹不以为言；恭谨[7]节俭，孝元之素志(64)也，而禹孜孜言之。何哉？使禹之智不足以知，乌(65)得为贤！知而不言，为罪愈大矣！"

匈奴呼韩邪单于(66)复上书，言民众困乏。诏云中、五原郡(67)转谷二万斛以给之。

是岁，初置戊己校尉(68)，使屯田车师故地(69)。

他们。王吉病死在赴京师的途中。贡禹到达京师，被任命为谏大夫。皇上多次向贡禹虚心询问政事，贡禹上奏说："古代国君节俭，只征收十分之一的赋税，没有其他的赋税徭役，因此家家富裕，人人丰足。高祖皇帝、孝文皇帝、孝景皇帝，宫女不过十多个人，皇家马棚里的马只有一百多匹。后代争相奢侈，越来越厉害；臣子也逐渐仿效。我个人认为，回到太古时代也太难，但应该稍稍仿效古人，自行节俭。如今宫室已成定制，没有办法裁减；但其他方面都可以减省。从前齐国的三服官，每年供奉衣物不超过十箱；如今齐国的三服官，制作工匠各有几千人，每年费用几亿，御用马圈里用粮食喂养的马上万匹。武帝时，又多方选取美人几千人，用来充实后宫。等到他去世后，随葬的金钱、财物、鸟兽、鱼鳖等多达一百九十种；又把后宫女全部安置去守护园陵。等到孝宣皇帝去世时，皇上厌恶节葬的言论，群臣依循旧例厚葬，这真是令人痛心啊！所以使得天下受到影响，聘娶女子都大大超过了规制：诸侯的妻妾有的多达几百人，豪绅富民和官吏畜养的歌伎多到几十人。因此，宫室内和豪民家里多有未嫁的怨女，社会上多有光棍汉。以致普通老百姓丧葬时，都用尽地上有用的东西，葬入地下。这种厚葬陋习是由皇上造成，又都是大臣依循旧例的罪过啊！愿皇上深深考察古代治国的道理，效法他们的节俭：大大减损车乘衣物和御用器物，三分去二；选择后宫贤淑的女子，留下二十人，其余的都放她们回家，至于留守在园陵的没有子女的女子，应当全部遣送回家；皇家马棚里的马不要超过几十匹，只留下长安城南的苑囿，作为打猎的苑囿。由于现今天下饥荒，能不大量减省费用来救灾，顺合天意吗？天生圣人，是为了万众百姓，并不是要让他独享快乐。"元帝赞赏并采纳贡禹的建议，颁下诏书，命令凡很少驾临的宫馆，不必整修，太仆减少用粮食喂养的马匹，掌管禁苑的水衡都尉减少喂养肉食的野兽。

司马光说："忠臣侍奉国君，职责是督促国君先做难做的事，这样，那些容易做的事不费力气就可走上正轨；弥补了国君的短处，那么国君的长处不用鼓励也能发挥。孝元皇帝即位之初，虚心询问贡禹，贡禹应该首先提出皇上急需办理的事，然后提出缓办的事务。然而孝元皇帝优柔寡断，谗佞之人专权，这才是当时的大患。可是贡禹不针对这些提出建议；恭谨节俭，是孝元皇帝平素的志向，贡禹却絮絮叨叨地说这些。这是为什么呢？如果贡禹的智慧认识不到，怎么能称为贤者！如果贡禹知道而不言，那他犯的罪就更大了！"

匈奴呼韩邪单于再次上书朝廷，诉说匈奴民众生活困乏。孝元皇帝下诏云中、五原两郡转运二万斛粮食供给匈奴。

这一年，开始设置戊己两校尉，令他们在从前车师国境内屯田。

【段旨】

以上为第一段，着重写孝元皇帝初即位，征召贤者，问政于贡禹。贡禹畏难避祸，不言急务而言枝节，受到司马光的批评。

【注释】

①孝元皇帝：名"奭"，汉宣帝刘询之子，西汉第八代皇帝，公元前四八至前三三年在位。②辛丑：正月初四日。③杜陵：古杜伯国，汉宣帝陵所在地，在今陕西西安市长安区东北。④丙午：三月初十日。⑤皇后王氏：汉元帝王皇后，名政君（公元前七〇至前一三年），王莽之姑。历元、成、哀、平四帝，先后为皇后、皇太后、太皇太后，长达六十一年，使王氏外戚专擅朝政，为王莽代汉铺平了道路。传见《汉书》卷九十八。⑥振业：兴业，指农民有耕地作业。元帝即位，诏令京师三辅（京兆尹、右扶风、左冯翊）、太常所掌诸陵，郡、国等各级政府部门所掌公田，以及皇室禁苑的多余公田，假贷给贫民耕作。⑦訾：同"资"，资产。⑧赋贷种食：供给和借贷给种子和粮食。赋，给予、赠送，此指政府无偿供给。⑨同产弟子：同母所生兄弟之子，亲侄儿。汉元帝外祖平恩戴侯许广汉因受腐刑无后，以其侄许嘉袭爵平恩侯以继其后。此言"封"，是指政府对许嘉的袭爵，正式颁赐册书。⑩中常侍：官名，西汉时，朝官加中常侍或侍中，可出入内宫，给事皇帝。东汉专以宦官为中常侍，传达诏令奏议，宦官得以弄权。⑪太官：官名，执掌皇帝膳食。⑫损膳：减少供给皇帝及嫔妃的膳食。⑬乐府：官府名，长官为乐府令。掌朝会宴享及出游的音乐，兼采集民间诗歌及乐曲。⑭苑马：政府诸苑所养战马。西汉极盛时，文、景、武之世，西北沿边诸郡有苑马场三十六所，养马三十万匹。这里专指皇家禁苑厩马，有一万匹。⑮以振困乏：用损膳等措施节省的费用救济困苦和缺少生活物资的民众。振，救济。困乏，贫困的人。⑯关东：指函谷关以东。⑰郡、国十一大水：据《汉书》卷九《元帝纪》，元帝初元元年（公元前四九年）九月，中原地区有十一个郡、国发生大水灾。⑱饥：灾荒。《尔雅·释天》："饥，谷不熟为饥。"⑲转旁郡钱谷以相救：政府调转未受灾邻郡的钱谷去救济受灾的郡国。转，调转。旁郡，相邻的郡。⑳琅邪：郡名，治所东武，在今山东诸城。㉑王吉、贡禹：皆为汉元帝时大儒。王吉，字子阳。贡禹，字少翁，与王吉友善，官至御史大夫。传均见《汉书》卷七十二。㉒明经洁行：精通经学，品行清廉。㉓谏大夫：官名，郎中令属官，掌议论，拾遗左右。㉔虚己：指皇帝虚心听谏。㉕什一而税：征收十分取一的赋税，即税率百分之十。㉖厩马：专指皇家禁苑的马匹，供皇帝出行及仪仗之用。㉗转转益甚：奢侈之风，越来越加剧。转转，成倍翻番增长。㉘放：通"仿"。㉙太古：远古，指儒家所褒美的尧舜时代。㉚少：通

"稍"。㉛自节：自为节俭。㉜齐三服官：在齐地临淄（在今山东）设立的皇家织造厂，供给制作春、秋、冬、夏不同季节服饰的丝织品，故称三服官。㉝笥：方形竹箱。㉞巨万：大万，即万万、亿。㉟将万匹：近万匹。㊱好女：美女。㊲填：充实。㊳弃天下：皇帝死去的委婉说法。㊴多藏：指厚葬，埋下很多的钱物在陵墓中。㊵置于园陵：安置在墓园，看守坟墓。㊶恶有所言：厌恶谈论节葬的话。㊷随故事：沿用旧例。此指葬宣帝，依照汉武帝厚葬的旧例。㊸取：通"娶"，聘娶。㊹过度：超过制度。㊺众庶：普通老百姓。㊻其过自上生：这种厚葬的过失，是由皇上造成的。㊼归：将宫女释放回家。㊽遣：发遣；释放看陵宫女。㊾独舍：只保留。㊿长安城南苑地：秦汉京师上林苑，范围数百里，今只保留南苑，因南苑为终南山地，余皆辟为耕地。(51)可无：能不。(52)大自损减：大幅度地减少支出。(53)称天意：符合上天的意愿。(54)希御幸：皇帝很少驾临。希，同"稀"。(55)太仆：官名，九卿之一，掌皇帝车马。(56)减谷食马：减少用粮食喂养的马匹。汉制，皇帝有六厩，各养马万匹。(57)水衡：官名，水衡都尉之省称。掌上林苑驯养禽兽。(58)肉食兽：吃肉食的动物，如虎、豹等。(59)责其所难：要求君王先做难事。这里指斥逐群小。(60)易者：容易做到的事，这里指节俭。(61)不劳而正：不用费力即可走上正轨。(62)优游不断：优柔寡断。(63)用权：执掌政权。(64)素志：平素的志向。(65)乌：怎能。(66)呼韩邪单于：匈奴单于栾提稽侯珊，公元前五八至前三一年在位。宣帝甘露二年（公元前五二年），呼韩邪归附汉朝，汉匈和亲，结束了长达八十三年的战争。(67)云中、五原郡：皆为朔方边郡。云中郡治所云中，在今内蒙古托克托北。五原郡治所九原，在今内蒙古包头西北。(68)戊己校尉：武官名，戊己两校尉，掌西域车师屯田，巡护诸国。两汉戊己校尉屯田车师，常驻高昌壁，在今新疆吐鲁番东南。因车师分前后两部，故戊己为两校尉。(69)屯田车师故地：宣帝元康二年（公元前六四年），以车师地给与匈奴。现匈奴归附，故复屯田故地。车师，西域国名，宣帝时分为前后两部。车师前国，王治交河城，在今新疆吐鲁番西北。车师后国，王治务涂谷，在今新疆奇台西南。

## 【校记】

［1］外祖：据章钰校，乙十一行本、孔天胤本皆作"外祖父"，张敦仁《资治通鉴刊本识误》同。［2］秋九月：原无此三字。据章钰校，乙十一行本、孔天胤本皆有此三字，傅增湘校北宋本同，今据补。［3］事：原无此字。据章钰校，乙十一行本、孔天胤本皆有此字，傅增湘校北宋本同，今从补。［4］稍：据章钰校，乙十一行本作"相"，傅增湘校北宋本同。［5］以：据章钰校，乙十一行本无此字。［6］减：据章钰校，乙十一行本作"省"，傅增湘校北宋本同。［7］谨：据章钰校，孔天胤本作"勤"。

**【原文】**

**二年（甲戌，公元前四七年）**

春，正月，上行幸甘泉[70]，郊[71]泰畤[72]。乐陵侯史高[73]以外属[74]领尚书事[75]，前将军[76]萧望之[77]、光禄大夫[78]周堪[79]为之副。望之名儒，与堪皆以师傅旧恩[80]，天子任[81]之，数宴见[82]，言治乱，陈王事[83]。望之选白[84]宗室明经有行[85]，散骑[86]、谏大夫刘更生[87]给事中[88]，与侍中[89]金敞并拾遗左右[90]。四人同心谋议，劝导[91]上以古制，多所欲匡正[92]。上甚乡纳[93]之。史高充位[94]而已，由此与望之有隙。

中书令[95]弘恭[96]、仆射[97]石显[98]，自宣帝时久典枢机[99]，明习文法。帝即位多疾，以显久典事，中人[100]无外党[101]，精专[102]可信任，遂委以政，事无大小，因显白决[103]，贵幸倾朝[104]，百僚皆敬事显。显为人巧慧[105]习事[106]，能深得人主微指[107]，内深贼[108]，持诡辩，以中伤人，忤恨睚眦[109]，辄被以危法[110]；亦与车骑将军[111]高为表里，议论常独持故事[112]，不从望之等。

望之等患苦[113]许、史放纵[114]，又疾恭、显擅权，建白[115]以为："中书政本，国家枢机，宜以通明公正处之[116]。武帝游宴后庭，故用宦者，非古制也[117]。宜罢中书宦官，应古不近刑人之义[118]。"由是大与高、恭、显忤[119]。上初即位，谦让，重改作[120]，议久不定，出[121]刘更生为宗正[122]。

望之、堪数荐名儒、茂材以备谏官[123]，会稽[124]郑朋阴欲附望之，上疏[8]言车骑将军高遣客为奸利郡国，及言许、史子弟罪过。章视周堪[125]，堪白："令朋待诏金马门[126]。"朋奏记[127]望之曰："今将军规橅[128]，云若管、晏[129]而休[130]，遂行日昃[131]，至周、召[132]乃留[133]乎？若管、晏而休，则下走[134]将归延陵[135]之皋，没齿[136]而已矣。如将军兴周、召之遗业，亲日昃之兼听[137]，则下走其庶几[138]愿竭区区[139]奉万分之一！"望之始见朋，接待以意[140]；后知其倾邪[141]，绝不与通[142]。朋，楚士[143]，怨恨，

**【语译】**

**二年（甲戌，公元前四七年）**

春，正月，孝元皇帝行幸甘泉宫，祭祀天帝泰一神。乐陵侯史高因为是外戚，掌领尚书事，前将军萧望之、光禄大夫周堪担任他的副手。萧望之是名儒，他和周堪都因为对天子有师傅旧恩，孝元皇帝很信任他们，多次单独召见，讨论国家兴衰治乱，陈说天子治国的大事。萧望之举荐皇室中精通经术又有德行修养的散骑、谏大夫刘更生任给事中，让刘更生与侍中金敞两人一起在皇上左右拾遗补阙。萧望之、周堪、刘更生、金敞四人齐心协力谋议政事，劝导孝元皇帝依从古代的制度，想多方面匡正缺失。孝元皇帝对他们十分信赖，采纳他们的意见。史高在职备位而已，因此与萧望之有了嫌隙。

中书令弘恭和仆射石显，自宣帝时起，长期掌管中枢机要，精通各种典章法制。孝元帝即位身体多病，又因石显长期执掌政事，加之是宫中宦官，在外朝没有党羽，精力专一可以信任，于是孝元皇帝把政事托付给石显，政事无论大小，均由石显上奏然后决断，石显受到的尊宠倾动了外朝，文武百官都敬重奉承石显。石显为人聪明狡猾，办事干练，能够深刻领会人主心意，内心阴险狠毒，善于运用诡辩来中伤别人，谁违背他的心意，即使小小怨愤，每每用重刑惩治；石显还与车骑将军史高内外呼应，每次议政，经常主张按旧例办事，不听从萧望之等人的意见。

萧望之等对许嘉和史高的放纵又厌恶又苦恼，还痛恨弘恭和石显的专权，就向皇上提出建议，认为："中书省是施政的根本机关，国家的权力中枢，应当选用精通政治、办事公正的人担任中书令。武帝时因在后宫游乐宴会，所以用宦官担任中书令，不是古代就有的制度。应当罢免在中书省任职的宦官，以符合古代人君不接近刑人的礼义。"由此萧望之等与史高、弘恭、石显产生很大的抵触。孝元皇帝因为刚即位，做事谦让，不愿改变旧有做法，对萧望之的建议长久不能做出决断，就令刘更生出宫担任外朝的宗正卿。

萧望之、周堪多次举荐名儒、茂材担任谏官，会稽郡人郑朋暗中想依附萧望之，就上奏说车骑将军史高派遣宾客到郡国去谋私利，还揭发许嘉、史高子弟的罪过。皇上把奏章告诉周堪，周堪禀告说："命令郑朋在金马门待诏。"郑朋又打报告给萧望之说："如今将军想成就的规模，是想做到管仲、晏婴那样的业绩就停止，还是要忙得连午饭都没时间去吃，达到周公、召公那样才罢休呢？如果只想做到管仲、晏婴那样就停止，在下我就将像季札那样回到延陵的岸边，以终天年算了。如果将军要重振周公、召公那样的功业，亲自听取各种意见，连中午饭都顾不上吃，那么在下我就跟随您，竭尽全力奉献我的微薄之力！"萧望之首次见到郑朋，诚心地接待他；后来知道他奸邪，就断绝关系不和他来往。郑朋是楚地士人，怨恨萧望之疏远他，

更求⑭入许、史，推所言许、史事⑮，曰："皆周堪、刘更生教我。我关东⑯人，何以知此！"于是侍中许章白见朋。朋出，扬言曰："我见言前将军小过五，大罪一。"待诏华龙⑰行污秽⑱，欲入堪等⑲，堪等不纳，亦与朋相结。

恭、显令二人告望之等谋欲罢车骑将军⑩，疏退许、史状⑪，候望之出休日⑫，令朋、龙上之。事下弘恭问状⑬，望之对曰："外戚在位多奢淫，欲以匡正国家，非为邪也。"恭、显奏："望之、堪、更生朋党相称举⑭，数谮诉大臣⑮，毁离亲戚⑯，欲以专擅权势⑰。为臣不忠，诬上不道⑱，请谒者⑲召致廷尉⑳。"时上初即位，不省㉑召致廷尉为下狱也，可其奏。后上召堪、更生，曰："系狱。"上大惊曰："非但廷尉问邪！"以责恭、显，皆叩头谢。上曰："令出视事㉒。"恭、显因使史高言："上新即位，未以德化闻于[9]天下，而先验师傅㉓。既下九卿、大夫狱㉔，宜因决免㉕。"于是制诏丞相、御史："前将军望之，傅朕八年㉖，无它罪过，今事久远㉗，识忘难明㉘，其赦望之罪，收前将军、光禄勋印绶，及堪、更生皆免为庶人。"

---

**【段旨】**

以上为第二段，写汉元帝初即位，以萧望之为首的外朝官与以弘恭、石显为首的中朝官，展开了激烈的斗争，外戚许、史集团投入中官集团，无行官僚郑朋辈推波助澜，第一回合，萧望之等败下阵来。

**【注释】**

⑦⓪甘泉：行宫名，在云阳县甘泉山上，今属陕西淳化。⑦①郊：郊祀。⑦②泰畤：天神之最为尊者为泰一，泰畤即祭祀泰一之处。汉武帝曾居甘泉宫，于云阳立泰畤，祭于宫南。孝元帝幸甘泉宫所祀即此。⑦③史高：人名，宣帝祖母卫太子妇史良娣兄史恭之子。宣帝即位封乐陵侯。⑦④外属：外家亲属。⑦⑤领尚书事：总领尚书事务。尚书，内廷官，出纳章奏。⑦⑥前将军：汉制，置前、后、左、右四将军。⑦⑦萧望之（？至前四七

就转而谋求投入许嘉、史高的帮派，还推脱自己所说许嘉、史高之事，说："这都是周堪、刘更生教唆我做的。我是关东人，怎么知道这些事情呢！"于是侍中许章向皇上建言接见郑朋。郑朋出宫以后，扬言说："我朝见皇上，报告了前将军萧望之的五件小过错、一件大罪。"待诏华龙品行卑污，想依附周堪等人，周堪等不接纳他，也与郑朋勾结在一起。

弘恭、石显让郑朋、华龙两人告发萧望之等人谋划要罢免车骑将军史高，离间皇上与外戚许、史的关系，等到萧望之休假出宫的时候，要郑朋、华龙上奏给皇上。孝元皇帝把此事交给弘恭去查问实际情况，萧望之回答说："外戚在位多奢侈放荡，我们想纠正国家的过失，并不是邪恶。"弘恭、石显上奏说："萧望之、周堪和刘更生结成朋党，互相标榜，多次诬陷大臣，诽谤离间皇上亲属，想要独揽威权。为人臣而不忠，诬罔皇上无道，请皇上派谒者宣召把他们交给廷尉。"当时孝元皇帝刚即位，不知道交给廷尉就是关进牢狱，就批准了这个奏章。后来皇上要召见周堪和刘更生，身边的人告诉说："已经关进牢狱了。"孝元皇帝大惊，说："不是只送交廷尉对质吗！"孝元皇帝责问弘恭、石显，两人都磕头谢罪。孝元皇帝说："让他们出狱办公。"弘恭、石显于是让史高向孝元皇帝建言说："皇上刚刚即位，还没有让天下人知道皇上的德行教化，那就首先从皇上的师傅做起。既然把九卿宗正刘更生、光禄大夫周堪关进了监狱，就应当一律免职。"于是下诏给丞相和御史大夫："前将军萧望之，辅导朕八年，没有其他罪过，如今年事已高，记忆力衰退说不明事理，可赦免萧望之的罪过，收回前将军、光禄勋的印绶，周堪和刘更生都免职为平民。"

---

年）：字长倩，东海兰陵（今山东兰陵县西南）人，徙杜陵。宣帝时，历任左冯翊、大鸿胪、御史大夫、太子太傅等官。甘露三年（公元前五一年），主持石渠阁会议，评议五经同异。传见《汉书》卷七十八。⑦⑧光禄大夫：官名，掌议论。⑦⑨周堪：字少卿，元帝师，太子少傅。元帝即位，为光禄大夫。传见《汉书》卷八十八。⑧⓪师傅旧恩：萧望之、周堪是汉元帝当太子时的师傅，旧情很深。⑧①任：信赖。⑧②宴见：即燕见，退朝之后单独召见。宴，闲居，此指退朝。⑧③陈王事：陈述皇帝治理天下的大事。⑧④选白：推荐报告皇帝。⑧⑤明经有行：精通经术、品德端正的人。⑧⑥散骑：秦朝置，随皇帝出行，骑而散从，故名。西汉因之，为加官。有此衔者骑乘侍从皇帝。⑧⑦刘更生（约公元前七七至前六年）：即刘向，更生为其本名，字子政，沛（今江苏沛县）人，西汉文献学家。传附《汉书·楚元王传》卷三十六。⑧⑧给事中：加官，侍从宫中，平决尚书奏事。⑧⑨侍中：秦朝始置。因往来殿内，故名。西汉为加官，入侍禁中。⑨⓪拾遗左右：在皇帝身边建言，

备顾问。⑨劝导：规劝引导。⑨匡正：纠正。⑨乡纳：信赖采纳。乡，通“向”。⑨充位：在职充数，即有职无权。⑨中书令：中书谒者令之省称，西汉以宦者充任，掌传达政令。⑨弘恭：沛人。汉元帝时宦官，专权，与石显狼狈为奸，二人同传，见《汉书·佞幸传》卷九十三。⑨仆射：尚书仆射之省称。总领尚书，位次尚书令。⑨石显：济南人，因犯法受腐刑为宦，善佞，宣帝时与弘恭并任中书官，弘恭为令，石显为副职仆射。⑨久典枢机：长久地执掌中枢之官。此指中书官，近侍皇帝，出纳章奏。⑩中人：宦官。⑩无外党：指宦官为皇帝家奴，无骨肉婚姻之亲，在外朝没有党羽。⑩精专：精明专一。⑩因显白决：通过石显上奏，再由皇帝裁决。因，凭借、通过。白，上奏。决，裁断。⑩贵幸倾朝：指石显受汉元帝宠幸，尊贵无比，权倾朝野。⑩巧慧：狡猾聪明。⑩习事：办事干练。⑩人主微指：皇帝藏于内心的想法。⑩内深贼：内心阴险狠毒。⑩忤恨睚眦：细小的怨愤，也要怀恨在心。忤，违逆。睚眦，瞪眼睛，指细小的怨愤。⑩辄被以危法：往往用法置人于死地。辄，每每、往往。⑪车骑将军：官名，位次大将军，初为高级武官，后亦辅政。史高为大司马车骑将军。⑪持故事：主张按旧例办事。⑪患苦：厌恶；伤脑筋。⑪许、史放纵：指许、史两家外戚骄奢放纵。许，指宣帝许皇后外家。元帝即位，封舅许嘉为平恩侯，加位大司马车骑将军，与史高共同辅政。⑪建白：建言并向皇上报告。⑪以通明公正处之：用精通政治又办事公正的人来执掌中书官。通明，指精通政体、明于治事的人。⑪故用宦者二句：尚书属少府，秦官，汉因之，本由士人担任，汉武帝始杂用宦官，所以说“用宦者，非古制”。⑪应古不近刑人之义：宦官为刑余之人，不宜担任官职，这才符合古礼。《礼记·曲礼上》：“刑人不在君侧。”⑪忤：违忤；抵触。⑫重改作：把改变制度看作很难的事。重，难。⑫出：出宫；到外朝。散骑、给事中，为中朝官；宗正，为外朝官。⑫宗正：官名，掌皇室事务。汉元帝优柔寡断，未能改变汉武帝用宦官典枢要之旧例，而将刘向出为宗正。⑫谏官：即太中大夫、中大夫、谏大夫等议论官，无定员。⑫会稽：郡名，治所山阴，在今浙江绍兴。⑫章视周堪：元帝把郑朋的奏章告诉周堪。视，通“示”，告诉。⑫待诏金马门：待诏，吏民奉诏待命应对称“待诏”。金马门，宫阙南门外车止之门。吏民上书或被征召，均待诏金马门，由公交车司马令接待传达。⑫奏记：吏民向上级官府送呈的署名文案。⑫规橅：即规模，规制法式。此指萧望之肩负重任，手握法度。橅，通“模”，法也。⑫管、晏：春秋时齐相管仲、晏婴。管仲佐齐桓公称霸，晏婴佐齐景公称治。二人合传，见《史记》卷六十二。⑬休：止。⑬遂行日昃：指效法周公、召公辅政，忙于政务，日过中午还没顾上吃饭。日昃，日过中午。⑬周、召：即西周开国重臣周公姬旦和召公姬奭，两人佐武王灭商，辅成王理政。周公旦事详《史记》卷三十三《鲁周公世家》。召公奭事详《史记》卷三十四《燕召公世家》。⑬③留：止。此指追步周公、召公之业才停止。⑬④下走：即趋走之使，郑朋自谦语。⑬⑤延陵：邑名，春秋时吴公子季札的封邑，在今江苏武进。季札鄙弃吴王之位，不愿与兄弟争国，弃国而耕于皋泽。事详《史记》卷三十一《吴太伯世家》。⑬⑥没齿：终身。⑬⑦亲日昃之兼听：指像周公那样忙于公事，连午饭都吃不好，听取多方面意见。⑬⑧庶几：差不多。这里指尽全力。⑬⑨竭区区：竭尽我的一点点力量。⑭⓪接待以意：真诚接待。⑭①倾邪：不正派。⑭②绝不与通：断绝关系，不再来往。⑭③楚士：郑朋是会稽人，古属楚地，故称楚士。古人认为江、淮楚人轻薄无行。⑭④更求：改而寻求。⑭⑤推所言许、史事：郑朋推诿自己原来上书告发许、史的行为。推，推诿。⑭⑥关东：函谷关以东，泛指关外。⑭⑦华龙：人名。⑭⑧行污秽：品行恶劣。⑭⑨欲入堪等：想进入周堪等人的圈内。⑮⓪车骑将军：指史高。史高时为车骑将军。⑮①疏退许、史状：意谓萧望之离间皇帝与外戚许、史之间的关系。这是弘恭、石显的诬陷之词。⑮②出休日：即休沐日，古代法定假日。汉制，自三署郎以上入值禁中者，每十日一出休沐。宣帝一度曾改为五日一出休沐。⑮③事下弘恭问状：皇上把此事交给弘恭查问实际情况。⑮④朋党相称举：结为死党，互相标榜。⑮⑤谮诉大臣：诋毁国家重臣。⑮⑥毁离亲戚：挑拨离间皇帝的内外亲属。⑮⑦专擅权势：独揽威权。⑮⑧诬上不道：诬罔皇上无道。⑮⑨谒者：官名，执掌礼仪兼报事官。⑯⓪召致廷尉：宣召廷尉来接案。也就是移交司法部定罪下狱。廷尉，九卿之一，国家最高司法长官。⑯①不省：指元帝不明白“召致廷尉”便是入狱，还以为仅仅是到廷尉府对质而已。⑯②令出视事：让萧望之等出狱办公。⑯③先验师傅：此句意为皇上之德化先在对待师傅萧望之上得到验证。言下之意是不能让萧望之等复官。验，验证。⑯④九卿、大夫狱：指大臣九卿、大夫入狱，这里具体指刘更生、周堪。因刘更生为宗正，是九卿之一；周堪为光禄大夫。⑯⑤宜因决免：大臣入狱，即使无罪也不宜复职，因为会表明皇帝处置不当，应该维护皇帝的尊严，一律免职。⑯⑥傅朕八年：萧望之担任元帝太子太傅，是从宣帝五凤二年（公元前五六年）至黄龙元年（公元前四九年），共八年。⑯⑦事久远：指萧望之年事已高。事，年事。⑯⑧识忘难明：记忆力衰退。《汉书》颜师古注谓言不能尽记，有遗忘者，故难明。

## 【校记】

［8］疏：原作“书”。据章钰校，乙十一行本、孔天胤本皆作“疏”，今从改。［9］于：原无此字。据章钰校，乙十一行本、孔天胤本皆有此字，今据补。

【原文】

二月丁巳[169]，立弟竟为清河王。戊午[170]，陇西[171]地震，败城郭、屋室，压杀人众。

三月，立广陵厉王子霸[172]为王。

诏罢黄门[173]乘舆狗马，水衡[174]禁囿、宜春下苑[175]、少府佽飞[176]外池、严籞[177]池田[178]假与贫民[179]。又诏赦天下，举茂材异等、直言极谏之士[180]。

夏，四月丁巳[181][10]，立子骜为皇太子。待诏郑朋荐太原[182]太守张敞[183]，先帝名臣，宜傅辅皇太子。上以问萧望之，望之以为敞能吏，任治烦乱[184]，材轻[185]，非师傅之器。天子使使者征敞，欲以为左冯翊[186]，会病卒。

诏赐萧望之爵关内侯[187]，给事中，朝朔望。

关东饥，齐地[188]人相食。

秋，七月己酉[189]，地复震。

上复征周堪、刘更生，欲以为谏大夫[190]，弘恭、石显白，皆以为中郎[191]。

上器重萧望之不已，欲倚以为相，恭、显及许、史子[11]弟[192]、侍中、诸曹[193]皆侧目[194]于望之等。更生乃使其外亲[195]上变事[196]，言“地震殆为恭等，不为三独夫[197]动。臣愚以为宜退[198]恭、显以章蔽善之罚[199]，进望之等以通贤者之路。如此，则[12]太平之门开，灾异之原[200]塞矣”。书奏，恭、显疑其更生所为，白请考奸诈，辞果服[201]，遂逮更生系狱，免为庶人。

会望之子散骑[202]、中郎伋[203]亦上书讼[204]望之前事[205]，事下有司，复奏：“望之前所坐明白，无谮诉者[206]，而教子上书，称引亡辜之诗[207]，失大臣体，不敬[208]。请逮捕。”弘恭、石显等知望之素高节[209]，不诎辱[210]，建白：“望之前幸得不坐，复赐爵邑，不悔过服罪，深怀怨望，教子上书，归非于上[211]，自以托[212]师傅，终必不坐[213]。非颇屈望之于牢狱，塞[214]其怏怏[215]心，则圣朝无以施恩厚。”上曰：“萧太傅素刚，安肯就吏[216]！”显等曰：“人命至重，望之所坐，语言薄罪[217]，必无所忧。”

【语译】

二月二十七日丁巳，册封皇上的弟弟刘竟为清河王。二十八日戊午，陇西郡地震，震坏城墙、房屋，压死许多民众。

三月，册封广陵厉王刘胥的儿子刘霸为广陵王。

下诏裁撤黄门寺所掌管的车驾狗马，将水衡都尉掌管的皇家花园、宜春宫所属的御花园、少府佽飞管理的外池、皇家射鸟园林中的空地，都借贷给贫民去耕种。又下诏赦免天下，选举茂材异等和直言极谏的人士。

夏，四月二十八日丁巳，册封皇子刘骜为皇太子。待诏郑朋举荐太原郡太守张敞，他是先帝的名臣，适宜辅导皇太子。皇上就此事询问萧望之，萧望之认为张敞是一位很能干的官员，能治理烦乱的政事，但行为轻佻，不是做皇太子的师傅的人才。孝元皇帝派使者征召张敞，想任用他为左冯翊，恰巧他病死了。

下诏赐爵萧望之为关内侯，拜给事中，规定每月初一和十五进宫朝见天子。

关东闹饥荒，齐地人相食。

秋，七月己酉日，再次发生地震。

孝元皇帝重新征召周堪、刘更生，想任用他们为谏大夫，弘恭、石显向孝元皇帝禀白了什么，都改任为中郎。

孝元皇帝一直器重萧望之，想倚重他，让他担任宰相，弘恭、石显，以及许嘉、史高子弟、侍中、诸曹都忌恨萧望之等人。刘更生就让他的外亲上奏封事，说“地震之所以发生，大概是因弘恭等人的专权，并不是因为萧望之、周堪、刘更生三个孤独的人。臣个人认为应当罢免弘恭、石显，借以表明对妒贤害能的小人的惩罚，进用萧望之等人打通贤人效力的道路。如能这样，那么太平盛世之门就打开了，灾异发生的根源就堵住了”。文书上奏以后，弘恭、石显怀疑是刘更生干的，就报告皇上，请求调查其中的诡诈，刘更生的那位外亲果然供出真相，于是抓捕了刘更生投入监狱，免为平民。

恰好，萧望之的儿子散骑、中郎萧伋也上奏申诉萧望之前次被弘恭、石显诬告的事，这事被批转主管官吏去审理，主管官吏回奏说：“萧望之先前所犯的罪过十分清楚，没有被人诬告，而萧望之却教唆儿子上书，引用‘无辜’的诗句，有失大臣的体统，是大不敬之罪。请求逮捕他。”弘恭、石显等人深知萧望之向来节操高尚刚烈，不能忍受屈辱，就向皇上建言说：“萧望之前次侥幸没被判罪，又赏赐给他爵邑，却不悔过服罪，还深怀怨恨，教唆儿子上书，归罪皇上，自认为是皇上的师傅，终究不会治他的罪。如果不把萧望之关进牢狱，压一压他怨恨不服的心理，那么皇上将无法施加厚恩。”孝元皇帝说：“萧太傅一向刚强，怎肯去坐牢！”石显等人说：“人对生命最看重，萧望之所犯的罪过，只是说话不当的轻微过错，皇

上乃可其奏。冬，十二月，显等封诏以付谒者，敕令召望之手付㉑⑧，因令太常㉑⑨急发执金吾㉒⓪车骑驰围其第。使者至，召望之，望之以问门下生㉒①鲁国朱云㉒②。云者，好节士㉒③，劝望之自裁。于是望之仰天叹曰："吾尝备位将相，年逾六十矣，老入牢狱，苟求生活，不亦鄙乎！"字谓云曰㉒④："游，趣㉒⑤和药来，无久留我死㉒⑥！"遂[13]饮鸩自杀。天子闻之惊，拊手㉒⑦曰："曩㉒⑧固㉒⑨疑其不就牢狱，果然杀吾贤傅！"是时，太官方上昼食，上乃却食㉓⓪，为之涕泣，哀动左右。于是召显等责问；以议不详㉓①，皆免冠谢㉓②，良久然后已㉓③。上追念望之不忘，每岁时㉓④遣使者祠祭望之家，终帝之世。

臣光曰："甚矣，孝元之为君，易欺而难寤[14]也！夫恭、显之谮诉㉓⑤[15]望之，其邪说诡计，诚有所不能辨㉓⑥也。至于始疑望之不肯就狱，恭、显以为必无忧，已而果自杀，则恭、显之欺亦明矣。在中智㉓⑦之君，孰不感动奋发㉓⑧以厎邪臣之罚㉓⑨！孝元则不然。虽涕泣不食以伤望之，而终不能诛恭、显，才得其免冠谢而已。如此，则奸臣安所惩乎㉔⓪！是使恭、显得肆其邪心而无复忌惮者也。"

是岁，弘恭病死，石显为中书令。

---

【段旨】

以上为第三段，着重写萧望之之死。这是中朝与外朝权臣之争的第二个回合，朝官再度败阵，折了核心主将萧望之。

【注释】

⑯⑨丁巳：二月二十七日。⑰⓪戊午：二月二十八日。⑰①陇西：郡名，治所狄道，在今甘肃临洮。⑰②广陵厉王子霸：广陵厉王，汉武帝李姬所生子刘胥封爵号广陵王，其人因祝诅皇帝坐罪，在宣帝五凤四年（公元前五四年）自杀，谥曰厉王，国废。今复立其子霸为王，袭封广陵。详《汉书》卷六十三《武五子·广陵厉王传》。⑰③黄门：即黄门

上没有必要担忧。”孝元皇帝同意了石显等人的建议。冬，十二月，石显等人密封了皇上的诏书交付谒者，敕令宣召萧望之的谒者亲手交给萧望之，又命令太常紧急调发执金吾的车骑迅速包围萧望之的住宅。敕令使者到达，宣召萧望之，萧望之向门生鲁国人朱云询问对策。朱云是一个很有节操的士人，他劝萧望之自裁。于是萧望之仰天长叹，说：“我曾经任职将相，现今年过六十，老年进入监狱，苟且求活，难道不是很丢脸的事吗！”萧望之叫着朱云的字说：“朱游，赶快去调配毒药送来，不要延长我等死的时间！”于是就喝了鸩酒自杀。孝元皇帝听到消息大惊，拍着手说：“我早先就怀疑他不肯去坐牢，果真杀了我的贤良太傅！”这时，太官刚好送来午饭，皇上拒绝用餐，为萧望之之死而抽泣，悲伤的情景感动了身边的人。于是宣召石显等人责问；他们以议事不周为由，都摘下帽子谢罪，过了很长时间元帝才作罢。孝元皇帝追念萧望之，始终不能忘情，每年过节派遣使者去祭奠萧望之的坟冢，一直到皇上去世才终止。

司马光说：“孝元皇帝当国君，容易受骗而又难以醒悟，真是太严重了！弘恭、石显诬告萧望之，他们的邪说诡计，确实有些难以分辨。可是原先就考虑到萧望之不会屈辱接受监禁，弘恭、石显认为不必担忧，结果萧望之真的自杀了，这时弘恭、石显的欺骗也就昭然若揭了。即使是一个中等智力的国君，哪能不冲动奋起而惩办奸臣之罪！孝元皇帝却不是这样。尽管他哭泣不吃饭，为萧望之悲伤，但始终没有诛杀弘恭、石显，仅让他们摘掉官帽请罪罢了。像这样，奸臣哪能受到惩戒呢！这让弘恭、石显更加放肆耍奸，不再有所忌惮。”

这一年，弘恭病死，石显任中书令。

---

寺，属少府，皇帝的乘舆狗马均归其主管。⑰水衡：官名，水衡都尉之省称，少府属官，管理上林苑禽兽。⑰宜春下苑：即宜春苑，在长安南郊。有天子行宫，即宜春宫。⑰少府佽飞：少府属官，原名左弋，汉武帝太初元年（公元前一〇四年）更名为佽飞，掌弋射。长官名佽飞令，属官有九丞二尉。佽飞所掌外池，为皇家射鸟林园。⑰严籞：上林苑中猎射禁地。⑰池田：上林苑中池泽及荒地。⑰假与贫民：租给贫民耕种。秦汉时咸阳、长安周围数百里皆为禁苑，随着关中人口增多，苑中禁地逐渐辟为耕地。⑱举茂材异等、直言极谏之士：即诏举贤士，“茂材异等”与“直言极谏”为选举科目。贤良对策，要直陈时政，故称“直言极谏士”。其制始于汉文帝。⑱丁巳：四月二十八日。⑱太原：郡名，治所晋阳，在今太原西南。⑱张敞：字子高，河东平阳（今山西临汾西

南）人，历仕宣元二朝，为郡守、京兆尹，政绩突出。传见《汉书》卷七十六。(184)任治烦乱：能治理烦乱棘手的政事。(185)材轻：行为轻薄。张敞曾用便面拍马过章台街（这条街青楼林立），又曾为其妻画眉。这就是所谓的轻佻行为。(186)左冯翊：地名，关中三辅左部地，治所设长安城中。又为官名，即左冯翊的行政长官。此处是官名。(187)关内侯：秦汉二十级爵之第十九级，爵级仅次列侯，食采邑于京畿，故名关内侯。(188)齐地：即今山东北部，古为齐国，故称齐地，汉时为青州。(189)己酉：七月己未朔，无己酉。己酉，当为八月二十一日。(190)谏大夫：官名，掌议论。(191)中郎：郎官之一，掌宿卫。(192)许、史子弟：许、史两姓外戚子弟。(193)诸曹：政府机关所属各部门称诸曹。此指尚书省属官。(194)侧目：怒视的样子。萧望之为官严正，故宦官及属官均恨之。(195)外亲：外家。(196)上变事：汉制，臣民言非常事，可不经尚书转奏而直接向皇帝上陈机密奏章，称上变事，或称上封事。(197)三独夫：犹言三匹夫，指萧望之、周堪、刘更生。(198)退：罢免；斥退。(199)章蔽善之罚：彰显对妒贤害能的小人的惩罚。(200)原：根源。(201)辞果服：供词果然说出真相。(202)散骑：官名，皇帝亲随，骑马侍从。(203)伋：萧望之长子。(204)讼：申诉。(205)望之前事：指萧望之前为石显所诬下狱事。(206)无谮诉者：谓望之前罪，不是受人诬陷所致。(207)称引亡辜之诗：亡，通“无”。史不载萧伋上书所引之诗。《诗经·十月之交》有“无罪无辜，谗口嚣嚣！”疑即萧伋所引。(208)失大臣体二句：臣下怨望，丢失了等级礼制，是对皇上的不敬。体，此指等级礼制。不敬，冒犯皇上。(209)高节：高风亮节，这里指萧望之性情刚烈。(210)不诎辱：不能接受屈辱。据此，疑萧望之前“召致廷尉”时，可能只是周堪、刘更生二人下狱，而萧望之本人则似未为廷尉逮系，仅移案廷尉待捕而已。(211)归非于上：归罪于皇上。(212)托：依靠；凭借。(213)终必不坐：意谓萧望之恃帝师之宠，以为无论怎样也不会被判有罪。终，终究，无论怎么样。(214)塞：杜绝；压制。(215)怏怏：怨恨的样子。(216)安肯就吏：怎肯接受狱吏管制。元帝明知萧望之刚烈，故有此忧。(217)语言薄罪：言论轻罪。这是弘恭、石显欺骗元帝之词，目的是取得处置萧

**【原文】**

初，武帝灭南越，开置珠崖、儋耳郡[241]，在海中洲[242]上；吏卒皆中国人[243]，多侵陵之。其民亦暴恶[244]，自以阻绝[245]，数犯吏禁，率数年壹[16]反，杀吏；汉辄发兵击定之。二十余年间，凡六反[246]。至宣帝时，又再反[247]。上即位之明年，珠崖山南县反[248]，发兵击之。诸县更叛，连年不定。上博谋于群臣[249]，欲大发军。待诏贾捐之[250]曰：“臣闻

望之的诏书。汉法，对涉及皇帝的所谓“诬上”罪，往往要杀头，是很重的罪名。㉘手付：亲手交给萧望之。目的是逼其自杀。㉙太常：官名，九卿之一，掌诸陵事。㉚执金吾：掌京师卫戍治安。时萧望之家居杜陵，故弘恭、石显凭借手中权力，紧随谒者的敕令，调骑兵包围萧宅，逼迫萧望之自裁。㉛门下生：学生、弟子。㉜朱云：字游，鲁国（今山东曲阜一带）人，尝从萧望之受《论语》，元帝时官至杜陵令。传见《汉书》卷六十七。㉝节士：有节操的人。㉞字谓云曰：呼朱云之字说话。老师呼门生之字，表示敬重。㉟趣：速。㊱无久留我死：不要延长我等死的时间。〖按〗萧望之不肯步狱而死，说明正月案件，仅有周堪、刘向二人被捕，那一次只将萧望之的案宗移交司法，而没有拘捕萧望之。所以这次石显用欺诈手法激使汉元帝同意拘捕萧望之，目的就是逼死萧望之。㊲拊手：以手拍击，形容大怒。㊳曩：先前。㊴固：本来。㊵却食：犹绝食。㊶议不详：主意考虑不周密。石显等不承认谋杀萧望之，用判断有误来开脱罪责。㊷免冠谢：摘下官帽，磕头请罪。㊸良久然后已：石显等磕头很长一阵，元帝这才罢休。㊹每岁时：每年的祭奠时节。㊺谮诉：暗中打小报告；诬陷。㊻诚有所不能辨：固然有时不能分辨。㊼中智：常人的智慧。㊽感动奋发：感情冲动而勃然大怒。㊾底邪臣之罚：办奸臣之罪。底，致、办。㊿奸臣安所惩乎：怎么能惩戒奸臣呢。

## 【校记】

［10］丁巳：原无此二字。据章钰校，乙十一行本、孔天胤本皆有此二字，张敦仁《资治通鉴刊本识误》、傅增湘校北宋本同，今据补。［11］子：原作“兄”。据章钰校，乙十一行本、孔天胤本皆作“子”，今从改。［12］则：据章钰校，乙十一行本无此字。［13］遂：据章钰校，乙十一行本作“竟”，傅增湘校北宋本同。［14］寤：原作“悟”。据章钰校，乙十一行本作“寤”，傅增湘校北宋本同，今从改。［15］诉：据章钰校，乙十一行本作“诉”，傅增湘校北宋本同。

---

## 【语译】

当初，汉武帝消灭了南越，设置珠崖、儋耳两郡，都在一个海岛上；官吏士兵都是中原人，常常侵犯欺凌当地平民。当地平民也很暴戾凶恶，自认为有大海隔绝，多次违反官吏的禁令，大概几年就要反叛一次，杀死官吏；汉朝常常出兵攻打，平定叛乱。二十多年间，一共反叛了六次。到宣帝时，又两次反叛。孝元皇帝即位的第二年，珠崖郡山南县反叛，朝廷发兵进击。许多郡县相继叛变，连年未能平定。孝元皇帝向群臣广泛征求意见，打算大规模出兵征讨。待诏贾捐之说：“臣听说尧、

尧、舜、禹之圣德，地方[251]不过数千里，西被流沙[252]，东渐于海[253]，朔南[254]暨声教[255]，言欲与声教则治之，不欲与者不强治也。故君臣歌德，含气之物[256]各得其宜。武丁[257]、成王[258]，殷、周之大仁也，然地东不过江、黄[259]，西不过氐、羌[260]，南不过蛮荆[261]，北不过朔方，是以颂声并作，视听之物[17]咸乐其生，越裳氏[262]重九译[263]而献，此非兵革之所能致也。以至于秦，兴兵远攻，贪外虚内[264]而天下溃畔。孝文皇帝偃武行文[265]，当此之时，断狱数百[266]，赋役轻简[267]。孝武皇帝厉兵马[268]以攘四夷[269]，天下断狱万数，赋烦役重，寇贼并起[270]，军旅数发[271]，父战死于前，子斗伤于后，女子乘亭障[272]，孤儿号于道，老母、寡妇饮泣巷哭，是皆廓地泰大[273]，征伐不休之故也。今关东民众久困，流离道路。人情莫亲父母，莫乐夫妇；至嫁妻、卖子，法不能禁，义不能止[274]，此社稷之忧也。今陛下不忍悁悁之忿[275]，欲驱士众挤[276]之大海之中，快心幽冥之地[277]，非所以救助饥馑，保全元元[278]也。《诗》云[279]：'蠢尔蛮荆，大邦为仇[280]。'言圣人起则后服[281]，中国衰则先畔，自古而患之，何况乃复其南方万里之蛮乎！骆越之人[282]，父子同川而浴，相习以鼻饮[283]，与禽兽无异，本不足郡县置也。颛颛[284]独居一海之中，雾露气湿[285]，多毒草、虫蛇、水土之害[286]；人未见虏，战士自死。又非独珠崖有珠、犀、玳瑁[287]也。弃之不足惜，不击不损威[288]；其民譬犹鱼鳖，何足贪也！臣窃以往者羌军[289]言之，暴师曾未一年，兵出不逾千里，费四十余万万；大司农[290]钱尽，乃以少府[291]禁钱续之。夫一隅为不善，费尚如此，况于劳师远攻，亡士毋功[292]乎！求之往古则不合，施之当今又不便。臣愚以为非冠带之国，《禹贡》所及，《春秋》所治[293]，皆可且无以为[294]。愿遂[295]弃珠崖，专用恤关东为忧[296]。"上以问丞相、御史。御史大夫陈万年[297]以为当击。丞相于定国[298]以为："前日兴兵击之连年，护军都尉、校尉[299]及丞凡十一人，还者二人，卒士及转输死者万人以上，费用三万万余，尚未能尽降。今关东困乏，民难摇动[300]，捐之议是。"上从之。捐之，贾谊曾孙也。

舜、禹的圣德教化，方圆领土不过几千里，西部边界到达沙漠，东部边界到了海洋边，朔方以南蒙受声威和教化。说是想要接受声威和教化，便去治理他们，不愿意接受声威和教化的，便不强求治理。所以，君臣齐颂功德，所有的生灵各得其所。殷朝武丁、周朝成王，是殷、周时代伟大的仁德之君，然而疆土东部不过界临江国、黄国，西部不过界临氐族、羌族部落，南部边界只到达荆州的蛮族，北部边界只到达朔方，因此，歌颂之声并起，能看能听的生物都快乐地生存，极南边的越裳氏经过重重翻译，来向中国朝贡，这不是凭借干戈征战所能达到的。然而到了秦朝，兴师远征，贪图开拓边外的领土，使国库空虚，造成天下崩溃叛乱。孝文皇帝息武事行文教，在那个时候，审理和判决案件每年只有几百件，赋税轻，徭役少。孝武皇帝厉兵秣马，侵夺四方蛮夷，全国每年审理和判决案件有几万件，赋税重，徭役烦，盗贼同时兴起，军队屡屡出征，父亲在前面战死，儿子在后面接着被杀伤，妇女戍守边塞亭障，孤儿在路上号哭，老母、寡妇在里巷痛哭，这都是开拓的疆土太大，征战不停的缘故啊。如今关东人民久处困境，四处流亡。人的性情，最亲莫过于父母，快乐莫过于夫妇；导致出嫁自己的妻子，出卖自己的子女，法令难以禁止，道义无法约束，这是国家的忧患啊。如今陛下不能忍受一时的怨愤，想要驱赶士兵让他们坠入大海中，一定要夺取那个荒芜黑暗的海岛才甘心，这绝不是拯救饥荒、保全百姓的好办法。《诗经》说：'蠢蠢妄动的荆蛮，敢与我大国为仇。'意思是说贤圣之君出现，外族自然归服，但如果中国衰落，那么外族首先叛乱，自古以来就忧虑这样的事情，更何况珠崖是在南方之南远隔万里的蛮夷呢！骆越的民众，父子同时在河里洗澡，习惯用鼻子饮水，与禽兽没有两样，本来就不值得去设置郡县。一个独处海中的环形小岛，雾大露重，气候潮湿，到处是毒草、毒蛇、毒虫，以及水土不适之害；还没见到敌人，战士自己就死去了。又不是只有珠崖郡才生产珍珠、犀牛角、玳瑁壳。丢弃这种地方不值得可惜，不去征伐也不损害国家威望；那里的民众如同鱼鳖，不值得去贪求！臣个人认为可以用先前皇帝时征讨西羌做例证分析一下，出兵竟不到一年，兵出之地距离长安京师没有超过千里，却耗费了四十多亿；大司农所藏国库的钱财用尽，就调用少府的禁钱来继续投入。西羌那一个角落出了问题，用费尚且如此，何况劳师远攻，战士死亡而无功业呢！比照往古不合时宜，当今执行又不便利。臣十分愚昧，认为不是用冠带习礼义的国家，如《禹贡》所记载的、《春秋》中所征服的，都可以暂且不去理会。希望果断地放弃珠崖郡，全力体恤关东受灾的饥民。"孝元皇帝询问丞相、御史大夫的意见。御史大夫陈万年认为应该征讨。丞相于定国认为："先前连年用兵攻击，出征的护军都尉、校尉，以及丞一共十一人，生还的只有两人，战士和后勤运输死了一万多人，费用三亿多，仍然没有完全降服。如今关东困乏，不可使民心摇动，贾捐之的意见是对的。"皇上听从了。贾捐之，是贾谊的曾孙。

【段旨】

以上为第四段，写孝元皇帝纳谏，与前一段对照形成鲜明反差，汉元帝判若两人。由此可见，汉元帝是一个中庸之君，可与为善，亦可以为恶。孝元皇帝听信谗佞小人弘恭、石显，杀逐忠臣萧望之、周堪等，表现昏庸；孝元皇帝讷谏，罢珠崖郡用兵，表现仁德。

【注释】

㉔①珠崖、儋耳郡：两郡名，珠崖郡治所在今海南海口市琼山区，儋耳郡治所在今海南儋州。汉武帝元鼎六年（公元前一一一年）平定南越，置交州九郡，其中有珠崖、儋耳两郡。㉔②海中洲：即海岛，此指海南岛。㉔③中国人：指中原人。㉔④暴恶：暴戾凶恶。㉔⑤阻绝：大海隔断了海岛与大陆的交通。㉔⑥凡六反：据《汉书·贾捐之传》，海南岛自元封元年（公元前一一〇年）初为郡至昭帝始元元年（公元前八六年），二十五年间，共六次反。㉔⑦至宣帝时二句：昭帝始元五年，罢儋耳郡，并属珠崖郡。至宣帝神爵三年（公元前五九年），珠崖三县反，甘露元年（公元前五三年），九县再反。㉔⑧珠崖山南县反：时在汉元帝初元二年（公元前四七年）。此为下文廷议征讨还是罢郡的起因。㉔⑨博谋于群臣：广泛征求大臣们的意见，即事下公卿廷议。汉制，国家大事，廷议后再由皇帝裁决。㉕⓪待诏贾捐之：贾捐之，字君房，洛阳（今河南洛阳）人，贾谊曾孙，时上疏言得失，待诏金马门。传见《汉书》卷六十四下。㉕①地方：所统治的区域，即版图。㉕②西被流沙：西疆与沙漠相接。㉕③东渐于海：东边濒临大海。㉕④朔南：朔方以南。汉武帝北逐匈奴置朔方郡，约在今内蒙古河套地区，郡治在今内蒙古乌拉特前旗。〖按〗尧、舜、禹时的疆域，没有贾捐之所说的那么大。㉕⑤暨声教：蒙受声威和教化。暨，被及、蒙受。㉕⑥含气之物：所有生灵。㉕⑦武丁：商朝中兴之主。㉕⑧成王：西周开国之君。㉕⑨江、黄：古国名，江国，西汉时在汝南安阳（今河南息县西）。黄国，西汉时在汝南弋阳（今河南潢川县西）。㉖⓪氐、羌：氐族、羌族。居于今甘肃东南部。㉖①蛮荆：指楚民族发祥地，在今湖北襄阳一带。㉖②越裳氏：古族名，汉时为九真郡，在今越南境内。㉖③重九译：多次辗转翻译。地域遥远，语言隔阂，要多次翻译。㉖④贪外虚内：

【原文】

**三年（乙亥，公元前四六年）**

春，诏曰："珠崖虏杀吏民，背畔为逆。今廷议者或言可击，或言贪图向外扩张，虚耗了国力。㉖⑤偃武行文：停止武事，实行文治。㉖⑥断狱数百：审理和判决案件，每年只有几百件。㉖⑦赋役轻简：赋税轻（很少），徭役简（不烦苛）。㉖⑧厉兵马：即厉兵秣马。㉖⑨攘四夷：侵夺四方少数民族。㉗⓪并起：同时兴起。㉗①军旅数发：大军不断出征。㉗②乘亭障：意谓守卫边防据点、卫所。乘，登上。㉗③廓地泰大：开拓的疆土太广。㉗④法不能禁二句：因为卖妻卖子是为了活命，所以法律难以禁止，道义难以约束。㉗⑤悁悁之忿：忧忿的样子。㉗⑥挤：推入。㉗⑦快心幽冥之地：必欲夺得荒寒的海岛才甘心。㉗⑧元元：黎民百姓。㉗⑨《诗》云：引自《诗经·采芑》。㉘⓪大邦为雠：与大国为敌。㉘①圣人起则后服：贤圣之君出，外族则自然归服。㉘②骆越之人：此指海南岛上的土著居民。㉘③鼻饮：据胡三省注，这是海南当地少数民族一种特殊的饮水方式，并非指饮酒。㉘④颛颛：犹区区，兼有圆环之意，形容海南岛不过是一圆形的弹丸小岛。㉘⑤雾露气湿：雾大露重，气候潮湿。㉘⑥水土之害：指中原人士到海岛容易水土不服。㉘⑦珠、犀、玳瑁：珍珠、犀牛角、玳瑁壳。玳瑁，一种海龟，其甲很美，可做装饰品及药用。㉘⑧不击不损威：不加讨伐，并不损害汉朝的威望。㉘⑨往者羌军：指宣帝神爵元年羌人反，赵充国安羌事。㉙⓪大司农：九卿之一，掌粮谷、财货，以供国用。㉙①少府：九卿之一，掌山林池泽之税收，专供皇室之用。宣帝征羌，国用不足，调少府钱以充国用。㉙②亡士毋功：牺牲战士，建不了功业。即白白牺牲。㉙③禹贡所及二句：这里的范围指《尚书·禹贡》所记载的边远地方，《春秋》所载已接受教化的周边民族。㉙④皆可且无以为：都可以弃置不管。㉙⑤遂：终于，此指果断地下定决心。㉙⑥专用恤关东为忧：全力抚恤关东受灾民众，这才是朝廷最应忧虑、最要紧的事。㉙⑦陈万年：字幼公，沛郡相县（故治在今安徽宿州西北）人，由郡吏起家，历经县令、郡守，官至太仆。传见《汉书》卷六十六。㉙⑧于定国：字曼倩，东海郡郯县（故治在今山东郯城西南）人，官至丞相，为汉元帝时名臣之一。传见《汉书》卷七十一。㉙⑨护军都尉、校尉：次于将军的武官。㉚⓪民难摇动：不可使民心浮动。

## 【校记】

［16］壹：据章钰校，孔天胤本作“一”。〖按〗二字通。［17］物：据章钰校，乙十一行本、孔天胤本皆作“类”，张敦仁《通鉴刊本识误》同。

## 【语译】

### 三年（乙亥，公元前四六年）

春，孝元皇帝下诏说：“珠崖人杀害官吏和民众，背叛造反。现今朝廷讨论，有

可守，或欲弃之，其指[301]各殊。朕日夜惟思议者之言，羞威不行[302]，则欲诛之；狐疑辟难，则守屯田[303]；通乎时变[304]，则忧万民。夫万民之饥饿与远蛮之不讨，危孰大焉[305]？且宗庙之祭，凶年不备[306]，况乎辟不嫌之辱[307]哉！今关东大困，仓库空虚，无以相赡[308]；又以动兵，非特劳民，凶年随之。其罢珠崖郡，民有慕义[309]欲内属[310]，便处之[311]；不欲，勿强。"

夏，四月乙未晦[312]，茂陵[313]白鹤馆[314]灾[315]。赦天下。

夏，旱。

立长沙炀王弟宗为王[316]。

长信少府[317]贡禹上言："诸离宫[318]及长乐宫卫，可减其太半[319]以宽徭役[320]。"六月，诏曰："朕惟烝庶[321]之饥寒，远离父母妻子，劳于非业之作[322]，卫于不居之宫[323]，恐非所以佐阴阳[324]之道也。其罢甘泉、建章宫卫[325]，令就农。百官各省费。条奏[326]，毋有所讳。"

是岁，上复擢周堪为光禄勋[327]，堪弟子[328]张猛[329]为光禄大夫[330]、给事中，大见信任。

**四年（丙子，公元前四五年）**

春，正月，上行幸甘泉，郊泰畤。三月，行幸河东[331]，祠后土[332]。赦汾阴[333]徒。

---

**【段旨】**

以上为第五段，写孝元皇帝初元三年（公元前四六年）裁撤珠崖郡，停止用兵，削减宿卫，厉行节俭以赈灾。初元四年继续休养生息无大事。

**【注释】**

[301]指：主张。[302]羞威不行：羞于威信不行于珠崖。[303]狐疑辟难二句：退一步考虑，避难就易，可不加诛讨，而施行屯田之策。[304]通乎时变：按实际情况变通办理。[305]危孰大焉：哪种情况危害更大。[306]宗庙之祭二句：古制，国家年收入的十分之一应用于宗庙祭祀。凶年收入减少，以致宗庙的祭品也不能齐备。[307]不嫌之辱：区区不值一提的小辱。

的人主张征讨，有的人主张坚守城堡，有的人主张放弃海岛，主意各不相同。朕日夜思考大臣们提出的各种意见，耻于威信不行于海岛，就想发兵去征讨；迟疑不决，避难就易，就施行屯田驻守；按时势变通，就会忧虑给千万人民带来困苦。千万人民的饥荒与远方蛮夷的叛乱，哪一件事危害更大？况且宗庙的祭奠，因为荒年祭品不能齐备，哪里还能顾及区区边境的一点小辱呢！如今关东人民非常困苦，仓库又空虚，没办法去救济；如果再兴兵作战，不只是劳民，荒年会随之而来。现在裁撤珠崖郡，那里的民众有向往中原礼义想要内迁的，便妥善安置；不愿内迁的，不要勉强。”

夏，四月十一日乙未，天昏地暗，茂陵白鹤馆发生火灾。诏令大赦天下。

夏季，发生旱灾。

册封长沙炀王刘旦的弟弟刘宗为长沙王。

长信少府贡禹上奏说：“各处离宫和长乐宫的护卫队，可以减少大半，用以减轻人民的劳役。”六月，下诏说：“朕忧虑广大黎民的饥寒，役夫远离父母妻子，从事非农业的劳作，守卫君王不去居住的行宫，恐怕这不是调和阴阳的办法。应该撤销甘泉宫、建章宫的护卫队，让他们回家从事农耕。所有的官员都要节省用费。分条上奏，不要有什么顾虑。”

这一年，孝元皇帝又起用周堪任光禄勋，周堪的学生张猛被任用为光禄大夫、给事中，非常受信任。

**四年（丙子，公元前四五年）**

春，正月，孝元皇帝行幸甘泉宫，祭祀上天泰一神。三月，巡幸河东郡，祭祀土地神。特赦在汾阴的劳改犯。

---

慊，通“慊”，足也。⑱ 赡：周济。⑲ 慕义：向往中国礼仪。⑳ 内属：内迁。㉑ 便处之：根据内迁之民所便而安置。㉒ 乙未晦：乙未，四月十一日。晦，指天昏地暗、黄雾弥漫一类的天变。㉓ 茂陵：汉武帝陵，在今陕西兴平东北。㉔ 白鹤馆：茂陵寝殿名。㉕ 灾：发生火灾。㉖ 立长沙炀王弟宗为王：长沙炀王刘旦，汉景帝子，长沙王刘发之玄孙，初元元年（公元前四八年）死，谥炀王，无后。立刘旦之弟刘宗，以为长沙王后嗣。㉗ 长信少府：官名，原名长信詹事，执掌皇太后宫，景帝中六年（公元前一五一年）更名为长信少府。又皇太后居长乐宫，亦称长乐少府。长信宫、长乐宫，皆皇太后所居宫名。㉘ 离宫：皇帝建于京师以外的行宫。㉙ 减其太半：裁撤宫卫的大半。㉚ 宽徭役：减轻差役。㉛ 烝庶：众庶。㉜ 劳于非业之作：从事非本业（农耕）以外的工作。㉝ 卫于不居之宫：守卫着君王从来也不去居住的行宫。㉞ 佐阴阳：调和阴阳。㉟ 罢甘泉、建章宫卫：裁撤甘泉宫、建章宫

的警卫。甘泉宫在长安西北甘泉山上，为秦汉时皇帝避暑行宫。甘泉山在今陕西淳化。建章宫在长安城西，汉武帝新建。㉖条奏：分条陈奏。㉗光禄勋：官名，秦时名郎中令，武帝太初元年更名光禄勋，掌皇宫禁卫。㉘弟子：门生。㉙张猛：字子游，汉中（治所在今陕西汉中）人，张骞孙。见《汉书》卷六十一《张骞传》。㉚光禄大夫：秦时名中大夫，太初元年（公元前一〇四年）更名光禄大夫，为光禄勋属官，掌议论。㉛河东：郡名，治所安邑，在今山西夏县西北。㉜祠后土：祭祀土地神。后土祠在汾阴。㉝汾阴：县名，属河东郡。县治在今山西河津市西南临河。

---

【原文】

**五年（丁丑，公元前四四年）**

春，正月，以周子南君㉞为周承休侯㉟。

三月[18]，上行幸雍㊱，祠五畤㊲。

夏，四月，有星孛于参㊳。

上用诸儒贡禹等之言，诏太官㊴毋日杀㊵，所具各减半㊶，乘舆秣马，无乏正事㊷而已。罢角抵㊸、上林宫馆希御幸者㊹、齐三服官、北假田官㊺、盐铁官㊻、常平仓㊼。博士弟子毋置员㊽，以广学者，令民有能通一经者，皆复㊾。省刑罚七十余事㊿。

陈万年卒。六月辛酉(51)，长信少府贡禹为御史大夫(52)。禹前后言得失书数十上，上嘉其质直(53)，多采用之。

匈奴郅支单于(54)自以道远，又怨汉拥护呼韩邪(55)而不助己，困辱汉使者江乃始等；遣使奉献，因求侍子(56)。汉议遣卫司马谷吉送之(57)，御史大夫贡禹、博士(58)东海匡衡(59)以为："郅支单于乡化未醇(60)，所在绝远(61)，宜令使者送其子，至塞(62)而还。"吉上书言："中国与夷狄有羁縻(63)不绝之义。今既养全其子十年，德泽甚厚，空绝(64)而不送，近从塞还，示弃捐不畜(65)，使无乡从(66)之心，弃前恩，立后怨，不便(67)！议者见前江乃始无应敌之数，智勇俱困，以致耻辱，即豫为臣忧(68)。臣幸得建强汉之节，承明圣之诏，宣谕厚恩，不宜敢桀(69)。若怀禽兽心，加

【语译】

**五年（丁丑，公元前四四年）**

春，正月，册封周子南君为周承休侯。

三月，皇上巡幸雍邑，祭祀五帝祠。

夏，四月，在参星之旁出现孛星。

皇上采纳众儒生和贡禹等人的建言，下诏太官不得每天宰杀牲畜，所备膳食减少一半，供皇帝乘用的御车御马，巡狩、祭祀不缺即可。裁撤角力的杂技游戏，释放上林苑离宫中难以见到皇帝的宫女回家，撤销齐地三服官、北假田官、盐铁官、常平仓。博士弟子的员额不加限制，以便扩大学者队伍，下令只要能精通一经以上的士人，免除徭役。减少七十多条刑法律例。

陈万年去世。六月二十日辛酉，长信少府贡禹为御史大夫。贡禹陈述政治得失的文书，先后上奏了数十篇，皇上欣赏他的坦率正直，多数都采纳了。

匈奴郅支单于呼屠吾斯自认为道路遥远，又怨恨汉朝扶助呼韩邪单于稽侯狦而不扶助自己，于是困辱汉朝使者江乃始等人；又派使者到汉朝进贡，乘便要求入侍汉朝的儿子栾提驹于利受回匈奴。汉朝商议派卫司马谷吉护送栾提驹于利受，御史大夫贡禹、博士东海人匡衡认为："郅支单于没有诚心归附，又在离汉朝绝远的地方，应当派使者送他的儿子到达边界就回来。"谷吉上奏说："汉朝对于蛮夷应当牵制笼络，不要断绝关系。如今已经养育了郅支单于的儿子十年，恩德十分深厚，徒然离绝而不护送，临近边塞就回来，这表示汉朝遗弃了他们，不再畜养，让他们失去归顺的心意，丢弃了先前的恩德，结下往后的怨恨，是很不利的。提议不远送的人，看到先前江乃始缺少应敌的策略，没有智慧，没有勇气，遭致羞辱，于是预先替我担忧。臣有幸握持强大汉朝的符节，捧着皇上圣明的诏书，去宣扬晓谕皇上深厚的恩德，料想郅支单于不敢逞凶。如果郅支单于怀有禽兽心肠，对臣蛮横无理，那么

无道于臣，则单于长婴大罪⑳，必遁逃远舍，不敢近边。没一使以安百姓，国之计，臣之愿也。愿送至庭㉑。”上许焉。既至，郅支单于怒，竟杀吉㉒等。自知负汉，又闻呼韩邪益强，恐见袭击，欲远去。会康居㉓王数为乌孙㉔所困，与诸翕侯㉕计，以为：“匈奴大国，乌孙素服属㉖之。今郅支单于困厄在外，可迎置东边，使合兵㉗取乌孙而[19]立之㉘，长无匈奴忧矣。”即使使至坚昆㉙，通语郅支。郅支素恐，又怨乌孙㉚，闻康居计，大说㉛，遂与相结，引兵而西。郅支人众中寒㉜道死，余财㉝三千人。到康居，康居王以女妻郅支；郅支亦以女予康居王。康居甚尊敬郅支，欲倚其威以胁诸国。郅支数借兵击乌孙，深入至赤谷城，杀略民人，驱㉞畜产去。乌孙不敢追，西边空虚不居者五千里㉟。

冬，十二月丁未㊱，贡禹卒。丁巳㊲，长信少府薛广德㊳为御史大夫。

---

【段旨】

以上为第六段，写郅支单于远遁康居。

【注释】

㉞周子南君：汉武帝元鼎四年（公元前一一三年）封周后裔姬嘉为“周子南君”，以奉周祀。㉟承休侯：姓姬名延，姬嘉之孙。承休侯国，在颍川郡。㊱行幸雍：元帝前往雍城。雍，县名，在今陕西宝鸡市凤翔区。秦兴起于雍，其地有行宫，有五天帝及百神祠坛。㊲祠五畤：祭祀五帝。五畤，五天帝之神坛。五天帝为东方青帝灵威仰，南方赤帝赤熛怒，中央黄帝含枢纽，西方白帝白招矩，北方黑帝汁光纪。㊳有星孛于参：在参星之旁出现孛星。㊴太官：官名，掌皇帝膳食。㊵毋日杀：不要每天宰杀牲畜。㊶所具各减半：将按规定供应的菜肴数量减少一半。㊷正事：指皇帝巡狩、祭祀宗庙以及阅兵所需的仪仗、车驾。至于游宴田猎所需的御车马，则属于非正事所用。㊸角抵：摔跤一类的角斗。㊹上林宫馆希御幸者：指皇帝很少接近的上林苑各行宫中的宫女。㊺北假田官：北假为地名，即今河套以北、包头以西的夹山带河地段。田官，泛指屯田的官卒。㊻盐铁官：汉武帝时所置，掌盐铁生产与专卖。㊼常平仓：汉宣帝所置，丰年储粮，灾年赈饥，并可

郅支单于就犯下了永远的大罪，一定会跑到更远的地方居住，不敢接近汉朝的边界。丢了一个使臣而安定了天下百姓，国家最合算，也是臣的意愿。我愿意把郅支单于的儿子送到王庭。”孝元皇帝同意了谷吉的请求。谷吉到达匈奴王庭，郅支单于愤怒，终于杀害了谷吉等人。郅支单于自知背负了汉朝，又听说呼韩邪单于更加强大，害怕遭受袭击，想逃到远方。正巧康居王多次受到乌孙国的侵扰，康居王便和他的大臣翕侯商议，认为：“匈奴是大国，乌孙一向附属匈奴。如今郅支单于在外处境艰难，可以接到我国的东边居住，让他与我们并力消灭乌孙，而使郅支单于在乌孙立国，这样，我国永远没有匈奴之忧了。”康居王当即派使臣到坚昆去，传话给郅支单于。郅支单于一向害怕乌孙，又结怨乌孙，听到了康居王的计划，十分高兴，于是与康居王勾结，领兵西去。郅支单于的部众受冻，不少人死在路上，剩下的只有三千人。到了康居，康居王把女儿嫁给郅支单于为妻；郅支单于也把女儿嫁给康居王。康居王十分敬重郅支单于，想借重他的声威去威胁邻国。郅支单于多次借兵去攻击乌孙，深入乌孙的赤谷城，屠杀掳掠乌孙民众，抢夺乌孙的牛马财物离去。乌孙不敢追击，西部有五千里地方无人居住。

冬，十二月初九日丁未，贡禹去世。十九日丁巳，长信少府薛广德为御史大夫。

---

平抑粮价，故称常平仓。㊽博士弟子毋置员：汉武帝建元五年（公元前一三六年）始置五经博士，置弟子限员五十名；昭帝时增至一百人；宣帝时又倍增之。今元帝“毋置员”，即不限额，以扩大学者队伍。至成帝时，博士弟子已增至三千人。㊾复：免除赋役。㊿省刑罚七十余事：简化刑法，废除有关刑罚的七十余条律例。351辛酉：六月二十日。352御史大夫：官名，副丞相，监察百官。353质直：朴实坦率。354郅支单于：呼韩邪单于之兄呼屠吾斯，原为左贤王，后在东部自立为郅支骨都侯单于，公元前五六至前三六年在位。郅支畏汉之强，西迁至今新疆伊犁河流域，向西发展，史称北匈奴。公元前三六年为汉西域副校尉陈汤击杀。355呼韩邪：指南匈奴呼韩邪单于，名稽侯珊，公元前五八至前三一年在位。宣帝甘露三年（公元前五一年）呼韩邪朝汉，汉匈始又和亲。其所部史称南匈奴。356侍子：入侍汉廷的质子。郅支单于曾遣子右大将驹于利受为侍子。事详本书卷二十七宣帝甘露元年。357卫司马谷吉送之：即以谷吉为使团护卫官出使郅支，护送郅支单于的质子回北匈奴。358博士：官名，备顾问应对，参加朝廷大议备咨询。汉武帝置博士弟子后，又为太学教官。359匡衡：字稚生，东海郡承县（故治在今山东枣庄东南）人。西汉经学家，官至丞相。汉元帝时名臣之一。传见《汉书》卷八十一。360乡化未醇：归附不诚。醇，厚、专一。乡，同“向”。化，教化，此指汉王朝之教化。361所在绝远：地处荒远的绝域。362至塞：到边塞，即至国境线。363羁縻：牵制；笼络。364空

绝：徒然离绝。㊿365 弃捐不畜：扔弃不畜养。谓永断恩义。366 乡从：向化而听从。367 不便：不利。368 豫为臣忧：事先替我担心。豫，通“预”。369 桀：桀骜不驯。370 长婴大罪：永远负有大罪。婴，系带，引申为犯有。371 庭：指郅支单于庭。372 竟杀吉：终于杀了谷吉。373 康居：古西域国名，故地在今中亚乌兹别克斯坦东部，锡尔河以北。王治卑阗城，城筑于都赖水（今塔拉斯河）上。374 乌孙：古族名，初居祁连、敦煌间，后西迁至今伊犁河和伊塞克湖一带建国，都赤谷城。375 翕侯：康居官名。376 素服属：一向归顺服从。377 合兵：康居与郅支兵力联合。378 取乌孙而立之：夺取乌孙地而使郅支立国。379 坚昆：西域古族名、国名，在今新疆焉耆北。郅支西进，击灭坚昆而都之。380 郅支素恐二句：乌孙西迁乃为匈奴所迫，故乌孙与匈奴为世仇，匈奴强则附之，匈奴弱则击之。宣帝黄龙元年（公元前四九年），郅支西走，乌孙发兵迎接，实欲袭击，为郅支发觉，故结

【原文】

**永光元年（戊寅，公元前四三年）**

春，正月，上行幸甘泉，郊泰畤。礼毕，因留射猎。薛广德上书曰：“窃见关东困极，人民流离；陛下日撞亡秦之钟，听郑、卫之乐[389]，臣诚悼[390]之。今士卒暴露，从官[391]劳倦，愿陛下亟反宫[392]，思与百姓同忧乐，天下幸甚！”上即日还。

二月，诏：“丞相、御史举质朴、敦厚、逊让、有行[393]者，光禄岁以此科第郎、从官。”

三月，赦天下。

雨雪、陨霜[394]，杀桑[395]。

秋，上酎祭宗庙[396]，出便门[397]，欲御楼船。薛广德当[398]乘舆车，免冠顿首[399]曰：“宜从桥。”诏曰：“大夫冠。”广德曰：“陛下不听臣，臣自刎，以血污车轮，陛下不得入庙矣！”上不说[400]。先驱[401]光禄大夫张猛进曰：“臣闻主圣臣直。乘船危，就桥安；圣主不乘危。御史大夫言可听！”上曰：“晓人不当如是邪[402]！”乃从桥。

九月，陨霜杀稼，天下大饥。丞相于定国[403]，大司马、车骑将军史高，御史大夫薛广德俱以灾异乞骸骨[404]。赐安车[405]、驷马、黄金六十斤，

怨。㉛说：通“悦”。㉜中寒：受到寒冻伤害。㉝财：通“才”。㉞驱：此指掳掠。㉟五千里：《汉书·陈汤传》作“且千里”，当时乌孙赤谷城至康居间不可能有五千里空虚之地，当从《陈汤传》。㊱丁未：十二月九日。㊲丁巳：十二月十九日。㊳薛广德：字长卿，沛郡相（今安徽濉溪西北）人。经学家，曾传鲁诗，官至御史大夫。传见《汉书》卷七十一。

【校记】

［18］三月：原无此二字。据章钰校，乙十一行本、孔天胤本皆有此二字，张敦仁《资治通鉴刊本识误》、张瑛《通鉴校勘记》、傅增湘校北宋本同，今据补。［19］而：据章钰校，乙十一行本作“以”，傅增湘校北宋本同。

---

【语译】

**永光元年（戊寅，公元前四三年）**

春，正月，皇上巡幸甘泉宫，祭祀天帝泰一神。祭礼结束，便留下打猎。薛广德上奏书说：“臣看到关东地区困苦到了极点，人民流离失所；陛下却每天敲着亡秦的丧钟，听着郑国、卫国的靡靡之音，臣下实在悲痛。如今护卫士兵露宿在野外，随从的官员也疲惫不堪，希望陛下赶快回到宫中，想着与百姓同乐同忧，这才是天下之福！”皇上当天就返回长安。

二月，皇上下诏说：“丞相、御史大夫要推荐质朴、敦厚、逊让、品德良好的人才，光禄勋每年要依照这四科考核各曹的郎官和侍从官。”

三月，赦免天下。

下雪，又降霜，冻死了桑树。

秋，孝元皇帝祭祀祖庙，出了长安南城的便门，准备乘楼船。薛广德挡住皇上的车驾，摘掉官帽磕头劝谏说：“应当从桥上走。”皇上下令说：“御史大夫戴上官帽。”薛广德说：“陛下不听从臣的劝谏，臣就自杀，用血污染车轮，陛下就进不了祖庙了！”皇上很不高兴。车队前导官光禄大夫张猛上前奏说：“臣听说皇上圣明臣下就刚直。乘船危险，桥上走安全；圣明的皇上不去冒险。御史大夫的建议可以听从！”皇上说：“劝导别人难道不应当如此吗！”于是从桥上走。

九月，天降霜冻死了庄稼，全国闹饥荒。丞相于定国，大司马、车骑将军史高，御史大夫薛广德都因天灾而引咎辞职。皇上赐给他们安车、驷马、黄金六十斤，

罢。太子太傅韦玄成㊻为御史大夫。广德归，县其安车，以传示子孙为荣。

帝之为太子也，从太中大夫孔霸[407]受《尚书》，及即位，赐霸爵关内侯，号褒成君[408]，给事中。上欲致霸相位，霸为人谦退，不好权势，常称："爵位泰过，何德以堪之！"御史大夫屡缺，上辄欲用霸；霸让位，自陈至于再三。上深知其至诚，乃弗用。以是敬之，赏赐甚厚。

戊子[409]，侍中、卫尉[410]王接[411]为大司马、车骑将军。

石显惮周堪、张猛等，数谮毁之。刘更生惧其倾危[412]，上书曰："臣闻舜命九官[413]，济济[414]相让，和[415]之至也。众臣和于朝则万物和[416]于野，故箫《韶》九成[20]，凤皇来仪[417]。至周幽、厉[418]之际，朝廷不和，转相非怨，则日月薄食[419]，水泉沸腾，山谷易处[420]，霜降失节[421]。由此观之，和气致祥[422]，乖气致异[423]，祥多者其国安，异众者其国危，天地之常经[424]，古今之通义[425]也。今陛下开三代[426]之业，招文学之士[427]，优游宽容[428]，使得并进。今贤不肖浑殽[429]，白黑不分，邪正杂糅[430]，忠谗[431]并进；章交公车[432]，人满北军[433]，朝臣舛午[434]，胶戾乖剌[435]，更相谗诉[436]，转相是非[437]。所以营惑耳目[438]，感移心意[439]，不可胜载。分曹为党[440]，往往群朋[441]将同心以陷正臣[442]。正臣进者，治之表也[443]；正臣陷者，乱之机也[444]。乘治乱之机，未知孰任[445]，而灾异数见，此臣所以寒心者也。初元以来六年矣，按《春秋》六年之中，灾异未有稠[446]如今者也。原[447]其所以然者，由谗邪并进[448]也。谗邪之所以并进者，由上多疑心，既已用贤人而行善政，如或谮[449]之，则贤人退而善政还[450]矣。夫执狐疑之心者，来谗贼之口[451]；持不断之意者，开群枉之门[452]。谗邪进则众贤退，群枉盛则正士消。故《易》有"否""泰"[453]，小人道长，君子道消，则政日乱；君子道长，小人道消，则政日治。昔者鲧、共工、驩兜[454]与舜、禹[455]杂处尧朝，周公与管、蔡[456]并居周位，当是时，迭进相毁[457]，流言相谤，岂可胜道哉！帝尧、成王能贤舜、禹、周公而消共工、管、蔡，故以大治，荣华至今。孔子与季、孟[458]偕仕[459]于鲁，李斯[460]与叔孙[461]俱宦于秦，定公[462]、始皇贤季、孟、李斯而消孔子、叔孙，故以大乱，污辱至今。

免了他们的官职。任命太子太傅韦玄成为御史大夫。薛广德回到老家，把安车悬吊起来，留传给子孙，以示荣耀。

孝元皇帝做皇太子的时候，师从太中大夫孔霸学习《尚书》，等到即位为皇帝，赏赐孔霸爵位为关内侯，号褒成君，任用为给事中。皇上想提升孔霸为丞相，孔霸为人谦逊，不喜好权势，经常说："爵位太高，我有何德去担任啊！"御史大夫多次空缺，皇上每次都想任用孔霸；孔霸让位，亲自陈请了好几次。皇上深知他极其诚恳，于是不用。因此敬重他，赏赐很丰厚。

九月二十四日戊子，任用侍中、卫尉王接为大司马、车骑将军。

石显惧怕周堪、张猛等人，多次在皇上面前说他们的坏话。刘更生戒惧石显险诈，就上书奏说："臣听说虞舜任命九位大臣，济济一堂互相谦让，十分和谐。群臣在朝廷和睦相处，万物就在野外欣欣向荣，所以洞箫演奏《韶》乐九遍，凤凰就飞来朝拜。到了周幽王、周厉王的时候，朝廷失和，互相排斥怨恨，结果日食、月食相继发生，江河泛滥，山谷易位，霜降不依节令。由此看来，和睦之气招来祥瑞，乖戾之气导致灾异，祥瑞多的国家安定，怪异多的国家危险，这是天地不变的法则，古今一贯的道理。如今陛下要开创夏、商、周三代那样的盛业，应招致文学才士，优闲自得，宽厚而能容人，使得贤士都得到任用。如今贤能之士与不贤的坏人混杂在一起，黑白不分，邪正杂乱，忠奸并用；上访的奏章堆集在公车府，北军的监狱人满为患，朝中群臣互相仇恨，意志不合，互相说坏话，辗转以对方为非。因而蛊惑皇上视听，转移皇上主见，真是不可胜记。他们又各自结成帮派，各派往往共同陷害正直的大臣。正直的大臣被重用，是政治开明的表现；正直的大臣遭陷害，是国家混乱的苗头。在治乱的紧要关头，不知道任用谁，而灾异屡屡出现，这是臣寒心的原因。从初元以来已有六年，按《春秋》的记载，每六年发生的灾异，没有像今天这样密集。究其原因，是由于邪恶的人得到任用。邪恶的人之所以得到任用，是因为皇上多疑，既然已经用了贤人去推行善政，如果贤人受到陷害，那么贤人就被罢退而善政就要终止。怀有猜忌多疑之心，就招来谗恶之口；有迟疑不决的思想，就给邪曲之徒打开方便之门。谗邪之徒被任用，而群贤就会被斥退，众多邪恶的人得势，那么正人君子就衰退。因此，《易经》有"否卦"和"泰卦"，小人的一套受到重视，君子的道义就要消退，那么政治日益混乱；反之，君子的道义受到重视，小人的一套消退，那么政治日益昌盛。从前鲧、共工、驩兜，与舜、禹同在尧的朝廷做官，周公与管叔、蔡叔同在周朝做官，当时，他们之间互相诽谤，流言四起，哪里说得完呢！帝尧、周成王能够认识舜、禹、周公贤能，而排除了共工、管叔、蔡叔，所以天下大治，荣耀直到今天。孔子与季孙斯、孟孙何忌同在鲁国做官，李斯和叔孙通同在秦朝做官，鲁定公和秦始皇认定季孙斯、孟孙何忌、李斯贤能，排斥了孔子、叔孙通，因此国家大乱，恶名一直流传到今天。

故治乱荣辱之端[463]，在所信任；信任既贤，在于坚固而不移。《诗》云‘我心匪石，不可转也’[464]，言守善笃也。《易》曰‘涣汗其大号[465]’，言号令如汗，汗出而不反[466]者也。今出善令未能逾时[467]而反，是反汗也；用贤未能三旬[468]而退[469]，是转石[470]也。论语曰：‘见不善如探汤[471]。’今二府[472]奏佞谄不当在位，历年[473]而不去。故出令则如反汗，用贤则如转石，去佞则如拔山[474]，如此，望阴阳之调[475]，不亦难乎！是以群小窥见间隙[476]，缘饰文字[477]，巧言丑诋[478]，流言[479]、飞文[480]哗[481]于民间。故《诗》云[482]‘忧心悄悄[483]，愠[484]于群小’，小人成群，诚足愠也。昔孔子与颜渊、子贡[485]更相称誉，不为朋党[486]；禹、稷与皋陶传相汲引，不为比周[487]。何则？忠于为国，无邪心也。今佞邪与贤臣并交戟[488]之内，合党共谋，违善依恶，歙歙訿訿[489]，数设危险之言[490]，欲以倾移[491]主上，如忽然用之，此天地之所以先戒，灾异之所以重至[492]者也。自古明圣未有无诛而治者也，故舜有四放之罚[493][21]，孔子有两观之诛[494]，然后圣化可得而行也。今以陛下明知，诚深思天地之心[495]，览“否”“泰”之卦[496]，历周、唐之所进以为法[497]，原秦、鲁之所消以为戒[498]，考祥应之福，省[499][22]灾异之祸，以揆[500]当世之变，放远[501]佞邪之党，坏散[502]险诐之聚[503]，杜闭[504]群枉之门[505]，广开众正之路，决断狐疑，分别犹豫[506]，使是非炳然[507]可知，则百异消灭而众祥并至，太平之基、万世之利也。”显见其书，愈与许、史比[508]而怨更生等。

【段旨】

以上为第七段，记载汉元帝纳言，薛广德拦路跪谏和刘向上书请诛奸佞。薛广德疏谏，拦阻汉元帝出行不要摆渡过河，而要从桥上行路，小题大做，表演热爱君王，汉元帝乐得有纳谏之名而听从。刘向上书言国家大事，汉元帝舍不得左右亲信，下不了诛除奸佞的决心，于是稀里糊涂装呆，甚至把刘向上书捅给政敌看，于是石显等对刘向恨之入骨。

所以国家治与乱、荣与辱的缘由，在于皇上信任什么样的人；既然信任了贤人，关键在于坚持而不动摇。《诗经》说‘我的心不是石头，不可以转动’，这说的是坚持善行十分执着。《易经》说‘王者发号令，涣然如汗水涌出’，说的是令从口出，如同汗从体出，不可再返回体内。现今颁布的善政号令，未超过三月就被收回，这就是返汗；任用贤能的人才，不到三十天就被斥退，这就是转动石头。《论语》说：‘看见不好的事，就像是手伸到开水里一样。’现今两府上奏巧言逢迎之徒不当在位，可是历经数年还没离去。所以皇上发出号令如同收回流出的汗水，任用贤才如同转动石头，而排除邪恶小人简直像搬动一座大山一样艰难，在这种情况下，希望阴阳调和，不也是很困难的吗！因此，一群小人寻找到漏洞，专做文字游戏功夫，造谣诽谤，散布流言，在民间广为传布。所以《诗经》说‘我心忧如焚，只因触怒了一群小人’，小人拉帮结派，确实令人愤怒。从前孔子与他学生颜渊、子贡互相赞扬夸奖，没有人认为他们结党营私；大禹、后稷与皋陶互相推荐引用，没有人说他们勾结为奸。为什么呢？因为他们忠心为国，没有私心邪念。如今奸佞小人混杂在贤人中间，小人们勾结在一起，共设阴谋，离善从恶，叽叽喳喳，花言巧语，设置一重又一重的圈套，想用此来改变皇上的主意，如果皇上贸然听信，这就是天地先行警告、灾异大致的原因。自古以来的圣明君王，从来没有不用诛杀就可以治理好国家的，所以虞舜有放逐四凶的惩罚，孔子有在两观诛杀少正卯的事件，只有这样，圣明的教化才得到推行。现今，以陛下的圣明睿智，如真能深思天地的旨意，观览《易经》上“否”“泰”两卦的卦辞，历览西周、唐尧如何进用贤人并把它作为法则，追根秦国、鲁国贤人消退的原因并以之为鉴戒，考求那些祥瑞给国家带来的幸福，反省灾异给国家带来的祸害，用来考量当前的局势，放逐远离奸佞邪恶之徒，打散阴谋构陷之人的聚集，堵塞群小钻营之门，广开引进正人君子的途径，杜绝犹疑，区别善恶，让是非明白可知，那么，成百的灾异都将消除，而众多的祥瑞都会来临，这是太平盛世的基业、万世的长远利益。”石显看到这份奏章，更加与许、史皇亲朋比为奸，而愈益怨恨刘更生等人。

---

【注释】

㊳89 郑、卫之乐：指靡靡之音。郑、卫，春秋时二国名，郑国在今河南新郑，卫国在今河南淇县。两地民歌轻柔，被儒家视为亡国之音。390 诚悼：心情十分沉痛。悼，悲痛。391 从官：侍从之官，诸如宦者、诸郎、太医等。392 亟反宫：立即回宫。反，通“返”。393 质朴、敦厚、逊让、有行：这是元帝永光元年举贤良的四种科目。394 陨霜：降霜。395 杀桑：冻死了桑树。396 酎祭宗庙：汉制，每年八月以重酿之醇酒祭祀祖庙，称酎祭。酎，专用的醇酒。397 便门：长安城南西头第一门。398 当：阻挡。399 免冠顿首：摘帽

磕头。拦阻乘舆车，乃犯上之举，薛广德免冠顿首谏，表示有罪。⑩说：通“悦”。⑪先驱：先导。⑫晓人不当如是邪：规劝人难道不应当如此吗。这是元帝夸奖张猛谏诤有方。⑬于定国：字曼倩，东海郯（今山东郯城县北）人。宣帝时为廷尉，持法宽平，人称贤臣。元帝时为丞相。传见《汉书》卷七十一。⑭乞骸骨：古时大臣辞职的委婉说法。丞相、大司马、御史大夫为汉三公，按当时天人感应之说，应对天灾负责，故皆引咎辞职。⑮安车：坐乘之小车，以蒲裹轮，运行平稳，供致仕大臣或所征耆学大儒乘坐。⑯韦玄成：字少翁，鲁国邹（今山东邹城东南）人。宣帝相韦贤之子，官至丞相。事附其父传，见《汉书》卷七十三。⑰孔霸：字次儒，孔子第十三代孙，世传经学。宣帝时官至太中大夫、詹事。汉元帝封为褒成君。传见《汉书》卷八十一。⑱褒成君：胡三省注引如淳曰，“为帝师，教令成就，故曰褒成君”。⑲戊子：九月二十四日。⑳卫尉：官名，九卿之一，掌皇宫禁卫之职。㉑王接：汉元帝舅平昌侯王无故之子。㉒倾危：险诈。㉓舜命九官：《尚书·舜典》与《史记·五帝本纪》载，虞舜继尧治事，草创国家，任命禹做司空，弃做后稷，契做司徒，皋陶做士，垂做共工，益做朕虞，伯夷做秩宗，夔做典乐，龙做纳言，凡九官。㉔济济：形容人才众多。㉕和：感情融洽，团结一致。㉖万物和：万物欣欣向荣。㉗箫《韶》九成二句：多次演奏《韶》乐，凤凰也要飞来朝拜。《韶》乐，舜时乐典名。九，不定数词，多。㉘幽、厉：周幽王、周厉王。周朝第十代国君名姬胡，死后谥厉王；厉王后为宣王，宣王后为幽王姬宫涅，即周朝第十二代国君。厉王暴虐，为国人所逐；幽王昏乱，导致西周灭亡。〖按〗古史将周厉王、周幽王并举时，倒其时序，不称“厉幽”，而说“幽厉”，因幽王更为暴虐，以致亡国。㉙日月薄食：日食和月食交替发生。薄，迫也，谓日月相掩而成食。㉚水泉沸腾二句：百川泛滥，高山与深谷改变了位置。意谓山川动摇。㉛霜降失节：降霜失调，与节令不符。㉜致祥：招来祥瑞。㉝致异：导致灾祸。㉞常经：不变的法则。㉟通义：一贯的道理，即普遍真理。㊱三代：夏、商、周。㊲文学之士：通晓经术的人士。汉时文学指经学。今之文学，汉时称文章、文辞。㊳优游宽容：悠闲自得，宽厚而能容人。㊴浑殽：即混淆。㊵杂糅：混杂。㊶忠谗：忠奸。㊷章交公车：吏民上书，呈于公交车司马令代转。公交车，即公交车司马令之省称，主管宫城南门外之司马门，接纳吏民章奏。章，指奏章，上奏的文书。㊸人满北军：因言论获罪的人犯塞满了北军的监狱。汉制，中垒校尉，主北军垒门内。吏民上章于公交车，有不如法者，由北军尉依法治之。㊹舛午：悖逆；志意不合。㊺胶戾乖刺：互相违背不和谐。㊻更相谗诉：互相进谗陷害。㊼转相是非：相互以对方为非。㊽营惑耳目：蛊惑皇帝耳目。㊾感移心意：转移皇帝的主见。㊿分曹为党：各自按部门结党营私。㊶群朋：朋比为奸。㊷正臣：耿直秉正之臣。正，品德正直，心胸光明磊落。㊸正臣进者二句：直臣进用，是政治开明的表现。㊹正臣陷者二句：直臣遭陷害，是祸乱的先兆。㊺乘治乱之机二句：在治乱的关头，不知应当用谁。㊻稠：密；多。㊼原：推究。㊽谗邪并进：谗臣与奸邪小人都得到进用。㊾谮：谗言陷害。㊿还：被收还，即中止。㊶执狐疑之心者二句：

心怀猜忌，就要招来谗恶之口。㊷持不断之意者二句：办事没有决断力，就给一群小人开了后门。群枉，一群邪曲的小人。㊸《易》有“否”“泰”：《易经》上有象征不顺利的“否卦”和顺利的“泰卦”。㊹鲧、共工、驩兜：尧时的凶臣。㊺舜、禹：虞舜、大禹。㊻周公与管、蔡：即周公姬旦、管叔姬鲜、蔡叔姬度，三人皆周文王之子。姬旦贤而多能，是辅佐武王、成王的西周贤臣。管、蔡二人则不识大体，联合谗害周公，进而发动叛乱，为周公所诛。㊼迭进相毁：交替进用，互相打击。㊽季、孟：鲁国的季孙氏、孟孙氏两大夫家族，皆鲁桓公之后。㊾偕仕：同在一朝做官。与孔子一起在鲁国做官的有季孙斯、孟孙何忌。㊿李斯（？至前二〇八年）：秦始皇时丞相，始皇死后，李斯受赵高蛊惑，拥立秦二世，加速了秦朝的灭亡，故这里以李斯为奸臣。传见《史记》卷八十七。461叔孙：指叔孙通，秦博士，入汉为奉常。传见《史记》卷九十九。462定公：春秋时孔子出仕时的鲁国国君。463端：缘由。464《诗》云三句：引自《诗经·柏舟》。意谓石虽坚，尚可转移，我心非石，是不可动摇的。465涣汗其大号：意谓君令发出，如同汗从体出，不可收回，喻号令不可改变。语见《易经·涣卦·九五·爻辞》。466反：通“返”。467逾时：超过三月。468旬：十天。469退：指官职被罢免。470转石：指用贤如用手转石头，太随意。471见不善如探汤：见到邪恶，如同用手去探沸水，应立即避退。语见《论语·季氏》。汤，沸水。472二府：指丞相、御史两府。473历年：一年又一年，历经数年。474去佞则如拔山：排除邪恶小人就像搬动一座大山一样艰难。475阴阳之调：阴阳调和，指风调雨顺，没有灾害。476间隙：漏洞；空子。477缘饰文字：夸大其词以诬人。缘饰，夸张、增饰。478丑诋：诽谤。479流言：谣言。480飞文：匿名信。481哗：喧哗；传播。482《诗》云：引自《诗经·柏舟》。483悄悄：忧心如焚的样子。484愠：怒。485颜渊、子贡：均系孔子弟子。事见《史记》卷六十七《仲尼弟子列传》。486不为朋党：不是拉帮结派，互相吹捧。487比周：互相勾结。488交戟：本指宿卫卫士以戟相交，这里喻佞臣与贤臣交织在一起。489歙歙訿訿：叽叽喳喳，象声词。形容交头接耳、鬼鬼祟祟之状。490危险之言：耸动视听，陷人于圈套的言论。491倾移：转移。这里指使皇帝改变主意。492重至：大至。493舜有四放之罚：舜流放共工于幽州，逐驩兜于崇山，贬三苗于三危，杀鲧于羽山。494孔子有两观之诛：鲁定公十四年（公元前四九六年），孔子为鲁司寇，杀少正卯于两观之下。两观，鲁宫外之阙门。495思天地之心：思考天地惩恶佑善之心。496览“否”“泰”之卦：阅览《易经》中“否”“泰”二卦的卦辞。《否卦·彖辞》有“内小人而外君子，小人道长，君子道消”句。《泰卦·彖辞》有“内君子而外小人，君子道长，小人道消”句。497历周、唐之所进以为法：历观西周、唐尧如何进用贤人，可以作为榜样。498原秦、鲁之所消以为戒：推原秦国、鲁国衰败的原因，应引以为戒。499省：反省；反思。500揆：估量；审度。501放远：放逐远离。502坏散：打破、解散。503险诐之聚：专门从事阴谋构陷之集团。504杜闭：堵塞。505群枉之门：群小钻营之门。506决断狐疑二句：当机立断，不可犹豫，这里指诛除显、许集团。507炳然：显明。508比：结党。

【校记】

［20］成：据章钰校，乙十一行本、孔天胤本此下皆有“而”字，傅增湘校北宋本同。［21］罚：据章钰校，乙十一行本、孔天胤本此下皆有“而”字，傅增湘校北宋本同。［22］省：原无此字。据章钰校，乙十一行本有此字，张敦仁《资治通鉴刊本识误》同，今据补。

【原文】

是岁，夏寒，日青无光[509]，显及许、史皆言堪、猛用事之咎。上内重堪，又患众口之浸润[510]，无所取信。时长安令杨兴以材能[511]幸，常称誉堪，上欲以为助，乃见问兴：“朝臣断断[512]不可光禄勋，何邪？”兴者，倾巧士[513]，谓上疑堪，因顺指[514]曰：“堪非独不可于朝廷，自州里[515]亦不可也！臣见众人闻堪与[23]刘更生等谋毁骨肉[516]，以为当诛，故臣前书言堪不可诛伤，为国养恩也。”上曰：“然此何罪而诛？今宜奈何？”兴曰：“臣愚以为可赐爵关内侯，食邑三百户，勿令典事[517]。明主不失师傅之恩，此最策之得者[24]也。”上于是疑之。

司隶校尉[518]琅邪诸葛丰[519]，始以刚直特立[25]著名于朝，数侵犯贵戚[520]，在位者[26]多言其短；后坐春夏系治人[521]，徙城门校尉[522]。丰于是上书告堪、猛罪。上不直[523]丰，乃制诏御史[524]：“城门校尉丰，前与光禄勋堪、光禄大夫猛在朝之时，数称言[525]堪、猛之美。丰前为司隶校尉，不顺四时，修法度[526]，专作苛暴以获虚威[527]。朕不忍下吏[528]，以为城门校尉。不内省诸己[529]，而反怨堪、猛以求报举[530]，告按无证之辞[531]，暴扬难验之罪[532]，毁誉恣意[533]，不顾前言，不信之大[534]也。朕怜丰之耆老[535]，不忍加刑，其免为庶人！”又曰：“丰言堪、猛贞信不立[536]，朕闵而不治[537]，又惜其材能未有所效[538]，其左迁[539]堪为河东[540]太守，猛槐里[541]令。”

臣光曰：“诸葛丰之于堪、猛，前誉而后毁，其志非为朝廷

【语译】

这一年，夏天寒冷，太阳青色无光，石显和许嘉、史高都说这都是周堪、张猛执政引起的灾祸。元帝内心敬重周堪，又忧虑众口之谗言，无法取信大家。当时长安县令杨兴凭着才干得到皇上宠爱，经常称赞周堪，皇上想得到杨兴的帮助，就召见杨兴，询问他："朝中一些大臣时常激动地非议光禄勋，这是怎么回事？"杨兴是一个奸诈之人，他误以为元帝怀疑周堪，就顺着自己误解的旨意说："周堪这人，不仅朝中大臣非议他，他同州乡的人也不认可他。臣先前听说，周堪和刘更生等挑拨离间陛下的骨肉亲情，应当诛杀，所以臣先前上书说不可诛杀周堪，那是为国家培植恩德。"元帝说："那么他们有什么罪而被诛杀呢？如今应该如何处置呢？"杨兴说："臣愚昧的个人意见认为，可以赐爵关内侯，食邑三百户，而不要让他主事。这样，圣明的皇上就没有抛弃师傅的恩德，这可以说是得计之上策。"元帝于是疑心周堪。

司隶校尉琅邪人诸葛丰，起先由于刚强正直，特立独行，闻名于朝廷，多次侵犯皇亲国戚，很多当权的人说他的坏话；后来诸葛丰因在春夏季节逮捕犯人，遭到控告，被降职为城门校尉。诸葛丰于是上书控告周堪、张猛有罪。元帝不认为诸葛丰有理，就下诏书给御史大夫说："城门校尉诸葛丰，先前与光禄勋周堪、光禄大夫张猛同在朝廷为官时，多次称赞周堪、张猛的美德。诸葛丰先前任司隶校尉，不遵顺四时天意，不遵守法律制度，专门用苛刻凶残的手段来树立个人的威风。朕不忍心法办，让他当城门校尉。可是诸葛丰却不自我反省，反而怨恨周堪、张猛，寻找对方过失举发报复，告发的言辞没有证据，揭发的全是无法证明的罪过，毁谤赞誉随心所欲，不顾先前赞誉周堪、张猛的言辞，这是最不诚信的行为。朕可怜诸葛丰是年老之人，不忍心法办，解除他的官职做一个平民！"元帝又说："诸葛丰揭发周堪、张猛缺失忠贞和信义，朕也怜悯两人，不予追究，又惋惜两人的才干未能报效国家，就降职任用，周堪为河东太守，张猛为槐里县令。"

司马光说："诸葛丰对于周堪、张猛，先赞扬而后毁谤，他的想法不是为国

进善而去奸也，欲比周求进[542]而已矣；斯亦郑朋、杨兴之流，乌在其为刚直哉[543]！人君者，察美恶，辨是非，赏以劝善，罚以惩奸[544]，所以为治也。使丰言得实，则丰不当黜[545]；若其诬罔[546]，则堪、猛何辜焉！今两责[547]而俱弃之，则美恶、是非果安[27]在哉！”

贾捐之与杨兴善。捐之数短石显[548]，以故不得官，稀复进见[549]；兴新以材能得幸。捐之谓兴曰：“京兆尹[550]缺，使我得见，言君兰[551]，京兆尹可立得。”兴曰：“君房[552]下笔，言语妙天下。使君房为尚书令[553]，胜[554]五鹿充宗[555]远甚。”捐之曰：“令我得代充宗，君兰为京兆，京兆，郡国首[556]，尚书，百官本，天下真大治，士则不隔[557]矣！”捐之复短石显，兴曰：“显方贵，上信用之。今欲进，第[558]从我计，且与合意[559]，即得入矣！”捐之即与兴共为荐显奏，称誉其美，以为宜赐爵关内侯，引其兄弟以为诸曹[560]，又共为荐兴奏，以为可试守[561]京兆尹。石显闻知，白之上，乃下兴、捐之狱，令显治之，奏：“兴、捐之怀诈伪，更相荐誉，欲得大位，罔上[562]不道[563]！”捐之竟坐弃市[564]，兴髡钳为城旦[565]。

臣光曰：“君子以正攻邪，犹惧不克。况捐之以邪攻邪，其能免乎！”

徙清河王竟[566]为中山王。

匈奴呼韩邪单于民众益盛，塞下禽兽尽，单于足以自卫，不畏郅支，其大臣多劝单于北归者。久之，单于竟北归庭，民众稍稍归之，其国遂定。

家进贤除奸，是打算结党营私，以求仕进罢了；诸葛丰也是郑朋、杨兴之类，哪能是一个刚直的人物啊！作为国君，要能考察善恶，明辨是非，用奖赏鼓励善行，用刑罚惩治邪恶，以此来治理国家。如果诸葛丰说的是真话，那么诸葛丰不应当贬黜；如果是诬陷，那么周堪、张猛有什么罪过！而今双方都受到责罚而遭黜废，那么善与恶、是与非，到底在哪一方呢！”

贾捐之与杨兴两人交好。贾捐之多次说石显的坏话，因此没有得到官职，很少见到元帝；杨兴最近因才干得到元帝亲幸。贾捐之对杨兴说：“京兆尹空缺，您让我见到皇上，推荐您杨君兰，您立马得到京兆尹。”杨兴说：“您贾君房下笔成文，言语精妙天下第一。如果让您贾君房任尚书令，比五鹿充宗强多了！”贾捐之说：“如果我替代五鹿充宗为尚书令，您杨君兰为京兆尹，京兆是郡国之首，尚书是百官的根本，天下真的太平，士人就不会阻塞了！”贾捐之又揭发石显的过失，杨兴说：“石显正显贵，皇上信任重用他。如今想要升官，只要依从我的计划，暂且投合石显，便能入朝做官。”贾捐之就与杨兴一起上书元帝，称赞石显美德，认为应当给石显赐爵关内侯，任用石显的兄弟为诸曹官员，然后，两人又一起谋划推荐杨兴的奏章，认为可以让杨兴代理京兆尹。石显得知实情，就报告元帝，便把杨兴、贾捐之两人逮捕下狱，让石显治两人的罪，石显上奏说：“杨兴、贾捐之心怀奸诈，彼此推荐称誉，企图谋取重要官职，欺骗皇上，大逆不道！”贾捐之最终被判在街市处斩，杨兴被剃发戴枷，服役筑城。

司马光说：“君子以正压邪，还忧虑不能取胜。何况贾捐之以邪攻邪，怎能免除灾祸呢！”

改封清河王刘竟为中山王。

匈奴呼韩邪单于的部众日益强盛，边塞的禽兽都绝灭了，单于也足以自卫，不再害怕郅支单于，呼韩邪单于的大臣大多来劝单于北归。过了很长时间，呼韩邪单于终于回到北方的王庭，民众渐渐归附，他的国家便安定下来。

---

**【段旨】**

以上为第八段，写诸葛丰、贾捐之、杨兴等一班钻营官吏的嘴脸。他们奔走于权门，策划于密室，寡廉鲜耻、随风转舵，不择手段往上爬，揣摩人主说鬼话，到头来竹篮打水一场空。诸葛丰被罢官，贾捐之掉了脑袋，可以说是罪有应得。

**【注释】**

[509] 日青无光：日色青蓝而黯淡。[510] 浸润：指谮言如水之浸润，久则成奸。《论语·颜渊》孔子曰：“浸润之谮不行焉，可谓明也已矣。”[511] 材能：才干。[512] 龂龂：切齿愤恨的样子。此指说话时的激动神情。[513] 倾巧士：奸诈的人。[514] 顺指：揣摩主意而阿附。指，通“旨”。[515] 州里：指同州乡而居的人。[516] 谋毁骨肉：诽谤离间骨肉亲情。[517] 典事：主管政事。[518] 司隶校尉：官名，掌京师治安。[519] 诸葛丰：字少季，琅邪诸县（今山东诸城西南）人，汉元帝时官至司隶校尉，刚直不阿。传见《汉书》卷七十七。[520] 数侵犯贵戚：多次侵犯皇亲国戚。[521] 坐春夏系治人：指诸葛丰因春夏捕人而被起诉。古人信奉天人感应之说，春、夏为生长季节，因此仲春省囹圄（释放轻罪犯），去桎梏（不戴刑具），停止审讯，不捕犯人；仲夏改善重犯人的生活，增加食物供给。春夏捕人，被认为是不顺天行事。[522] 城门校尉：武官名，掌京师十二城门护卫。[523] 不直：不认为对。[524] 制诏御史：下诏御史大夫。汉制，皇帝下诏，先交御史大夫，再由御史大夫移丞相府布告天下。[525] 称言：赞扬。[526] 修法度：遵守法令制度。[527] 获虚威：猎取声誉。[528] 下吏：交司法官治罪。[529] 内省诸己：自我反省。[530] 求报举：寻求对方过失举发以报复。[531] 告按无证之辞：控告的是无证据的言辞。[532] 暴扬难验之罪：揭发的是难以按验的罪过。[533] 毁誉恣意：诽谤与赞扬随心所欲。[534] 不信之大：为不诚信之最。[535] 耆老：六十曰耆，七十曰老。[536] 贞信不立：缺乏忠贞和信义。[537] 闵而不治：因怜惜而不治其罪。[538] 未有所效：未能报效国家。效，报效。[539] 左迁：降职。[540] 河东：郡名，治所安邑，在今山西夏县西北。[541] 槐里：县名，县治在今陕西兴平。[542] 比周求进：结党营私以

---

**【原文】**

## 二年（己卯，公元前四二年）

春，二月，赦天下。

丁酉[567]，御史大夫[568]韦玄成[569]为丞相，右扶风[570]郑弘[571]为御史大夫。

三月壬戌朔[572]，日有食之[573]。

夏，六月，赦天下。

上问给事中[574]匡衡以地震日食之变，衡上疏曰：“陛下躬圣德[575]，开太平之路，闵[576]愚吏民触法抵禁[577]，比年[578]大赦，使百姓得改行自新，天下幸甚！臣窃见大赦之后，奸邪不为衰止，今日大赦，明日犯

求得升迁。543乌在其为刚直哉：哪能是一个刚烈正直的人呢。544赏以劝善二句：用奖赏鼓励善行，用刑罚惩治奸恶。545丰言得实二句：诸葛丰说的是实情，那么诸葛丰不应当被罢官。黜，罢官。546诬罔：诬告。547两责：对双方均进行处罚。548数短石显：屡次说石显的坏话。549稀复进见：很少再见到皇帝。550京兆尹：京师行政长官。551君兰：杨兴字君兰。552君房：贾捐之字君房。553尚书令：官名，属少府，与中书令皆为皇帝秘书官。其时，石显任中书令，五鹿充宗任尚书令。554胜：超过。555五鹿充宗：复姓五鹿，字君孟，易学大师，官至少府。事见《汉书》卷八十八《朱云传》。556郡国首：指京兆尹在郡国守相中要排在第一，因京师是郡国之首。557士则不隔：天下才智之士，不受阻隔，得以进用。558第：但。559合意：迎合心意。560诸曹：各部属官。这里指中书、尚书府属官。561试守：汉制，郡国守相，第一年为见习期，称试守，然后转为正式。562罔上：欺骗皇帝。563不道：大逆不道。564坐弃市：被判处在闹市腰斩。565髡钳为城旦：髡钳，剃去头发，戴上颈枷。城旦，即城旦舂，一种筑城的苦役。汉制，髡钳为城旦者，服刑五年，其中三年为筑城苦役。566竞：刘竞，汉宣帝子。

## 【校记】

［23］与：据章钰校，乙十一行本、孔天胤本皆作“前与”。［24］者：据章钰校，乙十一行本、孔天胤本皆无此字。［25］刚直特立：据章钰校，乙十一行本、孔天胤本皆作“特立刚直”，傅增湘校北宋本同。［26］者：据章钰校，乙十一行本、孔天胤本皆无此字。［27］安：据章钰校，乙十一行本作“何”，傅增湘校北宋本同。

---

## 【语译】

### 二年（己卯，公元前四二年）

春，二月，大赦天下。

初五日丁酉，御史大夫韦玄成为丞相，右扶风郑弘为御史大夫。

三月初一日壬戌，发生日食。

夏，六月，赦免天下。

元帝就地震、日食灾异询问给事中匡衡，匡衡上奏说：“陛下自身圣德，开拓太平盛世的大道，怜悯那些愚昧的官吏、民众触犯法律，连年大赦，使犯法民众得以改过自新，真是国家的大幸！我私下看到每次大赦之后，为非作歹的事没有减少和停止，今天赦罪出狱，明天就犯法，一个接一个入狱，这大概是未得教导要领的原

法，相随入狱，此殆[579]导之未得其务[580]也。今天下俗，贪财贱义，好声色，上[581]侈靡，亲戚[582]之恩薄，婚姻之党[583]隆[584]，苟合[585]徼幸[586]，以身设利[587]；不改其原[588]，虽岁赦[589]之，刑犹难使错而不用[590]也。臣愚以为宜壹旷然大变其俗[591]。夫朝廷者，天下之桢干[592]也。朝[593]有变色之言[594]，则下有争斗之患；上有自专[595]之士，则下有不让之人；上有克胜之佐[596]，则下有伤害之心；上有好利之臣，则下有盗窃之民；此其本也。治天下者，审所上[597]而已。教化之流，非家至而人说[598]之也；贤者在位，能者布职[599]，朝廷崇礼，百僚敬让，道德之行，由内及外[600]，自近者始，然后民知所法[601]，迁善日进[602]而不自知也。《诗》[603]曰：'商邑翼翼[604]，四方之极[605]。'今长安，天子之都，亲承圣化，然其习俗无以异于远方，郡国来者无所法则[606]，或见侈靡而放效之；此教化之原本，风俗之枢机[607]，宜先正[608]者也。臣闻天人之际[609]，精祲有以相荡，善恶有以相推[610]，事作乎下者象动乎上[611]，阴变则静者动[612]，阳蔽则明者暗[613]，水旱之灾随类而至[614]。陛下祇畏天戒[615]，哀闵[616]元元[617]，宜省靡丽[618]，考制度[619]，近忠正，远巧佞[620]，以崇至仁[621]，匡失俗[622]，道德弘[623]于京师，淑问扬乎疆外[624]，然后大化[625]可成、礼让可兴也。"上说[626]其言，迁衡为光禄大夫[627]。

荀悦[628]论曰："夫赦者，权时之宜[629]，非常典[630]也。汉兴，承秦兵革[631]之后，大愚之世，比屋[632]可刑，故设三章之法[633]，大赦之令，荡涤秽流[634]，与民更始[635]，时势然也。后世承业，袭而不革，失时宜矣。若惠、文之世[636]，无所赦之。若孝景之时，七国皆乱[637]，异心并起，奸诈非一。及武帝[638]末年，赋役繁兴，群盗并起，加以太子之事，巫蛊之祸[639]，天下纷然，百姓无聊，人不自安[28]。及光武[640]之际，拨乱之后，如此之比，宜为赦矣。"

因吧。现今社会的习俗，贪图财利，轻视道义，喜欢音乐美色，崇尚奢侈，亲戚恩情淡薄，重视婚姻裙带关系，苟且相合，钻营牟利，以身家性命博取财物。本性不改，虽然每年大赦，通过刑罚还是难以做到置刑不用。臣认为要专力进行全面整治，大力变更风俗。中央政府朝廷是治理全天下的根本，好比是筑墙的模板。朝中大臣有愤怒变脸之言，那么下面就有争斗的隐患；上面有专权弄势的人，下面就有争斗不让之民；上面有争强好胜的官僚，下面的人就会兴起暗害他人之心；上面有贪利之臣，下面就会有偷盗之民；朝廷是问题的根本。治理天下的国君，只需考察人民崇尚什么就可以了。教化的推行，并不是要到每个家庭对每一个人进行劝说；只要让贤能的人在位，能干的人任职，朝廷崇尚礼义，文武百官互敬互让，推行道德，由内及外，并从最接近皇上的朝廷开始，然后人民就知道应效法什么，就会在不知不觉中日益增进善行。《诗经》说：'商王京都的淳厚风气，是全国四方的榜样。'现今长安是天子的都城，近距离接受圣王的教化，但是京都的习俗与远方没有差别，地方郡国的人来到京都，找不到效法的榜样，有的人见到了奢侈靡乱而加以仿效。首都是教化的根本，社会风习形成的关键，应当首先端正。臣听说天与人的关系，是阴阳精气互相浸润激荡，善与恶也会互相转变，事物在下面兴起，而迹象早在上面就有显现，阴气变动就产生地震，阳气衰弱就要发生日食，水旱的灾害也就随之到来。陛下敬畏上天的警示，怜悯天下的人民，节省华奢之费，杜绝奢侈，健全制度，亲近忠直的人士，排斥奸巧小人，崇尚至高的仁德，矫正败坏的风气，让高尚的道德弘扬于京师，美好的声誉播扬到国境之外，然后教化可成，礼让可兴。"元帝很欣赏匡衡的建言，升迁匡衡为光禄大夫。

荀悦评论说："赦免囚犯是权宜的措施，不是正常的法典。汉朝兴起，紧接暴秦战乱之后，也是人民极为昏愚的时代，几乎每家每户都触犯了刑法，所以汉高祖约法三章，颁布大赦命令，洗刷当时社会的污秽，让人民开始新的生活，这是当时的局势使之如此。后世继承的人，沿袭这个制度不变革，就不合时宜了。在惠帝、文帝时，就没有大赦。像孝景帝时，七国全都叛乱，邪心并起，奸诈百出。到了武帝末年，赋税重，徭役繁，盗贼四起，加上皇太子被杀事件，巫蛊之祸兴起，导致天下纷乱，百姓无以为生，人人不自安生。等到光武帝时期，平息祸乱以后，以这种形势与前代相比，应当颁布赦令了。"

## 【段旨】

以上为第九段，着重载述汉元帝永兴二年（公元前四二年），匡衡上奏，论地震、日食、月食等天地灾变发生，与其颁布赦令，不如改变社会风气，构建和谐社会。具体措施是，生活上厉行节俭，政治上亲忠良、远奸佞，倡导仁义道德，矫正败坏的社会风气。汉元帝十分欣赏，提升了匡衡的职务。匡衡的进言，是传统儒家劝导人主畏天以达到节制帝王随意膨胀权力的办法。但是往往收效甚微，汉元帝就始终不能斥逐奸佞。

## 【注释】

[567]丁酉：二月初五日。[568]御史大夫：副丞相，监察百官。[569]韦玄成（？至前三六年）：字少翁，宣帝丞相韦贤少子，二人同传，见《汉书》卷七十三。[570]右扶风：官名，汉武帝太初元年（公元前一〇四年）改都尉置，主内史右地，与左冯翊、京兆尹并称三辅，得参与朝政，秩中二千石。[571]郑弘：字稺卿，泰山刚（今山东宁阳东北）人，官至御史大夫。传见《汉书》卷六十六。[572]壬戌朔：三月初一日。[573]日有食之：发生了日食。[574]给事中：加官。加此衔可出入禁中。时匡衡以博士加给事中。[575]躬圣德：自身大德。[576]闵：通“悯”，怜惜。[577]触法抵禁：犯法犯禁。触、抵，均作“违犯”解。[578]比年：连年。[579]殆：恐怕；大概。[580]务：要务；要领。[581]上：通“尚”。[582]亲戚：同宗亲族。[583]婚姻之党：有婚姻关系的人。[584]隆：厚重。[585]苟合：以利结合。[586]徼幸：找机会；钻空子。[587]以身设利：用身家性命博取财利。设，施也，设置圈套求取。[588]原：原本，此为本性。[589]岁赦：每年一赦。[590]错而不用：放置刑法而不用。谓社会太平，无人犯法。错，设置。[591]壹旷然大变其俗：专力进行全面整顿，大力改变社会风气。壹，专一。旷然，空旷博大。[592]桢干：筑墙的模板夹具。题头称桢，两侧木板叫干。这里以桢干喻治理天下的根本、骨干。[593]朝：与下文的“上”，均指朝中的高官、在上位的人，变文同义。[594]变色之言：愤怒变脸之言。[595]自专：刚愎自用。[596]克胜之佐：指争强斗胜的大臣。[597]上：通“尚”，崇尚。[598]家至而人说：到每家，见每一人，均进行教化劝说。[599]布职：在职。[600]由内及外：此句内涵丰富，指推行道德，由核心向外扩展，由朝廷向下逐级推广，由亲向疏推广，个人则由内心达于外表。[601]法：效法。[602]迁善日

---

## 【原文】

秋，七月，陇西羌[641]彡姐旁种[642]反，诏召丞相韦玄成等入议。是时，岁比不登[643]，朝廷方以为忧，而遭羌变，玄成等漠然[644]，莫有对者。

进：善行与日俱增。迁善，品行向善转变。⑹《诗》：指《诗经·殷武》。⑭翼翼：谨慎淳厚的样子。⑮极：标准。⑯法则：效法。⑰枢机：关键。⑱先正：首先纠正。⑲天人之际：天道与人事的关系。际，交会之处；关系。⑩精祲有以相荡二句：天人关系，是阴阳精气互相浸渐激荡，善恶也随之相互转化。⑪事作乎下者象动乎上：事物在下面兴起时，迹象就在上面显现。⑫阴变则静者动：阴气变异，就要发生地震。静，指大地。动，指地震。⑬阳蔽则明者暗：阳气衰蔽，光明就要昏暗。明，指太阳。⑭水旱之灾随类而至：地震、日食之后，水旱等灾将连类而至。⑮祗畏天戒：敬畏上天的警告。⑯哀闵：哀怜。⑰元元：黎民百姓。⑱省靡丽：节省奢靡华丽之费。⑲考制度：考究并健全制度。⑳近忠正二句：亲近忠良，疏远奸佞。㉑崇至仁：尊崇至高的仁德。㉒匡失俗：矫正败坏的风俗。㉓弘：发扬光大。㉔淑问扬乎疆外：美好的声誉传播到疆域之外。㉕大化：教化大成，即大治。㉖说：通“悦”。㉗光禄大夫：官名，掌议论，为皇帝身边顾问应对之臣。西汉末期大多用作贵戚重臣的加官。㉘荀悦（公元一四八至二〇九年）：字仲豫，颍川颍阴（今河南许昌）人，东汉末政论家、史学家，著有《申鉴》《汉纪》。这里所引为《汉纪》中荀悦的评论。传见《后汉书》卷六十二。㉙权时之宜：权宜之计。㉚常典：正常的法度。㉛兵革：战乱。㉜比屋：每个家庭。㉝三章之法：刘邦入关灭秦后，废秦苛法，仅约法三章：杀人者死，伤人及盗抵罪。㉞荡涤秽流：指大赦的目的是洗刷社会上的罪恶污秽。㉟更始：重新开始，焕发一种新面貌，或国家改革政治，或人民开始新生活。此指后者。㊱惠文之世：汉惠帝、汉文帝时代。㊲孝景之时二句：汉景帝三年（公元前一五四年），吴、楚、胶西、胶东、济南、甾川、赵等七王国联合反叛。㊳武帝：指汉武帝刘彻。㊴太子之事二句：汉武帝征和二年（公元前九一年），奸臣江充治巫蛊狱，诬太子刘据诅咒汉武帝，太子矫诏发兵诛江充。武帝令丞相刘屈氂讨伐太子，长安城中大战，死者以万计。巫蛊，女巫刻木为人形，以诅咒之术害人。㊵光武：汉光武帝刘秀。

【校记】

［28］人不自安：原无此四字。据章钰校，乙十一行本、孔天胤本皆有此四字，张瑛《通鉴校勘记》、傅增湘校北宋本同，今据补。



【语译】

秋，七月，陇西羌人彡姐部的分支种落叛乱，元帝召集丞相韦玄成等入宫会议。当时，连年歉收，朝廷正为此忧虑，又碰上羌人叛变，韦玄成等沉默，没有人发言。

右将军冯奉世[645]曰："羌虏近在竟[646]内背畔，不以时诛，无以威制远蛮，臣愿帅师讨之。"上问用兵之数，对曰："臣闻善用兵者，役不再兴[647]，粮不三载[648]，故师不久暴[649]而天诛亟决[650]。往者数不料[651]敌，而师至于折伤，再三发调[652]，则旷日烦费，威武亏[653]矣。今反虏无虑[654]三万人，法当倍[655]，用六万人。然羌戎，弓矛之兵耳，器不犀利[656]，可用四万人。一月足以决。"丞相、御史、两将军[657]皆以为"民方收敛时[658]未可多发。发万人屯守之，且足[659]"。奉世曰："不可。天下被饥馑[660]，士马羸耗[661]，守战之备久废不简[662]，夷狄皆有轻边吏之心，而羌首难[663]。今以万人分屯数处，虏见兵少，必不畏惧；战则挫兵病师[664]，守则百姓不救[665]，如此，怯弱之形见[666]。羌人乘利[667]，诸种并和[668]，相扇[669]而起，臣恐中国之役不得止于四万，非财币之[29]所能解[670]也。故少发师而旷日[671]，与一举而疾决，利害相万[672]也。"固争之，不能得。有诏，益二千人。于是遣奉世将万二千人骑[673]，以将屯为名[674]，典属国[675]任立、护军都尉[676]韩昌为偏裨[677]，到陇西[678]，分屯三处[679]。昌先遣两校尉[680]与羌战，羌众[30]盛多[681]，皆为所破，杀两校尉。奉世具上地形部众多少之计[682]，愿益三万六千人，乃足以决事[683]。书奏，天子大为发兵六万余人。八月，拜太常[684]弋阳侯任千秋为奋武将军[685]以助之。冬，十月，兵毕至[686]陇西。十一月，并进[687]，羌虏大破，斩首数千级，余皆走出塞。兵未决间[688]，汉复发募士[689]万人，拜定襄[690]太守韩安国[691]为建威将军[692]。未进，闻羌破而还。诏罢吏士[693]，颇留屯田，备要害[694]处。

**【段旨】**

以上为第十段，冯奉世讨平陇西羌。

右将军冯奉世说："羌人部落最近在国境之内发动反叛，如不及时诛讨，就无法以威武控制远方的少数民族，臣愿率兵讨伐他们。"元帝问需要多少兵力，冯奉世回答说："臣听说善于用兵的人，打仗不用再次兴兵，军粮不超过三年，所以军队不会长久地露宿在外，而是速战速决。从前我方一再不料度敌情，导致部队受创，再三地调发援军，旷日持久，军费烦费，国家威望受到了损害。现今反叛的敌人大约有三万人，按兵法，征讨的军队应当加倍，需要六万人。不过羌人的武器都是长矛、弓箭罢了，兵器并不锋利，所以我们只需用四万兵力，一个月就足以平定。"丞相韦玄成、御史大夫郑弘、车骑将军王接、左将军许嘉一致认为"正值民众秋收时节，不可以多征调民众入伍。派出一万人屯守，就足够了"。冯奉世说："不可以。天下百姓遭受饥荒，兵士战马不仅消瘦，而且减员，防守攻战的准备工作长久废弛没有查检，夷狄都有轻视边吏的心思，羌人只不过是首先发动叛乱。如今派出一万兵力，分散防守多个地方，羌虏看见兵少，一定不害怕；官兵出战就会挫败丧师，防守就救不了百姓，这样，衰弱胆怯的情形暴露无遗。羌人趁势攻击得利，其他夷狄部落都随声附和，相互煽动而起，到那时，我担心汉朝的战争所需的兵力就不只是四万，更不是多花钱就能解决的事了。所以，少派兵而拖延时间，比起多派兵一战就能迅速灭敌，利与害要相差万倍。"冯奉世据理力争，但是得不到支持。元帝下诏，增加两千兵力。于是派冯奉世率领一万两千兵马，打着领兵屯田的旗号，任命典属国任立、护军都尉韩昌两人为副将，进兵到达陇西郡，分兵屯守三个地方。韩昌首先派出两个校尉出兵与羌人战斗，羌人众多，两校尉都被打败，羌人杀了两校尉。冯奉世向朝廷呈报山川地理形势和兵力部署的计划，要求增兵三万六千人，才能决战胜利。奏章上达元帝，元帝大规模调发士兵六万余人。八月，任命太常弋阳侯任千秋为奋武将军增援冯奉世。冬，十月，大军全部到达陇西。十一月，各路大军全线出击，大破羌虏，斩杀了数千人，羌人的残余部众，全都逃出边塞。在胜负还没有分晓时，汉朝又加派征召的一万援军，任命定襄太守韩安国为建威将军。援军还没有进发，听到羌人大败，就撤了回来。元帝下诏，撤除前线军吏士兵，但留下足够守御的兵士屯田，防守边塞要地。

---

**【注释】**

⑭陇西羌：居于今甘肃洮河流域。⑭乡姐旁种：乡姐羌的别支。乡姐，羌人种姓。⑭岁比不登：连年歉收。⑭漠然：默然。⑭冯奉世（？至前三九年）：字子明，上党潞县（今山西长治市潞城区东北）人，宣帝时立功西域，元帝时官至右将军。传见《汉书》卷七十九。⑭竟：通"境"。⑭役不再兴：不再兴兵打仗。意谓一战就彻底胜

利。⑱粮不三载：囤积粮饷不超过三年。即战事不会超过三年。⑲暴：露师于野。即征战。⑳亟决：速战速决。亟，通“急”。㉑料：估量。㉒发调：征调援军。㉓威武亏：朝廷威信受到损害。㉔无虑：大概。㉕法当倍：按兵法，攻方应比守方兵力多出一倍。㉖犀利：锋利。㉗丞相、御史、两将军：指丞相韦玄成、御史大夫郑弘、车骑将军王接、左将军许嘉。㉘民方收敛时：正值百姓秋收之时。㉙且足：将足够。㉚被饥馑：遭受大灾荒。被，遭受。㉛士马羸耗：战士、战马消瘦减员。㉜简：查检。㉝首难：带头发难。㉞挫兵病师：兵败丧师。㉟百姓不救：救不了百姓。㊱形见：形迹暴露。见，通“现”。㊲乘利：乘胜利之机。㊳诸种并和：羌人各部联合响应。㊴相扇：互相煽动。㊵非财币之所能解：不是花钱财能解决的。㊶旷日：空废时日而无功。㊷利害相万：利与弊，相差万倍。㊸万二千人骑：步卒（人）与骑兵（骑）合计共一万两千人。㊹以将屯为名：声称卒兵屯垦。因兵力不足，不言讨伐，而曰屯田。㊺典属国：官名，执掌归附的少数民族事务。㊻护军都尉：低于将军的武官，协助将军管理军务。㊼偏裨：副将。㊽陇西：郡名，治所狄道，在今甘肃临洮。㊾分屯三处：任立为右军，屯白石（山名，在狄道与首阳之间）；韩昌为前军，屯临洮（县名，县治在今甘肃岷县）；冯奉世为中军，屯首阳（县名，县治在今甘肃渭源）西山上。㊿两校尉：两校尉兵力约两千人。汉制，一校尉领兵约千人。(681)盛多：指羌人兵力占绝对优势。(682)具上地形部众多少之计：详尽呈报山川地图及兵力部署计划。(683)乃足以决事：才能足够解决问题。此指取得胜利。(684)太常：九卿之一，掌宗庙礼仪。(685)奋武将军：为出征将军所拟之号。(686)兵毕至：士兵全部到达。(687)并进：各路同时前进，发起总攻。(688)兵未决间：战事未分胜负时。(689)募士：招募士兵。(690)定襄：郡名，治所成乐，在今内蒙古和林格尔西北。(691)韩安国：此人与汉武帝时官至御史大夫的韩安国不是一人。(692)建威将军：临时拟定的杂号将军。(693)诏罢吏士：下诏撤除军吏和士兵。(694)要害：战略要地。

【校记】

［29］之：据章钰校，乙十一行本无此字，傅增湘校北宋本同。［30］众：据章钰校，乙十一行本、孔天胤本皆作“虏”。

【研析】

本卷史事，给评史者提供三大反思。第一，贡禹上书，表现了儒家圆滑政治带来的思考。汉元帝求言，贡禹上书以“婚”“丧”两点说事，建言为政节俭。汉元帝说“好”，身体力行做了一番政治秀，诸如停修宫室、减膳、发放赈济等。司马光批评贡禹耍滑头，言小不言大。司马光认为，汉元帝是仁弱之君，其特长爱好就是标榜节俭，即使是皇帝奢侈浪费，于国家大政是其小者。而汉元帝优柔寡断，信用奸佞邪恶，小人专权，才是国家大政，贡禹不言。如果贡禹不知，就不是一个贤者；

如果知而不言，就是罪人。司马光的批评，可以说是一半对，一半错。首先汉元帝初即位，弘恭、石显等尚未专权，贡禹不可能预推以揭奸；其次，汉元帝昏庸，他虽然听得进忠言，但不能果决除奸，师傅萧望之、宗室刘向等人与奸人展开斗争，下场如何？以师傅、宗室之亲，尚不能撼动奸小分毫，怎么可能要求一个刚刚被征召的布衣大儒来建言除奸呢？但贡禹确实又是耍滑头，他专挑汉元帝能听得进的或允许说的小题大做，言之谆谆，如说裁减宫女只留二十人，这是帝王不可能做到的事，但这种不关痛痒的话说说无妨。贡禹取得高位以后，对石显等人谗害忠良之事，不闻不问，独善其身，尸位素餐，高居显位而圆滑世故，无视国计民生，当然是罪人，司马光又说得对。但封建专制政体，只要独善其身，有如贡禹，也就是一个好官了。第二，萧望之疾恶如仇，代表了耿直朝官的风采，敢与奸人奋战，不顾个人安危，确实做到了杀身成仁，是儒家的忠臣榜样。但萧望之也争权好胜，拉帮结派，党同伐异，他也不能避免专制官僚的恶行。如果萧望之一身正气，郑朋就无缝钻营，郑朋推荐张敞，萧望之一本正经指斥张敞轻佻，张敞不过是走马章台、为妇画眉而已，以今天观点看，张敞恰恰是性情直率可以信赖的人。在宣帝朝，萧望之也曾陷害韩延寿，并企图夺丙吉之位。萧望之受陷害遭到审查，却指使儿子上书呼冤，有滥用元帝信任之嫌，结果被政敌抓住把柄，枉送了卿卿性命。看来萧望之也不是一个宽厚善良之辈。第三，郑朋、贾捐之、杨兴之流，虽然钻营弄巧，却也有为善的一面，如郑朋想投靠萧望之，又举荐张敞，贾捐之、杨兴狼狈为奸，却也有施展才华、治理国家的梦想。综观贡禹、萧望之、郑朋这三类官僚，似乎也可以为大善，也可以为大恶。大概人之性均有善恶两面，在昏君之朝、专政之体的政治场景中，也是摇摆不定的。那么如何才能使人扬善弃恶，和谐的政治场景是关键，的确给人留下深深的思考。

# 卷第二十九　汉纪二十一

起上章执徐（庚辰，公元前四一年），尽著雍困敦（戊子，公元前三三年），凡九年。

【题解】

本卷记事起公元前四一至前三三年，凡九年，当汉元帝永光三年到竟宁元年。本卷所载大事，着重两个方面。第一，详述中官权臣石显的种种奸诈手段，善于自保，邀宠固位。石显结纳贡禹，掩盖逼杀萧望之的恶行，而世故官僚贡禹也卖身投靠，互相利用。韦玄成、匡衡等均为世故官僚，他们替奸邪小人护身，也分得了一块自制的蛋糕。第二，西域都护甘延寿、副校尉陈汤，审时度势，抓住战机，矫诏一战功成，诛灭了郅支单于，一雪汉使谷吉被杀之耻，高扬大汉国威，建立了绝世之功，而迎接功臣的却是堆积案头的刑法条文，以及被夸大了的过错，审查没完没了，拖了两年多才论功行赏，拘泥意识形态理念的腐儒政治，到了是非不分的程度，令人悲叹！

【原文】

**孝元皇帝下**

**永光三年（庚辰，公元前四一年）**

春，二月，冯奉世还京师，更为左将军，赐爵关内侯。

三月，立皇子康为济阳王。

夏，四月癸未①[1]，平昌考侯王接②薨。秋，七月壬戌③，以平恩侯许嘉④为大司马、车骑将军⑤。

冬，十一月己丑⑥，地震，雨水⑦。

复盐铁官。置博士弟子员千人⑧。以用度不足，民多复除，无以给中外徭役故也。

**四年（辛巳，公元前四〇年）**

春，二月，赦天下。

【语译】

**孝元皇帝下**

**永光三年（庚辰，公元前四一年）**

春，二月，冯奉世返回京师，调任为左将军，赐爵位关内侯。

三月，册立皇子刘康为济阳王。

夏，四月二十八日癸未，平昌考侯王接去世。秋，七月壬戌日，任命平恩侯许嘉为大司马、车骑将军。

冬，十一月初八日己丑，地震，降雨。

恢复盐铁官。设置博士弟子，限额一千人。因为朝廷开支出现赤字，且很多民户免除了赋役，收入无法满足内外徭役用度的缘故。

**四年（辛巳，公元前四〇年）**

春，二月，大赦天下。

三月，上行幸雍⑨，祠五畤⑩。

夏，六月甲戌⑪，孝宣园东阙灾⑫。

戊寅晦⑬，日有食之。上于是召诸前言日变⑭在周堪、张猛者责问⑮，皆稽首谢⑯。因下诏称堪、猛[2]之美，征诣行在所⑰，拜为光禄大夫，秩中二千石，领尚书事⑱；猛复为太中大夫、给事中。中书令⑲石显管⑳尚书，尚书五人皆其党㉑也。堪希得见，常因显白事，事决显口。会堪疾喑㉒，不能言而卒。显诬谮猛㉓，令自杀于公车㉔。

初，贡禹奏言㉕："孝惠、孝景庙皆亲尽宜毁，及郡国庙不应古礼，宜正定。"天子是其议。秋，七月戊子㉖，罢昭灵后、武哀王、昭哀后、卫思后、戾太子、戾后园㉗，皆不奉祠㉘，裁置吏卒守㉙焉。

冬，十月乙丑㉚，罢祖宗庙在郡国者㉛。

诸陵分属三辅㉜。以渭城㉝寿陵亭㉞部原上为初陵，诏勿置县邑及徙郡国民㉟。

---

**【段旨】**

以上为第一段，写汉元帝永光三年（公元前四一年）、四年无大事，为政节俭，限额博士弟子员，裁撤不合典制的皇家陵园，不给自己寿陵置邑，不烦扰百姓。但是元帝信用群小，石显及许、史党羽子弟充满朝廷，虽然重新起用了能吏廉吏周堪、张猛，但并不信任，反而被奸佞谗逼至死。汉元帝亲小人，远贤臣，于此可见。

**【注释】**

①癸未：四月二十八日。②平昌考侯王接：宣帝舅王无故以外戚封为平昌侯，其子王接嗣为侯，死后谥曰考侯。③七月壬戌：七月甲申朔，无壬戌。七月应为"八月"之误。壬戌，八月初九日。④许嘉：汉元帝舅。⑤大司马、车骑将军：执政大臣所加之官号。汉武帝曾授霍光大司马、大将军之号，其后执政者多加大司马、大将军之号，或加大司马、车骑将军。⑥己丑：十一月初八日。⑦雨水：降雨。十一月天寒应降雪，因气候反常而降雨，故记载下来。⑧复盐铁官二句：汉元帝初元五年（公元前四四年）曾令

三月，元帝巡幸雍县，祭祀五天帝。

夏，六月二十六日甲戌，孝宣皇帝陵园东门发生火灾。

六月三十日戊寅，日食。元帝因此宣召先前那些说天变都是因周堪、张猛而发生的官员，责令他们解释，他们都磕头请罪。于是元帝下诏称赞周堪、张猛的美德，征召周堪、张猛到自己的住处，任用周堪为光禄大夫，秩禄中二千石，兼职尚书事务；张猛官复原职任太中大夫、给事中。当时中书令石显主管尚书，尚书五人全是石显党羽。周堪很少见到元帝，常常通过石显向皇上奏事，事事都取决于石显之口。碰巧周堪得了失音症，不能说话，最后病死。石显又诬陷谗害张猛，逼迫张猛在公车府自杀。

起初，贡禹上奏说："孝惠庙、孝景庙，都因血亲已到尽头，应当毁弃，还有各郡国所立的皇帝祭庙不合古礼的，都应当定制撤毁。"元帝肯定了贡禹的上奏。秋，七月初十日戊子，裁撤高祖的母亲昭灵后、汉高祖哥哥武哀王刘伯、汉高祖姐姐昭哀后、汉武帝的皇后卫思后、汉元帝的曾祖父戾太子、汉元帝的曾祖母戾后等人的陵园，都不再按时奉祭，裁撤所置官吏和守护人员。

冬，十月十九日乙丑，裁撤郡国中不合典制的宗庙。

将太常直管的各个皇陵，分别隶属三辅管理。又划定渭城北原上的寿陵亭一带为元帝寿陵园地，下诏不置陵邑，也不迁移郡国百姓到那里。

---

罢去盐铁官、博士弟子不置员。现今因用度不足，恢复盐铁专卖并置官，博士弟子限额为一千人。⑨雍：县名，县治在今陕西凤翔南。⑩祠五畤：祭祀五天帝。畤，祭祀神灵的台基祠观，即神灵所居之地。秦汉时在雍地祭祀五天帝，五天帝分别是东方苍帝、南方赤帝、西方白帝、北方黑帝、中央黄帝。⑪甲戌：六月二十六日。⑫孝宣园东阙灾：宣帝墓园东门失火。宣帝葬杜陵，在今陕西西安东南。⑬戊寅晦：六月三十日。⑭诸前言日变：指永光元年夏，突然发生气象灾变，寒冷，日青无光，石显、许嘉、史高等人借机攻讦周堪、张猛，说灾变因周堪、张猛专权而起。如今日食，元帝责问石显等人。⑮责问：申斥并质问。⑯稽首谢：磕头请罪。⑰行在所：一般指皇帝出京所巡幸之地。这里指京都。⑱领尚书事：兼职尚书事务。光禄大夫属光禄勋，掌顾问应对；尚书掌出纳章奏，是执政掌实权的机要部门，属少府。给周堪加此头衔才能过问政事。⑲中书令：中书谒者令之简称，属少府，掌传达政令。⑳管：主管。㉑尚书五人皆其党：中书令及其他典领尚书事四人，共五人。成帝建始四年（公元前二九年）始成定制。周堪兼管尚书，但尚书府五人皆石显死党，周堪有职无权。时尚书五人为：石显、牢梁、五

鹿充宗、伊嘉、陈顺。㉒喑：喉哑不能说话。㉓显诬谮猛：石显诬陷谗害张猛。㉔公车：公车府。㉕贡禹奏言：贡禹卒于元帝初元五年（公元前四四年），生前曾谏议定汉宗庙迭毁之礼及罢郡国庙。贡禹认为，天子七庙，其中太上皇庙、汉高祖庙、汉文帝庙三庙为祖宗庙，应世世不毁；汉武帝、昭帝、宣帝、宣帝父史皇孙悼考庙等四庙为亲庙，应祠祀。此外，惠帝尊高帝庙为太祖庙，景帝尊文帝庙为太宗庙，宣帝尊武帝庙为世宗庙。此三庙为祖宗庙，郡国皆立庙。全国郡国六十八个，共立庙一百六十七所，再加上历代皇后庙，祭祀需耗费大量资财，故贡禹建言迭毁。汉元帝未及施行而贡禹卒，至是永光四年（公元前四〇年）旧事重提，下公卿议。事详《汉书》卷七十三。㉖戊子：七月初十日。㉗罢昭灵后句：毁弃祭祀寝园。昭灵后，高帝刘邦之母。武哀王，刘邦之兄刘伯。昭哀后，刘邦之姐。卫思后，武帝刘彻皇后，戾太子刘据母。戾太子，武帝长子刘据。戾后，戾太子妻史良娣。㉘皆不奉祠：均不再按时按礼仪祭祀。据《汉仪注》，宗庙每年要进行十二次祭祀。㉙裁置吏卒守：裁撤设置的官员和守护人员。㉚乙丑：十

【原文】

**五年（壬午，公元前三九年）**

春，正月，上行幸甘泉㊱，郊泰畤㊲。三月，幸河东㊳，祠后土㊴。

秋，颍川㊵水流杀人民㊶。

冬，上幸长杨射熊馆㊷，大猎㊸。

十二月乙酉㊹，毁太上皇、孝惠皇帝寝庙园，用韦玄成等之议㊺也。

上好儒术㊻、文辞㊼。颇改宣帝之政，言事者多进见㊽，人人以[3]为得上意。又傅昭仪㊾及子济阳王康㊿爱幸，逾于皇后○51、太子○52。太子少傅○53匡衡上疏曰："臣闻治乱安危之机○54，在乎审所用心。盖受命之主○55[4]，务在创业垂统，传之无穷；继体之君○56，心存于承宣○57先王之德而褒大其功。昔者成王○58之嗣位，思述文、武之道○59以养其心，休烈盛美○60，归[5]之二后○61，而不敢专其名，是以上天歆享○62，鬼神佑焉。陛下圣德天覆○63，子爱海内○64，然而阴阳未和、奸邪未禁者，殆议[6]者未丕扬○65先帝之盛功，争言制度不可用也，务变更之，所更或不可行而复复○66之，是以群下更相是非，吏民无所信。

月十九日。㉛罢祖宗庙在郡国者：裁撤设置在郡国的祖宗庙，即高祖庙、太宗庙、世宗庙。㉜诸陵分属三辅：先是诸陵直属太常，今依照其所在分属三辅地方管理。诸陵为：高帝长陵、景帝阳陵，属左冯翊；惠帝安陵、武帝茂陵、昭帝平陵，属右扶风；文帝霸陵、宣帝杜陵，属京兆尹。㉝渭城：县名，县治在今陕西咸阳东北。㉞寿陵亭：指元帝寿陵之亭。皇帝预置之陵称“寿陵”，亦称“初陵”。汉元帝寿陵在渭城，后称“渭陵”。㉟诏勿置县邑及徙郡国民：汉初诸陵均设县邑，迁移各郡国富室及豪侠百姓充实陵邑。汉元帝不欲劳民，故下诏不在寿陵设邑，不迁移郡国百姓。

**【校记】**

［1］癸未：原无此二字。据章钰校，乙十一行本、孔天胤本皆有此二字，张敦仁《资治通鉴刊本识误》、张瑛《通鉴校勘记》、傅增湘校北宋本同，今据补。［2］猛：据章钰校，乙十一行本无此字，傅增湘校北宋本同。

---

**【语译】**

**五年（壬午，公元前三九年）**

春，正月，元帝巡幸甘泉宫，郊祀泰畤。三月，巡幸河东，祭祀土地神。

秋，颍川郡发生水灾，淹死百姓。

冬，元帝巡幸长杨宫射熊馆，进行大规模围猎。

十二月十六日乙酉，拆毁太上皇刘执嘉和孝惠帝刘盈两座祖庙及陵园，这是元帝采纳韦玄成等人的建议。

元帝喜好儒学和文学。更改了宣帝时的很多施政办法，提出施政建议的人，往往被召见，人人都以为给皇上留下了好印象。傅昭仪和她生的皇子济阳王刘康特别受到元帝的宠爱，超过了皇后和太子。太子少傅匡衡上奏说：“臣听说国家治乱安危的关键，在于人主用心谨慎。承受天命的开国之君，尽力于开创基业，传给子孙，以至于无穷；继承皇位的君主，用心承接先王的功德而发扬光大。从前周成王继承王位以后，追思周文王、周武王的治国大道，用以修养自己的心性，有了伟大的功业和美好的赞誉都归功于文、武二王，而不敢自己居功。因此，上天接受周成王的祭享，鬼神也都保佑周成王。陛下的圣明恩德像天一样覆盖天下，像爱儿女一样爱护天下人民。但是阴阳仍未调和，奸邪没有禁止，原因大概是那些议论政事的臣子没能发扬光大先帝的盛大功业，反而争先恐后地说先帝时的规章制度不可用，致力于改变它，而更改后不能推行又倒回来实行旧制度，因此群臣争论是非，互相攻击，使得下面的官民无所信从。

臣窃恨国家释乐成之业㊼而虚为此纷纷也！愿陛下详览统业之事㊽，留神于遵制扬功㊾，以定群下之心。《诗[7]·大雅》曰：'无念尔祖，聿修厥德㊿。'盖至德之本也。《传》曰⑪：'审好恶，理情性，而王道毕矣。'治性之道⑫，必审己之所有余而强其所不足⑬，盖聪明疏通者戒于太察⑭，寡闻少见者戒于壅蔽⑮，勇猛刚强者戒于太暴⑯，仁爱温良者戒于无断⑰，湛静安舒者⑱戒于后时⑲，广心浩大者⑳戒于遗忘㉑。必审己之所当戒㉒而齐之以义㉓，然后中和㉔之化应，而巧伪之徒不敢比周㉕而望进。唯陛下戒之，所以崇圣德也！

"臣又闻室家之道修㉖，则天下之理得㉗，故《诗》始《国风》㉘，《礼》本冠、婚㉙。始乎《国风》，原情性以[8]明人伦㉚也；本乎冠、婚，正基兆㉛以[9]防未然也。故圣王必慎妃后之际㉜，别適㉝长之位，礼之于内也。卑不逾尊，新不先故㉞，所以统人情而理阴气㉟也。其尊適而卑庶㊱也，適子冠乎阼，礼之用醴㊲，众子不得与列，所以贵正体㊳而明嫌疑㊴也。非虚加其礼文⑩⑩而已，乃中心与之殊异⑩①，故礼探其情而见之外⑩②也。圣人动静⑩③游燕所亲⑩④，物得其序⑩⑤，则海内自修⑩⑥，百姓从化⑩⑦。如当亲者疏，当尊者卑，则佞巧之奸⑩⑧因时而动⑩⑨，以乱国家。故圣人慎防其端⑪⓪，禁于未然，不以私恩害公义。《传》曰：'正家⑪①而天下定矣！'"

初，武帝既塞宣房⑪②，后河复北决于馆陶⑪③，分为屯氏河⑪④，东北入海，广深与大河等，故因其自然，不堤塞也。是岁，河决于[10]清河灵鸣犊口⑪⑤，而屯氏河绝。

---

【段旨】

以上为第二段，详载元帝永光五年（公元前三九年）匡衡上书，反复申说尊卑等级秩序是国家大政，不可须臾怠慢，用以维护太子独尊的地位，封杀济阳王刘康可能产生的觊觎之心。这一年黄河决口改道。

臣个人十分痛恨国家放弃了大家乐于接受的已成的制度，而徒然搞这争论不休的新令。希望陛下详细观览创业垂统的大事，全神贯注遵守先帝的法规，光大先帝的功业，用以安定群臣的心理。《诗经·大雅》说：‘怀念你的先祖，继承和发扬他们的功德。’这是圣德的根本。《诗传》说：‘能审察好恶，调理情性，圣王之道就具备了。’陶冶性情的方法，一定要了解自己的长处并弥补自己的短处，聪明通达的人，要以苛求别人为戒；见闻浅薄的人，要以壅塞蒙蔽为戒；勇猛刚强的人，要以过分粗暴为戒；仁爱敦厚的人，要以优柔寡断为戒；恬淡安静的人，要以错失时机为戒；胸襟广阔的人，要以疏忽大意为戒。一定要弄清自己应警戒的方面，用道义来修养自己，然后中庸的教化才能实现，而那些奸巧伪善的人，才不敢结党营私，钻营升迁。恳请陛下知所戒惧而崇尚圣王之德！

“臣又听说，能使家庭和睦安定，那就找到了治理天下的道理。所以《诗经》以《国风》起始，《礼经》以冠礼、婚礼为本。以《国风》起始，追溯性情之原，用以揭示人伦关系；以冠礼、婚礼为根本，是要奠正基础防患于未然。所以圣明的君主，一定要慎重地处理好与皇后及嫔妃之间的关系，区别好嫡子与庶子的地位，这是把礼用之于家内。卑贱的不能超过尊贵的，新来的不能超过旧有的，这样用来统一人情，协理阴阳。使嫡子尊贵而庶子卑贱，是在嫡子成人时，要在高台上举行加冠典礼，用甜酒祝福，其他儿子不能入列，这样做的目的，就是要尊贵正体，把嫡子放在不可置疑的地位。不是徒有表面的形式，而是要把嫡庶的巨大区别植根于人心，所以礼仪不过是把内心的真情表现在外罢了。圣人的一举一动，甚至与最亲近的人在一起欢宴娱乐，均要合于大小尊卑的秩序，那么，全天下的人都会自我修养，老百姓从风而化。如果应当亲近的反而疏远，应当尊贵的反而卑贱，那么奸巧邪恶之徒就会乘机行动，扰乱国家。所以圣人谨慎地防止苗头发生，未发作就禁止，绝不以个人的私情损害大义。《易传》说：‘端正了家庭，那么天下就安定了！’”

当初，汉武帝堵塞了宣房宫那儿的黄河决口，后来黄河又在北段馆陶决口，分流出屯氏河，向东北流入渤海，河床的宽度、深度与黄河相等，所以就让这条河顺其自然，不筑堤堵塞。这一年黄河在清河郡灵县鸣犊口决口，而屯氏河就断流了。

---

**【注释】**

㊱甘泉：宫名，在陕西云阳甘泉山上，即今淳化西北。㊲郊泰畤：郊祭泰一神。泰一为天神中最为尊崇者，泰畤即祭祀泰一之处，为汉武帝所立。㊳河东：郡名，郡治安邑，在今山西夏县西北。㊴祠后土：祭祀地神。汉武帝立后土祠于汾阴脽上，在今山西河津市西南的黄河东岸。㊵颍川：郡名，治所在阳翟，即今河南禹州。㊶水流杀人民：

发生洪流水灾，淹杀民众。㊷长杨射熊馆：长杨是行宫名，其中有射熊馆。长杨宫在盩厔县，在今陕西周至东。㊸大猎：大规模围猎。㊹乙酉：十二月十六日。㊺用韦玄成等之议：汉元帝永光四年廷议贡禹毁庙之议，韦玄成及谏大夫尹更始等十八人反复议论，最后采纳了韦玄成的建议，天子保留七庙，拆除亲情已尽的太上皇（刘邦之父刘执嘉）、孝惠帝（刘邦子刘盈）两庙。汉元帝所祭的七庙为高祖庙、文帝太宗庙，此二庙为祖宗庙，万世不毁。其余五世亲庙为：景帝、武帝、昭帝、宣帝、宣帝父皇考庙。㊻儒术：经学。㊼文辞：文学。㊽言事者多进见：上书言事者，皇帝多召见。㊾傅昭仪：元帝嫔妃，生济阳王刘康。昭仪为汉元帝所加的嫔妃位号，位次于皇后，秩视同丞相，爵比诸侯王，十分尊宠。㊿济阳王康：后徙为定陶王。传见《汉书》卷八十。(51)皇后：指元帝王皇后，成帝之母。传见《汉书》卷九十八。(52)太子：即汉成帝刘骜。(53)太子少傅：官名，太子的老师之一，掌辅导太子之责。(54)机：关键。(55)受命之主：指开国之君。(56)继体之君：继承帝位的守业之君。(57)承宣：继承并弘扬。(58)成王：西周成王姬诵，周武王姬发之子。(59)文武之道：指西周开国之君周文王、周武王的治国之道。(60)休烈盛美：指伟大的事业，隆盛的荣誉。(61)二后：指周文王、周武王。后，国君。(62)上天歆享：上天欣然接受祭享。(63)圣德天覆：圣明之德，像天一样覆盖四方。(64)子爱海内：爱天下之民如子。海内，全国；全天下。(65)丕扬：光大发扬。丕，大。(66)复复：又恢复原来的制度。前一“复”为副词，意为又，后一“复”为动词，意为恢复原来的制度。(67)释乐成之业：放弃人们乐于成功的事业。这里指放弃人们习惯了的规章制度。(68)详览统业之事：仔细回顾先帝完成统一伟业之事。(69)遵制扬功：遵守先帝的法制，光大先帝的功业。(70)无念尔祖二句：怀念你的祖先，继承和发扬他们的功德。无念，念也。聿，述。这两句诗引自《诗经·文王》。(71)《传》曰：匡衡精于《诗经》，此乃《诗传》之言，已佚。(72)治性之道：陶冶情操的方法。(73)审己之所有余而强其所不足：努力弄清自己的长处，尽量弥补自己的短处。(74)聪明疏通者戒于太察：聪明而通达事理的人，要警惕苛察太细。(75)壅蔽：壅塞蒙蔽。指眼界狭窄，知识浅薄。(76)暴：性情暴烈。(77)无断：缺乏决断，遇事优柔寡断。(78)湛静安舒者：满足于恬淡清静之人。(79)后时：迟悟；把握不住良机。(80)广心浩大者：胸怀坦荡的人。(81)遗忘：粗枝大叶，疏忽大意。(82)审己之所当戒：弄清自己应警惕的短处。(83)齐之以义：以义作为标准来提高修养。(84)中和：即中庸，是儒家竭力提倡的美德。(85)比周：拉帮结派。(86)室家之道修：能把家庭治理得和睦安定。(87)天下之理得：治理天下的道理就找到了。(88)《诗》始《国风》：《诗经》三百零五篇由《风》《雅》《颂》三部分组成。《风》为全国各地封国的民歌，反映风习教化。《诗经》共收十五个封国的风诗一百六十一首，列在《诗经》的首位，以示教化为王政之始。(89)礼本冠婚：

《礼》即十三经中之《仪礼》，首为《士冠礼》，其次为《士昏礼》。儒家学者认为，冠为礼之始，婚姻为礼之本，故将二者列为《仪礼》之首。⑨⓪人伦：人与人之间的血缘关系及礼仪规范等。《国风》首篇为《关雎》，系咏爱情之诗，因夫妇为人伦之始，故《关雎》为《国风》之始。⑨① 正基兆：整顿基础和根本。冠、婚礼是贯彻家庭伦理之基础。⑨② 圣王必慎妃后之际：圣明的君王，一定谨慎地处理自己与皇后及嫔妃的关系。⑨③ 適：通"嫡"。正妻所生的长子为嫡子。⑨④ 卑不逾尊二句：卑贱的人不应超过尊贵的，新来的不应超过旧有的。⑨⑤ 统人情而理阴气：理顺人情关系而合乎阴阳之道。理阴气，导理阴气使阴阳合顺，这里指理顺后妃关系。⑨⑥ 尊適而卑庶：使嫡者尊贵而庶者卑贱。⑨⑦ 適子冠乎阼二句：为嫡长子举行加冠礼，要在高台上设置座位，还要用甜酒祝福。阼，高台上设置的座位。醴，名贵的甜酒。⑨⑧ 贵正体：尊贵正干主体。⑨⑨ 明嫌疑：明显地将嫡长子置于无可置疑之地位。⑩⓪ 虚加其礼文：表面上的礼仪形式。⑩① 中心与之殊异：内心上使嫡庶有很大的区别。⑩② 礼探其情而见之外：礼仪不过是把心中的情感表露在外。⑩③ 动静：一举一动。⑩④ 游燕所亲：与所亲之人欢宴游乐。燕，通"宴"。⑩⑤ 物得其序：一切事物的大小尊卑，均合于秩序。⑩⑥ 海内自修：全天下的人都自我修养。⑩⑦ 从化：顺从教化。⑩⑧ 佞巧之奸：善于钻营之徒。⑩⑨ 因时而动：乘机行动。⑪⓪ 端：端倪；苗头。⑪① 正家：治理好家庭。此引语出自《易经·家人》之彖辞。⑪② 塞宣房：堵塞黄河瓠子决口。汉武帝元光三年（公元前一三二年），黄河在瓠子（今河南濮阳南）决口，成为严重水患。汉武帝决心整治黄河，于元封二年（公元前一〇九年）终于堵住了决口，并于瓠子决口地建宣房宫以资纪念。宣房，取义于倡导防塞。⑪③ 馆陶：县名，县治在今河北馆陶。⑪④ 分为屯氏河：分黄河水别出为屯氏河。屯氏河，由馆陶决口引黄河水东北流，至勃海郡章武县（今河北黄骅）入海。⑪⑤ 清河灵鸣犊口：在屯氏河下游，鸣犊口决堤，屯氏河中断。鸣犊口在今河北清河县东南，今清河县为汉清河郡治所。

## 【校记】

［3］以：据章钰校，乙十一行本、孔天胤本皆作"自以"。［4］主：原作"王"。据章钰校，乙十一行本作"主"，傅增湘校北宋本同，今从改。［5］归：据章钰校，乙十一行本、孔天胤本皆作"皆归"，张敦仁《资治通鉴刊本识误》、傅增湘校北宋本同。［6］议：据章钰校，乙十一行本、孔天胤本皆作"论议"，张敦仁《资治通鉴刊本识误》同。［7］诗：据章钰校，乙十一行本、孔天胤本皆无此字。［8］以：据章钰校，乙十一行本作"而"，傅增湘校北宋本同。［9］以：据章钰校，乙十一行本作"而"，傅增湘校北宋本同。［10］于：据章钰校，乙十一行本无此字，傅增湘校北宋本同。

【原文】

**建昭元年（癸未，公元前三八年）**

春，正月戊辰[116]，陨石于梁[117]。

三月，上行幸雍，祠五畤。

冬，河间王元[118]坐贼杀不辜废[119]，迁房陵[120]。

罢孝文太后寝祠园[121]。

上幸虎圈斗兽，后宫皆坐。熊逸出圈，攀槛欲上殿，左右贵人[122]、傅倢伃[123]等皆惊走；冯倢伃[124]直前，当熊而立。左右格杀[125]熊。上问："人情惊惧，何故前当熊?"倢伃对曰："猛兽得人而止，妾恐熊至御坐，故以身当之。"帝嗟叹，倍敬重焉。傅倢伃惭，由是与冯倢伃有隙[126]。冯倢伃，左将军奉世之女也。

【段旨】

以上为第三段，元帝建昭元年（公元前三八年）无大事，特记冯婕妤舍身护帝，贤淑忠勇，反遭妒嫉。

【注释】

⑯戊辰：正月二十九日。⑰陨石于梁：陨石坠落在梁国。梁，封国名，治所睢阳，在今河南商丘。⑱河间王元：河间王刘元，景帝子河间王刘德第五代孙。传附《汉书·景十三王传》。⑲坐贼杀不辜废：犯残杀无辜罪而被废。坐，被判罪。贼杀不辜，残忍地滥杀无辜。据《汉书·景十三王传》载，刘元滥杀王姬廉等七人，以及少史（王妃之号）留贵之母。⑳房陵：县名，县治在今湖北房县。秦汉时，房陵为流徙

【原文】

**二年（甲申，公元前三七年）**

春，正月，上行幸甘泉，郊泰畤。三月，行幸河东，祠后土。

夏，四月，赦天下。

【语译】

**建昭元年（癸未，公元前三八年）**

春，正月二十九日戊辰，陨石坠落在梁国。

三月，元帝巡幸雍县，祭祀五天帝。

冬，河间王刘元因犯滥杀无辜罪被废除王位，迁徙到房陵。

撤除汉文帝母薄太后的寝宫陵园。

元帝亲临虎圈，使野兽相斗，后宫嫔妃全都在座。熊窜出了兽圈，攀栅栏要爬上看台，元帝身边的后宫贵人和傅婕妤都惊恐逃走；冯婕妤径直上前，挡在熊的前面站立。元帝身边的人杀死了熊。元帝问冯婕妤："人心惊恐，你为什么上前挡熊？"冯婕妤回答说："猛兽抓到了人就会停止前进，我怕熊扑到陛下跟前，所以用我的身体去阻挡。"元帝感叹，加倍敬重冯婕妤。傅婕妤感到惭愧，因此与冯婕妤有矛盾。冯婕妤，是左将军冯奉世的女儿。

---

罪人之所。⑫罢孝文太后寝祠园：撤除汉文帝母薄太后的陵园。薄太后陵，在文帝霸陵之南。⑫左右贵人：汉元帝随身侍从的嫔妃。贵人，位次皇后的嫔妃之号。《汉书·外戚传》嫔妃十四等，无贵人之号，汉元帝加昭仪之号，位次皇后。此处贵人，或即指昭仪。⑫傅倢伃：即哀帝祖母傅太后。传见《汉书》卷九十七下《外戚传》。倢伃，位次贵人的嫔妃之号。⑫冯倢伃：即平帝祖母冯太后，与傅倢伃等同。⑫格杀：击杀。⑫有隙：产生隔阂；有了矛盾。汉元帝死，傅倢伃随其子定陶王刘康归国为定陶王太后。冯倢伃也随其子信都王刘兴归国。后刘兴徙为中山王，冯氏为中山王太后。汉成帝死无子，以定陶王刘康子入嗣大统，是为哀帝。傅太后追怨冯氏，迫害中山王太后，起大狱。哀帝死，又无嗣，征中山王子入继大统，是为平帝。平帝为外家平反，斥逐傅氏外戚。傅、冯交恶，汉元帝王皇后外戚王莽乘机擅权。

---

【语译】

**二年（甲申，公元前三七年）**

春，正月，元帝巡幸甘泉宫，郊祭泰畤。三月，巡幸河东，祭祀土地神。

夏，四月，赦免天下。

六月，立皇子兴[127]为信都王。

东郡京房[128]学《易》于梁人焦延寿。延寿常曰："得我道以亡身者，京生也。"其说长于灾变，分六十卦，更直日用事[129]，以风雨寒温为候[130]，各有占验。房用之尤精，以孝廉[131]为郎，上疏屡言灾异，有验。天子说之，数召见问。房对曰："古帝王以功举贤，则万化成[132]，瑞应著[133]；末世[134]以毁誉取人[135]，故功业废而致灾异[136]。宜令百官各试其功[137]，灾异可息。"诏使房作其事，房奏考功课吏法[138]。上令公卿朝臣与房会议温室[139]，皆以房言烦碎[140]，令上下相司[141]，不可许。上意乡[142]之。时部刺史[143]奏事京师，上召见诸刺史，令房晓以课事[144]，刺史复以为不可行。唯御史大夫郑弘、光禄大夫周堪初言不可，后善之。

是时，中书令石显颛[145]权，显友人五鹿充宗为尚书令，二人用事。房尝宴见[146]，问上曰："幽、厉[147]之君何以危？所任者何人也？"上曰："君不明而所任者巧佞[148]。"房曰："知其巧佞而用之邪，将以为贤也[149]？"上曰："贤[150]之。"房曰："然则今何以知其不贤也？"上曰："以其时乱而君危知之。"房曰："若是，任贤必治，任不肖必乱，必然之道也。幽、厉何不觉寤[11]而更求贤，曷为[151]卒[152]任不肖以至于是？"上曰："临乱之君，各贤其臣。令皆觉寤，天下安得危亡之君！"房曰："齐桓公、秦二世亦尝闻此君而非笑之。然则任竖刁[153]、赵高[154]，政治日乱，盗贼满山，何不以幽、厉卜[155]之而觉寤乎？"上曰："唯有道者能以往知来[156]耳。"房因免冠顿首[157]曰："《春秋》[158]纪二百四十二年灾异，以示[159]万世之君[160]。今陛下即位以来，日月失明，星辰逆行[161]，山崩，泉涌，地震，石陨，夏霜，冬雷，春凋，秋荣，陨霜不杀[162]，水、旱、螟虫，民人饥、疫，盗贼不禁，刑人满市[163]，《春秋》所记灾异尽备。陛下视今为治邪，乱邪？"上曰："亦极乱耳，尚何道[164]！"房曰："今所任用者谁与[165]？"上曰："然，幸其愈于彼，又以为不在此人也[166]。"房曰："夫前世之君，亦皆然矣。臣恐后之视今，犹今之视前也。"

六月，册立皇子刘兴为信都王。

东郡人京房向梁国人焦延寿学习《易经》。焦延寿经常说：“得到我的学问而遭杀身之祸的人，就是京房。”焦延寿的《易经》学说，擅长推算天灾人祸，共分为六十卦，轮换交替当值日期，用来推占每日的善恶祸福，又用风雨冷热的气象变化作验证，十分准确。京房运用此法尤为精妙，当他由孝廉而被任用为朝廷郎官时，多次上书谈论天象变异，得到验证。天子很高兴，多次召见询问。京房回答说：“古代帝王按功绩举用贤人，那么兴办万事都有成就，祥瑞之象显现；衰世帝王根据或毁或誉取人，因此功业尽废，导致灾异。最好的办法是命令文武百官，考核他们每人实际才能和政绩，按才能大小使用，灾异就可停息。”于是元帝下诏让京房负责这一事务。京房上奏“考功课吏法”。元帝下令公卿大臣和京房在温室宫进行讨论，公卿大臣都认为京房的考绩法细碎烦琐，让上下官吏相互监督，这个办法不能同意。元帝的想法是赞同京房的。当时各州的刺史回京城报告，元帝召见他们，让京房向他们说明“考绩条例”之事，刺史们还是认为不可行。只有御史大夫郑弘、光禄大夫周堪，起初认为行不通，后来又赞同这个办法。

这时，中书令石显专权，石显的好友五鹿充宗任尚书令，二人主政。京房曾在皇帝闲暇时入宫见元帝，问元帝说：“周幽王、周厉王为什么身处险境？他们所任用的都是些什么人？”元帝说：“君王昏庸，所任用的都是巧诈佞邪的小人。”京房说：“是明知他们巧诈佞邪而任用他们？还是误以为他们贤能？”元帝说：“当然是认为他们贤能。”京房说：“那么如今我们怎么知道他们不贤能呢？”元帝说：“因当时局势混乱，君王又身处险境，这才明白了。”京房说：“由此可见，任用贤能的人，国家一定太平；任用不贤的人，国家一定混乱，这是必然的规律。为什么幽王、厉王不明白这道理而任用贤能，却始终任用奸佞，以致如此呢？”元帝说：“面临乱世的国君，都认为他所任用的人是贤臣。假若都能觉悟到自己的错误，那天下哪还有危身亡国的君主呢！”京房说：“齐桓公、秦二世也都曾听说幽王、厉王的无道而讥笑过他们。但他们却任用竖刁、赵高，致使政局日益混乱，盗贼漫山遍野，为什么他们不能把周幽王、周厉王当作一面镜子而醒悟呢？”元帝说：“只有有道的君王才能知往鉴今。”京房脱下官帽叩首说：“《春秋》一书，记载二百四十二年的灾异，用来警告后世君王。现今陛下即位以来，日月失明，星辰逆行，山崩泉涌，地震石陨，夏季降霜，冬天打雷，春天草木凋枯，秋天草木茂盛，霜雪不能冻杀害虫，水灾、旱灾、蝗灾，民众饥荒，瘟疫流行，盗贼未能禁止，坐过牢的人充满街市，《春秋》记载的天灾人祸，现今全都齐备。陛下您看当今国家是太平盛世呢，还是乱世呢？”元帝说：“可以说是乱到了极点，还有什么好说的！”京房说：“当今任用的都是些什么人呢？”元帝说：“还好，幸亏今天的政治比前朝的乱世好一些，乱世的责任也不在所用的这些人。”京房说：“前世君王也都是这个想法。臣担心后世的君王看待今天，就像我们今天看前代一样。”

上良久，乃曰："今为乱者谁哉？"房曰："明主宜自知之。"上曰："不知也；如知，何故用之！"房曰："上最所信任，与图事帷幄[167]之中，进退[168]天下之士者是矣。"房指谓石显。上亦知之，谓房曰："已谕[169]。"房罢出[170]。后上亦不能退显也。

臣光曰："人君之德不明[171]，则臣下虽欲竭忠，何自而入乎！观京房所以晓孝元，可谓明白切至[172]矣，而终不能寤，悲夫！《诗》曰：'匪面命之，言提其耳。匪手携之，言示之事[173]。'又曰：'诲尔谆谆，听我藐藐[174]。'孝元之谓矣！"

上令房上弟子[175]晓知考功、课吏事者，欲试用之。房上："中郎任良、姚平，愿以为刺史，试考功法。臣得通籍殿中[176]，为奏事，以防壅塞[177]。"石显、五鹿充宗皆疾房[178]，欲远[179]之，建言，宜试以房为郡守。帝于是以房为魏郡太守[180]，得以考功法治郡。

房自请："岁竟，乘传奏事[181]。"天子许焉。房自知数以论议为大臣所非，与石显等有隙，不欲远离左右，乃上封事[182]曰："臣出之后，恐为用事所蔽，身死而功不成，故愿岁尽乘传奏事，蒙哀见许[183]。乃辛巳[184]，蒙气复乘卦，太阳侵色[185]，此上大夫覆阳而上意疑也[186]。己卯、庚辰之间[187]，必有欲隔绝臣，令不得乘传奏事者。"

房未发[188]，上令阳平侯王凤[189]承制[190]诏房止无乘传奏事。房意愈恐。秋，房去至新丰[191]，因邮[192]上封事曰："臣前以六月中言《遁卦》不效，法曰：'道人始去，寒涌水为灾[193]。'至其七月，涌水出。臣弟子姚平谓臣曰：'房可谓知道，未可谓信道也。房言灾异，未尝不中。涌水已出，道人当逐死[194]，尚复何言！'臣曰：'陛下至仁，于臣尤厚，虽言而死，臣犹言也。'平[195]又曰：'房可谓小忠[196]，未可谓大忠[197]也。昔秦时赵高用事，有正先[198]者，非刺高[199]而死，高威自此成，故秦之乱，正先趣[200]之。'今臣得出守郡，自诡效功[201]，恐未效而死。

元帝过了很长时间才说："今天造成混乱的人是谁呢？"京房说："圣明的君主应该自己知道是谁。"元帝说："朕不知道啊。如果知道了，为什么还用他呢！"京房说："皇上所最信任的人，在宫内与他谋划国家大事，任免天下官吏的那个人就是啊！"京房指的是石显。元帝也知道，便对京房说："已经明白了。"京房告退出宫。后来元帝也没有黜退石显。

**司马光说："君王的德行不修明，那么臣僚即使想竭尽忠心，从何处入手呢！看到京房对孝元帝的晓谕，可以说是明白透彻了，而孝元帝始终不能觉醒，可悲啊！《诗经》说：'不只是当面提醒你，还提着你的耳朵教导你。不只是把着手教你，还给你摆出事实。'又说：'对你谆谆教导，你权当耳边风。'孝元帝正是这种人！"**

元帝让京房推荐他的学生中熟悉"考功课吏"之事的人，想任用他们试行考功法。京房上奏说："中郎任良、姚平，请求委派他们做刺史，试行'考功法'。臣能够通名籍于宫中，为的是实时转报他们的奏章，以防止被人隔阻。"石显、五鹿充宗都忌恨京房，想让京房远离元帝，便向元帝建议，应当任命京房去试任郡守。元帝于是任命京房为魏郡太守，得用"考功法"来治理魏郡。

京房请求说："在年终的时候，请皇上允许我乘坐驿站的车马回到京师直接上奏。"元帝同意了。京房自己知道因多次讨论朝政，遭到大臣的非议，又与石显等人有矛盾，所以不想远离元帝，于是上了一封密奏说："臣离开京师之后，担心被执政大臣隔蔽，身死而功业不成，所以盼望年终时能够乘坐驿车回京向皇上奏报，幸而蒙受皇上应允。可是二月十八日辛巳，阴云乱风触犯当值的《晋卦》，掩蔽了阳光，这是昭示上大夫蒙蔽皇上，导致皇上疑惑。十六日己卯、十七日庚辰之间，一定有想隔绝臣，使臣不能乘驿车回京向皇上奏事的人。"

京房没有出发，元帝命令阳平侯王凤传达皇上的旨意，告诉他不要年终乘驿马车回京奏事。京房心中更加惊恐。秋季，京房离长安到达陕西新丰，通过邮亭呈上密封奏章说："臣先前在六月间上书陛下，所说《遁卦》虽没有效验，但占候之法说：'有道行的人才一离去，天气骤然寒冷，大水涌出成灾。'到七月，果然大水涌出。臣的学生姚平对臣说：'京房先生可说是一位能知晓大道的人，但也不能说是相信大道。京房先生所预测的灾异，没有不被言中。大水已经涌出，有道行的人当被放逐而死，还有什么话可说呢！'臣说：'陛下非常仁慈，对臣尤其宽厚，即使因进言而死，臣还是要进言的。'姚平又说：'京房先生可谓小忠，不可说是大忠。从前秦朝赵高当权，有一位叫正先的人，因讥讽赵高而被处死，赵高的权威从此树立，所以秦朝的衰乱，是正先促成的。'如今臣被派任郡守，自求为国效力，恐怕没有效力就死了。

惟陛下毋使臣塞涌水之异[202]，当正先之死，为姚平所笑。”

房至陕[203]，复上封事曰：“臣前白愿出任良试考功，臣得居内。议者[204]知如此于身不利，臣不可蔽，故云‘使弟子不若试师’。臣为刺史，又当奏事，故复云‘为刺史，恐太守不与同心，不若以为太守’。此其所以隔绝臣也。陛下不违其言而遂听之，此乃蒙气所以不解，太阳无色者也。臣去稍远，太阳侵色益甚，愿陛下毋难还臣[205]而易逆天意[206]！邪说虽安于人，天气必变[207]，故人可欺，天不可欺也，愿陛下察焉！”

房去月余，竟征下狱。初，淮阳宪王[208]舅张博，倾巧无行[209]，多从王求金钱，欲为王求入朝。博从京房学，以女妻房。房每朝见，退辄为博道其语[210]。博因记房所说密语[211]，令房为王作求朝奏草[212]，皆持柬与王，以为信验[213]。石显知之，告“房与张博通谋，非谤政治，归恶天子，诖误[214]诸侯王”。皆下狱，弃市[215]，妻子徙边。郑弘坐与房善，免[216]为庶人。

御史中丞[217]陈咸[218]数毁石显，久之，坐与槐里令朱云[219]善，漏泄省中语[220]，石显微伺[221]知之。与云皆下狱，髡为城旦[222]。

———————

【段旨】

以上为第四段，写京房建言“考绩官吏条例”，还未来得及推行自身即遭不测。此为汉元帝时中外权臣交争的第四个回合，仍是外朝失败，这回换成了京房成替罪羊。

只有请求陛下不要让我因大水上涌的灾异而塞责身死，充当正先的角色，被姚平所笑。”

京房到了陕县，又一次上密封奏章说：“臣先前推荐任良试行官员考绩制度，臣留在朝廷。那些决策朝政的大臣知道这样对他们不利，而且也不能隔绝臣，所以他们说‘与其学生去，不如老师亲自试行’。臣如果去当刺史，又会向皇上当面奏事，他们于是又说‘京房担任刺史，恐怕各郡太守不与他同心，不如索性让京房当太守’。这就是他们隔绝臣的办法。陛下没有背离他们所说的话，听从了他们的建议，这正是阴蒙的昏气所以不散，太阳失去光芒的原因。臣离首都长安越远，太阳的暗灰颜色就越重，希望陛下不要以召臣还京师为难，却轻易去违背天意！邪说虽然能使陛下安然无事，天象却一定有变异，因此，人可以欺骗，天却不可以欺骗，请求陛下详察。”

京房离开京师一个多月，终究被捕入狱。起初，淮阳宪王刘钦的舅舅张博，投机取巧又毫无品行，多次向淮阳宪王伸手要钱，打算替宪王谋求入京朝见。张博曾求学于京房，把女儿嫁给京房为妻。京房每次朝见回家以后，就把和元帝的谈话告诉张博。张博乘机记下京房所讲的机密言语，让京房代淮阳宪王刘钦写了一份入朝的奏章草稿，然后把这些机密言语、奏章草稿送给淮阳宪王刘钦作为凭证。石显听说这些情况后，就向元帝指控：“京房和张博通谋，毁谤朝政，把罪恶归于皇上，连累诸亲王。”京房和张博一起被关进监狱，腰斩弃市，妻子儿女迁徙到边塞。御史大夫郑弘因和京房友善，也被牵连有罪，免职为平民。

御史中丞陈咸多次抨击石显，一段时间以后，因和槐里令朱云友善，向朱云泄漏了省禁中的谈话，被石显侦察得知。结果陈咸、朱云都被捕入狱，剃掉头发，服刑筑城。

---

**【注释】**

⑫⑦皇子兴：即汉元帝冯倢伃之子刘兴，初封信都王，后徙为中山王。传见《汉书》卷八十。⑫⑧京房（公元前七七至前三七年）：本姓李，字君明，东郡顿丘（今河南清丰西南）人，曾学《易》于孟喜门下人焦延寿，以“通变”说《易》，好言灾异，创京氏《易》学。今存《京氏易学》三卷。传见《汉书》卷七十五。⑫⑨更直日用事：以六十卦配六十甲子日期，按日期轮流交替占卦，推知当日的吉凶。更，变更，指六十卦轮流使用。⑬⓪以风雨寒温为候：京房推算天灾人祸，用风雨冷热为征兆。候，证验。⑬①孝廉：汉代选举制度科目之一。民间士子或低级吏员，经过推荐考试可取得孝廉名号，候缺补

官。⑫万化成：兴办万事皆有成就。⑬瑞应著：祥瑞出现，显示政治清明。⑭末世：衰世。⑮以毁誉取人：用人只重虚名，不看实绩。毁，贬低。誉，赞扬。⑯致灾异：导致天变，出现灾异。⑰试其功：考核其成绩。⑱房奏考功课吏法：京房上奏考核官吏功绩的办法。如令、丞、尉，治一县，推行教化，无犯法之人，可升迁。如出现盗贼，满三日未破案，则要追究县尉之责。⑲温室：未央宫前殿。⑳烦碎：烦琐细碎。㉑上下相司：上下级互相监督。㉒乡：向往；赞同。㉓部刺史：汉武帝置十三州刺史，各部一州，故称部刺史。㉔晓以课事：宣谕考绩条例。㉕颛：通“专”。㉖宴见：皇帝闲暇时入宫晋见。㉗幽厉：指西周幽王、厉王。㉘巧佞：奸巧善谀的小人。㉙将以为贤也：还是认为贤能。将，选择连词，与“抑”义同。㉚贤：认为贤。意动用法。㉛曷为：为什么。㉜卒：终于；始终。㉝竖刁：齐桓公时自宫以求宠的宦官。齐桓公晚年，竖刁与桓公另一宠宦易牙合谋作乱，使齐桓公饿死宫中，三个月不得安葬。㉞赵高：秦始皇、秦二世两朝的宦官，专权任事。秦始皇死后，赵高与李斯合谋矫诏，杀太子扶苏，拥立秦二世，后又计杀李斯，弑二世皇帝，加速了秦朝的灭亡。㉟以幽厉卜：以周幽王、周厉王之故事为前车之鉴。卜，本指龟卜以占吉凶，这里引申为借鉴。㊱以往知来：用以往的经验或借鉴推察未来的发展。㊲免冠顿首：摘下官帽磕头请罪。这种举动一般表示受到皇帝申斥时请求宽恕，有时在强谏时，也有这种动作，表示请求宽恕，所谓冒死以谏。㊳《春秋》：指孔子所作史书《春秋》，记事起鲁隐公元年至鲁哀公十四年（公元前七二二至前四八一年），共载二百四十二年史事。其中载有日食、星陨等天变灾异。㊴示：昭示；警告。㊵万世之君：后世历代君主。㊶星辰逆行：星辰逆转而行。行星在太空中自西向东运行称顺行，反之则为逆行。太阳系中所有行星均由西向东运行，本无顺逆。由于地球不在太阳系的中心，各行星绕日运动的快慢也不同，因此从地球上看行星的视运动就有了顺逆。㊷陨霜不杀：虽降霜但杀不死害虫。㊸刑人满市：受过刑的人充斥街市。㊹尚何道：还有什么好说的。㊺与：同“欤”。疑问语气词。㊻幸其愈于彼二句：幸亏今天的政治比前代乱世好，至于乱世，责任也不在所用的这些人。愈，胜过；超过。㊼图事帷幄：共商大事于密室。图，谋划。帷幄，本指军营帐幕，这里作为密室的代称。㊽进退：升降。㊾已谕：已经明白。㊿罢出：告退。⑰德不明：道德不能修明。指不能明辨是非。⑰切至：道理说得深透。⑰匪面命之四句：引自《诗经·抑》。不只是当面告诫他，还揪着他的耳朵教导他；不只是把着手教他，还给他摆出事实。⑰诲尔谆谆二句：《诗经·抑》又说：“对你谆谆教导，你却当做耳边风。”谆谆，恳切教导。藐藐，轻视；不用心听。⑰上令房上弟子：汉元帝让京房推荐他的弟子。第一个“上”字，指代汉元帝。第二个“上”字，为奏上，即上书，意为推荐。⑰通籍殿中：通名籍于宫中，以便随时晋见皇帝。⑰防壅塞：防止被人隔阻。⑰疾房：痛恨京房。⑰远：排斥出朝，令其远远离去。⑱以房为魏郡太守：出京房到魏郡任太守。魏郡治所邺城，在今河北临漳西南。⑱岁竟二句：岁末，乘坐公家驿车回京奏事。这是京房请求汉元帝给予他面君的特许权。⑱上封事：汉制，一般奏章均清抄两份，一份上奏，一份留尚书处。臣民若有绝密奏章，可直送皇帝，叫做“上封事”。⑱蒙哀见许：幸而得到陛下哀怜应允。⑱辛巳：二月十八日。⑱蒙气复乘卦二句：蒙气在卦上预示出来，阴云蔽日，阳光暗淡。《晋书·天文志》：“凡连阴十日，昼不见日，夜不见月，乱风四起，欲雨而无雨，名曰‘蒙’。”⑱此上大夫覆阳而上意疑也：蒙气蔽日，象征有大臣蒙蔽皇帝，而使皇帝心存疑虑。上大夫，指重臣。覆阳，指蒙蔽皇帝。⑱己卯庚辰之间：二月十六日、十七日之间。⑱未发：还未离京师赴任。⑱王凤：王皇后之兄，成帝时官至大将军，专擅朝政，为王莽代汉奠定政治基础。⑲承制：秉承皇上的旨意。⑲新丰：县名，县治在今陕西临潼东北。⑲因邮：通过传递文书的驿站传送。⑲道人始去二句：这句话引自京房的占候法，意为有道术之人一离去，六月天寒，气候骤变，大水涌出，泛滥成灾。⑲道人当逐死：照应前句“道人始去”，象征京房将被放逐而死。⑲平：指京房弟子姚平。⑲小忠：直言谏君致死，于国无益，是为小忠。⑲大忠：谏言被采纳，身与国俱安，是为大忠。⑲正先：秦博士，因指控赵高而死，由是忠臣亡，奸臣势炽，秦愈速亡。此愤激语，促汉元帝警醒。⑲非刺高：讥刺赵高。非，讥讽。⑳趣：通“促”。加速。⑳自诡效功：自责立功报效。诡，责。⑳使臣塞涌水之异：以臣（京房自指）因涌水出之灾异而死。塞，塞责。⑳陕：县名，在今河南三门峡市陕州区。⑳议者：此指石显等议事权臣。⑳难还臣：以京房还京师为难。谓不让京房乘传奏事。⑳易逆天意：轻易违背天意。⑳邪说虽安于人二句：异端邪说虽可使人君安而不察，但天象必有反映。⑳淮阳宪王：即淮阳王刘钦，系宣帝张倢伃之子、汉元帝之弟，死后谥为宪王。传见《汉书》卷八十。⑳倾巧无行：奸诈无品行。㉑为博道其语：京房对张博讲述他与皇帝议论的事。汉制，泄禁中语，乃大逆不道。京房泄禁中语，给石显等人可乘之机。㉑密语：秘密之语，指禁中语。㉑奏草：奏章草稿。㉑皆持柬与王二句：张博把所记录的禁中语及京房代作的奏章，一并送给淮阳王刘钦，作为凭证。㉑诖误：连累。㉑弃市：腰斩于市。㉑免：免职。㉑御史中丞：官名，为御史大夫的副职，东汉以后，不设御史大夫，则以御史中丞为御史之长。㉑陈咸：字子康，沛郡相（今安徽濉溪县西北）人。御史大夫陈万年之子。父子二人同传，见《汉书》卷六十六。㉑朱云：字游，鲁人。著名直臣。传见《汉书》卷六十七。㉒漏泄省中语：朱云与丞相韦玄成互相攻讦，陈咸泄省中语让朱云上书自辩，石显遂指控二人通谋而治二人之罪。省中，中书省中，亦即禁中。㉒微伺：暗中窥伺。㉒髡为城旦：剃去头发，罚作筑城苦役。汉制，髡为城旦者，共服刑五年，其中三年为筑城苦役。

【校记】

［11］寤：原作“悟”。据章钰校，乙十一行本作“寤”，傅增湘校北宋本同，今从改。

【原文】

石显威权日盛，公卿以下畏显，重足一迹[223]。显与中书仆射[224]牢梁、少府五鹿充宗结为党友，诸附倚者皆得宠位。民歌之曰："牢邪，石邪！五鹿客邪！印何累累[225]，绶若若邪[226]！"

显内自知擅权，事柄在掌握，恐天子一旦纳用左右耳目以间己[227]，乃时归诚[228]，取一信以为验[229]。显尝使至诸官[230]，有所征发，显先自白[231]："恐后漏尽宫门闭[232]，请使诏吏开门[233]。"上许之。显故投夜[234]还，称诏开门入。后果有上书告"显颛命[235]，矫诏[236]开宫门"，天子闻之，笑以其书示显。显因泣曰："陛下过私[237]小臣，属任以事，群下无不嫉妒，欲陷害臣者，事类如此非一，唯独明主知之。愚臣微贱，诚不能以一躯称快万众[238]，任天下之怨；臣愿归枢机职[239]，受后宫扫除之役，死无所恨。唯陛下哀怜财幸[240]，以此全活小臣！"天子以为然而怜之，数劳勉显，加厚赏赐，赏赐及赂遗訾[241]一万万。初，显闻众人匈匈[242]，言己杀前将军萧望之，恐天下学士讪己[243]，以谏大夫贡禹明经著节[244]，乃使人致意[245]，深自结纳[246]，因荐禹天子，历位九卿，礼事之甚备[247]。议者于是或称显[248]，以为不妒谮[249]望之矣。显之设变诈[250]以自解免[251]，取信人主者，皆此类也。

荀悦[252]曰："夫佞臣之惑君主也甚矣，故孔子曰：'远佞人[253]。'非但不用而已，乃远而绝之[254]，隔塞其源[255]，戒之极也[256]。孔子曰：'政者，正也[257]。'夫要道之本，正己而已矣。平直真实者，正之主也[258]。故德必核[259]其真，然后授其位；能必核其真，然后授其事；功必核其真，然后授其赏；罪必核其真，然后授其刑；行必核其真，然后贵之；言必核其真，然后信之；物必核其真，然后用之；事必核其真，然后修之。故众正积于上，万事实于下[260]。先王之道，如斯[261]而已矣！"

八月癸亥[262]，以光禄勋匡衡为御史大夫。

【语译】

石显的权势日益隆盛，公卿以下都很害怕他，叠足而立。石显与中书仆射牢梁、少府五鹿充宗结成死党，依附他们的人都得到了尊宠的职位。民间歌谣说："牢姓啊，石姓啊！五鹿客啊！官印何其多，绶带那样长！"

石显自知专权，政柄在握，深恐皇帝一旦任用左右耳目人，离间自己，于是找机会表示忠诚，设局做一件表示忠心的凭证给皇上看。石显曾奉命到各官府有所调动，他事先向元帝禀告："恐怕漏尽宫门关闭后才能回宫，请让小臣说奉陛下之命，叫他们打开宫门。"皇上同意了。石显有意挨到深夜才回宫，宣称皇帝命令，叫开宫门进入。不久，果然有人上奏告发"石显专擅命令，假传圣旨，私开宫门"，皇上看了笑着把奏章拿给石显看。石显乘机流泪说："陛下过分偏爱小臣，将朝廷政事委任给小臣，群臣没有不嫉妒小臣，想陷害小臣的，类似这种事情，已不止一次，只有圣明的皇上，才知道小臣的忠心。小臣出身微贱，实在不能以小臣一身去使万人称快，担负起天下所有的怨恨；小臣愿辞去中书令之职，去负责宫廷清洁洒扫的工作，死而无恨。只求陛下可怜小臣，让小臣能保全性命！"天子以为事情果真如此，就很同情他，多方安慰他，厚加赏赐，赏赐和百官群下所送的钱财有一亿之多。当初，石显得知众人愤愤不平，说自己逼死前将军萧望之，担心天下学士指责自己，认为谏大夫贡禹经学通达，名节显著，于是托人向贡禹表达他的敬慕，和贡禹深加交往，又向天子举荐贡禹，使贡禹位至九卿，对贡禹的礼遇非常周备。议政的人因此有人称颂石显，认为他不会谗害萧望之。石显设计变诈，为自己解困，取信于人君，所用手法，全都如此之类。

荀悦说："奸佞迷惑君王的手法真是厉害呀，所以孔子说：'远离奸佞的人。'不只是不用他而已，还要使他远离自己，断绝关系，堵塞源头，这是最重要的警诫。孔子说：'政字的意思就是端正。'治国之道的根本，就是端正自己。正直诚实，是正身的主干。所以，对于一个人的品德，一定核查他的真实情况，然后授给他官职；对于能力，一定核查真实，然后把国家大事交给他；对于功劳，一定核查真实，然后颁给他奖赏；对于犯罪，一定核查真实，然后加给他刑罚；对于行为，一定核查真实，然后让他显贵；对于言论，一定核查真实，然后信任他；对于器物，一定核查真实，然后使用它；对于事务工作，一定核查真实，然后才去实施。所以，众多正直的大臣居于上，万事在下面得到落实。古代帝王施政的道理，不过如此罢了！"

八月初三日癸亥，任命光禄勋匡衡为御史大夫。

闰月丁酉㉖③，太皇太后上官氏㉖④崩。

冬，十一月，齐、楚地震㉖⑤，大雨雪，树折，屋坏。

【段旨】

以上为第五段，写石显奸诈的机心，善于自谋固宠之术，非常人所及。荀悦评论，认为汉元帝自己未能正身，喜欢听谗言，替奸佞之人留下了活动空间。

【注释】

㉒③重足一迹：叠足站立，不敢稍有移动。形容十分惊恐。㉒④中书仆射：官名，中书令的副职。㉒⑤印何累累：印章堆积。㉒⑥绶若若邪：印上的佩带绵长。绶，系印的彩带。若若，绵长不断的样子。㉒⑦间己：离间自己。㉒⑧乃时归诚：于是找机会表示忠诚。㉒⑨取一信以为验：找机会做一件显示忠心的事给皇上作为效验。此为石显替自己身处险境采取的预防措施。验，效验。㉓⓪诸官：朝廷诸官府。㉓①显先自白：石显预先向皇帝禀告。㉓②后漏尽宫门闭：晚于闭宫门时间回宫。漏尽，古代以铜壶滴漏计时，漏尽指闭宫门的时间已到。㉓③请使诏吏开门：请求让其以皇帝诏命之名使阍吏开宫门。㉓④投夜：挨到深夜。投，到；临。㉓⑤颛命：专擅朝命。㉓⑥矫诏：假传圣旨。㉓⑦过私：特别偏爱。㉓⑧以一躯称快万众：用一人的身躯，使天下大众百姓称心快意。即表示一人承

【原文】

**三年（乙酉，公元前三六年）**

夏，六月甲辰㉖⑥，扶阳共侯韦玄成薨。

秋，七月，匡衡为丞相。戊辰㉖⑦，卫尉㉖⑧李延寿为御史大夫。

冬，使㉖⑨西域都护、骑都尉北地甘延寿㉗⓪、副校尉山阳陈汤㉗①共诛斩匈奴[12]郅支单于于康居。

始，郅支单于自以大国，威名尊重，又乘胜骄㉗②，不为康居王礼，怒杀康居王女及贵人、人民数百，或支解㉗③投都赖水㉗④中。发民作城，日作五百人，二岁乃已。又遣使责阖苏㉗⑤、大宛诸国岁遗㉗⑥，不敢不予。汉遣使三辈至康居，求谷吉等死㉗⑦，郅支困辱使者，不肯奉诏；

闰八月初八日丁西，上官太皇太后去世。

冬，十一月，齐、楚地震，下大雪，树木折断，房屋倒塌。

---

担所有的过失。㉓⑨归枢机职：辞去位居枢要的中书令之职。㉔⓪财幸：裁定免罪，则万幸。财，通“裁”。㉔①訾：通“赀”。资财。㉔②众人匈匈：众人愤激不平。㉔③讪己：诽谤自己。㉔④明经著节：经学通达，名节显著。㉔⑤致意：通款致敬仰之意。意在拉拢贡禹。㉔⑥深自结纳：石显与贡禹深相交结。㉔⑦礼事之甚备：礼敬贡禹十分周到。㉔⑧或称显：有人称赞石显。㉔⑨不妒谮：不嫉妒陷害。㉕⓪设变诈：施奸谋权术。㉕①自解免：自己摆脱困境。㉕②荀悦（公元一四八至二〇九年）：字仲豫，颍川颍阴（今河南许昌）人，东汉史学家、政论家。著《汉纪》。传见《后汉书》卷六十二。㉕③远佞人：斥退小人。此孔子告颜渊之言，语出《论语·卫灵公》。㉕④远而绝之：使佞人远离自己，与之隔绝。㉕⑤隔塞其源：隔绝佞人把源头塞住。㉕⑥戒之极也：最重要的警诫。㉕⑦政者二句：“政”字的意义就是端正自己。此孔子答季康子之言，语出《论语·颜渊》。㉕⑧平直真实者二句：正直诚实，是正身的主干。㉕⑨核：核实；验证。㉖⓪众正积于上二句：众多正臣集中在上位，万事在下面实事求是地落实。㉖①如斯：就是这样子。指正身正己这个样子就是先王之道的核心。㉖②癸亥：八月初三日。㉖③丁酉：闰八月初八日。㉖④上官氏：即昭帝上官皇后，上官桀之女。元帝立，尊为太皇太后。传见《汉书》卷九十七上。㉖⑤齐、楚地震：古齐国、楚国地区发生地震，约相当于今山东、安徽、江苏地区。

---

**【语译】**

**三年（乙酉，公元前三六年）**

夏，六月十九日甲辰，扶阳共侯韦玄成去世。

秋，七月，匡衡任丞相。十四日戊辰，卫尉李延寿任御史大夫。

冬，使者西域都护、骑都尉北地人甘延寿和副校尉山阳人陈汤共同在康居诛杀了匈奴郅支单于。

当初，郅支单于自认为是大国，威名受到邻国尊重，又乘胜骄傲，康居王对他不甚礼敬，因此生气杀死了康居王的女儿以及贵族大臣、平民几百人，有的分解尸体投到都赖水中。又征发平民筑城，每天役使五百名苦工，历时两年才作罢。又派使臣苛责阖苏王国、大宛王国等国每年进贡，各国不敢不给。汉朝先后派出了三批使臣到康居，索要谷吉等人的遗体，郅支单于困辱汉使，不肯接受汉朝的诏令；

而因都护上书㉗⑧，言“居困厄，愿归计强汉，遣子入侍㉗⑨。”其骄嫚如此㉘⓪。

汤为人沈勇㉘①，有大虑㉘②，多策略[13]，喜奇功㉘③，与延寿谋曰：“夷狄畏服大种，其天性也。西域本属㉘④匈奴，今郅支单于威名远闻，侵陵乌孙、大宛，常为康居画计，欲降服之㉘⑤。如得此二国，数年之间，城郭诸国㉘⑥危矣。且其人剽悍㉘⑦，好战伐，数取胜，久畜㉘⑧之，必为西域患。虽所在绝远，蛮夷无金城㉘⑨、强弩之守。如发屯田吏士㉙⓪，驱从㉙①乌孙众兵，直指㉙②其城下㉙③，彼亡则无所之㉙④，守则不足自保，千载之功可一朝而成也！”延寿以[14]为然，欲奏请之。汤曰：“国家㉙⑤与公卿议，大策非凡所见㉙⑥，事必不从。”延寿犹与㉙⑦不听。会其久病，汤独矫制发城郭诸国兵、车师㉙⑧戊己校尉㉙⑨屯田吏士。延寿闻之，惊起，欲止焉。汤怒，按剑叱㉚⓪延寿曰：“大众已集会，竖子㉚①欲沮众㉚②邪！”延寿遂从之。部勒行陈㉚③，汉兵、胡兵合四万余人。延寿、汤上疏自劾㉚④奏矫制，陈言兵状。即日引军分行㉚⑤，别为六校㉚⑥：其三校从南道逾葱岭㉚⑦，径大宛；其三校都护自将㉚⑧，发温宿国，从北道入赤谷㉚⑨，过乌孙，涉康居界，至阗池㉛⓪西。而康居副王抱阗㉛①将数千骑寇赤谷城东，杀略大昆弥㉛②千余人，驱畜产甚多，从后与汉军相及㉛③，颇寇盗后重㉛④。汤纵㉛⑤胡兵击之，杀四百六十人，得其所略民四百七十人，还付大昆弥，其马、牛、羊以给军食。又捕得抱阗贵人伊奴毒。入康居东界，令军不得为寇。间呼㉛⑥其贵人屠墨见之，谕以威信㉛⑦，与饮、盟，遣去。径引行，未至单于城可六十里，止营。复捕得康居贵人具色㉛⑧[15]子男开牟以为导。具色子，即屠墨母之弟，皆怨单于，由是具知郅支情。明日，引行，未至城三十里，止营。

单于遣使问：“汉兵何以来？”应曰：“单于上书言：‘居困厄，愿归计强汉，身入朝见。’天子哀闵单于，弃大国㉛⑨，屈意康居，故使都护将军来迎单于妻子。恐左右惊动，故未敢至城下。”使数往来相答报，

还通过西域都护上书汉朝，说“匈奴居处困难，愿意归附强大的汉朝，听候差遣，并派遣儿子到汉朝侍奉天子。”态度傲慢到了这种地步。

陈汤为人沉着勇敢，有深远的思虑，多计谋，喜建非常之功，他与甘延寿商量说：“夷狄敬畏归服强大的种姓，是他们的天性。西域各国，本来都臣属匈奴，如今郅支单于威名远播，侵略乌孙、大宛，经常给康居出谋划策，想吞并乌孙和大宛。一旦把这两国征服，只要几年时间，西域城邦各国就都危险了。并且郅支单于强悍，喜好征战，多次取得胜利，让他长久地活下去，一定成为西域的祸害。郅支单于虽然距离汉朝遥远，但这些蛮夷没有牢固的城堡和坚利的弓箭，无法固守。我们如果调派在车师屯田的官兵，驱使乌孙的官兵随从，长驱直入郅支单于城下，他们要逃没有地方可逃，要守又守不住，这种千载难逢的功业，可以在一天早上完成啊！”甘延寿赞同他的意见，打算奏请元帝。陈汤说：“皇上与公卿一起商议，这样重大的计策，不是平庸之辈所能洞见的，此事一定不会得到允许。”甘延寿犹豫，不听从。恰好甘延寿久病，陈汤就独自假传圣旨，调派西域各城邦小国的士兵，以及在车师国由戊己校尉率领的屯田士兵。甘延寿听到这消息，大惊而起，想要阻止。陈汤发怒，手按剑柄，呵斥甘延寿说：“大军已经集合，你小子想破坏大军的士气吗！”甘延寿于是顺从了陈汤。指挥部署汉兵、胡兵共四万多人。甘延寿、陈汤上奏自我弹劾假传圣旨之罪，并陈述军事部署状况。当天就率大军出发，共分属六个校尉：其中三校尉从南道越过葱岭，穿过大宛；另三校尉由都护甘延寿亲自率领，从温宿国出发，经过北道进入乌孙国首都赤谷城，穿过乌孙国，进入康居国的边界，到达阗池的西岸。而此时，康居国的副王抱阗，正率领数千名骑兵，在赤谷城东边，攻击乌孙国大昆弥地区，屠杀和俘虏千余人，又掳掠了乌孙很多的马牛羊等牲畜，随后尾追汉军，两军相遇，夺取了汉军后面的大批辎重。陈汤指挥西域兵大肆出击，杀敌四百六十人，夺回被他们劫走的乌孙人四百七十人，还给大昆弥，缴获的马牛羊用作汉军的补给。还俘虏了抱阗手下贵族伊奴毒。汉军进入康居东境，禁令汉军不得烧杀抢掠。暗中招呼康居国的贵族屠墨相见，晓谕汉朝的威力与诚信，与屠墨喝酒盟誓，然后送他回去。汉军长驱直进，在离郅支单于城约六十里的地方扎下营寨。这时，汉军又活捉了康居另一位贵人具色的儿子开牟，让他做向导。具色的儿子，就是屠墨母亲的弟弟，他们都怨恨郅支单于，汉军由此得知郅支单于内部的详细情况。第二天，汉军继续前进，在离郅支单于城三十里的地方扎下营寨。

郅支单于派使者来询问：“汉兵为什么到这里来？”汉军回答说：“郅支单于上书给汉天子说：‘处境艰苦，愿意归附强大的汉朝听候差遣，亲自到长安朝见天子。’汉天子很同情郅支单于，他丢弃那么大的国家，委服于康居国，因此派西域都护率军前来迎接郅支单于和他的妻小。担心惊动单于左右，所以没敢直接到达城下。”双方

延寿、汤因让[320]之："我为单于远来，而至今无名王[321]、大人[322]见将军受事者[323]。何单于忽[324]大计，失客主之礼也！兵来道远，人畜罢极，食度且尽[325]，恐无以自还，愿单于与大臣审计策[326]！"

明日，前至郅支城都赖水上，离城三里，止营傅陈[327]。望见单于城上立五采幡帜[328]，数百人被甲乘城[329]。又出百余骑往来驰城下，步兵百余人夹门鱼鳞陈[330]，讲习用兵[331]。城上人更招汉军曰："斗来[332]！"百余骑驰赴营[333]，营皆张弩持满指之[334]，骑引却[335]。颇遣吏士射城门骑、步兵，骑、步兵皆入[336]。延寿、汤令军："闻鼓音，皆薄城下[337]，四面围城，各有所守[338]，穿堑[339]，塞门户[340]，卤楯为前[341]，戟弩为后[342]，仰射城楼上人。"楼上人下走；土城外有重木城[343]，从木城中射，颇杀伤外人。外人发薪烧木城，夜，数百骑欲出，外迎射[344]，杀之。

初，单于闻汉兵至，欲去；疑康居怨己，为汉内应，又闻乌孙诸国兵皆发，自以无所之[345]。郅支已出[346]，复还，曰："不如坚守。汉兵远来，不能久攻。"单于乃被甲在楼上，诸阏氏、夫人数十皆以弓射外人。外人射中单于鼻，诸夫人颇死，单于乃下。夜过半，木城穿[347]；中人[348]却入土城[349]，乘城呼[350]。时康居兵万余骑，分为十余处，四面环城[351]，亦与相应和。夜，数奔营[352]，不利，辄却[353]。平明[354]，四面火起，吏士喜，大呼乘之[355]，钲[356]、鼓声动地。康居兵引却[357]；汉兵四面推卤楯[358]，并入土城中[359]。单于男女百余人走入大内[360]。汉兵纵火，吏士争入，单于被创死。军候假丞杜勋[361]斩单于首。得汉使节二[362]及谷吉等所赍帛书[363]；诸卤获以畀[364]得者。凡斩阏氏、太子、名王以下千五百一十八级，生虏百四十五人，降虏千余人，赋予[365]城郭诸国所发十五王[366]。

---

**【段旨】**

以上为第六段，详载汉元帝建昭三年（公元前三六年）西域都护剿灭郅支单于的战斗过程。此战消除了西域边患，大长日渐衰落的大汉国威，意义十分重使节交涉了好几次，甘延寿、陈汤责备郅支单于的使节说：“我们为了郅支单于，不远万里而来，但至今没有一位有名望的王爵、大臣来晋见将军，受命办事。郅支单于多么忽视大计，不懂得主人待客的礼节啊！汉军从遥远之地到来，人马疲乏极了，粮草也快用完，恐怕是回不去了，希愿郅支单于与大臣们商量一个办法！”

第二天，汉军前进到郅支城都赖水上，离城三里远，安营布阵。汉军望见单于城上树立五彩旗帜，有几百名士兵披甲登城。郅支单于又派出一百多名骑兵在城下往来奔跑，步兵一百多人在城门两边排成鱼鳞阵势，正在做战斗演习。城上守军轮番向汉军挑战说：“来攻城啊！”这时，一百多名匈奴骑兵直奔汉营，汉营战士都张满弓弩指向他们，匈奴骑兵只好退回。汉军出动大批吏士射杀在城门的骑兵和步兵，骑兵、步兵都退入城内。甘延寿、陈汤命令部队：“听到鼓声时，都要直奔城下，四面包围单于城，各部记住所分配的位置，挖掘壕沟，堵塞门户，盾牌在前，戈矛和弓弩手在后，弓弩手朝上射击城楼上的敌人。”城楼上的敌人向下逃走；土城之外，还有两层坚固的木墙，匈奴兵由木墙内向外射箭，杀伤了外面很多汉兵。木墙外的汉兵搬来木柴焚烧木墙，到夜晚，有几百名匈奴骑兵想突围，城外汉兵迎面射击，消灭了他们。

当初，郅支单于听说汉兵到达，想逃走；因为疑心康居王怨恨自己，替汉兵做内应，又听说乌孙等西域各国的军队都出发支援汉兵，自料无处可去。郅支单于已经逃出单于城，却又返回，说：“不如坚守。汉兵从远方而来，不可能持久攻城。”郅支单于于是披着战甲站在城楼，他的妻、妾数十人全都用弓箭射击城外的汉兵。汉兵一箭射中郅支单于的鼻子，诸夫人也死了不少，郅支单于只好跑下城楼。过了半夜，木墙全被烧毁；在木墙内的守兵都退入土城，登上城墙呼叫。此时，康居国救援郅支单于的军队一万多人，分为十多支，从四面环绕单于城，与城内匈奴单于兵相互呼应。到了夜晚，康居兵多次攻击汉军营，战斗不利，又都退了回去。天刚亮时，单于城四面大火燃起，汉军官兵大喜，大喊杀敌，趁势进攻，钲鼓之声震天动地。康居兵退走。四面攻城的汉兵跟在持盾士兵的后面，涌入攻破的土城中。郅支单于率领男女百余人退入宫城。汉兵放火，官兵争先冲入，郅支单于受了重伤死亡。担任军候兼任都护丞的杜勋，砍下单于的人头。汉兵在单于王宫找到了汉使所持的两个符节以及谷吉等带来的书信，其他所有的掳获均给予掳获者。共计斩杀阏氏、太子、名王以下一千五百一十八人首级，活捉一百四十五人，投降的有一千多人，都分给西域十五个发兵参战的城邦国王。

---

大。此役功臣首推西域都护副校尉陈汤，他审时度势，抓住西域各国怨怒郅支单于的时机，矫诏一战功成。西域都护甘延寿虽然是因人成事，但他最后时刻支持了陈汤，建立功名，也是应当的。

## 【注释】

㉖甲辰：六月十九日。㉗戊辰：七月十四日。㉘卫尉：官名，汉九卿之一，掌护卫皇宫之责。㉙使：使者。甘延寿、陈汤本是出使西域之使，故先说使者，后说他们的官职姓名。㉚甘延寿（？至公元前二五年）：字君况，北地郁郅（今甘肃庆阳）人。汉元帝时为西域都护，与副校尉陈汤共击杀北匈奴郅支单于，封义成侯。传见《汉书》卷七十。㉛陈汤：字子公，山阳郡瑕丘（今山东兖州东北）人，为西域副校尉，是击杀郅支单于的主将，爵关内侯。与甘延寿同传。㉜乘胜骄：郅支单于先后斩闰振单于，破呼韩邪单于，杀伊利目单于，西迁康居郅支城后，又屡破乌孙兵，因屡胜而骄傲自大起来。㉝支解：断人四肢的酷刑。㉞都赖水：即今塔拉斯河。㉟阖苏：一名"奄蔡"，古西域国名。在今中亚咸海之北。㊱岁遗：每岁按定额进贡。㊲求谷吉等死：索求谷吉等人的遗体。死，尸体。汉使谷吉被郅支单于杀害，见本书卷二十八元帝初元五年。㊳因都护上书：郅支单于通过西域都护上书汉廷。㊴居困厄三句：郅支单于故意这么说，调戏汉朝。㊵骄嫚如此：骄横傲慢到了如此地步。㊶沈勇：沉着勇敢。㊷大虑：深谋远虑。㊸奇功：非常之功。㊹属：臣服。汉武帝已败匈奴，通西域，但郅支未灭之前，西域城邦小国仍臣服匈奴。㊺欲降服之：欲使乌孙、大宛二国臣服。㊻城郭诸国：指臣服汉朝的西域诸城邦小国。㊼剽悍：勇猛强悍。㊽久畜：长久地容忍、姑息。畜，养。㊾金城：固若金汤的城池。㊿发屯田吏士：征调在车师屯田的部队。(291)驱从：驱使附属国的军队。此指率领乌孙之兵作为随从去进攻郅支单于。(292)直指：长驱直入。(293)城下：指郅支单于城下。(294)亡则无所之：郅支单于败亡则没有地方可逃。(295)国家：指汉元帝。(296)大策非凡所见：这种远大的策略，不是凡庸之人所能洞察的。(297)犹与：即犹豫。(298)车师：汉西域三十六城邦小国之一，在今新疆吐鲁番境内，分为前后两部。(299)戊己校尉：武官名，车师屯田军士的长官，治所在车师前王庭。秩二千石。详本书卷二十八元帝初元元年"戊己校尉"条注。(300)叱：斥责。(301)竖子：小子。(302)沮众：破坏大众的士气。(303)部勒行陈：操练、部署队伍。陈，通"阵"。(304)自劾：自我弹劾。(305)引军分行：领兵分路出击。(306)别为六校：将全军分属六校尉统领。据《汉书·陈汤传》载，新设置阳威、合骑、白虎三校尉，加上原有西域副校尉、戊己两校尉，总计为六校尉。(307)从南道逾葱岭：从西域南道（塔里木盆地南沿于阗、莎车、疏勒道）西端的疏勒（今新疆喀什）出发，越过葱岭，经大宛直指郅支城。(308)都护自将：都护甘延寿亲自带领主力军。(309)从北道入赤谷：从西域北道（塔里木盆地北沿龟兹、姑墨、温宿道）的温宿（今新疆乌什）出发，进入乌孙赤谷（今吉尔吉斯斯坦伊什提克城）。(310)阗池：今吉尔吉斯斯坦伊塞克湖。(311)抱阗：康居副王之名。(312)大昆弥：乌孙大国王。(313)从后与

汉军相及：康居兵尾随汉军，两军相遇。⑭ 颇寇盗后重：夺取了汉军后勤部队所运送的大批辎重。⑮ 纵：大肆出击。⑯ 间呼：暗中招呼。⑰ 谕以威信：谕之以威，晓之以信。⑱ 具色：康居贵人之名。⑲ 弃大国：指郅支放弃祖居的蒙古高原。大国，指统一前的匈奴大国。⑳ 让：责备。㉑ 名王：位高名重的王爵。㉒ 大人：重臣。㉓ 受事者：受教命而办事的人。㉔ 忽：忽略；轻视。㉕ 食度且尽：粮食估量也快食尽。陈汤故意如此说，以促郅支固守，便于汉军围城。㉖ 审计策：慎重决策。㉗ 傅陈：布阵。傅，通"敷"。㉘ 五采幡帜：五色旗帜。㉙ 乘城：登上城头。㉚ 夹门鱼鳞陈：在城门两边布成鱼鳞阵。鱼鳞陈，步兵错列相次站位的一种阵形。㉛ 讲习用兵：进行战斗演习。㉜ 斗来：郅支兵的叫战声。㉝ 百余骑驰赴营：一百多名郅支骑兵向汉营奔袭而来。㉞ 张弩持满指之：汉军士兵拉满硬弓，一齐瞄准奔袭而来的郅支骑兵。㉟ 引却：撤退。㊱ 入：退入城内。㊲ 薄城下：逼进城下。㊳ 各有所守：攻城部队各有分配的职守。㊴ 穿堑：越过壕沟。堑，指护城河。㊵ 塞门户：堵塞城门及城上的射击孔。㊶ 卤楯为前：持盾战士居前列。卤，通"橹"，大盾。㊷ 戟弩为后：负戈持弓的战士紧跟其后。㊸ 土城外有重木城：正式的土筑城墙之外，加置了两层木头城墙。㊹ 外迎射：城外的汉兵迎头射杀突围的匈奴兵。㊺ 无所之：无处投奔。㊻ 郅支已出：汉军合围之前，郅支一度已逃出单于城。㊼ 穿：攻破。㊽ 中人：指木城中的匈奴人。㊾ 却入土城：退入土城。㊿ 乘城呼：登上城头呐喊。(351) 四面环城：康居兵四面环绕包围，企图与城中匈奴人里应外合，夹击汉军。(352) 数奔营：康居兵多次奔击汉军营地。(353) 辄却：康居兵稍稍后退。辄，就。(354) 平明：黎明。(355) 大呼乘之：汉兵抓住时机，随着高声呼喊的杀敌声踊跃登城。(356) 钲：即铙铃，用以节制鼓声。钲、鼓声均为进攻之号令。(357) 引却：后退。(358) 卤楯：此指持大盾的前排士兵。(359) 并入土城中：环城四面均被攻破，汉兵涌入城中。(360) 大内：单于所居内宫。(361) 军候假丞杜勋：杜勋本为军候官，兼代理校尉丞，为陈汤之副手，是第一线总指挥。军候，掌侦察。假，代理；兼职。丞，副职。(362) 使节二：中国使臣所持皇帝的符节两件。(363) 帛书：使节所带的书于缣帛上的国书。(364) 畀：给予。此句是说将各人所获，赐予本人。(365) 赋予：即赐予。(366) 所发十五王：将所掳获的人与物分赐给参加共击郅支的十五国的国王。

## 【校记】

［12］匈奴：原无此二字。据章钰校，乙十一行本、孔天胤本皆有此二字，今从补。［13］略：据章钰校，乙十一行本、孔天胤本皆作"谋"。［14］以：据章钰校，乙十一行本、孔天胤本皆作"亦以"，傅增湘校北宋本同。［15］具色：据章钰校，乙十一行本作"贝色"，张瑛《通鉴校勘记》同。下同。

【原文】

**四年（丙戌，公元前三五年）**

春，正月，郅支首至京师。延寿、汤上疏曰："臣闻天下之大义当混为一[367]，昔有唐、虞[368]，今有强汉。匈奴呼韩邪单于已称北藩[369]，唯郅支单于叛逆，未伏其辜[370]，大夏[371]之西，以为强汉不能臣也。郅支单于惨毒行于民，大恶通于天；臣延寿，臣汤，将义兵，行天诛[372]，赖陛下神灵，阴阳并应[373]，天气精明，陷陈克敌[374]，斩郅支首及名王以下，宜县头槁街[375]蛮夷邸[376]间，以示万里，明犯强汉者，虽远必诛！"丞相匡衡等以为："方春掩骼、埋胔[377]之时，宜勿县。"诏县十日，乃埋之，仍告祠郊庙[378]，赦天下。群臣上寿，置酒[379]。

六月甲申，中山哀王竟[380]薨。哀王者，帝之少弟，与太子[381]游学[382]相长大。及薨，太子前吊[383]。上望见太子，感念哀王，悲不能自止。太子既至前，不哀。上大恨曰："安有人不慈仁，而可以奉宗庙[384]，为民父母者乎！"是时驸马都尉[385]、侍中史丹[386]护[387]太子家，上以责谓丹，丹免冠谢曰："臣诚见陛下哀痛中山王，至以感损[388]。向者[389]太子当进见，臣窃戒属，毋涕泣，感伤陛下[390]。罪乃在臣，当死！"上以为然，意乃解[391]。

蓝田[392]地震，山崩，壅霸水[393]。安陵岸崩，壅泾水[394]，泾水逆流。

**五年（丁亥，公元前三四年）**

春，三月，赦天下。

夏，六月庚申[395]，复戾园[396]。

壬申晦[397]，日有食之。

秋，七月庚子[398]，复[399]太上皇寝庙园、原庙[400]、昭灵后、武哀王、昭哀后、卫思后园。时上寝疾，久不平，以为祖宗谴怒，故尽复之，唯郡国庙遂废云。

是岁，徙济阳王康[401]为山阳王。

匈奴呼韩邪单于闻郅支既诛，且喜且惧[402]，上书，愿入朝见。

【语译】

**四年（丙戌，公元前三五年）**

春天，正月，郅支单于首级送到首都长安。甘延寿、陈汤上奏说："臣听说，天下的大义，就是应当四海统一，从前有唐尧、虞舜，现在有强大的汉朝。匈奴呼韩邪单于已为北藩，只有郅支单于叛逆，没有服罪，他在大夏国的西边，自以为强大的汉朝不能使他臣服。郅支单于对民众暴虐狠毒，大恶滔天；臣甘延寿、陈汤率仁义之师，替天征讨，幸赖陛下威灵，阴阳配合，天道神明，因此克敌陷阵，斩杀郅支单于首级以及名王以下，应当把他们的首级悬挂在长安城内槁街蛮夷客馆之间，用来昭示万里之外的蛮夷，让他们明确知道，胆敢冒犯强大的汉朝，距离再远，也一定遭诛杀！"丞相匡衡等人认为："现在正是春天掩埋尸骨的时候，不应悬挂人头。"皇上下诏悬挂示众十日，然后埋葬，依例祭告天地宗庙，赦免天下。群臣向元帝祝贺，摆设酒宴。

六月初五日甲申，中山哀王刘竟去世。哀王是皇上最小的弟弟，和皇太子刘骜一起游玩、读书，一同长大。哀王逝世，太子前往吊丧。元帝看见太子，想起小弟的去世，悲哀不能自已。太子到达丧柩前，不哀伤。元帝大为恼恨，说："哪有一个人不仁慈，而能奉祀宗庙，做人民的父母呢！"这时，驸马都尉、侍中史丹，兼职监护太子家，皇上就此事责备史丹，史丹摘下官帽请罪说："臣确实看见陛下哀痛中山王，内心伤痛导致神气损耗。刚才，太子要来觐见皇上，臣特地告诫太子，不要流泪悲泣，引起陛下伤感。罪责在臣，臣该死！"元帝信以为真，怒气才消解。

蓝田县发生地震，山体崩塌，阻塞霸水。景帝坟安陵边的泾水河岸崩塌，阻塞泾水，使泾水倒流。

**五年（丁亥，公元前三四年）**

春，三月，赦免天下。

夏，六月十七日庚申，恢复戾园。

最后一天二十九日壬申，发生日蚀。

秋，七月二十八日庚子，恢复太上皇陵寝庙园、原庙、昭灵后、武哀王、昭哀后、卫思后陵园。当时，元帝正患病卧床，久治不愈，认为是祖宗在怪罪他，因而都恢复起来，只有在郡国内的那些园庙一直废弃。

这一年，改封济阳王刘康为山阳王。

匈奴呼韩邪单于得知郅支单于已经被杀，又高兴，又害怕，上书汉朝，请求入京朝见。

【段旨】

以上为第七段，写汉元帝平庸，于国家大政无所建树，建昭四年（公元前三五年）、五年竟无事可述。西域都护诛灭郅支，何等大事，元帝君臣也祭告天地宗庙，设宴弹冠相庆，却把功臣将士冷落一旁。呼韩邪单于来朝，才又引发一番争论，年历已跨入竟宁元年。

【注释】

㊱混为一：全国应该统一。㊲唐虞：即传说中的古代圣王唐尧和虞舜。㊳北藩：北边的屏藩。㊴未伏其辜：没有服罪。㊵大夏：葱岭外之西域国名，在今阿富汗北部。㊶行天诛：替天征讨。㊷阴阳并应：阴阳应和。㊸陷陈克敌：攻陷敌人营垒，战胜敌人。㊹槁街：长安城内街名，四方蛮夷来京者聚集于此。㊺蛮夷邸：四方蛮夷驻长安代表的官邸。㊻掩骼埋胔：《礼记·月令》载："孟春，掩骼，埋胔。"说的是开春以后，万物复苏，生气上升，要掩埋好无主尸体。骼，枯骨。胔，腐肉。㊼告祠郊庙：告祭上天及宗庙。郊，郊祀，祭天。庙，庙祀，祭祖宗。㊽群臣上寿二句：百官向皇帝祝贺，摆设酒宴。㊾中山哀王竟：中山王刘竟，汉宣帝少子，戎倢伃所生，死后谥为哀王。

【原文】

**竟宁[403]元年（戊子，公元前三三年）**

春，正月，匈奴呼韩邪单于来朝，自言愿婿汉氏以自亲[404]。帝以后宫良家子[405]王嫱[406]字昭君赐单于。单于欢喜，上书"愿保塞上谷以西至敦煌[407]，传之无穷。请罢边备塞吏卒，以休天子人民。"天子下有司议，议者皆以为便。郎中侯应习边事[408]，以为不可许。上问状，应曰："周、秦以来，匈奴暴桀，寇侵边境，汉兴，尤被其害。臣闻北边塞至辽东[409]，外有阴山[410]，东西千余里，草木茂盛，多禽兽，本冒顿单于[411]依阻其中，治作弓矢，来出为寇，是其苑囿也。至孝武世，出师征伐，斥[412]夺此地，攘之于幕北[413]，建塞徼，起亭隧[414]，筑外城，设屯戍[415]以守之，然后边境用得少安[416]。幕北地平，少草木，多大沙，匈奴来寇，少所蔽隐；从塞以南，径深山谷[417]，往来差难[418]。边长老[419]言：'匈奴失阴山之后，过之未尝不哭也。'如罢备塞吏[16]卒[420]，示夷狄传见《汉书》卷八十。㊳㉛ 太子：汉元帝太子，即成帝刘骜。㊳㉜ 游学：宴游学习。㊳㉝ 太子前吊：刘骜到中山王刘竟灵前吊丧。㊳㉞ 奉宗庙：主持宗庙祭祀。指储君将继位为皇帝。㊳㉟ 驸马都尉：加官名号，皇帝出行时掌副车。㊳㊱ 史丹：字君仲，鲁国（今山东曲阜）人，大将军史高之子。历任右、左将军，光禄大夫，护立太子及援立成帝有功。传见《汉书》卷八十二。㊳㊲ 护：监护。㊳㊳ 感损：哀伤过度导致神气耗损。㊳㊴ 向者：先前；刚才。㊴〇 感伤陛下：让陛下伤感。㊴① 意乃解：心情才平静下来。指息怒。㊴② 蓝田：县名，县治在今陕西蓝田西。㊴③ 壅霸水：阻塞了霸水。霸水，在长安东，渭水支流。㊴④ 泾水：即今陕西境内的泾河，在咸阳东流入渭水。㊴⑤ 庚申：六月十七日。㊴⑥ 复戾园：恢复戾太子墓园。戾园于永光四年（公元前四〇年）罢，现又恢复。戾园在湖县阌乡邪里聚，即今河南灵宝西临近陕西之地，旧有阌乡县。戾太子系汉元帝曾祖。㊴⑦ 壬申晦：六月二十九日。㊴⑧ 庚子：七月二十八日。㊴⑨ 复：汉元帝永光五年十二月，采纳韦玄成建言，毁亲尽的祖上皇陵，至是恢复。㊵〇 原庙：正庙以外别立之庙。此指汉惠帝刘盈在渭水北所建第二座宗庙。㊵① 济阳王康：哀帝之父，傅昭仪子。初封济阳王，徙为山阳王，后又徙为定陶王。《汉书》卷八十有传。㊵② 且喜且惧：南匈奴呼韩邪单于，听到郅支单于被杀，一则以去掉强敌而喜，一则以匈奴势孤而惧。

---

**【语译】**

**竟宁元年（戊子，公元前三三年）**

春，正月，匈奴呼韩邪单于来长安朝见汉天子，自己说愿做汉朝女婿，亲近大汉。皇上把后宫良家女子王嫱，字昭君，赏赐给了呼韩邪单于。呼韩邪单于非常高兴，上书说"愿意替汉朝防守边塞，从上谷郡以西直到敦煌，一代接一代守下去。请求撤销边境的士兵，让天下的人民得以休养生息。"元帝把呼韩邪的建议下达有关部门讨论，参加讨论的人都认为很好。郎中侯应熟悉边塞事务，认为不能答应。元帝问他原因，侯应说："周、秦以来，匈奴桀骜不驯，侵犯边境，汉朝兴起，尤其受到匈奴的伤害。臣听说北方边境抵达辽东，西到阴山，东西一千多里，草木茂盛，禽兽众多，原本冒顿单于盘踞其中，他们制造弓矢，进出寇掠，是他的苑囿一样。到了汉武帝时代，出师征伐，开拓领土，夺取了这片地方，把匈奴赶到沙漠以北，修建防守的哨卡、小路，设置亭障、烽燧，又建筑塞外边城，设立屯戍来防守，这样以后边境因而能稍稍安定。沙漠以北，土地平坦，草木稀少，很多大沙丘，匈奴若来侵扰，少有隐蔽之地；边塞之南，山高谷深，往来十分不便。边塞上的老年人说：'匈奴失去阴山之后，经过那里，没有不伤心流泪的。'我们如果撤走边塞的守

之大利，不可一也。今圣德广被，天覆匈奴，匈奴得蒙全活之恩，稽首来臣[421]。夫夷狄之情，困则卑顺，强则骄逆，天性然也。前已罢外城[422]，省亭隧[423][17]，才[18]足以候望[424]，通烽火而已。古者安不忘危，不可复罢，二也。中国有礼义之教，刑罚之诛，愚民犹尚犯禁[425]；又况单于，能必其众不犯约哉！三也。自中国尚建关梁[426]以制诸侯，所以绝臣下之觊欲[427]也。设塞徼[428]，置屯戍，非独为匈奴而已，亦为诸属国降民，本故匈奴之人，恐其思旧逃亡，四也。近西羌[429]保塞，与汉人交通，吏民贪利，侵盗其畜产、妻子，以此怨恨，起而背畔。今罢乘塞[430]，则生嫚易分争之渐[431]，五也。往者从军多没不还[432]者，子孙贫困，一旦亡出，从其亲戚[433]，六也。又边人奴婢愁苦，欲亡者多，曰：'闻匈奴中乐[434]，无奈候望急何[435]！'然时有亡出塞者，七也。盗贼桀黠[436]，群辈犯法，如其窘急[437]，亡走北出[438]，则不可制，八也。起塞以来百有余年[439]，非皆以土垣[440]也，或因山岩、石、木、溪谷、水门[441]，稍稍平之，卒徒筑治[442]，功费久远[443]，不可胜计[444]。臣恐议者不深虑[445]其终始[446]，欲以壹切省徭戍[447]，十年之外，百岁之内，卒有他变[448]，障塞破坏，亭隧灭绝，当更发屯缮治[449]，累岁[19]之功不可卒复[450]，九也。如罢戍卒，省候望，单于自以保塞守御，必深德汉[451]，请求无已[452]；小失其意，则不可测[453]。开夷狄之隙，亏中国之固[454]，十也。非所以永持至安[455]，威制百蛮[456]之长策也！"对奏，天子有诏："勿议罢边塞事。"使车骑将军嘉[457]口谕单于曰："单于上书愿罢北塞吏士屯戍，子孙世世保塞。单于乡慕礼义[458]，所以为民计者甚厚，此长久之策也。朕甚嘉之！中国四方皆有关梁障塞，非独以备塞外也，亦以防中国奸邪放纵[459]，出为寇害[460]，故明法度以专[461]众心也。敬谕[462]单于之意，朕无疑焉。为单于怪其不罢[463]，故使嘉晓[464]单于。"单于谢曰："愚不知大计，天子幸使大臣告语，甚厚！"

初，左伊秩訾为呼韩邪画计归汉，竟以安定。其后或谗伊秩訾自

兵，向夷狄出示了很大的好处，这是不可的理由之一。如今皇恩圣德广被天下，像上天一样庇护着匈奴，匈奴得到保全性命的恩惠，前来俯首称臣。夷狄的性情，穷困时谦卑恭顺，强大时骄横叛逆，天性如此。此前，我们已撤除塞外诸城，裁减了一些亭燧，留下的勉强能够担任瞭望、烽火相连而已。从古以来的人，都知道居安思危，我们对于边塞的守备，再也不能撤除，这是理由之二。中国有礼义教化，有刑法诛杀，但是愚民还要犯禁；更何况是匈奴单于，他能约束部民一定不冒犯禁约吗！这是理由之三。在中国本土，我们还要修筑水陆关卡，以控制封国王侯，用以断绝臣属的非分之想。设立要塞城堡，置军屯戍，不仅仅是为了防备匈奴，也是为了那些属国的降民，他们原是匈奴人，恐怕他们会因思念故旧而逃亡，这是理由之四。接近边塞的西羌部落，与汉人来往做生意，吏民贪利图财，抢夺盗窃他们的牛羊牲畜，强占他们的妻子女儿，由此激起他们的怨恨，群起叛变。现在撤除边防守备，那么就会逐渐产生欺侮争夺，这是理由之五。以前从军的人，许多人都陷没匈奴，没有回来，他们的子孙贫苦，一旦逃亡出来，便会投靠亲戚，这是理由之六。沿边各地，奴仆婢女，身世悲苦，想要逃离的人很多，都说：‘听说在匈奴那里生活得很快乐，无奈边境守护很严！’即使这样，仍经常有人逃亡出塞，这是理由之七。盗贼凶恶奸诈，成群犯法，如果困迫至急，北逃匈奴，就无法控制，这是理由之八。自设置要塞以来，已经有了一百多年，并不全都是土筑边墙，有的是利用悬崖绝壁、大石树木、深沟险谷、水峡渡口，稍稍平整，征发役卒罪徒修筑，经年累月，耗费的人力经费，无法计算。臣担心主张撤除边塞的人，没有深思前因后果，就想一刀切地免除徭役，十年之后，百年之内，突然发生变故，要塞破坏，亭燧毁绝，就要重新征发屯卒修建。可是多年累积下来的边防工程，不可能一下修复，这是理由之九。如果撤裁戍边的士卒，省去守望戒备，匈奴单于自认为替汉朝保卫了边境，对汉朝有大恩大德，就会求索无已；稍微不满意，后果就难以预测。这一来，开启了匈奴的嫌隙之心，毁坏了中国的防卫，这是理由之十。裁撤边塞和守卫士兵，不是保持永久太平、控制外夷的长远策略啊！”侯应回答元帝的奏章上去后，元帝颁下诏书说：“不要讨论撤除边塞的事。”并派车骑将军许嘉，口谕呼韩邪单于说：“单于上书，希望汉朝撤除北方边塞的守卫士卒，子孙世代替汉朝保卫边境。单于向礼慕义，为中国百姓打算的一番好心善意，的确是使国家长治久安的好策略。朕非常感谢！但是中国四面八方边境，都设有关卡、津梁、亭障、边塞，并不仅为了防备塞外的侵扰，也是用来防止中国境内的奸邪之徒放纵无法，出塞为害，所以要修明法度，统一民众之心。朕明白单于的心意，没有怀疑。恐怕单于责怪中国不撤去边防，因此派许嘉向你做说明。”呼韩邪单于感谢说：“我愚昧不知汉天子的宏大计划，有幸派大臣来告诉我，待我这么优厚！”

当初，左伊秩訾王曾替呼韩邪单于谋划依附汉朝，匈奴边境因此而安定。后来，伐其功[465]，常鞅鞅[466]，呼韩邪疑之；伊秩訾惧诛，将其众千余人降汉。汉以为关内侯，食邑三百户，令佩其王印绶[467]。及呼韩邪来朝，与伊秩訾相见，谢曰："王为我计甚厚，令匈奴至今安宁，王之力也，德岂可忘！我失王意[468]，使王去，不复顾留，皆我过也。今欲白天子，请王归庭[469]。"伊秩訾曰："单于赖天命，自归于汉，得以安宁，单于神灵，天子之佑也，我安得力！既已降汉，又复归匈奴，是两心也。愿为单于侍使于汉[470]，不敢听命！"单于固请[471]，不能得而归。

单于号王昭君为宁胡阏氏[472]，生一男伊屠智牙师，为右日逐王[473]。

---

【段旨】

以上为第八段，写呼韩邪单于入朝，请求和亲，愿为汉家守边。这是郅支单于被消灭，在匈奴社会引起的震荡。汉元帝改元竟宁以示和平，派宫女王昭君和蕃，在中国文学史上，闪烁着许多光芒。郎中侯应驳斥撤边防守备的错误建议，列举十要说明边防守备为国家大政，透彻至明，连糊涂的汉元帝也折服了。

【注释】

⑷⓪⑶竟宁：匈奴既服，改年号为竟宁，表示永远安宁。竟，终也，引申为永远。又竟，通"境"。言竟宁者，表示境土安宁。以本字释义为长。⑷⓪⑷婿汉氏以自亲：希望成为汉室的女婿以便亲近汉室。⑷⓪⑸良家子：清白人家的子女。⑷⓪⑹王嫱：字昭君，南郡秭归（今湖北秭归）人。晋时因避司马昭讳，改称明君或明妃。昭君嫁呼韩邪单于，号宁胡阏氏，后又从匈奴俗为后嗣单于阏氏。昭君出塞，对汉和匈奴的友好关系，起了促进作用。⑷⓪⑺愿保塞上谷以西至敦煌：愿为汉朝守卫边防，守护东起上谷、西至敦煌的边境。上谷，郡名，治所沮阳，在今河北怀来东南。敦煌，郡名，治所敦煌，在今甘肃敦煌。⑷⓪⑻习边事：熟悉边防事务。⑷⓪⑼辽东：郡名，治所襄平，在今辽宁辽阳。⑷⑴⓪阴山：在河套北，为历代中国北疆之天然要塞。⑷⑴⑴冒顿单于：西汉初统一匈奴各部的著名单于，公元前二〇九至前一七四年在位。⑷⑴⑵斥：开拓。⑷⑴⑶攘之于幕北：驱逐匈奴至大漠之北。幕，通"漠"。沙漠。⑷⑴⑷建塞徼二句：建立哨卡、小路，设置亭障、烽燧。隧，通"燧"。烽火台。又，《汉书》颜师古注："隧，谓深开山道而行，避敌抄寇也。音遂。"⑷⑴⑸设屯戍：设置军屯戍所。⑷⑴⑹边境用得少安：由于有边防，边境才稍为安定。用，

有人谗毁伊秩訾，说伊秩訾自夸有安定国家的大功，没有封赏，常闷闷不乐，呼韩邪单于对伊秩訾有了疑心；伊秩訾害怕被杀，率领部众一千多人投降汉朝。汉朝封他为关内侯，封邑三百户，给予佩戴王爵的印信丝带。等到呼韩邪单于来京朝见汉天子，与伊秩訾会面，呼韩邪单于道歉说：“大王为我设计的策略，实在很好，使得匈奴直到今天太平安定。这都是大王的功劳。恩德岂能忘记！我使大王失望，让王离我而去，不再有所留念，这都是我的过失。如今我想向天子禀告，请大王重回单于王庭。”伊秩訾说：“单于有赖天命，自行归顺汉朝，获得安宁，单于明智，也是汉天子保护，我哪里有什么功劳！我既然已经归降汉朝，如果又回到匈奴，便是有二心。愿意充当单于的使者，留侍在汉朝，不敢听命返回匈奴！”单于再三请求，最终无法说动伊秩訾，就自己回国了。

单于封号王昭君为宁胡阏氏，生一男孩，取名叫伊屠智牙师，封为右日逐王。

---

因而。417 径深山谷：谷中山路幽深曲折。径，小道；山径。418 往来差难：往来十分艰难。差，很。419 边长老：边塞老人。420 罢备塞吏卒：裁撤防守边地的官兵。421 稽首来臣：磕头称臣。422 前已罢外城：宣帝地节二年（公元前六八年），汉边无事，曾拆除塞外前沿诸城障，如光禄塞、受降城、遮虏障等。423 省亭隧：减少边塞哨所亭障及烽燧。424 候望：瞭望。425 犯禁：指犯法。426 关梁：关卡。设于陆路要冲之地称关，水滨渡口之处称梁。427 觊欲：即觊觎，指抱有非分之想，有野心。428 塞徼：边地的亭障哨卡。429 西羌：指居于汉西部边塞之外，即今青海高原上的羌族人。430 罢乘塞：拆除边防守备。乘塞，本指登亭塞守卫。431 生嫚易分争之渐：边塞将逐渐产生边民之间的欺侮纷争。嫚易，欺侮。432 多没不还：大多死亡不得生还。433 一旦亡出二句：指过去流落匈奴的士兵子孙有可能要求出境探访亲属。434 闻匈奴中乐：听说匈奴那边生活很好。435 无奈候望急何：边境守护很严怎么办。意谓如果撤除守备，那么面临大批奴婢越境外逃时，必将束手无策。436 桀黠：凶暴狡猾。437 窘急：困迫至极，走投无路。438 亡走北出：向北逃越边境。439 起塞以来百有余年：自从汉武帝元光二年（公元前一三三年）设谋马邑以来，筑亭塞防御北方，已历百年。440 土垣：土筑的墙垣。441 或因山岩句：有的是利用悬崖绝壁、大石、巨木、深沟险谷、水峡渡口等自然险阻构成障塞。442 卒徒筑治：役卒罪徒来修建治理。443 久远：经年累月。444 不可胜计：无法统计。445 深虑：长远考虑。446 终始：前因后果。447 壹切省徭戍：为减轻戍边的负担而一律撤除边防。壹切，如刀切物，整齐划一。448 卒有他变：突然发生变故。卒，通“猝”。449 发屯缮治：征发夫役屯边，修边塞。450 累岁之功不可卒复：成百年积累下来的工程，不可能一下子修复。451 必深德汉：单于定会认为对汉朝有大的恩德。452 请求无已：要求回报没有止境。指匈奴以戍

边功向汉家求索没完没了。㊺不可测：难以预测。㊹开夷狄之隙二句：引起外族（指匈奴）对中国嫌隙，毁坏中国的防卫。隙，嫌隙。㊺永持至安：永久地保持和平、安定。㊻威制百蛮：以威武控制周边蛮族。㊼嘉：指外戚重臣许嘉。㊽乡慕礼义：向往中国的礼义。㊾奸邪放纵：奸民巧诈之徒无法无天。㊿出为寇害：越境为非作歹。(461)专：统一。(462)敌谕：知晓。(463)怪其不罢：责怪汉朝不撤除边防。(464)晓：告诉。(465)自伐其功：自己夸功。(466)鞅鞅：怨恨的样子。(467)令佩其王印绶：让归汉的伊秩訾保留匈奴王号，佩王印。(468)我失王意：我使大王失望，即我对不起大王。(469)归庭：回归匈奴单于庭。(470)愿为单于侍使于汉：情愿作为匈奴单于使臣留在汉朝。(471)固请：坚决请求。(472)宁胡阏氏：王昭君的封号，意为匈奴得昭君而国安宁。(473)日逐王：匈奴王号，有左右之分。

---

【原文】

皇太子冠(474)。

二月，御史大夫李延寿卒。

初，石显见冯奉世父子为公卿著名，女又为昭仪(475)在内，显心欲附之，荐言："昭仪兄谒者逡修敕(476)，宜侍幄帷(477)。"天子召见，欲以为侍中。逡请间言事。上闻逡言显专权，大怒，罢逡归郎官。及御史大夫缺，在位多举逡兄大鸿胪野王(478)；上使尚书选第中二千石(479)，而野王行能第一。上以问显，显曰："九卿无出野王者；然野王，亲昭仪兄，臣恐后世必以陛下度越(480)众贤，私后宫亲以为三公。"上曰："善，吾不见是(481)！"因谓群臣曰："吾用野王为三公，后世必谓我私后宫亲属，以野王为比(482)。"三月丙寅(483)，诏曰："刚强坚固(484)，确然亡欲，大鸿胪野王是也。心辨善辞(485)，可使四方，少府五鹿充宗是也。廉洁节俭，太子少傅张谭是也。其以少傅为御史大夫。"

河南(486)太守九江召信臣(487)为少府。信臣先为南阳太守，后迁河南，治行常第一。视民如子，好为民兴利(488)，躬劝耕稼(489)，开通沟渎(490)，户口增倍。吏民亲爱，号曰"召父"(491)。

癸未(492)[20]，复孝惠皇帝寝庙园(493)、孝文太后、孝昭太后寝园。

初，中书令石显尝欲以姊妻甘延寿，延寿不取(494)。及破郅支还，丞

## 【校记】

[16] 吏：据章钰校，乙十一行本作“戍”，傅增湘校北宋本同。[17] 隧：据章钰校，乙十一行本、孔天胤本此下皆有“令”字，张敦仁《资治通鉴刊本识误》同。[18] 才：据章钰校，乙十一行本、孔天胤本皆作“裁”。[19] 岁：据章钰校，乙十一行本、孔天胤本皆作“世”。

## 【语译】

皇太子刘骜举行加冠礼。

二月，御史大夫李延寿去世。

当初，石显看到冯奉世父子身为公卿而名声显著，女儿又被封为昭仪住在后宫，内心想依附冯氏父子，就向元帝举荐说：“冯昭仪的哥哥谒者冯逡，道德整敕，应侍奉在皇上左右。”元帝召见冯逡，想任命他为侍中。冯逡请求单独进言。元帝听到冯逡说石显专权，大怒，停止提升冯逡，仍让他任郎官。等到御史大夫空缺，在位大臣大多推举冯逡的哥哥大鸿胪冯野王；元帝派尚书在中二千石品级的官员中，选拔并排列品行能力优秀的人，冯野王又名列第一。元帝询问石显的意见，石显说：“在九卿中没有超过冯野王的人；然而冯野王是冯昭仪的亲哥哥，我担心后世必定认为陛下压制了其他人才，偏私后宫亲情，才破格选用了冯野王担任三公的职务。”元帝说：“对，我没有看到这一点！”于是告诉群臣说：“我任用冯野王为三公，后世必定说我偏私后宫亲属，把冯野王作为例证。”三月丙寅日，元帝下诏：“刚强正直、清白无私，大鸿胪冯野王就是这样的人。心辨是非，善于辞令，可奉使四方，少府五鹿充宗就是这样的人。廉洁而又节俭，太子少傅张谭就是这样的人。还是任命少傅张谭为御史大夫。”

河南太守九江郡人召信臣担任少府。召信臣先为南阳太守，后调任河南太守，治绩在全国常列第一。他视民如子，热心为人民兴办公利，亲自劝导人民耕种，开沟通渠，人户倍增。官吏和百姓都敬爱他，称他“召父”。

三月十四日癸未，修复汉惠帝寝庙墓园，恢复孝文太后、孝昭太后寝庙墓园。

当初，中书令石显曾想把自己的姐姐嫁给甘延寿，甘延寿没有迎娶。等到甘延寿打败郅支单于返回长安，丞相匡衡、御史李延寿也不满甘延寿假传圣旨，都不赞

相、御史亦恶其矫制，皆不与[495]延寿等。陈汤素贪，所卤获财物入塞，多不法[496]。司隶校尉移书道上[497]，系吏士，按验[498]之。汤上疏言："臣与吏士共诛郅支单于，幸得禽灭，万里振旅[499]，宜有使者迎劳道路[500]。今司隶反逆[501]收系按验，是为郅支报仇也！"上立出吏士[502]，令县、道具[21]酒食以过军[503]。既至，论功，石显、匡衡以为："延寿、汤擅兴师矫制，幸得不诛。如复加爵土，则后奉使者争欲乘危徼幸[504]，生事于蛮夷，为国招难。"帝内嘉延寿、汤功而重违[505]衡、显之议，久之不决。

故宗正刘向[506]上疏曰："郅支单于囚杀使者、吏士以百数，事暴扬外国[507]，伤威毁重[508]，群臣皆闵[509]焉。陛下赫然[510]欲诛之，意未尝有忘。西域都护延寿、副校尉汤，承圣指[511]，倚神灵，总百蛮之君，揽城郭之兵，出百死，入绝域[512]，遂蹈康居，屠三重城[513]，搴[514]歙侯[515]之旗，斩郅支之首，县旌[516]万里之外，扬威昆山[517]之西，扫谷吉之耻[518]，立昭明之功[519]，万夷慑伏[520]，莫不惧震。呼韩邪单于见郅支已诛，且喜且惧，乡风驰义[521]，稽首来宾[522]，愿守北藩，累世称臣。立千载之功，建万世之安，群臣之勋莫大焉。昔周大夫方叔、吉甫为宣王诛猃狁而百蛮从[523]，其诗曰[524]：'啴啴焞焞[525]，如霆如雷。显允[526]方叔，征伐猃狁，蛮荆来威。'《易》曰：'有嘉折首，获匪其丑。'[527]言美诛首恶之人，而诸不顺者皆来从也。今延寿、汤所诛震[528]，虽《易》之折首，《诗》之雷霆，不能及也。论大功者不录小过，举大美者不疵细瑕。《司马法》[529]曰：'军赏不逾月'，欲民速得为善之利也。盖急[530]武功，重用人也。吉甫之归，周厚赐之，其诗曰[531]：'吉甫燕[22]喜，既多受祉。来归自镐[532]，我行永久。'千里之镐犹以为远，况万里之外，其勤至矣。延寿、汤既未获受祉之报，反屈捐命之功[533]，久挫于刀笔之前[534]，非所以厉[535][23]有功，劝[24]戎士[536]也。昔齐桓前有尊周之功，后有灭项之罪，君子以功覆过而为之讳[537]。贰师将军李广利[538]，捐五万之师，靡[539]亿万之费，经四年之劳，而仅获骏马三十匹，虽斩宛王毋寡之首，犹不足以复费[540]，其私罪恶甚多。孝武以为万里征伐，不录其过，遂封

许甘延寿。陈汤一向贪财，把掳获的财物带回塞内，多有违法之事。司隶校尉便行文到陈汤所经过的沿途郡县，要他们逮捕陈汤的部下，查办审问。陈汤上书说："臣与官吏士兵共同讨伐郅支单于，幸而击灭了他们，从万里以外回朝，应当有使臣在道路上迎接慰劳。如今司隶校尉反而逮捕官吏士兵，拷问口供，这可是在替郅支单于报仇啊！"元帝立即释放了被捕官吏士兵，命令沿途郡县拿出酒食迎候过境大军。回到长安后，论功行赏，石显、匡衡认为："甘延寿、陈汤擅自兴兵，假传圣旨，侥幸不被诛杀。若是再给他们加封爵土，那么以后派出的使节，恐怕都要争先恐后地采取冒险行动，以图侥幸成功，在蛮夷中间，惹是生非，给国家招来灾祸。"元帝内心赞扬甘延寿、陈汤立功，但又难以违背匡衡、石显的意见，这事很久不能作出决断。

前任宗正刘向上奏说："郅支单于囚禁及杀害汉朝的使臣和官吏士兵上百人，这种事情已传播外国，严重地损害了汉朝威信，群臣无不痛心。陛下勃然大怒，想要诛杀郅支，这想法一直没有忘记。西域都护甘延寿、副校尉陈汤，秉承圣上的旨意，倚赖神灵的庇佑，统率西北各蛮夷的君王，集结各城邦的军队，出生入死，深入遥远荒凉的绝域，终于踏平康居国，攻陷郅支单于据守的三重坚城，夺取康居歙侯的大旗，砍下郅支单于的首级，悬挂汉朝的旗帜于万里之外，扬威于昆仑山之西，洗刷掉谷吉被杀的耻辱，建立了显赫的功勋，西域各国慑服，没有不震恐的。呼韩邪单于看到郅支单于被杀，既高兴，又害怕，就向风慕义，驱驰而来，磕头顺从，愿为汉朝守卫北方边疆，世代称臣。立千载之功，建万世之安，群臣中所建立的功勋，没有比甘延寿和陈汤更大的。以前周朝的大夫方叔、尹吉甫为周宣王诛杀猃狁，使蛮夷归顺，因此《诗经》说：'军容壮盛，好似雷霆。英明方叔，讨伐猃狁，南蛮归顺。'《易经·离卦·上九·爻辞》说：'斩杀敌首，俘获凶丑，这样的人应受奖励。'说的是嘉奖诛杀了首恶的人，叛逆不服的人就都来归顺。如今甘延寿、陈汤诛杀首恶引起震动，即便是《易经》上说的诛杀敌首之功，《诗经》中说的雷霆之势，都赶不上。评价有大功劳的人，不能斤斤计较他的小过错，赞扬最美的事物，不能挑剔细小的瑕疵。《司马法》说：'对军人的奖赏，不要超过一月'，是希望民众迅速得到为善的好处。这是急需武功，重视用人啊。尹吉甫班师的时候，周宣王给予重赏，《诗经》说：'尹吉甫享宴欢乐不已，还受到很多福赐。我们从镐地回来，路途遥远，行军很久。'千里之镐，尚以为很远，何况万里之外的康居，那艰辛已到了顶点。甘延寿、陈汤非但没有获得接受福祉的报偿，反而被抹杀了冒着生命危险取得的功劳，长期被刀笔之吏凌辱，这不是激励有功、劝勉战士的办法。从前齐桓公先有尊崇周朝的功劳，后有灭亡项国的过失，君子认为他功大过小就替他掩饰。汉武帝时，贰师将军李广利牺牲了五万人的军队，耗费了上亿钱财，经过了四年的辛苦征战，而仅仅得到三十匹骏马，尽管斩了宛王毋寡的首级，还是不足以抵偿他的耗费，而且他自身罪过也很多。汉武帝认为万里征伐，不追究他的过失，于是封了两个侯爵，

拜两侯、三卿[541]、二千石百有余人。今康居之国，强于大宛，郅支之号，重于宛王，杀使者罪，甚于留马；而延寿、汤不烦汉士，不费斗粮，比于贰师，功德百之[542]。且常惠随欲击之乌孙[543]，郑吉迎自来之日逐[544]，犹皆裂土受爵。故言威武勤劳，则大于方叔、吉甫；列功覆过，则优于齐桓、贰师；近事之功，则高于安远、长罗[545]，而大功未著，小恶数布[546]，臣窃痛之！宜以时解县，通籍[547]，除过勿治[548]，尊宠爵位[549]，以劝有功[550]。”于是天子下诏赦延寿、汤罪勿治，令公卿议封焉。议者以为宜如军法捕斩单于令[551]。匡衡、石显以为“郅支本亡逃失国，窃号绝域，非真单于[552]。”帝取安远侯郑吉故事，封千户；衡、显复争。夏，四月戊辰[553]，封延寿为义成侯，赐汤爵关内侯，食邑各三百户，加赐黄金百斤。拜延寿为长水校尉，汤为射声校尉。

于是杜钦[554]上疏追讼[555]冯奉世前破莎车功[556]。上以先帝时事，不复录。钦，故御史大夫延年子也。

荀悦论曰：“诚[557][25]其功义足封，追录前事可也。《春秋》之义，毁泉台则恶之[558]，舍中军则善之[559]，各由其宜也。夫矫制之事，先王之所慎也，不得已而行之。若矫大而功小者，罪之可也；矫小而功大者，赏之可也；功过相敌[560]，如斯而已[561]可也。权其轻重而为之制宜焉[562]。”

**【段旨】**

以上为第九段，长篇摘载刘向上疏为甘延寿、陈汤申冤，汉元帝终于醒悟，奖励西域立功将士，封甘延寿为义成侯，封陈汤为关内侯。

三个九卿，获得二千石高官的有一百多人。现今的康居国，比大宛强大，郅支单于的称号，比宛王威重，而且郅支单于杀害汉朝使节的罪过，超过宛王的不献汗血马；而甘延寿、陈汤不烦劳汉朝的军士，也没有花费汉朝的一斗粮食，与贰师将军李广利比，功德是李广利的一百倍。况且当年的常惠只是随从要攻打匈奴的乌孙，郑吉也只是迎接自愿来归降的匈奴日逐王，他们都还裂土受封，接受侯爵。论威武勤劳，甘延寿、陈汤大于方叔、尹吉甫；论功补过，则优于齐桓公、贰师将军李广利；比起近期的事功，更高过安远侯郑吉、长罗侯常惠，而大功劳没有被显扬，微小的过失被不断传布，臣深感痛心！应该立即了断这桩悬案，记名于门籍，不再追究他们的过失，使他们爵位尊宠，用来鼓励有功的人。”于是元帝下诏赦免甘延寿、陈汤的过失，不再追究，命令公卿商议如何封赏他们。参与讨论的大臣认为，应按军法所规定的捕斩单于的法令封赏。匡衡、石显认为“郅支本是亡命失国，在荒凉边远的绝域称号单于之人，并不是真正的单于。”元帝援引安远侯郑吉前例，封他们千户，匡衡、石显又力争以为不可。夏，四月三十日戊辰，封甘延寿为义成侯，赐陈汤爵号关内侯，食邑各三百户，另加赏赐黄金各一百斤。任命甘延寿为长水校尉，陈汤为射声校尉。

在这时，杜钦上书追述冯奉世从前击破莎车国的功绩。元帝认为那是先帝时的事情，不再去考虑。杜钦，是前御史大夫杜延年的儿子。

荀悦评论说：“如果冯奉世的功劳确实足够封赏，追认前功就是应该的。《春秋》大义：鲁文公因毁坏先祖所修的泉台，应当受谴责；鲁昭公撤销中军，则应受褒扬，各有各的合理性。假传圣旨这件事，从前的国君慎之又慎，不得已而为之。如果假传圣旨事件重大，而所得的功勋较小，处罚他当然应该；如果假传圣旨的事件较小，而功勋很大，就应该赏赐；如果是功过相等，不奖不罚就可以了。这是需要权衡两者的轻重，而后才可作出适当的处理。”

---

【注释】

㊹474 皇太子冠：为太子刘骜举行加冠礼。刘骜生于宣帝甘露二年（公元前五二年），至此已二十岁。475 昭仪：汉元帝加于宠妃之号，位次皇后，尊于倢伃。476 修敕：整敕；有好的道德修养。477 侍幄帷：侍奉皇帝左右。478 野王：冯野王，字君卿，上党潞（今山西黎城南古城）人。冯昭仪次兄，官至大鸿胪，有贤名。传见《汉书》卷七十九。479 选第中二千石：从中二千石级别的官员中，选出优秀者补御史大夫之缺。中二千石，九卿的品秩。480 度越：跨越。481 吾不见是：我没有想到这点。482 以野王为比：以野王为例证。483 丙寅：三月庚午朔，无丙寅。丙寅，四月二十八日。484 刚强坚固：品格刚强

正直。㊹心辨善辞：心辨是非，善于辞令。㊻河南：郡名，治所洛阳。㊼召信臣：字翁卿，九江寿春（今安徽寿县）人，官至少府，长期当地方官，有贤名。传见《汉书》卷八十九。㊽兴利：开源求利。㊾躬劝耕稼：亲自劝民勤耕。㊿开通沟渎：开沟通渠，兴修水利。491号曰召父：称为“召父”。492癸未：三月十四日。493复孝惠皇帝寝庙园：永光五年毁惠园，建昭元年，罢孝文太后、孝昭太后寝园，现在恢复。494不取：即不娶。495不与：不许。496多不法：大多违法。指以外国财物掳掠入边关。497司隶校尉移书道上：司隶校尉行文陈汤经过的沿途郡县。498按验：查办审问。499振旅：凯旋班师。500迎劳道路：在道路上迎接慰问。501反逆：反过来。指司隶校尉逮捕审问之事。502上立出吏士：皇帝下令，立即释放逮捕的远征军官兵。503令县道具酒食以过军：命令沿途地方政府备酒食慰劳远征军。道，汉制，有少数民族的县称道。504乘危徼幸：冒险兴兵，企图侥幸成功。505重违：难违。506故宗正刘向：元帝初即位时刘向为宗正，早已免官，故称故宗正。宗正，九卿之一，掌皇族事务。507事暴扬外国：郅支囚杀汉使之事，在外国广为传播。暴，显露。508伤威毁重：伤害汉朝的威信，有损汉朝的名誉地位。509闵：痛苦难过。510赫然：愤怒的样子。511承圣指：秉承皇帝的旨意。512绝域：极边远之地。513屠三重城：攻陷郅支拒守的三重坚城。郅支城有土城，外有两重木城，共三重。514搴：拔取。515歙侯：康居大臣官号。516县旌：汉军之旗飘扬。县，通“悬”。517昆山：即昆仑山。518扫谷吉之耻：洗刷了谷吉被杀的耻辱。519立昭明之功：立下了显赫的功勋。520万夷慑伏：西域各国都恐惧归服。521乡风驰义：闻风慕义，奔驰前来。522稽首来宾：来到汉朝，磕头臣服。523昔周大夫方叔句：从前周宣王两大夫方叔、尹吉甫诛讨猃狁，其后北方各族臣服。方叔和尹吉甫是辅佐宣王中兴的两位名臣。方叔曾率兵车三千辆攻楚获胜，又攻猃狁获胜。事见《诗经·采芑》。吉甫，即兮伯吉父，兮氏，名甲，字伯吉父，又作“伯吉甫”，尹为官名，史称尹吉甫。周宣王时，猃狁（匈奴祖先，居北方）侵周，进至泾水北岸。尹吉甫率军诛讨，逐猃狁至太原以北。524其诗曰：引自《诗经·采芑》。525啴啴焞焞：形容周师军容盛大。啴啴，众多。焞焞，盛大。526显允：英明。527易曰三句：《易经》上说：“斩杀敌首、俘获凶丑的人，应得嘉奖。”语出《易经·离卦·上九·爻辞》。匪其丑，非我族类的凶人。匪，通“非”。528诛震：诛杀郅支单于所引起的震动。529司马法：即《司马穰苴兵法》，是战国时齐威王命大夫整理的古代兵法，省称《司马兵法》或《司马法》。《汉书·艺文志》入于礼类，题名《军礼司马法》百五十篇，汉以后失传。今传《司马法》五篇，为后人辑录之书。530急：急需。531其诗曰：引自《诗经·六月》。所引诗意为：尹吉甫享宴欢乐不已，还受到很多福赐；我们从前线镐城回来，路程遥远行军长久。532镐：地名，不是镐京，今地不详。533反屈捐命之功：甘延寿、陈汤冒着生命危险取得的战功，不但未得封赏，反而遭受诬陷。534久挫于刀笔之前：长久受刀笔吏凌辱。刀笔，指舞文弄墨的文吏。汉时文书使用简牍，误书则用刀削，故以刀笔作为文吏的代称。535厉：激励。536劝戎士：

鼓励战士。㊲昔齐桓前有尊周之功三句：齐桓公尊周，曾伐楚责其不贡苞茅，后又伐灭项国。《春秋》为桓公讳，书“灭项”而不书“齐灭项”，以报偿其尊周室之功。㊳李广利：汉武帝宠姬李夫人之兄，太初年间拜贰师将军伐大宛，因功封海西侯。传见《汉书》卷六十一。㊴靡：耗费。㊵复费：抵偿所耗费用。㊶封拜两侯三卿：两侯，指封李广利海西侯及封斩郁成王的骑士赵弟为新畤侯。三卿，指以上官桀为少府，共三人为九卿，史书失载二人。见本书卷二十一武帝太初四年。㊷功德百之：指甘延寿、陈汤的功劳是李广利的一百倍。㊸常惠随欲击之乌孙：宣帝时西域校尉常惠，与乌孙一起大败匈奴，受封长罗侯。事见本书卷二十四宣帝本始三年。㊹郑吉迎自来之日逐：指匈奴日逐王前来归顺汉朝，骑都尉郑吉只不过率军迎接一事。见本书卷二十六宣帝神爵二年。㊺安远长罗：此指郑吉、常惠。郑吉封安远侯，常惠封长罗侯。㊻数布：指甘、陈因小过多次受申斥。㊼解县通籍：赦罪、拜官。县，通“悬”。指悬而未决之案。通籍，记名于门籍，使能出入朝廷。意即拜官。㊽除过勿治：不再追究他们的小过失。㊾尊宠爵位：赐给他们爵位。㊿以劝有功：用以鼓励有功的人。(551)宜如军法捕斩单于令：应该按照军令法给甘延寿、陈汤按捕斩单于功加封。(552)非真单于：这是石显、匡衡为贬抑甘、陈之功的说法。实际上，西汉自武帝伐匈奴以来，破军杀将封侯者有上百人，但只有甘、陈所捕斩之郅支是真单于，建绝世之功。(553)戊辰：四月三十日。(554)杜钦：字子夏，南阳杜衍（今河南南阳西南）人。大将军王凤幕僚，以经学闻名当世。他是宣帝时的御史大夫杜延年的次子，武帝时酷吏廷尉杜周之孙。传见《汉书》卷六十。(555)追讼：追究申述。(556)冯奉世前破莎车功：事见本书卷二十九宣帝元康元年。(557)诚：如果；真是。(558)毁泉台则恶之：毁掉泉台，就应当受到谴责。泉台，筑于鲁都曲阜东南逵泉上。鲁庄公三十一年筑，鲁文公十六年因有蛇自台中出而毁之，《春秋》书曰“毁泉台”以示批评。(559)舍中军则善之：撤销中军则应当受到赞扬。据《周礼》，天子六军，诸侯大国三军，中小之国二军或一军，每军一万二千五百人。鲁国原有上下二军，襄公五年增中军。昭公五年裁撤中军，恢复祖制以合于礼。《春秋》书曰“舍中军”以示赞扬。(560)功过相敌：功过相等。(561)如斯而已：保持原样罢了。即功过相等，不褒不贬。(562)权其轻重而为之制宜焉：权衡功过大小，再作赏罚决定才合理。

## 【校记】

［20］癸未：原作“癸卯”。据章钰校，乙十一行本、孔天胤本皆作“癸未”，张敦仁《资治通鉴刊本识误》、张瑛《通鉴校勘记》、傅增湘校北宋本同，今据改。〖按〗是年三月庚午朔，无癸卯。［21］具：原作“出”。据章钰校，乙十一行本作“具”，傅增湘校北宋本同，今从改。［22］燕：据章钰校，乙十一行本作“宴”，傅增湘校北宋本同。［23］厉：据章钰校，乙十一行本作“劝”，张敦仁《资治通鉴刊本识误》同。［24］劝：据章钰校，乙十一行本作“厉”，张敦仁《资治通鉴刊本识误》同。［25］诚：据章钰校，乙十一行本、孔天胤本皆作“成”，傅增湘校北宋本同。

【原文】

初，太子少好经书，宽博[563]谨慎；其后幸酒[564]，乐燕乐[565]，上不以为能。而山阳王康有才艺，母傅昭仪又爱幸，上以故常有意欲以山阳王为嗣。上晚年多疾，不亲政事，留好音乐[566]；或置鼙鼓[567]殿下，天子自临轩槛上[568]，隤铜丸以擿鼓[569]，声中严鼓之节[570]。后宫及左右习知音者莫能为，而山阳王亦能之，上数称其材。史丹进[571]曰："凡所谓材者，敏而好学，温故知新[572]，皇太子是也。若乃器人[573]于丝竹鼙鼓之间，则是陈惠、李微[574]高于匡衡，可相国也！"于是上嘿然而笑[575]。

及上寝疾[576]，傅昭仪、山阳王康常在左右，而皇后、太子希得进见[577]。上疾稍侵[578]，意忽忽不平[579]，数问尚书以景帝时立胶东王故事[580]。是时太子长舅阳平侯王凤为卫尉、侍中，与皇后、太子皆忧，不知所出。史丹以亲密臣[581]得侍视疾，候上间独寝时[582]，丹直入卧内，顿首伏青蒲上[583]，涕泣而言曰："皇太子以適长立，积十余年，名号系于百姓，天下莫不归心。臣子见山阳王雅素爱幸[584]，今者道路流言，为国生意[585]，以为太子有动摇之议。审若此，公卿以下必以死争，不奉诏。臣愿先赐死以示群臣！"天子素仁，不忍见丹涕泣，言又切至[586]，意大感寤[587]，喟然太息[588]曰："吾日困劣[589]，而[26]太子、两王幼少[590]，意中恋恋[591]，亦何不念[592]乎！然无有此议。且皇后谨慎，先帝又爱太子[593]，吾岂可违指[594]！驸马都尉[595]安所受此语？"丹即却[596]，顿首曰："愚臣妄闻，罪当死！"上因纳[597]，谓丹曰："吾病浸加[598]，恐不能自还[599]，善辅道太子，毋违我意！"丹嘘唏[600]而起，太子由是遂定为嗣。而右将军、光禄大夫王商[601]，中书令石显亦拥佑[602]太子，颇有力焉。夏，五月壬辰[603]，帝崩于未央宫。

班彪[604]赞曰："臣外祖兄弟[605]为元帝侍中，语臣曰：'元帝多材艺，善史书[606]，鼓琴瑟[607]，吹洞箫[608]，自度曲[609]，被歌声[610]，分刌节度[611]，穷极幼眇[612]。少而好儒，及即位，征用儒生，委之以政，

【语译】

当初，太子刘骜年少喜欢经书，宽厚博学，小心谨慎；后来嗜酒，喜欢逸乐，元帝认为他没有治国的才能。而山阳王刘康有才艺，母亲傅昭仪又得宠，元帝因此经常有意立山阳王刘康为太子。元帝晚年多病，不亲理政事，特别喜欢音乐；有时在殿下放置鼙鼓，亲自到走廊上，靠着栏杆，用铜丸投击鼙鼓，声音合于战鼓的节奏。皇上宫妃和左右懂得音乐的人也投击不出这般声音，而山阳王刘康也能这样，元帝多次夸奖刘康的才干。史丹进言说："一般所说的才干，是指思虑敏捷而爱好学习，温习旧知识而有新意，皇太子是这样的人。如果用演奏音乐的水平来衡量一个人的才能，那么陈惠、李微这些能吹善弹的人，比匡衡还要高明，则可以做丞相了！"于是元帝沉默一下，一笑置之。

后来，元帝卧病在床，傅昭仪和山阳王刘康经常陪伴左右，而王皇后和太子刘骜很少进见元帝。元帝病情渐渐严重，心情烦闷不平静，多次向尚书询问汉景帝改立胶东王刘彻为皇太子的故例。这时，刘骜的大舅父阳平侯王凤为卫尉、侍中，同皇后、太子都担忧，想不出保护太子的办法。史丹由于是元帝最亲密的大臣，能够直接服侍探病，等到元帝病有好转独寝在床时，史丹就直入元帝的卧室，磕头匍匐在青蒲席上，哭泣说："皇太子以嫡长子的身份册立为太子，已经十多年，名号系于百姓之心，万众归顺。由于臣子见到山阳王刘康平素受到皇上的宠爱，现今流言纷起，引发对国事的议论，以为太子的地位将有动摇。果真这样，那么公卿以下的大臣，誓必以死进谏，拒绝接受改变太子的诏命。臣请求陛下先赐臣死，用来昭示群臣！"元帝向来仁厚，不忍看见史丹泣不成声，而他的话又确当中肯，很是感动，长叹说："我一天比一天疲困衰弱，而太子和刘康、刘兴两王年纪都小，心中非常依恋他们，怎能不念念不忘呢！但没有改立太子的论议！况且皇后谨慎小心，先帝又很喜欢太子，我怎能违背先帝的旨意！驸马都尉是在哪里听到这些话呢？"史丹听后，马上退出青蒲席，磕头说："臣误信传闻，罪当处死！"元帝于是接受了史丹的意见，告诉他说："朕的病渐渐加重，恐怕无法再恢复健康，你要好好辅导太子，切莫违背我的心意！"史丹呜咽抽泣着起身告退，太子因此就被定为储君。而右将军、光禄大夫王商和中书令石显，也都拥护太子，很是出力。夏，五月二十四日壬辰，元帝在未央宫逝世。

班彪评论说："臣的外祖兄弟曾任元帝的侍中，告诉臣说：'元帝多才多艺，擅长大篆，弹琴鼓瑟，吹演洞箫，自己谱写曲调，演唱歌辞，可以分切曲谱节拍，精妙至极。小时喜好儒学，等到即位，征用儒生，把国家大政交给他们，

贡、薛、韦、匡[613]迭为宰相。而上牵制文义，优游不断[614]，孝宣之业[615]衰焉。然宽弘尽下，出于恭俭，号令温雅[616]，有古之风烈。'"

匡衡奏言："前以上体不平[617]，故复诸所罢祠[618]，卒不蒙福。案卫思后、戾太子、戾后园，亲未尽。孝惠、孝景庙，亲尽，宜毁。及太上皇、孝文、孝昭太后、昭灵后、昭哀后、武哀王祠，请悉罢勿奉。"奏可[619]。

六月己未[620]，太子即皇帝位，谒高庙[621]。尊皇太后曰太皇太后[622]，皇后曰皇太后[623]。以元舅[624]侍中、卫尉，阳平侯王凤为大司马、大将军、领尚书事。

秋，七月丙戌[625]，葬孝元皇帝于渭陵[626]。大赦天下。

丞相衡上疏曰："陛下秉至孝，哀伤思慕，不绝于心，未有游虞[627]弋射[628]之宴，诚隆于慎终追远[629]，无穷已[630]也。窃愿陛下虽圣性[631]得之，犹复加圣心[632]焉！《诗》云：'茕茕在疚'[633]，言成王丧毕思慕[634]，意气未能平也[635]。盖所以就文、武之业，崇大化之本也。臣又闻之师曰：'妃匹之际，生民之始，万福之原。婚姻之礼正，然后品物遂而天命全。'[636]孔子论《诗》[637]以《关雎》为始，此纲纪之首，王教之端[638]也。自上世以来，三代兴废[639]，未有不由此者也。愿陛下详览得失盛衰之效[640]，以定大基[641]，采有德[642]，戒声色[643]，近严敬[644]，远技能[645]！臣闻《六经》[646]者，圣人所以统天地之心，著善恶之归[647]，明吉凶之分[648]，通人道之正[649]，使不悖[650]于其本性[651]者也。及《论语》《孝经》，圣人言行之要，宜究其意。臣又闻圣王之自为[652]，动静周旋，奉天承亲[653]，临朝享臣[654]，物有节文[655]，以章人伦[656]。盖钦翼祗栗，事天之容也[657]；温恭敬逊，承亲之礼也；正躬严恪，临众之仪也[658]；嘉惠和说，飨下之颜也[659]。举错动作，物遵其仪[660]，故形为仁义，动为法则[661]。今正月初[662]，幸路寝[663]，临朝贺[664]，置酒以飨万方。《传》曰：'君子慎始。'[665]愿陛下留神[666]动静之节，使群下得望盛德休光[667]，以立基桢[668]，天下幸甚！"上敬纳其言。

贡禹、薛广德、韦玄成、匡衡，依次为宰相。但是，皇上拘泥于文义，凡事优柔寡断，宣帝中兴的大业，日渐衰退。然而待下宽厚，言行恭俭，态度温和，有古代帝王的风范。'”

匡衡上奏说：“前些时因皇上身体欠安，因此把废除的祭庙，又都恢复，最终仍不能蒙受祖先的赐福。依礼教，卫思后、戾太子和戾后墓园，亲属关系尚未疏远，不应撤除。而孝惠帝、孝景帝的庙园，亲属关系疏远，应该撤除。至于太上皇、孝文帝、孝昭太后、昭灵后、昭哀后、武哀王的祠庙，请全部撤除不再奉祭。”奏章得到储君批准。

六月二十二日己未，太子刘骜即位，拜谒汉高祖陵庙。尊奉祖母皇太后张氏为太皇太后，皇后王氏为皇太后，任命大舅父侍中、卫尉，阳平侯王凤为大司马、大将军、领尚书事。

秋，七月十九日丙戌，葬孝元皇帝于渭陵。大赦天下。

宰相匡衡上奏说：“陛下天性孝顺，对先帝的哀伤思念，不绝于心，从没有过弋射娱乐，确实是谨慎地对父母送终，追念远代的祖先，尽孝没有止境。臣个人认为陛下虽有尽孝的忠诚本性，但仍希望陛下还要加强圣心。《诗经》说：‘孤孤单单，痛在心头。’这是说周成王办完周武王丧事后思念文王、武王，心情不能平静。这也正是追思周文王、周武王的伟大德业以作为教化的本源。臣又听老师说过：‘夫妻关系，是人生的开始，万般幸福的源头。婚姻的礼仪端正，然后万事万物顺成，天命圆满。’孔子编纂《诗经》，以《关雎》为首，以此昭示婚姻居于礼法的首位，是王者教化的起点。自上古以来，夏商周三代兴替，没有不是从婚姻开始的。希望陛下详细考察前代得失兴衰的经验，用来奠定基业，录用有德行的人，警惕靡靡之音和女色，亲近庄重自尊的人，疏远卖弄技巧的小人！臣又听说，《六经》是圣人用来统一天下人心的，显示善恶的不同结果，彰明吉凶的区别，通达做人的正路，使人不违背本性的经典。还有《论语》《孝经》，是圣人言行的摘要，应当探究其中的意义。臣还听说圣王的作为，一举一动，都要敬奉上天，顺承父母，上朝听政，宴飨臣僚，凡事都有规章法度，以此彰显人伦的美德。恭敬战栗，小心翼翼，是敬天的仪容；温顺恭敬，是侍奉父母双亲的礼仪；修饰仪容，表情严肃，是面对百官的仪表；和颜悦色，是宴飨臣下的表情。举止行动，都要遵守一定的规范，所以仪容服饰，要合于仁义；举动措置，合于法则。现今，正月元旦，皇上要到双亲寝宫，然后驾临大殿接受群臣朝贺，设置酒宴，慰劳各方来朝见的臣民。古书上说：‘君子要谨慎地开个好头。’希望陛下留心一举一动的节度，使群臣得以看到伟大的品德和华美的风采，为国家奠定坚固的基础，那么天下大幸！”成帝谦恭地接受了匡衡的建议。

## 【段旨】

以上为第十段，写汉元帝临终，储君之位的争斗过程。史丹等大臣护卫太子刘骜，渡过险关，成帝即位，采纳匡衡的建言，节制放纵的品性。

## 【注释】

563 宽博：宽厚博学。564 幸酒：嗜酒。565 乐燕乐：喜欢逸乐。566 留好音乐：留意、爱好音乐。567 鼙鼓：战鼓。568 临轩槛上：靠在栏杆上。569 隤铜丸以擿鼓：投掷铜丸击鼓。570 声中严鼓之节：战鼓发出合于进军鼓的急促声。中，合节拍。严鼓，急迫的进军鼓声。571 进：进言。572 敏而好学二句：思虑敏捷而又爱好学问，温习旧知识而有新的体会。此孔子之言，见《论语·为政》和《公冶长》。573 器人：度量人的才能。574 陈惠、李微：两人皆好音乐，是黄门鼓吹郎。575 嘿然而笑：先沉默而后笑。即忍不住而笑。576 寝疾：卧病。577 希得进见：很少能觐见皇帝。578 疾稍侵：病势逐渐加重。579 意忽忽不平：心情烦闷不平静。580 立胶东王故事：汉景帝废太子刘荣而立胶东王刘彻之事。元帝欲废长立幼，故问胶东王故事。581 亲密臣：亲信大臣。史丹是史高之子，既是皇亲，又是托孤大臣，故元帝十分信任，以为太子护卫。582 候上间独寝时：等候元帝病略有好转单独在房间时。583 顿首伏青蒲上：磕头拜伏在青色蒲团上。按制度，只有皇后才能踏上蒲，今史丹磕头于上，表示他与皇帝亲密之至。584 雅素爱幸：一向得皇帝宠爱。585 为国生意：引发对国事的议论。586 言又切至：说话确当中肯。587 意大感寤：内心受感动。588 喟然太息：长长地叹了一口气。589 吾日困劣：我的身子一天天衰弱。590 太子、两王幼少：太子刘骜、山阳王刘康、信都王刘兴，三个孩子都年少。591 恋恋：依恋。592 念：悬念；放心不下。593 先帝又爱太子：汉宣帝十分喜爱长孙，亲自给刘骜命名。594 违指：违背老父旨意。指，通“旨”。595 驸马都尉：史丹所任官，元帝此时呼其官名以示郑重。596 却：退下；离开。指史丹离开青蒲席表示谢罪。597 上因纳：元帝采纳了史丹的意见。598 病浸加：病渐渐加重。599 不能自还：不能恢复健康。600 嘘唏：由感动而呜咽。601 王商（？至公元二五年）：字子威，涿郡蠡吾（今河北博野西南）人，成帝时官至丞相。传见《汉书》卷八十二。东汉有两王商，王凤弟成都侯亦名王商，字子夏。602 拥佑：拥护辅佐。603 壬辰：五月二十四日。604 班彪（公元三五四年）：字叔皮，扶风安陵（今陕西咸阳东北）人，班固之父，东汉史学家。传见《后汉书》卷四十上。605 臣外祖兄弟：班彪外祖兄弟即元帝侍中金敞。606 善史书：善写大篆。史书，即史籀所作大篆。先秦古字大篆，相传为周宣王太史籀所审定。607 鼓琴瑟：弹琴鼓瑟。608 吹洞箫：吹奏洞箫。洞箫是一种竖吹的竹管乐器。609 度曲：谱曲。610 被歌声：演唱歌词。611 分刌节度：分切曲谱节拍。刌，切，指分节拍。612 穷极幼眇：精通音律至极。幼眇，即精妙。613 贡、薛、韦、匡：汉元帝时的四大名相。贡禹、薛广德官至副丞相、御史大夫，韦玄成、匡衡官至丞相。⑭牵制文义二句：拘束于儒家的教义，犹豫不能决断。⑮孝宣之业：指汉宣帝励精图治的王霸之业。宣帝刚毅善断，治国儒法并施。元帝优柔寡断，治国纯用儒术。⑯号令温雅：谓汉元帝号令臣下，态度极温和。⑰上体不平：元帝染病。⑱复诸所罢祠：将已经拆毁的祖宗庙重新恢复。⑲奏可：此处可其奏者为尚未即位的储君太子刘骜。⑳己未：六月二十二日。㉑谒高庙：祭告高祖刘邦庙。㉒尊皇太后曰太皇太后：指汉宣帝发妻王皇后。她是汉元帝之母，成帝之祖母，所以尊为太皇太后。㉓皇后曰皇太后：即加汉元帝皇后王政君为皇太后（成帝之母）。㉔元舅：大舅。㉕丙戌：七月十九日。㉖渭陵：汉元帝陵，在今陕西咸阳东北。㉗游虞：游乐。虞，通“娱”。㉘弋射：射猎。㉙慎终追远：谨慎地孝敬父母之丧，追念远代的祖先。语出《论语·学而》曾子之言。终，郑玄注：“老死曰终。”㉚无穷已：无止境。㉛圣性：尽孝的忠诚本性。㉜复加圣心：继续努力加强孝心。㉝诗云二句：《诗经》上说：“孤独痛苦，忧病重重。”引诗见《诗经·闵予小子》，是周成王悼文王、武王的诗。㉞丧毕思慕：服丧已毕，内心仍忧思不解，追念不已。㉟意气未能平也：悼念亲人的心绪仍不平静。㊱臣又闻之师曰六句：我又从老师那里听说：“夫妻关系，是人生的开始，幸福的源头。故婚姻的礼仪端正，然后万事万物才能顺成，天命圆满。”㊲孔子论《诗》：指孔子编纂《诗经》。论，研究、评价，此指编辑。㊳此纲纪之首二句：婚姻居于礼法的首位，是推行教化的起点。㊴三代兴废：指夏、商、周三代的兴衰。㊵效：效验。㊶定大基：奠定根本。㊷采有德：录用有德行的人。㊸戒声色：警惕靡靡之音和女色。㊹近严敬：亲近庄重自尊的人。㊺远技能：疏远卖弄技巧的小人。㊻《六经》：儒家经典著作，即《诗》《书》《礼》《易》《春秋》《乐》。其中，《乐经》早失，故实为《五经》。㊼著善恶之归：显示善恶之不同结果。㊽明吉凶之分：彰明吉凶的分别。㊾通人道之正：通达做人的正路。㊿悖：违背。(651)本性：儒家认为人性本善。(652)自为：作为。(653)奉天承亲：敬奉上天，顺承父母。(654)临朝享臣：上朝听政，宴飨臣僚。(655)物有节文：万事皆有规章法度。物，事。(656)以章人伦：以便于发扬人伦的美德。(657)钦翼祇栗二句：恭敬战栗，小心翼翼，才是敬天的仪容。栗，通“慄”。儒家主张畏天，故要求表情要畏惧。(658)正躬严恪二句：修饰自身仪容，表情严肃，是面对百官的仪表。(659)嘉惠和说二句：和颜悦色，是宴飨臣下的表情。(660)举错动作二句：举止行动，人人遵守一定的规范。(661)形为仁义二句：仪容合于仁义，举动成为法则。(662)正月初：即正月元旦。(663)路寝：即指皇帝寝宫。文王既为世子，元旦时应到父母寝宫门外请安。(664)临朝贺：上殿接受百官及万邦使臣的朝贺。(665)传曰二句：古书上说，君子要谨慎地开个好头。引语出《礼记·文王世子》：“古之君子，举大事必慎其终始。”(666)留神：留意。(667)休光：华美的风采。(668)以立基桢：为国家奠立坚固的基础。桢，古代筑墙时所用模板夹具。这里引喻指根本。

## 【校记】

［26］而：原无此字。据章钰校，乙十一行本、孔天胤本皆有此字，今从补。

## 【研析】

汉元帝是西汉第八任国君，也是承继昭宣中兴之后的第一位国君，其时西汉鼎盛，强敌匈奴衰落，内政国库充盈，人民安居，朝中大臣，贤人居多，可以说是太平盛世，正由于此，尽管元帝昏庸，奸佞当道，中官石显专权，国家尚无大事，还有余威诛杀郅支。但是汉元帝的昏庸误国，忠奸不辨，是非不明，导致西汉政治走了下坡路。汉元帝是西汉盛衰的一个分水岭。

大体昏庸之君，多是才艺之人。汉元帝善音乐，好文学，若在当世做一个大学教席，可能是一个优秀的博士导师。南唐后主李煜，写得一手绝妙好词；宋徽宗是一员足球健将，又是一位字画双绝的艺术家。但他们都是误国昏君。论智商，他们不低；论心眼，他们也不为恶，可以说还宽厚待人，一心想做一个明君。汉元帝采取许多节俭措施，心系百姓，想的是要把国家治好。但是生性仁弱，即所谓妇人之仁，看不得眼前亲近的人悲伤落泪。石显做了坏事，只要磕头落泪，就可大事化小，小事没了。汉元帝这份菩萨心肠，遮蔽了双眼，使他是非不明，忠奸不分，有时明白了，也没有果断能力去邪远佞，要不就各打五十大板，诬告者诸葛丰免官，受诬者周堪、张猛被降职，是非善恶一锅煮。如此这般的难得糊涂，不被群小包围才是怪事。汉元帝看出太子刘骜不成器，临终想更换太子，却又不敢触动宗法制度，他只好在遗憾中瞑目。继位的成帝、哀帝沿着汉元帝开创的下坡路继续滑，西汉的灭亡无可救药了。